D1718756

Gesellschaftsrecht zwischen Wissenschaft und Notarpraxis

Festschrift für Andreas Heidinger
zum 65. Geburtstag

Gesellschaftsrecht zwischen Wissenschaft und Notarpraxis

Festschrift für

Andreas Heidinger

zum 65. Geburtstag

Herausgegeben von

Heribert Heckschen

Peter Limmer

Simon Blath

Julius Forschner

2023

C.H.BECK

Zitiervorschlag: Bearbeiter FS Heidinger, 2023, 1

www.beck.de

ISBN 978 3 406 80176 1

© 2023 Verlag C.H.Beck oHG
Wilhelmstraße 9, 80801 München
Druck: Beltz Bad Langensalza GmbH
Am Fliegerhorst 8, 99947 Bad Langensalza

Satz: Jung Crossmedia Publishing GmbH
Gewrbestr. 17, 35633 Lahnau

chbeck.de/nachhaltig

Gedruckt auf säurefreiem, alterungsbeständigen Papier
(hergestellt aus chlorfrei gebleichtem Zellstoff)

VORWORT

Es ist den Herausgebern eine besondere Freude, mit der vorliegenden Festschrift eine Persönlichkeit zu ehren, die das Gesellschaftsrecht in Wissenschaft und Praxis über viele Jahre mitgestaltet und – wie man gewiss ohne Übertreibung sagen kann – mitgeprägt hat. Andreas Heidingers Wirken zeichnet sich durch ganz unterschiedliche Facetten aus: Er ist ein „Mann der ersten Stunde" in der Geschichte des Deutschen Notarinstituts, ein renommierter Wissenschaftler und gewandter Praktiker, ein begabter „Pädagoge" und nicht zuletzt ein fürsorglicher Vorgesetzter und Arbeitskollege. Diese unterschiedlichen Facetten spiegeln sich auch im Kreis der Herausgeber wider, jeder von ihnen steht zum Jubilar in eigener Beziehung. Daher mag es diesem Vorwort gelingen, das Wirken des Jubilars aus verschiedenen Perspektiven zu beleuchten.

Der „Mann der ersten Stunde": Als das Deutsche Notarinstitut im Jahre 1993 in Würzburg seine Arbeit aufnahm, gab es nur leere Räume, einen Geschäftsführer und ein ambitioniertes Konzept. Alles Weitere – Ausstattung, Technik, Bibliothek, Arbeitsweise und -organisation etc. – musste erst erworben, eingerichtet und entwickelt werden. Angesichts einer nicht unkritischen Einstellung mancher Notarkammer gegenüber der neuartigen Einrichtung „DNotI" war es notwendig, dass das Institut möglichst bald Ergebnisse vorweisen konnte. Erfahrungen, wie das hochgesteckte Ziel eines „Thinktanks" für Notare zu erreichen wäre, gab es damals nicht. Ein fachlich hervorragendes, motiviertes und kooperatives Team war unabdingbare Voraussetzung für den notwendigen schnellen Erfolg. Nach der Gründung auf dem Papier im März 1993 begann der Echtzeitbetrieb bereits am 1.7.1993. Der juristische Mitarbeiterstab in der Anfangsphase war relativ überschaubar und bestand aus wenigen Notarassessoren und zwei fest angestellten Juristen. Bald wurde klar, dass das Institut angesichts der hohen Anforderungen eine professionelle Struktur erhalten musste. Deshalb wurden bereits im Jahre 1994 weitere juristische Mitarbeiter eingestellt, die dem Institut langfristig zur Verfügung stellen sollten. Einer davon war Andreas Heidinger. Sein Wechsel von der – sicheren – Beamtenstellung bei der bayerischen Justiz zum DNotI war für ihn gewiss ein Wagnis. Zum damaligen Zeitpunkt wusste niemand, ob das DNotI erfolgreich sein und wie lange es überleben würde. Dennoch wagte Andreas Heidinger den Sprung ins kalte Wasser und wurde als juristischer Mitarbeiter für den Bereich Handels-, Gesellschafts- und Steuerrecht angestellt. Frühzeitig war in jedem Bereich eine Vielzahl von Gutachten zu bearbeiten, sodass das Institut erneut umgestaltet wurde, und zwar durch die Einrichtung von Referaten, ähnlich dem Modell deutscher Ministerien. Ziel der neuen Struktur war es, Referatsleiter an die Spitze der Referate zu setzen, die längerfristig im Institut tätig sein sollten, um so eine fachliche und personelle Kontinuität zu gewährleisten. Erster Referatsleiter im Referat II (Handels-, Gesellschafts- und Steuerrecht) wurde Andreas Heidinger. Freilich hätte damals niemand erwartet, dass die Referatsleiterstellung eine Lebensstellung werden konnte. Schnell wurde jedoch offenbar, dass die neue Struktur ein Segen für die weitere Entwicklung des Instituts war. Sie schaffte die notwendige Kontinuität angesichts der naturgemäß häufig wechselnden Notarassessorinnen und Notarassessoren, die ihre Station beim DNotI absolvierten. Die Referatsleiter waren gleichsam der „Fels in der Brandung" und arbeiteten die neuen Kollegen effizient und qualifiziert ein. Hervorragend ausgefüllt und geprägt hat dieses Amt von Anfang an Andreas Heidinger.

Der Wissenschaftler: Die Arbeit beim DNotI bringt es mit sich, dass sich der Referent unablässig mit juristischen Problemen auseinanderzusetzen hat. Auf dem Tisch des Referenten landet die zu klärende Rechtsfrage, er muss keine Tatsachen ermitteln, sondern geht unmittelbar in medias res – und er kann in keinem Fall eine Antwort schuldig bleiben, mag es sich auch um eine Frage handeln, die sich nirgendwo erörtert findet und über die womöglich noch niemand zuvor nachgedacht hat. Unter diesen Umständen liegt es nahe, dass man als langjähriger Referent zum Experten wird. Nicht selbstverständlich ist jedoch die Entwicklung hin zu einem auch jenseits der Grenzen der Notarschaft bekannten und anerkannten Wissenschaftler. Andreas Heidinger ist es gelungen, sich als Wissenschaftler ein glänzendes Renommee zu erarbeiten. Das ist sicherlich zum Teil auf seinen großen Fleiß und sein echtes persönliches Interesse am Gesellschaftsrecht zurückzuführen, vor allem aber auf sein juristisches Talent und seinen analytischen Verstand. Er hat sich nie gern mit vordergründigen Lösungen zufriedengegeben, sondern wollte den Problemen auf den Grund gehen („dicke Bretter bohren", um es mit seinen Worten zu sagen). Dabei hat er sich nicht gescheut, seine eigenen kreativen Ansätze auch gegen die berühmte „herrschende Meinung" zu vertreten. Von den Früchten seiner wissenschaftlichen Arbeit gibt das umfangreiche Schriftenverzeichnis Zeugnis, das von der Urteilsanmerkung bis hin zur Kommentierung fast jedes Genre juristischer Publikation aufweist. Hervorragendes geleistet hat er mit seinen umfangreichen Kommentierungen zum Firmenrecht und zur Gesellschafterliste, gleichermaßen als hochkarätiger Fachmann auf dem Gebiet des Umwandlungsrechts und des Kapitalaufbringungs- und Kapitalerhaltungsrechts. Von Anfang an begleitet und mitgetragen hat er den wissenschaftlichen Beirat des DNotI für das Gesellschaftsrecht, nicht nur als Referent, sondern auch als Themengeber. Viele interessante und bis dahin wenig beachtete Fragen sind auf diese Weise einem Spitzengremium aus Rechtsprechung, Wissenschaft und Notarpraxis zur Diskussion vorgelegt worden.

Der Praktiker: Ein Referent beim DNotI darf und kann die Bedürfnisse der Praxis niemals aus dem Auge verlieren. Hinter jeder Anfrage verbirgt sich ein praktisches Problem, theoretische Erwägungen, so tiefschürfend sie sein mögen, können niemals ein juristisches Glasperlenspiel bleiben. Ein zupackender Praktiker war und ist auch Andreas Heidinger. Ein Außenstehender wird sich kaum einen Begriff davon machen, was es bedeutet, wenn plötzlich ein millionenschwerer Umwandlungsvorgang auf dem Schreibtisch liegt: Es sind zehn oder zwanzig komplexe Probleme zu lösen, und zwar am besten bis am Folgetag um zehn Uhr, wenn die Beteiligten zum Notartermin anrücken. Solche Fälle sind beim DNotI nicht selten. Andreas Heidinger gehört zu den Menschen, die auch eine derartige Aufgabe mit Bravour meistern. Nach gezielter Recherche, einem Brainstorming unter Kollegen und Anfertigung eines handschriftlichen Konzepts (das nur der Verfasser selbst entziffern kann) greift er zum Telefonhörer und leistet Nothilfe. Drei Stunden kann ein solches Telefonat durchaus dauern. Und dennoch ist Andreas Heidinger danach noch quicklebendig und begierig, die Höhepunkte des Gesprächs den interessierten Kollegen zu vermitteln.

Der „Pädagoge": Apropos Vermittlung. Es war Andreas Heidinger stets eine Herzensangelegenheit, sein Wissen und seine Erkenntnisse anderen zu vermitteln, handelte es sich nun um Notarassessoren oder Referendare oder um gestandene Praktiker. Einem der Herausgeber gegenüber äußerte er einmal, dass ihm die didaktische Tätigkeit fast am meisten Freude bereite. Als Referatsleiter oblag es ihm, junge Kolleginnen und Kollegen in die Gutachtentechnik einzuführen und „fit" zu machen für die Bearbeitung anspruchsvoller gesellschaftsrechtlicher Fragen. Dieser Aufgabe hat er sich mit viel Geduld und Sorgfalt gewidmet. Wie es seiner Wesensart entspricht, hat er sich dabei nicht als Lehrer geriert, sondern eine Diskussion auf Augenhöhe gesucht. Typisch ist wohl folgender Ausspruch: „Ich lasse mich gern überzeugen, wenn Sie es mir erklären!" Die Vermittlung juristischer Expertise beschränkte sich aber nicht auf den engen Kreis des DNotI. Über mehr als zwanzig Jahre bereiste Andreas Heidinger zusammen mit einem der Herausgeber ganz Deutschland, um in Fortbildungsveranstaltungen das gesellschaftsrechtliche Know-how der Praxis aufzufrischen und zu vertiefen. Es bleiben viele Erinnerungen an spannende fachliche Diskussionen, sei es anlässlich der Vorträge, sei es beim gemütlichen Beisammensein danach oder einfach „zwischen Tür und Angel". So bildeten sich mit der Zeit regelrechte Fankreise – unter anderem in Celle und Heusenstamm –, die es dem Jubilar gern verziehen, wenn er die angesetzte Vortragszeit bisweilen um eine gute Stunde überzog.

Der Vorgesetzte und Kollege: Einer der Herausgeber kann sich rühmen, als Referent bei Andreas Heidinger „in die Schule" gegangen zu sein. Es war bereits die Rede davon, wie es ihm gelungen ist, junge Kollegen fachlich an die Hand zu nehmen, das juristische Urteilsvermögen zu trainieren, den Blick für das Wesentliche zu schärfen und sich am Ende immer eine Frage mehr zu stellen. Der Adept, der ihn in seinem Büro aufsuchte (einer echten „Arbeitshöhle" mit beeindruckend überladenem Schreibtisch), um mit ihm einen glasklaren Fall zu besprechen, erlebte manches Mal eine unerfreuliche Überraschung. Spätestens nach zehn Minuten Diskussion wurde ihm klar, dass alles doch nicht so klar war, wie er sich das vorgestellt hatte. Ein Gespräch mit Andreas Heidinger ist ein Parforceritt, Gedanke knüpft sich an Gedanke, Assoziation an Assoziation, bis auch die letzten Untiefen eines Falls ausgelotet sind. Mancher wäre sicher verzweifelt, wenn er nicht stets das Gefühl gehabt hätte, einem wohlmeinenden und empathischen Gesprächspartner gegenüber zu sitzen. Denn Menschlichkeit und Fürsorge hat Andreas Heidinger seinen jungen und älteren Kollegen gegenüber immer ausgestrahlt. Das Interesse am DNotI und seinen Kollegen beschränkte sich nicht aufs Fachliche, sondern erstreckte sich auf das menschliche Miteinander am Arbeitsplatz und darüber hinaus. So soll nicht verschwiegen werden, dass Andreas Heidinger als „inoffizieller Musikbeauftragter" des Instituts galt, der insbesondere für die musikalische Gestaltung der Kollegenweihnachtsfeier sorgte. Auch an sonstigen Feiern, sportlichen Zusammenkünften (etwa dem jährlichen Bowlingturnier) und an den Betriebsausflügen hat er sich immer aktiv beteiligt, mit viel Humor und Herzlichkeit. Selbstverständlich, dass er zudem stets ein offenes Ohr für die kleinen und großen Sorgen seiner Kollegen hatte.

Andreas Heidinger als „Mann der ersten Stunde", Wissenschaftler, Praktiker, Pädagoge, als Vorgesetzter und Kollege – dies sind nur einige Facetten seiner Persönlichkeit und die Herausgeber wollen keinesfalls den Anspruch erheben, in diesem Vorwort ein vollständiges Porträt des Jubilars zu liefern. Aber sie haben sich redlich bemüht, die Verdienste des Jubilars hervorzuheben, Verdienste die es mehr als genug rechtfertigen, dass sich zahlreiche Weggefährten, darunter viele renommierte Kollegen aus Notariat, Wissenschaft und Richterschaft zusammengetan haben, die vorliegende Festschrift zu verwirklichen. Wir alle, nicht zuletzt die Herausgeber, wollen Andreas Heidinger damit Dank sagen und ihm ganz herzlich zu seinem 65. Geburtstag gratulieren. Seien ihm noch viele glückliche, gesunde und schaffensreiche Lebensjahre vergönnt!

Würzburg/Dresden im Februar 2023

Heribert Heckschen
Peter Limmer
Simon Blath
Julius Forschner

INHALTSVERZEICHNIS

GREGOR BACHMANN/MAGNUS HABIGHORST

Zur Anwendbarkeit von § 179a AktG –
„Au revoir" auch bei der KGaA?

I. Einleitung

„Wann überträgt man schon einmal das gesamte Vermögen?" Mit dieser Frage könnte man eine Befassung mit § 179a AktG beiseiteschieben. Dies wäre aber – auch und gerade für die in dieser Frage oft betroffene notarielle Praxis – ein schwerer Fehler: Von § 179a AktG erfasste Rechtsgeschäfte sind häufig beurkundungspflichtig, aus den zusätzlichen Wirksamkeitsanforderungen erwachsen für die Vertragsparteien und auch für den Notar nicht unerhebliche Risiken.[1] Zudem sind Beschlüsse nach § 179a Abs. 1 AktG in der Gesellschaftspraxis gar nicht allzu selten anzutreffen.[2] Entschärft wurde die Problematik in jüngerer Zeit dadurch, dass der BGH den Anwendungsbereich von § 179a AktG mit zwei – durchaus als spektakulär zu bezeichnenden – Entscheidungen stark reduziert hat, indem er dessen (analoge) Anwendung auf die GmbH[3] sowie auf Personengesellschaften[4] nunmehr ablehnt. Offen bleibt dabei die Frage, wie es um die Anwendbarkeit der Norm auf die KGaA steht. Zwar tritt diese Rechtsform nicht besonders häufig auf,[5] doch spielen einige Gesellschaften eine durchaus nennenswerte Rolle in Wirtschaftsleben und Gesellschaft.[6] Zudem konnte gerade im Bereich der KGaA zuletzt eine vergleichsweise hohe Aktivität in Bezug auf die Gesellschaftsstruktur betreffende Maßnahmen festgestellt werden.[7]

Zur Klärung der Frage, ob § 179a AktG auf die KGaA anzuwenden ist, wollen wir mit der Abhandlung beitragen und hoffen auf das geneigte Interesse des Jubilars, geht es doch um aktuelle Fragen des Gesellschaftsrechts, verknüpft mit großer Relevanz für das deutsche Notariat. Gerade an dieser Schnittstelle hat sich *Andreas Heidinger* besondere Verdienste erworben.

II. § 179a AktG – eine Norm „auf dem absteigenden Ast"

§ 179a AktG dient dem Schutz der Aktionäre in ihrer Dispositionsfreiheit über die Grundlagen der satzungsgemäßen Unternehmenstätigkeit und vor dem Abschluss nachteiliger Gesamtvermögensverträge durch den Vorstand (mit der damit verbundenen erheb-

---

[1] *Eickelberg/Mühlen* NJW 2011, 2476 (2479); *Eschwey* MittBayNot 2018, 299 (303, 314); *Hermanns* DNotZ 2013, 9 (10); *Hüren* RNotZ 2014, 77 (98); *Leitzen* NZG 2012, 491; *Scheel* FS Wegen, 2015, 297 (310); *Weber* DNotZ 2018, 96 (98 f.).

[2] Hierzu Zahlen von 2007–2017 bei *Bayer/Lieder/Hoffmann* AG 2017, 717 ff.

[3] BGHZ 220, 354 = NJW 2019, 1512.

[4] BGHZ 232, 375 = NJW 2022, 1878. Die Entscheidung betraf die KG, doch gelten die tragenden Erwägungen auch und erst recht für OHG, PartG und GbR.

[5] Vgl. *Bayer/Lieder/Hoffmann* GmbHR 2022, 777 (778 f.): Stand 1.1.2022 waren 378 KGaAs in deutschen Handelsregistern geführt, was auch dem Stand des Vorjahres entspricht.

[6] Für Beispiele vgl. *Bachmann* in Spindler/Stilz, AktG, 5. Aufl. 2021, § 278 Rn. 12; *Perlitt* in MüKoAktG, 5. Aufl. 2020, Vor §§ 278–290 Rn. 5.

[7] Vgl. *Bayer/Lieder/Hoffmann* GmbHR 2022, 777 (784 f.).

lichen Anteilsentwertung).[8] Vor einer Verpflichtung der AG zur Übertragung des gesamten Gesellschaftsvermögens bedarf es einer umfassenden Information der Aktionäre und ihrer Zustimmung in der Hauptversammlung nach den Regeln über den satzungsändernden Hauptversammlungsbeschluss gem. § 179 AktG. Eine Übertragung des gesamten Vermögens iSd § 179a Abs. 1 AktG ist dann anzunehmen, wenn die Gesellschaft mit dem verbleibenden Vermögen den Unternehmensgegenstand nicht mehr verfolgen könnte.[9]

Lange wurde § 179a AktG als Ausdruck eines allgemeinen verbandsrechtlichen Prinzips verstanden und bei GmbH und Personen(handels)gesellschaften analog angewandt.[10] Dieses Verständnis hat der BGH preisgegeben und damit die Frage aufgeworfen, ob die Norm – wie bisher nahezu einhellig angenommen – auch auf die KGaA anzuwenden ist. Relevant ist sie – wie eingangs erwähnt – nicht nur aus Sicht der Organe und Berater einer KGaA, sondern auch aus Sicht des Vertragspartners der KGaA und ggf. des Notariats, fehlt es doch nach ganz hM bei Verstoß gegen § 179a Abs. 1 AktG an der Vertretungsmacht des Vorstands.[11] Gerade auf diese hat der Notar bei einer etwaigen Beurkundung ein besonderes Augenmerk zu richten.[12]

III. Die Entscheidungen des BGH für und wider eine analoge Anwendung von § 179a AktG bei GmbH und KG

1. Karrierebeginn eines „Fremdkörpers"[13] – das Night-Club-Urteil des BGH (1995)

Judikativer Ausgangspunkt für den Aufstieg der Norm des aktienrechtlichen Gesamtvermögensgeschäfts zum allgemeinen Rechtsprinzip war die Night-Club-Entscheidung des BGH im Jahr 1995.[14] Dort hatte der Komplementär das gesamte Vermögen der Kommanditgesellschaft, die einen Nachtclub betrieb, an einen Dritten übertragen. Der Senat verneinte die Vertretungsmacht des Komplementärs, da es am notwendigen Beschluss aller Gesellschafter fehlte. Diesen brauche es, da die Übertragung des Gesamtvermögens jedenfalls zu einer Änderung des Gesellschaftszwecks führe. Der auf diese Situation gemünzte Rechts-

---

[8] Im Detail streitig, im Kern aber anerkannt, vgl. BGHZ 220, 345 (365 f.) mwN.

[9] Ganz hM vgl. RGZ 124, 279 (294 f.); BGHZ 83, 122 (128); 220, 354 (365 f.); *Holzborn* in Spindler/Stilz, AktG, 5. Aufl. 2021, § 179a Rn. 21; *Koch*, AktG, 16. Aufl. 2022, § 179a Rn. 4; *Witt*, Die Veräußerung des gesamten Gesellschaftsvermögens gem. § 179a Abs. 1 AktG, 2021, S. 29 ff. mwN auch zu kritischen Stimmen.

[10] BGH NJW 1995, 596; NJW 2005, 753 (754); OLG Brandenburg Beschl. v. 29.7.2004 – 5 W (Lw) 55/03, Rn. 48 (juris) für eine Genossenschaft; OLG Düsseldorf NZG 2018, 297 (300); *Bayer/Lieder/Hoffmann* AG 2017, 717 (718); *Liebscher* FS Ebke, 2021, 585 ff.; *K. Schmidt*, Gesellschaftsrecht, 4. Aufl. 2002, S. 929; *K. Schmidt* ZGR 1995, 675 (680); *Seibt* in K. Schmidt/Lutter, AktG, 4. Aufl. 2020, § 179a Rn. 4; *Wiedemann*, Gesellschaftsrecht II, 2004, S. 330; *Zetzsche* in Kölner Komm AktG, 3. Aufl. 2019, § 179a Rn. 23. Ablehnend etwa *Bredol/Natterer* ZIP 2015, 1419; *Bredthauer* NZG 2008, 816 (819); *Scheel* FS Wegen, 2015, 297 (310 f.); *Servatius* FS Stilz, 2014, 601 (607 f.); kritisch auch *Vossius* notar 2016, 414 (417).

[11] BGHZ 82, 188 (197 f.); 169, 221 (228); 220, 354 (358 f.); *Bergmann* FS E. Vetter, 2019, 77 (82); *Eschwey* MittBayNot 2018, 299 (302 f.); *Holzborn* in Spindler/Stilz, AktG, 5. Aufl. 2021, § 179a Rn. 8; *Koch*, AktG, 16. Aufl. 2022, § 179a Rn. 13; *K. Schmidt*, Gesellschaftsrecht, 4. Aufl. 2002, S. 927 ff.; *Weber* DNotZ 2018, 96 (97 f.); *Zetzsche* in Kölner Komm AktG, 3. Aufl. 2019, § 179a Rn. 83. AA *Mülbert*, Aktiengesellschaft, Unternehmensgruppe und Kapitalmarkt, 2. Aufl. 1996, S. 180; *Scheel* FS Wegen, 2015, 297 (308 f.).

[12] BGH DNotZ 1992, 457 (458); 2001, 486 (488); *Eschwey* MittBayNot 2018, 299 (303); *Litzenburger* in BeckOK BGB, 63. Ed 1.8.2022, BeurkG Vor § 17.

[13] Vgl. den Titel bei *Scheel* FS Wegen, 2015, 297 (297 f.).

[14] BGH NJW 1995, 596.

gedanke des § 361 Abs. 1 AktG aF (heute: § 179a Abs. 1 AktG) sei – so formulierte der Senat recht allgemein und ohne weitere Begründung – auch im Personengesellschaftsrecht anwendbar; ein Verstoß führe auch dort zum Fehlen der Vertretungsmacht beim schuldrechtlichen Verpflichtungsgeschäft.[15]

2. *Der Anfang vom Karriereende: Keine Anwendung auf die GmbH*

In einem vielbeachteten Urteil aus dem Jahr 2019 hat der BGH die analoge Anwendbarkeit des § 179a AktG auf die GmbH entgegen der bisher herrschenden Literaturauffassung abgelehnt.[16] Dies war zwar keine Änderung der Rechtsprechung, da es zur GmbH noch keine einschlägige Entscheidung gab. Es zeigte sich aber, dass die aktienrechtliche Regelung nicht (mehr) als Ausdruck eines allgemeinen Verbandsrechtsprinzips, sondern als eine Ausnahme angesehen wurde.

Voraussetzung einer Analogie, so der Senat, sei das Bestehen einer planwidrigen Regelungslücke und dass die nicht geregelte Sachlage sich mit der geregelten so vergleichbar darstelle, dass anzunehmen sei, der Gesetzgeber wäre bei einer Interessenabwägung für diese Sachlage zum gleichen Ergebnis gekommen wie bei der Abwägung bei Normerlass.[17]

Ohne klar zwischen Regelungslücke und vergleichbarer Interessenlage zu differenzieren, steigt der Senat mit dem historischen Hinweis ein, dass es in der Gesetzgebungsgeschichte keine Anhaltspunkte für eine analoge Anwendung von § 179a AktG auf die GmbH gebe, sondern die Norm (mittlerweile) auf den Schutz von Aktionären ausgerichtet sei.[18]

Kern der Entscheidung ist die Abwägung zwischen dem Schutz der Gesellschafter und dem Schutz des „redlichen Rechtsverkehrs" bei einer Gesamtvermögensveräußerung. Bei dieser Abwägung haben im GmbH-Recht die Interessen der Gesellschafter gegenüber den Interessen des Rechtsverkehrs an Rechtssicherheit das Nachsehen: Der redliche Rechtsverkehr vertraue auf die Unbeschränktheit und Unbeschränkbarkeit der Vertretungsmacht der Geschäftsführer (§ 37 Abs. 2 GmbHG), welche einen wesentlichen Grundsatz des deutschen Gesellschaftsrechts darstelle.[19] Die drohende Rückabwicklung belaste nicht nur ihn, sondern berge auch Haftungsrisiken für die notarielle Berufspraxis.

Auf der anderen Seite seien die Gesellschafter einer GmbH aufgrund ihrer stärkeren Mitwirkungs-, Kontroll- und Informationsrechte und der insgesamt von der Kompetenz der Gesellschafterversammlung geprägten Struktur der GmbH deutlich weniger schutzwürdig als die Aktionäre einer AG.[20] Schließlich bestehe auch bei der GmbH ein Zustimmungserfordernis der Gesellschafter, da es für besonders bedeutsame Geschäfte eines Beschlusses der Gesellschafterversammlung bedürfe. Die bloße Innenwirkung dieses Erfordernisses entspreche dem Vertrauen des redlichen Rechtsverkehrs.[21] Vertragspartner, welchen die fehlende Zustimmung und das im Innenverhältnis pflichtwidrige Handeln bekannt seien oder bekannt sein müssten, seien nach den Grundsätzen des Missbrauchs der Vertretungsmacht von diesem Schutz ausgenommen. Das subjektive Element des Missbrauchs der Vertretungsmacht zieht der BGH dabei recht weit, indem er bei einer Veräußerung eines Unternehmens als Ganzes eine Erkundigungsobliegenheit über die Zustimmung der Gesellschafterversammlung „nach den Umständen des Einzelfalls" für möglich hält.[22]

---

[15] BGH NJW 1995, 596.
[16] BGHZ 220, 354.
[17] BGHZ 220, 354 (361) mwN aus der Rechtsprechung.
[18] BGHZ 220, 354 (362).
[19] BGHZ 220, 354 (366ff.).
[20] BGHZ 220, 354 (367ff.).
[21] BGHZ 220, 354 (370ff.).
[22] BGHZ 220, 354 (373).

3. Endgültiges Aus? – Keine Geltung des § 179a AktG für die KG

Im Februar 2022 entschied der II. Zivilsenat, dass die aktienrechtlichen Regelungen über das Gesamtvermögensgeschäft auch auf die KG nicht anwendbar seien.[23] Dies stellt eine ausdrückliche Abkehr von der bisherigen Rechtsprechung zur analogen Anwendung von § 361 Abs. 1 S. 1 AktG aF dar.[24] Die klagende KG hatte wesentliche Beteiligungen verkauft und übertragen, die Gesellschafterversammlung hatte nur einen Sanierungsbeschluss gefasst, nicht aber einem konkreten Veräußerungsvertrag zugestimmt. Für die u. a. verlangte Rückübertragung der Anteile war auch über die Wirksamkeit des Kaufvertrags zu entscheiden.

Abermals stellt der Senat voran, dass es für eine Gesetzesanalogie in den Gesetzgebungsmaterialien keine Anhaltspunkte gebe.[25] In Bezug auf die erforderliche Regelungslücke äußert er, dass eine solche bei der KG nicht bestehe, da die Gesellschafter ein Zustimmungsrecht zu außergewöhnlichen und zu Grundlagengeschäften haben. Sodann werden vor allem Argumente gegen eine vergleichbare Interessenlage erörtert, ohne diese konkret so zu benennen.[26]

Zunächst werden die weiteren Einflussmöglichkeiten der KG-Gesellschafter als nachrangig eingeordnet. Wolle man dies anders sehen, so ließe sich feststellen, dass die Informationsrechte sowohl in der AG als auch in der KG recht restriktiv ausgestaltet seien, § 116 Abs. 2 HGB aber deutlich weiter gehe als die Hauptversammlungskompetenz zur Geschäftsführung in § 119 Abs. 2 AktG.[27]

Eine noch größere Bedeutung als in der GmbH-Entscheidung wird dem Schutz des redlichen Vertragspartners in seinem Vertrauen auf die Unbeschränktheit und Unbeschränkbarkeit der Vertretungsmacht und damit auf die Wirksamkeit des Rechtsgeschäfts im Außenverhältnis beigemessen.[28] Bei der KG sei es angesichts der geringeren Bilanzpublizität besonders schwer für den Vertragspartner, die Betroffenheit des Gesamtvermögens zu beurteilen, sodass diese Erwägung besonderes Gewicht erlange. Auch sei zu berücksichtigen, dass der Rechtsverkehr bei der KG von einer engeren internen Abstimmung zwischen Geschäftsführern und Gesellschaftern als bei einer AG ausgehe. Ausdrücklich offen lässt der Senat die Frage einer analogen Anwendbarkeit von § 179a AktG auf Publikumspersonengesellschaften. Eine Unwirksamkeit nach den Grundsätzen des Missbrauchs der Vertretungsmacht kam im entschiedenen Fall aufgrund einer Genehmigung des Vertrags durch die Gesellschafter mit dem Liquidationsbeschluss nicht in Betracht.

4. Rezeption und Würdigung des neuen Begründungsansatzes

Die neuere, eine analoge Anwendung von § 179a AktG auf GmbH und KG ablehnende Rechtsprechung hat überwiegend Zustimmung gefunden.[29] Gelobt wurde vor allem der Gewinn an Rechtssicherheit für den Vertragspartner der Gesellschaft und deren Berater (wobei es wenig überrascht, dass dieses Lob vor allem aus dem Munde von Beratern stammt). Zum Teil kritisch betrachtet wurden die Möglichkeit einer Erkundigungsobliegenheit des

---

[23] BGHZ 232, 375.
[24] Vgl. BGH NJW 1995, 596 und → III. 1.
[25] BGHZ 232, 375 (379f.).
[26] BGHZ 232, 375 (380ff.).
[27] BGHZ 232, 375 (382f.).
[28] Hierzu und zum Folgenden BGHZ 232, 375 (384f.).
[29] Zur GmbH *Bungert/Ewert* EWiR 2019, 263 (264); *Götze* NZG 2019, 695 (696f.); *Müller* NZG 2019, 807 (810); *Ulrich* GmbHR 2019, 528 (535ff.); *v. Prittwitz* DStR 2019, 1265 (1267f.). Zur KG *Berninger* GWR 2022, 234; *Jerger/Goj* NJW 2022, 1883; *Keller/Schümmer* DB 2022, 1625; *K. Schmidt/Drescher* in MüKoHGB, 5. Aufl. 2022, § 126 Rn. 13; wohl auch *Stumpf* BB 2022, 1107; *Tröger* WuB 2022, 247 (250); eher kritisch *Heckschen* GWR 2022, 174; *Witt* ZGR 2022, 893. Differenzierend *K. Schmidt* JuS 2022, 883 (885).

Vertragspartners[30] und die Rechtsunsicherheit, welche die „Auffanglösung" der Rechtsprechung über die Figur des Missbrauchs der Vertretungsmacht wiederum mit sich bringt.[31]

Dass der Verzicht auf die Anwendung von § 179a AktG für die Transaktionspraxis mehr Rechtssicherheit schafft, welche durch eine erweiterte Lehre vom Missbrauch der Vertretungsmacht partiell wieder aufgezehrt wird, steht außer Frage. Kritisch sind die neueren Entscheidungen aber nicht allein aus dieser – pragmatischen – Perspektive zu würdigen, sondern auch von grundsätzlicher Warte. Denn das entscheidende, auf den Schutz des redlichen Erwerbers abzielende Argument des BGH gilt genauso für die AG – auch dort kann der Käufer von Grundstücken oder Anteilen nie sicher sein, damit § 179a AktG auszulösen, und auch dort wären Aktionäre angesichts der Haftungsdrohung (§ 93 Abs. 2 AktG) und der Grundsätze über den Missbrauch der Vertretungsmacht geschützt, wenn der Zustimmungsvorbehalt bloße Binnenwirkung hätte. Dennoch hat der Gesetzgeber hier offenbar dem Gesellschafterschutz Vorrang vor demjenigen des Rechtsverkehrs eingeräumt. Da der BGH den ihm rechtspolitisch erkennbar missliebigen § 179a AktG nicht aufheben kann, begnügt er sich im Ergebnis damit, seinen Anwendungsbereich so klein wie möglich zu halten. Einen alternativen und womöglich besseren Weg hätte er beschritten, wenn er nicht den Anwendungsbereich des § 179a AktG verkürzt, sondern die Rechtsfolgen seiner Missachtung beschnitten hätte. Dass diese im Versagen der Vertretungsmacht liegen, lässt sich dem Wortlaut von § 179a AktG nicht entnehmen und wird folglich von manchen mit durchaus diskutablen Argumenten bestritten.[32] Hätte der BGH diese Fährte aufgenommen, wäre den redlichen Erwerbern von GmbH- und KG-Vermögen nicht minder geholfen – und denjenigen, die von einer AG kaufen, derselbe Verkehrsschutz zuteilgeworden.

Da der BGH sich aber nun einmal für einen anderen Weg entschieden hat, soll es hier nicht mehr darum gehen, die Urteile einer erneuten Kritik zu unterziehen. Vielmehr sollen sie als Datum hingenommen und auf der Basis der ihnen zugrunde liegenden Argumentation versucht werden, die offen gebliebene Frage zu beantworten, ob die Rechtsprechungs-Kehrtwende zur Konsequenz hat, dass fürderhin auch die KGaA vom Anwendungsbereich des § 179a AktG auszunehmen ist.

IV. Das Gesamtvermögensgeschäft bei der KGaA

1. Ausgangspunkt und Gang der weiteren Überlegungen

In den erörterten Entscheidungen des BGH zu § 179a AktG ging es stets um eine *analoge* Anwendung. Bei der KGaA stellt sich diese Frage aber nicht bzw. jedenfalls nicht primär, denn hier kann sich die Anwendbarkeit der Norm schon *unmittelbar* aus dem Gesetz ergeben. Dafür gibt es drei Anhaltspunkte: Versteht man die KGaA als Variante der AG, liegt es nahe, den speziell für Aktiengesellschaften konstruierten § 179a AktG auch bei ihr zur Anwendung zu bringen (→ V.). Zweitens könnte die Historie für die Anwendbarkeit streiten, denn ursprünglich war die Geltung der Norm für die KGaA ausdrücklich angeordnet (→ VI.). Schließlich gibt es mit § 278 Abs. 3 AktG einen Anknüpfungspunkt im Gesetz selbst, denn diese Vorschrift verweist unmittelbar ins Aktienrecht – und damit möglicherweise auch auf § 179a AktG (→ VII.).

---

[30] *Götze* NZG 2019, 695 (696 f.); *v. Prittwitz* DStR 2019, 1265 (1269 f.).
[31] *Heckschen* AG 2019, 420 (421 f.); *Heinze* NJW 2019, 1995 (1996); *Leo/John* NZG 2022, 1383; *Liebscher* FS Ebke, 2021, 585 (589); diese Probleme benennen auch *Ulrich* GmbHR 2019, 528 (535) und *Müller* NZG 2019, 807 (809 f.).
[32] Verneinend insbes. *Mülbert*, Aktiengesellschaft, Unternehmensgruppe und Kapitalmarkt, 2. Aufl. 1996, S. 10; *Scheel* FS Wegen, 2015, 297 (308 f.); einschränkend *Servatius* FS Stilz, 2014, 601 (606 f.).

2. Bisheriger Stand der Diskussion

Ganz überwiegend wird die Anwendung von § 179 a AktG auf die KGaA bislang bejaht.[33] Der BGH hat sich mit der Frage noch nicht befasst, das OLG Stuttgart sich in einer – soweit ersichtlich singulären – Entscheidung der herrschenden Auffassung angeschlossen.[34] Auf welchem Weg man zu diesem Ergebnis gelangt, schien bisher gleichgültig: Überwiegend wurde derjenige des § 278 Abs. 3 AktG (Verweis aufs Aktienrecht) beschritten, doch führte auch der Weg über § 278 Abs. 2 AktG (Verweis aufs KG-Recht) zum Ziel, weil § 179 a AktG bislang analog auf die KG angewandt wurde. Wenn nun nach der Änderung der Rechtsprechung über § 278 Abs. 2 AktG das KG-Recht in „Reinform" (also ohne § 179 a AktG analog) angewendet würde, wäre ein Gesamtvermögensgeschäft nur noch als außergewöhnliches Geschäft iSv § 116 Abs. 2 HGB (künftig: § 124 Abs. 4 HGB[35]) oder als Grundlagengeschäft[36] zu qualifizieren.[37] Auch in diesem Fall bräuchte der handelnde persönlich haftende Gesellschafter einen zustimmenden Beschluss aller Gesellschafter (einschließlich der Kommanditaktionäre).[38] Dieses Erfordernis ist aber – anders als § 179 a AktG – disponibel[39]; vor allem zeitigt ein Verstoß grundsätzlich keine Außenwirkung, die Vertretungsmacht bleibt unberührt (§ 126 Abs. 2 HGB), wenn nicht ein Fall des Missbrauchs der Vertretungsmacht vorliegt.[40]

V. Die KGaA als Aktiengesellschaft

Die KGaA ist eine Mischform aus KG und AG, wird aber heute überwiegend als Variante der AG (mit personengesellschaftsrechtlichen Elementen) angesehen.[41] Für diese Einordnung spricht nicht nur der vom Gesetzgeber bewusst gewählte Standort im AktG, sondern auch und vor allem die wertungsmäßige Gleichstellung von AG und KGaA im Umwandlungsrecht (vgl. § 78 S. 4 UmwG).[42] In dieses Bild passt es, dass das für Strukturfragen zustän-

---

[33] *Bachmann* FS Marsch-Barner, 2018, 13 (15); *Bachmann* in Spindler/Stilz, AktG, 5. Aufl. 2021, § 278 Rn. 73.2; *Bayer/Lieder/Hoffmann* AG 2017, 717 (718); *Eschwey* MittBayNot 2018, 299 (307); *Fett/Förl* in HK AktG, 5. Aufl. 2022, § 278 Rn. 43; *Fett/Förl* NZG 2004, 210 (213); *Hüren* RNotZ 2014, 77 (85); *Koch* in Hüffer, AktG, 13. Aufl. 2018, § 179 a Rn. 25; *Perlitt* in MüKoAktG, 5. Aufl. 2020, § 278 Rn. 180; *Reger* in Bürgers/Fett, Die KGaA-HdB, 3. Aufl. 2022, § 5 Rn. 171 f.; *Widder/Feigen* NZG 2018, 972; *Witt* ZGR 2022, 893; *Zetzsche* in Kölner Komm AktG, 3. Aufl. 2019, § 179 a Rn. 23; *Zintl/Singbartl* GWR 2015, 375 f.

[34] OLG Stuttgart NZG 2003, 778 (784).

[35] Änderung mit Inkrafttreten des MoPeG am 1.1.2024, vgl. BGBl. 2021 I 3436.

[36] Wenn die Verpflichtung zur Übertragung des Gesamtvermögens teilweise als Grundlagengeschäft angesehen wird, so überzeugt das nicht, da sich der Vertrag mit einem Dritten bloß tatsächlich auf das Gesellschaftsverhältnis bzw. den Gesellschaftszweck auswirkt, ein Grundlagengeschäft aber die Änderung des Gesellschaftsvertrags voraussetzt. So u. a. auch *Bergmann* FS E. Vetter, 2019, 79 (87); *Eschwey* MittBayNot 2018, 299 (311 f.).

[37] *Bergmann* FS E. Vetter, 2019, 79 (93).

[38] RGZ 158, 302 (308); *Bachmann* in Spindler/Stilz, AktG, 5. Aufl. 2021, § 278 Rn. 67; *Mertens/Cahn* in Kölner Komm AktG, 3. Aufl. 2019, § 278 Rn. 65; *Perlitt* in MüKoAktG, 5. Aufl. 2020, § 278 Rn. 177.

[39] *Bachmann* in Spindler/Stilz, AktG, 5. Aufl. 2021, § 278 Rn. 67 auch zu der Frage, ob dies auch in der GmbH & Co. KGaA gilt.

[40] *Boesche* in Oetker, HGB, 7. Aufl. 2021, § 126 Rn. 10; *Jickeli* in MüKoHGB, 5. Aufl. 2022, § 116 Rn. 44; *K. Schmidt/Drescher* in MüKoHGB, 5. Aufl. 2022, § 126 Rn. 13.

[41] *Bachmann* FS K. Schmidt, 2009, 41 (43); *Koch*, AktG, 16. Aufl. 2022, § 278 Rn. 3; *Philbert*, Die KGaA zwischen Personengesellschaftsrecht und Aktienrecht, 2005, S. 117; *K. Schmidt*, Gesellschaftsrecht, 4. Aufl. 2002, S. 972; *Windbichler*, Gesellschaftsrecht, 24. Aufl. 2017, § 34 Rn. 2.

[42] *Bachmann* in Spindler/Stilz, AktG, 5. Aufl. 2021, § 278 Rn. 1 mit weiteren Nachweisen und Argumenten.

dige Organ nicht die Gesellschafterversammlung oder die „Gesamtheit der Kommandit-aktionäre" (vgl. § 278 Abs. 2 AktG), sondern – wie bei der AG – die „Hauptversammlung" ist (vgl. § 285 AktG).[43] Ebenso wie bei der AG ist diese für den gesamten Katalog des § 119 Abs. 1 AktG (inkl. Satzungsänderung, Kapitalmaßnahmen, Auflösung) zuständig und muss – mit Außenwirkung! – über Umwandlungsvorgänge beschließen. Das legt es nahe, dass die solchen Vorgängen systematisch, historisch und wertungsmäßig nahestehende Vermögens-übertragung gem. § 179a AktG ebenfalls der Zustimmung der KGaA-Hauptversammlung bedarf. Dies gilt umso mehr, als Kapitalanleger bei ihrer Investitionsentscheidung keinen Unterschied zwischen AG und KGaA machen, sondern vielmehr die (berechtigte) Erwar-tung hegen, dass sie bei einer börsenfähigen deutschen Rechtsform über im Kern identische Entscheidungsbefugnisse verfügen.

Ein zwingendes Argument für die Anwendung von § 179a AktG auf die KGaA folgt aus alledem nicht, doch zeigen diese ersten Überlegungen, dass prima facie viel dafür spricht, AG und KGaA bei der Gesamtvermögensübertragung nicht unterschiedlich zu behandeln. Die Argumente derjenigen, die das anders sehen, müssen demgemäß einiges an Gewicht haben, um die Waagschale in die andere Richtung zu drücken.

VI. Historischer Blick auf das UmwBerG von 1994

Unterstützung erfährt das Gesagte, wenn man sich der Lösung über die Gesetzgebungs-geschichte annähert, wie es auch der BGH in seinen jüngsten Entscheidungen getan hat. § 179a AktG war ursprünglich im Umwandlungsrecht (§ 361 AktG aF) enthalten und bezog sich dort explizit auf Aktiengesellschaft *und* Kommanditgesellschaft auf Aktien. Weshalb die Erwähnung der KGaA aus § 179a AktG herausfiel, ist unklar. Ob der Gesetzgeber der Ansicht war, dass die Norm über § 278 Abs. 3 AktG anwendbar sei, jedenfalls eine analoge Anwendung für gesichert erachtete, oder ob er den Schutz des Personengesellschaftsrechts über § 278 Abs. 2 AktG für ausreichend hielt, lässt sich nicht zweifelsfrei feststellen. Nahe-liegend ist ein Redaktionsversehen, sollte es doch an dieser Stelle überhaupt nicht zu inhalt-lichen Änderungen kommen – die „Umsiedlung" des Gesamtvermögensgeschäfts in das erste Buch des AktG hatte ausweislich der Begründung des Regierungsentwurfs rein syste-matische Gründe.[44] Auch sind alle Vorschriften aus dem Umkreis des § 361 AktG aF, die sich nun im UmwG finden, weiterhin auf die KGaA anwendbar.[45] Zudem wurden andere Veränderungen gegenüber § 361 AktG aF durch den Gesetzgeber begründet, die Streichung der KGaA hingegen nicht.[46]

Der II. Zivilsenat hielt zum UmwBerG in seiner GmbH-Entscheidung fest, dass nicht ersichtlich sei, „dass der Gesetzgeber [des UmwBerG] mit der sprachlichen Veränderung eine Änderung auf Rechtsfolgenseite der Norm beabsichtigt" habe.[47] Zu einer möglichen Veränderung des (von der Rechtsfolgenseite zu unterscheidenden) Anwendungsbereichs der Norm verhielt er sich nicht. Angesichts des Gesagten liegt es aber sehr nahe, dass der BGH auch insoweit dem Gesetzgeber nicht unterstellen würde, mit einer – nicht weiter erklär-lichen – Verkürzung des Wortlauts eine sachliche Änderung gegenüber dem bislang gelten-den Recht bezweckt zu haben.

---

[43] Eingehend zur Hauptversammlung der KGaA *Bachmann* FS Marsch-Barner, 2018, 13 ff.

[44] Vgl. RegE UmwBerG, BT-Drs. 12/6699, 177 – § 361 AktG aF wurde als „Fremdkörper" angesehen.

[45] *Philbert,* Die KGaA zwischen Personengesellschaftsrecht und Aktienrecht, 2005, S. 183.

[46] BT-Drs. 12/6699, 177, wobei die selektive Gesetzesbegründung argumentativ nicht eindeu-tig verwertbar ist, wie *Witt,* Die Veräußerung des gesamten Gesellschaftsvermögens gem. § 179a Abs. 1 AktG, 2021, S. 297 f., zeigt.

[47] BGHZ 220, 354 (358 f.) (betr. Streichung des Wortes „wirksam").

VII. Lösung über das Verhältnis von § 278 Abs. 2 und Abs. 3 AktG

Während für eine Anwendung von § 179a AktG auf die KGaA ursprünglich oft wenig Begründungsaufwand betrieben wurde[48], hat man zuletzt vermehrt die Verweisungen in § 278 Abs. 2 und Abs. 3 AktG als entscheidend herausgearbeitet.[49] Hier könnte in der Tat der Schlüssel zur Klärung der hiesigen Frage liegen. Allerdings ist das Verhältnis der beiden Absätze zueinander nicht unumstritten.

1. Das Verhältnis der Verweisungsnormen im Recht der KGaA

Mit Blick auf die Systematik von § 278 AktG und den eine Subsidiarität andeutenden Wortlaut seines dritten Absatzes („im Übrigen") räumen manche der Verweisung ins Recht der KG durch Absatz 2 einen pauschalen Vorrang ein. Immer dann, wenn es um die darin angesprochenen Materien geht, soll ohne weitere Prüfung KG-Recht zur Anwendung gelangen (abstrakt-systematischer Ansatz).[50] Auf dieser Basis wollen neuere Stimmen zu einer Nicht-Anwendung von § 179a AktG gelangen.[51] Denn die Rechtsfolgenseite betrifft die Vertretung der Gesellschaft – dem persönlich haftenden Gesellschafter der KGaA fehlt bei Eingreifen der Norm ohne erforderliche HV-Zustimmung die Vertretungsmacht. Da namentlich für die Vertretung bei der KGaA gem. § 278 Abs. 2 AktG das KG-Recht anzuwenden ist, soll eine Anwendung von § 179a AktG deshalb ausscheiden. Für dieses Ergebnis soll außerdem sprechen, dass es in § 179a AktG um eine Zuständigkeitsverteilung im Verhältnis der Kommanditaktionäre zu den persönlich haftenden Gesellschaftern geht, also ebenfalls um eine Materie, die in § 278 Abs. 2 AktG angesprochen ist.

Nach bislang überwiegender, auch von der Rechtsprechung praktizierter Methode[52] stehen KG-Recht und Aktienrecht bei der KGaA allerdings nicht in einem strengen Exklusivitätsverhältnis und genießt der Verweis in § 278 Abs. 2 AktG keinen strikten Vorrang. In Zweifelsfällen sollen vielmehr wertende Kriterien entscheiden, ob KG- oder Aktienrecht zur Anwendung kommt (konkret-teleologischer Ansatz).[53] Diesem Ansatz gebührt der Vorzug, denn die Klarheit und Stringenz, die auf den ersten Blick für die abstrakt-systematische Herangehensweise sprechen, verflüchtigen sich, sobald man Grenzfälle in den Blick nimmt – und nur bei diesen wird die Zuordnung zu einem der beiden Absätze überhaupt relevant. Exemplarisch zeigt sich das gerade an einer Vertretungsregel: Der BGH hat – mit weitgehender Billigung der Literatur – die Anwendbarkeit von § 112 AktG auf die KGaA bejaht, obwohl es dort (und zwar wesentlich deutlicher als bei § 179a AktG!) um eine Vertretungsregelung und somit um eine in § 278 Abs. 2 AktG angesprochene Materie geht.[54] Rechtfer-

---

[48] Siehe zB noch *Koch* in Hüffer, AktG, 11. Aufl. 2014, § 179a Rn. 25.

[49] *Bachmann* in Spindler/Stilz, AktG, 5. Aufl. 2021, § 278 Rn. 29; *Bergmann* FS E. Vetter, 2019, 79 (80); *Koch*, AktG, 16. Aufl. 2022, § 179a Rn. 25; *Witt*, Die Veräußerung des gesamten Gesellschaftsvermögens gem. § 179a Abs. 1 AktG, 2021, S. 298.

[50] Dafür *Bergmann* FS E. Vetter, 2019, 79 (82); *Fett* in Fett/Bürgers, Die KGaA-HdB, 3. Aufl. 2022, § 3 Rn. 4; *Fett/Stütz* NZG 2017, 1121 (1122); *Herfs* in MHdB GesR IV, 5. Aufl. 2020, § 76 Rn. 13; *Philbert*, Die KGaA zwischen Personengesellschaftsrecht und Aktienrecht, 2005, S. 106 f.

[51] So namentlich *Bergmann* FS E. Vetter, 2019, 79 ff.; dem zuneigend *Koch*, AktG, 16. Aufl. 2022, § 179a Rn. 25.

[52] Vgl. BGH NZG 2005, 276 f. (betr. § 112 AktG).

[53] Begriffsprägend *Bachmann* in Spindler/Stilz, AktG, 5. Aufl. 2021, § 278 Rn. 25 f. So auch *Bachmann* FS K. Schmidt, 2009, 41 (43); *Cahn* AG 2001, 579 (582); *Mertens/Cahn* in Kölner Komm AktG, 3. Aufl 2019, Vor § 278 Rn. 13; *Herfs* AG 2005, 589 (592); *K. Schmidt* in Lutter/Schmidt, 4. Aufl. 2020, § 278 Rn. 44.

[54] Vgl. BGH NZG 2005, 276; zustimmend die ganz überwiegende Lit., Nachweise bei *Bachmann* in Spindler/Stilz, AktG, 5. Aufl. 2021, § 287 Rn. 20 f.

tigen lässt sich das mit der Überlegung, dass die Norm das Aufgabenfeld des Aufsichtsrats betrifft und, wie ihre Stellung unmittelbar hinter § 111 AktG zeigt, dessen Überwachungs-auftrag vervollständigen soll. Bei wertender Betrachtung ist es daher folgerichtig (wenngleich nicht zwingend), zusammen mit § 111 AktG auch § 112 AktG über § 278 Abs. 3 AktG zur Anwendung zu bringen.[55]

2. Offenes Ergebnis bei abstrakt-systematischer Abgrenzung

Was sich an § 112 AktG gezeigt hat, gilt in gleicher Weise für § 179a AktG: Der isolierte Blick auf § 278 Abs. 2 AktG führt zu keinem klaren Ergebnis. Danach kommt es darauf an, ob man in § 179a AktG eine Regelung der Stellvertretung und/oder des Verhältnisses zwi-schen persönlich haftenden Gesellschaftern und Kommanditaktionären sieht. Tut man dies, so ist bei abstrakt-systematischer Abgrenzung für eine Anwendung von § 179a AktG über § 278 Abs. 3 AktG kein Raum.[56] Eine derartige Einordnung von § 179a AktG ist aber kei-neswegs zwingend, denn § 179a AktG hat verschiedene Facetten. Dabei steht der stellvertre-tungsrechtliche Aspekt durchaus nicht im Vordergrund. Das zeigt sich nicht nur daran, dass die Beschränkung der Vertretungsmacht in § 179a AktG gar nicht ausgesprochen wird, son-dern erst hineingelesen werden muss und folglich umstritten ist.[57] Deutlicher noch wird es an der systematischen Stellung der Norm, welche sich im Abschnitt über Satzungsänderun-gen und Kapitalmaßnahmen (§§ 179ff. AktG), also einer originären Domäne der Hauptver-sammlung (vgl. § 119 Abs. 1 Nr. 6 u. 7 AktG), befindet. Satzungsänderungen folgen aber auch in der KGaA grundsätzlich dem aktienrechtlichen Muster.[58] Nimmt man die histori-sche Wurzel der Norm im Umwandlungsrecht (§ 361 AktG aF) sowie den Umstand hinzu, dass die KGaA heute als Spielart der AG begriffen wird,[59] ist ein über § 278 Abs. 2 AktG gewonnenes Ergebnis keineswegs so klar, wie es von seinen Verfechtern ausgegeben wird. Vielmehr sprechen dann mindestens genauso gute Gründe dafür, in § 179a AktG eine aktienrechtliche Materie zu sehen und sie mithin über § 278 Abs. 3 AktG auch bei der KGaA zur Anwendung zu bringen.

3. Lösung über den konkret-teleologischen Ansatz

Weil der abstrakt-systematische Weg, wie gesehen, kein klares Ergebnis zeitigt, ist mit dem konkret-teleologischen Ansatz fortzufahren und im Rahmen einer wertenden Gesamt-betrachtung von Aktien- und Personengesellschaftsrecht zu fragen, ob die Anwendung von § 179a AktG auf die KGaA sachlich gerechtfertigt ist. In diese Betrachtung sind als Kriterien die Stellung der Kommanditaktionäre im Vergleich zu Aktionären einer AG und zu den Kommanditisten in der KG sowie die Schutzbedürftigkeit des Rechtsverkehrs bei Trans-aktionen mit der KGaA einzustellen. Der Charme dieser Herangehensweise liegt darin, dass hierbei zugleich auf jene Aspekte eingegangen werden kann, die der BGH bei der Prüfung einer analogen Anwendung von § 179a AktG in seine Abwägung einbezogen hat.[60]

---

[55] Die Anwendbarkeit von § 111 AktG auf die KGaA ist unstreitig, s. statt aller *Bachmann* in Spindler/Stilz, AktG, 5. Aufl. 2021, § 287 Rn. 4, 14. Ausgenommen davon sind lediglich die Sätze 2−4 des vierten Absatzes (Zustimmungsvorbehalt).

[56] So *Bergmann* FS E. Vetter, 2019, 79 (84).

[57] → III. 4. (Fn. 32).

[58] Vgl. *Koch*, AktG, 16. Aufl. 2022, § 281 Rn. 3; *Perlitt* in MüKoAktG, 5. Aufl. 2020, § 281 Rn. 60; eingehend (mit Differenzierungen) *Bachmann* FS K. Schmidt, 2009, S. 41ff.

[59] → V. und VI.

[60] Vgl. hierzu BGHZ 220, 354 (361ff.).

a) Stellung der Kommanditaktionäre

aa) Mitwirkungs-, Kontroll- und Informationsrechte der Kommanditaktionäre

Blickt man auf die rechtliche Stellung der Kommanditaktionäre, zeigt sich ein Bild, das eine Vergleichbarkeit zur Stellung der Aktionäre der AG erkennen lässt.

Die Rechte der Kommanditaktionäre gehen zwar teilweise über die der Aktionäre der AG hinaus. So haben sie wie Kommanditisten gem. § 116 Abs. 2 HGB iVm § 278 Abs. 2 AktG im Zustimmungserfordernis zu außergewöhnlichen Geschäften ein Mitverwaltungsrecht (wenn auch mit bloßer Innenwirkung), das deutlich stärker ist als die Hauptversammlungskompetenz zu Fragen der Geschäftsführung in § 119 Abs. 2 AktG. Zudem haben Kommanditaktionäre gem. § 278 Abs. 2 AktG iVm § 166 HGB Informationsrechte, die über § 131 AktG hinausgehen. Allerdings sind diese Informationsrechte begrenzt, § 166 HGB wird gemeinhin als Einschränkung des deutlich umfassenderen § 118 HGB verstanden.[61] Auch sind die Informationsrechte praktisch wenig relevant und helfen (wie die Zustimmungsrechte gem. § 116 Abs. 2 HGB) kaum bei der Verhinderung kompetenzüberschreitender Alleingänge der persönlich haftenden Gesellschafter.[62] Hinzu kommt die gegenüber der AG wesentlich größere Gestaltungsfreiheit im Innenverhältnis der KGaA[63], wodurch die Rechte der Kommanditaktionäre, zB auch das o. g. Zustimmungserfordernis, eingeschränkt werden können und in der Praxis auch regelmäßig werden.

Die Ausübung der kollektiven Rechte der Kommanditaktionäre ist auch in der KGaA der Hauptversammlung zugewiesen (siehe schon → V.). Deren Stellung ist im Vergleich zur Hauptversammlung der AG aber schwächer, da erstens aufgrund der Selbstorganschaft in der KGaA dem durch die Hauptversammlung zu wählenden Aufsichtsrat (§ 287 AktG) die Personalkompetenz in Bezug auf den Komplementär fehlt. Zweitens müssen gem. § 285 Abs. 2 AktG grds. alle persönlich haftenden Gesellschafter bei wesentlichen Beschlüssen wie Gesamtvermögensgeschäften ebenfalls zustimmen. Hinzu kommt eine gegenüber der AG eingeschränkte Kontrolle des Aufsichtsrats.

Aus der selbstorganschaftlichen Struktur der KGaA im Vergleich zur AG lässt sich mit Blick auf den einzelnen Kommanditaktionär hingegen kein eindeutiger Schluss ziehen. Zwar könnte einerseits das Risiko persönlicher Außenhaftung gegenüber dem Vertragspartner die persönlich haftenden Gesellschafter risikoaverser agieren lassen und so das Risiko von Gesamtvermögensgeschäften verringern.[64] Eine solche Wirkung ist aber nicht zwingend. Im Gegenteil dürfte aus der Stellung als „geborenes Organ" der KGaA eine höhere Schutzbedürftigkeit der Kommanditaktionäre folgen: Die Aktionäre in der AG wählen einen Aufsichtsrat, der Personalkompetenz bezüglich des Vorstands hat und die Bestellung insbesondere aus wichtigem Grund ohne Weiteres widerrufen kann (§ 84 Abs. 4 AktG). Das ist bei der KGaA, wie erwähnt, anders. Einem persönlich haftenden Gesellschafter in der KGaA kann die Vertretungsmacht gem. § 127 HGB (iVm § 278 Abs. 2 AktG) nur durch gerichtliche Entscheidung entzogen werden und er kann gem. § 140 HGB (iVm § 278 Abs. 2 AktG) durch eine erfolgreiche Ausschließungsklage aus der Gesellschaft ausgeschlossen werden. Damit ist bei der KGaA ein Machtmissbrauch der persönlich haftenden Gesellschafter mit Außenwirkung schwerer kurzfristig zu verhindern als bei der AG.

Zudem sind die Kommanditaktionäre im Regelfall ebenso rational apathisch wie die Aktionäre der AG. Sie haften grundsätzlich nicht für Forderungen der Gesellschaft, die §§ 170 ff. HGB sind nicht anwendbar. Die Anteile sind frei übertragbar und deutlich fungibler als Kommanditanteile. Dies gilt besonders für die kapitalmarkorientierte KGaA.

---

[61] *Gummert* in Henssler/Strohn, Gesellschaftsrecht, 5. Aufl. 2021, HGB § 166 Rn. 1.

[62] Vgl. auch *Heckschen* AG 2019, 420 zur GmbH.

[63] *Bachmann* in Spindler/Stilz, AktG, 5. Aufl. 2021, § 278 Rn. 7.

[64] Ähnlich *Bergmann* FS E. Vetter, 2019, 79 (90 f.) in Bezug auf die angemessene Vertragsgestaltung.

bb) *Ausreichender Schutz über Zustimmungspflicht zu außergewöhnlichen oder Grundlagengeschäften?*

Die personengesellschaftsrechtliche Zustimmungspflicht zu außergewöhnlichen Geschäften gem. § 116 Abs. 2 HGB bietet den Kommanditaktionären einen geringeren Schutz, da sie grundsätzlich keine Außenwirkung zeitigt. Anders ist dies nur in Fällen des Missbrauchs der Vertretungsmacht. Hierzu muss allerdings bewiesen sein, dass der Vertragspartner von der fehlenden Zustimmung Kenntnis hatte oder dass sich ihm diese aufdrängen musste. Auch wenn der BGH in seinem jüngeren KG-Urteil eine Erkundigungsobliegenheit des Vertragspartners für bestimmte Fälle postulierte,[65] macht die Beweislast das Institut zu einem recht stumpfen Schwert des Schutzes (auch) der Kommanditaktionäre. Deren oben aufgezeigte Rechte helfen bei der Verhinderung eines wirksamen Gesamtvermögensgeschäfts kaum weiter.

b) *Schutzbedürftigkeit des Vertragspartners / Rechtsverkehrs*

Der Rechtsverkehr, insbesondere in Person des Vertragspartners einer KGaA beim Gesamtvermögensgeschäft, vertraut regelmäßig auf die Wirksamkeit des geschlossenen Vertrags. Eine Unwirksamkeit mangels Zustimmung der Hauptversammlung gem. § 179a Abs. 1 AktG enttäuscht dieses Vertrauen, es droht eine sich anschließende komplexe Rückabwicklung über das Bereicherungsrecht. Denn das Erfüllungsgeschäft wird von § 179a Abs. 1 AktG nicht erfasst.[66] Es ist nur außergewöhnliches Geschäft iSd § 116 Abs. 2 HGB.[67] Die Rückabwicklung ist mit schwer abzusichernden wirtschaftlichen Risiken verbunden. Der Schutz des Rechtsverkehrs vor unwirksamen Rechtsgeschäften überragte zuletzt in der Rechtsprechung alle Erwägungen zur Schutzwürdigkeit der Gesellschafter. Bei der KGaA ergibt sich ein anderes Bild.

Auch in der KGaA gilt das Prinzip der Unbeschränktheit und Unbeschränkbarkeit der Vertretungsmacht, § 126 Abs. 2 HGB (iVm § 278 Abs. 2 AktG). Dennoch erweist sich die von der jüngeren Rechtsprechung als so wesentlich betrachtete Schutzwürdigkeit des Rechtsverkehrs bei der KGaA als geringer. Zunächst ist darauf hinzuweisen, dass bei der KGaA das „ordentliche" handelsrechtliche Vertretungsregime durch die weitgehend anerkannte entsprechende Anwendung von § 112 AktG ohnehin schon eine Durchbrechung erfährt.[68] Das betrifft zwar nicht den Umfang der Vertretungsmacht, zeigt aber, dass bei der KGaA die Anwendung aktienrechtlicher Vertretungsnormen nicht grundsätzlich systemwidrig ist.[69] Daher ist der Rechtsverkehr bei der KGaA auch nicht unbedingt vor einer solchen Anwendung zu schützen.

Zudem greift das Argument des BGH, dass Dritte aufgrund der geringeren Publizität der KG und der dadurch verstärkten Gravität der Grundsatzdurchbrechung besonders schutzbedürftig seien,[70] bei der KGaA nicht Platz. Denn die KGaA unterliegt den gleichen Publizitätsanforderungen wie die AG. Damit ist es für den Rechtsverkehr jedenfalls nicht schwerer als bei der AG, die Frage nach der Betroffenheit des Gesamtvermögens zu beantworten.

Auch das Argument, der Rechtsverkehr erwarte (bei der KG) typischerweise eine enge interne Abstimmung[71] und sei auch deshalb besonders schutzwürdig, gilt für die KGaA

---

[65] BGHZ 220, 354 (373f.), zur Kritik → Fn. 30.

[66] BGH NJW 1991, 2564 (2565); *Bayer/Lieder/Hoffmann* AG 2017, 717 (721); *Holzborn* in Spindler/Stilz, AktG, 5. Aufl. 2021, § 179a Rn. 4; *Koch,* AktG, 16. Aufl. 2022, § 179a Rn. 13; *Witt,* Die Veräußerung des gesamten Gesellschaftsvermögens gem. § 179a Abs. 1 AktG, 2021, S. 181f.

[67] AA wohl *Jerger/Goj* NJW 2022, 1883, vgl. hierzu → Fn. 35.

[68] BGH NZG 2005, 276; *Bachmann* in Spindler/Stilz, AktG, 5. Aufl. 2021, § 287 Rn. 20 mwN zur ganz hL.

[69] Bereits → VII. 1.

[70] Vgl. BGHZ 232, 375 (384f.).

[71] BGHZ 232, 375 (385) mit Berufung auf *Eschwey* MittBayNot 2018, 299 (311).

gerade nicht. Sie wird schon durch ihre Normierung im Aktiengesetz von außen eher als große Gesellschaft wahrgenommen und ist eine Abart der Aktiengesellschaft (→ V.). Anders als bei KG (vgl. § 162 HGB) und GmbH (vgl. § 40 GmbHG) lassen sich dem Register auch nicht die Namen aller Gesellschafter entnehmen (vgl. § 282 AktG). Dies verstärkt nicht nur den Eindruck einer großen Gesellschaft mit anonymem Gesellschafterkreis, sondern macht auch die Erfüllung der erwähnten Erkundigungsobliegenheit beim Gesamtvermögensgeschäft schwieriger. Die Aktien der KGaA sind zudem fungibel und sogar börsenfähig, können also einem breiten Anlegerpublikum zugänglich gemacht werden, die Gesellschafterstruktur kann sich dann minütlich verändern. Es ist deshalb vom Rechtsverkehr keine enge und konsensgeprägte Abstimmung durch einen kleinen Gesellschafterkreis zu erwarten.

Der BGH hatte die analoge Anwendbarkeit bewusst offengelassen für die Publikumspersonengesellschaften, die der Struktur der Aktiengesellschaft angenähert sind.[72] Eine solche Annäherung hat für die KGaA von Gesetzes wegen stattgefunden. Das zeigt sich auch darin, dass der Gesetzgeber die Hauptversammlung, parallel zur AG, als zuständiges Organ der KGaA für die Wahrnehmung von Rechten der Kommanditaktionäre vorsieht (→ V.). Allein Maßnahmen iSd § 179a AktG nicht der Kompetenz der Hauptversammlung zu unterstellen, dürfte im Rechtsverkehr daher für mehr Unsicherheit sorgen als eine einheitliche Handhabung.

c) Ergebnis

Nach dem vorzugswürdigen konkret-teleologischen Ansatz ist bei Heranziehung wertender Kriterien § 179a AktG gem. § 278 Abs. 3 AktG anwendbar. Denn die Rechtsstellung der Kommanditaktionäre ist eher mit derjenigen von Aktionären als mit der von Gesellschaftern einer GmbH oder KG vergleichbar, und die Vertragspartner einer KGaA sind nicht schutzwürdiger als diejenigen einer AG. Angesichts der Umstände, dass die abstrakt-systematische Methode kein eindeutiges Ergebnis zu liefern vermochte und dass der Charakter der KGaA als Aktiengesellschaft sowie die historische Betrachtung die Waagschale schon zugunsten einer aktienrechtlichen Lösung neigten, steht fest: § 179a AktG gilt auch für die KGaA. Die Frage einer analogen Anwendung stellt sich damit nicht mehr. Wirft man sie trotzdem auf,[73] gelangt man zu keinem anderen Ergebnis, da die Interessenlage bei KGaA und AG nach dem Ausgeführten vergleichbar ist und keine Anhaltspunkte dafür vorliegen, dass der Gesetzgeber die Frage bei der KGaA bewusst anders entscheiden wollte.

VIII. Fazit

§ 179a AktG hat in der jüngeren Rechtsprechung eine Wandlung von einer verallgemeinerungsfähigen Norm zu einer Sondervorschrift erfahren. Das ändert nichts daran, dass sie für die KGaA weiterhin gilt – und zwar auch unter Berücksichtigung jener Gesichtspunkte, mit denen der BGH die analoge Anwendbarkeit auf GmbH und KG ablehnt. Dieses Ergebnis entspricht der bislang herrschenden Meinung, die preiszugeben die jüngeren Judikate zu § 179a AktG keinen Anlass geben. Der Praxis ist die Herbeiführung eines Hauptversammlungsbeschlusses unter Einhaltung der Anforderungen des § 179a AktG allein aus Vorsichtsgründen anzuraten.[74] Wer so verfährt, befindet sich in guter Gesellschaft.[75]

---

[72] BGHZ 232, 375 (385).

[73] So konsequent *Bergmann* FS E. Vetter, 2019, 79 (89) und *Witt,* Die Veräußerung des gesamten Gesellschaftsvermögens gem. § 179a Abs. 1 AktG, 2021, S. 299.

[74] Allgemein zur Vorsicht bei Gesamtvermögensgeschäften raten auch *Eschwey* MittBayNot 2018, 299 (314ff.); *Hüren* RNotZ 2014, 77 (98).

[75] Vgl. *Bayer / Lieder / Hoffmann* AG 2017, 717 (720) mit konkreten Beispielen aus analysierten Hauptversammlungsunterlagen.

WALTER BAYER/PHILIPP SELENTIN

Die Gesellschafterliste: Probleme der lex lata und Überlegungen de lege ferenda

I. Einleitung

Durch das MoMiG wurde das Recht der GmbH in verschiedenen Bereichen reformiert.[1] Diese Reformen wurden überwiegend positiv aufgenommen.[2] Dies gilt grundsätzlich auch für die Aufwertung der Gesellschafterliste nach Maßgabe der weitgehend neugefassten §§ 16, 40 GmbHG.[3] Allerdings wurde bereits vor Jahren darauf hingewiesen, dass „die Gesamtkonzeption der §§ 16, 40 GmbHG unvollständig (ist) und [...] zahlreiche Zweifelsfragen offen (lässt)".[4] Diese Einschätzung wird bestätigt durch eine Vielzahl von BGH-Entscheidungen sowohl zur Gesellschafterliste gem. § 40 GmbHG selbst als auch zur daraus abgeleiteten Legitimationswirkung gem. § 16 Abs. 1 GmbHG und zum gutgläubigen Erwerb gem. § 16 Abs. 3 GmbHG.

Das Recht der Gesellschafterliste (§§ 16, 40 GmbHG) zählt zu einem der Schwerpunkte, mit denen sich auch *Andreas Heidinger* wissenschaftlich beschäftigt.[5] Bei der Behandlung zahlreicher Problematiken stimmt der *Jubilar* mit der Auffassung des Erstautors dieses Beitrags überein, doch finden sich hier und da im Hinblick auf das geltende Recht auch Divergenzen. Es erscheint daher reizvoll, diese Fragen nochmals zu beleuchten und dabei vor allem auch die vielen Gemeinsamkeiten im Hinblick auf eine erwünschte Reform des Rechts der Gesellschafterliste zu betonen.

II. Das Recht der Gesellschafterliste im Überblick

1. Die Gesellschafterliste nach Maßgabe von § 40 GmbHG

Die Gesellschafterliste ist nach dem MoMiG im Innenverhältnis die Grundlage der Legitimation der Gesellschafter gegenüber der Gesellschaft sowie im Außenverhältnis ein Rechtsscheinträger, welcher nunmehr den gutgläubigen Erwerb ermöglicht.[6] Durch die Aufwer-

---

[1] Überblick bei *Kindler* NJW 2008, 3249 ff.

[2] Siehe aber zur verbreiteten Kritik am reformierten Recht der Kapitalaufbringung und für weitergehende Deregulierung unter Auflösung der zahlreichen Widersprüche der lex lata *Bayer* GmbHR 2010, 1289 (1290 ff.) mwN; nochmals *Bayer* VGR 18 (2012), 25 ff.

[3] Siehe bereits *Bayer* GmbHR 2010, 1289 (1290).

[4] So *Bayer* GmbHR 2010, 1289 (1290). Siehe aus der notariellen Praxis etwa auch *Leitzen* ZNotP 2014, 42 (47) („kein stringentes System zur Gewährleistung der Transparenz der Beteiligungsverhältnisse [...], sondern nur der in Maßen taugliche Versuch zur Steigerung der Transparenz").

[5] Siehe stellvertretend nur die Kommentierungen von §§ 16, 40 GmbHG in MüKoGmbHG, 4. Aufl. 2022 bzw. 3. Aufl. 2019 sowie noch *Heidinger* FS Stilz, 2014, 253 ff. und *Heidinger* FS Bergmann, 2018, 283 ff.

[6] *Heidinger* in MüKoGmbHG, 3. Aufl. 2019, § 40 Rn. 5; *Oetker* in Henssler/Strohn, Gesellschaftsrecht, 5. Aufl. 2021, GmbHG § 40 Rn. 2; *Wicke*, GmbHG, 4. Aufl. 2020, § 40 Rn. 1; *Heilmeier* in BeckOK GmbHG, 52. Ed. 1.8.2022, § 40 Rn. 7 ff.

tung ist sie aktuell eines der wichtigsten Dokumente in der GmbH.[7] Die Regelungen der §§ 16, 40 GmbHG sind zwingender Natur, jedoch auf Satzungsebene weitergehenden Ausgestaltungen – insbesondere in formaler Hinsicht – zugänglich.[8]

Grundsätzlich sind alle Veränderungen in der Person der Gesellschafter oder des Umfangs ihrer Beteiligungen unverzüglich[9] einzureichen.[10] Dies umfasst auch mittelbare Veränderungen, beispielsweise infolge von Verschmelzung oder Erbfolge.[11] Dabei müssen sämtliche Veränderungen durch die Listenführung lückenlos nachvollziehbar sein[12] und nur bei zeitgleichem Wirkungseintritt mehrerer Veränderungen dürfen diese in einer Liste zusammengefasst werden.[13] Letzteres gilt auch und gerade für den Fall einer späteren Änderung (Rücktritt, Anfechtung etc.): Auch in diesen Konstellationen muss jeder Einzelschritt sichtbar bleiben, sodass – sogar bei gem. § 142 Abs. 1 BGB bestehender Nichtigkeit *ex tunc* – eine den Erwerbsvorgang zunächst angebende Liste einzureichen ist.[14]

Hinsichtlich der bezüglich eines jeden Gesellschafters einzutragenden Angaben werden sich demnächst im Zuge des MoPeG[15] für die GbR Änderungen ergeben: Aktuell sind alle Gesellschafter mit vollständigem Namen, Geburtsdatum und Wohnort anzugeben.[16] Ab Inkrafttreten des MoPeG werden für eine eingetragene GbR stattdessen Name, Sitz sowie Registergericht und -nummer in der Liste erforderlich sein.[17]

Gemäß § 2 GesLV können in einer Veränderungsspalte Angaben zur Herkunft des betreffenden Geschäftsanteils erfolgen.[18] Insbesondere bei Teilungen und Zusammenlegungen ist die Veränderungsspalte häufig *das* Instrumentarium, welches die Nachvollziehbarkeit der Listen gegenüber dem mit dem Urkundeninhalt nicht vertrauten Rechtsverkehr gewähr-

---

[7] *Bayer* in Lutter/Hommelhoff, GmbHG, 21. Aufl. 2023, § 40 Rn. 1; zustimmend *Servatius* in Noack/Servatius/Haas, GmbHG, 23. Aufl. 2022, § 40 Rn. 1; *Heidinger* in MüKoGmbHG, 3. Aufl. 2019, § 40 Rn. 7; *Löbbe* GmbHR 2012, 7; *Lieder* GmbHR 2016, 189; *Wachter* GmbHR 2018, 1129 (1131).

[8] *Bayer* in Lutter/Hommelhoff, GmbHG, 21. Aufl. 2023, § 16 Rn. 2; zustimmend *Wicke,* GmbHG, 4. Aufl. 2020, § 40 Rn. 2a.

[9] *Altmeppen,* GmbHG, 10. Aufl. 2021, § 40 Rn. 7; *Servatius* in Noack/Servatius/Haas, GmbHG, 23. Aufl. 2022, § 40 Rn. 16, 58; *Heidinger* in MüKoGmbHG, 3. Aufl. 2019, § 40 Rn. 172.

[10] *Servatius* in Noack/Servatius/Haas, GmbHG, 23. Aufl. 2022, § 40 Rn. 4; *Heilmeier* in BeckOK GmbHG, 52. Ed. 1.8.2022, § 40 Rn. 47; *Oetker* in Henssler/Strohn, Gesellschaftsrecht, 5. Aufl. 2021, GmbHG § 40 Rn. 3; *Wicke,* GmbHG, 4. Aufl. 2020, § 40 Rn. 3; *Altmeppen,* GmbHG, 10. Aufl. 2021, § 40 Rn. 8.

[11] *Wicke,* GmbHG, 4. Aufl. 2020, § 40 Rn. 3; *Altmeppen,* GmbHG, 10. Aufl. 2021, § 40 Rn. 44 – beide auch zur Pflicht des Notars zur Listeneinreichung, welche richtigerweise zu verneinen ist: *Bayer* in Lutter/Hommelhoff, GmbHG, 21. Aufl. 2023, § 40 Rn. 81; *Terlau* in Michalski/Heidinger/Leible/J. Schmidt, GmbHG, 3. Aufl. 2017, § 40 Rn. 26; aA *Heidinger* in MüKoGmbHG, 3. Aufl. 2019, § 40 Rn. 242.

[12] *Heidinger* in MüKoGmbHG, 3. Aufl. 2019, § 40 Rn. 310 ff.; *Wicke,* GmbHG, 4. Aufl. 2020, § 40 Rn. 4; *Altmeppen,* GmbHG, 10. Aufl. 2021, § 40 Rn. 11; OLG Düsseldorf NZG 2019, 821 (823).

[13] *Bayer* in Lutter/Hommelhoff, GmbHG, 21. Aufl. 2023, § 40 Rn. 32; *Altmeppen,* GmbHG, 10. Aufl. 2021, § 40 Rn. 11; *Servatius* in Noack/Servatius/Haas, GmbHG, 23. Aufl. 2022, § 40 Rn. 7b; DNotI-Report 2011, 25 (26).

[14] *Altmeppen,* GmbHG, 10. Aufl. 2021, § 40 Rn. 11.

[15] Überblick bei *Hermanns* DNotZ 2022, 3 ff.

[16] *Bayer* in Lutter/Hommelhoff, GmbHG, 21. Aufl. 2023, § 40 Rn. 16; *Heidinger* in MüKoGmbHG, 3. Aufl. 2019, § 40 Rn. 43; *Wicke,* GmbHG, 4. Aufl. 2020, § 40 Rn. 5; *Oetker* in Henssler/Strohn, Gesellschaftsrecht, 5. Aufl. 2021, GmbHG § 40 Rn. 10.

[17] Näher hierzu *Bayer* in Lutter/Hommelhoff, GmbHG, 21. Aufl. 2023, § 40 Rn. 15a ff; *Servatius* in Noack/Servatius/Haas, GmbHG, 23. Aufl. 2022, § 40 Rn. 6a, 27 mwN.

[18] *Bayer* in Lutter/Hommelhoff, GmbHG, 21. Aufl. 2023, § 40 Rn. 28; *Heidinger* in MüKoGmbHG, 3. Aufl. 2019, § 40 Rn. 50 ff.; *Wicke,* GmbHG, 4. Aufl. 2020, § 40 Rn. 5c.

leistet.[19] Dem *Jubilar* ist grundsätzlich zuzustimmen, wenn er unter Hinweis auf die Verordnungsbegründung ausführt, dass bezüglich weiterer Eintragungen in der Veränderungsspalte kein *allzu* restriktiver Ansatz gewählt werden sollte.[20] Indes ist auch die neue Veränderungsspalte nach der *lex lata* nicht dazu bestimmt, eintragungs*unfähige* Inhalte wiederzugeben. Bei dem Verweis auf die Verordnungsbegründung, in welcher die „*übrigen denkbaren Veränderungen*" als zulässig angesehen werden[21], sollte nicht übersehen werden, dass der Verordnungsgeber bei seiner Begründung von der *lex lata* ausging, mithin von der Uneintragbarkeit nicht in §§ 16, 40 GmbHG zugelassener Inhalte – und der Hinweis des *Verordnungs*gebers diesen *gesetzlichen* Rahmen nicht über das geltende Recht hinaus ausdehnen wollte.[22]

Ein erheblicher Teil der noch offenen Fragen zu § 40 GmbHG befasst sich mit der Abgrenzung der Zuständigkeiten von der Geschäftsführung und dem an der Beurkundung beteiligten Notar. Gemäß § 40 Abs. 1 S. 1 GmbHG haben die Geschäftsführer – im Anschluss an eine Plausibilitätsprüfung[23] – unverzüglich nach Wirksamwerden jede Veränderung in den Personen der Gesellschafter oder des Umfangs ihrer Beteiligung eine Liste der Gesellschafter höchstpersönlich[24] zum Handelsregister einzureichen. Der Geschäftsführer kann hierbei nach ebenfalls vom *Jubilar* vertretener Auffassung nicht auf einen förmlichen Nachweis des Veränderungstatbestandes verzichten,[25] denn ein formelles Konsensprinzip gilt für die Gesellschafterliste nicht.[26] Auf die Einreichung der Liste durch den Geschäftsführer hat der Gesellschafter einen Anspruch gegen die GmbH,[27] welchen er auch im einstweiligen Rechtsschutz durchsetzen kann.[28]

Hat ein Notar in amtlicher Eigenschaft an den einzutragenden Veränderungen mitgewirkt, so ist er *anstelle* des bzw. der Geschäftsführer zur Einreichung der die Neuerungen beinhaltenden Liste berufen.[29] Die Einreichung hat unverzüglich zu erfolgen und ist nicht

---

[19] *Bayer* in Lutter/Hommelhoff, GmbHG, 21. Aufl. 2023, § 40 Rn. 38 f.; *Wicke* MittBayNot 2010, 283 (284 f.); *Altmeppen,* GmbHG, 10. Aufl. 2021, § 40 Rn. 12.

[20] *Heidinger* in MüKoGmbHG, 3. Aufl. 2019, § 40 Rn. 53.

[21] BR-Drs. 105/18, 10.

[22] Näher → III. 1. b).

[23] *Altmeppen,* GmbHG, 10. Aufl. 2021, § 40 Rn. 22; *Heilmeier* in BeckOK GmbHG, 52. Ed. 1. 8. 2022, § 40 Rn. 128, 142 ff.; für eine weitergehende Prüfungspflicht indes *Heidinger* in MüKoGmbHG, 3. Aufl. 2019, § 40 Rn. 162; ebenso *Terlau* in Michalski/Heidinger/Leible/J. Schmidt, GmbHG, 3. Aufl. 2017, § 40 Rn. 162.

[24] OLG Brandenburg NZG 2013, 507 (508); OLG Jena GmbHR 2011, 980 mzustAnm *Bayer; Lieder* GmbHR 2016, 189 (191 f.); *Bayer* in Lutter/Hommelhoff, GmbHG, 21. Aufl. 2023, § 40 Rn. 72 mwN; nunmehr auch *Servatius* in Noack/Servatius/Haas, GmbHG, 23. Aufl. 2022, § 40 Rn. 35; aA *Wicke,* GmbHG, 4. Aufl. 2020, § 40 Rn 7.

[25] *Heidinger* in MüKoGmbHG, 3. Aufl. 2019, § 40 Rn. 167; *Bayer* in Lutter/Hommelhoff, GmbHG, 21. Aufl. 2023, § 40 Rn. 77; *Servatius* in Noack/Servatius/Haas, GmbHG, 23. Aufl. 2022, § 40 Rn. 26; *Oetker* in Henssler/Strohn, Gesellschaftsrecht, 5. Aufl. 2021, GmbHG § 40 Rn. 24.

[26] Richtig *Oetker* in Henssler/Strohn, Gesellschaftsrecht, 5. Aufl. 2021, GmbHG § 40 Rn. 21; *Verse* in Henssler/Strohn, Gesellschaftsrecht, 5. Aufl. 2021, GmbHG § 16 Rn. 37.

[27] *Bayer* in Lutter/Hommelhoff, GmbHG, 21. Aufl. 2023, § 40 Rn. 58; *Altmeppen,* GmbHG, 10. Aufl. 2021, § 40 Rn. 23; *Wicke,* GmbHG, 4. Aufl. 2020, § 40 Rn. 8.

[28] Vgl. hierzu im Kontext einer Einziehung ausführlich *Bayer/Selentin* FS 25 Jahre Notarinstitut, 2018, 390 ff; *Bayer* in Lutter/Hommelhoff, GmbHG, 21. Aufl. 2023, § 40 Rn. 100 ff. mwN; siehe ferner *Altmeppen,* GmbHG, 10. Aufl. 2021, § 40 Rn. 29 ff.

[29] *Heidinger* in MüKoGmbHG, 3. Aufl. 2019, § 40 Rn. 146; *Terlau* in Michalski/Heidinger/Leible/J. Schmidt, GmbHG, 3. Aufl. 2017, § 40 Rn. 24; *Heilmeier* in BeckOK GmbHG, 52. Ed. 1. 8. 2022, § 40 Rn. 158, 163; *Altmeppen,* GmbHG, 10. Aufl. 2021, § 40 Rn. 35; *Wicke,* GmbHG, 4. Aufl. 2020, § 40 Rn. 11; *Oetker* in Henssler/Strohn, Gesellschaftsrecht, 5. Aufl. 2021, GmbHG § 40 Rn. 33.

vom Willen der Urkundsbeteiligten abhängig.[30] Hegt der an den Veränderungen mitwirkende Notar indes Zweifel an der Wirksamkeit, darf er nach der Rechtsprechung des BGH erst dann eine korrigierte Liste einreichen, wenn er die Zweifel beseitigt hat.[31] Dies ist bei einer die Listeneinreichung vorläufig untersagenden einstweiligen Verfügung *nicht* möglich.[32] Dies ist richtig und überdies geboten, um Fälle aus dem Graubereich der Tätigkeit des (Anwalts-)Notariats zufriedenstellend lösen zu können.[33] Ist eine aufschiebende Bedingung zu einer den Inhalt der Gesellschafterliste betreffenden Beurkundung vereinbart, so hat der Notar den Eintritt derselben zu überwachen und erst nach Verwirklichung der Bedingung die Einreichung vorzunehmen.[34] Vorbehaltlich eines ausnahmsweise anderweitigen Auftrages im Einzelfall trifft den Notar demgegenüber bei einer *auflösenden* Bedingung keine Überwachungspflicht; vielmehr fallen ggf. nötige Korrekturen ist den Zuständigkeitsbereich der Geschäftsführung.[35] Die Abgrenzung der Einreichungszuständigkeiten bereitet auch nach einigen Jahren praktischer Erfahrung und wissenschaftlicher Aufarbeitung weiterhin Probleme und Streitfragen.[36]

2. Die Legitimationswirkung der Gesellschafterliste nach Maßgabe von § 16 Abs. 1 GmbHG

Gemäß § 16 Abs. 1 S. 1 GmbHG gilt im Verhältnis zur Gesellschaft nur, wer als solcher in der im Handelsregister aufgenommenen Gesellschafterliste eingetragen ist.[37] Die Listeneintragung begründet mithin eine unwiderlegbare Vermutung der Gesellschafterstellung[38], die von der materiellen Rechtslage entkoppelt ist.[39] Durch sie kann der Eingetragene *alle* Gesellschafterrechte wahrnehmen, sie kann jedoch auch zu seinen Lasten wirken.[40]

Die Legitimationswirkung setzt grundsätzlich voraus, dass die Liste von einer dazu befugten Person erstellt und eingereicht wurde, den von § 40 GmbHG geforderten Mindestinhalt

---

[30] *Bayer* in Lutter/Hommelhoff, GmbHG, 21. Aufl. 2023, § 40 Rn. 80; *Wicke,* GmbHG, 4. Aufl. 2020, § 40 Rn. 15; *Terlau* in Michalski/Heidinger/Leible/J. Schmidt, GmbHG, 3. Aufl. 2017, § 40 Rn. 32; *Heilmeier* in BeckOK GmbHG, 52. Ed. 1.8.2022, § 40 Rn. 163.

[31] BGHZ 222, 323 Rn. 46 m. zustimmender Besprechung *Bayer/Selentin* GmbHR 2020, 1 ff.; vgl. weiter *Altmeppen,* GmbHG, 10. Aufl. 2021, § 40 Rn. 40.

[32] BGHZ 222, 323 Rn. 47.

[33] Ausführlich zu der Entscheidung *Bayer/Selentin* GmbHR 2020, 1 ff.

[34] *Bayer* in Lutter/Hommelhoff, GmbHG, 21. Aufl. 2023, § 40 Rn. 88; *Oetker* in Henssler/ Strohn, Gesellschaftsrecht, 5. Aufl. 2021, GmbHG § 40 Rn. 34; *Altmeppen,* GmbHG, 10. Aufl. 2021, § 40 Rn. 40; *Wicke,* GmbHG, 4. Aufl. 2020, § 40 Rn. 15.

[35] *Bayer* in Lutter/Hommelhoff, GmbHG, 21. Aufl. 2023, § 40 Rn. 89; *Terlau* in Michalski/ Heidinger/Leible/J. Schmidt, GmbHG, 3. Aufl. 2017, § 40 Rn. 29; *Wicke,* GmbHG, 4. Aufl. 2020, § 40 Rn. 15; *Altmeppen,* GmbHG, 10. Aufl. 2021, § 40 Rn. 40; *Oetker* in Henssler/Strohn, Gesellschaftsrecht, 5. Aufl. 2021, GmbHG § 40 Rn. 34.

[36] Nachzeichnung der Problematik und des Meinungsstandes bei *Bayer* in Lutter/Hommelhoff, GmbHG, 21. Aufl. 2023, § 40 Rn. 45 ff.

[37] Zur Legitimationswirkung gem. § 16 Abs. 1 GmbHG unter Berücksichtigung der neueren BGH-Rechtsprechung ausf. *Bayer/Selentin* GmbHR 2020, 1 ff. und *Bayer/Horner/Möller* GmbHR 2022, 1 ff.

[38] *Bayer* in Lutter/Hommelhoff, GmbHG, 21. Aufl. 2023, § 16 Rn. 35; *Bayer/Horner/Möller* GmbHR 2022, 1 Rn. 23 mwN zum Streitstand; vgl. jüngst auch BGHZ 220, 207 Rn. 23 = GmbHR 2019, 335 mAnm *Wachter;* aA (Fiktion) *Seibt* in Scholz, GmbHG, 13. Aufl. 2022, § 16 Rn. 16 mwN.

[39] *Bayer* in Lutter/Hommelhoff, GmbHG, 21. Aufl. 2023, § 16 Rn. 26; *Heidinger* in MüKo-GmbHG, 4. Aufl. 2022, § 16 Rn. 2; ausf. jüngst *Bayer/Horner/Möller* GmbHR 2022, 1 Rn. 24 ff. mwN.

[40] Ausf. und mit allen Nachw. zur neueren BGH-Rechtsprechung jüngst *Bayer/Horner/Möller* GmbHR 2022, 1 Rn. 20 ff., 31 ff.; vgl. weiter *Wicke,* GmbHG, 4. Aufl. 2020, § 16 Rn. 3; *Verse* in Henssler/Strohn, Gesellschaftsrecht, 5. Aufl. 2021, GmbHG § 16 Rn. 11, 15 f.

aufweist sowie bei Listen gem. § 40 Abs. 1 GmbHG zusätzlich der Geschäftsführung die Änderung ordnungsgemäß mitgeteilt und nachgewiesen wurde.[41] Weitere Voraussetzung ist die Aufnahme der Liste zum Handelsregister. Die Legitimationswirkung wird nicht durch einen Widerspruch beeinträchtigt – dieser soll vielmehr lediglich den gutgläubigen Erwerb verhindern.[42]

Umstritten ist, ob die Legitimationswirkung eingreift, wenn der Geschäftsführer (ggf. unter zusätzlichem Verzicht auf einen – vermeintlichen – Nachweis) *bewusst* eine falsche Liste einreicht. Unser *Jubilar* stellt darauf ab, dass die Liste – insbesondere auch im Kontext der Ermöglichung des gutgläubigen Erwerbs – eine gewisse Außenwirkung entfaltet und die absichtliche Falscheinreichung daher zumindest im Grundsatz unbeachtlich sei.[43] Indes sei eine bewusst falsche Einreichung vom kollusiven Verhalten abzugrenzen, welches nicht gegen den wahren Berechtigten wirke.[44] Nach diesseitig vertretener Auffassung löst eine vorsätzlich falsch veranlasste Eintragung die Legitimationswirkung *generell* nicht aus[45] – ohne dass es der Differenzierung zwischen „nur" bewusster Fehleinreichung und Kollusion bedarf. Dagegen kommt einer solchen Liste im Rahmen des gutgläubigen Erwerbs nach § 16 Abs. 3 GmbHG Außenwirkung zu, da der gutgläubige Erwerb abweichenden Regeln folgt und von der Legitimationswirkung gem. § 16 Abs. 1 S. 1 GmbHG scharf zu unterscheiden ist. Zuzustimmen ist dem *Jubilar,* dass die bloß gesellschaftsseitige Kenntnis von Unwirksamkeitsgründen keine Auswirkungen auf eine notarielle Liste hat.[46] Eine Liste ohne Notarbescheinigung wird vom Registergericht regelmäßig nicht akzeptiert werden, hat aber bei einer dennoch erfolgten Eintragung die volle Legitimationswirkung.[47]

3. *Der gutgläubige Erwerb von GmbH-Geschäftsanteilen gem. § 16 Abs. 3 GmbHG*

Nach der neuen Regelung des § 16 Abs. 3 GmbHG kommt auch ein *gutgläubiger Erwerb* von GmbH-Geschäftsanteilen in Betracht.[48] Voraussetzung ist, dass der Veräußerer als Inhaber des Geschäftsanteils in der im Handelsregister aufgenommenen Gesellschafterliste eingetragen ist (§ 16 Abs. 3 S. 1 GmbHG). Trotz der missverständlichen Formulierung in der Gesetzesbegründung ist heute anerkannt, dass sich der gute Glaube des Erwerbers nicht (nur) auf die Verfügungsbefugnis[49], sondern auf die Rechtsinhaberschaft des Eingetragenen beziehen muss;[50] denn die Vorschrift des § 16 Abs. 3 GmbHG liegt auf der Linie der §§ 932 ff. BGB, nicht von § 366 HGB.[51]

---

[41] Näher *Heidinger* in MüKoGmbHG, 4. Aufl. 2022, § 16 Rn. 35 und jüngst wieder *Bayer/Horner/Möller* GmbHR 2022, 1 Rn. 36 ff. mwN.

[42] *Servatius* in Noack/Servatius/Haas, GmbHG, 23. Aufl. 2022, § 16 Rn. 13 f.; *Verse* in Henssler/Strohn, Gesellschaftsrecht, 5. Aufl. 2021, GmbHG § 16 Rn. 35; *Heidinger* in MüKoGmbHG, 4. Aufl. 2022, § 16 Rn. 44.

[43] *Heidinger* in MüKoGmbHG, 4. Aufl. 2022, § 16 Rn. 56.

[44] *Heidinger* in MüKoGmbHG, 4. Aufl. 2022, § 16 Rn. 57.

[45] *Bayer* in Lutter/Hommelhoff, GmbHG, 21. Aufl. 2023, § 16 Rn. 17, 34; ebenso *Verse* in Henssler/Strohn, Gesellschaftsrecht, 5. Aufl. 2021, GmbHG § 16 Rn. 31; *Wicke,* GmbHG, 4. Aufl. 2020, § 16 Rn. 9; *Ebbing* in Michalski/Heidinger/Leible/J. Schmidt, GmbHG, 3. Aufl. 2017, § 16 Rn. 79 ff.; *Wilhelmi* in BeckOK GmbHG, 52. Ed. 1.3.2022, § 16 Rn. 37.

[46] *Heidinger* in MüKoGmbHG, 4. Aufl. 2022, § 16 Rn. 58.

[47] *Bayer* in Lutter/Hommelhoff, GmbHG, 21. Aufl. 2023, § 16 Rn. 14; *Heidinger* in MüKoGmbHG, 4. Aufl. 2022, § 16 Rn. 80; *Verse* in Henssler/Strohn, Gesellschaftsrecht, 5. Aufl. 2021, GmbHG § 16 Rn. 31.

[48] Zusammenfassend *Bayer* notar 2012, 267 ff.

[49] Siehe BegrRegE MoMiG, BR-Drs 354/07, 88 („der gute Glaube an die Verfügungsberechtigung").

[50] Siehe nur *Heidinger* in MüKoGmbHG, 4. Aufl. 2022, § 16 Rn. 335, Rn. 70 mwN.

[51] *Bayer* notar 2012, 267 (268).

Auch *dingliche Rechte* an einem Geschäftsanteil können gutgläubig erworben werden,[52] mithin ein Pfandrecht[53] (§ 1274 BGB) oder ein Nießbrauch[54] (§ 1068 BGB), hingegen nicht[55] eine Unterbeteiligung[56] oder die Treugeberstellung im Rahmen einer Vereinbarungstreuhand.[57] Denn der gutgläubige Erwerb ist generell auf Konstellationen beschränkt, in denen eine Veränderung der dinglichen Rechtslage stattfindet.[58] Gleichfalls scheidet auch ein *gutgläubiger Zweiterwerb* einer dinglichen Belastung aus,[59] da die Prämisse – nämlich die Eintragungsmöglichkeit der Belastung in der Gesellschafterliste – nach der lex lata nicht gegeben ist.[60]

Umstritten ist, ob in bestimmten Fällen ein gutgläubiger Erwerb des Geschäftsanteils möglich ist, wenn dem Inhaber des Geschäftsanteils die *Verfügungsbefugnis* fehlt.[61] Statutarische Beschränkungen wie insbesondere Vinkulierungsklauseln oder Vorerwerbsrechte können indes auch im Rahmen von § 16 Abs. 3 GmbHG nicht überwunden werden.[62]

III. Defizite der lex lata

1. Echte Defizite

a) Dualismus zwischen Geschäftsführer- und Notarzuständigkeit

Nach § 40 Abs. 2 GmbHG ist bei einer *Mitwirkung des Notars an der Veränderung* dieser, ansonsten der *Geschäftsführer* (§ 40 Abs. 1 GmbHG) zur Änderung der Gesellschafterliste und deren Einreichung zum Handelsregister verpflichtet.[63] Dieses zweigleisige Verfahren der Listenänderung und -einreichung wirft – wie auch unser *Jubilar* zutreffend bemerkt hat – „viele praktische Probleme auf".[64] So ist nach der gesetzlichen Konzeption der oftmals *überforderte Geschäftsführer*[65] gerade „in den rechtlich schwierig zu beurteilenden Fällen", nämlich etwa der Erbfolge sowie der Einziehung, der Teilung oder der Zusammenlegung von Geschäftsanteilen zur Listenänderung und -einreichung zuständig,[66] womit erhebliche Haftungsrisiken verbunden sind[67] (vgl. § 40 Abs. 3 GmbHG). Gerade bei einer streitigen Einziehung

---

[52] *Bayer* in Lutter/Hommelhoff, GmbHG, 21. Aufl. 2023, § 16 Rn. 71; *Heidinger* in MüKo-GmbHG, 4. Aufl. 2022, § 16 Rn. 337 mwN.

[53] Zur Verpfändung von GmbH-Geschäftsanteilen näher *Bayer* in Lutter/Hommelhoff, GmbHG, 21. Aufl. 2023, § 15 Rn. 111 ff.

[54] Zum Nießbrauch an GmbH-Geschäftsanteilen näher *Bayer* in Erman, BGB, 16. Aufl. 2020, § 1081 Rn. 4 ff.; *Bayer* in Lutter/Hommelhoff, GmbHG, 21. Aufl. 2023, § 15 Rn. 115 ff. mwN.

[55] Siehe nur *D. Mayer* DNotZ 2008, 403 (419); *Bayer* in Lutter/Hommelhoff, GmbHG, 21. Aufl. 2023, § 16 Rn. 71 mwN; *Heidinger* in MüKoGmbHG, 4. Aufl. 2022, § 16 Rn. 338 f mwN.

[56] Zur Unterbeteiligung an einem GmbH-Geschäftsanteilen näher *Bayer* in Lutter/Hommelhoff, GmbHG, 21. Aufl. 2023, § 15 Rn. 110.

[57] Zur Vereinbarungstreuhand näher *Bayer* in Lutter/Hommelhoff, GmbHG, 21. Aufl. 2023, § 15 Rn. 106; *Lieder/Villegas* GmbHR 2018, 169 (174).

[58] So bereits *Bayer* notar 2012, 267 (268).

[59] Siehe nur *Bayer* in Lutter/Hommelhoff, GmbHG, 21. Aufl. 2023, § 16 Rn. 71 mwN.

[60] Näher → III. 1. b).

[61] Zum Streitstand näher *Bayer* in Lutter/Hommelhoff, GmbHG, 21. Aufl. 2023, § 16 Rn. 76 ff.

[62] Dies ist nahezu unstreitig; vgl. dazu nur *Altmeppen,* GmbHG, 10. Aufl. 2021, § 16 Rn. 76; *Heidinger* in MüKoGmbHG, 4. Aufl. 2022, § 16 Rn. 348 mwN.

[63] Ausf. zur Zuständigkeitsabgrenzung etwa *Löbbe* GmbHR 2012, 7 ff.

[64] Siehe bereits *Heidinger* in MüKoGmbHG, 2012, § 40 Rn. 116 mwN.

[65] Siehe bereits *Heidinger* in MüKoGmbHG, 2012, § 40 Rn. 116; vgl. weiter *Bayer* Liber amicorum für M. Winter, 2011, 9 (13 f.) mwN.

[66] So aktuell auch *Heidinger* in MüKoGmbHG, 3. Aufl. 2019, § 40 Rn. 202.

[67] *Bayer* in Lutter/Hommelhoff, GmbHG, 21. Aufl. 2023, § 40 Rn. 3, 107; idS bereits *Uwe H. Schneider* GmbHR 2009, 393 ff.

des Geschäftsanteils aus wichtigem Grund steht der regelmäßig von der Gesellschafter-mehrheit abhängige Geschäftsführer vor einer nahezu unlösbaren Aufgabe.[68] Für den Notar stellen sich im Hinblick auf eine mittelbare Mitwirkung „viele ungelöste Abgrenzungs-fragen".[69] Unglücklich ist gleichfalls die vom BGH entgegen der gesetzlichen Konzeption verbreiterte Zuständigkeit der Geschäftsführer im Hinblick auf das Recht zur Korrektur vermeintlich fehlerhafter Notarlisten.[70] Hinzu kommt das Risiko der Aufnahme einer ge-fälschten Liste, da bei der Einreichung durch den Geschäftsführer auf eine notarielle Beglau-bigung der Unterschrift bzw. eine qualifizierte elektronische Signatur bewusst verzichtet wurde.[71]

Vorzugswürdig wäre es daher, „die Kompetenz zur Listeneinreichung allein beim Notar zu bündeln".[72] Diese Forderung des *Jubilars* findet breite Unterstützung, nicht nur aus den Reihen des Notariats.[73] Obgleich der Gesetzgeber entsprechenden Stimmen im Rahmen des MoMiG-Gesetzgebungsverfahrens[74] nicht gefolgt ist, sollten die (negativen) Erfahrun-gen, welche die Praxis zwischenzeitlich gewinnen konnte, zu einer Überprüfung dieses Standpunkts und zu einem Umdenken führen.[75] In diesem Sinne haben sich bereits die Fraktionen von CDU/CSU und SPD im Rahmen der früheren Regierungskoalition ge-äußert.[76]

Die Begründung einer Alleinzuständigkeit der Notare für Änderungen der Gesellschaf-terliste würde den Unzulänglichkeiten des geltenden Rechts in mehrfacher Hinsicht Abhilfe schaffen: Zum einen würden fehlerhafte Änderungen vermieden, die ihre Ursache in un-zureichender Sachkunde der Geschäftsführer haben, zum anderen würden aber auch mani-pulative Änderungen durch von der Gesellschaftermehrheit abhängige Geschäftsführer und darüber hinaus auch nach aktueller Rechtslage ohne großen Aufwand mögliche Fälschungen der Gesellschafterliste durch unzuständige Dritte weitgehend ausgeschlossen. Die vom MoMiG-Gesetzgeber angestrebte Richtigkeitsgewähr der Gesellschafterliste würde durch die zwingende Einbindung sachkundiger und im Hinblick auf streitige Auseinandersetzun-gen zwischen möglichen Prätendenten neutraler Notare nachhaltig verbessert.

---

[68] Siehe dazu nur *Bayer/Horner/Möller* GmbHR 2022, 1 Rn. 97 ff.

[69] *Heidinger* in MüKoGmbHG, 3. Aufl. 2019, § 40 Rn. 202, vgl. aus der Registerpraxis auch *Ries* NZG 2010, 135 (136).

[70] Zur Problematik ausf. *Bayer* in Lutter/Hommelhoff, GmbHG, 21. Aufl. 2023, § 40 Rn. 45 ff., 95 ff. mwN.

[71] Aus diesem Grund wird die Möglichkeit des gutgläubigen Erwerbs aufgrund einer gefälsch-ten Liste vereinzelt sogar für verfassungswidrig gehalten. Auch wenn dies im Ergebnis nicht zutrifft (vgl. nur *Heidinger* in MüKoGmbHG, 4. Aufl. 2022, § 16 Rn. 279; *Bayer* in Lutter/Hom-melhoff, GmbHG, 21. Aufl. 2023, § 16 Rn. 68 mwN), so ist doch der rechtspolitische Handlungs-bedarf zur Vermeidung eines dergestalt möglichen „Diebstahls einer GmbH" offenkundig; wie hier auch *Vossius* DB 2007, 2299 (2301); *D. Mayer* DNotZ 2008, 403 (430 ff.); *Lieder* AcP 210 (2010), 857 (901 ff.); vgl. weiter *Altmeppen,* GmbHG, 10. Aufl. 2021, § 16 Rn. 63; *Wicke,* GmbHG, 4. Aufl. 2020, § 16 Rn. 14.

[72] So bereits *Heidinger* in MüKoGmbHG, 2012, § 40 Rn. 116 aE.

[73] Wie Heidinger auch schon *Bayer* in Lutter/Hommelhoff, GmbHG, 17. Aufl. 2009, § 40 Rn. 4 mwN; vgl. weiter *Klöckner* NZG 2008, 841 (842); *Preuß* RNotZ 2009, 529 (536); *Berninger* DStR 2010, 1292 (1293); *Bayer/Selentin* FS 25 Jahre DNotI, 2018, 391 (402 f.); *Wicke* in MHdB GesR III, 5. Aufl. 2018, § 24a Rn. 73.

[74] Siehe etwa *Flesner* NZG 2006, 641 (643); *Grunewald* ZIP 2006, 685 (686); *Heckschen* DStR 2007, 1442 (1450); *Bednarz* BB 2008, 1854 (1859).

[75] In diesem Sinne aus dem neueren Schrifttum auch *Schaub* GmbHR 2017, 727 (731); *Tho-male/Gutfried* ZGR 2017, 61 (100 ff.).

[76] Siehe Beschlussempfehlung des Finanzausschusses, BT-Drs. 18/12405, 155.

Klarstellen könnte der Gesetzgeber bei dieser Gelegenheit auch, dass die Einreichung einer geänderten Gesellschafterliste durch einen *ausländischen Notar* – entgegen der verfehlten Rechtsprechung des BGH[77] – nicht in Betracht kommt.

b) Fehlende Eintragungsmöglichkeit von dinglichen Belastungen und Verfügungsbeschränkungen

aa) Defizite sind weiterhin auszumachen im Hinblick auf die aktuell nicht gegebene Möglichkeit, dingliche Belastungen in die Gesellschafterliste einzutragen.[78] Die entgegenstehende Ansicht des *Jubilars*[79] ist rechtspolitisch unbedingt wünschenswert, jedoch mit dem geltenden Recht nicht zu vereinbaren. Denn dingliche Belastungen sind keine Veränderungen iSv § 40 Abs. 1 S. 1 GmbHG, und für eine analoge Anwendung der Vorschrift fehlt es angesichts der Nichtberücksichtigung entsprechender rechtspolitischer Forderungen im Rahmen des Gesetzgebungsverfahrens[80] an einer planwidrigen Regelungslücke. Gleichfalls muss – im Unterschied zum Aktienregister – die Möglichkeit ausscheiden, dass die Eintragung von dinglichen Belastungen fakultativ in Betracht kommt.[81] Dies hat zur Folge, dass *de lege lata* auch ein gutgläubiger *lastenfreier Erwerb* von GmbH-Geschäftsanteilen nicht in Betracht kommt.[82]

Diese Entscheidung des MoMiG-Gesetzgebers ist rechtspolitisch zu kritisieren,[83] da sie den mit der Reform verfolgten Zweck deutlich entwertet.[84]

---

[77] Siehe BGH GmbHR 2014, 248 ff.; ablehnend auch *Tebben* DB 2014, 585 ff.; *Seebach* DNotZ 2014, 413 (418 ff.).

[78] Näher *Bayer* in Lutter/Hommelhoff, GmbHG, 21. Aufl. 2023, § 40 Rn. 41; vgl. weiter *Altmeppen,* GmbHG, 10. Aufl. 2021, § 16 Rn. 28, § 40 Rn. 19; *Paefgen* in Habersack/Casper/Löbbe, GmbHG, 3. Aufl. 2020, § 40 Rn. 75; *Verse* in Henssler/Strohn, 5. Aufl. 2021, GmbHG § 16 Rn. 93; *Servatius* in Noack/Servatius/Haas, GmbHG, 23. Aufl. 2022, § 40 Rn. 7, 15 ff.; *Seibt* in Scholz, GmbHG, 13. Aufl. 2022, § 16 Rn. 20 mwN.

[79] Siehe *Heidinger* in MüKoGmbHG, 3. Aufl. 2019, § 40 Rn. 344; ausf. *Heidinger* FS Stilz, 2014, 253 (257 ff.) mwN.

[80] Siehe nur Stellungnahme des *Handelsrechtsausschusses des DAV* zum RefE MoMiG NZG 2007, 211 (215 Rn. 37), der sich im Ergebnis jedoch im Hinblick auf die in der Praxis verbreiteten stillen Verpfändungen gegen die Möglichkeit des gutgläubigen lastenfreien Erwerbs ausspricht.

[81] Ausf. Argumentation bei *Bayer* GmbHR 2012, 1 (5 ff.) Für eine fakultative Eintragungsmöglichkeit aufgrund einer Satzungsregelung indes *Seibt* in Scholz, GmbHG, 13. Aufl. 2022, § 16 Rn. 15 a, 20, § 40 Rn. 39; dagegen jedoch zu Recht BGHZ 191, 84 = GmbHR 2011, 1269 Rn. 10: „Es steht nicht im Belieben der Beteiligten, den Inhalt der von ihnen eingereichten Gesellschafterliste abweichend von den gesetzlichen Vorgaben um weitere, ihnen sinnvoll erscheinende Bestandteile zu ergänzen. Dem steht der auch insoweit geltende Grundsatz der Registerklarheit entgegen."

[82] BGHZ 191, 84 = GmbHR 2011, 1269 Rn. 19, 22 (obiter); *Bayer* GmbHR 2011, 1254 (1255); *Bayer* GmbHR 2012, 1 (5); *Kort* GmbHR 2009, 169 (174); *Altmeppen,* GmbHG, 10. Aufl. 2021, § 16 Rn. 69; *Servatius* in Noack/Servatius/Haas, GmbHG, 23. Aufl. 2022, § 16 Rn. 26 f.; *Verse* in Henssler/Strohn, Gesellschaftsrecht, 5. Aufl. 2021, GmbHG § 16 Rn. 93; *Wicke,* GmbHG, 4. Aufl. 2020, § 16 Rn. 16; *Paefgen* in Habersack/Casper/Löbbe, GmbHG, 3. Aufl. 2020, § 40 Rn. 75; *Löbbe* in Habersack/Casper/Löbbe, GmbHG, 3. Aufl. 2019, § 16 Rn. 132 mwN; insoweit auch *Seibt* in Scholz, GmbHG, 13. Aufl. 2022, § 16 Rn. 20, 73; aA konsequent *Heidinger* in MüKoGmbHG, 4. Aufl. 2022, § 16 Rn. 344.

[83] Bereits im Gesetzgebungsverfahren kritisch *Eidenmüller* ZGR 2007, 168 (202); *Zöllner* VGR 11 (2006), 175 (182 Fn. 17 [„halbe Sache"]); *Harbarth* ZIP 2008, 57 (63).

[84] Kritisch bereits *Bayer* Liber amicorum für M. Winter, 2011, 9 (18); *Bayer* GmbHR 2012, 1 (6); *Herrler* NZG 2011, 1321 (1325); vgl. weiter *Verse* in Henssler/Strohn, Gesellschaftsrecht, 5. Aufl. 2021, GmbHG § 16 Rn. 93; *Seibt* in Scholz, GmbHG, 13. Aufl. 2022, § 16 Rn. 73.

bb) Auch Verfügungsbeschränkungen, die den berechtigten Inhaber des Geschäftsanteils treffen,[85] sind keine Veränderungen nach § 40 Abs. 1 S. 1 GmbHG und können daher nach geltendem Recht nicht in die Gesellschafterliste eingetragen werden.[86] Dies gilt insbesondere – auch insoweit entgegen der Ansicht des *Jubilars*[87] – für die angeordnete *Testamentsvollstreckung*[88] oder die Eröffnung des *Insolvenzverfahrens* über das Vermögen des Gesellschafters.[89] *De lege ferenda* sind solche Angaben indes ohne jeden Zweifel sinnvoll und sollten vom Gesetzgeber gestattet werden.[90]

2. Defizite aufgrund unzutreffender Rechtsprechung

Mit einer krassen Fehlentscheidung hat der II. Zivilsenat den gutgläubigen Erwerb des GmbH-Geschäftsanteils nach einer aufschiebend bedingten Abtretung verneint[91] und sich damit den diese Möglichkeit apodiktisch ablehnenden Stimmen im Schrifttum[92] angeschlossen.[93] Die besseren Argumente hatte jedoch die bereits damals herrschende Gegenmeinung[94] auf ihrer Seite.[95]

---

[85] Dazu ausf. *Heidinger* in MüKoGmbHG, 3. Aufl. 2019, § 40 Rn. 112 ff.

[86] Ausf. Argumentation bei *Bayer* GmbHR 2012, 1 (5 f.); vgl. weiter *Bayer* in Lutter/Hommelhoff, GmbHG, 21. Aufl. 2023, § 40 Rn. 43; *Altmeppen,* GmbHG, 10. Aufl. 2021, § 16 Rn. 28, § 40 Rn. 19.

[87] Siehe *Heidinger* in MüKoGmbHG, 3. Aufl. 2019, § 40 Rn. 124 (zum Insolvenzvermerk), § 40 Rn. 126 (zum Testamentsvollstreckervermerk); ausf. *Heidinger* FS Stilz, 2014, 253 (259 ff.).

[88] BGH GmbHR 2015, 526 Rn. 14 mAnm *Bayer;* vgl. weiter *Bayer* GmbHR 2012, 1 (5 f.); *Kalbfleisch/Glock* GmbHR 2015, 847 (849); *Löbbe* GmbHR 2016, 141 (146); *Wachter* GmbHR 2018, 1129 (1134); *Paefgen* in Habersack/Casper/Löbbe, GmbHG, 3. Aufl. 2019, § 40 Rn. 79; *Bayer* in Lutter/Hommelhoff, GmbHG, 21. Aufl. 2023, § 40 Rn. 43 mwN.

[89] *Bayer* GmbHR 2012, 1 (5 f.); *Miller* NJW 2018, 2518 (2521); insoweit auch *Seibt* in Scholz, GmbHG, 13. Aufl. 2022, § 40 Rn. 40.

[90] Siehe bereits *Bayer* GmbHR 2011, 1254 (1255); *Bayer* GmbHR 2012, 1 (6 f.); vgl. weiter *Frenzel* NotBZ 2010, 129 ff.; *Jeep* NJW 2012, 658 (660); *Herrler* GmbHR 2013, 617 (620); *Kalbfleisch/Glock* GmbHR 2015, 847 (852); *Wachter* GmbHR 2018, 1129 (1135); *Verse* in Henssler/Strohn, Gesellschaftsrecht, 5. Aufl. 2021, GmbHG § 16 Rn. 65 f.; *Bayer* in Lutter/Hommelhoff, GmbHG, 21. Aufl. 2023, § 40 Rn. 43 mwN.

[91] BGHZ 191, 84 = GmbHR 2011, 1269.

[92] Siehe etwa *Preuß* ZGR 2008, 676 (700 f.); *D. Mayer* ZIP 2009, 1037 (1050); *Begemann/Galla* GmbHR 2009, 1065 (1068); *Riemenschneider* GmbHR 2009, 1212 (1214 f.); *Weigl* NZG 2009, 1172 (1175); *Zessel* GmbHR 2009, 303 (305); *D. Mayer/Färber* GmbHR 2011, 785 (790); *Begemann/Grunow* DNotZ 2011, 403 (411 ff.).

[93] Der BGH-Rechtsprechung folgend *Noack* LMK 2012, 326790; *Kort* DB 2011, 2897 ff.; aus der aktuellen Kommentarliteratur auch *Servatius* in Noack/Servatius/Haas, GmbHG, 23. Aufl. 2022, § 16 Rn. 32 in Fortführung der Vorauſl. *(Fastrich).*

[94] Siehe nur *Vossius* DB 2007, 2299 (2301); *Klöckner* NZG 2008, 841 (842); *Herrler* BB 2009, 2272 (2275 f.); *S. Schneider* NZG 2009, 1167 ff.; *Götze/Bressler* NZG 2007, 894 (899); *Hellfeld* NJW 2010, 411 ff; *Wicke* DB 2011, 1037 (1039); *Frenzel* NotBZ 2010, 129 ff.; *Wilhelm* FS Picker, 2010, 837 (850 ff.); *Maier-Reimer* FS von Westphalen, 2010, 489 (497); *Schreinert/Berresheim* DStR 2009, 1265 (1267); *Osterloh* NZG 2011, 495 (496 f.); *Bayer* in Lutter/Hommelhoff, GmbHG, 17. Aufl. 2009, § 16 Rn. 63; *Heidinger* in MüKoGmbHG, 2010, § 16 Rn. 283 ff.; *Altmeppen* in Roth/Altmeppen, GmbHG 6. Aufl. 2009, § 16 Rn. 64; *Löbbe* in Ulmer/Habersack/Winter, GmbHG, Ergänzungsband MoMiG, 2010, § 16 Rn. 182 ff.

[95] Die BGH-Entscheidung scharf ablehnend daher *Bayer* GmbHR 2011, 1254 (1257 ff.); *Bayer* notar 2012, 267 (270); gleichfalls kritisch *Herrler* NZG 2011, 1321 (1325 ff.); *Brandes* GmbHR 2012, 545 (547 ff.); *Wicke* DStR 2011, 2356 ff.; *Omlor* DNotZ 2012, 179 (184 ff.); vgl. weiter *Heidinger* in MüKoGmbHG, 2. Aufl. 2015, § 16 Rn. 327 ff., 336 ff.; *Seibt* in Scholz, GmbHG, 11. Aufl. 2012, § 16 Rn. 78 ff., 80 ff.; *Bayer* in Lutter/Hommelhoff, GmbHG, 18. Aufl. 2012 § 16 Rn. 63 e; *Altmeppen* in Roth/Altmeppen, GmbHG, 7. Aufl. 2012, § 16 Rn. 62 ff., 64.

Der Beschluss des II. Zivilsenats überzeugt in der Tat weder im Ergebnis noch in ihrer gesamten Begründung. Darüber besteht heute weitgehende Einigkeit.[96] Dogmatisch völlig missverstanden hat der BGH insbesondere den Regelungszusammenhang zwischen § 161 Abs. 1 und 3 BGB sowie § 16 Abs. 3 GmbHG.[97] Auch unser Jubilar hat sich mehrfach kritisch mit dieser Rechtsprechung auseinandergesetzt[98] und ist dabei zu der zutreffenden Erkenntnis gelangt, „dass der BGH im Dschungel der Streitpunkte über die Gesellschafterliste den Kern der Regelung des § 161 Abs. 3 BGB aus den Augen verloren hat".[99] Da allerdings seine im Kern berechtigte Erwartung, der II. Zivilsenat könnte seine Rechtsprechung nochmals überdenken und korrigieren,[100] wohl nicht mehr als eine Hoffnung ist, soll hier nochmals[101] an den Gesetzgeber appelliert werden, die vom BGH offensichtlich verkannte Rechtslage eindeutig klarzustellen. Die Praxis würde diese Klarstellung jedenfalls sehr begrüßen.

IV. Zusammenfassung der Reformvorschläge

Die Richtigkeit der Gesellschafterliste könnte dadurch aufgewertet werden, dass generell nur noch die (inländischen) Notare für Änderungen der Gesellschafterliste zuständig sind.[102] Anstelle der Aufnahme der Liste zum Handelsregister könnte weiterhin erwogen werden, ein von den Notaren geführtes Gesellschafterlistenregister zu schaffen,[103] wodurch die Verantwortung für die Gesellschafterliste sowohl als Legitimationsgrundlage gem. § 16 Abs. 1 GmbHG als auch als Rechtsscheinträger gem. § 16 Abs. 3 GmbHG vom Handelsregister allein auf das Notariat verlagert würde.

Einer verbreiteten Forderung – auch des *Jubilars* – entsprechend, sollte angeordnet werden, dass auch dingliche Belastungen in die Gesellschafterliste aufgenommen werden *können,* wodurch dann bei Fehlen entsprechender Eintragungen auch ein gutgläubiger lastenfreier Erwerb von GmbH-Geschäftsanteilen ermöglicht würde.[104] Rechtstechnisch lässt sich dies auch unter Wahrung des anzuerkennenden Interesses an der Vermeidung der Offenlegung

---

[96] Siehe nur *Bayer* in Lutter/Hommelhoff, GmbHG, 21. Aufl. 2023 § 16 Rn. 79ff., 84; *Seibt* in Scholz, GmbHG, 13. Aufl. 2022, § 16 Rn. 78ff., 80ff.; *Altmeppen*, GmbHG, 10. Aufl. 2021, § 16 Rn. 74; *Verse* in Henssler/Strohn, Gesellschaftsrecht, 5. Aufl. 2021, § 16 Rn. 65; kritisch auch *Herrler* NZG 2011, 1321 (1325f.); *Löbbe* in Habersack/Casper/Löbbe, GmbHG, 3. Aufl. 2019, § 16 Rn. 136ff.

[97] Ausf. Kritik bei *Altmeppen* FS Schurig, 2012, 1 (4) (BGH habe „Grundprinzipien des Bedingungsrechts […] offenkundig nicht zutreffend erfasst") und (2) (BGH „stellt […] die Dinge […] auf den Kopf"); gleichfalls mit scharfer Kritik *Reymann* FS 25 Jahre DNotI, 2018, 567 (573ff.); *Kalbfleisch/Glock* GmbHR 2015, 847 (848ff.); kritisch auch *Löbbe* GmbHR 2016, 141 (145); *Maier-Reimer* NZG 2020, 561ff.

[98] Siehe jüngst wieder *Heidinger* FS Bergmann, 2018, 283ff. („Und sie dreht sich doch!" im Anschluss an Galileo Galilei); vgl. weiter *Heidinger* in MüKoGmbHG, 4. Aufl. 2022, § 16 Rn. 355ff., 364ff.

[99] So *Heidinger* FS Bergmann, 2018, 283 (300).

[100] Siehe *Heidinger* FS Bergmann, 2018, 283 (301).

[101] Siehe bereits *Bayer* GmbHR 2011, 1254 (1258).

[102] So bereits *Bayer* GmbHR 2011, 1254 (1258).

[103] Hierfür auch *Harbarth/Friedrichson* GmbHR 2018, 1174 (1177); zweifelnd allerdings *Heidinger* in MüKoGmbHG, 4. Aufl. 2022, § 16 Rn. 264; *Schockenhoff/Höder* ZIP 2006, 1841 (1845) („zu kompliziert").

[104] Siehe bereits *Bayer* GmbHR 2012, 1 (6f.) mwN; wie hier auch *Herrler* NZG 2011, 1321 (1326); *Harbarth/Friedrichson* GmbHR 2018, 1174 (1177); vgl. weiter *Servatius* in Noack/Servatius/Haas, GmbHG, 23. Aufl. 2022, § 16 Rn. 27; *Seibt* in Scholz, GmbHG, 13. Aufl. 2022, § 16 Rn. 74 *Verse* in Henssler/Strohn, Gesellschaftsrecht, 5. Aufl. 2021, GmbHG § 16 Rn. 93.

von stillen Verpfändungen,[105] dadurch verwirklichen, dass dingliche Belastungen nur im Falle eines berechtigten Interesses und ggf. auch nur mit Zustimmung des Anteilsinhabers in einer besonderen Rubrik der Gesellschafterliste einsehbar wären.[106] Gleichfalls sollte gestattet werden, dass auch Verfügungsbeschränkungen, speziell die Anordnung einer Testamentsvollstreckung oder die Eröffnung des Insolvenzverfahrens über das Vermögen des Gesellschafters, in die Gesellschafterliste aufgenommen werden *können*.[107] In diesem Kontext könnte der Gesetzgeber auch anordnen, dass der aufschiebend bedingte Anteilserwerb (Anwartschaftsrecht) in der Gesellschafterliste vermerkt werden könnte,[108] wodurch der verfehlten Rechtsprechung des BGH[109] der Boden entzogen wäre.

---

[105] So der zutreffende Hinweis des *Handelsrechtsausschusses des DAV* (zum RefE MoMiG) NZG 2007, 211 (215 Rn. 37).

[106] *Bayer* GmbHR 2012, 1 (7) mwN im Anschluss an *Harbarth* ZIP 2008, 57 (64); vgl. auch schon *Klöckner* NZG 2008, 841 (844); ebenso *Seibt* in Scholz, GmbHG, 13. Aufl. 2022, § 16 Rn. 74; *Verse* in Henssler/Strohn, Gesellschaftsrecht, 5. Aufl. 2021, GmbHG § 16 Rn. 93; *Wicke* in MHdB GesR III, 5. Aufl. 2018, § 24a Rn. 73; vgl. weiter *Bayer* notar 2012, 267 (269); *Harbarth/Friedrichson* GmbHR 2018, 1174 (1177f.); *Thomale/Gutfried* ZGR 2017, 61 (104).

[107] So bereits *Bayer* GmbHR 2012, 1 (6f.); vgl. weiter *Bayer* in Lutter/Hommelhoff, GmbHG, 21. Aufl. 2023, § 40 Rn. 43 mwN; jüngst wieder *Thomale/Gutfried* ZGR 2017, 61 (105); *Wachter* GmbHR 2018, 1129 (1135); *Damm* BWNotZ 2017, 2, 9 mwN.

[108] So auch *Bayer* in Lutter/Hommelhoff, GmbHG, 21. Aufl. 2023, § 40 Rn. 84. Wie hier auch *Thomale/Gutfried* ZGR 2017, 61 (105f.); *Herrler* NZG 2011, 1321 (1326).

[109] Näher → III. 2.

SIMON BLATH

Die komplementäre Vertretungsbefugnis von Vorstand und Aufsichtsrat der AG

I. Einleitung

Die Tätigkeit beim Deutschen Notarinstitut bringt es mit sich, dass man tagtäglich mit den echten Problemen der Praxis konfrontiert wird. Oft handelt es sich um Konstellationen, die in keinem Lehrbuch und keinem Kommentar erörtert sind – und man ist als Referent dennoch gezwungen, eine Lösung zu finden, denn gerade das ist die Aufgabe des DNotI. Lebhaft klingt dem Verfasser dieses Beitrags die wiederholte (nicht ganz ernstgemeinte) Klage des Jubilars im Ohr, es fehle auf dem überbordenden juristischen Buchmarkt immer noch der „Kommentar der unbehandelten Probleme". Dabei hat der Verfasser selbst als Koautor des „Heckschen/Heidinger" nicht wenig getan, um diesem Mangel im Bereich des GmbH-Rechts Abhilfe zu schaffen. In manch anderem Gebiet fehlt ein entsprechendes Werk noch, zumindest was die den Notar besonders interessierenden Fragen betrifft. Dazu gehören seit jeher die Vertretungsfragen, und zwar in allen erdenklichen Varianten. Eine dieser Fragen, und zwar aus dem Aktienrecht, hat der Verfasser für den vorliegenden Beitrag herausgegriffen; keine weltbewegende, aber um eine solche muss sich ein Festschriftbeitrag ja auch nicht drehen. Immerhin ist sie in den letzten Jahren einige Male gestellt worden, sodass man nicht von einem „Orchideenproblem" sprechen kann. Jedenfalls zeigt sie gut, wie die Praxis die Dogmatik mitunter an die Grenzen bringt und auf die Probe stellt. Die Frage scheint mir deshalb zum Titel der Festschrift nicht schlecht zu passen. Sie lautet konkret:

Wie wird die Aktiengesellschaft bei einem Rechtsgeschäft vertreten, bei dem ihr gleichzeitig Vorstands- und Aufsichtsratsmitglieder als Vertragspartner gegenüberstehen?

II. Praktische Beispiele für Verträge der AG mit Vorstands- und Aufsichtsratsmitgliedern

Diese Frage sollen zwei Sachverhalte illustrieren, die dem DNotI zur Begutachtung vorgelegen haben:

1. Beispiel: Die Gründung einer AG & Co. KG

Die natürlichen Personen A, B, C und D wollen mit der X-AG eine AG & Co. KG gründen. A, B, C und D sollen deren Kommanditisten sein, die X-AG soll kapitalanteilslos beteiligte Komplementärin werden. A und B sind die beiden einzelvertretungsberechtigten Vorstände der X-AG, den Aufsichtsrat bilden C, D und E.

2. Beispiel: Der Ehegattengrundstückskauf

Alleiniger Vorstand der Y-AG ist Herr A. Frau A, seine Ehegattin, bildet zusammen mit B und C den Aufsichtsrat. Die Eheleute A wünschen von der Y-AG ein Grundstück zu Miteigentum zu erwerben. Nach dem ausdrücklichen Willen der Eheleute soll Herr A den Miteigentumsanteil nur dann erwerben, wenn auch Frau A einen solchen erhält.

In beiden Fällen wird die AG als Vertragspartnerin den anderen genannten Personen gegenüberstehen. Normalerweise wird sie dabei durch ihren Vorstand, ausnahmsweise durch ihren Aufsichtsrat vertreten. Nun gehören diesen Organen allerdings Personen an, die zugleich am jeweiligen Vertrag beteiligt sind. Darum ist es denkbar, dass die selbstbetroffenen Personen wegen eines Interessenkonflikts von der Vertretung ausgeschlossen sind. Wer kann in einem solchen Fall die AG vertreten, insbesondere wenn jede der an sich berufenen Personen von einem Vertretungsverbot betroffen wäre? Diese Frage lässt sich nicht beantworten, ohne die Besonderheiten der organschaftlichen Vertretung einer Aktiengesellschaft zu berücksichtigen. Deshalb seien zunächst diese in ihren Grundzügen dargestellt.

III. Allgemeines zur organschaftlichen Vertretung der AG

1. Vertretung durch den Vorstand

Im Ausgangspunkt wird die AG gem. § 78 Abs. 1 S. 1 AktG durch ihren Vorstand gerichtlich und außergerichtlich vertreten. Der Vorstand kann aus einer oder mehreren (natürlichen[1]) Personen bestehen (§ 76 Abs. 2 S. 1 AktG). Sind es mehrere, so vertreten diese die Gesellschaft gem. § 78 Abs. 2 S. 1 AktG gemeinschaftlich, also als Gesamtvertreter; für die Passivvertretung genügt stets die Abgabe der Willenserklärung gegenüber einem Vorstandsmitglied (§ 78 Abs. 2 S. 2 AktG). Die Satzung kann die Aktivvertretung (und nur diese[2]) anders regeln, etwa Einzelvertretungsbefugnis aller oder einzelner Vorstandsmitglieder vorsehen (§ 78 Abs. 3 S. 1 Var. 1 AktG) oder Gesamtvertretungsbefugnis in unterschiedlichen Variationen,[3] evtl. auch den Aufsichtsrat zur abweichenden Regelung ermächtigen (§ 78 Abs. 3 S. 2 AktG). Bei fehlender Einzelvertretungsbefugnis ermöglicht § 78 Abs. 4 S. 1 AktG die Einzelvertretung zumindest für bestimmte Geschäfte: Die zur Gesamtvertretung befugten Vorstände können einzelne von ihnen dazu ermächtigen.[4]

Die Satzung darf zudem anordnen, dass Prokuristen (als rechtsgeschäftliche Vertreter) in die Vorstandsvertretung einbezogen werden, und zwar in Form der unechten oder gemischten Gesamtvertretung: Der Prokurist ist dann in der Lage, die Gesellschaft zusammen mit einem gesamtvertretungsberechtigten Vorstandsmitglied zu vertreten (§ 78 Abs. 3 S. 1 Var. 2 AktG). Diese Vertretungsart ist nicht zu verwechseln mit der unechten Gesamtprokura zusammen mit einem Vorstandsmitglied, denn dabei übt der Prokurist lediglich rechtsgeschäftliche Vertretungsmacht aus, selbst wenn er mit einem Vorstandsmitglied handelt.[5] Der Unterschied liegt besonders darin, dass sich die Vertretungsbefugnis des Prokuristen im Fall der unechten Gesamt*vertretung* auf die organschaftliche des Vorstands erweitert.[6] Auch im Verhältnis von Vorstand und Prokurist ist im Übrigen eine Einzelermächtigung möglich (§ 78 Abs. 4 S. 2 AktG).

Die organschaftliche Vertretungsmacht des Vorstands ist im Außenverhältnis unbeschränkt (§ 82 Abs. 1 AktG), etwaige Beschränkungen der Geschäftsführungsbefugnis sind lediglich im Innenverhältnis relevant (§ 82 Abs. 2 AktG). Freilich unterliegt der Vorstand den Grenzen, die ihm durch das allgemeine Recht gezogen sind, etwa durch § 181 BGB. § 181 BGB verbietet grundsätzlich das Selbstkontrahieren (Var. 1) und die Mehrfachvertretung (Var. 2).

---

[1] § 76 Abs. 3 S. 1 AktG.

[2] *Spindler* in MüKoAktG, 5. Aufl. 2019, § 78 Rn. 83; *Grigoleit* in Grigoleit, AktG, 2. Aufl. 2020, § 78 Rn. 20.

[3] Dazu s. etwa *Spindler* in MüKoAktG, 5. Aufl. 2019, § 78 Rn. 34 ff.

[4] Dazu s. etwa *Fleischer* in BeckOGK, 1.7.2022, AktG § 78 Rn. 41 ff.; vgl. auch zur Erteilung OLG Bamberg RNotZ 2020, 477 (zu § 25 Abs. 3 S. 1 GenG).

[5] Vgl. BGH DNotZ 1987, 371 (372); *Spindler* in MüKoAktG, 5. Aufl. 2019, § 78 Rn. 46.

[6] *Spindler* in MüKoAktG, 5. Aufl. 2019, § 78 Rn. 47; *Koch* in Koch, AktG, 16. Aufl. 2022, § 78 Rn. 17.

Allerdings ist man sich weitgehend einig, dass § 181 Var. 1 BGB im Aktienrecht durch die spezielle Vorschrift des § 112 AktG verdrängt wird.[7] Diese Vorschrift weist dem Aufsichtsrat die Vertretung zu, wenn der Vorstand der AG bei einem Geschäft gegenübersteht, das ihn selbst in Person betrifft. Hier gelangen wir also zu einem Punkt, an dem die Vertretungsbefugnis wegen eines Interessenkonflikts in der Person des Vorstands auf den Aufsichtsrat übergeleitet wird. Die Einzelheiten dazu sollen sogleich unter → 2.a) dargestellt werden. Was die Mehrfachvertretung angeht, bleibt es bei § 181 Var. 2 BGB.[8] Das heißt, dass die Mehrfachvertretung dem Vorstand zwar grds. verboten ist, ihm jedoch durch entsprechende Befreiung gestattet werden kann. Diese Gestattung kann sich unmittelbar aus der Satzung ergeben oder vom statutarisch ermächtigten Aufsichtsrat erteilt werden,[9] im Einzelfall womöglich auch ohne solche Ermächtigung.[10] Handelt der Vorstand als Mehrfachvertreter ohne Befreiung, so bleibt das abgeschlossene Geschäft schwebend unwirksam (§ 177 BGB analog).[11] Es kann mit Wirkung *ex tunc* genehmigt werden, wobei dafür wiederum der Aufsichtsrat zuständig ist.[12]

2. Vertretung durch den Aufsichtsrat

a) Vertretungsbefugnisse, insbesondere die Zuständigkeit aus § 112 AktG

Der Aufsichtsrat ist ein Gesellschaftsorgan, das in erster Linie zur Kontrolle des Vorstands eingesetzt ist (§ 111 Abs. 1 AktG). Zur Vertretung der AG ist er nur ausnahmsweise berufen.[13] Als dasjenige Organ, das im Innenverhältnis für die Bestellung des Vorstands zuständig ist (§ 84 AktG), vertritt er die Gesellschaft im Außenverhältnis bei der Kundgabe der Bestellung gegenüber dem zu Bestellenden (Bestellungsakt), bei der Entgegennahme der Annahmeerklärung und beim Anstellungsvertrag (vgl. § 84 Abs. 1 S. 5 AktG).[14] Der Aufsichtsrat kann ferner im Rahmen seiner Kontrollaufgabe besondere Sachverständige beauftragen (§ 111 Abs. 2 S. 2 AktG), außerdem erteilt er dem Abschlussprüfer den Prüfungsauftrag für den Jahres- und Konzernabschluss. Gem. § 246 Abs. 2 S. 2 AktG vertritt der Aufsichtsrat die Gesellschaft *zusammen* mit dem Vorstand, wenn gegen die Gesellschaft eine Anfechtungsklage erhoben wird, allein vertritt er sie, wenn der Vorstand oder ein Vorstandsmitglied klagt (§ 246 Abs. 2 S. 3 AktG). Für die Nichtigkeitsklage und die Klage auf Nichtigerklärung des Jahresabschlusses oder der Gesellschaft gilt Entsprechendes (§§ 249 Abs. 1 S. 1, 256 Abs. 7 S. 1, 275 Abs. 4 S. 1 AktG). Passiv vertritt der Aufsichtsrat die Gesellschaft, wenn diese über keinen Vorstand verfügt, also führungslos ist (§ 78 Abs. 1 S. 2, Abs. 2 S. 2 AktG).

---

[7] *Spindler* in MüKoAktG, 5. Aufl. 2019, § 78 Rn. 121; *Koch* in Koch, AktG, 16. Aufl. 2022, § 78 Rn. 6; *Weber* in Hölters/Weber, AktG, 4. Aufl. 2022, § 78 Rn. 9; *Fleischer* in BeckOGK, 1.7.2022, AktG § 78 Rn. 11.

[8] *Spindler* in MüKoAktG, 5. Aufl. 2019, § 78 Rn. 122; *Koch* in Koch, AktG, 16. Aufl. 2022, § 78 Rn. 6.

[9] *Spindler* in MüKoAktG, 5. Aufl. 2019, § 78 Rn. 128; *Koch* in Koch, AktG, 16. Aufl. 2022, § 78 Rn. 7; *Fleischer* in BeckOGK, 1.7.2022, AktG § 78 Rn. 12.

[10] *Spindler* in MüKoAktG, 5. Aufl. 2019, § 78 Rn. 128; *Koch* in Koch, AktG, 16. Aufl. 2022, § 78 Rn. 7; *Grigoleit* in Grigoleit, AktG, 2. Aufl. 2020, § 78 Rn. 8. Anders als bei der GmbH kann die Einzelfallgestattung jedoch nicht durch die Hauptversammlung erteilt werden!

[11] RGZ 56, 104 (107f.); BGH NJW-RR 1994, 291 (292); *Spindler* in MüKoAktG, 5. Aufl. 2019, § 78 Rn. 132.

[12] *Spindler* in MüKoAktG, 5. Aufl. 2019, § 78 Rn. 132; abw. *Habersack* in Hirte/Mülbert/Roth, AktG, 5. Aufl. 2015, § 78 Rn. 25: Vorstand zuständig, wenn Mitglieder in vertretungsberechtigter Zahl vorhanden, die nicht ihrerseits nach § 181 BGB ausgeschlossen sind.

[13] S. dazu auch *Leuering* FS Kollhosser, 2004, 361 ff.; *Hopt/Roth* in Hirte/Mülbert/Roth, AktG, 5. Aufl. 2018, § 112 Rn. 49 ff.; *Spindler* in MüKoAktG, 5. Aufl. 2019, § 112 Rn. 5.

[14] *Leuering* FS Kollhosser, 2004, 361 (362).

Sachlich sehr viel umfassender als diese Spezialbefugnisse ist die Befugnis aus § 112 AktG. Hiernach vertritt der Aufsichtsrat die Gesellschaft allgemein bei Rechtsgeschäften der Gesellschaft mit dem Vorstand. Erfasst sind sämtliche Rechtsgeschäfte mit Vorstandsmitgliedern und Rechtsstreitigkeiten aller Art; geringfügige Geschäfte sind davon nicht ausgenommen.[15] Persönlich bezieht die Norm nicht nur wirksam bestellte amtierende Vorstandsmitglieder ein, sondern auch fehlerhaft bestellte[16] und sogar ausgeschiedene.[17] Die Zwischenschaltung eines Dritten, der mit dem Vorstand wirtschaftlich identisch ist (zB einer Gesellschaft, deren Alleingesellschafter ein Vorstandsmitglied ist[18]), vermeidet die Anwendung nicht.[19]

Es liegt auf der Hand, dass § 112 AktG einen Interessenkonflikt beim Vertretungshandeln des Vorstands verhindern soll: Die unbefangene Wahrung des Gesellschaftsinteresses wäre gefährdet, wenn ein Vorstandsmitglied ein Geschäft „mit sich selbst" abschießen könnte.[20] Auf eine konkrete Gefährdung kommt es nicht an, vielmehr genügt der abstrakte Interessenkonflikt.[21] Darin ähnelt § 112 AktG dem § 181 BGB und verdrängt dessen erste Variante (→ 1.), das Verbot des Selbstkontrahierens. Allerdings sind § 112 AktG und § 181 Var. 1 BGB nicht deckungsgleich: Während das Selbstkontrahieren gestattet werden kann, ist § 112 AktG zwingend, dh, die Vertretungsbefugnis des Aufsichtsrats ist ausschließlich und auch keiner statutarischen Abbedingung zugänglich.[22] Ein weiterer entscheidender Unterschied zeigt sich darin, dass § 112 AktG nicht an die Personenidentität von Vertreter und Geschäftspartner anknüpft, sondern an die Vorstandseigenschaft an sich.[23] Es ändert also nichts, wenn die AG beim Geschäft mit einem Vorstandsmitglied von einem personenverschiedenen, anderen Vorstandsmitglied vertreten wird; zuständig für die Vertretung bleibt der Aufsichtsrat.[24]

Ob sich auch die Rechtsfolgen eines Verstoßes gegen § 112 AktG bzw. § 181 BGB unterscheiden, ist nicht abschließend geklärt. Ein unerlaubtes Insichgeschäft kann entsprechend §§ 177, 184 BGB mit Rückwirkung genehmigt werden, ein Verstoß gegen § 112 AktG nach herkömmlicher Ansicht nicht. Allerdings spricht sich eine vordringende Meinung in der Literatur für einen Gleichklang mit § 181 BGB aus: Das Rechtsgeschäft soll also vom Aufsichtsrat genehmigt werden können.[25] Die Rechtsprechung hat indes noch in jüngerer Zeit abweichend entschieden.[26] Nach wie vor ist also mit der Nichtigkeit des Rechtsgeschäfts zu rechnen.

---

[15] *Koch* in Koch, AktG, 16. Aufl. 2022, § 112 Rn. 12; *Habersack* in MüKoAktG, 5. Aufl. 2019, § 112 Rn. 20; *Grigoleit/Tomasic* in Grigoleit, AktG, 2. Aufl. 2020, § 112 Rn. 9.

[16] OLG Frankfurt ZIP 2011, 2008 (2009); *Koch* in Koch, AktG, 16. Aufl. 2022, § 112 Rn. 4; *Habersack* in MüKoAktG, 5. Aufl. 2019, § 112 Rn. 10.

[17] *Koch* in Koch, AktG, 16. Aufl. 2022, § 112 Rn. 4; *Spindler* in BeckOGK, 1.10.2022, AktG § 112 Rn. 17 ff.; *Habersack* in MüKoAktG, 5. Aufl. 2019, § 112 Rn. 12 ff.

[18] BGH DNotZ 2019, 703.

[19] *Koch* in Koch, AktG, 16. Aufl. 2022, § 112 Rn. 10; *Drygala* in K. Schmidt/Lutter, AktG, 4. Aufl. 2020, § 112 Rn. 14 ff.

[20] Vgl. BGH NJW 1988, 1384 (1385); NJW 1995, 2559 (2560); *Koch* in Koch, AktG, 16. Aufl. 2022, § 112 Rn. 1.

[21] *Spindler* in BeckOGK, 1.10.2022, AktG § 112 Rn. 2 f.; *Habersack* in MüKoAktG, 5. Aufl. 2019, § 112 Rn. 1.

[22] *Spindler* in BeckOGK, 1.10.2022, AktG § 112 Rn. 4; *Habersack* in MüKoAktG, 5. Aufl. 2019, § 112 Rn. 3.

[23] OLG Brandenburg AG 2015, 428 Rn. 34; *Blath* in MHdB GesR IX, 6. Aufl. 2021, § 9 Rn. 82; *Spindler* in MüKoAktG, 5. Aufl. 2019, § 78 Rn. 121.

[24] OLG Brandenburg AG 2015, 428 Rn. 34.

[25] OLG München BeckRS 2007, 18459; *Habersack* in MüKoAktG, 5. Aufl. 2019, § 112 Rn. 34 mwN; *Koch* in Koch, AktG, 16. Aufl. 2022, § 112 Rn. 24; *Grigoleit/Tomasic* in Grigoleit, AktG, 2. Aufl. 2020, § 112 Rn. 19.

[26] OLG Brandenburg AG 2015, 428 Rn. 40 ff.; offen BGH NJW 2019, 1677 Rn. 35.

b) Ausübung der aktiven Vertretungsbefugnis

Der Aufsichtsrat ist gleich dem (mehrgliedrigen) Vorstand ein Kollegialorgan. Während der Vorstand seine aktive Vertretungsbefugnis nicht zwingend gemeinschaftlich ausüben muss (→ 1.), setzt die Vertretung durch den Aufsichtsrat grds. ein Handeln des Gesamtorgans voraus,[27] evtl. genügt aber die Vertretung durch die Aufsichtsratsmehrheit.[28]

Gesetzlich geregelt ist lediglich die „Innenseite" des Aufsichtsratshandelns: Gem. § 108 Abs. 1 AktG entscheidet der Aufsichtsrat durch Beschluss, so auch vor Ausübung seiner Vertretungsbefugnis im Außenverhältnis. Beschlussfähig ist der Aufsichtsrat mangels statutarischer Regelung, wenn mindestens die Hälfte seiner Mitglieder an der Beschlussfassung teilnimmt; in jedem Fall müssen es wenigstens drei Mitglieder sein (§ 108 Abs. 2 AktG). Gem. § 107 Abs. 3 AktG kann der Aufsichtsrat die Beschlussfassung auch einem Ausschuss übertragen.[29] Für die Erklärung des intern gebildeten Willens gilt das Prinzip der Gesamtvertretung (evtl. beschränkt auf die beschlussnotwendige Mitgliedermehrheit, s. o.), soweit die Beschlussfassung nicht zulässigerweise auf einen Ausschuss übertragen worden ist.[30] Die Mitglieder können entweder eine gemeinschaftliche oder einzelne übereinstimmende Erklärungen abgeben.[31] Eine praktische Erleichterung – insbesondere bei größeren Aufsichtsräten – bietet die Möglichkeit, einzelne Personen zur Kundgabe des Organwillens zu ermächtigen. Ermächtigt ist regelmäßig, aber nicht notwendigerweise, der Aufsichtsratsvorsitzende.[32] Im Detail umstritten bleiben das Wesen und die Reichweite der Ermächtigung. Die wohl überwiegende Meinung hält den Ermächtigten nicht für einen Willensvertreter, sondern für einen „Erklärungsvertreter".[33]

3. Vertretung durch die Hauptversammlung

Seltener noch als der Aufsichtsrat ist die Hauptversammlung für die Vertretung der AG zuständig. Die Hauptversammlung ist in erster Linie Beschlussorgan,[34] nicht Ausführungsorgan. Soweit Beschlüsse ausführungsbedürftig sind, obliegt die Ausführung grds. dem Vorstand.[35] Anders ist dies allerdings bei der Bestellung von Aufsichtsratsmitgliedern (Mitteilung der Bestellung als Bestellungsakt),[36] Sonderprüfern (§ 142 Abs. 1 S. 1 AktG) und besonderen

---

[27] *Leuering* FS Kollhosser, 2004, 361 (368).

[28] *Spindler* in BeckOGK, 1.10.2022, AktG § 112 Rn. 39; *Habersack* in MüKoAktG, 5. Aufl. 2019, § 112 Rn. 21; *Koch* in Koch, AktG, 16. Aufl. 2022, § 112 Rn. 16.

[29] *Leuering* FS Kollhosser, 2004, 361 (367).

[30] *Koch* in Koch, AktG, 16. Aufl. 2022, § 112 Rn. 19.

[31] *Leuering* FS Kollhosser, 2004, 361 (368).

[32] *Grigoleit/Tomasic* in Grigoleit, AktG, 2. Aufl. 2020, § 112 Rn. 15: idR konkludente Ermächtigung im Beschluss.

[33] OLG Düsseldorf NZG 2004, 141 (143); *Koch* in Koch, AktG, 16. Aufl. 2022, § 112 Rn. 19 f.: beschränkter eigener Ermessensspielraum, wenn Aufsichtsratsmitglied ermächtigt wird; *Groß-Bölting/Rabe* in Hölters, AktG, 4. Aufl. 2022, § 112 Rn. 21; *Breuer/Fraune* in Heidel, AktG, 5. Aufl. 2020, § 112 Rn. 9; *Schick* in Wachter, AktG, 4. Aufl. 2022, § 112 Rn. 7; *Spindler* in BeckOGK, 1.10.2022, AktG § 112 Rn. 42; *Habersack* in MüKoAktG, 5. Aufl. 2019, § 112 Rn. 24: Ausnahme bei Geschäften des täglichen Lebens; abw. *Hopt/Roth* in Hirte/Mülbert/Roth, AktG, 5. Aufl. 2018, § 112 Rn. 93: Unterscheidung zwischen Willens- und Erklärungsvertretung sei veraltet; Kundgabe des Aufsichtsratswillens könne ebenso gut als eigene Willenserklärung durch einen Vertreter geschehen; *Leuering* FS Kollhosser, 2004, 361 (372): Vertreter mit gebundener Marschroute; *Grigoleit/Tomasic* in Grigoleit, AktG, 2. Aufl. 2020, § 112 Rn. 15: Botenschaft.

[34] *Mülbert* in Hirte/Mülbert/Roth, AktG, 5. Aufl. 2017, Vor § 118 Rn. 29.

[35] *Mülbert* in Hirte/Mülbert/Roth, AktG, 5. Aufl. 2017, Vor § 118 Rn. 36.

[36] *Koch* in Koch, AktG, 16. Aufl. 2022, § 119 Rn. 12; der Vorstand ist hingegen nach heute überw. Meinung für die Entgegennahme der Annahmeerklärung zuständig, jedenfalls wenn der zu Bestellende nicht in der Hauptversammlung anwesend ist, vgl. *Habersack* in MüKoAktG, 5. Aufl. 2019, § 101 Rn. 62 mwN.

Vertretern zur Geltendmachung von Ersatzansprüchen gegenüber Verwaltungsmitgliedern (§ 147 Abs. 2 S. 1 AktG). Hier ergibt sich die Vertretungsbefugnis als Annexkompetenz aus der Beschlusszuständigkeit.[37] Ansonsten ändert sich auch bei einschneidenden Maßnahmen nichts an der Zuständigkeit der eigentlichen Vertretungsorgane.[38] Davon zu unterscheiden sind Fälle, in denen die Zustimmung der Hauptversammlung zwar Wirksamkeitsvoraussetzung eines Rechtsgeschäfts, aber nicht empfangsbedürftig ist, also keiner gesonderten Vermittlung ins Außenverhältnis bedarf – so etwa bei Unternehmens- und Umwandlungsverträgen (vgl. § 293 Abs. 1 S. 1 AktG, § 13 Abs. 1 S. 1 UmwG).[39]

Im Übrigen kann die Hauptversammlung selbst dann nicht vertreten, wenn die Vertretungsorgane der AG unbesetzt sind. Ein Notvertretungsrecht steht ihr nicht zu.[40] Vielmehr muss der Mangel an Vorstands- oder Aufsichtsratsmitgliedern behoben werden, in dringenden Fällen durch Notbestellung entsprechender Personen (Notvorstand gem. § 85 AktG oder Notaufsichtsrat gem. § 104 AktG).

4. Vertretung durch besondere Vertreter

Ausnahmsweise kann die AG auch durch einen besonderen Vertreter vertreten werden. Wie bereits erwähnt bestellt die Hauptversammlung gem. § 147 Abs. 2 S. 1 AktG einen besonderen Vertreter, soweit es um die Geltendmachung von Ersatzansprüchen gegenüber Gründern und Mitgliedern von Vorstand und Aufsichtsrat geht. § 147 Abs. 2 S. 1 AktG soll überdies entsprechend anzuwenden sein, wenn eine Anfechtungsklage gemeinsam von Vorstands- und Aufsichtsratsmitgliedern erhoben wird.[41] § 246 Abs. 2 AktG berücksichtigt diesen Fall nämlich nicht. Er regelt lediglich allgemein die Doppelvertretung der AG durch Vorstand und Aufsichtsrat bei Anfechtungsklagen (§ 246 Abs. 2 S. 2 AktG) und die alternative Vertretung durch Vorstand oder Aufsichtsrat bei Klagen von Aufsichtsrats- bzw. Vorstandsmitgliedern (§ 246 Abs. 2 S. 3 AktG).

IV. Vertretung der AG in den Fallbeispielen

Kommen wir zurück zu den in Ziff. II genannten Beispielen. Hier könnten Fälle gegeben sein, in denen sich die Vertretung der AG mithilfe der skizzierten Grundsätze nicht befriedigend klären lässt und daher Auswege aus einem speziellen „Vertretungsdilemma" zu finden sind. Zuvor müssen allerdings Struktur und Inhalt der abzuschließenden Verträge noch einmal genauer beleuchtet werden.

---

[37] Vgl. *Leuering* FS Kollhosser, 2004, 361 (367).

[38] Vgl. *Kubis* in MüKoAktG, 5. Aufl. 2022, § 119 Rn. 19.

[39] Vgl. *Mülbert* in Hirte/Mülbert/Roth, AktG, 5. Aufl. 2017, Vor § 118 Rn. 21; *Kubis* in MüKoAktG, 5. Aufl. 2022, § 119 Rn. 19.

[40] *Kubis* in MüKoAktG, 5. Aufl. 2022, § 119 Rn. 19; *Mülbert* in Hirte/Mülbert/Roth, AktG, 5. Aufl. 2017, Vor § 118 Rn. 21; *Spindler* in K. Schmidt/Lutter, AktG, 4. Aufl. 2020, § 118 Rn. 13.

[41] *Schäfer* in MüKoAktG, 5. Aufl. 2021, § 246 Rn. 67; *K. Schmidt* in Hopt/Wiedemann, AktG, 4. Aufl. 2012, § 246 Rn. 38; *Koch* in Koch, AktG, 16. Aufl. 2022, § 246 Rn. 36; *Vatter* in BeckOGK, 1.10.2022, AktG § 246 Rn. 33.

1. Struktur der Verträge und Folgen für die Vertretungszuständigkeit

a) Gründung einer AG & Co. KG

Die Gründung einer AG & Co. KG setzt einen Personengesellschaftsvertrag iSv §§ 161, 105 HGB und § 705 BGB voraus. Der Gesellschaftsvertrag ist zwar kein gewöhnlicher schuldrechtlicher Vertrag (insbesondere kein Austauschvertrag[42]), aber doch ein Vertrag, der grds. nach den allgemeinen Bestimmungen der §§ 145 ff. BGB zustande kommt.[43] Alle Vertragspartner (die künftigen Gesellschafter) stehen sich dabei unmittelbar und gleichberechtigt gegenüber; die Komplementärgesellschaft ist insoweit vollwertiger Vertragspartner, mag sie auch als kapitalanteilslose Gesellschafterin lediglich zum „Verwaltungs- und Haftungsvehikel" bestimmt sein. Teilbar ist der Vertrag ganz offensichtlich nicht, sodass die AG gegenüber allen künftigen Kommanditisten zugleich vertreten werden muss.

Wenn die X-AG nun beim Vertragsschluss ihren eigenen Vorstandsmitgliedern gegenüber handelt, ist nach allgemeinem Aktienrecht die Vertretungszuständigkeit des Aufsichtsrats gem. § 112 AktG eröffnet; beim Handeln gegenüber Aufsichtsratsmitgliedern bliebe es andererseits bei der Vertretungsbefugnis des Vorstands gem. § 78 AktG.[44] In Einklang bringen lassen sich diese Zuständigkeiten auf den ersten Blick nicht.

b) Ehegattengrundstückskauf

Grundstückskaufvertrag und Auflassung sind gewöhnliche Verträge nach dem Schuld- bzw. Sachenrecht; die Y-AG und die Eheleute A stehen sich dabei als Vertragspartner gegenüber. Lässt man die im Beispiel gegebene „Koppelungsabrede" zunächst außer Betracht, stellt sich die Frage, ob der Erwerb eines Grundstücks zu Miteigentum notwendigerweise ein einheitliches Geschäft ist. Das wird man selbst dann nicht ohne Weiteres annehmen können, wenn die Eheleute im praktischen Ergebnis „gemeinsam" ein Grundstück erwerben wollen. Es spricht nämlich nichts dagegen, dass einerseits die Ehefrau von der AG einen Miteigentumsanteil erwirbt, andererseits der Ehemann, und zwar jeweils durch getrennten Vertrag. In diesem Fall wäre die Vertretungsfrage einfach beantwortet: Gegenüber der Ehefrau als Aufsichtsratsmitglied würde die AG durch den Ehemann als Vorstand vertreten, gegenüber dem Ehemann als Vorstandsmitglied würde der Aufsichtsrat einschließlich der Ehefrau als Aufsichtsratsmitglied handeln. Allerdings könnte man auf den Gedanken kommen, dass die Ehefrau beim Aufsichtsratsbeschluss im Innenverhältnis evtl. einem Stimmverbot unterliegt. Ein solches Stimmverbot ist analog § 34 Var. 1 BGB zu bejahen, wenn der Beschluss die Vornahme eines Rechtsgeschäfts mit dem Aufsichtsratsmitglied betrifft.[45] Indessen ginge es nicht um ein Rechtsgeschäft unmittelbar mit der Ehefrau, sodass man das Stimmverbot auf mittelbar betroffene Aufsichtsratsmitglieder erstrecken müsste. Die überwiegende Meinung lehnt jedoch ein Stimmverbot für Angehörige oder Ehegatten ab, soweit nicht § 115 Abs. 2 AktG (Kreditgewährung an Ehegatten etc. eines Aufsichtsratsmitglieds) einschlägig ist.[46] Ebenso wenig scheitert die Vertretung der AG durch den Vorstand, weil ein Rechtsgeschäft der AG mit einem Dritten in seinem persönlichen Interesse liegt.[47]

---

[42] *Geibel* in BeckOGK, 1.1.2019, BGB § 705 Rn. 129.
[43] *Schäfer* in MüKoBGB, 8. Aufl. 2020, § 705 Rn. 20.
[44] Vgl. *Spindler* in MüKoAktG, 5. Aufl. 2019, § 78 Rn. 7.
[45] BGH NJW-RR 2007, 1483 Rn. 13; *Mertens/Cahn* in Kölner Komm AktG, 3. Aufl. 2013, § 108 Rn. 65; *Habersack* in MüKoAktG, 5. Aufl. 2019, § 108 Rn. 29.
[46] *Mertens/Cahn* in Kölner Komm AktG, 3. Aufl. 2013, § 108 Rn. 68; *Spindler* in BeckOGK, 1.10.2022, AktG § 108 Rn. 33; *Habersack* in MüKoAktG, 5. Aufl. 2019, § 108 Rn. 30; zu § 34 BGB: *Schöpflin* in BeckOK BGB, 63. Ed. 1.8.2022, § 34 Rn. 9; *Ellenberger* in Grüneberg, BGB, 82. Aufl. 2023, § 34 Rn. 3; *Schwennicke* in Staudinger, BGB, 2019, § 34 Rn. 12.
[47] Vgl. *Habersack* in MüKoAktG, 5. Aufl. 2019, § 112 Rn. 18.

Wie sieht es nun aus, wenn die Eheleute – wie im Beispielsfall – den Willen zum ausschließlich gemeinschaftlichen Erwerb zum Gegenstand einer vertraglichen Abrede machen? Dies führt gewiss dahin, dass die beiden Erwerbe im Sinne einer rechtlichen Einheit „miteinander stehen und fallen". Doch damit ist immer noch nicht gesagt, dass der gemeinschaftliche Erwerb Gegenstand eines einzigen Vertrags werden muss. Einzelgeschäfte können verbundene Verträge sein, ohne notwendigerweise zu einem einheitlichen Rechtsgeschäft zu verschmelzen.[48] Nicht einmal die Zusammenfassung beider Verträge in einer Urkunde würde daran etwas ändern.

Am Ende entscheidet allerdings der Parteiwille! Es bleibt folglich denkbar, dass die Eheleute mit der AG einen einzigen Kaufvertrag über das Grundstück abschließen wollen. Ein solcher einheitlicher Vertrag über einen gemeinschaftlichen Kauf bildet nicht die Summe aus zwei separat abgeschlossenen Verträgen, mit denen jeweils die Hälfte des Grundstücks gekauft wird. Darum dürfte etwa der Notar die Beteiligten nicht einfach zum separaten Abschluss drängen, wenn dies dem Parteiwillen nicht entspräche; allein die Vermeidung von Vertretungsschwierigkeiten kann keine Richtschnur für die Vertragsgestaltung sein. *Diese Schwierigkeiten resultieren freilich aus einem Vertrag, bei dem der AG auf der anderen Seite Vorstands- und Aufsichtsratsmitglieder zugleich gegenüberstehen: Vertretungszuständigkeiten, die sich scheinbar nicht in Einklang bringen lassen.*

2. Auswege aus dem „Vertretungsdilemma"

Inwieweit das Handeln von Vorstand und bzw. oder Aufsichtsrat tatsächlich in ein Dilemma führt, ist allerdings noch näher zu untersuchen. Zunächst wird man sich fragen, ob sich die kritischen Personenkonstellationen nicht doch von vornherein vermeiden lassen.

a) Auswechselung des Vorstands?

Plausibel erschiene es auf den ersten Blick, das befangene Vorstandsmitglied einfach auszuwechseln, notfalls durch Bestellung eine Notvorstands (§ 85 AktG). Wäre dies möglich (wie etwa zur Vermeidung eines Selbstkontrahierens nach § 181 Var. 1 BGB), hätte man das ganze Problem gelöst: Die Vertretung der AG gegenüber dem befangenen Vorstandsmitglied wäre unverdächtig, zugleich aber auch die Vertretung gegenüber dem befangenen Aufsichtsratsmitglied. Für die Vertretung der AG gegenüber dem Aufsichtsrat wäre ja ohnehin der – nunmehr völlig „neutrale" – Vorstand zuständig (→ 1. a)).

Allerdings scheidet diese einfache Lösung aus, denn wie oben (→ III. 2. a)) gesehen, greift § 112 AktG auch jenseits des bloßen Selbstkontrahierens ein. Es genügt daher nicht, die konkrete Personenidentität auszuschalten und ein unbefangenes Vorstandsmitglied handeln zu lassen.

b) Bestellung eines besonderen Vertreters?

Wäre es aber nicht möglich, anstelle von Vorstand und Aufsichtsrat ein gänzlich anderes Vertretungsorgan handeln zu lassen? Darin läge kein Verstoß gegen § 112 AktG, wenn man dieser Norm weniger eine zwingende Zuständigkeit des Aufsichtsrats unter allen Umständen entnähme als vielmehr ein generelles Vertretungsverbot für den Vorstand. Dann wäre es denkbar, dass zumindest im Ausnahmefall auch der Aufsichtsrat als Vertretungsorgan gegenüber dem Vorstand substituiert werden könnte, etwa wenn Aufsichtsratsmitglieder zugleich selbst befangen wären.

---

[48] Vgl. *Schreindorfer* in BeckOGK, 1.10.2022, BGB § 311b Rn. 182 im Rahmen der Frage, ob sich das Formgebot aus § 311b Abs. 1 BGB auf verbundene Verträge erstreckt; s. dazu auch *Ruhwinkel* in MüKoBGB, 9. Aufl. 2022, § 311b Rn. 58 ff.; *Schumacher* in Staudinger, BGB, 2018, § 311b Abs. 1 Rn. 172 ff.

Weiteres Organ der AG ist neben Vorstand und Aufsichtsrat die Hauptversammlung. Diese hat allerdings nach allgemeiner Ansicht kein Notvertretungsrecht (→ III. 3.), mE auch nicht in den hier erörterten Fällen. Soweit man der Hauptversammlung Vertretungsbefugnis zuerkennt, geht es um Annexkompetenzen, die in einer Beschlusszuständigkeit wurzeln, namentlich in einer Bestellungskompetenz. Dies lenkt immerhin den Blick auf einen Konfliktfall, der dem vorliegenden strukturell nicht unähnlich ist und in dem nach verbreiteter Ansicht die Hauptversammlung einen besonderen Vertreter bestellen kann: die gemeinsam von Vorstands- und Aufsichtsratsmitgliedern erhobene Anfechtungsklage (→ III. 4.). Man könnte also erwägen, einen besonderen Vertreter durch die Hauptversammlung bestellen zu lassen. Indessen ist der Kontext zu berücksichtigen, in dem die Bestellung des besonderen Vertreters zugelassen wird. Er betrifft die Rechtsverfolgung und die Prozessvertretung, gleichermaßen der insoweit analog angewendete § 147 Abs. 2 S. 1 AktG (Geltendmachung von Ersatzansprüchen). Der Abschluss eines „gewöhnlichen" Vertrags passt in diesen Kontext nicht; er ist kein vergleichbarer Sachverhalt, der eine analoge Anwendung der Spezialnorm des § 147 Abs. 2 S. 1 AktG rechtfertigen würde. Vielmehr handelt es sich um eine typische Angelegenheit der Geschäftsführung, die vom Aktienrecht – mE abschließend – dem Vorstand oder ausnahmsweise dem Aufsichtsrat zugewiesen ist. Der Rückgriff auf einen besonderen Vertreter müsste demnach ausscheiden.

c) Komplementäre Vertretung durch Aufsichtsrat und Vorstand

Nachdem das Aktienrecht keinen anderen Ausweg zu bieten scheint, dürfte die Lösung des „Vertretungsdilemmas" im Rahmen der allgemeinen Vertretungsregelungen zu suchen sein. Im Prinzip gilt also auch im vorliegenden Fall: Gegenüber dem Vorstand wird die Gesellschaft gem. § 112 AktG durch den Aufsichtsrat vertreten, gegenüber dem Aufsichtsrat gem. § 78 AktG durch den Vorstand. Bei einem einheitlichen Rechtsgeschäft, auf dessen anderer Seite sowohl Vorstand als auch Aufsichtsrat stehen, wären auf den ersten Blick sowohl Vorstand als auch Aufsichtsrat von der Vertretung ausgeschlossen. Was spräche aber gegen eine Vertretung durch den Aufsichtsrat, *soweit* dieser zuständig ist (nämlich für die Vertretung gegenüber dem Vorstand), und eine Vertretung durch den Vorstand, *soweit* jener zuständig ist (nämlich gegenüber dem Aufsichtsrat)? Wenn der materielle Grund für die alternative Vertretungsbefugnis in einem Interessenkonflikt des Vertretungsorgans „sich selbst" gegenüber liegt, dann müsste dieser Interessenkonflikt bei einem Handeln beider Vertretungsorgane ausgeräumt sein. Diese Überlegung überzeugt jedenfalls unter der Prämisse, dass Aufsichtsrat und Vorstand die AG nicht gemeinsam im Sinne einer Doppelvertretung vertreten, sondern komplementär in ihrem jeweiligen Zuständigkeitsbereich. Es würde sich also weder um eine Doppelvertretung noch um eine alternative Vertretung, sondern um eine sich ergänzende Vertretung handeln, bei der jede Vertretungsbefugnis für sich in ihrem Bereich wirksam wäre, ohne in den anderen Bereich überzugreifen. Die komplementäre Vertretungsbefugnis unterschiede sich insofern von der kumulativen oder Doppelvertretung, als bei letzterer das Handeln jedes der beiden Organe Teil einer Gesamtvertretungsbefugnis gegenüber den Vertragspartnern bildete und sich somit zugleich als ein Handeln „sich selbst" gegenüber darstellte. Als eine Gesamtvertretungsbefugnis in diesem Sinne wäre die komplementäre Vertretungsbefugnis aber gerade nicht zu verstehen.

Die Umsetzung der komplementären Vertretung bereitet mE keine Probleme. Freilich kann man im Vertrag die jeweils begrenzte Vertretungszuständigkeit des Aufsichtsrats bzw. Vorstands besonders zum Ausdruck bringen („vertritt, soweit …"), was womöglich sogar zu empfehlen ist. Auch der Beschluss des Aufsichtsrats im Innenverhältnis dürfte keine Fragen aufwerfen. Zwar steht für den Aufsichtsrat das ungeteilte Rechtsgeschäft zur Abstimmung, wenn er sich zur Vertretung entschließen will. Das sollte aber kein Stimmverbot des „befangenen" Mitglieds analog § 34 BGB nach sich ziehen, denn diese Zustimmung muss sich mE akzessorisch zur später auszuübenden Vertretung verhalten. Man kann also schlecht argumentieren, dass ein Aufsichtsratsmitglied nur deshalb von der Beschlussfassung ausgeschlossen ist, weil es von dem Rechtsgeschäft jenseits der Vertretungszuständigkeit betroffen ist.

V. Exkurs zur Genossenschaft

Verträge mit Vorstands- und Aufsichtsratsmitgliedern begegnen auch bei der eingetragenen Genossenschaft. Der zweite Beispielsfall – Ehegattengrundstückskauf – lag dem DNotI bereits als Anfrage zum Genossenschaftsrecht vor. Im Genossenschaftsrecht sind die Vertretungszuständigkeiten von Vorstand und Aufsichtsrat ähnlich gegeneinander abgegrenzt wie im Aktienrecht: Im Prinzip vertritt gem. § 25 GenG der Vorstand die Genossenschaft, Vorstandsmitgliedern gegenüber vertritt sie gem. § 39 GenG der Aufsichtsrat. In seinem Anwendungsbereich verdrängt § 39 GenG den Selbstkontrahierungstatbestand des § 181 Var. 1 BGB.[49] Allerdings ist der Anwendungsbereich des § 39 GenG noch nicht abschließend geklärt. Manche Stimmen in der Literatur wollen ihn teleologisch auf solche Rechtsgeschäfte beschränken, die mit dem Vorstandsamt und dem Anstellungsverhältnis in Zusammenhang stehen.[50] Andere Stimmen nehmen zumindest den sog. Fördergeschäftsverkehr aus und berufen sich dabei auf das genossenschaftsrechtliche Identitätsprinzip „Mitglied = Kunde".[51] Wieder andere bestimmen den Anwendungsbereich parallel zu § 112 AktG, womit im Prinzip sämtliche Rechtsgeschäfte der Genossenschaft mit ihren Vorstandsmitgliedern die Vertretungszuständigkeit des Aufsichtsrats auslösen würden.[52] Folgt man den restriktiveren Ansichten, könnte der Vorstand bei Geschäften der Genossenschaft mit Vorstands- *und* Aufsichtsratsmitgliedern uU vertretungsbefugt bleiben, bei Personenidentität aber evtl. einer Befreiung gem. § 181 BGB bedürfen. Andernfalls ist die Vertretungsfrage ebenso wie bei der Aktiengesellschaft zu lösen. Da die bisher einzige obergerichtliche Entscheidung des OLG Zweibrücken[53] sich für einen Gleichlauf mit § 112 AktG ausgesprochen hat (und gegen die Möglichkeit einer Befreiung des Vorstands vom Verbot des § 181 Var. 1 BGB), sollte man vorsorglich stets (auch) den Weg der komplementären Vertretung gehen.

Schließlich ist noch eine genossenschaftsrechtliche Besonderheit zu berücksichtigen: Kleine Genossenschaften, dh solche mit bis zu zwanzig Mitgliedern, können gem. § 9 Abs. 1 S. 2 GenG auf einen Aufsichtsrat verzichten. § 39 GenG trifft für diesen Fall Fürsorge und sieht die Vertretung der Genossenschaft in seinem Anwendungsbereich durch einen „von der Generalversammlung gewählten Bevollmächtigten" vor (Abs. 1 S. 2). Dieser tritt also bei der Vertretung der Genossenschaft gegenüber Vorstandsmitgliedern an die Stelle des Aufsichtsrats. Er müsste konsequenterweise auch im Rahmen einer komplementären Vertretung herangezogen werden.

---

[49] Vgl. OLG Zweibrücken DNotZ 2010, 152.

[50] *Kock-Schwarz* FS Schaffland, 2011, 189 (191 f.); *Fandrich* in Pöhlmann/Fandrich/Bloehs, GenG, 4. Aufl. 2012, § 39 Rn. 7.

[51] *Holthaus/Lehnhoff* in Lang/Weidmüller, GenG, 40. Aufl. 2022, § 39 Rn. 14: insoweit sei dann nur das befangene Vorstandsmitglied von der Vertretung ausgeschlossen; *Beuthien* in Beuthien, GenG, 16. Aufl. 2018, § 39 Rn. 1.

[52] *Geibel* in Henssler/Strohn, Gesellschaftsrecht, 5. Aufl. 2021, GenG § 39 Rn. 1; *Keßler* in BerlinKommGmbHG, 3. Aufl. 2019, § 39 Rn. 5.

[53] OLG Zweibrücken DNotZ 2010, 152 (153); konkret nicht einschlägig BGH NZG 2019, 1023.

VI. Zusammenfassung in Thesen

– Schließt die AG einen Vertrag, bei dem ihr auf der anderen Seite sowohl Vorstands- als auch Aufsichtsratsmitglieder gegenüberstehen, so kann weder der Vorstand noch der Aufsichtsrat die AG allein vertreten.

– Eine Auswechselung des befangenen Vorstandsmitglieds hilft nicht weiter, denn § 112 AktG verbietet dem Vorstand die Vertretung gegenüber Aufsichtsratsmitgliedern unabhängig von einer Personenidentität.

– Die Hauptversammlung hat in solchen Fällen kein Notvertretungsrecht. Auch kann sie keinen besonderen Vertreter bestellen. Eine Analogie zu § 147 Abs. 2 S. 1 AktG scheidet aus, soweit es um Geschäftsführungsangelegenheiten geht.

– Möglich bleibt lediglich die komplementäre Vertretung der AG durch Vorstand und Aufsichtsrat. Dabei vertritt der Vorstand die AG, soweit dieser zuständig ist, und der Aufsichtsrat, soweit jener zuständig ist.

– Die komplementäre Vertretung ist nicht mit einer Doppelvertretung gleichzusetzen, denn bei dieser stellt sich das Handeln von Aufsichtsrat und Vorstand als Teil einer einheitlichen Gesamtvertretungsbefugnis dar. Bei der komplementären Vertretung hingegen beschränkt sich das Vertretungshandeln auf den jeweiligen Zuständigkeitsbereich.

– Im Genossenschaftsrecht sind die fraglichen Fälle wegen § 39 GenG grds. parallel zu handhaben. An die Stelle des Aufsichtsrats kann bei kleinen Genossenschaften gem. § 39 Abs. 1 S. 2 GenG ein Bevollmächtigter der Generalversammlung treten.

CHRISTIAN BOCHMANN

Statutarische Gestaltung virtueller Gesellschafterversammlungen nach dem DiREG

I. Einführung

Ein Erfolgsfaktor der Rechtsform der Gesellschaft mit beschränkter Haftung ist der grundsätzlich dispositive Charakter ihres Innenrechts,[1] der die Kautelarpraxis zu maßgeschneiderten Lösungen einlädt. Als besonders kompliziert, fehler- und damit auch streitanfällig stellt sich das GmbH-Recht hingegen gerade dort dar, wo es zwingender Natur ist, was nicht zuletzt daran liegt, dass es sich regelmäßig nicht ausdrücklich als solches zu erkennen gibt. Im reichhaltigen Œuvre des Jubilars sticht gerade auf letztgenanntem Feld eine besondere Faszination sowie ein akribischer Durchdringungs- und Ordnungswille heraus.[2] Deshalb seien ihm die folgenden Überlegungen zu dem mit dem Gesetz zur Ergänzung der Regelungen zur Umsetzung der Digitalisierungsrichtlinie (DiREG)[3] neu eingeführten § 48 I 2 GmbHG zugedacht, der seit dem 1. August 2022 bestimmt, dass Versammlungen auch fernmündlich oder mittels Videokommunikation abgehalten werden können, wenn sämtliche Gesellschafter sich in Textform damit einverstanden erklären.

Als Verfahrensregelung zur Willensbildung der Gesellschafter ist die Vorschrift im Ausgangspunkt zwar dem dispositiven Innenrecht zuzuordnen, was § 45 II GmbHG für die §§ 46 bis 51 GmbHG eigens ausdrücklich hervorhebt. Ein gewisses Spannungsverhältnis ergibt sich jedoch aus dem im GmbH-Recht eigentümlichen, vom Mehrheitsprinzip abweichenden Erfordernis der textförmigen Zustimmung *sämtlicher* Gesellschafter zu fernmündlich oder mittels Videokommunikation abgehaltenen Gesellschafterversammlungen. Dieses Einstimmigkeitserfordernis hinsichtlich der Ad-hoc-Durchführung virtueller Versammlungen wirft die Frage auf, ob – und gegebenenfalls welche – über die allgemeinen Vorgaben zu Satzungsänderungen hinausgehenden, zwingenden Schranken bei statutarischen Dispositionen über § 48 I 2 GmbHG, insbesondere bei Erleichterungen des Einstimmigkeitserfordernisses, zu beachten sind.

Die Voraussetzung des Einverständnisses sämtlicher Gesellschafter in § 48 I 2 GmbHG stellt auf den ersten Blick einen gewissen Bruch mit den Grundsätzen des GmbH-Rechts dar. In materieller Hinsicht verlangt das GmbH-Recht individuelle Einverständnisse sämtlicher – betroffener – Gesellschafter lediglich bei Maßnahmen, die in individuelle Rechtspositionen eingreifen, insbesondere bei der Leistungsvermehrung (§ 53 III GmbHG),[4] der Zweckänderung (§ 33 BGB analog)[5], der Beeinträchtigung von Sonderrechten (§ 35 BGB

---

[1] Vgl. *Fleischer* in MüKoGmbHG, 4. Aufl. 2022, Einl. Rn. 23, 298; *Wicke* in Scholz, GmbHG, 13. Aufl. 2022, Einl. Rn. 20.

[2] Vgl. nur die vom *Jubilar* bearbeiteten Abschnitte in Heckschen/Heidinger, Die GmbH in der Gestaltungs- und Beratungspraxis, 4. Aufl. 2018.

[3] Gesetz zur Ergänzung der Regelungen zur Umsetzung der Digitalisierungsrichtlinie und zur Änderung weiterer Vorschriften vom 15.7.2022, BGBl. I 1146.

[4] *Hoffmann* in Michalski/Leible/Heidinger/J. Schmidt, GmbHG, 3. Aufl. 2017, § 53 Rn. 86 ff.

[5] *Hoffmann* in Michalski/Leible/Heidinger/J. Schmidt, GmbHG, 3. Aufl. 2017, § 53 Rn. 91; differenzierend *Heckschen* in Heckschen/Heidinger, Die GmbH in der Gestaltungs- und Beratungspraxis, 4. Aufl. 2018, Kap. 9 Rn. 89 ff.

analog)[6] oder dem Eingriff in relativ unentziehbare mitgliedschaftliche Rechte (früher sog. Kernbereich der Mitgliedschaft)[7]. Als Grundsatz gilt hingegen bei Beschlussfassungen das einfache (§ 47 I GmbHG), bei Satzungsänderungen das qualifizierte Mehrheitsprinzip (§ 53 II 1 GmbHG).

Verfahrensfragen im Zusammenhang mit der Herbeiführung von Gesellschafterbeschlüssen – wie insbesondere die Einberufung der Gesellschafterversammlung (§ 49 I GmbHG) – sind im Ausgangspunkt der Geschäftsführung überantwortet, stehen aber grundsätzlich zur Disposition der Gesellschaftermehrheit, die zur Erledigung organisatorischer Fragen in ihrem Sinne insbesondere einen Versammlungsleiter bestimmen[8] und abberufen[9] kann.

Die Zustimmung sämtlicher Gesellschafter hingegen ist eine enge Ausnahme in „problemträchtigen" Konstellationen: So können Ladungsmängel nur durch die Anwesenheit sämtlicher Gesellschafter (Universalversammlung) (§ 51 III GmbHG) und allseitiges Einverständnis mit der Beschlussfassung[10] überwunden werden. Um Minderheitsgesellschafter vor der Schaffung vollendeter Tatsachen hinter ihrem Rücken zu schützen, sind Beschlussfassungen außerhalb von Versammlungen zudem nur möglich, wenn entweder die in Rede stehende Sachentscheidung die Zustimmung aller Gesellschafter in Textform findet (§ 48 II Var. 1 GmbHG)[11] oder sämtliche Gesellschafter sich textförmig mit der mehrheitlichen Entscheidungsfindung im Umlaufverfahren einverstanden erklären (§ 48 II Var. 2 GmbHG).[12]

Dass die Festlegung der Modalität der Durchführung einer Versammlung der – noch dazu textförmigen – Zustimmung sämtlicher Gesellschafter bedarf, wie es § 48 I 2 GmbHG verlangt, fügt sich in jenen Hintergrund nicht ohne weiteres ein. Wenn es sich, wie das Gesetz ausdrücklich festhält, bei einer fernmündlichen oder per Videokommunikation abgehaltenen Zusammenkunft um eine „Versammlung" handelt, steht weder ein Ladungsmangel noch eine versammlungslose Beschlussfassung im Sinne des § 48 II GmbHG in Rede. Oder anders gewendet: Während die Schutzbedürftigkeit von Minderheitsgesellschaftern sich bei

---

[6] *Hoffmann* in Michalski/Leible/Heidinger/J. Schmidt, GmbHG, 3. Aufl. 2017, § 53 Rn. 88.

[7] *Hoffmann* in Michalski/Leible/Heidinger/J. Schmidt, GmbHG, 3. Aufl. 2017, § 53 Rn. 89; *Priester/Tebben* in Scholz, GmbHG, 12. Aufl. 2021, § 53 Rn. 46 f.; *Seibt* in Scholz, GmbHG, 13. Aufl. 2022, § 14 Rn. 43 ff.

[8] BGH GmbHR 2009, 1325 (1326) (vorausgehend OLG Karlsruhe BeckRS 2007, 15478); OLG Brandenburg GmbHR 2017, 408 (411); OLG Celle GmbHR 1999, 35; *Bayer* in Lutter/Hommelhoff, GmbHG, 20. Aufl. 2020, § 48 Rn. 14; *Heckschen* in Heckschen/Heidinger, Die GmbH in der Gestaltungs- und Beratungspraxis, 4. Aufl. 2018, Kap. 4 Rn. 335; *Hüffer/Schäfer* in Habersack/Casper/Löbbe, GmbHG, 3. Aufl. 2020, § 48 Rn. 27; *Liebscher* in MüKoGmbHG, 3. Aufl. 2019, § 48 Rn. 107; *Römermann* in Michalski/Leible/Heidinger/J. Schmidt, GmbHG, 3. Aufl. 2017, § 48 Rn. 93 f.; *Seibt* in Scholz, GmbHG, 12. Aufl. 2021, § 48 Rn. 33. Umstr. sind freilich die über die organisatorische Versammlungsleitung hinausgehenden Kompetenzen des (lediglich) einfachmehrheitlich bestimmten Versammlungsleiters, insbesondere die sog. Beschlussfeststellungskompetenz; vgl. hierzu *K. Schmidt/Bochmann* in Scholz, GmbHG, 12. Aufl. 2021, § 45 Rn. 49c mwN.

[9] *Bayer* in Lutter/Hommelhoff, GmbHG, 20. Aufl. 2020, § 48 Rn. 15; *Liebscher* in MüKoGmbHG, 3. Aufl. 2019, § 48 Rn. 108; *Noack* in Noack/Servatius/Haas, GmbHG, 23. Aufl. 2022, § 48 Rn. 16; *Römermann* in Michalski/Leible/Heidinger/J. Schmidt, GmbHG, 3. Aufl. 2017, § 48 Rn. 99; *Seibt* in Scholz, GmbHG, 12. Aufl. 2021, § 48 Rn. 34.

[10] Ganz hM; vgl. etwa BGHZ 100, 264 (269 f.); *Römermann* in Michalski/Leible/Heidinger/J. Schmidt, GmbHG, 3. Aufl. 2017, § 51 Rn. 96.

[11] *Römermann* in Michalski/Leible/Heidinger/J. Schmidt, GmbHG, 3. Aufl. 2017, § 48 Rn. 215 ff.

[12] Nach hM genügt auch in dieser Variante die Textform sowohl für das verfahrensmäßige Einverständnis wie auch – über den Wortlaut hinaus – die Stimmabgabe in der Sache; vgl. *Bayer* in Lutter/Hommelhoff, GmbHG, 20. Aufl. 2020, § 48 Rn. 25; *Seibt* in Scholz, GmbHG, 12. Aufl. 2021, § 48 Rn. 62; *Wicke*, GmbHG, 4. Aufl. 2020, § 48 Rn. 5; aA *Altmeppen*, GmbHG, 10. Aufl. 2021, § 48 Rn. 40.

Ladungsmängeln und versammlungslosen Beschlussfassungen von selbst erklärt, drängt sie sich im Hinblick auf § 48 I 2 GmbHG zumindest nicht unmittelbar auf.

II. § 48 I 2 GmbHG als vorläufiger Schlusspunkt der rapiden Entwicklung der virtuellen Gesellschafterversammlung

Ein Schlüssel zur Einordnung des neuen § 48 I 2 GmbHG ist die Rückschau auf den Ausgangspunkt (dazu unter → II. 1.) und die Umstände seines Zustandekommens (dazu unter → II. 2. und II. 3.).

1. Ausgangspunkt

Ausgangspunkt ist der Rechtszustand vor Beginn der Covid-19-Pandemie. Der „historische", über 100 Jahre unangetastete § 48 I GmbHG bestimmte schlicht, dass Beschlüsse der Gesellschafter „in Versammlungen" gefasst werden. Aus diesem Wortlaut und der Gegenüberstellung mit § 48 II GmbHG leitete die ganz herrschende Ansicht ein physisches Präsenzerfordernis ab,[13] was überwiegend offenbar als derart selbstverständlich betrachtet wurde, dass es mit Blick auf § 48 I GmbHG überhaupt kaum diskutiert wurde. Varianten der Beschlussfassung, die nicht auf eine physische Zusammenkunft zurückgingen, wurden vielmehr im Zusammenhang mit § 48 II GmbHG – dh als Beschlussmodalitäten ohne Versammlung – erörtert.[14]

2. Das Übergangsphänomen des § 2 GesRuaCOVBekG

§ 2 des Gesetzes über Maßnahmen im Gesellschafts-, Genossenschafts-, Vereins-, Stiftungs- und Wohnungseigentumsrecht zur Bekämpfung der Auswirkungen der COVID-19-Pandemie (GesRuaCOVBekG) bestimmte für die Zeit von Ende März 2020 bis Ende August 2022,[15] dass Gesellschafterbeschlüsse in Textform oder durch schriftliche Stimmabgabe abweichend von § 48 II GmbHG auch ohne Einverständnis sämtlicher Gesellschafter gefasst werden können. Auffällig an dieser Vorschrift war im Vergleich zu anderen Rechtsformen – insbesondere zur Aktiengesellschaft (§ 1 GesRuaCOVBekG), zum Verein (§ 5 GesRuaCOVBekG) und zur Genossenschaft (§ 3 GesRuaCOVBekG) –, dass der Gesetzgeber zu Beschlussfassungen im virtuellen Raum schwieg.[16] Vielmehr bestand das legislative Mittel der Wahl unter dem Eindruck pandemiebedingter Kontaktbeschränkungen darin, zur Vereinfachung von Beschlussfassungen ohne Zusammenkünfte in Präsenz die Voraussetzungen der Anwendung der Umlaufverfahren des § 48 II GmbH abzusenken.[17]

---

[13] Vgl. BGH NJW 2006, 2044 (2045) („in Versammlungen, also bei gleichzeitiger Anwesenheit der Gesellschafter"); *Lieder* FS Vetter, 2019, 419 (421); *Liebscher* in MüKoGmbHG, 3. Aufl. 2019, § 48 Rn. 2; *Pentz* FS Grunewald, 2021, 853 (856); *Schindler/Schaffner*, Virtuelle Beschlussfassung in Kapitalgesellschaften und Vereinen, 2021, § 1 Rn. 3 und § 3 Rn. 483; *Seibt* in Scholz, GmbHG, 12. Aufl. 2021, § 48 Rn. 4; *Vetter/Tielmann* NJW 2020, 1175 (1178); *Wicke* GmbHR 2022, 516 (520).

[14] *Altmeppen*, GmbHG, 10. Aufl. 2021, § 48 Rn. 50; *Liebscher* in MüKoGmbHG, 3. Aufl. 2019, § 48 Rn. 178; *Lieder* FS Vetter, 2019, 419 (421 ff.); *Noack* in Noack/Servatius/Haas, GmbHG, 23. Aufl. 2022, § 48 Rn. 44; *Römermann* in Michalski/Leible/Heidinger/J. Schmidt, GmbHG, 3. Aufl. 2017, § 48 Rn. 291; *Seibt* in Scholz, GmbHG, 12. Aufl. 2021, § 48 Rn. 65.

[15] Zuletzt verlängert durch Art. 15 des Aufbauhilfegesetzes 2021 v. 10.9.2021, BGBl. I 4147.

[16] Vgl. KG ZIP 2022, 1109 (1112) = EWiR 2022, 491 mAnm *Bochmann; Beck* GmbHR 2021, 901 (902); *Heckschen/Hilser* ZIP 2022, 461 (466); *Lieder* ZIP 2020, 837 (843 f.); *Otte/Dietlein* BB 2020, 1163 (1163 f.); *Reichert/Bochmann* GmbHR 2020, R341 (R342); *Wälzholz/Bayer* DNotZ 2020, 285 (298); aA *Stelzhammer* GmbH 2022, 187 (189).

[17] Vgl. Nachw. in → Fn. 16.

3. Der Versammlungsbegriff in der jüngeren Gesetzgebung und höchstrichterlichen Rechtsprechung

Das Gesetz zur Modernisierung des Personengesellschaftsrechts (MoPeG)[18] und eine genossenschafts- und umwandlungsrechtliche[19] Entscheidung des Bundesgerichtshofs[20] gaben 2021 auch dem GmbH-Recht einen völlig neuen Impuls. Ihre Begründungen[21] enthielten Argumente, die sich für die Sichtweise, bereits der seinerzeit geltende § 48 I GmbHG (dh der heutige Satz 1 der Vorschrift) eröffne die Möglichkeit rein virtueller Zusammenkünfte in Video- oder Telefonkonferenzen, – dh für einen Wandel des Begriffs der „Versammlung" – anführen ließen.[22]

Laut MoPeG-Gesetzesbegründung lässt der Begriff der Versammlung in § 109 I HGB nF es zu, „Beschlüsse sowohl in einer Präsenzversammlung als auch einer virtuellen Versammlung, also beispielsweise einer Telefon- oder Videokonferenz, zu fassen"[23]. Der Bundesgerichtshof wiederum hat zum Erfordernis der Versammlung im Sinne von § 13 I 2 UmwG festgehalten – allerdings ohne Rekurs auf die Regierungsbegründung zum MoPeG –, „[a]ufgrund der Entwicklung der modernen Kommunikationstechniken können darunter nach allgemeinem Sprachgebrauch aber auch Zusammenkünfte beispielsweise in Telefon- und Videokonferenzen gefasst werden, wenn eine Erörterung des Beschlussgegenstands gewährleistet ist"[24].

Die Argumente des Für und Wider der Übertragung jener Überlegungen auf den Begriff der „Versammlung" im Sinne von § 48 I GmbHG aF müssen an dieser Stelle nicht wiederholt werden.[25] Dem Gesetzgeber jedenfalls waren sie, wie sich aus der Begründung des Regierungsentwurfs ablesen lässt,[26] bei Schaffung des § 48 I 2 GmbHG bekannt.

III. Statutarische Gestaltbarkeit des § 48 I 2 GmbHG

1. Versammlungsbegriff und § 45 II GmbHG in der Gesetzesbegründung

Nicht nur aus der systematischen Stellung von § 48 I 2 GmbHG, sondern auch aus der Gesetzesbegründung folgt, dass der Gesetzgeber beabsichtigte, fernmündliche oder mittels Videokommunikation abgehaltene Zusammenkünfte als Versammlungen – und gerade nicht als versammlungslose Formen der Beschlussfassung (§ 48 II GmbHG) – einzuordnen:

„Er ergänzt die (dispositiven) Bestimmungen über die innere Organisationsverfassung der Gesellschaft – und damit das gesetzliche Leitbild – und erweitert die Möglichkeit der Wil-

---

[18] BGBl. 2021 I 3436.

[19] Zur weiten, virtuelle Zusammenkünfte zulassenden Deutung des Begriffs „Versammlung" in § 13 I 2 UmwG zuvor bereits *Drygala* in Lutter, UmwG, 6. Aufl. 2019, § 13 Rn. 10.

[20] BGH NZG 2021, 1562.

[21] Vgl. zum MoPeG: *Grunewald* in Schäfer, Das neue Personengesellschaftsrecht, 2022, § 5 Rn. 28; *Heckschen* in Widmann/Mayer, UmwG, 196. EL 2022, § 13 Rn. 41.1 ff.; *Schollmeyer* in Schäfer, Das neue Personengesellschaftsrecht, 2022, § 12 Rn. 15. Vgl. zu BGH NZG 2021, 1562: *Bochmann* EWiR 2021, 677; *Heckschen* in Widmann/Mayer, UmwG, 196. EL 2022, § 13 Rn. 43.9 ff.; *Heckschen/Knaier* NZG 2022, 885 (890); *Kaspras/Schirrmacher* GmbHR 2021, 1333 (1333 ff.); *Leuering/Rubner* NJW-Spezial 2021, 751; *Wicke* DStR 2022, 498 (499 f.).

[22] Vgl. *Bochmann* EWiR 2021, 677; *Kaspras/Schirrmacher* GmbHR 2021, 1333 (1333 ff.); *Leuering/Rubner* NJW-Spezial 2021, 751; *Trölitzsch* in BeckOK GmbHG, 53. Ed. 1.8.2022, § 53 Rn. 14; kritisch: *Heckschen/Hilser* ZIP 2022, 461 (467 ff.); *Heckschen/Knaier* NZG 2022, 885 (890); *Wicke* DStR 2022, 498 (499 f.).

[23] Begr. RegE MoPeG, BT-Drs. 19/27635, 226.

[24] BGH NZG 2021, 1562 (1564).

[25] Vgl. Nachw. in → Fn. 22.

[26] Vgl. Begr. RegE DiREG, BT-Drs. 20/1672, 25.

lensbildung im Rahmen einer Gesellschafterversammlung auf nichtphysische Zusammenkünfte."[27]

Ob es sich hinsichtlich des Versammlungsbegriffs in Anbetracht des vorherigen Rechts-
standes tatsächlich um eine Erweiterung handelt,[28] ist im Ergebnis unerheblich. Entscheidend ist vielmehr, dass eine Versammlung in nicht-präsenter Form nur mit textförmiger
Zustimmung *sämtlicher* Gesellschafter abgehalten werden darf.

Die Gesetzesbegründung hebt den dispositiven Charakter dessen wie der gesamten Vorschrift eigens hervor: „Die bisherige Möglichkeit zur Abweichung vom (dispositiven) gesetzlichen Leitbild im Rahmen des § 45 Absatz 2 GmbHG, nämlich der Schaffung einer eigenen
Grundlage für die Durchführung der Beschlussfassung, bleibt unberührt."[29] Weniger klar sind
jedoch die Voraussetzungen einer derartigen Disposition. Denn der Sinn und Zweck des Allseitigkeitserfordernisses besteht laut Begründung darin, „dass bei fehlender Grundlage im Gesellschaftsvertrag diese Versammlungsform keinem Gesellschafter aufgezwungen werden soll."[30]

Wenn aber die einmalige virtuelle Durchführung der Zustimmung jedes einzelnen
Gesellschafters bedarf, muss dann nicht Gleiches für die Schaffung einer dauerhaften gesellschaftsvertraglichen Grundlage gelten?[31]

2. Maßgeblichkeit der Erwägungen zur Dispositionsbefugnis über § 48 II GmbHG?

Zur Beantwortung jener Frage drängt sich ein Blick auf die Möglichkeiten der statutarischen Absenkung der Voraussetzungen der präsenzlosen Beschlussverfahren nach § 48 II
GmbHG auf.[32] Im Hinblick auf die Abbedingung der Allseitigkeitsvoraussetzung ist das
Meinungsbild gespalten: Eine Ansicht erblickt hierin eine gewöhnliche Satzungsänderung,
über welche grundsätzlich die qualifizierte Mehrheit im Sinne von § 53 II 1 GmbHG entscheidet.[33] Die Gegenauffassung sieht in der Aufgabe des verfahrensrechtlichen – und damit
auch Sachentscheidungen hindernden – Vetorechts des einzelnen Gesellschafters in § 48 II
GmbHG per se einen Eingriff in das Teilnahmerecht und verlangt daher die Billigung entsprechender Satzungsbestimmungen durch sämtliche Gesellschafter.[34]

---

[27] Begr. RegE DiREG, BT-Drs. 20/1672, 23; vgl. hierzu *Stelmaszczyk/Strauß* GmbHR 2022,
833 (840); *Wicke* GmbHR 2022, 516 (520).
[28] So zB *Heckschen/Knaier* NZG 2022, 885 (890) („punktuelle Erweiterung"); *Leinekugel* DB
2022, 2840 (2842); *Wicke* GmbHR 2022, 516 (520); aA *Bochmann* NZG 2022, 531 (533f.); *Bremkamp* in BeckOK BeurkG, 7. Ed. 15.9.2022, § 16a Rn. 78.
[29] Begr. RegE DiREG, BT-Drs. 20/1672, 23.
[30] Begr. RegE DiREG, BT-Drs. 20/1672, 23.
[31] Dafür: *Heckschen/Hilser* ZIP 2022, 461 (465); *Leinekugel* DB 2022, 2840 (2850f.); *Wicke*
DStR 2022, 498 (505); dagegen: *Bochmann* NZG 2022, 531 (534f.); *Keller/Schümmer* DB 2022,
1179 (1183).
[32] Vgl. *Bochmann* NZG 2022, 531 (534f.); *Heckschen/Hilser* ZIP 2022, 461 (465) (zur statutarischen Einführung virtueller Versammlungen vor dem DiREG).
[33] *Altmeppen,* GmbHG, 10. Aufl. 2021, § 48 Rn. 49; *Lieder* FS Vetter, 2019, 419 (422f.); wohl
auch (jedenfalls ohne diesbezügliche Einschränkung der grundsätzlichen statutarischen Dispositionsbefugnis) *Bayer* in Lutter/Hommelhoff, 20. Aufl. 2020, § 48 Rn. 29; *Ganzer* in Rowedder/
Pentz, GmbHG, 7. Aufl. 2022, § 48 Rn. 27; *Römermann* in Michalski/Heidinger/Leible/
J. Schmidt, GmbHG, 3. Aufl. 2017, § 48 Rn. 281 und 289; *Seibt* in Scholz, 12. Aufl. 2021, § 48
Rn. 64; *Pentz* FS Grunewald, 2021, 853 (868f.); ferner wohl auch *Liebscher* in MüKoGmbHG,
3. Aufl. 2019, § 48 Rn. 175, der allerdings ausdrücklich nach dem Grad der Erleichterung der Voraussetzungen versammlungsloser Beschlussfassungen differenziert (Klauseln, welche jedwede
Sachentscheidungen den Verfahren des § 48 II GmbHG anheimgeben, sollen das Teilnahmerecht
des Einzelnen untergraben und daher der Zustimmung aller Gesellschafter bedürfen).
[34] *Hüffer/Schäfer* in Habersack/Casper/Löbbe, GmbHG, 3. Aufl. 2020, § 48 Rn. 61; wohl auch
Wolff in MHdB GesR III, 5. Aufl. 2018, § 39 Rn. 106; in Bezug auf die Einführung virtueller Ver-

Die restriktivere Position, welche satzungsmäßige Dispositionen über § 48 II GmbHG nicht in das Belieben der qualifizierten Mehrheit stellen will, argumentiert mit einer drohenden Verkürzung des individuellen Präsenzteilnahmerechts des einzelnen Gesellschafters.[35] Ob diese Argumentation für den auch bei § 48 II GmbHG verorteten Fall der Einführung einer virtuellen Versammlung vor dem DiREG stichhaltig ist, kann an dieser Stelle offenbleiben. Denn entscheidend ist, dass die restriktiven Ansichten zur Gestaltung des § 48 II GmbHG nicht auf der formalen Allseitigkeitsvoraussetzung der Vorschrift als solcher beruhen, sondern auf materiellen Erwägungen zu den mitgliedschaftlichen (Kern-)Rechten des Einzelnen. Das wiederum ist folgerichtig, da Verfahren, welche das Beteiligungsrecht des Einzelnen per se ausschließen, durchweg für unzulässig erachtet werden.[36] Wenngleich durch die Absenkung der Hürden zur Durchführung einer versammlungslosen Beschlussfassung nach § 48 II GmbHG Entscheidungen eröffnet werden, die dissentierende Minderheitsgesellschafter nicht in direktem Austausch durch Rede und Gegenrede beeinflussen können, so darf es doch auch keine Beschlussfassungen *ohne* ihr Wissen geben. Diese Prämisse, dass jedwede mehrheitliche Eröffnung versammlungsloser Beschlussfassungen die Beteiligung sämtlicher Gesellschafter durch Aufforderung zur Teilnahme nicht entbehrlich macht, war auch während der Gültigkeit von § 2 GesRuaCOVBekG, der das Ob von Beschlussfassungen ohne Versammlung zur Disposition der Mehrheit stellte, unumstritten.[37]

Auf Beschlussfassungen nach § 48 I 2 GmbHG lassen sich jene – restriktiven – Erwägungen aber gerade nicht (mehr) übertragen. Denn nicht nur seinem Wortlaut nach, sondern auch nach Sinn und Zweck sowie mit Rücksicht auf die tatsächlichen Gegebenheiten des Zustandekommens von Beschlüssen unterscheidet er sich jenseits des Allseitigkeitserfordernisses fundamental von den Verfahren nach § 48 II GmbHG, womit sich insbesondere Bedenken unter dem Blickwinkel der Erleichterung der Voraussetzungen für *versammlungslose* Verfahren zerstreuen. Beschlussfassungen im Rahmen von nichtphysischen Zusammenkünften unter Nutzung elektronischer Kommunikationsmittel gemäß § 48 I 2 GmbHG *sind* Versammlungen und gestatten im Gegensatz zu versammlungslosen Umlaufverfahren die kommunikative Einwirkung auf die Entscheidungsfindung. Die Qualität oder Effektivität des Austauschs[38] kann für diese Abgrenzung nicht entscheidend sein. Es geht bei der Beseitigung des Erfordernisses der Zustimmung sämtlicher Gesellschafter gemäß § 48 I 2 GmbHG folglich gerade nicht darum, das Teilnahme- oder gar Beteiligungsrecht eines Gesellschafters zu beschneiden, sondern lediglich um eine Verfahrensmodalität im Hinblick auf die Wahrnehmung desselben.

Anders als dasjenige nach § 48 II GmbHG entpuppt sich das Einvernehmenserfordernis des § 48 I 2 GmbHG damit als ein rein formales. Es schützt den Einzelnen nicht vor einer Entwertung seines Teilnahmerechts, wie es bei der Auslagerung sämtlicher Entscheidungen in der Gesellschaft auf den Schriftweg drohen mag. Es geht lediglich darum, wie es auch in der Gesetzesbegründung treffend heißt, fernmündliche oder per Videokommunikation durchgeführte Verfahren dem Einzelnen nicht gegen seinen Willen aufzuzwängen[39] – und

---

sammlungen vor dem DiREG als Anwendungsfall des § 48 II GmbHG: *Heckschen/Hilser* ZIP 2022, 461 (465); *Schindler/Schaffner,* Virtuelle Beschlussfassung in Kapitalgesellschaften und Vereinen, 2021, § 1 Rn. 3 und § 3 Rn. 531.

[35] Vgl. Nachw. in → Fn. 34.

[36] Vgl. Nachw. in → Fn. 33 f.

[37] Vgl. LG Hamburg GmbHR 2021, 657 (660); *Eickhoff/Busold* DStR 2020, 1054 (1056); *Ernst* ZIP 2020, 889 (891); *Lieder* ZIP 2020, 837 (845); *Miller/Nehring-Köppl* WM 2020, 911 (917); *Otte/Dietlein* BB 2020, 1163 (1165); *Pentz* FS Grunewald, 2021, 853 (869); *Reichert/Bochmann* GmbHR 2020, R340 (R341); *Reichert/Knoche* GmbHR 2020, 461 (464); *Vetter/Tielmann* NJW 2020, 1175 (1179); *Wälzholz/Bayer* DNotZ 2020, 285 (293); *Wicke* NZG 2020, 501 (502).

[38] So aber eingehend *Heckschen* in Widmann/Mayer, UmwG, 196. EL 2022, § 13 Rn. 43.14.1 ff.; vgl. auch *Leinekugel* DB 2022, 2840 (2850 f.).

[39] Vgl. Begr. RegE DiREG, BT-Drs. 20/1672, 23.

zwar ad hoc. Das Allseitigkeitserfordernis schützt folglich eine formale, verfahrensbezogene Position. Auch im Übrigen sind formelle Ordnungsvorschriften zur Einberufung und Ankündigung von Gesellschafterversammlungen ausweislich § 51 III GmbHG ad hoc lediglich mit Zustimmung aller Gesellschafter verzichtbar, statutarisch aber – vorbehaltlich aus dem materiellen Teilnahmerecht fließender sachlicher Grenzen – disponibel, ohne dass unter Hinweis auf § 51 III GmbHG für entsprechende Satzungsänderungen die Zustimmung aller Gesellschafter gefordert würde.[40]

Als Anhaltspunkt für ein materielles, auch nicht durch Satzungsänderung (relativ) entziehbares Recht gerade auf die physische Durchführung von Gesellschafterversammlungen[41] ist das Allseitigkeitserfordernis des § 48 I 2 GmbHG daher nicht zu lesen.

IV. Doppelte Relevanz des Kriteriums der Vergleichbarkeit

1. Als Gestaltungsschranke

Bejaht man die grundsätzliche statutarische Dispositionsbefugnis der qualifizierten Mehrheit (§ 53 II GmbHG) über § 48 I 2 GmbHG – insbesondere im Hinblick auf das Allseitigkeitserfordernis –, stellt sich die Anschlussfrage nach etwaigen sachlichen Gestaltungsschranken.[42] Denn das Recht zur Mitwirkung an der Willensbildung in Versammlungen[43] ist nicht nur gegen Entzug geschützt, sondern auch gegen faktische Vereitelung. Dass nicht schon die Eröffnung von Versammlungsformaten ohne physische Präsenz eine faktische Vereitelung ist, ergibt sich, wie bereits dargelegt, daraus, dass eben auch die virtuelle Versammlung grundsätzlich eine vollwertige Versammlung im Sinne von § 48 I GmbHG ist.

Maßgebliches Kriterium kann, wie bei statutarischen Eingriffen in die Einberufungsvorschriften des § 51 GmbHG,[44] nur die unangemessene sachliche Erschwerung der Mitwirkung an der Entscheidungsfindung sein. Da es, anders als bei § 51 GmbHG, nicht um die Einberufung oder Einladung, sondern die Durchführung der Versammlung geht, liegen Vereitelungsfälle weniger nahe. Die Grenze zulässiger Gestaltung ist dort überschritten, wo nicht mehr die Modalitäten einer Versammlung – im Sinne des durch § 48 I 2 GmbHG erweiterten Leitbildes – ausgestaltet werden, sondern ein Verfahren zur Beschlussfassung geschaffen wird, das gerade keine Versammlung darstellt, sondern etwa den Umlaufmodalitäten des § 48 II GmbHG[45] entspricht.

---

[40] Satzungsautonomie grundsätzlich – vorbehaltlich sachlicher Einschränkungen – befürwortend, ohne spezifische Anforderungen an die erforderlichen Mehrheiten zu stellen: *Altmeppen,* GmbHG, 10. Aufl. 2021, § 51 Rn. 49; *Bochmann* GmbHR 2017, 558 (559); *Ganzer* in Rowedder/Pentz, GmbHG, 7. Aufl. 2022, § 51 Rn. 25 f.; *Liebscher* in MüKoGmbHG, 3. Aufl. 2019, § 51 Rn. 62 ff.; *Lieder* ZIP 2020, 844 (845); *Noack* in Noack/Servatius/Haas, GmbHG, 23. Aufl. 2022, § 51 Rn. 39; *Römermann* in Michalski/Heidinger/Leible/J. Schmidt, GmbHG, 3. Aufl. 2017, § 51 Rn. 116; *Seibt* in Scholz, GmbHG, 12. Aufl. 2021, § 51 Rn. 3 f.; *Wicke* GmbHR 2017, 777 (781).

[41] So aber *Wicke* DStR 2022, 498 (505) („satzungsfestes Mitgliedschaftsrecht"); *Heckschen/Knaier* NZG 2022, 885 (890 f.).

[42] Ausführliche Gestaltungsempfehlungen vor dem DiREG mit Blick auf die vom BGH NZG 2021, 1562 (schon vor dem DiREG) geforderte Funktionsäquivalenz bei *Heckschen* in Widmann/Mayer, UmwG, 196. EL 2022, § 13 Rn. 43.43 ff.; *Leinekugel* in BeckOK GmbHG, 53. Ed. 1.8.2022, Anh. § 47 Rn. 120.3; *Leinekugel* DB 2022, 2840 (2850 f.).

[43] Vgl. BGH GmbHR 2006, 538 (539); BGH GmbHR 1989, 120; OLG Dresden GmbHR 2016, 1149 (1150 f.); OLG München GmbHR 2011, 590.

[44] Vgl. zu § 51 GmbHG etwa *Altmeppen,* GmbHG, 10. Aufl. 2021, § 48 Rn. 25; *Bayer* in Lutter/Hommelhoff, GmbHG, 20. Aufl. 2020, § 51 Rn. 36; *Bochmann* GmbHR 2017, 558 (562); *Liebscher* in MüKoGmbHG, 3. Aufl. 2019, § 51 Rn. 62; *Seibt* in Scholz, GmbHG, 12. Aufl. 2021, § 51 Rn. 4.

[45] Wobei es dann freilich darauf ankäme, welche Restriktionen für deren Anordnung gelten; vgl. bereits Nachw. in → Fn. 34.

Überzeugend hat der Bundesgerichtshof bereits zu einem Zeitpunkt, als die Neuregelung des § 48 I 2 GmbHG noch nicht absehbar war, ausgeführt, wann im Falle einer nichtphysischen Zusammenkunft von einer Versammlung im Sinne von § 13 I 2 UmwG die Rede sein kann.[46] Er hat hierzu im Kern das Kriterium der Vergleichbarkeit des Austauschs von Meinungen mit den Organen der Gesellschaft einerseits sowie zwischen den Gesellschaftern andererseits herausgestellt.[47] Damit ist die versammlungstypische, bei Entscheidungen ohne strukturiertes kommunikatives Element – wie insbesondere im Umlaufverfahren nach § 48 II GmbHG – nicht gegebene Möglichkeit zur Beeinflussung von Entscheidungen jenseits der Ausübung des Stimmrechts geschützt. Auch der Gesellschafter ohne Stimmrecht kann bei Wahrung der Anforderungen des BGH seine Auffassung artikulieren und versuchen, Einfluss auf die Entscheidung der Versammlung zu nehmen. Selbstverständlich muss darüber hinaus auch die Ausübung des Stimmrechts gesichert sein und die Möglichkeit bestehen, die Abläufe in der Versammlung wie etwa Abstimmungen zuverlässig zu verfolgen.[48]

Dass Telefonie und Videokommunikation per se eine andere, in bestimmter Weise reduzierte sinnliche Wahrnehmung als physische Zusammenkünfte vermitteln, ist unbestreitbar, aber bei statutarischen Festlegungen gerade nicht in besonderer Weise rechtfertigungsbedürftig. Gleiches gilt für die häufig angeführten Vertraulichkeitsbedenken[49] bei elektronischer Kommunikation. Diese Aspekte sind der virtuellen Durchführung von Versammlungen immanent, jedoch mit der gesetzlichen Anerkennung als Versammlung im Rechtssinne durch § 48 I 2 GmbHG grundsätzlich gebilligt.

Problematisch erscheinen vor diesem Hintergrund lediglich Satzungsregelungen, die Gesellschafterversammlungen hinsichtlich Kommunikation und Wahrnehmungsmöglichkeiten zur Einbahnstraße machen. Es wird daher nicht zulässig sein, die Abhaltung von Versammlungen auf technische Formate nach Vorbild von Webinar-Plattformen zu verlegen, die lediglich bestimmten Teilnehmern aktive (Sprecher-)Rollen einräumen, die übrigen jedoch auf einen Zuhörerstatus verweisen.

Ohnehin wird es sich kaum empfehlen, in der Satzung allzu detaillierte Vorgaben zu den technischen Details der Abhaltung einer nichtphysischen Gesellschafterversammlung zu machen. Vielmehr wird im einfachsten Falle lediglich bestimmt, dass die Geschäftsführer eine Versammlung gemäß § 48 I 2 GmbHG auch ohne das dort vorgesehene Einverständnis sämtlicher Gesellschafter berufen können. Unkritisch erscheint auch die satzungsmäßige Anordnung, dass die Geschäftsführer die Versammlung grundsätzlich nach den – oder einer – Modalitäten des § 48 I 2 GmbHG einberufen sollen oder müssen, wenn keine zwingenden Gründe entgegenstehen, etwa weil sich aus dem Beschlussgegenstand ein physisches Präsenzerfordernis oder die Unzulässigkeit der Beschlussfassung nach § 48 I 2 GmbHG[50] ergibt.

Um eine gewisse verallgemeinerungsfähige Abstufung nach der Bedeutung von Beschlussgegenständen herzustellen, könnte bestimmt werden, dass die Gesellschafterversamm-

---

[46] BGH NZG 2021, 1562.

[47] BGH NZG 2021, 1562 (1564); hierzu *Bochmann* EWiR 2021, 677 f.; *Heckschen* in Widmann/ Mayer, UmwG, 196. EL 2022, § 13 Rn. 43.9 ff.; *Heckschen/Hilser* ZIP 2022, 461 (462); *Heckschen/ Hilser* ZIP 2022, 670 ff.; *Kaspras/Schirrmacher* GmbHR 2021, 1333 (1335); *Stelzhammer* GmbHR 2022, 187 (188); *Wicke* DStR 2022, 498 (504 f.).

[48] Vgl. hierzu etwa OLG Dresden GmbHR 2016, 1149 (1150 f.).

[49] *Heckschen/Hilser* ZIP 2022, 461 (463); *Heckschen/Hilser* ZIP 2022, 670 (672); *Wicke* DStR 2022, 498 (500).

[50] Was insbesondere bei satzungsändernden Beschlüssen im Hinblick auf die ab 1. August 2023 eröffnete Möglichkeit zur Online-Beurkundung (§ 53 III 2, § 2 III GmbHG nF) in dem spezifischen Verfahren gemäß §§ 16a ff. BeurkG nF gelten soll; vgl. Begr. RegE DiREG, BT-Drs. 20/1672, 24 f.; *Scheller* GmbHR 2022, R101 (R102); *Scheller* in Bochmann/Kumpan/Röthel/K. Schmidt, Beschlussfassung im virtuellen Raum – Status quo und Perspektiven de lege ferenda, 2023 (erscheint demnächst); *Wicke* GmbHR 2022, 516 (522 f.).

lung, die über den Jahresabschluss beschließt, als physische Zusammenkunft einberufen werden soll. Ferner ist es möglich, einem nach Kapital- oder Stimmbeteiligung oder auch nach Köpfen bestimmten Quorum die Möglichkeit zu geben, der Einberufung als virtuelle Versammlung zu widersprechen. Umgekehrt ist ein besonderes Teilnahmequorum für die Beschlussfähigkeit gerade nichtphysischer Versammlungen denkbar.

2. Als Durchführungsmaxime

Auch hinsichtlich der konkreten Durchführung von Gesellschafterversammlungen bleibt der Einzelne im virtuellen Raum ebenso wenig schutzlos wie in der analogen Welt. Das gilt unabhängig davon, ob Versammlungsformate im Sinne von § 48 I 2 GmbHG entsprechend der gesetzlichen Ausgangslage nur mit Zustimmung aller Gesellschafter möglich sind oder ob die Satzung sie auch unabhängig davon gestattet. Denn ebenso wenig wie die virtuelle Durchführung einen Mangel der Versammlung im Sinne von § 51 III GmbHG darstellt, gestattet ihre Zulässigkeit die Verkürzung des Teilnahme- und Beteiligungsrechts. So wie die Wahl des Versammlungslokals bei physischen Zusammenkünften zumutbar sein muss,[51] muss auch die fernmündliche oder mittels Videokommunikation abgehaltene Gesellschafterversammlung effektiv zugänglich sein.[52] Das Kriterium der Vergleichbarkeit, welches der Bundesgerichtshof für die Durchführung nichtphysischer Versammlungen bereits vor § 48 I 2 GmbHG hervorgehoben hat,[53] beansprucht auch insofern nach wie vor Geltung. Die Teilnahme darf insbesondere nicht durch die Wahl ungewöhnlicher oder schwer zugänglicher Telefon- oder Videokonferenzformate faktisch vereitelt werden.[54] Problematisch wären insbesondere technisch nicht ohne weiteres kompatible Videokonferenz-Apps oder solche, die nur mit unverhältnismäßigen Kosten zugänglich sind. Bei größeren Gesellschafterkreisen werden außerdem rein fernmündliche Formate an die Grenzen der Vergleichbarkeit stoßen, da es für die Beteiligten faktisch weitaus schwieriger als in Videokonferenzen ersichtlich sein kann, wer teilnimmt und welche Handlungen vornimmt.

V. Fazit in Thesen

1. Die Kombination aus systematischer Stellung des neuen § 48 I 2 GmbHG im Kontext von Beschlussfassungen in Versammlungen mit dem Allseitigkeitserfordernis versammlungsloser Beschlussfassungen im Sinne von § 48 II GmbHG wirft die Frage auf, ob die qualifizierte, satzungsändernde Mehrheit eben jenes Erfordernis allseitigen Einverständnisses abbedingen kann.

2. Maßgeblich für die Beantwortung dürfen nicht restriktive Überlegungen zu § 48 II GmbHG sein, die – ob zu Recht oder nicht – in einer Absenkung der Voraussetzungen für versammlungslose Beschlussfassungen per se eine Gefährdung des individuellen mitgliedschaftlichen Teilnahmerechts erblicken, da es sich bei den Beschlussverfahren nach § 48 I 2 GmbHG ausdrücklich um Versammlungen handelt.

---

[51] BGH NZG 2021, 1562 (1564).

[52] *Bochmann* EWiR 2021, 677 (678); *Guntermann* in Bochmann/Kumpan/Röthel/K. Schmidt, Beschlussfassung im virtuellen Raum – Status quo und Perspektiven de lege ferenda, 2023 (erscheint demnächst); *Kaspras/Schirrmacher* GmbHR 2021, 1333 (1335).

[53] BGH NZG 2016, 552 (553f.); BGH DB 1985, 1837; OLG Düsseldorf NZG 2004, 916 (922); OLG Celle NJW-RR 1998, 970; *Altmeppen,* GmbHG, 10. Aufl. 2021, § 51 Rn. 10; *Bayer* in Lutter/Hommelhoff, GmbHG, 20. Aufl. 2020, § 48 Rn. 11; *Seibt* in Scholz, GmbHG, 12. Aufl. 2021, § 48 Rn. 8; *Wicke,* GmbHG, 4. Aufl. 2020, § 51 Rn. 3.

[54] Dazu *Bochmann* EWiR 2021, 677 (678); *Kaspras/Schirrmacher* GmbHR 2021, 1333 (1335).

3. Dass das individuelle Teilnahmerecht in Beschlussverfahren im Sinne von § 48 I 2 GmbHG qualitativ anders wahrgenommen wird als in physischen Treffen, ist der Vorschrift und der damit verbundenen Erweiterung des Leitbildes der Gesellschafterversammlung immanent. Von einer Beeinträchtigung oder gar dem Entzug des Teilnahmerechts durch Beschlussfassungen in nichtphysischen Versammlungen kann daher keine Rede sein.

4. Das Erfordernis allseitigen Einverständnisses mit Beschlussfassungen auf Grundlage von § 48 I 2 GmbHG gewährleistet formalen, verfahrensbezogenen Schutz im Hinblick auf die Ad-hoc-Durchführung derartiger Verfahren ohne Satzungsgrundlage. Es vermittelt jedoch kein relativ unentziehbares Recht darauf, dass Beschlüsse ausschließlich in physischen Präsenzversammlungen zu fassen sind.

5. Statutarische Regelungen im Hinblick auf § 48 I 2 GmbHG – insbesondere zur Beseitigung des danach erforderlichen Einverständnisses sämtlicher Gesellschafter mit fernmündlichen oder mittels Videokommunikation abgehaltenen Gesellschafterversammlungen – stehen zur Disposition der satzungsändernden qualifizierten Mehrheit.

6. Sowohl bei der Satzungsgestaltung als auch bei der Durchführung von Beschlussverfahren im Sinne von § 48 I 2 GmbHG ist der vom Bundesgerichtshof schon vor dem DiREG (NZG 2021, 1562) herausgestellte Aspekt der Vergleichbarkeit mit hergebrachten Versammlungsformen zu beachten. Durch die Verlagerung in den virtuellen Raum darf das Teilnahme- und Beteiligungsrecht des einzelnen Gesellschafters nicht beeinträchtigt oder gar faktisch vereitelt werden.

JENS BORMANN/JUDITH KRAUS

Grundbuchrechtliche Aspekte des Gesellschaftsregisters

Der *Jubilar* hat sich in den letzten Jahrzehnten mit unzähligen Beiträgen um die Fortentwicklung des Gesellschaftsrechts sowohl aus Sicht der Wissenschaft als auch der Praxis verdient gemacht.[1] In diesem Festbeitrag soll das Augenmerk auf eine wesentliche Neuerung im Recht der Gesellschaften bürgerlichen Rechts (GbRs) gelegt werden, nämlich auf das Gesetz zur Modernisierung des Rechts der Personengesellschaften (MoPeG), welches am 1.1.2024 in Kraft tritt.[2] Wichtigste Neuregelung dieses Gesetzes ist aus notarieller Sicht die Einführung eines Gesellschaftsregisters, § 707 BGB kF.[3] Die bislang dezentrale „Registrierung" der GbR im Grundbuch als Objektregister wird durch das Gesellschaftsregister als Subjektregister abgelöst.[4] Der Beitrag schlägt einen Bogen von den Defiziten der gegenwärtigen Rechtslage über die vertragsgestalterischen Lösungsversuche derselben und erste Reformüberlegungen bis hin zu der durch das MoPeG gewählten Lösung. Besondere Beachtung gilt hierbei der Übergangsvorschrift in Art. 229 § 21 EGBGB kF.

I. Ausgangslage

Da der historische Gesetzgeber des BGB wesentliche Streitfragen der GbR bewusst nicht gesetzlich beantwortet hat, beschäftigt das Recht der GbR seit dem Inkrafttreten des BGB Literatur und Rechtsprechung in besonderem Maße.[5] Zunächst als zweckgebundenes Sondervermögen der Gesellschafter angesehen, wurde der (Außen-)GbR mit der Grundsatzentscheidung des BGH aus dem Jahr 2001 Rechtssubjektivität zugesprochen.[6] Folgerichtig hat der BGH entschieden, dass die GbR Inhaberin von Immobiliarsachenrechten sein[7] und unter ihrer Bezeichnung im Grundbuch eingetragen werden kann.[8] Diese Rechtssubjektivierung der (Außen-)GbR warf jedoch ein augenscheinliches Folgeproblem auf, namentlich die fehlende Subjektpublizität der GbR. Der Rechtsverkehr hatte keine Möglichkeit, sich

---

[1] Statt vieler Beiträge soll an dieser Stelle seine Mitherausgeberschaft und Mitautorenschaft an dem unverzichtbaren Standardwerk zum GmbH-Recht, *Heckschen/Heidinger,* Die GmbH in der Gestaltungs- und Beratungspraxis, erwähnt werden – ein „Muss" für jeden rechtsgestaltend tätigen Gesellschaftsrechtsjuristen, vgl. *Wicke* NJW 2010, 354.

[2] BGBl. 2021 I 3436.

[3] So auch *Bolkart* MittBayNot 2021, 319; *Hermanns* DNotZ 2022, 3 (4).

[4] *Reymann* DNotZ 2021, 103 (104).

[5] Vgl. dazu Protokolle der 2. Kommission in *Mugdan,* Materialien zum Bürgerlichen Gesetzbuch, Band 2, S. 990: „Die Kom. war der Ansicht, daß eine Stellungnahme zu der wissenschaftlichen Streitfrage über das Wesen der gesammten Hand zu vermeiden sei."

[6] BGH 29.1.2001 – II ZR 331/00, BGHZ 146, 341 = NJW 2001, 1056; zusammenfassend zur Rechtsentwicklung der GbR *Schäfer* in MüKoBGB, 8. Aufl. 2020, § 705 Rn. 297 ff.

[7] BGH 25.9.2006 – II ZR 218/05, MittBayNot 2007, 118; BGH 25.1.2008 – V ZR 63/07, NJW 2008, 1378.

[8] BGH 4.12.2008 – V ZB 74/08, BGHZ 179, 102 = MittBayNot 2009, 225. Das Urteil wurde überwiegend kritisch aufgenommen, vgl. dazu *Hertel* DNotZ 2009, 121 (122); *Kesseler* NZM 2009, 190; *Ruhwinkel* MittBayNot 2009, 177 (178). Die Grundbuchfähigkeit der GbR ist jedoch eine weitere logisch Konsequenz der Rechtsfähigkeit, so auch *Krüger* NZG 2010, 801 (802).

verbindlich über die Handlungsfähigkeit der GbR zu informieren, denn weder der Gesell-schafterbestand noch die Vertretungsbefugnis ergeben sich aus einem öffentlichen Register. Dies führte bei Immobilientransaktionen unter Beteiligung einer GbR zu mannigfaltigen Schwierigkeiten. Beispielsweise ist das Grundbuchamt für die Eigentumsumschreibung auf formalisierte Nachweise angewiesen, §§ 29, 32 GBO.[9] Der Gesetzgeber hat im Jahr 2009 mit dem Gesetz zur Einführung des elektronischen Rechtsverkehrs und der elektronischen Akte im Grundbuchverfahren sowie zur Änderung weiterer grundbuch-, register- und kos-tenrechtlicher Vorschriften (ERVGBG)[10] versucht, die Problematik zu lösen. Im Grund-buchrecht wurden § 47 Abs. 2 GBO, § 82 S. 3 GBO ergänzt sowie § 15 GBV geändert. Im materiellen Recht wurde § 899a BGB eingefügt.

1. Grundbuchrechtliche Regelung in § 47 Abs. 2 GBO, § 82 S. 3 GBO und § 15 GBV

Der vorstehend genannten Rechtsprechung des BGH, wonach die GbR als Grundstücks-eigentümerin im Grundbuch eingetragen werden kann,[11] ist der Gesetzgeber dadurch begegnet, dass er die Eintragung ohne gleichzeitige Nennung der Gesellschafter unterbun-den hat: Nach § 47 Abs. 2 S. 1 GBO ist die Eintragung der Gesellschafter seither verpflich-tend Inhalt des Grundbuchs. Diese Eintragungspflicht der Gesellschafter steht nicht im Widerspruch zur Anerkennung der Rechtsträgerschaft der GbR. Es wird lediglich die grundbuchrechtliche Eintragung verfahrensrechtlich nicht an die Bezeichnung der Gesell-schaft, sondern an die Benennung der Gesellschafter geknüpft.[12] Gemäß § 15 Abs. 1 lit. c GBV sind zur Bezeichnung der Gesellschafter einer GbR dieselben Merkmale im Grund-buch anzugeben wie bei Eintragung eines Berechtigten.[13]

Nach § 47 Abs. 2 S. 2 GBO gelten für die Eintragung des Gesellschafters die Vorschriften über die Eintragung des Berechtigten entsprechend. In Verbindung mit § 82 S. 3 GBO ist es daher erforderlich, das Grundbuch zu berichtigen, wenn sich eine Änderung im Gesellschaf-terbestand einer ins Grundbuch eingetragenen GbR ergibt.[14]

2. Materiellrechtliche Regelung in § 899a BGB

§ 899a BGB ergänzt die grundbuchverfahrensrechtlichen Neuregelungen auf materiell-rechtlicher Seite:[15] An die Eintragung im Grundbuch wird eine materiellrechtliche Ver-mutung bezogen auf die Gesellschafterstellung geknüpft; die entsprechende Anwendbarkeit der §§ 892 ff. BGB wird angeordnet.

Gemäß § 899a S. 1 Hs. 1 BGB wird positiv vermutet, dass diejenigen Personen Gesell-schafter der GbR sind, die im Grundbuch eingetragen sind. Negativ wird gemäß § 899a S. 1 Hs. 2 BGB vermutet, dass es keine weiteren Gesellschafter der GbR gibt. Aus dem Zusam-menwirken der beiden Halbsätze ergibt sich die Vermutung, dass die GbR ordnungsgemäß vertreten ist, wenn diejenigen Personen in ihrem Namen handeln, die als ihre Gesellschafter

---

[9] *Bolkart* MittBayNot 2021, 319 (320 f.).

[10] BGBl. 2009 I 2713; auf die Notwendigkeit eines gesetzgeberischen Tätigwerdens hatte der BGH hingewiesen, BGH 25. 1. 2008 – V ZR 63/07, NJW 2008, 1378 (1379).

[11] BGH 4. 12. 2008 – V ZB 74/08, BGHZ 179, 102 = MittBayNot 2009, 225.

[12] *Reymann* ZNotP 2011, 84 (106).

[13] Die Vorgängervorschrift in § 15 Abs. 3 GBV aF wurde aufgehoben. Die Regelung knüpfte noch an die Rechtsinhaberschaft der Gesellschafter an und war daher infolge der Anerkennung der Rechtsfähigkeit der GbR überholt, vgl. dazu BT-Drs. 16/13437, 25; BGH 4. 12. 2008 – V ZB 74/08, BGHZ 179, 102 = MittBayNot 2009, 225 (227).

[14] Beschlussempfehlung des Rechtsausschusses BT-Drs. 16/13437, 25.

[15] BT-Drs. 16/13437, 26.

im Grundbuch eingetragen sind.[16] Überdies wird auch die Existenz der GbR, als notwendige Voraussetzung des Vorhandenseins von Gesellschaftern, vermutet.[17]

Nach § 899a S. 2 BGB sind in Ansehung des eingetragenen Rechts die §§ 892 bis 899 BGB bezüglich der Eintragung als Gesellschafter entsprechend anwendbar. Gegenüber einem gutgläubigen Erwerber gelten somit (nur) diejenigen Personen als Gesellschafter, die als solche im Grundbuch eingetragen sind. Mithin ermöglicht § 899a S. 2 BGB in Verbindung mit § 892 BGB einen gutgläubigen Erwerb von einem nicht ordnungsgemäß vertretenen oder nicht (mehr) existenten Rechtsträger.[18]

3. Weiter bestehende Probleme

Mit dem ERVGBG hat der Gesetzgeber die Folgeprobleme, die sich im Immobiliarrecht aus der Anerkennung der Rechtsfähigkeit der GbR ergeben haben, nur punktuell gelöst.

a) GbR auf Erwerberseite

Zunächst waren in der obergerichtlichen Rechtsprechung die Nachweisanforderungen der §§ 20, 29 GBO beim Grundstückserwerb durch eine GbR umstritten.[19] Der BGH hat in seiner Entscheidung vom 28.4.2011 klargestellt, dass für die Eintragung der GbR als Grundstückseigentümerin im Grundbuch kein Nachweis in der Form des § 29 Abs. 1 GBO hinsichtlich der Existenz der GbR und deren Vertretung vorgelegt werden muss. Es genügten stattdessen die beurkundeten Erklärungen aller Gesellschafter, aus denen Existenz und Vertretung der GbR hervorgehen, sofern keine Anhaltspunkte für das Unrichtigwerden des Grundbuchs erkennbar sind. Aus teleologischen Gründen sei § 47 Abs. 2 GBO dahingehend auszulegen, dass das Recht der GbR grundbuchrechtlich durch die Gesellschafter „mediatisiert" werde, weshalb es eines auf die GbR bezogenen Nachweises nicht bedürfe. Außerdem könne systematisch auf § 47 Abs. 1 GBO rekurriert werden: Entsprechend der Regelung in § 47 Abs. 1 GBO, die das Anteils- oder Gemeinschaftsverhältnis mehrerer Personen betrifft, die im Grundbuch als neue Eigentümer eingetragen werden sollen, prüfe das Grundbuchamt die von den Beteiligten geäußerten Angaben auch hier nicht auf ihre materielle Richtigkeit. Ein Nachweis in der Form des § 29 Abs. 1 GBO könne daher nicht verlangt werden.[20] Diese Entscheidung des BGH hat die grundbuchrechtliche Problematik beim Erwerb durch eine GbR einer pragmatischen Lösung zugeführt,[21] freilich um den Preis

---

[16] Beschlussempfehlung des Rechtsausschusses BT-Drs. 16/13437, 26; *Kohler* in MüKoBGB, 8. Aufl. 2020, § 899a Rn. 21.

[17] So die Beschlussempfehlung des Rechtsausschusses BT-Drs. 16/13437, 27; der sich die herrschende Meinung angeschlossen hat, OLG München 18.8.2009 – 34 Wx 047/09, DNotZ 2009, 680 (682); *H.-W. Eckert* in BeckOK BGB, 64. Ed. 1.11.2022, § 899a Rn. 3; *Berger* in Jauernig, BGB, 18. Aufl. 2021, § 899a Rn. 2; *Reymann* ZNotP 2011, 84 (98); *Lautner* DNotZ 2011, 643 (648 f.); *Suttmann* NJW 2013, 423 (427); aA: *Kohler* in MüKoBGB, 8. Aufl. 2020, § 899a Rn. 22.

[18] Beschlussempfehlung des Rechtsausschusses BT-Drs. 16/13437, 27.

[19] EA: OLG München 17.8.2010 – 34 Wx 98/10, NZG 2010, 1263 (1264); OLG Nürnberg 8.4.2010 – 10 W 277/10, BeckRS 2010, 17071; KG 25.11.2010 – 1 W 417/10, NZG 2011, 61 (62), Existenz, Identität und Vertretungsregelung der erwerbenden GbR müssen in der Form des § 29 GBO nachgewiesen werden, dies führte in zahlreichen Fällen zu einer grundbuchrechtlichen Blockade, die Eigentumsumschreibung scheitert an der Nachweisführung, vgl. *Reymann* ZNotP 2011, 84 (85); aA OLG Dresden 21.10.2010 – 17 W 1065/10, BeckRS 2010, 29539; OLG Saarland, 26.2.2010 – 5 W 371/09, DNotZ 2010, 301 (303); OLG Brandenburg 7.10.2010 – 5 Wx 77/10, NZM 2011, 212 (213), neben der notariellen Erwerbsurkunde sind keine weitere Nachweise vorzulegen.

[20] BGH 28.4.2011 – V ZB 194/10, BGHZ 189, 274 = DNotZ 2011, 711 (714 ff.).

[21] Zustimmend auch *Böttcher* NJW 2012, 822; *Heinz/Jaeger* NZM 2012, 100 (102); *Krafka* GWR 2011, 257.

eines Systembruchs. Nicht vergessen werden darf hierbei insbesondere, dass die materielle Wirksamkeit der schuldrechtlichen und dinglichen Erklärungen einer erwerbenden, angeblich bestehenden GbR weiterhin nicht gewährleistet ist. Existiert die GbR tatsächlich nicht oder wird sie nicht ordnungsgemäß vertreten, kann sie keine wirksamen Erklärungen abgeben, insbesondere auch nicht als Bevollmächtigte der Verkäuferseite im Rahmen einer Finanzierungsvollmacht.[22] Wird eine derartige „GbR" dennoch ins Grundbuch eingetragen, kann dies allenfalls im weiteren Verlauf einer „Veräußerungskette" aufgrund der Gutglaubenswirkungen hinsichtlich einer GbR auf Veräußererseite Berücksichtigung finden.[23]

b) GbR auf Veräußererseite

Veräußert die GbR ein Grundstück, vermittelt § 899a BGB Gutglaubensschutz. Die Reichweite dieses Gutglaubensschutzes ist jedoch vom Gesetzgeber nicht klar geregelt und folglich sehr umstritten.

Nach einer Ansicht erfasst § 899a BGB auch das schuldrechtliche Verpflichtungsgeschäft. Liegen die Voraussetzungen des Gutglaubensschutzes vor, erfolgt nach dieser Lesart ein kondiktionsfester Erwerb des Grundstücks. Dogmatisch wird dies teilweise mit einer analogen Anwendung des § 899a BGB auf das schuldrechtliche Geschäft begründet.[24] Andere Vertreter dieser Ansicht stellen darauf ab, dass sich aus dem Grundbuch ein grundstücksbezogenes GbR-Register mit den Wirkungen des § 15 HGB ergebe.[25] Schließlich wird auch mit Vertrauensschutz kraft allgemeiner Rechtsscheinhaftung argumentiert.[26]

Nach anderer Meinung erfasst der Gutglaubensschutz des § 899a BGB nur das dingliche Rechtsgeschäft.[27] Die systematische Stellung im Sachenrecht und gerade nicht im Allgemeinen Teil des BGB oder in §§ 705ff. BGB spreche für eine lediglich dingliche Wirkung.[28] Der Gesetzgeber habe sich ausdrücklich dazu geäußert, dass das Grundbuch kein allgemeines GbR-Register darstelle.[29] Zur Streitfrage der Erstreckung des Gutglaubensschutzes auf das schuldrechtliche Rechtsgeschäft hat sich der BGH bislang noch nicht geäußert.[30]

II. Notarielle Gestaltungspraxis und Reformüberlegungen

Vor dem Hintergrund der Unsicherheiten im Zusammenhang mit der Beteiligung einer GbR an Immobiliengeschäften[31] hat die notarielle Praxis gestalterische Lösungsansätze entwickelt. Als klassischer Lösungsansatz hat sich hierbei die Doppelverpflichtung durch die

---

[22] *Krauß* in Beck'sches Notar-Handbuch, 7. Aufl. 2019, § 1 Rn. 688f.

[23] Dazu sogleich unter → b).

[24] *Böttcher* NJW 2010, 1647 (1655); *Lautner* DNotZ 2009, 650 (671ff.); *Ruhwinkel* MittBayNot 2009, 421 (423); *Suttmann* NJW 2013, 423 (428).

[25] *Hertel* in BeckOGK, 15.4.2021, BGB § 899a Rn. 80, 88.

[26] *Reymann* DNotZ 2021, 103 (114).

[27] *Heinze* DNotZ 2016, 344 (346ff.); *Kesseler* NJW 2011, 1909 (1913); *Kohler* in MüKoBGB, 8. Aufl. 2020, § 899a Rn. 16.

[28] *Krüger* NZG 2010, 801 (806).

[29] In der Beschlussempfehlung des Rechtsausschusses BT-Drs. 16/13437, 26 findet sich die Aussage „Das Anliegen der Regelung besteht nicht darin, dem Grundbuch die Funktion eines allgemeinen Gesellschaftsregisters zukommen zu lassen".

[30] BGH 20.5.2016 – V ZB 142/15, DNotZ 2016, 925 (927) enthielt sich wegen fehlender Entscheidungserheblichkeit jeglicher wertenden Äußerung zu der Problematik.

[31] Neben den oben angesprochenen Problemkreisen, ergeben sich Schwierigkeiten beispielsweise auch beim Nachweis organschaftlicher Einzelvertretung oder bei Änderungen nach Beurkundung und vor vollständiger Abwicklung im Gesellschafterbestand, siehe hierzu *Reymann* DNotZ 2021, 103 (107ff.).

Gesellschaft und die Gesellschafter etabliert.[32] Auch diese Gestaltung ist jedoch nicht in der Lage, alle Probleme vollumfänglich zu lösen. Trotz der Doppelverpflichtung von Gesellschaft und Gesellschafter kann etwa der Vormerkungsschutz wegen des Identitätsgebotes leerlaufen, wonach der Schuldner des Anspruchs auch der Inhaber des von der Vormerkung betroffenen Rechts sein muss.[33] Folglich kann keine Vormerkung am Eigentum der GbR entstehen, die Ansprüche gegen die (Schein-)Gesellschafter sichert.[34] Dieses Risiko kann zwar mit einer Abwicklung über ein Notaranderkonto ausgeräumt werden. Auch dann bleibt jedoch die Problematik der Kondizierbarkeit. Nicht abschließend geklärt ist, ob die „falschen" Gesellschafter einen entsprechenden Leistungszweck für die Gesellschaft setzen können. Gegenüber der GbR besteht kein wirksamer Anspruch, es scheint daher zweifelhaft, ob gegen die condictio indebiti der GbR eine Verpflichtung Dritter (nämlich der im Grundbuch Eingetragenen) eingewandt werden kann.[35]

Es überrascht daher nicht, dass die Kritik an dieser gesetzgeberischen Lösung schon seit geraumer Zeit schwelte und der Ruf nach Reformen laut wurde. Aus dem Kreis der Wissenschaft und Praxis wurde eine Vielzahl unterschiedlicher Vorschläge für eine gesetzliche Neuaufstellung des Personengesellschaftsrechts entwickelt.[36] Zu Beginn der 19. Legislaturperiode verständigten sich die Regierungsparteien im Koalitionsvertrag darauf, das Recht der Personengesellschaften zu reformieren.[37] Eine Expertenkommission für die Erarbeitung eines Gesetzesvorschlages wurde eingesetzt. Wichtiges Kernthema der Reform sollte hierbei von Anfang an die Einführung eines Gesellschaftsregisters sein.[38] Die Idee zur Einführung eines Gesellschaftsregisters war nicht neu, sie wurde bereits seit Jahren vielfach in der Literatur diskutiert. Zahlreiche Stimmen plädierten für die Einführung eines GbR-Gesellschaftsregisters mit Publizitätswirkung.[39] Es fanden sich aber auch vereinzelt Stimmen, die sich gegen die Einführung eines Gesellschaftsregisters aussprachen. Als Gründe für die Ablehnung eines Gesellschaftsregisters werden praktische Schwierigkeiten der Einrichtung für die Registergerichte und der fehlende Bedarf für eine weitere eingetragene Personengesellschaft angeführt.[40] Insbesondere eine primäre Registrierungspflicht der GbR wurde kritisch gesehen.

---

[32] Vgl. bspw. die Vertragsmuster *Krauß* in Beck'sches Notar-Handbuch, 7. Aufl. 2019, § 1 Rn. 687, 690.

[33] Das Identitätsgebot wurde bereits in den 1950er Jahren vom BGH bestätigt, vgl. BGH 19. 1. 1954 – V ZB 28/53 = BGHZ 12, 115, NJW 1954, 633 (634); siehe auch *Schöner/Stöber,* Grundbuchrecht, 16. Aufl. 2020, Rn. 1493.

[34] *Ruhwinkel* MittBayNot 2009, 421 (423); *Hertel* in BeckOGK, 15. 4. 2021, BGB § 899a Rn. 93; zum Identitätsgebot, siehe auch *Staudinger* in Schulze u. a., BGB, 11. Aufl. 2021, § 883 Rn. 17.

[35] *Reymann* DNotZ 2021, 103 (114); *Hertel* in BeckOGK, 15. 4. 2021, BGB § 899a Rn. 93.

[36] Verhandlungen des 71. Deutschen Juristentages, Essen 2016, Band I: Gutachten/Teil E: Empfiehlt sich eine grundlegende Reform des Personengesellschaftsrechts? passim; *Schäfer* NJW-Beil 2016, 45; *Westermann* NJW 2016, 2625; *Bachmayer* BWNotZ 2009, 122; *Röder* AcP 215 (2015), 450 (454ff.).

[37] Vgl. S. 131 des Koalitionsvertrages, abrufbar unter https://www.bundestag.de/resource/blo b/543200/9f9f21a92a618c77aa330f00ed21e308/kw49_koalition_koalition_koalitionsvertrag-data.pdf (zuletzt abgerufen am 19. 1. 2023).

[38] Vgl. 4. a) des Berichts über die Tätigkeit und den Gesetzentwurf der vom Bundesministerium der Justiz und für Verbraucherschutz eingesetzten Expertenkommission für die Modernisierung des Personengesellschaftsrechts, abrufbar unter https://www.bmj.de/SharedDocs/Down loads/DE/News/PM/042020_Abschlussbericht_Maurach.pdf;jsessionid=C771C220EC31159 875D180F0DC6887A7.1_cid289?__blob=publicationFile&v=2 (zuletzt abgerufen am 19. 1. 2023).

[39] *Münch* DNotZ 2001, 535 (549); *Miras* DStR 2010, 604 (608); *Scholz* NZG 2002, 153 (159); *Wertenbruch* NJW 2002, 324 (329); *Wertenbruch* NJW 2001, 993 (1002).

[40] *Ruhwinkel* MittBayNot 2009, 177 (189); *Lautner* NotBZ 2009, 77 (85).

Die Einführung einer Eintragungspflicht hemme die spontane Entfaltung wirtschaftlicher nichthandelsgewerblicher Aktivitäten.[41]

III. Die Lösung des MoPeG

Im April 2020 veröffentlichte die Expertenkommission den Entwurf für ein Gesetz zur Modernisierung des Personengesellschaftsrechts, sog. „Mauracher Entwurf".[42] Basierend auf dem „Mauracher Entwurf" und unter Berücksichtigung der hierzu eingeholten Stellungnahmen von Ländern und Verbänden wurde im November 2020 der Referentenentwurf vom Bundesministerium der Justiz und für Verbraucherschutz (BMJV) veröffentlicht,[43] dem Anfang 2021 die Veröffentlichung des Regierungsentwurfs eines Gesetzes zur Modernisierung des Personengesellschaftsrechts (Personengesellschaftsrechtsmodernisierungsgesetz – MoPeG) folgte.[44]

Zwischen Bundestag und Bundesrat war abgesehen von weiteren Detailfragen vor allem das Datum des Inkrafttretens strittig, man einigte sich schließlich auf den 1. Januar 2024. Das Gesetz wurde im August 2021 ausgefertigt und im Bundesgesetzblatt verkündet.[45] Neben den nachfolgend behandelten register- und insbesondere grundbuchrechtlichen Folgen beinhaltet das Gesetz zahlreiche weitere systematische und dogmatische Änderungen; insbesondere wird die Rechtsprechung des BGH zur Rechtssubjektivität der GbR[46] durch das MoPeG nachvollzogen. Diese Aspekte sollen in vorliegendem Beitrag jedoch außer Betracht bleiben.

Kerninhalt des MoPeG ist die Einführung eines Gesellschaftsregisters. Diese soll u. a. die vorbeschriebenen Probleme bei Anwendung von § 47 Abs. 2 GBO und § 899a BGB lösen. Auch ist unter Rückgriff auf ein mit Publizität ausgestattetes Gesellschaftsregister der rechtssichere Nachweis von Existenz und Vertretungsberechtigung im Zusammenhang mit der GbR im allgemeinen Rechtsverkehr, insbesondere aber auch im Immobilienrecht, schnell und kostengünstig möglich.

Ferner dient die Einführung eines Gesellschaftsregisters auch der Bekämpfung von Geldwäsche und Terrorismusfinanzierung.[47] Die bisherige registerlose Ausgestaltung der GbR führte zu teils deutlicher Kritik durch die FATF im geldwäscherechtlichen Zusammenhang.[48]

---

[41] *Schöpflin* NZG 2003, 606 (607); kritisch zur Eintragungspflicht auch *Kuckein/Jenn* NZG 2009, 848 (852).

[42] Abrufbar unter https://www.bmj.de/SharedDocs/Downloads/DE/News/PM/042020_ Entwurf_Mopeg.pdf?__blob=publicationFile&v=3 (zuletzt abgerufen am 19.1.2023).

[43] Abrufbar unter https://www.bmj.de/SharedDocs/Gesetzgebungsverfahren/Dokumente/ RefE_Personengesellschaftsrecht.pdf;jsessionid=4324AC6ED0CEB52E30317DC044 E0B7DA.1_cid289?__blob=publicationFile&v=1 (zuletzt abgerufen am 19.1.2023).

[44] BT-Drs. 19/27635.

[45] BGBl. 2021 I 3436; ausführlich zum Gesetzgebungsverfahren *Späth-Weinreich* BWNotZ 2022, 2; *Späth-Weinreich* BWNotZ 2021, 90.

[46] BGH 29.1.2001 – II ZR 331/00, BGHZ 146, 341 = NJW 2001,1056; s. bereits → I.

[47] Referentenentwurf S. 116, 130 abrufbar unter https://www.bmj.de/SharedDocs/Gesetz gebungsverfahren/Dokumente/RefE_Personengesellschaftsrecht.pdf;jsessionid=4324AC 6ED0CEB52E30317DC044E0B7DA.1_cid289?__blob=publicationFile&v=1 (zuletzt abgerufen am 19.1.2023); auf Effektivitätssteigerungen bei der Geldwäschebekämpfung durch die Einführung eines Gesellschaftsregisters hat auch die Stellungnahme der Bundesnotarkammer zum Referentenentwurf hingewiesen, siehe S. 1 der Stellungnahme, abrufbar unter https://www.bmj. de/SharedDocs/Gesetzgebungsverfahren/Stellungnahmen/2020/Downloads/121620_Stellung nahme_Bundesnotarkammer_RefE_Personengesellschaftsrecht.pdf;jsessionid=4324AC 6ED0CEB52E30317DC044E0B7DA.1_cid289?__blob=publicationFile&v=2 (zuletzt abgerufen am 19.1.2023).

[48] Siehe dazu etwa FATF Mutual Evaluation Report Anti-Money Laundering and Combating the Financing of Terrorism, Germany, 19 February 2010, Tz. 576, abrufbar unter https://www.

Nach § 707 Abs. 1 BGB kF können die Gesellschafter die GbR zur Eintragung in das Gesellschaftsregister anmelden. Wenn die GbR im Gesellschaftsregister eingetragen ist, trägt sie den Namenszusatz „eingetragene Gesellschaft bürgerlichen Rechts" oder „eGbR", § 707a Abs. 2 S. 1 BGB kF. Die Eintragung ist allerdings keine Voraussetzung für die Rechtsfähigkeit. Die GbR ist vielmehr schon dann rechtsfähig, wenn sie nach dem gemeinsamen Willen der Gesellschafter am Rechtsverkehr teilnehmen soll, § 705 Abs. 2 BGB kF.[49] Der Gesetzgeber hat sich damit bewusst dagegen entschieden, die Rechtsfähigkeit von der Registrierung abhängig zu machen.

Es besteht für die rechtsfähige GbR stattdessen ein Eintragungswahlrecht, allerdings in Kombination mit positiven Anreizen und faktischem Zwang zur Registrierung. Zum Schutz der Interessen der Gesellschaftsgläubiger und des Rechtsverkehrs kann die Entscheidung, ob eine GbR ins Gesellschaftsregister eingetragen wird, nicht alleine den Gesellschaftern überlassen werden. Eine zu starre Eintragungspflicht wäre jedoch im Hinblick auf die mannigfaltigen Erscheinungsformen der GbR (zum Beispiel Gelegenheitsgesellschaften) unverhältnismäßig. Als positive Anreize für die Eintragung im Gesellschaftsregister sieht das Gesetz ein Sitzwahlrecht gemäß § 706 S. 2 BGB kF vor sowie das Recht, mit Publizitätswirkung über die Vertretungsbefugnis zu disponieren gemäß § 707a Abs. 3 S. 1 BGB kF iVm § 15 HGB.

Das Eintragungswahlrecht wandelt sich Fällen, in denen ein größeres Bedürfnis nach einer durch Publizität vermittelten Sicherheit insbesondere hinsichtlich der Haftungs- und Vertretungsverhältnisse besteht, in einen formell-verfahrensrechtlich vermittelten Registrierungszwang. So ist die Eintragung der GbR verfahrensrechtliche Voraussetzung für den Erwerb von registrierten Rechten und für die Verfügung über registrierte Rechte durch die Gesellschaft.[50] Unter registriertem Recht ist insbesondere eine Rechtsposition zu verstehen, die im Grundbuch oder im Handelsregister verlautbart ist. Für die Wirkungen der Eintragung im Gesellschaftsregister verweist § 707a Abs. 3 S. 1 BGB kF auf § 15 HGB mit der Einschränkung, dass das Fehlen der Kaufmannseigenschaft nicht an der Publizität des Gesellschaftsregisters teilnimmt.

Die Einführung eines mit Publizitätswirkungen ausgestatten Gesellschaftsregisters wurde in Wissenschaft und Praxis überwiegend positiv aufgenommen.[51] Auch der grundsätzlich fakultative Charakter der Eintragung ins Gesellschaftsregisters ist auf große Zustimmung gestoßen. Die Anreizmethode stellt eine flexible und zugleich ausbalancierte Mittellösung zwischen einem Eintragungszwang und einer völligen Freistellung der Eintragung dar.[52] Es finden sich nur vereinzelt kritische Stimmen, die meinen, der faktische Eintragungszwang

---

fatf-gafi.org/content/fatf-gafi/en/publications/Mutualevaluations/Mutualevaluationofgermany.html (zuletzt abgerufen am 19.1.2023).

[49] Die Abgrenzung erfolgt anhand eines subjektiven Merkmals, *Bärwaldt/Richter* DB 2021, 2476; im Ergebnis ergeben sich jedoch kaum Unterschiede zum bisherigen Abgrenzungskriterium – des nach außen erkennbaren Auftretens der GbR „als solcher" im Rechtsverkehr unter Erwerb von Rechten und Pflichten, vgl. hierzu auch *Schmidt* ZHR 185 (2021), 16 (25ff.).

[50] BT-Drs. 19/27635, 128; hierzu auch *Krafka* in BeckOGK, 1.10.2022, BGB nF GbR 2024 § 707 Rn. 4ff.

[51] Stellungnahme der Bundesnotarkammer zum „Mauracher Entwurf", S. 2, abrufbar unter https://www.bnotk.de/fileadmin/user_upload_bnotk/Stellungnahmen/2020/BNotK_STN_2020_Personengesellschaftsrecht.pdf (zuletzt abgerufen am 19.1.2023); *Bachmann* NJW 2021, 3073 (3078); *Bolkart* MittBayNot 2021, 319 (330); *Hermanns* DNotZ 2022, 3 (9); *Kruse* DStR 2021, 2412 (2415); *Noack* NZG 2020, 581 (582); *Reymann* DNotZ 2021, 103 (135); *Schmidt* ZHR 185 (2021), 16 (30f.).

[52] Stellungnahme der Bundesnotarkammer zum „Mauracher Entwurf", S. 3, abrufbar unter https://www.bnotk.de/fileadmin/user_upload_bnotk/Stellungnahmen/2020/BNotK_STN_2020_Personengesellschaftsrecht.pdf (zuletzt abgerufen am 19.1.2023).

im Zusammenhang mit dem Erwerb von Grundstücksrechten stelle eine unsachgemäße Beschränkung der Freiheit zur Gesellschaftsgründung dar.[53]

IV. Das Gesellschaftsregister im Zusammenspiel mit dem Grundbuch

Für die notarielle Praxis von entscheidender Bedeutung ist das künftige Zusammenspiel zwischen Gesellschaftsregister und Grundbuch. Neben allgemeinen Folgewirkungen im Grundbuchrecht, die auch für neu gegründete Gesellschaften von Interesse sind (1), stellen sich insbesondere mit Blick auf bereits im Grundbuch eingetragene Altgesellschaften praxisrelevante Sonderfragen. Ebenso spannend wie erläuterungsbedürftig ist in diesem Zusammenhang die dogmatisch insgesamt gelungene Übergangsvorschrift des Art. 229 § 21 EGBGB kF (2).

1. Grundbuchrechtliche Folgewirkungen

Gemäß § 47 Abs. 2 GBO kF soll ein Recht für die Gesellschaft bürgerlichen Rechts nur eingetragen werden, wenn sie im Gesellschaftsregister eingetragen ist. Die Formulierung als Soll-Vorschrift räumt dem Grundbuchamt hierbei nicht etwa ein Ermessen ein. Der Voreintragungsgrundsatz im Gesellschaftsregister ist vom Grundbuchamt vielmehr zwingend zu beachten.[54] Die Wirksamkeit der Grundbucheintragung ist freilich auch dann gewährleistet, wenn unter Verstoß gegen § 47 Abs. 2 GBO kF eingetragen wurde.[55]

Bevor eine GbR ins Grundbuch eingetragen werden kann, hat sie also zunächst eine Eintragung im Gesellschaftsregister zu bewirken. Dies betrifft nicht nur den Fall des Eigentumserwerbs, sondern jedes im Grundbuch verlautbarte dingliche Recht.[56] Erfasst sind daher etwa auch die Rechtsstellung einer GbR als Grundpfandrechtsgläubigerin oder als Begünstigte einer beschränkten persönlichen Dienstbarkeit.

Die Publizitätswirkung des Gesellschaftsregisters (Subjektpublizität) macht das bisherige Regelungsmodell in § 47 Abs. 2 GBO mit dessen materiellrechtlicher Ergänzung in § 899a BGB, welches die Identifizierung der Gesellschaft bürgerlichen Rechts über ihre Gesellschafter im Grundbuch ermöglichen soll, obsolet.[57]

In § 32 Abs. 1 S. 1 GBO kF wird zusätzlich das Gesellschaftsregister aufgenommen. Mithin kann im Grundbuchverfahren der Nachweis rechtserheblicher Umstände, die sich aus der Registrierung im Gesellschaftsregister ergeben, wie beispielsweise die Vertretungsbefugnis und Existenz der GbR, durch eine Notarbescheinigung gemäß § 21 Abs. 1 BNotO kF nachgewiesen werden.[58]

---

[53] Stellungnahme der Deutschen Industrie- und Handelskammer zum Regierungsentwurf, S. 2, 4 ff. abrufbar unter https://www.bmj.de/SharedDocs/Gesetzgebungsverfahren/Stellung nahmen/2020/Downloads/121620_Stellungnahme_DIHK_RefE_Personengesellschaftsrecht. pdf;jsessionid=4324AC6ED0CEB52E30317DC044E0B7DA.1_cid289?__blob=publication File&v=2 (zuletzt abgerufen am 19.1.2023); *Wilhelm* NZG 2020, 1041 (1044); eher kritisch auch *Bärwaldt / Richter* DB 2021, 2476 (2481); *Schmiedeberg* Rpfleger 2021, 69 (72) fürchtet einen Mehraufwand für die Registergerichte ohne wesentliche Entlastung der Grundbuchämter und fordert daher eine personelle Aufstockung.

[54] BT-Drs. 19/27635, 132.

[55] BT-Drs. 19/27635, 207; grundlegend zu Soll-Vorschriften im Grundbuchrecht *Schöner / Stöber*, Grundbuchrecht, 16. Aufl. 2020, Rn. 31, 53.

[56] Vgl. zum insoweit identischen § 47 Abs. 2 GBO bisheriger Fassung *Wegmann* in Baur/Schaub, 4. Aufl. 2018, § 47 Rn. 187 ff.

[57] BT-Drs. 19/27635, 194, 206 f.

[58] BT-Drs. 19/27635, 205.

Im Zuge der Reform wird § 82 S. 3 GBO aufgehoben. Die Regelung knüpft an den geltenden § 47 Abs. 2 S. 2 GBO an und erstreckt den Grundbuchberichtigungszwang auf Änderungen im Gesellschafterbestand außerhalb des Grundbuchs. Zukünftig wird der Gesellschafterbestand im Grundbuch nicht mehr genannt, eine entsprechende Berichtigungspflicht ist daher nicht mehr erforderlich.[59]

Mit der Einführung des Gesellschaftsregisters wurde auch eine Änderung der Grundbuchverfügung notwendig. Die GbR soll gemäß § 15 Abs. 1 Nr. 2 GBV kF mit dem Namen und Sitz der Gesellschaft im Grundbuch eingetragen werden. Außerdem ist die Angabe des Registergerichts und des Gesellschaftsregisterblatts erforderlich, sofern sich diese Angaben aus den Eintragungsunterlagen ergeben oder dem Grundbuchamt anderweitig bekannt sind. Die nach § 47 Abs. 2 GBO kF erforderliche Voreintragung im Gesellschaftsregister muss gegenüber dem Grundbuchamt nachgewiesen werden. Die Neuregelung führt zu einer Gleichstellung der GbR mit juristischen Personen und rechtsfähigen Personengesellschaften im Hinblick auf die Bezeichnung im Grundbuch.[60]

2. Übergangsregelung für im Grundbuch eingetragene Bestandsgesellschaften

Nach bisheriger Rechtslage dient das Grundbuch über § 47 Abs. 2 GBO als „Quasi-Subjektregister" für die GbR. Aus dem Grundbuch ergibt sich damit zumindest für das dingliche Rechtsgeschäft die Existenz und der Gesellschafterbestand der GbR. Nach der vor dem 18. August 2009 geltenden Rechtslage wurde die GbR ins Grundbuch eingetragen, die Gesellschafter nur fakultativ.[61] In der überkommenen Rechtslage vor dem Jahr 2001, welche die GbR als nichtrechtsfähige Gesamthandgemeinschaft betrachtete, waren die Gesellschafter in gesamthänderischer Verbundenheit ins Grundbuch einzutragen.[62]

Vor diesem Hintergrund stellt sich die Frage, wie sich der vom MoPeG nunmehr etablierte Voreintragungsgrundsatz zu den GbRs verhält, die ohne Voreintragung im Gesellschaftsregister bereits im Grundbuch verzeichnet sind – sei es nach derzeitiger Rechtslage als GbR unter Nennung ihrer Gesellschafter oder nach früherer Rechtslage unter Eintragung der Gesellschafter in gesamthänderischer Verbundenheit (im Folgenden: „Bestandsgesellschaften"). Hierauf gibt der dogmatisch konsequent konstruierte Art. 229 § 21 EGBGB kF Antwort.

a) Eintragungen, die ein Recht der GbR betreffen

Art. 229 § 21 Abs. 1 EGBGB kF sieht vor, dass Eintragungen in das Grundbuch, die ein Recht einer GbR betreffen, erst dann erfolgen sollen, wenn die Registrierung im Gesellschaftsregister erfolgt ist und die registrierte GbR in das Grundbuch eingetragen ist. Bereits aus dem Wortlaut „ein Recht einer Gesellschaft bürgerlichen Rechts betreffen" ergibt sich, dass es sich um ein vollumfängliches Voreintragungserfordernis handelt. Die Voreintragung ist also nicht nur dann erforderlich, wenn eine GbR ein Grundstück veräußert, sondern etwa auch, wenn sie als Grundpfandrechtsgläubigerin im Rang zurücktritt.

---

[59] BT-Drs. 19/27635, 207.

[60] BT-Drs. 19/27635, 208.

[61] Allerdings hatte der BGH in Fortsetzung seiner Rechtsprechung zur Anerkennung der Rechtsfähigkeit der GbR bereits im Dezember 2008 entschieden, dass die GbR unter ihrer Bezeichnung im Grundbuch eingetragen werden kann, BGH 4.12.2008 – V ZB 74/08, BGHZ 179, 102 = MittBayNot 2009, 225, siehe hierzu auch → I.

[62] Vgl. zur Entwicklungsgeschichte mit Blick auf die Grundbucheintragung näher *Hertel* in BeckOGK, 15.4.2021, BGB § 899a Rn. 3 ff.

Der „Mauracher Entwurf" wies diesbezüglich noch Unklarheiten auf. Es wurde für den Voreintragungsgrundsatz nur auf die Regelung des § 47 Abs. 2 GBO kF Bezug genommen, der allerdings den Erwerb eines Rechts durch eine GbR regelt. Dies ist mit Blick auf Bestandsgesellschaften jedoch die falsche Perspektive, denn im Hinblick auf Bestandsgesellschaften geht es nicht um die Eintragung eines Rechts der GbR. Das Recht ist für die jeweilige GbR bereits im Grundbuch eingetragen.[63] Der Gesetzgeber hat die Vorschrift durch den Referentenentwurf präzisiert, indem die Bezugnahme auf das neue Recht durch ein Voreintragungserfordernis ergänzt wurde, das direkt in Art. 229 § 21 Abs. 1 S. 1 EGBGB kF statuiert ist.

Die Grundbuchänderung, § 873 Abs. 1 BGB, soll nicht erfolgen, solange die GbR nicht im Grundbuch eingetragen ist. Somit beeinflussen die verfahrensrechtlichen Bestimmungen der Grundbuchordnung auch den materiellen Rechtserwerb.[64]

Sinn und Zweck des Voreintragungserfordernisses ist die Gewährleistung des Gutgläubenschutzes, vermittelt durch das Zusammenspiel von Gesellschaftsregister und Grundbuch.[65] Bei Vorgängen, die nicht zum Ausscheiden der GbR aus dem Grundbuch führen, verhindert die Voreintragung, dass eine normativ unerwünschte Registerlage perpetuiert wird. Durch das Erfordernis der Voreintragung werden so für künftige Verfügungen die Grundbuch- und Registervoraussetzungen eines gutgläubigen Erwerbs geschaffen.[66]

Der genannte Gesetzeszweck wird vereitelt, wenn bei der Beurkundung einer Immobilientransaktion die noch nicht registrierte GbR Erklärungen abgibt und erst danach in das Gesellschaftsregister eingetragen wird. Der Gutglaubensschutz aus § 707a Abs. 3 S. 1 BGB kF, § 15 Abs. 3 HGB wirkt erst ab dem Zeitpunkt, in dem die Eintragung der GbR im Gesellschaftsregister erfolgt ist.[67] Die spätere Eintragung in das Gesellschaftsregister vermittelt daher keinen guten Glauben im Hinblick darauf, dass die handelnden Gesellschafter schon vor der Eintragung vertretungsbefugt waren. Um den Gesetzeszweck zu verwirklichen, sollten die Anmeldung zum Register und die Grundstückstransaktion daher nicht in einem Termin beglaubigt/beurkundet und parallel vollzogen werden. Nur bei Einhaltung der sukzessiven Vorgehensweise – erst registrieren, dann Immobiliengeschäft beurkunden – kann ein konditionsfester gutgläubiger Erwerb gewährleistet werden.[68]

Das Voreintragungserfordernis ist eine folgerichtige Entscheidung des Gesetzgebers aufgrund der Abschaffung des § 899a BGB. Jedoch ist in bestimmten Fallkonstellationen eine teleologische Reduktion vorzunehmen. Der Gesetzeszweck rechtfertigt keine Voreintragung, wenn in das Grundbuch eingetragen werden soll, dass die GbR aufgrund Gesetzes nicht mehr Inhaberin des gebuchten Rechts ist. Wenn das gebuchte Recht durch Anwachsung, § 712a Abs. 1 S. 2 BGB kF, Verschmelzung oder Spaltung, § 3 Abs. 1 Nr. 1, §§ 39ff., 124 Abs. 1 UmwG kF, auf einen anderen Rechtsträger übergegangen ist oder wenn die GbR formgewechselt wurde, § 191 Abs. 1 Nr. 1, §§ 214ff. UmwG kF, scheidet die GbR aus dem Grundbuch aus. Die Nichteintragung in das Gesellschaftsregister perpetuiert weder eine normativ unerwünschte Grundbuchlage noch wird ein gutgläubiger Erwerb vereitelt. Ein

---

[63] Die Stellungnahme der Bundesnotarkammer zum „Mauracher Entwurf", S. 7ff. spricht im untechnischen Sinne von einer „Umfirmierung" der Bestandsgesellschaften im Grundbuch, abrufbar unter https://www.bnotk.de/fileadmin/user_upload_bnotk/Stellungnahmen/2020/BNotK_STN_2020_Personengesellschaftsrecht.pdf (zuletzt abgerufen am 19.1.2023).

[64] *John* NZG 2022, 243; beachtet das Grundbuch den Voreintragungsgrundsatz nicht, ist die Grundbucheintragung und damit der Rechtserwerb dennoch wirksam, vgl. hierzu auch die Nachweise in → Fn. 55.

[65] Gesetzentwurf der Bundesregierung BT-Drs. 19/27635, 216.

[66] *Bolkart* MittBayNot 2021, 319 (327).

[67] *Gehrlein* in Ebenroth/Boujong/Joost/Strohn, HGB, 4. Aufl. 2020, § 15 Rn. 36; *Merkt* in Hopt, HGB, 41. Aufl. 2022, § 15 Rn. 10.

[68] *Bolkart* MittBayNot 2021, 319 (327).

gutgläubiger Erwerb ist per se ausgeschlossen, da entweder überhaupt kein Rechtsübergang stattgefunden hat (Formwechsel) oder er sich auf gesetzlicher Grundlage vollzogen hat.[69] Eine Voreintragung hat in diesen Fällen keinen Nutzen.[70]

b) Änderung des Gesellschafterbestandes

Ändert sich der Gesellschafterbestand einer Bestandsgesellschaft, die entsprechend der Gesetzeslage vor dem 1.1.2024 unter Angabe ihrer Gesellschafter im Grundbuch eingetragen ist, regelt Art. 229 § 21 Abs. 2 EGBGB kF zunächst, dass eine Berichtigung nicht stattfindet. Stattdessen wird hinsichtlich der Eintragung der Gesellschaft nach dem neuen Recht die entsprechende Anwendung des § 82 GBO kF angeordnet.

Nach der Entwurfsbegründung soll durch diese Vorschrift gewährleistet werden, dass sich die nach bisheriger Rechtslage vorgenommene Eintragung der Gesellschafter im Grundbuch nicht anlässlich eines Wechsels im Gesellschafterbestand perpetuiert. Vielmehr soll zunächst eine Eintragung der Gesellschaft im Gesellschaftsregister unter Verlautbarung des neuen Gesellschafterbestandes erfolgen und anschließend eine Richtigstellung der Bezeichnung der Gesellschaft im Grundbuch.[71]

Anders als Art. 229 § 21 Abs. 1 EGBGB wurde Absatz 2 der Norm in der Form des „Mauracher Entwurfs" verabschiedet und im Gesetzgebungsverfahren nicht mehr verändert. In Absatz 2 ist somit nicht wie in Absatz 1 der Norm ein Voreintragungserfordernis im Gesetzestext festgeschrieben. Es wird lediglich auf die Eintragung nach den neuen Vorschriften Bezug genommen. Zur Präzisierung der Rechtslage wäre es wünschenswert gewesen, entweder ebenso wie im Absatz 1 auch ein Voreintragungserfordernis in Absatz 2 des Art. 229 § 21 EGBGB zu statuieren oder die entsprechende Anwendung des neuen Rechts anzuordnen. Seinem Wortlaut nach ist § 47 Abs. 2 GBO nämlich nicht direkt anwendbar. Die entsprechende Anwendung des neuen Rechts wird nur für § 82 GBO kF angeordnet. Aus teleologischen Gründen kann man jedoch unter Heranziehung der Entwurfsbegründung zu dem Ergebnis gelangen, dass der Gesetzgeber wohl eine entsprechende Anwendung des § 47 Abs. 2 GBO kF im Blick hatte.[72]

Durch den Verweis auf die entsprechende Anwendung des § 82 GBO kF ist das Grundbuchamt berechtigt, die Eintragung der GbR nach § 47 Abs. 2 GBO kF zu erzwingen.[73] Im Grundbuch eingetragene GbRs müssen sich somit darauf einstellen, dass sie im Fall von Gesellschafterwechseln nach dem 1.1.2024 gezwungen werden, sich ins Gesellschaftsregister einzutragen. Dementsprechend lässt sich auch von einer „Voreintragungspflicht" in Abgrenzung zu Voreintragungserfordernissen sprechen.[74] Zu bedenken ist aber, dass § 82 GBO nur zur Anwendung gelangt, wenn dem Grundbuchamt die Unrichtigkeit oder Tatsachen bekannt werden, die darauf schließen lassen, dass der im Grundbuch eingetragene Gesell-

---

[69] Gutgläubiger Erwerb kommt nur bei einer rechtsgeschäftlichen Verfügung in Betracht, *Kohler* in MüKoBGB, 8. Aufl. 2020, § 892 Rn. 24, 31.

[70] So auch *Bolkart* MittBayNot 2021, 319 (328f.), der jedoch auch dann eine teleologische Reduktion des Voreintragungserfordernisses unter Heranziehung der Wertungen des § 40 Abs. 1 GBO befürwortet, wenn die GbR aufgrund rechtsgeschäftlicher Übertragung oder Aufhebung nicht mehr Inhaberin des gebuchten Rechts ist und aus dem Grundbuch ausscheidet. In diesen Fällen wird durch die fehlende Voreintragung jedoch ein wesentlicher Gesetzeszweck, die Ermöglichung eines gutgläubigen Erwerbs, nicht verwirklicht.

[71] Gesetzentwurf der Bundesregierung BT-Drs. 19/27635, 217.

[72] Auch auf diese Unklarheit in Art. 229 § 21 Abs. 2 EGBGB kF hat die Bundesnotarkammer hingewiesen, Stellungnahme zum „Mauracher Entwurf", S. 7ff., abrufbar unter https://www.bnotk.de/fileadmin/user_upload_bnotk/Stellungnahmen/2020/BNotK_STN_2020_Personengesellschaftsrecht.pdf (zuletzt abgerufen am 19.1.2023).

[73] Gesetzentwurf der Bundesregierung BT-Drs. 19/27635, 217.

[74] *John* NZG 2022, 243 (247); *Späth-Weinreich* BWNotZ 2021, 90 (96f.).

schafterbestand nicht (mehr) mit dem wirklichen Gesellschafterbestand übereinstimmt. Eine Verpflichtung für das Grundbuchamt, eigene Ermittlungen im Hinblick auf den Gesellschafterbestand durchzuführen, wird durch die Vorschrift grundsätzlich nicht statuiert.[75] Anteile an einer GbR können formfrei durch Abtretung gemäß § 398 BGB übertragen werden.[76] Mithin wird das Grundbuchamt den durch rechtsgeschäftliche Übertragung erfolgten Wechsel im Gesellschafterbestand oftmals nicht erfahren. Der Anwendungsbereich in der Praxis dürfte daher eher gering sein. Die Eintragung einer Bestandsgesellschaft, die bereits im Grundbuch steht, in das Gesellschaftsregister wird eher faktisch erzwungen werden über Art. 229 § 21 Abs. 1 EGBGB. Immer wenn das im Grundbuch eingetragene Recht der GbR betroffen ist, muss vor der entsprechenden Grundbucheintragung die Voreintragung im Gesellschaftsregister erfolgen.[77]

3. Zeitliche Übergangsregelung

Eine Ausnahme vom Voreintragungsgrundsatz der GbR gilt gemäß Art. 229 § 21 Abs. 4 EGBGB kF in der Übergangsphase. Wenn vor dem 1.1.2024 bereits die Einigung und Einwilligung erklärt worden sind und der Eintragungsantrag gestellt wurde oder wenn bezüglich der Rechtsänderung eine Vormerkung im Grundbuch bereits eingetragen oder zumindest bewilligt und beantragt worden ist, gilt noch das Regelungsregime der §§ 47 Abs. 2 GBO, 899a BGB bisherige Fassung. Dies nimmt Anlehnung an § 878 BGB und verhindert sinnvollerweise, dass bei Vorgängen, deren Vollzug bereits eingeleitet ist, neue Erklärungen gegenüber Gesellschaftsregister und Grundbuchamt erforderlich werden.

4. Verfahren der Grundbucheintragung einer im Gesellschaftsregister voreingetragenen Bestandsgesellschaft

Art. 229 § 21 Abs. 3 EGBGB kF regelt Einzelheiten des Verfahrens, in welchem Bestandsgesellschaften in das Grundbuch eingetragen werden, nachdem sie vorab eine Eintragung im Gesellschaftsregister erwirkt haben. Sonderprobleme stellen sich in diesem Zusammenhang insbesondere mit Blick darauf, dass die Identität zwischen der im Gesellschaftsregister neu eingetragenen Gesellschaft und der im Grundbuch vermerkten Bestandsgesellschaft sichergestellt sein muss. Diese Einzelheiten sind von großer Bedeutung für die zukünftige notarielle Praxis.

Die Begründung des Regierungsentwurfs macht hierzu dogmatisch überlegte und sinnvolle Äußerungen,[78] die allerdings insgesamt etwas überladen erscheinen. Zudem sind sie

---

[75] Gesetzentwurf der Bundesregierung BT-Drs. 19/27635, 217; vgl. etwa zur Berichtigung gemäß § 82 GBO nach derzeitiger Rechtslage, *Budde* in Bauer/Schaub, GBO, 4. Aufl. 2018, § 82 Rn. 9 „Ohne besonderen Anlass wird das GBA nur in Ermittlungen eintreten müssen, wenn nach der letzten Eintragung ein so langer Zeitraum verstrichen ist, dass nach der Lebenserfahrung davon ausgegangen werden muss, dass der eingetragene Eigentümer verstorben ist."

[76] Das gilt auch für grundstückshaltende GbRs, siehe *Neie* in Herrler, Gesellschaftsrecht in der Notar- und Gestaltungspraxis, 2. Aufl. 2021, § 2 Rn. 433; *Munzig* in Münch, Familienrecht in der Notar- und Gestaltungspraxis, 3. Aufl. 2020, § 12 Rn. 19; *Suttmann* NJW 2013, 423; DNotI-Report 2010, 145. Der BGH deutet an, dass allenfalls im Fall einer bewussten Umgehung des § 311b Abs. 1 BGB die Formfreiheit entfallen könnte, BGH 31.1.1983 – II ZR 288/81, BGHZ 86, 367 = NJW 1983, 1110 (1111); vgl. zu § 15 Abs. 4 GmbHG, BGH 10.3.2008 – II ZR 312/06, DNotZ 2008, 785 (785f.); eine Mindermeinung plädiert für die analoge Anwendung des § 311b Abs. 1 BGB auf das Verpflichtungsgeschäft, wenn sich der tatsächliche Gesellschaftszweck auf das Halten und Verwalten von Grundstücken beschränkt, *Schäfer* in MüKoBGB, 8. Aufl. 2020, § 719 Rn. 35ff.

[77] → IV. 2. a).

[78] BT-Drs. 19/27635, 216ff.

nicht nur in der Begründung zu Abs. 3, sondern teilweise auch in der Begründung zu den Abs. 1 und 2 des Art. 229 § 21 EGBGB kF verortet, was die Verständlichkeit erschwert. Dies ändert jedoch nichts daran, dass die Ausführungen grundsätzlich zutreffend sind.

Im Kern lassen sich die Überlegungen des Gesetzgebers wie folgt zusammenfassen: Die Neueintragung einer Bestandsgesellschaft im Grundbuch unter Ihrer neuen Registernummer des Gesellschaftsregisters ist grundbuchdogmatisch keine Berichtigung, sondern eine bloße Richtigstellung, da der Name der Gesellschaft selbst nicht dem öffentlichen Glauben des Grundbuchs unterliegt.[79] Eine Richtigstellung nimmt das Grundbuchamt zwar ebenfalls nur dann vor, wenn ihm die Änderung nachgewiesen ist, hierzu bedient sich das Grundbuchamt des nicht formalisierten Freibeweisverfahrens. Bei der hier in Bezug genommenen Konstellation ist es jedoch sinnvoll, das Verfahren der „Umfirmierung" der Bestandsgesellschaft im Grundbuch zu formalisieren, um die Identität der Gesellschaft sicherzustellen. Wenn eine nicht identische Gesellschaft im Grundbuch eingetragen würde, wäre dies mit großem Risiko für die Bestandsgesellschaft als eigentliche Rechtsinhaberin verbunden, weil das betroffene Grundstück anschließend gutgläubig wegerworben werden kann. Weiter kann sich dadurch auch das Risiko ergeben, dass der nicht identischen neu eingetragenen Gesellschaft ein Recht an einem Grundstück aufgedrängt wird.

Aus diesem Grund erklärt Art. 229 § 21 Abs. 3 S. 1 EGBGB kF zunächst die Vorschriften des Zweiten Abschnitts der Grundbuchordnung für entsprechend anwendbar und ordnet damit an, dass für diese Richtigstellung die formalisierten Verfahrensvoraussetzungen der Grundbuchberichtigung gelten, insbesondere der Bewilligungsgrundsatz. Der nachfolgende S. 2 stellt sodann klar, dass die Bewilligung aller Gesellschafter notwendig ist, die bislang im Grundbuch eingetragen sind. Diese Bewilligung ist, da auch § 29 GBO entsprechende Anwendung findet, in öffentlicher Form beizubringen. Weiter wird klargestellt, dass auch § 22 Abs. 2 GBO unberührt bleibt. Damit ist auch die Zustimmung der künftig eingetragenen Gesellschaft erforderlich; hierfür genügt die Bewilligung gemäß der im Gesellschaftsregister eingetragenen Vertretungsberechtigung. Oftmals wird hier Personenidentität herrschen, dies ist aber nicht zwingend der Fall (etwa wenn sich der Gesellschafterbestand der GbR zwischenzeitlich geändert hat und noch nicht im Grundbuch nachgetragen wurde oder wenn die im Gesellschaftsregister angegebene Vertretungsbefugnis keine Gesamtvertretungsbefugnis aller Gesellschafter ist).

Das Verfahren des Abs. 3 nimmt Bezug auf die Konstellationen der Abs. 1 und 2, in denen jeweils eine Voreintragung der Bestandsgesellschaft im Gesellschaftsregister als erforderlich erklärt wird. Diese Bezugnahme ist bei Lichte betrachtet zu kurz gesprungen, da sie die Fälle der „Umfirmierung" einer Bestandsgesellschaft nicht in Bezug nimmt, wenn diese nicht im Sachzusammenhang mit einer nachfolgend geplanten Änderung nach Abs. 1 oder Abs. 2 steht. Es sind aber keine Gründe ersichtlich, warum eine solche „isolierte Umfirmierung" nicht gleichbehandelt werden sollte. Dies bringt letztlich aber auch die Begründung des Regierungsentwurfs zum Ausdruck, wenn sie davon spricht, dass auch in diesen Fällen in der Sache nach Abs. 3 zu verfahren sei.

Im Ergebnis ergibt sich daraus für die notarielle Praxis also die folgende einfache Schlussfolgerung. Wurde eine Bestandsgesellschaft ins Gesellschaftsregister eingetragen, ist für eine Abänderung im Grundbuch folgendes nötig: (1) die Bewilligung aller bislang im Grundbuch bezeichneten Gesellschafter und (2) die Bewilligung durch die im Gesellschaftsregister eingetragene Gesellschaft nach den dort verzeichneten Vertretungsverhältnissen.

Ist also beispielsweise im Grundbuch bislang eingetragen: „MM-GbR, bestehend aus den Gesellschaftern Müller und Meier". Soll zukünftig im Grundbuch eingetragen sein: „MM-eGbR, eingetragen im Gesellschaftsregister Musterstadt unter Nr. 31313" und ist im Gesellschaftsregister u. a. der neue Gesellschafter Huber als einzelvertretungsberechtigt eingetra-

---

[79] *Schöner/Stöber,* Grundbuchrecht, 16. Aufl. 2020, Rn. 290 ff.

gen, sind Bewilligungen durch Müller, Meier und Huber erforderlich. Dies gilt unabhängig davon, ob nachfolgend eine Verfügung geplant ist oder nicht.

5. Ausländische Gesellschaften

Infolge der Neuregelung wird das Erfordernis der Eintragung der Gesellschafter der GbR im Grundbuch aufgehoben. Gesellschafterwechsel werden im Gesellschaftsregister nachvollzogen, eine Nennung der Gesellschafter im Grundbuch ist daher nicht mehr geboten. Gemäß § 15 Abs. 1 Nr. 2 GBV kF sind bei Gesellschaften der Name und Sitz der Gesellschaft im Grundbuch einzutragen sowie das Registergericht und das Registerblatt anzugeben, sofern sich diese aus den Eintragungsunterlagen ergeben oder dem Grundbuchamt anderweitig bekannt sind. Die GbR muss im Gesellschaftsregister voreingetragen sein, Registergericht und Registerblatt sind daher aus den Eintragungsunterlagen erkennbar und werden entsprechend im Grundbuch eingetragen. Auf diese Weise können auch die Gesellschafter einer GbR rechtssicher identifiziert werden, was der Geldwäschebekämpfung dient. Es ist allerdings unerlässlich, den Fokus zu weiten und über den Tellerrand des nationalen Gesellschaftsrechts zu blicken.

Aus Art. 16 Abs. 1 RL (EU) 2017/1132 (GesR-RL) ergibt sich für die europäischen Mitgliedstaaten (einschließlich der EWR-Staaten Island, Liechtenstein und Norwegen)[80] die Verpflichtung für Kapitalgesellschaften, ein Handels- oder Gesellschaftsregister zu führen; für Personengesellschaften besteht eine entsprechende Verpflichtung nicht.

Exemplarisch soll hier auf die Rechtslage in Dänemark hingewiesen werden: Die *I/S* ist eine Gesellschaftsform im dänischen Recht, bei der die Gesellschafter persönlich haften. Im Unterschied zu den Kapitalgesellschaften muss eine *I/S* grundsätzlich nicht im dänischen Handelsregister *(Erhvervs- og Selskabsstyrelsen)* registriert sein. Nur bestimmte I/S sind eintragungspflichtig, beispielsweise wenn alle ihre Gesellschafter Kapitalgesellschaften sind. Auch ohne bzw. vor Eintragung ist die *I/S* aber als solche rechtsfähig.[81] Außerhalb des Anwendungsbereichs der GesR-RL finden sich ebenfalls Beispiele ausländischer Personengesellschaften, die keiner Registrierungspflicht unterliegen. Nach kanadischem Recht besteht für die *general partnership,* welche der OHG ähnelt, keine allgemeine Eintragungspflicht. Lediglich in einzelnen kanadischen Provinzen ist bei Verwirklichung bestimmter Gesellschaftszwecke eine Eintragung in das von der Provinz geführte Register *(Corporate Registry)* vorgeschrieben.[82] In Thailand ist nur die Kommanditgesellschaft zwingend zu registrieren, die übrigen Personengesellschaften nicht.[83] Damit besteht mit Blick auf das Ausland in vielen Fällen die Situation fort, wie sie bislang auch bei der GbR deutschen Rechts vorlag.

Das MoPeG bedenkt die Problematik einer nicht registrierten ausländischen Gesellschaft nicht ausreichend. Ohne Nennung der Registerdaten stellen Name und Sitz der Gesellschaft keine rechtssicheren Identifizierungsmerkmale dar, die Geldwäschebekämpfung wird dadurch erschwert. Diesbezüglich wäre es sinnvoll gewesen, in § 15 Abs. 1 Nr. 2 GBV kF eine subsidiäre Regelung aufzunehmen, wonach in diesen Fällen weiterhin die Gesellschafter zu

---

[80] Vgl. Anh. XXII zu Art. 77 EWR-Abkommen, BGBl. 1993 II 267 (654); es handelt sich um eine weitere Fortführung der Koordinierung, die mit der ersten gesellschaftsrechtlichen Richtlinie (RL 68/151/EWG) vom 9.3.1968, begonnen wurde, Erwägungsgrund Nr. 2 der RL (EU) 2017/1132 (GesR-RL).

[81] *Rasmussen* in Wegen/Spahlinger/Barth, Gesellschaftsrecht des Auslands, 5. EL Mai 2022, Dänemark Rn. 2, 128.

[82] *Holzborn/Israel* NJW 2003, 3014 (3019f.).

[83] *Eder* in Wegen/Spahlinger/Barth, Gesellschaftsrecht des Auslands, 5. EL Mai 2022, Thailand Rn. 190; ausführlich zum ausländischen Registerrecht, *Fleischer/Pendl* WM 2019, 2137 (2141ff.); *Fleischer/Pendl* WM 2019, 2185 (2188) die Autoren kommen zu dem rechtsvergleichenden Fazit, dass die Anerkennung der Rechtsfähigkeit die Forderung laut werden lässt, die Gesellschaft in ein Register einzutragen.

bezeichnen sind. Als Vorbild könnte der bisherige § 40 Abs. 1 S. 2 Hs. 2 GmbHG dienen, der eine subsidiäre Aufnahme der Gesellschafterinnen und Gesellschafter verlangt.[84]

Trotz der Eintragung einer Gesellschaft in einem ausländischen Register ist Vorsicht geboten. Die ausländischen Register differieren erheblich und sind oftmals mit dem inländischen Handelsregister nicht vergleichbar. Nur zum Teil werden die Register von Gerichten geführt (Frankreich, Luxemburg, Belgien und Griechenland), in anderen Staaten von Verwaltungsbehörden. Es ist sehr unterschiedlich geregelt, wann eine Eintragung in das Handelsregister vorzunehmen ist, welche Angaben das Register enthält und wie intensiv die Registerbehörden Anmeldungen prüfen.[85] Das britische Registergericht hat beispielsweise bezüglich der Eintragungen in das *Companies House* keine materielle Prüfungskompetenz.[86]

Man könnte die Pflicht zur Eintragung der Gesellschafter daher noch weiter ausdehnen auf ausländische Gesellschaften, deren Register nicht mit dem deutschen Register vergleichbar ist.[87] Im Hinblick auf die Registerbescheinigung gemäß § 21 BNotO existiert umfangreiche Rechtsprechung und Literatur zu Fragen der Vergleichbarkeit ausländischer Register mit dem deutschen Handelsregister. Die dort entwickelten Grundsätze könnten herangezogen werden, um zu bestimmen, ob ein ausländisches Register mit dem deutschen Register vergleichbar ist. Außerdem leistet das DNotI durch die Bereitstellung von Informationen zu ausländischen Registern wertvolle Hilfestellungen.

Wenn die Notarin oder der Notar zu dem Ergebnis gelangt, dass die beteiligte ausländische Gesellschaft in keinem Register eingetragen ist oder in einem Register eingetragen ist, das mit dem deutschen Handelsregister nicht vergleichbar ist, ergibt sich die Folgefrage des Nachweises der Gesellschafterstellung gegenüber dem Grundbuchamt.

Im Bereich des § 20 GBO (materielles Konsensprinzip)[88] ist für die Eigentumsumschreibung die Existenz und Vertretung der ausländischen Gesellschaft vom Grundbuchamt zu prüfen. Hierfür gilt nach herrschender Meinung die Formvorgabe des § 29 GBO. Die Formerleichterung nach § 32 GBO ist schon ihrem Wortlaut nach durch die Beschränkung auf inländische Register grundsätzlich nicht anwendbar.[89] In der Rechtsprechung wird beispielsweise als tauglicher Nachweis der Vertretungsberechtigung bei einer englischen *Limited Com-*

---

[84] Stellungnahme der BNotK zum „Mauracher Entwurf" S. 24, abrufbar unter https://www. bnotk.de/fileadmin/user_upload_bnotk/Stellungnahmen/2020/BNotK_STN_2020_Perso nengesellschaftsrecht.pdf (zuletzt abgerufen am 19.1.2023); Stellungnahme der BNotK zum Referentenentwurf, S. 5, abrufbar unter https://www.bmj.de/SharedDocs/Gesetzgebungsverfah ren/Stellungnahmen/2020/Downloads/121620_Stellungnahme_Bundesnotarkammer_RefE_ Personengesellschaftsrecht.pdf;jsessionid=4324AC6ED0CEB52E30317DC044E0B7 DA.1_cid289?__blob=publicationFile&v=2 (zuletzt abgerufen am 19.1.2023); ähnlich *Herrler,* ZGR-Sonderheft 23/2020, 39 (55) zu ausländischen Gesellschaften als Gesellschafter einer GbR.

[85] *Krafka* in MüKoHGB, 5. Aufl. 2021, § 13d Rn. 6; zur unterschiedlichen Qualität der Register siehe auch *Heckschen/Knaier* NZG 2021, 1093 (1098) und *Lieder* NZG 2022, 985.

[86] OLG München 9.11.2020 – 34 Wx 235/20, BeckRS 2020, 31519 Rn. 40; KG 20.4.2010 – 1 W 164–165/10, DNotZ 2012, 604 (605); *Sander* in BeckOK BNotO, 6. Ed. 1.8.2022, § 21 Rn. 13.

[87] In diese Richtung auch *Lautner* NotBZ 2009, 77 (86).

[88] Anders im Bereich des § 19 GBO, wenn es bspw. um die Eintragung einer Vormerkung zu Gunsten der ausländischen GbR geht, wird deren Existenz und Vertretung vom Grundbuchamt nicht geprüft, *Reymann* DNotZ 2021, 103 (105 f.).

[89] OLG Brandenburg 19.1.2011 – 5 Wx 70/10, MittBayNot 2011, 222 (223); OLG Nürnberg 25.3.2014 – 15 W 381/14, DNotZ 2014, 626 (628); OLG Düsseldorf 21.8.2014 – I-3 Wx 190/13, NZG 2015, 199 Rn. 9; OLG München 14.10.2015 – 34 Wx 187/14, NZG 2015, 1437 Rn. 20; *Schaub* in Bauer/Schaub, GBO, 4. Aufl. 2018, § 32 Rn. 10; *Otto* in BeckOK GBO, 47. Ed. 30.9.2022, § 32 Rn. 29; *Böhringer* BWNotZ 2015, 34 (37); *Niesse* NotBZ 2015, 368 (369); aA: *Schöner/Stöber,* Grundbuchrecht, 16. Aufl. 2020, Rn. 3636h; der BGH hat die Frage bislang offengelassen, BGH BeckRS 2010, 6496 Rn. 9ff.; allenfalls wenn ein ausländisches funktionsäquivalentes Register besteht, kann die Notarbescheinigung eines deutschen oder ausländischen Notars

pany eine Vertretungsbescheinigung durch einen englischen Notar angesehen, die dieser auf der Grundlage der Einsicht in das Register, das *Memorandum* und die *Articles of Association* sowie das Protokollbuch der Gesellschaft erstellt hat.[90] Nur wenn sich aus diesen Dokumenten ein abweichender Gesellschafterbestand ergibt, könnte die Eintragung der in der Urkunde abweichend genannten Gesellschafter vom Grundbuchamt abgelehnt werden, da die Unrichtigkeit des Grundbuchs droht.

Es wäre im Ergebnis wünschenswert, wenn § 15 Abs. 1 Nr. 2 GBV kF eine dahingehende Öffnungsklausel erhielte, dass bei ausländischen Gesellschaften, die in keinem Register verzeichnet sind bzw. nur in einem Register, das nicht mit dem deutschen Handelsregister vergleichbar ist, neben der Bezeichnung der Gesellschaft auch die Bezeichnung der Gesellschafter im Grundbuch angegeben wird. Die Eintragung der Gesellschafter kann die Identifizierung der Gesellschaft erleichtern und Verschleierungstaktiken erschweren. Die Benennung der Gesellschafter (bei natürlichen Personen mit Namen, Vorname und Geburtsdatum bzw. Wohnort) im Grundbuch bietet für die Ermittlungsbehörden weitere Anknüpfungspunkte für Nachforschungen. Erhärtet sich der Verdacht einer Straftat, kann zusätzlich die beim Notar aufbewahrte Dokumentation der Eigentums- und Kotrollstruktur der Gesellschaft von den Strafverfolgungsbehörden herausverlangt werden, § 12 Abs. 4 S. 2 GWG. Die Effektivität der Geldwäschebekämpfung wird auf diese Weise weiter gesteigert. Konsequenterweise müsste in diesen Fällen entsprechend dem bisherigen § 82 S. 3 GBO weiterhin eine Pflicht zur Berichtigung des Grundbuchs bestehen, wenn sich ein Gesellschafterwechsel vollzogen hat. Es stellt sich des Weiteren die Frage, ob auch die Gutglaubensvorschrift des bisherigen § 899a BGB in diesen Fällen zumindest ihrem Rechtsgedanken nach anwendbar sein sollte. Aufgrund der oben genannten Schwierigkeiten im Hinblick auf die Gutglaubenswirkung der Gesellschaftereintragung[91] ist eine Weitergeltung des Gutglaubensschutzes jedoch abzulehnen. Die Eintragung der Gesellschafter ausländischer Gesellschaften, die nicht in einem Register verzeichnet sind bzw. nur in einem Register, das nicht mit dem deutschen Handelsregister vergleichbar ist, dient dem wichtigen Ziel der Geldwäschebekämpfung. Weitergehende Rechtswirkungen sollen damit nicht verbunden sein.

V. Fazit

Die Einführung des mit öffentlichem Glauben ausgestatteten Gesellschaftsregisters ist uneingeschränkt zu begrüßen. Zukünftig kann das Grundbuch auf das Gesellschaftsregister Bezug nehmen. Das Grundbuch ist somit seiner wahren Rechtsnatur entsprechend zukünftig wieder nur Objektregister und nicht mehr ersatzweises Subjektregister. Das ERVGBG hatte bislang mit § 899a BGB, § 47 Abs. 2 GBO, § 82 S. 3 GBO nur eine punktuelle, verbesserungswürdige Lösung im Umgang mit der GbR geschaffen. Das MoPeG eröffnet demgegenüber mit der Einführung des Gesellschaftsregisters eine umfassende Lösung mit nur punktuellem Verbesserungsbedarf im Hinblick auf ausländische Gesellschaften. Bei nicht registrierten ausländischen Gesellschaften bzw. ausländischen Gesellschaften, deren Register nicht mit dem deutschen Register vergleichbar ist, bleibt die Nennung der Gesellschafter im Grundbuch zur Aufklärung von Geldwäscheverdachtsfällen weiterhin sinnvoll und notwendig.

---

gemäß § 21 BNotO (analog) ausreichen, siehe hierzu aus der aktuellen Rechtsprechung, OLG Schleswig 16.5.2022 – 2 Wx 40/21, BeckRS 2022, 11222 Rn. 15 ff.

[90] OLG Nürnberg 25.3.2014 – 15 W 381/14, WM 2014, 1483 (1485); KG 20.4.2010 – 1 W 164–165/10, DNotZ 2012, 604 (606).

[91] → I. 3.

MANFRED BORN

Keine Abfindungsmaximierung durch taktischen Austritt nach erhobener Ausschlussklage

I. Vorwort

Der Jubilar ist als langjährige Leiter des Referats für Handels-, Gesellschafts- und Steuerrecht am DNotI ein stets kritischer Begleiter der Rechtsprechung des II. Zivilsenats. Auch hat der Senat häufig seine wissenschaftliche Expertise zu nutzen gewusst, wie die zahlreichen Treffer bei der Kombinationsabfrage „Bundesgerichtshof 2. Zivilsenat" und „Heidinger" bei juris bezeugen. Da zudem eine persönliche Bekanntschaft von gemeinsam besuchten Fachtagungen besteht, habe ich die Anfrage nach einem Festschriftbeitrag gerne angenommen.

II. Problemstellung

Das hier behandelte Problem wurde an den II. Zivilsenat durch eine zugelassene Revision herangetragen, konnte aber wegen der Rücknahme des Rechtsmittels höchstrichterlich nicht entschieden werden und soll mit diesem Beitrag zurück ans Licht geholt werden.[1]

Die Beklagte zu 1 war eine Partnerschaftsgesellschaft von Rechtsanwälten und Steuerberatern. Der Kläger war Rechtsanwalt und Gesellschafter der Beklagten. Wie bei der gesellschaftsrechtlichen Verbindung von Juristen überraschend häufig anzutreffen, gab es keinen schriftlichen Gesellschaftsvertrag und deshalb auch keine Vereinbarung über einen Ausschluss von Gesellschaftern. Die weiteren Partner der Beklagten zu 1 erhoben in einem Vorprozess Ausschließungsklage gegen den Kläger. Nachdem der Kläger im Laufe des Rechtsstreits seinen Austritt aus der Beklagten zu 1 erklärt hatte, erklärten die Parteien des Ausschließungsprozesses den Rechtsstreit in der Hauptsache für erledigt.

Im dem bis zum II. Zivilsenat gelangten weiteren Rechtsstreit hat der Kläger mit der Stufenklage im Wesentlichen die Erstellung einer Abfindungsbilanz und Gesamtabrechnung sowie die Zahlung seines Abfindungsguthabens verlangt. Der Kläger vertrat die Auffassung, Abfindungsstichtag sei der Tag seines Austritts aus der Gesellschaft und richtete danach seine Berechnungen und seine Antragstellung aus. Die Beklagten meinten demgegenüber, maßgeblicher Stichtag für die Abfindung des Klägers sei der Zeitpunkt der Rechtshängigkeit der Ausschließungsklage.

Das Berufungsgericht hat der Klage durch Teilurteil auf der ersten Stufe überwiegend stattgegeben und die Revision beschränkt auf die von dem Gericht verneinte Frage zugelassen, ob § 140 Abs. 2 HGB analog anzuwenden sei, wenn sich die Ausschließungsklage durch freiwilligen Austritt des Gesellschafters erledige.

Um was geht es?

Nach § 140 Abs. 1 HGB kann der Gesellschafter einer OHG, einer KG (§ 161 Abs. 2 HGB) oder einer Partnerschaftsgesellschaft (§ 9 PartGG) durch Klage aus der Gesellschaft ausgeschlossen werden. Für die Abfindung eines ausscheidenden Gesellschafters ist grundsätzlich der Zeitpunkt seines Ausscheidens aus der Gesellschaft maßgebend, soweit sich nicht

---

[1] Der Aufsatz gibt die persönliche Auffassung des Verfassers wieder.

aus dem Gesetz oder dem Gesellschaftsvertrag etwas Abweichendes ergibt.[2] Nach Erhebung einer Ausschließungsklage bestimmt die Rechtskraft des Ausschließungsurteils den Zeitpunkt des Ausscheidens und wäre folglich auch für den Abfindungsanspruch maßgeblich,[3] wenn nicht § 140 Abs. 2 HGB für den Fall des Ausschlusses durch Urteil anordnen würde, dass für die Auseinandersetzung zwischen der Gesellschaft und dem ausgeschlossenen Gesellschafter die Vermögenslage der Gesellschaft in dem Zeitpunkt maßgebend ist, in welchem die Klage auf Ausschließung erhoben ist, mithin mit Rechtshängigkeit der Ausschließungsklage. Mit dem MoPeG übernimmt § 135 Abs. 2 HGB nF der Sache nach § 140 Abs. 2 HGB zum 1.1.2024. Die Vorschrift bestimmt dann pointierter, dass im Fall des Ausschlusses durch Klage „für die Ermittlung des Abfindungsanspruchs die Vermögenslage der Gesellschaft in dem Zeitpunkt maßgebend [ist], in welchem die Ausschließungsklage erhoben ist". Von Relevanz bleibt daher auch in Zukunft die ungeklärte Frage, ob § 140 Abs. 2 HGB bzw. § 135 Abs. 2 HGB nF entsprechend anzuwenden ist, wenn die Ausschließungsklage nach Klageerhebung nicht mit einem Ausschluss durch Urteil, sondern durch ein Ausscheiden des Gesellschafters durch wirksame oder angenommene Austrittskündigung endet. Oder kann der Gesellschafter durch seinen Austritt aus der Gesellschaft zu einem für ihn wirtschaftlich günstigen Zeitpunkt seine Abfindung erhöhen?

Scheidet der Beklagte während des Prozesses durch den Austritt nicht nur aus der Gesellschaft, sondern zugleich aus dem Ausschließungsrechtsstreits aus, so dass der Ausschließungsanspruch erlischt und prozessual Erledigung eintritt, soll nach einem Teil des Schrifttums § 140 Abs. 2 HGB im Wege eines Analogieschlusses Anwendung finden, sofern die Klage zulässig und begründet war.[4] Dem wird entgegengehalten, dass es an einer planwidrigen Regelungslücke fehle.[5]

III. Lösungsvorschlag

Ich halte die erstgenannte Auffassung für zutreffend. Kündigt der Beklagte wirksam während eines nach § 140 Abs. 1 HGB geführten Ausschließungsrechtsstreits oder wird seine Austrittskündigung von den übrigen Gesellschaftern angenommen, so dass ein den Rechtsstreit erledigendes Ereignis eintritt, findet § 140 Abs. 2 HGB entsprechende Anwendung. Für die Abfindung des auszuschließenden Gesellschafters ist dann der Zeitpunkt der Rechtshängigkeit der Ausschließungsklage maßgeblich, wenn diese seit Klageerhebung zulässig und begründet war.

1. Regelungsgegenstand des § 140 Abs. 2 HGB

§ 140 Abs. 2 HGB ordnet an, dass für die Auseinandersetzung zwischen der Gesellschaft und dem ausgeschlossenen Gesellschafter die Vermögenslage der Gesellschaft in dem Zeitpunkt maßgebend ist, in welchem die Klage auf Ausschließung erhoben ist. Damit steht sich der Ausgeschlossene bei der Berechnung seines Abfindungsanspruchs so, als ob er im Zeitpunkt der Klageerhebung ausgeschieden wäre.[6] Der Grund hierfür liegt darin, die Berechnung der Abfindung von dem Zufall unabhängig zu machen, wann das Ausschließungsurteil rechtskräftig wird. Auf diese Weise wird dem beklagten Gesellschafter der Anreiz der Pro-

---

[2] BGH 25.3.1965 – II ZR 148/62, WM 1965, 746, 748; BGH 20.10.2003 – II ZR 7/01, DStR 2004, 97, 98.

[3] BGH 24.3.1960 – II ZB 2/60, WM 1960, 846.

[4] *Otte* NZG 2011, 1365 (1367); *Heidel* in Heidel/Schall, HGB, 3. Aufl. 2020, § 140 Rn. 52; *Roth* in Hopt, HGB, 41. Aufl. 2022, § 140 Rn. 26; *Klöhn* in Henssler/Strohn, Gesellschaftsrecht, 5. Aufl. 2021, HGB § 140 Rn. 37.

[5] *Haas* in Röhricht/Graf von Westphalen/Haas, HGB, 5. Aufl. 2019, § 140 Rn. 21.

[6] BGH 24.3.1960 – II ZB 2/60, WM 1960, 846.

zessverschleppung genommen, er aber auch von dem Wagnis des Unternehmens befreit und vor einer ungünstigen Entwicklung geschützt, auf die er keinen oder kaum noch Einfluss nehmen kann; die übrigen Gesellschafter werden davor bewahrt, den Auszuschließenden an einer Aufwärtsbewegung des Unternehmens teilhaben zu lassen oder bei Verzögerung des Prozesses ein umso höheres Entgelt zahlen zu müssen.[7] Die Bestimmung ist nicht für den Ausscheidenszeitpunkt, sondern nur für die Berechnung des Abfindungsguthabens von Bedeutung und hat insoweit daher allein schuldrechtliche Wirkung unter den Beteiligten.[8]

2. Keine unmittelbare Anwendung des § 140 Abs. 2 HGB

Die Beendigung des Ausschließungsrechtsstreits durch wirksame Kündigung oder Austrittsvereinbarung fällt nicht in den unmittelbaren Anwendungsbereich des § 140 Abs. 2 HGB. Regelungsgegenstand des § 140 HGB, einschließlich der Regelung des Zeitpunkts für die Auseinandersetzung in § 140 Abs. 2 HGB, ist die Ausschließung durch Klage und Gestaltungsurteil. Der Grund für die gesetzliche Regelung des § 140 Abs. 2 HGB liegt darin, die Berechnung der Abfindung von dem Zufall unabhängig zu machen, wann dieses Ausschließungsurteil rechtskräftig wird.[9] Dass neben dem Ausschluss durch Urteil auch die vorzeitige Erreichung des Klageziels durch wirksame Kündigung des Beklagten oder die Annahme der Austrittskündigung des Beklagten durch die übrigen Gesellschafter in den Anwendungsbereich der Norm hätte fallen sollen, ist nicht ersichtlich und wird auch nicht vertreten.

3. Analoge Anwendung des § 140 Abs. 2 HGB

Der Schutz der übrigen, die Ausschließung betreibenden Gesellschafter, erfordert es allerdings, § 140 Abs. 2 HGB entsprechend anzuwenden, wenn der Beklagte einer zulässigen und begründeten Ausschließungsklage durch eine wirksame oder angenommene Austrittskündigung den Boden entzieht.

a) Planwidrige Regelungslücke

Eine Analogie setzt voraus, dass das Gesetz eine planwidrige Regelungslücke aufweist und der zu beurteilende Sachverhalt in rechtlicher Hinsicht soweit mit dem Tatbestand, den der Gesetzgeber geregelt hat, vergleichbar ist, dass angenommen werden kann, der Gesetzgeber wäre bei einer Interessenabwägung, bei der er sich von den gleichen Grundsätzen hätte leiten lassen wie bei dem Erlass der herangezogenen Gesetzesvorschrift, zu dem gleichen Abwägungsergebnis gekommen.[10] Beide Voraussetzungen sind erfüllt.

Richtigerweise ist im Hinblick auf die Kündigung oder die angenommene Austrittskündigung im Ausschließungsrechtsstreit von einer planwidrigen Regelungslücke auszugehen, die durch eine analoge Anwendung des § 140 Abs. 2 HGB zu schließen ist. Ob eine derartige Lücke im Gesetz vorhanden ist, die im Wege der Analogie ausgefüllt werden kann, ist vom Standpunkt des Gesetzes und der ihm zugrunde liegenden Regelungsabsicht zu beurteilen. Das Gesetz muss also, gemessen an seiner eigenen Regelungsabsicht, unvollständig sein.[11] Das ist hier der Fall.[12]

---

[7] BGHZ 9, 157 (176); vgl. auch Begr. RegE MoPeG, BT-Drs. 19/27635, 245.

[8] BGH 11.4.1957 – II ZR 298/55, WM 1957, 955 (956).

[9] BGHZ 9, 157 (176).

[10] BGHZ 207, 114 = NZG 2016, 139 Rn. 23; BGHZ 218, 80 = NZG 2018, 625 Rn. 31; BGHZ 219, 327 = NZG 2018, 1344 Rn. 58.

[11] BGH 8.5.2018 – II ZB 17/17, NZI 2018, 647 Rn. 13; BGHZ 219, 327 = NZG 2018, 1344.

[12] Ebenso *Otte* NZG 2011, 1365 (1366).

Bereits Art. 126 des Handelsgesetzbuchs für die Preußischen Staaten bestimmte: „Wenn ein Gesellschafter ausscheidet oder ausgeschlossen wird, so erfolgt die Auseinandersetzung der Gesellschaft mit demselben aufgrund der Vermögenslage, in welcher sich die Gesellschaft zur Zeit des Ausscheidens oder zur Zeit des Behändigung der Klage auf Ausschließung befindet." In den Materialien hierzu heißt es, im Falle der Ausschließungsklage könne der Moment der Rechtskraft des Ausschließungsurteils nicht maßgebend sein, weil es sonst in der Macht des auszuschließenden Gesellschafters liegen würde, „während des Prozesses die Gesellschaft zu benachteiligen [...] sowie durch Verzögerung des Prozesses und frivole Einlegung von Rechtsmitteln für sich einen günstigeren Zeitpunkt für die Auseinandersetzung zu erlangen".[13] Der Gesetzgeber des Handelsgesetzbuchs von 1897 hat sich diesen Regelungsplan ausdrücklich zu Eigen gemacht. In der Denkschrift zur endgültigen Gesetzesfassung wurde festgehalten, für die Auseinandersetzung zwischen der Gesellschaft und dem ausgeschlossenen Gesellschafter könne nicht die Vermögenslage der Gesellschaft zur Zeit des Urteils, sondern nur diejenige zur Zeit der Erhebung der Klage auf Ausschließung maßgebend sein.[14]

Diese Regelungsabsicht wird für den Fall der wirksamen Kündigung des Beklagten bzw. in gleicher Weise für den Fall der Annahme der Austrittskündigung durch die übrigen Gesellschafter im Ausschließungsrechtsstreit unvollständig umgesetzt. In diesem Fall erledigt sich zwar der Rechtsstreit, nicht aber der Regelungszweck des § 140 Abs. 2 HGB. Die mit Erhebung der Ausschließungsklage begründete Befürchtung, dass der Beklagte die Höhe der Abfindung durch Prozessverschleppung zu seinen Gunsten manipulieren könne, wird durch die vorzeitige Beendigung des Ausschließungsrechtsstreit nicht gegenstandslos. Sie bleibt vielmehr in gleicher Weise erhalten, wie in den Fällen, in denen ein Gestaltungsurteil ergeht. Es ist nicht ersichtlich, dass der Gesetzgeber diesen Fall der vorzeitigen Beendigung des Ausschließungsprozesses bedacht hat, zumal eine berechtigte Kündigung eines Gesellschafters erst seit dem Handelsrechtsreformgesetz 1998[15] lediglich zu einem Ausscheiden des Kündigenden aus der Gesellschaft führt. Schon gar nicht kann davon ausgegangen werden, dass der Gesetzgeber bewusst davon abgesehen hat, diese vorzeitige Beendigung des Ausschließungsrechtsstreits in den Anwendungsbereich des § 140 Abs. 2 HGB einzubeziehen.[16]

Weitere Voraussetzung der entsprechenden Anwendung einer Vorschrift sind neben der planwidrigen Unvollständigkeit des Gesetzes eine vergleichbare Interessenlage.[17] Auch diese Voraussetzung ist erfüllt.

In der Rechtsprechung und im Schrifttum ist in Übereinstimmung mit dem Willen des historischen Gesetzgebers anerkannt, dass § 140 Abs. 2 HGB dem beklagten Gesellschafter den Anreiz der Prozessverschleppung nehmen und die übrigen Gesellschafter davor bewahren will, bei Verzögerung des Prozesses ein umso höheres Entgelt zahlen zu müssen.[18]

---

[13] Entwurf eines Handelsgesetzbuchs für die Preußischen Staaten nebst Motiven, Berlin 1857, S. 69, dort zu Art. 126.

[14] Denkschrift zum Entwurf eines Handelsgesetzbuchs und eines Einführungsgesetzes, abgedruckt in Schubert/Schmiedel/Krampe, Quellen zum Handelsgesetzbuch von 1897, Bd. II, 2. Halbbd., S. 1033.

[15] Vgl. BT-Drs. 13/8444, 65 ff.

[16] Zu dieser Erwägung vgl. BGHZ 168, 188 Rn. 11.

[17] BGHZ 207, 114 = NZG 2016, 139 Rn. 23; BGHZ 218, 80 = NZG 2018, 625 Rn. 31; BGHZ 219, 327 = NZG 2018, 1344 Rn. 58.

[18] BGHZ 9, 157 (176); BGH 8.5.1972 – II ZR 96/70, NJW 1972, 1320; *Haas* in Röhricht/Graf von Westphalen/Haas, HGB, 5. Aufl. 2019, § 140 Rn. 21; *Kamanabrou* in Oetker, HGB, 7. Aufl. 2021, § 140 Rn. 37; *Lorz* in Ebenroth/Boujong/Joost/Strohn, HGB, 4. Aufl. 2020, § 140 Rn. 36; *Schäfer* in Großkomm. HGB, 5. Aufl. 2009, § 140 Rn. 49; ferner Begr. RegE MoPeG, BT-Drs. 19/27635, 245.

Wird einer zulässigen und begründeten Ausschließungsklage durch eine wirksame Kündigung des Beklagten (§§ 131 Abs. 3 Nr. 3, 132 HGB) der Boden entzogen, gebietet dieser Schutzzweck des § 140 Abs. 2 HGB die Fixierung des Abfindungsstichtags auf den Zeitpunkt der Klageerhebung nicht nur in gleicher Weise, sondern erst recht.[19] Denn in diesem Fall könnte der Beklagte den Rechtsstreit willkürlich und zielgenau nach vorheriger Prozessverzögerung zu einem für ihn günstigen Zeitpunkt beenden.

b) Keine Abweichung bei einvernehmlichem Austritt

Die Interessenlage ist keine andere, wenn die übrigen Gesellschafter die Austrittserklärung des Beklagten annehmen und damit die vorzeitige Beendigung des Ausschließungsrechtsstreits mit herbeiführen. Auch in diesem Fall besteht die Gefahr, dass der Beklagte den Prozess bis zu einem für ihn finanziell günstigen Zeitpunkt verschleppt. Da es im Interesse der Kläger des Ausschließungsrechtsstreits liegt, den Beklagten baldmöglichst auszuschließen, sind sie faktisch gezwungen, den Austritt anzunehmen. Selbst wenn sie die Zustimmung versagen würden, hätte dies in der Regel nur eine kurze Verzögerung bis zum Ablauf der Kündigungsfrist und dem dadurch bewirkten erledigenden Ereignis zur Folge.

c) Nachträgliche Umstände

Der analogen Anwendung des § 140 Abs. 2 HGB steht nicht entgegen, dass die herrschende Meinung die Norm zu Recht dann nicht zur Anwendung bringt, wenn der Klage nur aufgrund von Umständen stattgegeben wird, die erst nach Klageerhebung eintreten.[20] Diese Auffassung spricht nicht gegen eine analoge Anwendung der Norm, sondern konkretisiert deren Anwendungsbereich. Insoweit kommt lediglich der Gesichtspunkt zum Tragen, dass für die Anwendung des § 140 Abs. 2 HGB eine zulässige und begründete Klage erhoben sein muss.

Ein Rückbezug des Abfindungszeitpunkts auf die Klageerhebung ist nicht gerechtfertigt, wenn die Ausschließungsklage bei Eintritt der Rechtshängigkeit nicht zulässig oder nicht begründet war. Blieben in einem solchen Fall dem beklagten Gesellschafter eine etwaige Wertsteigerung seines Anteils wie auch eine Gewinnbeteiligung schon von der Rechtshängigkeit an vorenthalten, obschon seine Rechtsstellung als Gesellschafter zu diesem Zeitpunkt noch nicht mit Erfolg angegriffen werden konnte, so wäre dies für ihn eine sachlich nicht zu rechtfertigende Benachteiligung. Diese wird vermieden, wenn man stattdessen den Zeitpunkt als Abfindungsstichtag zugrunde legt, an dem die Voraussetzungen für eine erfolgreiche Ausschließungsklage vorliegen. Da dieser Zeitpunkt feststellbar ist, bleibt hier die Rechtsklarheit ebenso wie im Regelfall des § 140 Abs. 2 HGB gewahrt; auch besteht nicht die Gefahr einer Prozessverschleppung auf Kosten der übrigen Gesellschafter.[21]

---

[19] Zutreffend *Otte* NZG 2011, 1365 (1367).

[20] *Haas* in Röhricht/Graf von Westphalen/Haas, HGB, 5. Aufl. 2019, § 140 Rn. 21; *Heidel* in Heidel/Schall, HGB, 3. Aufl. 2020, § 140 Rn. 52; *Kamanabrou* in Oetker, HGB, 7. Aufl. 2021, § 140 Rn. 37; *Klöhn* in Henssler/Strohn, Gesellschaftsrecht, 5. Aufl. 2021, HGB § 140 Rn. 37; *Lorz* in Ebenroth/Boujong/Joost/Strohn, HGB, 4. Aufl. 2020, § 140 Rn. 36; *Schäfer* in Großkomm. HGB, 5. Aufl. 2009, § 140 Rn. 50; *K. Schmidt/Fleischer* in MüKoHGB, 5. Aufl. 2022, § 140 Rn. 87; zur GmbH vgl. BGH 8.5.1972 – II ZR 96/70, NJW 1972, 1320; aA allerdings RGZ 101, 242, 245; *Otte* NZG 2011, 1365 (1367).

[21] Vgl. *Heidel* in Heidel/Schall, HGB, 3. Aufl. 2020, § 140 Rn. 52; BGH 8.5.1972 – II ZR 96/70, NJW 1972, 1320, dort teilweise offengelassen.

IV. Ergebnis

Wird ein nach § 140 Abs. 1 HGB geführter Ausschließungsrechtsstreit nicht durch Urteil, sondern vorzeitig dadurch beendet, dass der Beklagte wirksam kündigt oder seine Austritts-kündigung von den übrigen Gesellschaftern angenommen wird und er dadurch aus der Gesellschaft ausscheidet, ist für die Auseinandersetzung zwischen der Gesellschaft und dem ausgeschiedenen Gesellschafter in entsprechender Anwendung des § 140 Abs. 2 HGB die Vermögenslage der Gesellschaft in dem Zeitpunkt maßgebend, in welchem die Klage auf Ausschließung rechtshängig geworden ist, sofern die Ausschließungsklage zulässig und be-gründet war.

V. Nachtrag

Im Abfindungsrechtsstreit kann das Gericht bei der Beurteilung der Frage, ob die Aus-schließungsklage zulässig und begründet war, nicht auf eine nach § 91 a ZPO im Ausschluss-prozess getroffene Entscheidung zurückgreifen, weil die Kostenentscheidung nach überein-stimmender Erledigungserklärung auf lediglich summarischer Prüfung der Erfolgsaussichten der Klage beruht und zudem keine Rechtskraft für die Hauptsache begründet.[22] Die Zu-lässigkeit und Begründetheit der Ausschließungsklage muss daher im Abfindungsrechtsstreit als Vorfrage geklärt werden. Ist der Beklagte im Ausschließungsrechtsstreit der Auffassung, die gegen ihn erhobene Klage sei unzulässig oder unbegründet, kann er eine rechtsverbind-liche Klärung dieser Frage dadurch erreichen, dass er sich der Erledigungserklärung der Aus-schließungskläger nicht anschließt.

---

[22] BGH 28. Mai 1991 – IX ZR 181/90, WM 1991, 1427 (1429); BGH 21.1.1999 – I ZR 135/96, NJW 1999, 1337 beide mwN.

JONAS BÜHLER

Der Austritt aus der GmbH – Konzeption, Verfahren und Folgerungen für die Kautelarpraxis

Das GmbH-Recht ist eine sowohl aus wissenschaftlicher als auch aus praktischer Sicht äußerst spannende Rechtsmaterie. Mit dieser hat sich der *Jubilar* nicht nur in seiner Funktion als Leiter des Referats II am DNotI, sondern auch in zahlreichen Publikationen beschäftigt. Der folgende Beitrag beleuchtet den Austritt eines GmbH-Gesellschafters – eine Thematik, welche in der Praxis trotz ihrer Relevanz nicht selten stiefmütterlich behandelt wird.

I. Gesetzliche Konzeption des Austrittsrechts bei der GmbH

Es lohnt zunächst eine Rekapitulation der grundlegenden Konzeption des Austrittsrechts.

1. Terminologie und fehlende Regelung im GmbHG

Terminologisch sollte hinsichtlich der Möglichkeit eines Gesellschafters, die GmbH aus eigener Initiative zu verlassen, von einem „Austritt" gesprochen werden, welcher das Gegenstück zum Ausschluss des Gesellschafters darstellt. Sofern der Begriff „Kündigung" verwandt wird, sollte klargestellt werden, ob diese nur zum Ausscheiden des Gesellschafters führt oder die Gesellschaft aufgelöst wird – denn im Zweifel ist letzteres der Fall.[1]

Anders als § 723 Abs. 1 BGB[2] für das Personengesellschaftsrecht,[3] § 39 Abs. 1 BGB für das Vereinsrecht oder §§ 65 Abs. 1, 67 S. 1, 67 a Abs. 1, 67 b Abs. 1 GenG für das Genossenschaftsrecht, wird im GmbHG abseits des § 27 Abs. 1 S. 1 GmbHG[4] grundsätzlich keine Austritts- oder Kündigungsmöglichkeit eines Gesellschafters genannt.

Außer Acht gelassen werden in diesem Beitrag zum einen die Austrittsrechte nach dem UmwG für die Gesellschafter, die im Fall einer Verschmelzung, einer Spaltung, einer Vermögensübertragung oder eines Formwechsels gegen den betreffenden Beschluss Widerspruch erhoben haben,[5] sowie zum anderen die Kündigungsrechte der Gesellschaftsgläubiger und des Insolvenzverwalters.[6]

---

[1] *Hauschild* in Hauschild/Kallrath/Wachter, Notarhandbuch Gesellschafts- und Unternehmensrecht, 3. Aufl. 2022, § 16 Rn. 389; *Wilke* in Würzburger Notarhandbuch, 6. Aufl. 2022, Teil 5 Kap. 3 Rn. 83; aA *Strohn* in MüKoGmbHG, 4. Aufl. 2022, § 34 Rn. 208.

[2] Nach dem Gesetz zur Modernisierung des Personengesellschaftsrechts (MoPeG) wird § 723 BGB ab dem 1.1.2024 in § 725 BGB normiert sein (BGBl. 2021 I 3436). Im Folgenden wird noch die aktuelle Fassung des BGB zitiert.

[3] Je nach Gesellschaftsform iVm §§ 105 Abs. 3, 161 Abs. 2, 132 HGB, §§ 9 Abs. 1, 1 Abs. 4 PartGG.

[4] *Kersting* in Noack/Servatius/Haas, GmbHG, 23. Aufl. 2022, Anh. nach § 34 Rn. 1; *Schwab* DStR 2012, 707.

[5] Dazu *Strohn* in MüKoGmbHG, 4. Aufl. 2022, § 34 Rn. 205.

[6] Dazu *Strohn* in MüKoGmbHG, 4. Aufl. 2022, § 34 Rn. 206 mN.

2. *Außerordentliches Austrittsrecht*

Ein außerordentliches Austrittsrecht eines Gesellschafters zeichnet sich dadurch aus, dass der Austritt bei Vorliegen eines *wichtigen Grundes ohne Einhaltung einer Frist* erfolgen kann. Auch ohne entsprechende Satzungsbestimmung ist anerkannt, dass ein Recht zum außerordentlichen Austritt bei der GmbH besteht.[7]

a) *Hintergrund*

Der historische Gesetzgeber sah ein Austrittsrecht neben der grundsätzlich freien Veräußerung (§ 15 Abs. 1 Var. 1 GmbHG) allerdings bewusst nur in Form der Auflösungsklage (§ 61 Abs. 1 GmbHG) vor.[8] Daher beruht die Anerkennung eines außerordentlichen Austrittsrechts auf *Rechtsfortbildung*.[9] Freilich fußt dies auf dem Gedanken, dass der historische Gesetzgeber den Grundsatz, jedes Dauerrechtsverhältnis müsse aus wichtigem Grunde lösbar sein, unterschätzt hat.[10] Gleichwohl macht schon die dogmatische Herleitung deutlich, dass ein außerordentliches Austrittsrechts nur in *Ausnahmefällen* bestehen kann. Der (historische) Gesetzgeber räumte dem Bestandsinteresse der Gesellschaft den grundsätzlichen Vorrang vor dem Befreiungsinteresse des Gesellschafters ein.[11] Umgekehrt aber ist der Austritt das mildere Mittel im Vergleich zur Auflösungsklage,[12] sodass durch die Ermöglichung eines außerordentlichen Austritts dem gesellschaftlichen Bestandsinteresse im Ergebnis sogar gedient sein kann.

b) *Voraussetzungen*

Ein wichtiger Grund zum Austritt liegt vor, wenn eine Abwägung aller Umstände ergibt, dass dem Gesellschafter ein weiterer Verbleib in der Gesellschaft nicht zugemutet werden kann und die Interessen der Gesellschaft und der Mitgesellschafter an einer Beibehaltung des Gesellschafterbestands sowie an einer Vermeidung von Liquiditätsabzug weniger schutzwürdig erscheinen.[13] Ein wichtiger Grund kann sowohl in der Person des betroffenen Gesellschafters, den Verhältnissen der Gesellschaft als auch im Verhalten der übrigen Gesellschafter wurzeln.[14] Ein Verschulden ist nicht Voraussetzung des Austritts, jedoch im Rahmen der Abwägung zu berücksichtigen.[15]

---

[7] BGH 16.12.1991 – II ZR 58/91, BGHZ 116, 359 = NJW 1992, 892 (895); BGH 1.4.1953 – II ZR 235/52, BGHZ 9, 157 = NJW 1953, 780 (781; obiter dictum); *Kersting in* Noack/Servatius/Haas, GmbHG, 23. Aufl. 2022, Anh. nach § 34 Rn. 18.

[8] *Röhricht* FS Kellermann, 1991, 361 (367 f.).

[9] *Röhricht* FS Kellermann, 1991, 361 (366–373); so auch *Heidinger/Blath* GmbHR 2007, 1184; *Kersting in* Noack/Servatius/Haas, GmbHG, 23. Aufl. 2022, Anh. nach § 34 Rn. 1.

[10] Vgl. BGH 16.12.1991 – II ZR 58/91, BGHZ 116, 359 = NJW 1992, 892 (895); BGH 1.4.1953 – II ZR 235/52, BGHZ 9, 157 = NJW 1953, 780 (781); *Röhricht* FS Kellermann, 1991, 361 (371–373) mN.

[11] Vgl. *Röhricht* FS Kellermann, 1991, 361 (369).

[12] *Altmeppen,* GmbHG, 10. Aufl. 2021, § 60 Rn. 107; *Wicke,* GmbHG, 4. Aufl. 2020, Anh. § 34 Rn. 12.

[13] BGH 16.12.1991 – II ZR 58/91, BGHZ 116, 359 = NJW 1992, 892, 895; *Heckschen/Stelmaszczyk* in Heckschen/Heidinger, Die GmbH in der Gestaltungs- und Beratungspraxis, 5. Aufl. 2023, Kap. 4 Rn. 581; *Heinrich* in Reichert, GmbH & Co. KG, 8. Aufl. 2021, § 31 Rn. 26 ff.

[14] *Schwab* DStR 2012, 707; *Taetzner/Maul* in Beck'sches Handbuch der GmbH, 6. Aufl. 2021, § 13 Rn. 112.

[15] *Höpfner* MittBayNot 2015, 420 (422); *Ulmer/Habersack* in Habersack/Caspar/Löbbe, GmbHG, 3. Aufl. 2020, Anh. § 34 Rn. 50.

Ganz allgemein gilt, dass der Gesellschafter das wirtschaftliche Risiko der Beteiligung nicht durch Austritt auf die verbleibenden Gesellschafter abwälzen darf.[16] Bei einer personalistisch geprägten GmbH wird ein wichtiger Grund zum Austritt allerdings tendenziell eher zu bejahen sein als bei einer GmbH mit einem großen Gesellschafterkreis.[17]

Aufgrund des Zumutbarkeitskriteriums ist auch der *Subsidiaritätsgrundsatz* zu beachten. Ein außerordentlicher Austritt ist nur möglich, wenn keine anderen – für die Gesellschaft weniger einschneidenden – Möglichkeiten zur Konfliktlösung bestehen *(ultima ratio).*[18] Grundsätzlich ist der Gesellschafter daher gehalten, gegen Gesellschafterbeschlüsse oder Maßnahmen der Gesellschaft, die er für rechtswidrig hält, zunächst im Wege der Klage vorzugehen und auch sonst seine Rechte auf den vorgesehenen Wegen durchzusetzen, sofern dies nicht im Einzelfall unzumutbar ist.[19]

Der Gesellschafter muss bei einer demnach vorrangigen Veräußerung seines Geschäftsanteils auch erhebliche, nicht aber unverhältnismäßige finanzielle Opfer (in Form von Abschlägen auf den Verkehrswert) in Kauf nehmen.[20] Vorrangig vor dem außerordentlichen Austritt ist auch die Ausübung eines ordentlichen Austrittsrechts, sofern die Satzung ein solches einräumt (dazu → I. 3. b) und → III. 5.).[21] Dies gilt allerdings nicht, wenn es dem Gesellschafter unzumutbar ist, die entsprechende Frist abzuwarten.[22]

c) Beispiele für einen wichtigen Grund

Die Abwägung ist immer eine *Einzelfallfrage,* sodass pauschalisierte Aussagen zum Vorliegen eines wichtigen Grundes schwierig sind. Als wichtiger Grund wird/wurde beispielsweise angesehen:

- Der gänzliche Ausschluss der Abtretung gemäß § 15 Abs. 5 GmbHG.[23]
- Lang andauernde Krankheit des Gesellschafters.[24]
- Unzumutbare Erhöhung des Risikos der Ausfallhaftung nach § 24 GmbHG durch eine Kapitalerhöhung.[25]

---

[16] *Kersting* in Noack/Servatius/Haas, GmbHG, 23. Aufl. 2022, Anh. nach § 34 Rn. 22; *Röhricht* FS Kellermann, 1991, 361 (384).

[17] *Heinrich* in Reichert, GmbH & Co. KG, 8. Aufl. 2021, § 31 Rn. 27; *Schwab* DStR 2012, 707.

[18] BGH 18. 2. 2014 – II ZR 174/11, NZG 2014, 541 Rn. 12; *Strohn* in MüKoGmbHG, 4. Aufl. 2022, § 34 Rn. 120 und Rn. 202.

[19] *Heinrich* in Reichert, GmbH & Co. KG, 8. Aufl. 2021, § 31 Rn. 29; *Sosnitza* in Michalski/Heidinger/Leible/J. Schmidt, GmbHG, 4. Aufl. 2023, Anh. § 34 Rn. 55.

[20] *Heinrich* in Reichert, GmbH & Co. KG, 8. Aufl. 2021, § 31 Rn. 29; *Kersting* in Noack/Servatius/Haas, GmbHG, 23. Aufl. 2022, Anh. nach § 34 Rn. 22; *Strohn* in MüKoGmbHG, 4. Aufl. 2022, § 34 Rn. 203.

[21] *Heinrich* in Reichert, GmbH & Co. KG, 8. Aufl. 2021, § 31 Rn. 29; *Strohn* in MüKoGmbHG, 4. Aufl. 2022, § 34 Rn. 202.

[22] *Strohn* in MüKoGmbHG, 4. Aufl. 2022, § 34 Rn. 202; *Ulmer/Habersack* in Habersack/Caspar/Löbbe, GmbHG, 3. Aufl. 2020, Anh. § 34 Rn. 55

[23] *Heckschen* FS 25 Jahre DNotI, 2018, 453 (455); *Kersting* in Noack/Servatius/Haas, GmbHG, 23. Aufl. 2022, Anh. nach § 34 Rn. 18; *Mayer/Weiler* in Beck'sches Notar-Handbuch, 7. Aufl. 2019, § 22 Rn. 89, *Reichert* in Bayer/Koch, Aktuelles GmbH-Recht, 2013, 60 (81); aA *Röhricht* FS Kellermann, 1991, 361 (377).

[24] *Römermann/Passarge* in Münchener Anwaltshandbuch GmbH-Recht, 4. Aufl. 2018, § 14 Rn. 91; *Strohn* in MüKoGmbHG, 4. Aufl. 2022, § 34 Rn. 194.

[25] LG Mönchengladbach 23. 10. 1985 – 7 O 45/85, NJW-RR 1986, 837 (838); *Ulmer/Habersack* in Habersack/Caspar/Löbbe, GmbHG, 3. Aufl. 2020, Anh. § 34 Rn. 52; *Seibt* in Scholz, GmbHG, 13. Aufl. 2022, Anh. § 34 Rn. 13.

– Verlagerung des Wohnsitzes des Gesellschafters, wenn dadurch die Ausübung seiner Mitgliedschaftsrechte und die Erfüllung seiner Mitgliedschaftspflichten erheblich erschwert
werden (etwa Umzug in das Ausland).[26]
– Grundlegende und beeinträchtigende Tätigkeits-, Struktur- oder Mehrheitsänderungen
in der Gesellschaft und damit im Gesellschaftsverhältnis („Wegfall der gesellschaftsvertraglichen Geschäftsgrundlage").[27]
– (Fortwährender) Missbrauch der Mehrheitsmacht durch Mitgesellschafter.[28]
– Tiefes und schwergreifendes Zerwürfnis unter den Gesellschaftern samt Weigerung der
Gesellschafterversammlung, die Verantwortlichen aus der Gesellschaft auszuschließen.[29]
– Änderung der Mehrheitsverhältnisse, die zur Abhängigkeit der GmbH iSd § 15 AktG
führt (Konzerneintritt).[30]

Hingegen wird *kein* wichtiger Grund darin gesehen, dass

– sich die Mehrheit weigert, Gewinne auszuschütten oder zu geringe Ausschüttungen
erfolgen, solange dies keinen Missbrauch der Mehrheitsmacht darstellt;[31]
– Fehler in einer Bilanz bestanden und/oder diese verspätet vorgelegt wurde.[32]

d) *Problemfälle*

aa) *Unverkäuflichkeit des Geschäftsanteils*

Besonders umstritten scheint die Frage, ob und wann eine *praktische Unverkäuflichkeit/tat-
sächliche Aussichtslosigkeit der Veräußerung* des Geschäftsanteils einen wichtigen Grund zum
Austritt begründen kann. Richtigerweise stellt die rein praktische Unverkäuflichkeit für sich
genommen keinen wichtigen Grund dar, weil es allein in der Risikosphäre jedes Gesellschafters liegt, einen Käufer für seinen Geschäftsanteil zu finden.[33] Insofern gilt es, die verschiedenen Aspekte der Abwägung auseinanderzuhalten: Bedeutung hat die Aussichtslosigkeit der
Veräußerung für das Entstehen eines Austrittsrechts vor allem hinsichtlich der Subsidiarität
(dazu → I. 2. b)).[34] Einen wichtigen Grund wird man aber für den Ausnahmefall anzunehmen haben, dass eine Veräußerung des Geschäftsanteils an einer *treuwidrigen* Blockade der
Gesellschaftermehrheit scheitert.[35]

---

[26] *Schwab* DStR 2012, 707; *Strohn* in MüKoGmbHG, 4. Aufl. 2022, § 34 Rn. 194.

[27] Vgl. dazu *Röhricht* FS Kellermann, 1991, 361 (378f.); *Schindler* in BeckOK GmbHG, 54. Ed.
1.9.2022, § 34 Rn. 173; hierzu auch *Bühler,* Preislimitierte Ankaufsrechte im Gesellschaftsrecht,
2021, S. 123f. mN.

[28] OLG Köln 26.3.1999 – 19 U 108/96, NZG 1999, 1222 (1223); *Schindler* in BeckOK
GmbHG, 54. Ed. 1.9.2022, § 34 Rn. 174; *Ulmer/Habersack* in Habersack/Caspar/Löbbe,
GmbHG, 3. Aufl. 2020, Anh. § 34 Rn. 54.

[29] *Seibt* in Scholz, GmbHG, 13. Aufl. 2022, Anh. § 34 Rn. 13; vgl. auch *Heckschen/Stelmaszczyk*
in Heckschen/Heidinger, Die GmbH in der Gestaltungs- und Beratungspraxis, 5. Aufl. 2023,
Kap. 4 Rn. 581.

[30] *Seibt* in Scholz, GmbHG, 13. Aufl. 2022, Anh. § 34 Rn. 13; *Wicke,* GmbHG, 4. Aufl. 2020,
Anh. § 34 Rn. 11. Hierzu ausführlich *Strohn* in MüKoGmbHG, 4. Aufl. 2022, § 34 Rn. 197.

[31] *Schwab* DStR 2012, 707; vgl. hierzu auch OLG München DStR 1991, 44.

[32] OLG Hamm 28.9.1992 – 8 U 9/92, BeckRS 1992, 30987570; *Schwab* DStR 2012, 707.

[33] *Staake* in MHdB GesR IX, Recht der Familienunternehmen, 6. Aufl. 2021, § 51 Rn. 141.

[34] *Röhricht* FS Kellermann, 1991, 361 (377f.); *Strohn* in MüKoGmbHG, 4. Aufl. 2022, § 34
Rn. 202f.

[35] *Strohn* in MüKoGmbHG, 4. Aufl. 2022, § 34 Rn. 201; aA aber *Röhricht* FS Kellermann,
1991, 361 (377).

bb) *Finanzielle Notlage eines Gesellschafters*

Äußerst umstritten ist ferner, ob eine *finanzielle Notlage* eines Gesellschafters einen wichtigen Grund zum Austritt darstellen kann. Dies ist richtigerweise abzulehnen,[36] da bei Kapitalgesellschaften wie der GmbH die persönlichen Umstände der Gesellschafter nur in Ausnahmefällen zu berücksichtigen sind. Jeder Gesellschafter trägt das wirtschaftliche Risiko seiner Beteiligung selbst. Im Falle des Austritts aus wichtigem Grund wird die Gesellschaft[37] mit einer mitunter hohen Abfindungszahlung belastet (eine Beschränkung der Abfindung ist hier kaum möglich, dazu → III. 3. a)). Dieses Risiko für den Fortbestand der Gesellschaft ist bei der GmbH für einen aus der Sphäre des Gesellschafters herrührenden Umstand grundsätzlich nicht gerechtfertigt.

3. *Ordentliches Austrittsrecht*

Ein ordentliches Austrittsrecht bedarf *keines wichtigen Grundes,* jedoch ist eine *Frist* einzuhalten. Nach der (ganz) herrschenden Meinung besteht ein solches ordentliches Austrittsrecht nicht ohne entsprechende Satzungsgrundlage.[38] Damit unterscheidet sich die Rechtslage erheblich von derjenigen bei Personengesellschaften.[39]

Allerdings wird vertreten, ein ordentliches Austrittsrecht bestehe, wenn eine Einschränkung der Veräußerbarkeit der Geschäftsanteile gemäß § 15 Abs. 5 GmbHG in der Satzung festgelegt ist.[40] Ein anderer Begründungsansatz will analog §§ 624, 723 Abs. 3 BGB ein ordentliches Austrittrecht für GmbH-Gesellschafter zulassen, wenn den Gesellschafter persönliche Nebenpflichten iSd § 3 Abs. 2 GmbHG treffen.[41]

Die Möglichkeit von Vinkulierungen gemäß § 15 Abs. 5 GmbHG würde aber durch die Konstruktion eines ordentlichen Austrittsrechts torpediert.[42] Die grundsätzliche Wertung des Gesetzgebers, dass ein Austritt nur der Ausnahmefall sein kann, ist zu beachten.[43] Sofern den Gesellschafter belastende Nebenpflichten treffen und weitere Umstände hinzutreten, kann ein wichtiger Grund zum Austritt vorliegen, sodass für die Konstruktion eines ordentlichen Austrittrechts keine Notwendigkeit besteht.[44] Zudem verbietet sich das Heranziehen

---

[36] So auch OLG Hamm 28.9.1992 – 8 U 9/92, BeckRS 1992, 30987570; *Kersting* in Noack/Servatius/Haas, GmbHG, 23. Aufl. 2022, Anh. nach § 34 Rn. 20; *Sosnitza* in Michalski/Heidinger/Leible/J. Schmidt, GmbHG, 4. Aufl. 2023, Anh. § 34 Rn. 51; *Taetzner/Maul* in Beck'sches Handbuch der GmbH, 6. Aufl. 2021, § 13 Rn. 112. Einen wichtigen Grund nehmen aber an: *Binz/Mayer* NZG 2012, 201 (205); *Ulmer/Habersack* in Habersack/Caspar/Löbbe, GmbHG, 3. Aufl. 2020, Anh. § 34 Rn. 52; unter weiteren Voraussetzungen auch *Schindler* in BeckOK GmbHG, 54. Ed. 1.9.2022, § 34 Rn. 175; *Strohn* in MüKoGmbHG, 4. Aufl. 2022, § 34 Rn. 194

[37] Sofern sich kein zahlungsfähiger Erwerbsinteressent zu diesem (hohen) Preis findet, dazu → II. 3. b).

[38] OLG Hamm 28.9.1992 – 8 U 9/92, BeckRS 1992, 30987570 (unter I.1.); BGH 16.12.1991 – II ZR 58/91, BGHZ 116, 359 = NJW 1992, 892 (895); *Binz/Mayer* NZG 2012, 201 (205); *Strohn* in MüKoGmbHG, 4. Aufl. 2022, § 34 Rn. 191.

[39] *Hauschild* in Hauschild/Kallrath/Wachter, Notarhandbuch Gesellschafts- und Unternehmensrecht, 3. Aufl. 2022, § 16 Rn. 389 Fn. 791.

[40] So grundlegend *Reuter,* Privatrechtliche Schranken, 1973, S. 125 ff., S. 390 ff., *Reuter* GmbHR 1977, 77 (78 ff.); vgl. auch OLG Karlsruhe 25.4.1984 – 6 U 20/84, BB 1984, 2015 (2016); *Kirchdörfer/Lorz* FS Hennerkes, 2009, 343 (346 f.); sehr viel zurückhaltender *Altmeppen,* GmbHG, 10. Aufl. 2021, § 60 Rn. 110.

[41] RG 7.2.1930 – II. 247/29, RGZ 128, 1 (17) = BeckRS 1930, 100251; *Wiedemann,* Übertragung und Vererbung von Mitgliedschaftsrechten, 1965, S. 91.

[42] OLG Hamm 28.9.1992 – 8 U 9/92, BeckRS 1992, 30987570 (unter I.1.); *Röhricht* FS Kellermann, 1991, 361 (374 ff.); *Seibt* in Scholz, GmbHG, 13. Aufl. 2022, Anh. § 34 Rn. 9.

[43] *Röhricht* FS Kellermann, 1991, 361 (378).

[44] *Strohn* in MüKoGmbHG, 4. Aufl. 2022, § 34 Rn. 191; vgl. auch *Röhricht* FS Kellermann, 1991, 361 (378).

von Analogien (wie hier zu §§ 624, 723 Abs. 3 BGB) schon mangels des Vorliegens einer planwidrigen Regelungslücke, da bereits das außerordentliche Austrittsrecht auf Rechtsfortbildung beruht (vgl. → I. 2. a)). Freilich kann jedoch in der Satzung ein ordentliches Austrittsrecht vereinbart werden (dazu auch → III.5.).[45]

4. Einvernehmlicher Austritt

Unberührt bleibt die Möglichkeit, *einvernehmlich* aus der Gesellschaft auszutreten.[46] Ein wichtiger Grund ist hierfür nicht erforderlich.[47] Allerdings dürfen Gläubigerinteressen durch einen solchen einvernehmlichen Austritt nicht beeinträchtigt werden.[48]

Unklar ist, ob der einvernehmliche Austritt eines zustimmenden Gesellschafterbeschlusses bedarf[49] oder ob die Erklärung der Annahme eines solchen Austritts seitens der Geschäftsführung ausreicht.[50] Der BGH hat dies offengelassen und formuliert, der Austritt bedürfe der (von hinreichendem Annahmewillen getragene) Annahme seitens „der Gesellschaft".[51]

II. Verfahren und Rechtsfolge des Austritts

Die nachfolgenden Ausführungen gelten unabhängig davon, ob ein außerordentliches oder ordentliches Austrittsrecht ausgeübt wurde.

1. Unterschiede zum Personengesellschaftsrecht

Das Verfahren des Austritts aus einer GmbH unterscheidet sich erheblich von dem bei Personengesellschaften.

Bei einer Personengesellschaft wird zwischen der Auflösungskündigung, der Ausschließungskündigung und der Austrittskündigung differenziert.[52] Bei Handelsgesellschaften geht das Gesetz davon aus, dass eine Kündigung seitens des Gesellschafters im Zweifel auf Ausübung eines Austrittsrechts zielt und gerade nicht die Auflösung der Gesellschaft zur Folge hat (vgl. § 131 Abs. 3 S. 1 Nr. 3 HGB).[53] Als Rechtsfolge eines Austritts scheidet der Gesellschafter aus der Gesellschaft aus (vgl. § 132 Abs. 3 S. 2 HGB). Sein Anteil erlischt, die Gesellschaft wird unter den übrigen Gesellschaftern fortgesetzt und der ausscheidende

---

[45] BayObLG 9.12.1974 – BReg. 2 Z 57/74, BayObLGZ 1974, 479 (482 f.); *Hülsmann* GmbHR 2003, 198; *Strohn* in MüKoGmbHG, 4. Aufl. 2022, § 34 Rn. 208.

[46] BGH 18.2.2014 – II ZR 174/11, NZG 2014, 541 Rn. 14; *Kersting in* Noack/Servatius/Haas, GmbHG, 23. Aufl. 2022, Anh. nach § 34 Rn. 21.

[47] *Blath* in Heckschen/Heidinger, Die GmbH in der Gestaltungs- und Beratungspraxis, 5. Aufl. 2023, Kap. 13 Rn. 304.

[48] *Höpfner* MittBayNot 2015, 420 (422); *Ulmer/Habersack* in Habersack/Caspar/Löbbe, GmbHG, 3. Aufl. 2020, Anh. § 34 Rn. 49.

[49] So zutreffend *Altmeppen,* GmbHG, 10. Aufl. 2021, § 60 Rn. 111; *Kersting in* Noack/Servatius/Haas, GmbHG, 23. Aufl. 2022, Anh. nach § 34 Rn. 21; *Seibt* in Scholz, GmbHG, 13. Aufl. 2022, Anh. § 34 Rn. 14c.

[50] So *Froehner* GWR 2014, 215.

[51] BGH 18.2.2014 – II ZR 174/11, NZG 2014, 541 Rn. 14–16.

[52] Vgl. hierzu *K. Schmidt/Fleischer* in MüKoHGB, 5. Aufl. 2022, § 131 Rn. 79.

[53] OLG Celle 10.11.2010 – 9 U 65/10, NZG 2011, 261, 262; *Lorz* in Ebenroth/Boujong/Joost/Strohn, HGB, 4. Aufl. 2020, § 132 Rn. 2; *K. Schmidt/Fleischer* in MüKoHGB, 5. Aufl. 2022, § 131 Rn. 79. Im GbR-Recht hat die Kündigung die Auflösung der Gesellschaft zur Folge (vgl. §§ 723 Abs. 1, 737 S. 1 BGB). Allerdings wird nach Inkrafttreten des MoPeG die Rechtslage an die der oHG angeglichen und es scheidet lediglich der kündigende Gesellschafter aus (§ 723 Abs. 1 Nr. 2, Abs. 3 BGB idF ab 1.1.2024).

Gesellschafter erhält einen Abfindungsanspruch (§§ 161 Abs. 2, 105 Abs. 3 HGB iVm § 738 Abs. 1 S. 2 BGB[54]).[55] Den anderen Gesellschaftern wächst der Anteil des ausgeschiedenen Gesellschafters ohne Übertragungsakt an (§ 738 Abs. 1 S. 1 BGB[56]).[57]

Dieses automatische Ausscheiden verbunden mit der Anwachsung bei den anderen Gesellschaftern gilt für die GmbH gerade nicht. Bei dieser ist noch ein weiterer Schritt (Vollzug des Austritts/Verwertung, dazu sogleich → II. 3.) nötig, damit der Austretende seine Gesellschafterstellung verliert.[58]

2. Erklärung des Austritts

Der Austritt bedarf einer (formlosen) Austrittserklärung gegenüber der Gesellschaft, also gegenüber einem der vertretungsbefugten Geschäftsführer (§ 35 Abs. 2 S. 2 GmbHG).[59] Sie ist als Gestaltungserklärung *bedingungsfeindlich*.[60] Nach dem Zugang bei der Gesellschaft ist die Erklärung unwiderruflich.[61] Jedoch wird eine Anfechtung nach §§ 119 ff. BGB für möglich erachtet.[62]

3. Rechtslage nach zugegangener Ausübungserklärung

a) Schicksal des Geschäftsanteils und Mitgliedschaft des Gesellschafters

Der Geschäftsanteil besteht auch nach der Austrittserklärung weiter.[63] Dies liegt in der kapitalistischen Struktur der GmbH begründet, bei der nicht die Gesellschafter, sondern die Geschäftsanteile deren rechtliche Grundlage bilden.[64] Durch die Austrittserklärung erwirbt der Gesellschafter zunächst nur einen Anspruch gegen die Gesellschaft auf Abnahme (Verwertung) des Geschäftsanteils gegen Abfindung.[65] Damit bleibt der Gesellschafter – mangels einer abweichenden Satzungsregelung – nach der Austrittserklärung auch zunächst Inhaber des Geschäftsanteils.[66] Die Mitgliedschaft des austretenden Gesellschafters endet erst, wenn sein Geschäftsanteil eingezogen oder veräußert wurde.[67] Ihm steht weiterhin der *Gewinn-*

---

[54] Nach Inkrafttreten des MoPeG (vgl. BGBl. 2021 I 3436): § 728 Abs. 1 BGB.

[55] *Lorz* in Ebenroth/Boujong/Joost/Strohn, HGB, 4. Aufl. 2020, § 132 Rn. 16; *Roth* in Hopt, HGB, 41. Aufl. 2022, § 131 Rn. 34 und Rn. 38.

[56] Nach Inkrafttreten des MoPeG: § 712 Abs. 1 BGB.

[57] *Heidinger/Blath* GmbHR 2007, 1184; *K. Schmidt/Fleischer* in MüKoHGB, 5. Aufl. 2022, § 131 Rn. 105 f.

[58] BGH 30.6.2003 – II ZR 326/01, NZG 2003, 871 (872); *Heidinger/Blath* GmbHR 2007, 1184.

[59] *Bacher/v. Blumenthal* NZG 2008, 406; *Schindler* in BeckOK GmbHG, 54. Ed. 1.9.2022, § 34 Rn. 184.

[60] *Sosnitza* in Michalski/Heidinger/Leible/J. Schmidt, GmbHG, 4. Aufl. 2023, Anh. § 34 Rn. 58; *Strohn* in MüKoGmbHG, 4. Aufl. 2022, § 34 Rn. 210.

[61] *Bacher/v. Blumenthal* NZG 2008, 406; *Strohn* in MüKoGmbHG, 4. Aufl. 2022, § 34 Rn. 210. Die Wirkungen der Austrittserklärung können jedoch durch Vereinbarung mit Mitgesellschaftern zurückgenommen werden (vgl. *Strohn* aaO).

[62] *Sosnitza* in Michalski/Heidinger/Leible/J. Schmidt, GmbHG, 4. Aufl. 2023, Anh. § 34 Rn. 58; *Strohn* in MüKoGmbHG, 4. Aufl. 2022, § 34 Rn. 210.

[63] BGH 30.6.2003 – II ZR 326/01, NZG 2003, 871 (872); *Strohn* in MüKoGmbHG, 4. Aufl. 2022, § 34 Rn. 128.

[64] *Heidinger/Blath* GmbHR 2007, 1184; *Strohn* in MüKoGmbHG, 4. Aufl. 2022, § 34 Rn. 128.

[65] *Schwab* DStR 2012, 707 (708); *Taetzner/Maul* in Beck'sches Handbuch der GmbH, 6. Aufl. 2021, § 13 Rn. 113.

[66] *Heidinger/Blath* GmbHR 2007, 1184 (1188); *Strohn* in MüKoGmbHG, 4. Aufl. 2022, § 34 Rn. 211; *Schwab* DStR 2012, 707.

[67] BGH 30.11.2009 – II ZR 208/08, NZG 2010, 270 Rn. 11; *Heinrich* in Reichert, GmbH & Co. KG, 8. Aufl. 2021, § 31 Rn. 24.

anspruch im Hinblick auf die nach dem Zugang seiner Austrittserklärung festgestellten Gewinne zu.[68]

Jedoch ist der Gesellschafter mit der Gesellschaft bis zur Umsetzung des Austritts nur noch vermögensrechtlich verbunden und darf demnach seine Mitspracherechte nur noch insoweit ausüben, als sein wirtschaftliches Interesse an der Durchsetzung seines Abfindungsanspruchs betroffen ist.[69] Gleichwohl bleibt er zur Teilnahme an Gesellschafterversammlungen berechtigt und ist zwingend zu laden.[70]

b) Notwendigkeit der Umsetzung des Austritts

Die Gesellschaft kann den Geschäftsanteil unter Beachtung der § 34 Abs. 3 GmbHG, § 30 Abs. 1 S. 1 GmbHG gegen Zahlung der Abfindung einziehen oder (insofern unter Beachtung der Vorgaben des § 33 GmbHG) Übertragung an sich selbst oder auch an Mitgesellschafter oder Dritte verlangen.[71] Es ist daher nach der Austrittserklärung ein Gesellschafterbeschluss zu fassen.[72] Eine Einziehung oder ein Erwerb eines nicht voll eingezahlten Geschäftsanteils seitens der Gesellschaft ist nicht möglich, da das Stammkapital erhalten bleiben muss (§ 19 Abs. 2 S. 1 GmbHG und § 33 Abs. 1 GmbHG).[73] Freilich steht die unterbliebene Einzahlung dann nicht entgegen, wenn ein Mitgesellschafter oder Dritter bereit ist, den Geschäftsanteil zu erwerben. Allerdings kann sich die Problematik der Ausfallhaftung der verbleibenden Gesellschafter stellen, wenn eine Abfindungszahlung durch die Gesellschaft an § 34 Abs. 1 GmbHG iVm § 30 Abs. 1 GmbHG scheitert (dazu → II. 4. d)).

Bei der Verwertung des Geschäftsanteils mittels Abtretung ist die Formvorgabe des § 15 Abs. 3 GmbHG einzuhalten und eine neue Gesellschafterliste einzureichen (§ 40 Abs. 2 GmbHG). Die Umsetzung des Austritts mittels Einziehung bedarf ausnahmsweise keiner Grundlage in der Satzung (die freilich dennoch zu empfehlen ist).[74] Nach einer Einziehung muss ebenfalls eine neue Gesellschafterliste eingereicht werden.[75] Technisch erfordert die Einziehung einen Gesellschafterbeschluss (§ 46 Nr. 4 GmbHG), der mit einer Einziehungserklärung gegenüber dem betroffenen Gesellschafter verbunden wird.[76] Die wirksame Einziehung bewirkt die Vernichtung und den Untergang des Geschäftsanteils.[77] Folglich entspricht die Stammkapitalziffer entgegen § 5 Abs. 3 S. 2 GmbHG nicht mehr der Summe der

---

[68] *Schindler* in BeckOK GmbHG, 54. Ed. 1.9.2022, § 34 Rn. 190; *Strohn* in MüKoGmbHG, 4. Aufl. 2022, § 34 Rn. 212; wohl auch BGH 26.10.1983 – II ZR 87/83, BGHZ 88, 320 = NJW 1984, 489 (490).

[69] BGH 30.11.2009 – II ZR 208/08, NZG 2010, 270 Rn. 17; *Wilsing/Ogorek,* NZG 2010, 379 (380).

[70] *Bacher/v. Blumenthal* NZG 2008, 406 (407 f.); *Heinrich* in Reichert, GmbH & Co. KG, 8. Aufl. 2021, § 31 Rn. 25.

[71] *Altmeppen,* GmbHG, 10. Aufl. 2021, § 60 Rn. 113; *Schwab* DStR 2012, 707 (708); *Strohn* in MüKoGmbHG, 4. Aufl. 2022, § 34 Rn. 211.

[72] *Blath* in Heckschen/Heidinger, Die GmbH in der Gestaltungs- und Beratungspraxis, 5. Aufl. 2023, Kap. 13 Rn. 305; *Schindler* in BeckOK GmbHG, 54. Ed. 1.9.2022, § 34 Rn. 187; vgl. auch *Hülsmann* GmbHR 2003, 198 (199).

[73] BGH 2.12.2014 – II ZR 322/13, BGHZ 203, 303 = NZG 2015, 429 Rn. 31; *Hauschild* in Hauschild/Kallrath/Wachter, Notarhandbuch Gesellschafts- und Unternehmensrecht, 3. Aufl. 2022, § 16 Rn. 384; *Schwab* DStR 2012, 707 (708).

[74] OLG München 28.7.2011 – 23 U 750/11, MittBayNot 2012, 60 (nicht beanstandet von BGH 18.2.2014 – II ZR 174/11, NZG 2014, 541); *Schwab* DStR 2012, 707 (708); *Taetzner/Maul* in Beck'sches Handbuch der GmbH, 6. Aufl. 2021, § 13 Rn. 113.

[75] *Mayer* DNotZ 2008, 403 (407).

[76] *Mayer/Weiler* in Beck'sches Notar-Handbuch, 7. Aufl. 2019, § 22 Rn. 139.

[77] *Bacher/v. Blumenthal* NZG 2008, 406 (408); *Schwab* DStR 2012, 707 (713).

Nennbeträge der Geschäftsanteile.[78] Gleichwohl stellt es keinen Nichtigkeits- oder Anfechtungsgrund dar, wenn nicht *gleichzeitig* Maßnahmen ergriffen werden, um dieses Auseinanderfallen zu verhindern.[79]

c) Schutz des Gesellschafters bei Untätigkeit der Gesellschaft

Bleibt die Gesellschaft untätig oder scheitert eine Verwertung, so kommt die Auflösungsklage (§ 61 Abs. 1 GmbHG) in Betracht.[80] Hierfür ist weder die Mindestkapitalgrenze des § 61 Abs. 2 S. 2 GmbHG noch *zusätzlich* ein wichtiger Grund iSd § 61 Abs. 1 GmbHG erforderlich.[81]

Hoch umstritten sind allerdings die Rechtsschutzmöglichkeiten, wenn die Gesellschaft die Abfindung zahlen könnte, dies jedoch nicht tut – etwa, weil sie das Vorliegen eines wichtigen Grundes bestreitet. Es dürfte einiges dafürsprechen, dass stets die Auflösungsklage erhoben werden kann, wenn nicht innerhalb angemessener Zeit nach Austrittserklärung die Verwertung und Abfindungszahlung erfolgen.[82] Im Rahmen dieser Klage ist dann zu prüfen, ob ein wichtiger Grund *zum Austritt* des Gesellschafters bestand. Jedoch wird häufig die Vorrangigkeit einer anderweitigen Klage des Gesellschafters betont – entweder gerichtet auf Abnahme seines Geschäftsanteils durch Beschlussfassung (vgl. § 315 Abs. 3 S. 2 Hs. 2 BGB)[83] oder aber direkt auf Zahlung der Abfindung.[84] Zuletzt wird sogar eine Feststellungsklage für möglich erachtet.[85]

4. Abfindung

Ein ebenfalls wichtiges Thema ist die Abfindung, die dem austretenden Gesellschafter analog § 738 Abs. 1 S. 2 BGB gezahlt werden muss.

a) Allgemeines

Ohne abweichende Satzungsbestimmung (dazu → III. 3.) muss als Folge des Austritts der *volle Verkehrswert* des Geschäftsanteils als Abfindung/Erwerbspreis gezahlt werden.[86] Mangels

---

[78] *Hauschild* in Hauschild/Kallrath/Wachter, Notarhandbuch Gesellschafts- und Unternehmensrecht, 3. Aufl. 2022, § 16 Rn. 386.

[79] BGH 2.12.2014 – II ZR 322/13, BGHZ 203, 303 = NZG 2015, 429 Rn. 22 ff. Vgl. aber → III 2. a).

[80] OLG Düsseldorf 18.5.2005 – 15 U 202/04, NZG 2005, 633 (635); BGH 26.10.1983 – II ZR 87/83, BGHZ 88, 320 = NJW 1984, 489 (490).

[81] *Strohn* in MüKoGmbHG, 4. Aufl. 2022, § 34 Rn. 217; vgl. auch *Grunewald* GmbHR 1991, 185 (187). Der wichtige Grund iSd § 61 Abs. 1 GmbHG ist restriktiver zu sehen, da etwa persönliche Gründe der Gesellschafter ganz grds. irrelevant sind (vgl. *Limpert* in MüKoGmbHG, 4. Aufl. 2022, § 61 Rn. 33).

[82] Vgl. OLG Naumburg 5.4.2012 – 2 U 106/11, NZG 2012, 629 (630); *Kersting* in Noack/Servatius/Haas, GmbHG, 23. Aufl. 2022, Anh. nach § 34 Rn. 24; wohl auch BGH 26.10.1983 – II ZR 87/83, BGHZ 88, 320 = NJW 1984, 489 (490, für „Verzögerungsversuche oder andere Schwierigkeiten").

[83] So OLG Koblenz 8.6.2005 – 6 W 203/05, NZG 2006, 66 (67); *Schindler* in BeckOK GmbHG, 54. Ed. 1.9.2022, § 34 Rn. 188; differenzierend *Hülsmann* GmbHR 2003, 198 (200, 203).

[84] So OLG Celle 28.8.2002 – U 29/02, BeckRS 2002, 11499 Rn. 30; *Seibt* in Scholz, GmbHG, 13. Aufl. 2022, Anh. § 34 Rn. 21; *Strohn* in MüKoGmbHG, 4. Aufl. 2022, § 34 Rn. 217; *Ulmer/Habersack* in Habersack/Casper/Löbbe, GmbHG, 3. Aufl. 2020, Anh. § 34 Rn. 57.

[85] So *Altmeppen,* GmbHG, 10. Aufl. 2021, § 60 Rn. 112.

[86] OLG Köln 26.3.1999 – 19 U 108/96, NZG 1999, 1222 (1223); BGH 16.12.1991 – II ZR 58/91, BGHZ 116, 359 = NJW 1992, 892 (892, 895); *Kersting* in Noack/Servatius/Haas, GmbHG, 23. Aufl. 2022, Anh. nach § 34 Rn. 25.

eines funktionierenden Marktes für GmbH-Geschäftsanteile ist insofern auf den Preis abzustellen, der bei einem Verkauf des gesamten Unternehmens erzielt werden könnte und der Verkehrswert des Geschäftsanteils entsprechend nach dem Prozentsatz zu berechnen, der dem Verhältnis dieses Geschäftsanteils zu der Summe aller Geschäftsanteile entspricht *(indirekte Methode).*[87] Zwar ist keine bestimmte Methode zur Unternehmensbewertung vorgeschrieben, jedoch werden insbesondere das Ertragswertverfahren sowie das Discounted Cash Flow Verfahren als angemessen erachtet.[88] Dies bedeutet, dass grundsätzlich auch stille Reserven und der Goodwill zu vergüten sind.[89] Maßgeblicher Berechnungszeitpunkt ist derjenige des Zugangs der Austrittserklärung.[90]

b) *Schuldner*

Schuldner des Abfindungsanspruchs ist grundsätzlich die Gesellschaft (zur möglichen Ausfallhaftung aber sogleich → II. 4. d)).[91] Diese hat dem Gesellschafter Zug-um-Zug gegen die Verwertung des Geschäftsanteils eine Abfindung zu zahlen oder für die Zahlung durch den Erwerber des Geschäftsanteils zu sorgen.[92] Die Gesellschaft haftet auch im Falle der Verwertung mittels Abtretung neben dem Erwerber gesamtschuldnerisch.[93]

c) *Fälligkeit und Verzinsung*

Es ist umstritten, ob der Abfindungsanspruch erst mit der Verwertung[94] oder – so die hM – sofort mit der Erklärung des Austritts[95] oder – vermittelnd – erst nach einer angemessenen Zeit nach Austrittserklärung fällig wird.[96]

Ebenfalls umstritten ist, ob eine gesetzliche Verzinsung des Abfindungsanspruchs erfolgt. Dies hängt freilich von der Beantwortung der Frage ab, wann dieser Anspruch fällig wird. Häufig wird nicht präzise zwischen den Zeiträumen unterschieden.

Vor der Fälligkeit des Abfindungsanspruchs wird von Teilen des Schrifttums für den Fall der *Einziehung* eine gesetzliche Verzinsungspflicht iHv 5% (analog § 352 HGB und § 63 Abs. 2 AktG) befürwortet.[97] Allerdings ist das tragende Argument insofern, dass dem aus-

---

[87] *Strohn* in MüKoGmbHG, 4. Aufl. 2022, § 34 Rn. 221; vgl. auch *Bühler,* Preislimitierte Ankaufsrechte, 2021, S. 69 mN.

[88] *Hauschild* in Hauschild/Kallrath/Wachter, Notarhandbuch Gesellschafts- und Unternehmensrecht, 3. Aufl. 2022, § 16 Rn. 392; *Strohn* in MüKoGmbHG, 4. Aufl. 2022, § 34 Rn. 222f.

[89] BGH 30.4.2001 – II ZR 328/00, NJW 2001, 2638 (2639); BGH 16.12.1991 – II ZR 58/91, BGHZ 116, 359 = NJW 1992, 892 (895); *Wagner* RNotZ 2022, 181 (185).

[90] OLG München 28.7.2011 – 23 U 750/11, MittBayNot 2012, 60 (63); *Kersting* in Noack/Servatius/Haas, GmbHG, 23. Aufl. 2022, Anh. nach § 34 Rn. 25.

[91] BGH 10.5.2016 – II ZR 342/14, BGHZ 210, 186 = NZG 2016, 742 Rn. 19; *Strohn* in MüKoGmbHG, 4. Aufl. 2022, § 34 Rn. 219.

[92] *Strohn* in MüKoGmbHG, 4. Aufl. 2022, § 34 Rn. 215; vgl. auch OLG Köln 26.3.1999 – 19 U 108/96, NZG 1999, 1222 (1223).

[93] *Hülsmann* GmbHR 2003, 198 (203); *Klöckner* GmbHR 2012, 1325 (1330).

[94] So *Dettmeier/Pöschke* GmbHR 2006, 297 (298); *Hülsmann* GmbHR 2003, 198 (203); *Schindler* in BeckOK GmbHG, 54. Ed. 1.9.2022, § 34 Rn. 193.

[95] So OLG München 28.7.2011 – 23 U 750/11, MittBayNot 2012, 60 (63); *Altmeppen,* GmbHG, 10. Aufl. 2021, § 60 Rn. 116; *Bacher/v. Blumenthal* NZG 2008, 406 (407); *Klöckner* GmbHR 2012, 1325 (1330).

[96] So *Strohn* in MüKoGmbHG, 4. Aufl. 2022, § 34 Rn. 232.

[97] Dafür etwa *Ulmer/Habersack* in Habersack/Caspar/Löbbe, GmbHG, 3. Aufl. 2020, § 34 Rn. 79; ähnlich *Kort* in MHdB GesR III, 6. Aufl. 2022, § 28 Rn. 19 (für den Fall, dass „für die Anteilsbewertung ein vor der Einziehung liegender Stichtag vorgesehen [ist]"). Dagegen *Schindler* in BeckOK GmbHG, 54. Ed. 1.9.2022, § 34 Rn. 79; *Sosnitza* in Michalski/Heidinger/Leible/J. Schmidt, GmbHG, 4. Aufl. 2023, § 34 Rn. 53.

geschiedenen Gesellschafter kein Gewinnanspruch mehr zusteht und er nach kaufmännischer Anschauung die Nutzung seines Kapitals nicht zinslos überlassen würde (Rechtsgedanke des § 354 Abs. 2 HGB).[98] In der Konstellation des Austritts jedoch verbleibt dem Gesellschafter mangels abweichender Satzungsregelung der Gewinnanspruch bis zur Verwertung seines Geschäftsanteils (vgl. → II. 3. a)), sodass eine Verzinsung vor Fälligkeit grundsätzlich ausscheiden muss.

Nach der Fälligkeit des Abfindungsanspruchs wird mitunter eine gesetzliche Verzinsungspflicht analog § 353 S. 1 HGB – abseits etwaiger Verzugszinsen – befürwortet.[99] Nimmt man dies an, so sind beim Austritt allerdings die Gewinnanteile aus der Zeit bis zum Wirksamwerden des Austritts auf den Zinsanspruch anzurechnen.[100]

d) Ausfallhaftung der verbleibenden Gesellschafter?

Sofern die Verwertung nach dem Austritt mittels Einziehung des Geschäftsanteils (§ 34 GmbHG) erfolgt, ist es umstritten, ob die Einziehung unter der aufschiebenden Bedingung der Zahlung der Abfindung steht oder ob die verbleibenden Gesellschafter stattdessen subsidiär haften, sofern die Zahlung der Abfindung an den Kapitalerhaltungsvorschriften der § 34 Abs. 3 GmbHG iVm § 30 Abs. 1 GmbHG scheitert. Umstritten ist auch, ob eine solche Gesellschafterhaftung ebenso für den Fall der Verwertung mittels Abtretung bestehen kann.

aa) Bedingungs- vs. Haftungslösung

Bei der Einziehung muss gemäß § 34 Abs. 3 GmbHG iVm § 30 Abs. 1 GmbHG die Zahlung der Abfindung aus dem nicht gebundenen Vermögen der GmbH geleistet werden können.[101] Maßgeblicher Zeitpunkt für diese Beurteilung ist grundsätzlich derjenige der Auszahlung der Abfindung.[102]

Die (früher herrschende) sog. *Bedingungslösung*[103] nimmt an, dass die Einziehung unter der aufschiebenden Bedingung der Zahlung der Abfindung steht. Es soll dadurch verhindert werden, dass der Verlust des Geschäftsanteils wirksam wird, die Zahlung der Abfindung jedoch an § 30 Abs. 1 GmbHG scheitert.[104] Ein Nachteil der Bedingungslösung liegt darin, dass der betroffene Gesellschafter während der mitunter langen Schwebezeit weiterhin Gesellschafter ist und entsprechend Mitgliedschaftsrechte ausüben kann.[105]

Der BGH hat hingegen der sog. *Haftungslösung* den Vorzug gegeben.[106] Hiernach wird die Einziehung grundsätzlich bereits mit der Mitteilung des Einziehungsbeschlusses an den betroffenen Gesellschafter wirksam. Erweist sich *später,* dass die Gesellschaft die Abfindung wegen § 34 Abs. 3 GmbHG iVm § 30 Abs. 1 GmbHG nicht auszahlen kann, so bestehe ein

---

[98] Vgl. *Ulmer/Habersack* in Habersack/Caspar/Löbbe, GmbHG, 3. Aufl. 2020, § 34 Rn. 79.

[99] Dafür *Puscher,* Abfindungsregelungen, 2018, S. 256 f.; *Strohn* in MüKoGmbHG, 4. Aufl. 2022, § 34 Rn. 233; dagegen *Kersting in* Noack/Servatius/Haas, GmbHG, 23. Aufl. 2022, § 34 Rn. 38; *Sosnitza* in Michalski/Heidinger/Leible/J. Schmidt, GmbHG, 4. Aufl. 2023, § 34 Rn. 53.

[100] *Strohn* in MüKoGmbHG, 4. Aufl. 2022, § 34 Rn. 233.

[101] *Hauschild* in Hauschild/Kallrath/Wachter, Notarhandbuch Gesellschafts- und Unternehmensrecht, 3. Aufl. 2022, § 16 Rn. 134.

[102] BGH 28. 1. 2020 – II ZR 10/19, BGHZ 224, 235 = NZG 2020, 384 Rn. 40 f.

[103] So etwa RG 24. 11. 1933 – II 113/33, RGZ 142, 286 (290 f.); BGH 1. 4. 1953 – II ZR 235/52, BGHZ 9, 157 = NJW 1953, 780 (783); OLG Schleswig 27. 1. 2000 – 5 U 154/98, NZG 2000, 703 (704).

[104] *Kersting in* Noack/Servatius/Haas, GmbHG, 23. Aufl. 2022, § 34 Rn. 41.

[105] *J. Schmidt* GmbHR 2013, 953 mN.

[106] BGH 24. 1. 2012 – II ZR 109/11, BGHZ 192, 236 = NZG 2012, 259 Rn. 13; hierzu auch bereits *Heidinger/Blath,* GmbHR 2007, 1184 (1186); Nachweise zum Meinungsstand bei *J. Schmidt* GmbHR 2013, 953 (953 f.).

Bedürfnis für eine persönliche Haftung der anderen Gesellschafter.[107] Welche Gesellschafter diese Haftung trifft und welche Voraussetzungen für die insofern erforderliche „Annahme eines treuwidrigen Verhaltens" vorliegen müssen, ist unklar und vom BGH bislang nur unvollständig geklärt.[108]

Steht allerdings bereits bei der Beschlussfassung fest, dass das Einziehungsentgelt nicht aus dem freien Vermögen der Gesellschaft gezahlt werden kann, sei für die subsidiäre Haftung der anderen Gesellschafter kein Raum und der Einziehungsbeschluss analog § 241 Nr. 3 AktG nichtig.[109] Ob dies auf Basis der Haftungslösung konsequent ist, wird bezweifelt.[110] Jedoch steht selten bereits im Zeitpunkt der Beschlussfassung fest, dass die Abfindung nicht aus freiem Vermögen wird gezahlt werden können.[111]

bb) Rechtslage bei der auf einen Austritt hin beschlossenen Einziehung

Nun ist allerdings wiederum umstritten, ob die Haftungslösung auch für den speziellen Fall der Einziehung, die auf einen Austritt eines Gesellschafters hin erfolgt, anzuwenden ist. Dies wird häufig verneint,[112] allerdings auch teilweise angenommen.[113] Richtigerweise wird man die Ausfallhaftung in dieser Konstellation ablehnen müssen, da der Gesellschafter die Möglichkeit hat, Auflösungsklage zu erheben, wenn nicht innerhalb angemessener Zeit die Abfindung geleistet oder ein Erwerb des Geschäftsanteils initiiert wird (dazu → II. 3. c)). Zudem könnte er andernfalls einseitig mittels des Austritts die Haftung seiner Mitgesellschafter begründen.[114]

Geht man davon aus, dass die Haftungslösung keine Anwendung findet, gilt Folgendes: Verfügt die Gesellschaft nicht über ausreichend freie Mittel, so scheitert der Austritt mittels Einziehung und der Weg für eine Auflösungsklage nach § 61 GmbHG ist offen, sofern sich kein Käufer für den Geschäftsanteil findet.[115] Freilich besteht für die verbleibenden Gesellschafter die Möglichkeit, zunächst eine Kapitalherabsetzung durchzuführen bzw. stille Reserven aufzulösen.[116] Auf diese Weise können ausreichend freie Mittel der Gesellschaft geschaffen werden.

cc) Abseits der Einziehung

Mitunter wird eine Ausfallhaftung sogar abseits der Einziehungskonstellation angenommen. Sobald die Verwertung des Geschäftsanteils beschlossen wurde, bestehe eine Ausfallhaf-

---

[107] BGH 26.6.2018 – II ZR 65/16, NZG 2018, 1069 Rn. 16; BGH 24.1.2012 – II ZR 109/11, BGHZ 192, 236 = NZG 2012, 259 Rn. 21–23.

[108] Vgl. *Kersting* in Noack/Servatius/Haas, GmbHG, 23. Aufl. 2022, § 34 Rn. 45 f.; *J. Schmidt* GmbHR 2013, 953 (957 f.); *Wachter* NZG 2016, 961 (966 ff.).

[109] BGH 26.6.2018 – II ZR 65/16, NZG 2018, 1069 Rn. 13–17; BGH 10.5.2016 – II ZR 342/14, BGHZ 210, 186 = NZG 2016, 742 Rn. 13; BGH 24.1.2012 – II ZR 109/11, BGHZ 192, 236 = NZG 2012, 259 Rn. 7.

[110] *Altmeppen*, GmbHG, 10. Aufl. 2021, § 34 Rn. 31; *Schockenhoff* NZG 2012, 449 (452); anders aber *J. Schmidt* GmbHR 2013, 963 (961 f.).

[111] *Schockenhoff* NZG 2012, 449 (452); *Wachter* NZG 2016, 961 (963).

[112] *Ulmer/Habersack* in Habersack/Caspar/Löbbe, GmbHG, 3. Aufl. 2020, Anh. § 34 Rn. 49; *Kersting* in Noack/Servatius/Haas, GmbHG, 23. Aufl. 2022, Anh. nach § 34 Rn. 23; *Staake* in MHdB GesR IX, 6. Aufl. 2021, § 51 Rn. 148; *Strohn* in MüKoGmbHG, 4. Aufl. 2022, § 34 Rn. 214.

[113] So etwa *Altmeppen* ZIP 2012, 1685 (1693); *Klöckner* GmbHR 2012, 1325 (1330); *Schindler* in BeckOK GmbHG, 54. Ed. 1.9.2022, § 34 Rn. 193.

[114] Vgl. *Ulmer/Habersack* in Habersack/Caspar/Löbbe, GmbHG, 3. Aufl. 2020, Anh. § 34 Rn. 49.

[115] *Kersting* in Noack/Servatius/Haas, GmbHG, 23. Aufl. 2022, Anh. nach § 34 Rn. 23; *Strohn* in MüKoGmbHG, 4. Aufl. 2022, § 34 Rn. 214.

[116] *Schwab* DStR 2012, 707 (708).

tung der verbleibenden Gesellschafter – auch diese sollen also (subsidiär) neben dem benannten Erwerber haften.[117] Dem ist indes entgegenzuhalten, dass der austretende Gesellschafter richtigerweise die Auflösungsklage erheben kann, wenn der Geschäftsanteil nicht innerhalb angemessener Frist verwertet wird. Für die ungeschriebene und aufgrund des Trennungsprinzips des § 13 Abs. 2 GmbHG sehr restriktiv zu handhabende Ausfallhaftung der verbleibenden Gesellschafter besteht hier kein Bedürfnis.

III. Folgerungen für die notarielle Praxis

Das Recht zum Austritt aus wichtigem Grund ist wegen des Rechtsgedankens des § 723 Abs. 3 BGB unabdingbar.[118] Insofern sind auch faktische Beschränkungen des Austrittsrechts unzulässig.[119] Allerdings bestehen Gestaltungsspielräume, von denen Gebrauch gemacht werden sollte.

1. Konkretisierungen zum außerordentlichen Austrittsrecht

Der Tatbestand des Ausscheidens kann konkretisiert, zudem können die Modalitäten der Durchführung des Austritts und der Verwertung des Geschäftsanteils in der Satzung geregelt werden.[120] Es ist daher grundsätzlich möglich, in der Satzung zu statuieren, dass bestimmte Umstände keinen Austrittsgrund darstellen, andere hingegen den Tatbestand eines wichtigen Grundes erfüllen sollen.[121] Aufgrund der Vorschrift des § 723 Abs. 3 BGB sollte mit der Festlegung von Gründen, die nicht zum außerordentlichen Austritt berechtigen sollen, allerdings restriktiv verfahren werden. Angesichts der insofern umstrittenen Rechtslage (vgl. → I. 2. d) bb)) erscheint es aber beispielsweise möglich, in der Satzung zu normieren, dass der dringende Geldbedarf eines Gesellschafters keinen wichtigen Grund zum Austritt darstellt.

Sofern – wie regemäßig – ein ordentliches Austrittsrecht in der Satzung normiert wird (dazu → III. 5.), besteht allerdings grundsätzlich keine Notwendigkeit für solche einschränkenden Regelungen aufgrund der grundsätzlichen Vorrangigkeit des ordentlichen Austrittsrechts (vgl. → I. 2. b)). Aber auch dann sollte – entgegen häufiger Praxis – die Satzung nicht nur am Ende der Austrittsklausel den lapidaren Satz enthalten, dass das außerordentliche Austrittsrecht unberührt bleibt. Die Satzungsregelungen zum Verfahren, zur Abfindung sowie zur Haftung sollten sich explizit auch auf den Fall des außerordentlichen Austritts beziehen, um Streitpotential zu vermeiden.

2. Konkretisierung der Rechtsfolgen des Austritts

Aufgrund der zahlreichen umstrittenen Fragen zu den Rechtsfolgen des Austritts (dazu → II. 3.) sollten sich in der Satzung hierzu konkretisierende Regelungen finden.

---

[117] *Klöckner* GmbHR 2012, 1325 (1330).

[118] BGH 18.2.2014 – II ZR 174/11, NZG 2014, 541 Rn. 12; *Strohn* in MüKoGmbHG, 4. Aufl. 2022, § 34 Rn. 207.

[119] Hierzu ausführlich *Bühler,* Preislimitierte Ankaufsrechte im Gesellschaftsrecht, 2021, S. 164–167.

[120] *Hauschild* in Hauschild/Kallrath/Wachter, Notarhandbuch Gesellschafts- und Unternehmensrecht, 3. Aufl. 2022, § 16 Rn. 389; *Strohn* in MüKoGmbHG, 4. Aufl. 2022, § 34 Rn. 207.

[121] *Sosnitza* in Michalski/Heidinger/Leible/J. Schmidt, GmbHG, 4. Aufl. 2023, Anh. § 34 Rn. 67; *Strohn* in MüKoGmbHG, 4. Aufl. 2022, § 34 Rn. 207.

a) Schicksal des Geschäftsanteils

aa) Abtretungsverpflichtung

Häufig findet sich im Schrifttum der Hinweis, neben der Einziehungsmöglichkeit auch eine Abtretungsverpflichtung an Mitgesellschafter, Dritte oder an die Gesellschaft (in den Grenzen der § 33 GmbHG, § 30 Abs. 1 GmbHG) vorzusehen.[122] Dies ist zweifellos richtig, jedoch ohnehin von Gesetzes wegen der Fall (vgl. → II. 3. b)). Die explizite Aufnahme in die Satzung hat allerdings den Vorteil, dass die Abtretungsverpflichtung notariell beurkundet ist, wie dies § 15 Abs. 4 GmbHG vorschreibt, und demnach der Beschluss, an wen abgetreten werden soll, nicht mehr der notariellen Beurkundung bedarf.[123] Zudem kann und sollte klargestellt werden, welche Gegenleistung der Erwerber zu erbringen hat und ob er allein zur Leistung verpflichtet ist oder daneben auch die Gesellschaft haftet.[124] Ferner ist überlegenswert, hinsichtlich der Zwangsabtretung eine Ermächtigung (§ 185 BGB) der Geschäftsführer (in vertretungsberechtigter Anzahl) zur Abtretung, samt einer Befreiung von den Beschränkungen des § 181 BGB vorzusehen,[125] auch wenn bezweifelt wird, ob eine solche Vollmacht in der Satzung für später eintretende Gesellschafter gelten kann.[126]

bb) Einziehung

Nach einer Einziehung entspricht die Stammkapitalziffer im Ergebnis entgegen § 5 Abs. 3 S. 2 GmbHG nicht mehr der Summe der Nennbeträge der Geschäftsanteile (vgl. oben → II. 3. b)). Der BGH ließ offen, ob das Registergericht anlässlich eines späteren Eintragungsantrags darauf bestehen kann, dass die Divergenz zwischen der Summe der Nennbeträge der Geschäftsanteile und dem Stammkapital beseitigt wird.[127] Deshalb sollte in der Satzung eine Verpflichtung zur zeitnahen Ergreifung entsprechender Maßnahmen enthalten sein.[128] Als solche Maßnahmen kommen in Betracht:[129]

– die Aufstockung der verbliebenen Geschäftsanteile,
– die Neubildung eines Geschäftsanteils sowie
– die Kapitalherabsetzung.

cc) An die Anwachsung angenähertes Regelungsmodell

Sofern eine an die Anwachsung im Personengesellschaftsrecht (dazu → II.1.) angenäherte Lösung gewünscht wird, können bedingte (Teil-)Geschäftsanteilsabtretungen bereits in der Satzung vereinbart werden.[130] Allerdings ist hier ein *kostenrechtlicher Faktor* zu beachten: Neben der Gesellschaftsgründung ist jede aufschiebend bedingte Abtretung ein eigener Beurkundungsgegenstand im Sinne von § 86 Abs. 2 Hs. 1 GNotKG und die Werte aller

---

[122] Vgl. etwa *Bacher/v. Blumenthal* NZG 2008, 406 (408); *Wilke* in Würzburger Notarhandbuch, 6. Aufl. 2022, Teil 5 Kap. 3 Rn. 83.

[123] *Bacher/v. Blumenthal* NZG 2008, 406 (408).

[124] Vgl. *Bacher/v. Blumenthal* NZG 2008, 406 (408).

[125] *Hauschild* in Hauschild/Kallrath/Wachter, Notarhandbuch Gesellschafts- und Unternehmensrecht, 3. Aufl. 2022, § 16 Rn. 384, 387 und 389; *Wälzholz* MittBayNot 2014, 417 (421); *Wilke* in Würzburger Notarhandbuch, 6. Aufl. 2022, Teil 5 Kap. 3 Rn. 83.

[126] Vgl. *Mayer/Weiler* in Beck'sches Notar-Handbuch, 7. Aufl. 2019, § 22 Rn. 140.

[127] BGH 2. 12. 2014 – II ZR 322/13, BGHZ 203, 303 = NZG 2015, 429 Rn. 26.

[128] *Hauschild* in Hauschild/Kallrath/Wachter, Notarhandbuch Gesellschafts- und Unternehmensrecht, 3. Aufl. 2022, § 16 Rn. 386; *Mayer/Weiler* in Beck'sches Notar-Handbuch, 7. Aufl. 2019, § 22 Rn. 148 f.

[129] Vgl. *Clevinghaus* RNotZ 2011, 449 (462–464); *Mayer/Weiler* in Beck'sches Notar-Handbuch, 7. Aufl. 2019, § 22 Rn. 144 ff.

[130] BGH 30. 6. 2003 – II ZR 326/01, NZG 2003, 871 (872); *Mayer/Weiler* in Beck'sches Notar-Handbuch, 7. Aufl. 2019, § 22 Rn. 152.

beurkundeten Abtretungen sind zusammenzurechnen (§ 35 Abs. 1 Hs. 1 GNotKG).[131] Diese Gestaltung bringt damit deutlich höhere Notarkosten mit sich. Überdies bestehen materiell-rechtliche Bedenken hinsichtlich des Bestimmtheitsgrundsatzes.[132]

b) Zeitpunkt des Ausscheidens und Ausübung von Gesellschafterrechten

Auch der Zeitpunkt des Ausscheidens des Gesellschafters sollte eine Regelung erfahren.

Es ist – sehr weitgehend – möglich, in der Satzung zu regeln, dass im Falle des Austritts der Gesellschafter seine Gesellschafterstellung mit sofortiger Wirkung verliert, mithin bevor der Austritt technisch vollzogen und bevor eine Abfindung gezahlt wurde.[133] Allerdings bleibt der Geschäftsanteil auch dann bestehen.[134] Mangels gegenteiliger Satzungsanordnung wird der Geschäftsanteil bis zur Verwertung entweder trägerlos oder er fällt der Gesellschaft vorübergehend treuhänderisch an.[135] Ist der sofortige Verlust der Gesellschafterstellung in der Satzung angeordnet, so sollte eine neue Gesellschafterliste bereits unmittelbar nach Zugang der Austrittserklärung eingereicht werden.[136] Allerdings ist noch nicht vollständig geklärt, was in eine solche Liste einzutragen ist, da der Austretende zwar nicht mehr Gesellschafter, jedoch weiterhin Inhaber des Geschäftsanteils ist.[137]

Diese Unsicherheiten dürften dafürsprechen, lediglich das *Ruhen des Stimmrechts* des Gesellschafters, der einen Austritt erklärt hat, ab dem Zugang der Austrittserklärung anzuordnen.[138] Zudem kann der Gewinnanspruch ab diesem Zeitpunkt ausgeschlossen werden.[139]

3. Regelungen zur Höhe und Modalität der Abfindungszahlung

Freilich sollten auch Regelungen zu Höhe, Berechnung und Fälligkeit der geschuldeten Abfindung getroffen werden, da diese sonst in Höhe des *vollen Verkehrswerts* des Geschäftsanteils gezahlt werden müsste und *sofort fällig* wäre (dazu → II. 4. c)).

a) Höhe der Abfindung

Zwar bestehen unstreitig die Möglichkeit und das Bedürfnis, die Abfindung auch mittels Satzungsregelung zu beschränken.[140] Entsprechende Klauseln dienen dem Bestandsschutz

---

[131] *Heckschen/Stelmaszczyk* in Heckschen/Heidinger, Die GmbH in der Gestaltungs- und Beratungspraxis, 5. Aufl. 2023, Kap. 4 Rn. 574.

[132] Dazu *Heidinger/Blath* GmbHR 2007, 1184 (1189); *Maier-Reimer* GmbHR 2017, 1325 (1328).

[133] BGH 30.6.2003 – II ZR 326/01, NZG 2003, 871 (872); *Strohn* in MüKoGmbHG, 4. Aufl. 2022, § 34 Rn. 216.

[134] BGH 30.6.2003 – II ZR 326/01, NZG 2003, 871 (872); *Strohn* in MüKoGmbHG, 4. Aufl. 2022, § 34 Rn. 128.

[135] Offengelassen von BGH 30.6.2003 – II ZR 326/01, NZG 2003, 871 (872, auch mN).

[136] *Heckschen/Stelmaszczyk* in Heckschen/Heidinger, Die GmbH in der Gestaltungs- und Beratungspraxis, 5. Aufl. 2023, Kap. 4 Rn. 588.

[137] Dazu mN *Heckschen/Stelmaszczyk* in Heckschen/Heidinger, Die GmbH in der Gestaltungs- und Beratungspraxis, 5. Aufl. 2023, Kap. 4 Rn. 588.

[138] Dies ist möglich, vgl. *Schwab* DStR 2012, 707 (708); *Strohn* in MüKoGmbHG, 4. Aufl. 2022, § 34 Rn. 216. Vgl. zum Zeitpunkt, ab dem diese Rechte ruhen, *Hülsmann* GmbHR 2003, 198 (200).

[139] BGH 26.10.1983 – II ZR 87/83, BGHZ 88, 320 = NJW 1984, 489 (490); *Kersting* in Noack/Servatius/Haas, GmbHG, 23. Aufl. 2022, Anh. nach § 34 Rn. 26.

[140] BGH 16.12.1991 – II ZR 58/91, BGHZ 116, 359 = NJW 1992, 892 (894); BGH 19.9.2005 – II ZR 342/03, BGHZ 164, 107 = DNotZ 2006, 140 (143); *Hauschild* in Hauschild/Kallrath/Wachter, Notarhandbuch Gesellschafts- und Unternehmensrecht, 3. Aufl. 2022, § 16 Rn. 394.

der Gesellschaft *(Kapitalsicherungsfunktion)*, der *Streitvermeidung* (hinsichtlich der Verkehrswertbestimmung) und der *Gesellschafterdisziplinierung*.[141] Für den Vertragsgestalter erweist sich die Umsetzung aber als schwierig, da der BGH unklare Grenzen für die Zulässigkeit solcher Vereinbarungen zieht.

aa) Benachteiligung des ausscheidenden Gesellschafters

Die wohl relevanteste Grenze abfindungsbeschränkender Klauseln ergibt sich aus einer möglichen Benachteiligung des ausscheidenden Gesellschafters. Insofern gelten für das GmbH-Recht grundsätzlich dieselben Maßstäbe wie für das Personengesellschaftsrecht.[142]

(1) Auffassung der herrschenden Meinung. Die Rechtsprechung geht davon aus, dass Abfindungsklauseln anfänglich nichtig gemäß § 138 Abs. 1 BGB und § 241 Nr. 4 AktG analog seien, wenn bereits zum Zeitpunkt des Gesellschaftsvertragsschlusses ein nicht mehr gerechtfertigtes, grobes Missverhältnis zwischen dem Abfindungs- und dem Verkehrswert der Anteile besteht.[143] Wann ein „grobes Missverhältnis" vorliegt, könne nicht schematisch beantwortet werden. Dieses sei vielmehr auf Basis einer Abwägung zu eruieren, in deren Rahmen die Vermögensinteressen des betroffenen Gesellschafters sowie das Bestandsinteresse der Gesellschaft und der übrigen Gesellschafter zu berücksichtigen seien.[144] Die Abfindung dürfe auch nicht derart hinter dem Verkehrswert zurückbleiben, dass der Gesellschafter von seinem Austrittsrecht vernünftigerweise keinen Gebrauch mehr macht.[145]

Entsteht ein grobes Missverhältnis *erst im Laufe der Zeit,* wird die Abfindungsklausel nicht nichtig.[146] Vielmehr geht der BGH davon aus, ein unangemessen geringer Abfindungsbetrag sei im Wege der ergänzenden Vertragsauslegung (§§ 133, 157 BGB) an die neuen Verhältnisse anzupassen.[147]

(2) Kritik. Kritik an dieser Rechtsprechung wurde bereits anderweitig ausführlich dargelegt.[148] Aber auch nach hier vertretener Auffassung bestehen Grenzen für Abfindungsbeschränkungen (nur) für den Fall des Austritts eines Gesellschafters, da das Austrittsrecht wegen § 723 Abs. 3 BGB nicht beeinträchtigt werden darf.[149] Besteht ein entsprechendes Missverhältnis bereits zum Zeitpunkt des Vertragsschlusses, ist die Abfindungsklausel nichtig; entsteht es erst später, erfolgt eine Anpassung der geschuldeten Abfindung auf dem dogmatisch richtigen Weg der Ausübungskontrolle nach § 242 BGB.[150]

---

[141] Vgl. *Bühler,* Preislimitierte Ankaufsrechte, 2021, S. 151 f. mN.

[142] *Fleischer/Bong* WM 2017, 1957; *Sosnitza* in Michalski/Heidinger/Leible/J. Schmidt, GmbHG, 4. Aufl. 2023, § 34 Rn. 60; *Strohn* in MüKoGmbHG, 4. Aufl. 2022, § 34 Rn. 239.

[143] Vgl. BGH 27. 9. 2011 − II ZR 279/09, NZG 2011, 1420 Rn. 12; BGH 19. 9. 2005 − II ZR 342/03, BGHZ 164, 107 = DNotZ 2006, 140; BGH 16. 12. 1991 − II ZR 58/91, BGHZ 116, 359 = NJW 1992, 892 (895).

[144] BGH 19. 9. 2005 − II ZR 342/03, BGHZ 164, 107 = DNotZ 2006, 140 (143); OLG Oldenburg 15. 6. 1995 − 1 U 126/90, GmbHR 1997, 503 (505); BGH 9. 1. 1989 − II ZR 83/88, DNotZ 1991, 906 (908).

[145] BGH 13. 3. 2006 − II ZR 295/04, NZG 2006, 425 Rn. 11; BGH 16. 12. 1991 − II ZR 58/91, BGHZ 116, 359 = NJW 1992, 892 (895); *Kersting* in Noack/Servatius/Haas, GmbHG, 23. Aufl. 2022, Anh. nach § 34 Rn. 21.

[146] Seit BGH 20. 9. 1993 − II ZR 104/92, BGHZ 123, 281 = NJW 1993, 3193; vgl. dazu mN *Bühler,* Preislimitierte Ankaufsrechte, 2021, S. 248−250.

[147] OLG München 8. 10. 2014 − 15 U 756/14, BeckRS 2016, 571 Rn. 53; OLG Frankfurt a. M. 9. 1. 2013 − 16 U 18/12, NZG 2013, 292 (292 f.); BGH 20. 9. 1993 − II ZR 104/92, BGHZ 123, 281 = NJW 1993, 3193 (3194).

[148] Vgl. *Bühler,* Preislimitierte Ankaufsrechte, 2021, S. 181 ff., S. 257 ff.; *Bühler* DNotZ 2021, 725 (729 ff.).

[149] Vgl. *Bühler* DNotZ 2021, 725 (732 f.); hierzu auch BGH 13. 3. 2006 − II ZR 295/04, NZG 2006, 425 Rn. 10 ff.; OLG München 8. 10. 2014 − 15 U 756/14, BeckRS 2016, 571 Rn. 53; *Strohn* in MüKoGmbHG, 4. Aufl. 2022, § 34 Rn. 245.

[150] Vgl. dazu *Bühler* DNotZ 2021, 725 (732 f., 737 ff.).

Die Frage des Missverhältnisses ist entgegen der Rechtsprechung über Richtwerte zu konkretisieren. Insofern ist grundsätzlich von folgenden Richtwerten auszugehen:[151]

- Bei einem Austritt aus wichtigem Grund gilt:
  - Ein Abschlag auf den Verkehrswert von bis zu 1/3 ist grundsätzlich möglich.
  - Hat jedoch ein anderer Gesellschafter den wichtigen Grund zu vertreten, so darf maximal ein Abschlag von 10% auf den Verkehrswert erfolgen.
- Bei einem gesellschaftsvertraglich ermöglichten *ordentlichen Austrittsrecht* ist ein Abschlag von bis zu 2/3 möglich, sodass erst bei einer Unterschreitung von 1/3 des Verkehrswerts ein grobes Missverhältnis besteht.

Von diesen Richtwerten darf im Einzelfall – allerdings restriktiv – um bis zu *zehn Prozentpunkte* nach oben oder unten abgewichen werden.[152] Es sei allerdings noch einmal darauf hingewiesen, dass die Rechtsprechung solche Richtwerte (bislang) nicht anerkennt (zur Handhabung in der Praxis sogleich → III. 3. a) ee)). Wer selbst bei einem in der Satzung zugelassenen ordentlichen Austrittsrecht vorsichtig agieren will, sollte auch insofern keinen Abschlag von mehr als 50% auf den Verkehrswert festlegen.[153]

bb) Grundsatz der Gleichbehandlung

Eine weitere Grenze für abfindungsbeschränkende Vereinbarungen ergibt sich aus dem Grundsatz der *Gleichbehandlung*. Nach diesem darf keine willkürliche, sachlich nicht gerechtfertigte unterschiedliche Behandlung der Gesellschafter erfolgen.[154] Mithin sind insbesondere Bewertungsabweichungen gegenüber vergleichbaren Ausscheidensfällen problematisch.[155]

cc) Gläubigerbenachteiligung

Zuletzt darf keine *Benachteiligung von Gläubigern* vorliegen. Abfindungsbeschränkungen, die *ausschließlich* dazu dienen, die Gesellschaftsbeteiligung für die Gläubiger des Gesellschafters zu entwerten, sind gemäß § 138 Abs. 1 BGB sittenwidrig und nichtig.[156] Eine solche ausschließliche Gläubigerbenachteiligung besteht aber nicht, wenn die Abfindungsbeschränkung auch für vergleichbare Fälle gilt.[157]

dd) Steuerliche Aspekte

Hier nicht weiter vertieft werden kann, dass eine Abfindung unter dem jeweiligen Steuerwert des Geschäftsanteils erbschaft- und schenkungsteuerliche Folgen (§ 7 Abs. 7 ErbStG) sowie einkommensteuerliche Folgen nach sich ziehen kann.[158]

ee) Vorgehensweise in der Praxis

Eine Beschränkung der Abfindungshöhe ist angesichts des sonst geschuldeten vollen Verkehrswerts in den meisten Fällen angezeigt. Insbesondere die fehlende Akzeptanz von Richtwerten und die damit einhergehende Rechtsunsicherheit sind für die Kautelarpraxis aber problematisch.

---

[151] Vgl. *Bühler*, Preislimitierte Ankaufsrechte, 2021, S. 450–453; *Bühler* DNotZ 2021, 725 (739–741).

[152] Vgl. *Bühler*, Preislimitierte Ankaufsrechte, 2021, S. 454; *Bühler* DNotZ 2021, 725 (741).

[153] Dieser Prozentsatz wird meist als Anhaltspunkt genannt, vgl. *Bühler,* Preislimitierte Ankaufsrechte, 2021, S. 264f. m. Fn. 974.

[154] *Eckhardt* in Kölner Handbuch Gesellschaftsrecht, 4. Aufl. 2020, Kap. 2. A. VI. Rn. 422.

[155] *Wilke* in Würzburger Notarhandbuch, 6. Aufl. 2022, Teil 5 Kap. 3 Rn. 83.

[156] BGH 19.6.2000 – II ZR 73/99, BGHZ 144, 365 (366f.) = NJW 2000, 2819 (2820); BGH 12.6.1975 – II ZB 12/73, BGHZ 65, 22 (26) = NJW 1975, 1835 (1836).

[157] *Eckhardt* in Kölner Handbuch Gesellschaftsrecht, 4. Aufl. 2020, Kap. 2. A. VI. Rn. 421.

[158] Vgl. dazu *Eckhardt* in Kölner Handbuch Gesellschaftsrecht, 4. Aufl. 2020, Kap. 2. A. VI. Rn. 426; *Gebel* in Troll/Gebel/Jülicher/Gottschalk, ErbStG, 63. EL 2022, § 7 Rn. 395ff.

(1) Nach Ausscheidenstatbeständen differenzierte Satzungsregelung. Stets sollte eine *differenzierte* Betrachtung erfolgen und in der Satzung bei der Höhe der Abfindung präzise nach den einzelnen Ausscheidenstatbeständen unterschieden werden.[159] Denn es ist anerkannt, dass an eine Abfindung, die als Folge eines Austritts aus wichtigem Grund zu zahlen ist, besonders strenge Anforderungen zu stellen sind und im Wesentlichen der volle Verkehrswert geschuldet wird.[160] Räumt die Satzung aber ein Recht zur ordentlichen Austrittsmöglichkeit ein (vgl. → I. 3. und → III. 5.), kann dies mit erheblich größeren Beschränkungen der Abfindung einhergehen.[161]

Der BGH hat auch in einer älteren Entscheidung ausgesprochen, dass es meist keine sachgerechte Gestaltung darstelle, wenn die Satzung für alle Fälle des Ausscheidens das gleiche (nicht vollwertige) Entgelt vorsieht und rechtliche Bedenken angedeutet, wenn ein Gesellschafter, der aus einem in den Verhältnissen der Gesellschaft liegenden wichtigen Grund ausscheiden will, ebenso behandelt wird wie ein Gesellschafter, der sein Ausscheiden selbst zu vertreten hat.[162] Deshalb gilt für die Kautelarpraxis die Empfehlung, *abgestufte Abfindungshöhen* vorzusehen und nicht der Einfachheit halber – was mitunter in Satzungsmustern zu sehen ist – für alle Fälle des Ausscheidens dieselbe Abfindungshöhe anzuordnen. Freilich müssen der Grundsatz der Gleichbehandlung und der Gläubigerbenachteiligung beachtet werden (dazu → III. 3. a) bb) und cc)).

All dies betrifft aber lediglich die rechtliche Zulässigkeit einer Beschränkung – ob ein entsprechender Abschlag sinnvoll und von den Gesellschaftern gewollt ist, muss stets im Einzelfall geklärt und mit den Beteiligten besprochen werden (§ 17 Abs. 1 S. 1 BeurkG).

(2) Ausnahmekonstellationen. Eine Ausnahme dieser Grundsätze gilt für Gesellschaften, die *ideelle oder gemeinnützige Zwecke* verfolgen sowie für die sog. *Mitarbeiter- oder Managermodelle*, bei denen ohne Kapitaleinsatz eine Minderheitsbeteiligung nur für die Dauer der Unternehmenszugehörigkeit eingeräumt wird.[163] In diesen Konstellationen kann sogar ein sonst grundsätzlich unzulässiger Abfindungsausschluss vereinbart werden.[164]

Diskutiert wird zudem die Möglichkeit einer stärkeren Beschränkung der Abfindung bei Familiengesellschaften,[165] was aber höchstrichterlich noch nicht abgesichert ist.

(3) Regelung zur Bewertung. Da die Ermittlung des Verkehrswerts eines Geschäftsanteils meist kompliziert und streitanfällig ist, sollte in die Satzung aufgenommen werden, dass ein Schiedsgutachter diesen Wert verbindlich ermittelt, sofern sich die Beteiligten nicht innerhalb eines gewissen Zeitraums hierüber einig werden.[166]

---

[159] *Eckhardt* in Kölner Handbuch Gesellschaftsrecht, 4. Aufl. 2020, Kap. 2. A. VI. Rn. 423; *Mayer/Weiler* in Beck'sches Notar-Handbuch, 7. Aufl. 2019, § 22 Rn. 159; *Schindler* in BeckOK GmbHG, 54. Ed. 1.9.2022, § 34 Rn. 196.

[160] BGH 29.5.1978 – II ZR 52/77, NJW 1979, 104 (unter II. 2.); BGH 12.6.1975 – II ZB 12/73, BGHZ 65, 22 = NJW 1975, 1835 (1837 unter 5.); *Schwab* DStR 2012, 707 (708f.).

[161] OLG München 16.2.2001 – 23 U 4590/00, NZG 2001, 662 (663f.); OLG Oldenburg 15.6.1995 – 1 U 126/90, GmbHR 1997, 503, 506; *Strohn* in MüKoGmbHG, 4. Aufl. 2022, § 34 Rn. 243.

[162] BGH 12.6.1975 – II ZB 12/73, BGHZ 65, 22 = NJW 1975, 1835, 1837 (unter 5.).

[163] OLG Hamm 13.4.2022 – 8 U 112/21, NZG 2022, 919 Rn. 24f. (zu einer gGmbH); BGH 27.9.2011 – II ZR 279/09, NZG 2011, 1420 Rn. 12f.; BGH 19.9.2005 – II ZR 342/03, BGHZ 164, 107 = DNotZ 2006, 140 (143); BGH 19.9.2005 – II ZR 173/04, BGHZ 164, 98 = DNotZ 2006, 137 (139f.);

[164] Dies ist iE richtig, da die Schranke des § 723 Abs. 3 BGB nur vor *wirtschaftlichen* Nachteilen schützt, welche in diesen Konstellationen nicht bestehen können; vgl. dazu *Bühler*, Preislimitierte Ankaufsrechte, 2021, S. 453.

[165] *Ulmer* ZIP 2010, 805 (813ff.); so auch *Fleischer* BB 2019, 2819 (2825); *Skusa/Thürauf* NJW 2015, 3478 (3480ff.); *Schäfer* in MüKoBGB, 8. Aufl. 2020, § 738 Rn. 60; ähnlich OLG Karlsruhe 12.10.2006 – 9 U 34/06, NZG 2007, 423 (425); kritisch *Wolf* MittBayNot 2013, 9 (14).

[166] *Mayer/Weiler* in Beck'sches Notar-Handbuch, 7. Aufl. 2019, § 22 Rn. 759 (§ 10 des Musters); *Ulmer* FS Quack, 1991, 477 (498f.).

b) *Modalitäten der Abfindungszahlung*

Ohne abweichende Satzungsbestimmung ist der Abfindungsanspruch nach wohl hM sofort fällig (dazu → II. 4. c)). Dies kann eine erhebliche Belastung für die Gesellschaft darstellen. Mithin sind Regelungen zu den Zahlungsmodalitäten üblich und wichtig. Das Interesse der Gesellschaft an Ratenzahlungsvereinbarungen und hinausgeschobenen Fälligkeitsterminen wird von der Rechtsprechung auch grundsätzlich anerkannt.[167]

Allerdings werden solche Vereinbarungen wiederum an § 138 Abs. 1 BGB gemessen. Es gelten letztlich dieselben Gesichtspunkte wie bei der Beschränkung der Abfindungshöhe – das Interesse der Unternehmenserhaltung kann nicht einseitig über das Abfindungsinteresse des ausscheidenden Gesellschafters gestellt werden.[168] Die Auszahlungsdauer darf allerdings nicht isoliert betrachtet werden, sondern ist mit der Abfindungshöhe und den sonstigen Regelungen (insb. der Verzinsung) in einem Gesamtzusammenhang zu sehen.[169] Wiederum müssen die Kautelarpraxis und (vor allem) die Beteiligten aufgrund der einzelfallbezogenen Abwägung der Rechtsprechung mit einer gewissen Rechtsunsicherheit leben.

Ein Auszahlungszeitraum von bis zu fünf Jahren wird allgemein als zulässig angesehen.[170] Ein Zeitraum über zehn Jahre ist hingegen grundsätzlich unzulässig.[171] Je stärker die Abfindungshöhe beschränkt wird, desto kürzer sollte die Auszahlungsfrist bemessen sein. Ferner sollte dann auch an eine Verzinsung des Abfindungsbetrags gedacht werden, da dieser (für den ausscheidenden Gesellschafter positiver) Aspekt im Rahmen der Gesamtbetrachtung ebenfalls zu berücksichtigen ist. Insofern werden jährliche Zinshöhen zwischen zwei und fünf Prozentpunkten über dem jeweiligen Basiszinssatz vorgeschlagen.[172]

4. *Problem der Ausfallhaftung*

Wenn die Verwertung des Geschäftsanteils mittels Einziehung erfolgt, stellt sich überdies das Problem der Ausfallhaftung der übrigen Gesellschafter (dazu → II. 4. d)).

Die Disponibilität der Ausfallhaftung hat der BGH zwar ausdrücklich angenommen: Die Gesellschafter können mittels *individueller Vereinbarung* die subsidiäre Haftung der in der Gesellschaft verbleibenden Gesellschafter regeln und es sei nicht grundsätzlich geboten, dafür Sorge zu tragen, dass der ausgeschiedene Gesellschafter seine Abfindung auch dann in voller Höhe erhält, wenn die Gesellschaft wegen einer Verschlechterung ihrer Vermögenslage gem. § 34 Abs. 3 GmbHG iVm § 30 Abs. 1 GmbHG nicht mehr zahlen kann.[173] Es ist allerdings weiterhin unklar und zweifelhaft, ob und inwieweit die Ausfallhaftung durch *Satzungsrege-*

---

[167] OLG Dresden 18.5.2000 – 21 U 3559/99, NZG 2000, 1042 (1043); BGH 9.1.1989 – II ZR 83/88, NJW 1989, 2685 (2686).

[168] OLG Dresden 18.5.2000 – 21 U 3559/99, NZG 2000, 1042 (1043); BGH 9.1.1989 – II ZR 83/88, NJW 1989, 2685 (2686); *Strohn* in MüKoGmbHG, 4. Aufl. 2022, 4. Aufl. 2022, § 34 Rn. 242.

[169] OLG Dresden 18.5.2000 – 21 U 3559/99, NZG 2000, 1042 (1043); *Strohn* in MüKoGmbHG, 4. Aufl. 2022, § 34 Rn. 242.

[170] BGH 13.3.2006 – II ZR 295/04, NZG 2006, 425 Rn. 11; OLG Dresden 18.5.2000 – 21 U 3559/99, NZG 2000, 1042 (1043); *Kersting* in Noack/Servatius/Haas, GmbHG, 23. Aufl. 2022, § 34 Rn. 38; *Sosnitza* in Michalski/Heidinger/Leible/J. Schmidt, GmbHG, 4. Aufl. 2023, § 34 Rn. 78.

[171] OLG Hamm 4.12.2002 – 8 U 40/02, NZG 2003, 440 (441); OLG Dresden 18.5.2000 – 21 U 3559/99, NZG 2000, 1042 (1043); *Mayer/Weiler* in Beck'sches Notar-Handbuch, 7. Aufl. 2019, § 22 Rn. 169.

[172] Vgl. *Hauschild* in Hauschild/Kallrath/Wachter, Notarhandbuch Gesellschafts- und Unternehmensrecht, 3. Aufl. 2022, § 16 Rn. 406 (fünf Prozentpunkte); *Wilke* in Würzburger Notarhandbuch, 6. Aufl. 2022, Teil 5 Kap. 3 Rn. 1 (§ 10 Ziffer 3.: zwei Prozentpunkte).

[173] BGH 10.5.2016 – II ZR 342/14, BGHZ 210, 186 = NZG 2016, 742 Rn. 32.

lung abdingbar ist,[174] sodass eine entsprechende Regelung mit Risiken behaftet wäre. Jedoch spricht vieles dafür, die Ausfallhaftung jedenfalls in dem Umfang beschränken zu können, in dem auch die Abfindungshöhe beschränkt werden kann.[175]

Mitunter wird empfohlen, für den Fall des Verstoßes gegen die Kapitalerhaltungsvorschriften bei der Einziehung des Geschäftsanteils die Ausfallhaftung in der Satzung explizit zu regeln, sodass die verbleibenden Gesellschafter wie ein selbstschuldnerischer Bürge haften.[176] Möglich ist es auch, die Bedingungslösung zu vereinbaren und damit die Wirksamkeit einer Einziehung nicht bereits mit der Beschlussfassung eintreten zu lassen, wenn dies trotz des mitunter langen Schwebezustands gewünscht wird.[177]

5. Ordentliches Austrittsrecht und Zusammenhang mit Vinkulierungsklauseln

a) Hintergrund

Der Austritt eines Gesellschafters aus wichtigem Grund sollte wegen der damit einhergehenden Belastung der Gesellschaft[178] mit einer hohen Abfindungszahlung tunlichst vermieden werden. Ein ordentliches Austrittsrecht ist vorrangig vor dem außerordentlichen Austrittsrecht (vgl. → I. 2. b)). Da die Abfindungshöhe bei einem ordentlichen Austrittsrecht deutlich geringer ausfallen darf (vgl. → III. 3. a)), kann durch die Aufnahme eines ordentlichen Austrittsrechts die Gefahr eines hohen Liquiditätsabflusses reduziert werden.

b) Zeitlich befristeter Ausschluss des Austrittsrechts

Sofern ein ordentliches Austrittsrecht in der Satzung vorgesehen ist, sollte dieses zeitlich befristet *ausgeschlossen* werden, um eine gewisse Stabilität in der Startphase zu gewährleisten.[179] Nach aktueller Rechtslage verbietet § 723 Abs. 3 BGB – dessen Rechtsgedanke auch im GmbH-Recht anzuwenden ist – zwar auch Beschränkungen hinsichtlich des ordentlichen Kündigungs-/Austrittsrechts.[180] Vereinbarungen zu Fristen und Terminen sind gleichwohl möglich und der ordentliche Austritt darf für eine bestimmte Zeit ausgeschlossen werden, solange die Bindung der Gesellschafter an die Gesellschaft zeitlich nicht ganz unüberschaubar und ihre persönliche und wirtschaftliche Betätigungsfreiheit nicht unvertretbar eingeengt werden.[181] Der BGH nimmt zur Frage, wo die zeitliche Grenze einer zulässigen Zeitbestimmung verläuft, wiederum eine Abwägung vor. Diese berücksichtigt die schutzwürdigen Interessen der Gesellschafter an absehbaren, einseitigen, ohne wichtigen Grund gewährten Lösungsmöglichkeiten ebenso wie die Struktur der Gesellschaft, die Art und das Ausmaß der für die Beteiligten aus dem Gesellschaftsvertrag folgenden Pflichten sowie das durch den Gesellschaftszweck begründete Interesse an möglichst langfristigem Bestand der Gesellschaft.[182]

---

[174] Hierzu *Kersting in* Noack/Servatius/Haas, GmbHG, 23. Aufl. 2022, § 34 Rn. 47; *J. Schmidt* GmbHR 2013, 953 (960); *Strohn* in MüKoGmbHG, 4. Aufl. 2022, § 34 Rn. 85.

[175] *J. Schmidt* GmbHR 2013, 953 (960); vgl. auch *Hamberger* MittBayNot 2017, 609 (616); *Wicke*, GmbHG, 4. Aufl. 2020, § 34 Rn. 11.

[176] *Heidinger/Blath* GmbHR 2007, 1184 (1189); *Wachter* NZG 2016, 961 (967).

[177] Vgl. *Hauschild* in Hauschild/Kallrath/Wachter, Notarhandbuch Gesellschafts- und Unternehmensrecht, 3. Aufl. 2022, § 16 Rn. 385; *Wagner* RNotZ 2022, 181 (191).

[178] Freilich wird die Gesellschaft nicht mit der Zahlung belastet, wenn sich ein Erwerber zu dem entspr. Preis findet. Allerdings haftet die Gesellschaft neben dem Erwerber (dazu → II. 4.b)).

[179] *Schwab* DStR 2012, 707 (708).

[180] BegrRegE MoPeG, BT-Drs. 19/27635, 173f.; *Bühler*, Preislimitierte Ankaufsrechte, 2021, S. 163 m. Fn. 565.

[181] BGH 22.5.2012 – II ZR 205/10, DNotZ 2012, 869 Rn. 12ff.; BGH 18.9.2006 – II ZR 137/04, NJW 2007, 295 Rn. 10ff. (Unwirksamkeit des Ausschlusses der Kündigung für 30 Jahre).

[182] BGH 22.5.2012 – II ZR 205/10, DNotZ 2012, 869 Rn. 19.; BGH 18.9.2006 – II ZR 137/04, NJW 2007, 295 Rn. 13.

Diese Abwägung im Einzelfall bewirkt freilich erneut eine erhebliche *Rechtsunsicherheit* und stellt die Kautelarpraxis vor Probleme. Führt man sich aber vor Augen, dass im GmbHG gerade kein ordentliches Austrittsrecht vorgesehen ist und dem Bestandsschutz der Gesellschaft grundsätzlich der Vorrang eingeräumt wird (dazu → I. 2. b)), so müssen im Vergleich zum Personengesellschaftsrecht weitergehende Beschränkungen eines (erst durch die Satzung eingeräumten) ordentlichen Austrittsrechts möglich sein. Es dürfte daher ein Ausschluss des ordentlichen Austrittsrechts für die ersten fünf, sogar für die ersten zehn Jahre stets möglich sein.

Mit Inkrafttreten des MoPeG zum 1.1.2024 wird § 725 Abs. 6 BGB nF nur noch das Recht auf außerordentliche Kündigung schützen – Vereinbarungen, die das ordentliche Kündigungsrecht beschränken, sollen dann lediglich an „der beweglichen Schranke des § 138 BGB" gemessen werden.[183] Damit dürften noch weitergehend vertragliche Vereinbarungen zu Fristen und Terminen des ordentlichen Austrittsrechts (auch bei der GmbH) möglich sein.

c) Alternative: (Preislimitiertes) Ankaufsrecht

Wird hingegen kein ordentliches Austrittsrecht in die Satzung integriert, besteht die Gefahr eines kosten- und zeitintensiven Streits über das Vorliegen eines wichtigen Grundes, den der austrittswillige Gesellschafter freilich behaupten wird, sofern er die Geschäftsanteile nicht veräußern kann. Hier zeigt sich aber bereits die enge Verzahnung zwischen dem Austrittsrecht und der Vinkulierung der Geschäftsanteile. Diese beiden Themenkomplexe als freiwillige „Exit-Möglichkeiten" eines Gesellschafters sollten daher stets gemeinsam betrachtet und die Satzungsregelungen aufeinander abgestimmt werden. Je nachdem, welche Wünsche zu den „Exit-Möglichkeiten" eines austrittswilligen Gesellschafters bestehen und welchen Zuschnitt die Gesellschaft aufweist, können auch (preislimitierte) Ankaufsrechte der Mitgesellschafter eine Möglichkeit darstellen, die Interessen des austrittswilligen und der verbleibenden Gesellschafter einer fairen Lösung zuzuführen.[184]

Wird ein (preislimitiertes) Ankaufsrecht aufgenommen, kann sogar überlegt werden, kein ordentliches Austrittsrecht zu vereinbaren, da die Veräußerung als milderes Mittel zum außerordentlichen Austritt aufgrund des Ankaufsrechts möglich bleibt. Freilich muss der austrittswillige Gesellschafter bei Vereinbarung eines preislimitierten Ankaufsrechts – welches den Mitgesellschaftern den Erwerb aufgrund des unterhalb des Verkehrswerts liegenden Ankaufspreises tendenziell eher ermöglicht – allerdings einen Abschlag auf den Verkehrswert hinnehmen, weshalb die Höhe des zu leistenden Ankaufspreises aus rechtlichen sowie aus tatsächlichen Gründen gut überlegt sein sollte.[185] Denkbar ist es natürlich auch, neben einem preislimitierten Ankaufsrecht gleichwohl ein ordentliches Austrittsrecht vorzusehen, bei diesem aber die Abfindung relativ stark zu beschränken. All dies muss stets im Einzelfall mit den Beteiligten aufgrund deren konkreter Wünsche besprochen werden.

---

[183] BegrRegE MoPeG, BT-Drs. 19/27635, 173f.

[184] Hierzu ausführlich der zweiteilige Aufsatz von *Bühler/Meier*, Gesellschaftsrechtliche Ankaufsrechte in der Kautelarpraxis, Teil I erschienen in MittBayNot 2023, 2; Teil II erscheint in Heft 2/2023 der MittBayNot.

[185] Vgl. zur Zulässigkeit von Beschränkungen des Ankaufspreises im Vergleich zum Verkehrswert: *Bühler* GmbHR 2021, 290 Rn. 9ff.; ausführlich *Bühler*, Preislimitierte Ankaufsrechte, 2021, S. 139ff., S. 244ff. Zu entspr. kautelarjuristischen Überlegungen vgl. auch *Bühler/Meier*, Gesellschaftsrechtliche Ankaufsrechte in der Kautelarpraxis, in Heft 1/2023 und Heft 2/2023 der MittBayNot.

Ganz grundsätzlich gilt es, eine (halbwegs) faire Ausstiegsmöglichkeit zu schaffen. Andernfalls besteht die Gefahr, dass ein Gesellschafter, der die Gesellschaft nicht verlassen kann, seine Mitgliedschaftsrechte so exzessiv ausübt, dass sich die anderen Gesellschafter schlussendlich gezwungen sehen, ihn zu – aus seiner Sicht – fairen Bedingungen ziehen zu lassen (sog. „lästiger Gesellschafter").[186]

6. Weitere Satzungsregelungen

Da die zu leistende Abfindung für die Gesellschaft eine erhebliche finanzielle Belastung darstellen kann, sollte den verbleibenden Gesellschaftern ebenfalls ein Recht zum Austritt („Anschlusskündigung") sowie zur Auflösung und Liquidation der Gesellschaft eingeräumt werden.[187]

Ferner ist die Form und – bei ordentlichen Austrittsrechten – die Frist zu regeln; etwa dergestalt, dass der Austritt mittels eingeschriebenen Briefs erklärt und bei Ausübung des außerordentlichen Austrittsrechts der angenommene wichtige Grund benannt werden muss.[188]

Da umstritten ist, ob eine Klage auf Zahlung der Abfindung oder gar auf Beschlussfassung vorrangig zu einer Auflösungsklage ist, wenn die Gesellschaft die Abfindung zwar zahlen könnte, dies aber nicht tut (dazu → II. 3. c)), sollte auch dieser Aspekt eine Regelung erfahren. Insofern kann entweder die Erhebung der Auflösungsklage ausdrücklich gestattet oder direkt die Auflösung der Gesellschaft angeordnet werden, sofern die Verwertung nicht innerhalb einer gewissen Frist erfolgt. Diese Frist wird bei einem ordentlichen Austritt der Kündigungsfrist entsprechen; bei einem außerordentlichen Austritt hingegen kürzer ausfallen müssen.

Es ist überdies empfehlenswert, in der Satzung einen eigenen Abschnitt zum Austrittsrecht festzulegen und Regelungen hierzu nicht lediglich in andere Abschnitte der Satzung (zB den Abschnitt zur Einziehung) zu integrieren.

---

[186] Vgl. dazu *Binz/Mayer* NZG 2012, 201 (209–211).
[187] *Schwab* DStR 2012, 707 (709).
[188] *Wilke* in Würzburger Notarhandbuch, 6. Aufl. 2022, Teil 5 Kap. 3 Rn. 1 (§ 6 der Satzung).

INGO DRESCHER

Die Änderung der Gesellschafterliste nach der Einziehung eines Geschäftsanteils

I. Einführung

Lange Zeit waren der Ausschluss eines GmbH-Gesellschafters und die Einziehung seines Geschäftsanteils lange Prozesse auch im Wortsinn: nach einer Entscheidung des Bundesgerichtshofs aus dem Jahr 1953 musste die Gesellschaft, wenn sie einen ihrer Gesellschafter gegen dessen Willen loswerden wollte, mangels Satzungsregelung zunächst einen Beschluss über dessen Ausschließung fassen und dann gegen den Gesellschafter eine Ausschlussklage führen. Wenn die Ausschlussklage in letzter Instanz erfolgreich und schließlich rechtskräftig entschieden war, war der Gesellschafter immer noch nicht aus der Gesellschaft hinausbefördert, weil der Ausschluss aufschiebend bedingt durch die Zahlung der Abfindung war.[1] Da diese sogenannte Bedingungslösung von der herrschenden Meinung sowohl für die in der Satzung vorgesehene Ausschließung als auch die Einziehung durch Gesellschafterbeschluss übernommen wurde,[2] war der Gesellschafter, dessen Verbleib in der Gesellschaft jedenfalls bei der Einziehung aus einem wichtigen Grund unzumutbar geworden war, auch dort nicht nur bis zum Ende des Verfahrens über die Ausschließung bzw. die Einziehung, sondern bis zur Zahlung der Abfindung noch als Gesellschafter zu behandeln und damit zu allen Gesellschafterversammlungen ganz wie zuvor zu laden und an allen Beschlussfassungen zu beteiligen. Etwas Erleichterung verschaffte nur die nicht unbestrittene Verpflichtung des ausgesteuerten Gesellschafters, sich bei der Beschlussfassung außer in den Fällen, die Einfluss auf die Höhe der Abfindung hatten, den anderen Gesellschaftern anzupassen und nicht gegen ihre Interessen abzustimmen.[3]

Das änderte sich für die Einziehung aufgrund eines Gesellschafterbeschlusses mit der Aufgabe der sogenannten Bedingungstheorie durch die Rechtsprechung. Danach wurde die Einziehung durch Beschluss mit der Mitteilung des Beschlusses an den Gesellschafter – die bei Anwesenheit bei der Abstimmung in der Kenntnisnahme des Beschlussergebnisses liegt – wirksam, allerdings mit der Einschränkung, dass der Beschluss nicht nichtig sein oder für nichtig erklärt werden darf.[4] Allein mit der objektiven materiellen Wirksamkeit des Einziehungsbeschlusses ist die Unsicherheit über die Stellung des Gesellschafters, dessen Geschäftsanteil eingezogen wird, aber nicht beseitigt. Darüber, ob der Einziehungsbeschluss nichtig ist oder auf eine Anfechtungsklage für nichtig erklärt wird, kann und wird vielmehr häufig eine tatsächliche oder rechtliche Unsicherheit bestehen. Der ausgeschlossene Gesellschafter könnte dann mit der Begründung, der Einziehungsbeschluss sei unwirksam, verlangen, zu einer Gesellschafterversammlung zugezogen zu werden. Wenn das nicht geschieht, stehen die Beschlüsse der Versammlung unter dem Damoklesschwert der Anfechtung oder sogar

---

[1] BGH Urt. v. 1.4.1953 – II ZR 235/52, BGHZ 9, 157, 174.

[2] Vgl. zum früheren Meinungsstreit *Strohn* in MüKoGmbHG, 2010, § 34 Rn. 72 ff. und 169 ff.

[3] *Westermann* in Scholz, GmbHG, 10. Aufl. 2006, § 34 Rn. 60; zum Austritt BGH Urt. v. 26.10.1983 – II ZR 87/83, BGHZ 88, 320 (322 f.) = NJW 1984, 489; Urt. v. 30.11.2009 – II ZR 208/08, NJW 2010, 1206 Rn. 11 und 17.

[4] BGH Urt. v. 24.1.2012 – II ZR 109/11, BGHZ 192, 236 Rn. 8 = NZG 2012, 259.

Nichtigkeit, jedenfalls wenn die Klage des Gesellschafters gegen die Gesellschaft gegen die Einziehung Erfolg hat.

Hier kommt die Gesellschafterliste ins Spiel. Nach § 16 Abs. 1 S. 1 GmbHG gilt im Verhältnis zur Gesellschaft im Fall einer Veränderung in den Personen der Gesellschafter oder des Umfangs ihrer Beteiligung als Inhaber eines Geschäftsanteils nur, wer als solcher in der im Handelsregister aufgenommenen Gesellschafterliste eingetragen ist. Das gilt nicht nur im Fall einer Veräußerung des Geschäftsanteils, sondern auch bei einer Veränderung durch eine Einziehung. Wird nach dem Einziehungsbeschluss eine neue Gesellschafterliste erstellt und eingereicht, die den Geschäftsanteil nicht mehr ausweist oder als eingezogen kennzeichnet und ihn damit dem Gesellschafter nicht mehr zuweist, ist er nicht mehr als Gesellschafter zu behandeln und kann keine Gesellschafterrechte mehr ausüben.[5] Umgekehrt ist er weiter als Gesellschafter zu behandeln und kann alle Gesellschafterrechte ausüben, solange er in der Gesellschafterliste verbleibt. Die Gesellschafter, die den Einziehungsbeschluss gefasst haben, haben daher in der Regel ein Interesse daran, dass rasch eine neue Gesellschafterliste eingereicht wird, die den Ausgeschlossenen nicht mehr als Gesellschafter ausweist bzw. seinen Geschäftsanteil ihm nicht mehr zuordnet. Mit der Frage, welche Voraussetzungen dafür nach einem Einziehungsbeschluss erfüllt sein müssen, befasst sich der vorliegende Beitrag.

II. Einreichung einer neuen Liste nach Einziehung

Nach § 40 Abs. 1 S. 1 GmbHG haben die Geschäftsführer unverzüglich nach Wirksamwerden jeder Veränderung in den Personen der Gesellschafter oder des Umfangs ihrer Beteiligung eine neue Liste der Gesellschafter zum Handelsregister zu erstellen und einzureichen. Nach der Rechtsprechung führt die Einziehung zu einer solchen Veränderung, so dass Voraussetzung einer neuen Liste ist, dass die Einziehung wirksam geworden ist. Wenn ein Notar an Veränderungen nach § 40 Abs. 1 S. 1 GmbHG mitgewirkt hat, hat er ebenfalls unverzüglich nach deren Wirksamwerden anstelle der Geschäftsführer die Liste zu unterschreiben oder mit seiner qualifizierten elektronischen Signatur zu versehen und zum Handelsregister einzureichen, § 40 Abs. 2 S. 1 GmbHG. Auch für den Notar, der in seiner amtlichen Funktion an einem Einziehungsbeschluss mitwirkt, ist damit das Wirksamwerden der Einziehung der maßgebende Zeitpunkt für seine Einreichungspflicht.

Die Einziehung wird nach der neueren Rechtsprechung des Bundesgerichtshofs bei der Beschlusseinziehung wirksam, wenn ein Einziehungsbeschluss gefasst wird, der Beschluss dem betroffenen Gesellschafter mitgeteilt wird und er weder nichtig ist noch für nichtig erklärt wird, mit anderen Worten der Beschluss nicht an Mängeln leidet. Liegen keine Beschlussmängel vor, sind die objektiven Voraussetzungen für einen wirksamen Einziehungsbeschluss erfüllt, liegen welche vor, nicht.[6] In der Praxis ist jedoch aus rechtlichen oder tatsächlichen Gründen nicht selten zweifelhaft, ob Beschlussmängelgründe vorliegen oder nicht. Damit verschiebt sich für die Einreichungspflicht die Frage, ob der Beschluss fehlerhaft oder wirksam ist, von der objektiven Rechts- oder Tatsachenlage darauf, unter welchen Voraussetzungen der Erstellungs- und Einreichungspflichtige davon auszugehen hat, dass der Einziehungsbeschluss wirksam ist.[7] Dazu ist zwischen den Erstellungs- und Einreichungspflichten der Geschäftsführer und des Notars zu unterscheiden. Sie haben nicht nur unterschiedliche Aufgaben, Funktionen und Verpflichtungen bei einer Veränderung des Personenbestands, sondern auch einen ungleichen Zugang zu den erforderlichen Informationen.

---

[5] BGH Urt. v. 2.7.2019 – II ZR 406/17, BGHZ 222, 323 Rn. 35 = NJW 2019, 3155; Urt. v. 10.11.2020 – II ZR 211/19, NJW 2021, 622 Rn. 14; Urt. v. 26.1.2021 – II ZR 391/18, NZG 2021, 831 Rn. 43.

[6] Vgl. BGH Urt. v. 10.11.2020 – II ZR 211/19, NJW 2021, 622 Rn. 30.

[7] Zum Geschäftsführer BGH Urt. v. 10.11.2020 – II ZR 211/19, NJW 2021, 622 Rn. 30.

1. Erstellung und Einreichung durch die Geschäftsführer

a) Beurteilung der Wirksamkeit

Wenn kein Notar am Einziehungsbeschluss mitgewirkt hat, haben die Geschäftsführer die Liste auf Mitteilung und Nachweis zu ändern, § 40 Abs. 1 S. 4 GmbHG. Diese Vorschrift ist allerdings auf die rechtsgeschäftliche Übertragung von Geschäftsanteilen zugeschnitten, bei denen ein Berechtigter dem Geschäftsführer die Veränderung mitteilt und sie nachweist.[8] Da der von der Einziehung betroffene Gesellschafter kaum ein Interesse an der Mitteilung der Einziehung hat und die Mitgesellschafter, die die Einziehung beschließen, nicht unmittelbar von der Vernichtung eines anderen Geschäftsanteils berührt sind, gibt es keinen unmittelbar Mitteilungsberechtigten, so dass die Geschäftsführer hier von Amts wegen tätig werden müssen, sobald sie von dem Einziehungsbeschluss erfahren.[9] Als Grund für die Verpflichtung, von Amts wegen bei der Einziehung tätig zu werden, wird meist angeführt, dass die Geschäftsführer von Amts wegen an der Einziehung mitwirken oder als Gesellschaftergeschäftsführer unmittelbar am Einziehungsbeschluss beteiligt sind.[10] Das wird zwar häufig der Fall sein, ist für einen Fremdgeschäftsführer aber nicht zwingend so, da er bei der Gesellschafterversammlung nicht in jedem Fall anwesend ist und auch mit der Mitteilung des Einziehungsbeschlusses nicht befasst gewesen sein muss.

Wenn es keinen Mitteilungsberechtigten gibt, sondern die Geschäftsführer von Amts wegen tätig sein müssen, kann es auch niemanden geben, der ihnen die Veränderung nachweisen muss.[11] Dass kann aber nicht bedeuten, dass die Geschäftsführer eine Prüfung und die Einreichung unterlassen dürfen mit der Begründung, sie könnten nicht wissen, ob die Nichtigkeit des Einziehungsbeschlusses festgestellt wird oder er später für nichtig erklärt wird. Soweit der Bundesgerichtshof in einer Entscheidung ausgeführt hat, ein Geschäftsführer könne nicht wissen, ob der Beschluss später für nichtig erklärt wird, bezog sich das darauf, dass er nicht vorschnell vorgehen darf.[12] Die Unsicherheit über eine mögliche Nichtigerklärung oder Nichtigkeit des Beschlusses entbindet die Geschäftsführer nicht davon, zu nach der gesetzlichen Regelung in § 40 Abs. 1 S. 1 GmbHG bei Wirksamkeit der Einziehung eine geänderte Liste erstellen und einreichen zu müssen. Sie müssen trotz Unsicherheit entscheiden, ob die Voraussetzungen dafür vorliegen, bei der Einziehung, ob sie wirksam ist. Das Nachweiserfordernis in § 40 Abs. 1 S. 4 GmbHG ist in diesen Fällen dahin zu verstehen, dass die Geschäftsführer sich von Amts wegen die einem Nachweis entsprechende Überzeugung verschaffen müssen. Für § 16 Abs. 1 GmbHG aF war anerkannt, dass der Nachweis bedeutet, dass die Gesellschaft überzeugend unterrichtet wird.[13] Das kann auf den Nachweis nach § 40 Abs. 1 S. 4 GmbHG übertragen werden, da, was für den früher in § 16 GmbHG erwähnten Rechtsübergang der Gesellschafterstellung galt, auch für die daran anknüpfende Veränderung im Sinn von § 40 Abs. 1 S. 1 GmbHG fruchtbar gemacht werden kann.[14] Was das Maß der Überzeugung des Geschäftsführers angeht, herrscht allerdings schon für den Fall der Änderung der Person durch Anteilsübertragung Unklarheit: die Meinungen schwanken zwi-

---

[8] *Heidinger* in MüKoGmHG, 4. Aufl. 2022, § 40 Rn. 166.

[9] OLG Frankfurt Beschl. v. 4.11.2016 – 20 W 269/16, GmbHR 2016, 868, 871; *Heidinger* in MüKoGmHG, 4. Aufl. 2022, § 40 Rn. 172; *Bayer* in Lutter/Hommelhoff, GmbHG, 20. Aufl. 2020, § 40 Rn. 73.

[10] *Heidinger* in MüKoGmHG, 4. Aufl. 2022, § 40 Rn. 172; *Seibt* in Scholz, GmbHG, 12. Aufl. 2021, § 40 Rn. 48.

[11] *Bayer* in Lutter/Hommelhoff, GmbHG, 20. Aufl. 2020, § 40 Rn. 73.

[12] BGH Urt. v. 10.11.2020 – II ZR 211/19, NJW 2021, 622 Rn. 31.

[13] BGH Urt. v. 13.10.2008 – II ZR 76/07, NJW 2009, 229 Rn. 9; Urt. v. 15.4.1991 – II ZR 209/90, ZIP 1991, 724; Urt. v. 25.1.1960 – II ZR 207/57, WM 1960, 289.

[14] *Heidinger* in MüKoGmHG, 4. Aufl. 2022, § 40 Rn. 173 mwN; *Seibt* in Scholz, GmbHG, 12. Aufl. 2021, § 40 Rn. 57.

schen strengen Anforderungen[15] und „qualifizierter" Plausibilität.[16] Ein solche Differenzierung ist wenig praktikabel und nicht erforderlich. Auswirkungen auf die eingereichte Liste hat es nicht, wenn die Geschäftsführer ein fehlerhaftes Maß anlegen.[17] Die „Überzeugung" der Geschäftsführer wird nämlich nicht nachfolgend kontrolliert; das Registergericht hat jedenfalls keine inhaltliche Prüfungspflicht und auch kein eingehendes Nachprüfungsrecht. Wird die Einreichung oder Weigerung der Einreichung nachfolgend Gegenstand eines Rechtsstreits, wendet das Gericht seinen eigenen Prüfungsstandard an und es kommt auf die richterliche Überzeugung an. Sanktioniert werden Fehler durch die Schadensersatzhaftung der Geschäftsführung nach § 40 Abs. 6 GmbHG. Es sollte deshalb dabei bleiben, dass die Überzeugung der Geschäftsführer genügt und es ihnen überlassen bleibt, welche Mittel ihnen zur Überzeugungsbildung ausreichen. Kein Nachweis ist danach jedenfalls dann erforderlich, wenn sie aus eigener Anschauung Kenntnis der Vorgänge haben,[18] und im Übrigen können sie auf einen förmlichen Nachweis wie früher die GmbH bei § 16 GmbHG aF auf ihr eigenes Schadensersatzrisiko hin verzichten.[19] Wo sie bereits überzeugt sind, bedarf es keines förmlichen Nachweises.

Für die Erstellung und Einreichung einer neuen Liste nach Einziehung bedeutet dies, dass ein Gesellschafter-Geschäftsführer regelmäßig keine weiteren Nachforschungen anstellen muss, sondern über die Erstellung einer neuen Liste unmittelbar nach der Gesellschafterversammlung befinden kann. Der Beschluss sollte ihm bekannt sein; einer Vorlage eines auch nicht immer erstellten privatschriftlichen Protokolls bedarf es nicht.[20] Wenn der Einziehungsbeschluss dem betroffenen Gesellschafter mitgeteilt ist, können danach nur Beschlussmängel der Wirksamkeit der Einziehung entgegenstehen. Typische Beschlussmängel bei der Einziehung sind neben Einladungsfehlern das Fehlen eines Einziehungsgrundes und dass die Abfindung nicht aus dem freien Vermögen der Gesellschaft geleistet werden kann.[21] Da der Gesellschafter-Geschäftsführer für die Einberufung der Gesellschafterversammlung zuständig war oder andernfalls als Gesellschafter eine Einladung erhalten haben muss, sollte er wissen, ob die Einladung korrekt war. Den Einziehungsgrund sollte er als Gesellschafter jedenfalls aus der Gesellschafterversammlung kennen und beurteilen können. Aufgrund seiner Verantwortung als Geschäftsführer für die Buchhaltung hat er die erforderliche Tatsachenkenntnis, um ggf. mit Hilfe die Abfindung zu errechnen und ermitteln zu können, ob das freie Vermögen zu ihrer Leistung ausreicht.

Nicht ganz so leicht ist ein Urteil über das Wirksamwerden der Einziehung für einen Fremdgeschäftsführer, jedenfalls wenn er an der Gesellschafterversammlung nicht teilgenommen hat. Zwar sollte er auch in der Lage sein, die Leistung einer möglichen Abfindung aus dem freien Vermögen sowie mögliche Einberufungsmängel zu beurteilen. Größere Schwierigkeiten kann er aber beim Einziehungsgrund haben. Da im Beschluss, selbst wenn er pri-

---

[15] *Heidinger* in MüKoGmHG, 4. Aufl. 2022, § 40 Rn. 173; *Bayer* in Lutter/Hommelhoff, GmbHG, 20. Aufl. 2020, § 40 Rn. 75; *Paefgen* in Habersack/Casper/Löbbe, GmbHG, 3. Aufl. 2020, § 40 Rn. 130.

[16] *Seibt* in Scholz, GmbHG, 12. Aufl. 2021, § 40 Rn. 44.

[17] BGH Urt. v. 10.11.2020 – II ZR 211/19, NJW 2021, 622 Rn. 31; iE auch *Heidinger* in MüKoGmHG, 4. Aufl. 2022, § 40 Rn. 174.

[18] *Servatius* in Noack/Servatius/Haas, GmbHG, 23. Aufl. 2022, § 40 Rn. 28; kritisch *Heidinger* in MüKoGmHG, 4. Aufl. 2022, § 40 Rn. 179.

[19] So bisher BGH Urt. v. 13.10.2008 – II ZR 76/07, NJW 2009, 229 Rn. 9; für die Einziehung auch *Seibt* in Scholz, GmbHG, 12. Aufl. 2021, § 40 Rn. 61; aA, allerdings zur rechtsgeschäftlichen Übertragung, *Heidinger* in MüKoGmHG, 4. Aufl. 2022, § 40 Rn. 178; *Paefgen* in Habersack/Casper/Löbbe, GmbHG, 3. Aufl. 2020, § 40 Rn. 142.

[20] AA *Seibt* in Scholz, GmbHG, 12. Aufl. 2021, § 40 Rn. 59 mwN.

[21] Vgl. etwa BGH Urt. v. 26.1.2021 – II ZR 391/18, NZG 2021, 831 Rn. 23; Urt. v. 24.1.2012 – II ZR 109/11, BGHZ 192, 236 Rn. 7 mwN; Urt. v. 10.5.2016 – II ZR 342/14, BGHZ 210, 186 Rn. 13; Urt. v. 26.6.2018 – II ZR 65/16, ZIP 2018, 1540 Rn. 13.

vatschriftlich protokolliert wurde, der Einziehungsgrund nicht genannt zu werden braucht, muss er schon ermitteln, welcher Grund dem Einziehungsbeschluss zugrunde liegt. Handelt es sich dabei um das Verhalten des Gesellschafters, das einen Verbleib in der Gesellschaft unzumutbar macht, muss er davon nicht unbedingt Kenntnis erlangt haben, da sich die Vorgänge nur zwischen den Gesellschaftern abgespielt haben können. Insoweit muss er Erkundigungen bei den Gesellschaftern einziehen und ggf. die zugrundeliegenden Tatsachen erforschen, soweit dies mit seinen begrenzten Mitteln möglich ist.

Hält der Geschäftsführer nach dieser Prüfung einen Beschlussmangel für gegeben oder verbleiben insoweit jedenfalls Zweifel, stellt sich die Frage, ob er allein deshalb, weil die Gesellschafter einen Beschluss gefasst haben, dem jedenfalls vorläufige Wirksamkeit zukommt, von der Wirksamkeit ausgehen und eine geänderte Gesellschafterliste einreichen kann.[22] Dabei ist zunächst zwischen von einem Versammlungsleiter oder anderweitig festgestellten Beschlüssen und nicht festgestellten Einziehungsbeschlüssen zu unterscheiden. Ohne Feststellung führt jeder Beschlussmangel zur Nichtigkeit.[23] Bei festgestellten Einziehungsbeschlüssen wiederum ist nach Beschlussmängeln zu unterscheiden: liegen Nichtigkeitsgründe vor – bei der Einziehung häufig, dass die Abfindung nicht aus dem freien Vermögen gezahlt werden kann –, kann der Beschluss nicht wirksam sein und werden. Nur wenn keine Nichtigkeitsgründe vorliegen, kommt bei Verstößen gegen Gesetz oder Satzung – bei der Zwangseinziehung betrifft dies meist den Einziehungsgrund – in Betracht, dass der Beschluss nach Verstreichen der Anfechtungsfrist nicht mehr wirksam angefochten werden kann und damit nicht mehr ex tunc für nichtig erklärt werden kann. Anfechtbare Beschlüsse, auch Einziehungsbeschlüsse, sind insoweit bis zur rechtskräftigen Nichtigerklärung auf die Anfechtungsklage schwebend wirksam und als gültig zu behandeln.[24] Allerdings führt die erfolgreiche Anfechtungserklärung zur Nichtigerklärung des Einziehungsbeschlusses ex tunc. Wenn der Geschäftsführer die Löschung des betroffenen Gesellschafters aus der Gesellschafterliste veranlasst hat, muss nicht nur die Gesellschafterliste erneut geändert werden, sondern hat sich der Geschäftsführer schadensersatzpflichtig gemacht, weil der Einziehungsbeschluss von Anfang an nichtig war und dies der Geschäftsführer hätte erkennen können, weil er ja selbst nicht von der Fehlerfreiheit des Einziehungsbeschlusses überzeugt war. Wenn er mit der Nichtigerklärung rechnen muss, weil er selbst von einem Beschlussmangel ausgeht, kann er sich nicht damit rechtfertigen, dass formal von einer vorläufigen Wirksamkeit auszugehen war, und sich hinter der vorläufigen Wirksamkeit verstecken. Denn er musste dann damit rechnen, dass der Gesellschafter materiell weiterhin Gesellschafter geblieben war. Er sieht sich dann dem Vorwurf ausgesetzt, mit der Löschung in der Gesellschafterliste für die Gesellschaft bewusst eine formale Stellung entgegen Treu und Glauben ausgenutzt zu haben. Wegen Unzumutbarkeit, den betroffenen Gesellschafter bewusst zu schädigen und sich Schadensersatzansprüchen auszusetzen, muss der Geschäftsführer, der sich nicht von der Mangelfreiheit des Beschlusses überzeugen kann, daher nicht tätig werden und sollte dies dann auch nicht.[25] Wenn er von der Mangelfreiheit überzeugt ist und nicht mit einer Nichtigerklärung rechnen muss, benötigt er die Berufung auf die vorläufige Wirksamkeit nicht.

---

[22] So OLG Frankfurt Beschl. v. 4.11.2016 – 20 W 269/16, GmbHR 2016, 868 (871), allerdings zu weit, weil die Nichtigkeit nicht beachtend; *Servatius* in Noack/Servatius/Haas, GmbHG, 23. Aufl. 2022, § 40 Rn. 32; zum Kapitalerhöhungsbeschluss und zur Einreichungspflicht durch den Notar auch *Heidinger* in MüKoGmbHG, 4. Aufl. 2022, § 40 Rn. 285; aA *Foerster* NZG 2021, 374 (376).

[23] Vgl. BGH Urt. v. 11.2.2008 – II ZR 187/06, NZG 2008, 317 Rn. 22.

[24] BGH Urt. v. 3.5.1999 – II ZR 119/98, NJW 1999, 2115 (2116); Urt. v. 11.2.2008 – II ZR 187/06, NZG 2008, 317 Rn. 22; Urt. v. 21.6.2010 – II ZR 230/08, NJW 2010, 3027 Rn. 16; Urt. v. 2.7.2019 – II ZR 406/17, BGHZ 222, 323 Rn. 73 = NJW 2019, 3155.

[25] *Bayer/Horner/Möller* GmbHR 2022, 1 Rn. 100.

b) Vorgehen

Die Geschäftsführer haben, wenn sie von der Wirksamkeit der Einziehung des Geschäftsanteils überzeugt sind, unverzüglich eine Liste ohne den eingezogenen Geschäftsanteil zu erstellen und einzureichen. Eine Anhörung des betroffenen Gesellschafters ist nicht vorgesehen, obwohl die Einreichung einer Liste, in der er nicht mehr enthalten ist, jedenfalls vorläufig zu einem vollständigen Verlust der Gesellschafterrechte führt. Das liegt wieder daran, dass das Gesetz nicht auf die Fälle eines Tätigwerdens von Amts wegen zugeschnitten ist, sondern davon ausgeht, dass die Beteiligten mit Mitteilung und Nachweis selbst tätig werden. Insoweit ähnelt die „Löschung" des Geschäftsanteils nach einer Einziehung der Berichtigung der Gesellschafterliste durch die Geschäftsführer. Für die Berichtigung ist der Gesetzgeber davon ausgegangen, dass bereits aus den allgemeinen Sorgfaltspflichten der Geschäftsführer folgt, dass in diesem Fall – wie in § 67 Abs. 5 AktG für das Aktienregister ausdrücklich ausformuliert – den Betroffenen vor Veranlassung der Berichtigung die Möglichkeit zur Stellungnahme zu geben ist.[26] Auch bei der Einziehung ist deshalb dem betroffenen Gesellschafter unter Mitteilung, dass beabsichtigt ist, eine Gesellschafterliste ohne seinen Geschäftsanteil einzureichen, Gelegenheit zur Stellungnahme zu geben und eine angemessene Frist abzuwarten, in der der betroffene Gesellschafter eine einstweilige Verfügung gegen die Gesellschaft erwirken kann, die die Einreichung einer geänderten Gesellschafterliste untersagt.[27] Diese Wartefrist müssen die Geschäftsführer auch deshalb abwarten, weil der Betroffene bei einer vorzeitig eingereichten Liste die Einreichung einer erneut geänderten Liste verlangen kann, und sie sich sowohl nach § 40 Abs. 3 GmbHG gegenüber dem Gesellschafter wie auch nach § 43 Abs. 1 GmbHG gegenüber der Gesellschaft schadensersatzpflichtig machen können. Mit der Gelegenheit für den betroffenen Gesellschafter, einstweiligen Rechtsschutz zu beantragen, mindert der Geschäftsführer zugleich sein Schadensersatzrisiko: wenn später doch festgestellt wird, dass die Einreichung einer geänderten Liste fehlerhaft war, kann dem Gesellschafter ein Verstoß gegen die Schadensminderungsobliegenheit entgegengehalten werden, weil er nicht tätig geworden ist. Selbstverständlich haben die Geschäftsführer die Einreichung einer geänderten Liste zu unterlassen, wenn dies der Gesellschaft in einer einstweiligen Verfügung untersagt wurde.[28]

Hält der Geschäftsführer einen Mangel für gegeben, der nur einen Anfechtungsgrund abgibt, muss und sollte er den Ablauf der Anfechtungsfrist abwarten und ggf. erst danach eine neue Gesellschafterliste einreichen. Wenn die Gesellschafter den Geschäftsführer in diesem oder anderen Zweifelsfällen zum Handeln bringen wollen, können sie ihn von der Haftung freistellen.[29]

2. *Mitwirkung des Notars*

Hat ein Notar den Einziehungsbeschluss protokolliert, ist er nach § 40 Abs. 2 S. 1 GmbHG verpflichtet, die geänderte Gesellschafterliste zu erstellen und einzureichen, wenn es sich um eine Mitwirkung an Veränderungen nach § 40 Abs. 1 S. 1 GmbHG handelt. Diese Voraussetzungen liegen bei der Protokollierung des Einziehungsbeschlusses regelmäßig vor. Bei der Einziehung handelt es sich um eine Veränderung, und mit der Protokollierung des Beschlusses hat der Notar an ihr mitgewirkt, auch wenn der Einziehungsbeschluss weder durch einen Notar beurkundet oder beglaubigt werden muss.[30] Eine Mitwirkung an der Veränderung soll auch vorliegen, wenn der Notar den Beschluss entworfen hat und statt

---

[26] RegE zum MoMiG, BT-Drs. 16/614, 44.
[27] Vgl. dazu BGH Urt. v. 17.12.2013 – II ZR 21/12, NZG 2014, 184 Rn. 36.
[28] BGH Urt. v. 2.7.2019 – II ZR 406/17, BGHZ 222, 323 Rn. 42 = NJW 2019, 3155.
[29] *Bayer/Horner/Möller* GmbHR 2022, 1 Rn. 106.
[30] *Heidinger* in MüKoGmHG, 4. Aufl. 2022, § 40 Rn. 238; *Bayer* in Lutter/Hommelhoff, GmbHG, 20. Aufl. 2020, § 40 Rn. 80.

einer Protokollierung Unterschriften beglaubigt.[31] Dagegen fehlt es an einer Mitwirkung an der Einziehung, wenn der Notar den Geschäftsführern lediglich bei der Einreichung einer von ihnen erstellten Liste hilft oder deren geänderte Liste elektronisch beim Handelsregister einreicht, selbst wenn er dazu noch die Unterschrift beglaubigt.[32] In einem solchen Fall liegt die Verantwortung allein bei den Geschäftsführern; der Notar hat auch keine Kontrollpflichten, es sei denn, es werden für ihn erkennbar unerlaubte oder unredliche Zwecke verfolgt, § 14 Abs. 2 BNotO.

Hat er an der Einziehung etwa durch Protokollierung des Einziehungsbeschlusses mitgewirkt, ist er nach § 40 Abs. 2 S. 1 GmbHG verpflichtet, anstelle der Geschäftsführer eine geänderte Liste zu erstellen und einzureichen, und zwar unmittelbar nach Eintritt der Veränderung. Eine geänderte Gesellschafterliste hat der Notar erst einzureichen, wenn etwaige Zweifel an der Wirksamkeit des Einziehungsbeschlusses beseitigt sind.[33] Das stellt den Notar vor besondere Herausforderung. Die gesetzliche Regelung in § 40 Abs. 2 S. 1 GmbHG ist ersichtlich auch auf die Anteilsübertragung zugeschnitten, bei der der Notar in der Regel die Willenserklärungen der Beteiligten beurkundet und die Wirksamkeit aus eigener Anschauung beurteilen kann, weil er die Vereinbarungen vorbereitet hat. Bei der Protokollierung von Beschlüssen, die vom Notar vorbereitet wurden, wie Satzungsänderungsbeschlüssen oder Kapitalerhöhungsbeschlüssen, kann er aufgrund eigener Kenntnis oder aufgrund seiner weiteren Mitwirkung bei der Handelsregistereintragung, die zur Wirksamkeit der Beschlüsse führt, ohne größere Schwierigkeiten die Wirksamkeit beurteilen. Auf die Protokollierung eines Einziehungsbeschlusses trifft das jedoch nicht zu. Weder wird der Beschluss regelmäßig vom Notar vorbereitet noch ist er mit einer weiteren Vollziehung des Beschlusses oder einer Eintragung befasst; lediglich die Einreichung der geänderten Gesellschafterliste obliegt ihm.

Die Beurteilung der Wirksamkeit der Einziehung stellt ihn daher vor besondere Schwierigkeiten. Weder der Grad der Überzeugungsbildung noch die Mittel, die er zu seiner Überzeugungsbildung heranziehen kann, sind gesetzlich bestimmt. Da § 40 Abs. 2 GmbHG auf Abs. 1 verweist, wird man wie beim Geschäftsführer auf seine Überzeugung abzustellen haben, also ihm insoweit einen Beurteilungsspielraum einzuräumen haben.[34] In der Wahl der Beweismittel ist er frei und wird dazu meist auf Auskünfte der Geschäftsführer oder Gesellschafter verwiesen sein. Auskunftsansprüche hat er jedoch nicht.[35]

Ob der Nichtigkeitsgrund vorliegt, dass das freie Vermögen zur Bedienung des Abfindungsanspruchs nicht genügt, wird er bei widerstreitenden Angaben der Beteiligten regelmäßig nicht zufriedenstellend klären können; ebenso schwierig ist eine Beurteilung bei widerstreitenden Angaben zu einem im Verhalten eines Gesellschafters liegenden Einziehungsgrund.[36] Der fehlende Einziehungsgrund ist zwar nur ein Anfechtungsgrund, so dass bei einem festgestellten Beschluss grundsätzlich in Frage kommt, dass der Notar bei Nichtaufklärbarkeit von einer vorläufigen Wirksamkeit ausgehen kann.[37] Die Einreichung einer geänderten Liste setzt aber voraus, dass Zweifel an der Wirksamkeit für den Notar beseitigt

---

[31] *Heidinger* in MüKoGmHG, 4. Aufl. 2022, § 40 Rn. 238; *Wicke,* GmbHG, 4. Aufl. 2020 § 40 Rn. 13; *Bayer* in Lutter/Hommelhoff, GmbHG, 20. Aufl. 2020, § 40 Rn. 80.
[32] Vgl. *Heidinger* in MüKoGmHG, 4. Aufl. 2022, § 40 Rn. 244; *Bayer* in Lutter/Hommelhoff, GmbHG, 20. Aufl. 2020, § 40 Rn. 80.
[33] BGH Urt. v. 2.7.2019 – II ZR 406/17, BGHZ 222, 323 Rn. 46= NJW 2019, 3155.
[34] Für pflichtgemäßes Ermessen *Heidinger* in MüKoGmHG, 4. Aufl. 2022, § 40 Rn. 227; *Bayer* in Lutter/Hommelhoff, GmbHG, 20. Aufl. 2020, § 40 Rn. 85; *Seibt* in Scholz, GmbHG, 12. Aufl. 2021, § 40 Rn. 82.
[35] *Heidinger* in MüKoGmHG, 4. Aufl. 2022, § 40 Rn. 227.
[36] *Heckschen* NZG 2019, 1067 (1069).
[37] So *Servatius* in Noack/Servatius/Haas, GmbHG, 23. Aufl. 2022, § 40 Rn. 60; zum Kapitalerhöhungsbeschluss und zur Einreichungspflicht durch den Notar auch *Heidinger* in MüKoGmHG, 4. Aufl. 2022, § 40 Rn. 285.

sind.[38] Die Berufung auf eine vorläufige Wirksamkeit legt aber nahe, dass an einer endgültigen Wirksamkeit Zweifel bestehen. Von daher ist zweifelhaft, ob dies den vom Gesetzgeber formulierten Anforderungen genügt. Vielmehr ist auch insoweit erforderlich, dass der Notar vom Bestehen von Einziehungsgründen überzeugt ist.

Angesichts dieser Schwierigkeiten wird dem Notar zu Recht angeraten, bei unklarer Rechts- oder Tatsachenlage im Fall der Einziehung von der Einreichung einer geänderten Liste vor einer gerichtlichen Klärung abzusehen[39] und die Gesellschaft bzw. die Geschäftsführer auf das Verfahren nach § 15 BNotO zu verweisen.

Überzeugt sich der Notar dagegen von der Wirksamkeit der Einziehung, hat er wie die Geschäftsführer zunächst dem betroffenen Gesellschafter in entsprechender Anwendung von § 67 Abs. 5 AktG Gelegenheit zur Stellungnahme und zur Erwirkung einer einstweiligen Verfügung gegen die Gesellschaft zu geben, die dieser die Einreichung einer geänderten Gesellschafterliste untersagt. Zwar wird schon für die Listenkorrektur durch den Notar bezweifelt, ob § 67 Abs. 5 AktG anzuwenden ist, weil der Notar von Amts wegen tätig werde.[40] Jedenfalls wenn wie bei der Löschung aus der Gesellschafterliste in die Rechte eines Beteiligten eingegriffen wird, der den Eingriff nicht veranlasst hat, muss ihm vorher nach allgemeinen Grundsätzen die Gelegenheit zur Stellungnahme gewährt werden. Der Notar kann damit auch das eigene Haftungsrisiko verringern, weil er mit der Stellungnahme des Betroffenen seine Beurteilungsbasis erweitern und abwarten kann, ob der betroffene Gesellschafter gerichtliche Maßnahmen ergreift, die zwischen den unmittelbar Beteiligten jedenfalls für eine vorläufige Regelung sorgen. Der Notar hat eine einstweilige Verfügung, die der Gesellschaft verbietet, eine geänderte Gesellschafterliste einzureichen, zu beachten, wenn sie ihm bekannt wird, und kann sie nicht durch eine eigene Beurteilung ersetzen oder sich auf die vorläufige Wirksamkeit des Einziehungsbeschlusses berufen.[41]

Hat der Notar nur Zweifel, ob ein Anfechtungsgrund vorliegt, hat er nach Ablauf der Anfechtungsfrist ohne Erhebung einer Anfechtungsklage, worüber er sich bei der Geschäftsführung informieren kann, die geänderte Liste einzureichen. Hat er Zweifel hinsichtlich der Nichtigkeit des Einziehungsbeschlusses, kann und sollte er abwarten, ob die Gesellschaft das Verfahren nach § 15 BNotO betreibt.

III. Zusammenfassung

Die Erstellung und Einreichung einer geänderten Gesellschafterliste nach einem Einziehungsbeschluss obliegt im Regelfall den Geschäftsführern. Sie müssen eigenverantwortlich prüfen, ob ein Einziehungsbeschluss wirksam ist, insbesondere ob Beschlussmängel vorliegen. Sind sie nach Prüfung und Ermittlung der erforderlichen Tatsachen der Überzeugung, dass der Einziehungsbeschluss keine Mängel aufweist, haben sie vor der Einreichung einer geänderten Gesellschafterliste den betroffenen Gesellschafter auf ihre Absicht hinzuweisen und abzuwarten, ob er gerichtliche Maßnahmen ergreift. Haben sie Zweifel an der Wirksamkeit des Einziehungsbeschlusses, sollten sie eine gerichtliche Klärung abwarten.

Dem Notar obliegt die Pflicht zur Erstellung und Einreichung einer geänderten Gesellschafterliste, wenn er den Einziehungsbeschluss protokolliert hat. Er hat dann ebenfalls eigenverantwortlich zu prüfen, ob der Einziehungsbeschluss wirksam ist, insbesondere ob ein Beschlussmangel vorliegt. Gelangt er nach Prüfung und Ermittlung der dazu erforder-

---

[38] RegE eines Gesetzes zur Modernisierung des GmbH-Rechts und zur Bekämpfung von Missbräuchen (MoMiG), BT-Drs. 16/6140, 44; BGH Urt. v. 2.7.2019 – II ZR 406/17, BGHZ 222, 323 Rn. 46 = NJW 2019, 3155.

[39] *Heckschen* NZG 2019, 1067 (1069).

[40] *Heidinger* in MüKoGmHG, 4. Aufl. 2022, § 40 Rn. 199.

[41] BGH Urt. v. 2.7.2019 – II ZR 406/17, BGHZ 222, 323 Rn. 47 = NJW 2019, 3155.

lichen Tatsachen zur zweifelsfreien Überzeugung, dass der Einziehungsbeschluss keine Mängel aufweist, hat er ebenfalls vor einer Einreichung einer geänderten Gesellschafterliste den Betroffenen auf die Einreichungsabsicht hinzuweisen und ihm Gelegenheit zur Stellungnahme und zu gerichtlichen Maßnahmen zu geben. Bei Schwierigkeiten im Einzelfall, das Fehlen von Beschlussmängeln sicher beurteilen zu können, sollte der Notar von der Listeneinreichung absehen und abwarten, ob die Gesellschaft Beschwerde nach § 15 Abs. 2 BNotO einlegt.

ARNE EVERTS

Von der Zahl der Vornamen im Handelsregister

I. Vorbemerkung

Manches juristische Thema muss in der Praxis überhaupt erst einmal konkret „auftauchen", um als solches wahrgenommen zu werden. Das gilt, um im Bilde zu bleiben, auch für das scheinbare „Graswurzelproblem" des nachfolgenden Beitrags – scheinbar indes, weil es vielleicht dem Dogmatiker (zunächst) banal erscheinen mag, für den/die betroffene Klienten/-in jedoch häufig ein wichtiges persönliches Anliegen ist. Zugleich mögen die nachfolgenden Zeilen ein anschauliches Beispiel geben dafür, wie das DNotI (im konkreten Fall das Referat II unter der Leitung von *Heidinger*) in den Notaralltag eingebunden ist.

II. Das Beispiel aus der Praxis

Wird bspw. die Eintragung eines neuen Geschäftsführers oder Kommanditisten zum Handelsregister angemeldet, kommt es in der Regel dann nicht zu einer Diskussion mit dem Registergericht über die Zahl der dabei miteinzutragenden Vornamen, wenn nur einer derselben – in der Regel der sog. „Rufname" – zur Eintragung angemeldet wird und auch der entsprechende Beglaubigungsvermerk nur diesen enthält. Denn in solchen Fällen erlangt das Gericht von den weiteren Vornamen schlicht keine Kenntnis.

Anders liegen die Dinge, wenn sich die Existenz weiterer Vornamen aus weiteren beim Handelsregister zum entsprechenden Vorgang mit einzureichenden oder eingereichten Unterlagen ergibt. Dies kann zB – so wie unlängst in der Praxis des *Verfassers* – der Fall sein, wenn die Nachnamensänderung eines GmbH-Geschäftsführers infolge Eheschließung zur Eintragung in das Handelsregister angemeldet wird, wie es §39 Abs. 1 GmbHG verlangt,[1] und die dabei in elektronisch beglaubigter Abschrift (vgl. §12 Abs. 2 S. 2 Hs. 2 HGB) mit eingereichte Heiratsurkunde mehr Vornamen verlautbart als das Handelsregister es aktuell tut. Die zuständige Rechtspflegerin moniert, dass (auch) alle weiteren Vornamen spätestens jetzt mit eingetragen werden müssten und dies zusätzlich anzumelden sei.

Es soll hier nicht der Frage nachgegangen werden, ob registerrechtlich die Befugnis besteht, die Eintragung einer anmeldepflichtigen Tatsache – die Nachnamensänderung infolge Verehelichung – davon abhängig zu machen, dass zuvor/zugleich eine andere (unterstellt) anmeldepflichtige Tatsache – die Führung aller Vornamen – angemeldet wird.[2] Der

---

[1] Die Vorschrift erfasst aufgrund ihres Zwecks, die amtierenden Geschäftsführer eindeutig zu identifizieren, auch Namensänderungen von Geschäftsführern, *Heilmeier* in BeckOK GmbHG, 52. Ed. 1.8.2022, §39 Rn.16; *Altmeppen,* GmbHG, 10. Aufl. 2021, §39 Rn. 2. Das Gleiche gilt infolge teleologischer Auslegung des §81 AktG auch für die Namensänderung eines AG-Vorstands, *Spindler* in MüKoAktG, 5. Aufl. 2019, §81 Rn. 5. Im Personengesellschaftsrecht besteht allerdings keine Anmeldepflicht bei Änderungen der nach §106 Abs. 2 Nr. 1 HGB erstanzumeldenden *Personalien der einzelnen Gesellschafter* im Umkehrschluss, *Fleischer* in MüKoHGB, 5. Aufl. 2022, §107 Rn. 19 mwN; sie sind aber auf freiwillige Anmeldung hin eintragungsfähig, *Roth* in Hopt, HGB, 41. Aufl. 2022, §107 Rn. 3.

[2] Vgl. *Krafka,* Registerrecht, 11. Aufl. 2019, Rn. 166a.

Geschäftsführer der GmbH lehnt das Ansinnen der Rechtspflegerin jedenfalls schon im Ansatz ab und der Notar/die Notarin ist gefordert, also zunächst zur Sondierung der Rechtslage aufgerufen.

III. Zur Einreichungspflicht von Personenstandsurkunden im Registerverkehr

Problematisch, aber im vorliegenden Fall wegen des gerichtsseits bereits erfolgten Aufgriffs nicht mehr erheblich, ist schon, ob zusammen mit der Anmeldung überhaupt eine Pflicht zur Einreichung der Urkunde über die Namensänderung besteht. Bei Aktiengesellschaften ist dies wegen § 81 Abs. 2 AktG der Fall.[3] Bei Personengesellschaften ist, wenn die Änderung freiwillig angemeldet wird, der entsprechende urkundliche Nachweis jedenfalls dann nötig, wenn die Anmeldung (zulässigerweise) nicht durch alle Gesellschafter, sondern nur durch den Betroffenen bewirkt wird.[4] Im GmbH-Recht fordert § 39 Abs. 2 GmbHG einen zusätzlichen urkundlichen Nachweis nur bei der Bestellung eines Geschäftsführers oder bei Beendigung seines Amtes (so dass bei Beendigung durch Tod die Einreichung einer Sterbeurkunde nötig wäre), weshalb Einiges dafür spricht, bei sonstigen Änderungen in der Person des Geschäftsführers einer GmbH keine weiteren Nachweise jenseits der Anmeldung zu verlangen. Der *Verfasser* wird hiervon jedenfalls künftig Abstand nehmen, damit sich der hier behandelte Störfall im Büroalltag nicht wiederholt.

IV. Das Meinungsbild zur (Vor)Namensregistrierung im Schrifttum

Im Übrigen baut sich allerdings bei der Sondierung des Vornamensproblems ein eher karges Bild auf: Naturgemäß geht der erste Griff zunächst in die Kommentarliteratur bzw. der erste Blick in die Datenbanken. In einer Entscheidung des BGH liest man:[5] „Um das vertretungsberechtigte Organ im Rechtsverkehr identifizieren zu können, werden der Vor- und Familienname nebst Geburtsdatum und Wohnort im Handelsregister eingetragen, vgl. § 43 Nr. 4b der Handelsregisterverordnung (HRV) vom 20. August 1937, RMinBl. 1937, S. 515 ff.“[6]
Im Schrifttum findet man aber zB bei *Wicke* die Aussage:[7] „Der Geschäftsführer ist in der Anmeldung wegen § 43 Nr. 4 HRV[8] mit vollem Namen … anzugeben.“ *Krafka*[9] hebt ab auf „jede Veränderung in den für die Bestimmung der Person gemäß § 43 Nr. 4 lit. b HRV wesentlichen Merkmalen Familiennamen, Vornamen …“. Demgegenüber heißt es bei *Beurskens:*[10] „§ 39 bezieht sich damit auf wesentliche Merkmale i. S. von § 43 Nr. 4 lit. b HRV (Familienname, Vorname, Geburtsdatum und Wohnort).“ *Haines*[11] schreibt: „In der Anmeldung sind Vorname, Nachname … des neu bestellten Geschäftsführers aufzuführen

---

[3] *Spindler* in MüKoAktG, 5. Aufl. 2019, § 81 Rn. 18.

[4] OLG Frankfurt NZG 2015, 710 (711); *Fleischer* in MüKoHGB, 5. Aufl. 2022, § 107 Rn. 19 mwN.

[5] DNotZ 2015, 780 (782), Tz. 15.

[6] Seinerzeit noch als „Handelsregister*verfügung*" bezeichnet.

[7] *Wicke,* GmbHG, 4. Aufl. 2020, § 8 Rn. 3.

[8] Verordnung über die Einrichtung und Führung des Handelsregisters vom 12.8.1937, zuletzt geändert durch Art. 44 PersonengesellschaftsrechtsmodernisierungsG (MoPeG) vom 10.8.2021 (BGBl. I 3436).

[9] *Krafka,* Registerrecht, 11. Aufl. 2019, Rn. 1086.

[10] *Beurskens* in Noack/Servatius/Haas, GmbHG, 23. Aufl. 2022, § 39 Rn. 2.

[11] *Haines* in Herrler, Gesellschaftsrecht in der Notar- und Gestaltungspraxis, 2. Aufl. 2021, § 6 Rn. 1053.

(§ 43 Nr. 4 HRV)." Und *Bayer*[12] führt aus: „Anzugeben sind neben dem Vor- und Nachnamen des Geschäftsführers … (§ 43 Nr. 4b HRV)." Offen bleibt bei allen Fundstellen, einschließlich der des BGH, ob bezüglich (Vor)namenszahl überhaupt ein Problem gesehen wird oder ob es nur um den (Vor)Namen als „solchen", als persönliches Merkmal geht, nicht aber um seine Zahl.

V. Die Vornamensregistrierung und der Kanon der Auslegung

1. Wortlaut

Nach alledem lässt sich feststellen, dass gezielte Rechtsprechung zu dem Problem jedenfalls nicht existiert und im Schrifttum keine einheitliche Linie feststellbar ist, abgesehen von dem Umstand, dass sich Vertreter beider Auffassungen für ihre Richtigkeit jeweils auf den Wortlaut der HRV berufen. Sofern es sich insofern überhaupt um Auffassungen handelt und nicht nur gleichsam beiläufig Formuliertes.

Also gilt es – was bei kunstgerechtem Angehen des Problems eigentlich als Erstes hätte erfolgen müssen – den Wortlaut der entsprechenden Vorschriften der HRV einmal direkt zu betrachten. In § 43 Nr. 4b) HRV steht nun aber mitnichten etwas von „sämtlichen" oder „allen" Vornamen (und Familiennamen), sondern nur „mit Familiennamen, Vornamen …". Das ist aber gerade die grammatikalisch korrekte *Einzahl* im Dativ unter zulässiger Weglassung des bestimmten Artikels bei der Präposition „mit". Genauso ist es bei § 40 Nr. 3b) und 5c) für Abteilung A, wobei hier schon das HGB als das übergeordnete Gesetz *prima facie* lediglich die Angabe eines Namens fordert (vgl. § 106 Abs. 2 Nr. 1 HGB – „den Namen, Vornamen … des Gesellschafters"). Lässt man den Blick durch die HRV pendeln, so zeigt sich, dass es zB in § 43 Nr. 5 HRV (ebenso wie in § 40 Nr. 4 HRV), lediglich unter Wahl einer anderen Präposition klar im Singular heißt: „… einschließlich Familienname, Vorname, …". Warum sollte der Verordnungsgeber unterschiedliche Vorgaben machen, je nachdem, um welche „Stellung" der einzutragenden Person es geht? Auch § 106 AktG (Liste der Aufsichtsratsmitglieder) fordert dem Wortlaut nach nur „Name, Vorname".

Nun mag man mit einer gewissen Portion Defätismus anmerken, die deutsche Grammatik wäre eine Stärke des deutschen Normgebers ohnehin nicht, wenn man sich exemplarisch den Wortlaut des neuen § 327t BGB zu Gemüte führte.[13] Unkenntnis oder Fahrlässigkeit bei der Handhabung der deutschen Grammatik ändern diese jedoch nicht, sondern (höchstens) der „Duden".[14] Insofern muss sich also auch die HRV „beim Wort" nehmen lassen. Und diese verlangt grammatikalisch korrekterweise nur die Angabe eines (Vor)Namens.

2. Systematik

Unter systematischen Aspekten wäre zunächst darauf hinzuweisen, dass bei der Aufführung eines Gesellschafters in der Gesellschafterliste anerkanntermaßen die Angabe nur eines Vornamens genügt, gleich ob es sich um eine Gründerliste nach § 8 Abs. 1 Nr. 3 GmbHG[15] oder eine Veränderungsliste nach § 40 GmbHG[16] handelt. Träfe die Auffassung des Registergerichts in unserem Fall zu, käme es bei einem Gesellschafter-Geschäftsführer mithin dazu,

---

[12] *Bayer* in Lutter/Hommelhoff, GmbHG, 20. Aufl. 2020, § 8 Rn. 3.
[13] Vgl. hierzu treffend *Pfeiffer* NJW-Editorial Heft 27/2022 – Gemäß „des" BGB?
[14] Band 4 – Die Grammatik/Struktur und Verwendung der deutschen Sprache. Sätze, Wortgruppen, Wörter, 10. Aufl. 2022.
[15] *Herrler* in MüKoGmbHG, 4. Aufl. 2022, § 8 Rn. 23; *Ulmer/Casper* in Habersack/Casper/Löbbe, GmbHG, 3. Aufl. 2019, § 8 Rn. 8; *Veil* in Scholz, GmbHG, 13. Aufl. 2022, § 8 Rn. 10.
[16] *Heidinger* in MüKoGmbHG, 4. Aufl. 2023, § 40 Rn. 34; *Paefgen* in Habersack/Casper/Löbbe, GmbHG, 3. Aufl. 2019, § 40 Rn. 36.

dass dieser einerseits mit nur einem Vornamen in der Gesellschafterliste steht, davon abweichend aber mit allen Vornamen im Handelsregister. Zwar nimmt die Eintragung des Geschäftsführers als Registereintragung an der Gutglaubenswirkung des Handelsregisters teil, die Gesellschafterliste aber nicht.[17] Es bedürfte aber weiterer Begründung, warum dies ein Kriterium für unterschiedliche Anforderungen an die Namensführung sein soll.

Auch ein Blick über den Rand des registerrechtlichen Tellers bekräftigt diesen Befund in systematischer Hinsicht – Schlagwort „Einheit der Rechtsordnung": So geht die hM im Immobilienrecht zu § 15 GBV davon aus, dass im Grundbuch die Angabe eines Vornamens genügt.[18]

3. Die Einschaltung des DNotI

Nach diesem Stand der eigenen Recherchen ist es nun an der Zeit, den Gutachtendienst des DNotI mit den vorläufigen Ergebnissen zu versorgen und anzufragen, ob weitergehende/andere Erkenntnisse bekannt sind. Laut Gutachten vom 20. 4. 2022[19] ist das nicht der Fall, was beim *Verfasser* als ehemaligem Institutsangehörigen aber keine Enttäuschung auslöst, sondern eher kollegiale Empathie.

Und dass das Gutachten letztlich den Wortlaut der HRV entgegen der eigenen Einschätzung für offen und unterschiedliche Anforderungen an die Namensführung in Gesellschafterliste und Register für begründbar hält – und somit zum Ergebnis gelangt, letztlich bestehe kein Anspruch auf eine bestimmte Vornamens-Eintragung, liegt im Streubereich juristischer Diskussion. Widerspruch fordert jedoch die folgende vom Gutachtendienst aufgestellte Behauptung heraus: „Dass der Geschäftsführer im Geschäftsverkehr – wie regelmäßig wahrscheinlich üblich – nur seinen Rufnamen verwendet und daher bei Geschäftspartnern Verwirrung entstehen könnte, ist für die Eintragung im Handelsregister nicht von Bedeutung." Damit gelangt man zugleich zum nächsten Topos der Auslegung:

4. Teleologie

Sinn und Zweck des Handelsregisters sprechen vielmehr dafür, nicht die Angabe und Eintragung aller Vornamen zu verlangen. Im Gegenteil wäre die Frage zu stellen, welchen Mehrwert es für die Sicherheit, Leichtigkeit und Zuverlässigkeit des Handelsverkehrs hätte, dem das Register gerade dient,[20] wenn statt einem alle Vornamen des Betreffenden dort aufgeführt sind (was bei Adeligen mit häufig über einem Dutzend Vornamen besonders sinnfällig wird).[21]

Das Gegenteil ist der Fall: Wenn zB ein GmbH-Geschäftsführer im Rechts- und Geschäftsverkehr immer nur den einen und gleichen[22] Vornamen führt, was zulässig ist und ihm weder zum Nachteil gereichen kann noch darf, kommt es uU zu Problemen und Rückfragen, bei Banken, Behörden, Kunden, aus häufiger Erfahrung auch im Verkehr mit dem

---

[17] *Heidinger* in MüKoGmbHG, 4. Aufl. 2022, § 16 Rn. 266 aE; *Mayer* MittBayNot 2014, 24 (25).

[18] *Schöner/Stöber,* Grundbuchrecht, 16. Aufl. 2020, Rn. 232; DNotI-Gutachten, DNotI-Report 2006, 93.

[19] guta 191468, nv.

[20] *Schaub* in Ebenroth/Boujong/Joost/Strohn, HGB, 4. Aufl. 2020, § 8 Rn. 45 mwN.

[21] Insofern ist die Vollständigkeitsgewähr gerade keine Aufgabe des Handelsregisters, statt aller *Schaub* in Ebenroth/Boujong/Joost/Strohn, HGB, 4. Aufl. 2020, § 8 Rn. 45 mwN. Weitergehende Publikationszwecke erfüllt dagegen das Unternehmensregister, § 8b HGB.

[22] Bei einem, zumal bewussten, „(Pre)Name Hopping" wäre die agierende Person ohnehin nicht schutzwürdig und § 242 BGB in Gestalt des Verbots widersprüchlichen Verhaltens träte auf den Plan.

Ausland, wenn die betreffende registrierte Person auf einmal mit mehreren Vornamen „überrascht" und nun nachweisen muss, wie man den nun „wirklich heißt" (insbesondere, wenn und weil der geführte Vorname als Rufname im Register nicht als solcher gekennzeichnet wird – oder bei Gesellschafter-Geschäftsführern gar die Namensführung in Register und Liste unterschiedlich ist[23]).

Ein Verweis darauf, das sei eben der Name oder dann müsse man eben den/die Namen so führen, wie „es richtig heißt" oder „wie es im Ausweis steht",[24] verfängt nicht. Denn eine solche Pflicht gibt es rechtlich nicht. Sie wäre, ebenso wie das entsprechende Argument, auch verfassungswidrig. Das Allgemeine Persönlichkeitsrecht nach Art. 2 Abs. 1 GG iVm Art. 1 Abs. 1 GG[25] schützt neben dem Recht am eigenen Namen auch das Recht, diesen frei bestimmt (diesseits von Täuschungs- und Verschleierungsabsichten) zu führen[26] und dabei keinem latenten Erklärungszwang oder alternativ mit dem latenten Druck zur Führung auch weiterer Vornamen beim Handeln im Rechts- und Geschäftsverkehr konfrontiert zu sein. Die Beispiele, in denen schon nach allgemein-menschlichem Verständnis die Entscheidung der betreffenden Person zu einer bestimmten, verkürzten Namensführung nachvollziehbar ist (Stichwörter: „Adolf" oder „unliebsame Erinnerung an prügelnden Erzeuger" bei weiteren Vornamen), machen dies lediglich augenfällig. Der verfassungsrechtlichen Situation tragen die zuvor erwähnten[27] Vorschriften bzw. ganz herrschende Auslegung derselben zur Gesellschafterliste, zum Grundbuch und zum Beurkundungsverfahren bereits Rechnung.

Entscheidend ist, dass der Handelsregistereintrag eine taugliche Identifikation der eingetragenen Person ermöglicht. Das ist auch bei nur einem registrierten Vornamen der Fall, zumal dann, wenn es derjenige ist, den die betreffende Person im Rechtsverkehr regelmäßig führt. Letztlich kann es somit nicht sein, dass sich das Handelsregister zu einer Art „Ersatz-Personenstandsregister" oder „Ersatz-Melderegister" aufschwingt. Wobei nicht einmal im Melderegister stets alle Vornamen aufgeführt sind und dieses häufig nur den Rufnamen (als eigene Kategorie) enthält. So war es auch im Fall des Verfassers.

5. Historie

Es bleibt, wenngleich in der Reihenfolge nicht ganz korrekt,[28] noch die historische Auslegung – gibt es vielleicht eine Begründung zur HRV und/oder sonstige Dokumente im Verordnungsgebungsverfahren? Erneut wird das DNotI aktiviert, diesmal das Studierendenteam. Das Erhoffte findet sich nicht, was nicht verwundert, da auch in heutigen Zeiten zu (Bundes)rechtsverordnungen in der Regel keine primären Begleitmaterialien produziert werden. Die Studentinnen und Studenten des DNotI fördern aus der Bibliothek der Julius-Maximilians-Universität Würzburg dankenswerterweise aber die „Erstausgabe" der HRV[29] zutage – die immerhin die Erkenntnis bringt, dass der Wortlaut der HRV in den hier interessierenden Passagen seit deren Erlass unverändert ist. Die Wortlautanalyse wird damit in gewisser Weise bekräftigt.

---

[23] → 2.

[24] Wobei dies dem Geburtenregistereintrag häufig nicht einmal entspricht, s. auch aE dieses Abschnitts.

[25] Grundlegend BVerfG NJW 1984, 419 – Volkszählung.

[26] S. etwa BVerfG NJW 2009, 1657 (Tz. 24).

[27] → 2.

[28] Vgl. *Grüneberg* in Grüneberg, BGB, 82. Aufl. 2023, Einl. Rn. 45 f.

[29] RMinBl. 1937, 515 ff.

VI. *Zulässigkeit der Eintragung mehrerer Vornamen*

Der Vollständigkeit halber sei noch darauf eingegangen, ob denn die Eintragung aller Vornamen, wenn schon nicht erforderlich, so doch zumindest zulässig ist. Dies wird man bejahen müssen, selbst wenn dabei konsequenterweise die Transparenz des Handelsregisters eher leiden würde. Schlagend dürfte auch hier das verfassungsrechtliche Argument in puncto Recht auf selbstbestimmte Namensführung sein. Dem Registergericht sollte dann aber auch die Befugnis zustehen, den geführten Rufnamen in geeigneter Weise bei der Eintragung hervorzuheben und hierfür die Angabe dieses Rufnamens zu verlangen. Damit wäre zugleich eine Parallelität zur Handhabung im Grundbuch hergestellt.[30]

VII. *Ergebnis*

Im Ergebnis genügt auch im Handelsregister die Eintragung nur eines Vornamens. Dies gilt sowohl für die Abteilungen A und B als auch für alle Rollen in diesen Abteilungen (insbesondere GmbH-Geschäftsführer, AG-Vorstände, natürliche Personen als persönlich haftende Gesellschafter und Kommanditisten). Im konkreten (scheinbar) „kleinen" Fall hat sodann auch die zuständige Rechtspflegerin Größe gezeigt und sich überzeugen lassen. Die Eintragung nur mit dem Rufnamen wurde vorgenommen.

---

[30] → V. 2.

HOLGER FLEISCHER

Zur Anwendbarkeit des Freigabeverfahrens auf notwendige Sonderbeschlüsse zu einem Kapitalerhöhungsbeschluss

Andreas Heidinger hat seine reichhaltigen Gutachter-Erfahrungen als langjähriger Leiter des Referats für Handels-, Gesellschafts- und Steuerrecht am Deutschen Notarinstitut immer wieder für wissenschaftliche Großkommentierungen fruchtbar gemacht. Hierzu gehören etwa seine glänzenden Partien zum Gesellschafterwechsel und zur Gesellschafterliste im Münchener Kommentar zum GmbH-Gesetz[1] sowie zum Firmenrecht im Münchener Kommentar zum HGB.[2] Als Mitherausgeber und Mitautor beider Werke ist es mir eine besondere Freude, mich mit einem ebenfalls aus der Gutachtenpraxis hervorgegangenen Beitrag in die Schar seiner Gratulanten zum 65. Geburtstag einzureihen.

I. Einführung

Gemäß § 246a Abs. 1 S. 1 AktG steht das Freigabeverfahren für Hauptversammlungsbeschlüsse über eine Maßnahme der Kapitalbeschaffung, der Kapitalherabsetzung (§§ 182 bis 240) oder einen Unternehmensvertrag (§§ 291 bis 307) zur Verfügung. Nicht ausdrücklich geregelt ist, ob es auch auf flankierende Sonderbeschlüsse zu einem Kapitalerhöhungsbeschluss, namentlich auf einen Sonderbeschluss temporär stimmberechtigter Vorzugsaktionäre nach § 182 Abs. 2 AktG, Anwendung findet. Eine für die Praxis verbindliche Klärung durch den BGH steht noch aus. Daher kommt man nicht umhin, den sachlichen Anwendungsbereich des § 246a AktG im Auslegungswege aufzuhellen und zu präzisieren.

Im ersten Zugriff ist es ratsam, sich der konzeptionellen Grundlagen und der Systemzusammenhänge des Freigabeverfahrens zu vergewissern. § 246a AktG ist nämlich keine singuläre Norm, sondern in ein bereichsübergreifendes, wenn auch unvollkommen gebliebenes Regelungskonzept des Reformgesetzgebers eingebettet. Vor diesem Hintergrund sind zunächst die Entwicklungslinien des Freigabeverfahrens seit ihren Ursprüngen in der höchstrichterlichen Spruchpraxis bis hin zu den verschiedenen Reformgesetzen aus jüngerer Zeit nachzuzeichnen (→ II.). Sodann wird der Meinungsstand zur Statthaftigkeit des Freigabeverfahrens bei flankierenden Sonderbeschlüssen vorgestellt (→ III.). Hieran schließt sich eine ausführliche eigene Stellungnahme an. Sie wird – um das Ergebnis sogleich an die Spitze zu stellen – im Einzelnen darlegen, dass und warum das Freigabeverfahren nach § 246a AktG auch für Klagen gegen die Wirksamkeit notwendiger Sonderbeschlüsse eröffnet ist (→ IV.).

---

[1] *Heidinger* in MüKoGmbHG, 4. Aufl. 2022, § 16 und § 40.
[2] *Heidinger* in MüKoHGB, 5. Aufl. 2021, §§ 17–24.

II. Entwicklungslinien des Freigabeverfahrens

1. Vorarbeiten durch die höchstrichterliche Rechtsprechung (1990)

Die Figur des Freigabeverfahrens ist im Grunde eine „Erfindung der höchstrichterlichen Rechtsprechung"[3]. Den Anlass dafür gab die sprunghafte Zunahme missbräuchlicher Anfechtungsklagen gegen Hauptversammlungsbeschlüsse, die Strukturmaßnahmen zum Gegenstand hatten.[4] Für Verschmelzungen und Eingliederungen galt damals wie heute eine gesetzliche Registersperre, für Kapitalmaßnahmen und Unternehmensverträge eine faktische Registersperre infolge der Aussetzungsmöglichkeit des Registergerichts. Im Jahre 1990 wies der BGH der Praxis erstmals einen Weg zur Überwindung der gesetzlichen Registersperre.[5] Dafür stützte er sich in seinem aufsehenerregenden Beschluss über die Verschmelzung zweier Hypothekenbanken auf den Grundsatz, dass „Rechtsmissbrauch [...] niemals unter dem Schutz des Gesetzes [steht]".[6] Hieraus leitete er eine einschränkende Auslegung der gesetzlichen Registersperre ab: Ist die gegen einen Verschmelzungsbeschluss erhobene Anfechtungsklage eines Aktionärs zweifelsfrei ohne Erfolgsaussicht, so hielt der II. Zivilsenat des BGH leitsatzförmig fest, sei das Registergericht nicht gehindert, die Verschmelzung bereits vor der rechtskräftigen Beendigung des Anfechtungsverfahrens in das Handelsregister einzutragen.[7]

2. Freigabeverfahren für Umwandlungen und Eingliederungen (1995)

Die große Überzeugungskraft dieser höchstrichterlichen Entscheidung veranlasste den Reformgesetzgeber des UmwBerG von 1995,[8] ein Freigabeverfahren zur Überwindung von Registersperren gesetzlich festzuschreiben. Seither enthält § 16 Abs. 3 UmwG ein ausdifferenziertes Freigaberegime für Verschmelzungsfälle, das über entsprechende Verweisungsvorschriften auch für Spaltungen (§ 125 UmwG), Vermögensübertragungen (§ 176 Abs. 1 UmwG) und Formwechsel (§ 198 Abs. 3 UmwG) gilt. Zugleich hat der Reformgesetzgeber in § 319 Abs. 5 und 6 AktG eine Registersperre mit Freigaberegelung für Eingliederungen aufgenommen.

3. Freigabeverfahren für den Ausschluss von Minderheitsaktionären (2002)

Durch das WpÜG von 2002[9] hat der Gesetzgeber das Freigabeverfahren auch für den neu eingefügten Ausschluss von Minderheitsaktionären eingeführt. Gemäß § 327e Abs. 2 iVm § 319 Abs. 6 AktG hat die ausschlusswillige Gesellschaft die Möglichkeit, die gesetzliche Registersperre mit Hilfe eines Freigabeverfahrens zu überwinden.

4. Freigabeverfahren für Kapitalmaßnahmen und Unternehmensverträge (2005)

Der hier in Rede stehende § 246a AktG ist sodann durch das UMAG von 2005[10] eingeführt worden.[11] Ausweislich der Gesetzesmaterialien knüpft er an das „bewährte Vorbild

---

[3] *Nietsch*, Freigabeverfahren. Beschlusskontrolle bei Strukturveränderungen, 2013, 12.
[4] Umfassende Dokumentation bei *Mathieu*, Der Kampf des Rechts gegen erpresserische Aktionäre, 2014; monographisch auch *Homeier*, Berufskläger im Aktienrecht, 2016; beide mwN.
[5] BGHZ 112, 9 – Hypothekenschwestern.
[6] BGHZ 112, 9, 23.
[7] So BGHZ 112, 9 Leitsatz 1.
[8] BGBl. I 3110.
[9] BGBl. I 3822.
[10] BGBl. I 2802.
[11] Ausführlich zum Gesetzgebungsverfahren *Satzl*, Freigabe von Gesellschafterbeschlüssen im Kapitalgesellschaftsrecht, 2011, 24 ff. mwN; knapper *Fleischer* NJW 2005, 2525 (2529).

des § 319 Abs. 5 AktG und § 16 Abs. 3 UmwG"[12] an. Die abermalige Ausdehnung des Freigabeverfahrens bildete nach Einschätzung des zuständigen Ministerialreferenten das „Kernstück"[13] des Reformgesetzes. Seither ist das Freigabeverfahren auch für Klagen gegen einen Hauptversammlungsbeschluss über eine Maßnahme der Kapitalbeschaffung, der Kapitalherabsetzung (§§ 182 bis 240) oder einen Unternehmensvertrag (§§ 291 bis 307 AktG) eröffnet. Als „besonders wichtigen Beschlussgegenstand" sehen die Gesetzesmaterialien dabei „Kapitalerhöhungen" an.[14] Zugleich betonen sie an hervorgehobener Stelle, dass der Reformgesetzgeber mit Einführung des § 246a AktG das übergeordnete Regelungsziel verfolgt, „die missbräuchliche Ausnutzung des Anfechtungsrechts zu unterbinden und Schaden von den betreffenden Gesellschaften abzuwenden".[15]

5. Fortentwicklung des Freigabeverfahrens (2009)

Durch das ARUG von 2009[16] hat der Reformgesetzgeber das Freigabeverfahren abermals fortentwickelt. Die vorgenommenen Änderungen dienen ausweislich der Regierungsbegründung vor allem der Verfahrensbeschleunigung und damit der weiteren Eindämmung des Missbrauchs von Beschlussmängelklagen.[17]

III. Meinungsstand zur Statthaftigkeit des Freigabeverfahrens bei Sonderbeschlüssen

Die Frage nach der Anwendbarkeit des Freigabeverfahrens auf notwendige Sonderbeschlüsse zu einem Kapitalerhöhungsbeschluss wird in Rechtsprechung und Rechtslehre bisher nur sporadisch behandelt. Ausführlichere Analysen fehlen fast ganz.[18] Immerhin gibt es verschiedene kürzere Stellungnahmen, die teils zu § 16 Abs. 3 UmwG, teils zu § 246a AktG ergangen sind. Sie betreffen allerdings häufig keine Kapitalerhöhungsbeschlüsse, sondern andere Beschlussgegenstände. Im Einzelnen stellt sich das Meinungsbild wie folgt dar:

1. Positionierungen im Umwandlungsrecht

a) Obergerichtliche Spruchpraxis

Das OLG Frankfurt hat im Jahre 2010 einen Freigabeantrag hinsichtlich eines Sonderbeschlusses der stimmrechtslosen Vorzugsaktionäre zur Aufhebung der Vorzüge als unzulässig

---

[12] Begr. RegE UMAG, BT-Drs. 15/5092, 27.

[13] *Seibert/Schütz* ZIP 2004, 252 (256).

[14] So ausdrücklich Beschlussempfehlung und Bericht des Rechtsausschusses, BT-Drs. 15/5693, 2: „[Der Entwurf] übernimmt ferner für besonders wichtige Beschlussgegenstände (zB Kapitalerhöhungen) das bewährte gerichtliche Freigabeverfahren aus dem Umwandlungsgesetz."

[15] Begr. RegE UMAG, BT-Drs. 15/5092, 2.

[16] BGBl. 2009 I 2479.

[17] Vgl. Begr. RegE ARUG, BT-Drs. 16/11642, 40: „Es war eines der Ziele des UMAG aus dem Jahre 2005, missbräuchliche Aktionärsklagen einzudämmen. Dazu ist eine ganze Reihe von Einzeländerungen in das Aktiengesetz eingefügt worden, u. a. ist ein Freigabeverfahren in § 246a Abs. 2 aufgenommen worden. In Anbetracht nach wie vor auftretender Missbrauchsfälle und eines zahlenmäßig sogar noch größer gewordenen Klägerfeldes besteht jedoch weiterer Reformbedarf."; dazu auch *Satzl,* Freigabe von Gesellschafterbeschlüssen im Kapitalgesellschaftsrecht, 2011, 30.

[18] Eingehender aber immerhin *Nietsch,* Freigabeverfahren. Beschlusskontrolle bei Strukturveränderungen, 2013, 34 ff. unter der Zwischenüberschrift „Einbeziehung flankierender Beschlüsse"; ferner *Meul/Ritter* AG 2017, 841 unter dem Titel „Die verborgenen Lücken des Freigabeverfahrens. Warum der Gesetzgeber jetzt tätig werden muss".

angesehen.[19] Die freigebende Feststellung könne der Senat nach § 16 Abs. 3 UmwG nur in den Fällen treffen, in denen nach § 16 Abs. 2 UmwG eine Negativerklärung des Vorstands abzugeben war und Klage erhoben sei. Die Negativerklärung des Vorstands habe sich auf Klagen des § 14 Abs. 1 UmwG zu beziehen, also auf Klagen gegen die Wirksamkeit des Verschmelzungsbeschlusses.[20]

Eine andere Gesetzesauslegung verbiete sich: Der Gesetzeswortlaut spreche dafür, den Angriff gegen den Sonderbeschluss nicht als eine Klage gegen die Wirksamkeit des Verschmelzungsbeschlusses anzusehen, sondern eben als Klage gegen die Wirksamkeit des Sonderbeschlusses.[21] Dies werde gestützt durch das gesetzliche System, weil der Sonderbeschluss nachgeholt bzw. wiederholt werden könne und damit unabhängig von dem Fristensystem zur Kassation der Umwandlungsentscheidung sei. Dass der Sonderbeschluss nicht von § 16 Abs. 2 und 3 UmwG erfasst sei, ergebe sich auch aus dem Zweck der Vorschrift, durch eine Fristenregelung mit rechtlicher Registersperre rasch Klarheit über den Bestand des Umwandlungsbeschlusses herbeizuführen.[22] Eine entsprechende Anwendung von § 16 Abs. 3 UmwG komme wegen des Ausnahmecharakters dieser Regelung nicht in Betracht.[23]

Das OLG Düsseldorf hat in einem Beschluss aus dem Jahre 2017 einen Freigabeantrag hinsichtlich eines Spaltungsbeschlusses der Hauptversammlung für zulässig, hinsichtlich der Feststellung der Unwirksamkeit bzw. Nichtigkeit des im Vorfeld geschlossenen Spaltungsvertrags dagegen als unstatthaft angesehen.[24] Nach dem eindeutigen Wortlaut des § 16 Abs. 3 UmwG könne eine Freigabe nur bei Klagen verlangt werden, die sich gegen die Wirksamkeit eines Hauptversammlungsbeschlusses richteten.[25] Dies entspreche auch dem Zweck des Freigabeverfahrens und der Gesetzessystematik.[26] Ebenso wenig sei eine sinngemäße bzw. analoge Anwendung des § 16 Abs. 3 UmwG auf Feststellungsklagen möglich, die gerade nicht zu einer formalen Registersperre führten.[27]

b) *Äußerungen im Schrifttum*

Im Schrifttum ist der Beschluss des OLG Frankfurt überwiegend kritisch aufgenommen worden. Führende Kommentare zum Umwandlungsgesetz lehnen dessen restriktive Lesart des § 16 Abs. 3 UmwG ab und sprechen sich nachdrücklich für eine Statthaftigkeit des Freigabeverfahrens bei Sonderbeschlüssen aus.[28]

So trägt Christian Decher vor, dass eine Erstreckung des Freigabeverfahrens auf Maßnahmen geboten sei, die zusammen mit der Verschmelzung (bzw. der sonstigen Umwandlung) im Sinne des § 139 BGB eine Einheit bildeten, weil sie miteinander stünden und fielen.[29] Dies gelte etwa für Bestandteile des Verschmelzungsbeschlusses, die dessen Modalitäten

---

[19] Vgl. OLG Frankfurt BeckRS 2011, 16034 = juris Rn. 20 (insoweit nicht in NZG 2012, 351 abgedruckt).
[20] Vgl. OLG Frankfurt BeckRS 2011, 16034 = juris Rn. 20 (insoweit nicht in NZG 2012, 351 abgedruckt).
[21] So OLG Frankfurt BeckRS 2011, 16034 = juris Rn. 21 (insoweit nicht in NZG 2012, 351 abgedruckt).
[22] Vgl. OLG Frankfurt BeckRS 2011, 16034 = juris Rn. 22 (insoweit nicht in NZG 2012, 351 abgedruckt).
[23] So OLG Frankfurt BeckRS 2011, 16034 = juris Rn. 23 (insoweit nicht in NZG 2012, 351 abgedruckt).
[24] Vgl. OLG Düsseldorf BeckRS 2017, 136416 Rn. 43 ff.
[25] Vgl. OLG Düsseldorf BeckRS 2017, 136416 Rn. 45.
[26] Vgl. OLG Düsseldorf BeckRS 2017, 136416 Rn. 45.
[27] Vgl. OLG Düsseldorf BeckRS 2017, 136416 Rn. 47.
[28] Vgl. *Rieckers/Cloppenburg* in BeckOGK, 1.7.2022, UmwG § 16 Rn. 30; *Marsch-Barner/ Oppenhoff* in Kallmeyer, UmwG, 7. Aufl. 2020, § 16 Rn. 24; *Decher* in Lutter, UmwG, 6. Aufl. 2019, § 16 Rn. 37; *Marsch-Barner* Liber Amicorum M. Winter, 2011, 467 (485).
[29] Vgl. *Decher* in Lutter, UmwG, 6. Aufl. 2019, § 16 Rn. 37.

regelten.[30] Dabei sei nicht Voraussetzung, dass die entsprechende (Teil-)Maßnahme ihrerseits zur Wirksamkeit der Eintragung ins Handelsregister bedürfe.[31] Wörtlich fährt Decher sodann fort:

> *„Auch für die Klage gegen die Wirksamkeit eines notwendigen Sonderbeschlusses (§ 65 Abs. 2 UmwG) ist das Freigabeverfahren eröffnet."*[32]

Auf derselben Linie liegt die Stellungnahme von Reinhard Marsch-Barner und Stephan Oppenhoff. Sie geben zunächst die Auffassung des OLG Frankfurt wieder, dass ein Sonderbeschluss zu einem Verschmelzungsbeschluss gemäß § 65 Abs. 2 UmwG nach dem Gesetzeswortlaut von § 16 Abs. 2 UmwG nicht erfasst sei.[33] In Auseinandersetzung damit führen sie dann aus:

> *„Der enge sachliche Zusammenhang zwischen beiden Beschlüssen, insbesondere der Umstand, dass nach § 13 Abs. 1 Satz 1 UmwG beide Beschlüsse zusammen Wirksamkeitsvoraussetzung für den Verschmelzungsbeschluss sind, spricht aber dafür, § 16 Abs. 2 und 3 UmwG auf einen solchen Sonderbeschluss entsprechend anzuwenden."*[34]

Schon zuvor hatte Reinhard Marsch-Barner in einem Festschriftbeitrag dargelegt, dass es wegen des engen sachlichen Zusammenhangs zwischen Umwandlungs- und Sonderbeschluss angebracht erscheine, beide Beschlüsse als Einheit zu behandeln und § 16 Abs. 3 UmwG auf den Sonderbeschluss entsprechend anzuwenden.[35] Nur auf diese Weise werde dem Gesetzeszweck entsprochen, die Eintragung einer Umwandlung trotz Anfechtungsklagen zu erleichtern.[36] Werde dagegen die Anfechtung des Sonderbeschlusses aus dem Anwendungsbereich des § 16 Abs. 3 UmwG ausgenommen, könnte das Freigabeverfahren praktisch mit jeder Anfechtungsklage gegen den Sonderbeschluss ausgehebelt werden.[37]

Sachlich übereinstimmend halten Oliver Rieckers und Matthias Cloppenburg fest:

> *„Eine zumindest analoge Anwendung von § 16 Abs. 2 (und damit auch des Freigabeverfahrens nach § 16 Abs. 3) ist aber wegen des engen Zusammenhangs bei Sonderbeschlüssen zu dem Verschmelzungsbeschluss (zB nach § 65 Abs. 2) geboten."*[38]

Demgegenüber sind Literaturstimmen, die dem OLG Frankfurt beipflichten, rar geblieben. So beschränkt sich Michael Winter darauf, diesen Beschluss zu referieren, ohne sich dessen Rechtsauffassung zu eigen zu machen.[39] Klagen, die sich gegen einen Sonderbeschluss der Vorzugsaktionäre richten, so formuliert er kritisch-distanzierend, „sollen" dem Beschluss zufolge nicht dem Freigabeverfahren unterliegen.[40]

Schließlich ist noch auf einen Zeitschriftenaufsatz von Sebastian Meul und Jörg Ritter hinzuweisen.[41] Sie stellen die Entscheidungen des OLG Frankfurt und des OLG Düsseldorf nacheinander vor und gelangen in ihrer knappen Würdigung zu dem Ergebnis, dass eine analoge Anwendung des § 16 Abs. 3 UmwG auf Sonderbeschlüsse de lege lata nicht in Betracht komme.[42] De lege ferenda befürworten sie aber ein Tätigwerden des Gesetzgebers:

---

[30] Vgl. *Decher* in Lutter, UmwG, 6. Aufl. 2019, § 16 Rn. 37.
[31] Vgl. *Decher* in Lutter, UmwG, 6. Aufl. 2019, § 16 Rn. 37.
[32] *Decher* in Lutter, UmwG, 6. Aufl. 2019, § 16 Rn. 37.
[33] Vgl. *Marsch-Barner/Oppenhoff* in Kallmeyer, UmwG, 7. Aufl. 2020, § 16 Rn. 24.
[34] *Marsch-Barner/Oppenhoff* in Kallmeyer, UmwG, 7. Aufl. 2020, § 16 Rn. 24.
[35] Vgl. *Marsch-Barner* Liber Amicorum M. Winter, 2011, 467 (485).
[36] Vgl. *Marsch-Barner* Liber Amicorum M. Winter, 2011, 467 (485).
[37] Vgl. *Marsch-Barner* Liber Amicorum M. Winter, 2011, 467 (485).
[38] *Rieckers/Cloppenburg* in BeckOGK, 1.7.2022, UmwG § 16 Rn. 30.
[39] Vgl. *Winter* in Schmitt/Hörtnagel, UmwG, 9. Aufl. 2020, § 16 Rn. 36a.
[40] So *Winter* in Schmitt/Hörtnagel, UmwG, 9. Aufl. 2020, § 16 Rn. 36a.
[41] Vgl. *Meul/Ritter* AG 2017, 841.
[42] So *Meul/Ritter* AG 2017, 841 (844).

Dieser solle die Anwendbarkeit der maßgeblichen Vorschriften über das Freigabeverfahren im Wege einer Gesetzesänderung ausdrücklich auch auf solche Klagen erstrecken, die sich nicht gegen den Hauptversammlungsbeschluss als solchen richten, sondern ausschließlich gegen Teile der durch den Beschluss ratifizierten Strukturmaßnahme.[43]

2. Positionierungen im Aktienrecht

a) Obergerichtliche Spruchpraxis

Das OLG Nürnberg hat in einem Beschluss aus dem Jahre 2018 entschieden, dass eine Maßnahme der Kapitalbeschaffung iSd § 246a Abs. 1 S. 1 AktG auch dann vorliege, wenn sich die Anfechtungsklage lediglich gegen die Ermächtigung des Vorstands richte, im Rahmen der Ausnutzung eines genehmigten Kapitals (§ 202 Abs. 1 AktG) über den Ausschluss des Bezugsrechts von Aktionären zu entscheiden (§ 203 Abs. 2 S. 1 AktG).[44] Dies folge bereits aus der umfassenden Verweisung in § 246a Abs. 1 S. 1 AktG, der durch seine Klammerzusätze auf „§§ 182–240 AktG" Bezug nehme und damit auch den in § 186 AktG wie in § 203 Abs. 2 AktG geregelten Bezugsrechtsausschluss umfasse.[45] Weil § 246a Abs. 1 S. 1 AktG durch seine Klammerzusätze auf die zitierten Normen verweise, sei jeder Beschluss der Hauptversammlung dem Freigabeverfahren zugänglich, der unter die angeführten Vorschriften falle und zu seiner Wirksamkeit der Eintragung ins Handelsregister bedürfe, wie es bei der Satzungsänderung betreffend die Ermächtigung des Vorstands über einen Bezugsrechtsausschluss zu entscheiden, der Fall sei.[46] Im Schrifttum wird dieser Richterspruch in dem betreffenden Punkt ausdrücklich als begrüßenswert gewürdigt[47] oder jedenfalls zustimmend zitiert.[48]

b) Äußerungen im Schrifttum

Im Schrifttum wird der Beschluss des OLG Nürnberg in dem betreffenden Punkt ausdrücklich als begrüßenswert gewürdigt[49] oder jedenfalls zustimmend zitiert.[50] Abweichend urteilt allein Jens Koch, dass die Statthaftigkeit des Freigabeverfahrens bei Sonderbeschlüssen iSd § 138 AktG allgemein zu verneinen sei, ohne dies allerdings näher zu begründen.[51]

Demgegenüber finden sich zahlreiche Literaturstimmen, die § 246a AktG ausdrücklich für anwendbar halten. So führt Carsten Schäfer unter Berufung auf den Klammerzusatz „§§ 182 bis 240" aus, dass jeder Beschluss der Hauptversammlung dem Freigabeverfahren zugänglich sei, der unter die angeführten Vorschriften falle.[52] Dies gelte insbesondere für die Zustimmungsbeschlüsse nach § 293 Abs. 2 AktG und gemäß § 138 S. 2 AktG auch für Sonderbeschlüsse der außenstehenden Aktionäre.[53]

---

[43] In diesem Sinne *Meul/Ritter* AG 2017, 841 (845).
[44] So OLG Nürnberg NZG 2018, 500 Leitsatz 2.
[45] Vgl. OLG Nürnberg NZG 2018, 500 Rn. 32.
[46] Vgl. OLG Nürnberg NZG 2018, 500 Rn. 32.
[47] Vgl. *Kocher* BB 2018, 788; *Than* WuB 2018, 496 (498).
[48] Vgl. *Drescher* in Henssler/Strohn, Gesellschaftsrecht, 5. Aufl. 2021, AktG § 246a Rn. 1; *Koch*, AktG, 16. Aufl. 2022, § 246a Rn. 3; *Schäfer* in MüKoAktG, 5. Aufl. 2021, § 246a Rn. 6.
[49] Vgl. *Kocher* BB 2018, 788; *Than* WuB 2018, 496 (498).
[50] Vgl. *Drescher* in Henssler/Strohn, Gesellschaftsrecht, 5. Aufl. 2021, AktG § 246a Rn. 1; *Koch*, AktG, 16. Aufl. 2022, § 246a Rn. 3; *Schäfer* MüKoAktG, 5. Aufl. 2021, § 246a Rn. 6.
[51] Vgl. *Koch*, AktG, 16. Aufl. 2022, § 246a Rn. 3 unter Hinweis auf OLG Frankfurt BeckRS 2011, 16034; dazu → III. 1. a).
[52] Vgl. *Schäfer* in MüKoAktG, 5. Aufl. 2021, § 246a Rn. 6.
[53] So *Schäfer* in MüKoAktG, 5. Aufl. 2021, § 246a Rn. 6.

Dieselbe Rechtsauffassung vertreten Ulrich Noack und Dirk Zetzsche, die ihren Standpunkt wie folgt begründen:

„Zum Anwendungsbereich gehören auch Beschlüsse, die in einer gesonderten Versammlung oder gesonderten Abstimmung (§ 138 AktG) gefasst wurden und für die Wirksamkeit der HV-Beschlüsse wesentlich sind. Werden diese Sonderbeschlüsse durch Klage angegriffen, ist das Freigabeverfahren für den betroffenen HV-Beschluss eröffnet. Beispiel: Der Zustimmungsbeschluss der Aktionäre einer Gattung zu dem Beschluss über eine Kapitalerhöhung (§ 182 Abs. 2). Dieser Sonderbeschluss ist nicht Teil des Kapitalerhöhungsbeschlusses, sondern stellt ein zusätzliches Wirksamkeitserfordernis dar. Für die Eintragung müssen sowohl der eigentliche HV-Beschluss über die Kapitalerhöhung als auch der ggf. notwendige Sonderbeschluss vorliegen. Der Sonderbeschluss ist mit Blick auf die Eintragung wie ein Teil des HV-Beschlusses anzusehen. Die Freigabe kann für den HV-Beschluss beantragt werden, obwohl nicht gegen diesen, sondern gegen den Sonderbeschluss Klage erhoben wurde.“[54]

Auf der gleichen Linie liegen weitere Stellungnahmen von Jochen Vetter[55] und Volker Butzke[56]. Ebenso hat sich Reinhard Marsch-Barner geäußert,[57] dessen Auffassung sich Jan Lieder in der Neuauflage des betreffenden Kommentars zu eigen macht.[58]

Hinzuweisen ist überdies auf die dem Freigabeverfahren gewidmete Habilitationsschrift von Michael Nietsch, der eine generelle Verneinung der Freigabefähigkeit von Sonderbeschlüssen für nicht sachgerecht hält[59] und sich stattdessen für eine differenzierte Lösung ausspricht:

„Zutreffender erscheint daher im Ausgangspunkt darauf abzustellen, ob die Strukturänderung begleitende Beschlüsse mit dieser eine Einheit bilden. Die Position, welche auf die Relevanz des flankierenden Beschlusses für den Strukturänderungsbeschluss abstellt, weist insoweit in die richtige Richtung. Allerdings darf zur Entscheidung darüber, ob der ergänzende Beschluss wegen seiner Einheit mit der Strukturänderung freigabefähig ist, nicht auf § 139 BGB (analog) abgestellt werden. Es geht nämlich nicht um die Auslegungsfrage, ob die Strukturänderung nach dem Willen der beschlusstragenden Mehrheit hinsichtlich aller gefassten Beschlüsse eine Einheit bilden soll. Vielmehr kommt es darauf an, ob sich die Einheit zwingend aus der gesetzlichen Regelungssystematik ergibt oder darin zumindest vorgesehen ist.“[60]

Ein anderer Begründungsansatz findet sich schließlich bei Andreas Austmann: Er setzt schon früher an und spricht separaten Klagen gegen einen Sonderbeschluss das Rechtsschutzbedürfnis ab, weil die Wirksamkeitsvoraussetzungen eines Hauptversammlungsbeschlusses mit der gegen ihn gerichteten Beschlussmängelklage umfassend thematisiert und damit der vollen gerichtlichen Kontrolle unterworfen werden könnten.[61]

---

[54] *Noack/Zetzsche* in Kölner Komm AktG, 3. Aufl. 2017, § 246a Rn. 21.

[55] Vgl. *J. Vetter* in Kölner Komm AktG, 3. Aufl. 2019, § 141 Rn. 188: „Bei Kapitalmaßnahmen, bei denen nach § 246a AktG ein Freigabeverfahren eröffnet ist, kann die Gesellschaft auch bei Beschlussmängelklagen gegen den Sonderbeschluss ein solches Freigabeverfahren einleiten.“

[56] Vgl. *Butzke* in Marsch-Barner/Schäfer, Handbuch börsennotierte AG, 5. Aufl. 2022, § 6 Rn. 12: „Der Sonderbeschluss kann allerdings auch nachgeholt, ein fehlerhafter Sonderbeschluss ggf. durch Bestätigungsbeschluss (§ 244 AktG) geheilt und ein angefochtener Sonderbeschluss dem Freigabeverfahren (§ 246a AktG) unterworfen werden.“

[57] Vgl. *Marsch-Barner* in Bürgers/Körber, AktG, 4. Aufl. 2017, § 182 Rn. 33.

[58] Vgl. *Lieder/Lieder* in Bürgers/Körber, AktG, 5. Aufl. 2021, § 182 Rn. 41.

[59] So ausdrücklich *Nietsch*, Freigabeverfahren. Beschlusskontrolle bei Strukturveränderungen, 2013, 36: „kaum sachgerecht“.

[60] *Nietsch*, Freigabeverfahren. Beschlusskontrolle bei Strukturveränderungen, 2013, 36.

[61] So *Austmann* in MHdB GesR IV: AG, 5. Aufl. 2020, § 42 Rn. 146.

IV. Stellungnahme

Ganz überwiegende Gründe sprechen für eine Statthaftigkeit des Freigabeverfahrens nach § 246a AktG bei notwendigen Sonderbeschlüssen zu einem freigabetauglichen Beschlussgegenstand, insbesondere zu einem Kapitalerhöhungsbeschluss gemäß § 182 Abs. 1 S. 1 AktG.

1. *Kapitalerhöhung als freigabetauglicher Beschlussgegenstand*

Vorauszuschicken ist zunächst, dass es sich bei einem Kapitalerhöhungsbeschluss nach § 182 AktG um einen freigabetauglichen Beschlussgegenstand handelt. Die Kapitalerhöhung gegen Einlagen steht an der Spitze des Gesetzesabschnitts „Maßnahmen der Kapitalbeschaffung" und fällt damit unter den entsprechenden Begriff in § 246a Abs. 1 S. 1 AktG.[62]

Diese Selbstverständlichkeit eingangs besonders zu betonen, erscheint vor allem deshalb angezeigt, weil die Gegner eines Freigabeverfahrens für Sonderbeschlüsse gelegentlich ins Feld führen, dass eine entsprechende Anwendung des § 246a AktG wegen des Ausnahmecharakters der Regelung nicht in Betracht komme.[63] So liest man es etwa in dem schon vorgestellten Beschluss des OLG Frankfurt von 2010.[64] Dieses Argument ist irreführend, weil es zwei sachlich streng zu trennende Fragen unzulässigerweise miteinander vermengt. Richtig daran ist lediglich, dass § 246a AktG einen numerus clausus der freigabetauglichen Beschlussgegenstände enthält:[65] Gegenstand des Freigabeverfahrens können nur Maßnahmen der Kapitalbeschaffung, der Kapitalherabsetzung oder Unternehmensverträge sein.[66] Nicht erfasst sind dagegen etwa einfache Satzungsänderungen (§§ 179, 181 AktG), Zustimmungsbeschlüsse zu Gesamtvermögensgeschäften (§ 179a AktG) oder Fortsetzungsbeschlüsse (§ 274 AktG). Allein hierauf bezieht sich die stehende Wendung in Rechtsprechung und Literatur, dass sich eine analoge Anwendung der Vorschrift auf weitere Beschlüsse verbiete.[67] Davon abzuschichten und gesondert zu beantworten ist die zweite Frage, ob sich der Anwendungsbereich des § 246a AktG bei Maßnahmen der Kapitalbeschaffung, Kapitalherabsetzung oder Unternehmensverträgen auch auf flankierende Sonderbeschlüsse erstreckt.

2. *Offenheit des Gesetzeswortlauts in Bezug auf flankierende Sonderbeschlüsse*

Ein weiterer Einwand gegen ein Freigabeverfahren bei notwendigen Sonderbeschlüssen geht dahin, dass § 246a Abs. 1 S. 1 AktG von einem „Hauptversammlungsbeschluss" über eine Kapitalmaßnahme spricht. Hieraus leitet das OLG Frankfurt in der Tat ein Wortlautargument ab, weil die Klage gegen die Wirksamkeit des Sonderbeschlusses nicht als Klage gegen einen Hauptversammlungsbeschluss anzusehen sei.[68]

---

[62] Vgl. *Noack/Zetzsche* in Kölner Komm AktG, 3. Aufl. 2017, § 246a Rn. 26.

[63] In diesem Sinne etwa *Meul/Ritter* AG 2017, 841 (844).

[64] Vgl. OLG Frankfurt BeckRS 2011, 16034 = juris Rn. 23 (insoweit nicht in NZG 2012, 351 abgedruckt).

[65] So treffend *Nietsch,* Freigabeverfahren. Beschlusskontrolle bei Strukturveränderungen, 2013, 33.

[66] Vgl. *Ehmann* in Grigoleit, AktG, 2. Aufl. 2020, § 246a Rn. 2; *Koch,* AktG, 16. Aufl. 2022, § 246a Rn. 3.

[67] So oder ähnlich etwa OLG Köln AG 2007, 822 (823) (Bestellung von Aufsichtsratsmitgliedern); LG München I AG 2008, 340 (341) (Fortsetzungsbeschluss); *Noack/Zetzsche* in Kölner Komm AktG, 3. Aufl. 2017, § 246a Rn. 25; *Seibert/Bulgrin* FS Marsch-Barner, 2018, 525 (529).

[68] So OLG Frankfurt BeckRS 2011, 16034 = juris Rn. 21 (insoweit nicht in NZG 2012, 351 abgedruckt).

Diese auf den ersten Blick plausible, wenn auch „sehr formale Argumentation"[69] erweist sich bei näherem Hinsehen indes keineswegs als zwingend. Vielmehr präsentiert sich der Gesetzeswortlaut in Bezug auf flankierende Beschlüsse zu einem Kapitalerhöhungsbeschluss als durchaus offen.

Zunächst ist zu berücksichtigen, dass der Reformgesetzgeber dem Begriff „Hauptversammlungsbeschluss" noch den Klammerzusatz „§§ 182 bis 240" beigegeben hat. Dies eröffnet zusätzliche Auslegungsspielräume, weil beide Definitionselemente gleichberechtigt nebeneinanderstehen. Darauf hat das OLG Nürnberg in seinem Beschluss von 2018 mit Recht hingewiesen.[70] In ähnlicher Weise lässt sich hier argumentieren, dass es sich bei der Nennung des § 182 AktG in der Klammer um eine Gesamtverweisung handelt: In Bezug genommen wird nicht nur Abs. 1 (Hauptversammlungsbeschluss), sondern auch Abs. 2 (Sonderbeschluss), mithin das Institut der Kapitalerhöhung gegen Einlagen als Ganzes. Unter diesem Blickwinkel hat die Erstreckung des § 246a AktG auf kapitalbeschaffungsbezogene Sonderbeschlüsse nach Art der Andeutungstheorie im Gesetzestext zumindest einen Anhalt gefunden.

Ein Zweites kommt hinzu: Bei einer unbefangenen Lektüre kann man § 246a Abs. 1 S. 1 AktG auch dahin verstehen, dass der Reformgesetzgeber des UMAG mit dem Tatbestandsmerkmal „Hauptversammlungsbeschluss" den gesetzlichen Grundfall als pars pro toto geregelt hat: eine Erhöhung des Grundkapitals, für die nach der Basisvorschrift des § 182 Abs. 1 AktG ein Hauptversammlungsbeschluss mit qualifizierter Mehrheit genügt. Den gesetzlichen Ausnahmefall des § 182 Abs. 2 AktG hat er aus Gründen der Regelungsökonomie ausgespart, ohne ihn indes auszuschließen. Diesen Ausnahmefall gesondert zu erwähnen, erscheint aus gesetzessystematischer Sicht auch deshalb entbehrlich, weil nach § 138 S. 2 AktG für die Sonderbeschlüsse die Bestimmungen über Hauptversammlungsbeschlüsse sinngemäß gelten.

In die gleiche Richtung deutet auch der entstehungsgeschichtliche Befund: Weder im Gesetz selbst noch in den Gesetzesmaterialien[71] oder in den begleitenden Veröffentlichungen des Ministerialreferenten[72] findet sich ein Hinweis darauf, dass kapitalbeschaffungsbezogene Sonderbeschlüsse nicht von § 246a AktG erfasst sein sollen. Dies legt den Schluss nahe, dass der Reformgesetzgeber gerade keine Unterscheidung zwischen Kapitalerhöhungen nach § 182 Abs. 1 AktG und solchen nach § 182 Abs. 2 AktG vornehmen wollte. Infolgedessen darf auch der Rechtsanwender eine solche Binnendifferenzierung nicht an § 246a AktG herantragen, getreu der altehrwürdigen Auslegungsmaxime: Ubi lex non distinguit, nec nos distinguere debemus.[73]

Nach alledem ist der Wortlaut des § 246a AktG entgegen dem ersten Anschein durchaus deutungsoffen. Er steht der Einbeziehung kapitalbeschaffungsbezogener Sonderbeschlüsse in ein Freigabeverfahren nicht entgegen. Unabhängig davon wäre es methodisch fehlerhaft, den Auslegungsprozess schon bei der grammatikalischen Interpretation abzubrechen. Vielmehr müssen bei einem deutungsoffenen Gesetzeswortlaut andere Auslegungsgesichtspunkte den Ausschlag geben.

---

[69] *Marsch-Barner* Liber Amicorum Martin Winter, 2011, 467 (485).

[70] Vgl. OLG Nürnberg NZG 2018, 500 Rn. 32.

[71] Vgl. Begr. RegE UMAG, BT-Drs. 15/5092, 27–30; Beschlussempfehlung und Bericht des Rechtsausschusses, BT-Drs. 15/5693, 18.

[72] Vgl. *Seibert/Schütz* ZIP 2004, 253 (256 ff.); rückblickend *Seibert/Bulgrin* FS Marsch-Barner, 2018, 525 (539 ff.).

[73] Dazu *Liebs*, Lateinische Rechtsregeln und Rechtssprichwörter, 6. Aufl. 1998, 232: „14. Ubi lex non distinguit, nec nos distinguere debemus. Wo das Gesetz nicht unterscheidet, dürfen auch wir nicht unterscheiden."

3. Sinn und Zweck des Freigabeverfahrens: Beschleunigungsfunktion

Den entscheidenden Fingerzeig gibt hier der Normzweck des § 246a AktG. Ausweislich der Gesetzesmaterialien knüpft § 246a AktG an das „bewährte Vorbild des § 319 Abs. 6 und § 16 Abs. 3 UmwG"[74] an. Wie diese Schwestervorschriften zielt auch er auf die Verhinderung unverhältnismäßiger Wirksamkeitsverzögerungen, die durch unzulässige, offensichtlich unbegründete oder unverhältnismäßige Klagen gegen bestimmte Strukturmaßnahmen drohen.[75] Hierfür stellt er ein ausdifferenziertes Freigabeverfahren zur Verfügung, um die frühzeitige Eintragung des betreffenden Beschlusses in das Handelsregister sicherzustellen.[76] Mit einem Wort hat § 246a AktG also eine „Beschleunigungsfunktion".[77] Auf diese Weise wird die Handlungsfähigkeit der Gesellschaft gewährleistet.[78] Die normprägende Beschleunigungsfunktion lässt sich indes nur verwirklichen, wenn auch notwendige Sonderbeschlüsse in das Freigabeverfahren einbezogen werden. Dies ist aus drei Gründen gerade bei Kapitalmaßnahmen von zentraler Bedeutung:

a) Besondere Beschleunigungsnotwendigkeit bei Kapitalerhöhungen

Erstens besteht bei Kapitalerhöhungsbeschlüssen ein besonderes Beschleunigungsbedürfnis.[79] Dies liegt bei Sanierungskapitalerhöhungen[80] auf der Hand:[81] Über ihren Erfolg oder Misserfolg entscheidet zuvörderst ihre rasche Durchführung und Eintragung. Aber auch jenseits von Krisenlagen sind Kapitalerhöhungen notorisch zeitkritisch. Sie lassen sich insbesondere bei börsennotierten Gesellschaften nur durchführen, wenn ihre Eintragung dem Kapitalerhöhungsbeschluss bzw. der Zeichnungsphase zeitlich unmittelbar nachfolgen kann.[82]

Diese besondere Beschleunigungsnotwendigkeit von Kapitalmaßnahmen ist dem Reformgesetzgeber des UMAG nicht verborgen geblieben. Er hat ihr unter anderem dadurch Rechnung getragen, dass er im Rahmen des § 246a AktG entgegen kritischer Stimmen auf eine formelle Registersperre verzichtet hat.[83] Diese gesetzgeberische Grundentscheidung ist ersichtlich von der Überzeugung getragen, dass jede formelle Registersperre die Gefahr von Verzögerungen mit sich bringen kann, die gerade bei Kapitalmaßnahmen besonders schwer wiegt.[84]

b) Kein Leerlaufen des Freigabeverfahrens bei Kapitalerhöhungen mit Sonderbeschlüssen

Zweitens hätte die Nichtanwendbarkeit des Freigabeverfahrens auf kapitalbeschaffungsbezogene Sonderbeschlüsse zur Folge, dass § 246a AktG in der Rechts- und Wirtschafts-

---

[74] Begr. RegE UMAG, BT-Drs. 15/5092, 27.

[75] Vertiefend *Satzl,* Freigabe von Gesellschafterbeschlüssen im Kapitalgesellschaftsrecht, 2011, 43f. mwN.

[76] Vgl. *Seibert/Bulgrin* FS Marsch-Barner, 2018, 525 (527).

[77] So die Zwischenüberschrift von *Seibert/Bulgrin* FS Marsch-Barner, 2018, 525 (527).

[78] Vgl. *Seibert/Bulgrin* FS Marsch-Barner, 2018, 525 (527).

[79] Näher *Nietsch,* Freigabeverfahren. Beschlusskontrolle bei Strukturveränderungen, 2013, 28 unter der Zwischenüberschrift „Beschleunigungsinteressen der Gesellschaft bei Kapitalmaßnahmen und Unternehmensverträgen".

[80] Grundlegend *K. Schmidt* ZGR 1982, 519 ff.

[81] Dazu auch *Meul/Ritter* AG 2017, 841 (843): „Da gerade die Durchführung von Kapitalmaßnahmen (bspw. in einem Sanierungsszenario) regelmäßig zeitkritisch ist, wäre gerade hier eine zügige Freigabe der geplanten Maßnahme wünschenswert."

[82] *Nietsch,* Freigabeverfahren. Beschlusskontrolle bei Strukturveränderungen, 2013, 28.

[83] Dazu Begr. RegE UMAG, BT-Drs. 15/5092, 27: „§ 246a führt entgegen dem Vorschlag der Regierungskommission Corporate Governance keine allgemeine Registersperre für strukturändernde, eintragungsbedürftige Hauptversammlungsbeschlüsse ein."

[84] Ebenso *Nietsch,* Freigabeverfahren. Beschlusskontrolle bei Strukturveränderungen, 2013, 28.

praxis einen beträchtlichen Teil seines Anwendungsbereichs verlöre.[85] Schon unter den börsennotierten Aktiengesellschaften gibt es nach wie vor eine erhebliche Anzahl von Unternehmen, die neben Stamm- auch stimmrechtslose Vorzugsaktien ausgegeben haben.[86] Häufig handelt es sich um Familiengesellschaften, denen bei einem Börsengang am Erhalt der Unternehmenskontrolle gelegen ist.[87] Wird der Vorzugsbetrag nicht oder nicht vollständig gezahlt, so lebt das Stimmrecht nach § 140 Abs. 2 S. 1 AktG wieder auf. Darüber hinaus begegnen in der Unternehmenspraxis immer häufiger Vorzugsaktien mit dauerhaftem Stimmrecht, nicht zuletzt aufgrund der speziellen Bedürfnisse und Erwartungen von Venture-Capital-Gebern.[88] Als geeignete Aktiengattung werden hier besonders gerne Aktien mit einem Liquidationsvorzug („liquidation preference") samt Stimmrecht gewählt.[89]

Man wird dem Reformgesetzgeber von 2005 kaum unterstellen können, dass er all diese Gesellschaften bei den rechtlichen Rahmenbedingungen der Unternehmensfinanzierung in einem wichtigen Punkt – der Frage des Freigabeverfahrens – schlechter stellen wollte als Gesellschaften, die ausschließlich Stammaktien ausgegeben haben. Dies liegt umso ferner, als gerade die beiden praktisch besonders betroffenen Unternehmensgruppen – Familienunternehmen und Start-Ups – in puncto Eigenkapitalbeschaffung vom Gesetzgeber besonders unterstützt werden, wie zahlreiche Förderprogramme aus jüngerer und jüngster Zeit zeigen.[90]

c) Überwindung missbräuchlicher Beschlussmängelklagen

Drittens hätte die Nichteinbeziehung von notwendigen Sonderbeschlüssen in das Freigabeverfahren unweigerlich zur Folge, dass ein neues Betätigungsfeld für räuberische Aktionäre entstünde. Weil Kapitalerhöhungsbeschlüsse aus den bereits erläuterten Gründen häufig zeitkritisch sind,[91] wäre das Erpressungspotential hier sogar besonders hoch.[92] Damit würde das zentrale Regelungsanliegen des Reformgesetzgebers bei Einführung des § 246a AktG, „die missbräuchliche Ausnutzung des Anfechtungsrechts zu unterbinden",[93] in einem zentralen Punkt durchkreuzt. Will man diese legislatorisch ganz und gar unerwünschte Konsequenz verhindern, so führt kein Weg daran vorbei, das Freigabeverfahren auch für kapitalbeschaffungsbezogene Sonderbeschlüsse zu öffnen.

---

[85] Dazu auch *Meul/Ritter* AG 2017, 841 (842f.): „Dabei handelt es sich nicht um einen bloß theoretischen Sonderfall. Betroffen ist vielmehr ein weites Feld von aktienrechtlichen und umwandlungsrechtlichen Strukturmaßnahmen. […] In der Praxis vielleicht am bedeutendsten ist aber die Tatsache, dass bei nahezu jeder Kapitalerhöhung (§§ 182ff. AktG) […] ein eigenständiger Sonderbeschluss jeder Gattung erforderlich ist, wenn bei der betroffenen Gesellschaft mehrere Gattungen von stimmberechtigten Aktien existieren."

[86] Näher dazu *Anschütz* Bucerius Law Journal 2015, 9ff. mit Einzelnachweisen zum DAX, MDAX, TecDAX und SDAX.

[87] Vgl. *Anschütz* Bucerius Law Journal 2015, 8, 11; *Fleischer/Maas* DB 2021, 51ff.

[88] Vgl. *Bayer/Hoffmann* AG 2010, R207f. mit Einzelnachweisen.

[89] Näher *Bayer/Hoffmann* AG 2010, R207.

[90] Näher *Spindler,* Die deutsche Kapitalmarktgesetzgebung im ausgehenden 20. Jahrhundert, 2020, 16f. mit Fn. 52.

[91] Vgl. → IV 3. a).

[92] Allgemein dazu *Drescher* in Henssler/Strohn, Gesellschaftsrecht, 5. Aufl. 2021, AktG § 246a Rn. 1: „Eine Anfechtungsklage verhindert jedenfalls faktisch die Eintragung und bietet damit Erpressungspotential, wenn das Unternehmen auf eine schnelle Umsetzung des Beschlusses angewiesen ist."; ähnlich *Seibert/Bulgrin* FS Marsch-Barner, 2018, 525 (527): „Ohne die Existenz des Freigabeverfahrens käme einer erhobenen Beschlussmängelklage demnach ein erhebliches Erpressungspotential zu.", (532): „Auch in Sanierungskonstellationen, in denen ansonsten häufig die Insolvenz droht, wirkt sich das Erpressungspotential einer Beschlussmängelklage in besonderem Maße aus."

[93] Begr. RegE UMAG, BT-Drs. 15/5092, 2.

4. Bruchlose Einpassung in die gesellschaftsrechtliche Dogmatik

Die nach alledem teleologisch zwingend gebotene Erstreckung des § 246a AktG auf flankierende Sonderbeschlüsse lässt sich durch anerkannte gesellschaftsrechtliche Argumentationsmuster noch weiter abstützen. Ein tragfähiges Fundament hierfür bietet die Figur der
rechtlichen Einheit von Beschlüssen oder Verträgen, die in der gesellschaftsrechtlichen
Spruchpraxis des BGH fest verankert ist.

a) Verbundene Verträge in der gesellschaftsrechtlichen Spruchpraxis des BGH

Als prominenter Ausgangs- und Anwendungsfall gilt das Hoesch/Hoogovens-Urteil des
BGH aus dem Jahre 1982.[94] Eine deutsche und eine niederländische Aktiengesellschaft streb-
ten eine grenzüberschreitende Unternehmensverbindung mit fusionsähnlichem Charakter
an. Hierfür brachten sie ihr jeweiliges Betriebsvermögen in Tochtergesellschaften ein. Sie
selbst bestanden als Holdinggesellschaften fort und gründeten eine neue Zentralgesellschaft
nach niederländischem Recht, in die sie ihre Aktien an den Tochtergesellschaften einbrach-
ten. Zur Durchführung des Gesamtvorhabens hatte Hoesch mehrere Verträge abgeschlossen:
einen Übertragungsvertrag, der auf die Übertragung des Betriebsvermögens auf die Tochtergesellschaft zielte, einen Einbringungsvertrag, durch den sich Hoesch und Hoogovens verpflichteten, die Anteile an ihren Tochtergesellschaften in die Zentralgesellschaft einzubringen, und schließlich einen Grundvertrag, welcher der Koordination der Interessen in der
Zentralgesellschaft diente. Um dem heutigen § 179a AktG (damals § 361 AktG aF) gerecht
zu werden, legte der Vorstand den Übertragungsvertrag und den Einbringungsvertrag zur
Einsicht der Aktionäre aus. Dagegen wurde der sehr umfangreiche Grundvertrag nur vom
Vorstandsvorsitzenden verlesen. Ein Aktionär erhob deswegen Anfechtungsklage gegen die
Beschlüsse. Der BGH gab ihm Recht:

> *„Die Zustimmung der Hauptversammlung und das vorausgehende Verfahren nach § 361 Abs. 1
> Satz 1 bis 4 AktG [heute: § 179a AktG] müssen sich auf alle mit der Vermögensübertragung zusam-
> menhängenden schuldrechtlichen Abreden [...] erstrecken, die rechtsverbindlich die Beziehungen der
> Vertragsschließenden bestimmen sollen, von denen die eine nicht ohne die andere gelten soll und die
> daher ein einheitliches Ganzes bilden; gleichgültig ist, ob sie mit verschiedenen Partnern vereinbart und
> in verschiedenen Vertragsurkunden niedergelegt sind.“*[95]

b) Anerkennung von „Annexbeschlüssen“ durch den BGH im Rahmen des § 16 Abs. 3 UmwG

Noch engere Berührungspunkte mit der hier in Rede stehenden Frage weist ein
Beschluss des BGH aus dem Jahre 2007 auf.[96] Dort ging es um eine Verschmelzung mit
Kapitalerhöhung gemäß §§ 55, 69 UmwG. Die Kläger hatten sowohl gegen den Verschmel-
zungsbeschluss als auch gegen den Kapitalerhöhungsbeschluss Anfechtungsklage erhoben.
Aufgrund einer Freigabeentscheidung nach § 16 Abs. 3 UmwG wurden die angefochtenen
Beschlüsse in das Handelsregister eingetragen. Im Hauptsacheverfahren musste sich der
BGH mit dem Verhältnis zwischen dem Verschmelzungsbeschluss und dem Beschluss über
eine Kapitalerhöhung zur Durchführung der Verschmelzung auseinandersetzen. Er legte
dar, dass der Kapitalerhöhungsbeschluss im Rahmen der Verschmelzung mit Kapitalerhö-
hung schon seinem Wortlaut, aber auch seinem Inhalt nach lediglich einen „Annex“ zum
Verschmelzungsbeschluss darstelle, weil die Kapitalerhöhung zur Finanzierung der Ver-

---

[94] BGHZ 82, 188; dazu etwa *K. Schmidt*, Gesellschaftsrecht, 4. Aufl. 2002, § 30 V 2, 928, dessen
geraffte Sachverhaltsdarstellung hier übernommen wird.
[95] BGHZ 82, 188 Leitsatz a).
[96] BGH NZG 2007, 714.

schmelzung im Hinblick auf die Aktionäre des übertragenden Rechtsträgers benötigt worden sei.[97] Leitsatzförmig formulierte er:

> „*Ist bei einer Verschmelzung mit Kapitalerhöhung (hier: § 69 UmwG) durch deren Eintragung in das Register auf Grund einer Freigabeentscheidung gemäß § 16 III UmwG nicht nur die Verschmelzung selbst, sondern auch der notwendige ‚Annex‘ der Kapitalerhöhung unumkehrbar geworden, so ist die Weiterführung der Anfechtungsklage des Hauptprozesses im Hinblick auf die in § 16 III 6 UmwG normierte Schadensersatzpflicht auch in Bezug auf den ‚Annexbeschluss‘ zur Kapitalerhöhung zulässig.*"[98]

Gleichsinnig hatte zuvor bereits das OLG Hamm entschieden.[99]

Im Schrifttum hat man mit Recht darauf hingewiesen, dass der BGH mit diesem Richterspruch den Gedanken einer Einheit von Verschmelzungs- und Kapitalerhöhungsbeschluss fruchtbar gemacht habe.[100] Dogmatisch bedürfe es insoweit nicht einmal der analogen Anwendung des § 16 Abs. 3 UmwG;[101] vielmehr sei der Anwendungsbereich der Vorschrift aufgrund der rechtlichen Einheit beider Beschlusskomponenten unmittelbar eröffnet.[102]

Nach Inkrafttreten des § 246a AktG hat der Beschluss des BGH zwar an praktischer Relevanz verloren, weil seither auch für Kapitalerhöhungen das Freigabeverfahren zur Verfügung steht.[103] Seine grundsätzlichen Aussagen lassen sich aber ohne Weiteres auf die hier in Rede stehende Frage übertragen:[104] So wie der Verschmelzungsbeschluss mit dem Kapitalerhöhungsbeschluss (§§ 55, 69 UmwG) in dem vom BGH entschiedenen Fall nicht identisch waren, sind auch hier der Hauptversammlungsbeschluss über die Kapitalerhöhung (§ 182 Abs. 1 AktG) und der Sonderbeschluss der temporär stimmberechtigten Vorzugsaktionäre (§ 182 Abs. 2 AktG) nicht identisch. Gleichwohl ist es in folgerichtiger Fortführung des höchstrichterlichen Richterspruchs zulässig und geboten, den Sonderbeschluss als „notwendigen Annex" des Hauptversammlungsbeschlusses über die Kapitalerhöhung anzusehen.

---

[97] Vgl. BGH NZG 2007, 714.

[98] BGH NZG 2007, 714 Leitsatz 2.

[99] Vgl. OLG Hamm AG 2005, 361: „Das Landgericht hat zu Recht festgestellt, dass das Verfahren nach § 16 Abs. 3 UmwG analog auf die Eintragungsfähigkeit der Kapitalerhöhung anzuwenden ist. Werden Verschmelzungsbeschluss und Kapitalerhöhungsbeschluss mit Anfechtungsklagen angefochten, so ist die Konstellation denkbar, dass das Gericht die Eintragung der Verschmelzung nach § 16 Abs. 3 UmwG zulässt, während etwa das Registergericht die Eintragung der Kapitalerhöhung bis zur Beendigung des Anfechtungsprozesses aussetzt. Damit wäre die vom Gesetz gewollte Möglichkeit einer frühzeitigen Eintragung der Verschmelzung nach § 16 Abs. 3 UmwG faktisch unterlaufen, so dass Sinn und Zweck der gesetzlichen Regelung es gebieten, § 16 Abs. 3 UmwG analog auf die Eintragung des für die Verschmelzung erforderlichen Kapitalerhöhungsbeschlusses anzuwenden."

[100] So *Habersack* Liber Amicorum M. Winter, 2011, 177 (187); gleichsinnig *Marsch-Barner* Liber Amicorum M. Winter, 2011, 467 (485).

[101] Methodisch vorsichtiger, aber mit einem nachdrücklichen Plädoyer für eine entsprechende Anwendung in Auseinandersetzung mit dem gegenläufigen Beschluss des OLG Frankfurt *Marsch-Barner* Liber Amicorum M. Winter, 2011, 467 (485): „Dieser sehr formalen Argumentation ist entgegenzuhalten, dass eine analoge Anwendung des § 16 Abs. 3 UmwG im Verschmelzungsrecht seit längerem anerkannt ist. Sie betrifft dort das Verhältnis zwischen dem Verschmelzungsbeschluss und dem Beschluss über eine Kapitalerhöhung zur Durchführung der Verschmelzung (§§ 55, 69 UmwG)."

[102] So *Habersack* Liber Amicorum M. Winter, 2011, 177 (187).

[103] Dazu auch *Marsch-Barner* Liber Amicorum M. Winter, 2011, 467 (486); *Weber/Kersjes*, Hauptversammlungsbeschlüsse vor Gericht, 2010, § 3 Rn. 12.

[104] Wie hier mit Blick auf die Einbeziehung von Sonderbeschlüssen in ein Freigabeverfahren nach § 16 Abs. 3 UmwG *Marsch-Barner* Liber Amicorum M. Winter, 2011, 467 (486); mit Blick auf eine umwandlungsrechtliche Einheit von Formwechsel und Satzung auch *Habersack* Liber Amicorum M. Winter, 2011, 177 (186 ff.).

c) Hauptversammlungs- und Sonderbeschluss als rechtliche Einheit

Im Lichte dieser höchstrichterlichen Judikate handelt es sich damit keineswegs um eine Ad-hoc-Konstruktion, wenn hier im Einklang mit der überwiegenden Lehrmeinung[105] ein notwendiger Sonderbeschluss im Rahmen des § 246a Abs. 1 S. 1 AktG als Teil des Hauptversammlungsbeschlusses angesehen wird.

Vielmehr bietet die soeben referierte Rechtsprechung des BGH ein stabiles dogmatisches Fundament, um Hauptversammlungs- und Sonderbeschluss insoweit als rechtliche Einheit zu begreifen. Dabei mag offenbleiben, ob man hierfür den Rechtsgedanken des § 139 BGB heranzieht[106] oder auf eine rechtliche Einheit kraft gesetzlicher Regelungssystematik abstellt.[107] Außer Streit steht jedenfalls, dass ein positiver Sonderbeschluss zu dem Kapitalerhöhungsbeschluss der Hauptversammlung hinzutreten muss, um diesem zur Wirksamkeit zu verhelfen.[108] Bis dahin ist der Hauptversammlungsbeschluss (schwebend) unwirksam.[109]

d) Nochmals: Das nicht stichhaltige Wortlautargument

Bereits oben ist dargelegt worden, dass der Wortlaut des § 246a Abs. 1 S. 1 AktG einer Einbeziehung von Sonderbeschlüssen nicht zwingend entgegensteht.[110] Kehrt man in einer Kreiselbewegung des Auslegungsprozesses nochmals zu diesem Punkt zurück, so verliert das Wortlautargument der Gegenansicht bei der hier befürworteten dogmatischen Lösung vollends an Überzeugungskraft: Der Sonderbeschluss ist ein notwendiger Annexbeschluss zu dem Hauptversammlungsbeschluss; beide bilden eine rechtliche Einheit, sodass die Subsumtion unter den Gesetzeswortlaut zwanglos möglich ist.

5. *Begrenzte Aussagekraft der umwandlungsrechtlichen Beschlüsse des OLG Frankfurt und des OLG Düsseldorf*

Ohne dass es noch darauf ankäme, sei abschließend darauf hingewiesen, dass die zitierten Beschlüsse des OLG Frankfurt und des OLG Düsseldorf zum umwandlungsrechtlichen Freigabeverfahren[111] hier nur von begrenzter Aussagekraft sind, weil sie andere Sachverhalte betrafen.

Was zunächst den Beschluss des OLG Frankfurt[112] anbelangt, so ging es bei Lichte besehen gar nicht um einen Sonderbeschluss als Annex zu einem entsprechenden Hauptversammlungsbeschluss. Vielmehr betraf der Sonderbeschluss der stimmrechtslosen Vorzugs-

---

[105] Vgl. mit Nuancierungen im Einzelnen zu § 246a AktG *Lieder/Lieder* in Bürgers/Körber, AktG, 5. Aufl. 2021, § 182 Rn. 41; *Noack/Zetzsche* in Kölner Komm AktG, 3. Aufl. 2017, § 246a Rn. 21; *J. Vetter* in Kölner Komm AktG, 3. Aufl. 2019, § 141 Rn. 188; *Butzke* in Marsch-Barner/ Schäfer, Handbuch börsennotierte AG, 5. Aufl. 2022, § 6 Rn. 12; *Nietsch,* Freigabeverfahren. Beschlusskontrolle bei Strukturveränderungen, 2013, 36; *Schäfer* in MüKoAktG, 5. Aufl. 2021, § 246a Rn. 6. Ebenso für die Schwestervorschrift des § 16 Abs. 3 UmwG *Rieckers/Cloppenburg* in BeckOGK, 1.7.2022, UmwG § 16 Rn. 30; *Marsch-Barner/Oppenhoff* in Kallmeyer, UmwG, 7. Aufl. 2020, § 16 Rn. 24; *Decher* in Lutter, UmwG, 6. Aufl. 2019, § 16 Rn. 37; *Marsch-Barner* Liber Amicorum M. Winter, 2011, 467 (485).

[106] In diesem Sinne *Decher* in Lutter, UmwG, 6. Aufl. 2019, § 16 Rn. 37; ähnlich wohl OLG Düsseldorf AG 2002, 47 (49).

[107] Dies befürwortend etwa *Nietsch,* Freigabeverfahren. Beschlusskontrolle bei Strukturveränderungen, 2013, 36; ähnlich *Noack/Zetzsche* in Kölner Komm AktG, 3. Aufl. 2017, § 246a Rn. 22; *Schäfer* in MüKoAktG, 5. Aufl. 2021, § 246a Rn. 6 mit Fn. 17.

[108] Statt aller *Koch,* AktG, 16. Aufl. 2022, § 138 Rn. 2.

[109] Statt aller *Koch,* AktG, 16. Aufl. 2022, § 138 Rn. 7 und § 182 Rn. 21.

[110] Vgl. → IV. 2.

[111] Vgl. → III. 1. a).

[112] OLG Frankfurt BeckRS 2011, 16034 = NZG 2012, 351.

aktionäre zur Aufhebung der Vorzüge („TOP 8") eine Maßnahme, die von dem Haupt-versammlungsbeschluss der Stammaktionäre zur Umwandlung der SE in eine KGaA („TOP 7") rechtlich unabhängig war.[113] Ganz anders verhält es sich in dem Fall, in dem der Kapitalerhöhungsbeschluss nach § 182 Abs. 1 AktG und der korrespondierende Sonder-beschluss nach § 182 Abs. 2 AktG eine rechtliche Einheit bilden.[114] Unabhängig davon ist die Begründung des OLG Frankfurt stark auf § 16 Abs. 3 UmwG zugeschnitten und vermag überdies in zentralen Punkten nicht zu überzeugen. Fehlsam ist insbesondere die Begrün-dung, dass § 16 Abs. 3 UmwG als Ausnahmevorschrift nicht analogiefähig sei.[115] Eine solche Regel wird von der modernen Methodenlehre als „Rückfall in die Begriffsjurisprudenz"[116] gebrandmarkt und in ihrer Allgemeinheit abgelehnt.[117] Auch eine Ausnahmevorschrift kann erweitert ausgelegt oder analog angewendet werden.[118] Maßgeblich ist stets ihr durch Aus-legung zu ermittelnder Regelungszweck.[119]

Auch der Beschluss des OLG Düsseldorf[120] bietet in verschiedener Hinsicht Ansatzpunkte für ein distinguishing on the facts. Erstens ging es dort nicht um einen Kapitalerhöhungs-, sondern um einen Spaltungsbeschluss, für den im Freigabeverfahren andere rechtliche Rah-menbedingungen gelten. Dies gilt insbesondere für die formale Registersperre, die in der Argumentation des Gerichts eine wichtige Rolle spielt.[121] Zweitens richtete sich der Frei-gabeantrag dort nicht auf den Spaltungsbeschluss der Hauptversammlung selbst, sondern auf Feststellungsklagen, mit denen die Unwirksamkeit des im Vorfeld geschlossenen Spaltungs-vertrags gerügt wurde.[122] Dies ist schon im Ausgangspunkt nicht mit allfälligen Klagen gegen einen Sonderbeschluss vergleichbar, der mit dem Hauptversammlungsbeschluss eine recht-liche Einheit bildet.[123] Drittens legt die aktienrechtliche Gesetzessystematik bei Sonder-beschlüssen eine andere Beurteilung nahe. Nach § 138 S. 2 AktG gelten nämlich für die Son-derbeschlüsse die Bestimmungen über Hauptversammlungsbeschlüsse entsprechend und nach § 138 S. 1 AktG können die Sonderbeschlüsse in derselben Hauptversammlung gefasst werden wie der Hauptversammlungsbeschluss der Stammaktionäre – zwei Gesichtspunkte, die abermals die sachliche Nähe und rechtliche Einheit beider Beschlüsse verdeutlichen. Viertens sei noch auf einen früheren Beschluss des OLG Düsseldorf zum Freigabeverfahren hingewiesen, in dem das Gericht bei einer Satzungsänderung entsprechend § 139 BGB dar-auf abstellt, ob die gerügten Mängel des Gesellschaftsvertrags auf den Strukturverände-rungsbeschluss als solchen „durchschlagen".[124]

---

[113] Vgl. OLG Frankfurt BeckRS 2011, 16034 = juris Rn. 12 und 20 (insoweit nicht in NZG 2012, 351 abgedruckt).

[114] Näher → IV. 4. c).

[115] So OLG Frankfurt BeckRS 2011, 16034 = juris Rn. 23 (insoweit nicht in NZG 2012, 351 abgedruckt).

[116] *Möllers,* Juristische Methodenlehre, 2017, § 6 Rn. 34.

[117] Vgl. *Bydlinski,* Juristische Methodenlehre und Rechtsbegriff, 2. Aufl. 1991, 440; *Kramer,* Juristische Methodenlehre, 6. Aufl. 2019, 241 ff.; *Möllers,* Juristische Methodenlehre, 4. Aufl. 2021, § 6 Rn. 32 ff. unter der Zwischenüberschrift „Ausnahmen dürfen weit ausgelegt werden". Grundsatzkritik an der Parömie „singularia non sunt extendenda" bereits bei *Heck,* Gesetzesaus-legung und Interessenjurisprudenz, 1914, 186 ff.

[118] So ausdrücklich *Möllers,* Juristische Methodenlehre, 4. Aufl. 2021, § 6 Rn. 32; gleichsinnig *Bydlinski,* Juristische Methodenlehre und Rechtsbegriff, 2. Aufl. 1991, 440: „Heute ist längst mit Recht anerkannt, daß auch Ausnahmeregeln (im Rahmen ihrer engeren ‚ratio legis') der ausdeh-nenden Auslegung und auch der Analogie fähig sind."

[119] Vgl. *Kramer,* Juristische Methodenlehre, 6. Aufl. 2019, 243: „wertende Überlegungen"; *Möl-lers,* Juristische Methodenlehre, 4. Aufl. 2021, § 6 Rn. 32: „teleologische Überlegungen".

[120] Vgl. OLG Düsseldorf BeckRS 2017, 136416.

[121] Vgl. OLG Düsseldorf BeckRS 2017, 136416 Rn. 46.

[122] Vgl. OLG Düsseldorf BeckRS 2017, 136416 Rn. 45.

[123] → IV. 4. c).

[124] Vgl. OLG Düsseldorf AG 2002, 47 (50).

6. Schlussfolgerungen

Nach alledem ist das Freigabeverfahren gemäß § 246a AktG auf notwendige Sonderbeschlüsse zu einem Kapitalerhöhungsbeschluss iSd § 182 Abs. 1 S. 1 AktG anwendbar. Dieses Auslegungsergebnis ist teleologisch zwingend geboten und lässt sich durch anerkannte gesellschaftsrechtliche Argumentationsmuster weiter abstützen. Es entspricht zugleich der überwiegenden Lehrmeinung zu § 246a AktG und zu § 16 Abs. 3 UmwG. Zwei vermeintlich entgegenstehende Judikate des OLG Frankfurt und des OLG Düsseldorf zum umwandlungsrechtlichen Freigabeverfahren betreffen bei Lichte besehen andere Sachverhalte und weisen zudem verschiedene Begründungsschwächen auf.

V. Ergebnisse

1. Das Freigabeverfahren nach § 246a AktG ist auf notwendige Sonderbeschlüsse zu einem Kapitalerhöhungsbeschluss gemäß § 182 Abs. 1 S. 1 AktG anwendbar. Hierfür bedarf es weder eines Analogieschlusses noch einer Rechtsfortbildung, sondern nur einer effektuierenden Auslegung, die dem Normzweck des § 246a AktG zur vollen Wirksamkeit verhilft.

2. Entgegen dem ersten Anschein ist der Wortlaut des § 246a Abs. 1 S. 1 AktG in dieser Hinsicht deutungsoffen. Er steht einer Einbeziehung notwendiger Sonderbeschlüsse in das Freigabeverfahren nicht entgegen.

3. Maßgeblich sind Sinn und Zweck der Vorschrift. Deren normprägende Beschleunigungsfunktion lässt sich nur verwirklichen, wenn § 246a AktG auch notwendige Sonderbeschlüsse zu einem freigabetauglichen Beschlussgegenstand erfasst. Dies gilt insbesondere für notorisch zeitkritische Kapitalerhöhungsbeschlüsse. Entschiede man anders, verlöre die Vorschrift in der Rechts- und Wirtschaftspraxis einen wesentlichen Teil ihres Anwendungsbereichs und liefe insoweit leer. Zudem wären missbräuchlichen Anfechtungsklagen dann entgegen dem gesetzgeberischen Reformanliegen Tür und Tor geöffnet.

4. Die teleologisch zwingend gebotene Erstreckung des § 246a AktG auf notwendige Sonderbeschlüsse lässt sich dogmatisch schlüssig begründen. Hierfür bietet sich im Einklang mit der überwiegenden Lehrmeinung die Figur der rechtlichen Einheit von Hauptversammlungs- und Sonderbeschluss an, die mit dem „Annexbeschluss" auch über eine präjudizielle Basis in der Rechtsprechung des BGH zum Freigabeverfahren nach § 16 Abs. 3 UmwG verfügt. Bei dieser Begründung verliert das Wortlautargument der Gegenansicht vollends an Überzeugungskraft.

JULIUS FORSCHNER

„Gesellschaftsrecht" iSd § 310 Abs. 4 S. 1 BGB

I. Einleitung

Als ich 2018 als Notarassessor an das Deutsche Notarinstitut abgeordnet wurde, teilte mich der damalige Geschäftsführer – zu meiner großen Freude – auch dem Referat für Handels-, Gesellschafts- und Steuerrecht zu, dessen Referatsleiter der Jubilar war. Er war für mich ein Vorbild. Seine Freude an juristischen Diskussionen, ein unglaubliches Präsenzwissen in seinen Spezialgebieten (insb. Umwandlungs- und GmbH-Recht) war beeindruckend. Hinzu kam seine Kenntnis des Bilanzrechts, die für das Verständnis vieler Bereiche des Gesellschaftsrechts unerlässlich ist. Als Diplom-Kaufmann hat er in diesem Bereich ein Vorsprungwissen, das für jeden Mitarbeiter ein reichhaltiger Fundus ist. Beeindruckend war auch seine Schaffenskraft. Oft brannte bis spät in die Nacht und früh morgens noch Licht in seinem Büro, wenn man am Kranenkai spazieren ging. Seine Publikationsliste spricht für sich.

Später als Geschäftsführer kam mir unter anderem die Aufgabe zu, die eingehenden Anfragen auf die einzelnen Referate zu verteilen. Was gehört zum „Gesellschaftsrecht", war dann immer wieder die Frage, gerade in Grenzbereichen zum Erb- oder Grundbuchrecht. Die Frage, was eigentlich zum Gesellschaftsrecht gehört, greift auch dieser Beitrag auf, aber in einem anderen Kontext. Bislang nicht zufriedenstellend gelöst ist die Frage, welche Verträge zum „Gebiet des Gesellschaftsrechts" iSd § 310 Abs. 4 BGB gehören.[1]

Das AGB-Recht ist für die notarielle Vertragsgestaltung von großer Bedeutung, auch im unternehmerischen Rechtsverkehr.[2] Umso wichtiger ist die Frage, welche Verträge überhaupt der AGB-Kontrolle unterliegen. Denn allein die Tatsache, dass der Vertrag durch einen Notar gestaltet und beurkundet wird, steht der Behandlung als Allgemeine Geschäftsbedingungen – entgegen einer früher vertretenen Auffassung[3] – nicht entgegen.[4] Es gibt also keine AGB-rechtliche Privilegierung von notariellen Verträgen, obwohl § 14 BNotO den Notar verpflichtet, unabhängig und unparteiischer Berater der Beteiligten zu sein, weshalb eine „unangemessene Benachteiligung" bei ordnungsgemäßem Verfahren ausgeschlossen sein sollte. § 17 Abs. 1 S. 2 BeurkG geht sogar weiter und legt dem Notar die Pflicht auf, dass unerfahrene und ungewandte Beteiligte nicht benachteiligt werden. Trotz dieser beurkundungsrechtlichen Privilegierung der unerfahrenen Beteiligten, konnte sich die Auffassung, dass der Schutz der potentiell unterlegenen Vertragspartei durch das notarielle Verfahren und nicht durch eine Inhaltskontrolle sichergestellt werden soll, nicht durchsetzen.

Seit Inkrafttreten des AGB-Gesetzes[5] hatte der Gesetzgeber verschiedentlich Gelegenheit, eine Bereichsausnahme für notarielle Verträge festzuschreiben. Da dies ausblieb, muss für die Praxis von der (diskutablen) Grundannahme ausgegangen werden, dass notarielle Verträge in

---

[1] Vgl. jedoch bereits ausführlich *Bieder* ZHR 174, 705 ff.; *Fornasier* in MüKoBGB, 9. Aufl. 2022, § 310 Rn. 121 ff.

[2] Ausführlich dazu *Leuschner* NJW 2022, 1193.

[3] BGH Urt. v. 14. 10. 1966 – V ZR 188/63 – juris, Rn. 22.

[4] BGH Urt. v. 29. 3. 1974 – V ZR 22/73 – juris, Rn. 17.

[5] Gesetz zur Regelung des Rechts der Allgemeinen Geschäftsbedingungen vom 9. 12. 1976, BGBl. I 3317.

gleichem Maße der Inhaltskontrolle unterliegen wie bspw. ein Einkauf über Ebay oder Ama-
zon. Das wäre nicht weiter problematisch, hätte die Rechtsprechung nicht über die Jahre die
Anforderungen stets erhöht, die zu erfüllen sind, um der AGB-Kontrolle zu entgehen. Insbesondere das Absenken der Anforderungen an das Vorliegen von Allgemeinen Geschäftsbedingungen und die strengen Anforderungen an das „individuelle Aushandeln" bereiten
der Praxis Probleme, gerade wenn auf beiden Seiten rechtlich beratene und geschäftlich
erfahrene Vertragspartner beteiligt sind. Insofern gewinnt die Bereichsausnahme für das
Gesellschaftsrecht gem. § 310 Abs. 4 BGB an Bedeutung – wird aber von der Rechtsprechung nur selten herangezogen. Dieser Beitrag versucht eine Einordnung in den europarechtlichen Kontext und eine Abgrenzung anhand des *telos* der Herausnahme des Gesellschaftsrechts.

II. *Europarechtlicher und historischer Kontext*

Die AGB-rechtlichen Vorschriften in Deutschland sind eine Geschichte paralleler nationaler und europarechtlicher Rechtsentwicklung. Jedoch: Der nationale Gesetzgeber war
schneller. Am 1.4.1977 – also noch vor der ersten europarechtlichen Klauselrichtlinie – trat
das AGB-Gesetz und damit der Kern des auch heute noch geltenden AGB-Rechts in Kraft.[6]
Es handelte sich schon damals weitgehend um die Kodifizierung von richterrechtlich
geschaffener Rechtsfiguren, die teilweise als unzulänglich angesehen wurden.[7] Mit der
Schuldrechtsreform wurde das AGB-Gesetz in das BGB integriert. Große inhaltliche Reformen waren damit nicht verbunden. Es handelte sich vielmehr um eine Anpassung an das
neue Schuldrecht mit moderaten Veränderungen.[8] Die meisten Entscheidungen, die der
Bundesgerichtshof zum AGB-Gesetz getroffen hat, lassen sich also auch weiterhin zur Auslegung des BGB heranziehen.

Die hier in Rede stehende Bereichsausnahme des Gesellschaftsrechts war bereits in § 23
AGBG in der ursprünglichen Fassung enthalten, geht also ursprünglich nicht auf europarechtliche Vorgaben zurück. Die am 5.4.1993 erlassene RL 93/13/EWG des Rates über
missbräuchliche Klauseln in Verbraucherverträgen (im Folgenden: KlauselRL) greift die
Bereichsausnahme in den Erwägungsgründen mit identischem Wortlaut auf. Diese europarechtliche Verknüpfung führt dazu, dass der Begriff nunmehr auch im deutschen Recht
europarechtskonform auszulegen ist[9] und Zweifelsfragen dem EuGH vorzulegen sind, sofern
der Anwendungsbereich der Richtlinie eröffnet ist. Die Richtlinie dient ausweislich der
übrigen Erwägungsgründe (nur) dazu, durch europarechtliche Vereinheitlichung den Schutz
des Verbrauchers vor missbräuchlichen Klauseln zu gewährleisten.[10] Art. 1 Abs. 1 KlauselRL
regelt den Anwendungsbereich und begrenzt ihn ausdrücklich auf Verträge zwischen
Gewerbetreibenden und Verbrauchern.

Insofern stellt sich die Frage, worauf der Richtliniengeber mit der Bereichsausnahme
Gesellschaftsrecht in den Erwägungsgründen abzielte: Handelt es sich um eine Klarstellung,
da an gesellschaftsrechtlichen Verträgen meist Unternehmer auf beiden Seiten beteiligt sind,
Oder wollte der Richtliniengeber bewusst auch gesellschaftsrechtliche Verträge unter Beteiligung von Verbrauchern aus dem Anwendungsbereich ausnehmen?

---

[6] Vgl. zu den Leitlinien der jüngeren Geschichte des AGB-Rechts *Pfeiffer* NJW 2017, 913 ff.
[7] Dazu ausführlich *Fornasier* in MüKoBGB, 9. Aufl. 2022, § 305 Rn. 13.
[8] BT-Drs. 14/6040, 150.
[9] *Mock* in v. Westphalen/Thüsing, Vertragsrecht und AGB-Klauselwerke, 48. EL März 2022,
Klauselwerke, Gesellschaftsrecht Rn. 3.
[10] Vgl. ausführlich *Lehmann-Richter* in BeckOGK, 1.6.2022, BGB § 305 Rn. 45.

In Deutschland ist das AGB-Recht nicht auf Verträge zwischen Unternehmern und Verbrauchern begrenzt. § 310 Abs. 1 BGB begrenzt lediglich den Anwendungsbereich innerhalb der AGB-Kontrolle im unternehmerischen Rechtsverkehr. Die Rechtsprechung hat zahlreiche Vorschriften der §§ 308, 309 BGB über § 307 BGB auch auf den unternehmerischen Rechtsverkehr übertragen – entgegen der ursprünglichen Intention des Gesetzgebers.[11] Umso wichtiger ist die Standortbestimmung bzgl. der Bereichsausnahme für das Gesellschaftsrecht, die die Verträge vollständig von jeglicher AGB-Kontrolle ausnimmt.

III. Der sachliche Grund für die Bereichsausnahme

Die Gesetzesbegründung nennt verschiedene Gründe, warum Verträge auf den Gebieten des Arbeitsrechts[12], des Erbrechts, des Familienrechts und des Gesellschaftsrechts vom Anwendungsbereich der AGB-Kontrolle ausgenommen wurden. Beim Arbeitsrecht sei der Grund darin zu suchen, dass dieses bereits durch eine große Zahl von zwingenden Arbeitnehmerschutzvorschriften geregelt sei. Die übrigen Rechtsgebiete (Erb-, Familien-, Gesellschaftsrecht) werden hingegen nicht einzeln herausgegriffen und begründet. Der Gesetzgeber sah die Rechtfertigung der Schaffung der Bereichsausnahmen vielmehr einheitlich darin, dass auf diesen Gebieten nur selten AGB „im herkömmlichen Sinne" verwendet würden.[13] Zum anderen hätten diese Rechtsgebiete so viele Eigenarten, dass die auf „schuldrechtliche Austauschverträge zugeschnittenen Bestimmungen" sich für eine Anwendung auf diese Bereiche nicht eigneten.[14] Während der zweitgenannte Grund unmittelbar einleuchtet, ist die Tatsache, dass nur selten AGB vorliegen würden, noch für sich genommen keine Rechtfertigung für eine Schaffung einer Bereichsausnahme. Es würde genügen, die seltenen Fälle der Inhaltskontrolle zu unterwerfen.

Auf eine nähere Definition des Begriffs „Gesellschaftsrecht" verzichtete der Gesetzgeber bewusst. Der Begriff sei weit genug, um das Recht aller Handelsgesellschaften, einschließlich des Genossenschaftsrechts sowie des Vereinsrechts zu erfassen.[15] Gesondert herausgegriffen wird der „Depotstimmrechtsvertrag", der als Teil des Schuldrechts vom Gesetz erfasst werden solle.[16]

Verwunderlich ist, dass der Gesetzgeber gerade *nicht* darauf abstellt, dass im Gesellschaftsrecht regelmäßig erfahrene Beteiligte tätig sind, die den Schutz des AGB-Rechts nicht benötigen. Verträge auf dem Gebiet des Gesellschaftsrechts werden häufig unter Hinzuziehung rechtlicher Berater geschlossen. Jedenfalls sind gesellschaftsrechtliche Vorgänge selten „Massengeschäft" und dementsprechend ist die Gefahr geringer, dass eine Vertragspartei Bedingungen akzeptiert, ohne diese zur Kenntnis genommen oder verstanden zu haben. Die Justierung des Anwendungsbereichs der Bereichsausnahme hängt also maßgeblich davon ab, worin man die Rechtfertigung für die AGB-Kontrolle allgemein sieht. Nach Auffassung der Rechtsprechung ist die gerichtliche Kontrolle der Allgemeinen Geschäftsbedingungen eine Kompensation für die mangelnde Verhandlungsmacht des Vertragspartners des Verwenders.[17] Diese einseitige Gestaltungsmacht[18] soll durch die AGB-Kontrolle kompensiert werden,

---

[11] Kritisch dazu auch *Fornasier* in MüKoBGB, 9. Aufl. 2022, Vor § 305 Rn. 16.
[12] Seit der Schuldrechtsreform ist das individuelle Arbeitsrecht (insb. Arbeitsverträge) nicht mehr von der Klauselkontrolle ausgenommen, sondern lediglich kollektivrechtliche Vereinbarungen (Tarifverträge, Betriebs- und Dienstvereinbarungen).
[13] BT-Drs. 7/3919, 41.
[14] BT-Drs. 7/3919, 41.
[15] BT-Drs. 7/3919, 41.
[16] BT-Drs. 7/3919, 41.
[17] BVerfG NJW 2011, 1339 Rn. 35.
[18] BGH NJW 2010, 1131 Rn. 14.

wobei es nicht darauf ankommt, ob eine solche einseitige Gestaltungsmacht im Einzelfall tatsächlich vorliegt. Es geht vielmehr um eine typischerweise in bestimmten Konstellationen bestehende fehlende Verhandlungsmacht eines Vertragspartners.[19] Durch die KlauselRL ist zudem der Aspekt des Verbraucherschutzes hinzugetreten bzw. ausdrücklich festgeschrieben worden. Ein verbraucherschützendes Element wohnte auch dem AGBG bereits inne, wenn es auch nicht auf diesen Anwendungsbereich begrenzt war.

Sucht man in dieser allgemeinen Rechtfertigung des AGB-Rechts nach Gründen für die Bereichsausnahme, wird man mehrfach fündig: Beim Abschluss von Gesellschaftsverträgen wird regelmäßig ein gemeinsamer Zweck verfolgt. Die Beteiligten stehen sich gleichberechtigt gegenüber, oft besteht ein gewisses Näheverhältnis.[20] Eine einseitige Gestaltungsmacht ist regelmäßig nicht gegeben. Der Verbraucherschutz spielt im Gesellschaftsrecht eine untergeordnete Rolle.

Bei genauerer Betrachtung kann dies die Bereichsausnahme allerdings nicht abschließend rechtfertigen. Denn auch beim Abschluss von Gesellschaftsverträgen kann es zu einem Ungleichgewicht der Verhandlungsmacht kommen. Man stelle sich nur einen jungen Studenten der Ingenieurwissenschaften vor, der eine geniale Idee, aber kein Kapital hat. Auf der anderen Seite, der erfahrene Startup-Investor, der bereits die x-te Gesellschaft gründet. Hier mögen beide zwar gleichgerichtete Interessen haben und ein gemeinsames Ziel verfolgen, eine einseitige Gestaltungsmacht des Investors bzgl. des Gesellschaftsvertrags wird man häufig bejahen können. Ebenso können beim Abschluss eines Publikums-Investmentfonds in Form einer KG zahlreiche Verbraucher beteiligt sein, während der Gesellschaftsvertrag mehr oder weniger einseitig vom initiierenden Unternehmer vorgegeben wird.

An diesen Beispielen zeigt sich, wie schwierig die Bereichsausnahme zu begründen ist. Keiner der Begründungsansätze führt letztlich zu in allen Fällen überzeugenden und widerspruchsfreien Ergebnissen.[21] Weder die in der Gesetzesbegründung genannten Gründe noch die allgemeinen Gründe für die AGB-Kontrolle können die Bereichsausnahme abschließend rechtfertigen. Im Ergebnis dürfte sich die Bereichsausnahme – wie vom Gesetzgeber schon angedeutet – vor allem dadurch rechtfertigen lassen, dass im Gesellschaftsrecht typischerweise keine AGB vorliegen. Dies gilt aber gleichermaßen für schuldrechtliche Verträge im Bereich des Gesellschaftsrecht und nicht nur für Organisationsstrukturen. Dort wo der Verbraucherschutz es gebietet, kann mit einer teleologischen Reduktion nachgesteuert werden. Letzteres dürfte europarechtlich geboten sein.

Diese Rechtfertigung der Bereichsausnahme ist maßgeblich bei der Auslegung zu berücksichtigen, denn die Wortlautauslegung führt regelmäßig nicht weiter.[22] Es ist jedoch bzgl. des Wortlauts zu berücksichtigen, dass er jedenfalls keine Beschränkung der Bereichsausnahme auf korporative Regelungen – sprich: Satzungen und Gesellschaftsverträge – vorgibt. Unter den Wortlaut fallen grundsätzlich auch schuldrechtliche Verträge, die „auf dem Gebiet des Gesellschaftsrecht" geschlossen werden, insb. Anteilskaufverträge. Die ganz hM sieht solche Verträge zwar nicht von der Bereichsausnahme erfasst.[23] Der Wortlaut zwingt zu einem solchen Verständnis jedoch nicht. Im Folgenden soll anhand verschiedener Gesellschaftsformen

---

[19] *Lehmann-Richter* in BeckOGK, 1.6.2022, BGB § 305 Rn. 8.
[20] Kritisch zu diesem Kriterium *Mock* in v. Westphalen/Thüsing, Vertragsrecht und AGB-Klauselwerke, 48. EL März 2022, Klauselwerke, Gesellschaftsrecht Rn. 6.
[21] So auch *Bieder* ZHR 174, 705 (722).
[22] *Mock* in v. Westphalen/Thüsing, Vertragsrecht und AGB-Klauselwerke, 48. EL März 2022, Klauselwerke, Gesellschaftsrecht Rn. 3.
[23] *Fornasier* in MüKoBGB, 9. Aufl. 2022, § 310 Rn. 125; *Becker* in BeckOK BGB, 63. Ed 1.8.2022, § 310 Rn. 32; *Mock* in v. Westphalen/Thüsing, Vertragsrecht und AGB-Klauselwerke, 48. EL März 2022, Gesellschaftsrecht Rn. 57; *Richters/Friesen* in BeckOGK, 1.8.2020, BGB § 310 Rn. 191. Implizit ohne nähere Erörterung der Thematik und ohne Entscheidungserheblichkeit BGH NJW 2011, 1215 bzgl. des Kaufvertrags über einen GbR-Anteil an einem geschlossenen Immobilienfonds.

und Vertragstypen analysiert werden, inwiefern die Bereichsausnahme zu sachgerechten Ergebnissen führt.

IV. Erfasste Gesellschaftsformen und Vertragstypen

1. Vereinssatzungen

Die Satzung eines Vereins – dem „Urtyp" der Körperschaft – fällt ohne weiteres unter die Bereichsausnahme, auch wenn gerade im Bereich des Vereinswesens die Satzungsregelungen zum Massengeschäft werden können und eine Schutzbedürftigkeit der einzelnen Vereinsmitglieder bestehen kann. Das kann nichts daran ändern, dass die Satzung Gesellschaftsrecht i. S. d. Bereichsausnahme darstellt und damit kontrollfrei ist. Zu befassen hatte sich die Rechtsprechung mit dieser Fragestellung bisher allerdings – soweit ersichtlich – nur im Zusammenhang mit Gewerkschaften, namentlich der (üblichen) Pflicht der Gewerkschaftsmitglieder, einen Teil ihrer Aufsichtsratsvergütung an eine gewerkschaftsnahe Stiftung abzuführen. Die beiden Landgerichte, die mit diesen Fragen befasst waren, bejahten jeweils die Anwendbarkeit der Bereichsausnahme zu Recht.[24] Es bleibt bzgl. dieser Satzungsregelungen dementsprechend bei der allgemeinen Inhaltskontrolle gem. § 242 BGB. Insofern muss man bei der Bestimmung des Anwendungsbereichs der Bereichsausnahme stets berücksichtigen, dass die fehlende AGB-Kontrolle keineswegs zu einer Schutzlosigkeit der Beteiligten führt.

2. Stille Gesellschaft

Eine der wenigen Entscheidungen, in denen sich der BGH zum Anwendungsbereich der Bereichsausnahme geäußert hat, ist eine Entscheidung zur „stillen Gesellschaft". Eine Immobilienvermittlerin schloss mit zahlreichen Verbrauchern Verträge ab, die mit „Beitrittserklärung als stiller Gesellschafter" überschrieben waren. Vereinbart wurden zudem als Vertragsbedingungen, die als „stille Gesellschafts- und Gewinnbeteiligungsvertrag" überschrieben waren. Ein Verbraucherschutzverband iSd § 13 Abs. 2 Nr. 1 AGBG aF[25] machte die Unwirksamkeit einzelner Klauseln der Vertragsbedingungen geltend. Die Immobilienvermittlerin war der Auffassung, die Verträge fielen unter die Bereichsausnahme des § 23 Abs. 1 AGBG aF (heute § 310 Abs. 4 BGB).

Nach Auffassung des Bundesgerichtshofs wird die stille Gesellschaft von der Bereichsausnahme erfasst,[26] ist also einer AGB-Kontrolle entzogen. Argumentiert wird damit, dass es sich bei der stillen Gesellschaft letztlich um eine besondere Form der GbR handele. Die stille Gesellschaft sei nur dann nicht von der Bereichsausnahme erfasst, wenn die Struktur der stillen Gesellschaft schuldrechtlichen Charakter habe,[27] also ein partiarisches Darlehen darstelle. Die Vorschriften des AGB-Rechts seien auf Austauschverträge zugeschnitten und deshalb sei der Inhalt der Bereichsausnahme danach abzugrenzen. Letztlich deutet der BGH in seiner Entscheidung aus dem Jahr 1995 an, dass er das Recht der Allgemeinen Geschäftsbedingungen auf die stille Gesellschaft anwenden würde, wenn die Vorschriften über die Inhaltskontrolle „passten".[28]

Entscheidend im konkreten Fall war letztlich eine umfangreiche Auslegung des Gesellschaftsvertrags mit dem Ergebnis, dass ein gemeinschaftlicher Zweck verfolgt werde. Als gewichtiges Indiz beurteilte das Gericht, dass der Inhaber der Zustimmung des stillen Gesell-

---

[24] LG Frankfurt a. M. NZG 2018, 821; LG Stuttgart NZG 2008, 558.
[25] Nunmehr geregelt in § 3 UKlaG.
[26] BGH NJW 1995, 192 – noch zu § 23 AGBG.
[27] BGH NJW 1995, 192 (193).
[28] BGH NJW 1995, 192 (194).

schafters zur Änderung des Unternehmensgegenstands benötigte, also der gemeinsam verfolgte Zweck nicht ohne Zustimmung des stillen Gesellschafters geändert werden kann.

Die Entscheidung des BGH zur stillen Gesellschaft ist ein erstes Indiz, dass der BGH danach unterscheidet, ob die in Rede stehende Klausel in einem Gesellschaftsvertrag enthalten ist oder in einem kontradiktorischen, gegenseitigen Vertrag, wobei nur der Gesellschaftsvertrag unter die Bereichsausnahme fallen soll.

3. Beteiligung an Publikumspersonengesellschaften

Ein weiterer Sonderbereich des Gesellschaftsrechts ist das Recht der Publikums-Personengesellschaften.[29] Diese treten in unterschiedlicher Form auf, haben aber alle gemein, dass sie sich an ein unbestimmtes Publikum richten und es deswegen an einem besonderen Näheverhältnis der Gesellschafter fehlt.[30] Der Anlagecharakter steht regelmäßig im Vordergrund. Als Rechtsform ist vor allem die Kommanditgesellschaft verbreitet, aber auch die GbR. Eine einheitliche Terminologie gibt es nicht. Geschlossene Immobilienfonds sind nur *eine* typische Erscheinungsform der Publikumspersonengesellschaft, aber auch Anlageformen in erneuerbare Energien werden häufig über Publikumspersonengesellschaften vertrieben. Nicht selten sind ungewandte und unerfahrene Verbraucher beteiligt, so dass es nicht selten zu Gerichtsentscheidungen in diesem Bereich kommt und sich die Frage stellt, ob der Verbraucherschutz (nur) über das Kapitalmarktrecht zu gewährleisten ist oder auch über das Recht der Allgemeinen Geschäftsbedingungen.

Für die Beteiligung an Publikumsgesellschaften[31] muss zunächst genau analysiert werden, *welche* Regelung der Inhaltskontrolle unterworfen werden soll. Bisher stets offenlassen konnte der BGH, ob die Gesellschaftsverträge der Publikumsgesellschaften unter die Bereichsausnahme fallen. In den meisten Fällen hat der BGH diese Regelungen einer „individualvertraglichen Billigkeitskontrolle" gemäß §§ 157, 242 BGB unterworfen und sie waren schon nach diesem Maßstab unwirksam, sodass es auf eine AGB-Kontrolle nicht mehr ankam.[32] Mehrfach entschieden hat der BGH hingegen bereits, dass das AGB-Recht anwendbar ist, wenn es um Bestimmungen in einem Emissionsprospekt[33] oder in einer Abrede mit einem Treuhandkommanditisten[34] geht, also nicht unmittelbar um gesellschaftsvertragliche Regelungen.

Auf Ebene der Oberlandesgerichte liegt bislang lediglich eine Entscheidung des OLG Frankfurt a. M. vor – allerdings ohne, dass es im Ergebnis darauf ankam.[35] Denn auch in diesem Fall wurde letztlich schon ein Verstoß gegen § 242 BGB bejaht. Das Gericht spricht sich obiter dictum dafür aus, dass die Bereichsausnahme des § 310 Abs. 4 BGB *nicht* für solche Gesellschaftsverträge gelten soll, bei denen sich ein Verbraucher allein zu Anlagezwecken an einer Publikumsgesellschaft beteiligt.[36] Maßgeblich begründet wird dies mit der Klauselrichtlinie: Die Bereichsausnahme für das Gesellschaftsrecht stehe ausschließlich in den Erwägungsgründen, im Vordergrund stehe der Verbraucherschutz. Nach diesem europarechtlichen Primärzweck sei die Bereichsausnahme teleologisch zu reduzieren.

---

[29] Ausführlicher Überblick bei *Wagner* in Assmann/Schütze/Buck-Heeb, Handbuch des Kapitalanlagerechts, 5. Aufl. 2020, § 17 Die Beteiligung an Publikums-Kommanditgesellschaften; *Walter* JuS 2020, 14 ff.

[30] *Mock* in v. Westphalen/Thüsing, Vertragsrecht und AGB-Klauselwerke, 48. EL März 2022, Klauselwerke, Gesellschaftsrecht Rn. 32.

[31] Vgl. ausführlich: *Teichmann* in Limmer, Gestaltungspraxis und Inhaltskontrolle, 2013, 109 (115 f.).

[32] BGH NZG 2012, 744 Rn. 45; BeckRS 2015, 19758 Rn. 28.

[33] BGH NJW-RR 2012, 491; BeckRS 2015, 19758 Rn. 28.

[34] BGH NJW-RR 2013, 1255.

[35] OLG Frankfurt a. M. NJW-RR 2004, 991 (992).

[36] OLG Frankfurt a. M. NJW-RR 2004, 991 (992).

Diese am telos orientierte Auslegung ist unter Billigkeitsgesichtspunkten durchaus zu begrüßen, führt aber auch zu einer gewissen Rechtsunsicherheit. Denn die Bereichsausnahmen des § 310 Abs. 4 BGB wurden vom Gesetzgeber (bewusst?) von der Frage entkoppelt, ob Verbraucher oder Unternehmer beteiligt sind. Ebenso greifen sonstige kapitalmarktrechtliche Schutzinstrumente (Prospekthaftung etc.) regelmäßig unabhängig davon, ob sich Verbraucher oder Unternehmer an einer Gesellschaft beteiligen. Dieser Schutz muss nicht zwingend über das AGB-Recht für Verbraucher erweitert werden, wenn die Bereichsausnahme ein solches Merkmal nicht kennt.

4. Gesellschaftervereinbarungen

Ebenfalls unklar ist, ob Gesellschaftervereinbarungen von der Bereichsausnahme erfasst sind.[37] Gesellschaftervereinbarungen sind regelmäßig rein schuldrechtliche Abreden, die unter den Gesellschaftern getroffen werden und neben den Gesellschaftsvertrag bzw. die Satzung treten.[38] Es stellt sich damit die Frage, ob die Bereichsausnahme des § 310 Abs. 4 S. 1 BGB auch für diese gilt. Die herrschende Meinung verneint dies mit dem Argument, dass es sich hierbei nicht um einen Gesellschaftsvertrag handele.[39] Lediglich, wenn die Gesellschaftervereinbarung selbst zur Entstehung einer BGB-Innengesellschaft führe, sei eine Kontrollfreiheit gemäß § 310 Abs. 4 S. 1 BGB gegeben.[40] Hierbei wird häufig übersehen, dass der Wortlaut des § 310 Abs. 4 S. 1 BGB einen Vertrag „auf dem Gebiet des Gesellschaftsrechts" fordert und gerade *nicht* einen „Gesellschaftsvertrag".[41] Auch eine schuldrechtliche Nebenabrede stellt eine „Verbandsordnung"[42] dar und keinen Vertrag, auf den die Regeln der AGB-Kontrolle zugeschnitten sind. Auch die für die teleologische Reduktion vorgebrachten Argumente für Verbraucherbeteiligungen an Publikumspersonengesellschaften greifen regelmäßig für Gesellschaftervereinbarungen nicht. Es kann zwar schutzwürdige Beteiligte an solchen Vereinbarungen geben. Diese Schutzwürdigkeit besteht aber nicht mehr oder weniger, wenn eine Regelung im Gesellschaftsvertrag getroffen oder in eine schuldrechtliche Nebenabrede ausgelagert wird. Motivation für die Auslagerung ist häufig die fehlende Publizität, da Gesellschaftervereinbarungen nicht in den Handelsregisterordner aufgenommen werden.[43] An ihrem materiellen Regelungsgehalt ändert dies nichts.

Üblicherweise sind Gesellschaftervereinbarungen nur auf den Einzelfall zugeschnittene und im Einzelnen ausgehandelte Bedingungen für die konkrete Gesellschaft, so dass sich – unabhängig von der Beurteilung der Bereichsausnahme – nur selten AGB ergeben werden. Es sind jedoch durchaus Fälle denkbar, in denen einer der an der Gesellschaftervereinbarung Beteiligten die Bedingungen aufgrund seiner überlegenen Verhandlungsposition vorgibt und damit im Sinne des AGB-Rechts „stellt". In Betracht kommen beispielsweise Beteiligungsverträge bei Venture-Capital-Fonds, die sich an vielen verschiedenen Gesellschaften beteiligen und in aller Regel den Abschluss eines Beteiligungsvertrages verlangen.[44] Besondere

---

[37] Vgl. ausführlich *Kinzl,* Gesellschaftervereinbarungen, Aufl. 2021, Kap. 10.

[38] *Wicke* in MüKoGmbHG, 4. Aufl. 2022, § 3 Rn. 131; *Servatius* in Noack/Servatius/Haas, GmbHG, 23. Aufl. 2022, § 3 Rn. 56.

[39] *Wicke* in MüKoGmbHG, 4. Aufl. 2022, § 3 Rn. 136; *Bayer* in Lutter/Hommelhoff, 20. Aufl. 2020, § 3 Rn. 67; *Fastrich* in Baumbach/Hueck, 22. Aufl. 2019, GmbHG § 3 Rn. 56; *Gores* in Hauschild/Kallrath/Wachter, Notarhandbuch Gesellschafts- und Unternehmensrecht, 2. Aufl. 2017, § 20 Rn. 22.

[40] *Bayer* in Lutter/Hommelhoff, 20. Aufl. 2020, § 3 Rn. 67; *Servatius* in Noack/Servatius/Haas, GmbHG, 23. Aufl. 2022, § 3 Rn. 56.

[41] Zutreffend *Weitnauer* in Weitnauer, Handbuch Venture Capital, 6. Aufl. 2019, Teil F. Rn. 112.

[42] *Weitnauer* in Weitnauer, Handbuch Venture Capital, 6. Aufl. 2019, Teil F. Rn. 113.

[43] *Wicke* in MüKoGmbHG, 4. Aufl. 2022, § 3 Rn. 131.

[44] *Thelen* RNotZ 2020, 121 (125).

Vorsicht ist geboten, wenn auf der einen Seite ein Venture-Capital-Fonds beteiligt ist und auf der anderen Seite die Gründer, die in aller Regel als Verbraucher einzuordnen sind.[45] Die Frage, ob Bedingungen vorformuliert oder im Einzelnen ausgehandelt sind, lässt sich freilich nicht pauschal, sondern nur unter Betrachtung des konkreten Einzelfalls beantworten.

Auch in diesen Fällen kommt man zu einem ähnlichen Fazit wie bei den Publikumspersonengesellschaften. Der Wortlaut des § 310 Abs. 4 BGB erfasst auch Gesellschaftervereinbarungen, denn auch sie sind ein Vertrag „auf dem Gebiet des Gesellschaftsrechts". Je nach Vertragsbeteiligten kann eine Schutzbedürftigkeit zwar bestehen, insb. wenn Verbraucher beteiligt sind. Diese Schutzrichtung ist in der Bereichsausnahme jedoch an sich nicht angelegt. Einen Sachgrund für die Unterscheidung, ob eine Regelung in der Satzung oder in einer schuldrechtlichen Nebenabrede getroffen wird, gibt es nicht.

5. Unternehmensverträge (§ 291 AktG)

Unternehmensverträge sind nach der Legaldefinition in § 291 Abs. 1 S. 1 AktG Verträge, durch die eine Aktiengesellschaft oder Kommanditgesellschaft auf Aktien die Leitung ihrer Gesellschaft einem anderen Unternehmen unterstellt (Beherrschungsvertrag) oder sich verpflichtet, ihren ganzen Gewinn an ein anderes Unternehmen abzuführen (Gewinnabführungsvertrag). Es handelt sich dabei ohne Zweifel um „Verträge auf dem Gebiet des Gesellschaftsrechts" iSd § 310 Abs. 4 S. 1 BGB. Aber auch wenn man der strengen Lesart der Bereichsausnahme folgt und nur *organisationsrechtliche* Verträge erfasst sieht, dürften Unternehmensverträge unter die Bereichsausnahme fallen. Ohne Zweifel auch organisationsrechtliche Elemente enthält der Beherrschungsvertrag, der die Unternehmensleitung in die Hände einer anderen Gesellschaft legt.[46] Aber auch der Gewinnabführungsvertrag ist (zumindest auch) organisationsrechtlicher Natur. Es überwiegen zwar schuldrechtliche Elemente. Durch den Eingriff in das Gewinnbezugsrecht der Gesellschafter handelt es sich gleichfalls um einen Eingriff in die Organisationsverfassung[47] und damit um einen organisationsrechtlichen Vertrag.[48]

6. Kaufverträge über Geschäftsanteile

Problematisch ist vor allem, inwieweit Kaufverträge über Geschäftsanteile an Gesellschaften unter die Bereichsausnahme des § 310 Abs. 4 S. 1 BGB fallen. Von überwiegenden Teilen der Literatur werden diese Verträge aufgrund ihres Austauschcharakters nicht unter die Bereichsausnahme gefasst.[49]

Ob man diese Auffassung für richtig hält, hängt davon ab, ob man den Grund für die Bereichsausnahme darin sieht, dass der Gesetzgeber nur die mitgliedschaftlichen Satzungsregelungen aufgrund des besonderen Näheverhältnisses unter den Gesellschaftern aus dem

---

[45] BGH NJW 2000, 3133; NJW 2006, 431; OLG Celle NZG 2010, 1428.

[46] *Servatius* in Grigoleit, AktG, 2. Aufl. 2020, § 291 Rn. 23 spricht von einer „Doppelnatur" aus Organisationsvertrag mit schuldrechtlichen Elementen.

[47] So ausdrücklich der BGH zum Gewinnabführungsvertrag, vgl. BGH NJW 1988, 1326 „gesellschaftsrechtlicher Organisationsvertrag"; ebenso *Servatius* in Grigoleit, AktG, 2. Aufl. 2020, § 291 Rn. 61.

[48] *Mock* in v. Westphalen/Thüsing, Vertragsrecht und AGB-Klauselwerke, 48. EL März 2022, Gesellschaftsrecht Rn. 44.

[49] *Fornaiser* in MüKoBGB, 9. Aufl. 2022, § 310 Rn. 125; *Becker* in BeckOK BGB, 63. Ed 1.8.2022, § 310 Rn. 32; *Mock* in v. Westphalen/Thüsing, Vertragsrecht und AGB-Klauselwerke, 48. EL März 2022, Gesellschaftsrecht Rn. 57; *Richters/Friesen* in BeckOGK, 1.8.2020, BGB, § 310 Rn. 191. Implizit ohne nähere Erörterung der Thematik und ohne Entscheidungserheblichkeit BGH NJW 2011, 1215 bzgl. des Kaufvertrags über einen GbR-Anteil an einem geschlossenen Immobilienfonds.

Anwendungsbereich der AGB-Kontrolle ausnehmen wollte[50] oder ob man den Grund für die Herausnahme vielmehr darin sieht, dass auf dem Gebiet des Gesellschaftsrecht typischerweise weniger schutzbedürftige Personen an den Verträgen beteiligt sind. Wer ein so wichtiges Rechtsgeschäft tätigt wie den Erwerb von Gesellschaftsanteilen, ist sich in aller Regel dessen bewusst, dass man nicht unbesehen vorformulierten Klauseln zustimmt. Auch eine überlegene Marktmacht mit der Folge der einseitigen Gestaltungsmacht liegt in der Regel nicht vor.

Der BGH hat jüngst jedoch für einen Fall, in dem eine Gesellschaft gewerbsmäßig mit Kommanditanteilen am Zweitmarkt handelt, entschieden, dass deren Kaufverträge uneingeschränkt der AGB-Kontrolle unterliegen.[51] Dies zeigt, dass der BGH grundsätzlich davon ausgeht, dass die Bereichsausnahme Kaufverträge über Geschäftsanteile nicht erfasst. In der Entscheidung hat das Gericht die Bereichsausnahme noch nicht einmal angesprochen – ging also offensichtlich von deren Unanwendbarkeit aus. Man wird deshalb bis auf Weiteres bei Geschäftsanteilskaufverträgen auf ein individuelles Aushandeln zu achten haben, wobei die Anforderungen hieran bekanntlich hoch sind.[52] Bei M&A Transaktionen, die auf beiden Seiten von Anwaltskanzleien begleitet werden, wird man bei zutreffender Beurteilung dennoch regelmäßig zu einem individuellen Aushandeln kommen müssen. Eine weitere Möglichkeit, die AGB-Kontrolle bei Unternehmenskaufverträgen unwahrscheinlicher zu machen, ist die Vereinbarung einer Schiedsgerichtsklausel. Diese ändert zwar nicht die materielle Rechtslage, Schiedsgerichte neigen jedoch dazu, die Anforderungen an das individuelle Aushandeln deutlich realistischer zu beurteilen als der BGH.[53]

§ 310 Abs 4 S. 1 BGB erfasst grundsätzlich keine Verträge, die den Leistungsaustausch zwischen einem Mitglied und dem Verband regeln.[54] Verkauft also bspw. ein Gesellschafter sein Grundstück an die Gesellschaft, so wird dieser Vertrag nicht von der Bereichsausnahme erfasst. Es muss in Folge aber im Einzelfall geprüft werden, ob der Vertrag überhaupt Allgemeine Geschäftsbedingungen enthält.

7. Bruchteilsgemeinschaft

Nicht von der Bereichsausnahme umfasst ist die Gemeinschaft nach Bruchteilen gemäß §§ 741 ff. BGB. Der Gesetzgeber differenziert schon in den Überschriften der jeweiligen Titel im 8. Abschnitt des 2. Buchs des BGB. Titel 16 ist mit „Gesellschaft" überschrieben, wohingegen Titel 17 mit „Gemeinschaft" überschrieben ist. In der Sache unterscheidet sich eine Gesellschaft von der Gemeinschaft maßgeblich dadurch, dass von den Gesellschaftern einen über das gemeinsame Halten einer Sache vereinbarter Zweck verfolgt wird.[55] Die Bruchteilsgemeinschaft ist für sich genommen schon kein Vertragsverhältnis, sondern die gesetzliche Regelung der Beziehung zur und der Verwaltung der Sache selbst. Verträge zur Regelung des Innenverhältnisses treten also regelmäßig neben die Bruchteilsgemeinschaft.

Verträge im Zusammenhang mit einer Bruchteilsgemeinschaft nach §§ 741 ff. BGB sind deshalb allenfalls dann von der Bereichsausnahme erfasst, wenn gleichzeitig eine gesell-

---

[50] *Mock* in v. Westphalen/Thüsing, Vertragsrecht und AGB-Klauselwerke, 48. EL März 2022, Gesellschaftsrecht Rn. 57.

[51] BGH NZG 2019, 703. Dazu ausführlich *Grunewald* FS Windbichler, 2020, 699 ff.

[52] Zu den hohen Anforderungen vgl. *Leuschner* NJW 2022, 1193.

[53] Vgl. *Leuschner*, AGB-Recht im unternehmerischen Rechtsverkehr, 2021, § 305 Rn. 54 – in 100 analysierten Fällen wurde von den Zivilgerichten nur in 8 ein „Aushandeln" bejaht. Schiedsgerichte sind deutlich weniger streng, wenn auch eine statistische Analyse mangels Veröffentlichung der Urteile schwerfällt, vgl. dazu *Leuschner/Meyer* SchiedsVZ 2016, 156.

[54] *Piekenbrock* in Staudinger, BGB, 2019, § 310 Rn. 155.

[55] *Sprau* in Grüneberg, BGB, 81. Aufl. 2022, § 705 Rn. 3.

schaftsrechtliche Verbindung der Beteiligten besteht.[56] Zu Abgrenzungsschwierigkeiten kann es kommen, wenn sich die Beteiligten an einer GbR dazu entscheiden, Vermögensgegenstände nicht in die Gesellschaft einzubringen, sondern diese weiterhin als Bruchteilsgemeinschaft zu halten und sie der Gesellschaft nur „quoad sortem" (als wirtschaftlicher Eigentümer) oder „quoad usum" (nur zum Gebrauch) zur Verfügung zu stellen. Dann ist zu differenzieren: Die Regelungen über das Halten der Sache in Bruchteilsgemeinschaft werden von der Bereichsausnahme nicht umfasst. Die Bereichsausnahme dürfte aber dennoch auf das gesellschaftsrechtliche Vertragsverhältnis anwendbar sein, mit der Folge, dass auch in diesen Fällen der Gesellschaftsvertrag nicht der AGB-Inhaltskontrolle unterliegt.

Besonders spannend ist die Frage im Zusammenhang mit der Wohnungseigentümergemeinschaft, die den unauflöslichen Sonderfall[57] der Bruchteilsgemeinschaft darstellt und mit Rechtsfähigkeit ausgestattet ist. Dieser Bereich wird im Folgenden gesondert beleuchtet.

8. *Wohnungseigentümergemeinschaft*

Für Gemeinschaftsordnungen einer Wohnungseigentümergemeinschaft hat der BGH jüngst entschieden, dass das AGB-Recht keine (auch keine analoge) Anwendung finde.[58] Das Gericht ließ sich jedoch nicht auf eine Diskussion zu § 310 Abs. 4 S. 1 BGB ein. Auf die Bereichsausnahme käme es nicht an, da es sich bei der vom aufteilenden Eigentümer einseitig gestellten Gemeinschaftsordnung schon nicht um Vertragsbedingungen iSd § 305 Abs. 1 S. 1 handele.[59] Die Gemeinschaftsordnung werde zum Inhalt des Sondereigentums und damit gerade nicht zum Inhalt des später abgeschlossenen Erwerbsvertrags.[60] Der aufteilende Eigentümer scheide aus der Gemeinschaft nach Abverkauf regelmäßig aus, so dass er von den Regelungen allenfalls kurzzeitig profitiere.[61] Aufgrund der Unauflöslichkeit der Gemeinschaft habe die Gemeinschaftsordnung für die Wohnungseigentümergemeinschaft eine ähnlich grundlegende Bedeutung wie die Satzung für den Verein.[62]

Auch einer analogen Anwendung erteilt der BGH eine Absage. Die einzelnen Wohnungseigentümer seien ausreichend durch nicht abdingbare, individualschützende Regelungen sowie eine Inhaltskontrolle anhand der §§ 134, 138 BGB geschützt.[63]

Interessant ist, dass der BGH die Gemeinschaftsordnung zwar in die Nähe der Satzung eines Vereins rückt, gleichwohl aber die Anwendung der Bereichsausnahme des § 310 Abs. 4 S. 1 BGB scheut. Denn die Begründung, die Gemeinschaftsordnung sei kein Vertrag, versagt in Konstellationen, in denen die Aufteilung gem. § 3 WEG erfolgt. Denkbar sind bspw. Konstruktionen beim „Tausch mit dem Bauträger",[64] in denen der Bauträger die Regelungen der Gemeinschaftsordnung einseitig vorgibt. In diesen Konstellationen der Gemeinschaftsordnung die Vertragsqualität abzusprechen, scheint mehr als zweifelhaft. Eine Auseinandersetzung mit der Frage, ob die Gemeinschaftsordnung „Gesellschaftsrecht" iSd § 310 Abs. 4 S. 1 BGB ist, ist damit keinesfalls überflüssig.

---

[56] *Lapp/Salamon* in jurisPK-BGB, 9. Aufl. 2020, § 310 Rn. 57.

[57] *Jacoby* ZWE 2022, 306 (307).

[58] BGH ZWE 2021, 273 mAnm *Häublein*. Zuvor hatte das Gericht die Frage mehrfach offengelassen, weil es im Ergebnis nicht darauf ankam, vgl. BGH NJW 2007, 213 Rn. 15. Zustimmend BGH NJW 2019, 1280 Rn. 26.

[59] BGH ZWE 2021, 273 Rn. 22.

[60] BGH ZWE 2021, 273 Rn. 22.

[61] BGH ZWE 2021, 273 Rn. 24.

[62] BGH ZWE 2021, 273 Rn. 24.

[63] BGH ZWE 2021, 273 Rn. 27.

[64] Vgl. zu den Vorteilen der Aufteilung gem. § 3 WEG in diesen Fällen *Basty*, Der Bauträgervertrag, 10. Aufl. 2021, Kapitel 17 Rn. 22. Zu den verschiedenen denkbaren Modellen beim Tausch mit dem Bauträger *Hertel* in Würzburger Notarhandbuch, 6. Aufl. 2022, Teil H Rn. 368.

Die Frage wird in der Literatur nur selten diskutiert. Teilweise wird eine Einordnung unter die Bereichsausnahme befürwortet, weil ein Verband seine Regelungen grundsätzlich frei bestimmen könne.[65] Der BGH ordnete die Gemeinschaft bereits vor der letzten WEG-Reform als „Verband sui generis" ein[66] – wiederum ohne damit eine Aussage zu § 310 Abs. 4 S. 1 BGB zu treffen. Teilweise wird der Gemeinschaft der Wohnungseigentümer (allerdings nicht im Zusammenhang mit § 310 Abs. 4 BGB) die Verbandsqualität abgesprochen – aber gleichzeitig anerkannt, dass viele Fragestellungen nach den Grundsätzen des Verbandsrechts zu lösen seien.[67] Es fehle an einer rechtsgeschäftlichen Grundlage, an einem rechtsgeschäftlich festgelegten Verbandszweck und an der Insolvenzfähigkeit, vor allem aber fehle es an einem Geschäftsanteil verbunden mit einer Mitgliedschaft im Verband.[68] Die Gründungsmitglieder treffe keine Leistungspflichten, aber eine unbeschränkte Innenhaftung für schulden der Gemeinschaft.[69] Die rechtsfähige Gemeinschaft sei „vom Gesetzgeber aus Praktikabilitätsgründen konstruiertes Rechtssubjekt",[70] das von der Bruchteilsgemeinschaft der Wohnungseigentümer zu unterscheiden sei.

Keines dieser Argumente ist falsch – aber keines kann mE gegen die Annahme sprechen, die Bereichsausnahme des § 310 Abs. 4 S. 1 BGB auch auf die Wohnungseigentümergemeinschaft anzuwenden. Zum einen setzt § 310 Abs. 4 S. 1 BGB begrifflich keinen „Verband" voraus, mögen die Begriffe zur Gesellschaft auch weitgehend deckungsgleich sein. Man kann sich hier in Details einer Begriffsdiskussion verlieren, allerdings ohne mE eine Erkenntnis für die Bereichsausnahme zu gewinnen. Denn auch wenn die Mitglieder keinen Einfluss auf den Zweck haben, kraft Erwerbes der sachenrechtlichen Position auch Mitglied der Gemeinschaft werden: Kaum wird man abstreiten können, dass die Wohnungseigentümer mit der Gemeinschaft einen gleichgerichteten Zweck verfolgen: Die Verwaltung des gemeinschaftlichen Eigentums. Sie schaffen mit der Gemeinschaftsordnung eine Organisationsverfassung eben für diesen Zweck. Dies allein rechtfertigt die Einordnung der Gemeinschaftsordnung als „Gesellschaftsrecht" iSd § 310 Abs. 4 S. 1 BGB. Wenn der BGH die Gemeinschaftsordnung also in die Nähe der Satzung eines Vereins rückt,[71] liegt er damit richtig. Denn typischerweise verfolgen die Eigentümer mit dieser Organisationsverfassung einen gleichgerichteten Zweck. Zudem liegen bei typisierender Betrachtungsweise nur selten einseitig vorgegebene Bedingungen vor. Damit liegt die Gemeinschaftsordnung im doppelten Sinne auf den beiden vorgegebenen Rechtfertigungen für die Bereichsausnahme.[72]

In den Fällen der Wohnungseigentümergemeinschaft lässt sich auch nicht ins Feld führen, dass der Verbraucherschutz es erfordere, die Gemeinschaftsordnung der AGB-Kontrolle zu unterwerfen. Denn dieser wird ausreichend dadurch sichergestellt, dass die Gemeinschaft der Wohnungseigentümer beim Abschluss von Verträgen mit Dritten regelmäßig als Verbraucherin eingeordnet wird, wenn ihr ein Verbraucher angehört und sie ein Rechtsgeschäft zu einem Zweck abschließt, der weder einer gewerblichen noch einer selbständigen beruflichen Tätigkeit dient.[73] Beim Abschluss von Rechtsgeschäften mit Dritten (bspw. einem

---

[65] *Armbrüster* in Bärmann, WEG, 14. Aufl. 2018, § 2 Rn. 54 – allerdings nicht abschließend entscheidend, sondern auf den „Grundgedanken" der Reglung abstellend. *Dötsch/Schultzky/Zschieschack,* WEG-Recht 2021, 2021, Kap. 3 Rn. 22 ordnen die Gemeinschaft als „Zwangsverband" ein.

[66] BGH ZWE 2015, 322 (325).

[67] *Jacoby* ZWE 2022, 306 (307).

[68] *Jacoby* ZWE 2022, 306 (307); aA *Dötsch/Schultzky/Zschieschack,* WEG-Recht 2021, 2021, Kap. 3 Rn. 22 – Mitgliedschaft hänge zwar nicht vom Willen der Mitglieder ab, sondern entstehe mit dem Erwerb des Wohnungseigentums.

[69] *Jacoby* ZWE 2022, 306 (307).

[70] *Jacoby* ZWE 2022, 306 (307).

[71] BGH ZWE 2021, 273 Rn. 24.

[72] BT-Drs. 7/3919, 41.

[73] BGH NJW 2015, 3228.

Energielieferanten), zur Deckung des täglichen Bedarfs (bspw. Energiebedarf) handelt die Wohnungseigentümergemeinschaft in aller Regel nur zum Zweck der privaten Vermögensverwaltung ihrer Mitglieder und damit *nicht* zu gewerblichen Zwecken. Begründet wird dies vor allem damit, dass eine natürliche Person ihre Schutzwürdigkeit als Verbraucher nicht dadurch verliere, dass sie Mitglied in einer Wohnungseigentümergemeinschaft werde. Dem steht auch nicht entgegen, dass die Wohnungseigentümergemeinschaft gem. § 9a WEG rechtsfähig ist und gemäß § 13 BGB nur natürliche Personen Verbraucher sein können.[74] Mit dem Wortlaut des § 13 BGB ist dies zwar schwierig in Einklang zu bringen, mittels einer teleologischen Extension lässt sich das Ergebnis des BGH jedoch begründen.

Diese Sichtweise ist nach Auffassung des EuGH auch mit der Klauselrichtlinie vereinbar, auch wenn die Klauselrichtlinie nicht zur Einordnung als Verbraucherin zwingt. Nach der Klauselrichtlinie müssen nur natürliche Personen als Verbraucher eingeordnet werden, wenn sie einen Vertrag mit einem Gewerbetreibenden schließen.[75] Der mit dem Verbraucherrecht verbundene Schutzzweck greift dennoch ein, da den Verbraucher für die Vertragsfolgen eine unbeschränkte (Innen-)haftung trifft. Die Wohnungseigentümer können zudem nicht beeinflussen, in welcher Rechtsform sie nach außen handeln.[76]

Insofern führt die Einordnung der Gemeinschaftsordnung als Gesellschaftsrecht iSd § 310 Abs. 4 S. 1 BGB nicht dazu, dass die beteiligten Verbraucher schutzlos gestellt sind. Denn zum einen kann die Gemeinschaft bei Rechtsgeschäften mit Dritten als Verbraucher eingeordnet werden, zum anderen ist in europarechtskonformer Auslegung eine Bestimmung der Gemeinschaftsordnung in entsprechender Anwendung der AGB-Kontrolle unterworfen, wenn sie zum Abschluss von Verträgen mit Dritten zwingt.[77]

V. Fazit und Thesen

Wenig überzeugen kann zunächst, vor der Konturschärfung der Bereichsausnahme letztlich zu resignieren und auf einen typologischen – fallbasierten – Ansatz zurückzugreifen.[78] Diese Lösung mag zwar oft zu gerechten Ergebnissen führen, jedoch um den Preis der Rechtssicherheit und Prognostizierbarkeit. Die Produktion vorhersehbarer Ergebnisse sollte aber ein Anspruch der Rechtsordnung sein.

Angezeigt ist eine Rückbesinnung auf die in der Gesetzesbegründung genannten Rechtfertigungsgründe für die Bereichsausnahme:

– Die Regelungen zur AGB-Kontrolle passen nicht auf Verträge, die keine schuldrechtlichen Austauschbeziehungen regeln, sondern organisationsrechtlicher Natur sind. Bei Organisationsverträgen kommt die Bereichsausnahme stets zur Anwendung. Sie dürfen keiner AGB-Kontrolle unterzogen werden.

– Das seltene Auftreten von vorformulierten Bedingungen in sonstigen Bereichen des Gesellschaftsrechts rechtfertigt es, schuldrechtliche Austauschverträge auch dann von der AGB-Kontrolle auszunehmen, wenn sie Gesellschafterrechte zum Gegenstand haben (insb. Anteilsabtretungen). Der Gesetzgeber hat sich bewusst dafür entschieden, Verträge, die selten AGB enthalten (auf dem Gebiet des Gesellschaftsrechts insgesamt), von der Inhaltskontrolle auszunehmen.

---

[74] Ausführlich *Drasdo* BWNotZ 2021, 184.
[75] EuGH ZWE 2021, 81 mAnm *Häublein*.
[76] *Jacoby* ZWE 2022, 306 (307).
[77] BGH ZWE 2021, 273 Rn. 32.
[78] *Bieder* ZHR 174, 705 (724 ff.).

Der letztgenannte gegenstandsbezogene Ansatz führt dazu, dass sich der Rechtsverkehr auf die Kontrollfreiheit dort verlassen kann, wo eine Kontrolle nicht angezeigt ist. Handelt es bei dem Anteilskaufvertrag um einen Verbrauchervertrag ist eine teleologische Reduktion der Bereichsausnahme aus europarechtlichen Gründen angezeigt. Insofern ist sichergestellt, dass der von der Klauselrichtlinie bezweckte Verbraucherschutz in ausreichendem Maße zur Geltung kommt. Zutreffend ist deshalb die Entscheidung des BGH zum Handel mit Anteilen an geschlossenen Fonds am Zweitmarkt, wenn ein Verbrauchervertrag vorliegt. Unzutreffend ist hingegen die Annahme, auch den Gesellschaftsvertrag von Publikumsfonds der Inhaltskontrolle zu unterwerfen.

SOPHIE FREIER

Das Gesellschaftsregister nach dem MoPeG (ohne Fragen zum Grundbuchrecht, Statuswechsel und zur Gesellschafterliste)

I. Einführung

Beständigkeit und Konstanz – dies sind zwei Substantive, die nicht das Rechtsgebiet des Gesellschafts- und Unternehmensrecht der letzten Jahre treffend kennzeichnen. Vielmehr war dieses durch stetige Veränderungen und Neuerungen geprägt: exemplarisch zu nennen sind die Digitalisierung (Onlinebeurkundung, virtuelle Hauptversammlungen), Reform des Stiftungsrechts, die geplante Reform des Umwandlungsrechtes und nicht zuletzt das Gesetz zur Modernisierung des Personengesellschaftsrechts (MoPeG). Im Gegensatz dazu zeichnen aber Beständigkeit und Konstanz den Jubilar in vieler Hinsicht aus: Beständigkeit in seiner stets fachlich exzellenten Arbeitsweise. Konstanz über weit mehr als 25 Jahre, in denen er das Gesellschaftsrecht durch seine Tätigkeit am Deutschen Notarinstitut in wissenschaftlicher Hinsicht geprägt und weiterentwickelt hat. Als sicher lässt sich auch die Tatsache bezeichnen, dass sich eine etwaige Einzelmeinung des Jubilars zur bei uns Juristen so gern zitierten hM entwickeln würde. Ebenso gelingt es dem Jubilar stets, auch für rechtliche Fragestellungen aufgrund Neuerungen kreative und zutreffende Lösungen zu finden. Daher soll dieser dem Jubilar gewidmete Beitrag einen punktuellen Teilbereich aus den Neuerungen aufgrund des MoPeG darstellen und aufzeigen, dass auch das MoPeG im Sinne einer Konstanz und Permanenz bewährte personengesellschaftsrechtliche Prinzipien aufgreift.

II. Das Gesellschaftsregister nach dem MoPeG (ohne Fragen zum Grundbuchrecht, Statuswechsel und zur Gesellschafterliste)[1]

1. Ausgangslage – Eintragungswahlrecht in Kombination mit positiven Anreizen und faktischem Zwang zur Registrierung

a) Überblick

GbR konnten sich bisher nicht in ein Register eintragen lassen. Das bereitete der Praxis enorme Probleme, insbesondere im Hinblick auf den Nachweis von Existenz und Vertretungsberechtigung der Gesellschaft. Gemäß § 707 Abs. 1 BGB nF können die Gesellschafter die Gesellschaft bei dem Gericht, in dessen Bezirk sie ihren Sitz hat, zur Eintragung in das Gesellschaftsregister anmelden. Letztlich dient dies der Rechtsklarheit und der transparenten Information des Rechtsverkehrs.

---

[1] Der folgende Beitrag klammert die Fragen zum Grundbuchrecht, Statuswechsel und zur Gesellschafterliste aus, um Überschneidungen mit den anderen Beiträgen der Festschrift zu vermeiden. Stand der Bearbeitung: 26. 12. 2022. Der Bundesrat hat am 16. 12. 2022 der Verordnung des BMJ über die Einrichtung und Führung des Gesellschaftsregisters (GesRV) zugestimmt.

Die Registrierung der GbR im geplanten Gesellschaftsregister ist im Grundsatz freiwillig und nicht Voraussetzung für die Erlangung der Rechtsfähigkeit. Auch handelt es sich bei der Registrierung nicht um eine konstitutive Eintragung.[2] Eine Solche ist vom Grundverständnis in unserem Rechtssystem prinzipiell nur bei Körperschaften angelegt und würde auch nicht zur Vergleichbarkeit der Subjektivierung der GbR mit der OHG führen. Faktisch lässt sich sagen, dass die Registrierung der GbR im Gesellschaftsregister Parallelen zur Registrierung der OHG aufweist. Im Zuge des Gesetzgebungsverfahrens wurde innerhalb der Literatur kontrovers diskutiert, wie die Gestaltung des Gesellschaftsregisters zu erfolgen habe.[3] Letztlich entschied sich der Gesetzgeber für die Form des Eintragungswahlrechtes in Kombination mit positiven Anreizen und faktischem Zwang zur Registrierung. Insbesondere aufgrund der in der Praxis ausgeprägten verschiedensten Formen der GbR – von der Gelegenheitsgesellschaft bis zur Grundstücksverwaltungs-GbR – schien es dem Gesetzgeber unverhältnismäßig, einen allgemeinen Registrierungszwang festzulegen.[4] Hier sind vor allem Eintragungskosten als auch der Verlust flexibler Handhabbarkeit als Argumente gegen eine Pflicht zur Eintragung anzuführen. Darüber hinaus geht der Gesetzgeber davon aus, dass der Rechtsverkehr ganz allgemein die Gesellschaft bürgerlichen Rechts zu einer Eintragung im Gesellschaftsregister motivieren wird.[5] Der Publizitäts- und Seriositätsvorsprung sowie die Außenwirkung der Registereintragung werden dafür sorgen, dass in weitem Umfang die Gesellschaft selber die Eintragung herbeiführt oder vom Rechtsverkehr dazu gezwungen wird.[6] Des Weiteren sieht er Anreize vor: so kann bspw. nur eine registrierte GbR vom Sitzwahlrecht des § 706 S. 2 BGB nF Gebrauch machen oder sich auf die Publizitätswirkung im Hinblick auf die Vertretungsbefugnis der Gesellschafter berufen.

b) Eintragungsobliegenheit

Die freiwillige Eintragung wird dann zu einer Eintragungspflicht, wenn die GbR ihrerseits als Inhaberin von Rechten in ein öffentliches Register eingetragen werden will. Dies betrifft insbesondere das Grundbuch (§ 47 Abs. 2 GBO nF), die Gesellschafterliste (§ 40 Abs. 1 S. 3 GmbHG nF) und das Aktienregister (§ 67 Abs. 1 S. 3 AktG nF); ebenso wenn die GbR Gesellschafterin einer anderen Gesellschaft ist, welche im Handelsregister eingetragen ist (wie bspw. OHG oder KG). Zudem ist die Eintragung der Gesellschaft bürgerlichen Rechts auch verfahrensrechtliche Voraussetzung für die Umwandlungsfähigkeit der Gesellschaft. Dies bedeutet also für die Praxis, dass für GbR, welche aktuell noch nicht Inhaber eines registrierten Rechtes sind, diese aber erstmalig ein solches erwerben möchten, zwingend eine erstmalige Registrierung im Gesellschaftsregister von Nöten ist. Selbst wenn es sich um eine rechtsfähige GbR handelt, die aktiv am Rechtsverkehr teilnimmt (bspw. durch Eingehung vertraglicher Verbindlichkeiten), muss diese nicht registriert sein. Ebenso wenn die GbR als reine Innengesellschaft konstruiert ist und lediglich Verwaltungstätigkeiten an einer Immobilie übernimmt oder Geschäftsanteile an einer GmbH nicht selber hält, sondern lediglich genutzt wird, um Anteile zwischen allen Gesellschaftern oder einem Teil der Gesellschafter zu bündeln oder eine Stimmbindung an Aktiengesellschaften zu begründen, ohne diese Aktien ins Eigentum der GbR einzulegen, bedarf es keiner Registrierung dieser als Innengesellschaften konstruierten GbR.[7] Auch für als GbR organisierte Notarsozietäten resultiert keine Registrierungspflicht, solange diese kein Grundstück im Eigentum halten.[8]

---

[2] Näher dazu auch *Schäfer* ZIP 2020, 1149 (1151).
[3] Ausführlich auch noch zum Mauracher Entwurf *Fleischer/Pendl* WM 2019, 2137 (2139f.); *Herrler* ZGR Sonderheft 23 (2020), 39 (43).
[4] Begr. RegE S. 145.
[5] *Heckschen* GWR 2021, 1 (2).
[6] Begr. RegE S. 144.
[7] *Bochmann* BLJ 2020, 71 (77); *Heckschen* GWR 2021, 1 (2).
[8] *Bolkart* MittBayNot 2021, 319 (322).

Letztlich ist aber davon auszugehen, dass möglicherweise die Erwartungshaltung von Banken oder Geschäftspartnern auch dazu führen wird, einen Anreiz zur Registrierung der GbR zu bilden. Für den Rechtsverkehr ist es von erheblichem Vorteil, wenn dieser sich durch einen bloßen Blick in das Gesellschaftsregister über Existenz und Vertretungsmacht der Gesellschaft informieren kann.

c) Ausgestaltung des Gesellschaftsregisters – die Gesellschaftsregisterverordnung

Die konkrete Umsetzung der Vorgaben des MoPeG zur Schaffung eines Gesellschaftsregisters werden in der Gesellschaftsregisterverordnung umgesetzt.[9] In dieser werden die Einzelheiten der Einrichtung und Führung des Gesellschaftsregisters geregelt. Die Funktionsweise des Gesellschaftsregisters lehnt sich eng an die des Handelsregisters an. Dies wird durch § 1 der GesRV explizit deutlich, der statuiert, dass für die Einrichtung und Führung des Gesellschaftsregisters die Handelsregisterverordnung entsprechend anwendbar ist, soweit in der GesRV nichts anderes bestimmt ist. Die Verweisungstechnik gewährleistet eine unkomplizierte Rechtsanwendung durch die Registergerichte bei, die bei der Führung des Gesellschaftsregisters weitgehend auf die bekannten Vorschriften der Handelsregisterverordnung zurückgreifen können. Abweichungen bestehen aber auch: Da die GbR keine Handelsgesellschaft ist, können die Gesellschafter Dritte nicht mit Prokura ausstatten (vgl. § 48 HGB). Folglich bedarf es keiner Spalte im Register. Zur konkreten Umsetzung stellt die GesRV auch entsprechende Muster zur Verfügung.[10]

d) Gesellschaftsrechtliche Mitwirkungspflicht bei der Anmeldung zum Gesellschaftsregister?

Es ist davon auszugehen, dass die GbR Gesellschafter durch ihre allgemeine gesellschaftsrechtliche Treuepflicht dazu verpflichtet sind, an Eintragungen zum Gesellschaftsregister mitzuwirken.[11] Dieser Grundsatz muss auch insbesondere für Altgesellschaften gelten, da diese bspw. im Falle etwaiger Erwerbsvorgänge dinglicher Rechte faktisch handlungsunfähig sind, wenn sich einzelne Gesellschafter gegen eine Registrierung im Gesellschaftsregister wehren.

2. Konkrete Ausgestaltung des Registerverfahrens

Soll eine Registrierung der GbR im Gesellschaftsregister erfolgen, so sind die §§ 707 ff. BGB nF zu beachten. Hier soll zunächst differenziert werden zwischen der Erstanmeldung einer GbR und Anmeldungen bei späteren Veränderungen (dazu unter → 4.). § 3 GesRV enthält ergänzende Bestimmungen für die Anmeldung einer GbR zur Eintragung in das Gesellschaftsregister.

a) Inhalt

§ 707 Abs. 2 BGB nF regelt den zwingenden Inhalt der Anmeldung. Demnach muss die Anmeldung folgende Angaben enthalten:
1. Angaben zur Gesellschaft:
a) den Namen,

---

[9] Siehe BR-Drs. 560/22.
[10] Dazu Anlage 1 der GesRV: Dieses enthält ein beispielhaft ausgefülltes Gesellschaftsregisterblatt; die Eintragungsbeispiele dienen der Veranschaulichung, sind aber weder abschließend noch als Formulierungsvorgaben zu verstehen sind.
[11] *John* NZG 2022, 243 (244).

b) den Sitz und

c) die Anschrift, in einem Mitgliedstaat der Europäischen Union;

2. Angaben zu jedem Gesellschafter:

a) wenn der Gesellschafter eine natürliche Person ist: dessen Namen, Vornamen, Geburtsdatum und Wohnort;

b) wenn der Gesellschafter eine juristische Person oder rechtsfähige Personengesellschaft ist: deren Firma oder Namen, Rechtsform, Sitz und, soweit gesetzlich vorgesehen, zuständiges Register und Registernummer;

3. Angabe der Vertretungsbefugnis der Gesellschafter sowie

4. die Versicherung, dass die Gesellschaft nicht bereits im Handels- oder im Partnerschaftsregister eingetragen ist.

Die Norm ist dem geltenden § 106 Abs. 2 HGB und damit der Anmeldung einer OHG, ähnlich. Die Vorschrift regelt verpflichtend den Inhalt der Erstanmeldung, falls die Gesellschafter von ihrem Eintragungswahlrecht Gebrauch machen oder dazu gezwungen sind, weil die GbR ein registriertes Recht erwerben möchte.

aa) Namen

Für die prinzipielle Gestaltungsfreiheit im Hinblick die Auswahl und den Schutz des Namens der GbR gelten gemäß § 707b Nr. 1 BGB nF die §§ 18, 21–24, 30 und 37 HGB. Der einzutragende Name bestimmt sich nach allgemeinem Firmenrecht, Dies bedeutet, dass insbesondere die Grundsätze der Firmenwahrheit und -klarheit zu beachten sind. Maßgebend ist die im Gesellschaftsvertrag enthaltene oder jedenfalls von den Gesellschaftern nachträglich abgeänderte Firma, die auch tatsächlich verwendet wird.

Eine registrierte GbR muss gemäß § 707 Abs. 2 S. 1 BBG nF als Namenszusatz die Bezeichnungen „eingetragene Gesellschaft bürgerlichen Rechts" oder „eGbR" zu führen. Der von den Gesellschaftern anzumeldende Name der GbR muss den Rechtsformzusatz eGbR noch nicht enthalten. Er erhält diesen vielmehr erst mit der Eintragung, der als Teil des Gesellschaftsnamens in das Gesellschaftsregister mit einzutragen ist.[12] Wenn in einer eingetragenen GbR keine natürliche Person als Gesellschafter haftet, muss der Name (wie etwa bei der GmbH & Co. OHG) eine Bezeichnung enthalten, welche die Haftungsbeschränkung kennzeichnet (folglich GmbH & Co. eGbR), vgl. § 707a Abs. 2 S. 2 BGB nF.[13]

Klarstellend regelt § 1 Abs. 2 GesRV dass für die entsprechende Anwendung der Handelsregisterverordnung die GbR (Gesellschaft) einer OHG mit den Maßgaben gleichsteht, dass an die Stelle der Firma der OHG der Name der Gesellschaft tritt.

bb) Sitz und Anschrift

Anzumelden ist ferner der Vertragssitz der Gesellschaft im Sinne von § 706 S. 2 BGB nF, diese Norm trifft die Bestimmung zum Sitz der Gesellschaft. Sitz der Gesellschaft ist der Ort, an dem deren Geschäfte tatsächlich geführt werden (Verwaltungssitz). Ist die Gesellschaft im Gesellschaftsregister eingetragen und haben die Gesellschafter einen Ort im Inland als Sitz vereinbart (Vertragssitz), so ist abweichend von § 706 S. 1 BGB nF dieser Ort Sitz der Gesellschaft. Zu beachten ist auch hier, dass diese Vereinbarung formlos erfolgen kann, aus Zweckmäßigkeitsaspekten sollte der Sitz aber zumindest schriftlich im Gesellschaftsvertrag niedergelegt sein, der aber keiner notariellen Beurkundung bedarf. Der Sitz der Gesellschaft hat Bedeutung für zahlreiche Aspekte: Hiernach bestimmt sich das für die Eintragung örtlich zuständige Gericht und ebenso kann gem. § 17 Abs. 1 ZPO anhand des Sitzes der allgemeine Gerichtsstand der Gesellschaft bestimmt werden. Neu ist erstmalig die Option eines freien Sitzwahlrechts für GbR. In der Sache ermöglicht § 706 BGB nF unter bestimmten Voraus-

---

[12] BR-Drs. 560/22, 16.
[13] Ähnlich zu § 19 Abs. 2 HGB.

setzungen die Trennung des Verwaltungs- von dem Vertragssitz, und zwar unabhängig davon, ob die Gesellschaft ihren Verwaltungssitz in einem anderen Mitgliedstaat der Europäischen Union oder in einem Drittstaat hat.[14] Der Vertragssitz muss aber zwingend im Inland liegen.[15]

Des Weiteren ist gemäß § 707 Abs. 2 Nr. 1 c) BGB nF die Geschäftsanschrift anzumelden und einzutragen. Die Geschäftsanschrift wird durch die Gemeinde mit Postleitzahl, Straße und Hausnummer bezeichnet. Abweichend früheren geltenden Recht für Personenhandelsgesellschaften wird darauf verzichtet, dass sich die Anschrift im Inland befinden muss. Vielmehr ist es auch möglich, dass sich die Geschäftsanschrift in einem Mitgliedstaat der Europäischen Union befinden kann. Diese Neuerung begründet der Gesetzgeber damit, dass es mit Blick auf die Niederlassungsfreiheit (Art. 49, 54 AEUV) durchgreifenden rechtlichen Bedenken begegnen würde, einerseits der GbR es zu gestatten, ihren Verwaltungssitz im Ausland zu nehmen, ihr andererseits aber abzuverlangen, eine Anschrift im Inland vorzuhalten müssen.[16] Hat die Gesellschaft keine Anschrift innerhalb eines Mitgliedstaates der Europäischen Union, stellt dies ein Eintragungshindernis dar.

cc) Angaben zu den Gesellschaftern

Des Weiteren macht § 707 Abs. 2 Nr. 2 BGB nF folgende Vorgaben zu anzumeldenden Tatsachen zu den Gesellschaftern, wobei zwischen natürlichen Personen und juristischen Personen/Personengesellschaften differenziert wird:

Im Hinblick auf natürliche Personen sind deren Namen, Vornamen, Geburtsdatum und Wohnort anzumelden. Hier ähnelt § 707 Abs. 2 Nr. 2a) nF dem § 106 Abs. 2 Nr. 1 HGB, sodass hierzu auf die einschlägigen Kommentierungen verwiesen sei.[17]

Wenn der Gesellschafter jedoch eine juristische Person oder rechtsfähige Personengesellschaft ist, ist deren Firma oder Namen, Rechtsform, Sitz und, soweit gesetzlich vorgesehen, zuständiges Register und Registernummer anzugeben. Hier sind das Erfordernis der Angaben zum zuständigen Register und zur Registernummer als erfreuliche Neuerung hervorzuheben, da sie zur eindeutigen Identifizierung beitragen. Eine GmbH i. G. kann unter ihrer Firma mit dem Zusatz „i. G." eingetragen.[18] Privatrechtliche Stiftungen, öffentlich-rechtliche Anstalten, Körperschaften des öffentlichen Rechts können auch als Gesellschafter einer GbR eingetragen werden, ohne dass der zusätzlichen Angaben zum Register und Registernummer bedarf, da für diese Solche nicht existieren und im Regelfall von keiner Verwechslungsgefahr ausgegangen werden kann.[19] Bei ausländischen Gesellschaften sind analog §§ 13e ff. HGB die Angaben einzutragen, die für inländische Zweigniederlassungen erforderlich wären. Dabei sind auch Angaben zum zuständigen Register und Registernummer einzutragen, wenn es sich um ein ausländisches Register handelt (bspw. das österreichische Firmenbuch oder das Companies House, UK).

dd) Vertretungsbefugnis

Des Weiteren fordert § 707 Abs. 2 Nr. 3 BGB nF die Anmeldung der Vertretungsbefugnis zum Gesellschaftsregister. Nach wie vor gilt gemäß § 720 Abs. 1 BGB nF der Grundsatz, dass die Gesellschafter nur gemeinsam zur Vertretung der Gesellschaft berechtigt sind, doch kann Abweichendes im Gesellschaftsvertrag vereinbart werden. Wenn entsprechend Einzelvertretungsmacht besteht, ist diese aufgrund der Registerpublizität auch zum Gesellschaftsregister

---

[14] Begr. RegE S. 142.
[15] Begr. RegE S. 144.
[16] Begr. RegE S. 146.
[17] *Langhein* in MüKoHGB, 4. Aufl. 2016, § 106 Rn. 17 ff.; *Sanders* in BeckOGK, 15.7.2022, HGB § 106 Rn. 19 ff.
[18] So die Begr. RegE unter Verweis auf BGH ZIP 1985, 280.
[19] Begr. RegE S. 148.

anzumelden und einzutragen. Es ist also die abstrakte Vertretungsbefugnis und, wenn vorhanden, eine konkrete Vertretungsbefugnis anzumelden. Besteht keine konkrete Vertretungsbefugnis, empfiehlt sich die kurze Angabe, dass „eine abweichende konkrete Vertretungsregelung nicht besteht", zwingend erscheint dies mE nach nicht. Bei gesetzlicher Vertretungsmacht ist die Angabe „Die Gesellschafter vertreten gesetzesgemäß" oder „Die Gesellschaft wird durch ihre Gesellschafter gemeinsam vertreten". Denkbar ist es ebenfalls, dass den Gesellschaftern eine Befreiung von den Beschränkungen des § 181 BGB erteilt wird. Die einem vertretenden Gesellschafter erteilte allgemeine Befreiung vom Verbot des Selbstkontrahierens (§ 181 BGB) ist zur Eintragung in das Handelsregister anzumelden und zwar sowohl die Befreiung von beiden Varianten der In-Sich-Geschäfte des § 181 BGB als auch die Befreiung nur für die Fälle des Selbstkontrahierens oder nur der Mehrfachvertretung. Eine Vereinbarung im Gesellschaftsvertrag, welche den Ausschluss aller Gesellschafter von der Vertretung beinhaltet, ist unzulässig. Die Erteilung einer Prokura kommt bei der GbR nicht in Betracht, ebenso wenig die Eintragung derer im Gesellschaftsregister.[20] Wenn die Gesellschaft von der Option einer Gesamtvertreterermächtigung gemäß § 720 Abs. 2 BGB nF Gebrauch gemacht hat, scheidet eine Eintragung dieser in das Gesellschaftsregister aus.[21]

ee) Versicherung

Zuletzt muss nach § 707 Abs. 2 Nr. 4 BGB nF die Anmeldung die Versicherung enthalten, dass die Gesellschaft nicht bereits im Handels- oder im Partnerschaftsregister eingetragen ist. Dieses Erfordernis dient der Absicherung des in den § 707 c BGB nF geregelten Statuswechsels zwischen einer Gesellschaft bürgerlichen Rechts und einer Personenhandelsgesellschaft oder Partnerschaftsgesellschaft. Denn der Statuswechsel ist bei demjenigen Register anzumelden, in dem die Gesellschaft bereits eingetragen ist.

ff) Anmeldung und Eintragung des Geschäftsgegenstandes?

In den Regelungen zum MoPeG finden sich keine Regelungen zur Pflicht zur Angabe des Gesellschaftszwecks oder eines Unternehmensgegenstandes bei der Anmeldung der GbR zum Register. Hintergrund ist, dass vorbehaltlich des Rechtsformzwangs grundsätzlich jeder erlaubte Zweck Gegenstand einer GbR sein kann. Interessanterweise sieht aber die GesRV eine Eintragung des Gegenstandes vor, jedoch nicht verpflichtend, sondern nur freiwillig im Sinne einer Sollvorschrift (vgl. § 3 Abs. 1 GesRV mit Muster Anlage 1). § 3 Abs. 1 GesRV ähnelt § 24 Abs. 4 HRV und ordnet an, dass bei jeder Anmeldung auch der Gegenstand der Gesellschaft angegeben werden soll, sofern sich dieser nicht bereits aus dem Namen der Gesellschaft ergibt. Hintergrund ist das Ziel dem Registergericht die Namensprüfung der Gesellschaft unter entsprechender Anwendung der firmenrechtlichen Bestimmungen zu erleichtern. Zudem statuiert § 3 Abs. 1 S. 2 GesRV, dass der Gegenstand der Gesellschaft auch anlässlich der Anmeldung von Umwandlungsvorgängen und Statuswechseln in eine GbR anzugeben ist. In der Praxis ist es daher absolut zu empfehlen, bei der Anmeldung auch den Gegenstand der Gesellschaft mitanzugeben.

b) Zuständigkeit

Nach § 707 Abs. 4 S. 1 BGB nF ist die (Erst)Anmeldung von sämtlichen Gesellschaftern zu bewirken, ähnlich wie bei OHG oder KG. Abs. 2 und 3 regeln Ausnahmen, welche jedoch nicht die Erstanmeldung betreffen. Bei Beteiligung geschäftsunfähiger Gesellschafter müssen deren gesetzliche Vertreter die Anmeldung bewirken. Einzureichen ist die Anmel-

---

[20] Begr. RegE S. 187.
[21] Begr. RegE S 188; zur Gesamtvertreterermächtigung und deren Rechtsnatur bei der OHG ausführlich *Schmidt* in MüKoHGB, 4. Aufl. 2016, § 125 Rn. 43 ff.

dung bei dem Gericht, in dessen Bezirk die GbR ihren Sitz hat, wobei es sich hier um den von Gesellschaftern bestimmten Vertragssitz handelt.

Die Anmeldung beim Registergericht ist kein höchstpersönliches Geschäft, sodass eine diesbezügliche Vollmachtserteilung grundsätzlich möglich und zulässig ist § 12 Abs. 1 S. 2 HGB sieht bei Anmeldungen zur Eintragung in das Handelsregister die Möglichkeit einer Stellvertretung kraft rechtsgeschäftlicher Vertretungsmacht ausdrücklich vor. Eine gewillkürte Vertretung ist aber dann prinzipiell nicht möglich bei der Pflicht zur Abgabe höchstpersönlicher, zumeist strafbewehrter Versicherungen im Zusammenhang mit einzelnen Handelsregisteranmeldungen (vgl. §§ 8 Abs. 2, Abs. 3, 39 Abs. 3, 57 Abs. 2, 67 Abs. 4 GmbHG, §§ 37 Abs. 2, 81 Abs. 3, 188 Abs. 2, 266 Abs. 3 AktG, § 16 Abs. 2 S. 1 UmwG). Fraglich ist nunmehr, ob einer Stellvertretung bei der Anmeldung zum Gesellschaftsregister das Erfordernis der Versicherung nach § 707 Abs. 2 Nr. 4 nF entgegen steht. Dies wird zum Teil bejaht, aufgrund des persönlichen Charakters der Versicherung.[22] Nach dieser Auffassung kann folglich auch nicht der Notar die Anmeldung aufgrund vermuteter Vollmacht gemäß § 378 Abs. 2 FamFG vornehmen. Dies vermag nicht zu überzeugen, denn es handelt sich bei der Erklärung nach § 707 Abs. 2 Nr. 4 nF (im Gegensatz zur Anmeldung bei einer GmbH) nicht um eine Versicherung mit dem Charakter der Höchstpersönlichkeit. Vielmehr kann sich auch ein Vertreter über eine etwaige bereits bestehende Eintragung der GbR im Partnerschafts- oder Handelsregister mittels öffentlich zugänglicher Registereinsicht informieren, sodass eine Stellvertretung der bezweckten Richtigkeitsgewähr im Hinblick auf diesen Punkt keinen Bedenken begegnet.[23]

Die Vollmacht bedarf nach § 707b Nr. 2 BGB nF iVm § 12 Abs. 1 S. 2 HGB der öffentlich beglaubigten Form.

Zuständig für Eintragungen im Gesellschaftsregister ist der Rechtspfleger des Amtsgerichts am Sitz der Gesellschaft (§ 707 Abs. 1 BGB nF; § 3 Nr. 1 lit. n) RPflG nF; § 374 Nr. 2 FamFG nF; § 23a Abs. 2 Nr. 3 GVG).

c) Form und Kosten

Die Anmeldungen zum Gesellschaftsregister haben in notariell beglaubigter Form zu erfolgen (§ 707b Nr. 3 BGB nF iVm § 12 HGB). Eine Abgabe der Erklärungen ist nach bewährter Praxis gleichzeitig oder nacheinander möglich. Der Notar gewährleistet dabei die Prüfung der Identität der Anmeldenden sowie die Prüfung der Eintragungsfähigkeit der Anmeldung (§ 378 Abs. 3 S. 2 FamFG nF) und unterstützt damit die Entlastung der Registergerichte. Mit Einführung des DiREG steht die Online-Beglaubigung auch für Anmeldungen eingetragener BGB-Gesellschaften in das neu geschaffene Gesellschaftsregister zur Verfügung. Folglich kann die Anmeldung sowohl in Präsenz als auch Online erfolgen.

§ 105 GNotKG ist die allgemeine Wertvorschrift für alle Handelsregisteranmeldungen und alle Anmeldungen zum Partnerschafts- und Genossenschaftsregister. Hier sind nunmehr auch systematisch die Anmeldungen zum Gesellschaftsregister verordnet.

Die Kosten für die Erstanmeldung einer GbR zum Gesellschaftsregister durch den Notar bestimmen sich zunächst im Hinblick auf den Geschäftswert nach § 105 Abs. 3 iVm 3 Nr. 2 GNotKG nF. Danach beträgt der Geschäftswert bei einer ersten Anmeldung einer Gesellschaft bürgerlichen Rechts mit zwei Gesellschaftern 45.000 EUR; hat die Gesellschaft mehr als zwei Gesellschafter, erhöht sich der Wert für den dritten und jeden weiteren Gesellschafter um jeweils 15.000 EUR. Hierauf fallen gem. KV-Nr. 21201 für den Entwurf des Notars eine 0,5 Gebühr sowie gem. KV-Nr. 22114 für die elektronische Einreichung eine weitere Gebühr für die Übermittlung der Anmeldung per XNP zum Handelsregister an. Hinzu

---

[22] *Neie* in Herrler, Gesellschaftsrecht in der Notar- und Gestaltungspraxis, 2. Aufl. 2021, § 2 Rn. 534.

[23] Ebenso richtigerweise *Hermanns* in Schäfer, Das neue Personengesellschaftsrecht, § 2 Rn. 9.

kommen Gerichtskosten für die Ersteintragung von 100,00 EUR, GV HRegGebVO Ziffer 1101.

3. *Inhalt und Wirkung der Eintragung*

§ 707 a BGB nF regelt den Inhalt und Wirkungen der Eintragung im Gesellschaftsregister. Seit die Rechtsprechung die Rechtsfähigkeit der GbR anerkannt hat, existiert mit dieser Gesellschaftsform ein Rechtssubjekt, das über eine natürliche Publizität verfügt. Anders als alle anderen rechtsfähigen Personengesellschaften konnte bisher nicht in einem Register eingetragen werden. Die Neuregelung ermöglicht dem Rechtsverkehr dieses Publizitätsdefizit der GbR zu beheben.

a) *Inhalt der Eintragung*

Gemäß § 707 a Abs. 1 S. 1 BGB nF hat die Eintragung im Gesellschaftsregister hat die in § 707 Abs. 2 Nummer 1 bis 3 BGB nF genannten Angaben zu enthalten, die Identitätsversicherung ist folglich kein Bestandteil der Registereintragung. Eine registrierte GbR muss gemäß § 707 Abs. 2 S. 1 BGB nF als Namenszusatz die Bezeichnungen „eingetragene Gesellschaft bürgerlichen Rechts" oder „eGbR" zu führen. Wenn in einer eingetragenen GbR keine natürliche Person als Gesellschafter haftet, muss der Name (wie etwa bei der GmbH & Co. OHG) eine Bezeichnung enthalten, welche die Haftungsbeschränkung kennzeichnet (folglich GmbH & Co. eGbR), vgl. § 707 a Abs. 2 S. 2 BGB nF.[24]

Eine Eintragung weiterer, über die Vorgaben des § 707 Abs. 2 BGB nF hinausgehende Tatsachen, mit Ausnahme des Geschäftsgegenstandes, scheidet wohl aus. So hat sich der Gesetzgeber bewusst dafür entschieden, von einer Pflicht zur Angabe des Gesellschaftszwecks oder eines Unternehmensgegenstandes, anders aber die GesRVO, abzusehen, da vorbehaltlich des Rechtsformzwangs grundsätzlich jeder erlaubte Zweck Gegenstand einer GbR sein kann.[25] Interessanterweise sieht aber die GesRV eine Eintragung des Gegenstandes vor, jedoch nicht verpflichtend, sondern nur freiwillig im Sinne einer Sollvorschrift (vgl. § 3 Abs. 1 GesRV mit Muster Anlage 1). Der Registerinhalt ist auf die für den Rechtsverkehr erheblichen Umstände beschränkt, um eine klare Orientierung über die Gesellschaft zu ermöglichen. Demgemäß kann es nicht im Belieben des jeweiligen Registers stehen, welche Eintragungen zulässig oder zweckmäßig sind. Unzulässig sind m. E. die Eintragung güterrechtlicher Verfügungsbeschränkungen, deren Leistung, die Gewinnverteilung. Ebenso dürfte die Eintragung von am Gesellschaftsanteil Mitberechtigten, bspw. durch Nießbrauch, unzulässig sein, da hierfür auch hier im Rahmen des MoPeG keine gesetzliche Grundlage ersichtlich ist. Ausdrücklich wird erwähnt, dass § 707 a Abs. 1 BGB nF es auch schließt rechtsfortbildend ausschließt, für die Gesellschafter eine bestimmte Haftungsquote oder Haftsumme in das Gesellschaftsregister einzutragen.[26] Analog zur OHG[27] und KG dürften aber die Eintragung klarstellender Rechtsnachfolgevermerke über einen Gesellschafterwechsel durch Gesamtrechtsnachfolge oder durch Anteilsübertragung zulässig sein. Ebenso stellt die GesRV klar, dass die Auflistung der Eintragungstatbestände in § 4 GesRV nicht abschließend sei.[28] Da die GbR keine Handelsgesellschaft ist, können die Gesellschafter Dritte nicht mit Prokura ausstatten (vgl. § 48 HGB).

---

[24] Ähnlich zu § 19 Abs. 2 HGB.
[25] Begr. RegE S. 145.
[26] Begr. RegE S. 149.
[27] BGH NZG 2013, 951 Rn. 7; OLG Düsseldorf ZIP 2017, 1111; *Ries/Schulte* GmbHR 2013, 345, 346.
[28] BR-Drs. 560/22, 16.

b) Publizitätswirkung aber keine konstitutive Eintragungswirkung

Gemäß § 707a Abs. 3 BGB nF kommen der Eintragung in das Gesellschaftsregister und ihrer Bekanntmachung eine besondere materiell-rechtliche Bedeutung zu. Durch eine Verweisung auf § 15 HGB wird dem Gesellschaftsregister ein spezifischer öffentlicher Glaube im Hinblick auf die eingetragenen Tatsachen beigemessen. Es handelt sich auch bei den im Rahmen der Ersteintragung einer Gesellschaft in das Handelsregister aufgenommenen Primärtatsachen nach § 707 Abs. 2 BGB nF um einzutragende Tatsachen iSd § 707a Abs. 3 S. 1 BGB nF.[29] Es wurde zwar vertreten, dass die Ersteintragung in das Gesellschaftsregister keine positive Publizität gemäß § 15 Abs. 3 HGB entfalte.[30] Die Vorschrift schütze nur den guten Glauben daran, dass eintragungspflichtige Tatsachen zutreffen. Da die GbR gemäß § 707 Abs. 1 BGB nur eintragungsfähig, aber nicht eintragungspflichtig sei, könne die Ersteintragung der GbR keine Publizität gemäß § 15 Abs. 3 HGB entfalten. Diese Auslegung ist aber nunmehr hinfällig aufgrund der Entwurfsbegründung. Folglich werden Existenz und Vertretungsregelung mit der Gutglaubenswirkung des § 15 HGB versehen. Daher kann hier auch auf die bewährten Instrumente der Bescheinigungen nach § 21 BNotO und § 32 GBO zurückgegriffen werden.

Des Weiteren stellt § 707a Abs. 3 S. 1 BGB nF klar, dass sich die Publizitätswirkung nicht auf die fehlende Kaufmannseigenschaft erstreckt. Demgemäß bleibt die Anmeldepflicht nach § 106 HGB unberührt, wenn die rechtsfähige Gesellschaft ein Handelsgewerbe betreibt (§ 707a Abs. 3 S. 2 BGB nF).

Die Eintragung im Gesellschaftsregister entfaltet aber keine konstitutive Wirkung, denn die Rechtsfähigkeit erlangt die GbR bereits vorher. Nach § 719 Abs. 1 BGB nF entsteht die Gesellschaft im Verhältnis zu Dritten, sobald sie mit Zustimmung sämtlicher Gesellschafter am Rechtsverkehr teilnimmt, spätestens aber mit ihrer Eintragung im Gesellschaftsregister.

c) Erstreckung der Vorschriften des HGB auf eingetragene GbR

Wenn eine GbR im Gesellschaftsregister eingetragen ist, statuiert § 707b nF eine Anwendung bestimmter Vorschriften aus dem HGB. Es handelt sich dabei um die Vorschriften betreffend die Auswahl und den Schutz des Namens der Gesellschaft (Nummer 1), die Führung des Gesellschaftsregisters, das Recht zur Einsichtnahme, die Bekanntmachung der Eintragungen, die Form der Anmeldungen, die Verlegung des Sitzes der Gesellschaft im Inland und ihre registerrechtlichen Folgen, die Festsetzung von Zwangsgeld, die Bindung des Registergerichts an rechtskräftige oder vollstreckbare Entscheidungen des Prozessgerichts und die Eintragungen von Amts wegen (Nummer 2) sowie die registerrechtliche Behandlung der Zweigniederlassungen (Nummer 3). Bezüglich der Details zum Inhalt der anzuwendenden Vorschriften sei auf die einschlägigen Kommentierungen zum HGB verwiesen.

d) Pflicht zur Liquidation

Gemäß § 707a Abs. 4 BGB nF findet nach Eintragung der Gesellschaft die Löschung der Gesellschaft nur nach den allgemeinen Vorschriften statt, dies bedeutet als, dass die Gesellschaft im Regelfall nach Beendigung der Liquidation (§ 738 BGB nF) erlischt. Andernfalls könnte sich eine Gesellschaft, die registrierte Rechte hält, direkt nach Eintragung wieder löschen lassen, sodass mit dieser Vorschrift „Firmenbestattungen" vorgebeugt werden soll.[31]

---

[29] *Hermanns* in Schäfer, Das neue Personengesellschaftsrecht, § 2 Rn. 13.
[30] Noch zum Mauracher Entwurf *Geibel* ZRP 2020, 137 (139); *Martens* AcP 2021, 68 (97f.) und *Herrler* ZGR Sonderheft 23 (2020), 39 (57).
[31] Begr. RegE S. 152.

4. Anmeldung von Veränderungen

Zwecks Erhaltung der Aktualität und Verlässlichkeit des Gesellschaftsregisters sind auch Veränderungen anmeldepflichtig nach der Konzeption des MoPeG.[32] Ist die Gesellschaft im Gesellschaftsregister einmal eingetragen, so sieht das BGB in § 707 Abs. 3 BGB nF auch eine Pflicht zur Anmeldung von Veränderungen zum Gesellschaftsregister vor. Nachträglich eintragungspflichtige bzw. anmeldepflichtige Tatsachen sind Änderungen, die sich auf die Firma, den Sitz und die Geschäftsanschrift beziehen. Änderungen über die Vertretungsverhältnisse sind ebenfalls zur Eintragung in das Register anzumelden (§ 707 Abs. 3 S. 1 BGB nF). Ebenso sind nach § 707 Abs. 3 S. 2 BGB nF das Ausscheiden eines Gesellschafters und der Eintritt eines neuen Gesellschafters zur Eintragung in das Gesellschaftsregister anzumelden. Des Weiteren ist nach § 733 Abs. 1 S. 1 BGB nF die Auflösung von sämtlichen Gesellschaftern zur Eintragung in das Gesellschaftsregister anzumelden. Es ist davon auszugehen, dass die nachträgliche Anmeldepflicht für Änderungen gilt, die bis zum Zeitpunkt der Vollbeendigung, dh auch während der Liquidation der Gesellschaft, eintreten.

Daneben sind die Liquidatoren und deren Vertretungsbefugnis anzumelden (§ 736c BGB nF). Gleiches gilt auch für den Fall der Fortsetzung nach erfolgter Auflösung der Gesellschaft. Lediglich deklaratorisch ist aber dann die Anmeldung zum Gesellschaftsregister: wenn die Gesellschaft im Gesellschaftsregister eingetragen ist, so ist das Erlöschen der Gesellschaft von sämtlichen Liquidatoren zur Eintragung in das Gesellschaftsregister anzumelden, sobald die Liquidation beendigt ist (§ 738 BGB nF).

Für die Anmeldung gelten die Vorgaben der Erstanmeldung (Formalia und Verfahren) mit folgenden Abweichungen: Prinzipiell sind anmeldepflichtig sämtliche im Zeitpunkt der Gesellschaft vorhandenen Gesellschafter, außer das Gesetz schreibt eine Abweichung vor. Hintergrund ist die bezweckte Gewährleistung, dass die angemeldeten Tatsachen wahrheitsgemäß sind.[33]

a) Änderung der Firma

Anmeldepflichtig ist jede Änderung der Firma ohne Rücksicht darauf, ob sie sich auf die gesamte Firma, den Firmenkern oder nur auf einen ihrer Bestandteile bezieht. Ansonsten finden die firmenrechtlichen Grundsätze im Übrigen Anwendung.[34]

b) Sitzverlegung

Handelt es sich bei der anzumeldenden Änderung um eine Sitzverlegung, ist das Registergericht am bisherigen Sitz zuständig, vgl. § 13h HGB. Nach der hier vertretenen Auffassung kommt es auf den gesellschaftsvertraglichen Sitz an.[35]

c) Änderung der Geschäftsanschrift

Bei einer Änderung der Geschäftsanschrift genügt die Anmeldung durch die Gesellschaft, vertreten durch ihre vertretungsbefugten Gesellschafter in jeweils vertretungsbefugter Zahl, da es sich um eine einfache Geschäftsführungsmaßnahme handelt.

---

[32] Ähnlich dem geltenden § 107 HGB, vgl. Begr. RegE S. 148.
[33] Begr. RegE S. 149.
[34] Siehe zur Erstanmeldung.
[35] Zum Streit im Rahmen des § 107 HGB dazu *Fleischer* in MüKoHGB, 5. Aufl. 2022, § 107 Rn. 8.

d) Änderung der Vertretungsbefugnis

Anmeldepflichtig sind auch sämtliche Änderungen in der Vertretungsbefugnis, unabhängig davon, ob es sich um die abstrakte Vertretungsregelung oder die Vertretungsbefugnis einzelner Gesellschafter handelt.

e) Änderung im Bestand der Gesellschafter

Auch der Eintritt und das Ausscheiden eines Gesellschafters sind gem. § 707 Abs. 3 S. 2 BGB nF durch sämtliche Gesellschafter in öffentlich beglaubigter Form anzumelden. In Anlehnung an die herrschende Meinung zu § 143 Abs. 2 HGB ist davon auszugehen, dass auch der Ausgeschiedene selbst an der Anmeldung mitwirken muss.[36] Eine Ausnahme besteht aber beim Ableben eines Gesellschafters: Scheidet ein Gesellschafter durch Tod aus, kann die Anmeldung ohne Mitwirkung der Erben erfolgen, sofern einer solchen Mitwirkung besondere Hindernisse entgegenstehen (vgl. § 707 Abs. 4 S. 2 BGB nF). In diesem Fall kann das Registergericht nach pflichtgemäßem Ermessen auf eine Mitwirkung einzelner oder aller Erben bei der Anmeldung verzichten. Dies ist wohl dann anzunehmen, wenn die Erben unerreichbar sind oder in absehbarere Zeit nicht ermittelt werden können. Nach der Gesetzesbegründung greift die Vorschrift nicht ein, wenn die Gesellschaft mit allen Erben fortgeführt wird, denn es besteht dann grundsätzlich kein dringendes Interesse an einer baldigen Eintragung des Ausscheidens.[37] Die Erbenstellung wird in der Regel als geklärt gelten, wenn ein Erbschein oder ein öffentliches Testaments vorliegt.

f) Sonstige Änderungen

Eine Anmeldepflicht besteht nach hier vertretener Auffassung auch bei Änderungen der Personalien der einzelnen Gesellschafter (Name, Vorname, Geburtsdatum, Wohnort).[38] Hier kann ein Nachweis zu den sich ändernden Tatsachen auch über die Vorlage von öffentlichen Urkunden geführt werden. Änderungen des Unternehmensgegenstands unterliegen keiner Anmeldungspflicht, da bereits dessen Ersteintragung nicht verpflichtend ist, was durch die Formulierung als Soll-Vorschrift kenntlich gemacht wird (vgl. § 3 Abs. 1 GesRV).

g) Kosten

Bei späteren Anmeldungen zum Gesellschaftsregister aufgrund von Veränderungen im Gesellschafterbestand ergibt sich der feste Geschäftswert aus § 105 Abs. 4 Nr. 3 GNotKG nF in Höhe von 30.000 EUR. Dieser Wert erhöht sich bei Eintritt oder Ausscheiden von mehr als zwei persönlich haftenden Gesellschaftern um 15.000 EUR für jeden weiteren eintretenden oder ausscheidenden Gesellschafter. Ändert sich lediglich die Geschäftsanschrift der GbR gilt § 105 Abs. 5 GNotKG nF, wonach 5.000 EUR als Geschäftswert anzusetzen sind. Daneben entsteht gemäß KV-Nr. 22114 eine weitere Gebühr für die Übermittlung der Anmeldung per XNP zum Handelsregister.

---

[36] KG NZG 2005, 626; BayObLG DB 1979, 86.
[37] Begr. RegE S. 149.
[38] So auch BR-Drs. 560/22, 18.

MATTHIAS GEUDER

Grenzen des notariellen Online-Verfahrens – sachlicher Anwendungsbereich und Fehlerfolgen

I. Einleitung

Digitalisierung hält im Notariat Einzug, so auch als Thema bei der Sitzung des Wissenschaftlichen Beirats des DNotI im Herbst 2022, an der ich mit dem Jubilar teilnehmen durfte. Pünktlich zu dieser Veranstaltung ist zum 1.8.2022 das *Gesetz zur Umsetzung der Digitalisierungsrichtlinie* („DiRUG")[1] in Kraft getreten. Dadurch wird die Möglichkeit geschaffen, bestimmte Notarangelegenheiten im Bereich des Gesellschaftsrechts in digitaler Form, unter anderem im Rahmen einer Videokonferenz, zu erledigen. Noch vor Inkrafttreten hatte der Gesetzgeber eine Reform der Regelungen verabschiedet, nämlich das *Gesetz zur Ergänzung der Regelungen zur Umsetzung der Digitalisierungsrichtlinie und zur Änderung weiterer Vorschriften* („DiREG").[2] Dadurch wurden einzelne Vorschriften des DiRUG mit Wirkung bereits zum 1.8.2022 abgeändert, andere Teile des DiREG treten zum 1.8.2023 in Kraft. Während sich die technischen Details des Online-Verfahrens nur geringfügig geändert haben, wurden im Hinblick auf den sachlichen und örtlichen Anwendungsbereich des Online-Verfahrens grundlegende Änderungen vorgenommen. Die Änderungen in sachlicher Hinsicht sind wohl teilweise auch auf Befürchtungen der Praxis zurückzuführen, dass eine Beurkundung gängiger GmbH-Satzungen aufgrund des beschränkten Anwendungsbereichs in einem Online-Verfahren nicht möglich gewesen wäre.

II. Problemstellung

Nach Verabschiedung des DiRUG wurde nämlich angemerkt, dass der sachliche Anwendungsbereich eine Reihe von Satzungsbestandteilen nicht erfasst. Was sachlicher Anwendungsbereich des neuen Online-Verfahrens im GmbH-Recht ist, ergibt sich aus § 16a BeurkG. Danach kann die Beurkundung von Willenserklärungen mittels des von der Bundesnotarkammer nach § 78p der Bundesnotarordnung betriebenen Videokommunikationssystems erfolgen, soweit dies durch Gesetz zugelassen ist. Ein solcher Anwendungsbefehl findet sich für das GmbH-Recht in § 2 Abs. 3 GmbHG für die Gesellschaftsgründung (und durch das DiREG ab dem 1.8.2023 zusätzlich in § 53 Abs. 3 S. 2 GmbHG sowie in § 55 Abs. 1 GmbHG für die Satzungsänderung). § 2 Abs. 3 GmbHG ordnet an, dass die notarielle Beurkundung eines Gesellschaftsvertrags im Fall einer Gründung ohne Sacheinlagen auch mittels Videokommunikation gemäß den § 16a bis § 16e BeurkG erfolgen kann. Dafür genügt die Unterzeichnung mittels einer qualifizierten elektronischen Signatur der an der Beurkundung teilnehmenden Gesellschafter. Auch sonstige Willenserklärungen, welche nicht der notariellen Form bedürfen, können mittels Videokommunikation gemäß den § 16a bis § 16e BeurkG beurkundet werden; sie müssen in die errichtete elektronische Niederschrift aufgenommen werden.

---

[1] BGBl. 2021 I 3338.
[2] BGBl. 2022 I 1146.

Für den beurkundenden Notar stellt sich somit die Frage, was „Gesellschaftsvertrag" im Sinne der Vorschrift ist. Klar ist, dass es sich jedenfalls nicht um eine Sachgründung handeln darf. Denn dies wird zunächst in § 2 Abs. 3 S. 1 GmbHG explizit angeordnet. Weniger klar ist schon die Frage, ob dies auch auf die Verpflichtung zur Leistung eines Sachagios gilt.[3] Dies gilt insbesondere dann, wenn es sich um ein Aufgeld handelt, das seinerseits einer Formvorschrift unterfällt, etwa die Einlage einer Immobilie. Problematisch können im Hinblick auf entgegenstehende anderweitige Formvorschriften außerdem Zwangsabtretungsverpflichtungen und Vor- oder Ankaufsrechte zugunsten der Mitgesellschafter sein. Denn die schuldrechtliche Verpflichtung zur Übertragung eines Gesellschaftsanteils ist nach § 15 Abs. 4 GmbHG beurkundungsbedürftig. Eine diesbezügliche Öffnungsklausel für das Online-Verfahren findet sich in § 15 GmbHG aber nicht. Das Verhältnis der Formvorschriften und somit auch der genaue sachliche Anwendungsbereich des neuen Verfahrens ist damit klärungsbedürftig (dazu unter → III.). Denn gerade bei Gründung einer Mehrpersonengesellschaft gehören Abtretungsverpflichtungen zu den gängigen Bestandteilen der Gründungssatzung. Bei jungen Gründern, die durch das innovative Online-Verfahren angesprochen werden sollen, ist zusätzlich oft eine Exit-Regelung erforderlich, etwa in Form von Drag- oder Tag-Along-Klauseln oder die Vereinbarung von Put- oder Call-Optionen. An die Frage des zulässigen Inhalts einer Satzung einer online gegründeten GmbH schließt sich das Problem an, welche Folgen ein Verstoß gegen den sachlichen Anwendungsbereich nach sich zieht, insbesondere auch, ob ein etwaiger Verstoß geheilt werden kann (dazu unter → IV.).

III. *Sachlicher Anwendungsbereich der Online-Gründung*

Umfassende Literatur zu dieser Problematik ist im Hinblick auf das erst kürzliche Inkrafttreten der betreffenden Rechtsvorschriften noch nicht verfügbar. In den bislang veröffentlichten Stellungnahmen wird jedoch weit überwiegend vertreten, dass eine Online-Beurkundung von Abtretungsverpflichtungen auch im Rahmen des Gesellschaftsvertrags unzulässig ist.[4] Selbst *Scheller,* der eine Beurkundung für grundsätzlich zulässig hält, rät im Hinblick auf das Gebot des sichersten Wegs zur Vorsicht.[5] Gerade im Hinblick auf die jüngsten Anpassungen des DiREG durch einen entsprechenden Änderungsantrag des Rechtsausschusses erscheint jedoch fraglich, ob die bislang veröffentlichte Literatur noch aktuell ist. Der sachliche Anwendungsbereich des § 16a BeurkG bedarf daher mE einer nochmaligen Überprüfung.

1. *Verhältnis unterschiedlicher Formgebote*

Zunächst stellt sich dabei die grundlegende Frage, welche Folgen es nach sich zieht, wenn verschiedene Formvorschriften parallel anwendbar sind. Denn die Vereinbarung einer Zwangsabtretungsverpflichtung kann sowohl dem § 2 Abs. 1 GmbHG als auch dem § 15 Abs. 4 GmbHG unterfallen, die jeweils eine notarielle Beurkundung voraussetzen, wobei nur der § 2 GmbHG die Verlagerung in ein Online-Verfahren zulässt. Diese Thematik kann wohl bislang nicht als abschließend geklärt bezeichnet werden. Zwar wird § 15 Abs. 4 GmbHG in der Literatur im Rahmen der Beurkundung von Gesellschaftsverträgen keine

---

[3] Vgl. *Stelmaszczyk/Strauß* GmbHR 2022, 833 (834); *Stelmaszczyk/Kienzle* GmbHR 2021, 849 (853); aA *Wicke* GmbHR 2022, 516 (518).

[4] *Keller/Schümmer* DB 2022, 1179 (1180); *Wicke* GmbHR 2022, 516 (518); *Heckschen/Knaier* NZG 2022, 890; *Stelmaszczyk/Strauß* ZIP 2022, 1077; *Meier* BB 2022, 1731 (1733); *C. Jaeger* in BeckOK GmbHG, 52. Ed. 1.8.2022, § 2 Rn. 83; anders *Stelmaszczyk/Strauß* GmbHR 2022, 833 (835f.).

[5] *Scheller* GmbHR 2022, R101 (R102).

gesonderte Bedeutung zugemessen.[6] Dabei darf aber nicht übersehen werden, dass diese Abgrenzung bislang im Wesentlichen irrelevant war, da sich die beurkundungsverfahrensrechtlichen Vorgaben entsprachen. Bedeutung gewinnt die Unterscheidung erst durch die nunmehr erfolgte Anpassung in § 2 Abs. 3 GmbHG. So hatte auch der BGH in einer durch die zitierte Literatur in Bezug genommenen Entscheidung lediglich festgestellt, dass dem Formzwang des § 15 Abs. 4 S. 1 GmbHG dann genügt ist, wenn bereits der (nach § 2 GmbHG in notarieller Form geschlossene) Gesellschaftsvertrag die Verpflichtung zur Übertragung des Geschäftsanteils unter bestimmten Voraussetzungen vorsieht und diese Voraussetzungen eintreten.[7]

Im Zuge der Neufassung durch DiRUG und DiREG wird nunmehr in Erwägung gezogen, dass § 2 GmbHG eine Spezialregelung gegenüber anderen Formvorschriften darstellt.[8] Vergleichbare Überlegungen sind nicht gänzlich neu, denn jedenfalls bei der Beurkundung von Satzungsänderungen war auch bislang der beurkundungsrechtliche Rahmen nicht völlig klar. Die Satzungsänderung kann nach §§ 36 f. BeurkG als Tatsachenprotokoll beurkundet werden.[9] Probleme folgen daraus, wenn mit der Satzungsänderung eine Regelung eingeführt wird, die ihrerseits einer anderen Formvorschrift unterliegt, etwa weil ein Ankaufsrecht nachträglich in den Gesellschaftsvertrag eingefügt wird. In diesem Zusammenhang findet sich daher teilweise bereits jetzt eine Diskussion der Frage, in welchem Verhältnis verschiedene Formvorschriften zueinander stehen.[10] Verwiesen wird dabei auf ein *obiter dictum* des Reichsgerichts.[11] Dieses hatte festgestellt, dass eine Satzungsregelung, die eine Abtretungsverpflichtung enthält, ausschließlich nach § 2 GmbHG formbedürftig sei. Gegen diese Annahme führt *Grotheer* aus, dass die vom RG vorgebrachte These, es fehle bei Abtretungsverpflichtungen als echten Satzungsbestandteilen an einer „Vereinbarung", unzutreffend sei, denn hinsichtlich seines Abschlusses sei der Gesellschaftsvertrag der GmbH ebenfalls als Vertrag zu behandeln, der nach allgemeinen rechtsgeschäftlichen Regeln zustande komme.[12] Letztlich zeigt sich bei einer Lektüre der in Bezug genommenen Reichsgerichtsentscheidung jedoch, dass das Urteil diese These überhaupt nicht enthält, sondern nur die Feststellung, dass die Abtretungsverpflichtung unlöslicher Bestandteil des Gesellschaftsvertrags ist und damit nur der Anwendung von § 2 GmbHG unterliegt.

Daraus ließe sich der Schluss ziehen, dass jedenfalls das Reichsgericht der Auffassung folgte, dass § 2 GmbHG in diesem Zusammenhang die einzig maßgebliche Formvorschrift darstellt. Dennoch ist davon auszugehen, dass die bisher ergangene Rechtsprechung und veröffentlichte Literatur nur wenig Aufschluss zu der hier entscheidenden Frage bieten kann. Insofern bedarf das Problem, wie sich die neu geschaffenen Vorschriften in § 16a BeurkG und § 2 Abs. 3 GmbHG ins bestehende Regelungssystem einordnen lassen, einer grundlegenderen Annäherung.

---

[6] *Weller/Reichert* in MüKoGmbHG, 4. Aufl. 2022, § 15 Rn. 103; *Ebbin* in Michalski/Heidinger/Leible/J. Schmidt, GmbHG, 3. Aufl. 2017, § 15 Rn. 65; *Altmeppen*, GmbHG, 10. Aufl. 2021, § 15 Rn. 79.

[7] BGH NJW 1986, 2642; vgl. auch BGH NJW-RR 2003, 1265.

[8] *Scheller* GmbHR 2022, R101 (R102).

[9] *Noack* in Noack/Servatius/Haas, GmbHG, 23. Aufl. 2022, § 53 Rn. 70; *Bord* in BeckOGK, 1.7.2022, BeurkG § 8 Rn. 5 ff.

[10] Vgl. dazu *Grotheer* RNotZ 2014, 4 (7); *Priester/Tebben* in Scholz, GmbHG, 12. Aufl. 2021, § 53 Rn. 70a; *Noack* in Noack/Servatius/Haas, GmbHG, 23. Aufl. 2022, § 53 Rn. 70.

[11] RG RGZ 113, 147 (149).

[12] *Grotheer* RNotZ 2014, 4 (7).

2. Wille des Gesetzgebers und seine Relevanz für die Auslegung der betreffenden Bestimmung

Vor diesem Hintergrund erscheint es zunächst ratsam, sich die aktuelle und künftige Gesetzeslage inklusive der korrespondierenden Gesetzesbegründung vor Augen zu führen. Durch das DiRUG wurde zunächst ein Absatz 3 in § 2 GmbHG eingefügt:

Satz 1:

„Die notarielle Beurkundung des Gesellschaftsvertrags sowie im Rahmen der Gründung der Gesellschaft gefasste Beschlüsse der Gesellschafter können im Fall einer Gründung ohne Sacheinlagen auch mittels Videokommunikation gemäß den §§ 16a bis 16e des Beurkundungsgesetzes erfolgen. "

Der Regierungsentwurf zum DiRUG[13] führt dazu aus:

„[§ 16a] Absatz 1 [BeurkG] bestimmt, dass eine Beurkundung mittels Videokommunikation erfolgen kann, soweit dies nach § 2 Absatz 3 des Gesetzes betreffend die Gesellschaften mit beschränkter Haftung (GmbHG) zugelassen ist. Damit sieht die Neuregelung verfahrensrechtlich eine Beschränkung auf die Gründung von Gesellschaften mit beschränkter Haftung vor. Diese Beschränkung beruht auf der Erwägung, dass das Online-Verfahren für die Gründung von Gesellschaften mit beschränkter Haftung besonders geeignet ist. Für eine Vielzahl anderer Beurkundungsgegenstände, bei denen – wie etwa im Familien-, Erb- oder Immobilienrecht – andere Formzwecke im Vordergrund stehen, ist das Online-Verfahren jedoch weniger geeignet. Für diese Beurkundungsgegenstände bleibt das bewährte Präsenzverfahren daher die einzig zulässige Variante des Beurkundungsverfahrens. Soweit die Notwendigkeit der notariellen Beurkundung einer Willenserklärung aus einer anderen Bestimmung als § 2 Absatz 3 GmbHG folgt, ist eine Beurkundung mittels Videokommunikation daher nicht zulässig, auch wenn ein Bezug zu der Gründung einer Gesellschaft mit beschränkter Haftung nach § 2 Absatz 3 GmbHG gegeben ist. "

Durch das DiREG sollte dieser Satz ursprünglich folgende Fassung erhalten:

„Die notarielle Beurkundung des Gesellschaftsvertrags kann auch mittels Videokommunikation gemäß den §§ 16a bis 16e des Beurkundungsgesetzes erfolgen, sofern andere Formvorschriften nicht entgegenstehen. "

Dabei wurde die Neufassung allerdings in Art. 6 des Gesetzes aufgenommen, der nach Art. 10 Abs. 3 erst zum 1.8.2023 in Kraft treten sollte. Der Regierungsentwurf zum DiREG[14] führt dazu aus:

„Die Beurkundung mittels Videokommunikation ist jedoch unzulässig, sofern die Notwendigkeit der notariellen Beurkundung einer Willenserklärung aus einer anderen Bestimmung als § 2 Absatz 1 Satz 1 oder Absatz 2 Satz 1 GmbHG folgt (vergleiche Gesetzentwurf der Bundesregierung zum DiRUG, Bundestagsdrucksache 19/28177, S. 115). Die Neufassung der Vorschrift stellt insofern nunmehr ausdrücklich klar, dass der Geltungsanspruch anderer Formvorschriften, die eine Beurkundung im Präsenzverfahren voraussetzen (zum Beispiel § 311b Absatz 1 und § 2033 Absatz 1 Satz 2 BGB oder § 15 Absatz 4 Satz 1 GmbHG), unberührt bleibt. Eine Sachgründung im Online-Verfahren ist daher nur zulässig, sofern die Vereinbarung der Verpflichtung zur Einbringung des Gegenstandes nicht nach allgemeinen Vorschriften der notariellen Beurkundung bedarf. Bei diesen Vorschriften stehen andere Formzwecke im Vordergrund, weshalb das Online-Verfahren für diese nicht geeignet und nicht zugelassen ist (vergleiche Gesetzentwurf der Bundesregierung zum DiRUG, Bundestagsdrucksache 19/28177, S. 115). "

Die Gesetzesbegründung bezieht sich also zunächst nur auf die Formgebote bei Sachgründungen. Hinweise auf die Zulässigkeit von Abtretungsverpflichtungen sowie Erwerbs-

---

[13] BT-Drs. 19/28177, 115.
[14] BT-Drs. 20/1672, 24.

und Andienungsrechten, die sich auf die Anteile der Gesellschaft selbst beziehen, sind dagegen nicht enthalten. Dass die Änderung erst zum 1.8.2023 in Kraft treten sollte, war vor diesem Hintergrund folgerichtig. Denn erst zu diesem Zeitpunkt war die Möglichkeit einer Sachgründung vorgesehen.

Der tatsächlich beschlossene Gesetzestext des § 2 Abs. 3 S. 1 GmbHG lautet nunmehr ab dem 1.8.2023:

> *„Die notarielle Beurkundung des Gesellschaftsvertrags kann auch mittels Videokommunikation gemäß den §§ 16a bis 16e des Beurkundungsgesetzes erfolgen, sofern andere Formvorschriften nicht entgegenstehen; dabei dürfen in den Gesellschaftsvertrag auch Verpflichtungen zur Abtretung von Geschäftsanteilen an der Gesellschaft aufgenommen werden."*

Dabei handelt es sich bei dem letzten Halbsatz um die Ergänzung in Folge der Beschlussempfehlung des Rechtsausschusses. Die Beschlussempfehlung des Rechtsausschusses[15] führt dazu aus:

> *„Nach dem neu eingefügten § 2 Absatz 3 Satz 1 Halbsatz 2 GmbHG-E sollen in den Gesellschaftsvertrag auch Verpflichtungen zur Abtretung von Geschäftsanteilen an der Gesellschaft aufgenommen werden dürfen, etwa in Form der Einräumung von Vorkaufs- oder Vorerwerbsrechten für Mitgesellschafter im Falle der späteren Veräußerung von Geschäftsanteilen an der zu gründenden Gesellschaft. Die Vorschrift erfasst korporative Vereinbarungen in Form sogenannter echter oder materieller Satzungsbestandteile ebenso wie schuldrechtliche Vereinbarungen, welche nur die an der Vereinbarung Beteiligten, nicht aber Nachfolger in den Geschäftsanteil zur Abtretung verpflichten (sogenannte unechte Satzungsbestandteile), da § 2 Absatz 3 Satz 1 GmbHG-E, wenn er von Gesellschaftsvertrag spricht, von einem formellen Satzungsbegriff ausgeht und im rein äußerlichen, formellen Sinne das dem Registergericht einzureichende Gründungsstatut meint. Die Vorschrift setzt jedoch voraus, dass die entsprechenden Vereinbarungen in den Gesellschaftsvertrag aufgenommen werden. Werden schuldrechtliche Verpflichtungen zur Abtretung von Geschäftsanteilen nicht (als unechte Satzungsbestandteile) im, sondern außerhalb des Gesellschaftsvertrages vereinbart (sogenannte schuldrechtliche Nebenvereinbarungen oder Gesellschaftervereinbarungen) ist eine Beurkundung mittels Videokommunikation daher nicht zulässig."*

Festzustellen ist also, dass die Gesetzesbegründung bis zum Änderungsantrag im Rechtsausschuss keinen Schluss auf die Zulässigkeit von Abtretungsverpflichtungen zulässt.[16] Der Änderungsantrag stellt nunmehr ausdrücklich klar, dass eine Abtretung von Anteilen an der Gesellschaft selbst vereinbart werden darf. Allerdings wird die entsprechende Klarstellung erst zum 1.8.2023 ins Gesetz aufgenommen. Daraus kann mE aber nicht der Gegenschluss gezogen werden, dass vor dem 1.8.2023 eine Aufnahme entsprechender Regelungen unzulässig ist. Denn auch dazu äußern sich die Gesetzesmaterialien nicht. Vielmehr ist dafür also die allgemeine Rechtslage im Hinblick auf das Verhältnis konkurrierender Formvorschriften zu beleuchten. Einen Ausgangspunkt können dafür die in der Literatur angeführten Gründe für eine vermeintliche Unzulässigkeit entsprechender Vertragsbestandteile bieten.

3. Bedeutung des Formzwecks für den sachlichen Anwendungsbereich der §§ 16a ff. BeurkG

Stelmaszczyk und *Strauß* begründen ihre Ablehnung der Beurkundungsfähigkeit von Abtretungsverpflichtungen mit dem Formzweck der Vorschriften zum Online-Verfahren, also letztlich mit einem teleologischen Argument. So seien nämlich die Formzwecke anderer Vorschriften mit der Online-Beurkundung nicht zu erfüllen.[17] Die Regierungsbegründung verweise darauf, dass bei anderen Formvorschriften andere Zwecke im Vordergrund stün-

---

[15] BT-Drs. 20/2391, 14.
[16] Anders, jedoch ohne konkrete Begründung *Meier* BB 2022, 1731 (1733).
[17] *Stelmaszczyk/Strauß* ZIP 2022, 1077 (1083).

den.[18] Etwa die besonderen Belange bei Grundstücksgeschäften seien nicht sinnvoll per Videokonferenz zu behandeln, sondern machten es weiterhin notwendig, dass die Beteiligten buchstäblich „an einem Tisch" zusammenkämen. Somit könne es keinen Fall geben, in dem die Formzwecke der sonstigen Formvorschrift, die eine notarielle Beurkundung verlange, und der speziellen Formvorschrift, die im Wege der Beurkundung im Online-Verfahren erfüllt werden könne, gleichliefen.[19]

Nach meinem Dafürhalten überzeugt dieses Argument nicht. Auch der Umstand, dass sich der Gesetzgeber des Arguments bedient, macht die zugrunde liegende Annahme nicht richtig.[20] Denn es dürfte unbestritten sein, dass eine Online-Beurkundung dem gleichen Zweck dient wie eine Präsenzbeurkundung. Die Beurkundungszwecke ergeben sich nämlich nicht aus dem Verfahrensrecht, das die Beurkundung ausgestaltet, sondern aus den materiellen Formvorschriften, die eine Beurkundung erforderlich machen. Die Beurkundungspflicht wird weiterhin in § 2 Abs. 1 GmbHG angeordnet.

Zwar verweist die Regierungsbegründung tatsächlich darauf, dass in anderen Regelungsbereichen keine vergleichbaren Formzwecke bestehen. Vergleicht man die Funktionen der notariellen Beurkundung im Rahmen von § 2 GmbHG und § 311b BGB, erscheint dies äußerst fraglich.[21] Denn letztlich dienen beide Vorschriften einer Belehrungs-, Beweis- und Warnfunktion und sollen darüber hinaus die materielle Richtigkeit und Wirksamkeit gewährleisten. Etwas anderes gilt zwar im Hinblick auf § 15 GmbHG, da das Beurkundungserfordernis hier auch den spekulativen Handel mit Gesellschaftsanteilen einschränken soll, dieser Formzweck ist aber bei einer Einbringung im Rahmen der Sachgründung nicht gefährdet.[22]

Schließlich steht keinesfalls fest, dass sich eine Online-Beurkundung nicht für andere Zwecke als gesellschaftsrechtliche Vorgänge eignet. Dass der Gesetzgeber (auch aufgrund europarechtlicher Vorgaben) gesellschaftsrechtliche Belange als Versuchsfeld für notarielle Online-Verfahren nutzt, bedeutet zunächst nur, dass diese sich sowohl hinsichtlich der Zielgruppe als auch der Beurkundungssituation besonders für Online-Verfahren eignen. Es bedeutet gerade nicht, dass die Beurkundung einem anderen Zweck dient oder durch eine entsprechende Ausgestaltung des Verfahrens nicht perspektivisch auch andere Regelungsgegenstände einem Online-Verfahren zugängig wären.

4. Parallele zur Beurkundung von Satzungsänderungen durch Tatsachenprotokoll?

Wicke zieht dagegen eine Parallele zu den bereits angesprochenen Beurkundungen von Satzungsänderungen.[23] Wie dargestellt, ist anerkannt, dass dafür ein notarielles Tatsachenprotokoll über die Beschlussfassung nach §§ 36f. BeurkG zulässig ist, weil nicht die Stimmabgabe, sondern der Beschluss zu beurkunden ist. Denn die einzelne Stimmabgabe ist sehr wohl Willenserklärung.[24] Beim Beschluss dagegen handelt es sich um ein Rechtsgeschäft eigener Art.[25]

---

[18] *Stelmaszczyk/Strauß* ZIP 2022, 1077 (1083) unter Verweis auf die Regierungsbegründung BT-Drs. 20/1672, 24, wiederum unter Verweis auf BT-Drs. 19/28177, 115.

[19] *Stelmaszczyk/Strauß* ZIP 2022, 1077 (1083).

[20] Vgl. ebenso kritisch *J. Schmidt* ZIP 2021, 112 (117).

[21] Vgl. für § 2 GmbHG: *Heinze* in MüKoGmbHG, 4. Aufl. 2022, § 2 Rn. 1, 22; *Ulmer/Löbbe* in Habersack/Casper/Löbbe, GmbHG, 3. Aufl. 2019, § 2 Rn. 13; BGH Beschl. v. 24.10.1988, NJW 1989, 295; für § 311b BGB: *Schumacher* in Staudinger, BGB, 2018, § 311b Rn. 2ff.; *Ruhwinkel* in MüKoBGB, 9. Aufl. 2022, § 311b Rn. 4; *Gehrlein* in BeckOK BGB, 62. Ed. 1.5.2022, § 311b Rn. 1.

[22] Vgl. dazu → 5.

[23] *Wicke* GmbHR 2022, 516, 518.

[24] *Enzinger* in MüKoHGB, 5. Aufl. 2022, § 119 Rn. 14; *Böttcher* in BeckOGK, 15.1.2022, HGB § 119 Rn. 16.

[25] *Theilig* in BeckOGK, 1.5.2022, BeurkG § 36 Rn. 20.

Insofern ist zutreffend, dass sich das Problem konkurrierender Formvorgaben auch bei Satzungsänderungen stellen kann. So tritt die Frage auf, ob eine Tatsachenbeurkundung auch dann zulässig ist, wenn die Satzungsänderung neben § 53 Abs. 2 S. 1 GmbHG weiteren Formvorgaben unterliegt. Teile der Literatur leiten diese Annahme aus einer Entscheidung des OLG Köln ab.[26] Wirklich eindeutig positioniert sich das OLG allerdings nicht, wenn es lediglich ausführt, dass die Urkundsform sich nach den §§ 36 f. BeurkG richtet, sofern nicht Willenserklärungen der Gesellschafter, sondern ein sonstiger Vorrang iSd § 36 BeurkG, nämlich der Akt gesellschaftlicher Willensbildung zu beurkunden ist.[27] Denn der Entscheidung ist keine Aussage darüber zu entnehmen, ob eine Satzungsänderung hinsichtlich einer Abtretungsverpflichtung nicht möglicherweise ein solcher Akt gesellschaftlicher Willensbildung ist. Andere Teile der Literatur vertreten, dass auch in diesen Fällen eine Beurkundung als Tatsachenprotokoll zulässig ist.[28] *Grotheer* führt als Begründung für die Zulässigkeit der Tatsachenbeurkundung aus, dass dem materiellen Anliegen besonderer Formvorschriften, namentlich in Bezug auf Prüfung und Beratung, in einer dem Verfahren nach §§ 6 ff. BeurkG vergleichbaren Weise entsprochen werden könne.[29] Diese Begründung ließe sich uneingeschränkt auch auf das Online-Verfahren übertragen. Denn aufgrund der insofern gleichen berufsrechtlichen Vorgaben ist ein Absinken des Schutzniveaus für die Beteiligten des Online-Verfahrens nicht zu befürchten. Die Begründung ist aber mE nicht zwingend. Denn die Frage kann nicht sein, ob der Notar die entsprechenden berufsrechtlichen Vorgaben auch bei anderen Verfahrensgestaltungen erfüllen *könnte* oder dies bei der Online-Beurkundung sogar tun muss. Auch bei einem privatschriftlichen Vertragsschluss *könnten* die Beteiligten belehrt werden. Es handelt sich bei dem Formgebot vielmehr um eine Absicherung, deren Nichtbeachtung zur Unwirksamkeit der abgegebenen Erklärung führt.[30]

5. *Eigene Stellungnahme*

Nach meinem Dafürhalten spricht jedoch die Parallele zur Satzungsänderung aus anderen Gründen für eine Zulässigkeit gesellschaftsvertraglicher Abtretungsverpflichtungen auch vor dem 1.8.2023. So wie der Gesellschafterbeschluss auch dann Beschluss bleibt, wenn er korporative Abtretungsverpflichtungen enthält, bleibt der Gesellschaftsvertrag ungeachtet seines Inhalts in seinem materiellen Gehalt Gesellschaftsvertrag.[31] Dies entspricht bereits der Aussage der oben zitierten Reichsgerichtsentscheidung.[32] Für die Frage, was Bestandteil des Gesellschaftsvertrages ist, ist im Übrigen wohl auch im Online-Verfahren nicht eine rein formell-äußerliche Abgrenzung maßgeblich.[33] Diese Annahme ist auf eine Äußerung des Rechtsausschusses zurückzuführen,[34] die zwar auf einen Willen des Gesetzgebers verweist, sich dabei jedoch nicht auf die weiteren Gesetzesmaterialien stützen kann. Denn wenn dem der Fall wäre, wäre die Vorschrift in § 2 Abs. 3 S. 3 GmbHG bedeutungslos. Die sonstige Willenserklärung ist in den Gesellschaftsvertrag aufzunehmen, damit wäre sie ohnehin formell Teil des Gesellschaftsvertrages. Ihre Beurkundungsfähigkeit müsste nicht mehr explizit angeordnet werden. Vielmehr lässt § 2 Abs. 3 S. 3 GmbHG sogar den gegenteiligen Schluss

---

[26] *Stelmaszczyk/Strauß* GmbHR 2022, 833 Fn. 23; damit setzen sie sich aber in Widerspruch zu ihren Ausführungen unter Rn. 18 iVm Fn. 30.
[27] OLG Köln MittBayNot 1993, 170 (171).
[28] *Priester/Tebben* in Scholz, GmbHG, 12. Aufl. 2021, § 53 Rn. 70a; *Noack* in Noack/Servatius/Haas, GmbHG, 23. Aufl. 2022, § 53 Rn. 70 – jeweils unter Verweis auf *Grotheer* RNotZ 2015, 4, 7.
[29] *Grotheer* RNotZ 2015, 4 (9).
[30] *Bord* in BeckOGK, 1.7.2022, BeurkG § 8 Rn. 16 ff.
[31] Vgl. *Maier-Reimer* FS Röhricht, 2005, 383 (392).
[32] RG RGZ 113, 147 (149).
[33] So aber *Stelmaszczyk/Strauß* GmbHR 2022, 833 (836).
[34] BT-Drs. 20/2391, 14.

zu, nämlich dass sonstige Willenserklärungen, die beurkundungsbedürftig, aber nicht echter Satzungsbestandteil sind, gerade nicht in den Gesellschaftsvertrag aufgenommen werden dürfen.

Richtigerweise ist also danach abzugrenzen, ob es sich bei einer Bestimmung um einen korporativen („echten") Satzungsbestandteil handelt.[35] Folgt man der hM und nimmt eine Differenzierung danach vor, ob es sich bei einer Abtretungsverpflichtung um einen echten Satzungsbestandteil handelt, kann es sich bei Abtretungsverpflichtungen (ggf. aber nicht bei der Abtretung selbst) anerkanntermaßen um echte Satzungsbestandteile handeln.[36] Denn man wird eine Abtretungsverpflichtung regelmäßig so verstehen müssen, dass sie auch einem Rechtsnachfolger in die Gesellschafterstellung gegenüber gelten soll, und zwar ohne, dass dieser eine Schuldübernahme erklärt.[37]

Diese Abgrenzung zwischen echten und unechten Satzungsbestandteilen setzt sich im Übrigen auch auf materiell-rechtlicher Ebene fort. Die besondere Eigenschaft korporativer Vereinbarungen zeigt sich dabei auf zwei Arten, erstens indem sie Rechtsnachfolger bindet, zweitens indem sie anderen Bestimmtheitsanforderungen unterliegt als ein schuldrechtlicher Vertrag. Denn wäre die Abtretungsverpflichtung nicht Teil des Gesellschaftsvertrages, würde sie gegenüber Rechtsnachfolgern nicht wirken.[38] Außerdem würde die im Gesellschaftsvertrag enthaltene Abtretungsverpflichtung bereits den Bestimmtheitsanforderungen an einen schuldrechtlichen Anteilsübertragungsvertrag nicht genügen, denn weder Schuldner noch Gläubiger der Verpflichtung stehen im Zeitpunkt der Satzungsregelung fest.[39] Gerade weil der Satzungsbestandteil auch gegenüber Rechtsnachfolgern wirkt, ist die Abtretungsverpflichtung anteilsbezogen und kann Gesellschafter treffen, die zum Zeitpunkt der Gesellschaftsgründung noch nicht bekannt waren. Dies bestätigt sich im Übrigen auch mit Blick auf den Zweck des § 15 Abs. 4 GmbHG. Denn bei einer Abtretungsverpflichtung im Rahmen einer GmbH-Satzung, die Anteile an der Gesellschaft selbst betrifft, steigt nicht das Risiko eines spekulativen Anteilshandels.[40] Bei solchen Satzungsbestandteilen dreht es sich nämlich nicht um einen Handel mit oder um die Verkehrsfähigkeit von Gesellschaftsanteilen. Im Gegenteil soll die Fortführung der Gesellschaft gewährleistet werden, etwa durch Ausschluss eines Gesellschafters bei nicht auszuräumenden Meinungsverschiedenheiten. Die Abtretungsverpflichtung ist also nicht schuldrechtlicher (Austausch-)Vertrag, sondern Teil des Gesellschaftsvertrags mit korporativer Bedeutung.[41] Damit darf sie nach § 2 Abs. 3 S. 1 GmbHG im Online-Verfahren beurkundet werden.

---

[35] Mit dieser Differenzierung auch *Scheller* GmbHR 2022, R101 (R103); aber auch wenn man einer neueren Auffassung von *Meier* folgt, kommt man zum gleichen Ergebnis, vgl. ZGR 2020, 124; denn danach ist alles was formal Teil der Satzung ist auch („echter") Satzungsbestandteil. Hinsichtlich der Rechtsfolgen ist durch Auslegung zu ermitteln, ob etwaige Rechtsnachfolger dadurch gebunden sein sollen.

[36] *J. Schmidt* in Michalski/Heidinger/Leible, GmbHG, 3. Aufl. 2017, § 3 Rn. 65; *Altmeppen,* GmbHG, 10. Aufl. 2021, § 3 Rn. 35; *Servatius* in Noack/Servatius/Haas, GmbHG, 23. Aufl. 2022, § 3 Rn. 41; *Maier-Reimer* GmbHR 2017, 1325 (1327); *Wicke* in MüKoGmbHG, 4. Aufl. 2022, § 3 Rn. 80 unter Berufung auf BGH NZG 2003, 871 (872); kritisch dazu *Löbbe* in Habersack/Casper/Löbbe, 3. Aufl. 2019, GmbHG, § 3 Fn. 164; für das dingliche Rechtsgeschäft ist dies aber anerkannt; *Löbbe* in Habersack/Casper/Löbbe, GmbHG, 3. Aufl. 2019, § 15 Rn. 119.

[37] *Wicke* DNotZ 2006, 419; *Ulmer/Löbbe* in Habersack/Casper/Löbbe, GmbHG, 3. Aufl. 2019, § 2 Rn. 27.

[38] Vgl. nur *Ulmer/Löbbe* in Habersack/Casper/Löbbe, GmbHG, 3. Aufl. 2019, § 3 Rn. 118 mwN.

[39] *Maier-Reimer* FS Röhricht, 2005, 383 (392).

[40] Vgl. dazu *Weller/Reichert* in MüKoGmbHG, 4. Aufl. 2022, § 15 Rn. 16; *Löbbe* in Habersack/Casper/Löbbe, GmbHG, 3. Aufl. 2019, § 15 Rn. 43 je mwN.

[41] Vgl. im Übrigen auch zur vergleichbaren Situation bei der Bereichsausnahme nach § 310 Abs. 4 BGB, bei der ebenfalls zwischen isolierten Anteilsabtretungsverpflichtungen und Satzungsbestimmungen unterschieden wird *Richters/Friesen* in BeckOGK, 1.8.2022, BGB § 310 Rn. 190f.

Für dieses Ergebnis spricht schließlich auch eine Hilfsüberlegung zur gesetzlichen Systematik, aus der sich das Beurkundungserfordernis ableitet. § 2 Abs. 3 GmbHG selbst setzt nämlich keine bestimmte Form voraus. Vielmehr ist er eine verfahrensrechtliche Vorschrift, die systematisch nicht zwingend im GmbHG zu verorten wäre. Das Formerfordernis ergibt sich nämlich dem Wortlaut nach weiterhin aus § 2 Abs. 1 S. 1 GmbHG. Absatz 3 erweitert lediglich den Anwendungsbereich der beurkundungsrechtlichen Vorgaben, denn § 16a BeurkG erfordert einen expliziten Anwendungsbefehl. Notarielle Beurkundung nach § 128 BGB ist dann also alles, was sich im Rahmen der anwendbaren Vorschriften des Beurkundungsrechts bewegt,[42] hier also auch der §§ 16a ff. BeurkG. Selbst wenn man also davon ausgehen würde, § 15 Abs. 4 GmbHG sei auf eine Abtretungsverpflichtung im Rahmen eines Gesellschaftsvertrages überhaupt anwendbar, sind seine Voraussetzungen erfüllt. Denn es handelt sich bei der jeweiligen Klausel um einen Teil eines Gesellschaftsvertrags. Der Gesellschaftsvertrag ist nach den dafür geltenden Vorschriften des Beurkundungsrechts zustande gekommen. Damit liegt eine (wirksame) notarielle Beurkundung vor, aus § 15 Abs. 4 GmbHG kann sich also keine Formnichtigkeit mehr ergeben.

6. Auswirkungen auf den zulässigen Beurkundungsgegenstand

Die hier vertretene Auffassung lässt sich im Übrigen uneingeschränkt mit dem Wortlaut von § 2 GmbHG vereinbaren und führt zu sachgerechten Ergebnissen. Online kann also alles beurkundet werden, was (materieller) Bestandteil des Gesellschaftsvertrages einer GmbH ist. Was nicht korporativer Inhalt des Gesellschaftsvertrages ist, also schuldrechtliche Nebenabrede, kann beurkundet werden, wenn es keiner Form unterliegt, § 2 Abs. 3 S. 3 GmbHG. Dies gilt nur, wenn es in die Niederschrift über den Gesellschaftsvertrag aufgenommen wird, § 2 Abs. 3 S. 3 2. Hs.

Nicht beurkundet werden kann außerdem ein auch korporativer Inhalt des Gesellschaftsvertrages, der durch das Gesetz explizit ausgeschlossen wird. Eine solche Ausnahme gilt nach § 2 Abs. 3 S. 1 GmbHG derzeit für Sachgründungen. Ab dem 1.8.2023 wird diese Beschränkung aufgehoben, der Einschub „im Fall einer Gründung ohne Sacheinlagen" entfällt. Dafür wird er durch die Maßgabe ersetzt, dass nunmehr andere Formvorschriften zu berücksichtigen sind. Dann sind also Sachgründungen möglich, außer die Einbringung ist ihrerseits formbedürftig. Dies gilt in gleicher Form auch für das Sachagio.[43] Denn es entspricht dem Willen des Gesetzgebers, zunächst keine gesellschaftsvertraglichen Regelungen zuzulassen, die eine andere Einlageverpflichtung als Geld vorsehen. Dies betrifft also auch Gestaltungen, die eine Bargründung mit einem Sachagio kombinieren, um die Vorschriften über die Sachgründung zu „umgehen".[44] Aus diesem Grund finden sich Ausführungen zum Sachagio auch nur bei den Bestimmungen des DiREG, die erst zum 1.8.2023 in Kraft treten.[45] Selbst wenn man in diesem Punkt aber eine liberalere Auffassung vertreten möchte, ist darauf hinzuweisen, dass allenfalls die schuldrechtliche Vereinbarung des Agios im Online-Verfahren beurkundet werden kann, während der Übertragungsakt in § 15 Abs. 3 GmbHG bzw. § 925 BGB jedenfalls nicht korporativer Inhalt, aber ebenfalls formbedürftig ist.

Eine nachträgliche Erweiterung der Satzung um ein korporatives Aufgeld ist bis zum 1.8.2023 ohnehin ausgeschlossen, ab diesem Zeitpunkt sieht § 53 Abs. 3 S. 2 GmbHG eine Rechtsgrundverweisung auf die Gründungsvorschriften vor.[46] Da jede Kapitalerhöhung eine

---

[42] Mit diesem Verständnis wohl auch *Noack* in Noack/Servatius/Haas, GmbHG, 23. Aufl. 2022, § 53 Rn. 70.
[43] Worüber bislang in der Literatur keine vollständige Einigkeit bestand, vgl. etwa *Heckschen/Knaier* NZG 2021, 1093 (1094 f.).
[44] Vgl. dazu ausführlich *Heidinger/Knaier* FS 25 Jahre DNotI, 2018, 467 ff.
[45] *Stelmaszczyk/Strauß* GmbHR 2022, 833 (833 f.).
[46] BT-Drs. 20/1672, 24; *Stelmaszczyk/Strauß* GmbHR 2022, 833 (834).

Satzungsänderung ist und für jede Satzungsänderung § 53 GmbHG zu beachten ist, gilt somit auch hier die Maßgabe, dass in diesen Fällen andere Formvorschriften nicht entgegenstehen dürfen. Ein nicht-korporatives Aufgeld unterfällt dagegen ohnehin den allgemeinen Formvorschriften. In die Satzung kann es ab dem 1.8.2023 jederzeit aufgenommen werden, schon weil es auch außerhalb der Online-Beurkundung formlos als schuldrechtliche Nebenabrede vereinbart werden könnte.

IV. Rechtsfolgen eines Formverstoßes

Nach hier vertretener Auffassung ist somit die Beurkundung von Abtretungsverpflichtungen von Anteilen an der Gesellschaft selbst bereits mit Inkrafttreten des § 2 Abs. 3 GmbHG zulässig. Gleichwohl bleiben andere Satzungsbestandteile unzulässig, insbesondere Verpflichtungen zur Einbringung von Vermögensgegenständen, deren Übertragung formbedürftig ist, sowie deren Einbringung selbst. Es stellt sich in diesen Fällen die Frage, welche Rechtsfolge ein Verstoß gegen die Vorschriften über den sachlichen Anwendungsbereich der Online-Gründung nach sich zieht.

1. Abgrenzung zwischen Teil- und Gesamtnichtigkeit

Wird ein Regelungsgegenstand, für den dies nicht explizit zugelassen ist, nach §§ 16a bis 16e BeurkG online beurkundet, ist die Regelung formunwirksam und -nichtig, § 125 BGB. Grundsätzlich führt bereits die Formunwirksamkeit einer Klausel zur Unwirksamkeit des gesamten Rechtsgeschäfts.[47] Allerdings kann sich aus § 139 BGB ergeben, dass ein Vertrag trotz unwirksamer Klausel im Übrigen wirksam ist. Denn die Regelung sieht eine Ausnahme von der Gesamtnichtigkeit für den Fall vor, dass die Parteien den Vertrag auch ohne die unwirksame Klausel geschlossen hätten.

Im GmbH-Recht ist insofern eine weitere Differenzierung vorzunehmen. Wie auch die Auslegung von GmbH-Satzungen erfolgt die Ermittlung des Parteiwillens im Rahmen von § 139 BGB bei Satzungsbestimmungen jedenfalls ab Eintragung der Gesellschaft nach allgemeiner Meinung anhand objektiver Maßstäbe.[48] Die Aufrechterhaltung des Gesellschaftsvertrags im Übrigen bestimmt sich also nicht nach dem subjektiven Willen der Parteien, sondern danach, *„ob der verbleibende Satzungsteil nach den Gesellschafts- und den satzungsmäßigen Mitgliederbelangen noch eine in sich sinnvolle Regelung darstellt".*[49] Vor Eintragung der Gesellschaft ist die Rechtslage dagegen umstritten. Teils wird dabei vertreten, dass jedenfalls bis zur Invollzugsetzung der Vor-GmbH eine Auslegung anhand subjektiver Maßstäbe zu erfolgen hat, teils wird vertreten, dass jedenfalls „körperschaftliche" Bestimmungen auch zu diesem Zeitpunkt bereits objektiv auszulegen seien.[50] Diese Unterscheidung im Rahmen von §§ 133, 157 BGB dürfte sich in gleicher Form bei der Bestimmung der Reichweite der (Teil-)Nichtigkeit fortsetzen.

Ungeachtet der Unterscheidung nach den verschiedenen Gründungsstadien wird außerdem vertreten, dass bei Gesellschaftsverträgen eine Vermutung dafür spricht, dass diese trotz einer nichtigen Klausel im Übrigen wirksam sind.[51] Andere Autoren halten § 139 BGB im

---

[47] *Einsele* in MüKoBGB, 9. Aufl. 2021, § 125 Rn. 42.

[48] *Busche* in MüKoBGB, 9. Aufl. 2021, § 139 Rn. 6; *Roth* in Staudinger, BGB, 2020, § 139 Rn. 19.

[49] *Roth* in Staudinger, BGB, 2020, § 139 Rn. 19.

[50] *Gummert* in Münchener Handbuch des Gesellschaftsrechts, Bd. 3, 5. Aufl. 2018, § 16 Rn. 29 mwN.

[51] *Ellenberger* in Grüneberg, BGB, 81. Aufl. 2022, § 139 Rn. 15; OLG München NZG 2020, 903; *Cramer* in Scholz, GmbHG, 12. Aufl. 2018, § 2 Rn. 85.

Gesellschaftsrecht generell für unanwendbar.[52] Im Ergebnis unterscheiden sich beide Ansichten jedoch wohl nur geringfügig. Denn ungeachtet der dogmatischen Fragestellung dürfte maßgeblicher Gedanke sein, dass die Urheber der teilnichtigen Regelung jedenfalls eine Organisationsstruktur schaffen wollten, die als solche – wenn es sich vermeiden lässt – nicht zerschlagen werden soll.[53] So wird im Einzelfall entscheidend sein, ob eine Klausel derart wichtig ist, dass der Gesellschaftsvertrag mit dieser „steht und fällt".[54]

Es ist also zu folgern, dass dem Bestandsschutz im Rahmen einer GmbH-Satzung insgesamt ein höheres Gewicht zukommt, unabhängig davon, auf welchem Weg man dieses Ziel konstruktiv erreichen möchte. Daraus ergibt sich aber nicht zwingend, dass es im Zuge der GmbH-Gründung keine Bestimmungen gibt, die den Vertrag gesamtnichtig machen können. Denn Regelungen, die im Rahmen einer Online-Beurkundung unzulässig sind, können aus völlig verschiedenen Motiven in die Satzung aufgenommen werden. Im Hinblick auf die durch das DiREG beabsichtigte Klarstellung, dass die Verpflichtung zur Abtretung von Anteilen an der Gesellschaft selbst bei der Online-Beurkundung zulässig ist, dürften insofern aber Sacheinlageverpflichtungen als besonders praxisrelevante und zugleich unzulässige Fallgruppe verbleiben. Dabei wird danach zu differenzieren sein, welchen Stellenwert die Einlageverpflichtung für die Gesellschaft hat. In jedem Fall dürfte bei einer bis zum 1.8.2023 unzulässigen Sachgründung oder jedenfalls bei Sachgründung unter Einbringung einer Immobilie bzw. von Geschäftsanteilen eine Gesamtnichtigkeit naheliegen. Aber auch im Fall eines Sachagios ist eine Gesamtnichtigkeit nicht ausgeschlossen. Soll etwa eine rein vermögensverwaltende Gesellschaft gegründet werden, bei der sich mehrere Gesellschafter jeweils zu einem Aufgeld durch unterschiedliche Beiträge verpflichten, erscheint unter objektiven Gesichtspunkten die Funktion der Gesellschaft gefährdet, wenn der maßgebliche Sacheinlagebestandteil nicht geschuldet ist. Umgekehrt mag bei einer vermögensverwaltenden Ein-Personen-GmbH die Verpflichtung zur Leistung des Aufgelds weniger Bedeutung haben, weil die Einlage jedenfalls formgerecht nachgeholt werden kann, ohne dass die Interessen anderer Gesellschafter oder Dritter unmittelbar betroffen sind. Maßgeblich werden im Ergebnis daher immer alle Umstände des Einzelfalls und insbesondere Zusammensetzung und Funktion der Gesellschaft sein.

2. Heilungsmöglichkeit und Relevanz des § 75 GmbHG

Ist eine formunwirksame Bestimmung im Gesellschaftsvertrag enthalten und wurde die Gesellschaft ins Handelsregister eingetragen, stellt sich die Frage, ob die Formunwirksamkeit durch die Eintragung geheilt werden kann. Eine Konvaleszenz ist für die Gründung der GmbH nicht explizit im Gesetz vorgesehen. Allerdings regelt § 75 GmbHG abschließend, in welchen Konstellationen Mängel im Gesellschaftsvertrag trotz Eintragung zur „Nichtigkeit" der Gesellschaft führen. Daraus lässt sich der Gegenschluss ziehen, dass andere Mängel des Gesellschaftsvertrages daher ab diesem Zeitpunkt nicht mehr geltend gemacht werden können (zur Einschränkung dieses Grundsatzes sogleich). Nichtigkeit ist dabei nicht im Sinne des allgemeinen Zivilrechts zu verstehen, sondern bedeutet die Auflösbarkeit der Gesellschaft.[55] Wird die Gesellschaft durch rechtskräftiges Urteil für nichtig erklärt, ist sie nach den allgemeinen Bestimmungen zu liquidieren.[56]

---

[52] *Ulmer/Löbbe* in Habersack/Casper/Löbbe, GmbHG, 3. Aufl. 2019, § 2 Rn. 139, vgl. auch *J. Schmidt* in Michalski/Heidinger/Leible, GmbHG, 3. Aufl. 2017, § 2 Rn. 131.
[53] OLG Düsseldorf BeckRS 2003, 11081.
[54] *Cramer* in Scholz, GmbHG, 12. Aufl. 2018, § 2 Rn. 85; im Ergebnis vergleichbar dann auch *Ulmer/Löbbe* in Habersack/Casper/Löbbe, GmbHG, 3. Aufl. 2019, § 2 Rn. 143.
[55] *Paura* in Habersack/Casper/Löbbe, GmbHG, 3. Aufl. 2021, § 75 Rn. 1; *Hillmann* in MüKo-GmbHG, 4. Aufl. 2022, § 75 Rn. 3.
[56] *Lieder* in Michalski/Heidinger/Leible/J. Schmidt, GmbHG, 3. Aufl. 2017, § 75 Rn. 41.

Bei Verstoß gegen gesetzliche Formvorschriften liegt keiner der in § 75 GmbHG genannten Auflösungsgründe vor. Denn die Vorschrift betrifft nur den Fall, dass die Satzung keine Angaben zur Höhe des Stammkapitals oder über den Gegenstand des Unternehmens enthält oder Bestimmungen des Gesellschaftsvertrags über den Gegenstand des Unternehmens nichtig sind. Inzwischen ist anerkannt, dass andere Mängel des Gesellschaftsvertrages nicht zu dessen Nichtigkeit führen.[57] Dies gilt insbesondere bei Mängeln in den Willenserklärungen der Gesellschafter.[58] § 75 GmbHG ordnet insofern den Vorrang des Bestandsschutzes vor etwaigen allgemeinen Nichtigkeitsgründen an. Daher können auch etwaige Verstöße gegen das Formgebot des § 2 GmbHG, etwa eine fehlende notarielle Beurkundung, mit Eintragung geheilt werden.[59] Allgemein sind damit Formmängel im Rahmen der Gründung mit Eintragung der Gesellschaft unbeachtlich.[60] Allerdings ergibt sich im Zuge des DiRUG eine zusätzliche Besonderheit. Denn während nach allgemeiner Rechtslage eine Teil-Formunwirksamkeit kaum vorstellbar ist, kann sich dieses Problem neuerdings unter mehreren Gesichtspunkten stellen, etwa wenn ein nichtkorporatives Sachagio im Zuge der Gründung mitbeurkundet wird. Bei anderen Nichtigkeitsgründen ist anerkannt, dass die unwirksamen Klauseln nur insoweit in Bestandskraft erwachsen, als sie für die Existenz der Gesellschaft von maßgeblicher Bedeutung sind. Geschützt wird also nur der Bestand der Gesellschaft selbst. Der Verstoß einzelner Satzungsbestimmungen gegen die §§ 134, 138 BGB, der nur zu deren Teilnichtigkeit führt, wird durch die Eintragung dagegen nicht geheilt.[61] Gleiches könnte damit nach neuer Rechtslage gelten, wenn nur einzelne Satzungsbestimmungen im gewählten Verfahren nicht hätten beurkundet werden können.

Folgt man der hier vertretenen Auffassung, wonach bestimmte echte Satzungsbestandteile ausschließlich der Form nach § 2 GmbHG unterliegen, stellen sich diesbezüglich keine weiteren Abgrenzungsprobleme. Denn eine Unbeachtlichkeit der Mängel kann dann auch nur aus § 75 GmbHG, nicht aus anderweitigen Heilungstatbeständen folgen. Komplexer stellt sich die Rechtslage allerdings dar, wenn man davon ausgeht, dass verschiedene Formvorschriften in einem Konkurrenzverhältnis stehen. Dann stellt sich nämlich die Frage, nach welchen Vorschriften und in welchem Umfang sich eine Heilungswirkung des Formmangels ergeben kann. Dies wird – soweit ersichtlich – auch mangels praktischer Anwendungsfälle bislang nicht diskutiert. Im Hinblick auf andere Formvorschriften ist allerdings anerkannt, dass etwa durch eine Eintragung des Eigentumswechsels an einem Grundstück nur der Verstoß gegen § 311b Abs. 1 S. 1 BGB geheilt wird, § 311b Abs. 1 S. 2 BGB, nicht sonstige Formmängel, zB die Nichteinhaltung anderer Formvorschriften.[62] Diese Annahme wäre unnötig, wenn bei einem Nebeneinander verschiedener Formvorgaben nur einer davon (etwa der strengsten) Bedeutung zukommen würde. Im Kern werden die gleichen Maßstäbe auch hinsichtlich der Heilungswirkung einer Geschäftsanteilsübertragung nach § 15 Abs. 4 S. 2 GmbHG angesetzt.[63] Die gesellschaftsrechtliche Literatur geht jedoch allgemein davon

---

[57] *Paura* in Habersack/Casper/Löbbe, GmbHG, 3. Aufl. 2021, § 75 Rn. 7; *K. Schmidt/Scheller* in Scholz, GmbHG, 12. Aufl. 2018, § 75 Rn. 13; *Lieder* in Michalski/Heidinger/Leible/J. Schmidt, GmbHG, 3. Aufl. 2017, § 75 Rn. 8.

[58] *Paura* in Habersack/Casper/Löbbe, GmbHG, 3. Aufl. 2021, § 75 Rn. 7.

[59] *Altmeppen,* GmbHG, 10. Aufl. 2021, § 75 Rn. 17; *K. Schmidt/Scheller* in Scholz, GmbHG, 12. Aufl. 2018, § 75 Rn. 13; *Cramer* in Scholz, GmbHG, 12. Aufl. 2018, § 2 Rn. 25; *Hillmann* in MüKoGmbHG, 4. Aufl. 2022, § 75 Rn. 8.

[60] *Lieder* in Michalski/Heidinger/Leible/J. Schmidt, GmbHG, 3. Aufl. 2017, § 75 Rn. 8; *Hillmann* in MüKoGmbHG, 4. Aufl. 2022, § 75 Rn. 8. je mwN.

[61] *Heinze* in MüKoGmbHG, 4. Aufl. 2022, § 2 Rn. 216; *Servatius* in Noack/Servatius/Haas, GmbHG, 23. Aufl. 2022, § 2 Rn. 43; *Ulmer/Löbbe* in Habersack/Casper/Löbbe, GmbHG, 3. Aufl. 2019, § 2 Rn. 143; verkürzt insofern *Stelmaszczyk/Strauß* GmbHR 2022, 833.

[62] *Schumacher* in Staudinger, BGB, 2018, § 311b Rn. 312; *Schreindorfer* in BeckOGK, 1.4.2022, BGB § 311b Rn. 352–355; *Ruhwinkel* in MüKoBGB, 9. Aufl. 2022, § 311b Rn. 92.

[63] *Löbbe* in Habersack/Casper/Löbbe, GmbHG, 3. Aufl. 2019, § 15 Rn. 104, 105.

aus, dass der Vollzug einer Anteilsabtretung nicht zugleich zur Heilung eines formnichtigen Grundstücksgeschäfts führt.[64]

Gleichzeitig hat sich in der immobilienrechtlichen Literatur und Rechtsprechung eine Ausnahme herausgebildet, die in gleicher Form in der gesellschaftsrechtlichen Literatur nicht erwähnt wird. Danach soll eine weitergehende Heilung möglich sein, wenn der Schutzzweck der Formvorschriften identisch ist bzw. den Schutzzweck der weiteren Abreden mitumfasst.[65] Der BGH hat dies für den Fall bestätigt, dass die Nebenabrede einem geringeren Formgebot – im konkreten Fall Schriftform – unterlag.[66] Geheilt werden kann somit nach in der Literatur vertretener Auffassung durch den grundbuchlichen Vollzug zugleich das formunwirksame Verpflichtungsgeschäft über die Abtretung eines GmbH-Anteils gemäß § 15 Abs. 4 GmbH.[67] Auf Grundlage des gleichen Rechtssatzes, jedoch mit abweichender Subsumtion, hatte aber das OLG Zweibrücken die Konvaleszenz einer Anteilsabtretung durch Vollzug des Grundstücksgeschäfts verneint:[68]

„Eine Heilung der nicht der gesetzlichen Form entsprechenden Vereinbarung über die Abtretung der Geschäftsanteile durch den grundbuchlichen Vollzug des im Rahmen des „Gesamtpakets“ geschlossenen Grundstückskaufvertrags […] hat das LG zutreffend verneint. Nach § 313 Satz 2 BGB konvaleszieren zwar mit der Eintragung im Grundbuch alle mit dem Grundstücksgeschäft zusammenhängenden formungültigen Neben- und Zusatzvereinbarungen. Geheilt werden auch Verstöße gegen andere Formvorschriften, die keinen weitergehenden Schutzzweck als § 313 Satz 1 BGB verfolgen […]. Hingegen werden Verstöße gegen Formvorschriften, die einen anderen und weitergehenden Schutzzweck als § 313 Satz 1 BGB verfolgen, nicht geheilt. So liegen die Dinge hier: § 15 Abs. 4 Satz 1 GmbHG, gegen den hier verstoßen wurde, will im Unterschied zu § 313 Satz 1 BGB nicht eine leichtfertige und unüberlegte Veräußerung von Geschäftsanteilen verhindern […]. Vielmehr geht der Zweck dieser Vorschrift dahin, den leichten und spekulativen Handel mit Geschäftsanteilen auszuschließen […]. Der Normzweck des § 15 Abs. 4 GmbHG ist allein die Erschwerung des Verkehrs mit Geschäftsanteilen und nicht der Schutz der Parteien, mag durch die Erschwerung auch zugleich ein Übereilungsschutz eintreten […]. Damit ist der Schutzzweck des § 15 Abs. 4 GmbHG ein anderer und weitergehender als der des § 313 Satz 1 BGB, so daß eine Heilung nach § 313 Satz 2 BGB ausscheidet.“

Diskussionswürdig mag sicher die Feststellung des Gerichts sein, dass § 15 Abs. 4 GmbHG nicht dem Schutz der Parteien dient.[69] Im Ergebnis ist den Ausführungen aber insofern beizupflichten, als § 15 Abs. 4 GmbHG jedenfalls einem zusätzlichen Schutzzweck dient. Ganz allgemein wird man aber die Überzeugungskraft einer Lösung, die auf die Identität der Formzwecke abstellt, in Frage stellen müssen. Denn die Heilungsvorschriften dienen der Rechtssicherheit und sollen ein vollzogenes Rechtsgeschäft nicht mehr dem ewigen[70] Risiko der Rückabwicklung aussetzen. Ist jedoch nur ein Teil eines Geschäfts vollzogen, kann sich auf dieser Basis noch keine Rechtssicherheit und kein Rechtsfrieden ergeben. Die Heilungsvorschriften geben vor, ab welchem Zeitpunkt sich die Beteiligten und der Rechtsverkehr

---

[64] *Löbbe* in Habersack/Casper/Löbbe, GmbHG, 3. Aufl. 2019, § 15 Rn. 105; *Seibt* in Scholz, GmbHG, 12. Aufl. 2018, § 15 Rn. 74; *Görner* in Rowedder/Pentz, GmbHG, 7. Aufl. 2022, § 15 Rn. 61; *Ebbing* in Michalski/Heidinger/Leible/J. Schmidt, GmbHG, 3. Aufl. 2017, § 15 Rn. 109.

[65] *Schumacher* in Staudinger, BGB, 2018, § 311b Rn. 312, 304; *Ruhwinkel* in MüKoBGB, 9. Aufl. 2022, § 311b Rn. 92–99.

[66] BGH NJW 1978, 1577.

[67] *Schumacher* in Staudinger, BGB, 2018, § 311b Rn. 312, 304; *Ruhwinkel* in MüKoBGB, 9. Aufl. 2022, § 311b Rn. 92; aA *Schreindorfer* in BeckOGK, 1.4.2022, BGB § 311b Rn. 354.1; *Ebbing* in Michalski/Heidinger/Leible/J. Schmidt, GmbHG, 3. Aufl. 2017, § 15 Rn. 102.

[68] OLG Zweibrücken OLGZ 85, 45.

[69] *Ebbing* in Michalski/Heidinger/Leible/J. Schmidt, GmbHG, 3. Aufl. 2017, § 15 Rn. 55; vgl. zum Meinungsstand auch *Löbbe* in Habersack/Casper/Löbbe, GmbHG, 3. Aufl. 2019, § 15 Rn. 43, 44.

[70] *Schreindorfer* in BeckOGK, 1.4.2022, BGB § 311b Rn. 315.

auf die Wirksamkeit des Geschäfts verlassen dürfen. Unterliegt ein Vertrag mehreren Formvorschriften, wäre wohl anzunehmen, dass dieser Zeitpunkt erst erreicht ist, wenn tatbestandlich alle Heilungsvorschriften erfüllt sind.

Vergleichbare Probleme werden im Rahmen der §§ 2, 75 GmbHG kaum diskutiert. Auch hier wäre jedoch grundsätzlich zu überlegen, ob eine Heilung „über Kreuz" eintreten kann. So führt lediglich *Ebbing* aus, dass „die formgerechte Gründung der GmbH nicht die formnichtige Verpflichtung zur Übertragung der künftigen Geschäftsanteile heilt".[71] Gedanklich liegt der Fall zugrunde, dass die Beteiligten zunächst mündlich eine Anteilsabtretung vereinbaren, im Anschluss formgerecht eine GmbH gründen und diese ins Handelsregister eingetragen wird. Das OLG Brandenburg hatte in diesem Zusammenhang festgestellt, dass es bei der Gründung der GmbH an einer entsprechenden Heilungsvorschrift fehlen würde[72] und die Rechtsgedanken der § 15 Abs. 4 S. 2 GmbHG und §§ 311b Abs. 1 S. 2, 518 Abs. 2 BGB nicht verallgemeinerbar seien. Auch sei § 15 Abs. 4 S. 2 GmbHG nicht unmittelbar einschlägig, da die Gründung der Gesellschaft nicht zur Erfüllung der Abtretungsverpflichtung erfolgt. Nicht beleuchtet wird dabei aber die Frage, ob aus der Eintragung der GmbH über § 75 GmbHG nicht ebenfalls eine Bindungswirkung hinsichtlich der formbedürftigen Abrede entstehen kann.[73]

Geht man dennoch davon aus, dass die oben genannten Grundsätze auch bei einer Eintragung der GmbH Anwendung finden und vergleicht man den Schutzzweck der jeweiligen Formvorschrift, könnte man darauf schließen, dass jedenfalls ein Verstoß gegen § 311b Abs. 1 BGB durch eine Eintragung der Gesellschaft geheilt werden kann. Während bei § 15 GmbHG der Zweck überwiegend darin gesehen wird, den Handel mit GmbH-Geschäftsanteilen zu erschweren und den Beweis über die Anteilsverhältnisse zu gewährleisten,[74] ist der Normzweck des Beurkundungserfordernisses nach § 2 GmbHG grundsätzlich vergleichbar mit dem des § 311b Abs. 1 S. 1 BGB. Zwar werden unterschiedliche Aspekte besonders hervorgehoben, letztlich dienen allerdings beide Vorschriften einer Belehrungs-, Beweis- und Warnfunktion und sollen darüber hinaus die materielle Richtigkeit und Wirksamkeit gewährleisten.[75]

Zu berücksichtigen ist allerdings, dass sich die §§ 75 ff. GmbHG einer anderen Regelungssystematik bedienen, als dies bei den übrigen Heilungsvorschriften der Fall ist. Denn die in § 75 GmbHG angeordnete Nichtigkeit betrifft nicht die Existenz des Rechtssubjekts, sondern hat nur dessen Auflösung und damit Liquidation zur Folge. Letztlich liegt der Wirksamkeit der GmbH-Satzung also nicht der Gedanke zugrunde, dass der Gründungsakt in zivilrechtlicher Hinsicht „geheilt" wird, denn ihre Subjektstellung gewinnt die Gesellschaft durch hoheitlichen Verleihungsakt.[76] *Heinze* führt insofern aus:[77]

---

[71] *Ebbing* in Michalski/Heidinger/Leible/J. Schmidt, GmbHG, 3. Aufl. 2017, § 15 Rn. 102.

[72] OLG Brandenburg NJW-RR 1996, 291.

[73] Zur insofern nicht völlig exakten Begrifflichkeit der „Heilung": *Cramer* in Scholz, GmbHG, 12. Aufl. 2018, § 2 Rn. 85.

[74] BGH NZG 2008, 377; DNotZ 2017, 295; NJW-RR 2006, 1415; *Ebbing* in Michalski/Heidinger/Leible/J. Schmidt, GmbHG, 3. Aufl. 2017, § 15 Rn. 55; *Wilhelmi* in BeckOK GmbHG, 51. Ed. 1. 3. 2022, § 15 Rn. 110; *Wicke,* GmbHG, 4. Aufl. 2020, § 15 Rn. 12.

[75] Für § 2 GmbHG: *Heinze* in MüKoGmbHG, 4. Aufl. 2022, § 2 Rn. 1, 22; *Ulmer/Löbbe* in Habersack/Casper/Löbbe, GmbHG, 3. Aufl. 2019, § 2 Rn. 13; BGH Beschl. v. 24. 10. 1988 – II ZB 7/88; für § 311b BGB: *Schumacher* in Staudinger, BGB, 2018, § 311b Rn. 2 ff.; *Ruhwinkel* in MüKoBGB, 9. Aufl. 2022, § 311b Rn. 4; *Gehrlein* in BeckOK BGB, 62. Ed. 1. 5. 2022, § 311b Rn. 1; insofern verkürzt *Schreindorfer* in BeckOGK, 1. 4. 2022, BGB § 311b Rn. 354, der auf § 2 GmbHG nicht eingeht.

[76] Zu den Grundlagen ausführlich *Schwennicke* in Staudinger, BGB, 2019, Einl. zu §§ 21 ff. Rn. 37 ff.; *Ulmer/Löbbe* in Habersack/Casper/Löbbe, GmbHG, 3. Aufl. 2019, § 2 Rn. 408.

[77] *Heinze* in MüKoGmbHG, 4. Aufl. 2022, § 2 Rn. 205.

„Die GmbH entsteht kraft Staatsaktes mit der konstitutiven Registereintragung (§ 11 Abs. 1). Damit aber tritt eine Zäsur ein. Die privatautonome Geltung, die auf den Willenserklärungen der Gründer beruht, tritt hinter dem Hoheitsakt zurück. Dies rechtfertigt es, hinsichtlich der Unwirksamkeitsgründe nicht mehr auf die allgemeinen zivilrechtlichen Bestimmungen abzustellen, sondern sich hinsichtlich der Frage des Fortbestandes der Gesellschaft mehr an den Kriterien auszurichten, die für die Wirksamkeit hoheitlicher Akte gelten und die zu einem verstärkten Bestandschutz der einmal in Kraft gesetzten hoheitlichen Regelung führen.“

Damit entspricht die „Heilung" etwaiger Fehler bei der Gründung in seiner Rechtswirkung nicht den echten Heilungsvorschriften in § 311b Abs. 1 S. 2 BGB oder § 15 Abs. 4 S. 2 GmbHG. Fraglich erscheint daher, ob eine Anwendung der allgemeinen Grundsätze dem Regelungskonzept der §§ 2, 75 ff. GmbHG entspricht. Dem Rechtsgedanken nach soll der Regelungskomplex um § 75 GmbHG das Vertrauen in den Bestand einer im Handelsregister eingetragenen Gesellschaft schützen. Hinsichtlich der eingetragenen Gesellschaft besteht damit ein noch größerer Bestandsschutz, als dies nach den Regeln zur fehlerhaften Gesellschaft bereits vor Eintragung der Fall ist.[78] Insofern ist zweifellos zutreffend, dass ein Bestandsschutz nicht erforderlich ist, wenn bestimmte Regelungen schon nicht über das Handelsregister verlautbart werden, weil dann kein Vertrauen in deren Existenz entstehen kann. Vor diesem Hintergrund erweist sich auch die Entscheidung des OLG Brandenburg als im Ergebnis zutreffend. Gleichzeitig ist daraus aber zu schließen, dass – wie auch bei anderen Wirksamkeitsmängeln – ein Verstoß gegen eine andere Formvorschrift nicht in Bestandskraft erwächst, wenn es sich nicht um eine nach § 3 Abs. 1 GmbHG notwendige Satzungsbestimmung oder jedenfalls eine solche handelt, mit der der gesamte Gesellschaftsvertrag steht und fällt.[79]

Allerdings kann das Vertrauen des Rechtsverkehrs in die Existenz der Gesellschaft dann berührt werden, wenn eine Regelung entscheidender Bestandteil des Gesellschaftsvertrags geworden ist und dieser insgesamt unwirksam ist. Denn wenn die entsprechende Satzungsbestimmung aus objektiver Sicht von so entscheidender Bedeutung ist, dass damit der gesamte Vertrag stehen und fallen würde, kann davon zugleich der Schutzzweck der Bestandskraft nach § 75 GmbHG betroffen sein. Das besondere Vertrauen des Rechtsverkehrs rechtfertigt insofern auch eine Ausnahme von der Annahme, dass formbedürftige Einlageverpflichtungen im Rahmen einer fehlerhaften Gesellschaft grundsätzlich nicht bestehen.[80] Denn bei mangelnder Heilung der Einlageverpflichtung wäre der Grundsatz der Kapitalerhaltung, § 30 Abs. 1 GmbHG, gefährdet.[81] So gebietet der durch die Eintragung begründete Bestandsschutz gerade auch bei besonders schwerwiegenden Mängeln der Gründung die Anerkennung der Gesellschaft.[82] In anderen Konstellationen soll dadurch verhindert werden, dass die Stammeinlagen an die Gesellschafter zurückbezahlt werden können.[83] Bei Formfehlern hinsichtlich der Einlageverpflichtung muss sichergestellt werden, dass überhaupt eine Einlage geleistet wird. Insofern ist auch zu berücksichtigen, dass bei der Sachgründung nicht zwingend bereits eine Heilung der Einlageverpflichtung nach den dafür maßgeblichen Bestimmungen eingetreten ist, die Entstehung der Gesellschaft also nicht von

---

[78] Zur Reichweite des Bestandsschutz in den verschiedenen Gründungsstadien instruktiv *Servatius* in Noack/Servatius/Haas, GmbHG, 23. Aufl. 2022, § 2 Rn. 40–43.

[79] *Servatius* in Noack/Servatius/Haas, GmbHG, 23. Aufl. 2022, § 2 Rn. 43; *Heinze* in MüKo-GmbHG, 4. Aufl. 2022, § 2 Rn. 217.

[80] *Fleischer* in MüKoHGB, 5. Aufl. 2022, § 105 Rn. 505; *Miras* in Münchener Handbuch des Gesellschaftsrechts, Bd. 1, 5. Aufl. 2019, § 100 Rn. 73; BGH NJW 1977, 1820.

[81] Vgl. dazu *Ulmer/Löbbe* in Habersack/Casper/Löbbe, GmbHG, 3. Aufl. 2019, § 2 Rn. 142.

[82] Zur Frage, ob dennoch eine Nichtigkeitsklage in Betracht kommt *Cramer* in Scholz, GmbHG, 12. Aufl. 2018, § 2 Rn. 92.

[83] *Cramer* in Scholz, GmbHG, 12. Aufl. 2018, § 2 Rn. 89, 85; *Ulmer/Löbbe* in Habersack/Casper/Löbbe, GmbHG, 3. Aufl. 2019, § 2 Rn. 142.

der tatsächlichen Einbringung abhängig ist. Durch die dingliche Erfüllung der formunwirksamen Einbringungsverpflichtung wäre nämlich zugleich die jeweilige Heilungsvorschrift nach § 311b Abs. 1 S. 2 BGB bzw. § 15 Abs. 4 S. 2 GmbHG erfüllt. Etwa bei einer Sachgründung unter Einbringung einer Immobilie ist aber nicht erforderlich, dass diese bereits dinglich auf die Gesellschaft in Gründung übergegangen ist. Vielmehr wird überwiegend vertreten, dass für die Erbringung der Sacheinlage bereits eine am Grundstück bestehende Anwartschaft ausreichend ist.

Der Grundsatz der Kapitalerhaltung gebietet aber mE nicht zwingend, dass in diesen Fällen durch die Eintragung der Gesellschaft eine Sacheinlageverpflichtung begründet wird. Entscheidend ist nur, dass überhaupt eine Pflicht zur Aufbringung des Stammkapitals besteht. Im Zuge der unwirksamen Sachgründung wird dabei allgemein angenommen, dass lediglich eine Pflicht zur Leistung einer Bareinlage und zwar in Höhe des Nennbetrags des übernommenen Geschäftsanteils zusätzlich etwaigen Aufgelds verbleibt.[84] Auch die spätere Eintragung der Gesellschaft führt nicht zum Aufleben der Sacheinlageverpflichtung, vielmehr bleibt es bei der Verpflichtung zur Geldeinlage.[85] Wird allerdings die ursprünglich vereinbarte Sacheinlage dennoch erbracht, kann damit jedenfalls aus gesellschaftsrechtlicher Sicht jedenfalls eine Anrechnung auf die geschuldete Bareinlageverpflichtung verbunden sein.[86]

3. Zwischenergebnis

Im Ergebnis besteht mE auch bei der Formnichtigkeit wegen des Verstoßes gegen anderweitige Formvorschriften ein Gleichlauf mit den sonstigen Unwirksamkeitsgründen. Dies ist nicht davon abhängig, ob man davon ausgeht, dass die unterschiedlichen Formvorgaben dabei in einem Konkurrenzverhältnis stehen. Zwar wirkt sich dies auf die Zulässigkeit von Abtretungsverpflichtungen aus, im Rahmen der Heilungsvorschriften führen aber beide hier diskutierten Ansichten zum gleichen Ergebnis. Wird die GmbH trotz einer teilnichtigen Regelung eingetragen, bleibt davon der Gesellschaftsvertrag im Übrigen unberührt, die Klausel wird nicht geheilt. Sie kann lediglich nach § 242 Abs. 2 S. 1 AktG analog geheilt werden.[87] War der Gesellschaftsvertrag dagegen wegen der zentralen Bedeutung der unwirksamen Bestimmung insgesamt nichtig und wird die Gesellschaft dennoch eingetragen, gebietet die damit eingetretene Bestandskraft mE zugleich eine (jedenfalls eingeschränkte) Rechtsverbindlichkeit der formunwirksamen Klausel. Allerdings wäre in diesem Fall zu erwägen, ob jedenfalls eine Auflösungsklage nach § 61 GmbHG möglich ist.[88]

V. Ergebnis

Im Ergebnis ist also festzustellen, dass eine Online-Beurkundung von Abtretungsverpflichtungen hinsichtlich der Anteile an der Gesellschaft selbst auch vor dem 1.8.2023 möglich ist. Dagegen sind und bleiben Sacheinlagen unzulässig, bei denen die Verpflichtung zur Übertragung ihrerseits ein Beurkundungserfordernis auslöst. Werden solche Bestimmungen dennoch in eine Satzung aufgenommen, kann dies zur Gesamtnichtigkeit führen. Wird die Gesellschaft gleichwohl im Handelsregister eingetragen, ist im Einzelfall zu prüfen, ob eine Heilung der nichtigen Bestimmung in Betracht kommt.

---

[84] *Ulmer/Löbbe* in Habersack/Casper/Löbbe, GmbHG, 3. Aufl. 2019, § 5 Rn. 114; *Schwandtner* in MüKoGmbHG, 4. Aufl. 2022, § 7 Rn. 264.

[85] *Ulmer/Löbbe* in Habersack/Casper/Löbbe, GmbHG, 3. Aufl. 2019, § 5 Rn. 114.

[86] *Schwandtner* in MüKoGmbHG, 4. Aufl. 2022, § 7 Rn. 264; *Wicke,* GmbHG, 4. Aufl. 2020, § 15 Rn. 12; *Veil* in Scholz, GmbHG, 12. Aufl. 2018, § 5 Rn. 95.

[87] *Cramer* in Scholz, GmbHG, 13. Aufl. 20221, § 2 Rn. 90; *Heinze* in MüKoGmbHG, 4. Aufl. 2022, § 2 Rn. 216.

[88] Vgl. dazu *Servatius* in Noack/Servatius/Haas, GmbHG, 23. Aufl. 2022, § 2 Rn. 43.

HERIBERT HECKSCHEN

Mehrheitserfordernisse, Missbrauchskontrolle und Gläubigerschutz bei grenzüberschreitender Umwandlung in der Krise

Seit mehr als zwei Jahrzehnten durfte ich als Patennotar des Deutschen Notarinstituts mit Andreas Heidinger, nicht selten abends und nachts, über Probleme des Gesellschaftsrechts, über Anfragen von Notarkollegen und über Dinge diskutieren, über die in dieser Weise selten diskutiert wurde. Jedes dieser teilweise sehr langen Gespräche war ebenso anregend wie die vielen Vorträge, die wir gemeinsam in den letzten zwei Jahrzehnten gehalten haben. Wir haben Deutschland bereist und Andreas Heidinger hat mit seinen stets dogmatisch ausgefeilten und beharrlich vorgebrachten Standpunkten das deutsche Gesellschaftsrecht und die Praxis bereichert. Ein Ergebnis dieser vielen Diskussionen und Fortbildungen sind die fünf Auflagen des Heckschen/Heidinger, Die GmbH in der Gestaltungs- und Beratungspraxis sowie eine inspirierende Freundschaft. Auch dies ist ein Projekt, das uns beide stark verbunden und unzählige Nächte gekostet hat. Immer wieder waren wir auch an den Schnittstellen zwischen dem Gesellschaftsrecht und anderen Rechtsgebieten unterwegs. So war es für mich fast schon zwingend, mit dem nachfolgenden Beitrag in ein überwiegend bisher wenig diskutiertes Schnittfeld zwischen Umwandlungsrecht und Insolvenzrecht vorzudringen.

I. Einleitung

Am 31.1.2023 sollte nach den Vorgaben des europäischen Richtliniengebers das Gesetz zur Umsetzung der Mobilitätsrichtlinie[1] (UmRUG)[2] in Kraft treten.[3] Das Gesetzgebungsverfahren wurde jedoch vom Bundesrat in letzter Sekunde zunächst gestoppt. Zum Zeitpunkt der Drucklegung war noch nicht sicher abzusehen, wie sich das Verfahren weiterentwickeln wird. Der Beitrag geht vom letzten Stand des Gesetzentwurfs und der Anhörung im Rechtsausschuss aus und davon, dass das Gesetz in dieser Fassung in Kraft treten wird. Auch nach den politischen Querelen in Berlin dürfte – vorsichtig optimistisch formuliert – mit einem Inkrafttreten im ersten Drittel des Jahres 2023 zu rechnen.[4] Die Mobilitätsrichtlinie

---

[1] Richtlinie (EU) 2019/2121 des Europäischen Parlaments und des Rates vom 27.11.2019 zur Änderung der Richtlinie (EU) 2017/1132 in Bezug auf grenzüberschreitende Umwandlungen, Verschmelzungen und Spaltungen, ABl. EU Nr. L 321/2019, 1 (Mobilitätsrichtlinie); integriert in die Vorschriften der Gesellschaftsrechtsrichtlinie (GesRRL) in den Art. 86a ff. (grenzüberschreitende Umwandlung), Art. 118 ff. (grenzüberschreitende Verschmelzung) und Art. 160a ff. (grenzüberschreitende Spaltung); dazu nur *Bayer/Schmidt* BB 2019, 1922; *Heckschen* NotBZ 2020, 241; *Bormann/Stelmaszczyk* ZIP 2019, 300 und *Bormann/Stelmaszczyk* ZIP 2019, 353.

[2] Gesetz zur Umsetzung der Umwandlungsrichtlinie (UmRUG) tritt 2023 in Kraft.

[3] Dazu nur *Hommelhoff* NZG 2022, 683; *J. Schmidt* NZG 2022, 579 und 635; *Teichmann* ZGR 2022, 376; *Heckschen/Knaier* GmbHR 2022, 501 und 613; *Bungert/Reidt* DB 2023, 54; *Bungert/Strothotte* BB 2022, 1818; *Bungert/Strothotte* BB 2022, 1411; *Wollin* ZIP 2022, 989; *Luy/Redler* notar 2022, 163; *Brandi/Schmidt* DB 2022, 1180; *Luy* NJW 2019, 1905; *Schollmeyer* ZGR 2020, 62; *Bormann/Stelmaszczyk* ZIP 2019, 353.

[4] *Bungert* NZG 2022, 1657 geht von einem Inkrafttreten im Februar 2023 aus; pessimistischer *Heckschen/Knaier* GmbHR Blog GesR v. 29.12.2022.

schließt grenzüberschreitende Umwandlungen von Gesellschaften in wirtschaftlichen Schwierigkeiten nicht aus. Sie regelt lediglich Mitgliedstaatenoptionen, die es den Staaten der EU/des EWR erlauben, Rechtsträger von grenzüberschreitenden Umwandlungen kategorisch auszuschließen, über deren Vermögen ein Insolvenz- oder Restrukturierungsverfahren eröffnet ist, oder die sich in einem Liquidationsverfahren befinden (vgl. Art. 86a Abs. 4, Art. 120 Abs. 5, Art. 160 Abs. 5 GesRRL). Explizite Restriktionen für Gesellschaften in der materiellen Krise enthält die Mobilitätsrichtlinie nicht. Von der genannten Option macht das UmRUG keinen Gebrauch und belässt es damit stillschweigend bei den bisherigen Grundsätzen des deutschen Umwandlungsrechts (dazu im Überblick → II.).

Während die Mobilitätsrichtlinie und das UmRUG also einerseits Gesellschaften in der Krise nicht kategorisch von der grenzüberschreitenden Umwandlung ausschließen, enthalten sie aber auf der anderen Seite Schutzinstrumente, die im Krisenkontext ganz besondere Beachtung bedürfen. Dies ist einerseits der vorgelagerte[5] Anspruch auf Sicherheitsleistung gemäß Art. 86j, Art. 126b, Art. 160j GesRRL[6] und andererseits die explizite normative Verankerung des europarechtlichen Missbrauchsverbots[7] in Art. 86m Abs. 8, Art. 127 Abs. 8, Art. 160m Abs. 8 GesRRL. Den Anspruch auf Sicherheitsleistung (der Gläubiger der übertragenden Gesellschaft) wird in § 314 UmwG (iVm § 328 UmwG bzw. § 341 Abs. 1 UmwG) umgesetzt und das Missbrauchsverbot in § 316 Abs. 3 UmwG (iVm § 329 S. 1 UmwG) sowie in § 343 UmwG.

Wie fügen sich nun die grundsätzliche Zulässigkeit von grenzüberschreitenden Umwandlungen im Krisenstadium einerseits und die Regelungen zum Gläubigerschutz und zum Missbrauch grenzüberschreitender Umwandlungen in ein schlüssiges System? Bedarf es im Rahmen der Auslegung teleologischer Korrekturen, insbesondere unter Beachtung der Wertungen der Insolvenzordnung und des Unternehmensstabilisierungs- und -restrukturierungsgesetzes (StaRUG)? Das Verhältnis zwischen UmRUG und InsO bzw. StaRUG bedarf auch im Hinblick auf das Zustandekommen der Zustimmung der Anteilsinhaber einer genaueren Betrachtung, wenn die Gesellschaft (wie von der Richtlinie erwähnt[8]) Gegenstand eines Insolvenzverfahrens oder präventiven Restrukturierungsverfahrens ist. Diesen Problemen geht der Beitrag u. a. nach.

II. Umwandlungsfähigkeit nach dem UmRUG im Krisenstadium

1. Vorgaben der Richtlinie und (Nicht-)Umsetzung durch das UmRUG

Die Mobilitätsrichtlinie ist im Ausgangspunkt aufgeschlossen gegenüber Umwandlungen auch in der Krise der sich umwandelnden Gesellschaft und schließt derartige Vorgänge nicht aus. Sie zwingt die Mitgliedstaaten nur dazu, Gesellschaften eine grenzüberschreitende Umwandlung zu verbieten, die sich in Liquidation befinden und mit der Verteilung ihres Vermögens bereits begonnen haben (Art. 86a Abs. 4,[9] Art. 120 Abs. 4[10] und Art. 160 Abs. 4 GesRRL[11]).

Im Übrigen zeigt sich die Richtlinie grundsätzlich offen für Rechtsträger in der Krise: Die Mitgliedstaaten *können* gemäß Art. 86a Abs. 5, Art. 120 Abs. 5 und Art. 160a Abs. 5 GesRRL beschließen, die Regeln der Richtlinie über grenzüberschreitende Umwandlun-

---

[5] Im Gegensatz zu nationalen Umwandlungen, § 22 UmwG.

[6] Dazu → V.

[7] Dazu → IV.

[8] Vgl. auch Erwägungsgrund 9 der Mobilitätsrichtlinie.

[9] Für die grenzüberschreitende Umwandlung (Art. 86a bis 86t GesRRL), nach deutscher Terminologie „grenzüberschreitender Formwechsel" (vgl. § 333 Abs. 1 UmwG).

[10] Für die grenzüberschreitende Verschmelzung, Art. 118 bis 134 GesRRL.

[11] Für die grenzüberschreitende Spaltung, Art. 160a bis 160u GesRRL.

gen nicht auf Gesellschaften anzuwenden, die Gegenstand von Insolvenzverfahren, präventiven Restrukturierungsverfahren oder Liquidationsverfahren sind.[12] Daraus folgt, dass die GesRRL es den Mitgliedstaaten überlässt, grenzüberschreitende Umwandlungen im Insolvenz-, Restrukturierungs- und Liquidationskontext grundsätzlich selbstständig zu regeln, also diese – entweder teilweise oder mit Einschränkungen – zur grenzüberschreitenden Umwandlung zuzulassen, oder ihnen den Zugang zum Anwendungsbereich der grenzüberschreitenden Umwandlung zu versperren. Da sich die Art. 86a Abs. 5, Art. 120 Abs. 5 und Art. 160a Abs. 5 GesRRL jeweils einzeln auf die Kapitel zur grenzüberschreitenden Umwandlung, Verschmelzung beziehungsweise Spaltung beziehen, wäre es nach den Vorgaben der Richtlinie sogar denkbar gewesen, einzelne der Umwandlungsarten von der grenzüberschreitenden Umwandlung auszunehmen.

Eine derartige Regelung hat das UmRUG nicht vorgesehen und es daher bei den bisherigen nationalen Regelungen des UmG zur Umwandlungsfähigkeit – insbesondere in § 3 Abs. 3 (iVm § 121) und § 191 Abs. 3 UmwG – belassen. Rechtstechnisch folgt das aus der Verweisung der Regelungen des neuen sechsten Buchs des UmwG (Grenzüberschreitende Umwandlung, §§ 305 bis 355 UmwG) auf
- das zweite Buch in § 305 Abs. 2 UmwG (grenzüberschreitende Verschmelzung),
- das dritte Buch in § 320 Abs. 2 UmwG (grenzüberschreitende Spaltung) und
- das fünfte Buch in § 333 Abs. 2 UmwG (grenzüberschreitender Formwechsel).

2. Umwandlungsfähigkeit in der Krise nach den allgemeinen Regeln

a) Aufgelöste Rechtsträger

Gemäß § 3 Abs. 3 UmwG können an der Verschmelzung als übertragende Rechtsträger auch aufgelöste Rechtsträger beteiligt sein, wenn deren Fortsetzung beschlossen werden könnte. Eine Kapitalgesellschaft wird mit Eröffnung des Insolvenzverfahrens aufgelöst (§ 60 Abs. 1 Nr. 4 Hs. 1 GmbHG, § 262 Abs. 1 Nr. 3 AktG). Seit Inkrafttreten des ESUG[13] am 1.3.2012 entspricht es der allgemeinen Ansicht, dass eine im Insolvenzverfahren befindliche Gesellschaft grundsätzlich gemäß den damals neu geschaffenen §§ 217 Abs. 1 S. 2, 225a Abs. 3 InsO im Insolvenzplan die Fortsetzung beschließen könnte und damit gemäß § 3 Abs. 3 UmwG umwandlungsfähig ist.[14] Hat die Gesellschaft ein Insolvenzplanverfahren durchlaufen und in dem Insolvenzplan nicht den Fortsetzungsbeschluss geregelt, sondern nur abstrakt die Möglichkeit vorgesehen, dass die Gesellschaft fortgesetzt werden könnte, dann genügt dies nach Ansicht des BGH für die anschließende Fortführung auf der Grundlage eines Fortsetzungsbeschlusses im Anschluss an das Insolvenzverfahren auf der Grundlage von § 60 Abs. 1 Nr. 4 GmbHG.[15] Die Gesellschaft ist also dann nach Aufhebung des Insolvenzverfahrens (§ 258 Abs. 1 InsO) und ohne expliziten Fortsetzungsbeschluss umwandlungsfähig, weil ihre Fortsetzung dann isd § 3 Abs. 3 UmwG beschlossen werden *könnte*.[16]

An der hypothetischen Fortsetzungsmöglichkeit einer aufgelösten GmbH fehlt es dagegen, wenn in der Vergangenheit die Eröffnung des Insolvenzverfahrens über ihr Vermögen

---

[12] Erwägungsgrund 9 RL (EU) 2019/2121 des Europäischen Parlaments und des Rates vom 27.11.2019 Abl. EU Nr. L 321/2019, 1 (ohne nähere Begründung).

[13] Gesetz zur weiteren Erleichterung der Sanierung von Unternehmen vom 7.12.2011, BGBl. I 2582.

[14] *Madaus* ZIP 2012, 2133 (2134); *Fronhöfer* in Widmann/Mayer, Umwandlungsrecht, 7/2019, UmwG § 3 Rn. 55; *Priester* FS Kübler, 2015, 556 (558f.); *Heckschen* in Reul/Heckschen/Wienberg, Insolvenzrecht in der Gestaltungspraxis, 3. Aufl. 2022, § 4 Rn. 593; *Heckschen/Weitbrecht* ZIP 2021, 179 (181).

[15] BGH Beschl. v. 8.4.2020 – II ZB 3/19, ZIP 2020, 1124, 1125; dazu *Heckschen/Weitbrecht* ZIP 2020, 1737.

[16] *Heckschen/Weitbrecht* ZIP 2020, 1737 (1741f.).

mangels Masse abgelehnt wurde (§ 26 InsO).[17] Diese kann in keinem Fall fortgesetzt werden.[18] Dies gilt auch dann, wenn die Insolvenzgründe beseitigt wurden.[19] Die Umwandlungsfähigkeit scheidet dann gemäß § 3 Abs. 3 UmwG aus.[20]

b) Umwandlung bei Rechtshängigkeit einer Restrukturierungssache (§ 31 Abs. 3 StaRUG)

Die GesRRL erwähnt in Art. 86a Abs. 5, Art. 120 Abs. 5 und Art. 160a Abs. 5 explizit Gesellschaften, die Gegenstand eines präventiven Restrukturierungsrahmens sind und geht angesichts der Formulierung der Mitgliedstaatenoption von dem Regelfall aus, dass die Regelungen der GesRRL zu grenzüberschreitenden Umwandlungen auf derartige Gesellschaften Anwendung finden. Das von den genannten Normen adressierte Verfahren ist das durch die Restrukturierungsrichtlinie[21] in Art. 4 bis 19 vorgesehene und als *„präventiver Restrukturierungsrahmen"* bezeichnete vorinsolvenzliche Sanierungsverfahren, das in Deutschland zum 1.1.2021 mit Inkrafttreten des StaRUG[22] eingeführt wurde.

Befindet sich eine Gesellschaft im Zustand drohender Zahlungsunfähigkeit (Eintrittsschwelle vgl. § 29 Abs. 1 StaRuG), kann es sich grundsätzlich der Instrumente des Stabilisierungs- und Restrukturierungsrahmens der §§ 29 bis 72 StaRUG bedienen. Diese sind in § 29 Abs. 2 StaRUG definiert. Es handelt sich um gerichtliche Sanierungshilfen, die punktuelle aus dem Insolvenzrecht bekannte Regelungsmechanismen in den vorinsolvenzlichen Bereich übertragen.[23] Voraussetzung hierfür ist die Anzeige eines Restrukturierungsvorhabens nach § 31 Abs. 1 StaRUG. Mit dieser Anzeige wird gemäß § 31 Abs. 3 StaRUG eine Restrukturierungssache rechtshängig. Spätestens dies dürfte nach der deutschen Umsetzung der Restrukturierungsrichtlinie der Moment sein, den die GesRRL in den oben genannten Vorschriften adressiert.

Weder die allgemeine Rechtshängigkeit einer Restrukturierungssache noch die konkrete Inanspruchnahme der (modularen) Sanierungshilfen des Stabilisierungs- und Restrukturierungsrahmens nach den §§ 29 bis 72 StaRUG wirkt sich unmittelbar auf die Struktur der Schuldnergesellschaft aus. Diese wird nicht aufgelöst.[24] Die Rechtshängigkeit einer Restrukturierungssache beeinflusst daher die Umwandlungsfähigkeit nach dem UmwG nicht. Es bleibt also nach deutschem Recht im Ausgangspunkt bei dem in den Art. 86a Abs. 5, Art. 120 Abs. 5 und Art. 160a Abs. 5 GesRRL zum Ausdruck kommenden Grundsatz, dass ein präventives Restrukturierungsverfahren keinen Einfluss auf die Umwandlungsfähigkeit für grenzüberschreitenden Umwandlungen hat.

---

[17] BGH Beschl. v. 25.1.2022 – II ZB 8/21, ZIP 2022, 839; dazu *Weitbrecht* NotBZ 2022, 295.

[18] BGH Beschl. v. 25.1.2022 – II ZB 8/21, ZIP 2022, 839.

[19] BGH Beschl. v. 25.1.2022 – II ZB 8/21, ZIP 2022, 839.

[20] *Weitbrecht* NotBZ 2022, 295, 296.

[21] Richtlinie (EU) des Europäischen Parlaments und des Rates vom 20.6.2019 über präventive Restrukturierungsrahmen und über Tätigkeitsverbote sowie über Maßnahmen zur Steigerung der Effizient von Restrukturierungs-, Insolvenz- und Entschuldungsverfahren und zur Änderung der Richtlinie (EU) 2017/1132 (Richtlinie über Restrukturierung und Insolvenz), ABl. EU Nr. L 172/2019, 18.

[22] Als Artikel 1 des Gesetzes zur Fortentwicklung des Sanierungs- und Insolvenzrechts (Sanierungs- und Insolvenzrechtsfortentwicklungsgesetz – SanInsFoG) vom 22.12.2020, BGBl. I 3256.

[23] *Heckschen/Weitbrecht,* NotBZ 2021, 121 (123ff.).

[24] Und selbst bei Bestellung eines Restrukturierungsbeauftragten kraft Amtes (§ 77ff. StaRUG) hat dieser nur überwachende und unterstützende Funktionen, dazu iÜ *Wienberg/Weitbrecht* in Reul/Heckschen/Wienberg, 3. Aufl. 2022, § 4 Rn. 324ff.

c) Umwandlungsfähigkeit materiell in der Krise befindlicher Rechtsträger

Eine allgemeine Regelung, welche Rechtsträgern in wirtschaftlichen Schwierigkeiten die Umwandlung verbietet, existiert nicht. Vor Eröffnung des Insolvenzverfahrens über das Vermögen einer Gesellschaft ist diese nach hM trotz materieller Insolvenz zulässig.[25] Dies hat der *II. Zivilsenat* des BGH 2018 explizit bestätigt und klargestellt, dass eine zahlungsunfähige und/oder überschuldete Gesellschaft ebenso mittels Verschmelzung saniert werden könne, anstelle ihr neues Kapital zuzuführen.[26] Das gilt erst recht im Zustand der drohenden Zahlungsunfähigkeit. Die Regelung des § 152 S. 2 UmwG, wonach bei Ausgliederung aus dem Vermögen eines Einzelkaufmanns eine Erklärung vorgelegt werden muss, dass die Verbindlichkeiten des übernehmenden Alleingesellschafters sein Vermögen nicht übersteigen, muss vor diesem Hintergrund als Ausnahmevorschrift verstanden werden. § 152 S. 2 UmwG findet daher keine Anwendung auf die Verschmelzung auf den Alleingesellschafter nach §§ 120 ff. UmwG (siehe dazu auch → VI.).[27]

3. Zwischenfazit

Für Umwandlungsvorgänge im nationalen und grenzüberschreitenden Bereich innerhalb EU/des EWR gelten folgende Grundsätze:

1. Umwandlungen im rein nationalen Bereich, sind solange das Insolvenzverfahren nicht eröffnet ist, möglich und das UmRUG legt insoweit keine Neuerungen fest.
2. Nach Eröffnung des Insolvenzverfahrens sind Umwandlungen nur noch über einen Insolvenzplan möglich, wenn nicht das Insolvenzverfahren aufgehoben wird.
3. Im nationalen Bereich sind alle Umwandlungen auch über einen Restrukturierungsplan möglich.
4. Im grenzüberschreitenden Bereich innerhalb EU/EWR sind Umwandlungen vor der Insolvenzeröffnung nach Maßgabe der nachfolgend dargestellten neuen Regelungen möglich.
5. Im grenzüberschreitenden Bereich (EU/EWR) sind Umwandlungen im Rahmen eines Insolvenzplans unter Berücksichtigung der nachfolgend dargestellten Neuerungen möglich.
6. Im grenzüberschreitenden Bereich (EU/EWR) müssen Umwandlungen per Restrukturierungsplan die Neuerungen des UmRUG berücksichtigen
7. Im grenzüberschreitenden Bereich außerhalb von EU/EWR sind Umwandlungen vor und während der Insolvenz grundsätzlich nicht möglich.

---

[25] OLG Stuttgart Beschl. v. 4.10.2005 – 8 W 426/05, ZIP 2005, 2066; LG Leipzig Beschl. v. 18.1.2006 – 1 HKT 7414/04, DB 2006, 885; *Marsch-Barner/Oppenhoff* in Kallmeyer, UmwG, 7. Aufl. 2020, § 120 Rn. 2; *Hörtnagl/Ollech* in Schmitt/Hörtnagl, UmwG, UmwStG, 9. Aufl. 2020, UmwG § 120 Rn. 4; *Seulen* in Semler/Stengel/Leonhard, UmwG, 5. Aufl. 2021, § 120 Rn. 13; *Heckschen* in Reul/Heckschen/Wienberg, Insolvenzrecht in der Gestaltungspraxis, 3. Aufl. 2022, § 4 Rn. 509 ff.; *Heckschen* ZInsO 2008, 824 (825); *Leitzen* in BeckOGK, 1.10.2022, UmwG § 120 Rn. 17.

[26] BGH Teilversäumnis- und Teilendurt. v. 6.11.2018 – II ZR 199/17, NZG 2019, 187, 192 (Rn. 43).

[27] OLG Hamm Beschl. v. 4.11.2020 – I-27 W 98/20, ZIP 2021, 30 und damit im Anschluss an *Heckschen* in Widmann/Mayer, Umwandlungsrecht, 6/2021, UmwG § 120 Rn. 23.9.

III. Grenzüberschreitende Umwandlungsbeschlüsse im Restrukturierungs- und Insolvenzplan

1. Plantauglichkeit grenzüberschreitender Umwandlungsbeschlüsse

Im Rahmen der Umsetzung der Restrukturierungsrichtlinie durch das StaRUG als Artikel 1 des SanInsFoG hat der deutsche Gesetzgeber einen vorinsolvenzlichen Restrukturierungsplan geschaffen, dessen Regelungsmacht, konkreter Inhalt und Zustandekommen sich eng an den Regelungen des Insolvenzplanverfahrens orientieren.[28]

Sowohl die Gestaltungsmacht des Insolvenzplans (§ 217 Abs. 1 S. 2 InsO)[29] als auch diejenige des Restrukturierungsplans (§ 2 Abs. 3 StaRUG)[30] umfasst die Aufnahme gesellschaftsrechtlicher Strukturmaßnahmen in den Plan. Ist der Schuldner keine natürliche Person, so können gemäß § 217 Abs. 1 S. 2 InsO bzw. § 2 Abs. 3 StaRUG auch die Anteils- oder Mitgliedschaftsrechte der am Schuldner beteiligten Personen in den Plan einbezogen werden. Die Regelung des § 217 Abs. 1 S. 2 InsO wird in § 225a InsO konkretisiert. Gemäß § 225a Abs. 3 InsO bzw. § 2 Abs. 3 StaRUG kann im Plan jede Regelung getroffen werden, die gesellschaftsrechtlich zulässig ist.

Daher können auch Umwandlungsbeschlüsse in den gestaltenden Teil des Insolvenz- (§ 221 InsO)[31] bzw. Restrukturierungsplans (§ 7 StaRUG)[32] aufgenommen werden.

2. Erforderliche Mehrheiten

Aus dem Zusammenspiel der Regelungen über grenzüberschreitende Umwandlungen und den Sonderregelungen des Insolvenz- (§§ 217 ff. InsO) und Restrukturierungsplanverfahrens (§§ 2 ff., 60 ff. StaRUG) ergibt sich die Frage, welche Mehrheiten für das Zustandekommen grenzüberschreitender Umwandlungsbeschlüsse in Insolvenz- bzw. Restrukturierungsplänen erreicht werden müssen.

a) Vorgaben der MobilRL und Umsetzung durch das UmRUG

Die GesRRL sieht in Art. 86h Abs. 3 S. 1, Art. 160h Abs. 3 vor, dass die Mitgliedstaaten sicherstellen, dass für den Zustimmungsbeschluss der Gesellschafter eine Mehrheit von nicht weniger als zwei Dritteln, aber nicht mehr als 90% der Stimmen der in der Gesellschafterversammlung vertretenen Anteile oder des in der Gesellschaftersammlung gezeichneten Kapitals erforderlich ist.[33] Das maximale Erfordernis einer Mehrheit von 90% bezieht sich nach herrschender Meinung nur auf das von den Mitgliedstaaten maximal zu regelnde Quorum,

---

[28] *Wienberg/Weitbrecht* in Reul/Heckschen/Wienberg, Insolvenzrecht in der Gestaltungspraxis, 3. Aufl. 2022, § 1 Rn. 193f.

[29] *Eidenmüller* in MüKoInsO, 4. Aufl. 2020, § 217 Rn. 165; *Spliedt* in K. Schmidt, InsO, 20. Aufl. 2023, § 217 Rn. 17; *Geiwitz/von Danckelmann* in BeckOK Insolvenzrecht, 28. Ed. 15.7.2022, InsO § 217 Rn. 31.

[30] *Skauradszun* in BeckOK, Stand: 10/2022, § 2 StaRUG Rn. 84ff.; *Wienberg/Weitbrecht* in Reul/Heckschen/Wienberg, Insolvenzrecht in der Gestaltungspraxis, 3. Aufl. 2022, § 1 Rn. 202; *Esser* in Braun, StaRUG, 2021, § 2 Rn. 30f.; *Heckschen/Weitbrecht* NotBZ 2021, 171 (124); *Korch* ZIP 2020, 446; *C. Schäfer* ZIP 2020, 2164.

[31] Allgemeine Ansicht, ausf. zur Umwandlung im Insolvenzplan *Madaus* in Kübler, HRI – Handbuch Restrukturierung in der Insolvenz, 3. Aufl. 2019, § 33 Rn. 92; *Madaus* ZIP 2012, 2133; *Heckschen* in Reul/Heckschen/Wienberg, Insolvenzrecht in der Gestaltungspraxis, 3. Aufl. 2022, § 4 Rn. 588.

[32] *Skauradszun* in BeckOK StaRUG, 6. Ed. 1.10.2022, § 2 Rn. 90; *Heckschen/Weitbrecht* NotBZ 2021, 171 (124); *Esser* in Braun, StaRUG, 2021, § 2 Rn. 34.

[33] Dazu *Heckschen* NotBZ 2020, 241 (247); *J. Schmidt* NZG 2022, 635.

nicht auf die Unzulässigkeit abweichender Satzungsbestimmungen, die beispielsweise auch eine Mehrheit von 100% vorsehen können.[34]

Das UmRUG trifft keine spezifischen Regelungen über das Zustandekommen von Umwandlungsbeschlüssen. Die erforderlichen Mehrheiten folgen aufgrund der Verweisungstechnik des sechsten Buches (§ 305 Abs. 2, § 320 Abs. 2 und § 333 Abs. 2 UmwG) aus den allgemeinen Regeln zu Verschmelzung, Spaltung und Formwechsel. Der Verschmelzungsbeschluss bedarf bei Kapitalgesellschaften gemäß § 13 UmwG iVm § 50 Abs. 1 S. 1 bzw. § 65 Abs. 1 S. 1 UmwG grundsätzlich einer Mehrheit von mindestens drei Vierteln der abgegebenen Stimmen. Die Satzung kann eine größere Mehrheit und weitere Erfordernisse bestimmen (§ 50 Abs. 1 S. 2, § 65 Abs. 1 S. 2 UmwG). Entsprechendes gilt für die Spaltung (§ 125 S. 1 UmwG iVm den o. g. Vorschriften des Verschmelzungsrechts). Beim Formwechsel muss zwischen dem Formwechsel einer Kapitalgesellschaft in eine Personengesellschaft (§§ 193, 233 UmwG, grundsätzlich einstimmig) und demjenigen in eine Kapitalgesellschaft (§§ 193, 240 UmwG, grundsätzlich Mehrheit von drei Vierteln) unterschieden werden. Die Details werden hier nicht beleuchtet. Für die weitere Darstellung kommt es nur darauf an, dass die vom Umwandlungsgesetz vorgegebenen Quoren für Umwandlungsbeschlüsse ab einer Mehrheit von drei Vierteln der abgegebenen Stimmen beginnen und durch Satzung verschärft werden können.

b) Modifikation im Insolvenz- und Restrukturierungsverfahren

Die nationalen Regelungen der §§ 217 ff. InsO und §§ 2 ff., 60 ff. StaRUG werfen die Frage auf, ob die allgemeinen Quoren für grenzüberschreitende Umwandlungen auch dann gelten, wenn Beschlüsse über grenzüberschreitende Umwandlungen in den gestaltenden Teil eines Insolvenz- oder Restrukturierungsplan aufgenommen werden. Diese sehen für das Zustandekommen des Insolvenzplans ein grundlegend abweichendes Verfahren vor und unterscheiden hierfür hinsichtlich der dafür notwendigen Mehrheitsentscheidung nicht danach, ob der Plan gesellschaftsrechtliche Regelungen enthält. Vor der gerichtlichen Planbestätigung (§ 252 InsO bzw. § 65 StaRUG) wird über den Plan abgestimmt. Allerdings stimmen nicht nur die Gesellschafter über die darin enthaltenen gesellschaftsrechtlichen Maßnahmen ab. Über den Plan wird in Gruppen abgestimmt (§ 243 InsO, § 20 Abs. 5 S. 1 StaRUG), denen die Stakeholder (insbes. Insolvenzgläubiger, gesicherte Gläubiger, Anteilsinhaber) des Insolvenz- bzw. Restrukturierungsverfahrens nach den Regeln über die Gruppenbildung zugeordnet werden (§ 222 InsO, § 9 StaRUG).

Zur Annahme des Insolvenzplans ist gemäß § 244 Abs. 1 InsO erforderlich, dass in jeder Gruppe die Mehrheit dem Plan zustimmt und die Summe der Ansprüche der zustimmenden Gläubiger bzw. Summe der Beteiligungen mehr als die Hälfte der Summe der abstimmenden Gläubiger beträgt. Das Verfahren nach dem StaRUG ist ähnlich konzipiert, mit der zentralen Besonderheit, dass in den Gruppen nicht die einfache Mehrheit genügt, sondern eine Mehrheit von drei Vierteln der Stimmrechte (§ 25 Abs. 1 StaRUG).[35] Auf die weiteren Einzelheiten kommt es vorliegend nicht an. Entscheidend ist, dass die gemäß § 244 InsO und § 25 StaRUG erforderlichen Mehrheiten die allgemeinen gesellschaftsrechtlichen Mehrheiten verdrängen[36] und zwar unabhängig davon, ob sie sich aus dem Gesetz ergeben, oder ob in der Satzung abweichende Regelungen vorgesehen sind. Das ergibt sich aus den eindeutigen Regeln über die Planabstimmung und wird nicht näher diskutiert. Besonders relevant werden die vom Gesellschaftsrecht abweichenden insolvenz- und restrukturierungsrechtlichen

---

[34] *Heckschen* NotBZ 2020, 241 (247); *Heckschen/Knaier* GmbHR 2022, 613 (616).

[35] Die Restrukturierungsrichtlinie hätte es auch zugelassen, einfache Mehrheit genügen zu lassen, vgl. Art. Art. 9 Abs. 6 Unterabs. 2 Restrukturierungs-RL.

[36] Zu den erforderlichen Mehrheiten beim Insolvenzplan *Hintzen* in MüKoInsO, 4. Aufl. 2020, § 244 Rn. 4 ff., beim Restrukturierungsplan *Spahlinger* in BeckOK StaRUG, 6. Ed. 17.7.2022, § 25 Rn. 1 ff.

Anforderungen an das Zustandekommen des jeweiligen Plans, wenn die Gruppe der Gesellschafter ihre Zustimmung verweigert, ihre Zustimmung jedoch gemäß § 245 InsO (sog. Obstruktionsverbot) bzw. § 26 StaRUG ersetzt wird. In diesem Fall kommt ein Umwandlungsbeschluss zustande, ohne dass die Gesellschafter diesem zugestimmt haben. Für nationale Umwandlungen nach deutschem Recht werden diese durch InsO und StaRUG vorgegebenen Grundsätze nicht in Frage gestellt.[37]

Es stellt sich jedoch die Frage, ob dieses Ergebnis im Rahmen von grenzüberschreitenden Umwandlungen mit den Art. 86h Abs. 3 S. 1, Art. 160h Abs. 3 GesRRL vereinbar ist, die eine Mehrheit von mindestens zwei Dritteln vorschreibt. Die im selben Jahr wie die Mobilitätsrichtlinie erlassene (und diese auch ändernde) Restrukturierungsrichtlinie gibt den Mitgliedstaaten in den Art. 9ff. konkrete Vorgaben zur Schaffung eines Restrukturierungsplanverfahrens und zum Inhalt des von der Richtlinie geschaffenen Restrukturierungsplans. Das von den Art. 86h Abs. 3 S. 1, Art. 160h Abs. 3 GesRRL geforderte Restrukturierungsverfahren ist also selbst Sekundärrecht und steht damit in der Normenpyramide auf einer Stufe mit der GesRRL. In Art. 9 Abs. 2 und 3 Restrukturierungs-RL adressiert der Richtliniengeber explizit die Anteilsinhaber und sieht für diese in Art. 9 Abs. 4 eine eigene Klasse (im deutschen Recht „Gruppe"[38]) vor, soweit sie vom Plan betroffen sind.[39] Die Richtlinie geht weiter in Art. 12 davon aus, dass anteilseignerbezogene Planregelungen möglich sein können und erlaubt es den Mitgliedstaaten, die Anteilsinhaber vom Anwendungsbereich des Restrukturierungsplans auszunehmen.[40] Aus diesem Grund hat sich der Gesetzgeber des SanInsFoG dazu entschieden, sich bei der Umsetzung des präventiven Restrukturierungsrahmens an der Gestaltungsmacht des Insolvenzplans (§ 217 InsO) zu orientieren. Auch die erforderlichen Mehrheiten regelt die Richtlinie: Gemäß Art. 9 UAbs. 2 S. 1 Restrukturierungs-RL legen die Mitgliedstaaten die für die Annahme eines Restrukturierungsplans erforderlichen Mehrheiten fest. Diese Mehrheiten dürfen nicht über 75% des Betrags der Forderungen oder Beteiligungen in jeder Klasse beziehungsweise ggf. der Anzahl der betroffenen Parteien in jeder Klasse liegen (Art. 9 UAbs. 2 S. 2 Restrukturierungs-RL). Auch die gruppenübergreifenden Mehrheitsentscheidungen des § 26 StaRUG sind durch die Richtlinie in Art. 11 vorgegeben (dort als „Klassenübergreifender Cram-down" bezeichnet).

Die zwei wesentlichen hier interessierenden Punkte – (1.) werden Mehrheiten des allgemeinen Gesellschaftsrechts durch die Regelungen über die Abstimmungen in den Plangruppen verdrängt und (2.) ist die Planbestätigung ohne Zustimmung der Anteilsinhaber möglich – sind also durch die Restrukturierungsrichtlinie bereits vorgegeben. Im Spannungsverhältnis zwischen Mobilitätsrichtlinie und Restrukturierungsrichtlinie gebührt letzterer der Vorrang, weil sie eine spezifische Regelungsmaterie für die Krise zum Gegenstand hat und die Mobilitätsrichtlinie selbst davon ausgeht, dass eine grenzüberschreitende Umwandlung im präventiven Restrukturierungsrahmen möglich sein kann. In Erwägungsgrund 9 der Mobilitätsrichtlinie formuliert der Richtliniengeber selbst, dass die Richtlinie *„die Richtlinie (EU) 2019/1023 des Europäischen Parlamentes unberührt lassen"* sollte (also die Restrukturierungsrichtlinie). Entsprechendes muss auch für die Umsetzungsgesetze gelten.

Nach dem allgemeinen Rechtsgrundsatz, dass das speziellere Gesetz dem allgemeineren vorgeht und in Übereinstimmung mit Erwägungsgrund 9 der Mobilitätsrichtlinie müssen die im Rahmen der Umsetzung der Restrukturierungsrichtlinie geschaffenen Umsetzungsgesetze also den Umsetzungsgesetzen zur Mobilitätsrichtlinie jedenfalls im Grundsatz vorgehen. Erst recht muss dies auch für das Insolvenzrecht gelten. Dieses erlaubt im Vergleich

---

[37] Ausf. zur Umwandlung im Insolvenzplan *Madaus* in Kübler, HRI – Handbuch Restrukturierung in der Insolvenz, 3. Aufl. 2019, § 33.

[38] Siehe § 222 InsO und § 9 StaRUG.

[39] Bei KMU konnten die Mitgliedstaaten von mehreren Klassen für die unterschiedlichen Betroffenen absehen. Eine solche Differenzierung sieht das StaRUG nicht vor.

[40] *Heckschen/Weitbrecht* in Beck'sches Notar-Handbuch, 7. Aufl. 2019, § 22 Rn. 751ff.

zum vorinsolvenzlichen Bereich schärfere Eingriffe und genießt hierfür angesichts der mate-riellen Insolvenz der Schuldnergesellschaft auch größere Rechtfertigung. In diesem Bereich sollten also nach dem Konzept der Richtlinie Eingriffe wie im präventiven Restrukturie-rungsrahmen erst recht möglich sein. Die Restrukturierungsrichtlinie regelt den Insol-venzplan zwar nicht explizit. Allerdings tut sie dies besonders deshalb, weil sie den vorinsol-venzlichen Bereich vorrangig regelt und für Insolvenzverfahren zunächst nur punktuelle Vorgaben für die Mitgliedstaaten enthält (Art. 20ff. Restrukturierungs-RL). Es wäre vom Konzept der Mobilitätsrichtlinie betrachtet unschlüssig, wenn die gesellschaftsrechtlichen Mehrheitserfordernisse der Richtlinie im vorinsolvenzlichen Restrukturierungsverfahren dispensiert würden, im Insolvenzverfahren dagegen nicht.

IV. Anspruch auf Sicherheitsleistung, § 314 UmwG

1. Das Konzept des Anspruchs auf Sicherheitsleistung

Im Gegensatz zum für nationale Umwandlung geltenden § 22 UmwG, der lediglich einen nachgelagerten[41] Gläubigerschutz durch Sicherheitsleistung regelt, enthält die auf Art. 126b GesRRL beruhende Regelung des § 314 UmwG (iVm § 328 UmwG bzw. § 341 Abs. 1 UmwG[42]) einen vorgelagerten Gläubigerschutz (für die Gläubiger des übertragenden Rechtsträgers), der nach hM in der Literatur eine zumindest faktische Registersperre bewirkt, jedenfalls aber ein erhebliches Blockadepotenzial.[43] Die Regelung war bisher in § 122j UmwG enthalten und wird in § 314 UmwG neu gefasst.[44] Gemäß § 314 Abs. 1 UmwG kann der Gläubiger der übertragenden Gesellschaft verlangen, dass ihm Sicherheit geleistet wird für eine Forderung, die (1.) vor der Bekanntmachung des Verschmelzungsplans oder seines Entwurfs entstanden, aber im Zeitpunkt der Bekanntmachung noch nicht fällig geworden ist, und (2.) deren Erfüllung durch die Verschmelzung gefährdet wird. Liegen die Voraussetzungen des Absatzes 1 vor, hat die übertragende Gesellschaft den anspruchsberech-tigten Gläubigern im Verschmelzungsplan Sicherheitsleistung anzubieten (§ 308 Abs. 2 Nr. 14 UmwG).[45] Die Art und Weise der Sicherheitsleistung bestimmt sich nach §§ 232ff. BGB.[46] Die Durchsetzung des Anspruchs auf Sicherheitsleistung erfolgt nach § 314 Abs. 2 bis 4 UmwG.[47] Wird der Anspruch nicht innerhalb von drei Monaten ab Bekanntmachung gerichtlich geltend gemacht, erlischt er gemäß § 314 Abs. 3 UmwG.[48]

Die Beschränkung auf die Gläubiger des übertragenden Rechtsträgers folgt aus dem Zweck von § 126b GesRRL,[49] der darauf gerichtet ist, *„Forderungen der ehemaligen Gläubiger der Gesellschaft beziehungsweise der Gesellschaften, die dieses Vorhaben vornimmt/vorneh-men, betrof-fen sind, wenn die Gesellschaft, die für die Verbindlichkeiten haftet, nach dem Vorhaben dem Recht des anderen Mitgliedstaats unterliegt".*[50] Für eine übernehmende inländische Gesellschaft gilt gemäß § 305 Abs. 2 UmwG daher weiterhin § 22 UmwG.[51] Die Voraussetzungen des § 314 Abs. 1

---

[41] *Bungert/Schmidt* DB 2022, 1880 (1885).

[42] Speziell zu § 341 UmwG *Bungert/Schmidt* DB 2022, 1880 (1885f.).

[43] *Heckschen/Knaier* GmbHR 2022, 501 (507f.); *J. Schmidt* NZG 2022, 635 (643) (faktische Registersperre); *Bungert/Strothotte* BB 2022, 1411 (1417); *Bungert/Strothotte* DB 2022, 1818 (1821).

[44] RegE UmRUG S. 116.

[45] RegE UmRUG S. 117.

[46] RegE UmRUG S. 117.

[47] RegE UmRUG S. 117.

[48] *Bungert/Schmidt* DB 2022, 1880 (1886).

[49] RegE UmRUG S. 116.

[50] Erwägungsgrund 22 Satz 1 Mobilitätsrichtlinie.

[51] RegE UmRUG S. 116.

UmwG sind gemäß § 314 Abs. 2 UmwG gegenüber dem „zuständigen Gericht"[52] glaubhaft zu machen. Nach dem bisherigen § 122j Abs. 1 UmwG erfolgten Anmeldung und Glaubhaftmachung gegenüber der schuldnerischen Gesellschaft,[53] was nun nicht mehr genügt.[54] Das Beweismaß der Glaubhaftmachung (§ 294 ZPO) wird außerdem auch auf das Bestehen der Forderung selbst bezogen (und nicht wie bisher nur auf die Gefährdung).[55] Dadurch soll verhindert werden, dass die Sicherheitsleistung wegen langen Streits über das Bestehen der Forderung zu spät kommt und auf diese Weise „der angestrebte Sicherungszweck vereitelt wird".[56] In der nach Anhörung des Rechtsausschusses geänderten Fassung des Gesetzes wurde noch die neue Regelung in § 315 Abs. 5 UmwG aufgenommen, wonach das zuständige Gericht dem Registergericht auf Anforderung die Einleitung eines Verfahrens nach § 314 UmwG mitteilt. Entsprechend wurde die im Regierungsentwurf in § 315 Abs. 3 Nr. 2, § 342 Abs. 3 Nr. 2 UmwG vorgesehene Versicherung der Geschäftsleitung über das Nichtvorliegen von Sicherheitsverlangen gestrichen.[57]

Der Anspruch erlischt gemäß § 314 Abs. 3 UmwG, wenn er nicht innerhalb von drei Monaten ab Bekanntmachung des Verschmelzungsplans gerichtlich geltend gemacht wurde. Auf die Geltendmachung gegenüber der Gesellschaft kommt es nicht an (anders bisher nach § 122j Abs. 1 UmwG).[58] Scheitert das Verschmelzungsverfahren, so sind geleistete Sicherheiten freizugeben (§ 314 Abs. 4 S. 1 UmwG). Die Regelung setzt Art. 126b Abs. 1 Unterabs. 3 GesRRL um.[59]

2. Registersperre (iÜ)

Die Eintragung gemäß § 316 Abs. 1 UmwG darf nach § 316 Abs. 2 UmwG nicht vor Ablauf der Frist gemäß § 314 Abs. 3 UmwG vorgenommen werden. Wurde ein Antrag gemäß § 314 Abs. 3 UmwG gestellt, so darf die Eintragung gemäß § 316 Abs. 1 UmwG nicht vorgenommen werden, bevor die den Antrag ablehnende Entscheidung rechtskräftig ist (Nr. 1), die in der Entscheidung festgelegte Sicherheit geleistet wurde (Nr. 2) oder die den Antrag teilweise ablehnende Entscheidung rechtskräftig ist und die in der Entscheidung festgelegte Sicherheit geleistet wurde (Nr. 3). Das Registergericht ist jetzt berechtigt und wohl auch verpflichtet, von der Möglichkeit nach § 315 Abs. 5 UmwG Gebrauch zu machen und beim zuständigen Prozessgericht anzufragen, inwieweit eine Klage nach § 314 UmwG anhängig ist. Ein Freigabeverfahren analog § 16 Abs. 3 UmwG wurde nicht geschaffen.

3. Teleologische Reduktion bei Insolvenz und Restrukturierung

In der Krise der Gesellschaft wird das neue Gläubigerschutzkonzept bei grenzüberschreitenden Umwandlungen erhebliche Probleme mit sich bringen. Zwar lässt das UmRUG die Umwandlungsfähigkeit in der Krise befindlicher Gesellschaften unberührt.[60] Allerdings wird bereits eine drohend zahlungsunfähige Gesellschaft häufig nicht in der Lage sein, den in § 314 (iVm § 329), § 341 UmwG geregelten Anspruch auf Sicherheitsleistung zu bedienen.

---

[52] Zum Problem der Zuständigkeit *Bungert/Strothotte* DB 2022, 1818 (1820); *Heckschen/Knaier* ZIP 2022, 2205 (2208f.); örtlich zuständig ist nach dem noch auf den letzten Metern des Gesetzgebungsverfahrens eingefügten § 314 Abs. 5 UmwG das Gericht, dessen Bezirk das für die Erteilung der Vorabbescheinigung zuständige Registergericht angehört, *Bungert/Reidt* DB 2023, 54 (55).
[53] RegE UmRUG S. 117.
[54] *Bungert/Schmidt* DB 2022, 1880 (1886).
[55] RegE UmRUG S. 117.
[56] RegE UmRUG S. 117.
[57] *Bungert/Reidt* DB 2023, 54 (55f.).
[58] RegE UmRUG S. 117.
[59] RegE UmRUG S. 117.
[60] → II. 2. c).

Erst recht gilt dies im Zustand der materiellen Insolvenz (Zahlungsunfähigkeit bzw. Überschuldung). Außerhalb eines Insolvenz- oder Restrukturierungsverfahrens wird daher der Anspruch auf Sicherheitsleistung ein wesentliches Hemmnis für grenzüberschreitende Umwandlungen in der Krise darstellen. Aber gilt das auch für Umwandlungen im Insolvenz- bzw. Restrukturierungsplanverfahren?

Bei dem Anspruch auf Sicherheitsleistung handelt es sich um ein klassisches Instrument individuellen Gläubigerschutzes. Derartige Schutzmechanismen haben zumindest strukturell keinen Platz im Rahmen eines Insolvenzverfahrens, das der gemeinschaftlichen Befriedigung der Gläubiger als Gesamtheit dient (§ 1 S. 1 InsO). Das Insolvenzrecht hat eigene Schutzinstrumente gegenüber einzelnen Gläubigern. Diese bestehen jedoch (soweit der Gläubiger nicht bereits bei Verfahrenseröffnung dinglich gesichert und damit aus der Sicherheit vorrangig zu befriedigen ist, §§ 49 f. InsO) in Minderheitenschutzvorschriften, insbesondere diejenigen des Planverfahrens (insbes. §§ 251, 253 InsO). Ein Anspruch, der einem einzelnen Gläubiger in der Situation, in der das Schuldnervermögen regelmäßig gerade nicht ausreicht, um alle Verbindlichkeiten zu decken, einen Anspruch auf Sicherheitsleistung für dessen gesamte Forderung gewährt, ist systemfremd. Wenn sich der individuelle Gläubigerschutz der außerinsolvenzrechtlichen Vorschriften im Insolvenzverfahren in den Minderheitenschutz des Insolvenzverfahrens wandelt, muss § 314 InsO jedenfalls dann teleologisch reduziert und unanwendbar sein, wenn eine Umwandlung Gegenstand des Insolvenzplans ist. Dies entspricht auch der hM zur teleologischen Reduktion weiterer individuell-gläubigerschützenden Normen des Umwandlungsgesetzes im Insolvenzplanverfahren wie insbesondere § 22 und § 133 UmwG,[61] aber auch für § 152 S. 2 UmwG.[62] Nichts anderes gilt im Rahmen eines präventiven Restrukturierungsverfahrens nach dem StaRUG. Das StaRUG-Verfahren ist zwar kein Verfahren zur kollektiven Befriedigung der Gläubigergesamtheit, weshalb individueller Gläubigerschutz während der Rechtshängigkeit einer Restrukturierungssache nicht systemfremd ist. Allerdings ist individueller Schutz zumindest in den Bereichen dispensiert, in denen das StaRUG Zwangseingriffe im Sinne der Restrukturierung eines in der Krise befindlichen Rechtsträgers zulässt. Das gilt insbesondere im Rahmen des Planverfahrens, das bei gerichtlicher Bestätigung nach den §§ 60 ff. StaRUG nur über seine kollektive Zwangswirkung überhaupt einen sinnvollen Anwendungsbereich hat. Auch das Restrukturierungsplanverfahren ist also dadurch charakterisiert, dass einzelne Planbetroffene sich grundsätzlich nicht über individuelle Schutzinstrumente außerhalb des StaRUG gegen die Bestätigung des Plans zur Wehr setzen können, sondern nur über die spezifischen Schutzmechanismen des StaRUG. Wertungsmäßig ist zu bedenken, dass auch das Insolvenzplanverfahren bereits bei drohender Zahlungsunfähigkeit eingeleitet werden kann. Dem Rechtfertigungsdruck eines präventiven Restrukturierungsverfahrens hat der deutsche Gesetzgeber mit der im Restrukturierungsverfahren im Vergleich zum Insolvenzplanverfahren erhöhten Mehrheit von 75 % in den Gruppen Rechnung getragen. Für den individuellen Anspruch auf Sicherheitsleistung gemäß § 314 UmwG ist bei beiden Verfahren neben den Minderheitenschutzvorschriften des StaRUG und der InsO kein Raum.

Die teleologische Reduktion verbietet sich auch nicht aufgrund der Vorrangigkeit der GesRRL gegenüber der nationalen Umsetzung in § 314 UmwG. Die GesRRL geht in den Art. 86a Abs. 5, Art. 120 Abs. 5 und Art. 160a Abs. 5 selbst davon aus, dass grenzüberschreitende Umwandlungen im Insolvenzverfahren bzw. präventiven Restrukturierungsrahmen

---

[61] *Spliedt* in K. Schmidt, InsO, 19. Aufl. 2016, § 225a Rn. 49; *Simon/Brünkmans* ZIP 2014, 657 (664 f.); *Brünkmans* in Brünkmans/Thole, Handbuch Insolvenzplan, 2. Aufl. 2020, § 31 Rn. 512 ff.; *Heckschen/Weitbrecht* ZIP 2021, 179 (184) mwN (auch zur Gegenansicht).

[62] AG Norderstedt, 7.11.2016 – 66 IN 226/15, ZIP 2017, 586 (Rn. 1); *Madaus* in Kübler, HRI – Handbuch Restrukturierung in der Insolvenz, 3. Aufl. 2019, § 33 Rn. 92; *Madaus* ZIP 2012, 2133 (2134); *Simon/Brünkmans* ZIP 2013, 657; *Heckschen/Weitbrecht* ZIP 2021, 179 (184) mwN (auch zur Gegenansicht); aA *Hirte* in Uhlenbruck, InsO, 15. Aufl. 2019, § 225a Rn. 44.

möglich sein müssen. Gerade die Regeln des präventiven Restrukturierungsrahmens beruhen einschließlich des darin enthaltenen Minderheitenschutzkonzepts ihrerseits auf der Restrukturierungsrichtlinie. Dem europäischen Gesetzgeber der GesRRL war also bewusst, dass es einen Überschneidungsbereich zwischen Restrukturierungs-/Insolvenzrecht und grenzüberschreitenden Umwandlungen gibt, in dem dann die spezielleren Regeln des Restrukturierungs-/Insolvenzrecht der Vorrang gebührt gegenüber individuell-gläubigerschützenden Regelungen, wie dem hier diskutierten Anspruch auf Sicherheitsleistung. Insoweit gilt entsprechendes wie unter → III. 2. b) in Bezug auf die Mehrheitsanforderungen der GesRRL in Bezug auf grenzüberschreitende Umwandlungen diskutiert. Der Grundsatz, dass das speziellere Gesetz dem allgemeineren Gesetz vorgeht, gilt auch im Verhältnis von EU-Richtlinien zueinander, was der Richtliniengeber selbst im bereits oben erwähnten Erwägungsgrund 9 der Mobilitätsrichtlinie klarstellt. Dort heißt es, dass die Mobilitätsrichtlinie die Restrukturierungsrichtlinie unberührt lassen sollte.[63]

V. Missbrauchskontrolle und Krise der Gesellschaft

1. Vorgaben der Richtlinie (EU) 2019/2121

Der Unionsgesetzgeber hatte Bedenken im Hinblick auf die mögliche Nutzung grenzüberschreitender Umwandlungen zu missbräuchlichen Zwecken.[64] In den Erwägungsgründen formuliert er aus diesem Grund einleitend:

„Unter bestimmten Bedingungen könnte das Recht von Gesellschaften, ein grenzüberschreitendes Vorhaben vorzunehmen, zu missbräuchlichen oder betrügerischen Zwecken, wie etwa zur Umgehung der Rechte der Arbeitnehmer, Sozialversicherungszahlungen oder Steuerpflichten, oder zu kriminellen Zwecken benutzt werden. Insbesondere ist es wichtig, gegen „Scheingesellschaften" oder „Strohfirmen" vorzugehen, die gegründet werden, um sich Unionsrecht oder nationalem Recht zu entziehen, es zu umgehen oder dagegen zu verstoßen."[65]

Die GesRRL schreibt den Mitgliedstaaten in Art. 127 Abs. 8, Art. 86m Abs. 8 und Art. 160 Abs. 8 deshalb vor, sicherzustellen, dass die zuständige Behörde keine Vorabbescheinigung über die Rechtmäßigkeit der Umwandlung ausstellt (und damit die Umwandlung verhindert), wenn im Einklang mit dem nationalen Recht festgestellt wird, dass eine grenzüberschreitende Verschmelzung zu missbräuchlichen oder betrügerischen Zwecken, die dazu führen oder führen sollen, sich Unionsrecht oder nationalem Recht zu entziehen oder es zu umgehen, oder zu kriminellen Zwecken vorgenommen werden soll. Um dies feststellen zu können, muss die zuständige Behörde nach der Vorstellung des Unionsgesetzgebers eine Gesamtbetrachtung der ihr vorliegenden Umstände vornehmen (ggf. unter Hinziehung behördlicher Auskünfte und Sachverständigen, vgl. Art. 127 Abs. 9 bis 12 GesRRL).[66] Die weitere Konkretisierung des Begriffs der „missbräuchlichen Zwecke" wird letztlich durch den EuGH erfolgen müssen.[67]

---

[63] → III. 2. b).

[64] Zur Missbrauchsprüfung *J. Schmidt* NZG 2022, 635 (640); *Heckschen/Knaier* GmbHR 2022, 501 (508 f.); *Bungert/Strothotte* DB 2022, 1818 (1821); *Luy* NJW 2019, 1905 (1907); ausführlich zum europarechtlichen Missbrauchsverbot und zur Rechtsprechung des EuGH *Teichmann* ZGR 2022, 376.

[65] Erwägungsgrund 35 Mobilitätsrichtlinie.

[66] Erwägungsgründe 35 und 36 Mobilitätsrichtlinie.

[67] *J. Schmidt* NZG 2022, 635 (640), siehe auch die Gesetzesbegründung RegE UmRUG S. 123 (Begründung zu § 316 UmwG-E).

2. Umsetzung der Missbrauchsprüfung durch den nationalen Gesetzgeber

Der deutsche Gesetzgeber hat die Missbrauchsprüfung des Art. 127 Abs. 8 bis 10 GesRRL in die neuen Regelungen zur Verschmelzungsbescheinigung in § 316 UmwG übernommen[68] und dem Gericht zur Missbrauchsprüfung im Rahmen der Anmeldung gemäß § 315 UmwG eine Hilfestellung in Gestalt von Versicherungen der Mitglieder des Vertretungsorgans zur Seite gestellt.

Gemäß § 316 Abs. 1 S. 1 UmwG prüft das Gericht innerhalb von drei Monaten[69] nach Anmeldung gemäß § 315 Abs. 1 und 2 UmwG, ob für die übertragende Gesellschaft die Voraussetzungen für die grenzüberschreitende Verschmelzung vorliegt. Bei Vorliegen von Anhaltspunkten prüft das Gericht genauer, ob die grenzüberschreitende Verschmelzung zu missbräuchlichen oder betrügerischen Zwecken, die dazu führen oder führen sollen, sich Unionsrecht oder nationalem Recht zu entziehen oder es zu umgehen, oder zu kriminellen Zwecken vorgenommen werden soll (§ 316 Abs. 3 S. 1 UmwG). Das bedeutet, dass das Gericht die von der Richtlinie geforderte Missbrauchsprüfung nicht von Amts wegen stets durchzuführen hat, sondern nur, wenn dem Gericht hierfür Anhaltspunkte vorliegen.[70] Die Fassung des Regierungsentwurfs enthält insoweit eine Erleichterung für das Gericht, als nach dem Referentenentwurf gemäß § 316 Abs. 3 UmwG die Prüfung in jedem Fall stattfand und nicht nur *„beim Vorliegen von Anhaltspunkten"*. Liegen missbräuchliche oder betrügerische Zwecke iSd § 316 Abs. 3 S. 1 UmwG vor, so lehnt das Gericht gemäß § 316 Abs. 3 S. 2 UmwG die Eintragung nach Absatz 1 ab.

Die Gesetzesbegründung zum Regierungsentwurf zieht zur näheren Konkretisierung die Rechtsprechung des EuGH heran und führt aus, dass die Bejahung missbräuchlicher Zwecke regelmäßig voraussetzen dürfe, dass formal die Verfahrensvorschriften des deutschen Rechts eingehalten würden, der Vollzug der grenzüberschreitenden Verschmelzung aber zu einem Ergebnis führen würde, das dem Ziel der Vorschriften nicht entspreche oder zuwiderlaufe[71] und dass aus diesen tatsächlichen Umständen ersichtlich sei, dass sich die beteiligten Gesellschaften durch Anwendung der Verfahrensvorschriften einen willkürlichen oder ungerechtfertigten Vorteil verschaffen möchten.[72] In der letzten Phase des Gesetzgebungsverfahrens wurden auf Intervention des Rechtsausschusses und der Gewerkschaften in einem neuen § 316 Abs. 3 S. 4 UmwG Regelbeispiele aufgenommen, bei deren Vorliegen „insbesondere" Anhaltspunkte iSv § 316 Abs. 3 S. 1 UmwG anzunehmen sind.[73] Die Regelbeispiele haben insbesondere die Mitbestimmung und Betriebsrenten im Blick.

Um dem Gericht die gemäß § 316 Abs. 3 UmwG erforderliche Einzelfallprüfung[74] zu erleichtern, ob (als Ausnahme von der Regel[75]) ein Missbrauch vorliegt, werden die Mitglieder des Vertretungsorgans gemäß § 315 Abs. 3 S. 1 Nrn. 1 bis 5 UmwG verpflichtet, verschiedene Versicherungen abzugeben.

[68] RegE UmRUG S. 123 (Begründung zu § 316 UmwG-E).

[69] Die gemäß § 316 Abs. 3 S. 1 UmwG um höchstens drei Monate verlängert werden kann, wenn es bei der Prüfung notwendig ist, zusätzliche Informationen zu berücksichtigen oder zusätzliche Ermittlungen durchzuführen.

[70] RegE UmRUG S. 123 (Begründung zu § 316 UmwG-E); zustimmend *Bungert/Strothotte* DB 2022, 1821 f.; *Heckschen/Knaier* ZIP 2022, 2205.

[71] RegE UmRUG S. 123 (Begründung zu § 316 UmwG-E) mVwa EuGH Urt. v. 14.12.2000 – C-110/99 (Emsland-Stärke), ECLI:EU:C:2000:695, Rn. 52; EuGH Urt. v. 21.2.2006 – C-255/02 (Halifax), ECLI:EU:C:2006:121, Rn. 74 f.

[72] RegE UmRUG S. 123 (Begründung zu § 316 UmwG-E) mVwa EuGH Urt. v. 14.12.2000 – C-110/99 (Emsland-Stärke), ECLI:EU:C:2000:695, Rn. 53; EuGH Urt. v. 21.2.2006 – C-255/02 (Halifax), ECLI:EU:C:2006:121, Rn. 74 f.; EuGH Urt. v. 13.3.2014 – C-155/13 (Sices), ECLI:EU:C:2014:145, Rn. 37, 40.

[73] *Heckschen/Knaier* GmbHR 2022, R376.

[74] RegE UmRUG S. 123 (Begründung zu § 316 UmwG-E).

[75] RegE UmRUG S. 123 (Begründung zu § 316 UmwG-E).

3. Missbrauchsprüfung in der Krise der Gesellschaft

Gemäß § 315 Abs. 3 S. 1 Nr. 5[76] UmwG haben die Vertretungsorgane der Gesellschaft (strafbewährt, § 348 Nr. 2 UmwG) zu versichern, dass *„sich die übertragende Gesellschaft nicht im Zustand der Zahlungsunfähigkeit, der drohenden Zahlungsunfähigkeit oder der Überschuldung gemäß § 17 Abs. 2, § 18 Abs. 2 oder § 19 Abs. 2 InsO befindet".* Kann diese Versicherung nicht abgegeben werden, hat das Vertretungsorgan gemäß § 315 Abs. 3 S. 2 UmwG mitzuteilen, welcher der dort genannten Tatbestände erfüllt ist und ob ein Insolvenzverfahren beantragt oder eröffnet wurde. Nach Eröffnung des Insolvenzverfahrens trifft diese Pflicht den Insolvenzverwalter (§ 315 Abs. 3 S. 3 Hs. 1 UmwG). Entsprechendes gilt nach § 315 Abs. 3 S. 3 Hs. 2 UmwG für einen starken vorläufigen Insolvenzverwalter (§ 20 Abs. 1 InsO). Die Versicherung gemäß § 315 Abs. 3 S. 1 Nr. 5 UmwG bezieht sich nur auf den jeweiligen Eröffnungsgrund, nicht aber auf die weiteren Voraussetzungen für die Einleitung eines Insolvenzverfahrens.[77] Ob ein Insolvenzantrag gestellt wurde, ist daher unbeachtlich.[78] Die Vorschrift soll dem Registergericht die Prüfung ermöglichen, ob die geplante Verschmelzung unter dem Gesichtspunkt des Insolvenzrechts missbräuchlich ist im Sinne des § 316 Abs. 3 UmwG.[79]

Die Gesetzesbegründung erkennt richtigerweise, dass grenzüberschreitende Umwandlungen der Sanierung von Gesellschaften in wirtschaftlichen Schwierigkeiten dienen könnten.[80] Allerdings bestehe die Gefahr, dass sich die Gesellschaft durch die Verschmelzung zum Nachteil ihrer Gläubiger den gläubigerschützenden Vorschriften des deutschen Rechts entziehen will, wenn bei einer an der Verschmelzung beteiligten Gesellschaften wirtschaftliche Schwierigkeiten (nach §§ 17 Abs. 2, 18 Abs. 2, 19 Abs. 2 InsO) bestehen.[81] In der Gesetzesbegründung zu § 316 UmwG formuliert der Gesetzgeber seine Vorbehalte gegen grenzüberschreitende Umwandlungen in wirtschaftlichen Schwierigkeiten noch deutlicher, weshalb in der Praxis zumindest Vorsicht geboten sein dürfte im Zusammenhang mit grenzüberschreitenden Umwandlungen in der Krise (außerhalb eines formalen Insolvenz- oder Restrukturierungsverfahrens):

> *„Ein Anhaltspunkt für das Vorliegen missbräuchlicher, gläubigerbenachteiligender Zwecke kann insbesondere sein, dass die Versicherung über das Nichtvorliegen von Insolvenzgründen gemäß § 315 Absatz 3 Satz 1 Nummer 5 UmwG-E nicht abgegeben werden kann. Kann in diesem Fall die Gefahr der Gläubigerbenachteiligung nicht dadurch entkräftet werden, dass das Insolvenzverfahren bereits beantragt oder eröffnet wurde und dem Registergericht die Sanierungsperspektive ausreichend nachgewiesen wird, dürften missbräuchliche Zwecke in der Regel anzunehmen sein. Ist hingegen das Insolvenzverfahren eröffnet, bieten die Verantwortlichkeit des Insolvenzverwalters gegenüber den Gläubigern und die Aufsicht durch das Insolvenzgericht Gewähr für ein den Gläubigerbelangen gerecht werdendes Vorgehen. Liegt eine drohende Zahlungsunfähigkeit vor, ist im Rahmen der Prüfung eines missbräuchlichen Zweckes in Rechnung zu stellen, dass bereits eine Gefährdung der Gläubigerinteressen besteht."*[82]

Jedenfalls bei Zahlungsunfähigkeit und Überschuldung dürfte damit die Plausibilisierung fehlender Missbrauchsabsicht gegenüber dem Registergericht voraussetzen, dass im Einzelfall ein Sanierungskonzept präsentiert werden kann, das einen unmittelbaren kausalen Zusammenhang zwischen der geplanten Umwandlung und der Sanierung der Gesellschaft belegt. Aus dem letzten Satz des oben wörtlich zitierten Abschnitts der Gesetzesbegründung folgt, dass bei nur drohender Zahlungsunfähigkeit die Anforderungen an die Rechtfertigung

---

[76] Im Referentenentwurf handelte es sich noch um § 315 Abs. 3 Nr. 4 UmwG-E.
[77] RegE UmRUG S. 119 (Begründung zu § 315 UmwG-E).
[78] RegE UmRUG S. 119 (Begründung zu § 315 UmwG-E).
[79] RegE UmRUG S. 119 (Begründung zu § 315 UmwG-E).
[80] RegE UmRUG S. 119 (Begründung zu § 315 UmwG-E).
[81] RegE UmRUG S. 119 (Begründung zu § 315 UmwG-E).
[82] RegE UmRUG S. 124 (Begründung zu § 316 UmwG-E).

gegenüber dem Registergericht reduziert ist. Dies gilt insbesondere im Hinblick auf die Darlegung einer Sanierungsperspektive.[83]

VI. Verschmelzung auf den im Ausland befindlichen Alleingesellschafter

Die §§ 120 ff. UmwG enthalten einen Auffangtatbestand für die Verschmelzung einer Kapitalgesellschaft auf ihren Alleingesellschafter. Dieser Alleingesellschafter kann gemäß § 3 Abs. 2 Nr. 2 eine natürliche Person sein, nach hM muss er dies auch.[84] Die Staatsangehörigkeit des Alleingesellschafters ist für die Umwandlungsfähigkeit gleichgültig.[85] Zwar sieht § 122 Abs. 1 UmwG vor, dass ein noch nicht in das Handelsregister eingetragener Alleingesellschafter nach den Vorschriften des HGB in das Handelsregister einzutragen ist, wenn er dies noch nicht ist. Dies steht einer Umwandlung über die Grenze auf einen Unionsbürger ebenso wenig entgegen wie § 1 UmwG.[86] Kommt eine Eintragung nämlich nicht in Betracht, treten die in § 20 UmwG genannten Wirkungen durch die Eintragung der Verschmelzung in das Register des Sitzes der übertragenden Kapitalgesellschaft ein (§ 122 Abs. 2 UmwG). Hieraus folgt, dass die Hinausverschmelzung einer deutschen Gesellschaft auf ihren im Ausland geschäftsansässigen Alleingesellschafter zulässig ist.[87]

Die GesRRL enthält keine Vorgaben, die diesen Vorgang spezieller regeln würden.[88] Die Art. 118 ff. GesRRL enthalten lediglich Regeln für die Verschmelzung von Kapitalgesellschaften aus verschiedenen Mitgliedstaaten. Deshalb bleibt es für Umwandlungen nach §§ 120 ff. UmwG auch künftig bei den bisherigen Grundsätzen zur Verschmelzung über die Grenze auf einen Alleingesellschafter, der seinen Wohn- oder Geschäftssitz im Ausland hat. Die vorstehend diskutierten neuen Spezialprobleme zur grenzüberschreitenden Umwandlung in der Krise stellen sich daher nicht. Der Anspruch auf Sicherheitsleistung richtet sich nach wie vor nach § 22 UmwG und nicht nach den neuen Regelungen zum vorgelagerten Gläubigerschutz (→ IV.). Es findet keine einfach-gesetzlich festgeschriebene Missbrauchsprüfung statt und spezifische Erklärungen zum Krisenstadium der Gesellschaft sind weder nach § 315 Abs. 3 S. 1 Nr. 5 UmwG noch nach § 152 S. 2 UmwG (dazu → II. 2. c)) erforderlich.

VII. Fazit

Der Beitrag zeigt, was für vielfältigen und komplexen Rechtsanwendungsprobleme entstehen, wenn eine Gesellschaft in der Krise eine grenzüberschreitende Umwandlung nach den neuen §§ 305 ff. UmwG anstrebt.

1. Das verwundert bei genauerer Betrachtung nicht, müssen doch in die Betrachtung neben (1.) den genannten Regelungen des UmwG auch die Vorschriften (2.) der InsO, (3.) des StaRUG und auch die europarechtlichen Grundlagen in (4.) der Mobilitätsrichtlinie sowie (5.) der Restrukturierungsrichtlinie einbezogen werden.

---

[83] Zum Vorschlag, ein Sanierungskonzept vorzulegen *Heckschen/Knaier* GmbHR 2022, 501 (506).

[84] *Heckschen* in Widmann/Mayer, Umwandlungsrecht, 06/2021, UmwG § 120 Rn. 2.2; *Leitzen* in BeckOGK, 1.7.2022, UmwG § 120 Rn. 18; *Simon* in Kölner Komm UmwG, 2009, § 120 Rn. 21; *Ollech* in Schmitt/Hörtnagl, UmwG, UmwStG, 9. Aufl. 2020, UmwG § 120 Rn. 6.

[85] *Leitzen* in BeckOGK, 1.7.2022, UmwG § 120 Rn. 22.

[86] *Leitzen* in BeckOGK, 1.7.2022, UmwG § 120 Rn. 22.

[87] *Simon* in Kölner Komm UmwG, 2009, § 120 Rn. 21; zust. *Leitzen* in BeckOGK, 1.7.2022, UmwG § 120 Rn. 27.

[88] *Leitzen* in BeckOGK, 1.7.2022, UmwG § 120 Rn. 25.

2. Als wesentlicher Grundsatz hat sich herausgebildet, dass die allgemeineren Regeln der §§ 305 ff. UmwG im Konfliktfall an einigen Stellen den krisenspezifischen Sonderregelungen der InsO und des StaRUG weichen müssen.

2. a) Die positive Entscheidung der Gesellschafter ist in Insolvenz und präventivem Restrukturierungsrahmen strukturell betrachtet keine Grundvoraussetzung der grenzüberschreitenden Umwandlung, sondern ein (unter Umständen verzichtbarer) Teil der gruppenbezogenen Planabstimmung.

2. b) Auch im Recht der grenzüberschreitenden Umwandlungen gilt das Prinzip, dass sich die individuell gläubigerschützenden Regelungen des UmwG in die Minderheitenschutzvorschriften der InsO und des StaRUG wandeln. Das Insolvenz- bzw. Restrukturierungsplanverfahren bezieht alle Stakeholder einschließlich der Gläubiger in ein kollektives (im Falle der Insolvenz Verwertungs-)Verfahren ein, in dem ihre Rechte grundsätzlich nach dem Schutzkonzept von InsO bzw. StaRUG gewahrt werden. Daneben ist kein Platz für das vorgelagerte (Individual-)Gläubigerschutzkonzept der neuen Regelungen der §§ 305 ff. UmwG (§ 314 UmwG ggf. iVm § 328 UmwG bzw. § 341 Abs. 1 UmwG).

3. Über Rechtsfragen lässt sich bekanntlich trefflich streiten. Im Ergebnis steht aber wohl unstreitig fest: Das Nachdenken über Schnittstellenprobleme wie die vorstehend untersuchte grenzüberschreitende Umwandlung in der Krise hat *Andreas Heidinger* in seinen mehr als 25 Jahren als Leiter des Referats Handels-, Gesellschafts- und Steuerrecht des Deutschen Notarinstituts immer Freude bereitet.

STEFAN HEINZE

Das notarielle Hauptversammlungsprotokoll –
Empfehlungen für Straffung und Kürzung

Die gesetzlichen Vorgaben an die Niederschrift über die Hauptversammlung sind in knappen Vorschriften geregelt. Gleichwohl nimmt die Länge moderner Hauptversammlungsprotokolle enorm zu. Teils ist zu beobachten, dass eine starke Orientierung am Leitfaden erfolgt und dieser in weiten Teilen lediglich in die indirekte Rede gesetzt wird. Dieser Beitrag soll einige Tipps zur Straffung und für einen sinnvollen Aufbau liefern,[1] wobei Anregungen aus veröffentlichten Praxisfällen entnommen werden. Allgemeine Grundsätze und der Stand der Rechtsprechung werden als bekannt vorausgesetzt und nur dort referiert, wo es sinnvoll erscheint.

I. Überblick über den rechtlichen Rahmen

1. Der gesetzliche Mindestinhalt des § 130 Abs. 2 AktG

Bei der Vorbereitung sollte man zumindest gedanklich an erster Stelle bemüht sein, den beurkundungsrechtlichen „Worst Case" zu vermeiden. Dieser träte ein, wenn ein Beschluss gemäß § 241 Nr. 2 AktG nichtig ist, also wenn der Beschluss nicht nach § 130 Abs. 1, Abs. 2 S. 1 und Abs. 4 AktG beurkundet ist.

Eine konzise Zusammenfassung der insoweit maßgeblichen Anforderungen findet sich in einer Entscheidung des OLG Düsseldorf aus dem Jahr 2002, welche den abschließenden Charakter des § 241 Nr. 2 AktG betont:[2]

> *„In die Niederschrift des § 130 Abs. 1 AktG ist nicht der gesamte Ablauf der Hauptversammlung, sondern sind nur bestimmte Vorgänge und Erklärungen zwingend aufzunehmen. Gemäß § 130 Abs. 2 AktG sind der Ort und der Tag der Verhandlung, der Name des Notars sowie die Art und das Ergebnis der Abstimmung und die Feststellung des Vorsitzenden über die Beschlussfassung anzugeben. (...)*

> *Neben diesen Formalien verlangt § 130 Abs. 2 AktG die Angabe der Abstimmungsart, also Angaben dazu, welche Stimmen abgegeben werden sollen (Ja-Stimmen und Enthaltungen, Nein-Stimmen und Enthaltungen oder Ja- und Nein-Stimmen), wie sie abgegeben werden sollen (durch Handaufheben, Aufstehen, Zuruf, auszufüllenden Stimmzettel, EDV-Stimmkarten), wo sie abzugeben sind und wie sie ausgezählt werden (durch den Versammlungsleiter, Stimmenzähler, manuell oder maschinell, mit Hilfe von EDV) (...).*

> *...*

> *§ 130 Abs. 2 AktG schreibt ferner vor, dass das Ergebnis der Abstimmung zu protokollieren ist, wobei zum einen die Zahl der abgegebenen Stimmen und zum anderen die Feststellung des Vorsitzenden über die Beschlussfassung, also die rechtliche Folgerung aus den Stimmzahlen festzuhalten ist.*

---

[1] Allgemein auch empfohlen von *Noack/Zetzsche* in Kölner Komm AktG, 3. Aufl. 2011, § 130 Rn. 266; *Kubis* in MüKoAktG, 5. Aufl. 2021, § 130 Rn. 72.

[2] OLG Düsseldorf DNotZ 2003, 775 f.: Literaturnachweise des Gerichts vom Verfasser entfernt.

Auch diesen Anforderungen genügt das Protokoll. Als Ergebnis der Abstimmung ist die Zahl der abgegebenen Ja-Stimmen sowie der Nein-Stimmen und beim Subtraktionsverfahren zusätzlich die Zahl der Stimmenthaltungen zu protokollieren (…)."

Diese kurze Zusammenfassung sollte man nicht aus den Augen verlieren. Bei der Protokollierung der Pflichtangaben ist große Sorgfalt einzuhalten.

2. Weitere gesetzliche Vorgaben (ohne Nichtigkeitssanktion)

Selbstverständlich hat der Notar auch andere ausdrückliche gesetzliche Vorgaben an die Niederschrift zu wahren, selbst wenn deren Verletzung nicht zur Unwirksamkeit der Beurkundung führt. Zu beachten ist zum einen § 131 Abs. 5 AktG, wonach bei einer Auskunftsverweigerung ein Aktionär verlangen kann, dass seine Frage sowie der Grund der Auskunftsverweigerung in das notarielle Protokoll aufgenommen werden. Gemäß § 245 Nr. 1 AktG hat der Notar zu Protokoll erklärte Widersprüche gegen Beschlüsse aufzunehmen.

§ 131 Abs. 5 AktG wird nach Sinn und Zweck zutreffend so ausgelegt, dass auch eine absichtliche oder versehentlich übergangene Frage zu protokollieren ist; ebenso, wenn die Gesellschaft eine Begründung nicht abgibt, und schließlich, wenn ein Aktionär geltend macht, seine Frage sei nicht oder nicht hinreichend beantwortet worden, oder wenn über den Umstand einer Fragestellung Streit besteht.[3]

3. Ungeschriebene Anforderungen an Protokollierung – Herleitung und Stand der hM

Über weitere Anforderungen an den Inhalt des Hauptversammlungsprotokolls besteht in Detailfragen noch Uneinigkeit, wobei es aber der heute wohl einhelligen Auffassung entspricht, dass etwaige Verstöße keine Unwirksamkeitsfolge nach § 241 Nr. 2 AktG nach sich ziehen. Es handelt sich dabei um solche Vorgänge, die für das Zustandekommen und die Wirksamkeit von Beschlüssen von Bedeutung sind.[4] Hierunter können zahlreiche Sachverhalte fallen; die nachfolgende Checkliste gibt lediglich häufig in der Literatur genannte Fälle wieder:

– Feststellungen zur Ordnungsgemäßheit der Einberufung und der Tagesordnung (durch den Versammlungsleiter) sowie ggf. Widersprüche hiergegen;
– Beschränkungen des Teilnahmerechts (Zutrittsbeschränkung, Verweisung aus dem Saal);
– Generelle oder individuelle Beeinträchtigungen des Rede- und Fragerechts (Beschränkung der Redezeit, Wortentzug, Nichtzulassung von Fragen) und sonstige Ordnungsmaßnahmen des Versammlungsleiters (Schließung der Rednerliste);
– Unterbrechung und Schließung der Hauptversammlung;
– Förmliche Beschlussanträge und ggf. deren Nicht-Stellung zur Abstimmung mit entsprechendem Hinweis;
– Feststellungen des Notars zu Stimmverboten (bzw. Wiedergabe der üblicherweise vom Versammlungsleiter hierzu getroffenen Feststellungen).

Schließlich werden „fakultative Elemente" in der Literatur genannt, etwa:
– Nennung der anwesenden Vorstände und Aufsichtsratsmitglieder, ggf. auch Anwesenheit des Wirtschaftsprüfers;
– Anfang und Ende der Hauptversammlung;

---

[3] In streitigen Fällen sollte der Notar stets darauf achten, zwischen seinen Wahrnehmungen und den Behauptungen eines Aktionärs zu differenzieren; *Faßbender* RNotZ 2009, 425 (439) und *Krieger* FS Priester, 2007, 387 (395).
[4] *Kubis* in MüKoAktG, 5. Aufl. 2021, § 130 Rn. 77 mwN.

– Exakte Bezeichnung des Versammlungsraums;
– Hinweise zum Teilnehmerverzeichnis;
– Wahrnehmungen des Notars zur Tonübertragung.

4. Anlagen zur Niederschrift

Das Gesetz enthält schließlich Vorgaben zu den zur Niederschrift zu nehmenden Anlagen; § 37 BeurkG regelt deren verfahrensrechtliche Behandlung. § 130 Abs. 3 AktG verlangt die Beifügung der Nachweise über die ordnungsgemäße Einberufung.

Ganz überwiegend ist heutzutage die E-Bundesanzeiger-Bekanntmachung (§ 121 Abs. 4 S. 2 AktG) der Regelfall, der durch die Beifügung einer Abschrift genügt wird.

Weitere Pflichtanlagen bestehen häufig im Zusammenhang mit Strukturmaßnahmen, etwa Nachgründungsverträgen, Verträgen nach § 179a AktG, Unternehmensverträgen, Verschmelzungs- und Spaltungsverträgen sowie vermögensübertragenden Verträgen.[5] Wird der Formwechsel der Aktiengesellschaft beschlossen, so ist auch der Gesellschaftsvertrag der neuen Rechtsform der Niederschrift als Anlage beizufügen.

5. Allgemeine Grundsätze

Hilfreich für die Möglichkeiten der Straffung ist es, wenn man sich die immer wieder betonte Rechtsnatur der Niederschrift vor Augen führt. Diese ist grds. ein Ergebnisprotokoll (betreffend die Angaben nach § 130 Abs. 1 und Abs. 2 AktG) und nur teilweise ein Verlaufsprotokoll (Minderheitsverlangen, unbeantwortete Aktionärsfragen, Widersprüche). Die Niederschrift ist keine vollständige Dokumentation der Hauptversammlung und insbesondere kein stenographisches Protokoll.[6]

II. Zweckmäßige Umsetzung des rechtlichen Rahmens

1. Die Veröffentlichung im Bundesanzeiger als wichtiger Bestandteil der Niederschrift – Tagesordnung, Beschlussvorschläge, Beschlussfeststellung

Schon im Vorfeld der Beurkundung sollte der Notar die Bundesanzeigerbekanntmachung als PDF-Datei abspeichern und ausdrucken. Zum einen wird durch deren Beifügung als Anlage den Anforderungen des § 130 Abs. 3 AktG genügt; zum anderen ist der Verweis auf die dort angegebene Tagesordnung (§ 121 Abs. 3 S. 2 AktG) und die dort enthaltenen Vorschläge zur Beschlussfassung (§ 124 Abs. 3 S. 1 AktG) wesentlich weniger fehleranfällig als das erneute Kopieren und Einfügen. Soweit in der Hauptversammlung auf die Tagesordnung und die bekannt gemachten Beschlussvorschläge verwiesen wird, kann stets auf die beigefügte Bekanntmachung verwiesen werden. Anlagen zur Niederschrift gelten als Teil der Niederschrift selbst (§ 37 BeurkG); dieser Grundsatz wird auch durch § 130 AktG, der insoweit beurkundungsverfahrensrechtlich überhaupt nichts regelt, nicht in Frage gestellt. Die Rechtsprechung hat dies auch bestätigt.[7] Denkbare Formulierungen in diesem Zusammenhang sind etwa folgende:

---

[5] Einzelheiten und die jeweiligen Normen bei *Noack/Zetzsche* in Kölner Komm AktG, 3. Aufl. 2011, § 130 Rn. 276.

[6] *Noack/Zetzsche* in Kölner Komm AktG, 3. Aufl. 2011, § 130 Rn. 3.

[7] OLG München BeckRS 2008, 21816: Bezugnahme auf in der Tagesordnung enthaltenen Beschlussvorschlag ist ausreichend.

Formulierungsvorschlag: Verweisung auf beigefügte Tagesordnung

Der Versammlungsleiter[8] wies auf die Tagesordnung hin, die in der Bekanntmachung enthalten sei. Diese Tagesordnung wurde in der Bekanntmachung angegebenen Reihenfolge abgehandelt …

Der Versammlungsleiter stellte die in der Bekanntmachung angegebenen Beschlussvorschläge der Verwaltung zu den jeweiligen Tagesordnungspunkten zur Abstimmung.

Natürlich muss ein solches Vorgehen aufmerksam erfolgen und nicht schematisch. Gelegentlich finden sich in der Bekanntmachung Schreibfehler oder sonstige offensichtliche Unrichtigkeiten. In derartigen Fällen sollte der korrigierte Beschlussvorschlag verlesen werden:

Formulierungsvorschlag bei Schreibfehlern in Bekanntmachung

Der Versammlungsleiter wies darauf hin, dass in der Bekanntmachung hinsichtlich der Tagesordnung zu TOP 8 ein Schreibfehler enthalten sei. Die Angabe der aufzuhebenden Satzungsbestimmung betreffend des genehmigten Kapitals I finde sich nicht in § 5 Abs. 5–7, sondern in § 8 Abs. 5–7. Der Versammlungsleiter verlas den Vorschlag der Verwaltung in seiner korrigierten Form wie folgt wörtlich: …

Durch die weitgehende Bezugnahme auf die Bekanntmachung nach § 121 Abs. 4 AktG wird in Anwendung der Verweisungstechnik zum einen das Potenzial für Übertragungsfehler reduziert; zum anderen wird die Niederschrift nicht durch Dopplungen unnötig verlängert.

Wer auf die Wiedergabe der Tagesordnung bzw. der Beschlussvorschläge der Verwaltung in der Niederschrift nicht verzichten möchte, dem sei empfohlen, mittels einer professionellen Software die als PDF verfügbare Bekanntmachung in ein bearbeitbares Format (etwa .docx oder sonstige Textverarbeitung) zu konvertieren; dann kann das Übertragen automatisiert erfolgen. Ein blindes Übertragen aus dem Leitfadenentwurf sollte dagegen nicht erfolgen, weil dort ebenfalls Übertragungsfehler oder lediglich schlagwortartige Kurzbezeichnungen enthalten sein könnten.

2. Bekanntmachung in Verbindung mit dem durch EDV generierten Ergebnis der Abstimmung (§ 130 Abs. 2 AktG) – die zweckmäßige Verwendung von „Langfassung" (§ 130 Abs. 2 S. 2 AktG) und „Kurzfassung" (§ 130 Abs. 2 S. 3 AktG)

Nach Beendigung der Abstimmung wird die Hauptversammlung in der Regel unterbrochen; währenddessen werden die eingesammelten Stimmkarten bzw. Stimmbögen im Back-Office durch die EDV ausgewertet. Sobald diese Auswertung beendet ist, generiert die EDV automatisiert das Ergebnis der Abstimmung – unter Berücksichtigung der zuletzt ebenfalls automatisiert ermittelten Präsenz sowie der im System hinterlegten Stimmverbote. Der Notar lässt sich zweckmäßigerweise die Funktionsweise des Systems zeigen und erklären und überwacht stichprobenartig die Verarbeitung; auch bei Stimmverboten zeigt sich das Back-Office in der Regel auskunftsfreudig und vorbereitet, sodass der Notar seiner summarischen Rechtsprüfung hier nachkommen kann.

Je nach dem Bedürfnis der Gesellschaft generiert die EDV eine „Kurzfassung" nach § 130 Abs. 2 S. 3 AktG für die Verkündung durch den Vorsitzenden oder eine „Langfassung", die die Angaben nach § 130 Abs. 2 S. 2 AktG enthält. Insbesondere § 130 Abs. 2 S. 3 AktG enthält nach verbreiteter Auffassung einen „Fallstrick", da der Umfang der Feststellung hinter

---

[8] Man sollte im Zusammenhang mit § 130 Abs. 2 AktG wie das Gesetz vom „Vorsitzenden" sprechen, im Übrigen vom „Versammlungsleiter". Die gesetzliche uneinheitliche Terminologie ist überraschend, aber unschädlich.

demjenigen der Beurkundungspflicht gemäß § 130 Abs. 2 S. 1 AktG zurückbleibe.[9] Wählt der Versammlungsleiter zulässigerweise die Form des § 130 Abs. 2 S. 3 AktG, so sollte der Notar gleichwohl darum bitten, dass die EDV-generierte „Langfassung" ihm zur Verfügung gestellt wird. Auf diese kann er dann die Protokollierung des Abstimmungsergebnisses stützen (§ 130 Abs. 2 S. 1 AktG).

Hier wird die Empfehlung ausgesprochen, die EDV-generierten Abstimmungsergebnisse zur Niederschrift zu nehmen und wiederum auf diese gemäß § 37 BeurkG zu verweisen. Wählt der Versammlungsleiter für die Beschlussfeststellung die Langfassung nach § 130 Abs. 2 S. 2 AktG, so ist es mE unproblematisch, diese Angaben auch § 130 Abs. 2 S. 1 AktG zu Grunde zu legen.

> Formulierungsvorschlag: Verweisung auf Beschlussvorschläge als Teil der Feststellung von Art und Ergebnis der Abstimmung bzw. Beschlussfeststellung
>
> Die Beschlussvorschläge der Verwaltung, wie in der beigefügten Bekanntmachung zu den jeweiligen Tagesordnungspunkten ersichtlich, wurden jeweils mit den Mehrheiten angenommen, die aus den dieser Niederschrift als Anlage beigefügten Ergebnisblättern ersichtlich sind. Der Vorsitzende stellte die jeweilige Beschlussfassung ebenfalls so fest, wie aus den beigefügten Ergebnisblättern ersichtlich.

Diese Blätter enthalten häufig auch Hinweise zu Stimmverboten, sodass auch insoweit der Notar die gebotene Kontrolle (ggf. erneut) vornehmen kann.

Die Bekanntmachung sowie die elektronisch generierten Blätter über die Abstimmung und Beschlussfeststellung sind also von zentraler Bedeutung für die Erfüllung der notariellen Protokollierungspflichten im Kernbereich. Durch die Bezugnahme auf sie vermeidet man unnötige Fehlerquellen und reduziert zugleich das Volumen der Niederschrift; die hervorgehobene Stellung der jeweiligen Abstimmungsergebnisse auf einem gesonderten Blatt trägt zur Übersichtlichkeit bei.

3. Straffungspotenzial beim „Vorgeplänkel"

Der Aufbau der meisten Niederschriften zu Hauptversammlungen orientiert sich in der Regel am Leitfaden. Dies ist von der Chronologie her nachvollziehbar (wenngleich nicht zwingend); jedoch sollte man darauf achten, dass man nicht ungeprüft jeden Satz aus dem Leitfaden übernimmt. Häufig finden sich hier Hinweise doppelt; für eine solche Doppelung in der Niederschrift besteht kein Anlass.

Anbei ein paar Hinweise zu den einzelnen Elementen:

a) Anwesenheitsfeststellung bzgl. Verwaltung

Häufig findet sich im Hauptversammlungsprotokoll zu Beginn ein Hinweis auf anwesende Personen. Dies betrifft insbesondere die Organe der Verwaltung, deren Teilnahme nach § 118 Abs. 3 S. 1 AktG der Regelfall ist. Bei den Aktionären sollte man darauf hinweisen, dass deren Präsenz mit Zu- und Abgängen in einem von der Gesellschaft geführten Teilnehmerverzeichnis registriert wird. Das Teilnehmerverzeichnis sollte aus Gründen des Datenschutzes nicht als Anlage zur Niederschrift genommen werden.

b) Teilnehmerverzeichnis als „work in progress"

Nachvollziehbarerweise weist der Versammlungsleiter bereits zu einem frühen Zeitpunkt darauf hin, dass das Teilnehmerverzeichnis sich in Erstellung befinde und er darüber informieren werde, wann es fertig gestellt sei. Dies ist angesichts der Pflicht, das Teilnehmerverzeichnis gemäß § 129 Abs. 4 S. 1 AktG vor der ersten Abstimmung zugänglich zu machen,

---

[9] *Leitzen* ZIP 2009, 1065 (1068).

verständlich; mit dieser Erklärung kann etwa einer Frage, „wo denn das Teilnehmerverzeichnis sei", in einer frühen Phase der Hauptversammlung der Wind aus den Segeln genommen werden.

Ich halte es aber für unzweckmäßig, weil verwirrend, die einzelnen Entwicklungsschritte bei der Genese des Teilnehmerverzeichnisses (Hinweis auf laufende Erstellung – Erste Präsenz – Inhalt vor der ersten Abstimmung) ausführlich unter Wiedergabe des Leitfadens in die Niederschrift aufzunehmen.

Meines Erachtens genügt die Feststellung, dass das (ggf. aktualisierte) Teilnehmerverzeichnis vor der ersten Abstimmung den Aktionären zugänglich gemacht werde und die Präsenzerfassung auch weiterhin aktualisiert erfolge. Aus den Langfassungen der Abstimmungsergebnisse (siehe bereits vorn) ergibt sich ohnehin die Präsenz, die vor der jeweiligen Abstimmung galt.

> Formulierungsvorschlag: gestraffte Präsenzfeststellung
>
> Der Vorsitzende gab nach Fertigstellung des Teilnehmerverzeichnisses die Präsenz bekannt; er tat dies vor der ersten Abstimmung erneut. Das Teilnehmerverzeichnis wurde durch Auslage am Wortmeldetisch vor der ersten Abstimmung den Aktionären, die dies wünschten, zugänglich gemacht.

c) Kürzung bei den Regularien: Aufsichtsrats- und Vorstandsbericht

Tagesordnungspunkt 1 ist regelmäßig die Vorlage des festgestellten Jahresabschlusses, des gebilligten Konzernabschlusses, des Lageberichts der Gesellschaft und des Konzerns, des Berichts des Aufsichtsrats und des erläuternden Berichts des Vorstands zu den Angaben nach §§ 289 Abs. 4, 315 Abs. 4 HGB für das abgelaufene Geschäftsjahr.

Grundlagen hierfür sind die §§ 175, 176 AktG; § 175 AktG regelt das Vorfeld, § 176 AktG den Ablauf der Hauptversammlung selbst. Die Vorlagen nach § 175 Abs. 2 AktG sowie bei einer börsennotierten Gesellschaft ein erläuternder Bericht (§§ 289a, 315 HGB) sind der Hauptversammlung zugänglich zu machen; ein Verstoß hiergegen begründet ein Anfechtungsrecht.[10] Eine Verletzung der Erläuterungspflicht nach § 176 Abs. 1 S. 2 AktG hingegen löst ein Anfechtungsrecht nicht aus.[11] Hieran sollte sich auch die notarielle Protokollgestaltung orientieren.

> Formulierungsvorschlag: Gestraffter Hinweis auf § 176 Abs. 2 AktG
>
> Der Versammlungsleiter wies darauf hin, dass die in § 176 Abs. 2 AktG bezeichneten Dokumente der Hauptversammlung zugänglich gemacht worden seien. Der Vorstand erläuterte seine Vorlagen, der Versammlungsleiter als Aufsichtsratsvorsitzender auch den Bericht des Aufsichtsrats.

4. Saubere und gleichzeitig gestraffte Darstellung der (protokollrelevanten) Vorkommnisse in der Generaldebatte: Aktionärsfragen

Es liegt auf der Hand, dass der Notar kein stenographisches Protokoll oder auch nur eine inhaltliche Zusammenfassung sämtlicher Aktionärsbeiträge schuldet.

Dennoch ist klar, dass diese Phase der Hauptversammlung aufmerksam vom Notar verfolgt werden sollte. Relevant sind hier die besagten Beschränkungen des Rede- und Fragerechts, eventuelle Ordnungsmaßnahmen und natürlich verweigerte Auskünfte auf Fragen bzw. Meinungsverschiedenheiten bzgl. der Beantwortung von Fragen.

Treten diese Ereignisse nicht auf, so sollte die Protokollierung auch entsprechend knappgehalten werden:

---

[10] *Euler/Klein* in BeckOGK, 1.7.2022, AktG § 176 Rn. 20.
[11] *Euler/Klein* in BeckOGK, 1.7.2022, AktG § 176 Rn. 21.

Formulierungsvorschlag (keine unbeantworteten Fragen, keine Rügen)

Der Vorsitzende eröffnete die Generaldebatte und wies (wiederholt) auf die Art und Weise einer Wortmeldung hin.

Es meldeten sich insgesamt … Aktionäre mit Debattenbeiträgen und Fragen an die Verwaltung.

Die an die Verwaltung gerichteten Fragen wurden von Mitgliedern des Vorstands und des Aufsichtsrats beantwortet. Auf Nachfrage des Versammlungsleiters machte kein Aktionär geltend, eine gestellte Frage sei nicht oder nicht hinreichend beantwortet worden. Die Generaldebatte wurde sodann geschlossen.

Weder ist es im unkritischen Fall erforderlich:

- Aktionäre namentlich zu benennen;
- die Zahl der Fragen zu erfassen;
- den Zeitraum der Wortbeiträge festzuhalten;
- den Ablauf der Generaldebatte, etwa in „Abschnitte" zu strukturieren;
- die Mitglieder der Verwaltung namentlich zu benennen, die die Fragen beantworten;
- darauf hinzuweisen, dass es zu den Fragen auch Nachfragen gab, wenn diese beantwortet wurden.

Protokollen, die das gleichwohl anstreben, liegt ein hoher Arbeitsaufwand zu Grunde, was lobenswert ist.[12] Sie lesen sich interessant und wirken vollständig; aber eine derart angestrebte Vollständigkeit über den Verlauf ist nach meiner Einschätzung zum einen fehleranfällig; zum anderen besteht der Zweck der notariellen Niederschrift nicht darin, ein vollständiges Verlaufsprotokoll anzufertigen. Hierfür werden in der Regel Stenographen beauftragt, auf deren Aufzeichnungen man erforderlichenfalls zurückgreifen könnte. Stattdessen sollte sich das notarielle Protokoll auf die wesentlichen Elemente konzentrieren, und zwar dann, wenn § 131 Abs. 5 AktG Bedeutung entfaltet. Die in § 131 Abs. 5 AktG ausdrücklich geregelte Situation ist nicht der einzige Anwendungsbereich, wohl auch nicht der häufigste;[13] wenig praxisrelevant angesichts der intensiven Personalausstattung im Back-Office ist auch der Fall der versehentlichen Nichtbeantwortung. Häufig sind jedoch die Fälle, in denen Aktionäre eine Nichtbeantwortung rügen, die Verwaltung hingegen den Standpunkt einnimmt, die Frage sei beantwortet. Trotz zutreffender dogmatischer Bedenken[14] ist es verbreitete Praxis, dass der Notar die Behauptung eines Aktionärs über eine Nichtbeantwortung sowie die zugehörige Stellungnahme der Gesellschaft protokolliert, wobei ihm dringend zu empfehlen ist, klarzustellen, dass es nicht die Feststellung des Notars, sondern die Behauptung des Aktionärs ist bzw. dieser Umstand für den Notar nicht überprüfbar war.[15]

Umstritten ist, ob den Aktionär eine Obliegenheit trifft, die (angeblich) nicht beantworteten Fragen in schriftlicher Form zu überreichen.[16] Für eine Obliegenheit spricht, dass ansonsten die Aufmerksamkeit des Notars über Gebühr zu Gunsten eines Aktionärs und zu Lasten der übrigen Aktionäre von der Hauptversammlung abgelenkt würde. Angesichts der notariellen Unabhängigkeit bei der Gestaltung des Verfahrens kann der Aktionär keineswegs

---

[12] So etwa das Protokoll zur Hauptversammlung der Deutschen Bank AG vom 23.5.2019, AG Frankfurt am Main HRB 30000.

[13] *Krieger* FS Priester, 2007, 383 (393): Ausnahmefall.

[14] *Krieger* FS Priester, 2007, 383 (393).

[15] LG Frankfurt NZG 2005, 937 (939).

[16] Bejahend: *Priester* DNotZ 2001, 621 (626); *Krieger* FS Priester, 2007, 383 (402); *Hüffer* in Koch, AktG, 16. Aufl. 2022, § 131 Rn. 77; *Herrler* in Grigoleit, AktG, 2. Aufl. 2020, § 131 Rn. 62; *Poelzig* in BeckOGK, 28.7.2022, AktG § 131 Rn. 267; einschränkend *Kubis* in MüKo-AktG, 5. Aufl. 2022, § 131 Rn. 176: Grundsatz der Mündlichkeit, Ausnahmen denkbar bei ordnungsrechtlichen Gründen (Zeitmangel).

vom Notar verlangen, dass dieser sich die Fragen vom Aktionär diktieren lässt; allenfalls denkbar ist eine Obliegenheit der Gesellschaft zur Unterstützung. Richtigerweise ist auch eine solche Obliegenheit abzulehnen, weil hierdurch Ressourcen der Gesellschaft wiederum in unangemessener Weise zu Gunsten einzelner Aktionäre eingesetzt würden und es zu zeitlichen Verzögerungen kommt, es dem Aktionär aber andererseits ohne weiteres zumutbar ist, seine ohnehin regelmäßig schriftlich vorformulierten Fragen der Gesellschaft zu überreichen, beschränkt auf die Kennzeichnung der unbeantworteten Fragen.

In der Praxis stellen sich diese Probleme angesichts des technischen Fortschritts zumeist nicht mehr. Die Gesellschaft erfasst über die eingesetzten Stenographen die Frage (gemäß ihrem Verständnis) und legt diese ausgedruckt der Verwaltung gemeinsam mit den Aufzeichnungen über einen Antwortvorschlag vor; diese Notizen werden dem Notar auf Nachfrage von der Gesellschaft meist unproblematisch überlassen. Der Notar sollte sich hierauf nicht blind verlassen; die eigene Wahrnehmung kann von derjenigen der Stenographen abweichen und tut dies mitunter auch. Ist dies der Fall, sollte der Notar dies mit dem Versammlungsleiter erörtern, der dann bei dem betroffenen Aktionär nachfragen kann. Teilweise werden insbesondere aber Nachfragen von der Verwaltung spontan beantwortet, wobei auch hier die Stenographen in der Regel tätig werden.

Für die sinnvolle praktische Umsetzung kann man beispielsweise so verfahren wie es hier dargestellt ist; andere technische Möglichkeiten sind selbstverständlich auch denkbar.

> Formulierungsvorschlag (Rüge der Nichtbeantwortung von Fragen, Streit über die Tatsache der Nichtbeantwortung):

> Es wurde die Nichtbeantwortung der in der Anlage „Fragen" durch den dort jeweils aufgeführten Aktionär bzw. Aktionärsvertreter gerügt; die Gesellschaft hat jeweils der Ansicht des Aktionärs widersprochen und darum ersucht, die Antworten, die sie nach ihrer Auffassung der jeweiligen Frage gegeben hat, in der Anlage „Antworten" aufgeführt.

> Ich, der Notar, stelle fest, dass ich lediglich die tatsächlichen Behauptungen von Aktionär bzw. Gesellschaft an dieser Stelle aufzeichne und nicht habe wahrnehmen können, ob die jeweilige Frage wirklich beantwortet worden sei.

5. *Protokollierung der Essentialia: Art der Abstimmung, Ergebnis der Abstimmung, Feststellung des Vorsitzenden über die Beschlussfassung*

An dieser Stelle ist aus den genannten Gründen eine besonders sorgfältige Protokollierung geboten. Auf die eingangs geschilderte Entscheidung des OLG Düsseldorf sei noch einmal hingewiesen. Es kann sich empfehlen, in der Niederschrift Überschriften entsprechend dem Gesetzeswortlaut zu formulieren, um sicherzustellen, dass nichts versehentlich „vergessen" wird; es ist andererseits auch sachgerecht, das Ergebnis der jeweiligen Abstimmung und die Feststellung des Vorsitzenden zusammenzufassen, da sich die Niederschrift sonst merkwürdig liest.

Grds. können aber, anders als meist im Leitfaden vorgesehen, die Hinweise des Versammlungsleiters zu den einzelnen Abstimmungsgegenständen zusammenfassend erfolgen, soweit sie gleichlauten; nur dort, wo es Besonderheiten gibt (Stimmverbote, qualifizierte Mehrheiten), sollte eine zusätzliche ausdrückliche Kennzeichnung erfolgen.

Hier ist auf die Empfehlung hinzuweisen, mit Verweisungen auf die Anlage zu verfahren.

> Formulierungsvorschlag (betreffend Abstimmungsergebnisse und Feststellung):

> Der Versammlungsleiter stellte die in der Bekanntmachung (Anlage 1) enthaltenen Beschlussvorschläge der Verwaltung zur Abstimmung. Es ergaben sich die Abstimmungsergebnisse, die jeweils zu den einzelnen Gegenständen in der Anlage 2 ersichtlich sind. Der Versammlungsleiter stellte jeweils die Beschlussfassung so fest, wie sie aus der Anlage 2 ebenfalls zu dem jeweiligen Tagesordnungspunkt ersichtlich ist (ggf.: Er verkündete diese Beschlüsse in der ebenfalls aus Anlage 2 ersichtlichen Weise).

Natürlich ist das nicht zwingend; denkbar ist auch, die Ergebnisse der Abstimmungen und die Beschlussfassung in die Niederschrift aufzunehmen und ggf. hervorzuheben. Der geschilderte Weg erscheint mir aber verfahrensökonomisch und erlaubt es dem Notar, seine Aufmerksamkeit den wichtigen Dingen zu widmen.

Zur Art der Abstimmung kann man bei weiter Betrachtung ggf. folgende Umstände zählen:

- Welche Stimmen werden abgegeben (Ja/Nein/Enthaltung);
- Wie werden diese Stimmen abgegeben (zB durch Handaufheben, Aufstehen, Zuruf, auszufüllenden Stimmzettel, EDV-Stimmkarten, iPads);
- Wo sind die Stimmen abzugeben (zB Urnen, die von der Gesellschaft aufgestellt und durch die Reihen getragen werden; Einsammlung von iPads); hier könnte auch ein Hinweis auf den Präsenzbereich genügen;
- Wie werden die Stimmen ausgezählt (durch Versammlungsleiter; durch Stimmenzähler, manuell oder EDV-unterstützt);
- Welche Methode liegt der Auszählung zu Grunde (Additionsverfahren oder Subtraktionsverfahren).

Die meisten Protokolle in der Praxis enthalten diese Angaben häufig in sehr ausführlicher Form und machen keine Fehler. Ich würde allerdings dazu raten, diese Aspekte gebündelt darzustellen und nicht über verschiedene Abschnitte der Niederschrift verstreut. Wechselt das Abstimmungsverfahren zwischen einzelnen Beschlussgegenständen, so sind diese Änderungen natürlich anzugeben; ansonsten kann man sich darauf beschränken, festzustellen, dass für sämtliche Abstimmungsgegenstände der Tagesordnung entsprechend verfahren worden ist. Die beigefügte Formulierung stellt dies beispielhaft dar; sie zeigt auch auf, wie man mit „echten" Gegenanträgen umgehen kann:

Formulierungsvorschlag (Art der Abstimmung):

Der Vorsitzende erläuterte die Art der Abstimmung wie folgt:

Die Abstimmungen würden durch Abgabe der entsprechenden Stimmabschnitte erfolgen. Alle Beschlussvorschläge würden in einem Vorgang zur Abstimmung gestellt.

Die Ermittlung des Abstimmungsergebnisses würde im Subtraktionsverfahren erfolgen. Demgemäß würden nur die NEIN-Stimmen und die erklärten Stimmenthaltungen gezählt. Die Zahl dieser Stimmen sowie die Zahl etwaiger ungültiger Stimmen würden sodann von der Gesamtzahl der insgesamt bei der jeweiligen Abstimmung in der Hauptversammlung vertretenen Stimmen abgezogen. Daraus ergäben sich die JA-Stimmen. Aktionäre, die zu einzelnen Tagesordnungspunkten mit „JA" stimmen wollten, bräuchten nichts zu tun und müssten keinen Stimmabschnitt abgeben. Sofern Stimmabschnitte abgegeben würden, die nicht aufgerufen worden seien, würden sie bei der Feststellung des Abstimmungsergebnisses unberücksichtigt bleiben.

Für die Abstimmung hätten die Aktionäre und Aktionärsvertreter einen Stimmbogen mit einer ausreichenden Anzahl von Stimmabschnitten erhalten. Für jeden Tagesordnungspunkt stehe ein Stimmabschnitt zur Verfügung. Die Stimmabschnitte seien entsprechend den jeweiligen Abstimmungen beschriftet (also TOP 2, TOP 3 usw.). Mithilfe dieses Stimmbogens, auf dem eine individuelle Stimmbogennummer und die jeweils gehaltenen Aktien vermerkt seien, könnten Teilnehmer an sämtlichen heute anstehenden Abstimmungen teilnehmen und ihr Stimmrecht ausüben.

Er kündigte an, vor der Abstimmung die für die jeweiligen Tagesordnungspunkte relevanten Stimmabschnitte bekannt zu geben.

Sodann werde er das Abstimmungsverfahren beginnen und dazu die Stimmensammlerinnen bitten, für alle Abstimmungen gemeinsam und die Stimmabschnitte zu allen Tagesordnungspunkten in einem Sammelgang einzusammeln. Jede Stimmensammlerin habe dazu zwei Urnen bei sich, eine rot beschriftete Urne, um die entsprechenden NEIN-Stimmen einzusammeln und eine grün beschriftete Urne für die Enthaltungen. Die Urnen seien zur Sicherheit an der Vorderseite auch noch einmal entsprechend beschriftet.

Wer mit NEIN stimmen oder sich der Stimme enthalten wolle, sei gebeten zu der jeweiligen Abstimmung ein Handzeichen zu geben. Eine der Stimmensammlerinnen werde dann zu dem Betreffenden kommen und die Stimmabschnitte zu allen Tagesordnungspunkten gemeinsam einsammeln.

Nachdem auf diese Weise alle NEIN-Stimmen und Enthaltungen eingesammelt worden seien, würden sich die Stimmsammlerinnen mit den Urnen zur Stimmauszählung in das Back-Office begeben, wo die Stimmen mithilfe elektronischer Barcodeleser ausgezählt würden. Die Auszählung werde nur wenige Minuten in Anspruch nehmen. Er bat die Anwesenden, den Saal möglichst nicht zu verlassen, bis er das Abstimmungsergebnis für alle Tagesordnungspunkte bekannt gegeben habe.

Er wies erneut darauf hin, dass die Aktionäre und Aktionärsvertreter nur im eigentlichen Versammlungssaal aktiv die Stimme abgeben oder sich der Stimme enthalten könnten. Gegenstimmen und Stimmenthaltungen würden nur im Versammlungssaal erfasst. Andernfalls müsse einer anwesenden Person Vollmacht erteilt werden.

Schließlich wies er darauf hin, dass die Beschlüsse über die Tagesordnungspunkte 2 bis 6 der einfachen Mehrheit der abgegebenen Stimmen und die Beschlüsse über die Tagesordnungspunkte 7 und 8 (Satzungsänderungen) zusätzlich der einfachen Mehrheit des bei der Beschlussfassung vertretenen Grundkapitals bedürften.

Er gab alsdann die Zuordnung der einzelnen Stimmabschnitte zum jeweiligen Tagesordnungspunkt bekannt und wies darauf hin, dass die Stimmabschnitte so zugeordnet seien, dass die jeweilige Stimmabschnittsnummer dem jeweiligen Tagesordnungspunkt entspreche.

Er rief sodann die Abstimmung zu folgenden Tagesordnungspunkten auf, stellte jeweils die bekannt gemachten Beschlussvorschläge der Verwaltung zur Abstimmung, erläuterte zu jedem Tagesordnungspunkt erneut die Art und Weise der Abstimmung und gab die folgenden weiteren Hinweise bzw. Erläuterungen:

…

TOP 2: Verwendung des Bilanzgewinns

Der Vorsitzende stellte fest, dass der gemäß § 126 AktG angekündigte Gegenantrag zu diesem Tagesordnungspunkt in der Versammlung mündlich gestellt worden sei. Die Verwaltung halte ungeachtet dessen und angesichts der Generaldebatte an ihrem bekanntgemachten Beschlussvorschlag fest. Der Vorsitzende erklärt, er werde über den Vorschlag der Versammlung zuerst abstimmen lassen; sollte dieser Vorschlag abgelehnt werden, so werde er auf den Gegenantrag zurückkommen.

…

TOP 3: Beschlussfassung über die Entlastung der Mitglieder des Vorstands für das Geschäftsjahr 2021

…

Der Vorsitzende wies darauf hin, dass das jeweils zu entlastende Vorstandsmitglied bei seiner eigenen Entlastung einem Stimmverbot unterliege (§ 136 Abs. 1 S. 1 AktG). Bei der Abstimmung über seine eigene Entlastung könne das jeweilige Vorstandsmitglied das Stimmrecht weder aus eigenen noch aus fremden Aktien ausüben, noch durch Dritte das Stimmrecht an Aktien ausüben lassen, die dem jeweiligen Vorstandsmitglied gehörten. Dazu ergänzte er, dass jeweils bereits vorab festgestellt worden sei, für welche Aktien das Stimmrecht hiernach in der heutigen Hauptversammlung ausgeschlossen sei und dies dem Notar bekannt gegeben wurde.

6. Sonstige Ideen für die Verbesserung der Niederschrift

Abschließend möchte ich noch einige weitere Ideen kommentieren, die mir in der Praxis untergekommen sind bzw. einer Erwähnung wert sind.

a) Erstellung eines Inhaltsverzeichnisses

Bei umfangreichen Protokollen werden in der Praxis zum Teil Inhaltsverzeichnisse über den Gang der Hauptversammlung angefertigt.[17] Dies kann etwa wie folgt aussehen:

---

[17] Siehe etwa Niederschrift über die Hauptversammlung der Deutsche Bank Aktiengesellschaft, AG Frankfurt am Main HRB 30000, vom 23.5.2019.

Ein derartiges Inhaltsverzeichnis fördert die Übersichtlichkeit. Allerdings wird auch anhand dieses Falls deutlich, dass das Protokoll den Ablauf der Verhandlung sehr umfassend wiedergibt. Der Verlauf der Hauptversammlung wird sorgfältig wiedergegeben, aber eine Beschränkung auf das Wesentliche findet nicht statt. Auch bei gestrafften Protokollen könnten Überschriften und Inhaltsverzeichnisse aber eine nützliche Funktion erfüllen. Sie können dem Leser den schnellen Zugriff auf die wesentlichen Informationen ermöglichen.

b) Zweckmäßige Reihenfolge – Beschlüsse nach vorn?

Üblicherweise richtet sich die Reihenfolge eines Hauptversammlungsprotokolls nach dem tatsächlichen Ablauf bzw. nach dem Ablauf des Leitfadens. Man könnte darüber nachdenken, eine alternative Reihenfolge zu entwickeln und das „Wichtigste" (nun eben die Pflichtangaben nach § 130 Abs. 1, Abs. 2 AktG) an den Beginn des Protokolls zu stellen. Dies könnte dann etwa wie folgt aussehen:

Formulierungsvorschlag (Abweichung von der üblichen Reihenfolge; Beschlüsse werden „voran" gestellt).

Feststellungen des Vorsitzenden über die gefassten Beschlüsse; Ergebnisse der Abstimmung

In der Hauptversammlung der im Rubrum bezeichneten Gesellschaft wurden die aus der *Anlage Beschlüsse* ersichtlichen Beschlüsse gefasst. Die Feststellungen des Vorsitzenden hierzu sowie die Ergebnisse der Abstimmungen sind ebenfalls in diesen Anlagen enthalten.

Art der Abstimmung

Zur Art der Abstimmung hat der Vorsitzende Folgendes ausgeführt:

(siehe Formulierung oben)

Widersprüche gegen Beschlüsse

Es sind zu Protokoll des Notars folgende Widersprüche zur Niederschrift erklärt worden:

Aktionär Max Meier, Stimmkarte 1234, gegen die zu Tagesordnungspunkt 2 und 8 gefassten Beschlüsse.

Behauptungen nicht/nicht ausreichend beantworteter/verweigerter Fragen:

Der Aktionär Max Meier erklärte gegenüber dem Notar, sämtliche seiner Fragen seien nicht ausreichend beantwortet worden; er ersuchte den Notar um deren Protokollierung. Die Gesellschaft erklärte, sie habe sämtliche Fragen des Aktionärs beantwortet.

Die von dem Notar als nicht bzw. unzureichend beantwortet gerügten Fragen sind der Niederschrift als *Anlage Fragen* beigefügt. Die Gesellschaft hat mich ersucht, die von ihr gegebenen Antworten zur Niederschrift aufzunehmen; diese sind in der *Anlage Antworten* enthalten. Ich, der Notar, stelle fest, dass ich nicht wahrnehmen konnte, ob diese Frage tatsächlich nicht oder nicht vollständig beantwortet worden sind.

Sonstige, für die Beschlusswirksamkeit etwa relevante Umstände

Ich, der Notar, stelle Folgendes fest:

Der Versammlungsleiter hat die ordnungsgemäße Einberufung der Hauptversammlung und die ordnungsgemäße Bekanntmachung der Tagesordnung festgestellt. Ein Auszug aus dem Bundesanzeiger, der die Bekanntmachung enthält, ist der Niederschrift als *Anlage Bundesanzeiger* beigefügt. Ich, der Notar, habe keine Anhaltspunkte feststellen können, die mit den Feststellungen des Versammlungsleiters im Widerspruch stehen.

Zu Tagesordnungspunkten 6 und 8 hat der Versammlungsleiter Folgendes ausgeführt:

(hier Ausführungen zu Stimmverboten)

Zu der Art der Stimmabgabe und den Ergebnissen der Beschlussfassung habe ich die Einsammlung der Stimmabschnitte sowie das Verfahren der Stimmauszählung stichprobenartig überprüft. Ich habe keine Anhaltspunkte feststellen können, die im Widerspruch zu den Feststellungen des Versammlungsleiters stehen.

Das Teilnehmerverzeichnis wurde während der Versammlung laufend an die Präsenz angepasst; es lag vor der ersten Abstimmung zur Einsicht der Aktionäre in der Hauptversammlung aus. Unregelmäßigkeiten habe ich, der Notar, hier nicht feststellen können.

Ordnungsmaßnahmen hat der Versammlungsleiter nicht ausgesprochen, eine Beschränkung der Redezeit hat jeweils nicht stattgefunden.

III. Fazit

„Gründlich" anmutende Hauptversammlungsprotokolle lassen sich oft angenehm lesen, wenn sie entsprechend strukturiert sind. Sie sind aber gleichwohl wegen ihres Umfangs häufig unübersichtlich, soweit es tatsächlich auf die Auswertung der „wesentlichen" Punkte ankommt.

Ich plädiere dafür, den Mut zu haben, Hauptversammlungsprotokolle auf ihren wesentlichen Inhalt zu kürzen und dort aber entsprechend ausführlich und gründlich zu arbeiten. Ich hoffe, dass meine Ausführungen dazu beitragen können.

MARC HERMANNS

Beurkundungsgebot und Parteiautonomie
– Beurkundungsumfang beim Unternehmenskaufvertrag –

I. Einleitung

Gesetzliche Formvorschriften können die Möglichkeit der Vertragsparteien beschränken, die inhaltlich von ihnen getroffenen Vereinbarungen in der von ihnen gewollten Form niederzulegen. Wenn etwa § 766 BGB für die Erteilung der Bürgschaftserklärung Schriftform vorsieht – und die elektronische Form insoweit ausdrücklich ausschließt – wird einem mündlich oder per E-Mail geschlossenen Bürgschaftsvertrag rechtlich so lange die Anerkennung verweigert, bis jedenfalls die Bürgschaftserklärung schriftlich abgegeben oder bestätigt wird. Gleiches gilt im Grundstücksrecht: Ein mündlich geschlossener Vertrag über den Verkauf eines Grundstücks ist nach § 125 BGB unwirksam, weil § 311b BGB für einen derartigen Vertrag die notarielle Beurkundung verlangt. Die hiermit verbundene Beschränkung der Privatautonomie durch Vorgabe zwingender gesetzlicher Formvorschriften sieht der Gesetzgeber als gerechtfertigt an, weil er entweder der Auffassung ist, dass die Privatautonomie gerade durch die Anordnung der Formvorschrift gestärkt wird oder weil er mit der Anordnung der Formvorschrift andere, im Einzelfall der Privatautonomie vorgehende Zwecke verfolgt. Unter die erste Fallgruppe – die Privatautonomie *flankierende und unterstützende Formvorschriften* – fällt beispielsweise das bereits erwähnte Formgebot des § 311 b Abs. 1 BGB: Durch die gesetzlich zwingend vorgesehene Einschaltung des Notars soll sichergestellt werden, dass beide Parteien eine bewusste vertragliche Disposition in Kenntnis des hiermit verbundenen Risikos treffen und somit privatautonom ihre Verhältnisse gestalten. Die Formvorschrift verfolgt insoweit den Zweck, den Informationsstand der Vertragsparteien zu erhöhen, um auf der Basis dieses erhöhten Informationsstandes eine informierte Entscheidung zu treffen.

In der zweitgenannten Fallgruppe verfolgt der Gesetzgeber mit der Formvorschrift (auch) andere Zwecke als eine Unterstützung der Privatautonomie: Wenn beispielsweise in § 53 GmbHG angeordnet wird, dass Satzungsänderungen bei einer GmbH der notariellen Beurkundung bedürfen, dient diese Vorschrift in erster Linie dem Zweck, den Notar als Organ und Teil der vorsorgenden Rechtspflege in die Formulierung und Kontrolle registerbestimmter Erklärungen einzuschalten und die staatlichen registerführenden Stellen insoweit zu entlasten. Das komplementäre Zusammenspiel von Notaren und Registergerichten ist Voraussetzung für ein funktionsfähiges Registerwesen, so dass der Gesetzgeber es als gerechtfertigt ansieht, privatautonom und formfrei getroffene Vereinbarungen – zum Beispiel über die Änderung der Satzung einer GmbH – nicht als geeignete Grundlage für die Eintragung im Handelsregister anzusehen.

Gerade im Unternehmens- und Gesellschaftsrecht – dem Haupttätigkeitsgebiet des Jubilars – spielen beurkundungsrechtliche Fragen eine sehr erhebliche Rolle: Ausgangspunkt der meist das GmbH-Recht betreffenden Überlegungen ist in der Regel § 15 Abs. 4 GmbHG, welcher anordnet, dass eine Vereinbarung, durch welche die Verpflichtung eines Gesellschafters zur Abtretung eines Geschäftsanteils begründet wird, der notariellen Form bedarf. Wie weit dieses Formerfordernis reicht und welche Erklärungen der Vertragsparteien zum Inhalt der notariellen Urkunde gemacht werden müssen, kann im Einzelfall schwierig zu beurtei-

len sein und kann auch erfahrene Notare und Rechtsanwälte vor sehr erhebliche Schwierigkeiten stellen.[1] Eine Vielzahl höchstrichterlicher Entscheidungen (in der Regel allerdings
zum Grundstücksrecht) belegt, dass sowohl die Parteien als auch die Instanz- und Obergerichte nicht immer mit ihrer Einschätzung zum Umfang der Beurkundungspflicht richtig
liegen.[2] Die besondere Relevanz und Schwierigkeit dieser beurkundungsrechtlichen Fragen
für das Gesellschaftsrecht, namentlich das GmbH-Recht, ergibt sich daraus, dass gerade im
Bereich von unternehmens- und gesellschaftsrechtlichen Transaktionen – vermutlich noch
mehr als im Grundstücksrecht – die Gesamteinigung der Parteien aus einem komplexen
Geflecht verschiedenster Maßnahmen bestehen kann und sich beispielsweise nicht nur auf
die kaufrechtliche Abrede des Unternehmenskaufvertrages bezieht, sondern zahlreiche weitere gesellschaftsrechtliche (Umstrukturierungs-) Maßnahmen zum Gegenstand haben kann.
Welche Teile dieses *Einigungsbündels* auf der Grundlage der höchstrichterlichen Rechtsprechung Teil der notariellen Urkunde werden müssen, kann im Einzelfall schwierig zu
beurteilen sein.

II. Der Umfang der Beurkundungspflicht bei Unternehmenskaufverträgen

Allgemein sind nach der Rechtsprechung formbedürftig und damit zu beurkunden all die
Vereinbarungen, die mit dem beurkundungsbedürftigen Rechtsgeschäft in einem rechtlichen Zusammenhang stehen, was dann angenommen wird, wenn die verschiedenen Vereinbarungen zusammen „stehen und fallen" oder nur gemeinsam gelten oder in gegenseitiger Abhängigkeit stehen sollen.[3] Diese Kriterien können bei der Ermittlung der Reichweite
der Beurkundungspflicht häufig Ausgangspunkt der Überlegungen sein, führen mitunter
jedoch nicht zu einem eindeutigen Ergebnis, da sie in nicht wenigen Fällen nicht hinreichend präzise und damit nicht hinreichend praktisch handhabbar sind.[4] Die Frage, ob eine
Vereinbarung der Parteien, die anlässlich des Abschlusses eines beurkundungsbedürftigen
Rechtsgeschäfts getroffen wird, als Teil dieses beurkundungsbedürftigen Rechtsgeschäfts mit
zu beurkunden ist, ist danach zu beantworten, ob diese Vereinbarung *Inhalt des beurkundungsbedürftigen Rechtsgeschäfts* ist.[5] Der Inhalt der Verabredungen zwischen den Beteiligten des
beurkundungsbedürftigen Rechtsgeschäfts muss beurkundet werden, nicht mehr und nicht
weniger.[6] Der Gesetzgeber hat nämlich eine bestimmte Art von Rechtsgeschäften – zB den
Grundstückskaufvertrag oder den Vertrag über den Kauf von GmbH-Geschäftsanteilen – für
beurkundungsbedürftig erklärt, so dass alle Abreden beurkundet werden müssen, die zum
Inhalt dieses Rechtsgeschäfts gehören. Mit diesem Rechtsgeschäft in wirtschaftlichem Zusammenhang stehende Abreden müssen sich hinsichtlich ihrer Beurkundungsbedürftigkeit also
immer danach fragen lassen, in wie weit sie in das beurkundungsbedürftige Rechtsgeschäft
selbst hineinwirken, in wie weit sie also Teil der Abreden der Beteiligten des beurkundungsbedürftigen Rechtsgeschäfts sind.[7] Aus diesen allgemeinen Vorgaben ergeben sich die folgenden Konkretisierungen:

---

[1] Vgl. hierzu bereits *Hauschild/ Zimmermann* FS Brambring, 2011, 113 ff.

[2] Vgl. etwa BGH 12.7.1996 – V ZR 202/95, NJW 1996, 2792; BGH 10.2.2005 –
VII ZR 184/04, DNotZ 2005, 467; BGH 30.6.2006 – V ZR 148/05, DNotZ 2006, 854.

[3] Vgl. etwa BGH DNotZ 1971, 410 (411).

[4] *Eckhardt/ Hermanns* in Kölner Handbuch Gesellschaftsrecht, 4. Aufl. 2021, Kapitel 2, Abschnitt E, Rn. 882.

[5] So schon *Korte,* Handbuch der Beurkundung von Grundstücksgeschäften, 1990, S. 87.

[6] *Eckhardt/ Hermanns* in Kölner Handbuch Gesellschaftsrecht, 4. Aufl. 2021, Kapitel 2, Abschnitt E, Rn. 882; *Hermanns* DNotZ 2013, 14 ff.

[7] *Eckhardt/ Hermanns* in Kölner Handbuch Gesellschaftsrecht, 4. Aufl. 2021, Kapitel 2, Abschnitt E, Rn. 882.

Der BGH verlangt, dass alle Erklärungen beurkundet werden müssen, die *Rechtswirkungen* zwischen den Parteien erzeugen sollen[8]. Solche Abreden mit *regelndem Inhalt* betreffend das beurkundungsbedürftige Rechtsgeschäft sind zweifelsfrei die Vereinbarungen der Parteien, die ihr Leistungs- und Gegenleistungsverhältnis bestimmen. Die Verpflichtung zur Erbringung von Leistung und Gegenleistung kann nämlich ausschließlich aus der privatautonomen Vereinbarung der Parteien folgen, die damit insoweit im Sinne der Rechtsprechung des BGH *rechtserzeugende* Wirkung hat. Hieraus folgt zB die – nicht überraschende – Erkenntnis, dass die Abrede zum Verkauf eines bestimmten Geschäftsanteils zu einem bestimmten Kaufpreis stets Teil der notariellen Urkunde sein muss. Über diese Selbstverständlichkeit hinausgehend gilt das Folgende:

a) Zu beurkunden ist jede tatsächlich gefundene Einigung der Parteien mit rechtserzeugender Wirkung. Dies bedeutet zweierlei:

aa) Haben sich die Parteien über einen bestimmten Aspekt noch gar nicht, noch nicht vollständig oder nur in einem hohen Abstraktionsgrad geeinigt, kann über diesen Aspekt auch keine vollständige Einigung beurkundet werden. Wenn sich zB die an einem Unternehmenskaufvertrag als Käuferin beteiligte Tochtergesellschaft eines solventen Konzernunternehmens gegenüber dem Verkäufer verpflichtet, eine Finanzierungszusage der solventen Konzernmutter beizubringen (sogenannter *Equity Commitment Letter*), ist es nicht selten Gegenstand intensiver Diskussionen zwischen den beratenden Rechtsanwälten und dem Notar, ob diese Erklärung, also der Equity Commitment Letter, beurkundet werden muss. Es liegt auf der Hand, dass der Equity Commitment Letter als solcher, da er nur eine Finanzierungsverpflichtung enthält, *aus sich heraus* nicht beurkundungsbedürftig ist. Es macht daher im Grundsatz keinen Sinn, den Equity Commitment Letter separat (und ohne Verbindung zum Anteilskaufvertrag) zu beurkunden. Ansatzpunkt der Beurkundungspflicht kann nämlich – wie oben ausgeführt – immer nur das beurkundungsbedürftige Rechtsgeschäft selbst, also hier der Anteilskaufvertrag, sein. Es ist daher die Frage zu stellen, ob es Teil der Vereinbarungen zwischen den Beteiligten des Anteilskaufvertrages ist, dass ein solcher Equity Commitment Letter gestellt wird. Ist dies der Fall, muss der Equity Commitment Letter als Teil des beurkundungsbedürftigen Rechtsgeschäfts – ggf. als dessen Anlage – mit beurkundet werden. Verpflichtet sich der Käufer demgegenüber, lediglich für eine bestimmte Finanzausstattung durch seine Muttergesellschaft zu sorgen, ohne dass diese Verpflichtung näher konkretisiert wird, muss lediglich diese Zusage des Käufers als Teil der anteilskaufvertraglichen Vereinbarung beurkundet werden.[9]

Insoweit ist der Umfang der Beurkundungspflicht und das Maß der Konkretisierung in der notariellen Urkunde eine eindeutige Funktion des Maßes der zuvor von den Parteien erreichten Konkretisierung ihrer Abreden. Die notarielle Urkunde spiegelt in ihrem Konkretisierungsgrad den Konkretisierungsgrad der zwischen den Parteien getroffenen Vereinbarung. Je abstrakter die Einigung der Parteien ist, desto abstrakter wird und darf auch der Inhalt der notariellen Urkunde sein. Je mehr Einzelheiten die Parteien konkret vereinbart haben, desto höher ist auch der Konkretisierungsgrad der notariellen Urkunde.

bb) Wenn sich die Parteien über einen bestimmten Aspekt – mehr oder weniger konkret – geeinigt haben, muss dieser Aspekt Teil der notariellen Urkunde werden und darf nicht in privatschriftliche Vereinbarungen ausgelagert werden.[10] Eine solche Auslagerung würde nämlich dazu führen, dass ein Teil der gefundenen Einigung mit rechtserzeugender Wirkung nicht Teil der notariellen Urkunde wäre, so dass der regelnde Inhalt des beurkundungsbedürftigen Rechtsgeschäftes nicht vollständig beurkundet wäre. Eine solche Auslagerung einer getroffenen Vereinbarung führt unweigerlich zur Formunwirksamkeit nach § 125 S. 1 BGB.

---

[8] BGH NJW 1986, 248; BGHZ 85, 315 (317); BGH NJW 1979, 1495.
[9] Zum Ganzen *Hermanns* DNotZ 2013, 9 (15f.).
[10] BGH DNotZ 2006, 854 (855).

b) Etwas weniger eindeutig zu beurteilen sind die Fälle, in denen die Parteien sich über einen Aspekt geeinigt haben, der nicht ihre Hauptleistungspflichten betrifft, sondern Nebenleistungspflichten oder sonstige Abreden zum Gegenstand hat. Wenn sich zB der Verkäufer im Rahmen eines Unternehmenskaufvertrages verpflichtet, bis zum Closing eine Bilanz zu erstellen, wird diese Verpflichtung durch die Abrede der Parteien (im Sinne der Rechtsprechung) *erzeugt,* muss also beurkundet werden. Dies ist eindeutig. Schwieriger ist zum Beispiel der Fall zu beurteilen, dass die genannte Verpflichtung des Verkäufers dahin konkretisiert wird, dass er bestimmte Bilanzierungsgrundsätze zu beachten hat, nämlich zB

(1) die Bilanzierungsgrundsätze des HGB oder
(2) die Bilanzierungsgrundsätze nach IFRS oder
(3) die Bilanzierungsgrundsätze, die vom Verkäufer bislang angewendet wurden und die in einem umfangreichen Rechnungslegungswerk, das für alle konzernangehörigen Unternehmen des Verkäufers gilt, mit zahlreichen Beispielen und Auslegungshilfen zusammengefasst sind.

Fraglich ist also, ob es im Falle einer Verweisung auf Regelungskomplexe der vorgenannten Art erforderlich ist, dass der Inhalt des jeweils in Bezug genommenen Regelungskomplexes als Anlage zur Urkunde mit beurkundet werden muss oder ob der bloße Verweis auf den Regelungskomplex ausreichend ist. Häufig wird insoweit danach differenziert, ob die konkretisierenden Vorgaben in einem allgemein zugänglichen und mit allgemein-verbindlicher Wirkung ausgestatteten Regelungswerk enthalten sind. Auf dieser Grundlage würde – typischer- und selbstverständlicherweise – in der Fallgruppe 1 von einer Mitbeurkundung der Regelungen des HGB abgesehen und in der Fallgruppe 3 eine Mitbeurkundung der (nur konzernintern geltenden) Bilanzierungsgrundsätze des Verkäufers angezeigt sein. Die IFRS (International Financial Reporting Standards) sind internationale Rechnungslegungsvorschriften für Unternehmen, die vom International Accounting Standards Board (IASB) herausgegeben werden. Sie sind in zahlreichen Ländern für am Kapitalmarkt agierende Unternehmen vorgeschrieben, gelten darüber hinaus aber nicht ohne Weiteres. Im Beispielsfall (Fallgruppe 2: Aufstellung einer Closing-Bilanz nach IFRS) ergibt sich die Anwendbarkeit dieser Regelungen erst durch die Vereinbarung der Parteien, die damit *rechtserzeugend* ist und als solche beurkundet werden muss. Fraglich ist nunmehr, ob über diese Abrede der Anwendbarkeit der IFRS hinausgehend auch das Regelungswerk selbst (als Anlage zur notariellen Urkunde) beurkundet werden muss, was nicht der Praxis entsprechen dürfte. Ähnlich läge zum Beispiel der Fall, dass der Verkäufer sich verpflichtete, zur Bestimmung des Kaufpreises eine Bewertung des Unternehmens nach dem Bewertungsstandard IDW S1 durchzuführen. Auch diese (IDW-)Regelungen haben keine allgemein-verbindliche Wirkung wie etwa eine gesetzliche Regelung, sondern werden erst durch die individuelle Bezugnahmevereinbarung Inhalt des Rechtsgeschäfts, so dass sich auch insoweit die Frage stellt, ob die bloße Bezugnahme auf den genannten Regelungskomplex, dessen Inhalt als bekannt vorausgesetzt wird, beurkundungsrechtlich ausreichend ist. Im dritten Beispielsfall (Aufstellung einer Closing-Bilanz nach den vom Verkäufer in einem umfangreichen Handbuch niedergelegten Grundsätzen) springt die fehlende Allgemeinverbindlichkeit noch deutlicher ins Auge. Soll und kann es auch hier ausreichen, auf den vorhandenen Regelungskomplex zu verweisen und dessen Inhalt als bekannt vorauszusetzen?

Die Beispiele zeigen, dass die Kriterien der *allgemeinen Zugänglichkeit* oder der *allgemeinen Verbindlichkeit* nicht zur richtigen Antwort auf die Frage führen, inwieweit zur Konkretisierung der Leistungspflichten der Parteien auf Regelungswerke außerhalb der Urkunde zurückgegriffen werden darf. Eine möglicherweise fehlende *allgemeine* Zugänglichkeit dürfte unerheblich sein, wenn die individuellen Vertragsparteien auf das Regelungswerk Zugriff haben. Auch das Kriterium der *allgemeinen* Verbindlichkeit führt nicht weiter: da die Vertragsparteien im Rahmen des gesetzlich Zulässigen nämlich die Wahl haben, wie sie ihre (Neben-)Leistungspflichten konkretisieren, ist es unerheblich, welche Regelungen in Ermangelung einer solchen Abrede – allgemein – gelten würden. Der in Bezug genommene Regelungskomplex wird durch die Vereinbarung der Parteien verbindlich und im Sinne der Rechtsprechung erzeugt; dies gilt auch dann, wenn die Parteien unter sich die Regelungen des HGB für anwendbar erklären.

Der BGH führt in diesem Zusammenhang aus, dass bei der Auslegung formbedürftiger Erklärungen über den Urkundentext hinaus auf weitere Umstände zurückgegriffen werden darf, die nicht im Urkundstext enthalten sind. Die Formvorschriften des sachlichen Rechts schränken den Kreis der für die Auslegung relevanten Tatsachen nicht ein, wenn der wirkliche Parteiwille sich jedenfalls andeutungsweise in der notariellen Urkunde wiederfinde.[11] In keiner der vorstehend geschilderten drei Fallgruppen dürften ernsthafte Zweifel daran bestehen, was die Parteien konkret gewollt haben; der Inhalt der gewollten Vereinbarung ist in jeder Fallgruppe mit hinreichender Deutlichkeit *angedeutet*. Fraglich ist allerdings, ob dieses *Andeuten* des wirklich Gewollten in den in Rede stehenden Fallgruppen ausreicht. Mit diesem Argument könnte die Beurkundungsbedürftigkeit einer Baubeschreibung nämlich zum Beispiel auch in der folgenden Fallgruppe verneint werden:

Verkäufer und Käufer einigen sich im Rahmen eines Bauträgerkaufvertrages („Kaufvertrag 2"), dass das Haus so gebaut werden soll, wie es der Verkäufer in seinem Kaufvertrag mit dem Nachbarn („Kaufvertrag 1"), dem eine beurkundete Baubeschreibung beigefügt war, vereinbart hat; die Baubeschreibung des Kaufvertrags 1 wird dem Kaufvertrag 2 zu Dokumentationszwecken beigefügt.[12] Die Praxis dürfte hier von einer Mitbeurkundungsbedürftigkeit der Baubeschreibung ausgehen, obwohl die Parteien mit hinreichender Deutlichkeit angedeutet haben, welchen Standard das zu errichtende Gebäude haben soll.

Der Unterschied zwischen den beiden Fallgruppen (Verweis auf HGB, IFRS, IDW S1 einerseits und Bezugnahme auf eine bereits anderweitig beurkundete Baubeschreibung oder konzernintern geltende Bilanzierungsrichtlinien andererseits) liegt weder in einer gegebenen oder nicht gegebenen Allgemeinverbindlichkeit, weil im Beispielsfall auch die Regelungen nach IFRS erst durch die Vereinbarung der Parteien Teil des Rechtsgeschäfts werden, noch in einer gegebenen oder nicht gegebenen allgemeinen Zugänglichkeit, weil in den genannten Beispielsfällen auch die in Bezug genommenen Bilanzierungsregeln und die Baubeschreibung des Nachbarn für die Vertragsparteien – und auf diese kommt es an – zugänglich sind. Richtigerweise besteht der normative Unterschied, der auch eine unterschiedliche beurkundungsrechtliche Behandlung rechtfertigt, darin, dass es sich in der einen Fallgruppe um Regelungswerke handelt, die in einem formalisierten Verfahren von sachverständigen Dritten für eine Vielzahl von Fällen aufgestellt wurden (ohne allgemein-verbindlich zu sein), und diese Regelungswerke daher eine Vermutung der Richtigkeit und Ausgewogenheit haben (im Folgenden „drittgenerierte Fachvorschriften"). Diese Vermutung besteht nicht bei Regelungskomplexen, die allein durch privatautonome Vereinbarung oder Setzung anderer Privatpersonen zustande gekommen sind. Bei solchen Regelungskomplexen ist es beurkundungsrechtlich angezeigt, den Vertragsparteien deutlich vor Augen zu führen, welche Standards sie für die Erfüllung ihrer Leistungspflichten vereinbaren. Bei Standards, die der Gesetzgeber (Grundsätze des HGB) oder sachverständige Gremien in einem formalisierten Verfahren (Grundsätze nach IFRS oder Maßgeblichkeit von IDW S1) gesetzt haben, ist es ausreichend, wenn der Regelungskomplex als solcher in Bezug genommen wird, ohne dass er selbst Teil der Urkunde werden muss.

Im Ergebnis zutreffend ist vor diesem Hintergrund auch die Entscheidung des OLG München zur Beurkundungsbedürftigkeit der DIS-Schiedsgerichtsordnung:[13] Das OLG München hatte die fehlende Notwendigkeit, die in Bezug genommene DIS-Schieds-

---

[11] BGH NJW 1996, 2792 (2793).

[12] Dass insoweit auch ein Verweis nach § 13a BeurkG möglich wäre, ist offenkundig; fraglich ist jedoch, ob ein solcher Verweis *erforderlich* ist.

[13] OLG München NZG 2014, 994; dazu auch *Kindler* NZG 2014, 961 ff.

gerichtsordnung als Anlage zum Unternehmenskaufvertrag mit zu beurkunden, damit begründet, dass auf die Schiedsgerichtsordnung in der *jeweils gültigen Fassung* verwiesen wurde, so dass nicht die derzeit gültige Fassung als maßgeblich vereinbart war und diese daher nicht mit beurkundet werden musste. Die Begründung des OLG München ist zutreffend, wenn es sich bei dem Verweis auf die Schiedsgerichtsordnung tatsächlich um eine dynamische Verweisung handelte. Aber auch bei Vorliegen einer statischen Verweisung auf die Schiedsgerichtsordnung in der am Tag der Beurkundung geltenden Fassung hätte diese nicht mitbeurkundet werden müssen, weil dieser Regelungskomplex in einem formalisierten und sachverständigen Verfahren zustande gekommen ist und daher eine bloße Bezugnahme auf diesen Regelungskomplex beurkundungsrechtlich ausreichend ist. Die Schiedsgerichtsordnung ist im vorgenannten Sinne eine „drittgenerierte Fachvorschrift".

Zusammenfassend stellen sich die Ergebnisse dieses Teils des Beitrags wie folgt dar:

– Wollen die Vertragsparteien für die Erbringung ihrer Leistungspflichten Standards vereinbaren, die in anderen Regelungskomplexen niedergelegt sind, müssen sie eindeutig vereinbaren, dass diese anderen Regelungskomplexe gelten sollen.

– Die bloße Einbeziehungsabrede (ohne Mitbeurkundung des Regelungskomplexes selbst) ist nur dann ausreichend, wenn der andere Regelungskomplex in einem formalisierten und sachverständigen Verfahren zustande gekommen ist und damit die Vermutung der Richtigkeit und Ausgewogenheit für sich hat. Diese Voraussetzung ist zum Beispiel zu bejahen bei den Bilanzierungsgrundsätzen IFRS, den Bewertungsgrundsätzen des IDW, bei DIN-Vorschriften oder bei Verwaltungsvorschriften, wie etwa der TA-Luft.

– Besteht der andere Regelungskomplex hingegen lediglich in der privaten Vereinbarung anderer Personen, muss den Vertragsparteien deutlich der Inhalt dieses anderen Regelungskomplexes vor Augen geführt werden und der andere Regelungskomplex ist als Teil des beurkundungsbedürftigen Rechtsgeschäfts mit zu beurkunden.

Nur der Vollständigkeit halber sei noch folgende Fallgruppe angesprochen: Von den vorstehend behandelten Regelungen *mit rechtserzeugender Wirkung* zu unterscheiden sind solche Regelungen, die keine unmittelbar rechtserzeugende Wirkung haben, sondern gleichsam auf *Tatbestandsseite* Umstände oder ein gemeinsames Verständnis der Parteien voraussetzen, welches sich außerhalb der notariellen Urkunde gebildet hat. Wenn zB die Parteien eines notariell zu beurkundenden Verpfändungsvertrages über GmbH-Geschäftsanteile vereinbaren, dass die in diesem Verpfändungsvertrag verwendeten Begriffe dieselbe definierte Bedeutung haben sollen, wie in einem Finanzierungsvertrag, der zuvor bereits privatschriftlich geschlossen wurde, führt diese Vereinbarung nicht dazu, dass der komplette Finanzierungsvertrag (oder jedenfalls die in ihm enthaltenen Begriffsdefinitionen) Teil des notariell beurkundeten Verpfändungsvertrages werden muss, sondern die Parteien haben in der notariellen Urkunde mit hinreichender Deutlichkeit ihr gemeinsames Verständnis zum Ausdruck gebracht, wie die in der notariellen Urkunde verwendeten Begriffe zu verstehen sind. Eine derartige *tatbestandliche* Anknüpfung an außerurkundliche Umstände ist – wenn der Wille zur Anknüpfung mit hinreichender Deutlichkeit und Bestimmtheit in der Urkunde ausgedrückt ist – ausreichend und beurkundungsrechtlich unbedenklich.

III. Fazit

Der Umfang der Beurkundungspflicht und das Maß der jeweils in der Urkunde selbst gebotenen Konkretisierung der Abreden der Parteien ist Folge und Funktion dessen, was die Parteien mit dem gemeinsamen Willen zur Verbindlichkeit verabredet haben. Wurde lediglich eine abstrakte Verabredung getroffen, muss auch die notarielle Urkunde nur diesen Abstrahierungsgrad spiegeln. Wurden konkrete Vereinbarungen gefunden, müssen diese konkreten Vereinbarungen sich in der Urkunde wiederfinden.

Möchten sich die Parteien zu einer weiteren Konkretisierung und Auslegung ihrer Verpflichtungen und der tatbestandlichen Anknüpfungen außerurkundlicher Umstände oder Regelungswerke bedienen, ist dies zulässig, wenn es in der notariellen Urkunde mit hinreichender Deutlichkeit vereinbart wird. Die Einbeziehung eines ganzen Regelungskomplexes ist ohne dessen Mitbeurkundung nur dann möglich, wenn es sich um drittgenerierte Fachvorschriften in dem Sinne handelt, dass es sich um ein Regelungswerk handelt, das in einem formalisierten Verfahren von sachverständigen Dritten für eine Vielzahl von Fällen aufgestellt wurde.

Es liegt auf der Hand, dass die versuchte Abgrenzung, wann die Geltung eines außerurkundlichen Regelungskomplexes vereinbart werden kann, ohne diesen selbst mit zu beurkunden, nicht für jeden Fall vollständig trennscharf gelingen kann. Es wird daher auch in Zukunft Fälle geben, in denen man bei Einbeziehung eines außerurkundlichen Regelungskomplexes diesen „vorsichtshalber" als Anlage mit beurkundet. Anliegen und Sinn der vorstehenden Ausführungen ist es vor allem, einen Argumentationsansatz zu versuchen, warum die notarielle Praxis in der einen Fallgruppe mit Überzeugung und Selbstverständlichkeit so verfährt und in der anderen Fallgruppe mit gleichermaßen großer Überzeugung umgekehrt.

SEBASTIAN HERRLER

Pflichtteilsrechtsanrechnung in der Familien-KG

Familien-Kommanditgesellschaften (im Folgenden: Familien-KG) sind ein beliebtes Vehikel, um frühzeitig die Vermögensnachfolge auf die nächste und ggf. gar übernächste Generation einzuleiten. Der Übergeber kann sich nicht nur flexiblen Zugriff auf die Erträge vorbehalten, sondern sich darüber hinaus weitreichende Kontroll- und Entscheidungsbefugnisse, die deutlich über die Möglichkeiten bei unmittelbarer Überlassung von Vermögensgegenständen unter Vorbehalt eines Nutzungs- und/oder Rückforderungsrechts hinausgehen. In aller Regel entspricht es bei Überlassungen dem Willen des Übergebers, dass sich Pflichtteilsberechtigte lebzeitige Zuwendungen auf ihren Pflichtteil anrechnen lassen müssen. Bei der Familien-KG sind derartige Anrechnungen insbesondere bei späteren Vermögensübertragungen an die KG nicht ohne weiteres möglich. Nach einem Überblick über die Vorzüge (und Nachteile) der Vermögensnachfolge mittels einer Familien-KG (→ I.) und einer kurzen Einführung in die Pflichtteilsanrechnung (→ II.) werden die verschiedenen Konstellationen von Zuwendungen im Kontext der Familien-KG mit Blick auf § 2315 BGB erörtert (→ III. und → IV.), sodann Gestaltungsvorschläge unterbreitet (→ V.) und abschließend die Besonderheiten bei minderjährigen Destinatären aufgezeigt (→ VI.).

I. Vermögensnachfolge mittels Familien-KG im Überblick

Die lebzeitige Einleitung der Vermögensnachfolge gewinnt in der Beratungs- und Gestaltungspraxis zunehmend an Bedeutung. Neben der wiederholten Nutzung erbschaftsteuerlicher Freibeträge lässt sich die Ertragsteuerbelastung durch Verlagerung der Einkünfte auf Kinder (und unter Umständen auch Enkelkinder) mitunter erheblich verringern. Ansprüche unliebsamer Pflichtteilsberechtigter lassen sich effektiv reduzieren. Die Übertragung des Vermögens auf die Abkömmlinge bzw. den Ehegatten unter Vorbehalt eines (höchstpersönlichen) Zugriffsrechts bietet zudem (nach Ablauf gewisser Fristen) Schutz vor dem Zugriff von Gläubigern bzw. des Trägers von Sozialleistungen. In aller Regel wird die lebzeitige Vermögensnachfolge im Wege der Einzelrechtsübertragung vollzogen, durch Überlassung einer Immobilie, von Bargeld, Aktien etc. Gerade bei größeren Vermögen lohnt es sich indes in aller Regel, über gesellschaftsrechtliche Gestaltungen nachzudenken, da diese gegenüber der (ggf. wiederholten) Einzelübertragung eines Vermögensgegenstands zahlreiche Vorteile aufweisen. Gleichwohl sollte der mit ihnen verbundene, nicht unerhebliche zusätzliche Gestaltungs- und Verwaltungsaufwand bei der Entscheidungsfindung nicht unterschätzt werden.

1. Weitreichende Entscheidungsbefugnisse des Übergebers

Im Unterschied zu einer lebzeitigen Einzelübertragung von Vermögensgegenständen, durch die der Übergeber ungeachtet etwaiger vorbehaltener Nutzungs- und Rückforderungsrechte insbesondere die Verfügungsmöglichkeit über die Substanz verliert, kann er sich mittels einer Familien-KG weitreichende Kontroll- und Entscheidungsbefugnisse dauerhaft sichern. Als persönlich haftender Gesellschafter ist der Übergeber geschäftsführungs- und vertretungsberechtigt (§§ 114, 125 Abs. 1 HGB iVm § 161 Abs. 2 HGB).[1] Diese Konzentration der Entscheidungsbefugnisse endet nicht notwendig mit der Volljährigkeit der Abkömmlinge, denen Kommanditanteile übertragen wurden. Zeitliche Schranken vergleichbar der Dreißigjahresfrist bei der Testamentsvollstreckung (vgl. § 2210 BGB) existieren nicht. Die Kommanditisten sind nicht geschäftsführungs- und vertretungsberechtigt (§§ 164, 170 HGB). Das Widerspruchsrecht der Kommanditisten für Geschäfte außerhalb des gewöhnlichen Betriebs (§ 164 S. 1 Hs. 2 BGB) kann ausgeschlossen werden.[2] Der Ausschluss von der Geschäftsführung ist allerdings disponibel und trotz zwingenden Ausschlusses der Kommanditisten von der Geschäftsführung können diese über Spezialvollmachten, Handlungsvollmacht bzw. Prokura an spätere Aufgaben (in anderer Funktion) herangeführt werden. Das Stimmrecht und auch das Mehrheitsprinzip (§ 119 Abs. 1 HGB iVm § 161 Abs. 2 HGB: Zustimmung aller Gesellschafter)[3] sind ebenfalls grundsätzlich disponibel. In aller Regel wird sich ein disquotal ausgestaltetes Stimmrecht empfehlen, welches dem Übergeber jedenfalls ein Vetorecht, wenn nicht gar die Stimmenmehrheit unabhängig von seiner wirtschaftlichen Beteiligung einräumt. Verwaltung und Vermögen lassen sich auf diese Weise effektiv trennen.

2. Kontrolle des Gesellschafterbestandes

Während die Kontrolle des Übergebers beim herkömmlichen Überlassungsvertrag in aller Regel mit seinem Versterben bzw. dem Versterben seines Ehegatten endet, bietet die Familien-KG weitergehende Gestaltungsmöglichkeiten. Neben den Rückforderungsrechten im Überlassungsvertrag kann der Erwerber zusätzlich auf gesellschaftsrechtlicher Ebene eingehegt werden, unter anderem durch eine Beschränkung der Abfindung, durch Ausschlussklauseln sowie durch eine individuelle Gestaltung für den Fall des Versterbens eines Kommanditisten (einfache oder qualifizierte, erbrechtliche oder rechtsgeschäftliche Nachfolgeklausel). Die Übertragbarkeit von Gesellschafterrechten auf Dritte kann ausgeschlossen werden (§ 717 BGB iVm §§ 105 Abs. 3, 161 Abs. 2 HGB).[4]

3. Flexibilität bei Investitionsentscheidungen

Anders als bei der direkten Übertragung eines Vermögensgegenstands ist der Übergeber als Komplementär grundsätzlich weiterhin in der Lage, ohne Beteiligung der Kommanditisten[5] über die eingebrachten Vermögensgegenstände zu verfügen, diese zu veräußern und mit dem Erlös, ggf. unter Aufnahme von Fremdkapital und korrespondierender Bestellung von Sicherheiten, andere Vermögensgegenstände für die KG zu erwerben. Hierdurch mag sich die Scheu mancher Übergeber vor der Überlassung des selbstgenutzten Familienheims überwinden lassen, da es dem Übergeber freisteht, beispielsweise das zu groß gewordene Einfamilienhaus am Stadtrand zu Lebzeiten zu verkaufen und stattdessen eine zentral gelegene, seniorengerechte Eigentumswohnung mit Mitteln der KG für diese zu erwerben, ohne dass den Kommanditisten ein Mitspracherecht bei dieser Entscheidung zusteht. Stets zu berücksichtigen ist insoweit freilich, dass die erbschaftsteuerliche Privilegierung des Familienheims

---

[1] Im künftigen Personengesellschaftsrecht nach Inkrafttreten des MoPeG: §§ 116, 124 iVm § 161 Abs. 2 HGB nF.

[2] *Roth* in Hopt, HGB, 41. Aufl. 2022, § 164 Rn. 6. Im künftigen Recht wird die Zustimmungspflicht aller Personengesellschafter für außergewöhnliche Geschäfte allgemein in § 116 Abs. 2 S. 1 Hs. 2 HGB nF geregelt sein, der weiterhin abdingbar bleibt (§ 108 HGB nF). Vgl. auch BT-Drs. 19/27635, 253.

[3] Künftig: § 109 HGB nF iVm § 161 Abs. 2 HGB.

[4] Künftig: § 711 BGB nF und § 711a BGB nF, jeweils iVm § 105 Abs. 3, § 161 Abs. 2 HGB.

[5] Bei minderjährigen Kommanditisten: Stets ohne Ergänzungspfleger und ohne Genehmigung des Familiengerichts.

nach § 13 Abs. 1 Nr. 4a−4c ErbStG auf die Übertragung in Gestalt von Gesellschaftsanteilen (wohl) keine Anwendung findet,[6] da der BFH zu einer restriktiven Auslegung dieser Vorschriften neigt.

4. Flexible Ausnutzung der erbschaftsteuerlichen Freibeträge

Die Familien-KG bietet eine flexible Möglichkeit, um die erbschaftsteuerlichen Freibeträge passgenau auszunutzen. Die Übertragung von Kommanditanteilen bzw. spätere Erhöhungen der Beteiligung am Vermögen der KG sind per se nicht formbedürftig. Allein aus § 518 Abs. 1 BGB kann sich ein Beurkundungserfordernis ergeben; Formmängel können durch Bewirkung der versprochenen Leistung nach § 518 Abs. 2 BGB jedoch geheilt werden.[7] Auf diese Weise kann die wirtschaftliche Beteiligung nach Ablauf der Zehnjahresfrist des § 14 ErbStG unkompliziert erhöht werden. Aufgrund der weitreichenden Entscheidungs- und Kontrollmöglichkeiten des Übergebers ist es jedenfalls erwägenswert, bereits frühzeitig die übernächste Generation – dh (ggf. minderjährige) Enkelkinder – zu beteiligen, um die schenkungsteuerlichen Freibeträge ausnutzen zu können. Eine unmittelbare Übertragung insbesondere von Immobilien auf Enkelkinder ist hingegen vielfach nicht gewünscht.

5. Zuordnung der und Zugriff auf die Erträge

Mittels der Familien-KG lassen sich die Nutzungen der eingebrachten Vermögensgegenstände flexibel und unter Berücksichtigung der erbschaftsteuerlichen Freibeträge zuordnen. Grundsätzlich nehmen die Gesellschafter am Gewinn und Verlust der KG im Verhältnis ihrer Kapitalanteile teil. Der Gewinnverteilungsmaßstab ist allerdings disponibel. Der Gestaltungsspielraum reicht von einem vollständigen Vorbehalt der Erträge zugunsten des Übergebers durch Nießbrauch oder disquotale Gewinnverteilung bis hin zu einer weitreichenden Verlagerung der Erträge auf die Kinder und Kindeskinder zwecks Ausnutzung der Grundfreibeträge und des unteren Progressionsbereichs in der Einkommensteuer. Befürchtungen, die Kinder würden durch derartige Gestaltungen ein großes Vermögen aufbauen, sind in aller Regel unbegründet, da ihr Unterhaltsbedarf in erster Linie durch eigene Einkünfte zu decken ist und die Eltern daher die (zumeist steuerfreien bzw. gering besteuerten) Erträge hierfür einsetzen dürfen. Neben einem Zuwendungsnießbrauch kann der Ertragsanteil der Kinder durch eine disquotale Gewinnverteilung ihre Beteiligung an der Substanz der KG (erheblich) übersteigen. Stets erwägenswert ist in diesem Kontext eine zeitliche Begrenzung der Einkünfteverlagerung, insbesondere um zu verhindern, dass sich der Progressionsvorteil bei der Einkommensteuer im Rentenalter des Übergebers und nach Berufseintritt des Erwerbers in einen Progressionsnachteil verwandelt. Die Ausgestaltungsvarianten sind insoweit mannigfaltig. Neben einer auflösend befristeten bzw. auflösend bedingten Übertragung bzw. einer Rückübertragungspflicht kommt ein aufschiebend bedingter bzw. aufschiebend befristeter Nießbrauch bzw. disquotale Gewinnverteilung zugunsten des Übergebers in Betracht. Die Zuordnung der Erträge ist bei der Bemessung der Zuwendung für erbschaft- bzw. schenkungsteuerliche Zwecke zu berücksichtigen: Zu Gunsten des Veräußerers vorbehaltene Erträge mindern den steuerpflichtigen Erwerb gegenüber dem Substanzwert, über den Ertragswert der überlassenen Substanz hinausgehende Erträge zugunsten der Kinder erhöhen diesen.

Um zu verhindern, dass volljährige Kinder auf die ihnen zugeordneten Erträge frei zugreifen können, bietet sich eine Beschränkung des Entnahmerechts, etwa in Gestalt einer gesellschaftsvertraglichen Pflicht zur Thesaurierung einer bestimmten Quote des Jahres-

---

[6] Abweichend für den Erwerb eines GbR-Anteils am Familienheim *Reimann* ZEV 2010, 174 (176); *Wachter* ZEV 2014, 191 (192).

[7] Einbringungen in die KG sind freilich nach allgemeinen Regeln ggf. formbedürftig (§ 311b Abs. 1 BGB, § 15 Abs. 3 und 4 GmbHG).

ergebnisses (für künftige Investitionen und als Rückstellung für Erhaltungsaufwand) an. Stets sollte jedoch eine Mindestausschüttung in einer Höhe vorgesehen werden, die es den Gesellschaftern ermöglicht, ihre aus der KG-Beteiligung resultierenden ertragsteuerlichen Zahlungspflichten zu erfüllen. Aus Vereinfachungsgründen wird sich hier vielfach eine Orientierung am Höchststeuersatz empfehlen.

6. Asset Protection

Unter dem Gesichtspunkt der sog. asset protection bietet die Familien-KG gegenüber einer unmittelbaren Vermögensübertragung zusätzlichen Schutz des Vermögens vor einem Gläubigerzugriff. Neben den „herkömmlichen" Rückforderungsrechten und der korrespondierenden Absicherung (Vormerkung; auflösend bedingte Rückabtretung) aus dem Überlassungsvertrag kann das im KG-Pool befindliche Vermögen zusätzlich durch Ausschließungsrechte und eine Beschränkung der Abfindung gegen den Zugriff von Gesellschaftergläubigern geschützt werden.

7. Nachteile der Familien-KG

Nicht verschwiegen werden sollen an dieser Stelle diejenigen Gründe, die im Einzelfall gegen eine Vermögensnachfolge mittels einer Familien-KG sprechen. Aufgrund des nicht völlig unerheblichen Zeit- und Kostenaufwands, der mit dem erstmaligen Aufsetzen und dem laufenden Betrieb einer Familien-KG verbunden ist (u. a. Gestaltung des Gesellschaftsvertrags, Erfordernis regelmäßiger Gesellschafterversammlungen,[8] zusätzliche Steuererklärung für die KG, Buchführungspflicht nach §§ 238 ff. HGB,[9] Meldepflicht beim Transparenzregister), eignet sich diese Nachfolgegestaltung tendenziell eher für größere Vermögen.

Die mit der Familien-KG einhergehende Komplexität führt mitunter zu Verständnisschwierigkeiten, in erster Linie bei den beteiligten Familienangehörigen, die sich in einer ungewohnten Rolle als geschäftsführende Gesellschafter bzw. weitgehend stimmrechtslose Kommanditisten wiederfinden, gelegentlich aber auch bei Geschäftspartnern. Insbesondere Kreditinstitute sehen eine Sicherheitenbestellung durch die KG (Grundpfandrecht und abstraktes Schuldversprechen) samt abstraktem Schuldversprechen (und ggf. Bürgschaft) durch den Komplementär, jeweils mit Zwangsvollstreckungsunterwerfung, nicht selten kritischer als eine Sicherheitenbestellung durch den Komplementär als natürliche Person, fordern ein Rating der KG, welches jedenfalls in der Anfangsphase nicht existiert, und verlangen Zinsaufschläge. Hierdurch wird die Beschaffung von Finanzierungsmitteln somit komplizierter und teurer.

8. Fazit

Trotz der beschriebenen Nachteile stellt die Familien-KG in zahlreichen Konstellationen ein effizientes Vehikel der Vermögensnachfolge dar, die deren frühzeitige Einleitung unter größtmöglicher Verwirklichung der Entscheidungs-, Kontroll-, Sicherungs- und Gestaltungsinteressen des Übergebers gestattet.

Im Folgenden soll der Fokus der Darstellung allein auf der Pflichtteilsanrechnung liegen, die gerade bei nachfolgenden Vermögensausstattungen der KG nicht ohne weiteres möglich ist.

---

[8] Bei minderjährigen Gesellschaftern ggf. Erfordernis der Bestellung eines Ergänzungspflegers.
[9] Aber keine Bilanzierungspflicht (arg. e § 264a HGB).

II. Pflichtteilsanrechnung im Überblick

Lebzeitige Vorempfänge, etwa in Gestalt der Übertragung eines Kommanditanteils an einer Familien-KG, haben im Falle einer Enterbung des Pflichtteilsberechtigten durch den Übergeber und späteren Erblasser grundsätzlich keine Auswirkungen auf den jeweiligen Pflichtteilsanspruch. Die Höhe des Anspruchs nach § 2303 BGB bestimmt sich nach der jeweiligen Pflichtteilsquote und dem Nachlasswert zur Zeit des Erbfalles (§ 2311 BGB). Durch die Anordnung der Anrechnung der lebzeitigen Zuwendung auf den Pflichtteil nach Maßgabe von § 2315 Abs. 1 BGB verringert sich der Pflichtteilsanspruch des Zuwendungsempfängers[10] und es wird eine doppelte Begünstigung verhindert. Eine Anrechnung gehört bei lebzeitigen Vermögensübertragungen daher im Regelfall zum Pflichtprogramm.

§ 2315 BGB – Anrechnung von Zuwendungen auf den Pflichtteil

(1) Der Pflichtteilsberechtigte hat sich auf den Pflichtteil anrechnen zu lassen, was ihm von dem Erblasser durch Rechtsgeschäft unter Lebenden mit der Bestimmung zugewendet worden ist, dass es auf den Pflichtteil angerechnet werden soll.

(2)[1]Der Wert der Zuwendung wird bei der Bestimmung des Pflichtteils dem Nachlass hinzugerechnet. [2]Der Wert bestimmt sich nach der Zeit, zu welcher die Zuwendung erfolgt ist.

Eine Pflichtteilsanrechnung gemäß § 2315 Abs. 1 BGB setzt im Grundsatz eine freigiebige Zuwendung des späteren Erblassers an den Pflichtteilsberechtigten durch lebzeitiges Rechtsgeschäft voraus, welches mit der (grundsätzlich formfreien)[11] Bestimmung erfolgt ist, dass und ggf. inwieweit sich der Zuwendungsempfänger deren Wert auf einen späteren Pflichtteil anrechnen lassen muss. Nicht anrechnungsfähig sind beispielsweise Zuwendungen des Ehegatten an die Abkömmlinge.[12] Für eine Berücksichtigung der Zuwendung des Ehegatten bei der Berechnung des Pflichtteils nach dem Tod des anderen Ehegatten bedarf es eines (gegenständlich beschränkten) Pflichtteilsverzichtsvertrags.[13] Im Zusammenhang mit der Familien-KG bedürfen im Rahmen der Pflichtteilsanrechnung insbesondere die Person des Zuwendungsempfängers und die Beteiligung minderjähriger Pflichtteilsberechtigter eines besonderen Augenmerks.

1. Leistung an einen Dritten

Die Pflichtteilsanrechnung erfordert grundsätzlich die lebzeitige Übertragung eines Vermögensgegenstands durch den späteren Erblasser unmittelbar an den Pflichtteilsberechtigten. Die Zuwendung an einen Dritten führt nach hM – außerhalb des Anwendungsbereichs der §§ 2315 Abs. 3, 2051 Abs. 1 BGB (Wegfall eines anrechnungspflichtigen Abkömmlings) – nur zu einer Pflichtteilsanrechnung, wenn der Erblasser gegenüber dem Pflichtteilsberechtigten zu einer freigiebigen Leistung verpflichtet ist und diese auf Geheiß des Pflichtteilsberechtigten bzw. aufgrund einer vertraglichen Vereinbarung mit diesem an einen Dritten erbringt.[14] Eine derartige Konstellation liegt bei einer Zuwendung des späteren Erblassers

---

[10] Einschließlich des Zusatzpflichtteils nach § 2305 BGB und der Pflichtteilsergänzung nach § 2325 BGB (vgl. § 2327 Abs. 1 S. 2 BGB).

[11] *Sostmann* MittRhNotK 1976, 479 (484).

[12] Ganz hM, vgl. BGHZ 88, 102 (109) = NJW 1983, 2875 (2876); OLG Koblenz ZEV 2010, 473 mAnm *Keim*.

[13] Vgl. *Herrler* in Dauner-Lieb/Grziwotz/Herzog, Pflichtteilsrecht, 3. Aufl. 2022, BGB § 2315 Rn. 11 f.

[14] *Sostmann* MittRhNotK 1976, 479 (487); *Müller-Engels* in BeckOK BGB, 63. Ed. 1.8.2022, § 2315 Rn. 6; *Lange* in MüKoBGB, 9. Aufl. 2022, § 2315 Rn. 9; *Herrler* in Dauner-Lieb/Grziwotz/Herzog, Pflichtteilsrecht, 3. Aufl. 2022, BGB § 2315 Rn. 16; *Otte* in Staudinger, BGB, 2021, § 2315 Rn. 13.

an eine Gesellschaft nahe, deren alleiniger Gesellschafter der Pflichtteilsberechtigte ist.[15] Höchstrichterlich ist allerdings noch nicht geklärt, ob Zuwendungen im Dreiecksverhältnis überhaupt die Grundlage für eine Pflichtteilsanrechnung bilden können.[16] Daher wird in der Literatur empfohlen, den Eintritt der Anrechnungswirkung durch Vereinbarung eines beschränkten Pflichtteilsverzichts zwischen späterem Erblasser und Pflichtteilsberechtigtem sicherzustellen.[17] Die steuerrechtliche Beurteilung weicht von der zivilrechtlichen insoweit ab, als auf die wirtschaftliche Berechtigung abgestellt wird.[18] Dies soll hier jedoch nicht vertieft werden.

2. *Anrechnungsbestimmung gegenüber minderjährigem Zuwendungsempfänger*

a) *Ergänzungspfleger*

Im Fall eines minderjährigen Zuwendungsempfängers ist zu prüfen, ob der Schenker die Anrechnungsbestimmung einerseits erklären und andererseits als (auch) sorgeberechtigter Elternteil entgegennehmen kann. Im Grundsatz besteht insoweit ein Vertretungsverbot gem. § 1629 Abs. 2 S. 1 BGB iVm § 1824 Abs. 1 Nr. 1 bzw. Abs. 2 BGB nF iVm § 181 BGB,[19] sodass die wirksame Pflichtteilsanrechnung die Bestellung eines Ergänzungspflegers voraussetzt. Etwas anderes würde aufgrund allgemein anerkannter teleologischer Reduktion der vorgenannten Vorschriften nur gelten, wenn die Pflichtteilsanrechnung (in Zusammenschau mit der hiermit verbundenen Schenkung) für den Minderjährigen zumindest keinen rechtlichen Nachteil darstellt. Näher hierzu → VI. 1.

b) *Familiengerichtliche Genehmigung*

Eine vom Erfordernis der Bestellung eines Ergänzungspflegers zu trennende Frage ist die familiengerichtliche Genehmigungspflicht einer Schenkung unter Pflichtteilsanrechnung. Eine unzweideutige gesetzliche Regelung, die ein Genehmigungserfordernis normiert, fehlt. Man könnte ein solches gleichwohl auf eine Analogie zu § 1643 Abs. 1 BGB iVm § 1851 Nr. 9 BGB[20] bzw. bei zu übertragenden Immobilien auf § 1643 Abs. 1 BGB iVm § 1850 Nr. 6 BGB[21] stützen. Näher hierzu → VI. 2.

III. *Pflichtteilsanrechnung im Gründungsstadium*

Im Gründungsstadium der KG ist die Pflichtteilsanrechnung im Grundsatz – vom Sonderfall minderjähriger Abkömmlinge abgesehen (hierzu → VI.) – problemlos möglich. Die Gründung vollzieht sich im Regelfall in mehreren Schritten (Gründung der KG, Registereintragung, Beteiligung der Abkömmlinge, Vermögensausstattung der KG), deren Reihenfolge Übergeber und Beschenkter im Grundsatz beliebig festlegen können. Abhängig von

---

[15] Näher Gutachten DNotI-Report 2013, 59 f.

[16] Der BGH (DNotZ 1963, 113 [114]) hielt die Annahme einer anrechnungspflichtigen Zuwendung in einem vergleichbaren Fall jedenfalls für möglich.

[17] *Keim* MittBayNot 2008, 8 (9).

[18] Vgl. BGH NZG 2021, 85.

[19] Der mit Inkrafttreten des Gesetzes zur Reform des Vormundschafts- und Betreuungsrechts (BGBl. 2021 I 882) zum 1.1.2023 neu eingefügte § 1824 BGB entspricht inhaltlich dem früheren § 1795 BGB aF. Vgl. hierzu BT-Drs. 19/24445, 259.

[20] Die Analogie wurde zu § 1822 Nr. 2, § 2347 Abs. 1 S. 1 BGB aF entwickelt, vgl. *Lange* in MüKoBGB, 9. Aufl. 2022, § 2315 Rn. 19. Nach der Reform des Vormundschafts- und Betreuungsrechts weiterhin erwägend *Weidlich* in Grüneberg, BGB, 82. Aufl. 2023, § 2315 Rn. 1.

[21] Vormals § 1643 Abs. 1 BGB iVm § 1821 Abs. 1 Nr. 5 BGB aF.

der Reihenfolge der Gründungsschritte kann eine erfolgreiche Pflichtteilanrechnung aber im Einzelfall zweifelhaft sein.

1. Gründung der KG zusammen mit den Kindern unter gleichzeitiger Vermögensausstattung

Unter dem Blickwinkel des § 2315 BGB unproblematisch ist die Gründung der KG zusammen mit den Abkömmlingen unter gleichzeitiger Vermögensausstattung. In dieser Konstellation wird den Abkömmlingen im Gründungsakt bzw. mit der in diesen integrierten Vermögenseinlage ein werthaltiger Kommanditanteil übertragen, dessen Wert aufgrund einer in der Gründungsdokumentation erklärten Anrechnungsbestimmung auf den Pflichtteil anzurechnen ist.

Vielfach wird diese Gründungsvariante jedoch nicht gewählt, da den Beschenkten kein Mitspracherecht bei der Gestaltung des Gesellschaftsvertrags eingeräumt werden soll, jedes entfernte Haftungsrisiko zu vermeiden ist und/oder der Übergeber Kontrolle durch Rückforderungsrechte im Überlassungsvertrag ausüben möchte.

2. Gründung der KG – Vermögensausstattung – Übertragung der KG-Anteile

Ebenfalls keine Schwierigkeiten bereitet die Pflichtteilanrechnung, wenn die Errichtungsakte in der Reihenfolge Gründung der KG, gleichzeitige oder nachfolgende Vermögensausstattung und anschließende Überlassung werthaltiger Kommanditanteile an die Abkömmlinge mit korrespondierender Anrechnungsbestimmung stattfinden.

Die Übertragung werthaltiger Kommanditanteile führt allerdings zu höheren Beurkundungsgebühren. Gelegentlich ist eine vorherige Vermögensausstattung wegen der mit den zu übertragenden Vermögenswerten verbundenen, nicht völlig unerheblichen Haftungsrisiken nicht gewünscht, da die deshalb angezeigte, auf die Eintragung der Sonderrechtsnachfolge in das Handelsregister bedingte Abtretung der Kommanditanteile zu gewissen Verzögerungen führt.

3. Gründung der KG – Übertragung der KG-Anteile – Vermögensausstattung

Die letztgenannten Nachteile lassen sich dadurch vermeiden, dass die Kommanditanteile nach Gründung der KG, aber vor Vermögensausstattung übertragen werden. Die Vermögensausstattung erfolgt erst im Anschluss, wenn die Abkömmlinge bereits Gesellschafter sind. Bei minderjährigen Destinatären ist diese Errichtungsreihenfolge ggf. für die Frage der Genehmigungsbedürftigkeit mit Blick auf § 1643 Abs. 1, § 1852 Nr. 1 b) BGB[22] relevant, sofern im Zeitpunkt der Überlassung eine (noch) „neutrale" Gesellschaft (zB nur vermögensverwaltend) übertragen wird.[23] Unter dem Blickwinkel des § 2315 BGB ist diese Errichtungsreihenfolge indes nicht unproblematisch. Die unmittelbare Zuwendung des späteren Erblassers an den Pflichtteilsberechtigten iSv § 2315 Abs. 1 BGB beschränkt sich auf den Wert des überlassenen Kommanditanteils. Vor Vermögensausstattung wird dieser im Regelfall allenfalls in Höhe der Hafteinlage dotiert sein. Die eigentlich relevante Zuwendung erfolgt nicht im Verhältnis zwischen späterem Erblasser und Pflichtteilsberechtigtem, sondern an die KG, vertreten durch ihren Komplementär, bei dem es sich nicht selten um den späteren Erblasser selbst handelt.

---

[22] Gegenüber der vormaligen Genehmigungspflicht aus § 1822 Nr. 3 BGB aF leicht verändert, vgl. BT-Drs. 19/24445, 288.

[23] Ob bzw. unter welchen Umständen die Übertragung volleingezahlter Kommanditanteile an Minderjährige der familiengerichtlichen Genehmigung bedarf, soll hier nicht näher erörtert werden. Vgl. zu dieser in der obergerichtlichen Rechtsprechung und Literatur sehr streitig diskutierten Frage *Bock* DNotZ 2020, 643 (646 ff.) mwN.

a) Selbstkontrahieren

Ein wirksamer Einbringungsvertrag setzt daher zunächst voraus, dass der Komplementär von den Beschränkungen des § 181 (Alt. 1) BGB befreit ist. Insbesondere bei minderjährigen Kommanditisten sollte die Befreiung jedenfalls des ersten Komplementärs von den Beschränkungen des § 181 BGB vor Beteiligung der Kommanditisten an der Gesellschaft erfolgen. Vielfach wird es sich darüber hinaus empfehlen, eine weitere Person, zB den Ehegatten des Schenkers, zum Prokuristen zu bestellen und ebenfalls von den Beschränkungen des § 181 BGB zu befreien.

b) Schenkungsadressat

Während sich die Problematik des Selbstkontrahierens unschwer lösen lässt, erweist sich die an die KG erfolgende Zuwendung als problematischer. Tatbestandlich setzt § 2315 Abs. 1 BGB eine Zuwendung an den Pflichtteilsberechtigten voraus. Die Anrechnungsbestimmung muss ebenfalls gegenüber dem Pflichtteilsberechtigten erfolgen; gegenüber der KG ist diese mit Blick auf den Schutzzweck (Zurückweisungsoption) nicht ausreichend. Es liegt freilich auf der Hand, dass der übertragene Vermögenswert wirtschaftlich den Kommanditisten entsprechend ihrer Beteiligungsquote an der KG zugutekommt. Unter Hinweis auf das in § 718 Abs. 1 BGB verankerte Gesamthandsprinzip werden vereinzelt die Kommanditisten als Adressaten der Schenkung angesehen.[24] Richtigerweise ist indes die Personengesellschaft als Trägerin von Rechten und Pflichten (§ 124 Abs. 1 iVm § 161 Abs. 2 HGB) zivilrechtlich Adressat der Zuwendung, auch wenn diese wirtschaftlich an die Pflichtteilsberechtigten gerichtet ist.[25] Für die Einordnung der KG als Schenkungsadressatin spricht perspektivisch auch die Neuordnung des Personengesellschaftsrechts, infolgedessen das überkommene Gesamthandsprinzip aufgegeben wird (§ 713 BGB nF iVm § 105 Abs. 3, § 161 Abs. 2 HGB).[26] Wie oben ausgeführt (→ II.), kann eine Drittzuwendung ausnahmsweise tatbestandsmäßig iSv § 2315 BGB sein. Das setzt allerdings voraus, dass diese auf Geheiß bzw. zumindest mit Zustimmung des Pflichtteilsberechtigten erfolgt. Sofern die Kommanditisten am Einbringungsvertrag beteiligt werden, erscheint eine Pflichtteilsanrechnung danach möglich.[27] Man sollte vorsorglich klarstellen, dass die Zuwendung an die KG auf Geheiß und mit Zustimmung der Kommanditisten in Kenntnis der Anrechnungsbestimmung erfolgt. Unter diesen Voraussetzungen steht einer Anwendung von § 2315 Abs. 1 BGB meines Erachtens nichts entgegen.

c) Zwischenergebnis

Erfolgt die Vermögensausstattung der KG erst nach Beteiligung der Destinatäre an der Gesellschaft, setzt eine Pflichtteilsanrechnung der nachfolgenden Einlage und der darin liegenden mittelbaren Zuwendung an die Pflichtteilsberechtigten deren Beteiligung am Ein-

---

[24] Näher *Rhode* NZG 2021, 1491 (1493).

[25] Vgl. jüngst BFH NZG 2021, 85 Tz. 14, 27 (Bedachter im Sinne des Schenkungsteuerrechts [der Gesamthänder] entspricht nicht dem Beschenkten im Sinne des Zivilrechts [Gesamthandsgemeinschaft]).

[26] Vgl. auch BT-Drs. 19/27635, 148 („Vielmehr begründet bereits das Bestehen einer Beitragspflicht Vermögen der Gesellschaft").

[27] Ob ein anderweitig geäußertes Einverständnis der Kommanditisten ausreichend ist, hängt von den Umständen des Einzelfalls ab. Ein Geheißerwerb dürfte bei bloßer Zustimmung zur Vermögensausstattung der KG nur schwer zu rechtfertigen sein. Notwendig sind wohl stets vertragliche Vereinbarungen zwischen dem späteren Erblasser und dem Pflichtteilsberechtigten, die als Schenkungsversprechen und Leistungsabrede dahingehend gedeutet werden können, dass der Erblasser den Zuwendungsgegenstand direkt auf die KG übertragen soll, und gleichzeitig eine Anrechnungsbestimmung enthalten (sofern diese nicht bereits im Vorfeld erklärt wurde).

bringungsvertrag dergestalt voraus, dass sich die Einbringung als auf deren Geheiß erfolgende Leistung darstellt. Die Anrechnungsbestimmung hat ebenfalls nicht nur gegenüber der KG, sondern auch ihnen gegenüber zu erfolgen.[28] Konsequenzen hat eine derartige Gestaltung für die Leistungsbeziehungen, da beim Geheißerwerb keine Direktleistung an die KG, sondern Leistungen des späteren Erblassers an die Kommanditisten und Leistungen der Kommanditisten an die KG mit abgekürztem Leistungsweg vorliegen.[29] Von Bedeutung sind die Leistungsbeziehungen unter anderem für eine etwaige (Insolvenz-)Anfechtung sowie für etwaige Rückforderungs- bzw. Bereicherungsansprüche.

Will man diese Nachteile nicht in Kauf nehmen bzw. hält man die Anwendbarkeit von § 2315 Abs. 1 BGB in der Konstellation des Geheißerwerbs für ungewiss, bietet sich ein gegenständlich beschränkter Pflichtteilsverzichtsvertrag zwischen dem späteren Erblasser und dem mittelbar begünstigen Kommanditisten an. Dieser ist jedoch seinerseits mit Nachteilen verbunden, zum einen in kostenrechtlicher Hinsicht, da der Pflichtteilsverzichtsvertrag anders als die bloße Anrechnungsbestimmung zu einer Erhöhung des Geschäftswerts führt. Ferner löst der Pflichtteilsverzichtsvertrag bei formfreien Zuwendungsverträgen die Beurkundungsbedürftigkeit überhaupt erst aus (§ 2348 BGB) und bei minderjährigen Zuwendungsempfängern sind überdies das Genehmigungserfordernis gem. § 1643 Abs. 1, § 1851 Nr. 9 BGB sowie die Notwendigkeit, einen Ergänzungspfleger zu bestellen, zu beachten.

IV. Pflichtteilsanrechnung bei nachfolgenden Vermögenseinlagen in die KG („Zweitzuwendung")

Die vorbeschriebenen Probleme bei der Pflichtteilsanrechnung stellen sich nicht nur im Gründungsstadium, wenn die Errichtungsakte in der in Abschnitt III. 3. beschriebenen Reihenfolge vorgenommen werden, sondern generell bei einer nachfolgenden (weiteren) Vermögensausstattung der KG („Zweitzuwendung"), sei es durch den ursprünglichen Schenker, dessen Ehegatten oder Dritte. Mit Blick auf die schenkungsteuerlichen Freibeträge ist es bei größeren Vermögen geradezu die Regel, dass nicht bereits im ersten Schritt das gesamte zu übertragende Vermögen in die KG eingebracht wird, sondern nach Ablauf der Zehnjahresfrist weitere Zuwendungen erfolgen. Der Komplementär kann derartige Zweitzuwendungen zwar ohne Beteiligung der Kommanditisten mit dem Schenker (ggf. durch Insichgeschäft) vereinbaren. Eine Pflichtteilsanrechnung bzw. vergleichbare Rechtsfolgen setzen indes die Beteiligung der betroffenen Pflichtteilsberechtigten zwingend voraus und begrenzen daher den Handlungsspielraum des Komplementärs oder sorgen bei minderjährigen Kommanditisten für unerwünschte administrative Hürden (Ergänzungspfleger, Genehmigungserfordernis), sofern der spätere Erblasser auf eine Pflichtteilsanrechnung Wert legt.

V. Gestaltungsüberlegungen

Sind die Destinatäre bereits Kommanditisten der KG, ist eine Pflichtteilsanrechnung bzw. die Herbeiführung von Wirkungen, die dieser gleichkommen, nach dem Vorstehenden nur unter Beteiligung der Kommanditisten möglich. Auch wenn diese in vielen Fällen zur Mitwirkung bereit sein werden, liegt es im Interesse des späteren Erblassers, die Wirkungen des

---

[28] Anders mag die Beurteilung unter Umständen ausfallen, wenn ausnahmsweise nicht der spätere Erblasser, sondern einer der zu bedenkenden Abkömmlinge als Komplementär fungiert und daher den Einbringungsvertrag namens der KG schließt. Auch in dieser Konstellation erscheint es jedoch empfehlenswert, den Betreffenden beim Vertragsschluss als Komplementär und zugleich im eigenen Namen auftreten zu lassen.

[29] Vgl. *Schwab* in MüKoBGB, 8. Aufl. 2020, § 812 Rn. 72 mwN.

§ 2315 BGB unabhängig von der späteren Kooperationsbereitschaft der Kommanditisten bzw. weiterer Stellen (Ergänzungspfleger, Familiengericht) herbeiführen zu können. Neben einem vorab abgeschlossenen (ggf. gegenständlich beschränkten) Pflichtteilsverzichtsvertrag stehen hierfür insbesondere die folgenden Gestaltungsoptionen zur Verfügung.

1. Vorab erklärte Anrechnungsbestimmung

Nach § 2315 Abs. 1 BGB ist das Zusammenfallen von Schenkung und Anrechnungsbestimmung in einem Vorgang der Regelfall. Während eine nachträgliche Anrechnungsbestimmung einseitig nicht möglich ist (Ausnahme: Vorliegen der Voraussetzungen der Pflichtteilsentziehung gem. §§ 2333–2336 BGB bzw. spätestens bei der Zuwendung erklärter Vorbehalt der späteren Anordnung der Pflichtteilsanrechnung[30]) und mit der Pflichtteilsanrechnung vergleichbare Wirkungen im Nachgang der Zuwendung nur mittels eines (beschränkten) Pflichtteilsverzichtsvertrags erzielt werden können, ist eine im Voraus getroffene Anrechnungsanordnung im Grundsatz zulässig.[31] Diese muss als empfangsbedürftige Willenserklärung gegenüber dem Pflichtteilsberechtigten erfolgen und inhaltlich hinreichend deutlich zum Ausdruck zu bringen, dass und ggf. inwieweit eine Anrechnung des Wertes des zuzuwendenden Gegenstandes auf den Pflichtteil erfolgen soll.

a) Konkret

Sofern der spätere Erblasser bereits klar vor Augen hat, welche Art von Zuwendung erfolgen soll, etwa bei Überlassung der Kommanditanteile in engem zeitlichem Zusammenhang mit der (erstmaligen) Vermögensausstattung (vgl. → III. 3.) oder weil es einen klar abgrenzbaren Vermögenswert gibt, der (sukzessive) in die KG eingebracht werden soll (etwa ein Mietshaus des späteren Erblassers), lässt sich in der Anrechnungsbestimmung unschwer festhalten, welcher Vermögenswert im Falle seiner späteren Überlassung entsprechend der Vermögensbeteiligung des jeweiligen Abkömmlings an der KG auf den Pflichtteil anzurechnen ist. Es empfiehlt sich daher in der Gründungsvariante 3 (→ III. 3.) eine entsprechende Anrechnungsbestimmung für die künftige, bereits ins Auge gefasste Vermögensausstattung in den Überlassungsvertrag betreffend die noch nicht werthaltigen Kommanditanteile und eine Regelung aufzunehmen, wonach die spätere Einlage auf Geheiß und mit Zustimmung des Pflichtteilsberechtigten direkt an die KG geleistet wird (zu den Nachteilen vgl. → III. 3. c)).

b) Abstrakt

Eine im Voraus getroffene Anrechnungsbestimmung ist indes nicht nur in der vorstehend geschilderten konkreten Variante möglich, sondern kann auch losgelöst von einem bereits konkret ins Auge gefassten Zuwendungsgegenstand erfolgen. § 2315 Abs. 1 BGB lässt derartige abstrakte Anrechnungsbestimmungen im Grundsatz zu.[32] Bei einer im Voraus getroffenen, vom Einzelfall losgelösten Anrechnungsanordnung ist stets kritisch zu prüfen, ob für den Pflichtteilsberechtigten bei objektivierter Auslegung nach dem Empfängerhorizont der Umstand der Anrechnung und deren Umfang ausreichend erkennbar ist. Bei allgemein

---

[30.] Vgl. hierzu *Herrler* in Dauner-Lieb/Grziwotz/Herzog, Pflichtteilsrecht, 3. Aufl. 2022, BGB § 2315 Rn. 27.

[31] RGZ 67, 306 (307 ff.); OLG Düsseldorf FamRZ 1994, 1491 = ZEV 1994, 173; OLG München BWNotZ 2019, 200 (202); *Müller-Engels* in BeckOK BGB, 63. Ed. 1. 8. 2022, § 2315 Rn. 7; *Herrler* in Dauner-Lieb/Grziwotz/Herzog, Pflichtteilsrecht, 3. Aufl. 2022, BGB § 2315 Rn. 25; *Otte* in Staudinger, BGB, 2021, § 2315 Rn. 20; *Thubauville* MittRhNotK 1992, 289 (296).

[32] Vgl. *Weidlich* in Grüneberg, BGB, 81. Aufl. 2022, § 2315 Rn. 2 f.; *Herrler* in Dauner-Lieb/Grziwotz/Herzog, Pflichtteilsrecht, 3. Aufl. 2022, BGB § 2315 Rn. 25.

gefassten, zeitlich weit zurückliegenden Anrechnungsbestimmungen mag man mit Blick auf den Schutzzweck, dem Zuwendungsadressaten eine Abwägung zu ermöglichen, ob er die Zuwendung an- und deren nachteilige Folgen für seinen Pflichtteilsanspruch in Kauf nimmt oder sie zurückweist, tendenziell höhere Anforderungen stellen.[33] Eine wie folgt formulierte, allgemein gefasste Anrechnungsbestimmung dürfte diese inhaltlichen Anforderungen indes erfüllen:

Abstrakte Anrechnungsbestimmung im Kommanditanteilsübertragungsvertrag

„Der Erwerber hat sich den Wert der heutigen Zuwendung sowie den Wert aller künftigen Zuwendungen, die unmittelbar oder mittelbar von … oder… [Anm.: Ehegatten] an die … KG geleistet werden, im Verhältnis seiner wirtschaftlichen Beteiligung an der … KG im jeweiligen Leistungszeitpunkt auf seinen Pflichtteil anrechnen zu lassen. Künftige Zuwendungen erfolgen auf Geheiß des heutigen Erwerbers nicht an diesen, sondern an die … KG."

Bei einer entsprechend weiten Anrechnungsbestimmung werden nicht nur die nachfolgenden Zuwendungen des späteren Erblassers, sondern ebenso die seines Ehegatten, auch mit Blick auf etwaige Vermögensverlagerungen zwischen den Ehegatten (zB aufgrund eines Güterstandswechsels zur Reduzierung der Schenkungsteuer), auf den Pflichtteil am Nachlass des jeweiligen Schenkers angerechnet. Durch die Formulierung „im Verhältnis seiner wirtschaftlichen Beteiligung an der … KG im jeweiligen Leistungszeitpunkt" wurde Vorsorge für etwaige Veränderungen der Beteiligungsquoten getroffen und sichergestellt, dass jeweils nur die tatsächliche Vermögensmehrung auf den Pflichtteil anzurechnen ist.

Bei einer derartigen Gestaltung liegt es indes allein in der Hand des späteren Erblassers, die an die KG zu übertragenden Vermögenswerte auszuwählen („alle künftigen Zuwendungen"). Ob hierdurch im Regelfall die Interessen aller Beteiligten angemessen abgebildet werden, erscheint nicht zweifelsfrei. Keinen Bedenken unterliegen spätere Übertragungen von Immobilien, Bar- und Spargeld, Gold, Aktien börsennotierter Unternehmen iSv § 2 Abs. 2 AktG sowie von sonstigen Wertpapieren, die an einem geregelten Markt in hinreichend großem Umfang gehandelt werden und somit ausreichend fungibel sind. Eine allumfassende Anrechnungsbestimmung würde jedoch Gesellschaftsbeteiligungen im Allgemeinen erfassen, deren Wert sich nicht oder nur schwer realisieren lässt, ebenso Kunst, Kryptowährungen, Autos, Uhren, Schmuck, sonstige Sammlerobjekte usw., die keine regelmäßigen Erträge abwerfen und möglicherweise großen Wertschwankungen bzw. einem hohen Werteverzehr unterliegen. Wenngleich die Einbringung derartiger Vermögensgegenstände in eine Familien-KG eher fernliegend ist, mag es sich gleichwohl empfehlen, eine ex ante erklärte Anrechnungsbestimmung auf die Einlage von Ertrag bringenden Vermögensgegenständen ohne hohen, kurzfristig realisierten Werteverzehr zu beschränken, etwa wie folgt:

Abstrakte Anrechnungsbestimmung im Kommanditanteilsübertragungsvertrag

„Der Erwerber hat sich den Wert der heutigen Zuwendung sowie den Wert aller künftigen Zuwendungen in Gestalt von Einlagen von Bargeld, Grundstücken oder grundstücksgleichen Rechten, an regulierten Börsen gehandelten Aktien und an regulierten Börsen gehandelten verzinslichen Wertpapieren [deren Emittent ein Rating von mindestens … hat], die unmittelbar oder mittelbar von … oder … [Anm.: Ehegatten] an die … KG geleistet werden, im Verhältnis seiner wirtschaftlichen Beteiligung an der … KG im jeweiligen Leistungszeitpunkt auf seinen Pflichtteil anrechnen zu lassen. Künftige Zuwendungen erfolgen auf Geheiß des heutigen Erwerbers nicht an diesen, sondern an die … KG. "

---

[33] *Herrler* in Dauner-Lieb/Grziwotz/Herzog, Pflichtteilsrecht, 3. Aufl. 2022, BGB § 2315 Rn. 21, 25.

Gerade bei minderjährigen Kommanditisten dürfte, sofern erforderlich, eine Mitwirkung des Ergänzungspflegers bzw. Genehmigung des Familiengerichts anders auch nicht zu erlangen sein (näher hierzu → VI.).

2. „Flucht in den Pflichtteilsergänzungsanspruch"

a) Regelungstechnik des § 2327 BGB

Sofern eine Pflichtteilsanrechnungsbestimmung weder im Rahmen der konkreten Überlassung noch im Voraus erfolgt ist, steht dem Pflichtteilsberechtigten im Fall seiner späteren Enterbung im Grundsatz sein ungeschmälertes Pflichtteilsrecht (v. a. Pflichtteilsanspruch nach § 2303 BGB und Pflichtteilsergänzungsanspruch nach § 2325 BGB) zu. Außerhalb des Kontexts der mittelbaren Zuwendung durch Einlagen in eine KG kann der spätere Erblasser mit einer Anrechnung gem. § 2315 BGB vergleichbare Rechtsfolgen durch eine sog. „Flucht in den Pflichtteilsergänzungsanspruch" herbeiführen. Während § 2315 BGB eine Anrechnung auf den ordentlichen Pflichtteilsanspruch nur im Fall einer vor oder bei der Zuwendung erfolgten Anrechnungsanordnung zulässt, sind auf den Pflichtteilsergänzungsanspruch gem. § 2325 BGB Zuwendungen an den Anspruchsberechtigten ohne Anrechnungsbestimmung kraft Gesetzes anzurechnen (§ 2327 BGB). Überträgt der Erblasser somit neben der Zuwendung an den Pflichtteilsberechtigten lebzeitig Vermögen an Dritte (insbesondere seinen Ehegatten oder andere Abkömmlinge), besteht der Pflichtteilsanspruch des Zuwendungsempfängers zwar ungeschmälert fort, ist allerdings nach § 2311 BGB ggf. wirtschaftlich weitgehend wertlos. Auf den durch diese Übertragung ausgelösten Pflichtteilsergänzungsanspruch ist das Eigengeschenk des Pflichtteilsberechtigten nach Maßgabe des § 2327 BGB anzurechnen.[34]

b) Sonderkonstellation der Familien-KG

Im Sonderfall der Vermögensübertragung an die Familien-KG besteht jedoch die bereits oben geschilderte Besonderheit, dass die Zuwendung nicht unmittelbar an den Pflichtteilsberechtigten, sondern an einen Dritten erfolgt, auch wenn der Pflichtteilsberechtigte wirtschaftlich hiervon profitiert. Die Anwendbarkeit von § 2327 BGB setzt ebenfalls voraus, dass der Pflichtteilsberechtigte das Geschenk direkt vom späteren Erblasser erhalten hat.[35] Geschenke an Dritte sind im Fall von weggefallenen Abkömmlingen nach Maßgabe von § 2327 Abs. 2 iVm § 2051 Abs. 1 BGB und darüber hinaus zu berücksichtigen, wenn die Zuwendung auf Geheiß des Pflichtteilsberechtigten an einen Dritten erfolgte. Insoweit gelten die unter Abschnitt II.1 angestellten Überlegungen entsprechend. Eine den Wortlaut des § 2327 Abs. 1 BGB übersteigende, allgemein mittelbare Zuwendung an den Pflichtteilsberechtigten erfassende Auslegung ist richtigerweise abzulehnen. Auch wenn dem Entscheidungsrecht des Pflichtteilsberechtigten im Anwendungsbereich von § 2327 Abs. 1 BGB – systemwidrig – eine geringere Bedeutung als bei § 2315 Abs. 1 BGB zugemessen wird, obwohl sich die Rechtsfolgen der beiden Vorschriften zumindest ähneln, ist eine automatische Anrechnung einer mittelbaren Zuwendung jedenfalls dann nicht gerechtfertigt, wenn der Pflichtteilsberechtigte die mittelbare Zuwendung nicht zurückweisen kann, weil er keinen oder nur geringen Einfluss auf die Entscheidungsfindung in der betreffenden Gesellschaft hat. Bei der Familien-KG, bei der der spätere Erblasser die Komplementärstellung innehat, ist dies der Fall. Aber auch darüber hinaus ist wohl tendenziell Zurückhaltung bei der Gleichstellung mittelbarer Zuwendungen mit unmittelbaren Geschenken an den Pflichtteilsberechtigten geboten.

---

[34] Näher *Herrler* in Dauner-Lieb/Grziwotz/Herzog, Pflichtteilsrecht, 3. Aufl. 2022, BGB § 2315 Rn. 74 ff.
[35] *Schindler* in BeckOGK, 1.7.2022, BGB § 2327 Rn. 17.

c) Zwischenergebnis

Die Flucht in den Pflichtteilsergänzungsanspruch ist daher im Regelfall keine rechtssichere Gestaltung zur Reduzierung des Pflichtteilsanspruchs in der Familien-KG bei verpassten Anrechnungsbestimmungen.

VI. Pflichtteilsanrechnung bei minderjährigen Gesellschaftern

Wie bereits angesprochen, gilt es bei minderjährigen Zuwendungsempfängern zu klären, ob der Schenker die Anrechnungsbestimmung einerseits erklären und andererseits als (auch) sorgeberechtigter Elternteil entgegennehmen kann oder es der Bestellung eines Ergänzungspflegers bedarf und ob die Anrechnungsbestimmung ein Genehmigungserfordernis seitens des Familiengerichts auslöst.

1. Ergänzungspfleger

Das grundsätzlich bestehende Vertretungsverbot gem. § 1629 Abs. 2 S. 1 BGB iVm § 1824 Abs. 1 Nr. 1 bzw. Abs. 2 BGB[36] iVm § 181 BGB würde infolge teleologischer Reduktion nicht eingreifen, wenn das betreffende Rechtsgeschäft für den Minderjährigen als lediglich rechtlich vorteilhaft anzusehen ist. Wird der Minderjährige bereits bei Gründung der KG aufgenommen und in diesem Zusammenhang eine Anrechnungsanordnung erklärt, bedarf es der Bestellung eines Ergänzungspflegers, da den Minderjährigen unabhängig von der Anrechnungsanordnung vielfältige gesellschaftsvertragliche Pflichten treffen. Erfolgt die Anrechnungsbestimmung hingegen im Zuge der Übertragung eines volleingezahlten Kommanditanteils aufschiebend bedingt auf die Eintragung der Sonderrechtsnachfolge in das Handelsregister, welche als solche nach zutreffender hM als lediglich rechtlich vorteilhaft anzusehen ist,[37] kommt es entscheidend auf die Qualifikation der Anrechnungsanordnung an. Teilweise wird eine Zuwendung auch unter Anrechnung auf den Pflichtteil als lediglich rechtlich vorteilhaft bzw. als jedenfalls nicht rechtlich nachteilig[38] angesehen, da ein realer Vermögenszufluss einer bloßen Exspektanz im Todeszeitpunkt vorzuziehen sei.[39] Dem wird indes entgegengehalten, dass gerade der minderjährige Pflichtteilsberechtigte insbesondere beim Erwerb kurzlebiger Wirtschaftsgüter schutzbedürftig sei. Aus diesem Grund wurde trotz dahingehender Forderungen im Gesetzgebungsverfahren auf die Gestattung einer nachträglichen Anrechnungsanordnung im Rahmen von § 2315 BGB bewusst verzichtet. Zudem liege der Gegenauffassung eine nicht zulässige wirtschaftliche Betrachtung zugrunde. Hierfür sprechen auch die einem beschränkten Pflichtteilsverzicht vergleichbaren Wirkungen einer Anrechnungsanordnung, welcher als nicht lediglich rechtlich vorteilhaft angesehen wird. Die wohl hM steht daher auf dem Standpunkt, dass eine Schenkung unter Pflichtteilsanrechnung nicht lediglich rechtlich vorteilhaft sei.[40] Im Falle einer Anrechnungsanordnung durch den schenkenden Sorgeberechtigten, dessen Ehegatten bzw. einen Verwandten in gerader Linie sollte daher vorsorglich ein Ergänzungspfleger bestellt werden.

---

[36] § 1824 BGB nF entspricht § 1795 BGB aF, vgl. schon → Fn. 19.
[37] *Götz* in Grüneberg, BGB, 81. Aufl. 2022, § 1795 Rn. 13 mwN.
[38] *Spickhoff* in MüKoBGB, 8. Aufl. 2020, § 1795 Rn. 21 mwN.
[39] OLG Dresden MittBayNot 1996, 288 (291); *Fembacher* MittBayNot 2004, 24 (25); *Müller-Engels* in BeckOK BGB, 63. Ed. 1.8.2022, § 2315 Rn. 9; *Weigl* MittBayNot 2008, 275; *Pentz* MDR 1998, 1266; *Everts* Rpfleger 2005, 180; *Everts* notar 2013, 219 (228).
[40] DNotI-Gutachten DNotI-Report 2007, 160; *Lange* NJW 1955, 1339 (1343); *Otte* in Staudinger, BGB, 2021, § 2315 Rn. 29 f.; *Reisnecker* in BeckOGK, 1.5.2022, BGB § 2315 Rn. 50 ff.

2. *Genehmigungspflicht*

Teilweise wird die Genehmigungspflicht einer Schenkung unter Pflichtteilsanrechnung unter Verweis auf eine Analogie zu § 1822 Nr. 2, § 2347 Abs. 1 S. 1 BGB aF bejaht. Die Analogie wird damit begründet, dass sich die Pflichtteilsanrechnung beim Minderjährigen wie ein beschränkter Pflichtteilsverzicht auswirke, welcher als solcher beim Minderjährigen genehmigungsbedürftig sei.[41] Trotz gewisser funktionaler Ähnlichkeit zwischen beschränktem Pflichtteilsverzicht und (grundsätzlich formfreier) Anrechnungsanordnung bleiben die Folgen letzterer hinter denen eines gem. § 2348 BGB beurkundungsbedürftigen (beschränkten) Pflichtteilsverzichts zurück.[42] Während beim Pflichtteilsverzicht gegen Abfindung nicht selten schwer abzuschätzen ist, ob diese in angemessenem Verhältnis zum voraussichtlichen Pflichtteilsanspruch steht, sind derartige Unsicherheiten bei der Pflichtteilsanrechnung nicht gegeben, da im nach § 2315 Abs. 2 S. 2 BGB maßgeblichen Zeitpunkt der Zuwendung deren Wert feststeht. Entscheidend gegen eine Analogie spricht zudem, dass der gesetzlich niedergelegte Katalog der Genehmigungstatbestände aus Gründen der Rechtssicherheit und Rechtsklarheit nicht über den Wortlaut hinaus teleologisch erweitert, sondern als abschließend behandelt werden sollte.[43] Mit Wirkung zum 1. 1. 2023 wurde § 2347 BGB neugefasst. Das Genehmigungserfordernis für die Erklärung des Verzichtenden durch einen Betreuer bzw. den Sorgeberechtigten ist nun nicht mehr in § 2347 BGB, sondern – inhaltlich unverändert – in § 1851 Nr. 9 iVm § 1643 Abs. 1 BGB normiert. Eine analoge Anwendung von § 1851 Nr. 9 iVm § 1643 Abs. 1 BGB ist jedoch aus den genannten Gründen abzulehnen. Hierfür spricht auch, dass der Gesetzgeber den bisherigen Katalog nicht um diesen Fall erweitert hat. Zwar fehlt eine explizite Positionierung zu dieser Frage. Indes wurde der Tatbestand des § 1851 Nr. 3 BGB um die zu § 1822 Nr. 2 BGB aF anerkannte Analogie erweitert.[44]

Sofern es sich beim zugewandten Vermögenswert um eine Immobilie handelt, könnte man eine Genehmigungspflicht ferner mit Blick auf § 1850 Nr. 6 BGB[45] erwägen („entgeltlicher Erwerb eines Grundstücks"), sofern man die Anrechnung auf den Pflichtteil als Entgelt in diesem Sinne ansieht. Richtigerweise ist aber auch dieser Genehmigungstatbestand für die Pflichtteilsanrechnung nicht einschlägig. Im Unterschied zu einem Entgelt handelt es sich der Anrechnung um keine eigenständige Leistung des Zuwendungsempfängers im Sinne einer Gegenleistung. Aus der Bejahung des rechtlichen Nachteils (vgl. → VI. 1.) folgt nichts anderes.[46]

Richtigerweise löst die gegenüber einem Minderjährigen erklärte Anrechnungsanordnung, selbst wenn man diese als nicht lediglich rechtlich vorteilhaft bzw. als rechtlich neutral ansieht, mit der ganz hM kein Genehmigungserfordernis aus.

---

[41] *Fröhler* BWNotZ 2010, 94 (102); *Lange* in MüKoBGB, 9. Aufl. 2022, § 2315 Rn. 19; *Lange* NJW 1955, 1339 (1343).

[42] OLG Dresden MittBayNot 1996, 288; *Stutz* MittRhNotK 1993, 205 (212); *Everts* Rpfleger 2005, 180; *Keim* MittBayNot 2008, 8 (12); *Winkler* ZEV 2005, 361 (364).

[43] *Müller-Engels* in BeckOK BGB, 63. Ed. 1.8.2022, § 2315 Rn. 9; *Reisnecker* in BeckOGK, 1.5.2022, BGB § 2315 Rn. 58.; *Otte* in Staudinger, BGB, 2021, § 2315 Rn. 31; *Herrler* in Dauner-Lieb/Grziwotz/Herzog, Pflichtteilsrecht, 3. Aufl. 2022, BGB § 2315 Rn. 41.

[44] Vgl. BT-Drs. 19/24445, 287.

[45] Der Tatbestand entspricht inhaltlich dem früheren § 1821 Abs. 1 Nr. 5 BGB aF, vgl. BT-Drs. 19/24445, 286.

[46] Näher *Keim* MittBayNot 2008, 8 (13); *Herrler* in Dauner-Lieb/Grziwotz/Herzog, Pflichtteilsrecht, 3. Aufl. 2022, BGB § 2315 Rn. 42.

3. *Entscheidungsmaßstab „Mündelinteresse"*

Ein zu bestellender Ergänzungspfleger bzw. das Familiengericht, sollte eine Genehmigung entgegen hier vertretener Auffassung oder eine anschließende Sachentscheidung erforderlich sein, hat sich ausschließlich am Mündelinteresse im Zeitpunkt der Entscheidung zu orientieren, d. h. alle mit der Zuwendung unter Pflichtteilsanrechnung verbundenen Vor- und Nachteile für den Minderjährigen gegenüber zu stellen und abzuwägen.[47] Im Ergebnis ist ein derartiges Rechtsgeschäft für den Minderjährigen im absoluten Regelfall vorteilhaft, da der Vermögenszufluss unmittelbar erfolgt, während die mit der Anrechnung verbundenen Nachteile mit Unwägbarkeiten behaftet sind (u. a. spätere Enterbung, Vorhandsein eines ausreichend großen Nachlasses im Todeszeitpunkt) und sich der Umfang der wirtschaftlichen Nachteile (Anrechnungsvolumen) auf den tatsächlichen Zufluss beschränkt. Jegliche potentiellen wirtschaftlichen Nachteile des Minderjährigen ließen sich dadurch ausschließen, dass man das Anrechnungsvolumen in Anlehnung an § 818 Abs. 3 BGB auf das im Erbfall noch Vorhandene begrenzt und damit das Risiko einer Wertminderung des zugewandten Gegenstands den Erben zuweist. Aber auch ohne eine derartige Regelung ist eine Zuwendung unter Pflichtteilsanrechnung für den Minderjährigen vorteilhaft bzw. zweckmäßig, sofern nicht ausnahmsweise die Art des Zuwendungsgegenstands einen nicht nur unerheblichen Wertverlust bis zum Erbfall als wahrscheinlich erscheinen lässt (zB prognostizierbarer Werteverzehr bei Gebrauchsgegenständen). Bloße Mutmaßungen des Ergänzungspflegers bzw. der Familiengerichts diesbezüglich (zB allgemeines Risiko von Kursverlusten an der Börse) sind insoweit allerdings nicht ausreichend. Dies gilt grundsätzlich ebenfalls für im Voraus getroffene Anrechnungsbestimmungen. Da allgemein gefasste Anrechnungsbestimmungen („alle künftigen Zuwendungen") auch Vermögensgegenstände mit hohem Werteverzehr erfassen, dürfte das Mündelinteresse eine inhaltliche Beschränkung potentiell anrechnungspflichtiger Zuwendungen erfordern. Insoweit kann auf die bereits dargestellte Differenzierung in Abschnitt V. 1. b) zurückgegriffen werden, dh die abstrakte Anrechnungsbestimmung für die Zukunft sollte sich im Zweifel auf Ertrag bringende Vermögensgegenstände beschränken, die keinem hohen Werteverzehr unterliegen und nicht in besonderem Maße als spekulativ zu qualifizieren sind.

VII. *Thesen / Zusammenfassung*

1. Die Familien-KG stellt ein flexibel einsetzbares Vehikel zur frühzeitigen Einleitung der Vermögensnachfolge auf die nächste und ggf. auch übernächste Generation dar, welche es dem Übergeber insbesondere gestattet, ein Höchstmaß an Kontrolle und an Entscheidungsbefugnissen zurückzubehalten.

2. Die Pflichtteilsanrechnung bereitet im Kontext der Familien-KG unter anderem bei Vermögensausstattungen nach Überlassung der Kommanditanteile Schwierigkeiten, die im Regelfall zwischen dem späteren Erblasser und der KG, vertreten durch den Komplementär, bei dem es sich vielfach um den späteren Erblasser handelt, vereinbart werden. Erfolgt die Vermögensausstattung der KG erst nach Beteiligung der Destinatäre an der Gesellschaft, setzt eine Pflichtteilsanrechnung der nachfolgenden Einlage und der darin liegenden mittelbaren Zuwendung an die Pflichtteilsberechtigten eine Anrechnungsbestimmung (auch) ihnen gegenüber und ihre Beteiligung am Einbringungsvertrag dergestalt voraus, dass sich die Einbringung als auf deren Geheiß erfolgende Leistung darstellt. Dies hat Folgen für die Leistungsbeziehungen, da beim Geheißerwerb Leistungen des späteren Erblassers an die Kommanditisten und Leistungen der Kommanditisten an die KG mit abgekürztem Leistungsweg

---

[47] Vgl. nur *Götz* in Grüneberg, BGB, 81. Aufl. 2022, § 1828 Rn. 8 mwN.

vorliegen. Will man dies vermeiden, bietet sich ein gegenständlich beschränkter Pflichtteils-verzichtsvertrag an.

3. Will der spätere Erblasser bei späteren Vermögenseinlagen für eine erfolgreiche Pflicht-teilsanrechnung nicht auf die Mitwirkung der Kommanditisten angewiesen sein, besteht die Möglichkeit, bereits im Zeitpunkt der originären Schenkung (= Überlassung des Komman-ditanteils) eine Anrechnungsbestimmung für künftig erfolgende Einlagen in die Familien-KG zu treffen, entweder konkret hinsichtlich der Übertragung eines bestimmten Ver-mögenswerts oder abstrakt hinsichtlich sämtlicher künftiger unentgeltlicher Zuwendungen bzw. – vorzugswürdig – beschränkt auf die Einlage Ertrag bringender Vermögensgegen-stände ohne hohen, kurzfristig realisierten Werteverzehr.

4. Ob die sog. Flucht in den Pflichtteilsergänzungsanspruch (§ 2327 BGB) bei späteren Vermögensausstattungen der Familien-KG ohne korrespondierende Pflichtteilsanrechnung bzw. (gegenständlich beschränkten) Pflichtteilsverzichtsvertrag eine geeignete „Heilungsstra-tegie" darstellt, erscheint angesichts der nur mittelbaren Zuwendung an den Pflichtteils-berechtigten zumindest ungewiss, solange die Zuwendung nicht auf dessen Geheiß erfolgt ist.

5. Ob die Anrechnungsbestimmung gegenüber minderjährigen Pflichtteilsberechtigten (bei entsprechender persönlicher Konstellation, vgl. § 1824 Abs. 1 Nr. 1 bzw. Abs. 2 iVm § 181 BGB iVm § 1629 Abs. 2 S. 1 BGB) die Bestellung eines Ergänzungspflegers und/oder eine familiengerichtliche Genehmigung erfordert, ist nicht abschließend geklärt. Die hM steht auf dem Standpunkt, dass sich eine Schenkung unter Pflichtteilsanrechnung nicht als lediglich rechtlich vorteilhaft erweist und daher im Falle einer Anrechnungsanordnung durch den schenkenden Sorgeberechtigten, dessen Ehegatten bzw. einen Verwandten in gerader Linie ein Ergänzungspfleger zu bestellen ist. Einer Genehmigung bedarf es indes richtigerweise nicht.

CHRISTIAN HERTEL

Vertretungsnachweis für (Kapital-)Gesellschaften aus Common Law-Staaten[1]

Der Nachweis von Bestand und Vertretungsbefugnis von Gesellschaften aus Rechtsordnungen des Common Law bereitet in der Praxis immer wieder Schwierigkeiten. Denn was § 12 HGB als Nachweis für das Handelsregister bzw. § 29 GBO als Nachweis für das Grundbuchverfahren verlangt, ist nach dem Recht der meisten Common Law-Staaten nicht möglich. Denn die Rechtsordnungen des Common Law kennen (jedenfalls traditionell) kein Handelsregister mit Publizitätswirkung bzw. Gutgläubensschutz.[2] In meiner Darstellung beschränke ich mich auf Kapitalgesellschaften.

I. Vertretungsnachweis in den Common Law-Rechtsordnungen

1. Traditioneller Nachweis: Certificate of good standing und Bescheinigung des secretary

Das traditionelle Gesellschaftsregister der Rechtsordnungen des Common Law[3] besteht (ähnlich wie das traditionelle „Grundbuch" in den Rechtsordnungen des Common Law) eigentlich nur aus einer chronologischen Sammlung der eingereichten Anmeldungen.

Eine inhaltliche Prüfung durch das Register findet lediglich bei Gründung der Gesellschaft statt. Bei Gründung prüft das Register, ob alle erforderlichen Unterlagen vorliegen (und die Eintragungsgebühr gezahlt ist), heute idR auch, ob die Satzung den gesetzlichen Anforderungen entspricht oder sonst Eintragungshindernisse bestehen. Darauf erstellt das Register der Gesellschaft das *certificate of incorporation* (Eintragungsbestätigung). Dieser Eintragungsbescheinigung kann durchaus Beweiskraft zukommen – aber eben nur für die Tatsache

---

[1] Die Fragestellung meines Beitrages hätte Andreas Heidinger in seiner Gutachtentätigkeit am DNotI wahrscheinlich sofort mit einer großen römischen III versehen und zuständigkeitshalber an das IPR-Referat weitergegeben. Nicht weil es ihn nicht interessiert hätte, sondern weil unsere interne Zuständigkeitsverteilung nun einmal so war. Für die Festschrift zu Ehren seines Jubiläums habe ich aber bewusst ein Thema gewählt, das zwar noch zum Gesellschaftsrecht im weiteren Sinn zählt, aber doch näher an den Themen liegt, mit denen ich mich sonst wissenschaftlich befasse. Bei einem gesellschaftsrechtlichen Kernthema hätte die Gefahr bestanden, dass Andreas Heidinger ohnehin schon alles weiß, was ich dazu schreiben könnte. Mit dem vorliegenden Thema habe ich mich (aus Sicht des Grundbuchverfahrensrechts) auch in meinem Kommentierungsbeitrag im *Meikel*, GBO befasst (12. Aufl. 2021, Einl. G Rn. 73 ff.).

[2] Wie bequem unser deutsches oder allgemein kontinentaleuropäisches Handelsregister für den Vertretungsnachweis ist – und was es heißt, keinen Nachweis durch ein Register führen zu können, ist vielen erst in der Debatte nach Anerkennung der Rechtsfähigkeit der GbR (Gesellschaft bürgerlichen Rechts) klar geworden, die – nach vergeblichen Versuchen, das Problem anderweitig zu lösen, konsequent zur Einführung eines Gesellschaftsregisters für GbR führte.

[3] „Rechtsordnungen" ist für das Common Law präziser als Staaten, weil viele der Common Law-Staaten mehrere unterschiedliche Rechtsordnungen umfassen, so zB das Vereinigte Königreich das englische, schottische und nordirische Recht, Australien, Kanada und die USA das Recht der einzelnen (Glied-)Staaten bzw. Provinzen. Das Gesellschaftsrecht und das Registerrecht für Gesellschaften ist allerdings etwa im Vereinigten Königreich weitgehend einheitlich geregelt.

der Eintragung und die Erfüllung der Eintragungsformalitäten (so zB die Regelung in Sec. 15 Abs. 4 Companies Act 2006 des Vereinigten Königreichs von Großbritannien und Nordirland[4]).

Alle nachfolgend eingereichten Unterlagen werden ohne weitere inhaltliche Prüfung einfach in der Registerakte für die jeweilige Gesellschaft abgeheftet (bzw. jetzt elektronisch eingestellt). Nach der Gründung prüft das Register nur, ob die Gesellschaft ihren (idR jährlichen) Pflichten zur Abgabe der Jahresrechnung (und anderer Jahresmeldungen) nachgekommen ist. Hierüber erstellt das Register auf Antrag ein *certificate of good standing* (Bestätigung des ordnungsgemäßen Fortbestands) als Nachweis, dass die Gesellschaft fortbesteht und ihre Meldepflichten gegenüber dem Register erfüllt hat.

Durch die Bescheinigungen des Gesellschaftsregisters kann man also nur Gründung und Fortbestand der Gesellschaft feststellen, nicht aber deren Organe oder Vertreter.[5] Wen die Gesellschafter als *director* (Geschäftsführer) der (Kapital)Gesellschaft bestellt haben, ergibt sich aus dem Beschlussbuch der Gesellschaft *(minutes)*. Traditionell bestätigt der *secretary* (Sekretär) der Gesellschaft, wer nach aktueller Beschlusslage *director* der Gesellschaft ist. Der *secretary* ist aber von der Gesellschaft bestellt und deren Organ, nicht etwa Organ des Registers.

2. Begrenzte Annäherung an Handelsregister

Soweit also die Geschäftsführerbestellung überhaupt meldepflichtig war, waren diese Meldungen nach traditionellem Common Law einfach chronologisch zu registrieren. Der Nutzer des Registers musste ggf. alle Meldungen durchsehen, um die Bestellung des betreffenden *director* zu finden – und dann alle späteren Meldungen prüfen, ob eine davon möglicherweise die Abberufung des betreffenden *director* enthielt. Eine solche Prüfung ist zeitaufwendig und fehleranfällig.

Ein Schritt zur Vereinfachung war, die Gesellschaft gesetzlich zur Abgabe einer Jahresmeldung *(annual return)* zu verpflichten, in der die wesentlichen Angaben zur Gesellschaft aktualisiert zusammengefasst sind (so zB Sec. 855 CA 2006 = Companies Act von 2006,[6] der im ganzen Vereinigten Königreich gilt, also auch in Nordirland und Schottland). Insbes. enthält der *annual return* auch die Angabe der aktuellen Geschäftsführer. Das erleichterte die Übersicht, da man dann nur noch prüfen musste, ob nach dem *annual return* möglicherweise Änderungen gemeldet waren.

Eine weitere Vereinfachung bietet der *current appointments report* (Übersicht über die aktuellen Vertretungsbefugnisse), wie ihn das britische Register jetzt vorsieht. Denn dieser enthält tagesaktuell alle dem Register gemeldeten Änderungen. Ähnliche Regelungen bestehen in diversen Common Law-Staaten, zB Bahamas, Barbados, Hongkong, Indien oder Singapur. Das ähnelt im Aussehen schon einem deutschen Handelsregisterauszug (allerdings ohne Hinweis, ob Einzel- oder Gesamtvertretung gilt).

3. Meldepflicht und Gutglaubensschutz für Eintragungen

Wie verlässlich sind die Eintragungen – und welche Rechtswirkungen kommen ihnen zu? Betrachten wir das britische *Companies House* mit Hauptsitz in Cardiff (für Gesellschaften

---

[4] www.legislation.gov.uk/ukpga/2006/46/contents.

[5] Die Rechtsordnungen des Common Law betrachten die *directors* (Geschäftsführer) der Gesellschaft allerdings rechtstheoretisch nicht als Organe der Gesellschaft, sondern als Beauftragte der Anteilseigner (Mandatstheorie, vgl. *Hausmann* in Reimann/Martiny, Internationales Vertragsrecht, 9. Aufl. 2022, Rn. 6.212; *Simon* in Süß/Wachter, Handbuch des internationalen GmbH-Rechts, 4. Aufl. 2022, England Rn. 450ff.). Für eine rechtsvergleichende Darstellung, die mit breiterem Pinsel malt, kann man das aber funktional als organschaftliche Vertretung bezeichnen, da die Gesellschaft verpflichtet wird und nicht deren Anteilsinhaber.

[6] www.legislation.gov.uk/ukpga/2006/46/contents.

in England und Wales mit Zweigstellen in Belfast für Nordirland und in Edinburgh für Schottland) als das für die deutsche Rechtspraxis wichtigste Common Law-Gesellschaftsregister.

Nach britischem Recht ist die Gesellschaft verpflichtet, die Bestellung oder das Amtsende eines Geschäftsführers binnen 14 Tagen an das Register zu melden (Sec. 167 Abs. 1 lit. a) CA 2006). Sonst kann das Register ein Ordnungsgeld verhängen.

Außerdem gilt eine negative Publizität: Wird eine eintragungspflichtige Tatsache (wie insbes. Änderungen der Geschäftsführer) nicht fristgerecht dem Register gemeldete, so kann sich die Gesellschaft einem gutgläubigen Dritten gegenüber nicht auf die Änderung berufen; dabei müssen die Gesellschaften beweisen, dass der Dritte auch ohne die Registrierung Kenntnis von der Änderung hatte (Sec. 1079 Abs. 1 CA 2006). Das entspricht in etwa der negativen Publizität, wie wir sie aus § 15 Abs. 1 HGB kennen.

4. Keine positive Publizität der Registereintragung der Geschäftsführer

Es gibt aber im Recht des Vereinigten Königreichs (und ebenso in den allermeisten anderen Common Law-Rechtsordnungen) keine Regelung zur positiven Publizität, also zum Vertrauensschutz Dritter in eine unrichtige Registereintragung, wie wir sie aus § 15 Abs. 3 HGB kennen.[7] Ist jemand unrichtigerweise als Geschäftsführer einer britischen Limited eingetragen, war er aber nie Geschäftsführer, und schließt ein Dritter mit dem vermeintlichen Geschäftsführer einen Vertrag, so wirkt der Vertrag nicht gegen die Gesellschaft – auch nicht, wenn der Dritte gutgläubig ist. (Anders wäre es, wenn der für die Gesellschaft Handelnde zunächst Geschäftsführer war, die Gesellschaft aber versäumt hätte, dessen Abberufung fristgerecht binnen 14 Tagen beim Register anzumelden. Dann griffe die negative Publizität nach Sec. 1079 Abs. 1 CA 2006 ein.)

Eine solche positive Publizitätswirkung verlangt das europäische Recht für die Eintragung von Vertretungsberechtigten der Gesellschaft (also insbes. Geschäftsführern und Prokuristen). Ursprünglich ergab sich dies aus Art. 9 Abs. 1 Publizitätsrichtline vom 9.3.1968[8], zwischenzeitlich aus Art. 9 der Gesellschaftsrichtlinie 2009/101/EG[9], jetzt aus Art. 8 der Gesellschaftsrichtlinie 2017/1132[10]. Der Richtlinientext lautet(e) jeweils: „Sind die Formalitäten der Offenlegung hinsichtlich der Personen, die als Organ zur Vertretung der Gesellschaft befugt sind, erfüllt worden, so kann ein Mangel ihrer Bestellung Dritten nur entgegengesetzt werden, wenn die Gesellschaft beweist, dass die Dritten den Mangel kannten." Daher hätte das Vereinigte Königreich eigentlich nach dem EU-Beitritt von 1972 auch eine Regelung zur positiven Publizität einführen müssen. Es hat dies aber während seiner Mitgliedschaft in den Europäischen Gemeinschaften bzw. der EU nie getan.

Im deutschen Register ist eine falsche Eintragung sehr unwahrscheinlich. Denn vor jeder Eintragung erfolgt eine doppelte Kontrolle: Zunächst prüft der Notar bei der Anmeldung zumindest die Identität des Anmeldenden; meist entwirft er auch die Anmeldung – und häufig auch den Wortlaut der zugrundeliegenden Beschlüsse. Und bei der Eintragung prüft das Handelsregister nochmals, ob der mit eingereichte Gesellschafterbeschluss auch von den Gesellschaftern stammt und die Anmeldung inhaltlich deckt.

---

[7] *Levedag* in Süß/Wachter, Handbuch des internationalen GmbH-Rechts, 3. Aufl. 2016, England Rn. 262.

[8] Publizitätsrichtline vom 9.3.1968, ABl. EG 1968 Nr. L 65, S. 8.

[9] Richtlinie 2009/101/EG des Europäischen Parlaments und des Rates vom 16. September 2009 zur Koordinierung der Schutzbestimmungen, die in den Mitgliedstaatenden Gesellschaften im Sinne des Artikels 48 Absatz 2 des Vertrags im Interesse der Gesellschafter sowie Dritter vorgeschrieben sind, um diese Bestimmungen gleichwertig zu gestalten, ABl. EU 2009 L 258, S. 11.

[10] Richtlinie (EU) 2017/1132 des Europäischen Parlaments und des Rates vom 14. Juni 2017 über bestimmte Aspekte des Gesellschaftsrechts, ABl. EU L 169, S. 46.

Das britische Register *(Companies House)* führt lediglich bei der Ersteintragung der Gesellschaft eine Legalitätskontrolle durch. Bei späteren Anmeldungen (insbes. von Geschäftsführerwechseln) prüft es nichts – oder doch fast nichts. Es schaut nur, ob alle Felder der eingereichten Formulare ausgefüllt sind. Hingegen kann es die Identität des Anmeldenden und damit die Berechtigung zur Anmeldung nicht prüfen. Auch müssen die der Anmeldung zugrundeliegenden Beschlüsse nicht mit eingereicht werden. Daher enthält etwa ein vom *Companies House* erstellter *current appointments report* (Übersicht über aktuelle Vertretungsbefugnisse) einen ausdücklichen Disclaimer: „Companies House is a registry of corporate information. We carry out basic checks to make sure that documents have been fully completed and signed, but we do not have the statutory power or capability to verify the accuracy of the information that corporate entities send to us. We accept all information that such entities deliver to us in good faith and place it on the public record. The fact that the information has been placed on the public record should not be taken to indicate that Companies House has verified or validated it in any way."[11] Theoretisch kann daher ein Unbefugter die Unterschrift aus den bisher eingereichten Unterlagen nachahmen und damit eine neue Anmeldung erstellen und einreichen und sich so als neuen *director* eintragen lassen.[12]

II. *Anforderungen des deutschen Handelsregisters oder Grundbuchverfahrens*

1. *Nachweis der organschaftlichen Vertretungsbefugnis durch öffentliche Urkunde erforderlich*

Was heißt das nun für das deutsche Handelsregister bzw. das deutsche Grundbuch? Bekanntlich müssen im Grundbuchverfahren nach § 29 GBO sowohl die Eintragungsbewilligung wie die sonstigen zur Eintragung erforderlichen Erklärungen durch öffentliche oder öffentlich beglaubigte Urkunden nachgewiesen werden, sonstige Eintragungsvoraussetzungen durch öffentliche Urkunden. Im Handelsregisterverfahren bedürfen nach § 12 HGB Anmeldungen ebenfalls der öffentlich beglaubigten Form; ebenso Vollmachten zur Anmeldung. Auch die Rechtsnachfolge ist „soweit tunlich" durch öffentliche Urkunden nachzuweisen. Sonstige Eintragungsunterlagen müssen hingegen im Handelsregisterverfahren nicht durch öffentliche Urkunden nachgewiesen werden (soweit nicht materiell-rechtlich ein Formerfordernis besteht), so dass zB der Beschluss zur Geschäftsführerbestellung oder -abberufung oder zur Auflösung der Gesellschaft auch in schriftlicher Form nachgewiesen werden kann.

Handelt ein organschaftlicher Vertreter, so ist dessen Vertretungsbefugnis ebenfalls durch öffentliche Urkunde nachzuweisen. Im Grundbuchverfahren ergibt sich dies eindeutig aus

---

[11] „Das Gesellschaftsregister ist ein Register von Informationen über Gesellschaften. Wir führen zwar eine einfache Prüfung durch, um sicherzustellen, dass die Dokumente vollständig ausgefüllt und unterzeichnet sind, aber wir haben weder die Befugnis noch die Möglichkeit, die Richtigkeit der uns von den Gesellschaften übersandten Informationen zu überprüfen. Wir nehmen alle Meldungen, die uns Gesellschaften liefern, auf guten Glauben entgegen und stellen sie in das öffentliche Register ein. Die bloße Tatsache, dass eine Meldung in das öffentliche Register eingestellt wurde, sollte nicht als Anhaltspunkt betrachtet werden, dass das Gesellschaftsregister sie in irgendeiner Weise geprüft oder bestätigt hätte." (Eigene Übersetzung)

[12] Zum englischen Companies Hous sind mir keine Berichte zu Identitätsdiebstahl bekannt. Fälle von Identitätsdiebstahl sind aber aus Schweden berichtet, wo beim schwedischen Grundstücksregister, das ebenfalls nur Urkunden registriert, durch Einreichung falscher Unterlagen sogar ein Grundstücksverkauf von einem gar nicht gehörenden Grundstücken möglich ist *(Vogel,* Grundstückserwerb, Fälschung, Staatshaftung und Identitätsfeststellung im schwedischen Grundstücksrecht, in Aufbruch nach Europa, 75 Jahre Max-Planck-Institut für Privatrecht, 2001, S. 1065 = notar 2002, 45).

§ 29 Abs. 1 S. 2 GBO (als „andere Voraussetzung" der Eintragung). Dies gilt auch für ausländische Gesellschaften.[13] Die Spezialregelung des § 32 GBO ergänzt, dass der Nachweis für eine im Handelsregister etc. eingetragene Vertretungsbefugnis entweder unmittelbar durch eine beglaubigte Registerabschrift oder auch durch eine Registerbescheinigung des Notars nach § 21 Abs. 1 BNotO geführt werden kann (wobei das Gesetz interessanterweise die Registerabschrift erst nach der notariellen Bescheinigung als zusätzliche Möglichkeit erwähnt).

Für das Handelsregister erfordert § 12 Abs. 1 S. 3 HGB nur für rechtsgeschäftliche Vollmachten ausdrücklich den Nachweis in öffentlich beglaubigter Form. Zur Form des Nachweises der organschaftlichen Vertretungen äußern sich die meisten Kommentare nicht klar. Indem sie aber auf den Nachweis durch beglaubigten Handelsregisterauszug (jetzt § 9 Abs. 4 S. 3 HGB) bzw. Registerbescheinigung des Notars (§ 21 Abs. 1 BNotO) und zT auch auf den Rechtsgedanken des § 32 GBO verweisen,[14] bringen sie zum Ausdruck, dass auch die organschaftliche Vertretung durch öffentliche Urkunden nachgewiesen werden muss[15] (soweit sie nicht dem Handelsregister offenkundig ist). Für den Nachweis der organschaftlichen Vertretung gilt daher im Handelsregisterverfahren grundsätzlich dasselbe wie im Grundbuchverfahren.

2. Ausländischer Handelsregisterauszug genügt nur bei in Funktion und Rechtswirkungen vergleichbarem Register

a) Vergleichbare Register

§ 32 GBO und § 21 Abs. 1 BNotO, wonach Bestand und Vertretungsbefugnis einer Gesellschaft durch beglaubigten Registerauszug oder notarielle Registerbescheinigung nachgewiesen werden können, gelten unmittelbar nur für deutsche Register (Handels-, Genossenschaftsregister etc.). Für ausländische Handelsregister etc. kann man entweder die Vorschriften analog anwenden oder doch deren Rechtsgedanken heranziehen, sofern das ausländische Register dem deutschen Handelsregister in seiner Funktion und seinen Rechtswirkungen vergleichbar ist. Nahezu alle Register ermöglichen den Nachweis des Entstehens der Gesellschaft, meist auch den des Fortbestehens. Problematisch ist die Vergleichbarkeit für die eingetragene Vertretungsbefugnis der Gesellschaft.

---

[13] KG OLGE 12, 157 Nr 8e; BayObLGZ 2002, 413 = DNotZ 2003, 295 = MittBayNot 2004, 232 = NotBZ 2003, 70 = NZG 2003, 290 = Rpfleger 2003, 241; OLG Hamm BB 1995, 446 mAnm *Schuck* = DB 1995, 137 mAnm *Bungert* DB 1995, 963 = FGPrax 1995, 5 = MittBayNot 1995, 68 = MittRhNotK 1994, 350 = NJW-RR 1995, 469; *Bausback* DNotZ 1996, 254 (265); *Haas* DB 1997, 1501 (1504); *Schaub* in Bauer/Schaub, GBO, 4. Aufl. 2018, *Allgemeiner Teil K.* Rn. 119; *Demharter,* GBO, 32. Aufl. 2021, § 32 Rn 2; *Zeiser* in Hügel, GBO, 4. Aufl. 2020, Int. Bezüge Rn. 107; *Sieghörtner/Nicht* in KEHE, Grundbuchrecht, 8. Aufl. 2019, GBO Einl § 8 Rn. 72; *Krause in Meikel,* GBO, 12. Aufl. 2020, § 32 Rn. 15.

[14] Vgl. etwa *Schaub* in Ebenroth/Boujong/Joost/Strohn, HGB, 4. Aufl. 2020, § 12 Rn. 157; *Lamsa* in Heidel/Schall, HGB, 3. Aufl. 2020, § 12 Rn. 43; *Bosch* in Heinemann/Trautrims, Notarrecht, 2022, HGB § 12 Rn. 24; *Merkt* in Hopt, HGB, 41. Aufl. 2022, § 12 Rn. 4; *Krafka,* Registerrecht, 11. Aufl. 2019, Rn. 118; *Ries* in MüKoHGB, 5. Aufl. 2021, § 12 Rn. 48; *Ries* in Röhricht/Graf von Westphalen/Haas, HGB, 5. Aufl. 2019, § 12 Rn. 14.

[15] So etwa ausdrücklich OLG Nürnberg Beschl. v. 26.01.2015 – 12 W 46/15, FGPrax 2015, 124 = NotBZ 2015, 235 mAnm *Zimmer* = RNotZ 2015, 244. Vgl. *Niesse* NotBZ 2015, 368; *Hausmann* in Reithmann/Martiny, Internationales Vertragsrecht, 9. Aufl. 2022, Rn. 6.146; aA *Pfeiffer* Rpfleger 2012, 240 (246); evtl. auch *Roth* in Koller/Kindler/Roth/Drüen, HGB, 9. Aufl. 2019, § 12 Rn. 6 („kein Formzwang" zum Nachweis gesetzlicher Vertretung, wobei er sich aber nur auf gesetzliche Vertreter wie Eltern bezieht, wo nach hM kein Formerfordernis für den Vertretungsnachweis besteht, nicht auf organschaftliche Vertreter).

Prüfstein hierfür ist mE § 15 HGB, insbes. die positive Publizitätswirkung (§ 15 Abs. 3 HGB). Dem ausländischen Register muss eine ähnliche Publizitätswirkung wie dem deutschen Register zukommen – und zwar zumindest für die Vertretungsbefugnis der Gesellschaft (nicht notwendig für andere Eintragungen). Für die Register in den EU-Mitgliedstaaten ist dies zu bejahen, wenn sie (anders als das Vereinigte Königreich) Art. 8 der Gesellschaftsrichtlinie 2017/1132 bzw. dessen Vorgängervorschriften umgesetzt haben und jedenfalls eine positive Publizität für die Eintragung der Geschäftsführer vorsehen. Die negative Publizität muss m. E. nicht ausdrücklich geregelt sein. Denn wenn man positiv auf die Eintragung der Stellung als Geschäftsführer vertrauen darf, ist damit wohl idR auch ohne ausdrückliche Regelung der gute Glaube daran geschützt, dass der Eingetragene nicht zwischenzeitlich abberufen wurde. Auch die EU-Gesellschaftsrichtlinien trennen nicht zwischen positiver und negativer Publizität.

Eine bloße inhaltliche Prüfung durch das Register genügt hingegen m. E. noch nicht (auch nicht in Verbindung mit einer Eintragungspflicht).[16] Denn was habe ich davon, wenn die Eintragung zwar – wegen der Prüfung durch das Register – vermutlich richtig ist, ich mich im Einzelfall aber doch nicht darauf verlassen kann? (IdR wird aber umgekehrt ein System mit Publizitätswirkung auch eine Prüfung vor der Eintragung vorsehen, um sich nicht einer Staatshaftung bei falscher Eintragung auszusetzen.)

Weil das jeweilige Registerrecht diese Publizitätswirkung (jedenfalls positiv, meist auch zusätzlich negativ) vorsieht, genügt daher nach der Rechtsprechung etwa beim italienischen,[17] niederländischen,[18] schwedischen[19] oder schweizer[20] Register entweder ein beglaubigter Handelsregisterauszug (mit Übersetzung) oder eine von einem deutschen Notar aufgrund Einsicht in das betreffende ausländische Register erstellte Registerbescheinigung zum Vertretungsnachweis gegenüber dem deutschen Grundbuchamt und Handelsregister. (Dasselbe gilt wohl auch für alle anderen EU-Mitgliedstaaten außerhalb des Common Law.[21])

---

[16] AA *Pfeiffer* Rpfleger 2012, 240 (244).

[17] KG Beschl. v. 18.10.2012 – 1 W 334/12, FGPrax 2013, 10 = NotBZ 2013, 34 = NZG 2012, 1352. Zu begründen ist die mE mit der positiven Publizität der Registereintragung der Geschäftsführer nach Art. 2383 Abs. 5 Codice civile.

[18] OLG Schleswig Beschl. v. 16.5.2022 – 2 Wx 40/21, FGPrax 2022, 154 = GmbHR 2022, 1044 = MittBayNot 2022, 448; LG Aachen Beschl. v. 20.4.1988 – 3 T 20/88, MittBayNot 1990, 125 = MittRhNotK 1988, 157. Zu begründen ist die mE mit dem guten Glauben Dritter in den Inhalt des Gesellschaftsregisters (vgl. die Seite des European E-Justice-Portals: Business Registers in Europe, Netherlands: https://e-justice.europa.eu/106/EN/business_regis ters_in_eu_countries?NETHERLANDS&member=1; *Rademakers/de Vries* in Süß/Wachter, Handbuch des internationalen Gesellschaftsrechts, 4. Aufl. 2021, Niederlande Rn. 128.

[19] OLG Schleswig Beschl. v. 13.12.2007 – 2 W 198/07, DNotZ 2008, 709 mAnm *Apfelbaum* = FGPrax 2008, 217 = IPRax 2009, 79 = Rpfleger 2008, 498, dazu *Geimer* IPRax 2009, 58. Zu begründen ist dies mE mit der negativen wie positiven Publizitätsfunktion des Handelsregisters (Kap. 27 §§ 4 und 5 Aktiebolagslag 2005:551 = Aktiengesellschaftsgesetz). Vgl. auch *Foerster* in Süß/Wachter, Handbuch des internationalen Gesellschaftsrechts, 4. Aufl. 2021, Schweden Rn. 78. Schweden kennt nur eine Form der Kapitalgesellschaft, die Aktiengesellschaft – nicht eine große und eine kleine Kapitalgesellschaft. Auch was bei uns als GmbH organisiert würde, ist daher in Schweden eine AG.

[20] OLG Naumburg Beschl. v. 24.10.2017 – 12 Wx 48/17, nv – zitiert nach juris. Die positive Publizität ergibt sich aus Art. 936b Abs. 1 OR, die negative Publizität aus Art. 936b Abs. 2 OR (Obligationenrecht Schweiz; www.fedlex.admin.ch/eli/cc/27/317_321_377/de).

[21] Eine für die Praxis sehr nützliche Übersicht findet sich bei *Schöner/Stöber*, Grundbuchrecht, 16. Aufl. 2020, Rn. 3636l. Ausführlicher die Länderdarstellungen von *Hausmann* in Reithmann/Martiny, Internationales Vertragsrecht, 9. Aufl. 2022, Rn. 6.197ff.; *Heggen/Weber* in Würzburger Notarhandbuch, 6. Aufl. 2022, Teil 7 Rn. 22ff; *Süß/Wachter*, Handbuch des internationalen GmbH-Rechts, 4. Aufl. 2022.

Das russische Handelsregister genügt hingegen mangels jeglicher Publizitätswirkung[22] nicht als Grundlage für eine Vertretungsbescheinigung.[23] Wie wir gesehen haben, kommt auch dem Register des britischen *Companies House* keine positive Publizität für die Eintragung der Geschäftsführer zu. § 32 GBO und § 21 BNotO sind daher nach allgemeiner Ansicht nicht anwendbar.

b) Unmögliches können auch Handelsregister und Grundbuchamt nicht fordern

Ein Vertretungsnachweis durch die Registereintragung ist demnach für Gesellschaften aus dem Vereinigten Königreich nicht möglich – ebensowenig für Gesellschaften aus den meisten anderen Rechtsordnungen des Common Law. Würde man dennoch einen Nachweis durch öffentliche Urkunde verlangen, so wäre für die Common Law-Staaten gar kein Vertretungsnachweis möglich.

Ganz unbekannt ist uns dieses Rechtsproblem auch bei deutschen Gesellschaften bzw. deutschen juristischen Personen nicht: Bei einer rechtsfähigen Stiftung kann ich als Notar auch kein Register konsultieren, sondern begnüge mich mit dem, was ich bekommen kann – nämlich einer Bescheinigung der Stiftungsaufsicht, obwohl dieser nur eine Vermutung der Richtigkeit zukommt, aber wohl keine Rechtsscheinwirkung. Und dennoch genügt die Bescheinigung der Stiftungsaufsicht auch dem Grundbuchamt als Vertretungsnachweis. Noch komplizierter ist bekanntlich bisher der Vertretungsnachweis bei einer Gesellschaft bürgerlichen Rechts.

Daher ist auch für den Vertretungsnachweis bei ausländischen Gesellschaften als Grundsatz allgemein anerkannt, dass Grundbuchamt und Handelsregister keinen weitergehenden Nachweis verlangen können, als nach dem betreffenden ausländischen Recht möglich ist. Man kann dann nur den den deutschen Anforderungen am nächsten kommenden, nach der betreffenden Rechtsordnung möglichen Nachweis verlangen. Diesen Nachweis können und müssen Handelsregister und Grundbuchamt aber auch dann verlangen, wenn er in der betreffenden ausländischen Rechtsordnung unüblich ist.[24]

3. Anforderung der Rechtsprechung bei Gesellschaften aus dem Common Law

Wie aber wenden die Obergerichte diesen Grundsatz für Vertretungsnachweise bei (Kapital-)Gesellschaften aus Rechtsordnungen des Common Law an? Kurz gesagt, sehr streng – im Grundbuchverfahren eigentlich schon immer, im Handelsregister in den letzten Jahren deutlich strenger als in der früheren Praxis. Die Obergerichte lassen jetzt als Vertretungsnachweis für Common Law-Gesellschaften nur mehr eine Bescheinigung des *secretary* bzw. eines Notars aus dem betreffenden Staat zu (außer der betreffende Staat hat ausnahmsweise ein dem deutschen vergleichbares Handelsregister).

---

[22] *Görlitz* in Süß/Wachter, Handbuch des internationalen Gesellschaftsrechts, 4. Aufl. 2021, Russland Rn. 66.

[23] Zweifelnd, aber als nicht entscheidungserheblich offengelassen von OLG Brandenburg Beschl. v. 19. 1. 2011 – 5 Wx 70/10, MittBayNot 2011, 222 = NotBZ 2011, 292.

[24] Thür. OLG (Jena) Beschl. v. 22. 1. 2018 – 3 W 322/17, FGPrax 2018, 104 = NZG 2018, 908 = RNotZ 2018, 466. Ähnlich bereits KG FGPrax 2012, 236 = NotBZ 2012, 381 = Rpfleger 2012, 686 = ZfIR 2012, 484 (für Eintragung eines dänischen Vereins im deutschen Grundbuch kann mangels Vereinsregisters in Dänemark die privatschriftliche Satzung sowie das Wahlprotokoll genügen – wobei allerdings mE im konkreten Fall zu fragen gewesen wäre, ob nicht doch irgendeine behördliche Bestätigung, zB des Finanzamts, über Existenz und Vertretungsbefugnis des Vereins zu erlangen gewesen wäre).

*a) Einsicht auch in Unterlagen der Gesellschaft erforderlich, Einsicht in Register
genügt nicht*

Ein bloßer Auszug aus dem Register genügt nach der Rechtsprechung nicht, wenn diesem keine positive Publizität zukommt. Daher kann auch eine Bescheinigung nicht genügen,
die sich nur auf ein solches Register stützt. Denn sie wäre nichts weiter als eine zusammen-
fassende Wiedergabe des Registerinhalts in deutscher Sprache.

Die veröffentlichten OLG-Entscheidungen des letzten Jahrzehnts verlangen daher, dass
der Bescheinigende auch Einsicht in das Beschlussbuch der Gesellschaft nimmt.[25] Denn dort
müssen alle Beschlüsse zur Bestellung oder Abberufung von Geschäftsführern protokolliert
werden.

Im Jahr 2009 hatte das OLG Rostock hingegen einen englischen Registerauszug noch als
ausreichenden Nachweis im Grundbuchverfahren erachtet (für den Fall, dass nur ein
Geschäftsführer im *Companies House* registriert war).[26] Es hatte dazu in einer Divergenzvor-
lage den BGH angerufen. Der BGH verwarf die Vorlage aber als unzulässig, weil die Divergenz nicht entscheidungserheblich war.[27]

*b) Nur notary des betreffenden Landes oder secretary der Gesellschaft kann Bestätigung
erstellen*

Mehrere Oberlandesgerichte haben entschieden, dass die Bestätigung von einem *notary*
des betreffenden Staates oder dem *secretary* der Gesellschaft stammen muss. Die Bescheinigung eines deutschen Notars genüge nicht, weil dieser die betreffende Rechtsordnung nicht
hinreichend kenne.[28]

Ein Notarbescheinigung genügt aber nur, wenn die Stellung des Notars in der betreffenden Rechtsordnung einem deutschen Notar insoweit vergleichbar ist, so dass er eine der Vertretungsbescheinigung nach § 21 BNotO vergleichbare Vertretungsbescheinigung ausstellen
kann. Als Daumenregel kann man (für die Vertretungsbescheinigungen) fragen, ob die
Bestellung zum Notar im betreffenden Staat grundsätzlich ein Jurastudium oder doch eine
vergleichbare juristische Ausbildung verlangt. Dies trifft auf die englischen Notare zu, nicht
aber auf die *notaries public* in den meisten Staaten der USA. Für Gesellschaften aus den USA
kann daher nur der *secretary* die Vertretungsbescheinigung erstellen, grundsätzlich aber nicht
ein *notary public*.

Noch nicht entschieden ist, ob bei regional unterschiedlichen Gesellschaftsrechten innerhalb eines Staates der *notary* auch in derselben Rechtsordnung tätig sein muss. In Konsequenz
der dargestellten Rechtsprechung läge das nahe. Das Problem stellt sich aber in der Praxis
kaum: Denn im Vereinigten Königreich, wo Notare Vertretungsbescheinigungen erstellen
können, gilt ein weitgehend einheitliches Gesellschaftsrecht; insbes. gilt der Companies Act
2006 in allen drei Teilrechtsgebieten. Daher genügt mE auch eine Vertretungsbescheinigung,
die ein Londoner Notar zu einer nordirischen oder schottischen Gesellschaft erstellt. In den

---

[25] OLG Köln Beschl. v. 25.9.2012 – I-2 Wx 184/12, FGPrax 2013, 18 = IPRspr 2012, Nr. 21,
34; OLG Nürnberg Beschl. v. 26.1.2015 – 12 W 46/15, FGPrax 2015, 124 = NotBZ 2015, 235
mAnm *Zimmer* = RNotZ 2015, 244; Thür. OLG (Jena) Beschl. v. 22.1.2018 – 3 W 322/17,
FGPrax 2018, 104 = NZG 2018, 908 = RNotZ 2018, 466.

[26] OLG Rostock Beschl. v. 8.10.2009 – 3 W 83/08, IPRspr 2009, Nr. 297, 763.

[27] BGH Beschl. v. 11.2.2010 – V ZB 167/09, IPRspr 2010, Nr. 321, 804.

[28] OLG Düsseldorf Beschl. v. 21.8.2014 – I-3 Wx 190/13, BB 2015, 590 mAnm *Heckschen*
= FGPrax 2015, 12 = notar 2015, 166 mAnm *Kilian* = RNotZ 2015, 88; OLG München Beschl.
v. 10.11.2020 – 34 Wx 235/20, FGPrax 2021, 11 = MittBayNot 2021, 362 = NJW-RR 2021, 42
= RNotZ 2021, 405; aA etwa *Krafka*, Registerrecht, 11. Aufl. 2019, Teil 1 Rn. 321; *Pfeiffer*
Rpfleger 2012, 240 (244).

USA, in denen jeder Staat sein eigenes Gesellschaftsrecht hat, genügen Vertretungsbescheinigungen von *notaries public* im Regelfall ohnehin nicht.

c) Bescheinigung muss auch Tatsachengrundlagen wiedergeben

Schließlich fordern jedenfalls einzelne Entscheidungen, dass die Bescheinigung auch die Tatsachengrundlage wiedergibt, aufgrund derer die Bescheinigung erstellt wurde.[29] Dabei genügte den Gerichten nicht, dass der englische Notar das Beschlussbuch der Gesellschaft eingesehen hatte, sondern sie wollten auch den Inhalt der zugrundeliegenden Beschlüsse kennen (bzw. bei Geschäftsführerbestellung im Gesellschaftsvertrag den diesbezüglichen Inhalt des Gesellschaftsvertrages).

d) Ist eine Gesellschaft secretary, muss auch deren Vertretungsbefugnis ebenso nachgewiesen werden

Bescheinigt der *secretary* die Vertretungsbefugnis und ist – wie häufig – eine Gesellschaft *secretary*, muss auch deren Vertretungsbefugnis nach denselben Regeln nachgewiesen werden.[30] Das heißt, man braucht zwei Nachweise statt eines. Daher ist in der Praxis der Nachweis durch eine Bescheinigung des ausländischen Notar häufig einfacher (geht allerdings in den USA mangels hinreichender Qualifikation der dortigen *notaries public* nicht).

e) Anforderungen der Registergerichte steigen

Die dargestellte Rechtsprechung dürfte auch bisher schon der Rechtspraxis der meisten Grundbuchämter entsprechen (und die meisten zitierten Entscheidungen betreffen das Grundbuchverfahren). Die Praxis der Handelsregister war jedenfalls früher deutlich großzügiger und erkannte vielfach (wahrscheinlich sogar ganz überwiegend) auch Registerbescheinigungen deutscher Notare zu Limiteds aufgrund bloßer Einsicht in das Register des *Companies House* an. Für den Notar war die frühere laxere Praxis einfacher zu handhaben.

4. Auch Einsicht in Unterlagen der Gesellschaft erforderlich?

Daher fragt man sich: Stimmen diese strengen Anforderungen der Rechtsprechung auch – oder sind sie jedenfalls für modernere Common Law-Register wie das des britischen *Companies House* einzuschränken? Betrachten wir zunächst die Forderung, auch das Beschlussbuch der Gesellschaft einzusehen.

a) Ultra Vires-Doktrin gilt nur mehr eingeschränkt

Die Einsicht in die Unterlagen der Gesellschaft, sprich das Beschlussbuch, war früher üblich, weil im Gesellschaftsrecht des Common Law die ultra vires-Lehre gilt, wonach Vertreter die Gesellschaft nur innerhalb des Zwecks der Gesellschaft binden können, nicht darüber hinaus – so dass zB ein Vertrag unwirksam wäre, mit dem der Vertreter einer Kohlenhandelsgesellschaft Südfrüchte verkauft.

Für die Geschäftsführer gilt dies jedoch im Vereinigten Königreich nicht mehr. Die Ultra Vires-Doktrin wurde bereits durch Sec. 35 Companies Act 1985 und Sec. 35b Companies

---

[29] OLG Nürnberg Beschl. v. 25.3.2014 – 15 W 381/14, DNotZ 2014, 626 = FGPrax 2014, 156 = Rpfleger 2014, 492; Thür. OLG (Jena) Beschl. v. 22.1.2018 – 3 W 322/17, FGPrax 2018, 104 = NZG 2018, 908 = RNotZ 2018, 466.

[30] Thür. OLG (Jena) Beschl. v. 22.1.2018 – 3 W 322/17, FGPrax 2018, 104 = NZG 2018, 908 = RNotZ 2018, 466.

Act 1989 für die Geschäftsführer praktisch abgeschafft.[31] Heute regelt Sec. 40 Abs. 1 CA 2006: „Sec. 40 Power of directors to bind the company (Abs. 1) In favour of a person dealing with a company in good faith, the power of the directors to bind the company, or authorise others to do so, is deemed to be free of any limitation under the company's constitution."[32] Für den Umfang der Vertretungsbefugnis der Geschäftsführer *(directors)* muss man also die Unterlagen der Gesellschaft jedenfalls im Vereinigten Königreich nicht mehr prüfen.

Nur für andere Vertreter der Gesellschaft gilt die ultra vires-Doktrin noch. Aber auch hier benötigt man zur Prüfung der Vertretungsmacht nicht zwingend weitere Unterlagen außerhalb des Registers. Denn auch der Gründungsvertrag *(memorandum of association)* und die Satzung *(articles of association)* sind im *Companies Register* eingestellt und elektronisch abrufbar.

b) Negative Publizität schützt vor Unkenntnis der nicht eingetragenen Abberufung eines Geschäftsführers

Früher machte die Einsicht in die Beschlussbücher auch Sinn, um zu prüfen, ob der handelnde Geschäftsführer nicht möglicherweise mittlerweile abberufen worden war. Auch dafür ist die Einsicht in die Bücher jedenfalls im Vereinigten Königreich nicht mehr erforderlich. Denn wenn die eintragungspflichtige Abberufung nicht binnen 14 Tagen eingetragen wurde, gilt gegenüber einem gutgläubigen Dritten die negative Publizität des Handelsregisters (Sec. 1079 Abs. 1 CA 2006, wie oben unter → I. 3. dargestellt).

c) Beschlussbuch relevant, wenn nur einer von mehreren Geschäftsführern handelt

Die Registereinsicht allein genügt nicht, wenn mehrere Geschäftsführer bestellt sind, aber nur einer handelt.[33] Denn ob er Einzelvertretungsbefugnis hat, ist nicht aus dem Register erkennbar.

Ist hingegen nur ein Geschäftsführer im Register eingetragen und hatte dieser gehandelt, so bezeugt das Register dessen Vertretungsmacht. In einem solchen Fall hatte daher das OLG Rostock den Auszug aus dem *Companies Register* als Vertretungsnachweis genügen lassen.[34] In Konsequenz müsste dasselbe gelten, wenn mehrere Geschäftsführer bestellt sind und alle gehandelt haben. Dieser Meinung bin auch ich in meiner Kommentierung im *Meikel* gefolgt.[35]

Diesen Gedanken kann man noch fortführen: Nach Sec. 44 Abs. 2 lit. a) CA 2006 genügt für einen wirksamen schriftlichen Vertragsschluss in England/Wales und Nordirland die Unterzeichnung durch zwei Geschäftsführer der Gesellschaft. Damit wäre die Vertretungsbefugnis bereits dann durch das Register belegt, wenn zwei Personen für die Gesellschaft handeln und beide im Register als *directors* eingetragen sind.

Diese Differenzierung ist aber nicht die Position der heutigen Rechtsprechung. Die jetzige oberlandesgerichtliche Rechtsprechung lässt die Eintragung im Register des *Companies House* auch dann ausdrücklich nicht als Nachweis genügen, wenn alle eingetragenen

---

[31] *Langhein* NZG 2001, 1123 (1124).

[32] „Sec. 40 Befugnis der GeschäftefFührer zur Vertretung der Gesellschaft (Abs. 1) Zugunsten eines Dritten, der gegenüber der Gesellschaft gutgläubig handelt, gelten die Befugnisse der Geschäftsführer, die Gesellschaft zu vertreten oder andere dazu zu bevollmächtigen als frei von jeglichen Beschränkungen aus der Satzung der Gesellschaft." (Eigene Übersetzung).

[33] KG Beschl. v. 20.4.2010 – 1 W 164–165/10, DNotZ 2012, 604; OLG Köln Beschl. v. 1.2.2013 – I-2 Wx 42/13, FGPrax 2013, 74 = NZG 2013, 754.

[34] OLG Rostock Beschl. v. 8.10.2009 – 3 W 83/08, IPRspr 2009, Nr. 297, 763.

[35] *Hertel* in Meikel, GBO, 12. Aufl. 2021, Einl. G Rn. 84; ebenso etwa *Pfeiffer* Rpfleger 2012, 240 (243).

Geschäftsführer handeln.[36] Ihr Argument ist, dass der Eintragung keine positive Publizitätswirkung zukommt.

d) Verbleibt als letztes, aber durchschlagendes Argument: Geschäftsführer könnte zu Unrecht eingetragen sein

Abgesehen von dem Sonderfall, dass nur einer von mehreren eingetragenen Geschäftsführern handelt, verbleibt als einziges Argument, warum die Einsicht in das Beschlussbuch der Gesellschaft sinnvoll sein kann, die Möglichkeit, dass der eingetragene Geschäftsführer möglicherweise fälschlich eingetragen wurde, obwohl er gar nicht von der Gesellschafterversammlung bestellt wurde. Denn der Eintragung kommt keine positive Publizität zu.

Die Gefahr einer falschen Eintragung – eines Identitätsdiebstahls der Gesellschaft – ist im Vereinigten Königreich mangels inhaltlicher Prüfung durch das Register bei Geschäftsführerwechseln deutlich höher als in Deutschland. Dies spricht dafür, wie die Oberlandesgerichte dies vertreten, die fehlende Publizitätswirkung durch einen erhöhten Prüfungsumfang des Vertretungsbefugnis, nämlich durch Einsicht in die Beschlussbücher auszugleichen – zumal dies auch ein Standard ist, der im Registerstaat selbst angewandt wird.

Dagegen könnte man einwenden, dass der zusätzliche Sicherheitsgewinn im Verhältnis zum Aufwand beschränkt ist. Denn wer eine Anmeldung gegenüber dem *Companies House* fälscht, könnte auch zusätzlich noch ein Beschlussbuch fälschen (auch wenn das für den Fälscher deutlich aufwendiger ist als nur – wie für die Anmeldung – ein kurzes Formular auszufüllen). Das Gegenargument zieht aber nicht wirklich. Denn Ausgangspunkt ist, dass die ausländische Rechtsordnung nur einen geringeren Schutz als das deutsche Recht bietet – und dass man alles in der betreffenden Rechtsordnung (realistisch) Mögliche unternehmen muss, um diese Schutzlücke soweit irgend möglich zu schließen.

Für die ausländische Gesellschaft wäre es natürlich deutlich praxisfreundlicher, wenn man einfach den ausländischen Registereintrag genügen lassen könnte, wenn dort schon der Geschäftsführer eingetragen ist. Aber das wäre so, als wollten wir die Eigentümereintragung im (deutschen) Liegenschaftskataster als Nachweis genügen lassen, wenn keine Grundbucheinsicht möglich ist. Das Gesellschaftsregister des Common Law hat eine andere Rechtsqualität als das deutsche Handelsregister.

Gegen das Erleichterungsargument kann man wiederum die Gegenfrage stellen, ob man den Rechtsverkehr für ausländische Gesellschaften auf Kosten der Rechtssicherheit erleichtern soll. Warum sollte der Geschäftsgegner das Risiko übernehmen, dass der englische Registerauszug im Einzelfall doch nicht stimmt? Keine der beiden Vertragsparteien kann etwas dafür, dass das Common Law-Register einen geringeren Schutzstandard hat. Aber das Risiko entsteht auf Seite der ausländischen Gesellschaft. Dann soll sie auch den zusätzlichen Aufwand tragen, zumal dieser zusätzliche Aufwand überschaubar und auch innerhalb des Common Law nicht unüblich ist.

Im Ergebnis bleibt zwar für das Erfordernis zur Einsicht auch in das Beschlussbuch nur ein einziges Argument. Dieses schlägt aber mE durch. Insoweit ist der Rechtsprechung daher zuzustimmen.

5. Keine Bescheinigung durch deutschen Notar?

Mit dem Erfordernis zur Einsicht in das Beschlussbuch lässt sich auch begründen, warum nach der Rechtsprechung nur ein Notar aus dem betreffenden Staat (oder der *secretary* der Gesellschaft) eine als Nachweis geeignete Bescheinigung ausstellen kann.

---

[36] OLG Nürnberg Beschl. v. 26.1.2015 – 12 W 46/15, FGPrax 2015, 124 = NotBZ 2015, 235 mAnm *Zimmer* = RNotZ 2015, 244.

Das hört man als deutscher Notar natürlich gar nicht gern. Und man fragt sich unwillkür-
lich, wie das mit der Rechtsprechung zusammengeht, wonach es für die Gleichwertigkeit
einer gesellschaftsrechtlichen Auslandsbeurkundung nach der Rechtsprechung nicht darauf
ankommt, ob der ausländische Notar auch nur die geringste Ahnung vom deutschen Gesellschaftsrecht hat.[37] Die Feststellung der Vertretungsmacht, meint man, sollte doch einfacher
sei, als eine Geschäftsanteilsabtretung oder gar eine Umwandlungsmaßnahme.

Es stimmt: Die Positionen der Rechtsprechung in den beiden Fragen passen nicht zusammen.[38] Aber das ist umgekehrt ein Argument gegen die Zulässigkeit von Auslandsbeurkun-
dungen im Gesellschaftsrecht (für Angelegenheiten der Verfassung der GmbH und GmbH-
Geschäftsanteilsabtretungen), nicht für die Zulässigkeit von Vertretungsbescheinigungen zu
Common Law-Gesellschaften durch deutsche Notare.

Wenn etwa das OLG Düsseldorf zur Begründung anführt, die Prüfung der Vertretungsbefugnis sei so kompliziert, dass sie nur ein Notar aus dem betreffenden Staat vornehmen
könne,[39] so ist das von den betroffenen Rechtsfragen her natürlich falsch – von den zu ermit-
telnden Rechtstatsachen her aber typischerweise richtig. Wenn ich den entsprechenden
Beschluss aus dem Beschlussbuch vorgelegt bekomme, traue ich mir als der englischen Sprache mächtiger Jurist durchaus zu, auch ohne nähere Kenntnis des englischen Gesellschaftsrechts festzustellen, wer zum Geschäftsführer bestellt wurde – und lasse mir das vom OLG
Düsseldorf auch nicht ausreden. Was das OLG Düsseldorf wohl meint – und womit es auch
recht hat – ist, dass ich im Regelfall gar nicht an das ausländische Beschlussbuch heran-
komme, weil das in England liegt – und selbst wenn es der Geschäftsführer im Flugzeug mit-
gebracht hat, könnte ich mangels praktischer Erfahrung nicht sinnvoll beurteilen, ob es sich
um ein echtes Beschlussbuch handelt oder ob das vorgelegte Buch irgendwelche Ungereimtheiten aufweist, die auf eine Fälschung oder Verfälschung hindeuten.

Das harsche Urteil der Rechtsprechung, dass eine Vertretungsbescheinigung eines deutschen Notars zu einer Common Law-Gesellschaft nicht als Nachweis der Vertretungsbefugnis genüge (soweit das dortige Handelsregister nicht ausnahmsweise dem deutschen Handelsregister vergleichbar ist und damit die Bescheinigung aufgrund bloßer Registereinsicht
abgegeben werden kann), würde ich daher dahingehend abmildern, dass, wenn der deutsche
Notar denn auch das Beschlussbuch einsieht, eine solche Bescheinigung sehr wohl als Nachweis geeignet wäre.[40] Im Regelfall kann dies der deutsche Notar aber aus praktischen Gründen nicht (mangels Möglichkeit der Einsicht in das Beschlussbuch). Und auch wenn es technisch möglich wäre, sollte er es aus Haftungsgründen tunlichst unterlassen (sofern er sich
nicht ausnahmsweise auch mit der Praxis des Vertretungsnachweises in der betreffenden

---

[37] BGHZ 80, 76 = DB 1981, 983 = DNotZ 1981, 451 = NJW 1981, 1160 = WM 1981, 376
= ZIP 1981, 402; BGH GmbHR 1990, 25 = WM 1989, 1221 = ZIP 1989, 1052; BGHZ 199,
270 = DNotZ 2014, 457 = MittBayNot 2014, 252 = NJW 2014, 2026 = ZNotP 2014, 74. Zu
meiner Kritik an einem Konzept der Gleichwertigkeit ohne Erfordernis der Rechtskenntnis vgl.
Hertel in Staudinger, BGB, 2022, BeurkG Rn. 870 ff.

[38] Man kann natürlich differenzieren, dass es bei der Auslandsbeurkundung als Beurkundung
nur auf die richtige Wiedergabe der Willenserklärungen der Beteiligten ankommt, nicht auf die
Rechtskenntnis der Urkundsperson (oder bei der die Beteiligten jedenfalls auf Belehrung und
Rechtskenntnisse der Urkundsperson verzichten können) – während die Vertretungsbescheinigung eine rechtsgutachterliche Stellungnahme ist, bei der Rechtskenntnis zwingend notwendig
sind. Aber die für diese Differenzierung notwendige Voraussetzung, dass eine Beurkundung ohne
Rechtskenntnis der Urkundsperson noch eine Beurkundung ist, kann ich nicht teilen.

[39] OLG Düsseldorf Beschl. v. 21.8.2014 – I-3 Wx 190/13, juris Rn. 12, BB 2015, 590 mAnm
Heckschen = FGPrax 2015, 12 = notar 2015, 166 mAnm *Kilian* = RNotZ 2015, 88; OLG München Beschl. v. 10.11.2020 – 34 Wx 235/20, juris Rn. 43, FGPrax 2021, 11 = MittBayNot 2021,
362 = NJW-RR 2021, 42 = RNotZ 2021, 405.

[40] Im Grundsatz ebenso *Krafka,* Registerrecht, 11. Aufl. 2019, Teil 1 Rn. 321; *Pfeiffer* Rpfleger
2012, 240 (244).

Rechtsordnung auskennt, zB weil er dort im Rahmen einer Auslandsstation juristisch tätig war).

Vertritt man hingegen – wie früher auch ich selbst –, dass jedenfalls für das Handelsregister ggf. eine Bescheinigung auf der Grundlage des ausländischen Registereintrag genügen kann, so spräche nichts dagegen, dass der deutsche Notar aufgrund seiner Einsicht in das Register beim *Companies House* eine Bescheinigung zur Vertretung einer englischen Limited erstellt. Dies habe ich auch ein paar Mal gemacht und wurde vom Registergericht (Amtsgericht München) auch jeweils als Nachweis anerkannt.

6. Angabe der Grundlagen für die Schlussfolgerung?

Deutlich übertreiben es einzelne jüngere Urteile, wenn sie auch eine detaillierte Darstellung der Grundlagen für die Bescheinigung des *secretary* bzw. ausländischen Notars verlangen.[41] Insoweit halte ich daher die Entscheidungen der OLG Nürnberg und Jena für falsch.

Konsequent ist noch, dass in der Bescheinigung erwähnt sein muss, dass der Bescheinigende auch das Beschlussbuch der Gesellschaft eingesehen hat. Denn ohne eine solche Einsicht kann nach der Rechtsprechung keine hinreichende Bescheinigung erstellt werden.

Sinnvoll mag auch noch sein, dass die Bescheinigung das Datum des maßgeblichen Beschlusses enthält. Für erforderlich halte ich dies aber nicht – erst recht nicht weitere Angaben zu den Umständen der Beschlussfassung oder zum genauen Beschlussinhalt.

Ausgangspunkt für solche Überlegungen der Rechtsprechung ist, dass die ausländische Bescheinigung keine gesetzlich festgelegte Beweiswirkung hat wie ein Handelsregisterauszug für eine deutsche Gesellschaft oder eine Registerbescheinigung des deutschen Notars für eine deutsche Gesellschaft nach § 32 GBO, § 21 Abs. 1 BNotO, sondern zunächst einmal nur eine rechtsgutachterliche Äußerung des *secretary* oder des ausländischen Notars ist. Und bei einer gutachterlichen Äußerung interessiert nicht nur das Ergebnis, sondern auch wie der Gutachter zu diesem Ergebnis gekommen ist. Soweit kann ich der Argumentation der OLG Nürnberg und Jena folgen.

Aber damit macht man ein Fass auf, das man nicht mehr schließen kann. Denn selbst wenn das deutsche Registergericht oder Grundbuchamt den Wortlaut des Gesellschafterbeschlusses erhielte, kann man sich fragen, ob nicht möglicherweise später ein Beschluss gefasst wurde, der den ursprünglichen Beschluss aufgehoben oder geändert hat. Und wenn die Bescheinigung auch dies verneint, könnte man wieder auf die Idee kommen, dass man auch das nachprüfen möchte – und am liebsten das ganze Beschlussbuch sehen möchte. Das Beschlussbuch wird die Gesellschaft aber dem deutschen Gericht nicht rausrücken, weil es meist auch wirtschaftlich relevante Beschlüsse enthält. Und selbst wenn das deutsche Gericht das vollständige Beschlussbuch in Händen hätte, würde es am Ende noch eine Übersetzung wünschen – jedenfalls wenn Beschlüsse in Maltesisch oder Hindi protokolliert wurden.

Letztlich muss sich das Gericht aus Praktikabilitätsgründen doch auf die Schlussfolgerung des Gutachtens verlassen – ähnlich wie bei der Notarbescheinigung nach § 21 BNotO. Man kann und muss also verlangen, dass in der Bescheinigung etwas von der Einsicht in das Beschlussbuch der Gesellschaft steht – aber damit ist es auch gut. Und das steht auch in einer typischen Bescheinigung, so dass es auch erfüllbar ist.

---

[41] OLG Nürnberg Beschl. v. 25.3.2014 – 15 W 381/14, DNotZ 2014, 626 = FGPrax 2014, 156 = Rpfleger 2014, 492; Thür. OLG (Jena) Beschl. v. 22.1.2018 – 3 W 322/17, FGPrax 2018, 104 = NZG 2018, 908 = RNotZ 2018, 466.

7. *Folgerungen für die Praxis*

Was heißt das nun für die notarielle Praxis?

a) *Zweigniederlassung in Deutschland*

Hat die ausländische Gesellschaft eine Zweigniederlassung in Deutschland und ist diese im deutschen Handelsregister eingetragen, so genügt diese Eintragung als Vertretungsnachweis für alle Angelegenheiten der Zweigniederlassung – aber nur dafür, nicht für die Gesellschaft sonst.[42]

b) *Staaten mit vergleichbaren Handelsregistern*

Hat der betreffende Staat ein dem deutschen Handelsregister vergleichbares Register, so genügt ein (übersetzter) Handelsregisterauszug oder eine Registerbescheinigung eines deutschen Notars auf der Grundlage des Registers zum Nachweis der Vertretungsmacht (oder eine Bescheinigung eines Notars des Registerstandes, wenn dieser eine einem deutschen Notar vergleichbare Stellung hat). Prüfungskriterium ob das ausländische Register vergleichbar ist, ist, ob idealerweise negative und positive Publizität ähnlich § 15 HGB besteht, oder jedenfalls positive Publizität in dem durch EU-Richtlinien vorgeschriebenen Umfang für die Eintragung der Geschäftsführer. Bei EU-Mitgliedstaaten außerhalb des Common Law kann man dies Faustregel unterstellen (und als Erstinformation die Länderliste im *Schöner/Stöber*[43] heranziehen).

Leider gilt dies aber für die meisten Common Law Staaten nicht, weil ihr Registersystem historisch nur eine Blattsammlung ohne Beweiskraft ist. Auch EU-Mitgliedstaaten des Common Law haben die Publizitätsvorschriften der EU-Gesellschaftsrichtlinien nicht immer umgesetzt. Kann man daher keine ausreichende Publizitätswirkung feststellen, kann man vorsorglich auf den traditionellen Nachweise durch den *secretary* der Gesellschaft oder einen Notar aus dem betreffenden Staat zurückfallen.

Zwei Beispiele: Irland sieht in Sec. 25 Abs. 5 des Companies Act 2014[44] zwar die Vermutung vor, dass die bei der Gründung der Gesellschaft genannten *directors* oder *secretary* tatsächlich wirksam bestellt wurden. Wird einer Person vom Vorstandsgremium *(board of directors)* Vertretungsmacht erteilt und im Register eingetragen, so greift sowohl die negative Publizität bei Nichteintragung des Widerrufs (Sec. 39 Abs. 3 CA 2014) wie die positive Publizität, dass die eingetragene Vertretungsbefugnis wirksam erteilt wurde (Sec. 40 Abs. 1 CA 2014). Dies spricht irgendwie dafür, dass dies auch für die *directors* selber gilt, da auch dort eine Änderung dem Register zu melden ist (Sec. 149 Abs. 8 CA 2014). Die Rechtsgrundlage der Publizitätswirkung findet man aber an sehr versteckter Stelle im Sec. 6 Abs. 1 S.I. (Statutory Instrument) Nr. 163 von 1973, European Communities (Companies) Regulations, 1973.[45] Daher reicht ein beglaubigter Handelsregisterauszug oder eine auf der Grundlage der Registereinsicht erstellte Vertretungsbescheinigung eines deutschen Notars als Vertretungsnachweis für eine irische Limited aus. Der irische Rechtsverkehr scheint dies selbst nicht anzuwenden. So wird in der irischen Praxis der Nachweis offenbar weiterhin traditio-

---

[42] OLG München Beschl. v. 14.10.2015 – 34 Wx 187/14, DB 2015, 2692 = NZG 2015, 1437 = ZfIR 2016, 37; *Volmer* in KEHE, Grundbuchrecht, 8. Aufl. 2019, GBO § 32 Rn 48.

[43] *Schöner/Stöber*, Grundbuchrecht, 16. Aufl. 2020, Rn. 3636l; vgl. ferner die Länderdarstellungen von *Hausmann* in Reithmann/Martiny, Internationales Vertragsrecht, 9. Aufl. 2022, Rn. 6.197ff.; *Heggen/Weber* in Würzburger Notarhandbuch, 6. Aufl. 2022, Teil 7 Rn. 22ff; *Süß/Wachter*, Handbuch des internationalen GmbH-Rechts, 4. Aufl. 2022.

[44] https://www.irishstatutebook.ie/eli/2014/act/38/enacted/en/print.html.

[45] www.irishstatutebook.ie/eli/1973/si/163/made/en/print?q=companies. Vgl. DNotI-Gutachten, Abruf-Nr. 140298 vom 11.3.2015.

nell mittels Bescheinigung des *secretary* geführt.[46] Auch findet sich auf der Webseite des Europäischen E-Justiz-Portals zu Gesellschaftsregistern zur Frage, ob man sich auf die Angaben im irischen Register verlassen könne, keine Aussage zur Publizitätswirkung, sondern nur darauf, dass Falschangaben gegenüber dem Register strafbar sind.[47]

Für Malta habe ich hingegen im maltesischen Companies Act idF der Neubekanntmachung von 2.11.2021[48] zwar Regelungen zur Prüfung durch die Registerbehörde vor der Ersteintragung der Gesellschaft (Sec. 76 Abs. 1 CA Malta) oder bei Neubestellung oder Abberufung von Geschäftsführern gefunden (Sec. 146 CA Malta), aber nichts zur positiven oder negativen Publizität des Handelsregisters (obwohl nach Art. 3a lit. j CA Malta durch den Companies Act ausdrücklich unter anderem auch die Gesellschaftsrichtlinie 2009/101/EG umgesetzt werden sollte). Ich kann aber nicht ausschließen, dass es in irgendeiner versteckten Vorschrift doch eine Umsetzung der Publizitätsvorschriften. Aber mE genügt das maltesische Register nicht den Anforderungen des § 32 GBO, § 21 BNotO – während das DNotI in einem Gutachten eine maltesische Registereintragung unter Hinweis auf die Prüfungspflicht des Registers als ausreichenden Nachweis gegenüber Handelsregister und Grundbuchamt ansah.[49]

Auch wenn ein gleichwertiges Handelsregister besteht, kann bei Common Law-Rechtsordnungen m. E. der Nachweis der Vertretungsbefugnis auch durch eine Vertretungsbescheinigung des *secretary* oder eines örtlichen Notars geführt werden. Denn manchmal wird man sich nicht sicher sein, welche Rechtswirkungen die Handelsregistereintragung in dem betreffenden Herkunftsstaat hat. Und selbst in Staaten mit einem dem unseren vergleichbaren Handelsregister ist eine derartige Bescheinigung in der Praxis weiterhin als Nachweis üblich, teilweise sogar deutlich vorherrschend.

c) Großbritannien und andere Common Law-Staaten mit fortgeschrittenem Handelsregister

Zweite Fallgruppe sind Common Law-Staaten mit einem Handelsregister, das auch die aktuellen Geschäftsführer erkennen lässt, deren Registereintragungen aber keine hinreichende Publizitätswirkung zukommt, wie insb. das britische *Companies House* (sondern zB nach dem Recht des Vereinigten Königreichs nur eine negative Publizität). Nach der oberlandesgerichtlichen Rechtsprechung genügen die dortigen Handelsregisterauszüge bzw. eine auf deren Grundlage erstellte Registerbescheinigung nicht als Vertretungsnachweis. Denn es gibt ja einen besseren Vertretungsnachweis, nämlich wenn der *secretary* der Gesellschaft oder ein dortiger Notar auch die Beschlussbücher der Gesellschaft prüft.

Wenn ich als Notar einen Grundstückskaufvertrag, eine Geschäftsanteilsabtretung oÄ beurkunde, an der außer der Gesellschaft noch Dritte wirtschaftlich beteiligt sind, werde ich daher die ausländische Gesellschaft von vornherein auffordern, diesen weitergehenden Nachweis zu erbringen. Denn ich muss sichergehen, dass der Vertrag am Ende auch im Grundbuch vollzogen wird bzw. dass die Abtretung auch wirksam ist.

Geht es aber nur um eine Handelsregisteranmeldung, ist dies den Beteiligten möglicherweise zu mühsam – v. a. wenn wirtschaftlich nur eine Person beteiligt ist und diese in Deutschland wohnt. Dann versuche ich es auch einmal mit einer von mir selbst erstellten Bescheinigung auf der Grundlage einer aktuellen Einsicht in das Register des *Companies House*. Bisher klappte das. Und wenn es nicht ausreicht, können die Beteiligten immer noch

---

[46] *Harrington/Ranalow* in Wegen/Spahlinger/Barth, Gesellschaftsrecht des Auslands, Stand Feb. 2022, Irland Rn. 77 f.

[47] https://e-justice.europa.eu/106/EN/business_registers_in_eu_countries?IRELAND& member=1.

[48] Chapter 386 der Laws of Malta. Internet: https://legislation.mt/eli/cap/386/eng/pdf.

[49] Vgl. DNotI-Gutachten, Abruf-Nr: 145657 vom 24.11.2015.

die Bescheinigung des *secretary* oder eines britischen Notars nachschieben. Hier sehe ich auch keine Haftungsgefahr – jedenfalls wenn ich den Beteiligten zuvor dargelegt habe, dass für den Vollzug ggf. doch noch eine Bescheinigung des *secretary* oder eines örtlichen Notars erforderlich ist. Zugegeben, das ist dogmatisch nicht konsequent. Aber es ist eine einfache Praxislösung in Fällen, in denen keine Gefahr für einen Beteiligten besteht.

d) Sonstige Common Law-Staaten

Geht die Vertretungsbefugnis aus dem Register gar nicht oder nicht hinreichend hervor (insb. wenn von mehreren *directors* nur einer handelt), so muss man auf die Bescheinigung durch den *secretary* der Gesellschaft oder durch einen örtlichen Notar zurückgreifen.

Dann sind (mindestens) zwei Dokumente erforderlich: Zum ersten eine Bescheinigung des (Handels- oder Gesellschafts-)Registers *(certificate of incorporation)* als Nachweis über die Gründung – und jedenfalls wenn die Gesellschaft schon einige Zeit besteht auch ein *certificate of good standing* (oder eine ähnliche Bescheinigung) über den Fortbestand der Gesellschaft.[50]

Zum zweiten bedarf es zum Nachweis der Vertretungsbefugnis einer Bescheinigung des *secretary* oder eines Notars des Registerstandes.[51] Ein Notar des Registerstandes kommt nur in Betracht, wenn die Bestellung zum Notar in der betreffenden Rechtsordnung grundsätzlich eine juristische Ausbildung erfordert. Eine notarielle Bescheinigung aus den USA oder Indien, wo die notarielle Beglaubigung auf Sekretariatsebene angesiedelt ist, genügt nicht.[52]

Heute lassen viele Common Law-Rechtsordnungen zu, dass ein *director* zugleich auch *secretary* der Gesellschaft sein kann (zB das britische Recht und viele Staaten der USA). Dann kann der *secretary* auch seine eigene Befugnis als *director* bescheinigen. Denn wenn das anwendbare Gesellschaftsrecht beide Ämter für vereinbart erklärt, kann die Personenidentität auch für das deutsche Verfahrensrecht kein Grund sein, einer solchen Bescheinigung die Nachweiswirkung abzusprechen.[53]

Aus der Bescheinigung muss sich ergeben, dass der *secretary* oder Notar auch das Beschlussbuch der Gesellschaft eingesehen hat (ggf. neben dem Register). Nachdem die Gerichte dies zT verlangen, sollte man darum bitten, die Beschlussgrundlage möglichst genau anzugeben (insbes. das Datum des Bestellungsbeschlusses). Vor allem bei einem längeren Beschluss kann sich empfehlen, eine Abschrift des Beschlusses anzuhängen. Je detaillierter die Bescheinigung ist, desto höher ist die Wahrscheinlichkeit, dass das Registergericht oder Grundbuchamt sie ohne Beanstandung akzeptiert. Daher wird man den Beteiligten zu einer detaillierten Bescheinigung raten, auch wenn der Notar sie persönlich nicht für rechtlich erforderlich hält.

Die Unterschrift des *secretary* muss notariell beglaubigt werden. Erstellt ein örtlicher Notar eine Vertretungsbescheinigung, so muss er seine Bescheinigung siegeln. Je nach Herkunftsstaat ist als Echtheitsnachweis eine Apostille oder eine Legalisation erforderlich.

Ist eine Gesellschaft *secretary,* so braucht es eine zweite Vertretungsbescheinigung für die Secretary-Gesellschaft (wiederum mit *certificate of incorporation* etc. und Bescheinigung des *secretary* der Secretary-Gesellschaft).

---

[50] OLG Köln Beschl. v. 1.2.2013 – I-2 Wx 42/13, FGPrax 2013, 74 = NZG 2013, 754.

[51] Formulierungsbeispiele etwa bei *Jacob-Steinorth* DNotZ 1958, 361 (367); *Fischer* ZNotP 1999, 352 (357); *Hertel* in Meikel, GBO, 12. Aufl. 2021, Einl. G Rn. 83; *Süß* in Herrler, Gesellschaftsrecht in der Notar- und Gestaltungspraxis, 2. Aufl. 2021, § 22 Rn. 83; zum Verfahren etwa auch *Hahn* DNotZ 1964, 288; *Heinz* ZNotP 2000, 412; *Langhein* NZG 2001, 1123 (1127); *Pfeiffer* Rpfleger 2012, 240.

[52] Ähnlich *Pfeiffer* Rpfleger 2012, 240 (244 f.).

[53] *Pfeiffer* Rpfleger 2012, 240 (245).

Alle Bescheinigungen müssen jeweils zeitnah vor der beantragten Eintragung erstellt sein.[54]

Ein nicht zu unterschätzender Vorteil für den deutschen Notar ist, dass der erstellende Common Law-Notar oder der *secretary* bei einer schuldhaft falschen Bescheinigung haftet[55] (und nicht der deutsche Notar).

e) *Übersetzung*

Die Gerichtssprache ist deutsch (§ 184 GVG). Daher müssen jedenfalls die Anträge und die weiteren für die Eintragung erforderlichen Erklärungen (also im Grundbuchverfahren insbes. die Eintragungsbewilligung, § 19 GBO) in deutscher Sprache oder mit Übersetzung eines amtlich vereidigten Übersetzers eingereicht werden. Die Übersetzung muss mit dem übersetzten Dokument oder einer Abschrift davon mit Schnur und Siegel verbunden sein. Außerdem muss die Unterschrift des Übersetzers notariell beglaubigt sein.[56]

Für sonstige Tatsachen, die dem Registergericht oder dem Grundbuchamt durch öffentliche Urkunden nachzuweisen sind, gilt das Erfordernis der deutschen Sprache nur eingeschränkt. Hier kann und soll das Grundbuchamt bzw. Handelsregister analog § 9 FGG aF vom Verlangen nach einer Übersetzung absehen, wenn der Rechtspfleger oder Richter der Fremdsprache hinreichend mächtig ist[57] – insbes. bei einer gebräuchlichen Fremdsprache wie dem Englischen, bei der später auch andere Mitarbeiter des Handelsregisters oder Grundbuchamts den Nachweis nachvollziehen können. Dabei muss der Rechtspfleger oder Richter keine umfassenden Kenntnisse der betreffenden Sprache haben; es genügt, wenn er den betreffenden Text sicher versteht, etwa weil dem Gericht eine Übersetzung eines inhaltsgleichen älteren Registerauszugs vorliegt[58] oder weil es nur ein kurzer Beglaubigungsvermerk oder eine kurze Vertretungsbescheinigung ist, für die sprachliche Grundkenntnisse ausreichen.[59]

---

[54] OLG Dresden Beschl. v. 21.5.2007 – 1 W 52/07, DNotZ 2008, 146 = NZG 2008, 265 = RNotZ 2007, 618.

[55] *Langhein* NZG 2001, 1123 (1127).

[56] KGJ 2 Nr. 85; KG JFG 7, 243 (245) = HRR 1930 Nr. 237; KG DNotZ 2011, 909 = FGPrax 2011, 168 = ZfIR 2011, 380; KG FGPrax 2013, 10 = NotBZ 2013, 34 = NZG 2012, 1352 = Rpfleger 2013, 196; *Demharter*, GBO, 32. Aufl. 2021, § 1 Rn. 48; Gutachten DNotI-Report 2005, 161.

[57] *Demharter*, GBO, 32. Aufl. 2021, § 1 Rn. 48; *Holzer in Hügel*, GBO, 4. Aufl. 2020, § 1 Rn. 81.

[58] OLG Dresden Beschl. v. 12.4.2010 – 17 W 306/10, DNotZ 2011, 51 = IPRspr 2010, Nr. 322, 808.

[59] OLG Schleswig Beschl. v. 13.12.2007 – 2 W 198/07, DNotZ 2008, 709 mAnm *Apfelbaum* = FGPrax 2008, 217 = IPRax 2009, 79 mAnm *Geimer* IPRax 2009, 58= Rpfleger 2008, 498.

ELKE HOLTHAUSEN-DUX/KAI-UWE OPPER

Begründung und Beschlussfassung der Ein-Personen-Wohnungseigentümergemeinschaft, Schutz der erwerbenden Wohnungseigentümer

I. Einleitung und Problemstellung

Bis zur WEG-Reform 2020 musste eine Wohnungseigentümergemeinschaft nach allgemeiner Meinung aus mehreren (mindestens zwei) Personen bestehen. Dieser Grundsatz ergab sich aus der Gesamtkonzeption des WEG und fand seine deutlichste Ausprägung in dem – inzwischen ersatzlos gestrichenen – § 10 Abs. 7 S. 4 WEG aF, der anordnete, dass das Verwaltungsvermögen auf den Eigentümer des Grundstücks übergeht, sofern sich sämtliche Wohnungseigentumsrechte in einer Person vereinigen. Eine Ein-Personen-Gemeinschaft war nach Vorstellung des historischen Gesetzgebers nicht vorgesehen. Der durch die Teilungserklärung nach § 8 WEG aufteilende Alleineigentümer konnte daher vor Eigentumsübergang der ersten Sondereigentumseinheit auf einen Dritten keine Wohnungseigentümergemeinschaft begründen.

Insbesondere im Bauträgerrecht, und damit im Anwendungsbereich der Makler- und Bauträgerverordnung, bestand in der Praxis das Bedürfnis, die Rechtswerdung der Wohnungseigentümergemeinschaft nach vorne zu verlagern. Aufgrund der häufigen Mängelanzeigen und der erforderlichen Mängelbeseitigung vergehen nämlich regelmäßig mehrere Monate, wenn nicht Jahre bis zur vollständigen Kaufpreiszahlung und der davon in aller Regel abhängig gemachten Eigentumsumschreibung der einzelnen Wohneinheiten. Zugleich werden die Wohnungen schon bewohnt, sodass es typischerweise bereits in der Begründungsphase der Eigentümergemeinschaft erforderlich ist, Versorgungsverträge (Strom, Wasser, Wärme, Müllentsorgung etc.) für die Gemeinschaft abzuschließen und einen Verwalter zu bestellen.[1] Um diesem Bedürfnis der Praxis gerecht zu werden, wurde in richterlicher Rechtsfortbildung das Institut der „werdenden Wohnungseigentümergemeinschaft" entwickelt.[2] Diese entstand, wenn ein wirksamer, durch Auflassungsvormerkung gesicherter Übereignungsanspruch mindestens eines Erwerbers gegeben und der Besitz an der Wohnung auf den Erwerber übergegangen war.[3]

Mit dem im Dezember 2020 in Kraft getretenen Wohnungseigentumsmodernisierungsgesetz *(WEMoG)* hat der Gesetzgeber den Erfordernissen der Rechtspraxis Rechnung getragen und den Beginn der Wohnungseigentümergemeinschaft in § 9a Abs. 1 S. 2 WEG neu geregelt. Damit entsteht eine Wohnungseigentümergemeinschaft nunmehr stets mit Anlegung der Wohnungsgrundbücher.

Der aufteilende Alleineigentümer kann infolgedessen bis zum Hinzutreten weiterer Eigentümer die Gemeinschaft als sog. „Ein-Personen-Gemeinschaft" nach seinen Vorstellungen gestalten, Beschlüsse fassen und Verträge abschließen. Bereits im Gesetzgebungsverfahren zum WEMoG wurde daher das Schutzbedürfnis der künftigen Eigentümer vor diese

---

[1] BGH Beschl. v. 5.6.2008, DNotZ 2008, 930 (931).
[2] Vgl. nur BGH Beschl. v. 5.6.2008, DNotZ 2008, 930 (932); BGH Urt. v. 5.12.2003, NJW 2004, 1798 (1800).
[3] BGH Beschl. v. 5.6.2008, DNotZ 2008, 930 (932) mwN.

benachteiligenden Handlungen des Alleineigentümers diskutiert.[4] So wurde etwa vorgeschlagen, die Vertretungsmacht des Alleineigentümers auf errichtungsspezifische Rechtsgeschäfte zu beschränken oder eine zeitliche Obergrenze für Dauerschuldverhältnisse einzuführen.[5] Der Gesetzgeber hat allerdings davon abgesehen, für die Ein-Personen-Gemeinschaft Sondervorschriften vorzusehen und die Klärung dieser Fragen ausdrücklich Rechtsprechung und Wissenschaft überlassen.[6]

Der nachstehende Beitrag soll die auftretenden Probleme skizzieren und Ansätze zu ihrer Lösung aufzeigen. Zunächst werden die Besonderheiten der Ein-Personen-Gemeinschaft dargestellt (nachstehend → II.). Im Anschluss wird der typische Anwendungsbereich von Beschlüssen in der Ein-Personen Gemeinschaft erörtert (nachstehend → III.), bevor abschließend Schutzmechanismen für die später hinzutretenden Wohnungseigentümer untersucht werden (nachstehend → IV.).

II. Die Ein-Personen-Gemeinschaft

1. Entstehung und Beendigung der Ein-Personen-Gemeinschaft

Seit Einführung des WEMoG entsteht gem. § 9a Abs. 1 S. 2 WEG eine Ein-Personen-Gemeinschaft, wenn für alle[7] Wohnungs- bzw. Teileigentumseinheiten eigene Grundbücher angelegt worden sind, jedoch sämtliche Einheiten (noch) im Eigentum einer Person verbleiben. Dies ist typischerweise bei Bauträger-Projekten der Fall,[8] bei denen die Aufteilung nach § 8 WEG erfolgt ist. Die in der Praxis weit weniger bedeutende Begründung von Wohnungseigentum durch Teilungsvertrag mehrerer Miteigentümer nach § 3 WEG ist unverändert ebenfalls möglich und wird von § 9a Abs. 1 S. 2 WEG ebenfalls erfasst. Eine Ein-Personen-Gemeinschaft entsteht hier aber – jedenfalls im Gründungsstadium – mangels Alleineigentümerstellung nicht.

Anders als bisher nach den Grundsätzen der „werdenden Wohnungseigentümergemeinschaft" kommt es für die Entstehung der Gemeinschaft nach Aufteilung nicht mehr auf den durch Vormerkung gesicherten Erwerb und eine Besitzübergabe an. In der Regel dürfte daher das WEMoG zu einer deutlichen zeitlichen Vorverlagerung der Entstehung der Gemeinschaft führen. Allerdings kann hiermit zugleich auch eine – wenn auch auf Ausnahmefälle beschränkte – Nach-hinten-Verlagerung verbunden sein. So konnte eine „werdende Wohnungseigentümerschaft" bereits mit Eintragung einer Vormerkung an dem noch ungeteilten Grundstück, und damit vor Anlegung der Wohnungsgrundbücher, entstehen.[9] Diese Option ist ausweislich des klaren Willens des Gesetzgebers nun nicht mehr gegeben.[10]

Die Ein-Personen-Gemeinschaft endet – in Anlehnung an das richterliche Rechtsinstitut des „werdenden Wohnungseigentümers" – gemäß § 8 Abs. 3 WEG, sobald ein Erwerber einen Übereignungsanspruch hat (i), dieser durch Vormerkung im Grundbuch gesichert ist (ii), und ihm der Besitz an den Räumen der Sondereigentumseinheit übergeben wurde (iii). Der Erwerber gilt ab diesem Zeitpunkt im Innenverhältnis gegenüber der Wohnungseigentümergemeinschaft und den anderen Wohnungseigentümern als Eigentümer. Die Vor-

---

[4] *Lieder* DNotZ 2018, 177 (183 ff.); *Greiner* ZMR 2019, 257 (258).

[5] *Lieder* DNotZ 2018, 177 (183 ff.); Stellungnahme des VDIV Deutschland zum WEMoG-Referentenentwurf vom 14. 2. 2020, 7 ff.

[6] BT-Drs. 19/18791, 45.

[7] *Müller* in BeckOK WEG, 49. Ed. 1.7.2022, § 9a Rn. 61.

[8] Auch wenn § 9a Abs. 1 S. 2 Hs. 2 WEG insoweit davon auszugehen scheint, dass es sich bei der Aufteilung nach § 8 WEG um den ausdrücklich zu erwähnenden Ausnahmefall handelt, verhält es sich in der Praxis freilich genau anders herum.

[9] BGH Beschl. v. 5.6.2008, DNotZ 2008, 930 (932).

[10] BT-Drs. 19/18791, 44.

schrift normiert nicht nur die Rechtsposition des Erwerbers, sondern regelt gleichzeitig auch das Ende der Ein-Personen-Gemeinschaft. Nach der Gesetzesbegründung ist das Vorliegen eines Bauträgervertrages nicht Voraussetzung für die Anwendbarkeit von § 8 Abs. 3 WEG, wenngleich dies die Mehrheit der Fälle betrifft. Vielmehr werden aus Gründen der Rechtssicherheit auch alle übrigen Übertragungsverträge (zB auch Schenkungsverträge zum Vollzug der vorweggenommenen Erbfolge) erfasst.[11]

2. Begründung einer „Vor-Ein-Personen-Gemeinschaft"?

In Anlehnung an das gesellschaftsrechtliche Konstrukt der Vor-GmbH wurde in der Literatur auch das Entstehen einer „Vor-Ein-Personen-Gemeinschaft" diskutiert.[12] Ähnlich wie die Vor-GmbH, die mit der Beurkundung des Gesellschaftsvertrags entsteht, könnte diese schon mit Abgabe der Teilungserklärung nach § 8 Abs. 1 WEG entstehen. Der Vorteil läge darin, dass bereits ab diesem Zeitpunkt Verträge namens der Wohnungseigentümergemeinschaft abgeschlossen werden könnten und diese – wie bei der Vor-GmbH – unmittelbar auf die später entstehende Wohnungseigentümergemeinschaft übergingen.

Der Gesetzgeber hat einer Vorverlagerung des Entstehens der Gemeinschaft auf den Zeitpunkt vor Anlegung der Wohnungsgrundbücher jedoch eine klare Absage erteilt.[13] Dies begründete er damit, dass bis zur Anlegung der Wohnungsgrundbücher kein „sachenrechtliches Zuordnungsobjekt" bestehe.

Eine Anerkennung der „Vor-Gemeinschaft" als Rechtsfortbildung entgegen dem klaren Willen des Gesetzgebers dürfte – wenn überhaupt – nur in Betracht kommen, wenn es hierfür ein unabweisbares tatsächliches Bedürfnis gibt, die Gemeinschaft also zu ihrer Entstehung auf ein Handeln mit eigener Rechtspersönlichkeit bereits vor grundbuchlichem Vollzug der Teilungserklärung angewiesen ist. Ein solches Bedürfnis ist übertragen auf das GmbH-Recht bei der Vor-GmbH zB deshalb gegeben, weil für die Einzahlung des Stammkapitals bereits vor der konstitutiven Eintragung der GmbH in das Handelsregister ein Bankkonto namens der Gesellschaft eröffnet werden muss. Der Sachverhalt bei einer „Vor-Gemeinschaft" liegt jedoch anders. Zwar mag es für den Alleineigentümer praktisch sein, die Vertragsverhandlungen bereits vor Anlegung der Grundbücher zu beginnen und namens der Gemeinschaft abschließen zu können. Eine Notwendigkeit hierfür wird in der Regel aber nicht vorliegen.[14] Der Alleineigentümer kann sich vielmehr dadurch helfen, dass er in solchen (Ausnahme-) Fällen, wie bereits vor Inkrafttreten des WEMoG, Regelungen zur Überleitung der Verträge auf die zukünftige Gemeinschaft trifft.

Im Ergebnis ist die Anerkennung einer „Vor-Ein-Personen-Gemeinschaft", auf die bereits die Vorschriften des WEG Anwendung finden, nicht angezeigt. Hierdurch würde vielmehr die mit der Kodifizierung vom Gesetzgeber bezweckte Klarheit und Rechtssicherheit in Bezug auf den Entstehungszeitpunkt der Gemeinschaft wieder in Frage gestellt.

3. Handeln für die Ein-Personen-Gemeinschaft

Solange eine Ein-Personen-Gemeinschaft besteht, hat der Alleineigentümer mehrere Handlungsmöglichkeiten, um namens der Gemeinschaft zu handeln. In Betracht kommt, dass er sich entweder selbst zum Verwalter bestellt und mittels seiner gesetzlichen Vertretungsmacht Verträge abschließt (§ 9b Abs. 1 S. 1 WEG). Bis zur Verwalterbestellung kann er auch als personifizierte Wohnungseigentümergemeinschaft diese unmittelbar vertreten (§ 9b

---

[11] BT-Drs. 19/18791, 44.

[12] *Wicke* in Grüneberg, BGB, 82. Aufl. 2023, WEG § 9a Rn. 3; *Lieder* DNotZ 2018, 177 (188 f.); *Wicke* ZWE 2021, 21 (26).

[13] BT-Drs. 19/18791, 44.

[14] *Falkner* in BeckOGK, 1.6.2022, WEG § 9a Rn. 141 f; *Burgmair* in MüKoBGB, 8. Aufl. 2021, WEG § 9a Rn. 27; *Saenger/Tönnies* JA 2022, 617 (622 f.).

Abs. 1 S. 2 WEG). Ebenso kann er Beschlüsse fassen. Diese Variante dürfte jedoch praktisch aufgrund der zuvor genannten unmittelbareren Handlungsmöglichkeiten bei Ein-Personen-Gemeinschaften nur selten gewählt werden, wenn auch sinnvolle Einsatzbereiche verbleiben (s. hierzu näher → III. 1.).

Die neue Rechtslage führt zu einer Monopolstellung des Alleineigentümers von der Anlegung der Wohnungsgrundbücher an bis zur durch Vormerkung gesicherten Besitzübergabe einer Sondereigentumseinheit an den ersten Erwerber. Auch ab diesem Zeitpunkt kann der bisherige Alleineigentümer, je nach Mehrheitsverhältnissen, noch immer zahlreiche Entscheidungen in seinem Sinne treffen, allerdings bestehen dann die gesetzlich vorgesehenen Kontrollmöglichkeiten (etwa Einberufung von Eigentümerversammlungen und Anfechtung von Beschlüssen).

Solange der Alleineigentümer ohne Kontrollinstanz schalten und walten kann, kann er Maßnahmen treffen, die ihn begünstigen und künftige Erwerber möglicherweise benachteiligen. Als Beispiel kommt etwa die Vereinbarung langlaufender oder überteuerter Dienstleistungsverträge in Betracht.[15] Dabei kann der Alleineigentümer Eigeninteressen verfolgen und Unternehmen beauftragen, die ihm wirtschaftlich oder persönlich nahestehen. Ebenso gut kann er aber auch aufgrund fehlender Eigeninteressen (insb. im Falle des vollständigen Abverkaufs) wenig Bemühungen gezeigt haben, für die Wohnungseigentümergemeinschaft wirtschaftlich vorteilhafte Regelungen zu treffen (vgl. zum Schutz künftiger Eigentümer nachstehend → IV.).

III. Beschlüsse in der Ein-Personen-Gemeinschaft

Auch wenn zahlreiche Maßnahmen gemäß § 9b Abs. 1 S. 2 WEG durch den Alleineigentümer direkt vorgenommen werden können, verbleibt auch in der Ein-Personen-Gemeinschaft für Beschlüsse ein eigener Anwendungsbereich. Dies gilt insbesondere für die Bestellung des Verwalters (§ 26 Abs. 1 WEG), die Aufstellung einer Hausordnung und eines Wirtschaftsplans.[16]

1. Allgemeines

Der Alleineigentümer kann mangels vorhandener weiterer WEG-Gemeinschafter auf alle Form- und Fristvorschriften für eine Eigentümerversammlung verzichten.[17] Er kann daher überall, jederzeit und in jeder Form (grundsätzlich auch mündlich) Beschlüsse im Namen der Wohnungseigentümergemeinschaft fassen. Spezielle Anforderungen für die Beschlussfassung in der Ein-Personen-Gemeinschaft sieht das WEG nicht vor. Nach § 24 Abs. 6–8 WEG sollen Beschlüsse zwar ordnungsgemäß protokolliert und in die Beschluss-Sammlung aufgenommen werden; dabei ist, sofern kein Verwalter bestellt ist, die Beschluss-Sammlung gem. § 24 Abs. 8 WEG durch den Alleineigentümer zu führen. Verstöße gegen diese Regelungen führen aber nur zu einem verminderten Beweiswert, nicht etwa zur Anfechtbarkeit oder Nichtigkeit des Beschlusses.[18]

Vereinzelt wird allerdings vertreten, dass § 23 Abs. 3 WEG, demnach Beschlüsse außerhalb von Eigentümerversammlungen der Textform bedürfen, auch auf die Ein-Personen-Gemeinschaft entsprechend anzuwenden sei.[19] Hiergegen spricht allerdings, dass der mit der

---

[15] *Müller* in BeckOK WEG, 49. Ed. 1.7.2022, § 9a Rn. 72; *Greiner* ZWE 2022, 237 (239).
[16] *Greiner* ZWE 2022, 237 (242).
[17] *Bartholome* in BeckOK WEG, 49. Ed. 1.7.2022, § 23 Rn. 13; *Wicke* in Grüneberg, BGB, 82. Aufl. 2023, WEG § 9a Rn. 2; *Greiner* ZWE 2022, 237 (242); *Wicke* ZWE 2021, 21 (22).
[18] *Bartholome* in BeckOK WEG, 49. Ed. 1.7.2022, § 24 Rn. 21, 23, 26; *Wicke* ZWE 2021, 21 (22).
[19] *Becker/Schneider* ZfIR 2020, 281 (292).

Vorschrift bezweckte Schutzzweck – die Dokumentation und spätere Nachvollziehbarkeit des Beschlusses – bei einem Alleineigentümer auch bei Beschlüssen in Textform nicht sicher gewährleistet ist. So hat dieser stets die nicht überprüfbare Möglichkeit, Beschlüsse in Textform „*aus der Tasche*" zu ziehen.[20]

Ebenfalls wird teilweise vertreten, dass ein Beschluss selbst dann erst mit Feststellung und Verkündung des Ergebnisses in der Eigentümerversammlung wirksam zustande kommt, wenn nur eine Person an der Versammlung teilgenommen hat. Die bloß nachträgliche Aufnahme des Beschlusses in die Sammlung soll demgegenüber nicht genügen.[21] Dies wird mit der damit verbundenen Stärkung der Rechtssicherheit und dem Schutz der Wohnungseigentümer begründet.[22] Hiergegen spricht allerdings, dass zumindest in der Ein-Personen-Gemeinschaft die unmittelbare Niederschrift mangels beteiligter Dritter ihren Dokumentations- und Informationszweck[23] nicht erfüllen und daher ebenso auch noch nachträglich angefertigt werden kann.[24] Den durch die zitierte Rechtsprechung entschiedenen Fällen lag eine andere Konstellation zugrunde, da es sich nicht um eine Ein-Personen-Gemeinschaft, sondern um eine Eigentümergemeinschaft mit mehreren Eigentümern, allerdings nur einem einzigen anwesenden Eigentümer handelte. Die Auffassung, dass es zum Schutz der nicht anwesenden Eigentümer einer unmittelbaren Kundgabe der Stimmabgabe und Bekanntgabe des Ergebnisses bedarf, lässt sich daher aufgrund des anders gelagerten Sachverhalts nicht auf die Ein-Personen-Gemeinschaft übertragen.

Viele der Form- und Kontrollvorschriften für die Beschlussfassung, die in einer „normalen" Wohnungseigentümergemeinschaft gelten, sind damit aus hier vertretener Sicht im Falle einer Ein-Personen-Gemeinschaft obsolet und mangels Sinnhaftigkeit – Drittschutz kann über sie nicht erreicht werden – nicht anzuwenden.

2. Verwalterbestellung

Von den Beschlüssen, die der aufteilende Bauträger regelmäßig schon in der Ein-Personen-Gemeinschafts-Phase fassen wird, verdient die Bestellung des ersten Verwalters der Wohnungseigentümergemeinschaft besondere Befassung.

a) Allgemeines

Die Verwalterbestellung erfolgt gemäß § 26 WEG durch Beschluss der Wohnungseigentümergemeinschaft, das ist im Fall des aufteilenden Bauträgers als Alleineigentümer dieser allein. Er kann den Verwalter also durch Beschluss bestellen und mit ihm auch den Verwaltervertrag abschließen. Dies ist in der Ausgangskonstellation unstreitig und eine der gewollten Rechtsfolgen der Vorverlagerung des Zeitpunkts der Entstehung der Wohnungseigentümergemeinschaft.[25] Nicht selten bestellt aber in der Praxis der Bauträger sich selbst oder ein verbundenes Unternehmen zum ersten Verwalter. Dies wirft die Frage nach einem Stimmrechtsausschluss nach § 25 Abs. 4 WEG und nach einer Kollision mit dem Verbot des Selbstkontrahierens nach § 181 BGB auf, die nachfolgend näher betrachtet werden sollen.

---

[20] *Greiner* ZWE 2022, 237 (242).
[21] BayObLG NJW-RR 1996, 524 (525); OLG München MittBayNot 2008, 290; *Hermann* in BeckOGK, 1.9.2022, WEG § 23 Rn. 79.
[22] *Hermann* in BeckOGK, 1.9.2022, WEG § 23 Rn. 79.
[23] *Hogenschurz* in MüKoBGB, 8. Aufl. 2021, WEG § 24 Rn. 66.
[24] *Greiner* ZWE 2022, 237 (242); *Wicke* ZWE 2021, 21 (22).
[25] Vgl. nur *Greiner* ZWE 2022, 237 (243); *Wicke* ZWE 2021, 21 (22).

b) Stimmrechtsausschluss nach § 25 Abs. 4 WEG?

§ 25 Abs. 4 WEG bestimmt unter anderem, dass ein Wohnungseigentümer nicht stimmberechtigt ist, wenn die Beschlussfassung die Vornahme eines auf die Verwaltung des gemeinschaftlichen Eigentums bezogenen Rechtsgeschäfts mit ihm selbst betrifft.

Eine mögliche Kollision mit dieser Norm wurde im Abschlussbericht der Bund-Länder-Arbeitsgruppe zur Reform des Wohnungseigentumsgesetzes bei einer „Selbstbestellung" des Bauträgers zum Verwalter durchaus als problematisch angesehen.[26] § 25 Abs. 4 WEG steht jedoch der Bestellung des Bauträgers selbst oder der Bestellung einer Gesellschaft aus dem Bauträgerverbund nicht grundsätzlich entgegen. Dies zeigt ein Vergleich mit den Grundsätzen, die im GmbH-Recht für die insoweit vergleichbare Ein-Personen-GmbH entwickelt wurden.[27] Eine dem § 25 Abs. 4 WEG vergleichbare Vorschrift findet sich im GmbH-Recht in § 47 Abs. 4 S. 2 GmbHG. Diese Regelung findet jedoch nach ober- und höchstgerichtlicher Rechtsprechung keine Anwendung auf die Ein-Personen-GmbH.[28] Eine entsprechende Handhabung bei der Ein-Personen-Gemeinschaft liegt wegen vergleichbarer Interessenlage nahe. Ein Stimmverbot dürfte zudem grundsätzlich ausscheiden, weil ein Interessengegensatz zwischen dem beschließenden Alleineigentümer und anderen Wohnungseigentümern oder der Gemeinschaft der Wohnungseigentümer nicht besteht.[29] Selbst wenn man aber § 25 Abs. 4 WEG grundsätzlich auch auf Beschlüsse der Ein-Personen-Gemeinschaft anwenden wollte, so wäre doch nach der BGH-Rechtsprechung für mitgliedschaftliche Angelegenheiten wie die Bestellung und Abberufung eines Verwalters eine Ausnahme zu machen, wenn nicht ein wichtiger Grund zum Stimmrechtsausschluss führt.[30] Dies gilt auch für den abzuschließenden Verwaltervertrag, der von der Bestellung nicht zu trennen ist.[31]

c) Verbot des Selbstkontrahierens?

Neben dem Stimmrechtsausschluss nach § 25 Abs. 4 WEG bei der Beschlussfassung könnte der „Selbstbestellung" oder der Bestellung einer Konzerngesellschaft zum Verwalter durch den aufteilenden Bauträger allerdings § 181 BGB mit dem Verbot des Selbstkontrahierens entgegenstehen.[32] Das Verbot des Selbstkontrahierens besteht nach dem Gesetzeswortlaut jedoch nur, soweit dem Vertreter *„nicht ein anderes ... gestattet ist"*. Der Vertretene, das ist hier die Gemeinschaft, kann das Selbstkontrahieren also gestatten. Die Gemeinschaft wiederum wird vom aufteilenden Eigentümer vertreten, was zu dem Ergebnis führt, dass dieser sich die Selbstbestellung gestatten kann. Ebenso ist die Gestattung zugunsten der Bestellung einer Konzerngesellschaft, die durch die gleichen Personen vertreten wird wie der aufteilende Eigentümer selbst, möglich. Eine solche Gestattung ist konkludent im Beschluss der Selbstbestellung zu sehen.[33] Bestätigt wird dieses Ergebnis auch hier durch einen „Kontrollvergleich" mit dem GmbH-Recht. Dort wird die vergleichbare Konstellation bei der Bestellung des GmbH-Geschäftsführers in der Ein-Personen-GmbH parallel beurteilt.[34] Teilweise

---

[26] Abschlussbericht der Bund-Länder-Arbeitsgruppe zur Reform des Wohnungseigentumsgesetzes WEG vom August 2019, ZWE 2019, 429 (437).

[27] Vgl. hierzu auch *Wicke* ZWE 2021, 21 (22).

[28] BGH Beschl. v. 12.7.2011, NZG 2011, 950.

[29] *Hügel/Elzer* in Hügel/Elzer, WEG, 3. Aufl. 2021, § 25 Rn. 97 mwN.

[30] Vgl. BGH Beschl. v. 19.9.2002, BGHZ 152, 46 (für Abberufung des Verwalters und Kündigung des Verwaltervertrages).

[31] BGH Beschl. v. 19.9.2002, BGHZ 152, 46 (58).

[32] Siehe dazu ausführlich *Wicke* ZWE 2021, 21 (22f.)

[33] *Greiner* ZWE 2022, 237 (243).

[34] *Altmeppen* in Altmeppen, 10. Aufl. 2021, GmbHG § 6 Rn. 67; *Wisskirchen/Kuhn* in BeckOK GmbHG, 52. Ed. 1.6.2022, § 35 Rn. 80ff.

wird allerdings gefordert, dass eine solche Gestattung nach der GmbH-Satzung vorgesehen sein müsse,[35] was im Wohnungseigentumsrecht einer Regelung in der Gemeinschaftsordnung entspräche. Dies überzeugt jedoch nicht, da eine rechtliche Grundlage für diese Auffassung nicht ersichtlich ist und sie außerdem in der gegebenen Ein-Personen-Gemeinschaft eine bloße Förmelei wäre, weil der aufteilende Bauträger als Alleineigentümer in der Ein-Personen-Gemeinschaft jederzeit durch eine „Ein-Personen-Vereinbarung" eine entsprechende Gestattung in die Gemeinschaftsordnung aufnehmen könnte. Im Ein-Personen-Beschluss der Selbstbestellung des Bauträgers ist daher konkludent auch die „Ein-Personen-Vereinbarung" der Gestattung zum Selbstkontrahieren enthalten.[36] Eine solche Interpretation wird auch der dem WEMoG zugrundeliegenden Absicht gerecht, nicht hinter bisherige richterrechtlich entwickelte und anerkannte Rechtsinstitute zurückzufallen, sondern sie für die Rechtspraxis sicher und handhabbar zu kodifizieren. Missbrauchsgefahren sollten nicht durch die generelle Beschneidung der praxisgerechten Handlungsspielräume, die das WEMoG eröffnet, begegnet werden, sondern durch die zum Schutz unzulässig benachteiligter Dritter speziell entwickelten Rechtsinstrumente (s. dazu sogleich unter → IV.).

d) Bestellung des ersten Verwalters in der Teilungserklärung?

Zu überdenken ist in diesem Zusammenhang, ob neben der Bestellung des Verwalters durch Beschluss weiterhin – wie nach altem Recht *nolens volens* anerkannt – die Möglichkeit bestehen sollte, den ersten Verwalter der Gemeinschaft der Wohnungseigentümer in der Teilungserklärung bzw. der Gemeinschaftsordnung zu bestellen. Nach der Systematik des WEG war und ist ein solches Verfahren nicht vorgesehen. Gemäß § 26 WEG erfolgt die Bestellung des Verwalters nach wie vor durch Beschluss der Wohnungseigentümer. Eine Regelung in der Gemeinschaftsordnung ist aber kein solcher Beschluss. Auch der Gedanke, dass einer solchen Regelung immerhin Vereinbarungscharakter zukomme und die Gemeinschaft auch vereinbaren könne, was eigentlich durch Beschluss zu regeln wäre, die Verwalterbestellung in der Gemeinschaftsordnung somit den Charakter eines einstimmigen Beschlusses habe, trägt nicht. Im Zeitpunkt der Teilungserklärung, die der Anlegung der Wohnungsgrundbücher notwendig zeitlich vorgelagert ist, besteht nämlich noch keine Gemeinschaft der Wohnungseigentümer. Beschlüsse können aber erst nach der Entstehung der Gemeinschaft gefasst werden, also nach Anlegung der Wohnungsgrundbücher und nicht vorher.[37]

Die herrschende Meinung zum alten Recht beruhte auf Zweckmäßigkeitserwägungen, die heute nicht mehr gelten, da der aufteilende Eigentümer den Erstverwalter bestellen kann. Ein Bedürfnis für die Verankerung der Verwalterbestellung in der Gemeinschaftsordnung besteht nicht mehr und die Wirksamkeit einer nach dem 30.11.2020 erfolgten Verwalterbestellung in der Teilungserklärung dürfte damit zumindest zweifelhaft sein.[38]

IV. Zum Schutz der künftigen Eigentümer

Wie bereits eingangs ausgeführt, kann der Alleineigentümer aufgrund seiner „Monopolstellung" bei der Gestaltung der Rechtsverhältnisse für die Gemeinschaft nach Gutdünken verfahren. Dies kann die künftigen Eigentümer benachteiligten. Der Gesetzgeber sah diese Problematik, entschied sich allerdings dafür, keine gesonderten Regelungen für die Ein-Personen-Gemeinschaft einzuführen:

---

[35] *Fröhler* in BeckOGK, 1.4.2021, BGB § 181 Rn. 397.
[36] Vgl. zum Ganzen ausführlich *Greiner* ZWE 2022, 237 (243).
[37] Siehe zum Ganzen ausführlich *Greiner* ZWE 2022, 237 (243) mwN.
[38] *Greiner* ZWE 2022, 237 (243); *Falkner* in BeckOGK,1.6.2022, WEG § 10 Rn. 124.3; gegen die Bestellung des Verwalters in der Gemeinschaftsordnung auch *Hügel/Elzer* in Hügel/Elzer, WEG, 3. Aufl. 2021, § 26 Rn. 115; *von Türckheim* notar 2021, 3 (8).

„Der Entwurf sieht im Interesse einer flexiblen Verwaltung keine Sondervorschriften für den Zeitraum vor, in dem nur der aufteilende Eigentümer Mitglied der Gemeinschaft ist. Zwar können die späteren Erwerber ordnungswidrige Beschlüsse, die der aufteilende Eigentümer gefasst hat, aufgrund Fristablaufs in der Regel nicht mehr anfechten. Sie können die Beschlüsse aber durch einen erneuten Beschluss aufheben, weil der teilende Eigentümer keinen Anspruch darauf hat, dass seine Entscheidungen dauerhaften Bestand haben. Ob im Einzelfall sogar ein Anspruch auf einen solchen Aufhebungsbeschluss besteht, kann der Klärung durch Rechtsprechung und Wissenschaft überlassen bleiben. Die Erwerber werden zudem dadurch geschützt, dass die Ein-Personen-Gemeinschaft in der Regel Verbraucherin im Sinne des § 13 BGB ist und die von ihr geschlossenen Verträge deshalb den verbraucherschützenden Vorschriften der §§ 305ff. BGB genügen müssen. (…)"[39]

Der Gesetzgeber wirft mit dieser Begründung mehrere Fragestellungen auf, die nachstehend gesondert untersucht werden sollen:

1. Zur Anfechtbarkeit von Beschlüssen

Gemäß § 45 S. 1 WEG müssen Anfechtungsklagen gegen Beschlüsse der Wohnungseigentümergemeinschaft innerhalb eines Monats nach Beschlussfassung erhoben werden.

Da jedoch gerade bei Bauträgerobjekten mit langen Bauerrichtungszeiten, und demzufolge langen Ein-Personen-Gemeinschaftsphasen für den Bauträger, binnen dieser Frist häufig keine neuen Eigentümer hinzutreten, ist die Frist in der Praxis regelmäßig verstrichen und die – theoretische – Möglichkeit der Anfechtung läuft leer.

2. Zur Aufhebung von Beschlüssen des Alleineigentümers

Die soeben zu IV. wiedergegebene Gesetzesbegründung, der zufolge die Beschlüsse des Alleineigentümers durch spätere Beschlüsse der Eigentümergemeinschaft wieder aufgehoben werden können, da der Alleineigentümer keinen Anspruch auf dauerhaften Bestand seiner Beschlüsse habe, ist zutreffend.

Grundsätzlich kann jeder Beschluss einer Eigentümergemeinschaft zu einem späteren Zeitpunkt aufgehoben werden. Eine faktische Grenze ist allerdings erreicht, wo durch den Beschluss vollendete Tatsachen geschaffen werden. Dies ist insbesondere denkbar bei Beschlüssen, die ihre Wirkung bereits in der Vergangenheit entfaltet haben und nur mit einigem Aufwand wieder rückgängig gemacht werden können (zB Errichtung von Anbauten). Darüber hinaus bedarf es entsprechender Mehrheiten, die, insbesondere, wenn und solange der bisherige Alleineigentümer nicht alle Einheiten abverkauft, keineswegs selbstverständlich sind.

Ohnehin hilft die Möglichkeit, Beschlüsse des Alleineigentümers aufzuheben, den späteren Wohnungseigentümern nicht weiter, wenn der Alleineigentümer nicht durch Beschluss gehandelt, sondern die Gemeinschaft unmittelbar gemäß § 9b Abs. 1 S. 2 WEG vertreten hat. Auch bei Vertragsabschlüssen aufgrund eines Beschlusses des Alleineigentümers führt eine Aufhebung des zugrundeliegenden Beschlusses nicht automatisch zu einer Loslösung vom Vertragsschluss. Vielmehr handelte der Alleineigentümer (oder der von ihm bestellte Verwalter) zum Zeitpunkt des Vertragsschlusses mit gesetzlicher Vertretungsmacht, die auch nicht rückwirkend mit Beschlussaufhebung wieder entfällt.[40]

---

[39] BT-Drs. 19/18791, 45; s. auch bei *Greiner* ZWE 2022, 237 (239).
[40] *Greiner* ZWE 2022, 237 (240).

3. Aufhebungsanspruch bei Beschlüssen des Alleineigentümers?

Solange der Bauträger noch über die Stimmenmehrheit verfügt, wird es in der Praxis zudem nicht zu einem Aufhebungsbeschluss kommen. Sofern der Alleineigentümer auf Grundlage eines Beschlusses gehandelt hat, fragt sich daher im nächsten Schritt, ob im Einzelfall ein Aufhebungsanspruch eines einzelnen Eigentümers gegenüber den durch den (ursprünglichen) Alleineigentümer gefassten Beschlüssen bestehen könnte. Diese Fragestellung wurde in der Gesetzesbegründung aufgeworfen, weitere Ausführungen hierzu sucht man dort allerdings vergebens, stattdessen wurde sie der Klärung durch „Rechtsprechung und Wissenschaft" überlassen.[41]

Rechtsprechung oder Literatur zu dieser Frage sind, soweit ersichtlich, noch nicht vorhanden. Auch enthält das WEG keine Anspruchsgrundlage für einen Anspruch auf Aufhebung von Beschlüssen.

Ein solcher Anspruch könnte jedoch unter besonderen Voraussetzungen auf das zwischen den Wohnungseigentümern bestehende Treueverhältnis gestützt werden. Treuepflichten sind insbesondere aus dem Gesellschaftsrecht bekannt. Dort gelten Treuepflichten als Ausfluss von § 242 BGB als „zentrale Determinante" für die Rechts- und Pflichtenstellung der Gesellschafter.[42] Die Beachtung der Treuepflichten ist „vornehmstes Instrument" des Minderheitenschutzes und gebietet es den Mehrheitsgesellschaftern, Rücksicht auf die Interessen der Minderheit zu nehmen.[43]

Der BGH erkennt mittlerweile auch das Bestehen von Treuepflichten zwischen Wohnungseigentümern an.[44] Ausfluss der Treuepflichten ist etwa der Anpassungsanspruch des § 10 Abs. 2 WEG, demnach ein Eigentümer die Anpassung einer Vereinbarung verlangen kann, soweit ein Festhalten an der Regelung aus schwerwiegenden Gründen unter Berücksichtigung aller Umstände des Einzelfalles unbillig erscheint.[45]

Der BGH entschied u.a. zwei Fälle, in denen Wohnungseigentümer die Änderung von Beschlüssen der Gemeinschaft verlangten. Dabei hält der BGH einen Anspruch auf Grundlage von § 242 BGB für gegeben, soweit schwerwiegende Gründe ein Festhalten an dem Beschluss als treuwidrig erscheinen lassen.[46] Zugleich machte der BGH in den Entscheidungen klar, dass der Änderungsanspruch nur im Ausnahmefall gelte und es hierfür gravierende Gründe brauche. Als Beispiel wurde eine erhebliche Änderung der tatsächlichen Verhältnisse genannt.

Liegen solche schwerwiegenden Gründe vor, ist bei Beschlüssen des Alleineigentümers denkbar, dass die künftigen Eigentümer einen Aufhebungsanspruch haben. Als Beispiel für einen schwerwiegenden Grund kommt etwa die Billigung der (eigentlich ungenügenden) Bauausführungen durch den Bauträger, der zugleich die Ein-Personen-Gemeinschaft bildet, in Betracht. Hierdurch könnte der Bauträger seine eigene Schlechterfüllung durch Beschluss absegnen und der Gemeinschaft und den einzelnen Eigentümern etwaige vertragliche oder gesetzliche Ansprüche abschneiden.

In derartigen Ausnahmefällen erscheint es vor dem Hintergrund der bestehenden Treuepflichten angemessen, den erwerbenden Eigentümern ausnahmsweise auf Grundlage von § 242 BGB einen Aufhebungsanspruch zuzugestehen.

---

[41] BT-Drs. 19/18791, 45.
[42] *Schubert* in MüKoBGB, 9. Aufl. 2022, § 242 Rn. 207 mwN.
[43] *Schubert* in MüKoBGB, 9. Aufl. 2022, § 242 Rn. 214.
[44] BGH Urt. v. 12.4.2013, NJW 2013, 1962 (1963).
[45] *Schubert* in MüKoBGB, 9. Aufl. 2022, § 242 Rn. 217; *Armbrüster* ZWE 2002, 333 (339f.).
[46] BGH Urt. v. 24.5.2013, NJW 2013, 3089 (3091); BGH Urt. v. 28.9.2012, NJW 2012, 3719 (3721).

4. Anwendbarkeit der verbraucherschützenden Vorschriften der §§ 305ff. BGB?

Erklärte Absicht des Gesetzgebers bei der Einführung von § 9a Abs. 1 S. 2 WEG war es unter anderem, dem aufteilenden Alleineigentümer in der Gründungsphase der WEG den Abschluss von Rechtsgeschäften, insbesondere von Versorgungsverträgen zu ermöglichen, ohne dass anschließend eine umständliche und rechtsdogmatisch fragliche Überleitung auf die Gemeinschaft erfolgen musste.[47] Verträge dieser Art können die Gemeinschaft der Wohnungseigentümer langfristig binden, die sich ohne Mitwirkung des Vertragspartners kaum wieder von ihnen wird lösen können. Damit stellt sich die Frage, ob sie dem Verbraucherschutz nach den §§ 305ff. BGB unterstellt sind und wie weit ein solcher Schutz gegebenenfalls reichen würde.[48] Nach der BGH-Rechtsprechung zum alten Recht ist *„die Wohnungseigentümergemeinschaft einem Verbraucher gemäß § 13 BGB gleichzustellen, wenn ihr wenigstens ein Verbraucher angehört und sie ein Rechtsgeschäft zu einem Zweck abschließt, der weder einer gewerblichen noch einer selbstständigen beruflichen Tätigkeit dient".*[49] Nach der Ansicht des WEMoG-Gesetzgebers hat der BGH damit zum Ausdruck gebracht, dass eine natürliche Person ihre Verbrauchereigenschaft nicht dadurch verlieren soll, dass sie in die Gemeinschaft der Wohnungseigentümer eintritt. Dies gelte für eine Ein-Personen-Gemeinschaft genauso, wenn diese auf den Eintritt von Verbrauchern gerichtet sei.[50]

Diese Auffassung überzeugt, wenn sie auch nicht unumstritten ist.[51] Dagegen wird insbesondere geltend gemacht, dass sich nach den vom BGH aufgestellten Grundsätzen der Status einer Gemeinschaft durch Mitgliederwechsel ändern könne, was zu Folgeproblemen für die Qualifizierung abgeschlossener Verträge führe. Auch sei die Verbrauchereigenschaft einzelner Miteigentümer für den Rechtsverkehr kaum verlässlich festzustellen. Es müsse nämlich in Bezug auf jeden Miteigentümer geklärt werden, ob er die Wohnung selbst nutze oder zumindest im Rahmen der privaten Vermögensverwaltung vermiete. Dies sei in der Rechtspraxis nicht zu leisten.[52] Dieses Problem löst sich aber auf, wenn man mit *Greiner*[53] nicht auf die aktuelle oder zu erwartende Zusammensetzung der Gemeinschaft abstellt, sondern auf die jeweilige Nutzungsbestimmung in der Teilungserklärung. Bei Teileigentum, also nicht zu Wohnzwecken dienenden Räumen, ist dann von einer gewerblichen Nutzung auszugehen, bei Wohnungseigentum von einer Nutzung durch Verbraucher. Wohnen können nämlich nur Verbraucher und es handelt sich damit um keine im Sinne von § 13 BGB gewerbliche oder selbstständige berufliche Tätigkeit. Auch wenn es Gegenbeispiele gibt (zB gewerbliche Vermietung eines Wohnungseigentumsrechts oder das Halten einer Teileigentumseinheit durch einen Verbraucher im Rahmen der privaten Vermögensverwaltung), ändert dies nichts daran, dass eine Wohnungseigentümergemeinschaft „klassischerweise" auf das Wohnen und damit auf eine Nutzung durch Verbraucher ausgerichtet ist. Das sollte nach dem Schutzzweck des Gesetzes ausreichen, um die Wohnungseigentümergemeinschaft insgesamt den Verbraucherschutzbestimmungen zu unterstellen.[54] Auch die Tatsache, dass das WEMoG Wohnungseigentümergemeinschaften stark an die sonstigen Verbände des Gesellschaftsrechts annähert und sie damit im Ergebnis zu einer juristischen Person macht, die in der Regel von einem gewerblich handelnden Verwalter vertreten wird, rechtfertigt hier kein anderes Ergebnis, weil *„in ihr hauptsächlich und typischerweise gewohnt wird".*[55] Es kommt

---

[47] Abschlussbericht der Bund-Länder-Arbeitsgruppe zur Reform des Wohnungseigentumsgesetzes (WEG) vom August 2019, ZWE 2019, 429 (434).

[48] Vgl. dazu ausführlich bei *Greiner* ZWE 2022, 237 (240f.); *Wicke* ZWE 2021, 21 (25).

[49] BGH Urt. v. 25.3.2015, NJW 2015, 3228 (3230).

[50] BT-Drs. 19/18791, 45.

[51] Vgl. die Hinweise bei *Greiner* ZWE 2022, 237 (240 Fn. 18.)

[52] *Häublein* ZWE 2021, 81 (85).

[53] *Greiner* ZWE 2022, 237 (241).

[54] *Greiner* ZWE 2022, 237 (241).

[55] *Greiner* ZWE 2022, 237 (241).

dabei auch nicht darauf an, ob die Gemeinschaft im Einzelfall schutzbedürftig ist, wie auch sonst die Anwendung der Verbraucherschutzvorschriften nicht vom individuellen Schutzbedürfnis eines Verbrauchers abhängt. Die Gemeinschaft der Wohnungseigentümer sollte daher in entsprechender Anwendung der von der Rechtsprechung entwickelten Grundsätze auch im Stadium der (meist allein vom Bauträger gebildeten) Ein-Personen-Gemeinschaft einem Verbraucher gleichgestellt werden, wenn zu der Gemeinschaft (zumindest auch) Wohnungen gehören.

Mit der Qualifizierung der Wohnungseigentümergemeinschaft als Verbraucher ist allerdings noch nichts dazu gesagt, wie weit der Schutz der §§ 305 ff. BGB reicht, dem die Gemeinschaft der Wohnungseigentümer damit unterstellt ist. Die schwerwiegendsten Nachteile ungünstiger Verträge, die der Alleineigentümer zu Lasten der Gemeinschaft schließt, dürften überhöhte Preise, meist in Kombination mit langen Vertragslaufzeiten, sein. Die Preisvereinbarung unterliegt aber nicht der AGB-Inhaltskontrolle. Einer Inhaltskontrolle unterliegen gemäß § 307 Abs. 3 BGB nämlich nur solche AGB, durch die von Rechtsvorschriften abweichende oder diese ergänzenden Regelungen vereinbart werden. Hierzu zählen Preisvereinbarungen, die die Vergütung unmittelbar regeln, nach der BGH-Rechtsprechung ausdrücklich nicht.[56] In Bezug auf Preisvereinbarungen helfen die §§ 305 ff. BGB also nicht. Anders kann dies allerdings bei der Laufzeit abgeschlossener Verträge zu Lasten der Gemeinschaft aussehen. § 309 Nr. 9 a BGB regelt zur Laufzeit bei Dauerschuldverhältnissen, dass bei einem Vertragsverhältnis mit einem Verbraucher, das die regelmäßige Lieferung von Waren oder die regelmäßige Erbringung von Dienst- oder Werkleistungen durch den Verwender zum Gegenstand hat, eine Laufzeit von mehr als zwei Jahren unwirksam ist. Hierzu gibt es gemäß § 310 Abs. 2 BGB aber eine wichtige „Bereichsausnahme"[57] für Verträge zur Elektrizitäts-, Gas-, Fernwärme- und Wasserversorgung, die gerade regelmäßig zu den Vertragstypen gehören, die vom aufteilenden Bauträger noch im Stadium der Ein-Personen-Gemeinschaft geschlossen werden. Für diesen wichtigen Bereich helfen die §§ 305 ff. BGB daher auch in Bezug auf die Laufzeit nicht weiter. Für einen weiteren wichtigen Vertragstypus der Gründungsphase, den Verwaltervertrag, ist § 309 Nr. 9 a BGB nach herrschender Meinung wegen der spezielleren abweichenden Bestimmung zur Laufzeitregelung in § 26 Abs. 2 WEG (höchstens fünf, bei Erstbestellung nach Begründung von Wohnungseigentum höchstens drei Jahre) ebenfalls nicht anwendbar.[58] Somit verblieben in der Regel lediglich Hausmeister- und übliche Wartungsverträge (zB für Aufzüge) für die Anwendung des § 309 Nr. 9 a BGB. Ist die Gemeinschaft Verbraucherin und verstößt der insoweit abgeschlossene Vertrag gegen die vorgegebene Höchstlaufzeit von zwei Jahren, fällt die Vereinbarung der festen Laufzeit ersatzlos weg, so dass die Gemeinschaft die Verträge vorzeitig mit gesetzlicher Frist kündigen kann.[59]

5. Schadensersatzpflicht bei objektiv nachteiligen Beschlüssen?

Nachdem die verbraucherschützenden Vorschriften der §§ 305 ff. BGB kaum effektive Abwehransprüche der Gemeinschaft der Wohnungseigentümer gegen benachteiligende Rechtsgeschäfte und Rechtshandlungen des aufteilenden Alleineigentümers in der Ein-Personen-Gemeinschaft bieten, fragt es sich, ob zumindest Schadensersatzansprüche der Gemeinschaft über den „Umweg" der Verletzung von Treuepflichten aus den jeweiligen Bauträgerverträgen in Betracht kommen. § 241 Abs. 2 BGB bestimmt, dass ein Schuldverhältnis nach seinem Inhalt jeden Teil zur Rücksicht auf die Rechte, Rechtsgüter und Interessen des anderen Teils verpflichten kann. Unter Zugrundelegung dieses Rechtsgedankens

---

[56] BGH Urt. v. 24.3.2010, BGHZ 185, 96.
[57] *Greiner* ZWE 2022, 237 (240).
[58] *Hügel/Elzer* in Hügel/Elzer WEG, 3. Aufl. 2021, § 26 Rn. 206 mwN.
[59] Siehe hierzu auch ausführlich *Greiner* ZWE 2022, 237 (240).

ist es sicher nicht fernliegend anzunehmen, dass den Bauträger eine vertragliche Nebenpflicht trifft, seine Monopolstellung als Alleineigentümer in der Ein-Personen-Gemeinschaft
nicht dazu zu missbrauchen, dass er für die Wohnungseigentümergemeinschaft (und somit
auch für jeden einzelnen Käufer) objektiv nachteilige Verträge schließt, wie dies bei einem
Abschluss zu überhöhten Preisen der Fall wäre. Es erscheint ebenfalls nicht fernliegend, bei
einem Verstoß gegen eine solche Treuepflicht einen Anspruch auf Schadensersatz der jeweiligen Käufer nach § 280 Abs. 1 BGB anzunehmen.[60] Die Wahrnehmungskompetenz für die
Durchsetzung solcher Ansprüche dürfte gemäß § 9a Abs. 2 WEG bei der Gemeinschaft der
Wohnungseigentümer liegen, wenn die Schadensersatzansprüche der Käufer auch in ihren
individuellen Bauträgerverträgen wurzeln. Wie bei den sekundären Mängelrechten in Form
von Minderung und kleinem Schadensersatz bei Baumängeln am Gemeinschaftseigentum
dürfte es sich nämlich bei den vorbezeichneten Schadensersatzansprüchen der Käufer nach
§ 280 Abs. 1 BGB um *„Rechte der Wohnungseigentümer, die eine einheitliche Rechtsverfolgung erfordern"* im Sinne des § 9a Abs. 2 WEG handeln.[61] Für eine solche Betrachtung spricht auch,
dass der Gemeinschaft selbst gleichlaufende Ansprüche gegen den Bauträger zustehen dürften, weil diesen Treuepflichten gegenüber allen weiteren (zukünftigen) Wohnungseigentümern nicht nur in seiner Eigenschaft als Verkäufer im Rahmen eines Bauträgerobjektes, sondern gleichermaßen auch in seiner Doppelfunktion als alleiniger Wohnungseigentümer in
der Ein-Personen-Gemeinschaft treffen dürften.[62]

6. *Abdingbarkeit von § 8 Abs. 3 WEG?*

Bereits vor dem Inkrafttreten des WEMoG wurde diskutiert, ob die „werdende Eigentümergemeinschaft" durch entsprechende Klauseln in der Teilungserklärung oder im Übertragungsvertrag abbedungen werden kann.[63] Diese Thematik hat sich durch die jüngste WEG-
Reform dahingehend verschoben, dass nunmehr fraglich ist, ob dem Erwerber durch
Abbedingung des § 8 Abs. 3 WEG seine durch diese Norm für das Innenverhältnis der Wohnungseigentümer untereinander begründete eigentümerähnliche Rechtsstellung wieder
genommen werden kann. So kann der „werdende Eigentümer" ab dem in § 8 Abs. 3 WEG
festgelegten Zeitpunkt (d. h. ab dem durch Vormerkung gesicherten Erwerb und Besitzübergabe) innerhalb der Wohnungseigentümergemeinschaft alle Rechte und Pflichten eines
Eigentümers wahrnehmen.

Der Versuch einer solchen Abbedingung könnte etwa darin bestehen, dass im Bauträgervertrag geregelt wird, dass der Erwerber nicht schon mit Eintragung der Vormerkung und
Besitzübergabe eine Eigentümerstellung iSd § 8 Abs. 3 WEG erwirbt, sondern er diese erst
mit der späteren grundbuchlichen Eigentumsumschreibung erlangt. Auch könnte sich der
bisherige Alleineigentümer durch den Erwerber zur Ausübung der Eigentümerrechte innerhalb der Wohnungseigentümergemeinschaft bevollmächtigen lassen. Wären solche Kon-
strukte zulässig, würde die Monopolstellung des Bauträgers als aufteilender Alleineigentümer
nicht unwesentlich verlängert.

Das Gesetz und auch die Gesetzesbegründung schweigen dazu, ob § 8 Abs. 3 WEG disponibel ist. Dies könnte dafürsprechen, dass die Wohnungseigentümer grundsätzlich gemäß
§ 10 Abs. 1 S. 2 WEG abweichende Vereinbarungen treffen können.

---

[60] Vgl. *Greiner* ZWE 2022, 237 (241); auch *Basty,* Deutsches Anwaltsinstitut e.V., 20. Jahresarbeitstagung des Notariats 2022, Band 2, Aktuelles Bauträgerrecht, 121 (152).
[61] *Greiner* ZWE 2022, 237 (241).
[62] *Greiner* ZWE 2022, 237 (241).
[63] Vgl. *Sander* in Kölner Formularbuch Wohnungseigentumsrecht, 2020, Kap. 2 Rn. 499.

Erste Rechtsprechung und Literatur haben sich allerdings bereits gegen die Abbedingung der Vorschrift positioniert. Dies wird damit begründet, dass § 8 Abs. 3 WEG dem Schutz des Erwerbers diene und daher nicht disponibel sei.[64] Diese Auffassung überzeugt. Zu der nach der alten Rechtslage nicht-kodifizierten „werdenden Eigentümergemeinschaft" führte der BGH aus, dass die Rechtsfortbildung notwendig sei, um dem „Demokratisierungsinteresse" der Erwerber mit gesicherter Rechtsposition in einer Ein-Personen-Gemeinschaft ausreichend Rechnung zu tragen. So solle es nicht dem (Noch-)Alleineigentümer überlassen bleiben, die Wohnanlage ab Bezugsfertigkeit allein zu bewirtschaften und zu verwalten.[65] Indem der Gesetzgeber das richterrechtliche Institut kodifiziert hat, wollte er insbesondere erreichen, dass der werdende Eigentümer an die Stelle des veräußernden Bauträgers tritt.[66] Hiermit geht eine Stärkung der Rechtsposition der Erwerber einher. Es würde der gesetzgeberischen Intention widersprechen, wenn man auf Grundlage von § 10 Abs. 1 S. 2 WEG nun wieder eine Verkürzung der Rechtsposition der Erwerber zuließe.

§ 8 Abs. 3 WEG ist daher im Ergebnis nicht zulasten des Erwerbers abdingbar.

V. Zusammenfassung

Mit § 9a Abs. 1 S. 2 WEG hat die Ein-Personen-Gemeinschaft Einzug in das Wohnungseigentumsrecht gehalten. Dies führt insbesondere im Bauträgerbereich zu einer erheblichen Erleichterung der Gründungsphase, da der aufteilende Bauträger als Alleingesellschafter alle erforderlichen Verträge für die Gemeinschaft bereits vor dem Hinzutreten weiterer Eigentümer abschließen kann, ohne dass behelfsmäßige Überleitungskonstruktionen wie in der Vergangenheit erforderlich sind. Die Anerkennung einer „Vor-Ein-Personen-Gemeinschaft" ist demgegenüber abzulehnen. Beschlüsse in der Ein-Personen-Gemeinschaft unterliegen keinen besonderen Beschränkungen. Für ihre Wirksamkeit müssen keine Förmlichkeiten eingehalten werden. Die Selbstbestellung des Alleineigentümers zum Verwalter der Ein-Personen-Gemeinschaft ist nicht durch einen Stimmrechtsausschluss nach § 25 Abs. 4 WEG ausgeschlossen. Auch ein Verbot des Selbstkontrahierens besteht nicht. Die Bestellung des ersten Verwalters in der Teilungserklärung ist demgegenüber nicht länger zulässig, weil für eine solche Praxis die dogmatische Grundlage fehlt und mit Anerkennung der Ein-Personen-Gemeinschaft und ihren nunmehr gegebenen unmittelbaren Handlungsmöglichkeiten auch jede tatsächliche Notwendigkeit dafür entfallen ist.

Die Monopolstellung des aufteilenden Alleineigentümers in der Ein-Personen-Gemeinschaft bringt Missbrauchsgefahren für die Gemeinschaft der Wohnungseigentümer mit sich, weil insbesondere der aufteilende Bauträger als Alleineigentümer bei Vertragsabschlüssen für die Gemeinschaft Eigeninteressen verfolgen kann, die sich mit dem Gesamtinteresse der Gemeinschaft nicht decken. Die grundsätzlich gegebenen Möglichkeiten zur Anfechtung und Aufhebung von Beschlüssen helfen in der Praxis nur sehr begrenzt. Etwas weiter reicht der Schutz der künftigen Wohnungseigentümer durch die §§ 305 ff. BGB. Die Wohnungseigentümergemeinschaft ist regelmäßig einem Verbraucher gemäß § 13 BGB gleichzustellen, so dass der Anwendungsbereich der Verbraucherschutzvorschriften grundsätzlich eröffnet ist. Allerdings ist auch ihre Reichweite beschränkt, weil Preisvereinbarungen nicht erfasst sind und auch die Laufzeitbegrenzung des § 309 Nr. 9a BGB für die typischen Verträge in der Gründungsphase einer Wohnungseigentümergemeinschaft (Elektrizitäts-, Gas-, Fernwärme-, Wasserversorgung) gemäß § 310 Abs. 2 BGB nicht gilt. Stärkeren Schutz gegen ein missbräuchliches Handeln des aufteilenden Bauträgers bieten Schadensersatzansprüche wegen

---

[64] LG Frankfurt a.M. Urt. v. 14.1.2021, NJW-RR 2021, 206 (207); *Kral* in BeckOK WEG, 49. Ed. 1.7.2022, § 8 Rn. 41; *von Türckheim* notar 2021, 3 (8f.); DNotI-Report, 2021, 73 (74).

[65] BGH Urt. v. 14.2.2020, DNotZ 2020, 842 (845).

[66] BT-Drs. 19/18791, 28f., 44.

der Verletzung von Treuepflichten aus den jeweiligen Bauträgerverträgen. Gleichlaufende Schadensersatzansprüche dürften den aufteilenden Bauträger in entsprechender Anwendung gesellschaftsrechtlicher Grundsätze wegen der Verletzung von Treuepflichten in seiner Doppelfunktion als gleichzeitig alleiniger Wohnungseigentümer in der Ein-Personen-Gemeinschaft treffen. § 8 Abs. 3 WEG, der die richterrechtlichen Grundsätze der werdenden Wohnungseigentümergemeinschaft alten Rechts für den „werdenden Wohnungseigentümer" neuen Rechts kodifiziert, ist nicht abdingbar.

FRIEDEMANN KIRSCHSTEIN

Ungerechtigkeiten im Steuerrecht aus Sicht eines Praktikers

I. Einleitung

Dass Steuern zur Erfüllung hoheitlicher Aufgaben gezahlt werden müssen, dürfte von weiten Teilen der Bevölkerung akzeptiert sein. Allerdings existieren im deutschen Steuerrecht Ungereimtheiten, die nicht nur dem steuerlichen Laien, sondern auch weiten Teilen der Fachwelt fremd sind. Diese Erfahrung hat der Autor nicht nur in Gesprächen im privaten Umfeld, sondern auch auf zahllosen Vortragsveranstaltungen gemacht, die er in den vergangenen Jahrzehnten vor einem sehr unterschiedlich qualifizierten Fachpublikum gehalten hat.

Bei den angesprochenen Fällen handelt es sich nicht um schwierige Gesetzesauslegungen, Meinungsverschiedenheiten zwischen Finanzverwaltung und Rechtsprechung oder Rechtsänderungen durch Anpassungen an EU-Normen, sondern um Fälle der alltägliche Beratungspraxis, wie sie in jeder Steuerberaterkanzlei an der Tagesordnung sind. Exemplarisch sollen hier drei in meinen Augen besonders drastische Fälle von Ungereimtheiten vorgestellt werden.

II. Vergütung für die Verwaltung von Kirchensteuer

Nach § 43 AO bestimmen die Steuergesetze, wer Steuerschuldner ist. Das ist in der Regel derjenige, bei dem der Tatbestand erfüllt ist, an dessen Verwirklichung das Gesetz die Leistungpflicht knüpft. Im Einkommensteuergesetz ist der Steuerpflichtige nach § 36 Abs. 4 EStG Steuerschuldner. Er ist verpflichtet, eine Steuererklärung abzugeben (§ 25 Abs. 3 EStG) und im Fall einer Abschlusszahlung diese grundsätzlich innerhalb eines Monats nach Bekanntgabe des Steuerbescheids zu entrichten (§ 36 Abs. 4 S. 1 EStG).

Von diesem Grundsatz sieht das Einkommensteuergesetz im Wesentlichen drei Ausnahmen vor, nämlich den Lohnsteuerabzug bei Arbeitnehmern (§§ 38 ff. EStG), den Kapitalertragsteuerabzug bei Einkünften aus Kapitalvermögen (§§ 43 ff. EStG) und den Steuerabzug bei Bauleistungen (§§ 48 ff. EStG). Liegen Einkünfte aus nichtselbständiger Arbeit vor (§ 19 EStG), ist der Arbeitnehmer weiterhin der Steuerschuldner (§ 38 Abs. 2 S. 1 EStG). Der Arbeitgeber hat nach § 38 Abs. 3 EStG die Lohnsteuer für Rechnung des Arbeitnehmers einzubehalten, anzumelden und an das zuständige Finanzamt abzuführen. Für diese Dienstleistung, die er dem Arbeitnehmer als Steuerschuldner und dem Fiskus als Steuergläubiger erbringt, erhält der Arbeitgeber keine Vergütung.

Stattdessen wird der Arbeitgeber im Fall fehlerhafter Lohnabrechnungen für Fehlbeträge in Haftung genommen (vgl. § 42d EStG). Werden Lohnabrechnungen nicht richtig erstellt, steht strafbares Handeln in Form von Steuerhinterziehung (§§ 369 ff. AO) oder Vorenthalten und Veruntreuung von Arbeitsentgelt (§ 266a StGB) im Raum.

Neben der Ermittlung und Abführung der Lohnsteuer und des Solidaritätszuschlags ist der Arbeitgeber außerdem verpflichtet, Kirchensteuer und Sozialversicherungsbeiträge zu ermitteln und in zutreffender Höhe pünktlich an das Finanzamt bzw. die Sozialversicherungsträger zu entrichten. Möglicherweise muss der Arbeitgeber als Drittschuldner zusätzlich Pfändungen von Gläubigern seiner Arbeitnehmer im Rahmen der Gehaltsabrechnung berücksichtigen. Existieren mehrere Gläubiger, die ihre Pfändungs- und Überweisungsbeschlüsse zu unterschiedlichen Zeitpunkten haben zustellen lassen und unterschiedlich bevorrechtigt sind, wird es schnell unübersichtlich. Die Gefahr einer fehlerhaften Lohnabrechnung ist groß.

Die Verpflichtung des Arbeitgebers zur Einbehaltung und Abführung der Kirchensteuer ergibt sich aus den 16 Landeskirchensteuergesetzen (zB § 7 KiStG Nds.). Für den Fall der fehlerhaften Ermittlung der Kirchensteuer haftet wiederum der Arbeitgeber (zB § 12 Abs. 6 KiStG Nds.)

Das Finanzamt leitet die vom Arbeitgeber ermittelte und gezahlte Kirchensteuer an die Kirchen weiter, führt also für diese das Inkasso durch. Die einzige Aufgabe der Finanzverwaltung besteht darin, die Kirchensteuerbeträge aus den einzelnen Lohnsteueranmeldungen zu einer Summe zusammenzuführen und an die Kirchen zu überweisen.

Anders als die Arbeitgeber erhalten die Kirchen für diese Tätigkeit eine Vergütung (zB § 11 Abs. 2 KiStG Nds.). Die Höhe der Vergütung ist in Verträgen zwischen den Kirchen und den jeweiligen Landesfinanzministerien geregelt. Sie beträgt je nach Bundesland und Glaubensgemeinschaft zwischen 2% und 4% des Aufkommens der Kirchensteuer. Laut Statistischem Bundesamt betrug das Kirchensteueraufkommen der Katholischen Kirche in 2021 rd. 6,73 Mrd. EUR, das der Evangelischen Kirche etwa 5,99 Mrd. EUR. Bei einer angenommenen durchschnittlichen Vergütung von 3% beläuft sich das Inkassoentgelt auf etwa 380 Mio. EUR. De facto lässt der Staat die Arbeitgeber unentgeltlich für sich arbeiten und erzielt Einnahmen, ohne den Kirchen gegenüber einem Haftungsrisiko ausgesetzt zu sein.

Der Erstellung von Lohnabrechnungen verursacht bei den Arbeitnehmern einen erheblichen finanziellen Aufwand. Bei kleineren Unternehmen entsteht er in Form des monatlichen Honorars an den Steuerberater. Bei großen Unternehmen fallen die Personalkosten für die eigene Lohnabteilung an. Vor diesem Hintergrund überrascht es, dass es Arbeitgeberverbänden politisch oder im Konsens mit den Kirchen noch nicht gelungen ist durchzusetzen, dass die Kirchensteuer unmittelbar von den Arbeitgebern an die Kirchen zu leisten ist. Der Verwaltungsaufwand für die Arbeitgeber ist überschaubar, besteht er doch nur darin, die Überweisungen an die entsprechenden Kirchen auszuführen. Auf der anderen Seite könnten die Arbeitgeber eine Vergütung mit den Kirchen vereinbaren, welche sogar etwas niedriger ausfallen könnte als die zwischen den Kirchen und den Finanzministerien derzeit ausgehandelten Sätze. Dadurch würden sowohl die Kirchen Kosten sparen als auch die Arbeitgeber eine Vergütung für ihre bisher voll unentgeltlich erbrachten Leistungen erhalten und somit wenigstens einen – wenn auch nur geringen – Teil ihrer Aufwendungen erstattet bekommen. Es läge eine Win-Win-Situation vor.

III. Keine Abgeltungssteuer bei Vollverzinsung

Ähnlich wie bei den Einkünften aus nichtselbständiger Arbeit, fallen auch bei den Einkünften aus Kapitalvermögen Steuerschuldner und Entrichtungspflichtiger grundsätzlich auseinander. Der Gläubiger der Kapitalerträge (zB Darlehensgeber, Aktionär) ist grundsätzlich Schuldner der Kapitalertragsteuer (§ 44 Abs. 1 S. 1 EStG). Er erfüllt den steuerpflichtigen Tatbestand der Erzielung von Einkünften aus Kapitalvermögen. Der Schuldner der Kapitalerträge (z. B. Darlehensnehmer, Kapitalgesellschaft) ist Entrichtungspflichtiger und Haftungsschuldner (§ 44 Abs. 5 S. 1 EStG). Er ist grundsätzlich verpflichtet, 25% Kapitalertragsteuer zzgl. Solidaritätszuschlag und möglicherweise Kirchensteuer einzubehalten und an das Finanzamt abzuführen. Informationen über die Religionszugehörigkeit für den Kirchensteuereinbehalt erhält der Schuldner der Kapitalerträge direkt vom Gläubiger. Der Kapitalertragsteuerabzug hat grundsätzlich abgeltende Wirkung (§ 43 Abs. 5 S. 1 EStG). Damit dient die Vorschrift der Verwaltungsvereinfachung. Liegen ausschließlich Einkünfte aus Kapitalvermögen vor, die dem Steuerabzug unterlegen haben, braucht keine Steuererklärung abgegeben zu werden.

Vom Kapitalertragsteuerabzug wird in bestimmten Fällen Abstand genommen. Diese liegen etwa vor, wenn der Steuerpflichtige mit einem Freistellungsauftrag (§ 44a Abs. 2 Nr. 1 EStG) oder einer Nichtveranlagungsbescheinigung des zuständigen Wohnsitzfinanzamts (§ 44a Abs. 2 Nr. 2 EStG) nachweist, dass die Kapitaleinkünfte unterhalb des Sparer-Pauschbetrags von 1.000 EUR bei Einzelveranlagung bzw. 2.000 EUR bei Zusammenveranlagung (§ 20 Abs. 9 EStG) liegen oder wegen Nichtüberschreitens des Grundfreibetrags keine zu veranlagende Einkommensteuer entsteht.

Auch im Verhältnis Steuerpflichtiger – Finanzamt können Einkünfte aus Kapitalvermögen entstehen, und zwar in beide Richtungen. Im Fall der Vollverzinsung nach § 233a AO werden Unterschiedsbeträge zu Gunsten oder zu Lasten des Steuerpflichtigen nach einer Karenzzeit von 15 Monaten nach Ablauf des Kalenderjahres, in dem die Steuer entstanden ist, verzinst. Das kann sowohl zu Erstattungs- als auch zu Nachzahlungszinsen beim Steuerpflichtigen führen.

Erstattungszinsen fallen kraft ausdrücklicher gesetzlicher Regelung in § 20 Abs. 1 Nr. 7 S. 3 EStG unter die Einkünfte aus Kapitalvermögen. In diesem Fall ist das Finanzamt Schuldner, der Steuerpflichtige Gläubiger der Kapitalerträge.

Exkurs: Im Zusammenhang mit den Zinsen nach § 233a EStG wird von einem steuerlichen Laien häufig angemerkt, dass es ungerecht sei, wenn Erstattungszinsen einerseits als Einkünfte aus Kapitalvermögen zu versteuern seien, die entsprechenden Nachzahlungszinsen auf der anderen Seite aber nicht abzugsfähig sind. Dieser Einwand verkennt aber das steuerliche Abzugsverbot privater Schuldzinsen. Genauso wie die Zinsen zur Finanzierung der selbstgenutzten Immobilie oder für den privaten Überziehungskredits steuerlich nicht abzugsfähig sind, sind auch die Zinsen für die vom Staat gewährte Steuerstundung nicht abzugsfähig.

Nun könnte man meinen, dass das Finanzamt als Schuldner der Kapitalerträge genauso zum Abzug der Kapitalertragsteuer verpflichtet sei wie andere Schuldner von Kapitalerträgen auch. Schließlich liegen ihm sämtliche Informationen für den Steuerabzug vor, insbesondere die Höhe der Kapitaleinkünfte, die Religionszugehörigkeit, die Höhe des verteilten Freistellungsauftrags und die mögliche Erteilung einer Nichtveranlagungsbescheinigung.

Weit gefehlt: Ausgerechnet die Finanzbehörden sind nicht verpflichtet den Kapitalertragsteuerabzug auf Erstattungszinsen vorzunehmen. Damit wird die mit der Abgeltungssteuer beabsichtigte Verwaltungsvereinfachung nicht erreicht, denn der Steuerpflichtige ist nunmehr verpflichtet, eine Steuererklärung abzugeben, um seine Erstattungszinsen im Veranlagungsverfahren der Einkommensteuer zu unterwerfen.

Es mutet schon etwas komisch an, wenn einerseits insbesondere Banken mit ganz erheblichen Pflichten zur Ermittlung und Abführung von Kapitalertragsteuer auch bei schwierigen Sachverhalten wie etwa bei Depotübertrag, Auslandssachverhalten, Verlustverrechnungstöpfen etc. belastet werden, andererseits der Fiskus bereits an der Besteuerung eines einfachen Zinsbetrags zu scheitern droht und deshalb von der gesetzlichen Verpflichtung ausgenommen wird. Das Vertrauen in die Fähigkeit der eigenen Beamten scheint kleiner zu sein als das in die Mitarbeiter von Geldinstituten. Der Grundsatz „Was Du nicht willst, das man Dir tu, das füg auch keinem anderen zu" (Tob 4, 15) ist hier in eklatanter Weise verletzt worden. Das fördert beim Steuerbürger nicht gerade das Vertrauen in eine unvoreingenommene Gesetzgebung.

IV. Annahmeverzug bei Steuererklärungen

Steuererklärungen, die sich auf ein Kalenderjahr beziehen – insbesondere Einkommensteuer-, Gewerbesteuer-, Körperschaftsteuer- und Umsatzsteuererklärungen – sind nach § 149 Abs. 2 AO grundsätzlich sieben Monate nach Ablauf des Kalenderjahres abzugeben, in dem die Steuer entstanden ist. Diese Frist ist auf Grund einer Sonderregelung wegen der Corona-Pandemie (Art. 97 § 36 Abs. 3 Nr. 3 EGAO) für einen Übergangszeitraum auf bis zu zehn Monate verlängert worden. Für durch einen Angehörigen der steuerberatenden Berufe vertretenen Steuerpflichtigen gelten längere Fristen.

Die Steuererklärungen sind grundsätzlich in elektronischer Form (§ 150 Abs. 1 AO) einzureichen. Dafür ist es erforderlich, dass die Finanzverwaltung dem Steuerpflichtigen die entsprechenden Steuerprogramme zum Übermitteln der Daten zur Verfügung stellt. In der Vergangenheit kam es – insbesondere beim Körperschaftsteuerprogramm – regelmäßig dazu, dass die entsprechenden Programme von der Finanzverwaltung sehr spät, teilweise nicht einmal bis zum 31.7. zur Verfügung gestellt wurden. Einem nicht steuerlich vertretenen Steuerpflichtigen war es somit nicht möglich, seine Steuererklärung fristgerecht einzureichen. Das Finanzamt befand sich in einer Art „Annahmeverzug" Zwar sind dem Autor keine Fälle bekannt, in denen die Finanzbehörde in dieser Konstellation Verspätungszuschläge (§ 152 AO) wegen verspäteter Abgabe von Steuererklärungen festgesetzt hätte.

Trotzdem ist dieser Missstand insbesondere für Steuerpflichtige, die mit einer Steuererstattung rechnen, sehr ärgerlich. Eine Art Verspätungszuschlag für die Verwaltung, die dem Steuerpflichtigen zugutekäme, ist in der Abgabenordnung weder für die verspätete Annahme der Steuererklärung noch für eine zögerliche Bearbeitung vorgesehen. Sie können nicht durch frühzeitige Abgabe der Steuererklärung eine beschleunigte Auszahlung ihres Guthabens erreichen. Das gilt auch für steuerlich beratene Steuerpflichtige.

In der Praxis hat der Steuerpflichtige allenfalls die Möglichkeit, zeitgleich mit der Übersendung der Steuererklärung einen Antrag auf erklärungsgemäße Veranlagung zu stellen. Dann besteht zumindest nach Ablauf von sechs Monaten die Möglichkeit der Einlegung eines Untätigkeitseinspruchs (§ 347 Abs. 1 S. 2 AO), um dann nach Zuwarten eines weiteren halben Jahres Untätigkeitsklage (§ 46 FGO) erheben zu können.

In Zeiten, in denen Steuerpflichtigen zur Einhaltung ihrer Pflichten Verzögerungsgelder, Verspätungszuschläge, Hinzuschätzungszuschläge, Zinsen, Säumniszuschläge, Zwangsgelder und Verspätungsgelder (vgl. § 3 Abs 4 AO) angedroht werden, wäre es seitens des Gesetzgebers angezeigt gewesen, die Finanzverwaltung ebenfalls zu einer zügigen Bearbeitung anzuhalten. Denkbar wäre eine Art Entschädigungsrüge (vgl. § 198 GVG) mit einem entsprechenden Schadensersatzanspruch für den Steuerpflichtigen.

V. Schlussbemerkung

Der Praktiker erkennt in den letzten Jahren eine deutliche Verlagerung der steuerlichen Pflichten zu Lasten der Steuerpflichtigen. Die meisten Steuererklärungen müssen heute elektronisch an das Finanzamt übermittelt werden. Das verursacht nicht nur Kosten für den Steuerpflichtigen bei der Anschaffung der entsprechenden Hardware. Es kostet auch Zeit, sich in die Programme der Finanzverwaltung einzuarbeiten und die Eingaben so vorzunehmen, dass die Übersendung möglich ist. Serviceterminals wie sie im Vorraum einer jeden Bank oder im Abflugbereich eines Flughafens stehen, sind in den Finanzämtern Fehlanzeige. Geschulte Mitarbeiter der Finanzverwaltung, die dem Bürger bei der Eingabe von Daten behilflich sind, gibt es im Gegensatz zu Mitarbeitern im Nahbereich von Scannerkassen in Baumärkten oder Drogerien, beim Check-In oder in den Schalterräumen einer Bankfiliale nicht.

Ist der Steuerpflichtige nicht Willens oder in der Lage, dieser Verpflichtung selbst nachzukommen, kann er diese auf einen Angehörigen der steuerberatenden Berufe übertragen. Die Kosten dafür kann er – soweit sie den privaten Bereich betreffen – steuerlich nicht geltend machen. Dabei wurde die Tätigkeit der Dateneingabe vom Bereich der Finanzverwaltung auf den Steuerbürger verlagert.

Finanzbehörden setzen kurze Fristen von idR zwei Wochen zur Beantwortung von Rückfragen. Stellt der Steuerbürger einen Antrag oder erwartet schlicht die zeitnahe Bearbeitung seiner Steuererklärung, wartet er regelmäßig mehrere Wochen bis zur Auszahlung seines Guthabens.

Alle diese kleinen und großen Ungerechtigkeiten führen dazu, dass die generelle Akzeptanz der Bürger, Steuern zum Wohle der Allgemeinheit zahlen zu müssen, sinkt. Hier ist meines Erachtens seitens des Gesetzgebers, der Verwaltung aber auch der Finanzgerichtsbarkeit ein Umdenken erforderlich, weg vom Generalverdacht, dass jeder Steuerzahler ein potentieller Steuerhinterzieher sei, hin zu einer serviceorientierten bürgerfreundlichen Verwaltung.

RALF KNAIER

Die Substitution der Beurkundung durch einen ausländischen Notar im Onlineverfahren

Das DNotI hat regelmäßig Fallgestaltungen zu beurteilen, in denen es darum geht, ob eine nach deutschem Recht erforderliche Beurkundung oder Beglaubigung rechtswirksam von einem ausländischen Notar durchgeführt werden kann. Im Gesellschaftsrecht stellt sich dabei die Frage, auf welcher Grundlage eine Substitution durchführbar ist (→ I.). Für das Präsenzverfahren gibt es bereits einige Entscheidungen und Stellungnahmen in der Literatur, an denen man sich hierbei orientieren kann (→ II.). In den vermehrt auftretenden Fallgestaltungen mit Fernverfahren fehlt es bisher aber noch an einer umfangreicheren Kasuistik, weshalb sich die Frage aufdrängt, inwiefern und inwieweit zwischen Online- und Präsenzverfahren und auch zwischen Onlineverfahren aus anderen Staaten eine Vergleichbarkeit der Beurkundung und Beglaubigung gegeben sein kann und an welchen Maßstäben dies zu messen ist (→ III.). Der Beitrag untersucht diese Themen am Beispiel Österreich und versucht zugleich die wesentlichen Grundsätze der deutschen Fernverfahren herauszuarbeiten. Der Jubilar begegnete in seiner Zeit als Referatsleiter und Autor der Problematik vermehrt im Zusammenhang mit der Gesellschafterliste und scheute zu keiner Zeit – auch nächtefüllende – Diskussionen, die auch die neusten Entwicklungen miteinbezogen.

I. Grundlagen der Substitution bei notariellen Fallgestaltungen im Gesellschaftsrecht

Die Frage nach der Substitution und den Voraussetzungen, unter denen eine solche möglich ist, beschäftigt im Rahmen beurkundungsbedürftiger Rechtsgeschäfte im Gesellschaftsrecht bereits seit langem Wissenschaft und Praxis gleichermaßen, ebenso wie sie in beiden Fällen zu Rechtsunsicherheit führt.

In der Dogmatik des Internationalen Privatrechts versteht man unter Substitution die Ersetzung einer in einem Tatbestandsmerkmal enthaltenen inländischen Rechtserscheinung durch eine ausländische Rechtserscheinung.[1] Im Gegensatz zu einer herkömmlichen Kollisionsprüfung ist hier also nicht das auf einen Sachverhalt anzuwendende Recht zu ermitteln. Dieses steht nämlich bereits fest. Vielmehr ist im Rahmen der Auslegung und Subsumtion unter ein Tatbestandsmerkmal des materiellen Rechts (aus hiesiger Sicht in der Regel des deutschen Rechts) zu klären, ob die Norm die Ersetzung durch eine ausländische Rechtserscheinung überhaupt zulässt und ob diese Rechtserscheinung der vom Tatbestandsmerkmal geforderten inländischen Rechtserscheinung abstrakt gleichwertig ist; nur dann ist das zugrunde liegende Tatbestandsmerkmal erfüllt.[2]

---

[1] *Lorenz* in BeckOK BGB, 62. Ed.1.5.2022, EGBGB, Einleitung zum Internationalen Privatrecht Rn. 96; *Großerichter/Zwirlein-Forschner* in BeckOGK, 1.12.2021, Internationales Gesellschaftsrecht – Allgemeiner Teil Rn. 178; *v. Hein* in MüKoBGB, 8. Aufl. 2020, Einleitung zum Internationalen Privatrecht Rn. 247; *Gebauer* in BeckOGK, 1.6.2022, EGBGB Art. 11 Rn. 102.

[2] Vgl. hierzu aus Sicht der Praxis *Strauß* MittBayNot 2021, 532 (535); zur Frage der Substitution des Beurkundungserfordernisses aus § 15 Abs. 3 GmbHG durch eine Präsenzbeurkundung im

Im Zusammenhang mit der Beurkundung oder Beglaubigung durch einen ausländischen Notar kommt es oftmals in entscheidender Weise auf die Substitution an.[3] Ausgangspunkt der Substitution ist hierbei eine Form- oder Verfahrensvorschrift des deutschen Rechts, die eine notarielle Beurkundung oder Beglaubigung verlangt. Ist die entsprechende Beurkundung oder Beglaubigung durch einen ausländischen Notar vorgenommen worden, so ist das Tatbestandsmerkmal (also die Erfüllung der geforderten Form) nur dann erfüllt, wenn die zugrunde liegende Norm grundsätzlich der Substitution zugänglich ist (Substituierbarkeit) und wenn auch im konkreten Einzelfall die ausländische Beurkundung bzw. Beglaubigung der inländischen abstrakt gleichwertig ist (Substitution im engeren Sinne).[4]

Bezüglich des Gesellschaftsrechts werden an das Deutsche Notarinstitut häufig Fragen im Zusammenhang mit einer Substitution herangetragen.[5] Dies lässt sich vielfach darauf zurückführen, dass statusrelevante Formfragen im Gesellschaftsrecht sich nicht nach Art. 11 EGBGB bzw. nach Art. 11 Rom-I-VO richten, die jeweils mehrere alternative Anknüpfungspunkte bereitstellen und daher im Ergebnis geringe Anforderungen an die Erfüllung des Formerfordernisses ausreichen ließen. Vielmehr unterfallen diese Formerfordernisse alleine dem Gesellschaftsstatut.[6] Ähnlich verhält es sich mit Formvoraussetzungen des registerrechtlichen Verfahrensrechts (vgl. § 12 Abs. 1 S. 1 HGB): Das Verfahrensrecht folgt der *lex fori*, weshalb auch insoweit nicht auf Art. 11 EGBGB bzw. Art. 11 Rom-I-VO abgestellt werden kann und aufgrund des rein nationalen Zusammenhangs des Verfahrensrechts alleine das Forumsrecht entscheidend ist, für die Anforderungen des deutschen Handelsregisters daher alleine das deutsche Recht.[7] Dies ist folgerichtig, weil nur durch Anwendung strengen Formrechts die Zuverlässigkeit und Richtigkeit von Registern gewährleistet werden kann.[8]

Die Thematik gewinnt in jüngster Zeit wieder deutlich an Brisanz und es steht zu erwarten, dass sich auch die Register- und Gerichtspraxis in Zukunft vermehrt mit den aufgeworfenen Fragen wird auseinandersetzen müssen, da zunehmend Fernbeurkundungsverfahren eingeführt werden, welche keine körperliche Anwesenheit der Beteiligten erfordern.[9] Besonders wird diese Entwicklung durch den Unionsgesetzgeber gefördert, der mit der Digitalisierungsrichtlinie[10] vorgegeben hat, dass bestimmte Gesellschaften – in Deutschland die

---

Ausland siehe ausführlich *Reithmann/Stelmaszczyk* in Reithmann/Martiny, Internationales Vertragsrecht, 9. Aufl. 2022, § 5 Rn. 5.374 ff.

[3] Siehe hierzu in Auseinandersetzung mit aktueller Rechtsprechung *Strauß* MittBayNot 2022, 429 ff.; siehe jüngst auch den Fall in DNotI-Report 2023, 9.

[4] *v. Hein* in MüKoBGB, 8. Aufl. 2020, Einleitung zum Internationalen Privatrecht Rn. 252 ff.

[5] Siehe aktuell etwa DNotI-Report 2023, 9.

[6] So die wohl überwiegende Meinung, vgl. etwa *Großerichter/Zwirlein-Forschner* in BeckOGK, 1.12.2021, Internationales Gesellschaftsrecht – Allgemeiner Teil Rn. 243; *Kindler* in MüKoBGB, 8. Aufl. 2021, Internationales Handels- und Gesellschaftsrecht Rn. 538 ff.; *Schäfer* in Henssler/Strohn, Gesellschaftsrecht, 5. Aufl. 2021, GmbHG § 2 Rn. 16; LG Mannheim Beschl. v. 27.7.1998 – 24 T 2/98, BWNotZ 2000, 150; KG Beschl. v. 24.1.2018 – 22 W 25/16, NJW 2018, 1828 (1829); *Schervier* NJW 1992, 593 (594); *Lichtenberger* DNotZ 1986, 644 (653 f.); *Wilhelmi* in BeckOK GmbHG, 53. Ed. 1.3.2022, § 15 Rn. 95; *Wicke,* GmbHG, 4. Aufl. 2020, § 15 Rn. 20.

[7] *Spellenberg* in MüKoBGB, 8. Aufl. 2020, EGBGB Art. 11 Rn. 71; *Wicke* in Reichert, Arbeitshandbuch für die Hauptversammlung, 5. Aufl. 2021, § 43 Rn. 36; *Schaub* in Ebenroth/Boujong/Joost/Strohn, HGB, 4. Aufl. 2020, Anhang § 12 Rn. 122; *Merkt* in Hopt, HGB, 41. Aufl. 2022, § 12 Rn. 8; BGH Beschl. v. 15.6.2021 – II ZB 25/17, FGPrax 2021, 156 (157).

[8] So auch *Strauß* MittBayNot 2022, 429.

[9] Hierzu allgemein *Limmer* DNotZ 2020, 419.

[10] ABl. EU Nr. L 186/2019, 80; siehe zur verabschiedeten Richtlinie *Omlor* DStR 2019, 2544; *Lieder* NZG 2020, 81; *Knaier* in Beyer/Erler/Hartmann/Kramme/Müller/Pertot/Tuna/Wilke, Privatrecht 2050 – Blick in die digitale Zukunft, 2020, S. 255; *Bayer/J. Schmidt* BB 2019, 1922; *Birkefeld/Schäfer* BB 2019, 2626; *Bormann/Stelmaszczyk* NZG 2019, 601; *Drygala/Grobe* GmbHR 2020, 985; *Halder* NJOZ 2020, 1505; *Heckschen* NotBZ 2020, 241; *Kalss/Nicolussi* EuZW 2020,

GmbH[11] – ohne körperliche Anwesenheit der Beteiligten müssen gegründet werden können. Angesichts dieser unionsweiten Entwicklung darf nicht außer Acht gelassen werden, dass diese Fernverfahren teils deutliche Unterschiede aufweisen. Dies kann von entscheidender Bedeutung für die Substitution sein.

Der Facettenreichtum der Problematik lässt sich an folgendem *Beispiel* illustrieren:

Peter Müller ist deutscher Staatsangehöriger und verbringt die meiste Zeit des Jahres in Wien, von wo aus er seine Geschäfte überwiegend digital erledigt. Er möchte nun expandieren und zu diesem Zwecke eine GmbH in Deutschland gründen und betreiben. Den Weg zum deutschen Notar scheut Peter Müller jedoch und führt die Gründung der deutschen GmbH mittels Videokommunikation mit einem österreichischen Notar durch. Die Unterschrift unter der Anmeldung, die dem deutschen Registergericht übersendet werden soll, wird als elektronisches Bild an den Wiener Notar übersendet, der diese beglaubigt. Zum Abschluss des Termins wird noch Dietmar Meier zugeschaltet, der einen Anteil an einer Meier-Produktions-GmbH mit Registersitz in Deutschland an Peter Müller verkaufen und abtreten möchte. Dies wird in der Videokonferenz jeweils erklärt und von dem österreichischen Notar korrekt nach dem österreichischen Verfahrensrecht beurkundet. Sämtliche Anmeldungen zum deutschen Handelsregister sollen nun von einem deutschen Notar vorgenommen werden, da der österreichische Notar hierzu nicht über die technischen Voraussetzungen verfügt. Zugleich soll die neue Gesellschafterliste der Meier-Produktions-GmbH durch einen deutschen Notar zum Handelsregister eingereicht werden.

II. Anforderungen an die Substitution im Präsenzverfahren

Ob und unter welchen Voraussetzungen diese Beurkundungserfordernisse auch durch einen ausländischen Notar eingehalten werden können, ist umstritten. Teilweise wird in der Literatur angenommen, es sei ausschließlich die Beurkundung durch einen deutschen Notar ausreichend.[12] Häufig wird angenommen, dass auch die Beurkundung durch einen ausländischen Notar die Form wahren könne. Voraussetzung sei allerdings, dass die Gleichwertigkeit der ausländischen Beurkundung gegeben sei.[13]

Gleichwertigkeit ist nach der Formel des BGH gegeben, „wenn die ausländische Urkundsperson nach Vorbildung und Stellung im Rechtsleben eine der Tätigkeit des deutschen Notars entsprechende Funktion ausübt und für die Errichtung der Urkunde ein Verfahrensrecht zu beachten hat, das den tragenden Grundsätzen des deutschen Beurkundungsrechts entspricht".[14]

Die Gleichwertigkeit der Beurkundung durch einen ausländischen Notar bemisst sich nach abstrakten Maßstäben und nicht nach der Frage, ob der konkrete Beurkundungsvorgang der nach deutschem Recht vorgesehenen Beurkundung angenähert ist.[15] Maßstab sind

---

41; *Kindler/Jobst* DB 2019, 1550; *Knaier/Meier* GmbHR 2020, 1336; *Knaier/Meier* GmbHR 2021, 77; *Limmer* DNotZ 2020, 419 (423); *J. Schmidt* FS Hopt, 2020, 1097; *Schurr* EuZW 2019, 772; *Wachter* GmbHR 2019, R232.

[11] Erfasst ist auch die Rechtsformvariante der GmbH, die UG (haftungsbeschränkt), siehe *Heckschen/Knaier* NZG 2021, 1093.

[12] Vgl. zB *Winkler*, BeurkG, 20. Aufl. 2022, Einl Rn. 89; ausführlich *Dignas*, Auslandsbeurkundung von gesellschaftsrechtlichen Vorgängen einer deutschen GmbH, 2004, S. 5 ff.

[13] Vgl. *Harbarth* in MüKoGmbHG, 3. Aufl. 2018, § 53 Rn. 76 ff.; *Ulmer/Casper* in Ulmer/Habersack/Löbbe, GmbHG, 3. Aufl. 2021, § 53 Rn. 52 ff.; ausführlich und allg. bei der Anteilsabtretung *Reichert/Weller* in MüKoGmbHG, 4. Aufl. 2022, § 15 Rn. 143 ff. mwN.

[14] BGH Beschl. v. 16.2.1981, DNotZ 1981, 451 (452); ebenso BGH Beschl. v. 17.12.2013 – II ZB 6/13, NJW 2014, 2026.

[15] *Diehn* DNotZ 2019, 146 (147); *Löbbe* in Habersack/Casper/Löbbe, GmbHG, 3. Aufl. 2019, § 15 Rn. 146; *Stelmaszczyk* GWR 2018, 103 (105); *v. Hein* in MüKoBGB, 8. Aufl. 2020, Einlei-

die Beurkundungszwecke,[16] wobei auch steuerliche Mitteilungspflichten oder die Rolle des Notars bei der Geldwäscheprävention zu berücksichtigen sind.[17]

Zuverlässige Anhaltspunkte dafür, in welchen Ländern die Beurkundung diesen Anforderungen an die Gleichwertigkeit entspricht, gibt es kaum. In älteren Entscheidungen wurde die Gleichwertigkeit bei der Beurkundung durch einen Notar in Basel-Stadt bejaht.[18] Für die Beurkundung des GmbH-Kapitalerhöhungsbeschlusses durch einen niederländischen Notar wurde vom OLG Düsseldorf[19] Gleichwertigkeit angenommen.

Inwieweit sich durch die Reform des GmbH-Rechts im Zusammenhang mit dem MoMiG[20] hier eine Änderung ergeben hat, ist unklar.[21] Der BGH hat in seinem Beschluss vom 17.12.2013 wohl eine Fortgeltung der bereits vor der MoMiG-Reform geltenden Grundsätze angenommen, verlangt insbesondere auch wohl keine Prüfung und Belehrung durch den Notar. Die Beurkundung durch einen Notar in Basel wurde allerdings nicht als wirksam bestätigt. Vielmehr äußerte sich der BGH zurückhaltend dahingehend, dass diese zumindest nicht offensichtlich formunwirksam sei. Insoweit ist daher die Wirksamkeit einer Auslandsbeurkundung weiterhin mit Unsicherheiten verbunden.[22]

Kürzlich hat das KG bei der Beurkundung der Gründung einer deutschen GmbH durch einen Notar in Bern[23] sowie bei der Beurkundung einer Verschmelzung zweier deutscher GmbH durch einen Notar in Basel[24] angenommen, dass die Voraussetzungen der Substitution vorlägen. Diese Entscheidungen wurden jedoch erheblich kritisiert, auch weil das Gericht eine konkrete Betrachtung des Einzelfalls vornimmt und etwa darauf abstellt, dass der Schweizer Notar im Einzelfall die deutsche Beurkundung, insbesondere das Verlesen, nachgestellt hat, wohingegen eine abstrakt-typisierte Gleichwertigkeitsprüfung des Beurkundungsverfahrens nach Schweizer Recht hätte stattfinden müssen.[25] In einer Entscheidung des V. Zivilsenats des BGH zur Auflassung vor einem ausländischen Notar äußert sich dieser *obiter dictum* auch zu der Frage der Substitution und bezeichnet diese im Gesellschaftsrecht als „anerkannt".[26] Aus dieser nicht entscheidungserheblichen Äußerung des für das Gesellschaftsrecht nicht zuständigen Senats lässt sich jedoch kein allgemeingültiger Schluss für das GmbH-Recht ziehen.[27]

III. Anforderungen an die Substitution im Fernverfahren

Bei der Frage nach der Zulässigkeit einer Substitution im Fernverfahren muss m.E. zwischen zwei Konstellationen grundlegend unterschieden werden. Zum einen ist der Fall in

---

tung zum Internationalen Privatrecht Rn. 257; ausführlich zum Ganzen *Lieder* NZG 2022, 1042 (1047f.).

[16] BGH NZG 2015, 18 Rn. 17.

[17] *Raff* DNotZ 2020, 750 (753ff.).

[18] OLG München RIW 1998, 147; OLG Frankfurt OLG-Report 2005, 715.

[19] OLG Düsseldorf Beschl. v. 25.1.1989 – 3 Wx 21/89, NJW 1989, 2200.

[20] Gesetz zur Modernisierung des GmbH-Rechts und zur Bekämpfung von Missbräuchen (MoMiG) vom 23.10.2008, BGBl. I 2026.

[21] Für die Gleichwertigkeit beim Notariat in Basel-Stadt zB OLG Düsseldorf DNotZ 2011, 447.

[22] Vgl. *Herrler* GmbHR 2014, 225 (229ff.); *Tebben* DB 2014, 585f.

[23] KG Beschl. v. 24.1.2018 – 22 W 25/16, DNotZ 2019, 134.

[24] KG Beschl. v. 26.7.2018 – 22 W 2/18, DNotZ 2019, 141.

[25] Dazu nur *Cramer* DStR 2018, 746; *Cziupka* EWiR 2018, 137; *Diehn* DNotZ 2019, 146; *Heckschen* DB 2018, 685; *Hermanns* RNotZ 2018, 271; *Herrler* NJW 2018, 1787; *Lieder* ZIP 2018, 805; *Mayer/Barth* IWRZ 2018, 128; *Pogorzelski* notar 2018, 403; *Stelmaszczyk* GWR 2018, 103; *Stelmaszczyk* RNotZ 2019, 177; *Strauß* MittBayNot 2021, 65 (72).

[26] BGH Beschl. v. 13.2.2020 – V ZB 3/16, MittBayNot 2021, 65 (65f.).

[27] So auch *Strauß* MittBayNot 2021, 440 (450f.).

den Blick zu nehmen, dass eine Fernbeurkundung nach einem zulässigen und ordnungsgemäßen ausländischen Verfahren für einen Vorgang durchgeführt wird, für den nach deutschem Recht ein Fernbeurkundungsverfahren nicht möglich ist (→ 1.). Zum anderen ist der
Fall zu betrachten, dass eine Fernbeurkundung nach einem zulässigen und ordnungsgemäßen ausländischen Verfahren für einen Vorgang durchgeführt wird, für den nach deutschem
Recht eine Fernbeurkundung zugelassen ist (→ 2.). Letztlich ist außerdem die Frage der
Fernbeglaubigung zu untersuchen (→ 3.).

1. Substitution bei Vorgängen, bei denen nach deutschem Recht keine Fernbeurkundung zugelassen ist

Selbst wenn man von der Zulässigkeit der Substitution ausgeht, ist bei vorstehend
beschriebenem Beispielsfall eine Substitution für die Anteilsabtretung eindeutig ausgeschlossen mit der Folge, dass die Übertragung des Geschäftsanteils wegen Verstoßes gegen § 15
Abs. 3 GmbHG nach § 125 BGB formnichtig ist.

Dies folgt daraus, dass das österreichische Beurkundungsrecht eine Beurkundung im
Fernbeurkundungsverfahren vorsieht und eine derartige Beurkundung im Beispiel auch
konkret durchgeführt wurde. Das deutsche Beurkundungsrecht sieht hingegen kein Fernbeurkundungsverfahren vor, sondern nur ein Präsenzbeurkundungsverfahren. Zwar ist für
einen gewissen Anwendungsbereich seit dem 1. August 2022 eine Online-Beurkundung
auch nach deutschem Recht gem. §§ 16a ff. BeurkG möglich,[28] dies betrifft jedoch nicht
die Geschäftsanteilsabtretung, sondern nur die Gründung einer GmbH sowie Handelsregisteranmeldungen und einstimmig gefasste Beschlüsse zur Änderung des GmbH-Gesellschafts-
vertrages einschließlich Kapitalmaßnahmen.[29] Jedenfalls für Sachgründungen wäre zudem
auch der zeitliche Anwendungsbereich noch nicht eröffnet.[30] Für die Geschäftsanteilsabtretung verlangt das deutsche Beurkundungsrecht also weiterhin eine Präsenzbeurkundung.[31]

Eine Fernbeurkundung ist nach deutschem Recht im Grundsatz nicht zulässig, da der
Notar die Erklärungen unmittelbar wahrnehmen muss.[32] Die sichere Identifizierung der
beteiligten Person durch körperliches Erscheinen vor dem Notar stellt aber gerade den
Wesenskern des notariellen Verfahrens dar.[33] Führt der Notar dennoch eine Fernbeurkun-

---

[28] Diese Möglichkeiten werden durch das Gesetz zur Umsetzung der Digitalisierungsrichtlinie
(DiRUG) v. 5.7.2021, BGBl. I 3338 eröffnet und durch das Gesetz zur Ergänzung der Regelun-
gen zur Umsetzung der Digitalisierungsrichtlinie und zur Änderung weiterer Vorschriften
(DiREG) v. 15.7.2022, BGBl. I 1146 ergänzt.

[29] Hierzu *Heckschen/Knaier* NZG 2021, 1093; zum Videobeurkundungsverfahren *Kienzle*
DNotZ 2021, 590; siehe auch *Knaier* GmbHR 2021, 169; *J. Schmidt* ZIP 2021, 112; *Ulrich*
GmbHR 2021, R35; *Bock* RNotZ 2021, 326; *Linke* NZG 2021, 309; *Freier* NotBZ 2021, 161;
Meier/Szalai ZNotP 2021, 306; *Krafka* RDi 2022, 86; *Teichmann* GmbHR 2021, 1237; *Stel-
maszczyk/Kienzle* ZIP 2021, 765; *Stelmaszczyk/Kienzle* GmbHR 2021, 849; *Keller/Schümmer*
NZG 2021, 573; *Danninger/Stepien* DNotZ 2021, 812; *Kienzle* DNotZ 2021, 590; *Kienzle* notar
2022, 67; *Omlor/Blöcher* DStR 2021, 2352; *Schreiber/Franke* RDi 2022, 116; *Böhringer/Melchior*
GmbHR 2022, 177; *Hoch* NWB 2021, 3810; *Lieder* DNotZ 2021, 830.

[30] Dies wird nach dem Gesetz zur Ergänzung der Regelungen zur Umsetzung der Digitalisierungsrichtlinie (DiREG), BGBl. 2022 I 1146, erst ab dem 1.8.2023 möglich sein; dazu *Wicke*
GmbHR 2022, 516, (517f.).

[31] Siehe etwa *Stelmaszczyk/Strauß* GmbHR 2022, 833; *Heckschen/Knaier* NZG 2021, 1093;
Heckschen/Knaier NZG 2022, 885; zu den einzelnen im Fernverfahren möglichen Vorgängen bei
einer GmbH *Böhringer* GmbHR 2022, 1005.

[32] *Theilig* in BeckOGK, 1.2.2022, BeurkG § 40 Rn. 24; *Limmer* in Frenz/Miermeister, BeurkG,
5. Aufl. 2020, § 40 Rn. 12; *Tebben* in Armbrüster/Preuß, BeurkG, 9. Aufl. 2023, § 40 Rn. 20;
Lerch, BeurkG, 5. Aufl. 2016, § 40 Rn. 9.

[33] Ähnlich OLG Köln RNotZ 2009, 240 (242); DNotI-Report 2020, 121 (123).

dung durch, handelt es sich um einen gravierenden Dienstrechtsverstoß,[34] der im Einzelfall sogar wegen Falschbeurkundung im Amt strafrechtlich geahndet werden kann.[35] Eine Fernbeurkundung kann daher nach allgemeiner Ansicht nicht dem Präsenzbeurkundungsverfahren gleichwertig sein.[36]

Dagegen lässt sich auch nicht einwenden, dass eine Fernbeurkundung ggf. nicht der Wirksamkeit im Wege stünde (etwa nach erfolgter Eintragung der GmbH im Handelsregister[37]). Denn das Erfordernis der Gleichwertigkeit bezieht sich auf ein nach deutschem Recht – jedenfalls im Wesentlichen – korrekt durchgeführtes Verfahren. Es bezieht sich dagegen gerade nicht bloß auf die Rechtsfolge einer amtspflichtwidrigen inländischen Beurkundung, die im Sinne der Sicherheit des Rechtsverkehrs die grundsätzliche Wirksamkeit der öffentlich beglaubigten Urkunde erhalten will. Es bleibt dabei, dass die Präsenz eine unbedingte – und in Verbindung mit der Identitätsfeststellung eine wesentliche – Amtspflicht des Notars ist.[38] Diese zentrale Regelvorgabe des Gesetzgebers würde ausgehöhlt, wäre die im Ausland vorgenommene – und nach ausländischem Recht zulässige – Fernbeurkundung der deutschen Präsenzbeurkundung als gleichwertig zu betrachten.[39]

Das teilweise ebenfalls zusammen mit dem DiRUG zum 1.8.2022 in Kraft getretene Gesetz zur Ergänzung der Regelungen zur Umsetzung der Digitalisierungsrichtlinie (DiREG) weist auch in diese Richtung und formuliert in den Gesetzesbegründungen deutlich:

„Dabei scheidet eine Substitution des Beurkundungsverfahrens durch ein Online-Verfahren von vornherein (unabhängig von dessen konkreter Ausgestaltung) aus, soweit das deutsche Recht ein Präsenzverfahren vorschreibt. In diesen Fällen schließt die Entscheidung des nationalen Gesetzgebers für ein Präsenzerfordernis die Gleichwertigkeit jedweden Online-Verfahrens vor einem in- oder ausländischen Notar aus.“[40]

Diese Formulierung bringt zum Ausdruck, dass Onlineverfahren im Zusammenhang mit notarieller Tätigkeit nur in den klar benannten und eng begrenzten Fällen zulässig sein sollen, die das Gesetz vorsieht. Explizit soll eine Auslandsbeurkundung kein Einfallstor für eine Erweiterung der Online-Beurkundungsmöglichkeiten im deutschen Recht gegen den Willen des Gesetzgebers bieten.

Aufgrund der oben geschilderten abstrakten Natur der Substitutionsprüfung reicht es für die Ablehnung der Gleichwertigkeit also aus, dass das ausländische Recht überhaupt ein Fernbeurkundungsverfahren vorsieht.[41] Bezogen auf den eingangs vorgestellten Beispielsfall folgt daraus, dass nach dem österreichischen Recht eine Fernbeurkundung zulässig ist und auch nach den Vorgaben des österreichischen Verfahrensrechts durchgeführt wurde, dass jedoch, weil nach deutschem Recht hier nur das Präsenzverfahren zugelassen ist, eine Substitution nicht in Frage kommt.

---

[34] BGH DNotZ 1977, 762; BGH DNotZ 1988, 259; BGH DNotZ 1969, 178; BGH DNotZ 1969, 178; OLG Frankfurt DNotZ 1986, 421; OLG Köln DNotZ 1977, 763; OLG Stuttgart DNotZ 1950, 166.

[35] OLG Frankfurt DNotZ 1986, 421; OLG Karlsruhe NJW 1999, 1044 (1045).

[36] DNotI-Report 2020, 121 (122f.); *Hertel* in Staudinger, BGB, 2017, § 129 Rn. 158; *Herrler* in Herrler, Gesellschaftsrecht in der Notar- und Gestaltungspraxis, 2. Aufl. 2021, § 7 Rn. 74.

[37] *Hillmann* in MüKoGmbHG, 4. Aufl. 2022, § 75 Rn. 8.

[38] *Theilig* in BeckOGK, 1.2.2022, BeurkG § 40 Rn. 22.

[39] DNotI-Report 2020, 121 (123), dort speziell zur Frage der Beglaubigung.

[40] RefE-DiREG, S. 10; RegE-DiREG, S. 10.

[41] So auch *Lieder* NZG 2022, 1043 (1048f.).

2. Substitution bei Vorgängen, bei denen nach deutschem Recht eine Fernbeurkundung zugelassen ist

Bei Beurkundungsgegenständen, bei denen das deutsche Recht auch das notarielle Online-Verfahren zulässt, ist eine Substitution durch ein ausländisches Online-Verfahren nicht grundsätzlich ausgeschlossen. Jedoch ist eine Substitution nur durch Online-Verfahren möglich, die den tragenden Grundsätzen des deutschen Beurkundungsrechts entsprechen.[42] Selbstverständlich ist, dass die Gleichwertigkeit eines ausländischen Online-Verfahrens mit dem Online-Verfahren deutschen Rechts per se noch nicht zur Substitutionsfähigkeit führt. Vielmehr müssen darüber hinaus auch die allgemeinen personellen und verfahrensmäßigen Voraussetzungen für eine Substitution vorliegen. Dies kann daher im Ergebnis allenfalls für solche ausländischen Online-Verfahren gelten, die eine Identifizierung der Beteiligten durch den Notar höchstpersönlich und mittels Lichtbildauslesung vorsehen und die ebenfalls – wie das deutsche Online-Verfahren nach § 78p BNotO – hoheitlich organisiert sind.[43] Darüber hinaus dürfte zu den tragenden Grundsätzen des Beurkundungsrechts auch gehören, dass die Identifizierung nach dem Sicherheitsniveau „hoch" im Sinne der eIDAS-Verordnung[44] geschieht und die Unterschrift nur durch eine dauerhaft prüfbare qualifizierte elektronische Signatur ersetzt wird.[45]

Nach ständiger Rechtsprechung des BGH ist ein Verfahren – wie dargestellt – nur dann als gleichwertig anzusehen, wenn der Notar nach Vorbildung und Stellung im Rechtsleben eine der Tätigkeit des deutschen Notars entsprechende Funktion ausübt und für die Errichtung der Urkunde ein Verfahrensrecht zu beachten hat, das den tragenden Grundsätzen des deutschen Beurkundungsrechts entspricht.

Bezogen auf das eingangs vorgestellte Beispiel lässt sich feststellen, dass das Fernbeurkundungsverfahren österreichischen Rechts dem deutschen Präsenzverfahren abstrakt nicht gleichwertig ist. Hierbei ist zu beachten, dass die Kasuistik der Rechtsprechung bisher lediglich Fälle von Präsenzverfahren in den Blick genommen hat. Hinsichtlich der Gleichwertigkeit von Fernbeurkundungsverfahren dürften zumal außerhalb des Anwendungsbereichs für Fernverfahren in Deutschland strenge Maßstäbe anzulegen sein. Generell dürfte auf dieser Grundlage ein Fernbeurkundungsverfahren mit einem Präsenzverfahren bereits im Ansatz nicht vergleichbar sein. Wegen der grundsätzlichen Unterschiede zwischen Fern- und Präsenzbeurkundungsverfahren lässt sich zudem die bisher zur Gleichwertigkeitsprüfung ergangene Rechtsprechung per se nicht fruchtbar machen, weil sich diese lediglich auf die Vergleichbarkeit zweier Präsenzverfahren bezieht.

Bereits bei der Identifikation der Beteiligten bestehen nach dem österreichischen Verfahren deutliche Unterschiede gegenüber dem nach dem deutschen Beurkundungsgesetz vorgesehenen Verfahren. Nach der allgemeinen beurkundungsrechtlichen Vorschrift des § 10 Abs. 1 BeurkG ist die Identifikation der Beteiligten durch den Notar höchstpersönlich vorzunehmen. Dies gilt erst recht im geldwäscherechtlichen Zusammenhang, denn der Notar ist geldwäscherechtlich Verpflichteter nach § 2 Abs. 1 Nr. 10 GwG und hat nach § 11 GwG die Beteiligten ebenfalls höchstpersönlich zu identifizieren. Dasselbe wird auch im Rahmen des seit 1. August 2022 in Deutschland geltenden notariellen Online-Verfahrens der Fall sein, da § 16c BeurkG ebenfalls die höchstpersönliche Identifizierung durch den Notar vorsieht und hier strenge Maßstäbe anlegt. Nur durch eine Identifizierung, die wie § 16c BeurkG

---

[42] *Strauß* MittBayNot 2022, 429 (431 f.).

[43] Vgl. dazu BT-Drs. 20/1672, 11.

[44] Verordnung (EU) Nr. 910/2014 des Europäischen Parlaments und des Rates vom 23. Juli 2014 über elektronische Identifizierung und Vertrauensdienste für elektronische Transaktionen im Binnenmarkt und zur Aufhebung der Richtlinie 1999/93/EG, ABl. L 257/73 v. 28.8.2014.

[45] BT-Drs. 20/1672, 10; ebenso *Strauß/Lieder* ZRP 2022, 102 (104); *Wicke* GmbHR 2022, 516 (524).

eine elektronische Lichtbildauslesung aus dem Ausweisdokument beinhaltet, kann die Identität der Beteiligten hinreichend rechtssicher überprüft werden.[46] Erst die öffentlich-rechtliche Ausgestaltung des Videobeurkundungssystems wahrt den hoheitlichen Charakter des Beurkundungsverfahrens und stellt etwa sicher, dass den Beteiligten tatsächlich ein mit Amtsbefugnis ausgestatteter Notar gegenübertritt.[47] Online-Beurkundungen können nach deutschem Beurkundungsrecht lediglich mittels des von der Bundesnotarkammer nach § 78p BNotO betriebenen Videokommunikationssystems durchgeführt werden, § 16a Abs. 1 BeurkG. Da das Beurkundungsverfahren hoheitlichen Charakter hat und der Gewährleistung staatlicher Kernfunktionen dient, darf zur Erfüllung der notariellen Amtspflichten im Rahmen der Beurkundungsverhandlung nicht auf ein Videokommunikationssystem zurückgegriffen werden, das von einem privaten Dritten zur Verfügung gestellt wird.[48] Die Bundesnotarkammer betreibt das Videokommunikationssystem in mittelbarer Staatsverwaltung und steht dabei unter staatlicher Aufsicht. Hingegen würde es dem hoheitlichen Charakter der Beurkundungsverfahren nicht gerecht, wenn die Gefahr des Zugriffs privater Dienstleister auf die sensiblen Inhalte der Urkundsverhandlung bestünde. Nach der gesetzgeberischen Grundentscheidung gewährleistet auch dieser exklusive Betrieb der Videokommunikationsplattform in öffentlicher Hand ein erhöhtes Niveau an Rechtssicherheit als die Einschaltung privater Dienstleister. Das österreichische Beurkundungsverfahren trägt dem hoheitlichen Charakter des Beurkundungsverfahrens nicht gleichwertig Rechnung.[49] Die Feststellungen des Notars zur Person haben einen hohen rechtlichen Wert und beweisen iSd § 415 ZPO, dass die in der Urkunde genannten Personen tatsächlich die in der Urkunde enthaltenen Erklärungen abgegeben haben. Sie besitzen die Kraft einer notariellen Bescheinigung.[50] Diese Identifizierung im Fernverfahren wird man nunmehr zu den tragenden Grundsätzen des deutschen Beurkundungsrechts zählen müssen.

Im österreichischen Verfahren ist es hingegen möglich, die Identifikation auf Mitarbeiter und sogar auf Dienstleister auszulagern. Dies ist nach § 3 Abs. 3 und § 5 der österreichischen E-Identifikations-Verordnung[51] ausdrücklich zugelassen. An Sicherungsmaßnahmen hinsichtlich der zur Identifikation herangezogenen Personen ist in § 2 Abs. 1 NEIV lediglich vorgesehen, dass der Mitarbeiter für die Durchführung besonders geschult und zuverlässig sein muss. Bei einem Dienstleister ist nach § 5 NEIV lediglich dafür zu sorgen, dass der Dienstleister Maßnahmen ergreift, die sowohl hinsichtlich des Umfangs als auch der Qualität den Anforderungen nach der NEIV entsprechen. Die Identifikation ist ersichtlich nicht gleichwertig mit der Identifikation durch einen Notar in Deutschland.

Hinzu kommt, dass das im österreichischen Fernverfahren herangezogene Identifikationssystem selbst deutliche Defizite gegenüber dem deutschen Identifikationsverfahren aufweist. In Österreich wird das sog. Video-Ident-Verfahren herangezogen, was nach § 3 NEIV lediglich erfordert, dass das Ausweisdokument in die Kamera gehalten wird und auf diese Weise Sicherheitsmerkmale überprüft werden. Auf der eID sind nur die persönlichen Kerndaten als Textdatei gespeichert und kein Lichtbild, sodass der Notar keine Höchstpersönlichkeitskontrolle vornehmen kann.[52] Nach deutschem Beurkundungsrecht ist hingegen das Ausweisdokument im Präsenzverfahren im Original vorzulegen, was eine unmittelbare optische und haptische Überprüfung von Lichtbild und Sicherheitsmerkmalen ermöglicht; dem ist eine durch ein Kamerabild vermittelte Überprüfung schon per se nicht gleichwertig. Im

---

[46] So auch *Strauß* MittBayNot 2022, 429 (432).
[47] Siehe *Strauß* MittBayNot 2022, 429 (432).
[48] BT-Drs. 19/28177, 116.
[49] So auch DNotI-Report 2023, 9.
[50] Vgl. dazu etwa *Piegsa* in Armbrüster/Preuß, BeurkG, 9. Aufl. 2023, § 10 Rn. 12.
[51] NEIV, öst. BGBl. 2019/II Nr. 1, zuletzt geändert durch öst. BGBl. 2020/II Nr. 185.
[52] Siehe hierzu auch *Stelmaszczyk* notar 2022, 82 (86 f.); *Stelmaszczyk/Strauß* GmbHR 2022, 833 (847 f.).

Online-Verfahren nach §§ 16a ff. BeurkG – das wohlgemerkt das deutsche Beurkundungs-recht für Geschäftsanteilsübertragungen gar nicht vorsieht – sind in Deutschland zudem nach § 16c BeurkG das auf dem Ausweisdokument gespeicherte elektronische Lichtbild sowie die dort gespeicherten e-ID-Daten auszulesen. Dies erfüllt wesentlich höhere Sicherheitsanfor-derungen. Im Ergebnis führt daher bereits die Grundentscheidung für ein lediglich einstufi-ges Verfahren dazu, dass das österreichische Beurkundungsverfahren bei abstrakter Betrach-tung nicht mit den Vorgaben des § 16c BeurkG gleichwertig ist.[53] Weder das alleinige Auslesen der eID noch das Video-Ident-Verfahren erreichen für sich das vom deutschen Beurkundungsrecht vorgeschriebene Sicherheitsniveau. Dies folgt bereits aus der Zulässigkeit von eIDs des niedrigeren Sicherheitsniveaus „substanziell" im österreichischen Verfahren. Außerdem hat der Gesetzgeber bewusst entschieden, ein reines eID-Verfahren generell nicht genügen zu lassen, sondern grundsätzlich auch auf die zusätzliche elektronische Übermitt-lung eines amtlich gespeicherten Lichtbildes zu bestehen.[54] Das Video-iIdent-Verfahren ist auch nicht gleichwertig mit dem Auslesen des elektronisch gespeicherten Lichtbilds nach § 16c S. 2 BeurkG. Bei letzterem wird direkt auf das elektronische Speichermedium des Aus-weisdokuments zugegriffen und die dort von hoheitlicher Stelle hinterlegte Bilddatei zunächst auf Echtheit, Gültigkeit und Manipulationsfreiheit überprüft (§ 10 Abs. 3 S. 3 Not-ViKoV) und sodann an den Notar übermittelt. Video-Ident-Verfahren werden hingegen als fälschungsanfällig eingeschätzt.[55] Das Bundesamt für Sicherheit in der Informationstechnik (BSI) verweist auf potentielle Manipulationsmöglichkeiten.[56] Jedenfalls hat der deutsche Gesetzgeber Video-Ident-Verfahren ausdrücklich für nicht mit dem deutschen Beurkun-dungsverfahren gleichwertig erachtet.[57]

Auch jenseits der Identifikationsfrage ist das Fernverfahren dem deutschen Verfahren nicht gleichwertig. Maßstab ist auch hier – wie bereits oben beschrieben – das Präsenzver-fahren, weil nur dieses nach deutschem Beurkundungsrecht zulässig ist. § 69b Abs. 3 öst. Notariatsordnung schreibt vor, dass eine optische und akustische Zweiweg-Verbindung in Echtzeit erforderlich ist.[58] Diese ist per se einer Präsenzbeurkundung nicht gleichwertig. Denn das Präsenzverfahren ermöglicht es dem Notar weitaus besser, seiner Beratungs- und Belehrungsfunktion nach § 17 BeurkG nachzukommen, weil die Kommunikation direkter verläuft und auch Zwischentöne in der Diskussion der Beteiligten weitaus unmittelbarer erkannt werden können. Hinzu kommt ferner, dass sich österreichische Notare bei der Videoübertragung eines privatwirtschaftlichen Anbieters bedienen. Dies widerspricht dem hoheitlichen Charakter des Beurkundungsverfahrens per se; folgerichtig bringt die Begrün-dung des Regierungsentwurfs zum DiRUG auch ausdrücklich vor, dass es vor dem Hinter-grund des hoheitlichen Charakters des Beurkundungsverfahrens nicht in Betracht kommt, zur Erfüllung der notariellen Amtspflichten im Rahmen der Beurkundungsverhandlung auf ein Videokommunikationssystem zurückzugreifen, das von einem privaten Dritten zur Ver-fügung gestellt wird.[59]

Einigkeit besteht ferner darüber, dass der deutsche Notar im Beispielfall nicht verpflichtet und berechtigt ist, anstelle des ausländischen Notars eine Gesellschafterliste und Notar-bescheinigung einzureichen, da er bei einer Auslandsbeurkundung nicht mitgewirkt hat.[60]

---

[53] So auch DNotI-Report 2023, 9.
[54] BT-Drs. 19/28177, 120.
[55] *Lieder* NZG 2022, 1043 (1051); BT-Drs. 19/28177, 121.
[56] *BSI,* Anforderungskatalog zur Prüfung von Identifikationsverfahren gemäß TR 03147, S. 26, 34, 67f.
[57] BT-Drs. 19/28177, 121.
[58] Ausführlich hierzu *Lieder* NZG 2022, 1043 (1050f.).
[59] Vgl. dazu BT-Drs. 19/28177, 116.
[60] *Bayer* in Lutter/Hommelhoff, GmbHG, 20. Aufl. 2020, § 40 Rn. 31; *Berninger* GmbHR 2009, 679 (682); *D. Mayer* DNotZ 2008, 403 (411).

Er kann nur technische Unterstützung anbieten und die Liste des Geschäftsführers oder ausländischen Notars als Bote elektronisch übermitteln.[61]

Schließlich ist noch die unionsrechtliche Dimension in den Blick zu nehmen. Hierbei sind vor allem die Vorgaben der Dienstleistungsfreiheit zu beachten. Im Grundstücksrecht herrscht die Meinung vor, dass der Ausschluss ausländischer Notare von der Entgegennahme von Auflassungserklärungen keinen unionsrechtlichen Bedenken begegnet.[62] Sieht man das notarielle Online-Verfahren als von der Dienstleistungsfreiheit erfasst an, ist wiederum zu beachten, dass nur der deutsche Notar die materielle Rechtmäßigkeit von Gesellschaftsverträgen, die nach den Vorgaben der deutschen Umsetzung der Digitalisierungsrichtlinie zustande gekommen sind beurteilen kann und dadurch jedenfalls mittelbar die Funktionsfähigkeit der Registersysteme gewährleisten kann, was eine Beschränkung der Dienstleistungsfreiheit rechtfertigen würde.[63]

3. Substitution bei Fernbeglaubigung

Die letzte im Beispielsfall aufgeworfene Frage betrifft die Substitutionsmöglichkeit bei Beglaubigungen.

Anmeldungen zum Handelsregister sind gem. § 12 Abs. 1 S. 1 HGB in öffentlich-beglaubigter Form einzureichen. Hierbei handelt es sich um eine formelle Anforderung, die uneingeschränkt dem Prüfungsrecht des Registergerichts unterliegt. Es stellt sich also die Frage, ob die Beglaubigung durch einen österreichischen Notar dieses Erfordernis erfüllt. Es ist im Grundsatz allgemein anerkannt, dass die Beglaubigung nicht zwingend durch eine deutsche Urkundsperson erfolgen muss, sondern auch die Beglaubigung durch eine ausländische Urkundsperson möglich ist,[64] sofern hierdurch eine beglaubigte Urkunde entsteht, die einer deutschen Unterschriftsbeglaubigung gleichwertig ist.[65] Auf welche Weise diese öffentliche Beglaubigung vorgenommen wird, ist aber zunächst eine Frage des für die jeweilige Urkundsperson geltenden Verfahrensrechts.[66]

Insoweit gilt daher für einen österreichischen Notar das österreichische Beurkundungsrecht. Dieses gilt insbesondere dafür, welche Person zur Beurkundung bzw. Beglaubigung berufen ist und in welcher Weise die Feststellung der Identität der Person erfolgen muss. Insoweit unterstellen wir im Folgenden, dass die Fernbeglaubigung dem österreichischen Verfahrensrecht entsprechend vorgenommen wurde.

Dies bedeutet jedoch noch nicht, dass die Beglaubigung den Anforderungen des § 12 HGB genügt, also diese Form substituieren kann. Denn das deutsche Beurkundungsrecht sieht bislang keine Fernbeglaubigung vor, sondern nur eine Beglaubigung der Unterschrift in Gegenwart des Notars. Jedoch wird für einen gewissen Anwendungsbereich seit 1. August 2022 eine Online-Beglaubigung auch nach deutschem Recht zugelassen.[67]

Doch auch angesichts dieser neuen digitalen Möglichkeiten (hierzu s. auch den Beitrag von *Wendelin Mayer* unter II., S. 316 ff.) zeigt sich, dass die Fernbeglaubigung iSd § 90a öst.

---

[61] *Heidinger* in MüKoGmbHG, 3. Aufl. 2019, § 40 Rn. 338.

[62] BGH NJW 2020, 1670; *J. Weber* in BeckOGK, 1.1.2022, BGB § 925 Rn. 68.

[63] So auch schon *Lieder* NZG 2020, 1081 (1089).

[64] Siehe nur KG DNotI-Report 2022, 69; OLG Karlsruhe Beschl. v. 20.4.2022 – 1 W 25/22 (Wx) nv; für das Grundbuchverfahren OLG Zweibrücken MittBayNot 1999, 480; *Hertel* in Meikel, 12. Aufl. 2020, Einl. G Rn. 290.

[65] KG DNotI-Report 2022, 69; OLG Karlsruhe Beschl. v. 20.4.2022 – 1 W 25/22 (Wx) nv; OLG Zweibrücken MittBayNot 1999, 480; *Hertel* in Meikel, GBO, 12. Aufl. 2020, Einl. G Rn. 290.

[66] Für das Grundbuchverfahren *Hertel* in Meikel, GBO, 12. Aufl. 2020, § 29 Rn. 290, 452; *Schaub* in Bauer/Schaub, GBO, 4. Aufl. 2018, AT K Rn. 596.

[67] Siehe hierzu die umfangreiche Übersicht zu notariellen Online-Beurkundungen/-Beglaubigungen bei GmbH-Vorgängen bei *Böhringer* GmbHR 2022, 1005.

Notariatsordnung dem deutschen Präsenzverfahren nicht gleichwertig ist. Hierbei ist zu beachten, dass die Kasuistik der Rechtsprechung bisher lediglich Fälle von Präsenzverfahren in den Blick genommen hat. Hinsichtlich der Gleichwertigkeit von Fernbeglaubigungen liegen lediglich Entscheidungen zum Verfahren mittels „Unterschriftsabgleich" vor, die jeweils zu dem Ergebnis kamen, dass diese Beglaubigungen dem deutschen Beglaubigungserfordernis nicht genügen.[68]

Das gleiche Ergebnis wird man auch für die Identitätsprüfung im Rahmen der österreichischen „Fernbeglaubigung" annehmen müssen. Bereits bei der Identifikation der Beteiligten bestehen die schon unter → III. 2. ausgeführten deutlichen Unterschiede gegenüber dem nach dem deutschen Beurkundungsgesetz.

Da der österreichische Notar in aller Regel nur sein eigenes Verfahrensrecht kennen und berücksichtigen wird, wird in aller Regel bei einer Anmeldung auch ein Prüfvermerk gem. § 378 Abs. 3 FamFG fehlen. In diesem Zusammenhang stellt sich die zusätzliche Frage, wie sich die fehlende Vorprüfung auswirkt und ob der Prüfvermerk durch den österreichischen Notar anzubringen ist oder durch den einreichenden deutschen Notar.

Die notarielle Vorprüfung ist nach hM eine Verfahrensvoraussetzung.[69] Hat eine Prüfung nicht stattgefunden bzw. ist sie nicht durch entsprechenden Vermerk nachgewiesen, führt dies zwingend zu einer temporär ablehnenden Bescheidung mittels Zwischenverfügung.[70] Insofern ist davon auszugehen, dass das Registergericht die Eintragung im Beispielsfall schon deshalb zurückweisen würde.

Auch eine Nachholung der Prüfung durch den österreichischen Notar wird ausscheiden. Soweit die Literatur die Prüfung durch einen ausländischen Notar überhaupt thematisiert, wird davon ausgegangen, dass eine inhaltliche Prüfung gem. § 378 Abs. 3 FamFG regelmäßig nicht ohne Kenntnis des deutschen Registerrechts vorgenommen werden könne. Dass der ausländische Notar diese (Detail-)Kenntnis hat, wird man regelmäßig nicht unterstellen können. Der Prüfungsvermerk eines ausländischen Notars genügt somit von vornherein nicht.[71]

Möglich ist jedoch ohne Weiteres, dass der deutsche Notar den Prüfvermerk anbringt, auch wenn die Anmeldung nicht von ihm stammt. Dies setzt jedoch – unabhängig von der Frage der praktischen Umsetzung – voraus, dass der deutsche Notar auf Grundlage einer eigenen Prüfung den Prüfvermerk anbringt.[72] Dies wäre im Beispielfall aber auch erforderlich, um eine Zurückweisung nicht schon aus diesem Grund zu riskieren.

IV. Die Substitution der Beurkundung durch einen ausländischen Notar zwischen Präsenz- und Onlineverfahren als neue Herausforderung für die Praxis

Die Frage nach der Substitution der notariellen Form beschäftigt in Bezug auf Präsenzverfahren Wissenschaft und Praxis bereits seit Längerem. In der Rechtsprechung wurde die Frage ausführlich, jedoch in großen Teilen unzureichend behandelt, was wiederum zu

---

[68] KG DNotI-Report 2022, 69; OLG Karlsruhe Beschl. v. 20.4.2022 – 1 W 25/22 (Wx) nv.
[69] Zum Grundbuchverfahren OLG Celle FGPrax 2018, 5 mAnm *Eickelberg;* OLG Schleswig DNotZ 2017, 862; *Eickelberg/Böttcher* FGPrax 2017, 145 (147); aA lediglich *Krafka/Heinemann* Rpfleger 2017, 661 (667); *Heinemann* ZNotP 2017, 166 (168).
[70] *Bosch* in HK-NotarR, 2022, FamFG § 378 Rn. 31; *Otto* in BeckOK FamFG, 42. Ed. 1.4.2022, § 378 Rn. 75; aA *Krafka* in MüKoFamFG, 3. Aufl. 2019, § 378 Rn. 18.
[71] *Bosch* in HK-NotarR, 2022, FamFG § 378 Rn. 25; *Krafka* in MüKoFamFG, 3. Aufl. 2019, § 378 Rn. 16; *Otto* in BeckOK FamFG, 42. Ed. 1.4.2022, § 378 Rn. 54.
[72] *Otto* in BeckOK FamFG, 44. Ed. 1.10.2022, § 378 Rn. 55; *Eickelberg* in Sternal, FamFG, 21. Aufl. 2023, § 378 Rn. 30; *Schwamb/Harders* in Bumiller/Harders/Schwamb, FamFG, 13. Aufl. 2022, § 378 Rn. 9.

Rechtsunsicherheit geführt hat. Es steht zu erwarten, dass in der nahen Zukunft eine größere Zahl von Praxisfällen die Gerichte mit neuen Fragen befassen wird. Umso wichtiger ist es, dass hierbei die Voraussetzungen der Substitution im Einzelfall genau geprüft werden und die verschiedenen Konstellationen differenziert betrachtet werden.

V. Zusammenfassung in Thesen

- Die Substitution der nach deutschem Recht vorgeschriebenen notariellen Form durch eine von einem ausländischen Notar durchgeführte Beurkundung oder Beglaubigung ist grundsätzlich möglich.
- Wie in Fällen einer Präsenzbeurkundung ist auch bei Fernbeurkundungsverfahren eine Einzelfallbetrachtung dahingehend vorzunehmen, ob die Auslandsbeurkundung der deutschen abstrakt gleichwertig ist.
- Für die Beurteilung der Gleichwertigkeit sind auch hier die vom BGH aufgestellten Grundsätze maßgeblich, sodass Gleichwertigkeit vorliegt, wenn die ausländische Urkundsperson nach Vorbildung und Stellung im Rechtsleben eine den Tätigkeiten des deutschen Notars entsprechende Funktion ausübt und für die Errichtung der Urkunde ein Verfahrensrecht zu beachten hat, das den tragenden Grundsätzen des deutschen Beurkundungsrechts entspricht.
- Die Gleichwertigkeit der Beurkundung durch einen ausländischen Notar bemisst sich auch bei Fernbeurkundungen nach abstrakten Maßstäben und nicht nach der Frage, ob der konkrete Beurkundungsvorgang der nach deutschem Recht vorgesehenen Beurkundung angenähert ist.
- Eine Substitution scheidet von vornherein aus, wenn es sich um einen Vorgang handelt, der zwar nach ausländischem Recht im Fernverfahren, nach deutschem Recht jedoch nur im Präsenzverfahren durchgeführt werden kann, da nach deutschem Recht ein Fernverfahren grundsätzlich unzulässig und nur in eng begrenzten Ausnahmefällen ausnahmsweise zulässig ist.
- Zu den tragenden Grundsätzen des deutschen Beurkundungsrechts zählen mit Blick auf das Online-Verfahren gerade eine Identifizierung, die wie § 16c BeurkG eine elektronische Lichtbildauslesung aus dem Ausweisdokument beinhaltet, und dass die Identifizierung vom Notar höchstpersönlich durchgeführt und nicht auf Dritte ausgelagert wird, was ebenfalls in § 16c BeurkG in besonderer Weise zum Ausdruck kommt. Ebenso muss es sich um ein hoheitliches Verfahren handeln. Nur die öffentlich-rechtliche Ausgestaltung des Videobeurkundungssystems kann den hoheitlichen Charakter des Beurkundungsverfahrens wahren und stellt etwa sicher, dass den Beteiligten tatsächlich ein mit Amtsbefugnis ausgestatteter Notar gegenübertritt.
- In der Praxis wird eine Substitution zudem sowohl bei Fernbeurkundungs- als auch bei Präsenzverfahren in aller Regel daran scheitern, dass dem ausländischen Notar keine geldwäscherechtlichen Prüfungspflichten, ebenso wenig wie Pflichten zur Meldung an die Finanzämter obliegen werden.
- Werden diese tragenden Grundsätze durch das ausländische Fernbeurkundungsverfahren nicht gewährleistet, scheidet eine Substitution selbst bei Verfahren, die nach deutschem Recht im Fernbeurkundungsverfahren durchgeführt werden können, aus.

ALEXANDER KRAFKA

Rester vivant – Michel Houellebecq, Andreas Heidinger und das Gesellschaftsrecht

I. Einführung

Ein provokativer französischer Romanautor als Stichwortgeber für einen Festschriftbeitrag? Zumindest der äußere Rahmen für ein solches Vorgehen passt ideal – zeitgleich mit dem Beginn der Tätigkeit von *Andreas Heidinger* am Deutschen Notarinstitut erschien im Jahr 1994 *Michel Houellebecqs* erster Roman und mit Beendigung seiner dortigen Tätigkeit wurde im Jahr 2022 mit folgenden abschließenden Worten der mutmaßliche letzte Roman des französischen Prix-Goncourt-Preisträgers veröffentlicht: „Ich bin glücklicherweise gerade zu einer positiven Erkenntnis gelangt; für mich ist es Zeit aufzuhören."[1]

Im Wesentlichen nimmt dieser Beitrag auf unterhaltsame Weise einen anhand der literarischen und gutachterlichen Tätigkeit des Jubilars orientierten Weg durch die notariell bedeutsamen Aspekte des Handels- und Gesellschaftsrechts und möchte in diesem Sinne etwas versuchen, das *Andreas Heidinger* besonders auszeichnet: seine Fähigkeit, in einer erkenntnisreichen Unterhaltung Lösungen auch für ungewöhnliche rechtliche Fragen zu entwickeln. In loser Anknüpfung an die Romane von *Michel Houellebecq,* der sich zwar nicht gesellschaftsrechtlichen, stets aber in kontroverser Art gesellschaftlichen Themen widmet, sind daher im Folgenden verschiedene alte und neue Fragenkreise des Handels- und Gesellschaftsrechts anzusprechen.

II. „Ausweitung der Kampfzone" – Neoliberales Firmenrecht

Mit „Ausweitung der Kampfzone" erscheint 1994 *Michel Houellebecqs* erster Roman und beschreibt neben der tristen Routinearbeit eines Informatikers im Spätkapitalismus die Parallelität von Ökonomie und Sexualität. Wenigstens im Sinne des plakativen Romantitels ereignete sich im Sommer 1998 mit der Neugestaltung des Firmenrechts (§§ 17 ff. HGB) durch das Handelsrechtsreformgesetz eine bis heute fortwirkende neoliberale Revolution. Die Erweiterung denkbarer Gesellschaftsnamen wird mittels § 707b Nr. 1 BGB[2] zudem ab 1.1.2024 auch für Gesellschaften bürgerlichen Rechts eine maßgebliche Rolle spielen. Die heute kaum mehr verständlichen, eher feudal-standesartigen Beschränkungen bei der Firmenbildung im ausgehenden 20. Jahrhunderts sind heutigen Juristen im historischen Nachgang kaum mehr vermittelbar. Umso irritierender erscheinen noch immer fortwirkende traditionelle Beschränkungen, denen *Andreas Heidinger* in seiner Kommentierung zum Firmenrecht im Münchener Kommentar in faszinierender Detailgenauigkeit nachgeht.[3] Dass die „Kampfzone" zwischen gutachterlich tätiger Industrie- und Handelskammer, entscheidender gerichtlicher Registerpraxis und wissenschaftlich begleitender Literatur ein weites Feld für juristische Auseinandersetzungen aufspannt, versteht sich hierbei von selbst, geht es

---

[1] *Houellebecq,* Vernichten, 2022, S. 619.
[2] In der Fassung des Gesetzes zur Modernisierung des Personengesellschaftsrechts vom 10.8.2021, BGBl. I 3436.
[3] *Heidinger* in MüKoHGB, 5. Aufl. 2021, §§ 17 ff.

doch letztlich um die – in wettbewerbsorientierten Wirtschaftssystemen – existenzielle Namensgebung für das unternehmerische Auftreten im Geschäftsverkehr.

Die Rechtsprechungsentwicklung seit 1998 ließe sich unter der Überschrift „Von ‚Meditec‘[4] bis ‚Partners‘[5] – the great escape" beschreiben, denn letztendlich zeigt sich ein zunehmend entspannter werdender Umgang mit den maßgeblichen handelsrechtlichen Vorgaben, ja nahezu eine Befreiung aus den engen Grenzen des alten Firmenrechts. Ein passendes Beispiel hierfür ist die Entscheidung des Bundesgerichtshofs zur Frage, ob Buchstabenkombinationen – im konkreten Fall die Bezeichnung „HM & A" – als Wort artikulierbar sein müssen.[6] Mit den Worten, dass dieses von der Rechtsprechung[7] vormals geforderte Kriterium lediglich „ein Postulat auf der Grundlage einer – nicht an objektiven Kriterien ausgerichteten – reinen Wertung darstellt"[8], umschreibt der Senat freundlich, dass es sich hierbei wohl um kaum weniger als Willkür handelte. Jedenfalls ist unter Geltung des neuen Firmenrechts für derartige Beschränkungen der unternehmerischen Namensgebungsfreiheit kein Raum.

Verblieben sind allenfalls verwirrende Relikte, wie etwa die Rechtsprechung zur Änderung berechtigt gemäß § 22 HGB fortgeführter Firmen. Noch immer wird hierzu die „Frankona"-Entscheidung des Bundesgerichtshofs[9] aus dem Jahr 1965 als maßgebliches Judikat genannt.[10] Wesentliche Änderungen der Firma sind demgemäß bei oder nach der Firmenübernahme nur ausnahmsweise möglich. Dies bildet, wie auch die Vorschrift des § 23 HGB, die aktuellen Erfordernisse der Geschäftswelt nicht ausreichend ab. Wird zum Beispiel ein Teil eines Unternehmens übertragen, scheidet danach eigentlich die Fortsetzung der ursprünglichen Firmierung aus. Was aber, wenn die fortzusetzende Firma originär als neue Namensbeschreibung gebildet wird und als solche zulässig ist? Scheitert sie dann daran, dass es bisher eine solche Firma gab, die aber nicht fortgeführt werden dürfte?

Schließlich findet sich in der Gutachtenpraxis des Deutschen Notarinstituts eine Veröffentlichung, die ebenfalls dem grundsätzlich neoliberalen Ansinnen des Handelsrechtsreformgesetzes entspricht: dort wird zurecht vertreten, dass der Name eines auch nur mittelbar an einer Kapitalgesellschaft Beteiligten bei der Firmenbildung verwendet werden darf.[11] Zur Problematik, wo gegebenenfalls im Sinne einer Irreführung die Grenze bei derartigen Namensverwendungen unbeteiligter Personen zu ziehen sein mag, äußert sich zwar das Gutachten nicht, wohl aber *Andreas Heidinger* in nicht weniger als acht Randnummern seiner Kommentierung zu § 18 Abs. 2 HGB.[12]

Auch nach bald 25 Jahren bleibt damit das nicht mehr ganz so „neue" Firmenrecht ein Spannungsfeld mit einer Vielzahl meiner Ansicht nach noch nicht stimmig gelöster Fragen.

III. *„Elementarteilchen" – Entwicklungen im „Familienkontext"*

Der 1998 erschienene zweite Roman von *Michel Houellebecq* mit dem Titel „Elementarteilchen" wird als „Kultbuch" bezeichnet[13] und wurde in Deutschland bereits wenige Jahre später mit prominenten Darstellern verfilmt. Die Handlung bewegt sich im Familienumfeld

---

[4] BayObLGZ 1999, 114, vgl. *Heidinger* in MüKoHGB, 5. Aufl. 2021, § 18 Rn. 33.
[5] BGH DNotZ 2021, 985.
[6] BGH DNotZ 2009, 469.
[7] Zum Warenzeichenrecht s. zuletzt BGHZ 74, 1 (2).
[8] BGH DNotZ 2009, 469 (471) Tz. 12.
[9] BGHZ 44, 116.
[10] *Heidinger* in MüKoHGB, 5. Aufl. 2021, § 22 Rn. 58.
[11] Gutachten DNotI-Report 2003, 107.
[12] *Heidinger* in MüKoHGB, 5. Aufl. 2021, § 18 Rn. 180 bis 187.
[13] Eintrag „Elementarteilchen (Roman)" in der deutschsprachigen Fassung von Wikipedia (letzter Abruf 15.12.2022).

sehr verschiedener Halbbrüder und ihrer tragischen Liebeserfahrung, die jeweils mit dem Suizid der Partnerin ihr Ende findet.

Schwierige „Familienkonstellationen" gibt es auch im Gesellschaftsrecht immer wieder, insbesondere bei der Behandlung von Konzernzusammenhängen und Gesellschaftskonglomeraten. So findet sich etwa ein Gutachten des Deutschen Notarinstituts zur Frage, ob organschaftliche Vertretungspersonen einer Muttergesellschaft die Vertreter einer Tochtergesellschaft von den Beschränkungen des § 181 BGB befreien dürfen, wenn sie selbst seitens ihrer Muttergesellschaft von diesen Verboten nicht befreit sind.[14] Darin kommt das Institut zum Ergebnis, dass eine solche Befreiung möglich ist, enthält allerdings mit seinem letzten Absatz genau die Einschränkung, die der Praxis die meisten Schwierigkeiten bereitet. So heißt es lediglich referierend, dass nach „verbreiteter Auffassung"[15] die eigene Bestellung eines derart nicht befreiten Vertreters zum Organ der Tochtergesellschaft ausgeschlossen und daher ein dahingehender Beschluss unwirksam sei. Die Aktualität dieser Problematik ist im Aktienrecht von erheblicher Bedeutung und sorgt für eine nicht abreißende Flut an Aufsätzen.[16] Eine praxisgerechte pragmatische Lösung wurde hierbei, wie in einigen anderen der auch im Gesellschaftsrecht geltenden misslichen Außenwirkung des § 181 BGB geschuldeten Fällen, bislang nicht gefunden.

Einen eher kuriosen Fall mit „Familienkontext" behandelt dagegen ein 2019 veröffentlichtes DNotI-Gutachten aus dem Bereich des Umwandlungsrechts.[17] Nach Herstellung eines Mutter-Tochter-Verhältnisses erfolgte eine Verschmelzung der Tochter auf die Muttergesellschaft – anschließend erwies sich allerdings die Anteilsübertragung als unwirksam. Mangels einschlägiger Rechtsprechung betritt das Gutachten Neuland, kommt allerdings unter Berufung auf verschiedene Kommentierungen *Heidingers*[18] zu einer einleuchtenden Lösung: da bei der Verschmelzung keine neuen Anteile geschaffen wurden, sind die wahren Gesellschafter auf Schadensersatz- oder Kondiktionsansprüche zu verweisen.

IV. „Plattform" – globale Niederlassungsfreiheiten

Mit „Plattform", seinem erstmals 2001 erschienenen dritten Roman, beschreibt *Michel Houellebecq* die Realisierung einer Geschäftsidee des legalen weltweit organisierten Sextourismus, die allerdings abschließend an einem fundamentalistischen Terrorakt scheitert. Für global operierende Unternehmen bieten vor allem Zweigniederlassungen zumindest im europäischen Rahmen vergleichsweise einfache Wege zur Etablierung ausländischer Dependancen. Das Zweigniederlassungsrecht der §§ 13 ff. HGB erlebte seit 1993 im Rahmen der Umsetzung der damaligen europäischen Zweigniederlassungsrichtlinie[19] einen enormen Schub, der nicht zuletzt durch den Europäischen Gerichtshof und seine Entscheidungen in Sachen Centros[20], Überseering[21] und Inspire Art[22] entfesselt wurde. Die damals neue Figur des nunmehr in § 13e Abs. 2 S. 5 Nr. 3 HGB erwähnten „ständigen Vertreters" ist neben dem Prokuristen eine allein ausländischen Gesellschaften vorbehaltene Form der rechtsgeschäftlichen Stellvertretung mit Registerpublizität. Wer sich damit auseinandersetzen

---

[14] Gutachten DNotI-Report 2006, 61.

[15] Zitiert wird sodann ausdrücklich BayObLGZ 2000, 325.

[16] Beispielhaft in letzter Zeit *Maidl* DNotZ 2022, 163, *Schiller* GWR 2019, 102 und *Ising* NZG 2011, 841.

[17] Gutachten DNotI-Report 2019, 45.

[18] *Heidinger* in Henssler/Strohn, Gesellschaftsrecht, 5. Aufl. 2021, UmwG § 20 Rn. 53 f., und *Heidinger* in MüKoGmbHG, 3. Aufl. 2018, § 16 Rn. 222.

[19] Richtlinie 89/666/EWG vom 21.12.1989, ABl. EG 1989 L 395, 36.

[20] EuGH NJW 1999, 2027.

[21] EuGH NJW 2002, 3614.

[22] EuGH NJW 2003, 3331.

muss, greift trotz aller Dynamik der Rechtsentwicklung auch heute noch auf den maßgeblichen Aufsatz von *Andreas Heidinger*[23] zurück.

Im Schatten der neuen Beurkundung mittels Videokommunikation (§§ 16a BeurkG) wurde im Rahmen der Umsetzung der Digitalisierungsrichtlinie[24] auch das Recht der Zweigniederlassungen tiefgreifend novelliert. So sieht § 13a HGB vor, im deutschen Handelsregister nunmehr auch die im europäischen Ausland eingetragene Zweigniederlassung im Register der inländischen Hauptniederlassung zu vermerken. Zudem entfielen die mit der europarechtlich vorgegebenen Niederlassungsfreiheit kaum vereinbaren Versicherungserklärungen bei der Anmeldung inländischer Zweigniederlassungen ausländischer EU-Kapitalgesellschaften (vgl. § 13f Abs. 5 S. 2 HGB und § 13g Abs. 5 S. 2 HGB). Die Ankündigung der Europäischen Kommission einer Initiative zum „Upgrading digital company law"[25] lässt erwarten, dass in nächster Zeit dieser Rechtsbereich einigen weiteren Änderungen unterzogen wird.

Für die Aufhebung einer Zweigniederlassung findet sich im Übrigen ein aktuelles Gutachten des Deutschen Notarinstituts,[26] das der Frage nachgeht, ob mit der entsprechenden Registeranmeldung ein Nachweis über die gewerbeaufsichtliche Abmeldung beizubringen ist. Zurecht hört man die zwar zurückhaltend freundlich formulierende, in der Sache aber klare und eindeutige Stimme des gesellschaftsrechtlichen Referats, das eine solche Vermischung von gewerberechtlichen und handelsregisterlichen Zuständigkeiten dezidiert ablehnt. Nur dies wird dem unmissverständlichen Auftrag des § 7 HGB gerecht.

V. „Die Möglichkeit einer Insel" – Stiftungen als reale Unsterblichkeit

Mit seinem 2005 erschienenen, vom Raelismus inspirierten Roman „Die Möglichkeit einer Insel" geht *Michel Houellebecq* dem Traum der Unsterblichkeit nach, einem gesellschaftsrechtlich mit dem Institut der Stiftung bekannten Phänomen. Die große Reform dieses Rechtsgebiets[27] beschert eine weitere Alphabet-Insel im BGB (§§ 86a bis 86i) und ein weiteres Register: das Stiftungsregister.

Spannend an letzterem ist, dass es sich um ein bundeseinheitliches Register handelt, das nicht von den Gerichten, sondern vom Bundesamt der Justiz geführt wird (§ 1 StiftRG). Zwar bedürfen dort zu stellende Anträge – wie auch sonst im Registerverkehr[28] üblich – der öffentlichen Beglaubigung (§ 3 Abs. 2 S. 1 StiftRG), jedoch handelt es sich um keine Registersache im Sinne des § 374 FamFG, sondern um ein „arteigenes" Registerverfahren, für das im Streitfall der Verwaltungsrechtsweg eröffnet ist (§ 18 Abs. 1 StiftRG). Die Frage, ob es sinnvoll ist, dass Verwaltungsjuristen über Fragen des bürgerlich-rechtlichen Gesellschaftsrechts entscheiden, mag als sich selbst beantwortend dahinstehen. Noch mehr verwundert allerdings, dass das mittlerweile wuchernde Registerwesen nunmehr neben den klassischen drei (Handels-, Vereins- und Genossenschaftsregister) nunmehr auch drei moderne Zweige hat (Partnerschafts-, Gesellschafts- und Stiftungsregister). Die Zusammenfassung dieser sechs Register unter einem gemeinsamen Dach – wie etwa in der Republik Österreich als „Firmenbuch", in welchem seit vielen Jahren auch Privatstiftungen zu finden sind – wäre ein wichtiger Beitrag zur Förderung der Transparenz und erfordert einen ver-

---

[23] *Heidinger* MittBayNot 1998, 72.

[24] S. Art. 1 des Gesetzes zur Umsetzung der Digitalisierungsrichtlinie vom 5.7.2021, BGBl. I 3338.

[25] *Lieder* NZG 2022, 985.

[26] Gutachten DNotI-Report 2022, 99.

[27] Gesetz zur Vereinheitlichung des Stiftungsrechts und zur Änderung des Infektionsschutzrechts vom 16.7.2021, BGBl. I 2947.

[28] Vgl. § 12 HGB, § 77 BGB und § 157 GenG.

mutlich überschaubaren legislativen Aufwand. Dass der Gesetzgeber nun beim Stiftungs-register in ein verwaltungsrechtliches Umfeld abgebogen ist, weckt allerdings für ein solches Projekt nicht allzu große Hoffnung.

VI. „Karte und Gebiet" – Die Vermessung der Beteiligung

Sein fünfter Roman „Karte und Gebiet" verschaffte *Michel Houellebecq* im Jahr 2010 die Auszeichnung des „Prix Goncourt", womit er sich endgültig in die erste Reihe der französi-schen Weltliteratur setzte. Als besonders makaber lässt sich inhaltlich vermerken, dass sich der Autor selbst in die Handlung als Mordopfer einbezieht. Der gesellschaftsrechtliche Kontext einer „Kartierung" erlaubt die Behandlung eines Bereichs, in dem *Andreas Heidinger* ähnlich wie im Firmenrecht durch akribische und detailgenaue Kommentierungen hervorgetreten ist. Der in dritter Auflage im Jahr 2017 erschienene und von ihm nunmehr auch als Mither-ausgeber verantwortete Kommentar zum GmbH-Gesetz, der als „Michalski" begann und inzwischen als „Michalski/Heidinger/Leible/Schmidt" auftritt, enthält eine von ihm ver-fasste Bearbeitung des § 40 GmbHG. Mit aller Erfahrung der ihm aus der Praxis bekannten Probleme finden sich auf 20 Seiten alle nur denkbaren Konstellationen, die für die Gesell-schafterliste einer GmbH von Bedeutung sein können.

Die veröffentlichten Gutachten des Deutschen Notarinstituts zur GmbH-Gesellschafter-liste zeichnen insgesamt ein pragmatisches Bild mit dem Versuch, insbesondere der notariel-len Praxis mit eindeutigen Antworten auf wichtige Fragen eine aktuelle Hilfestellung zu geben. So wird beispielsweise empfohlen, eigene Anteile der betroffenen Gesellschaft auch bei Bestimmung der prozentualen Anteilsverhältnisse regulär heranzuziehen.[29] Ebenso findet sich ein auch heute noch lesenswertes Gutachten zur Einführung der seitdem viel kritisierten Gesellschafterlistenverordnung,[30] in dem beispielhaft das Vorgehen bei Geschäftsanteilstei-lungen und die Verwendung der Veränderungsspalte behandelt sind.

Nicht nur die äußere Seite der Beteiligung bedarf gelegentlich der juristischen Vermes-sung. Auch die innere Seite im Sinne des Maßes der Beteiligung an Geschäftsführungsmaß-nahmen muss gelegentlich ausgeleuchtet werden. So widmet sich ein Gutachten des Deut-schen Notarinstituts aus dem Jahr 2019[31] der Frage, ob im Sinne der Holzmüller/Gelatine-Rechtsprechung[32] ein Geschäft, mit dem eine Gesellschaft mit beschränkter Haftung nahezu ihr gesamtes Vermögen überträgt, eines notariell zu beurkundenden Zustimmungsbeschlus-ses bedarf. Trotz Klarstellung des Bundesgerichtshofs, der nunmehr eine entsprechende Anwendung des § 179 a AktG auf Gesellschaften mit beschränkter Haftung ausdrücklich ablehnt,[33] empfiehlt das Gutachten „mit Rücksicht auf die unsichere Rechtslage" vorsorg-lich die Beurkundung eines solchen Beschlusses und weist zugleich darauf hin, dass dessen Fehlen nur nach den Regeln des Missbrauchs der Vertretungsmacht Außenwirkung haben kann.

VII. „Unterwerfung" – Gesellschaftsrechtliche Beherrschungsverhältnisse

Das Erscheinen von „Unterwerfung", dem sechsten Roman von *Michel Houellebecq* im Jahr 2015 war begleitet von den islamistischen Angriffen auf das Büro der Pariser Satirezeit-schrift „Charlie Hebdo" und behandelte nicht weniger als die aus damaliger Perspektive

---

[29] Gutachten DNotI-Report 2017, 131.
[30] Gutachten DNotI-Report 2018, 105.
[31] Gutachten DNotI-Report 2019, 193.
[32] BGHZ 83, 122; BGHZ 159, 30.
[33] BGHZ 220, 354.

künftige – in der fiktiven Romanhandlung im Jahr 2022 stattfindende – Umwandlung des französischen Staatswesens in eine Islamische Republik. Unter *Andreas Heidingers* Führung hatte sich die gesellschaftsrechtliche Abteilung des Deutschen Notarinstituts ebenfalls mit Abhängigkeits- und Beherrschungsverhältnissen zu beschäftigen.

Konkret geht es in einem zur Jahrtausendwende erstellten Gutachten[34] um die Frage, ob ein Beherrschungs- und Gewinnabführungsvertrag nicht nur, wie in § 294 AktG für eine beherrschte Gesellschaft ausdrücklich geregelt, mit konstitutiver Wirkung in deren Register einzutragen ist, sondern zusätzlich auch in das Register des herrschenden Rechtsträgers. Unter präziser Aufarbeitung der dazu ergangenen Rechtsprechung und Literatur wird zunächst beschrieben, dass die Vorschrift auch für Unternehmensverträge zwischen einer Personenhandelsgesellschaft als herrschendem und einer GmbH als beherrschtem Rechtsträger gilt und sodann die Frage, ob für seine Wirksamkeit der Vertrag notwendigerweise auch im Register der herrschenden Gesellschaft eingetragen sein muss, klar verneint.

Das Gutachten verhält sich in seiner Schlussbemerkung salomonisch allerdings die Möglichkeit einer solchen Eintragung offen: „Ob der Unternehmensvertrag im Register der herrschenden Gesellschaft überhaupt eingetragen werden kann, muß derzeit als offen bezeichnet werden."[35] Richtigerweise lässt sich diese Frage nach meiner Ansicht aus Gründen der Registerfunktionalität eindeutig beantworten: nicht vorgeschriebene Eintragungen haben im Handelsregister nichts zu suchen: sie nützen nicht und verwirren nur, wenn sie ausnahmsweise vorhanden sind, üblicherweise aber fehlen. Um seine Aufgabe dauerhaft und erwartungssicher erfüllen zu können, muss das Register einheitlich standardisierte Inhalte abbilden. Es darf also nicht nach Willkür der Anmeldenden in gleichen Fällen unterschiedliche Eintragungen wiedergeben. Schon in diesem Sinne ist die vermeintliche Herstellung von Transparenz mittels gut gemeinter freiwilliger Zusatzvermerke eine Schwächung der Publizitätswirkung öffentlicher Register. Die Antwort aus Sicht des Registerrechts ist also eindeutig:[36] Eintragungen von Unternehmensverträgen sind im Register des herrschenden Rechtsträgers nicht möglich. Auch wenn abschließend etwas weniger laut zugestanden sei, dass die Literatur in dieser Frage tatsächlich noch immer nicht mit einer Stimme spricht.[37] Zumindest ist die Erkenntnis hoffentlich durchgedrungen, dass an einer solchen Eintragung vernünftigerweise kein Interesse bestehen kann.[38]

VIII. „Serotonin" – Übermotivierte Rechtsfortbildungen

„Serotonin" – so der Titel des 2019 erschienenen siebten und vorerst vorletzten Romans von *Michel Houellebecq* – hat als körpereigener Botenstoff besondere Bedeutung für die Stimmungslage einer Person und sorgt für ein Gefühl der inneren Ruhe und Zufriedenheit. Eine zu geringe Serotoninkonzentration kann Angst und Aggression bewirken, so dass es sich sehr vage damit assoziiert in diesem Sinne anbietet, aus einer solchen Motivation erfolgende „übermotivierte" Rechtsfortbildungen näher zu betrachten. Als solche möchte ich Ideen bezeichnen, die zwar in gewisser Weise eine besondere Erfindungskreativität zur Schau stellen, zugleich aber nicht bis ins letzte Detail durchdacht sind und daher für die Praxis letztendlich mehr Fragen als Lösungen bieten.

---

[34] Gutachten DNotI-Report 2000, 127.

[35] Gutachten DNotI-Report 2000, 127 (128).

[36] So dezidiert meine Auffassung in *Krafka,* Registerrecht, 11. Aufl. 2019, Rn. 1111.

[37] OLG Celle NZG 2015, 645 zur Frage der Amtslöschung eines solchen Vermerks; zustimmend und allgemein die Eintragungsfähigkeit eines solchen Vermerks im Register der herrschenden Gesellschaft bejahend *Enders* NZG 2015, 623; unter Berufung auf *Hermanns* RNotZ 2015, 632 (634) meint *Boor* RNotZ 2017, 65 (78) feststellen zu können, die Literatur würde die Eintragungsfähigkeit überwiegend befürworten.

[38] *Boor* RNotZ 2017, 65 (78).

Ein Paradebeispiel hierfür stammt im gesellschaftsrechtlichen Kontext vom II. Zivilsenat des Bundesgerichtshofs. In seiner vereinzelt gebliebenen Entscheidung[39] aus dem Jahr 2012 nahm der Senat an, dass bei Kommanditbeteiligungen im Handelsregister ein „Testamentsvollstreckervermerk" eingetragen werden könne. Die Argumente dafür, diese aus dem Grundbuchrecht bekannte Eintragung (§ 52 GBO) in das Handelsregister zu übernehmen, sind aus publizitätsrechtlicher Sicht unhaltbar und würden, wenn sie konsequent angewendet würden, vermutlich eine Flut weiterer möglicher Eintragungen (zum Beispiel für Unterbeteiligungen, Treuhandverhältnisse, bedingte Übertragungen und Nacherben) zur Folge haben, die gesetzlich offensichtlich nicht gewünscht sind, da sie die Übersichtlichkeit der tatsächlich vorgesehenen Eintragungen erheblich verringern würden.

Ein ähnlich kritisch zu begleitender Vorschlag ist mutmaßlich durch den Jubilar mitzuverantworten. In einem im DNotI-Report im Jahr 2008 veröffentlichten Gutachten[40] wird die äußerst umstrittene Möglichkeit befristeter Eintragungen im Handelsregister befürwortend behandelt. Darin findet sich der aus methodologischer Sicht auch durch eine vielfache Wiederholung nicht richtig werdende Satz, das Verfahrensrecht habe gegenüber dem materiellen Recht dienende Funktion und müsse sich entsprechend unterordnen.[41] Diese durch die Verfahrenstheorie widerlegte Behauptung entbehrt jeder juristisch haltbaren Grundlage, da verschiedene Rechtsnormen naturgemäß gleichrangig sind, unabhängig davon, ob sie von der Rechtswissenschaft als „materiell-rechtlich" oder als „verfahrensrechtlich" eingeordnet werden.[42] Erst die wertende Zuordnung der jeweils im Vordergrund stehenden Gesetzeszwecke kann eine Antwort auf die Frage geben, welcher Vorschrift im Kollisionsfall der Vorrang gebührt. Die Lösung des Gutachtens geht an dieser Thematik überaus mutig achtlos vorbei und meint, es dürften auch bei der Eintragung einer befristeten Sitzverlegung einer Kapitalgesellschaft im Handelsregister „keinerlei Probleme bestehen"[43]. Wie allerdings die zwischenzeitlich noch gültige Eintragung verlautbart wird und wie insbesondere bei unterschiedlich zuständigen Gerichten zu verfahren sein soll, wird konsequenterweise offengelassen, weil es für diese Fragen keine praktisch handhabbare Lösung gibt.[44]

IX. „Vernichten" – Das Ende einer Gesellschaft

Mit seinem möglicherweise letzten Roman, dem 2022 erschienenen Werk „Vernichten" beschreibt *Michel Houellebecq* unter anderem den Verlauf einer tödlichen Krankheit in allen Facetten. Aus rechtlicher Sicht ist es ein vermutlich mit Sorgen und Ängsten verbundenes Phänomen der Tabuisierung, dass die scheinbar natürlichen Begriffe der Geburt und des Todes eines Menschen nicht wirklich präzise ausgeleuchtet sind. Weder der Beginn noch das Ende menschlichen Lebens ist aus rechtlicher Sicht klar. Anders verhält es sich mit maßgeblich beruflich geprägten Epochen, deren Grenzen oft mit einem personellen Wechsel verbunden sind. In diesem Sinne steht außer Frage, dass für das gesellschaftsrechtliche Referat des Deutschen Notarinstituts *Andreas Heidinger* ein auch für das Notariat überaus bewegtes Zeitalter geprägt hat. Genannt seien neben der von ihm auch literarisch behandelten Euro-Umstellung,[45] die Etablierung und der Ausbau elektronischer Register sowie die Vielzahl

---

[39] BGH DNotZ 2012, 788.

[40] Gutachten DNotI-Report 2008, 25.

[41] Gutachten DNotI-Report 2008, 25 (27).

[42] S. *Reimer,* Verfahrenstheorie, 2015, S. 72.

[43] Gutachten DNotI-Report 2008, 25 (27).

[44] *Heinze* NZG 2018, 847 (853), der Befristungen grundsätzlich für möglich hält, nicht aber bei Sitzverlegungen.

[45] Dazu immer noch aktuell *Kopp/Heidinger,* Notar und Euro, 2. Aufl. 2001.

von teils lustigen Abkürzungsgesetzen wie HRefG, NaStraG, TransPuG, UMAG, EHUG, MoMiG, FüPoG I und II, MoPeG und DiRUG.

Auch das Ende registrierter Rechtsträger wirft noch immer viele Fragen auf. Beginnend bei der Frage der Registrierung: was wird bei einer erlöschenden Gesellschaft mit beschränkter Haftung angemeldet und eingetragen? Das Erlöschen der Gesellschaft (§ 74 Abs. 1 S. 2 GmbHG) oder das Erlöschen der Firma (§ 31 Abs. 2 S. 1 HGB)? Oder beides, da schließlich die sterbende Handelsgesellschaft auch eine Firma hat(te), so dass die Antwort sich letztlich in § 6 Abs. 1 HGB versteckt? Oder ist gar nur der Schluss der Liquidation (§ 74 Abs. 1 S. 1 GmbHG) mit dem Erlöschen der Firma anzumelden und die Löschung der Gesellschaft durch das Erlöschen der Firma „vollzogen"? So recht genau weiß man es nicht und es verbleibt der Eindruck einer gewissen Ratlosigkeit.

Zu einer wichtigen Frage der Auflösung eines Vereins liegt dagegen eine gutachterliche Stellungnahme des Deutschen Notarinstituts vor:[46] Wer meldet die Auflösung eines Vereins an? Der (nicht mehr amtierende) Vorstand, wie es § 76 Abs. 2 S. 1 BGB vorsieht oder die kraft Bestellung bereits zur Vertretung des Vereins berechtigten Liquidatoren? Die Antwort auf diese Frage ist spannend, weil sie sich auch für andere juristische Personen stellt. Für Aktiengesellschaften sieht § 266 Abs. 1 AktG die Anmeldung der Abwickler durch den Vorstand und für Gesellschaften mit beschränkter Haftung § 67 Abs. 1 S. 1 GmbHG die Anmeldung der Liqudatoren durch die Geschäftsführer vor. Während man diesen klaren Wortlaut bei Aktiengesellschaften respektiert,[47] geht man für Gesellschaften mit beschränkter Haftung allerdings davon aus, dass die Anmeldepflicht denklogisch nur die bereits amtierenden Vertreter treffen kann, mithin also im Regelfall[48] die Liquidatoren.[49] Für den Fall des Vereins fasst das Gutachten zutreffend zusammen, dass je nach Art der Körperschaft trotz gleichen Normenbestands unterschiedliche Auffassungen bestehen und empfiehlt als praxisgerechte Lösung die Anmeldung durch Vorstand und Liquidatoren.[50]

X. *Abschließende Bemerkungen*

Dieser oberflächliche Weg durch die endlose Weite der notariell relevanten Teile des Handels- und Gesellschaftsrechts wollte mehr oder weniger wahllos ausgesuchte Fragen andeuten und dem Leser, letztendlich aber vor allem dem Jubilar im Rückblick auf sein reiches Schaffen Freude bereiten.

Michel Houellebecq hat – wie bereits beschrieben – in seinem jüngsten Roman angedeutet, dass von ihm keine weiteren maßgeblichen Werke mehr zu erwarten sind.[51] Der Wahrheitsgehalt dieser Aussage wird sich erst in Zukunft überprüfen lassen. Auch bei *Andreas Heidinger* lässt sich nicht sicher prognostizieren, ob der Ruhestand möglicherweise Raum für weitere gesellschaftsrechtliche Veröffentlichungen gibt. Bei der Vielzahl seiner Interessen ist jedenfalls kaum denkbar, dass ihm langweilig wird und falls doch: die Beschäftigung mit den Romanen von *Michel Houellebecq* ist eine anregende Aufgabe, die viele schöne Stunden bereitet und die ich ihm verbunden mit den herzlich besten Wünschen mit in den – wie es so schön heißt – „wohlverdienten Ruhestand" mitgebe.

---

[46] Gutachten DNotI-Report 2012, 181.

[47] Statt aller *Servatius* in Grigoleit, AktG, 2. Auflage 2020, § 266 Rn. 2.

[48] Wenn also die Auflösung nicht mit einer erst konstitutiv einzutragenden Gesellschaftsvertrags- oder Satzungsänderung zusammentrifft (vgl. § 54 Abs. 3 GmbHG, § 181 Abs. 3 AktG).

[49] Statt aller *Altmeppen,* GmbHG, 10. Aufl. 2021, § 67 Rn. 5.

[50] Gutachten DNotI-Report 2012, 181 (183).

[51] *Houellebecq,* Vernichten, 2022, S. 619.

MARIO LEITZEN

Die Personengesellschaft mit Verwaltungssitz im Ausland

Zu den besonderen Stärken des Deutschen Notarinstituts zählt neben der besonderen Expertise u. a. im Bereich des Gesellschaftsrechts – verkörpert durch den Jubilar – die Abdeckung der „Schnittstellen" der einzelnen Rechtsgebiete zu anderen Rechtsgebieten. In der notariellen Praxis des Gesellschaftsrechts tauchen etwa immer wieder Fragen aus den Bereichen des Erbrechts und des Verfahrensrechts auf, aber auch solche kollisionsrechtlicher Herkunft. Nicht zuletzt aufgrund der Rechtsprechung des Bundesgerichtshofs kann – oder konnte? – das deutsche Kollisionsrecht der Personengesellschaften als geklärt angesehen werden. Mit Inkrafttreten des MoPeG wird der GbR, der OHG und der KG nunmehr die Möglichkeit offenstehen, ihren Verwaltungssitz im Ausland zu wählen. Der Beitrag nimmt die Voraussetzungen und die Reichweite der Neuregelung in den Blick und widmet sich den Folgerungen für die Praxis.

I. Aktuelle Rechtslage

Nach der gewohnheitsrechtlich[1] geltenden Sitztheorie unterliegt das Gesellschaftsstatut dem Recht desjenigen Staates, in dem sich der tatsächliche Sitz ihrer Hauptverwaltung – der sog. Verwaltungssitz – befindet.[2] Nach der sog. Sandrockschen Formel ist der tatsächliche Sitz der Hauptverwaltung am Tätigkeitsort der Geschäftsführung, dh an dem Ort, wo die grundlegenden Entscheidungen der Unternehmensleitung effektiv in laufende Geschäftsführungsakte umgesetzt werden.[3] Entscheidend ist der Ort der „Manifestation der Willensbildung", weshalb manche auch von der „Manifestationstheorie" sprechen.[4] Der Sitz der Personengesellschaft unterliegt also als solcher also nicht der Disposition der Gesellschafter, sondern folgt zwingend dem Faktum der Geschäftsführung.[5] Liegt dieser Ort bei Gründung der Gesellschaft nicht in Deutschland, wird die Gesellschaft in Deutschland nicht als dem deutschen Gesellschaftsrecht unterliegend anerkannt. Der Wechsel des Verwaltungssitzes führt zu einem Statutenwechsel, und zwar bei der Verlegung nach Deutschland in Gestalt einer Art Neugründung in Deutschland und bei der Verlegung des Verwaltungssitzes aus Deutschland zur Auflösung und Liquidation der deutschen Gesellschaft.[6] Eine Identität zwischen der ausländischen Gesellschaft und der deutschen Gesellschaft besteht nicht.[7] In der Literatur hat sich zu den in Deutschland nicht anerkannten Gesellschaften mit (früherem) Verwaltungssitz im Ausland der Begriff der „Wechselbalgtheorie" entwickelt, welcher die praktischen Schwierigkeiten für die betroffenen Gesellschaften andeutet.[8]

---

[1] *Kindler* in MüKoBGB, 8. Aufl. 2021, Int. Wirtschaftsrecht Teil 10, Rn. I 5.
[2] BGHZ 25, 134, 144 = NJW 1957, 1433; BGHZ 53, 181 = NJW 1970, 998 (999); NZG 2000, 926; NZG 2003, 531, BGHZ 178, 192 = NJW 2009, 289 = NZG 2009, 68 (Trabrennbahn).
[3] *Sandrock* FS Beitzke, 1979, 669 (683), übernommen in BGHZ 97, 269 = NJW 1986, 2194.
[4] *Fedtke* ZIP 2019, 799 (802).
[5] *Weller* FS Goette, 2011, 583 (590); *Mülsch/Nohlen* ZIP 2008, 1358 (1358).
[6] OLG Hamburg NZG 2007, 597; *Thorn* in Grüneberg, BGB, 82. Aufl. 2023, EGBGB Anh. Art. 12 Rn. 11; *Weller* FS Goette, 2011, 583 (592); vgl. *Nentwig* GmbHR 2015, 1145 (1147).
[7] Anders OLG Oldenburg NZG 2021, 992.
[8] *Weller* FS Goette, 2011, 583 ff.

Modifikationen bzw. Einschränkungen hat die Sitztheorie durch die europarechtskonforme Auslegung des deutschen Kollisionsrechts im Anschluss an die Rechtsprechung des Europäischen Gerichtshofs erfahren.[9] Einzelheiten hierzu sollen an dieser Stelle nicht dargestellt werden.[10]

Ob mit der Neufassung der § 4a GmbHG und § 5 AktG durch das MoMiG hierüber hinausgehende Änderungen des Kollisionsrechts für den Bereich der Kapitalgesellschaften verbunden sind, wird nicht einheitlich beurteilt: Teils wird den genannten Vorschriften ein kollisionsrechtlicher Gehalt zugesprochen,[11] teils nur ein sachrechtlicher.[12] Nach der wohl überwiegenden Auffassung folgt aus einem Verwaltungssitz der Kapitalgesellschaft im Ausland jedenfalls nicht die Aberkennung der Rechtsfähigkeit der deutschen Gesellschaft als solcher, sondern „nur" – je nach der Rechtslage im Zuzugsstaat – die Möglichkeit der „Statutenverdoppelung".[13]

Rechtsprechung zum Wegzug/Zuzug von Personengesellschaften ist rar. Hervorzuheben ist hier die Entscheidung des Oberlandesgerichts Oldenburg vom 30. Juni 2020 zur Zulässigkeit des identitätswahrenden Rechtsformwechsels einer ausländischen Gesellschaft in eine deutsche Personengesellschaft:[14] Nach dieser Entscheidung lässt das deutsche Recht bereits jetzt den Hinein-Formwechsel in eine deutsche Personengesellschaft zu. Die Entscheidung wurde jedoch zu Recht kritisiert und kann deshalb nicht als wegweisend eingestuft werden.[15]

II. *Praktisches Bedürfnis*

In Zeiten der Globalisierung führt die Anwendung der Sitztheorie insbesondere bei ausschließlich oder überwiegend vermögensverwaltenden Personengesellschaften zu Schwierigkeiten und Zweifelsfragen – seien es Immobiliengesellschaften, seien es Holdinggesellschaften, nicht selten in Gestalt der „Auslandskapitalgesellschaft & Co. KG". Dieser Missstand wurde insbesondere aus der Anwaltschaft kritisiert.[16] Zwar ist die prinzipielle Zulässigkeit der grenzüberschreitenden Typenvermischung zwischen ausländischer Kapitalgesellschaft und deutscher Personengesellschaft inzwischen geklärt,[17] jedoch wurde für die typische Kommanditgesellschaft mit geschäftsleitender Komplementärin mit (Verwaltungs-)Sitz im Ausland überwiegend die Auffassung vertreten, dass der Sitz der Personengesellschaft dem Sitz des geschäftsführenden Gesellschafters entspreche, so dass das deutsche Recht die Gesell-

---

[9] BGHZ 178, 192.

[10] S. etwa die Darstellung von *Wall* in Hausmann/Odersky, Internationales Privatrecht in der Notar- und Gestaltungspraxis, 4. Aufl. 2021, § 18 Rn. 30 ff.

[11] *Süß* in Süß/Wachter, Handbuch des internationalen GmbH-Rechts, 4. Aufl. 2022, § 1 Rn. 27; *Thölke* in MHdB GesR VI, 5. Aufl. 2022, § 1 Rn. 63; *Herrler* DNotZ 2009, 484 (489); *Leitzen* NZG 2009, 728 (728); *Mülsch/Nohlen* ZIP 2008, 1358 (1361).

[12] *Kindler* NZG 2009, 130 (132); *Thorn* in Grüneberg, BGB, 81. Aufl. 2022, Anh. Art. 12 Rn. 2; *Wall* in Hausmann/Odersky, Internationales Privatrecht in der Notar- und Gestaltungspraxis, 2. Aufl. 2017, § 18 Rn. 125

[13] *J. Schmidt* in Michalski/Heidinger/Leible/J. Schmidt, GmbHG, 3. Aufl. 2017, § 4a Rn. 15.

[14] OLG Oldenburg NZG 2021, 992.

[15] *Knaier* DNotZ 2021, 153; *Schiller* GWR 2020, 343; *Stiegler* NZG 2020, 979.

[16] Etwa *Fedtke* ZIP 2019, 799 ff.

[17] *Liebscher* in Reichert, GmbH & Co. KG, 8. Aufl. 2021, § 3 Rn. 32 d; *Teichmann* ZGR 2014, 220 (226 ff.); *Nentwig* GmbHR 2015, 1145; die Gesetzesbegründung hebt (zu § 707 Abs. 2 BGB) hervor, dass die Beteiligung einer ausländischen Gesellschaft an einer deutschen Gesellschaft voraussetzt, dass das ausländische Recht die Beteiligung an einer Gesellschaft bürgerlichen Rechts zulässt (BT-Drs. 19/27635, 131).

schaft nicht als inländische anerkenne.[18] Zu Recht wurden die herkömmlichen Abgrenzungskriterien aber gerade für die GmbH & Co. KG als vage kritisiert.[19]

III. Vorgeschichte des MoPeG

Die Erweiterung der Möglichkeiten der Sitzwahl war auch Gegenstand der Beratungen des 71. Deutschen Juristentages 2016 im Rahmen des Themas „Empfiehlt sich eine grundlegende Reform des Personengesellschaftsrechts?" Mit großer Mehrheit wurde dort beschlossen: „Die Personenhandelsgesellschaften sollten wie die Kapitalgesellschaften ihren Verwaltungssitz – auch unabhängig vom satzungsmäßigen Sitz – im In- und Ausland frei wählen können."[20] Der Vorschlag für eine Neufassung von § 706 BGB im „Mauracher Entwurf" für ein Gesetz zur Modernisierung des Personengesellschaftsrechts entspricht der nun durch den Gesetzgeber beschlossenen Fassung, so dass die Ausführungen in der Begründung zu dem Entwurf von besonderem Interesse sind. Ausweislich der Begründung[21] besteht ein praktisches Bedürfnis für eine Sitzwahlfreiheit von Personengesellschaften – dh nicht nur, wie vom 71. DJT gefordert, für Personenhandelsgesellschaften –, und eine solche Sitzwahlfreiheit sei auch im Interesse der Rechtsvereinheitlichung. Hierüber hinaus werde durch das Sitzwahlrecht die Möglichkeit geschaffen, sämtliche Geschäftstätigkeit außerhalb Deutschlands zu entfalten, ohne auf eine vertraute deutsche Rechtsform verzichten zu müssen. Daneben sorge die eindeutige vertragliche Sitzwahl für Rechtssicherheit, wo anderenfalls eine zuverlässige Bestimmung des Sitzes nicht möglich wäre.

Die Regierungsbegründung zum MoPeG übernimmt diese Ausführungen nahezu wörtlich, wobei noch unter Bezugnahme auf den Aufsatz von Fedtke (ZIP 2019, 799) hinzugefügt wurde, dass diese Doktrin Schwierigkeiten „für die rechtssichere Strukturierung zum Beispiel von grenzüberschreitenden Beteiligungsmodellen" bereite.[22]

IV. Änderungen durch das MoPeG

1. §§ 706, 707 BGB nF

Erstmals im deutschen Gesellschaftsrecht enthält § 706 S. 1 BGB eine Definition des Verwaltungssitzes: „Sitz der Gesellschaft ist der Ort, an dem deren Geschäfte tatsächlich geführt werden." Dies entspricht der Sitztheorie in ihrer bekannten Gestalt. § 706 S. 2 BGB erlaubt nunmehr, den Sitz abweichend von Satz 1 zu wählen, indem (1) die Gesellschafter einen anderen Ort im Inland – den sog. Vertragssitz – als Sitz vereinbaren und (2) die Gesellschaft im Gesellschaftsregister eingetragen ist. Von Bedeutung ist der Sitz für die Außen- und Innenbeziehungen der Gesellschaft, etwa nach § 17 Abs. 1 ZPO im Prozessrecht, als Erfüllungsort für die Rechte und Pflichten der Gesellschaft und als Ort der Gesellschafterversammlungen. Zu beachten ist aber, dass der Ort der tatsächlichen Geschäftsführung nicht zuletzt im Steuerrecht maßgeblich bleibt (gemäß § 10 AO), wie dies auch im Kapitalgesellschaftsrecht (vgl. § 1 KStG) der Rechtslage entspricht.

---

[18] *Mülsch/Nohlen* ZIP 2008, 1358 (1359); *Teichmann* ZGR 2014, 220 (229); *König/Bormann* DNotZ 2008, 652 (659); ausf. *Fedtke* ZIP 2019, 799 (803f.).

[19] *Fedtke* ZIP 2019, 799 (803).

[20] Verhandlungen des 71. Deutschen Juristentags, Band II/2, 2017, S. O 223, Beschluss 26.

[21] Bundesministerium der Justiz und für Verbraucherschutz, Mauracher Entwurf für ein Gesetz zur Modernisierung des Personengesellschaftsrechts, 2020, S. 71f.

[22] BT-Drs. 19/27635, 126f.

Dass der Verwaltungssitz bei Wahl eines hiervon abweichenden inländischen Vertragssitzes auch im Ausland liegen darf, ergibt sich aus § 707 Abs. 2 Ziff. 1 lit. c) BGB, wonach die Anmeldung – und entsprechend die Eintragung (§ 707 a BGB) – die Angabe einer „Anschrift, in einem Mitgliedstaat der Europäischen Union" enthalten muss. Ausweislich der insoweit eindeutigen Regierungsbegründung geht mit § 706 S. 2 BGB ein Sitzwahlrecht einher, welches sich auf alle fremden Staaten bezieht, auch solche außerhalb der EU.[23] Ohne auf die Streitfrage zum Regelungsgehalt der genannten Vorschriften einzugehen, gehen die Verfasser der Regierungsbegründung – entsprechend der „Vorlage" aus der Begründung zum Mauracher Entwurf – von einem entsprechenden Sitzwahlrecht bei Kapitalgesellschaften aus, was die Schlussfolgerung naheliegt, dass – auch – § 706 S. 2 BGB eine versteckte Kollisionsnorm enthält.[24] Eine Änderung des EGBGB könnte danach als praktisch überflüssig betrachtet werden. Misst man § 706 S. 2 BGB hingegen keinen kollisionsrechtlichen Gehalt bei, handelt es sich bei der Gesellschaft mit Verwaltungssitz im Ausland nur in denjenigen Fällen um eine deutsche Gesellschaft, in denen das Kollisionsrecht der anderen Rechtsordnung auf das deutsche Recht zurückverweist, d. h. der Gründungstheorie folgt. Die praktischen Folgen sind durchaus erheblich: So gilt etwa in Frankreich nach wie vor die Sitztheorie, so dass eine Personengesellschaft mit faktischer Geschäftsleitung dort mangels Anwendbarkeit des deutschen Rechts trotz § 706 S. 2 BGB nicht bzw. nicht mehr als deutsche anzuerkennen wäre. In den Wegzugsfällen käme nur ein identitätswahrender Rechtsformwechsel in Betracht. Gerade in Anbetracht des Umstandes, dass die Sitztheorie insbesondere in der EU nach wie vor verbreitet ist, kann mE nicht angenommen werden, dass der Gesetzgeber diese Konsequenz in Kauf genommen hat.

2. Betroffene Gesellschaftsformen

Die Neuerung erfasst – über die Forderung des 71. DJT hinaus – sämtliche eingetragenen Personengesellschaften, dh neben der GbR auch die OHG (über § 105 Abs. 2 HGB), die KG (über § 161 Abs. 2 HGB) und die Partnerschaftsgesellschaft (über § 1 Abs. 4 PartGG, vgl. auch die Aufhebung von § 3 PartGG).[25] Für letztere dürfte das einschlägige Berufsrecht aber nur in Ausnahmefällen einen Sitz im Ausland zulassen, so dass die praktische Bedeutung jedenfalls dort sehr gering bleiben dürfte.

Aus der Gesetzesbegründung,[26] der systematischen Stellung von § 706 BGB im Untertitel 2 und dem Sinn und Zweck des Registers folgt, dass die Registrierungsmöglichkeit und damit die Sitzwahlfreiheit nur der Außengesellschaft zur Verfügung stehen. Bei der nicht rechtsfähigen Innen-GbR handelt es sich um ein reines Schuldverhältnis, so dass sich die Frage eines eigenen Sitzes der Gesellschaft nicht stellt. Eine Registrierung der Gesellschaft vermag hieran nichts zu ändern, jedoch dürfte im Regelfall in der Anmeldung zum Register bereits ein hinreichendes Tätigwerden nach außen bzw. eine ausreichende Manifestation eines entsprechenden übereinstimmenden Willens gesehen werden können.[27] Jedenfalls richtet sich die kollisionsrechtliche Behandlung der Innen-GbR alleine nach dem für reine Schuldverhältnisse geltenden Kollisionsrecht.

3. Voraussetzungen und Reichweite der Wahlfreiheit

Satz 1 legt zunächst den Verwaltungssitz als Sitz der Gesellschaft fest. Für alle nicht eingetragenen Gesellschaften hat es hiermit sein Bewenden, dh (jedenfalls) für diese gilt nach wie vor die Sitztheorie. Erst mit bzw. durch Eintragung der Gesellschaft gewinnen die

---

[23] BT-Drs. 19/27635, 127.
[24] So wohl auch *Noack* NGZ 2020, 581 (583).
[25] BT-Drs. 19/27635, 126.
[26] BT-Drs. 19/27635, 127 f.
[27] Vgl. BT-Drs. 19/27635, 126.

Gesellschafter die Möglichkeit der Abweichung hiervon, maW: Erst die Eintragung „legalisiert" die Vereinbarung zum Vertragssitz und führt zur „Dichotomie der Sitze", wie sie seit dem MoMiG aus dem Kapitalgesellschaftsrecht bekannt ist. Mit der Eintragung hat die Personengesellschaft einen Sitz, der in seinen Wirkungen im Wesentlichen dem „Satzungssitz" bei den Kapitalgesellschaften entspricht.

Vor der Eintragung entfaltet die Vereinbarung zum Vertragssitz allenfalls gesellschaftsinterne Wirkungen. Haben die Gesellschafter einer eingetragenen Gesellschaft einen vom Verwaltungssitz abweichenden Vertragssitz vereinbart, muss nur letzterer im Inland liegen, ersterer dagegen nicht (mehr): Der Verwaltungssitz kann dann an in einer anderen Gemeinde in Deutschland liegen, aber auch im Ausland, und zwar ohne Beschränkung auf die Europäische Gemeinschaft. Hieraus folgt notwendigerweise, dass die im Register einzutragende „Anschrift" nicht am Verwaltungssitz der Gesellschaft sein muss, sondern – innerhalb der EU – frei gewählt werden kann.

Die Vereinbarung zum Vertragssitz bedarf, anders als im Kapitalgesellschaftsrecht, keiner besonderen Form und kann – aufgrund der Streichung von § 3 PartGG auch bei der Partnerschaftsgesellschaft – auch stillschweigend zustande kommen, etwa durch Unterzeichnung einer entsprechenden Registeranmeldung durch alle Gesellschafter. Eines Nachweises gegenüber dem Registergericht bedarf es nicht.

Entsprechend den auch durch das MoPeG anerkannten Grundsätzen des Personengesellschaftsrechts kann die gesellschaftsvertragliche Vereinbarung zum Vertragssitz auch durch Mehrheitsbeschluss mit dem Inhalt der – anders als im Kapitalgesellschaftsrecht (vgl. dort §§ 54 Abs. 3 GmbHG, 181 Abs. 3 AktG) sofort wirksamen – Änderung des Gesellschaftsvertrages zustande kommen, wenn der Gesellschaftsvertrag eine entsprechende Mehrheitsklausel enthält. Fraglich ist, ob auch die Vereinbarung eines Mehrfachsitzes (zB Doppelsitz) zulässig ist. Der Wortlaut von § 706 S. 2 BGB („einen Ort") spricht dagegen; im Übrigen kann hier auf die überzeugenden Argumente der heute hM zur – jedenfalls prinzipiellen – Unzulässigkeit von Mehrfachsitzen im GmbH-Recht[28] und Aktienrecht[29] zurückgegriffen werden. Dementsprechend lässt § 706 S. 2 BGB die Vereinbarung von zwei Vertragssitzen nicht zu.

Bei (noch) nicht eingetragenen, aber bereits bestehenden Gesellschaften, deren Verwaltungssitz im Ausland liegt, stellt sich das Problem, nach welchem Recht die Vereinbarung über den Vertragssitz zustande kommt. Hier ist daran zu erinnern, dass eine solche Gesellschaft bis zu Ihrer Eintragung gar keine BGB-Gesellschaft nach deutschem Recht ist. Eine generelle „Vorverlagerung" der Anwendung des deutschen Gesellschafts- und Vertragsrechts auf den Zeitraum vor der Eintragung würde zu einer mit erheblichen Rechtsunsicherheiten verbundenen Durchbrechung von § 706 S. 1 BGB führen und ist deshalb abzulehnen. Vielmehr kann diese gesellschaftsvertragliche Vereinbarung – wie alle anderen Vereinbarungen auch – nur nach dem tatsächlich anwendbaren Recht am Ort des Verwaltungssitzes zustande kommen. Als systematisch unscharf muss in diesem Zusammenhang das Zusammenspiel von § 707 Abs. 1 mit § 706 S. 2 BGB bewertet werden: Bei wörtlicher Auslegung wäre – mangels Maßgeblichkeit des Vertragssitzes vor der Eintragung gemäß § 706 S. 2 BGB – die Registeranmeldung auch dann bei dem Registergericht des Verwaltungssitzes vorzunehmen, wenn ein hiervon abweichender Vertragssitz vereinbart worden ist. Denn ebendieser wird ja erst durch die Eintragung relevant, und bis dahin ist alleine § 706 S. 1 BGB anwendbar. Wäre diese Lesart richtig, müsste – auch in reinen Inlandssachverhalten – bei dem Gericht des Verwaltungssitzes zunächst die Eintragung erwirkt werden, um sodann auf der Grundlage einer dann zulässigen Sitzwahl eine Sitzverlegung anzumelden. Überzeugender ist es, die Eintragung unmittelbar bei dem Gericht des Vertragssitzes zuzulassen.[30] Nicht selten wird der

---

[28] *Servatius* in Noack/Servatius/Haas, GmbHG, 23. Aufl. 2022, § 4a Rn. 6.
[29] *Koch,* AktG, 16. Aufl. 2022, § 5 Rn. 10.
[30] In der Begründung zum „Mauracher Entwurf" heißt es hierzu: „Entscheiden sich die Gesellschafter für eine Anmeldung ihrer Gesellschaft zur Eintragung in das Gesellschaftsregister, haben

Unterzeichnung einer entsprechenden Registeranmeldung Indizwirkung für die Feststellung des Vertragssitzes zukommen, es sei denn, aus den sonstigen Umständen, insbesondere dem Gesellschaftsvertrag, würde sich ausdrücklich das Auseinanderfallen von Verwaltungs- und Vertragssitz ergeben.

4. Wirkungen

Mit Eintragung der Gesellschaft in das Register befindet sich der Sitz der Gesellschaft kollisionsrechtlich am Vertragssitz, § 706 S. 2 BGB. Hat sich der Verwaltungssitz schon vorher im Ausland befunden, unterliegt die Gesellschaft mithin erst durch die Eintragung und ab diesem Zeitpunkt dem deutschen Gesellschaftsrecht. MaW: Die Gesellschaft entsteht erst mit ihrer Eintragung als deutsche Personengesellschaft, und erst mit der Eintragung kommt es zum Wechsel von der Sitztheorie zur Gründungstheorie. Hieraus folgt gleichzeitig, dass die in das Register eingetragenen Personenhandelsgesellschaften (OHG/KG) ohne weiteres der Gründungstheorie in diesem Sinne unterliegen. Für Gesellschaften mit Sitz im Ausland kommt es durch die Eintragung zu einem Statutenwechsel, der nach den allgemeinen Grundsätzen der Sitztheorie nicht identitätswahrend erfolgt und auch nicht mit einer Gesamtrechtsnachfolge im Hinblick auf das Vermögen der bis dahin dem ausländischen Recht unterliegenden Gesellschaft verbunden ist. Die Eintragung hat danach keine Rückwirkung. Man könnte hier auch von einer „hinkenden Gründungstheorie" für Personengesellschaften sprechen: Hinkend erstens deshalb, weil sie nicht für nicht eingetragene Gesellschaften gilt und zweitens deshalb, weil die Gründung von Personengesellschaften nach der Dogmatik von BGB und HGB außerhalb des Registers erfolgt, die Eintragung also nicht dieselbe rechtsschaffende Wirkung hat wie im Kapitalgesellschaftsrecht. Mittelbar bekommt sie eine solche Wirkung jedoch dadurch, dass erst mit der Eintragung die Anwendung deutschen Gesellschaftsrechts einhergeht und in diesem Sinne dann doch eine Gründung vorliegt. In systemfremder Weise hat die Eintragung hier – anders als sonst im Personengesellschaftsrecht – eine echte konstitutive Wirkung, deren Zäsurwirkung noch über diejenige der Eintragung einer Kapitalgesellschaft hinausgeht: Während es bei der Kapitalgesellschaft immerhin die Kategorie der Vor-GmbH/Vor-AG gibt, die mit der eingetragenen Gesellschaft identisch ist, ist die Eintragung einer Personengesellschaft mit Verwaltungssitz im Ausland von anderer Qualität: Sie verleiht dem Zusammenschluss der Anmelder überhaupt erst die Anerkennung als deutsche Gesellschaft. Aus den vorstehenden Ausführungen folgt ohne weiteres, dass die Eintragung keine Heilungswirkung in dem Sinne hat, dass die Gesellschaft rückwirkend als dem deutschen Recht unterliegend angesehen wird.

Fraglich ist, welche Rechtsfolgen es hat, wenn die Gesellschaft nicht bei dem für den Vertragssitz zuständigen Gericht angemeldet und eingetragen wird, sondern bei einem anderen Gericht. Unproblematisch zulässig dürfte es jedenfalls sein, die Anmeldung bei dem Gericht vorzunehmen, welches nach § 706 S. 1 BGB zuständig ist. Mag § 707 Abs. 1 BGB auch die Anmeldung unmittelbar bei dem für den Vertragssitz zuständigen Gericht erlauben, kann die Anmeldung an dem bei Anwendung von § 706 S. 1 BGB zuständigen Gericht nicht rechtswidrig sein. Anzumelden ist dann dort der Verwaltungssitz. Wie liegt der Fall aber, wenn die Anmeldung – und Eintragung – bei einem Gericht erfolgt, dessen Zuständigkeit weder aus § 706 S. 1 BGB noch aus Satz 2 hergeleitet werden kann? Im Recht der Kapitalgesellschaften ist eine vergleichbare Konstellation ohne Verfahrensfehler des Gerichts nicht denkbar, da der Satzungssitz Gegenstand der beurkundeten Gründungsurkunde sein muss. Die mit der Eintragung verbundenen Rechtsfolgen, insbesondere im Hinblick auf die erweiterten Handlungsmöglichkeiten der eingetragenen Gesellschaft, hängen nicht von der Ein-

---

sie diese bei dem Gericht, in dessen Bezirk sie ihren ‚Sitz' (das heißt Vertragssitz) hat, einzureichen." (S. 73, s. a. → Fn. 21) In der Regierungsbegründung wurde diese Passage nicht übernommen.

tragung durch das zuständige Gericht ab, und in den meisten Fällen wird die Anmeldung unter Angabe eines bestimmten Sitzes als Indiz für die vertragliche Sitzwahl dienen.[31]

5. Sitzverlegung

Auch wenn – wie im Recht der Kapitalgesellschaften – die Ersteintragung der Gesellschaft an dem für den Vertragssitz zuständigen Gericht erfolgt ist, geht das Personengesellschaftsrecht danach seine – überwiegend bekannten – Wege: Vertragsänderungen kommen außerhalb des Registers zustande, dh entsprechende Eintragungen sind nur deklaratorischer Natur. Hieraus folgt, dass die Wirksamkeit der Verlegung des Vertragssitzes nicht von einer entsprechenden Registereintragung abhängt. Da mit Eintragung der Gesellschaft der Verwaltungssitz aber insoweit bedeutungslos wird, ist die Änderung des Vertragssitzes unter § 707 Abs. 3 BGB zu subsumieren, dh die Gesellschaft ist insoweit zur Anmeldung der Änderung verpflichtet, nachdem die vertragliche Einigung über den Sitzwechsel zustande gekommen ist. Ausweislich der Gesetzesbegründung ist § 707 Abs. 3 BGB der Vorschrift des § 107 HGB nachgebildet.[32]

Unabhängig davon, ob Gesellschaft über einen Vertragssitz verfügt oder nicht, ist die Änderung des Verwaltungssitzes auf der Grundlage der Manifestationstheorie eine Maßnahme der Geschäftsführung, die sich jenseits rechtsgeschäftlicher Kategorien vollzieht.[33] Unabhängig hiervon kann und sollte der Verwaltungssitz im Gesellschaftsvertrag festgelegt werden, um klarzustellen, dass die Sitzverlegung die Grenzen der ohne Gesellschafterbeschluss zulässigen Geschäftsführungsmaßnahmen überschreitet.

6. Bedeutung der „Anschrift"

Nach § 707 Abs. 2 lit. c) BGB nF ist Bestandteil der Anmeldung zum Gesellschaftsregister die Angabe der „Anschrift". Diese setzt sich grundsätzlich aus Straße, Hausnummer, Ort und Postleitzahl zusammen.[34] Durch die Eintragung soll gewährleistet werden, dass Gesellschaftsgläubiger dem Register eine Anschrift entnehmen können, unter der zuverlässig wirksam zugestellt werden kann.[35] Die Gesetzesbegründung hebt allerdings hervor, dass § 170 ZPO nach wie vor eine Zustellung an die vertretungsberechtigten Gesellschafter verlangt, so dass auch insoweit Unterschiede zum Recht der Kapitalgesellschaften verbleiben und der Stellenwert der „Anschrift" ein geringerer als derjenige der „inländischen Geschäftsanschrift" (hierzu sogleich). Hier wie dort ist aber erforderlich, dass die „Anschrift" eine „verlässliche Grundlage bietet, eine zum Empfang einer Zustellung berechtigte Person vorzufinden". Die hiermit verbundenen Probleme der Praxis – insbesondere der Registergerichte – sind im GmbH-Recht bekannt, und diese werden bei Anschriften im Ausland sicherlich nicht geringer sein. Für förmliche Zustellungen verweist die Gesetzesbegründung auf die EU-Zustellungsverordnung und die hierzu ergangene EuGH-Rechtsprechung. § 185 Nr. 2 ZPO und § 15a HGB gelten für die Anschrift der BGB-Gesellschaft nicht, so dass insbesondere die Möglichkeit einer erleichterten öffentlichen Zustellung nicht besteht.[36]

---

[31] → IV.3.
[32] BT-Drs. 19/27635, 131.
[33] S. zum GmbH-Recht *Leitzen* NZG 2009, 728 (729).
[34] BT-Drs. 19/27635, 129.
[35] BT-Drs. 19/27635, 129.
[36] BT-Drs. 19/27635, 130.

V. Möglichkeiten der Vertragsgestaltung

Mit Inkrafttreten des MoPeG wird nun auch im Bereich der Personengesellschaften die Möglichkeit des „Forum Shopping" eröffnet. Für neu zu gründende Gesellschaften, aber auch für Bestandsgesellschaften kann im Gesellschaftsvertrag vereinbart werden, wo die Gesellschaft ihren Sitz hat und ob dieser unabhängig vom Verwaltungssitz sein soll. Schon nach heutigem Rechtsstand werden vertragliche Vereinbarungen zum Sitz der Gesellschaft nicht für unzulässig erachtet, jedoch haben diese einen anderen Stellenwert als nach neuem Recht: (Jedenfalls) bis zum Inkrafttreten des MoPeG sind solche Vereinbarungen dem Primat der Sitztheorie untergeordnet, wonach der tatsächliche Ort der Geschäftsführung maßgebend ist. Ob eine nach bisherigem Recht getroffene Vereinbarung zum Sitz nach Inkrafttreten des MoPeG ohne weiteres als Bestimmung eines „Vertragssitzes" angesehen werden kann, kann deshalb bezweifelt werden. In der Praxis wird sich die Frage nur in den seltensten Fällen stellen, zumal in der Anmeldung mit Angabe des Vertragssitzes regelmäßig eine entsprechende Einigung gesehen werden kann.

Im Übrigen dürfte es für solche Gesellschaften, deren Gesellschafter die Eintragung im Register anstreben, empfehlenswert sein, sowohl die Vereinbarung über die Eintragung als auch diejenige über den Vertragssitz in den Gesellschaftsvertrag aufzunehmen. Bestimmungen, die sowohl den Satzungssitz als auch den Verwaltungssitz festlegen, finden sich schon jetzt in der GmbH-Kautelarpraxis. Bei der Abfassung entsprechender Regelungen darf aber bis zum Inkrafttreten des MoPeG § 134 BGB nicht übersehen werden, aus dem folgen dürfte, dass bis zum Inkrafttreten des MoPeG ein Auseinanderfallen von Verwaltungssitz und Vertragssitz – wie auch ein Verwaltungssitz im Ausland – zulässigerweise nicht vereinbart werden kann. Das Inkrafttreten des MoPeG hat hier keine Heilungswirkung: Wird ein Verbotsgesetz aufgehoben, so berührt dies die unheilbare Nichtigkeit eines zuvor gesetzeswidrig abgeschlossenen Rechtsgeschäfts nicht.[37] Jedoch greift die Nichtigkeitsfolge des § 134 BGB nicht ein, wenn eine Regelung für den Fall der Aufhebung des Verbotsgesetzes bzw. für den Zeitraum danach vereinbart wird.[38] Dementsprechend ist es durchaus empfehlenswert, bei der Abfassung/Neufassung von Verträgen über BGB-Gesellschaften schon jetzt Bestimmungen darüber aufzunehmen, ob die Gesellschaft in das Gesellschaftsregister eingetragen werden soll oder nicht und, falls ja, wo die Gesellschaft ihren Vertragssitz hat und ob dort auch der Verwaltungssitz ist. Bei Bedarf können auch schon entsprechende Registervollmachten oder -anmeldungen in notarieller Form unterzeichnet werden.

VI. Fazit und Ausblick

Das MoPeG bedeutet für das Personengesellschaftsrecht mitnichten einen Abschied von der Sitztheorie. Es beinhaltet vielmehr eine eigentümliche Mélange zwischen Sitz- und Gründungstheorie, die die Registereintragung bei Personengesellschaften und Personenhandelsgesellschaften in neuartiger Weise aufwertet. Vergegenwärtigt man sich die Bedenken gegen die Gründungstheorie, wie sie seit jeher in Deutschland geäußert werden, erstaunt die Leichtigkeit, mit der der Gesetzgeber sich von dieser Doktrin nun – wenn auch nur teilweise – im Personengesellschaftsrecht verabschiedet hat. Insbesondere aus Sicht der Praxis des Gesellschaftsrechts im grenzüberschreitenden Bereich ist diese Änderung sicherlich zu begrüßen, nicht zuletzt im Hinblick auf die Kapitalgesellschaft & Co. KG, deren Zweck sich auf das Halten bzw. die Verwaltung von Gesellschaftsbeteiligungen und/oder Grund-

---

[37] *Armbrüster* in MüKoBGB, 9. Aufl. 2021, § 134 Rn. 32; *Vossler* in BeckOGK, 1.9.2022, BGB § 134 Rn. 73.

[38] *Armbrüster* in MüKoBGB, 9. Aufl. 2021, § 134 Rn. 32; *Vossler* in BeckOGK, 1.9.2022, BGB § 134 Rn. 73.

besitz beschränkt. Dagegen erscheint fraglich, ob deutsche Unternehmen/Konzerne für ihre operativen Tätigkeiten im Ausland nennenswert davon profitieren, dass sie ab dem Jahr 2024 ihr Geschäft im Ausland mittels deutscher Personengesellschaften betreiben können: Die Praxis tendiert aus vielerlei Gründen dazu, im Ausland Tochtergesellschaften nach dortigem Recht zu gründen, mag der Betrieb allein durch eine deutsche Gesellschaft auch prinzipiell denkbar sein und durch das deutsche Recht nicht (mehr) missbilligt werden. Dass deutsche Unternehmen mit nennenswertem Geschäft im Ausland nicht auf das gewohnte deutsche Recht verzichten wollen, ist zwar nachvollziehbar, dürfte in der Praxis aber eher selten dazu führen, dass die Beteiligten auf die Gründung einer Auslands-Gesellschaft verzichten und auf eine deutsche Personengesellschaft zurückgreifen.

Nicht erleichtert wird die Situation dadurch, dass der Gesetzgeber auf eine Änderung des EGBGB verzichtet hat und das Kollisionsrecht von Kapitalgesellschaften und Personengesellschaften nunmehr – mutmaßlich – im jeweiligen Sachrecht geregelt ist. Eine andere Lösung – sozusagen der „große Wurf" im Gesellschafts-Kollisionsrecht – war und ist hier sicherlich wünschenswert. Bis zu einer entsprechenden Änderung des EGBGB oder einer höchstrichterlichen Klärung der Frage verbleibt eine unbefriedigende Rechtsunsicherheit, die den Wert der Neuregelungen beeinträchtigt.

JAN LIEDER

Das Prinzip des Gutglaubenserwerbs
– Grundbuch, Gesellschafterliste und Wertpapierregister im Vergleich –

I. Einleitung

Andreas Heidinger ist ein genauer, durch zahlreiche, grundlegende Publikationen ausgewiesener Kenner sämtlicher Fragen rund um die Gesellschafterliste.[1] Es liegt daher nicht fern, zu seinen Ehren die Gesellschafterliste in einen größeren Kontext zu setzen und binnenrechtsvergleichende Überlegungen zum altehrwürdigen Grundbuch und zum brandneuen Wertpapierregister nach eWpG[2] anzustellen. Die drei Instrumente eignen sich für einen Vergleich besonders gut, weil es sich bei ihnen allesamt um künstliche Rechtsscheinträger handelt,[3] sie zugleich aber so maßgebliche Unterschiede aufweisen, dass die Frage nach einer Legitimation des redlichen Erwerbs angezeigt erscheint. Im Folgenden werden die zentralen Gemeinsamkeiten und Divergenzen herausgearbeitet und nach deren dogmatischer wie auch rechtspolitischer Berechtigung gefragt. Die *Andreas Heidinger* zum 65. Geburtstag gewidmete Untersuchung zielt zugleich auf eine Institutionenbildung im Registerrecht.

II. Grundlagen

Das Prinzip des Gutglaubenserwerbs kann auf eine bewegte Dogmengeschichte zurückblicken.[4] Im Laufe der Jahrhunderte würde die bekannte römische Rechtsparömie *nemo plus iuris transferre potest quam ipse habet* überwunden, um den praktischen Bedürfnissen des Wirtschafts- und Güterverkehrs gerecht zu werden. Den Grundkonflikt zwischen dem Bestandinteresse des wahren Berechtigten und den Erwerber- und Verkehrsinteressen löste der historische Gesetzgeber des Immobiliarsachenrechts zugunsten eines Erwerbers vom Nicht-

---

[1] Grundlegend *Heidinger* in MüKoGmbHG, 4. Aufl. 2022, § 16; *Heidinger* in MüKoGmbHG, 3. Aufl. 2019, § 40; *Heidinger* in Heckschen/Heidinger, Die GmbH in der Gestaltungs- und Beratungspraxis, 4. Aufl. 2018, § 13 B. Gutgläubiger Erwerb (§ 16 Abs. 3 GmbHG), § 13 F. Die Gesellschafterliste; vgl. weiter *Heidinger,* Der Tod des Gesellschafters bei der GmbH (Gesellschafterliste und Beschlussfassung), ZNotP 2012, 449; *Heidinger,* Zusätzliche Angaben in der Gesellschafterliste und ihre Wirkung nach § 16 Abs. 1 GmbHG, FS Stilz, 2014, 253; *Heidinger,* Die Totengräber der Gesellschafterliste – zugleich Besprechung der Entscheidung des OLG Dresden vom 1.6.2016 – 17 W 289/16, GmbHR 2017, 273; *Heidinger,* Und sie dreht sich doch! – Ein Plädoyer für den gutgläubigen Erwerb des aufschiebend bedingt abgetretenen Geschäftsanteils, FS Bergmann, 2018, 283.
[2] Gesetz über elektronische Wertpapiere (eWpG) vom 3. Juni 2021, BGBl. I 1423.
[3] Zu den beiden Kategorien natürlicher und künstlicher Rechtsscheinträger grundlegend *Wellspacher,* Das Vertrauen auf äußere Tatbestände im bürgerlichen Rechte, 1906, 1 ff., 22 ff., 58 ff. und passim.
[4] Zur Historie des redlichen Immobiliarerwerbs ausf. *Lieder,* Die rechtsgeschäftliche Sukzession, 2015, 371 ff.; zum redlichen Mobiliarerwerb ausf. *Lieder,* Die rechtsgeschäftliche Sukzession, 2015, 442 ff.

berechtigten auf.[5] Diese Wertung beansprucht für die modernen Gutglaubenstatbestände *de lege lata* unvermindert Bestand.

1. Primat des überindividuellen Verkehrsinteresses

Ungeachtet der auch heute noch an der Legitimation des redlichen Erwerbs geübten rechtspolitischen Kritik,[6] kommt dem überindividuellen Allgemeininteresse an der Sicherheit und Leichtigkeit des Rechts- und Handelsverkehrs im Rahmen der Interessenabwägung gegenüber dem Individualinteresse des wahren Berechtigten der grundsätzliche Vorrang zu.[7] Der durch die Gutglaubensvorschriften im Einzelfall begünstigte Erwerber fungiert dabei lediglich als Repräsentant des durch das Gutglaubensprinzip geschützten Rechtsverkehrs, ohne selbst primäres Schutzsubjekt der Vorschriften zu sein.[8] Der einzelfallbezogene Schutz des Gutgläubigen bildet nur das Mittel, durch welches die Leichtigkeit und Verlässlichkeit des Rechtsverkehrs gewährleistet wird. In der Sache vermitteln die Gutglaubensvorschriften ihre Schutzwirkungen, indem sie Einwendungen gegen die Wirksamkeit des Erwerbsvorgangs abschneiden. Ganz konkret wird der Erwerber von dem Aufwand entlastet, die Wirksamkeit aller vorausgegangenen Erwerbsvorgänge zu verifizieren.[9]

2. Ökonomische Analyse

Diese Argumentationslinie wird durch eine ökonomische Analyse des Gutglaubenserwerbs untermauert:[10] Eine Transaktionskostenanalyse belegt, dass die Gutglaubensvorschriften Informationskosten senken, weil der Erwerber über die materielle Berechtigung keine aufwendigen Nachforschungen anstellen muss.[11] Zugleich sinken nachvertragliche Streitbewältigungskosten, weil die veräußererseitige Berechtigung in späteren Prozessen nicht mehr in Zweifel gezogen werden kann. Zudem braucht der Erwerber nicht zu befürchten, das erworbene Vermögensrecht im Nachhinein wieder zu verlieren. Aber nicht nur der unmittelbare Erwerber ist in seinem Vertrauen auf die Rechtsbeständigkeit des erworbenen Vermögensrechts geschützt. Vielmehr partizipieren sämtliche Verkehrsteilnehmer, die mit dem Erwerber in Verbindung stehen, am Gutglaubensschutz, weil sie – ebenso wie der Erwerber – auf die Bestandskraft des Rechtserwerbs vertrauen dürfen. Freilich schlagen aufseiten des wahren Berechtigten Schutz- und Kontrollkosten zu Buche, die er aufwenden muss, um sich gegen einen Rechtsverlust kraft redlichen Erwerbs zu schützen. Da die Schutz- und Kontrollkosten aber typischerweise niedriger ausfallen als die Ersparnis der Informations- und Streitbewältigungskosten, geht die ökonomische Analyse für den Regel-

---

[5] Motive zum BGB, Bd. 3, 1888, 209 f.

[6] *Rebe* AcP 173 (1973), 186 (200 ff.); *Stagl* AcP 211 (2011), 530 (536 f.); *von Lübtow* FS FU Berlin, 1955, 119 (227); *Wiegand* JuS 1974, 201 (210); *Wilburg* FS Baltl, 1978, 557 (563 f.).

[7] Dazu ausf. *Lieder*, Die rechtsgeschäftliche Sukzession, 2015, 452 ff.; im Ergebnis ebenso etwa *Baur/Stürner*, Sachenrecht, 18. Aufl. 2009, § 52 Rn. 8 ff.; *Karner*, Gutgläubiger Mobiliarerwerb, 2006, 63 ff., 121 ff.; *Henssler* in Soergel, BGB, 13. Aufl. 2002, § 932 Rn. 2; *Stadler*, Gestaltungsfreiheit und Verkehrsschutz durch Abstraktion, 1995, 252 f.; *Wolff/Raiser*, Sachenrecht, 10. Aufl. 1957, § 68 II 1.

[8] Vgl. auch (für § 15 Abs. 1 HGB) *Lieder*, Jahrbuch Junger Zivilrechtswissenschaftler 2010, 2011, 121 (127); (zum Erbschein) *Grziwotz* in MüKoBGB, 9. Aufl. 2022, § 2366 Rn. 25; aA *Hübner*, Der Rechtsverlust im Mobiliarsachenrecht, 1955, 77.

[9] *Baur/Stürner*, Sachenrecht, 18. Aufl. 2009, § 52 Rn. 8 f.; *J. Hager*, Verkehrsschutz durch redlichen Erwerb, 1990, 228 f.; *Weber* JuS 1999, 1 (2); *Wolff/Raiser*, Sachenrecht, 10. Aufl. 1957, § 68 II 1.

[10] Dazu und zum Folgenden ausf. *Lieder*, Die rechtsgeschäftliche Sukzession, 2015, 454 ff.

[11] Vgl. *Krimphove* ZfRV 1998, 185 (193); *Leuschner* AcP 205 (2005), 205 (231); *Schäfer/Ott*, Lehrbuch der ökonomischen Analyse des Zivilrechts, 6. Aufl. 2020, 611; *Wagner* AcP 206 (2006), 352 (429).

fall zugunsten des redlichen Erwerbs aus. Nur wo die Kosten des wahren Berechtigten die Kostenersparnisse übersteigen, muss ein Gutglaubenserwerb ausnahmsweise unterbleiben.

III. Rechtsscheinträger als Legitimationsgrundlage

Ungeachtet der rechtspolitischen und rechtsökonomischen Überzeugungskraft des Gutglaubenserwerbs bildet ein tauglicher Rechtsscheinträger, der das Vertrauen auf die materielle Berechtigung des Veräußerers zu rechtfertigen vermag, eine unverzichtbare Legitimationsgrundlage für den Erwerb vom Nichtberechtigten.[12] Eines solchen Anknüpfungspunktes bedarf es schon deshalb, weil „blindes" Vertrauen in aller Regel nicht schutzwürdig ist.[13] Es gilt die Maxime: Ohne tauglichen (und wirksamen[14]) Rechtsscheinträger kein redlicher Erwerb.[15]

1. Legitimationssäulen des Gutglaubenserwerbs

Die Legitimation der Gutglaubenstatbestände ruht typischerweise auf zwei Säulen. Erste Legitimationssäule ist das überindividuelle Interesse an der Sicherheit und Leichtigkeit des Rechts- und Handelsverkehrs, von dem bereits die Rede war.[16] Als zweite Legitimationssäule stützt sich der redliche Erwerb entweder auf eine besondere Richtigkeitsgewähr des Rechtsscheinträgers, die durch die Einhaltung eines hoheitlichen Verfahrens erzeugt wird *(reines Rechtsscheinprinzip)*, oder auf die Zurechnung des gesetzten Rechtsscheins zur Risikosphäre des wahren Berechtigten *(Zurechnungsprinzip)*. In der ersten Fallgruppe ist die Wahrscheinlichkeit, dass die durch den Rechtsscheinträger ausgewiesene Rechtslage mit der wahren Rechtslage nicht übereinstimmt, aufgrund hoheitlicher Verfahren – das gilt neben dem Grundbuchverfahren[17] auch für das Erbscheinsverfahren[18] – auf ein Minimum reduziert.[19] Paradigmatisch für die zweite Fallgruppe steht der redliche Mobiliarerwerb, der grundsätzlich nur dann in Betracht kommt, wenn der Eigentümer die Sache freiwillig aus der Hand gegeben hat (vgl. § 935 Abs. 1 BGB). Hier ist auch das Zurechnungskriterium des elektronischen Wertpapierregisters zu verorten, wo die Weisung des wahren Berechtigten materiellrechtliche Voraussetzung des Übertragungstatbestand nach § 25 Abs. 1 S. 1 eWpG ist.[20] Eine hybride Kompromisslösung, die sich durch ein partielles Zurechnungselement auszeichnet, findet sich beim redlichen Erwerb von GmbH-Geschäftsanteilen, auf den sogleich zurückzukommen ist.[21]

---

[12] Dazu und zum Folgenden *Lieder,* Die rechtsgeschäftliche Sukzession, 2015, 463 ff.

[13] Grundlegend *Canaris,* Die Vertrauenshaftung im deutschen Privatrecht, 1971, 491; ebenso *Lieder* AcP 210 (2010), 857 (858); vgl. noch *Flume,* BGB AT II, 4. Aufl. 1992, § 42, 4c; *Flume* AcP 161 (1962), 385 (395 ff.).

[14] Die Lehre vom unwirksamen Rechtsscheinträger ist entwickelt bei *Lieder* AcP 210 (2010), 857 ff.

[15] *Lieder* AcP 210 (2010), 857 (858); zustimmend *Kindler/Paulus* JuS 2013, 393 (395 f.).

[16] Nochmals → II. 1.

[17] Sogleich → III. 2.

[18] Dazu ausf. *Lieder* AcP 210 (2010), 857 (894 f.); *Lieder,* Die rechtsgeschäftliche Sukzession, 2015, 469 f.

[19] Dazu im Einzelnen ausf. *Lieder* AcP 210 (2010), 857 ff., 869 ff., 884 ff., 894 f., 902 ff., 911; vgl. noch *Kindler/Paulus* JuS 2013, 393 (395 f.).

[20] → III. 4.

[21] → III. 3.

2. Grundbuch

Der öffentliche Glaube des Grundbuchs nach § 892 BGB beruht auf der materiellen Richtigkeit und Verlässlichkeit der Grundbucheintragung, die durch das hoheitliche Eintragungsverfahren einschließlich der Prinzipien des formellen Grundbuchrechts sowie durch die Mitwirkung des Notars im Vorfeld der Grundstückstransaktion sichergestellt wird.[22] Dieser Aspekt klingt bereits beim Redaktor des Vorentwurfs zum bürgerlichen Sachenrecht *Reinhold Johow* an:[23]

„Das Grundbuch ist mit allen erdenkbaren Garantien einer zuverlässigen Anlegung und Fortführung ausgestattet, durch strenge Formvorschriften wird dahin gewirkt, Eintragungen nur mit Bewilligung des hierzu Berechtigten geschehen zu lassen, das Grundbuch verdient daher in hohem Maße das Vertrauen, daß sein Inhalt den wahren Rechtszustand wiedergebe. "

Neben dem hoheitlichen Eintragungsverfahren sorgt der Notar in Ausübung seiner Prüfungs- und Beratungsfunktion dafür, dass die Identität der Vertragsparteien rechtssicher feststeht und Mängel der Rechts- und Geschäftsfähigkeit ausgeschlossen sind. In rechtstechnischer Hinsicht wird der Zusammenhang zwischen hoheitlichem Eintragungsverfahren und materieller Richtigkeit des Grundbuchs durch das Eintragungsprinzip sichergestellt: Weil die Grundbucheintragung konstitutive Voraussetzung für den Rechtserwerb an Grundstücken ist (vgl. § 873 Abs. 1 BGB), hat der Erwerber einen signifikanten wirtschaftlichen Anreiz, für eine sofortige ordnungsgemäße Eintragung zu sorgen.[24] Das steigert einmal mehr die Richtigkeitsgewähr, weil die konstitutive Eintragung zu einem Gleichlauf von materieller Berechtigung und formeller Inhaberschaft führt.[25] Die besondere Richtigkeitsgewähr des Grundbuchs erklärt zum einen, weshalb im Immobiliarsachenrecht auf ein institutionalisiertes Zurechnungskriterium verzichtet werden kann: es gilt das reine Rechtsscheinprinzip.[26] Zum anderen beruhen hierauf die niedrigen Redlichkeitsanforderungen: nur positive Kenntnis schadet.[27]

3. Gesellschafterliste

Die Grundsatzentscheidung des MoMiG-Gesetzgebers,[28] den redlichen Anteilserwerb im GmbH-Recht nach Maßgabe des § 16 Abs. 3 GmbHG zu ermöglichen, ist uneingeschränkt zu begrüßen. Im Zentrum der rechtspolitischen Legitimation steht einmal mehr die Gewährleistung von Sicherheit und Leichtigkeit im Rechtsverkehr.[29] Die Gutgläubigkeitsvorschrift soll es dem Erwerber ersparen, die Berechtigung des Veräußerers bis zur GmbH-Gründung zurückzuverfolgen. Zugleich soll sie verhindern, dass er die übertragenen Anteile

[22] Dazu und zum Folgenden bereits ausf. *Lieder,* Die rechtsgeschäftliche Sukzession, 2015, 466 ff.
[23] *Johow* in Schubert, Die Vorentwürfe der Redaktoren zum BGB, Sachenrecht, Bd. I, 1982, 876; vgl. weiter Motive zum BGB, Bd. 3, 1888, 208: „Eine gewisse Bürgschaft für die Übereinstimmung des Buchinhalts mit der wirklichen Rechtslage leistet das Gesetz dadurch, daß es Einrichtungen und Vorkehrungen trifft, welche eine sorgfältige Führung der Bücher ermöglichen, und die Eintragungen von einer eingehenden Prüfung der Buchbehörde abhängig macht."
[24] Dazu ausf. *Lieder,* Die rechtsgeschäftliche Sukzession, 2015, 381 ff.
[25] Vgl. *Kohler* in MüKoBGB, 8. Aufl. 2020, Vor § 873 Rn. 14; *Lieder,* Die rechtsgeschäftliche Sukzession, 2015, 377.
[26] → V. 1.
[27] → IV. 2. a).
[28] Gesetz zur Modernisierung des GmbH-Rechts und zur Bekämpfung von Missbräuchen (MoMiG) vom 23. 10. 2008, BGBl. I 2026.
[29] Begr. RegE, BT-Drs. 16/6140, 38; *Heidinger* in MüKoGmbHG, 4. Aufl. 2022, § 16 Rn. 29; *Löbbe* in Habersack/Casper/Löbbe, GmbHG, 3. Aufl. 2019, § 16 Rn. 10; *Lieder* AcP 210 (2010), 857 (898); *Omlor,* Verkehrsschutz im Kapitalgesellschaftsrecht, 2010, passim.

im Nachhinein an den wahren Berechtigten verliert.[30] Es war das erklärte Ziel des MoMiG-Gesetzgebers, Transaktionskosten zu senken und das Maß an Rechtssicherheit bei Anteils-übertragungen zu steigern.[31] Aus rechtsökonomischer Perspektive betrachtet werden Unternehmenstransaktionen auf diese Weise verbilligt, so dass auch solche Transaktionen durchgeführt werden, die unter Geltung des früheren Rechts an zu hohen Informationskosten gescheitert wären.[32]

a) Legitimationsdefizit

Ungeachtet der vorangegangenen Diskussion[33] konnte sich der MoMiG-Gesetzgeber allerdings nicht dazu entschließen, die Gesellschafterliste nach dem Vorbild des Grundbuchs auszugestalten. Stattdessen wählte er ein Hybridmodell, das Elemente der öffentlichen Register mit solchen des redlichen Mobiliarerwerbs verbindet.[34] Mangels institutionalisierter Absicherung durch ein amtliches Verfahren verbürgt die Gesellschafterliste keine dem Grundbuch vergleichbare Richtigkeitsgewähr. Es fehlt schlichtweg an einer hoheitlichen Instanz oder einem mit staatlicher Autorität ausgestatteten (Eintragungs-)Verfahren, das die eingereichte Gesellschafterliste auf ihre materielle Richtigkeit und Verlässlichkeit hin überprüft.[35]

Der nach § 40 Abs. 1 S. 1 GmbHG zur Einreichung der Gesellschafterliste zum Handelsregister im Grundsatz berufene Geschäftsführer ist – im Gegensatz zum Notar – kein unabhängiger und unparteiischer Träger eines öffentlichen Amtes. Vielmehr wird er bei Erstellung der Gesellschafterliste als Gesellschaftsorgan tätig, das privaten Interessen verpflichtet ist.[36] In diesem Zusammenhang besteht sowohl die Gefahr von Interessenkonflikten als auch das Risiko, dass der Mehrheitsgesellschafter den Geschäftsführer veranlasst, zum Handelsregister eine unrichtige Gesellschafterliste einzureichen.[37] Zudem ist nicht auszuschließen, dass der Geschäftsführer mit der Durchführung der juristischen Prüfung der Rechtslage überfordert ist.[38]

Dieses Legitimationsdefizit ist auch durch das GmbH-rechtliche Zurechnungskriterium des § 16 Abs. 3 S. 2 GmbHG nicht hinreichend aufgewogen, weil es nur für einen Zeitraum von drei Jahren gilt;[39] danach findet das reine Rechtsscheinprinzip Anwendung. Nach der gesetzlichen Konzeption obliegt es folglich dem wahren Berechtigten, sich fortwährend von der Richtigkeit der Gesellschafterliste zu überzeugen. Die dem Berechtigten in diesem Sinne

---

[30] Zur Gesamtproblematik näher *Heidinger* in MüKoGmbHG, 4. Aufl. 2022, § 16 Rn. 28 f.; *Müller* GmbHR 2006, 953 (954); *Schockenhoff/ Höder* ZIP 2016, 1841 f.; *Wiersch,* Der gutgläubige Erwerb von GmbH-Anteilen, 2009, 5 f.

[31] Begr. RegE, BT-Drs. 16/6140, 38; zur Entstehung des § 16 Abs. 3 GmbHG ausf. *Omlor,* Verkehrsschutz im Kapitalgesellschaftsrecht, 2010, 247 ff.

[32] Zum Ganzen bereits *Lieder* AcP 210 (2010), 857 (899).

[33] Zu den unterschiedlichen Regelungsoptionen im Überblick *Heidinger* in MüKoGmbHG, 4. Aufl. 2022, § 16 Rn. 261 ff.; für Details siehe *Omlor,* Verkehrsschutz im Kapitalgesellschaftsrecht, 2010, 93 ff.

[34] Dazu und zum Folgenden bereits ausf. *Lieder,* Die rechtsgeschäftliche Sukzession, 2015, 481 ff.

[35] Vgl. auch *Heidinger* in MüKoGmbHG, 4. Aufl. 2022, § 16 Rn. 380.

[36] Vgl. auch *Preuß* ZGR 2008, 676 (694 f.); *Wiersch,* Der gutgläubige Erwerb von GmbH-Anteilen, 2009, 27.

[37] *Bednarz* BB 2008, 1854 (1857); *Omlor,* Verkehrsschutz im Kapitalgesellschaftsrecht, 2010, 333; *Schüßler,* Der gutgläubige Erwerb von GmbH-Geschäftsanteilen, 2011, 102.

[38] Vgl. *Bayer* Liber Amicorum M. Winter, 2011, 9 (13 f.); *Bednarz* BB 2008, 1854 (1858); *Kort* GmbHR 2009, 169 (171); *Schüßler,* Der gutgläubige Erwerb von GmbH-Geschäftsanteilen, 2011, 102.

[39] Vgl. auch *Heidinger* in MüKoGmbHG, 4. Aufl. 2022, § 16 Rn. 380 aE; *Kort* GmbHR 2009, 169 (174 ff.).

auferlegte Prüfungsobliegenheit findet im herkömmlichen System künstlicher Rechtsschein-träger keine Entsprechung.

b) Reformvorschlag: Obligatorische Beteiligung des Notars

Dieses strukturelle Legitimationsdefizit sollte durch Anordnung der obligatorischen Zuständigkeit des Notars zur Einreichung der Gesellschafterliste und den spiegelbildlichen Ausschluss des Geschäftsführers behoben werden.[40] Die Prüfung durch den Notar gewähr-leistet zunächst die materielle Richtigkeit und Verlässlichkeit der Gesellschafterliste.[41] Durch die notariellen Prüfungsrechte und Prüfungspflichten würde die Wahrscheinlichkeit von Fehleintragungen reduziert und die Legitimationsbasis für den redlichen Anteilserwerb er-heblich verbreitert.[42] Zugleich würde verhindert, dass der Geschäftsführer aus eigener Machtvollkommenheit durch den Notar eingereichte Listen nachträglich ändert.[43] Ferner würden Abgrenzungsschwierigkeiten bei der Einreichungszuständigkeit von Geschäftsführer und Notar beseitigt, namentlich soweit der Notar an Übertragungsvorgängen nur mittelbar beteiligt ist.[44] Gleichsam würde einem etwaigen Missbrauch bei der Einreichung von Gesell-schafterlisten durch den Geschäftsführer effektiv entgegengewirkt und Fälschungen durch Unbefugte weitgehend ausgeschlossen.[45]

4. Wertpapierregister

a) Eintragung als elektronischer Skripturakt

Das elektronische Wertpapierregister ist das jüngste Mitglied in der Familie künstlicher Rechtsscheinträger. Die Eintragung in ein Wertpapierregister tritt als elektronischer Skrip-turakt bei der Begebung (§ 2 Abs. 1 eWpG) und Übertragung (§§ 24, 25 eWpG) elektro-nischer Wertpapiere an die Stelle der physischen Ausstellung einer Wertpapierurkunde. Außerhalb des Registers vollzogene Übertragungsvorgänge, wie zB in Form einer reinen Forderungsabtretung nach §§ 398, 413 BGB, entfalten ohne Eintragung in das Wertpapier-register keine Wirkung (vgl. § 24 Nr. 2 eWpG).[46] Nach Maßgabe des § 26 S. 1 eWpG fungiert das Wertpapierregister als Rechtsscheinträger zugunsten eines redlichen Erwerbers. Der im Register eingetragene Inhaber gilt als Berechtigter, soweit der Erwerber dessen mangelnde Berechtigung nicht kannte oder sie ihm infolge grober Fahrlässigkeit unbekannt war.

---

[40] So namentlich *Heidinger* in MüKoGmbHG, 4. Aufl. 2022, § 16 Rn. 382; ausf. dazu und zum Folgenden *Lieder,* Die rechtsgeschäftliche Sukzession, 2015, 487 ff.; im Ergebnis ebenso *Bayer* Liber Amicorum M. Winter, 2011, 9 (14); *Bayer* notar 2012, 267 (268); *Bednarz* BB 2008, 1854 (1859); *Flesner* NZG 2006, 641 (643); *Grunewald/Gehling/Rodewig* ZIP 2006, 685 (686); *Heckschen* DStR 2007, 1442 (1450); *Lieder* AcP 210 (2010), 857 (905); *Omlor* WM 2009, 2105 (2108, 2112); *Wegen* FS Lüer, 2008, 321 (328); für ein vom Notar zu führendes Gesellschaftslistenregister mit deklaratorischer Wirkung *Harbarth/Friedrichson* GmbHR 2018, 1174 (1177).

[41] Vgl. *Servatius* in Noack/Servatius/Haas, GmbHG, 23. Aufl. 2022, § 40 Rn. 49; *Preuß* FS Spiegelberger, 2009, 876 (880).

[42] *Lieder* AcP 210 (2010), 857 (903); *Lieder,* Die rechtsgeschäftliche Sukzession, 2015, 488.

[43] Kritisch zu dieser Möglichkeit auf Basis des geltenden Rechts *Harbarth* ZIP 2008, 57 (59); *Wiersch,* Der gutgläubige Erwerb von GmbH-Anteilen, 2009, 29; gänzlich ablehnend *Bednarz* BB 2008, 1854 (1859).

[44] So auch *Bayer* Liber Amicorum M. Winter, 2011, 9 (13).

[45] *Bayer* Liber Amicorum M. Winter, 2011, 9 (14) unter Hinweis auf *Lieder* AcP 210 (2010), 857 (898 ff.).

[46] Vgl. Begr. RegE, BT-Drs. 19/26925, 66; *Omlor* RDi 2021, 371 Rn. 21, 23; *Conreder/Diede-richsen/Okonska* DStR 2021, 2594 (2598).

b) *Wertpapierregister als Realfoliensystem*

Sowohl das zentrale Wertpapierregister (§§ 12 ff. eWpG) als auch das Kryptowertpapierregister (§§ 16 ff. eWpG) fungieren nicht als Transaktionsregister, aus dem sich lediglich die Erwerbsketten und eingetretenen Änderungen der Reihe nach abrufen lassen.[47] Stattdessen sind aus dem Register stets die aktuellen Informationen zu den eingetragenen Wertpapieren ersichtlich. Diese Darstellungsart entspricht – ebenso wie bei Grundbuch und Handelsregister – dem Realfoliensystem[48] und geht damit über die durch Blockchain- und andere Distributed-Ledger-Datenbanken gewährleistete Dokumentationsfunktion hinaus.[49]

c) *Schutz des redlichen Verkehrsinteresses*

Die Primärfunktion des Wertpapierregisters besteht in der Gewährleistung von Publizität und Transparenz im überindividuellen Interesse der Sicherheit und Leichtigkeit des Rechts- und Handelsverkehrs. Zugleich bildet die Publizität der Registerangaben die Grundlage für die Beweis- und Gutglaubensfunktion elektronischer Wertpapierregister.[50] Der nach § 26 eWpG gewährleistete Gutglaubenserwerb dient gleichermaßen dem „Interesse des redlichen Rechtsverkehrs, der Rechtssicherheit und der Umlauffähigkeit elektronischer Wertpapiere".[51] Wiederum wird der Erwerber von Informationskosten entlastet, die er ohne Gutglaubensschutz für Nachforschungen über die materielle Richtigkeit und Vollständigkeit des Registerinhalts aufwenden müsste. Damit verbunden ist eine Senkung der Transaktionskosten und eine Steigerung der Fungibilität elektronischer Wertpapiere.[52]

Zur Legitimation des redlichen Wertpapiererwerbs verweisen die Materialien auf die „hohen gesetzlichen Anforderungen an elektronische Wertpapierregister", die es sachlich gerechtfertigt erscheinen ließen, „auf die Zuverlässigkeit des Registerinhalts als Rechtsscheinträger zu vertrauen".[53] Welche Anforderungen damit ganz konkret gemeint sind, wird nicht erläutert. Auch trifft der Hinweis nicht den Kern einer tauglichen Legitimation, soweit es lediglich um die Integrität und Authentizität des elektronischen Wertpapierregisters an sich geht. Vielmehr verdient das überindividuelle Verkehrsinteresse nur dann grundsätzlichen Vorrang gegenüber dem Beharrungsinteresse des wahren Berechtigten, wenn die konkrete Eintragung des Rechtsinhabers entweder auf eine besondere Richtigkeitsgewähr des Rechtsscheinträgers durch die Einhaltung eines hoheitlichen Verfahrens basiert oder aber der gesetzte Rechtsschein der Risikosphäre des wahren Berechtigten zugerechnet werden kann.

---

[47] Dazu und zum Folgenden bereits *Lieder* in Omlor/Möslein/Grundmann, Das elektronische Wertpapier, 2021, 103 (105).

[48] Zu diesem Aspekt mit Blick auf ein Blockchain-Grundbuch näher *Hecht* MittBayNot 2020, 314 (318); zum Realfoliensystem allgemein *Waldner* in Bauer/Schaub, GBO, 4. Aufl. 2018, § 3 Rn. 7; *Holzer* in BeckOK GBO, 47. Ed 1.6.2022, § 3 Rn. 1; *Schöner/Stöber*, Grundbuchrecht, 16. Aufl. 2020, Rn. 80; speziell zum Wertpapierregister *Sickinger/Thelen* AG 2020, 862 Rn. 22.

[49] Vgl. *Sickinger/Thelen* AG 2020, 862 Rn. 22; kritisch zu diesem Aspekt *Dubovitskaya* ZIP 2020, 2551 (2559); *Lehmann* BKR 2020, 431 (436); vgl. weiter *Kleinert/Mayer* EuZW 2019, 857 (858).

[50] So bereits *Lieder* in Omlor/Möslein/Grundmann, Das elektronische Wertpapier, 2021, 103 (104).

[51] Begr. RegE, BT-Drs. 19/26925, 67.

[52] *Müller* in Müller/Pieper, eWpG, 2022, § 26 Rn. 1

[53] Begr. RegE, BT-Drs. 19/26925, 67.

d) *Eintragungsprinzip und materielle Richtigkeitsgewähr*

In diesem Sinne verdient das im eWpG verwirklichte Eintragungsprinzip besondere Beachtung.[54] In Parallele zum Grundbuch[55] und im Gegensatz zur Gesellschafterliste[56] schafft die konstitutive Wirkung der elektronischen Eintragung eine belastbare Grundlage für die Dokumentation der an einem elektronischen Wertpapier bestehenden Rechtsverhältnisse und schützt so das Vertrauen auf die materielle Richtigkeit und Verlässlichkeit des Wertpapierregisters. Denn rechtsgeschäftliche Änderungen am Wertpapier werden erst mit ihrer Eintragung wirksam. Umgekehrt sind Rechtsänderungen, die sich außerhalb des Wertpapierregisters vollziehen, nahezu ausgeschlossen. In der Konsequenz führt das zu einem Gleichlauf von materieller Berechtigung und formeller Inhaberschaft.[57]

Dessen ungeachtet fehlt es indes an einer besonderen Richtigkeitsgewähr aufgrund eines amtlichen (Eintragungs-)Verfahrens. Das unterscheidet das elektronische Wertpapierregister auch vom Bundesschuldbuch, das nur in formeller Hinsicht in Form der Führung durch die „Bundesrepublik Deutschland – Finanzagentur GmbH" eine Organisationsprivatisierung erfahren hat. Damit ist indes keine materielle Aufgabenprivatisierung verbunden, weil die Finanzagentur als Beliehene fungiert.[58] Demgegenüber werden elektronische Wertpapierregister – trotz der staatlichen Aufsicht nach § 11 eWpG[59] – von Privaten geführt. Zumindest ist die registerführende Stelle nach Maßgabe des § 7 Abs. 2 S. 1 eWpG verpflichtet, jederzeit für eine zutreffende Wiedergabe der materiellen Rechtslage im Wertpapierregister zu sorgen. Im Falle einer Pflichtverletzung droht eine Haftung auf Schadensersatz (§ 7 Abs. 2 S. 2 eWpG).

e) *Zurechnung durch Weisungserteilung*

Eine zweite Legitimationssäule bildet das Erfordernis der – einer Registereintragung vorgelagerten – Weisung nach §§ 14 Abs. 1, 18 Abs. 1 eWpG, die auf den Schutz des wahren Berechtigten abzielt und zugleich verhindern soll, dass Unbefugte auf das Wertpapierregister und den Registerinhalt einwirken können.[60] Da die Weisung des Inhabers, der nach § 8 Abs. 1 Nr. 2 eWpG auch der materiell Berechtigte ist,[61] nach Maßgabe der §§ 14 Abs. 1 S. 1 Nr. 1, 18 Abs. 1 S. 1 Nr. 1 eWpG – ergänzt um weitere Weisungsrechte (vgl. §§ 14 Abs. 1 S. 1 Nr. 2, 18 Abs. 1 S. 1 Nr. 2 eWpG) – einen konstitutiven Bestandteil des materiellen Über-

---

[54] Dazu und zum Folgenden bereits *Lieder* in Omlor/Möslein/Grundmann, Das elektronische Wertpapier, 2021, 103 (106).

[55] → III. 2. Dazu ausf. *Lieder,* Die rechtsgeschäftliche Sukzession, 2015, 370 ff.; speziell zur Verbindung des Eintragungs- und Gutglaubensprinzips im Immobiliarsachenrecht siehe *Lieder,* Die rechtsgeschäftliche Sukzession, 2015, 468.

[56] Zum deklaratorischen Charakter der Aufnahme einer Gesellschafterliste in das Handelsregister im Gegensatz zur Übertragbarkeit von GmbH-Anteilen außerhalb der Gesellschafterliste vgl. *Heidinger* in MüKoGmbHG, 4. Aufl. 2022, § 16 Rn. 152; *Servatius* in Noack/Servatius/Haas, GmbHG, 23. Aufl. 2022, § 16 Rn. 9 f.; *Wilhelmi* in BeckOK GmbHG, 53. Ed. 1.3.2022, § 16 Rn. 23 f.

[57] Vgl. (zum Grundbuch) *Kohler* in MüKoBGB, 8. Aufl. 2020, Vor § 873 Rn. 14; *Lieder,* Die rechtsgeschäftliche Sukzession, 2015, 377; siehe ferner *Kleinert/Mayer* EuZW 2020, 1059 (1062); *Conreder/Diederichsen/Okonska* DStR 2021, 2594 (2598).

[58] Vgl. *Casper* in Leible/Lehmann/Zech, Unkörperliche Güter im Zivilrecht, 2011, 173 (182); *Braun* in Hopt/Seibt, Schuldverschreibungsrecht, 2017, BSchuWG § 1 Rn. 19 f.; *Müller* in Müller/Pieper, eWpG, 2022, § 26 Rn. 1 Fn. 2.

[59] Dazu ausf. *von Buttlar* in Omlor/Möslein/Grundmann, Das elektronische Wertpapier, 2021, 157 ff.

[60] Begr. RegE, BT-Drs. 19/26925, 57.

[61] Dazu näher *Lieder* in Omlor/Möslein/Grundmann, Das elektronische Wertpapier, 2021, 103 (132).

tragungstatbestands des § 25 Abs. 1 S. 1 eWpG („auf Weisung des Berechtigten") bildet, scheidet eine Änderung des Registerinhalts ohne eine dem materiellen Berechtigten zurechenbare Weisung grundsätzlich aus. Die Willensfreiheit des Inhabers ist in diesem Zusammenhang besonders gut geschützt, weil die Weisung aus rechtsdogmatischer Perspektive nicht nur verfahrensrechtlichen Charakter aufweist, sondern als empfangsbedürftige Willenserklärung zu qualifizieren ist.[62] Wirksamkeitsmängel bei der Weisungserteilung schlagen damit unmittelbar auf die Wirksamkeit des Rechtserwerbs durch und verhindern auch einen Gutglaubenserwerb.

IV. Redlichkeit des Erwerbers

In subjektiver Hinsicht kann den Schutz der Gutglaubensvorschriften nur beanspruchen, wer sich hinsichtlich der wahren Rechtslage in gutem Glauben befindet.

1. Grundlagen

Während der Beratungen zum BGB wurde intensiv über die inhaltlichen Anforderungen an die Redlichkeit des Erwerbers debattiert, die grundsätzliche Geltung des Gutglaubenserfordernisses indes zu keiner Zeit in Zweifel gezogen. Das war nicht zuletzt der Überzeugungskraft der von Redaktor *Reinhold Johow* in der Begründung des sachenrechtlichen Vorentwurfs vorgetragenen Argumente geschuldet:[63]

> „Kein redlicher Mann, der den materiellen Rechtszustand kennt, wird sich durch die unrichtige Darstellung in dem Grundbuche zu rechtlich unwirksamen Handlungen verleiten lassen. Wenn daher die Verhinderung von Täuschungen durch das Buch der Zweck ist, welchem der öffentliche Glaube desselben dient, so folgt, daß für den Gesetzgeber kein Grund vorliegt, auch denjenigen in Schutz zu nehmen, der sich auf eine Einschreibung beruft, deren Unrichtigkeit ihm bereits bei der von ihm gemachten bzw. versuchten Erwerbung bekannt war. "

a) Ökonomische Analyse

Wird im Schrifttum heute noch verbreitet darauf hingewiesen, der bösgläubige Erwerber stelle sich außerhalb der Rechtsordnung und verdiene deshalb – selbstverständlich[64] – keinen Schutz,[65] ergibt sich der tiefere Grund für das Redlichkeitserfordernis aus einer rechtsökonomischen Betrachtung des Gutglaubenserwerbs:[66] Genießt das Verkehrsinteresse den grundsätzlichen Vorrang, weil der Erwerber andernfalls mit prohibitiv hohen Informations- und Streitbewältigungskosten belastet würde,[67] dann muss das Beharrungsinteresse des wahren Berechtigten überwiegen, wenn solche Transaktionskosten aufseiten des Erwerbers von

---

[62] Vgl. *Casper/Richter* ZBB 2022, 65 (74); *Meier* RDi 2021, 1 Rn. 40; *Müller* in Müller/Pieper, eWpG, 2022, § 25 Rn. 8; *Pieper* in Müller/Pieper, eWpG, 2022, § 18 Rn. 11; *Omlor* RDi 2021, 371 Rn. 24; wohl auch *Casper* in Möslein/Omlor FinTech-HdB, 2. Aufl. 2021, § 28 Rn. 44; vgl. noch Begr. RegE, BT-Drs. 19/26925, 67, die von einer Anwendbarkeit des § 894 ZPO ausgeht, bei dem es um die Vollstreckung eines Anspruchs geht, der auf Abgabe einer Willenserklärung gerichtet ist.

[63] *Johow* in Schubert, Die Vorentwürfe der Redaktoren zum BGB, Sachenrecht, Bd. I, 1982, 876; vgl. weiter Motive zum BGB, Bd. 3, 1888, 359.

[64] *Henssler* in Soergel, 13. Aufl. 2002, BGB § 932 Rn. 16: „Dass die positive Kenntnis (…) einen gutgläubigen Erwerb ausschließt, ist eine Selbstverständlichkeit."

[65] Vgl. *Kohler* in MüKoBGB, 8. Aufl. 2020, § 892 Rn. 44; *Stagl* AcP 211 (2011), 530 (552); *Zeranski* JuS 2002, 340 (343).

[66] Dazu und zum Folgenden bereits ausf. *Lieder*, Die rechtsgeschäftliche Sukzession, 2015, 506 f.

[67] Nochmals → II. 2.

vornherein nicht anfallen, weil er entweder um die mangelnde Berechtigung des Veräußerers weiß oder zumindest keine nennenswerten Informationskosten aufwenden muss, um dessen Berechtigung zu verifizieren.[68]

b) Lehre vom abstrakten Vertrauensschutz

In rechtsdogmatischer Hinsicht ist die subjektive Beziehung des Erwerbers zum Rechtsscheinträger durch die Lehre vom abstrakten Vertrauensschutz geprägt.[69] Für Grundbuch,[70] Gesellschafterliste[71] und Wertpapierregister[72] gilt gleichermaßen, dass der Erwerber kein konkretes, positiv-kausales Vertrauen für sich in Anspruch zu nehmen braucht.[73] Es genügt das Vorliegen eines wirksamen Rechtsscheinträgers, an den das Erwerbervertrauen abstrakt-potenziell anknüpfen kann. Es ist daher weder erforderlich, dass der Erwerber vom Vertrauenstatbestand positive Kenntnis hat, noch muss das Erwerbervertrauen für die Transaktion kausal geworden sein. Maßgeblich ist allein, dass der Erwerber keine Kenntnis (oder grobfahrlässige Unkenntnis) von der wahren Rechtslage hat.

Dass es nicht um ein konkretes Vertrauen, sondern um die Abwesenheit der Kenntnis eines bestimmten Umstands geht, geht mit Deutlichkeit bereits aus der jeweils negativen Formulierung der Redlichkeitserfordernisse hervor.[74] Zudem ist es für die Schutzwürdigkeit und Schutzbedürftigkeit des Erwerbers und des Rechtsverkehrs bei der gebotenen wirtschaftlichen Betrachtungsweise ohne Belang, ob sich der Erwerber konkrete Vorstellungen über die Berechtigung des Veräußerers gemacht hat oder nicht. Denn im Rahmen eines redlichen Geschäftsverkehrs dürfen Erwerber – mangels Vorliegens besonderer Umstände – davon ausgehen, dass der Veräußerer auch Inhaber des übertragenen Gegenstands ist. Aus rechtsökonomischer Perspektive kommt hinzu, dass die Lehre vom abstrakten Vertrauensschutz die mit dem Gutglaubenserwerb verbundenen Kosten noch weiter senkt.[75] Eingespart werden namentlich die zeitlichen und finanziellen Aufwendungen, die andernfalls mit der Einsichtnahme in Grundbuch, Gesellschafterliste und Wertpapierregister verbunden wären. Der durch diese Rechtsscheinträger vermittelte Schutz der Sicherheit und Leichtigkeit des

---

[68] Ähnlich auch *Schäfer/Ott*, Lehrbuch der ökonomischen Analyse des Zivilrechts, 6. Aufl. 2020, 613.

[69] Dazu und zum Folgenden bereits ausf. *Lieder*, Die rechtsgeschäftliche Sukzession, 2015, 507 ff.

[70] *Picker* in Staudinger, BGB, 2019, § 892 Rn. 7: „potentielles Vertrauen"; *Wilhelm*, Sachenrecht, 7. Aufl. 2021, Rn. 722 aE: „abstrakter Schutz kraft Registerrechtsscheins"; im Ergebnis ebenso RGZ 86, 353 (356); BGH NJW 1980, 2413 (2414); NJW-RR 2013, 789 Rn. 15; ausf. *J. Hager*, Verkehrsschutz durch redlichen Erwerb, 1990, 419 ff.

[71] Vgl. *Heidinger* in MüKoGmbHG, 4. Aufl. 2022, § 16 Rn. 301; ebenso *Altgen*, Gutgläubiger Erwerb von GmbH-Geschäftsanteilen, 2010, 242; *Bohrer* DStR 2007, 995 (999); *Löbbe* in Habersack/Casper/Löbbe, GmbHG, 3. Aufl. 2019, § 16 Rn. 165; *Verse* in Henssler/Strohn, Gesellschaftsrecht, 5. Aufl. 2021, GmbHG § 16 Rn. 51; *Omlor*, Verkehrsschutz im Kapitalgesellschaftsrecht, 2010, 498 ff.; *Wachter* ZNotP 2008, 378 (395); *Wiersch*, Der gutgläubige Erwerb von GmbH-Anteilen, 2009, 118 f.; aA *Schüßler*, Der gutgläubige Erwerb von GmbH-Geschäftsanteilen, 2011, 178: unterlassene Einsichtnahme begründet Vorwurf grobfahrlässiger Unkenntnis.

[72] *Müller* in Müller/Pieper, eWpG, 2022, § 26 Rn. 12: „abstrakter Verkehrsschutz"; *Omlor* RDi 2021, 371 Rn. 29: „Ein konkretes Vertrauen auf den Registerinhalt (…) nicht erforderlich, ein abstraktes wie bei § 892 BGB ausreichend"; vgl. weiter Begr. RegE, BT-Drs. 19/26925, 67; *Kleinert/Mayer* EuZW 2020, 1059 (1063); *Linardatos* ZBB 2020, 329 (342).

[73] Gegen ein (ungeschriebenes) Tatbestandsmerkmal der Kausalität auch *Thomale/Schüßler* ZfPW 2015, 454 (464 ff.).

[74] Vgl. § 892 Abs. 1 S. 1 BGB: „es sei denn"; § 16 Abs. 3 S. 3 GmbHG: „Ein gutgläubiger Erwerb ist (…) nicht möglich"; § 26 S. 1 eWpG: „es sei denn".

[75] Dazu bereits *Lieder*, Jahrbuch Junger Zivilrechtswissenschaftler 2010, 2011, 121 (129 ff., 131); siehe ferner *Leuschner*, Verkehrsinteresse und Verfassungsrecht, 2005, 196, der zu § 15 Abs. 1 HGB im Ergebnis eine abweichende Auffassung vertritt.

Rechtsverkehrs wäre nur unvollkommen verwirklicht, wäre der Erwerber von Gesetzes wegen gezwungen, sich vom Vertrauenstatbestand in jedem Fall positive Kenntnis zu verschaffen.

c) Darlegungs- und Beweislastverteilung

Darüber hinaus sind die hier behandelten Gutglaubensvorschriften allesamt in einer Weise strukturiert, dass der wahre Berechtigte darlegen und im Ernstfall beweisen muss, dass sich der Erwerber im maßgeblichen Zeitpunkt nicht in gutem Glauben befand.[76] Mit dem Interesse eines effektiven Verkehrsschutzes wäre es schlichtweg unvereinbar, bürdete man dem Erwerber das Risiko der Unerweislichkeit seiner Redlichkeit auf.[77] Das gilt umso mehr, da Kenntnis und grobfahrlässige Unkenntnis als „innere Tatsachen" nur mit großen Anstrengungen bewiesen werden können.[78] Besondere Probleme ergeben sich dabei, wenn der Erwerbsvorgang weit in die Vergangenheit zurückreicht. Sowohl das Erwerbsinteresse des Redlichen als auch das überindividuelle Interesse der Verkehrssicherheit und Verkehrsleichtigkeit wären nur unvollständig gewährleistet, wäre der Erwerber für seine Redlichkeit in einem nachgelagerten Rechtsstreit darlegungs- und beweispflichtig.

2. Maßstab der Redlichkeit

Basieren die hier in Bezug genommenen Gutglaubenstatbestände auf dogmatisch und rechtsökonomisch übereinstimmenden Grundlagen, zeigen sich beim Redlichkeitsmaßstab nicht unerhebliche Unterschiede. Sie beruhen auf der unterschiedlichen Intensität, Ausgestaltung und Komplexität der Rechtsscheinträger:[79] Je höher die Qualität und Richtigkeitsgewähr des Vertrauenstatbestands, desto geringer sind die Anforderungen an die Redlichkeit des Erwerbers. Die Interdependenz zwischen Rechtsscheinqualität und Redlichkeit impliziert geringere Redlichkeitsanforderungen (nur positive Kenntnis schadet) bei verfahrensmäßig besonders abgesicherten Rechtsscheinträgern, namentlich dem Grundbuch, und gesteigerte Anforderungen (auch grobfahrlässige Unkenntnis schadet) bei den weniger abgesicherten Rechtsscheinträger des redlichen Anteils- und Wertpapiererwerbs.

a) Grundbuch

Die durch das hoheitliche Eintragungsverfahren und die Mitwirkung des Notars erzeugte besondere Gewähr für die materielle Richtigkeit und Verlässlichkeit des Grundbuchs lässt es gerechtfertigt erscheinen, einen Gutglaubenserwerb nach § 892 Abs. 1 S. 1 BGB nur bei positiver Kenntnis des Erwerbers von der Unrichtigkeit des Rechtsscheinträgers auszuschlie-

---

[76] Zum Grundbuch vgl. *Hertel* in BeckOGK, 15.4.2021, BGB § 892 Rn. 90; *Artz* in Erman, BGB, 16. Aufl. 2020, § 892 Rn. 31; *Krause* in NK-BGB, 5. Aufl. 2022, § 892 Rn. 64; zur Gesellschafterliste vgl. *Heidinger* in MüKoBGB, 4. Aufl. 2022, § 16 Rn. 300 aE; *Bayer* in Lutter/Hommelhoff, GmbHG, 20. Aufl. 2020, § 16 Rn. 88; *Altmeppen,* GmbHG, 10. Aufl. 2021, § 16 Rn. 84; zum Wertpapierregister vgl. *Müller* in Müller/Pieper, eWpG, 2022, § 26 Rn. 11; *Omlor* in Omlor/Möslein/Grundmann, Das elektronische Wertpapier, 2021, 137 (151).
[77] Dazu und zum Folgenden bereits *Lieder,* Die rechtsgeschäftliche Sukzession, 2015, 522; vgl. weiter *Karner,* Gutgläubiger Mobiliarerwerb, 2006, 391; *Heinze* in Staudinger, BGB, 2020, § 932 Rn. 101.
[78] Vgl. *Canaris,* Die Vertrauenshaftung im deutschen Privatrecht, 1971, 516; *Karner,* Gutgläubiger Mobiliarerwerb, 2006, 391; *Heinze* in Staudinger, BGB, 2020, § 932 Rn. 101.
[79] Dazu bereits *Lieder,* Die rechtsgeschäftliche Sukzession, 2015, 513 im Anschluss an *Wiegand* JuS 1974, 201 (207f.); *Wiegand* JuS 1978, 145 (146); ebenso *Heinze* in Staudinger, BGB, 2020, Vor § 932 Rn. 9, 27; § 932 Rn. 37; *Karner,* Gutgläubiger Mobiliarerwerb, 2006, 188f., 416ff.; aA *Bauer* FS Bosch, 1976, 1 (18); *Ernst* FS Gernhuber, 1993, 95 (109f.); (zur Gesellschafterliste) *Omlor,* Verkehrsschutz im Kapitalgesellschaftsrecht, 2010, 481f.

ßen. Hierdurch wird die Verkehrsfähigkeit von Grundstücken nochmals gesteigert. Die besondere Richtigkeitsgewähr streitet außerdem dafür, dass im Rahmen des redlichen Immobiliarerwerbs auf die Implementierung eines besonderen Zurechnungserfordernisses verzichtet werden kann.[80] Deshalb haben sich auch Reformvorschläge, die eine Übernahme des in § 932 Abs. 2 BGB niedergelegten schärferen Maßstabs zum Gegenstand hatten,[81] im Ergebnis nicht durchsetzen können.

b) Gesellschafterliste

Mangels einer dem Grundbuch vergleichbaren Richtigkeitsgewähr scheidet ein redlicher GmbH-Anteilserwerb nicht nur bei positiver Kenntnis der mangelnden Rechtsinhaberschaft des Veräußerers aus, sondern bereits dann, wenn dem Erwerber die Nichtberechtigung infolge grober Fahrlässigkeit unbekannt geblieben ist (§ 16 Abs. 3 S. 3 GmbHG). Das ist nach gängiger Definition der Fall, wenn der Erwerber die im Verkehr erforderliche Sorgfalt in besonders grobem Maße außer Acht gelassen hat, dh, wenn er dasjenige nicht beachtet hat, was im konkreten Einzelfall jedem hätte einleuchten müssen.[82] Für diese Mindestanforderungen gilt ein objektiver Sorgfaltsmaßstab,[83] weil sich eine Subjektivierung des Fahrlässigkeitsvorwurfs mit der normativ-teleologischen Zielrichtung der Gutglaubensvorschriften nicht in Einklang bringen lässt.

Uneinheitlich wird im Schrifttum die Frage beantwortet, ob die zum redlichen Mobiliarerwerb entwickelten Grundsätze, namentlich die zur Präzisierung der groben Fahrlässigkeit von der Rechtsprechung postulierten Nachforschungsobliegenheiten,[84] eins zu eins auf den redlichen Erwerb von GmbH-Geschäftsanteilen übertragen werden können.[85] Dagegen spricht bereits die Formbedürftigkeit der Anteilsübertragung (§ 15 Abs. 3 GmbHG), die eine ganze Reihe von Verdachtsmomenten egalisiert, die im Mobiliarsachenrecht geeignet sind, eine besondere Nachforschungspflicht des Erwerbers zu begründen.[86] Dementsprechend kommt eine Nachforschungsobliegenheit nur bei deutlichen Anhaltspunkten für die mangelnde Berechtigung des Veräußerers in Betracht.[87] Es existiert insbesondere keine allgemeine Nachforschungspflicht, die auch nicht im Gewand einer Verpflichtung, vor Unternehmenstransaktionen unter allen Umständen eine Due Diligence vorzunehmen,[88] durch die Hintertür eingeführt werden darf. Andernfalls würde das legislatorische Ziel verfehlt,

---

[80] Noch → V. 1.

[81] So etwa *Wolff/Raiser*, Sachenrecht, § 45 Fn. 23; aA schon der Bodenrechtsausschuss der Akademie für Deutsches Recht; vgl. *Locher*, Die Neugestaltung des Liegenschaftsrechtes, 1942, 122 ff.; zusf. *Picker* in Staudinger, BGB, 2019, § 892 Rn. 9.

[82] *Heidinger* in MüKoGmbHG, 4. Aufl. 2022, § 16 Rn. 300; *Bayer* in Lutter/Hommelhoff, GmbHG, 20. Aufl. 2020, § 16 Rn. 88; *Servatius* in Noack/Servatius/Haas, GmbHG, 23. Aufl. 2022, § 16 Rn. 35; ausf. *Omlor*, Verkehrsschutz im Kapitalgesellschaftsrecht, 2010, 483 ff., 487 ff.

[83] *Henssler* in Soergel, 13. Aufl. 2002, § 932 Rn. 20; *Oechsler* in MüKoBGB, 8. Aufl. 2020, § 932 Rn. 47; *Heinze* in Staudinger, BGB, 2020, § 932 Rn. 45, 49.

[84] Dazu ausf. *Lieder*, Die rechtsgeschäftliche Sukzession, 2015, 516 ff.

[85] Für einen Gleichlauf *Hamann* NZG 2007, 492 (493 f.); *Omlor*, Verkehrsschutz im Kapitalgesellschaftsrecht, 2010, 487 ff.; dagegen *Bayer* in Lutter/Hommelhoff, GmbHG, 20. Aufl. 2020, § 16 Rn. 88; *Löbbe* in Habersack/Casper/Löbbe, GmbHG, 3. Aufl. 2019, § 16 Rn. 168.

[86] Dazu und zum Folgenden bereits *Lieder*, Die rechtsgeschäftliche Sukzession, 2015, 520.

[87] Vgl. *Bayer* in Lutter/Hommelhoff, GmbHG, 20. Aufl. 2020, § 16 Rn. 88; *Servatius* in Noack/Servatius/Haas, GmbHG, 23. Aufl. 2022, § 16 Rn. 39; *Löbbe* in Habersack/Casper/Löbbe, GmbHG, 3. Aufl. 2019, § 16 Rn. 169 f.; *Seibt* in Scholz, GmbHG, 13. Aufl. 2022, § 16 Rn. 86.

[88] *Heidinger* in MüKoGmbHG, 4. Aufl. 2022, § 16 Rn. 301; *Altmeppen*, GmbHG, 10. Aufl. 2021, § 16 Rn. 84; *Bayer* in Lutter/Hommelhoff, GmbHG, 20. Aufl. 2020, § 16 Rn. 88; *Ebbing* in Michalski/Heidinger/Leible/J. Schmidt, GbmHG, 3. Aufl. 2017, § 16 Rn. 223; *Seibt* in Scholz, GmbHG, 13. Aufl. 2022, § 16 Rn. 86.

durch den redlichen Anteilserwerb die mit solchen Untersuchungen verbundenen Transaktionskosten zu senken und zugleich für mehr Rechtssicherheit zu sorgen.[89]

c) Wertpapierregister

Vergleichbare Erwägungen gelten für die Anforderungen an die grobfahrlässige Unkenntnis des Erwerbers elektronischer Wertpapiere. Wiederum lassen sich die aus dem Mobiliarsachenrecht bekannten strengen Nachforschungsobliegenheiten nicht auf das Wertpapierregister übertragen.[90] Das folgt weniger aus dem anerkannten Normzweck des § 26 eWpG, der auf die Leichtigkeit und Sicherheit des Rechtsverkehrs abzielt, sondern aus der größeren Richtigkeitsgewähr der Registereintragungen im Vergleich zum Besitz respektive zur Besitzverschaffungsmacht beim redlichen Mobiliarerwerb. Namentlich das durch das Weisungsrecht des Inhabers vermittelte Zurechnungselement und die an elektronische Wertpapierregister gestellten hohen gesetzlichen Anforderungen[91] rechtfertigen eine moderate Interpretation des Erfordernisses grober Fahrlässigkeit. Eine Nachforschungsobliegenheit ist deshalb erst dann anzunehmen, wenn aufgrund konkreter Umstände des Einzelfalls Zweifel an der Richtigkeit oder Vollständigkeit des Wertpapierregisters bestehen.[92] Der Erwerber hat daraufhin zumutbare Nachforschungen anzustellen, um die materielle Berechtigung des im Register ausgewiesenen Inhabers zu verifizieren.

V. Reines Rechtsscheinprinzip versus Zurechnungsprinzip

1. Grundbuch

Da beim Grundbuch die Wahrscheinlichkeit unrichtiger Eintragungen aufgrund des hoheitlichen (Eintragungs-)Verfahrens auf ein Minimum reduziert ist, darf sich der redliche Rechtsverkehr (und damit auch der Erwerber) ohne Weiteres auf die materielle Richtigkeit der Rechtsscheingrundlage verlassen.[93] Das Vertrauen des Rechtsverkehrs wird nach dem reinen Rechtsscheinprinzip vollkommen unabhängig davon geschützt, ob der wahre Berechtigte an der Entstehung oder dem Fortbestand des falschen Rechtsscheins mitgewirkt hat oder nicht.[94] Die Abwesenheit eines Zurechnungskriteriums rechtfertigt sich darüber hinaus mit Blick auf die Zielrichtung des amtlichen Verfahrens, das gerade auch solche Fehler aufdecken und vermeiden soll, die in die Risikosphäre des wahren Berechtigten fallen. Deshalb haben sich in der Vergangenheit auch Vorschläge nicht durchsetzen können, die für den redlichen Immobiliarerwerb die Einführung eines Zurechnungselements forderten.[95] Das reine Rechtsscheinprinzip stellt demgegenüber sicher, dass der Erwerber im Vorfeld der Grundstückstransaktion nicht zu verifizieren braucht, ob der wahre Berechtigte die Unrichtigkeit der Eintragung zurechenbar veranlasst hat.

---

[89] Begr. RegE, BT-Drs. 16/6140, 38.

[90] So auch *Müller* in Müller/Pieper, eWpG, 2022, § 26 Rn. 10.

[91] Vgl. Begr. RegE, BT-Drs. 19/26925, 67.

[92] *Müller* in Müller/Pieper, eWpG, 2022, § 26 Rn. 10.

[93] Dazu und zum Folgenden bereits *Lieder*, Die rechtsgeschäftliche Sukzession, 2015, 523.

[94] Vgl. *Picker* in Staudinger, BGB, 2019, § 892 Rn. 7; *Kohler* in MüKoBGB, 8. Aufl. 2020, § 892 Rn. 2; *Hertel* in BeckOGK, 15.4.2021, BGB § 892 Rn. 1; *Westermann/Gursky/Eickmann/Eickmann,* Sachenrecht, 8. Aufl. 2011, § 83 Rn. 1; *Füller*, Eigenständiges Sachenrecht?, 2006, 265; *Leuschner*, Verkehrsinteresse und Verfassungsrecht, 2005, 42; abweichende Interpretation bei *Thomale/Schüßler* ZfPW 2015, 454 (466f.), die auch beim redlichen Immobiliarerwerb von einem Zurechnungselement ausgehen.

[95] *Brandt*, Eigentumserwerb und Austauschgeschäft, 1940, 290ff.; dagegen bereits der Bodenausschuss der Akademie für Deutsches Recht; vgl. *Locher*, Die Neugestaltung des Liegenschaftsrechtes, 1942, 108ff., 113; zusf. *Picker* in Staudinger, BGB, 2019, § 892 Rn. 9.

2. Gesellschafterliste

Aufgrund des strukturellen Legitimationsdefizits gilt für die Gesellschafterliste ein (partielles) Zurechnungsprinzip, und zwar beschränkt auf die Karenzzeit der ersten drei Jahre nach Eintritt der Listenunrichtigkeit.[96] Eine Zurechnung iSd § 16 Abs. 3 S. 2 GmbHG findet statt, wenn der wahre Anteilsinhaber die Unrichtigkeit zumindest teilweise veranlasst oder in sonstiger Weise zu verantworten hat.[97] Im Rahmen der einzelfallgeleiteten Konkretisierung des Zurechnungskriteriums ist eine Abwägungsentscheidung zu treffen, die das Spannungsverhältnis zwischen dem Beharrungsinteresse des wahren Berechtigten sowie dem Verkehrs- und Erwerbsinteresse angemessen auflöst.[98]

Entscheidet man sich de lege ferenda für eine obligatorische Einreichungszuständigkeit des Notars,[99] kann auf das Zurechnungserfordernis des § 16 Abs. 3 S. 2 GmbHG verzichtet werden. Diese Umgestaltung würde die Gesellschafterliste ein gutes Stück an das Grundbuch als Prototyp eines rechtspolitisch wie rechtsökonomisch überzeugenden Rechtsscheinträgers annähern, für ein hohes Maß an Sicherheit und Leichtigkeit in der Transaktionspraxis sorgen und zur Kohärenz des gesamten privatrechtlichen Gutglaubenssystems beitragen. Das gilt umso mehr, als die Gesellschafterliste für gewöhnlich keine Auskunft darüber gibt, seit welchem Zeitpunkt sie bereits fehlerhaft ist. Auch die Zurechnung des Rechtsscheins ist für den Anteilserwerber nicht ersichtlich. Kann im Falle einer obligatorischen Mitwirkung des Notars auf das Zurechnungselement verzichtet werden, dann fallen auch die Informationskosten weg, die der Erwerber sonst aufwenden müsste, um das Zurechnungselement zu verifizieren.

3. Wertpapierregister

Anders als das Grundbuch werden elektronische Wertpapierregister nicht hoheitlich, sondern durch Private geführt. Auch wenn an die Registerführung hohe gesetzliche Anforderungen gestellt werden und eine staatliche Aufsicht gewährleistet ist, fehlt es an einem hoheitlichen Eintragungsverfahren, das in besonderem Maße für eine materielle Richtigkeit und Verlässlichkeit bürgt.[100] Stattdessen sorgen das Eintragungsprinzip[101] und das Weisungserfordernis[102] dafür, dass für den Regelfall ein Gleichlauf zwischen materieller Berechtigung und formeller Inhaberschaft gegeben ist.

Die Abgabe einer Weisung durch Unbefugte ist dadurch minimiert, dass die registerführende Stelle der Weisungserteilung durch den Inhaber nicht nachkommen muss, wenn Anhaltspunkte dafür vorliegen, dass es sich nicht um den wahren Berechtigten handelt. Das ist anzunehmen, wenn die Berechtigung des Inhabers auf Grundlage einer gerichtlichen, nicht notwendig rechtskräftigen Entscheidung in Zweifel gezogen wird.[103] Gleiches gilt, wenn nachgewiesen wird, dass die Inhaberschaft in eigenmächtiger oder sonstiger unredlicher Weise erlangt worden ist.

---

[96] Abweichend nur *Altgen,* Gutgläubiger Erwerb von GmbH-Geschäftsanteilen, 2010, 256 ff., der eine einheitliche Lösung nach dem Zurechnungsprinzip befürwortet.

[97] *Heidinger* in MüKoGmbHG, 4. Aufl. 2022, § 16 Rn. 297; *Altmeppen,* GmbHG, 10. Aufl. 2021, § 16 Rn. 82; *Bayer* in Lutter/Hommelhoff, GmbHG, 20. Aufl. 2020, § 16 Rn. 105; *Ebbing* in Michalski/Heidinger/Leible/J. Schmidt, GmbHG, 3. Aufl. 2017, § 16 Rn. 214; *Seibt* in Scholz, GmbHG, 13. Aufl. 2022, § 16 Rn. 104; *Wicke,* GmbHG, 4. Aufl. 2020, § 16 Rn. 22.

[98] Dazu näher *Lieder,* Die rechtsgeschäftliche Sukzession, 2015, 530 f.

[99] Zu diesem Vorschlag → III. 3. b).

[100] Nochmals → III. 4. d).

[101] Nochmals → III. 4. d).

[102] Nochmals → III. 4. e).

[103] Begr. RegE, BT-Drs. 19/26925, 58.

Eine weitere Sicherheitsschwelle für die materielle Richtigkeit des Registerinhalts zieht § 18 Abs. 1 S. 5 eWpG ein, weil die registerführende Stelle die Weisung des Inhabers nur umsetzen darf, wenn sie mittels eines geeigneten Authentifizierungsinstruments erfolgt ist. Nach Maßgabe der §§ 15 Abs. 1 Nr. 9, 23 Abs. 1 Nr. 9 eWpG iVm § 11 eWpRV-RefE II[104] hat der Weisungsberechtigte seine Identität gegenüber der registerführenden Stelle durch geeignete Nachweise zu belegen.[105] Als geeignete Authentifizierungsinstrumente kommen kryptografische Signaturen oder vergleichbare Instrumente in Betracht, wenn (1.) die verwendeten Verfahren dem Stand der Technik entsprechen und (2.) die registerführende Stelle die verwendete Signatur oder das verwendete vergleichbare Authentifizierungsinstrument derjenigen Person zuverlässig zurechnen kann, die die Weisung erteilt hat. Namentlich bei der Verwendung der Blockchain-Technologie kommen kryptografische Signaturverfahren zur Anwendung. Dabei handelt es sich um den privaten Schlüssel *(private key),* der dem Berechtigten den Zugriff auf das Wertpapier ermöglicht.[106] Da ohne den privaten Schlüssel dauerhaft nicht mehr auf das Wertpapier zugegriffen werden kann, hat der wahre Berechtigte einen erheblichen wirtschaftlichen Anreiz, seinen Schlüssel vor dem Zugriff Unbefugter zu schützt. Das vermindert umgekehrt das Risiko einer Fehlauthentifizierung.[107]

Vor diesem Hintergrund besteht keine Notwendigkeit, ein fehlendes Abhandenkommen im Sinne des § 935 BGB als weiteres negatives Tatbestandsmerkmal in § 26 S. 1 eWpG hineinzulesen oder eine entsprechende Wortlautkorrektur durch den Gesetzgeber zu fordern.[108] De lege lata hat der Rechtsanwender zur Kenntnis zu nehmen, dass es sich bei dem Regelungskomplex der §§ 24 ff. eWpG um eine in sich geschlossene und zugleich abschließende Sonderregelung für den redlichen Erwerb elektronischer Wertpapiere handelt.[109] Zudem müsste eine Analogiebildung zur Anerkennung einer Rückausnahme für elektronische Inhaberschuldverschreibungen nach Maßgabe des § 935 Abs. 2 BGB führen.[110] Die der Rückausnahme zugrunde liegenden Wertungen sind auch de lege ferenda überzeugend, weil körperliche wie elektronische Wertpapiere in besonderem Maße auf eine leichte und ungehinderte Zirkulation angewiesen sind. Damit wird das Beharrungsinteresse des wahren Berechtigten nicht in unzumutbarer Weise beeinträchtigt, weil (elektronische) Wertpapiere durch sichere Verwahrung – im Gegensatz zu vielen anderen Sachen – kostengünstig auch gegen einen unfreiwilligen Besitzverlust geschützt werden können.[111]

---

[104] Verordnung über Anforderungen an elektronische Wertpapierregister (eWpRV) vom 14.1.2022, abrufbar unter: https://www.bmj.de/SharedDocs/Gesetzgebungsverfahren/DE/Wertpapierregister.html (15.9.2022).

[105] Dazu ausf. *Siadat* RDi 2022, 153 Rn. 23 ff.

[106] *Lehmann* BKR 2020, 431 (435); *Lieder* in Omlor/Möslein/Grundmann, Das elektronische Wertpapier, 2021, 103 (115); *Müller* in Müller/Pieper, eWpG, 2022, § 25 Rn. 8 aE; *Sickinger/Thelen* AG 2020, 862 (865); *Wieneke/Kunz* NZG 2021, 316 (322).

[107] Vgl. auch *Kell* in Müller/Pieper, eWpG, 2022, § 18 Rn. 7: „Risiko einer Fehlauthentisierung akzeptabel".

[108] Vgl. *Dubovitskaya* ZIP 2020, 2551 (2559); *Lehmann* BKR 2020, 431 (437); *Müller* in Müller/Pieper, eWpG, 2022, § 25 Rn. 7.

[109] Vgl. *Müller* in Müller/Pieper, eWpG, 2022, § 26 Rn. 28.

[110] So auch *Müller* in Müller/Pieper, eWpG, 2022, § 25 Rn. 7; aA *Kleinert/Mayer* EuZW 2020, 1059 (1063).

[111] Vgl. *Baird/Jackson* J. Legal Stud. 13 (1984), 299 (306); *Lieder,* Die rechtsgeschäftliche Sukzession, 2015, 528 f.

VI. Weitere Tatbestandsmerkmale

Komplettiert werden die Tatbestandsmerkmale der Gutglaubensvorschriften durch das Erfordernis eines rechtsgeschäftlichen Erwerbs im Sinne eines Verkehrsgeschäfts. Zudem greifen die Vertrauenstatbestände auch zum Schutz eines unentgeltlichen Erwerbs ein.

1. Rechtsgeschäftlicher Erwerb

Das als erste Legitimationssäule der Gutglaubensvorschriften identifizierte Verkehrsschutzprinzip bindet den redlichen Erwerb von Grundstücken,[112] GmbH-Geschäftsanteilen[113] und elektronischen Wertpapieren[114] an das Erfordernis eines rechtsgeschäftlichen Erwerbs.[115] Nur wenn der Redliche den Verfügungsgegenstand aufgrund eines Rechtsgeschäfts erwirbt, sind die überindividuellen Interessen der Sicherheit und Leichtigkeit des Rechtsverkehrs berührt und nur dann bringt der Erwerber dem Veräußerer auch tatsächlich ein relevantes Vertrauen in die materielle Berechtigung entgegen. Vollzieht sich der Rechtsübergang hingegen kraft Gesetzes oder kraft Hoheitsakts, machen „Bedürfnisse des Verkehrs, zu deren Schutze eine Abweichung von dem ordentlichen Gange des Rechts angezeigt wäre, sich nicht geltend".[116]

2. Lehre vom Verkehrsgeschäft

Das Verkehrsschutzprinzip bildet zugleich die dogmatische Grundlage für die von der zutreffenden hM[117] in sämtliche Vertrauenstatbestände hineingelesene Lehre vom Verkehrsgeschäft.[118] Die Gutglaubensvorschriften für den redlichen Immobiliar-,[119] Anteils-[120] und Wertpapiererwerb[121] sind teleologisch zu reduzieren, wenn der Erwerber im konkreten Einzelfall nicht den redlichen Rechtsverkehr repräsentiert, sondern wertungsmäßig auf der Veräußererseite steht. Erkennt man mit der hier vertretenen Auffassung, dass der Schutz des redlichen Erwerbers nur ein reflexartiger ist, der Erwerber mit anderen Worten lediglich den Rechtsverkehr repräsentiert, ohne selbst primäres Schutzsubjekt der Gutglaubensvorschriften zu sein, dann folgt daraus im Umkehrschluss, dass der personelle Anwendungsbereich

---

[112] *Hertel* in BeckOGK, 15.4.2021, BGB § 892 Rn. 9; *Kohler* in MüKoBGB, 8. Aufl. 2020, § 892 Rn. 33; *H.-W. Eckert* in BeckOK BGB, 63. Ed. 1.8.2022, § 892 Rn. 8; *Picker* in Staudinger, BGB, 2019, § 892 Rn. 9.

[113] *Heidinger* in MüKoGmbHG, 4. Aufl. 2022, § 16 Rn. 50, 371; *Servatius* in Noack/Servatius/Haas, GmbHG, 23. Aufl. 2022, § 16 Rn. 26.

[114] *Casper/Richter* ZBB 2022, 65 (76, 77); *Müller* in Müller/Pieper, eWpG, 2022, § 26 Rn. 3 f.; *Omlor* RDi 2021, 371 Rn. 28.

[115] Dazu und zum Folgenden bereits *Lieder,* Die rechtsgeschäftliche Sukzession, 2015, 496 ff.; für generelle Geltung auch *Thomale/Schüßler* ZfPW 2015, 454 (463 f.).

[116] *Johow* in Schubert, Die Vorentwürfe der Redaktoren zum BGB, Sachenrecht, Bd. I, 1982, 357.

[117] Vgl. BGHZ 173, 71 Rn. 23 aE; *Picker* in Staudinger, BGB, 2019, § 892 Rn. 97; *Kohler* in MüKoBGB, 8. Aufl. 2020, § 892 Rn. 33; *Lutter* AcP 164 (1964), 122 (159); gegen die Lehre vom Verkehrsgeschäft *Oechsler* in MüKoBGB, 8. Aufl. 2020, § 932 Rn. 35 f.; kritisch zur hM auch *J. Hager,* Verkehrsschutz durch redlichen Erwerb, 1990, 118 ff.

[118] Dazu und zum Folgenden bereits *Lieder,* Die rechtsgeschäftliche Sukzession, 2015, 499 ff.

[119] *Hertel* in BeckOGK, 15.4.2021, BGB § 892 Rn. 30 f.; *Picker* in Staudinger, BGB, 2019, § 892 Rn. 97; *Kohler* in MüKoBGB, 8. Aufl. 2020, § 892 Rn. 24, 33; *Lutter* AcP 164 (1964), 122 (159).

[120] *Heidinger* in MüKoGmbHG, 4. Aufl. 2022, § 16 Rn. 370 f.; *Verse* in Henssler/Strohn, Gesellschaftsrecht, 5. Aufl. 2021, GmbHG § 16 Rn. 62; *Servatius* in Noack/Servatius/Haas, GmbHG, 23. Aufl. 2022, § 16 Rn. 30; *Wilhelmi* in BeckOK GmbHG, 53. Ed. 1.3.2022, § 16 Rn. 80.

[121] *Müller* in Müller/Pieper, eWpG, 2022, § 26 Rn. 5; *Omlor* RDi 2021, 371 Rn. 28.

der Vertrauenstatbestände einzuschränken ist, wenn der Erwerber im Einzelfall nicht als Repräsentant des überindividuellen Verkehrsinteresses taugt. Steht er bei der Vornahme des Erwerbsgeschäfts – bildlich gesprochen – nicht auf der Seite des allgemeinen Rechtsverkehrs, sondern auf der Veräußererseite, dann ist das Verkehrsinteresse bei Vornahme dieses Geschäfts nicht tangiert und deshalb fehlt es zugleich an der zentralen Legitimationsgrundlage für einen Gutglaubenserwerb.

3. Schutz des unentgeltlichen Erwerbs

Der redliche Erwerber genießt die Rechtsscheinwirkungen von Grundbuch,[122] Gesellschafterliste[123] und Wertpapierregister[124] auch dann, wenn er keine (angemessene) Gegenleistung für den Verfügungsgegenstand erbracht hat.[125] De lege lata spricht die Entstehungsgeschichte der sachenrechtlichen Gutglaubenstatbestände eine eindeutige Sprache. Die 2. BGB-Kommission votiert eindeutig für die Zulassung des unentgeltlichen redlichen Erwerbs, auch wenn erst die Stimme des Vorsitzenden bei einem Abstimmungsergebnis von 9 gegen 9 Stimmen am Ende den Ausschlag ab.[126] Diese legislatorische Grundsatzentscheidung kommt heute mit Deutlichkeit in § 816 Abs. 1 S. 2 BGB zum Ausdruck. Der Sonderkondiktionsanspruch macht nur dann Sinn, wenn der redliche Erwerber auch bei Unentgeltlichkeit zunächst den Verfügungsgegenstand zu Eigentum erwirbt.[127]

De lege ferenda sprechen für die Zulassung des unentgeltlichen Gutglaubenserwerbs die Wertungen des Trennungs- und Abstraktionsprinzips und die Vermeidung von Abgrenzungsschwierigkeiten.[128] Käme der Entgeltlichkeit Bedeutung für den redlichen Erwerb zu, würden die maßgeblichen Postulate des Trennungs- und Abstraktionsprinzips verletzt, deren primäres Regelungsziel es ist, die Wirksamkeit des dinglichen Rechtsgeschäfts soweit wie möglich vom schuldrechtlichen Verpflichtungsgeschäft zu entkoppeln und hierdurch für Verkehrssicherheit und Verkehrsleichtigkeit zu sorgen.[129] Zudem träfe den Erwerber eine Nachforschungsobliegenheit hinsichtlich der Angemessenheit einer etwaigen Gegenleistung, die in Form von Informationskosten die Durchführung von Transaktionen tendenziell verteuern und scheitern lassen können.[130]

---

[122] *Picker* in Staudinger, BGB, 2019, § 892 Rn. 219 ff.; *Kohler* in MüKoBGB, 8. Aufl. 2020, § 892 Rn. 66 ff.; *Hertel* in BeckOGK, 15. 4. 2021, BGB § 892 Rn. 92 ff.

[123] *Wilhelmi* in BeckOK GmbHG, 53. Ed. 1. 3. 2022, § 16 Rn. 68; *Verse* in Henssler/Strohn, Gesellschaftsrecht, 5. Aufl. 2021, GmbHG § 16 Rn. 50; *Heidinger* in MüKoGmbHG, 4. Aufl. 2022, § 16 Rn. 334 ff.

[124] *Müller* in Müller/Pieper, eWpG, 2022, § 26 Rn. 8.

[125] Dazu und zum Folgenden bereits *Lieder,* Die rechtsgeschäftliche Sukzession, 2015, 533 ff.; für eine teleologische Reduktion der Vertrauenstatbestände *Peters,* Der Entzug des Eigentums an beweglichen Sachen durch gutgläubigen Erwerb, 1991, 116 ff.; gegen eine verfassungsrechtliche Rechtfertigung *Leuschner* AcP 205 (2005), 205 (241 f.); *Leuschner,* Verkehrsinteressen und Verfassungsrecht, 2005, 204; *Wolf* JZ 1997, 1087 (1091); dagegen ausf. *Regenfus,* Vorgaben des Grundgesetzes für die Lösung sachenrechtlicher Zuordnungs- und Nutzungskonflikte, 2013, 670 ff.

[126] Protokolle zum BGB, Bd. 3, 1899, 82.

[127] Vgl. BGHZ 81, 395 (396); *Kohler* in MüKoBGB, 8. Aufl. 2020, § 892 Rn. 25 aE; *Oechsler* in MüKoBGB, 8. Aufl. 2020, § 932 Rn. 34; *J. Hager,* Verkehrsschutz durch redlichen Erwerb, 1990, 88 ff.

[128] In diese Richtung auch *Oechsler* in MüKoBGB, 8. Aufl. 2020, § 932 Rn. 34; *Schubert,* Die Entstehung der Vorschriften des BGB über Besitz und Eigentumsübertragung, 1966, 138; aA *Füller,* Eigenständiges Sachenrecht?, 2006, 266.

[129] Zum Trennungs- und Abstraktionsprinzip ausf. *Lieder,* Die rechtsgeschäftliche Sukzession, 2015, 264 ff.

[130] Vgl. *Krimphove,* Das europäische Sachenrecht, 2006, 410 f.

VII. Rechtsfolge

Rechtsfolge des redlichen Grundstücks-,[131] Anteils-[132] und Wertpapiererwerbs[133] ist der endgültige Erwerb des Vollrechts. Das betonte bereits *Reinhold Johow* in der Begründung zum sachenrechtlichen Vorentwurf für den gutgläubigen Immobiliarerwerb:[134]

„Das Prinzip des öffentlichen Glaubens verschafft also dem Erwerber nicht blos eine Einrede gegen den Anspruch des durch die Uebertragung oder durch die Begründung des erworbenen Rechts Verletzten, sondern erhebt dieses Recht zu einem vollgültigen, ganz so, als wäre das Recht des Auktors überhaupt nicht mit einem Mangel behaftet gewesen."

Durch die materiellrechtliche Zuordnung des Vermögensrechts an den Erwerber wird vermieden, dass faktische Inhaberschaft und materielle Berechtigung dauerhaft auseinanderfallen. Der Redliche erwirbt das Vermögensrecht vom Nichtberechtigten in der Art und Weise, wie er es auch vom Berechtigten erworben hätte. Im Übrigen kann der Erwerber nicht auf den Eintritt der Gutglaubenswirkungen verzichten, weil er als Repräsentant des Rechtsverkehrs nur mittelbarer Schutzadressat der Gutglaubensvorschriften ist.[135] Es entspricht der teleologisch-normativen Begründung des redlichen Erwerbs aus dem überindividuellen Interesse an der Sicherheit und Leichtigkeit des Güterumsatzes, dass die Wirkungen der Gutglaubensvorschriften unabhängig vom Willen des Erwerbers eintreten.

VIII. Fazit

Als Ergebnis der binnenrechtsvergleichenden Untersuchung ist festzuhalten, dass sich das Prinzip des Gutglaubenserwerbs sowohl aus rechtspolitischer wie auch aus rechtsökonomischer Perspektive uneingeschränkt bewährt hat. Am Primat des überindividuellen Verkehrsinteresses ist nicht zu rütteln. Zugleich zeichnet das Verkehrsschutzprinzip verantwortlich für die rechtsscheinträgerübergreifenden Gemeinsamkeiten, namentlich (1.) die Erforderlichkeit eines tauglichen Rechtsscheinträgers als Legitimationsgrundlage für einen gutgläubigen Erwerb, (2.) die Redlichkeit des – den Rechtsverkehr repräsentierenden – Erwerbers, deren inhaltliche Anforderungen anhand der Lehre vom abstrakten Vertrauensschutz zu konkretisieren sind, (3.) das Erfordernis eines rechtsgeschäftlichen Erwerbs im Sinne eines Verkehrsgeschäfts sowie (4.) die Endgültigkeit und Unverzichtbarkeit des redlichen Vollrechtserwerbs. Die Unterschiede zwischen den untersuchten Gutglaubenstatbeständen sind umgekehrt auf die unterschiedliche Qualität der Rechtsscheinträger zurückzuführen. Sorgt ein hoheitliches Verfahren für eine hohe materielle Richtigkeitsgewähr der Registereintragung, genügen geringere Anforderungen an die Redlichkeit des Erwerbers und kann zugleich auf ein Zurechnungselement verzichtet werden.

---

[131] *Kohler* in MüKoBGB, 8. Aufl. 2020, § 892 Rn. 70; *Hertel* in BeckOGK, 15.4.2021, BGB § 892 Rn. 92f.; *H.-W. Eckert* in BeckOK BGB, 63. Ed. 1.8.2022, § 892 Rn. 26.

[132] *Heidinger* in MüKoGmbHG, 4. Aufl. 2022, § 16 Rn. 335; *Verse* in Henssler/Strohn, Gesellschaftsrecht, 5. Aufl. 2021, GmbHG § 16 Rn. 91; *Servatius* in Noack/Servatius/Haas, GmbHG, 23. Aufl. 2022, § 16 Rn. 44; *Altmeppen*, GmbHG, 10. Aufl. 2021, § 16 Rn. 66.

[133] *Omlor* in Omlor/Möslein/Grundmann, Das elektronische Wertpapier, 2021, 137 (152).

[134] *Johow* in Schubert, Die Vorentwürfe der Redaktoren zum BGB, Sachenrecht, Bd. I, 1982, 372.

[135] Vgl. Motive zum BGB, Bd. 3, 1888, 215; OLG Frankfurt MDR 1985, 498; *Augustin* in RGRK-BGB, 12. Aufl. 1979, § 932 Rn. 3; *Picker* in Staudinger, BGB, 2019, § 892 Rn. 231; aA *Altmeppen*, Disponibilität des Rechtsscheins, 1993, 232ff.; *Thomale/Schüßler* ZfPW 2015, 454 (484f.).

PETER LIMMER

Verbesserung des Umtauschverhältnisses im Umwandlungsrecht – Neuregelungen durch das Gesetz zur Umsetzung der Umwandlungsrichtlinie

I. Einführung

Im Jahre 1994 fand die Gesamtreform des Umwandlungsrechtes statt. Hintergrund des Reformauftrages war es, die Zersplitterung und Unübersichtlichkeit des früheren Rechtes zu beseitigen.[1] Damit war eine Reform vollendet, die das deutsche Gesellschaftsrecht grundlegend veränderte. Wesentliche Grundzüge des Reformwerks enthielt bereits ein im Jahr 1988 vom Bundesministerium der Justiz vorgelegter Diskussionsentwurf. Dieser löste eine intensive Diskussion in Wissenschaft und Praxis über die Ausgestaltung des Gesetzgebungsvorhabens aus. Andreas Heidinger ist ein Mann der ersten Stunde des Umwandlungsrechts und begleitet dessen Entwicklung seit dessen Inkrafttreten am 1.1.1995 im Rahmen seiner wissenschaftlichen Tätigkeit, aber vor allem durch seine Gutachten im Deutschen Notarinstitut. Eine unendliche Vielzahl von Gutachten des Jubilars haben den Notaren – wie ein Leuchtturm – den Weg durch die unübersichtlichen Klippen des innovativen, aber nicht einfach zu verstehenden UmwG gezeigt. Allein die Datenbank des DNotI weist 462 Grundlagengutachten auf. Vielfältige Novellierungen und eine umfangreiche Rechtsprechung, nicht zuletzt die Urteile des EuGH[2] haben zu teilweise grundlegenden Neuentwicklungen geführt. Mit dem Gesetz zur Umsetzung der Umwandlungsrichtlinie, das derzeit als Regierungsentwurf des Bundes Ministeriums der Justiz[3] vorliegt und mit dem die Richtlinie (EU) 2019/2121 des Europäischen Parlamentes und des Rates vom 27. November 2019 zur Änderung der Richtlinie (EU) 2017/1132 in Bezug auf grenzüberschreitende Umwandlungen, Verschmelzungen und Spaltungen (MobilitätsRL)[4] umgesetzt wird, werden eine Vielzahl von weiteren Neuerungen in das Umwandlungsrecht eingeführt.[5] Schwerpunkt wird naturgemäß die Anpassung bzw. Neuregelung der Vorschriften über grenzüberschreitende Verschmelzungen, über grenzüberschreitende Spaltungen (§§ 320–332 UmwG-E) und grenzüberschreitende Formwechsel (§§ 333–345 UmwG-E) in einem neuen 6. Buch des UmwG sein. Aber auch beim nationalen Umwandlungsrecht werden eine Reihe von Fragen

---

[1] Vgl. *Limmer* in Limmer, Handbuch der Unternehmensumwandlung, 6. Aufl. 2019, S. 3.

[2] Vgl. dazu *Limmer/Knaier* in Limmer, Handbuch der Unternehmensumwandlung, 6. Aufl. 2019, S. 1342 ff.

[3] Abrufbar unter: https://www.bmj.de/SharedDocs/Gesetzgebungsverfahren/Dokumente/RegE_UmRUG.pdf;jsessionid=777F13363534CBEACE2900E99A447334.2_cid324?__blob=publicationFile&v=2.

[4] ABl. L 321 vom 12.12.2019, S. 1; L 20 vom 24.1.2020, S. 24; vgl. dazu *Bayer/J. Schmidt* BB 2019, 1922; *Bormann/Stelmaszczyk* ZIP 2019, 300; *Bormann/Stelmaszczyk* ZIP 2019, 353; *Bungert* FS Krieger, 2020, 109 ff.; *Bungert/Becker* DB 2019, 1609; *J. Schmidt* ZIP 2019, 1093; *J. Schmidt* EuZW 2019, 801; *J. Schmidt* ZEuP 2020, 565; *Stelmaszczyk* GmbHR 2020, 61; *Wicke* DStR 2018, 2642.

[5] Vgl. dazu *Heckschen/Knaier* GmbHR 2022, 501; *Heckschen/Knaier* GmbHR 2022, 613; *Hommelhoff* NZG 2022, 683; *Kablitz* GmbHR 2022, 721; *Luy/Redler* notar 2022, 163; *J. Schmidt* NZG 2022, 579; *J. Schmidt* NZG 2022, 635.

neu geregelt und präzisiert; sie sind zwar größtenteils durch die neuen Regelungen für grenzüberschreitende Umwandlungen veranlasst bzw. inspiriert; der Entwurf nutzt die Gelegenheit jedoch auch für sonstige bedeutende Korrekturen im nationalen Umwandlungsrecht.[6] Das neue Gesetz wird zu weitreichendem Kommentierungsbedarf führen – unserem Jubilar wird daher die wissenschaftliche Arbeit nicht ausgehen.

II. Schutzfragen des Umwandlungsrechts

1. Überblick

Die Diskussion um das Umwandlungsrecht von 1994 und auch bei den verschiedenen Novellierungen haben gezeigt, dass eine Reihe von zentralen Schutzanliegen bei Umwandlungen der Rechtsform berücksichtigt werden müssen. Im Wesentlichen handelt es sich um folgende Aspekte:

– Gläubigerschutz,
– Minderheitenschutz und
– Schutz der Arbeitnehmer.

Auch das Gesetz zur Umsetzung der Umwandlungsrichtlinie wird bei den Schutzfragen bzgl. der sog. der Stakeholder, insbesondere im grenzüberschreitenden Bereich eine Vielzahl von Neuregelungen bringen.[7]

2. Minderheitenschutz

a) Grundsatz, Mechanismen

Der Minderheitenschutz ist eines der Grundprinzipien des deutschen Gesellschaftsrechts.[8] Umwandlung, Verschmelzung und Spaltung sind Strukturmaßnahmen der Gesellschaft, die die Interessen der Gesellschafter erheblich beeinträchtigen können. Es ist für einen Gesellschafter von großem Interesse, ob er an einer Personen- oder Kapitalgesellschaft beteiligt ist, denn die Mitbestimmungs- und Minderheitenrechte unterscheiden sich teilweise erheblich. Die Änderung der Rechtsform kann daher einen qualitativen Verlust an Rechten für Minderheitsgesellschafter zur Folge haben, dies gilt umso mehr, wenn es um grenzüberschreitende Umwandlungen geht. Eine weitere Zielsetzung des Umwandlungsrechts ist es daher, durch ein Geflecht von unterschiedlichen Maßnahmen den notwendigen Minderheitenschutz zu gewährleisten. Im Umwandlungsrecht wird der Minderheitenschutz durch verschiedene Mechanismen gewährleistet:[9]

b) Informations- und Berichtspflichten

Zur Vorbereitung und Information der Gesellschafter ist in allen Fällen die Vorlage eines Berichts vorgesehen. Die Vorschriften verlangen, dass die Leitungsorgane der an der Umwandlung beteiligten Rechtsträger ausführlich einen Bericht über die Umwandlung zu erstatten haben:

---

[6] So zu Recht _J. Schmidt_ NZG 2022, 635 (640).
[7] Vgl. _J. Schmidt_ NZG 2022, 579 (581 ff.).
[8] Vgl. _Wiedemann,_ Gesellschaftsrecht, 1980, Bd. I, S. 404 ff.; _Roitzsch,_ Der Minderheitenschutz im Verbandsrecht, 1981; _K. Schmidt,_ Gesellschaftsrecht, 4. Aufl. 2004, § 16 Abs. 3.
[9] _Limmer_ in Limmer, Handbuch der Unternehmensumwandlung, 6. Aufl. 2019, S. 3 ff.

§ 8 UmwG	Verschmelzungsbericht,
§ 127 UmwG	Spaltungsbericht,
§ 162 UmwG	Ausgliederungsbericht,
§ 176 UmwG	Übertragungsbericht,
§ 192 UmwG	Umwandlungsbericht,
§§ 309, 324, 337, UmwG-E	Umwandlungsbericht bei grenzüberschreitenden Umwandlungen.

Ergänzt wird diese Pflicht zur Aufstellung eines Umwandlungsberichts durch die Pflicht zur Information der Anteilsinhaber.[10] Je nach Art der Gesellschaft sind entweder der Umwandlungsvertrag oder der Umwandlungsbericht zuzusenden oder zumindest Umwandlungsvertrag, Umwandlungsbericht und ggf. Prüfungsbericht in den Geschäftsräumen und später auch in der Anteilsinhaberversammlung zur Einsichtnahme auszulegen und zu Beginn der Versammlung mündlich zu erläutern (§§ 42, 47, 49, 61, 63, 64, 122d, 216, 225b, 230, 238, 251 UmwG, §§ 310, 324 I 2, 337 I UmwG-E, Art. 86e VI, VII, 124 VI, VII, 160e VI, VII GesRRL).

c) Beschlussmehrheiten

Die Umwandlung bedarf in allen Fällen eines Beschlusses der Gesellschafter der beteiligten Rechtsträger. Die Mehrheiten sind allerdings nicht generell festgelegt, sondern unterschiedlich geregelt und entsprechen idR den Mehrheiten für Satzungsänderungen:
- bei Personenhandelsgesellschaften bedarf es im Grundsatz eines einstimmigen Beschlusses,
- bei den Kapitalgesellschaften muss ein Beschluss mit mindestens einer 3/4-Mehrheit vorliegen.

In bestimmten Fällen schreibt das Gesetz darüber hinaus die Zustimmung bestimmter einzelner Gesellschafter vor, so wenn die Abtretung der Anteile eines übertragenden Rechtsträgers von der Zustimmung bestimmter Anteilsinhaber abhängt (§ 13 Abs. 2 UmwG). Nach § 65 Abs. 2 UmwG bedarf der Beschluss der Hauptversammlung zu einer Verschmelzung oder Spaltung der Zustimmung der stimmberechtigten Aktionäre jeder Gattung, wenn mehrere Gattungen von Aktien vorhanden sind. Über die Zustimmung haben die Aktionäre jeder Gattung einen Sonderbeschluss zu fassen.[11]

d) Ausscheiden und Abfindung

Die Minderheitenrechte werden ergänzt durch das Recht jedes Gesellschafters, aus der Gesellschaft gegen Abfindung auszuscheiden. Ein solcher Anspruch auf Barabfindung entsteht bspw., wenn sich infolge der Umwandlung die Rechtsform ändert und damit das Beteiligungsrecht verändert wird. Ein solches Recht zum Ausscheiden ist vorgesehen bei: §§ 29ff. UmwG – Verschmelzung in andere Rechtsformen, § 125 iVm §§ 29ff. UmwG – Spaltung auf einen Rechtsträger anderer Rechtsform, § 207 UmwG – Barabfindung bei Formwechsel. Das Abfindungsangebot muss bereits im Verschmelzungsvertrag, Spaltungsvertrag bzw. -plan vorgesehen sein. Die Angemessenheit der Abfindung wird auch geprüft und unterliegt der gerichtlichen Nachprüfung im Spruchverfahren.[12]

---

[10] Vgl. *Engelmeyer* BB 1998, 330; *Schöne* GmbHR 1995, 325; zum alten § 340a AktG vgl. *Keil,* Der Verschmelzungsbericht nach § 340a AktG, 1990; *Mertens* AG 1990, 20.

[11] Vgl. hierzu *Rieger* in Widmann/Mayer, Umwandlungsrecht, 200. Akt. 2022, UmwG § 65 Rn. 13ff.; *Reichert* GmbHR 1995, 176; *Naraschewski* DB 1997, 1653; *Kiem* ZIP 1997, 1627.

[12] Vgl. allgemein zum Ausscheiden und Abfinden bei Umwandlungsmaßnahmen *Wälzholz* in Widmann/Mayer, Umwandlungsrecht, 200. Akt. 2022, UmwG § 29 Rn. 4ff.; *Grunewald* FS Boujong, 1996, 175; *Schöne* GmbHR 1995, 325; *Liebscher* AG 1996, 455; *Reichert* GmbHR 1995, 176.

III. Verbesserung des Umtauschverhältnisses

1. Überblick

Die vielleicht wichtigste Regelung des Minderheitenschutzes ist in § 15 UmwG geregelt: Die Anteilsinhaber des übertragenden Rechtsträgers haben nach § 15 Abs. 1 S. 1 UmwG die Möglichkeit, das Umtauschverhältnis der Anteile auf die Angemessenheit hin überprüfen zu lassen:

§ 15 UmwG	bare Zuzahlung bei Verschmelzung,
§ 125 iVm § 15 UmwG	bare Zuzahlung bei Spaltung,
§ 176 iVm § 15 UmwG	bare Zuzahlung bei Vermögensübertragung,
§ 196 UmwG	bare Zuzahlung bei Umwandlung,
§§ 305 Abs. 2, 15, 320 Abs. 2, 125 Abs. 1, 15 UmwG	Verbesserung des Umtauschverhältnisse bei grenzüberschreitenden Umwandlungen.

Das Spruchverfahren richtet sich einheitlich nach dem SpruchG. Der Antrag auf gerichtliche Entscheidung ist nach dem Bekanntwerden der Umwandlung zu stellen, über ihn entscheidet das LG am Sitz des Rechtsträgers im Verfahren der Freiwilligen Gerichtsbarkeit (§ 1 Abs. 2 SpruchG). In diesem Spruchverfahren, das aus dem alten Umwandlungsrecht übernommen worden ist (§ 325c AktG, § 31a KapErhG, §§ 30ff. UmwG aF), kann geltend gemacht werden, dass das Umtauschverhältnis nicht angemessen bzw. eine höhere Barabfindung zu zahlen ist. Wegen dieser Mängel kann dann eine Klage gegen den Umwandlungsbeschluss nicht erhoben werden.[13] Der Entwurf eines Gesetzes zur Umsetzung der Umwandlungsrichtlinie (UmRUG)[14] sieht vor, dass Spruchverfahren zur Beschleunigung des Verfahrens generell reformiert werden soll.

2. Klagen gegen den Verschmelzungsbeschluss

a) Rechtsschutzmöglichkeiten

§ 13 Abs. 1 UmwG bestimmt, dass der Verschmelzungsvertrag nur wirksam wird, wenn die Anteilsinhaber der beteiligten Rechtsträger ihm durch Beschluss zustimmen.[15] Bis zur Fassung aller erforderlichen Verschmelzungsbeschlüsse ist ein bereits geschlossener Verschmelzungsvertrag schwebend unwirksam.[16] § 14 UmwG, der die Klagemöglichkeiten bei Umwandlungsmaßnahmen einschränkt, geht grds. von der gerichtlichen Nachprüfbarkeit rechtsfehlerhafter Verschmelzungsbeschlüsse als allgemeinem Grundsatz aus.[17] Das bedeutet, dass den Anteilsinhabern der rechtsformspezifische Rechtsschutz zusteht: Das sind zunächst die gesetzlich geregelten Fälle der Anfechtungs- und Nichtigkeitsklagen bei der AG (§ 246 AktG), bei der Genossenschaft (§ 51 GenG) und beim VVaG (§ 36 VAG iVm § 246 AktG). Die herrschende Meinung erkennt auch bei der GmbH trotz fehlender gesetzlicher Regelung die Möglichkeit der Anfechtungs- bzw. Feststellungsklage an, wobei die aktienrechtlichen Normen der §§ 241ff. AktG über die Anfechtbarkeit und Nichtigkeit, unter

---

[13] § 14 Abs. 2 UmwG.

[14] Abrufbar unter https://www.bmj.de/SharedDocs/Gesetzgebungsverfahren/DE/Umsetzung_Umwandlungsrichtlinie.html.

[15] Vgl. zu den verschiedenen Etappen einer Verschmelzung und den damit verbundenen Wirkungen *Austmann/Frost* ZHR 169 (2005), 431.

[16] *Rieckers/Cloppenburg* in BeckOGK, 1.7.2022, UmwG § 13 Rn. 5; *Mayer* in Widmann/Mayer, Umwandlungsrecht, 200. Akt. 2022, UmwG § 13 Rn. 1ff.; *Zimmermann* in Kallmeyer, UmwG, 7. Aufl. 2020, § 13 Rn. 2; *Gehling* in Semler/Stengel/Leonard, UmwG, 5. Aufl. 2021, § 13 Rn. 12; *Drygala* in Lutter, UmwG, 6. Aufl. 2019, § 13 Rn. 8; *Winter* in Schmitt/Hörtnagl, Umwandlungsgesetz, Umwandlungssteuergesetz, 9. Aufl. 2020, UmwG § 13 Rn. 9.

[17] Vgl. *Drygala* in Lutter, UmwG, 6. Aufl. 2019, § 14 Rn. 1ff.; *Gehling* in Semler/Stengel/Leonard, UmwG, 5. Aufl. 2021, § 14 Rn. 1ff.

Berücksichtigung der Besonderheiten bei der GmbH entsprechende Anwendung finden.[18] Dagegen sieht die herrschende Meinung in der Rechtsprechung und im Schrifttum Klagen gegen die Wirksamkeit von Beschlüssen bei Personenhandelsgesellschaften und Vereinen nicht als Anfechtungsklagen an.[19] Die Nichtigkeit von Beschlüssen der Gesellschafterversammlung einer Personengesellschaft ist vielmehr durch Feststellungsklage gegen die Mitgesellschafter festzustellen, wenn nicht der Gesellschaftsvertrag bestimmt, dass der Streit mit der Gesellschaft auszutragen ist.[20] Daher wird auch nicht angenommen, dass im Umwandlungsrecht die Klage gegen die Gesellschaft zu richten ist.[21] Nach Inkrafttreten des „Gesetz zur Modernisierung des Personengesellschaftsrechts (MoPeG)"[22] am 1.1.2024 wird die registrierte rechtsfähige BGB-Gesellschaft („eingetragene Gesellschaft bürgerlichen Rechts" oder „eGbR") auch verschmelzungsfähiger Rechtsträger. In diesem Zusammenhang wird es auch eine Novellierung des Beschlussmängelrechts bei Personenhandelsgesellschaften geben.[23] § 110 HGB nF sieht vor, dass ein Beschluss der Gesellschafter wegen Verletzung von Rechtsvorschriften durch Klage auf Nichtigerklärung angefochten werden (Anfechtungsklage) kann. Ein Gesellschafterbeschluss ist allerdings von Anfang an nichtig, wenn er durch seinen Inhalt Rechtsvorschriften verletzt, auf deren Einhaltung die Gesellschafter nicht verzichten können, oder nach einer Anfechtungsklage durch Urteil rechtskräftig für nichtig erklärt worden ist. Künftig ist daher bei Personenhandelsgesellschaften zwischen Anfechtbarkeit und Nichtigkeit von Gesellschafterbeschlüssen zu unterscheiden. Für die BGB-Gesellschaft wird sich auch nach MoPeG bzgl. der Klagemöglichkeiten nichts ändern.

b) *Einschränkung der Klagemöglichkeiten nach § 14 Abs. 2 UmwG*

§ 14 Abs. 2 UmwG schränkt die Klagemöglichkeiten bei allen Rechtsträgern ein: Eine Klage gegen die Wirksamkeit des Verschmelzungsbeschlusses eines übertragenden Rechtsträgers kann nicht darauf gestützt werden, dass das Umtauschverhältnis der Anteile zu niedrig bemessen ist oder dass die Mitgliedschaft bei dem übernehmenden Rechtsträger kein ausreichender Gegenwert für die Anteile oder die Mitgliedschaft bei dem übertragenden Rechtsträger ist. In § 14 UmwG wurde entsprechend dem im alten Unwandlungsrecht in §§ 305, 306, 352c Abs. 1 S. 1 AktG aF, §§ 15, 12, 13, 30 UmwG aF enthaltenen allgemeinen Gedanken vorgesehen, dass eine Klage gegen die Wirksamkeit des Beschlusses über die Verschmelzung bei dem übertragenden Rechtsträger nicht auf eine zu niedrige Bemessung der Abfindung – in der Regel in Gestalt eines unangemessenen Umtauschverhältnisses – gestützt werden kann Damit soll einem Streit über die Wirksamkeit der Verschmelzung mit dieser

---

[18] Vgl. BGHZ 104, 66, 69 = NJW 1988, 1844; BGH NZG 2008, 317 = NJW-RR 2008, 706; OLG München NZG 2007, 947; *Bayer* in Lutter/Hommelhoff, GmbHG, 21. Aufl. 2022, Anh. § 47 Rn. 38; *Noack* in Noack/Servatius/Haas, GmbHG, 23. Aufl. 2022, Anh. § 47 Rn. 1 ff.; *Wicke,* GmbHG, 4. Aufl. 2020, Anh. § 47 Rn. 1 ff.; *Drescher* in MüKoGmbHG, 3. Aufl. 2019, § 47 Rn. 216 ff.; *Leuering/Simon* NJW-Spezial 2005, 555 ff.

[19] Vgl. die Hinweise bei *K. Schmidt,* Gesellschaftsrecht, 4. Aufl. 2004, S. 453 f. und S. 702.

[20] BGH NJW 2006, 2854; BGH NJW 2015, 2261; BGH NZG 2011, 544; OLG Nürnberg NZG 2013, 256; *Roth* in Hopt, HGB, 41. Aufl. 2022, § 119 Rn. 32; *Böttcher* in BeckOGK, 15.7.2022, HGB § 119 Rn. 157; *Noack,* Fehlerhafte Beschlüsse in Gesellschaften und Vereinen, 1989, 171 f.; *Wiedemann,* Gesellschaftsrecht, 1980, Band II, § 4 I 5 c.; *K. Schmidt* AG 1977, 249 f.; *Drygala* in Lutter, UmwG, 6. Aufl. 2019, § 14 Rn. 6; *Winter* in Schmitt/Hörtnagl, Umwandlungsgesetz, Umwandlungssteuergesetz, 9. Aufl. 2020, UmwG § 14 Rn. 23.

[21] *Winter* in Schmitt/Hörtnagl, Umwandlungsgesetz, Umwandlungssteuergesetz, 9. Aufl. 2020, UmwG § 14 Rn. 24.

[22] BGBl. 2021 I 3436 ff.

[23] Vgl. dazu *Bayer* DB 2021, 2609 f.; *Nolting* NJW 2022, 113; *Schäfer* ZIP 2021, 152; *Bachmann* NZG 2020, 612; *Claußen/Pieronczyk* NZG 2021, 620; *K. Schmidt* ZHR 185 (2021), 1; *Tröger/Happ* ZIP 2021, 2059.

Begründung der Boden entzogen werden. Als Ausgleich für den Verlust des Anfechtungsrechts haben die Anteilsinhaber des übertragenden Unternehmens das Recht, die Angemessenheit ihrer Abfindung in einem Spruchverfahren gerichtlich nachprüfen zu lassen.[24]

Das Gesetz zur Umsetzung der Umwandlungsrichtlinie wird hier eine Neuerung einführen: § 14 Abs. 2 UmwG wird neu gefasst und bestimmt, dass eine Klage gegen die Wirksamkeit des Verschmelzungsbeschlusses nicht darauf gestützt werden kann, dass das Umtauschverhältnis der Anteile nicht angemessen ist oder dass die Mitgliedschaft bei dem übernehmenden Rechtsträger kein angemessener Gegenwert für die Anteile oder die Mitgliedschaft bei dem übertragenden Rechtsträger ist. Der beschränkte Klageausschluss in § 14 Abs. 2 UmwG betraf bisher ausdrücklich nur Beschlüsse übertragender Rechtsträger. Die verschiedentlich geäußerte Anregung, diese Regelung auch auf übernehmende Rechtsträger auszudehnen, hatte der Gesetzgeber bisher nicht aufgegriffen.[25] Nach dem Gesetzentwurf zur Umsetzung der Umwandlungsrichtlinie[26] soll jetzt durch § 14 Abs. 2 UmwG nF die Klagemöglichkeit auch für die Anteilsinhaber übernehmenden Rechtsträger eingeschränkt und auch diese auf das Spruchverfahren verwiesen werden.[27] Die Begründung zum Regierungsentwurf erläutert dies:[28] Die Einschränkung des Anwendungsbereichs des Klageausschlusses auf Klagen gegen den Verschmelzungsbeschluss des übertragenden Rechtsträgers sollten gemäß § 14 Abs. 2 UmwG-E aufgehoben werden. Künftig sollten gleichermaßen Klagen gegen den Verschmelzungsbeschluss des übernehmenden Rechtsträgers ausgeschlossen sein. Als Kompensation sei den Anteilsinhabern der übernehmenden Rechtsträger die Möglichkeit zu eröffnen, einen Ausgleich durch bare Zuzahlung im Wege des Spruchverfahrens geltend machen zu können (vgl. § 15 Abs. 1 UmwG-E). Die bislang bestehende Differenzierung zwischen Anteilsinhabern des übertragenden und Anteilsinhabern des übernehmenden Rechtsträgers sei in der Sache nicht gerechtfertigt; für grenzüberschreitende Verschmelzungen werde sie daher durch die GesRRL ausgeschlossen. Je nach Einzelfall könne das festgelegte Umtauschverhältnis der Mitgliedschaft entweder für die Anteilsinhaber des übertragenden oder für die Anteilsinhaber des übernehmenden Rechtsträgers vorteilhaft oder nachteilig sein. Wenngleich die Beteiligung oder Mitgliedschaft der Anteilsinhaber des übernehmenden Rechtsträgers durch die Verschmelzung nicht unmittelbar verändert werde, so werde sie durch die den Anteilsinhabern des übertragenden Rechtsträgers zu gewährenden Anteile oder Mitgliedschaften mittelbar beeinflusst. Die Gefahr der „Verwässerung" der Beteiligung der Anteilsinhaber des übernehmenden Rechtsträgers durch ein unangemessen hohes Umtauschverhältnis für die Anteilsinhaber des übertragenden Rechtsträger sei der Verschmelzung durch Aufnahme immanent. Auch für den übernehmenden Rechtsträger bestehe ein Interesse, dass der Vollzug der Verschmelzung nicht suspendiert wird. Für Verschmelzungen unter Beteiligung inländischer Rechtsträger soll die Verfahrenskonzentration nach § 2 Abs. 2 S. 1 SpruchG-E verhindern, dass sich die Entscheidungen verschiedener Gerichte widersprechen und wirtschaftlich neutralisierten. Ferner wird die Begrifflichkeit neu geregelt, währen bisher von dem „zu niedrig bemessenen" Umtauschverhältnisses der Anteile und des „nicht ausreichenden Gegenwerts" der Mitgliedschaft die Rede war, wird

---

[24] So Begründung zum Regierungsentwurf, abgedruckt bei *Neye,* UmwG, UmwStG, 1994, S. 136.

[25] Vgl. dazu kritisch *Marsch-Barner/Oppenhoff* in Kallmeyer, UmwG, 7. Aufl. 2020, § 14 Rn. 16; *Rieckers/Cloppenburg* in BeckOGK, 1.7.2022, UmwG § 14 Rn. 35 ff.; *Winter* in Schmitt/Hörtnagl, Umwandlungsgesetz, Umwandlungssteuergesetz, 9. Aufl. 2020, UmwG § 14 Rn. 31; *Simon* in Kölner Komm UmwG, 2009, § 14 Rn. 46; *Bayer* ZHR 172 (2008), 24; *Fritzsche/Dreier* BB 2002, 737 (739); *Grigoleit* AG 2018, 645 (660).

[26] Vgl. dazu. *Heckschen/Knaier* GmbHR 2022, 501; *Heckschen/Knaier* GmbHR 2022, 613; *Hommelhoff* NZG 2022, 683; *Kablitz* GmbHR 2022, 721; *Luy/Redler* notar 2022, 163; *J. Schmidt,* NZG 2022, 579; *J. Schmidt,* NZG 2022, 635

[27] Vgl. *J. Schmidt* NZG 2022, 635 (641); *Heckschen/Knaier* GmbHR 2022, 501 (510).

[28] Begründung zum RegE UmRUG, S. 83 f.

jetzt der Begriff des „nicht angemessenen" Umtauschverhältnisses beziehungsweise Gegenwerts verwendet. Die Begründung zum Regierungsentwurf[29] weist darauf hin, dass damit die Terminologie der Gesellschaftsrechtsrichtlinie (vgl. Art. 126a Abs. 6 GesRRL) übernommen werden soll. Inhaltliche Änderungen der Rechtslage seien mit der Änderung des Begriffs nicht verbunden.

3. Verbesserung des Umtauschverhältnisses

a) Voraussetzungen

Die Einschränkungen der Klagemöglichkeiten werden kompensiert – gleichsam als Kehrseite der Medaille – durch die Regelungen des § 15 UmwG: Ist das Umtauschverhältnis der Anteile zu niedrig bemessen oder ist die Mitgliedschaft bei dem übernehmenden Rechtsträger kein ausreichender Gegenwert für den Anteil oder die Mitgliedschaft bei einem übertragenden Rechtsträger, so kann jeder Anteilsinhaber dieses übertragenden Rechtsträgers, dessen Recht, gegen die Wirksamkeit des Verschmelzungsbeschlusses Klage zu erheben, nach § 14 Abs. 2 UmwG ausgeschlossen ist, von dem übernehmenden Rechtsträger einen Ausgleich durch bare Zuzahlung verlangen. Gehling[30] weist zu Recht darauf hin, dass § 15 UmwG systematisch eine Einheit mit § 14 Abs. 2 UmwG bildet. Nach dem Gesetzentwurf zur Umsetzung der Umwandlungsrichtlinie wird auch § 15 UmwG dahingehend angepasst, dass, wenn das Umtauschverhältnis der Anteile nicht angemessen oder die Mitgliedschaft bei dem übernehmenden Rechtsträger kein angemessener Gegenwert für den Anteil oder für die Mitgliedschaft bei einem übertragenden Rechtsträger ist, jeder Anteilsinhaber, dessen Recht, gegen die Wirksamkeit des Verschmelzungsbeschlusses Klage zu erheben, nach § 14 Abs. 2 UmwG ausgeschlossen ist, von dem übernehmenden Rechtsträger einen Ausgleich durch bare Zuzahlung verlangen. Es handelt sich um eine konsequente Folgeänderung zu § 14 Abs. 2 UmwG.

b) Verbesserung des Umtauschverhältnisses durch bare Zuzahlung

Nach dem bisherigem § 15 UmwG erhalten bei einem erfolgreichen Spruchverfahren alle Anteilsinhaber des betroffenen Rechtsträgers im Falle einer Unterbewertung ihrer Anteile eine bare Zuzahlung. Ein Anspruch auf Gewährung zusätzlicher Anteile bestand nicht; umgekehrt bestand aber auch keine Möglichkeit, dem ausgleichsberechtigten Aktionär die bare Zuzahlung zu verweigern und ihn stattdessen gegen seinen Willen in zusätzlichen Anteilen zu entschädigen.[31] In der Literatur wurde seit langem darauf hingewiesen, dass damit ein nicht unerhebliches Liquiditätsrisiko und das Risiko einer künftigen Zahlung aus dem Eigenkapital in nicht vorhersehbarer Höhe verbunden ist.[32] Der DAV-Handelsrechtsausschuss hatte ein Konzept der Abfindung durch Aktien vorgeschlagen,[33] das die Literatur weitgehend unterstützt hat.[34] Dem ist der Gesetzgeber bisher nicht gefolgt.

---

[29] Begründung zum RegE UmRUG, S. 84.

[30] *Gehling* in Semler/Stengel/Leonard, UmwG, 5. Aufl. 2021, § 15 Rn. 3.

[31] So *Bayer* ZHR 172 (2008), 24 (27); *Winter* in Schmitt/Hörtnagl, UmwG, 9. Aufl. 2020, § 15 Rn. 2.

[32] Vgl. *Tettinger* NZG 2008, 93; *Maier-Reimer* ZHR 164 (2000), 563 (566f.).

[33] *DAV-Handelsrechtsausschuss* NZG 2007, 497, sowie früher bereits *DAV-Handelsrechtsausschuss* NZG 2000, 802 (803); *DAV-Handelsrechtsausschuss* NZG 2003, Sonderbeil. zu Heft 9, S. 14; *Maier-Reimer* ZHR 164 (2000), 563; weitere Nachw. bei *Vetter* ZHR 168 (2004), 8 (42).

[34] Vgl. *Bayer* ZHR 172 (2008), 24; ferner aus dem Schrifttum *Bayer* in Lutter, UmwG, 6. Aufl. 2019, § 122h Rn. 4; *Bayer/J. Schmidt* NJW 2006, 401 (406); *Bayer/J. Schmidt* ZIP 2010, 953 (963); *Decher* in Lutter, UmwG, 6. Aufl. 2019, § 15 Rn. 10; *Gehling* in Semler/Stengel/Leonard, UmwG, 5. Aufl. 2021, § 15 Rn. 26; *Vetter* ZHR 168 (2004), 8 (42f.).

c) Verbesserung des Umtauschverhältnisses durch Gewährung von Aktien

Das Gesetz zur Umsetzung der Umwandlungsrichtlinie[35] wird bei Aktiengesellschaften insoweit eine Neuerung einführen: die Option der Gewährung zusätzlicher Aktien. Die Neuregelung macht insoweit zumindest partiell von der Mitgliedstaatenoption der Art. 126a Abs. 7, 160i Abs. 7 GesRRL Gebrauch.[36] Nach § 72a UmwG nF können bei Verschmelzung unter Beteiligung von AG, KGaA und SE zusätzliche Aktien gewährt werden, falls das im Verschmelzungsvertrag geregelte Umtauschverhältnis nicht angemessen ist. Im Verschmelzungsvertrag können die beteiligten Rechtsträger erklären, dass anstelle einer baren Zuzahlung nach § 15 UmwG zusätzliche Aktien der übernehmenden Gesellschaft gewährt werden. Damit wird die Ausgabe von neuen Anteilen am übernehmenden Rechtsträger aus Gesellschaftsmitteln zugelassen. Die Begründung zum Regierungsentwurf[37] erläutert dies wie folgt: § 72a UmwG-E sei neu. Sei das im Verschmelzungsvertrag zugrunde gelegte Umtauschverhältnis nicht angemessen, könnten die Aktionäre gemäß § 15 Abs. 1 UmwG Ausgleich durch bare Zuzahlung verlangen. Diese potentiellen Zuzahlungsansprüche führten für die übernehmende Aktiengesellschaft zum Risiko eines Liquiditätsabflusses in ungewisser Höhe. Gemäß § 72a UmwG-E solle der übernehmenden Aktiengesellschaft die Möglichkeit eröffnet werden, ein angemessenes Umtauschverhältnis durch Gewährung zusätzlicher Aktien anstelle barer Zuzahlung herzustellen. Auf diese Weise könne für den Fall, dass sich das Umtauschverhältnis nach den Feststellungen des für das Spruchverfahren zuständigen Gerichts als nicht angemessen herausstellen sollte, das Risiko einer ungewissen Liquiditätsbelastung begrenzt werden. Gleichzeitig werde den Interessen der Aktionäre Rechnung getragen: Die anspruchsberechtigten Aktionäre würden durch Gewährung zusätzlicher Aktien so gestellt, als wenn der Verschmelzung von Beginn an ein angemessenes Umtauschverhältnis zugrunde gelegt worden wäre. Zu beachten ist, dass von dieser Option nur bei AG, KGaA und SE Gebrauch gemacht werden kann. Für andere Rechtsträger – insbesondere GmbH – wird aufgrund ihrer personalistischen Prägung vom Gesetzgeber kein vergleichbarer praktischer Bedarf gesehen.[38] Die Frage, wann die Gesellschaft das Recht, anstelle einer baren Zuzahlung zusätzliche Aktien zu gewähren, ausüben muss, hat der Entwurf in § 72a Abs. 1 S. UmwG dahingehend beantwortet, dass die Gewährung bereits im Verschmelzungsvertrag zu erklären ist.[39]

d) Umsetzung der Aktiengewährung

Für Gewährung der Aktien hat sich der Reformentwurf am Model des DAV-Handelsrechtsausschusses orientiert:[40] Es können eigene Aktien der Gesellschaft verwendet werden oder diese Aktien werden im Rahmen einer Sachkapitalerhöhung geschaffen; Gegenstand der Sacheinlage ist dabei der Anspruch der Aktionäre auf Gewährung zusätzlicher Aktien.[41] § 72b UmwG nF bestimmt daher, dass die gemäß § 72a Abs. 1 S. 1 und Abs. 2 S. 1 zusätzlich zu gewährenden Aktien nach Maßgabe der Absätze 1 bis 4 durch eine Kapitalerhöhung gegen Sacheinlage geschaffen werden können. Gegenstand der Sacheinlage ist der Anspruch

---

[35] Vgl. dazu. *Heckschen/Knaier* GmbHR 2022, 501; *Heckschen/Knaier* GmbHR 2022, 613; *Hommelhoff* NZG 2022, 683; *Kablitz* GmbHR 2022, 721, *Luy/Redler* notar 2022, 163; *J. Schmidt* NZG 2022, 579; *J. Schmidt* NZG 2022, 635.

[36] Vgl. *J. Schmidt* NZG 2022, 579 (584).

[37] Begründung zum RegE UmRUG, S. 87.

[38] Begründung zum RegE UmRUG, S. 87; vgl. auch *J. Schmidt* NZG 2022, 579 (584).

[39] *J. Schmidt* NZG 2022, 579 (584).

[40] *DAV-Handelsrechtsausschuss* NZG 2007, 497, sowie früher bereits *DAV-Handelsrechtsausschuss* NZG 2000, 802 (803); *DAV-Handelsrechtsausschuss* NZG 2003, Sonderbeil. zu Heft 9, S. 14; *Maier-Reimer* ZHR 164 (2000), 563; weitere Nachw. bei *Vetter* ZHR 168 (2004), 8 (42).

[41] Vgl. *J. Schmidt* NZG 2022, 579 (585).

der anspruchsberechtigten Aktionäre auf Gewährung zusätzlicher Aktien, der durch gerichtliche Entscheidung (§ 11 Abs. 1 SpruchG) oder gerichtlichen Vergleich (§ 11 Abs. 2 bis 4 SpruchG) festgestellt wurde; der Anspruch erlischt mit Eintragung der Durchführung der Kapitalerhöhung (§ 189 AktG). Wird der Anspruch durch gerichtliche Entscheidung (§ 11 Abs. 1 SpruchG) festgestellt, kann die Sacheinlage nicht geleistet werden, bevor die Rechtskraft eingetreten ist.[42]

IV. Bewertung der Neuregelungen

Die durch das Gesetz zur Umsetzung der Umwandlungsrichtlinie geplanten Neuregelungen werden von der Literatur weitgehend positiv bewertet: Hommelhoff[43] stellt fest, dass zum Schutz des Anteilsinhaber-Vermögens nach dem Referentenentwurf zum UmRUG festzustellen sei: Er solle gezielt und effektiv im Interesse der Anteilsinhaber verbessert und ausgebaut, zugleich aber sollen die übernehmenden Rechtsträger, soweit vernünftigerweise geboten, entlastet werden. Insgesamt scheine der im RefE UmRUG angelegte Interessenausgleich wohl gelungen. Auch der DAV[44] begrüßt den Referentenentwurf des UmRUG, der die Richtlinie sachgerecht umsetzt und im Wesentlichen lediglich kleinere Anmerkungen nötig macht. Besonders unterstützenswert sei das Vorhaben, bei Verschmelzungen nicht nur für die Gesellschafter der übertragenden Gesellschaft, sondern künftig auch für die Gesellschafter der aufnehmenden Gesellschaft eine Anfechtung mit dem Argument der Unangemessenheit des Umtauschverhältnisses auszuschließen und stattdessen das Spruchverfahren zu eröffnen. Ebenso begrüßenswert sei das Vorhaben, bei der Verschmelzung auf eine aufnehmende Aktiengesellschaft eine etwa erforderliche Aufbesserung des Umtauschverhältnisses nicht nur durch bare Zuzahlung, sondern auch durch die Gewährung von Aktien zuzulassen. Das entspreche einem Anliegen, das der DAV schon vor Jahrzehnten erstmals vorgetragen und welches breite Zustimmung in der rechtswissenschaftlichen Literatur gefunden habe. In diesem Punkt blieben im Entwurf allerdings noch Wünsche offen, für deren Berücksichtigung im weiteren Gesetzgebungsverfahren der DAV eintrete.

---

[42] Begründung zum RegE UmRUG, S. 87.
[43] *Hommelhoff* NZG 2022, 683 (684).
[44] *DAV-Handelsrechtsausschuss* NZG 2022, 849.

WENDELIN MAYER

Das Unbehagen gegenüber der elektronischen Form
– Zum Prüfungsrecht des Registers bei der Einreichung elektronischer Dokumente –

Seit dem Inkrafttreten des EHUG[1] 2007 wird zum Handelsregister elektronisch eingereicht. Gleichwohl klappt die Einreichung zum Handelsregister auch heute noch nicht stets reibungslos. Häufig berichten Notare dem DNotI von Fällen, in denen Beanstandungen erfolgen, weil Dokumente nur in elektronischer Form vorliegen. Auch wenn dies im Einzelfall zu entscheiden ist, lässt sich aus der Masse der Fälle auf ein *gewisses Unbehagen oder Misstrauen gegenüber der elektronischen Form* schließen. Nicht selten wird statt der Einreichung eines elektronischen Dokuments verlangt, der Einreichende möge dieses zunächst ausdrucken, unterschreiben und hiervon einen Scan einreichen.[2] Dies mag darin begründet sein, dass die elektronische Form jedenfalls in Teilbereichen durch die fortschreitende Rechtsentwicklung noch Neuheitscharakter hat, oder auch darin, dass ein elektronisches Dokument wegen des letztlich sinnlich nicht wahrnehmbaren Erstellungsakts als einfacher manipulierbar und daher weniger beweiskräftig angesehen wird. Daneben spielt sicherlich eine Rolle, dass ein Papierdokument kraft Natur der Sache „einmalig" ist, dh mit der Vorlage eines Papierdokuments auch Beweis dafür erbracht werden kann, dass es nicht an einer anderen Stelle ist. Bei den beliebig reproduzierbaren elektronischen Dokumenten ist dies grundsätzlich nicht der Fall, sofern nicht an eine Verwahrung angeknüpft wird (§ 45 Abs. 3 BeurkG). Dies entfaltet rechtliche Relevanz insbesondere bei der Vorlage von Vollmachten (§ 172 BGB), Legitimationsurkunden oder Erbscheinen, an die das materielle Recht in unterschiedlichem Umfang Gutglaubensschutzwirkungen knüpft.

Nachfolgend soll der Versuch unternommen werden, eine präzisere Abgrenzung des Prüfungsrechts des Registergerichts vorzunehmen. Insbesondere soll es dabei darum gehen, inwiefern das Registergericht es monieren kann, dass an einer bestimmten Stelle im Vorgang – bei dem vor 100 Jahren ein Papier vorgelegen hätte – nunmehr ein elektronisches Dokument steht. Das „Unbehagen" gegenüber der elektronischen Form soll dabei auf das rechtlich gebotene Maß zurückgeführt werden.

Hierfür sollen zunächst kurz einzelne Grundbegriffe geklärt werden, bevor anhand von Beispielen das Prüfungsrecht des Registers nachgezeichnet werden soll.

---

[1] Gesetz über elektronische Handelsregister und Genossenschaftsregister sowie das Unternehmensregister vom 10.11.2006, BGBl. I 2553.

[2] S. etwa zur (zulässigen) originär notariellen Eigenurkunde den Fall zum DNotI-Abrufgutachten Nr. 189082 v. 1.7.2022, in dem das Registergericht eine solche zunächst moniert hatte; s. zur Zulässigkeit der originär elektronischen Eigenurkunde auch OLG Schleswig Beschl. v. 13.12.2007 – 2 W 198/07, DNotZ 2008, 709 mzustAnm *Apfelbaum; Gutachten DNotI-Report 2009, 183; *Bettendorf/Mödl* DNotZ 2010, 795 (796); *Jeep/Wiedemann* NJW 2007, 2439 (2446) zur Rücknahme des Antrags; s. zur Thematik auch jüngst *Schütz* MittBayNot 2022, 424.

I. Prüfungsrecht des Registergerichts

Die nachfolgenden Ausführungen befassen sich mit dem Prüfungsrecht des Registergerichts. Sie sind *nicht* unmittelbar relevant für die Einreichung von Dokumenten beim Grundbuchamt,[3] auch dort, wo diese elektronisch erfolgt, da die Verfahrensvorschriften dort strenger sind (insbesondere gibt es kein Pendant zu § 12 Abs. 2 S. 2 Hs. 1 HGB). Ebenfalls ausgeklammert bleibt die Prüfungspflicht des Notars gem. § 17 Abs. 1 BeurkG.

Für das Registergericht ist im Ausgangspunkt anerkannt, dass dieses ein formelles Prüfungsrecht hat sowie – bei Anhaltspunkten – auch ein materielles.[4] „Ins Blaue hinein" darf das Handelsregister daher nicht nach Unwirksamkeitsgründen suchen. Im Nachfolgenden geht es darum, ob die Verwendung elektronischer Dokumente *per se* geeignet ist, ein solcher Anhaltspunkt für eine weitergehende Prüfung des Registergerichts zu sein.[5]

II. Aspekte der Form: Erklärungsform, Abschriftsform, Verkörperungsform

Spricht man von der Form eines Dokuments, das als Nachweis einer bestimmten Erklärung – etwa eines Gesellschafterbeschlusses, eines Vertrags, einer Vollmacht, einer einseitigen Willenserklärung – beim Registergericht dienen soll, sind dabei (mindestens) drei Aspekte der Form auseinanderzuhalten.

1. Erklärungsform: formlos, schriftlich, öffentlich beglaubigt, notariell beurkundet

Zum einen ist zu fragen, welcher Form des materiellen Rechts die Willenserklärung genügt hat, die ursprünglich abgegeben wurde. Zu denken ist hier an die Unterscheidung zwischen notariell beurkundeten, notariell beglaubigten, privatschriftlichen (§§ 126, 126a BGB) und noch anspruchsloseren Erklärungen (mündliche Erklärungen, Textform oder schlichte PDFs ohne qualifizierte elektronische Signatur). Die Unterscheidung nach der Form der Erklärung wird nachfolgend *„Erklärungsform"* genannt. Welche Erklärungsform notwendig ist, bestimmt das materielle Recht (etwa §§ 2 Abs. 2, 53 Abs. 2 GmbHG, 167 BGB).

2. Abschriftsform: Urschrift, Ausfertigung, beglaubigte Abschrift, einfache Abschrift

Von der Erklärungsform zu unterscheiden ist die Frage, in welcher *„Abschriftsform"* das Dokument vorliegt. Dabei unterscheidet das Gesetz Urschrift („Original"), Ausfertigung (§ 47 BeurkG), beglaubigte Abschrift (§§ 42, 39a BeurkG) und einfache Abschrift. Während eine einfache Abschrift stets möglich ist, setzt zB die Ausfertigung die Erklärungsform der Niederschrift voraus (§ 47 BeurkG). Welche Abschriftsform für den Nachweis erforderlich ist, ist jedenfalls teilweise ebenfalls im Gesetz angeordnet (von Relevanz für das Registerverfahrensrecht ist hierbei hauptsächlich § 12 Abs. 2 HGB im Zusammenspiel mit speziellen Vorschriften in den einzelnen Gesetzen, etwa §§ 39 Abs. 2, 8 Abs. 1 Nr. 1 GmbHG, s. dazu

---

[3] Dort stellen sich zwar häufig ähnliche Fragen, vgl. etwa zu einem (wohl unberechtigten) „Unbehagen" an der elektronischen Form jüngst DNotI-Report 2022, 123. Die das Grundbuchamt betreffenden Fragen sollen für Zwecke dieser Betrachtung gleichwohl ausgeklammert bleiben.

[4] BGH NJW-RR 2011, 1184; BGH NJW 1991, 1754 (1758); OLG Düsseldorf DNotI-Report 1995, 143; *Roth* in Koller/Kindler/Roth/Morck, HGB, 9. Aufl. 2019, § 8 Rn. 23; *Schaub* in Ebenroth/Boujong/Joost/Strohn, HGB, 4. Aufl. 2020, § 8 Rn. 32, 138; *Krafka,* Registerrecht, 11. Aufl. 2019, Rn. 1025.

[5] Einschränkend etwa *Müther* Rpfleger 2008, 233, 235: Bei Anhaltspunkten kann das Registergericht Originale nachfordern, wenn „kein originär elektronisches Dokument zugrunde liegt".

noch näher unten[6]). Werden mehrere Abschriftsformen „hintereinandergeschaltet" (etwa bei der beglaubigten Abschrift einer Ausfertigung einer notariell beurkundeten Vollmacht, die der Notar zum Handelsregister einreicht), bestimmt das schwächste Glied in der Kette der Abschriftsformen darüber, welche Aussagekraft dem Nachweis zukommt, dass die ursprüngliche Erklärung der letzten Abschriftsform (die beim Register eingereicht wird – regelmäßig eine elektronische [ggf. beglaubigte] Abschrift) entspricht.

3. *Verkörperungsform: elektronisch oder Papierform*

Von der Abschriftsform ist wiederum zu unterscheiden, in welcher „*Verkörperungsform*" das Dokument vorliegt.[7] Darunter soll nachfolgend die Unterscheidung in elektronische und Papierform verstanden werden. Das Verfahrensrecht schreibt die Verkörperungsform der letzten Abschrift in § 12 Abs. 2 HGB vor (Einreichung elektronischer Dokumente); grundsätzlich kann die Verkörperungsform bei der Aufeinanderfolge mehrerer Abschriftsformen aber „wechseln" (etwa kann von einer originär elektronischen Urschrift [§ 16b BeurkG] eine Ausfertigung in Papierform erzeugt werden [§ 49 Abs. 1 Nr. 2 BeurkG], von der wiederum eine elektronische beglaubigte oder einfache Abschrift erstellt wird). Das materielle Recht bestimmt teilweise, welche Verkörperungsform für die ursprüngliche Erklärung zulässig ist (etwa in § 2 Abs. 2 S. 2 GmbHG nF). Zur Verkörperungsform soll hier auf zwei Punkte hingewiesen werden.

a) *Keine elektronische Ausfertigung oder Urschrift*

Nicht jede Abschriftsform jeder Erklärung gibt es in jeder Verkörperungsform. Insbesondere ist de lege lata[8] die Ausfertigung nur in Papierform möglich, nicht aber in elektronischer Form. Dies liegt in der Funktion, die die Ausfertigung erfüllen soll. Sie vertritt gem. § 47 BeurkG die Urschrift im Rechtsverkehr. Mit ihr kann auch der Beweis dafür erbracht werden, dass ein Dokument nicht an einem anderen Ort ist, zB dass nicht sämtliche Ausfertigungen einer Vollmacht wieder vom Vollmachtgeber eingezogen worden sind. Bei einem elektronischen Dokument wäre dies nur dann möglich, wenn dieses seine beliebige Reproduzierbarkeit verlöre.

Entsprechende Überlegungen gelten für die *elektronische Urschrift*. Selbst das Anbringen der letzten qualifizierten elektronischen Signatur bei der Erstellung eines signierten Dokuments wird letztlich an der flüchtigen Kopie im Arbeitsspeicher eines Computers vorgenommen. Schon mit dem Abspeichern auf dem Computer wird eine Kopie des Dokuments auf der Festplatte des Computers vorgenommen, spätestens mit dem Herunterfahren des Computers wird die „Urschrift" aus dem Arbeitsspeicher gelöscht.[9] Eine elektronische Urschrift ist daher letztlich eine Fiktion, die der Gesetzgeber in bestimmten Fällen und mit begrüßenswerter Klarheit („gilt als Urschrift im Sinne dieses Gesetzes") anordnet (§ 45 Abs. 3 BeurkG: Verwahrung von nach §§ 16b, 39a BeurkG erstellten elektronischen Dokumenten in der elektronischen Urkundensammlung).

---

[6] → III. 1. b) aa).

[7] Anders – nämlich nur mit Bezug auf die ursprüngliche Erklärung – wird der Begriff „Verkörperungsform" bei *Schippers* DNotZ 2006, 726 (732) verwendet.

[8] Zur elektronischen Ausfertigung (die auf einem „Gültigkeitsregister" aufbaut) de lege ferenda *Danninger/Stepien* DNotZ 2021, 812.

[9] Nicht nachvollziehbar sind m. E. die Ausführungen von *Schütz* MittBayNot 2022, 424 (425), der bei originär elektronischen Dokumenten den Ausdruck als „Original" bezeichnet, eine „Urschrift" wegen des Erfordernisses von Schriftlichkeit („-schrift") aber nur bei qualifiziert elektronisch signierten Dokumenten anerkennen will.

b) Grundsätzliche rechtliche Gleichrangigkeit zwischen Papierform und elektronischer Form

Im Ausgangspunkt ist die elektronische Verkörperungsform der papiernen Verkörperungsform *rechtlich gleichgestellt*. Ausdrückliche Regelungen finden sich zu den verschiedenen *Erklärungsformen*.

Etwa ist bei der *Schriftform* angeordnet, dass ihr elektronisches Pendant – das Dokument mit qualifizierter elektronischer Signatur – grundsätzlich gleichrangig ist, sofern nicht das Gesetz etwas anderes vorsieht (§§ 126 Abs. 3, 126a BGB). Im Gesetz ist an einer Reihe von Stellen vorgesehen, dass die elektronische Form ausgeschlossen ist (vgl. etwa aus dem BGB §§ 623, 630, 761, 766 S. 2, 780, 781).

Restriktiver formuliert das Gesetz dagegen bei der strengsten Erklärungsform, der *notariellen Beurkundung*. Für die Beurkundung von Willenserklärungen ist die elektronische Form gem. § 16a Abs. 1 BeurkG nur dort zulässig, wo das Gesetz es vorsieht; dies ist nach derzeitigem Stand vor allem im GmbH-Recht der Fall (s. §§ 2 Abs. 2, Abs. 3 GmbHG, ab dem 1.8.2023 auch §§ 53, 55 GmbHG). Der eigentliche Grund für die Einschränkung der originär elektronischen Niederschrift dürfte aber darin liegen, dass das Beurkundungsgesetz eine solche originär elektronische Niederschrift nur dort kennt, wo sie per Videokommunikation (§§ 16a ff. BeurkG) bzw. jedenfalls im gemischten Verfahren (§ 16e BeurkG, also mit jedenfalls einzelnen Beteiligten, die per Videokommunikation zugeschaltet sind) erfolgt, sodass Gründe, die gegen eine flächendeckende Anwendung der Videokommunikation sprechen, auch die originär elektronische Niederschrift einschränken. Zwingend ist das *de lege ferenda* allerdings nicht; es erscheint – einmal ungeachtet aller Bedenken gegenüber der Videokommunikation – jedenfalls im Grundsatz denkbar, dass in Zukunft auch bei Präsenzterminen eine originär elektronische Niederschrift errichtet wird, die von allen Beteiligten zB über das beim Notar vorhandene Kartenlesegerät qualifiziert elektronisch signiert statt auf Papier unterzeichnet wird.

Auch die *notarielle Beglaubigung* ist nach § 129 BGB in der Fassung des DiRUG in zwei grundsätzlich gleichrangigen[10] Varianten möglich: Als Abfassung in schriftlicher und unterzeichneter Form (§ 129 Abs. 1 S. 1 Nr. 1 BGB), die der Notar gem. §§ 39, 40 BeurkG beglaubigt, und als Abfassung in elektronischer und qualifiziert elektronisch signierter Form (§ 129 Abs. 1 S. 1 Nr. 2 BGB), die der Notar (notwendigerweise elektronisch) gem. §§ 39a, 40a BeurkG beglaubigt.[11] Gem. § 129 Abs. 1 S. 2 BGB kann das Gesetz vorsehen, dass eine Erklärung nur nach einer der beiden Verkörperungsformen zulässig ist. Absicht des Gesetzgebers war es dabei, dass in sämtlichen im Gesetz verstreuten Vorschriften, die eine öffentliche Beglaubigung vorsehen, auch die elektronische Verkörperungsform zulässig ist, sofern nicht im Zuge des DiRUG Sonderregelungen eingeführt wurden. Relevant wird dies etwa bei einer Reihe von Vorschriften, für die die elektronische Verkörperungsform der Schriftform ausgeschlossen worden ist (etwa §§ 623, 630, 761, 766 S. 2, 780, 781 BGB). Eine öffentliche Beglaubigung dieser Dokumente kann dann ebenfalls nur in Papierform erfolgen.[12]

Eine Gleichrangigkeit besteht mE auch bei *Erklärungen, die nicht einmal die Erklärungsform „Schriftform" erreichen*, dh weder unterschrieben iSd § 126 BGB noch qualifiziert elektronisch signiert iSd § 126a BGB sind. In der „Papierwelt" muss hierfür nicht einmal Papier verwendet werden, sodass auch mündliche oder konkludente Erklärungen für bestimmte Zwecke ausreichen können; ein elektronisches Pendant können Word- oder PDF-Dateien sein, die von mehreren Beteiligten gebilligt werden, was ggf. durch Hinzufügen eines

---

[10] S. *Scheller* in BeckOGK, 1.2.2022, BGB § 129 Rn. 21 zum Rechtsstand vor dem DiRUG, Rn. 22 zur ab dem 1.8.2022 geltenden Rechtslage.

[11] S. näher die Gesetzesbegründung, BT-Drs. 19/28177, 150.

[12] BT-Drs. 19/28177, 150; s. a. *Scheller* in BeckOGK, 1.2.2022, BGB § 129 Rn. 22.

Namens oder durch Anbringen einer elektronischen Signatur am PDF erfolgen kann, die dann nicht den Standards der qualifizierten elektronischen Signatur genügen muss.[13] Letzteres begegnet vor allem bei Unternehmen, die ihren internen Schriftverkehr durch elektronische Lösungen wie Adobe Sign, DocuSign oder Scrive ersetzt haben. Dort sind regelmäßig verschiedene Signaturstandards wählbar; die Anbieter werben dabei häufig damit, dass mit den Signaturen versehene Dokumente „rechtsgültig" seien. Dies stützt sich dabei regelmäßig darauf, dass Verträge ja grundsätzlich formlos möglich seien, sodass die strengeren Vorgaben über qualifizierte elektronische Signaturen, die sich aus europäischem Recht (eIDAS-VO) ableiten, nicht Geltung für sämtliche inländischen Verträge beanspruchen.[14] Den Verwendern ist dann häufig nicht klar, welchen Signaturstandard iSd eIDAS-VO ihre Signaturen erfüllen bzw. dass diese rechtlich betrachtet nicht stärker bindend sind als ein mündlicher Vertrag. Allerdings haben in PDF-Dateien festgehaltene und ggf. noch (nicht qualifiziert) signierte Verträge den Vorteil, dass sich der Beweis über ihren Inhalt deutlich einfacher führen lässt.

Eine *Gleichrangigkeit besteht auch bei Abschriften.* Bei den beglaubigten Abschriften steht § 39a BeurkG (einfache Zeugnisse in Vermerkform; Hauptanwendungsfall dürfte die elektronische Abschriftsbeglaubigung sein[15]) gleichberechtigt[16] neben §§ 39, 42 BeurkG (Abschriftsbeglaubigung in der Form eines einfachen Zeugnisses). Eine Gleichrangigkeit dürfte auch zwischen der einfachen Abschrift und der einfachen elektronischen Abschrift bestehen. Für das Handelsregisterverfahren dürfte beides schon deswegen zutreffen, weil § 12 Abs. 2 S. 2 Hs. 1 HGB statt einer einfachen Abschrift auch eine „elektronische Aufzeichnung" genügen lässt und § 12 Abs. 2 S. 2 Hs. 2 HGB statt einer öffentlich beglaubigten Abschrift ein „mit einem einfachen elektronischen Zeugnis" (§ 39a BeurkG) versehenes Dokument. Auch das Argument, eine Papierabschrift erlaube einen besseren Nachweis der Originalurkunde, verfängt angesichts der klaren legislativen Entscheidung nicht. Der Gesetzgeber hat bei Einführung des § 12 Abs. 2 HGB bewusst darauf verzichtet, stets einen Nachweis der Authentizität (durch qualifizierte elektronische Signatur) zu verlangen („erscheint nicht nötig").[17]

4. Zwischenergebnis und These

Fasst man die letzten Absätze zusammen, ergibt sich: Die elektronische Verkörperungsform ist der nicht-elektronischen nicht untergeordnet, sondern steht gleichberechtigt daneben. Abweichendes kann sich aus dem materiellen Recht ergeben (v. a. hinsichtlich der Erklärungsform). Das Verfahrensrecht privilegiert nicht grundsätzlich die Papierform; für das Handelsregister sieht § 12 Abs. 2 S. 2 HGB sogar die Einreichung ausschließlich elektronisch vor. Ein „Unbehagen" gegenüber der elektronischen Form ist rechtlich nicht fundiert, sondern müsste im Einzelfall begründet werden.[18] In Thesenform lässt sich dies wie folgt formulieren:

---

[13] Niedrigere Signaturstandards iSd eIDAS-VO (Verordnung (EU) Nr. 910/2014 des Europäischen Parlaments und des Rates v. 23.7.2014 über elektronische Identifizierung und Vertrauensdienste für elektronische Transaktionen im Binnenmarkt und zur Aufhebung der Richtlinie 1999/93/EG) sind etwa die einfache elektronische Signatur und die fortgeschrittene elektronische Signatur (Art. 26 eIDAS-VO). S. zur Gleichrangigkeit mit formlosen Erklärungen etwa *Bettendorf/Mödl* DNotZ 2010, 795.

[14] Vgl. in diesem Sinn etwa https://www.scrive.com/de/e-signaturen-und-eidas/, abgerufen am 9.9.2022; s. zur Einordnung auch *Schütz* MittBayNot 2022, 424 (425).

[15] *Frohn* in BeckOK BeurkG, 6. Ed. 1.11.2021, § 39a Rn. 11.

[16] *Apfelbaum/Bettendorf* RNotZ 2007, 89 (90).

[17] BT-Drs. 16/960, 5.

[18] Mit ähnlicher Formulierung nun auch *Schütz* MittBayNot 2022, 424 (428).

„Wenn ein elektronisches Dokument der gesetzlich erforderlichen Form genügt (= kein formelles Prüfungsrecht), kann das Vorhandensein eines solchen Dokuments anstelle eines Papier-Äquivalents an einer beliebigen Stelle in der Kette der Abschriften zwischen Erklärung und Nachweis beim Register ebenfalls keine Beanstandung des Handelsregisters auslösen (keine Anhaltspunkte für ein materielles Prüfungsrecht)."

III. Überprüfung der These

Nachfolgend soll überprüft werden, inwieweit die These handhabbar ist und zu überzeugenden Ergebnissen führt. Dabei soll folgender Fall untersucht werden:

Bei der E-GmbH, einem Start-up in Berlin, sind drei neue Geschäftsführer (A, B und C) in drei gesonderten Versammlungen zu neuen Geschäftsführern gewählt worden. Diese sollen nun zum Register angemeldet werden. Zum Nachweis über die Bestellung werden beigefügt:

– Im Fall des A ein von der Gesellschaft erstellter, dem Notar per Mail übersendeter Scan der ordnungsgemäß errichteten Papierniederschrift.

– Im Fall des B eine von der Gesellschaft erstellte, dem Notar als PDF per Mail übersendete einfache Abschrift der ordnungsgemäß errichteten Papierniederschrift, die per Word erstellt wurde, wobei an Stelle der im Original enthaltenen Unterschriften das Wort „gez." gesetzt wurde.

– Im Fall des C eine per DocuSign (nicht qualifiziert) elektronisch signierte Niederschrift, die originär elektronisch errichtet wurde.

Das Registergericht verweigert die Eintragung von A, B und C.

1. Darf die Gesellschaft dem Notar eigene Scans überreichen?

Im Fall des A hat die Gesellschaft einen Scan der Papierniederschrift an den Notar gesendet.

a) Vorgaben des materiellen Rechts

Gem. § 39 Abs. 2 GmbHG sind der Anmeldung „die Urkunden über die Bestellung der Geschäftsführer" „in Urschrift oder in öffentlich beglaubigter Abschrift" beizufügen. Insbesondere ist also der Gesellschafterbeschluss über die Neubestellung eines Geschäftsführers in geeigneter Form nachzuweisen.

Ein Beschluss ist Rechtsgeschäft und kommt regelmäßig auf einer Versammlung (§ 48 Abs. 1 GmbHG) als Ergebnis einer Abstimmung zustande; die Stimmen können dabei vorbehaltlich abweichender Regelungen in der Satzung insbesondere mündlich abgegeben werden.[19] Eine Feststellung des Beschlussergebnisses ist im GmbH-Recht nicht konstitutiv für das Zustandekommen eines Beschlusses.[20] Der Beschluss kommt regelmäßig materiellrechtlich mündlich zustande und ist damit wirksam, allerdings unmittelbar nur schwer nachzuweisen.

Regelmäßig wird der Nachweis über einen Beschluss daher über einen *Auszug aus einem Protokoll über die entsprechende Beschlussfassung* geführt.[21] Eine Niederschrift ist zwar – ab-

---

[19] *Noack* in Noack/Servatius/Haas, GmbHG, 23. Aufl. 2022, § 47 Rn. 19; *Schäfer* in Habersack/Casper/Löbbe, GmbHG, 3. Aufl. 2020, § 48 Rn. 41.

[20] *Liebscher* in MüKoGmbHG, 3. Aufl. 2019, § 48 Rn. 118; *Schäfer* in Habersack/Casper/Löbbe, GmbHG, 3. Aufl. 2020, § 48 Rn. 41.

[21] *Heilmeier* in BeckOK GmbHG, 53. Ed. 1.8.2022, § 39 Rn. 45; *Beurskens* in Noack/Servatius/Haas, 23. Aufl. 2022, § 39 GmbHG Rn. 21; *Stephan/Tieves* in MüKoGmbHG, 3. Aufl. 2019, § 39 Rn. 33.

gesehen von der Einpersonengesellschaft, s. § 48 Abs. 3 GmbHG, und abgesehen von Vorgaben zur notariellen Beurkundung etwa von Satzungsänderungen, § 53 Abs. 1 GmbHG – nicht gesetzlich vorgeschrieben.[22] Hier liegt eine solche Niederschrift allerdings privatschriftlich vor. Diese kann daher als Ausgangspunkt für einen Nachweis dienen.

b) Vorgaben des Verfahrensrechts

Fraglich ist aber, ob der übermittelte Scan den Anforderungen des Verfahrensrechts genügt.

aa) „Übersetzung" von § 39 Abs. 2 GmbHG durch § 12 Abs. 2 S. 2 HGB

Das Verfahrensrecht verlangt gem. § 39 Abs. 2 GmbHG, dass die „Urschrift oder eine beglaubigte Abschrift" der Urkunde (hier also der Niederschrift über den Beschluss) einzureichen sind. Die Formulierung stammt allerdings noch von 1937[23] und berücksichtigt noch nicht die elektronische Einreichung. Bei der Einführung des neuen § 12 HGB im Jahr 2007 wurden die über viele Einzelgesetze verstreuten Einreichungsvorschriften nicht angepasst, sondern es wurde eine neue Generalklausel in § 12 Abs. 2 S. 2 HGB eingefügt.[24]

Häufig wird (jedenfalls implizit) das Verhältnis von § 12 Abs. 2 S. 2 HGB zu § 39 Abs. 2 GmbHG (stellvertretend für andere Einreichungsvorschriften) dabei zweischrittig verstanden:[25] § 39 Abs. 2 GmbHG listet die Dokumente auf, die, wie in der alten Papierwelt weiterhin in Papierform (möglichst beim Notar) gesammelt werden müssen. Ist die Sammlung vollständig, bestimmt § 12 Abs. 2 S. 2 HGB, welche Form der Übermittlung für die einzelnen Dokumente einschlägig ist.

Hier wird eine Lesart vertreten, die einen einzigen Einreichungsschritt vorsieht, der sich aus beiden Normen ergibt.[26] Die Einreichung von Dokumenten erfolgt stets elektronisch, nämlich als elektronische Aufzeichnung (§ 12 Abs. 2 S. 2 Hs. 1 HGB) oder als elektronisch beglaubigte Abschrift (§ 12 Abs. 2 S. 2 Hs. 2 HGB). Die Einreichungsvorschriften (wie § 39 Abs. 2 GmbHG) stellen dabei nur noch die Weiche, welcher Halbsatz von § 12 Abs. 2 S. 2 HGB konkret anwendbar ist. Sie werden also durch § 12 Abs. 2 S. 2 HGB „übersetzt", entfalten aber keine eigene Bedeutung mehr. Ein erster Zwischenschritt auf Papier bleibt damit weiterhin möglich, ist aber nicht zwingend.

Hierfür spricht, dass der Gesetzgeber offenbar davon ausging, mit der Einführung der Generalklausel des § 12 Abs. 2 S. 2 HGB die Umstellung auf die elektronische Welt schon vollzogen zu haben. Das Versprechen, Vorschriften wie § 39 Abs. 2 GmbHG „nach und nach und bei passender Gelegenheit auf elektronische Einreichung umzustellen",[27] wurde

---

[22] *Hüffer/Schäfer* in Habersack/Casper/Löbbe, GmbHG, 3. Aufl. 2020, § 48 Rn. 38; *Schindler* in BeckOK GmbHG, 53. Ed. 1. 8. 2022, § 48 Rn. 48; auch in der Satzung verankerte Niederschriftserfordernisse dienen regelmäßig nur dem Nachweis und sind für die Wirksamkeit nicht erforderlich, OLG Stuttgart NZG 1998, 994 (995); *Noack* in Noack/Servatius/Haas, 23. Aufl. 2022, GmbHG § 48 Rn. 23; *Hüffer/Schäfer* in Habersack/Casper/Löbbe, GmbHG, 3. Aufl. 2020, § 48 Rn. 38.

[23] S. Gesetz über die Eintragung von Handelsniederlassungen und das Verfahren in Handelsregistersachen vom 10. August 1937, RGBl. I 897 (899).

[24] Gesetz über elektronische Handelsregister und Genossenschaftsregister sowie das Unternehmensregister vom 10. 11. 2006, BGBl. I 2553; s. a. BT-Drs. 16/960.

[25] Vgl. etwa grundlegend *Apfelbaum/Bettendorf* RNotZ 2007, 89 (90) (dort zu Handelsregisteranmeldungen, bei denen nach damaligem Gesetzesstand die vorherige Anfertigung auf Papier tatsächlich zwingend war); s. auch OLG Düsseldorf Beschl. v. 22.1.2020 – 3 Wx 52/19, RNotZ 2020, 346, Rn. 14: „Allerdings werden die einzureichenden Dokumente in aller Regel in Papierform errichtet."; ebenso *Bettendorf/Mödl* DNotZ 2010, 795; *Schaub* in Ebenroth/Boujong/Joost/Strohn, 4. Aufl. 2020, HGB § 12 Rn. 58.

[26] So wohl auch *Schemmann* in Fleischhauer/Wochner, Handelsregisterrecht, 4. Aufl. 2019, Rn. 112 (Einreichungsvorschriften werden „obsolet").

[27] BT-Drs. 16/960, 46.

bisher nicht eingelöst. Der Gesetzgeber meinte offenbar, dass es sich bei dieser Umstellung der Einreichungsvorschriften um eine reine Anpassung des Wortlauts handeln würde (was die fehlende Dringlichkeit erklären würde, die er dabei an den Tag legte und legt). Eine Zweistufigkeit, die einen „Medienbruch" erfordern würde, wenn die Dokumente zunächst in der Form des § 39 Abs. 2 GmbHG irgendwo vorliegen müssten,[28] würde dem Willen des Gesetzgebers widersprechen, der davon ausging, „mehrfache Transformation[en]" gerade zu vermeiden, da die Dokumente bei den Unternehmen ohnehin schon elektronisch vorlägen.[29] Der „Zwischenschritt" wird schließlich bei der Einreichung originär elektronischer Dokumente ohnehin übersprungen.[30] Es wäre schließlich auch nicht einzusehen, welche Bedeutung es noch haben sollte, dass – wie § 39 Abs. 2 GmbHG vorsieht – eine „Urschrift" einzureichen ist, obwohl diese dann doch gerade nicht übermittelt wird, sondern lediglich eine elektronische Aufzeichnung.

§ 12 Abs. 2 S. 2 HGB ist dabei in sich nicht ganz schlüssig.[31] Die Norm sieht vor, dass dort, wo (lies: nach den alten Papierwelt-Einreichungsvorschriften) eine Urschrift oder Abschrift einzureichen ist, (in der elektronischen Welt) eine „elektronische Aufzeichnung" einzureichen ist (§ 12 Abs. 2 S. 2 Hs. 1 HGB), während dort, wo (in der alten Papierwelt) eine beglaubigte Abschrift einzureichen ist, (in der elektronischen Welt) ein mit einem einfachen elektronischen Zeugnis (§ 39a BeurkG) versehendes Dokument (elektronisch) zu übermitteln ist. Das Gesetz ist also dort strenger, wo lediglich eine beglaubigte Abschrift einzureichen war,[32] während die Urschrift ebenso behandelt wird wie die einfache Abschrift. Das ist kontraintuitiv, aber (wohl) vom Gesetzgeber so gewollt und hinzunehmen. Wo – wie in § 39 Abs. 2 GmbHG – zwei Abschriftsformen vorgesehen sind, die in § 12 Abs. 2 S. 2 HGB unterschiedlich „übersetzt" werden, ist die Einreichung in weniger strenger Abschriftsform, dh ohne Beifügung eines Vermerks nach § 39a BeurkG, ausreichend.[33] Der Gesetzgeber hat dabei insbesondere darauf verzichtet, in diesen Fällen eine Absicherung der Authentizität des elektronischen Dokuments zu verlangen, etwa indem dieses mit einer qualifizierten elektronischen Signatur versehen wird.[34]

bb) Einfache „elektronische Aufzeichnung" möglich

„Übersetzt" man § 39 Abs. 2 GmbHG in dieser Weise, ergibt sich: Von der Niederschrift kann entweder eine einfache „elektronische Aufzeichnung" oder eine beglaubigte elektronische Abschrift eingereicht werden. Die beglaubigte elektronische Abschrift erfordert zwingend die Involvierung eines Trägers eines öffentlichen Amtes, der die Authentizität des Scans bestätigt (§ 39a BeurkG).[35] Hier soll der Scan allerdings ohne Bestätigung des Notars eingereicht werden, was nach dem Gesetz ebenso möglich ist. Es geht also um eine einfache „elektronische Aufzeichnung". Auch wenn dieser Begriff nicht gesetzlich definiert ist,[36] ist allgemein anerkannt, dass die „elektronische Aufzeichnung" im Sinne des § 12 Abs. 2 S. 2 Hs. 1 HGB durch einen Scan (optische Übereinstimmung) hergestellt werden kann.[37]

---

[28] Noch näher → III. 3. b) bb).

[29] BT-Drs. 16/960, 45.

[30] Zur Einreichung originär elektronischer Dokumente im Allgemeinen → III. 3. b).

[31] S. bereits *Apfelbaum/Bettendorf* RNotZ 2007, 89 (97).

[32] Dies gilt auch für die nach § 12 Abs. 1 S. 1 HGB in beglaubigter Form einzureichende Anmeldung, die weiterhin in elektronisch beglaubigter Abschrift einzureichen ist, BGH Beschl. v. 15. 6. 2021 – II ZB 25/17, DNotI-Report 2021, 118.

[33] Thür. OLG Beschl. v. 9. 9. 2010 – 6 W 144/10, RNotZ 2011, 121; *Krafka* in MüKoHGB, 5. Aufl. 2021, § 12 Rn. 60.

[34] BT-Drs. 16/960, 45.

[35] BGH Beschl. v. 15. 6. 2021 – II ZB 25/17, DNotI-Report 2021, 118.

[36] Zur Frage, ob eine private, per Word erstellte Abschrift tauglich ist, → III. 2.

[37] OLG Düsseldorf Beschl. v. 7. 3. 2012 – I-3 Wx 200/11, FGPrax 2012, 173 (174); *Apfelbaum/Bettendorf* RNotZ 2007, 89 (97); *Krafka* in MüKoHGB, 5. Aufl. 2021, § 12 Rn. 59; *Koch* in Staub,

cc) *Muss der Notar selbst scannen?*

Hier ist allerdings noch zu klären, wer diesen Scan herstellen muss. Teilweise wird in Frage gestellt, ob der Notar selbst scannen muss oder ob er auch einen Scan, den die Beteiligten ihm überreichen, verwenden kann.[38] Dahinter verbirgt sich nach hier vertretenem Verständnis ein nicht näher begründetes oder begründbares Unbehagen gegenüber der elektronischen Form. Man misstraut dem Umstand, dass der Notar jetzt plötzlich kein Papier mehr in den Händen halten soll, sondern eine bloße Datei zugesendet erhält.

Nach der hier vertretenen These kann dieses Unbehagen allerdings nicht lediglich damit begründet werden, dass an einer bestimmten Stelle (hier: beim Notar) kein Papier mehr vorliegt, sondern lediglich eine elektronische Fassung, obwohl dies dem materiellen Recht und dem Verfahrensrecht entspricht. Hieran gibt es keinen Zweifel: Nicht nur entspricht die privatschriftliche Niederschrift dem materiellen Recht, auch der Scan erfüllt die Voraussetzungen von §§ 39 Abs. 2 GmbHG, 12 Abs. 2 S. 2 Hs. 1 HGB („elektronische Aufzeichnung"). Wollte man den Notar zwingen, selbst zu scannen, würde dies faktisch dazu führen, dass man doch eine Gewährleistung des Notars für die Übereinstimmung von Urschrift und Scan verlangen würde, obwohl dies in § 12 Abs. 2 S. 2 Hs. 1 HGB (im Gegensatz zu Hs. 2) gerade nicht verlangt wird.

Das OLG Düsseldorf hat 2019 zu Recht[39] entschieden, dass dem Notar die Urschrift *nicht* zum Zweck eines Scans vorgelegt werden muss, sondern die *Einreichung von Scans beim Notar ausreicht*.[40] Dabei war es für das OLG Düsseldorf kein ausreichendes Argument, dass eine Überprüfung des Scans durch den Notar zur bestmöglichen Sicherung der Authentizität wünschenswert sein mag;[41] der Gesetzgeber hat hierauf explizit verzichtet. Er scheint im Gegenteil eher davon auszugehen, dass die Scans regelmäßig schon beim Unternehmen gemacht werden.[42] Das Argument, dass der Notar gem. § 378 Abs. 3 FamFG zur Vorprüfung berufen sei, greift nur für die Anmeldung selbst, nicht für die beizufügenden Anlagen.[43]

dd) *Zwischenergebnis*

In welcher Form der Nachweis beim Notar vorliegt, kann das Verfahrensrecht daher nur hinsichtlich der Abschriftsform vorschreiben, nicht aber hinsichtlich der Verkörperungsform. Dass der Wechsel von Papier zu elektronisch schon bei der Gesellschaft vollzogen wird und nicht erst beim Notar, ist kein Anhaltspunkt für weitere Ermittlungsmaßnahmen des Registergerichts (so auch das OLG Düsseldorf[44]).

HGB, 5. Aufl. 2009, § 12 Rn. 72; *Jeep/Wiedemann* NJW 2007, 2439 (2445); *Gustavus,* Handelsregisteranmeldungen, 10. Aufl. 2020, Einleitung Rn. 11; *Sikora/Schwab* MittBayNot 2007, 1 (4); *Krafka,* Registerrecht, 11. Aufl. 2019, Rn. 132a; DNotI-Report 2018, 25.

[38] Mit Zweifeln etwa noch DNotI-Report 2018, 25 mwN; zum Scan durch den Notar raten auch *Jeep/Wiedemann* NJW 2007, 2439 (2445).

[39] Zustimmend auch *Wachter* GmbHR 2019, 892 (893); *Thelen* notar 2019, 428 (429); *Beckmann/Düsterbeck* GmbHR 2022, 243 (246); *Schütz* MittBayNot 2022, 424 (426) sowie (ohne Relevanz für den dort entschiedenen Fall, da es sich um eine originär elektronische Datei handelte) KG Berlin Beschl. v. 22. 6. 2022 – 22 W 36/22, BeckRS 2022, 23992, Rn. 8.

[40] OLG Düsseldorf Beschl. v. 20. 3. 2019 – I-3 Wx 20/18, NZG 2019, 820.

[41] OLG Düsseldorf Beschl. v. 20. 3. 2019 – I-3 Wx 20/18, NZG 2019, 820 (821 Rn. 21).

[42] BT-Drs. 16/960, 45: „Da die Register elektronisch geführt werden, ist auch die Zulieferung der Dokumente auf diesem Wege zu bewerkstelligen. Andernfalls müssten die papierschriftlichen Unterlagen von den Registergerichten digitalisiert werden, was nicht nur kostenaufwändig wäre, sondern auch eine mehrfache Transformation bedeuten würde, da die Dokumente bei den Unternehmen ganz überwiegend bereits elektronisch vorliegen."; s. auch OLG Düsseldorf Beschl. v. 20. 3. 2019 – I-3 Wx 20/18, NZG 2019, 820 (821, Rn. 18).

[43] OLG Düsseldorf Beschl. v. 20. 3. 2019 – I-3 Wx 20/18, NZG 2019, 820 (821 Rn. 22).

[44] OLG Düsseldorf Beschl. v. 20. 3. 2019 – I-3 Wx 20/18, NZG 2019, 820 Rn. 10–12.

2. *Verwendung per Word erstellter privater elektronischer Abschriften als elektronische Aufzeichnungen?*

Der zweite Beschluss ist ebenfalls privatschriftlich protokolliert worden. Vom Protokoll soll allerdings eine private elektronische Abschrift als Nachweis eingereicht werden, die mit Word erstellt wurde, wobei an Stelle der im Original enthaltenen Unterschriften das Wort „gez." gesetzt wurde. Ein Nachweis der Übereinstimmung mit der Urschrift wird vom Notar nicht beigefügt.

a) *Vorgaben des materiellen Rechts*

Auch hier sind zunächst – wie oben im Fall des A – die Vorgaben des materiellen Rechts eingehalten worden. Der Beschluss ist materiell-rechtlich zweifelsfrei zustande gekommen; als tauglicher Nachweis liegt hierfür im Ausgangspunkt eine privatschriftliche Niederschrift vor.

b) *Vorgaben des Verfahrensrechts*

Es geht nun um die Frage, wie diese eingereicht werden kann. Wiederum soll dies durch „elektronische Aufzeichnung" iSd § 12 Abs. 2 S. 2 Hs. 1 HGB erfolgen, diesmal allerdings nicht als Scan, sondern durch eine per Word erstellte Abschrift. Ein ähnliches Verfahren begegnet (regelmäßig im notariellen Zusammenhang) bei der „elektronischen Leseabschrift". Darunter versteht man ein Dokument, das inhaltlich, aber nicht unbedingt optisch mit dem Ausgangsdokument übereinstimmt, etwa eine Word-Fassung des unterzeichneten Papierdokuments, in dem an Stelle der Unterschrift „gez." gesetzt ist.[45]

Für Zwecke der *notariell beglaubigten* elektronischen Abschrift gem. § 12 Abs. 2 S. 2 Hs. 2 HGB genügt unstreitig eine solche Leseabschrift; sie wird als gleich geeignete Verfahrensweise für die Erstellung einer beglaubigten elektronischen Abschrift verstanden.[46] Bei der „elektronischen Aufzeichnung" iSd § 12 Abs. 2 S. 2 Hs. 1 HGB (dh dem Verfahren ohne notarielle Bestätigung) wird dagegen überwiegend eine optische Übereinstimmung verlangt.[47] Eine „Aufzeichnung" könne nur durch Scannen hergestellt werden. Wieso dies allerdings nicht zugelassen sein sollte, ist nicht ganz verständlich.[48]

---

[45] Vgl. *Apfelbaum / Bettendorf* RNotZ 2007, 89 (94).

[46] S. OLG Düsseldorf Beschl. v. 22.1.2020 – 3 Wx 52/19, RNotZ 2020, 346; s. bereits *Apfelbaum / Bettendorf* RNotZ 2007, 89 (97); DNotI-Abrufgutachten Nr. 79726; *Krafka* in MüKoHGB, 5. Aufl. 2021, § 12 Rn. 20.

[47] Ohne Relevanz für die konkrete Entscheidung jeweils Thür. OLG Beschl. v. 9.9.2010 – 6 W 144/10, RNotZ 2011, 121 (122); OLG Düsseldorf Beschl. v. 7.3.2012 – I-3 Wx 200/11, FGPrax 2012, 173 (174); OLG Düsseldorf Beschl. v. 20.3.2019 – I-3 Wx 20/18, NZG 2019, 820, 821, Rn. 15; in diese Richtung tendierend *Apfelbaum / Bettendorf,* RNotZ 2007, 89 (97); streng *Krafka* in MüKoHGB, 5. Aufl. 2021, § 12 Rn. 59; *Preuß* in Oetker, HGB, 7. Aufl. 2021, § 12 Rn. 74; *Koch* in Staub, HGB, 5. Aufl. 2009, § 12 Rn. 72; *Merkt* in Hopt, HGB, 41. Aufl. 2022, § 12 Rn. 7; *Schmidt / Sikora / Tiedtke,* Praxis des Handelsregister- und Kostenrechts, 7. Aufl. 2019, Teil 1 Rn. 187; *Jeep / Wiedemann* NJW 2007, 2439 (2445); *Gustavus,* Handelsregisteranmeldungen, 10. Aufl. 2020, Einleitung Rn. 11; *Thelen* notar 2019, 428 (430); *Sikora / Schwab* MittBayNot 2007, 1 (4); anders, aber wohl nur die notariell beglaubigte Abschrift meinend, *Krafka,* Registerrecht, 11. Aufl. 2019, Rn. 132a.

[48] Für die Zulassung von elektronischen Leseabschriften auch im Anwendungsbereich des § 12 Abs. 2 S. 2 Hs. 1 HGB auch *Müther* in BeckOK HGB, 37. Ed. 1.8.2022, § 12 Rn. 34; *Müther, Das Handelsregister in der Praxis,* 2. Aufl. 2007, § 1 Rn. 9; so iE wohl auch *Noack* NZG 2006, 801 (802), allerdings kritisch *de lege ferenda,* ebenso wohl auch *Weikart* NotBZ 2007, 73 (84).

aa) Verbesserter Nachweis durch Scannen einer Papierfassung?

Denn der Beweiswert der einzureichenden Nachweise ist schon dadurch entscheidend gesenkt, dass man nicht notariell bestätigte Abschriften/Aufzeichnungen zulässt. Ein Gesellschafterbeschluss kann – wie gezeigt – mit einfachem Scan eingereicht werden, eine Kontrolle durch den Notar ist dabei nicht vorgesehen. Es handelt sich um einen privatschriftlich protokollierten Beschluss, die Erstellung der Unterschriften wird nicht vom Notar kontrolliert. Auch ein Scan kann einfach manipuliert werden, etwa indem Unterschriften unter einem Beschlusstext („B soll Geschäftsführer sein") zusammen mit einem abgewandelten Beschlusstext („X soll Geschäftsführer sein") gescannt werden. Die Hürde liegt hier nicht qualitativ höher als bei Erstellung einer Word-Datei, die die Namen der (angeblichen) Unterzeichner enthält und dann in eine PDF-Datei umgewandelt wird.

bb) Strafrechtliche Hürden?

Es mag eingewendet werden, dass die aufzuwendende kriminelle Energie geringer ist, wenn lediglich eine inhaltlich unzutreffende Word-Datei erstellt werden muss. Insbesondere liegt hier keine „Urkunde" iSd § 267 StGB (Urkundenfälschung) vor; diese würde eine dauerhaft verkörperte Gedankenerklärung erfordern. Allerdings kann ein Fälscher auch dann mit ähnlich geringer krimineller Energie – nämlich ohne jemals die Hürde der Urkundenfälschung zu überschreiten – einen falschen Scan herstellen. Etwa liegt auch in dem im letzten Absatz erwähnten Beispiel (Unterschriften werden mit einem abweichenden Beschlusstext zusammen eingescannt) keine dauerhaft verkörperte Gedankenerklärung und damit keine (gefälschte) Urkunde iSd § 267 StGB vor, wenn zB Unterschriften und Beschlusstext lediglich gemeinsam lose auf den Scanner gelegt werden. Es verbleibt lediglich eine Täuschung, die – Vermögensverfügung und Vermögensschaden vorausgesetzt – ggf. eine Strafbarkeit wegen Betrugs (§ 263 StGB) nach sich ziehen kann. Eine Urkundenfälschung ist zur Herstellung eines falschen Scans einer echten Papierurkunde aber nicht nötig. Auch dann, wenn man auf einem Scan beharrt, errichtet man also keine (lückenlosen) höheren strafrechtlichen Hürden.

cc) Wortlaut und systematische Stellung?

Auch der Wortlaut „Aufzeichnung" rechtfertigt schließlich keine andere Betrachtung.[49] Zwar wird das Erfordernis eines Scans teilweise darauf gestützt, dass der Gesetzgeber hier den Terminus „Aufzeichnung", nicht „Abschrift" verwende.[50] In der Gesetzgebungsgeschichte finden sich allerdings keine Hinweise darauf, was mit dem abweichenden Wortlaut ausgesagt werden sollte.[51]

Dass stets ein Scan erforderlich sein soll, erscheint auch angesichts des systematischen Zusammenhangs der „elektronischen Aufzeichnung" fraglich. Denn gem. § 12 Abs. 2 S. 2 HGB gilt die Verpflichtung zur Einreichung einer solchen in allen Fällen, in denen das Gesetz bisher (in den nunmehr veralteten, einzelnen Einreichungsvorschriften) eine „Urschrift oder eine einfache Abschrift" vorgesehen hatte. Die Aufzeichnung soll also *auch die einfache Abschrift ersetzen,* die nach allgemeinem Verständnis[52] auch durch ab-schreiben, also

---

[49] So auch *Müther* in BeckOK HGB, 37. Ed 1.8.2022, § 12 Rn. 34: Aufzeichnung kann auch eine Leseabschrift sein; für ein weites Verständnis der elektronischen Aufzeichnung iE auch KG Berlin Beschl. v. 22.6.2022 – 22 W 36/22, BeckRS 2022, 23992, Rn. 8, allerdings zu einem Fall, der m. E. hierzu keinen Anlass bot (es ging um ein originär elektronisches Dokument, bei dem jede elektronische Kopie eine „elektronische Aufzeichnung" darstellen dürfte).

[50] *Apfelbaum/Bettendorf* RNotZ 2007, 89 (97); *Krafka* in MüKoHGB, 5. Aufl. 2021, § 12 Rn. 59; *Koch* in Staub, HGB, 5. Aufl. 2009, § 12 Rn. 72.

[51] *Apfelbaum/Bettendorf* RNotZ 2007, 89 (97).

[52] Vgl. neben der Legaldefinition in § 39 BeurkG etwa *Theilig* in BeckOGK, 1.8.2022, BeurkG § 42 Rn. 10; *Apfelbaum/Bettendorf* RNotZ 2007, 89 (94).

durch bloße inhaltliche (nicht bildliche) Wiedergabe erstellt werden konnte. Würde man für die „elektronische Aufzeichnung" nunmehr nur noch die Ablichtung zulassen, wäre durch die Einführung des § 12 Abs. 2 S. 2 HGB die Anforderung doch wieder strenger geworden. Dies dürfte nicht der Absicht des Gesetzgebers entsprochen haben.

dd) Möglichkeit eines Unterschriftenvergleichs?

Zur Verteidigung des Erfordernisses eines Scans könnte schließlich eingewendet werden, dass mit Hilfe eines optischen Scans ein *Unterschriftenvergleich* vorgenommen werden könnte, was mit einer per Word erstellten elektronischen Abschrift nicht möglich ist. Doch auch das *Argument des Unterschriftenvergleichs* ist insbesondere beim Vergleich mit anderen Übermittlungsmöglichkeiten *nicht überzeugend*. Zum einen müsste sich das Registergericht beim Unterschriftenvergleich ggf. auf einen einfachen Scan verlassen, wobei dessen Authentizität nach dem Willen des Gesetzgebers nicht nachgeprüft werden muss. Da auf die Vorlage von Papierdokumenten verzichtet wird, ist ein Unterschriftenvergleich nach Ansicht des Gesetzgebers ohnehin nicht mehr mit hinreichender Sicherheit möglich, da es hierbei nicht nur auf den zweidimensionalen Schriftzug, sondern wesentlich auch auf den Druckpunkt, dh auf die Intensität, mit der der Stift auf das Papier gedrückt wird, ankommt, wie schon der Gesetzgeber anerkannt hat.[53] Das Erfordernis eines Scans wäre aber auch vor dem Hintergrund wenig nachvollziehbar, dass der Gesetzgeber die Namenszeichnung u. a. deswegen abgeschafft hat, um durch die online verfügbare Abrufbarkeit von Beispielsunterschriften das damit einhergehende Missbrauchsrisiko einzuschränken.[54]

Lässt man schließlich bei der *notariell beglaubigten elektronischen Abschrift* eine Leseabschrift zu, entfällt auch dort die Möglichkeit eines Unterschriftenvergleichs. Denn wenn der Notar einen privatschriftlichen Gesellschafterbeschluss vorgelegt erhält und diesen nicht (wie wohl üblich) als Scan, sondern (wie ebenfalls zulässig) als Leseabschrift übermittelt (etwa, weil es sich um einen handschriftlichen Beschluss handelt, der ggf. nicht allgemein lesbar ist), nimmt der Notar ebenfalls keinen Unterschriftenvergleich vor. Dem Registergericht ist ein solcher anschließend schon deshalb nicht möglich, weil in der notariell beglaubigten Leseabschrift nur „gez." zu lesen ist, damit aber nur das Faktum einer Unterschrift mitgeteilt ist, ohne dass diese als solche erkennbar wäre.

ee) Zwischenergebnis

Es ist kein Grund ersichtlich, an dem Erfordernis eines Scans festzuhalten. Der Scan mag zwar optisch der vertrauten Papierwelt näherstehen als die per Word erstellte Abschrift und daher vertrauter wirken, ist rechtlich aber nicht anders einzuordnen. Es dürfte daher zutreffend sein, dass auch eine von der Gesellschaft erstellte elektronische Abschrift den Zwecken des § 12 Abs. 2 S. 2 Hs. 1 HGB genügt. Allein das Einreichen einer solchen Abschrift statt eines Scans durch die Gesellschaft begründet daher ebenfalls noch kein Prüfungsrecht des Handelsregisters.

3. Verwendung originär elektronischer Niederschriften?

Schließlich soll eine Niederschrift über einen Beschluss eingereicht werden, die gar nie in Schriftform existiert hat. Vielmehr wurde diese originär elektronisch abgefasst und über ein Signaturprogramm (allerdings ohne qualifizierte elektronische Signatur) signiert.

---

[53] BT-Drs. 16/960, 47; s. auch *Apfelbaum/Bettendorf* RNotZ 2007, 89 (92) (aussagekräftiges graphologisches Gutachten ist nur bei Einreichung des Originals der Handelsregisteranmeldung möglich).
[54] BT-Drs. 16/960, 47; *Apfelbaum/Bettendorf* RNotZ 2007, 89 (95); s. a. *Krafka* in MüKoHGB, 5. Aufl. 2021, § 12 Rn. 20.

a) Vorgaben des materiellen Rechts

Wie bereits dargelegt, ist für die Wirksamkeit eines Beschlusses eine Niederschrift nicht erforderlich. Eine Protokollierung, die ohne qualifizierte elektronische Signatur erfolgt und daher gem. § 126 a BGB auch keine gesetzliche Schriftform ersetzen könnte, kann daher nicht schädlich sein. Die Vorgaben des materiellen Rechts für die wirksame *Beschlussfassung* sind auch hier eingehalten.

b) Vorgaben des Verfahrensrechts

Es kann daher auch an dieser Stelle nur um die Vorgaben des Verfahrensrechts gehen. Auch hier fordert § 39 Abs. 2 GmbHG, dass „Urkunden" über den Beschluss in „Urschrift oder beglaubigter Abschrift" einzureichen sind, was gem. § 12 Abs. 2 S. 2 HGB als „elektronische Aufzeichnung" oder „elektronische beglaubigte Abschrift" zu lesen ist.

Aus dem Verfahrensrecht kann sich ggf. der Einwand ergeben, dass die hier vorliegende Protokollierung als Nachweis nicht genügt. Anders als in den beiden vorangegangenen Abschnitten geht es hier nicht um eine im Ausgangspunkt zweifelsfrei taugliche Niederschrift, bei der lediglich die Übermittlung (Scan/per Word erstellte Abschrift) genauer zu klären ist, sondern um die Frage, ob hier überhaupt eine im Ausgangspunkt taugliche Niederschrift vorliegt. Hält man die hier vorliegende Niederschrift für tauglich, dürfte die anschließende Übermittlung relativ unproblematisch sein; eine elektronische Kopie der so signierten Niederschrift dürfte jedenfalls die Anforderungen der „elektronischen Aufzeichnung" erfüllen.

aa) Strengere Vorgaben durch das Verfahrensrecht grundsätzlich denkbar

Dass sich aus dem Verfahrensrecht Vorgaben für eine strengere Form ergeben können, als für die Wirksamkeit nach materiellem Recht bestehen, ist dabei keine Besonderheit des Handelsregisterverfahrensrechts[55] und soll hier auch nicht in Frage gestellt werden. Es dürfte die Kapazitäten des Registergerichts übersteigen, wenn ein urkundlicher Nachweis, wie in § 39 Abs. 2 GmbHG gefordert, durch eine eidesstattliche Versicherung ersetzt werden könnte oder das Registergericht gehalten wäre, Nachforschungen nach §§ 26, 29 FamFG vorzunehmen.[56] Auch in der alten „Papierwelt" (dh vor dem EHUG) wurde vom Verfahrensrecht ein urkundlicher Nachweis gefordert, den das materielle Recht nicht vorsieht.

Gegen die hier vorliegende Niederschrift in (nicht qualifiziert) elektronisch signierter Form können dabei zwei Einwände erhoben werden: Erstens, dass eine Niederschrift nicht elektronisch sein könne (Verkörperungsform), und zweitens, dass jedenfalls eine Niederschrift ohne qualifizierte elektronische Signatur nicht genüge (Erklärungsform). Beiden soll nachfolgend nachgegangen werden.

bb) Verkörperungsform des Nachweises iSd § 39 Abs. 2 GmbHG: Notwendigkeit der Papier-Niederschrift?

Zunächst soll die *Verkörperungsform* des Nachweises geprüft werden, dh ob der Nachweis in Papierform erstellt werden muss oder auch elektronisch erstellt werden kann. Dass originär elektronische Dokumente zum Registergericht eingereicht werden können, ist nicht erst

---

[55] Ähnliches begegnet etwa im Grundbuchverfahrensrecht, wenn eine Vollmacht zur Eintragung einer Dienstbarkeit materiell-rechtlich keiner Form bedürfte (§ 167 Abs. 2 BGB), für Zwecke der Eintragung im Grundbuch allerdings in der Form des § 29 GBO nachzuweisen ist, dh zunächst zumindest schriftlich erteilt (und anschließend beglaubigt) werden muss.

[56] OLG Frankfurt DNotZ 2006, 950 (951); *Stephan/Tieves* in MüKoGmbHG, 3. Aufl. 2019, § 39 Rn. 36.

seit der Einführung der Online-GmbH-Gründung unzweifelhaft.[57] Ob dies aber auch für den Nachweis iSd § 39 Abs. 2 GmbHG gilt, wird selten diskutiert.[58]

(1) Wortlaut. Einen Anknüpfungspunkt liefert § 39 Abs. 2 GmbHG, der von einer „Urkunde" spricht. Aus diesem *Wortlaut* ist in der Literatur zum Teil der Schluss gezogen worden, es müsse sich um ein verkörpertes Dokument handeln;[59] andere Stellen sprechen von einem „schriftlichen Nachweis"[60] oder der „Notwendigkeit eines Papierdokuments".[61] Dies entspreche auch dem Urkundenbegriff in § 267 StGB und in § 415 ZPO.[62]

Während nicht einzusehen ist, welche Relevanz der strafrechtliche Begriff für die Auslegung des GmbHG haben soll, ist zuzugeben, dass die ZPO zwischen „öffentlichen Urkunden" iSd § 415 ZPO einerseits und „(öffentlichen) elektronischen Dokumenten" iSd § 371a ZPO andererseits unterscheidet. Auf elektronische Dokumente gem. §§ 371a, 371b ZPO finden die Regelungen des Urkundsbeweises nur entsprechende Anwendung, woraus geschlossen wird, dass der Gesetzgeber Urkunden und elektronische Dokumente gerade nicht gleichsetzen wollte.[63] Schwerer dürfte allerdings wiegen, dass der Gesetzgeber die Vorschriften über den Urkundsbeweis gerade auch auf elektronische „Dokumente" anwendet und damit zum Ausdruck bringt, dass er (qualifiziert elektronisch signierte) elektronische Dokumente und Papierurkunden als gleichwertig betrachtet.[64]

Auch für andere Verwendungen des Begriffs „Urkunde" (etwa die „Aushändigung" der „Urkunde" über die Abtretung im Sinn des § 410 Abs. 1 BGB) wird vertreten, dass eine Papierurkunde entbehrlich ist.[65] Der Terminus der „Urkunde" ist demnach kein taugliches Argument (mehr), um zu begründen, dass § 39 Abs. 2 GmbHG stets ein Papierdokument verlangt. Auch das KG Berlin hat jüngst lediglich ein Dokument verlangt, das dauerhaft wiedergegeben werden kann, sodass auch eine originär elektronische Urkunde Verwendung finden kann.[66]

(2) Entstehungsgeschichte. Daneben soll die *Entstehungszeit* der Norm nahelegen, dass an eine elektronische Urkunde nicht gedacht worden war.[67] Dies dürfte angesichts der Formu-

---

[57] S. bereits *Müther* Rpfleger 2008, 233 (235); *Bettendorf/Mödl* DNotZ 2010, 795 (796 ff.); zur Gesellschafterliste KG NJW-RR 2012, 59; zur originär elektronischen Eigenurkunde OLG Schleswig Beschl. v. 13.12.2007 – 2 W 198/07, DNotZ 2008, 709 mzustAnm *Apfelbaum;* DNotI-Abrufgutachten Nr. 189082 v. 1.7.2022; Gutachten DNotI-Report 2009, 183; *Bettendorf/Mödl* DNotZ 2010, 795 (796); *Jeep/Wiedemann* NJW 2007, 2439 (2446).

[58] Generell (und zutreffend) originäre Urkunden für zulässig haltend, sofern keine strengere Form vorgeschrieben ist, *Bettendorf/Mödl* DNotZ 2010, 795 (795 f.); so jetzt auch KG Berlin Beschl. v. 22.6.2022 – 22 W 36/22, BeckRS 2022, 23992.

[59] *Beckmann/Düsterbeck* GmbHR 2022, 243 (245); so auch OLG Düsseldorf Beschl. v. 20.3.2019 – I-3 Wx 20/18, NZG 2019, 820, 821, Rn. 19 (zu § 67 Abs. 2 GmbHG); ähnlich wohl auch *Schütz* MittBayNot 2022, 424 (425), der bei originär elektronischen Dokumenten eine „Urkunde" iSd § 39 Abs. 2 GmbHG dann annimmt, wenn diese ausgedruckt wurde.

[60] *Stephan/Tieves* in MüKoGmbHG, 3. Aufl. 2019, § 39 Rn. 36.

[61] OLG Düsseldorf NZG 2019, 820 (821 Rn. 19), allerdings zu einem Fall, in dem der fragliche Beschluss ohnehin zunächst in Papierform protokolliert worden war.

[62] *Beckmann/Düsterbeck* GmbHR 2022, 243 (245).

[63] *Eisele* in MüKoBGB, 9. Aufl. 2021, § 126 Rn. 26; *Junker* in jurisPK-BGB, 9. Aufl. 2020, § 126 Rn. 82.

[64] So auch *Funke/Quarch* NJW 2022, 569 (571).

[65] *Funke/Quarch* NJW 2022, 569 (572) u. a. mit Verweis auf das Gesetz über elektronische Wertpapiere vom 3. Juni 2021 (BGBl. I 1423) und mit mwN auch zur Gegenmeinung.

[66] KG Berlin Beschl. v. 22.6.2022 – 22 W 36/22, BeckRS 2022, 23992, Rn. 8, dort allerdings unter der mE falschen Fragestellung, ob es sich hierbei um eine „elektronische Aufzeichnung" handelt; s. dazu auch Anm. *Mayer* DNotZ 2023, 58. Richtigerweise dürfte auch bei originär elektronischen Dokumenten zu fragen sein, ob die originär elektronische Urkunde tauglicher Nachweis ist und ob von diesem eine elektronische Aufzeichnung eingereicht wurde.

[67] *Beckmann/Düsterbeck* GmbHR 2022, 243 (245).

lierung von § 39 Abs. 2 GmbHG in den 1930er Jahren[68] uneingeschränkt zutreffen. Auch mit den damals eingefügten Formulierungen, die „Urkunden" könnten „in Urschrift oder beglaubigter Abschrift" eingereicht werden, dürften noch Papierdokumente gemeint gewesen sein.

(3) Systematischer Zusammenhang. Für die heutige Auslegung entscheidender als die historische Herkunft der Norm dürfte aber die jüngere Vergangenheit der Norm sein, insbesondere der *systematische Zusammenhang* mit dem 2007 reformierten[69] § 12 HGB, der die noch der Papierwelt zuzuordnenden Einreichungsvorschriften in die elektronische Welt übersetzt. Eine eigenständige, von § 12 Abs. 2 S. 2 HGB unabhängige Funktion kommt § 39 Abs. 2 GmbHG daher nicht zu. Die Norm erschöpft sich darin, Ausgangspunkt für die „Übersetzung" des § 12 Abs. 2 S. 2 HGB zu sein.

In diesem Kontext gelesen bedeutet dies, dass für den Nachweis über die Bestellung der Geschäftsführer die „Übermittlung einer elektronischen Aufzeichnung" „genügt". Gefordert wird also letztlich eine einfache elektronische Abschrift des Nachweises.

Vor diesem Hintergrund ist es auch nicht relevant, dass in § 39 Abs. 2 GmbHG eine „Urschrift" oder „beglaubigte Abschrift" verlangt wird.[70] Man könnte zwar erwägen, ob die elektronisch signierte Datei die Urschrift der Niederschrift darstellt. Dabei stellt sich aber das oben[71] erwähnte Problem, dass in der elektronischen Verkörperungsform eine Urschrift nicht bzw. nur kraft gesetzlicher Fiktion (und dann nur bei Verwahrung in einer elektronischen Urkundensammlung, dh nicht bei der hier betrachteten Niederschrift) möglich ist. Auch eine „beglaubigte Abschrift" mag zwar streng nach der (gesetzlichen) Logik auch von einer einfachen Abschrift erstellt werden können.[72] Gleichwohl wird damit der Sinn der Vorschrift jedenfalls bei papiergebundenen Urkunden[73] verfehlt, sodass mehr als eine einfache Abschrift als Ausgangspunkt vorauszusetzen ist.[74] Lehnt man die Existenz einer Urschrift ab, steht auch in Frage, ob und wie eine beglaubigte Abschrift erstellt werden kann.[75]

Relevant würde dies etwa, wenn es sich bei der Gesellschaft um eine Aktiengesellschaft handeln würde, sodass die Beschlussniederschrift gem. § 130 Abs. 5 AktG im Regelfall öffentlich beglaubigt – in der Übersetzung des § 12 Abs. 2 S. 2 Hs. 2 HGB also elektronisch mit einem Zeugnis nach § 39a BeurkG – einzureichen ist. In diesem Fall ließe sich vertreten, dass eine Urschrift bestehen muss, sodass die Niederschrift auf Papier erstellt werden oder elektronisch in einer elektronischen Urkundensammlung verwahrt werden müsste, damit elektronisch beglaubigte Abschriften möglich sind. Die Frage muss hier aber nicht beantwortet werden, denn für einen *GmbH-Beschluss* stellt sie sich nicht. Die in § 39 Abs. 2 GmbHG enthaltenen Abschriftsformen sind nur noch relevant, um den Mindeststandard nach § 12

---

[68] S. Gesetz über die Eintragung von Handelsniederlassungen und das Verfahren in Handelsregistersachen vom 10. August 1937, RGBl. I 897 (899).

[69] Gesetz über elektronische Handelsregister und Genossenschaftsregister sowie das Unternehmensregister vom 10. 11. 2006, BGBl. I 2553; s. a. BT-Drs. 16/960.

[70] So jedenfalls für die einfache elektronische Aufzeichnung auch *Schemmann* in Fleischhauer/Wochner, Handelsregisterrecht, 4. Aufl. 2019, Rn. 112.

[71] → II. 3. a).

[72] Wie § 42 Abs. 1 BeurkG zu entnehmen ist, kann eine beglaubigte Abschrift sogar von einer einfachen Abschrift erstellt werden.

[73] Für die Möglichkeit, elektronische Abschriften von einer originär elektronischen Urkunde (Handelsregisteranmeldung) bereits vor bzw. unabhängig von einer Verwahrung in der Urkundensammlung zu erstellen, s. mit beachtlicher Begründung DNotI-Report 2022, 113 (114).

[74] Der Notar sollte es vermeiden, eine beglaubigte Abschrift von einer einfachen Abschrift zu erstellen, da hierdurch der Rechtsverkehr tendenziell verwirrt wird, s. *Theilig* in BeckOGK, 1.8.2022, BeurkG § 42 Rn. 12.

[75] Ablehnend etwa *Bettendorf/Mödl* DNotZ 2010, 795 (798); offenbar aA *Müther* in BeckOK HGB, 37. Ed. 1.8.2022, § 12 Rn. 34 („die elektronische Aufzeichnung ist dabei das Original").

Abs. 2 S. 2 HGB festzulegen. Dies ist hier die elektronische Aufzeichnung. Eine solche kann unproblematisch auch von einer elektronischen Urkunde erstellt werden. Ansonsten würde § 39 Abs. 2 GmbHG eine Papierform erzwingen, die dann keine Funktion mehr hätte.[76] Was mit der „Urschrift" oder „beglaubigten Abschrift" aus § 39 Abs. 2 GmbHG geschehen soll, wenn diese gerade nicht übersendet werden sollen, sondern lediglich elektronische Aufzeichnungen bzw. Dokumente mit einem Zeugnis nach § 39a BeurkG übermittelt werden, wäre nicht klar. Der Papier-Zwischenschritt, der als Relikt aus der Papierwelt und wegen der (einstweiligen) Beibehaltung der alten Einreichungsvorschriften noch nicht aus dem Gesetzeswortlaut verschwunden ist, wird auch in anderem Zusammenhang übersprungen (etwa bei der Einreichung originär elektronischer Eigenurkunden[77]).

Liest man § 39 Abs. 2 GmbHG in diesem Kontext, spricht wenig dafür, eine „Urkunde" in Papierform zu verlangen.

(4) Zweck. Schließlich wird auch der *Zweck* herangezogen, um das Festhalten an einer Papierurkunde zu begründen. Zweck der Norm sei ein „authentischer Nachweis über die Bestellung", sodass die Voraussetzung einer Papierurkunde nur konsequent sei.[78] Darin liegt mE das hier wie auch sonst nicht näher begründete „Unbehagen" gegenüber der elektronischen Form, sodass elektronische Dokumente als weniger beweiskräftig angesehen werden. Es gibt aber tatsächlich keinen Grund, ein elektronisches Dokument zum Nachweis als weniger geeignet anzusehen als ein Papierdokument. Die Gleichwertigkeit eines elektronischen Dokuments ist umso eher der Fall, als nach § 12 Abs. 2 S. 2 HGB ein Papierdokument ohnehin nicht mehr das Registergericht erreicht. Wie oben dargestellt, muss es – auch im Fall eines Scans eines Papierdokuments – nicht einmal mehr beim Notar vorliegen,[79] sodass dieser die Übereinstimmung von Papierdokument und elektronischer Kopie überprüfen könnte. Es ist daher nicht zu erkennen, welchen höheren Beweiswert es hat, wenn ein Papierdokument in der Gesellschaft erzeugt, gescannt und dann vernichtet wird, verglichen mit einer elektronischen Aufzeichnung. Dies entspricht der Absicht des Gesetzgebers, elektronische und Papierdokumente gleich zu behandeln.

(5) Zwischenergebnis. Die besseren Argumente sprechen daher dagegen, eine Papieraufzeichnung zu verlangen. Auch das KG Berlin hat in einer neueren Entscheidung Nachweise akzeptiert, die originär elektronisch erstellt worden waren.[80] Statt der Papierniederschrift kann also eine elektronische Niederschrift erstellt werden, von der dann eine elektronische Aufzeichnung – nach hier verstandener Lesart eine einfache elektronische Kopie – einzureichen ist.

cc) Erklärungsform des Nachweises: Notwendigkeit einer qualifiziert elektronischen Signatur?

Damit noch nicht geklärt ist die Frage, welcher Erklärungsform der Nachweis – wenn er tatsächlich elektronisch erstellt wird – genau bedarf. Es geht also um die Frage, ob der elek-

---

[76] So aber offenbar *Schütz* MittBayNot 2022, 424 (428), der davon auszugehen scheint, dass eine originär elektronische Beschlussniederschrift als Ausdruck der Handelsregisteranmeldung beizufügen ist (sodass ja für die elektronische Einreichung dieser Ausdruck wieder eingescannt werden müsste). Ein erhöhter Nachweiswert erscheint hier ausgeschlossen.

[77] Bereits → III. 3. b) bb), dass notarielle Eigenurkunden, auch wenn sie elektronisch erstellt werden, selbstredend eine höhere Richtigkeitsgewähr bieten als private elektronische Dokumente, ist für die hier betrachtete Frage nicht relevant. Denn dies ist Ausdruck der im Vergleich zu Privaturkunden höheren Erklärungsform (Äquivalenz zur notariellen Beglaubigung). Vergleicht man aber Verkörperungsformen innerhalb derselben Erklärungsform, ergibt sich, dass originär elektronische Eigenurkunden nicht weniger aussagekräftig sind als (zunächst) auf Papier errichtete elektronische Eigenurkunden; Gleiches gilt mE auch für Privaturkunden.

[78] *Beckmann/Düsterbeck* GmbHR 2022, 243 (245).

[79] Diese Ansicht teilen im Übrigen auch *Beckmann/Düsterbeck* GmbHR 2022, 243 (246).

[80] KG Berlin Beschl. v. 22.6.2022 – 22 W 36/22, BeckRS 2022, 23992.

tronische Nachweis nur mit qualifiziert elektronischer Signatur oder auch als einfaches PDF – oder zB mit einer nicht qualifizierten elektronischen Signatur, etwa über ein Programm wie DocuSign, AdobeSign, Scrive oder andere – erstellt werden kann.

Das DNotI hat in einzelnen Gutachten[81] die Ansicht vertreten, eine Niederschrift über den Gesellschafterbeschluss, die nicht qualifiziert elektronisch signiert sei, sei „aus Gründen der Nachprüfbarkeit und Rechtssicherheit" nicht geeignet.

Mit einer jüngst ergangenen Entscheidung des KG Berlin[82] sind solche Nachweise aber als zulässig anzusehen. Auch originär elektronische Aufzeichnungen, die nicht qualifiziert elektronisch signiert vorliegen, dürften für Nachweiszwecke nicht weniger geeignet sein.[83] Ausschlaggebend ist die Regelung in § 12 Abs. 2 S. 2 Hs. 1 HGB, der eine „elektronische Aufzeichnung" genügen lässt. Wie gezeigt, kann sich dahinter ein einfacher Scan verbergen, den auch die Gesellschaft selbst erstellen kann. Bei einem privatschriftlichen Beschluss, den die Gesellschafter selbst scannen, ist weder die Identität der Unterzeichner noch die inhaltliche Übereinstimmung des Scans mit der Papier-Niederschrift durch einen Notar bestätigt worden. Dies hat der Gesetzgeber sehenden Auges hingenommen, da er davon ausging, dass eine Überprüfung der Authentizität im Regelfall durch das Registergericht nicht mehr erforderlich sei.[84] Ausgehend davon, dass eine nicht qualifiziert elektronische Niederschrift für das materielle Recht ausreicht, dürfte eine qualifiziert elektronisch signierte Niederschrift auch für das Verfahrensrecht nicht gefordert werden können.

Dass die lediglich als PDF erstellte Datei einem schriftlichen Nachweis gem. § 126a BGB nicht gleichgestellt ist, ist dabei unbeachtlich. Denn eine schriftliche Form ist durch das Gesetz nicht vorgesehen; es liegt lediglich in der Natur der Sache, dass über den – regelmäßig mündlich gefassten – Beschluss ein Nachweis geführt werden muss, der zur Vorlage beim Registergericht taugt, dh in schriftlicher oder elektronischer Form. Dass hier die elektronische Verkörperungsform einer Erklärungsform genügt (zB mit einfacher elektronischer Signatur versehene elektronische Dokumente), deren Pendant in der analogen Welt (zB mündliche Erklärung) nicht genügt hätte, ist allein dem Umstand geschuldet, dass mit der elektronischen Form ein Nachweis möglich ist, mit der mündlichen Form regelmäßig aber nicht (es sei denn, das Registergericht ließe sich auf eine Beweisführung im Freibeweisverfahren ein).

Geht man davon aus, dass auch die Gesellschaft elektronische Abschriften per Word erstellen darf, ist es konsequent, auch die Einreichung von elektronischen Originaldokumenten, die nicht die qualifiziert elektronische Form erreichen, zuzulassen. Denn der Beweiswert bei beiden ist dann gleichermaßen gering, aber vom Gesetzgeber so hingenommen worden: Es handelt sich jeweils um elektronische Dateien, die keine Abbilder von Unterschriften enthalten (also für einen Unterschriftenvergleich nicht taugen würden) und bei denen der Notar weder inhaltliche Übereinstimmung mit dem Beschluss oder einer Papierniederschrift bestätigt hat noch die Identität der eigentlichen Unterzeichner bestätigt wurde.

dd) Ergebnis zu III. 3. b)

Mit einer nicht qualifiziert elektronisch signierten Datei kann der Nachweis über einen Gesellschafterbeschluss ebenso gut geführt werden wie mit einem Scan oder einer per Word

---

[81] DNotI-Gutachten Nr. 181880 vom 22.12.2020 – nicht veröffentlicht.
[82] KG Berlin Beschl. v. 22.6.2022 – 22 W 36/22, BeckRS 2022, 23992; DNotZ 2023, 58 mAnm *Mayer.*
[83] S. a. *Müther* in BeckOK HGB, 37. Ed. 1.8.2022, § 12 Rn. 34.
[84] So m. E. auch *Müther* in BeckOK HGB, 37. Ed. 1.8.2022, § 12 Rn. 34: „Dass alle genannten Formen eines elektronischen Dokuments Zweifel an ihrer Authentizität hervorrufen können, hat der Gesetzgeber billigend in Kauf genommen. Der Gesetzgeber ist davon ausgegangen, dass eine Prüfung der Authentizität im Regelfall nicht mehr erforderlich ist (BT-Drs. 16/960, 45)."

erstellten Abschrift eines Papierdokuments. Die vom Gesetzgeber bereits 2007 eingeführte Umstellung auf das elektronische Handelsregister begegnet in der Rechtspraxis immer noch Rückzugsgefechten derjenigen, die intuitiv einem Papier mehr vertrauen als einer elektronischen Datei. Das ist allenfalls emotional, nicht aber rational nachvollziehbar. *Word* ist geduldig; das Papier in der alten Welt war es aber auch. Wer es zulässt, dass Gesellschafter ohne Unterschriftsbeglaubigung einen nicht notariell beurkundeten, mündlich gefassten Beschluss selbst protokollieren und von diesem Papier eine einfache Abschrift dem Notar einreichen, der diese dann ohne weitere dokumentierte Überprüfung scannt, muss sich ernsthaft fragen, wieso es als Nachweis über den mündlich gefassten Beschluss weniger taugen soll, wenn die Gesellschafter sich hierzu lediglich elektronisch äußern. Das Gesetz lässt eine solche Auslegung zu.

IV. Zusammenfassung in Thesen

1. Wenn ein elektronisches Dokument der materiellen Form genügt, kann das Vorhandensein eines solchen Dokuments anstelle eines Papier-Äquivalents an einer beliebigen Stelle in der Kette der Abschriften zwischen Erklärung und Nachweis beim Register kein materielles Prüfungsrecht des Handelsregisters auslösen.

2. Das *Verfahrensrecht* verlangt ggf. eine bestimmte Abschriftsform, nicht aber die Verkörperungsform „Papier" eines Dokuments in der Kette zwischen Erklärung und Nachweis. Beim Notar muss daher insbesondere keine Papier-Urschrift der Niederschrift nach § 39 Abs. 2 GmbHG vorliegen; ihm kann auch ein Scan des Dokuments vorgelegt werden.

3. Auch eine „elektronische Aufzeichnung" im Sinn des § 12 Abs. 2 S. 2 Hs. 1 HGB kann durch eine (private) Abschrift zB per Word erstellt werden. Eine optische Übereinstimmung („Scan") ist nicht erforderlich.

4. Originär elektronische Dokumente sind gleichermaßen zum Nachweis geeignet. Dies gilt insbesondere auch für bloße PDF-Dokumente ohne (qualifizierte elektronische) Signatur.

5. Das Vorliegen eines Papierdokuments kann – abgesehen von den materiell-rechtlichen Formvorschriften – allenfalls dort erforderlich sein, wo das Verfahrensrecht eine Abschriftsform verlangt, die sich bei einem elektronischen Dokument nicht realisieren lässt. Nach hier vertretenem Verständnis wäre dies allenfalls bei § 12 Abs. 2 S. 2 Hs. 2 HGB der Fall, dh wenn das Verfahrensrecht eine elektronisch beglaubigte Abschrift verlangt und man davon ausgeht, dass diese der Logik nach eine „Urschrift" verlangt.

PATRICK MEIER

Grundlagen- und grundlegende Geschäfte – eine Neubetrachtung eines alten Instituts

I. *Einleitung*

Der Begriff des „Grundlagengeschäfts" gehört zu den etablierten und scheinbar feststehenden im deutschen Gesellschaftsrecht. Bei genauerer Betrachtung erweist er sich allerdings als schillernd, da seine Bedeutung und seine Reichweite bislang nicht abschließend geklärt sind. Gleichwohl zählen Literatur und Rechtsprechung eine Vielzahl von für das Leben einer Gesellschaft bedeutsamen Geschäften zu den Grundlagengeschäften, so dass zumindest für einen erheblichen Teil dieser Vorgänge die endgültige Qualifikation abgeschlossen scheint. Eine konkrete Untersuchung des Begriffs wird aber zeigen, dass dieser in Wahrheit nicht trennscharf genug ist und deshalb eine deutlich zu große Anzahl von Maßnahmen den Grundlagengeschäften zugeordnet wird, obgleich sie richtigerweise lediglich „grundlegende Geschäfte" der Gesellschaft darstellen können. Die Differenzierung zwischen diesen beiden Arten besonders relevanter Verträge hat dabei nicht nur terminologische Bedeutung, sondern wirkt sich auch materiell-rechtlich an zentraler Stelle aus.

II. *Stand der Diskussion*

Die in Literatur und Rechtsprechung gegebene Definition eines Grundlagengeschäfts bezieht sich darauf, dass solche Rechtshandlungen beschrieben werden sollen, bei denen nicht der Gesellschaftsvertrag durch die Geschäftsführer oder geschäftsführenden Gesellschafter ausgeführt, sondern dieser vielmehr geändert und damit in dessen Inhalt eingegriffen wird.[1] Modifikationen des Gesellschaftsvertrags, der die Grundlage für den Bestand der Gesellschaft und die Zusammenarbeit der Gesellschafter in ihr bildet, sind generell keine Aufgaben der Geschäftsführung, sondern obliegen allein den Gesellschaftern.[2] Nur sie sind

---

[1] So etwa OLG Stuttgart NZG 2009, 1303 (1304); *Drescher* in Ebenroth/Boujong/Joost/Strohn, HGB, 4. Aufl. 2020, § 114 Rn. 6; *Enzinger* in MüKoHGB, 5. Aufl. 2022, § 119 Rn. 1; *Jickeli* in MüKoHGB, 5. Aufl. 2022, § 114 Rn. 9, § 116 Rn. 7; *Priester* DStR 2007, 28 (29), welcher explizit von einem Eingriffscharakter spricht; *Stürner* in Jauernig, BGB, 18. Aufl. 2021, §§ 709–713 Rn. 7; *Wertenbruch* NZG 2016, 1081 (1083 f.). Verbreitet heißt es, es handele sich um Geschäfte, welche die Rechtsform oder Existenz des Unternehmens betreffen: BGH NJW 1992, 975; *Weber* in Ebenroth/Boujong/Joost/Strohn, HGB, 4. Aufl. 2020, § 49 Rn. 13. Ähnlich auch *Roth* in Hopt, HGB, 41. Aufl. 2022, § 114 Rn. 3. Teilweise wird zudem davon ausgegangen, es handele sich um Geschäfte, welche der Betrieb des Handelsgeschäfts nicht mit sich bringt: *Meyer* in BeckOK HGB, 38. Ed. 15.10.2022, § 49 Rn. 4; *Schulze-Osterloh* FS Hadding, 2004, 637 (643 ff.) will noch einmal trennen zwischen Änderungen und Durchbrechungen des Gesellschaftsvertrages und Grundlagengeschäften, welche Maßnahmen darstellen sollen, die weder Geschäftsführungsmaßnahmen noch Änderungen oder Durchbrechungen des Gesellschaftsvertrages sind.

[2] *Drescher* in Ebenroth/Boujong/Joost/Strohn, HGB, 4. Aufl. 2020, § 114 Rn. 6; *Habermeier* in Staudinger, BGB, 2003, § 709 Rn. 2; *Meier* DNotZ 2020, 246 (255); *Roth* in Hopt HGB, 41. Aufl. 2022, § 114 Rn. 3. Vgl. auch RGZ 162, 370 (374); BGH NJW 1980, 1463 (1464); *Hüffer/Schäfer* in Habersack/Casper/Löbbe, GmbHG, 3. Aufl. 2020, § 46 Rn. 132; *Kleindiek* in Lutter/Hommel-

in der Lage und befugt, die maßgeblichen Vereinbarungen zu ändern. Vorbehaltlich anderweitiger Regelungen im Gesellschaftsvertrag oder im Gesetz[3] ist darüber hinaus für den Umbau eines Gesellschaftsvertrags wie für die Anpassung jeder anderen vertraglichen Beziehung stets Einstimmigkeit erforderlich,[4] so dass sämtliche Gesellschafter mitwirken müssen,[5] um die Änderung rechtswirksam umsetzen zu können.

Aus diesen allgemeinen Erwägungen hat sich eine Vielzahl kaum überschaubarer Einzelfälle entwickelt, in denen das Vorliegen eines Grundlagengeschäfts behauptet wird. Hierzu gehören zunächst die Erhöhung oder Herabsetzung von Beiträgen und Einlagen von Gesellschaftern zur Gesellschaft,[6] die Aufnahme neuer Gesellschafter,[7] die Änderung des Zwecks der Gesellschaft[8] oder ihre Auflösung.[9] Auch die grundlegende Neustrukturierung der Vertretung[10] oder die Änderung der Befugnis zur Geschäftsführung[11] sowie die Verteilung des in

---

hoff, GmbHG, 20. Aufl. 2020, § 35 Rn. 9, 19; *Lenz* in Michalski/Heidinger/Leible/J. Schmidt, GmbHG, 3. Aufl. 2017, § 35 Rn. 37; *Meyer* in BeckOK HGB, 38. Ed. 15.10.2022, § 49 Rn. 6; *Priester* DStR 2007, 28 (29); *Ulmer/Casper* in Habersack/Casper/Löbbe, GmbHG, 3. Aufl. 2021, § 53 Rn. 25.

[3] Siehe etwa §§ 53 GmbHG, 179 AktG.

[4] BGH NJW 1980, 1463 (1464); NJW 1996, 1678; KG NZG 2010, 223; *Drescher* in Ebenroth/Boujong/Joost/Strohn, HGB, 4. Aufl. 2020, § 114 Rn. 6; *Eschwey* MittBayNot 2018, 299 (311); *Habermeier* in Staudinger, BGB, 2003, § 709 Rn. 2; *Jerger/Goj* NJW 2022, 1878 (1883); *Karrer* in MAH PersGesR, 3. Aufl. 2019, § 14 Rn. 4; *Roth* in Hopt, HGB, 41. Aufl. 2022, § 114 Rn. 3; *Stürner* in Jauernig, BGB, 18. Aufl. 2021, §§ 709–713 Rn. 7.

[5] So auch ausdrücklich die Rechtsprechung: RGZ 162, 370 (372); BGH NJW 1980, 1463 (1464); NJW 1980, 1689 (1690); NJW 1996, 1678; NZG 2016, 826 (827); NJW 2022, 1878 (1880).

[6] RGZ 151, 321 (327) zur Änderung der Leistungspflicht der Gesellschafter; BGH BeckRS 2013, 1864 (Rn. 25); *Habermeier* in Staudinger, BGB, 2003, § 709 Rn. 2; *Jickeli* in MüKoHGB, 5. Aufl. 2022, § 114 Rn. 9; *Lenz* in Michalski/Heidinger/Leible/J. Schmidt, GmbHG, 3. Aufl. 2017, § 35 Rn. 38; *Roth* in Hopt, HGB, 41. Aufl. 2022, § 114 Rn. 3; *Stephan/Tieves* in MüKo-GmbHG, 3. Aufl. 2019, § 35 Rn. 107; *Stürner* in Jauernig, BGB, 18. Aufl. 2021, §§ 709–713 Rn. 7. Vgl. auch BGH NZG 2006, 306 (307).

[7] BGH NJW 1980, 1463 (1464); NZG 2016, 826 (827); OLG Stuttgart NZG 2009, 1303 (1304); *Bachmann* in BeckOGK, 1.10.2022, AktG § 278 Rn. 70; *Habermeier* in Staudinger, BGB, 2003, § 709 Rn. 2; *Jickeli* in MüKoHGB, 5. Aufl. 2022, § 114 Rn. 9; *Merkt* in Hopt, HGB, 41. Aufl. 2022, § 49 Rn. 2; *Meyer* in BeckOK HGB, 38. Ed. 15.10.2022, § 49 Rn. 6; *Priester* DStR 2007, 28 (29); *Roth* in Hopt, HGB, 41. Aufl. 2022, § 114 Rn. 3. Siehe zudem RGZ 162, 370 (374).

[8] BGH NJW 1995, 596; *Habermeier* in Staudinger, BGB, 2003, § 709 Rn. 2; *Stürner* in Jauernig, BGB, 18. Aufl. 2021, §§ 709–713 Rn. 7. So die Behandlung im Ergebnis auch bei *Ulmer/Casper* in Habersack/Casper/Löbbe, GmbHG, 3. Aufl. 2021, § 53 Rn. 118. Jedenfalls die Änderung des Unternehmensgegenstandes hierunter fassend: *Krebs* in MüKoHGB, 5. Aufl. 2021, § 49 Rn. 26; *Weber* in Ebenroth/Boujong/Joost/Strohn, HGB, 4. Aufl. 2020, § 49 Rn. 13.

[9] RGZ 162, 370 (374); *Bachmann* in BeckOGK, 1.10.2022, AktG § 278 Rn. 70; *Habermeier* in Staudinger, BGB, 2003, § 709 Rn. 2; *Meyer* in BeckOK HGB, 38. Ed. 15.10.2022, § 49 Rn. 6; *Roth* in Hopt, HGB, 41. Aufl. 2022, § 114 Rn. 3; *Stürner* in Jauernig, BGB, 18. Aufl. 2021, §§ 709–713 Rn. 7.

[10] BGH NZG 2016, 826 (827); OLG Stuttgart NZG 2009, 1303 (1304); *Bachmann* in BeckOGK, 1.10.2022, AktG § 278 Rn. 70; *Jickeli* in MüKoHGB, 5. Aufl. 2022, § 114 Rn. 9; *Roth* in Hopt, HGB, 41. Aufl. 2022, § 114 Rn. 3. Vgl. auch RGZ 162, 370 (374); *Stürner* in Jauernig, BGB, 18. Aufl. 2021, §§ 709–713 Rn. 7; *Wertenbruch* NZG 2016, 1081 (1083f.).

[11] BGH NZG 2016, 826 (827); OLG Stuttgart NZG 2009, 1303 (1304); *Bachmann* in BeckOGK, 1.10.2022, AktG § 278 Rn. 70; *Habermeier* in Staudinger, BGB, 2003, § 709 Rn. 2; *Jickeli* in MüKoHGB, 5. Aufl. 2022, § 114 Rn. 9; *Roth* in Hopt, HGB, 41. Aufl. 2022, § 114 Rn. 3; *Stürner* in Jauernig, BGB, 18. Aufl. 2021, §§ 709–713 Rn. 7. Vgl. auch RGZ 162, 370 (374); *Wertenbruch* NZG 2016, 1081 (1083f.).

der Gesellschaft anfallenden Gewinns[12] sollen unter die sogenannten Grundlagengeschäfte fallen. Gleichermaßen wird die Bilanzfeststellung zu diesen Geschäften gezählt.[13] Daneben werden verbreitet Struktur- und Organisationsmaßnahmen, die den Gesellschaftsvertrag zwar für sich genommen nicht tangieren, aber entscheidend auf die Gesellschaft einwirken, als Grundlagengeschäft bezeichnet.[14] Dies soll beispielsweise den Abschluss von Unternehmensverträgen[15] oder die Veräußerung des gesamten oder nahezu gesamten Handelsgeschäfts[16] sowie die Ausgliederung wesentlicher Unternehmensteile umfassen.[17] Sogar die Verpachtung des Handelsgewerbes wird überwiegend als Grundlagengeschäft angesehen.[18] Daher soll ebenfalls die Veräußerung des wesentlichen Vermögens der Gesellschaft ein Grundlagengeschäft darstellen.[19] Nicht anders sollen die Beteiligung an einem Konzern[20] oder die Begründung von Abhängigkeiten gegenüber anderen Unternehmern[21] zu behandeln sein. Teilweise wird auch das Eingehen einer atypischen stillen Gesellschaft als ein derartiges Geschäft angesehen.[22] Insgesamt zeigt sich allerdings gleichwohl eine erhebliche Divergenz in der Bewertung im Einzelfall, da unterschiedliche Geschäfte den Grundlagengeschäften zugerechnet werden, ohne dass insoweit eine inhaltliche Diskussion erfolgt.

---

[12] *Stürner* in Jauernig, BGB, 18. Aufl. 2021, §§ 709–713 Rn. 7. So wohl auch *Krebs* in MüKoHGB, 5. Aufl. 2021, § 49 Rn. 25; *Lieder* in Oetker, HGB, 7. Aufl. 2021, § 114 Rn. 7. Siehe hierzu auch *Ulmer/Casper* in Habersack/Casper/Löbbe, GmbHG, 3. Aufl. 2021, § 53 Rn. 130.

[13] BGH NJW 1996, 1678 vorbehaltlich einer anderweitigen Regelung im Gesellschaftsvertrag; *Habermeier* in Staudinger, BGB, 2003, § 709 Rn. 2; *Jickeli* in MüKoHGB, 5. Aufl. 2022, § 114 Rn. 9; *Lieder* in Oetker, HGB, 7. Aufl. 2021, § 114 Rn. 7; *Roth* in Hopt, HGB, 41. Aufl. 2022, § 114 Rn. 3. In BGH NJW 2007, 1685 (1687) wird zwar an der Einordnung der Feststellung der Bilanz als Grundlagengeschäft festgehalten, jedoch wurde von der vorher ergangenen Rechtsprechung insoweit abgewichen, als dass die Mehrheitsklausel nicht mehr bloß bei ausdrücklicher Einbeziehung die Feststellung erfassen könne.

[14] *Jickeli* in MüKoHGB, 5. Aufl. 2022, § 114 Rn. 11; *Lieder* in Oetker, HGB, 7. Aufl. 2021, § 114 Rn. 8; *Priester* DStR 2007, 28 (29).

[15] *Bachmann* in BeckOGK, 1.10.2022, AktG § 278 Rn. 70; *Jickeli* in MüKoHGB, 5. Aufl. 2022, § 114 Rn. 11; *Lieder* in Oetker, HGB, 7. Aufl. 2021, § 114 Rn. 8; *Priester* DStR 2007, 28 (29); *Roth* in Hopt, HGB, 41. Aufl. 2022, § 114 Rn. 3; *Schulze-Osterloh* FS Hadding, 2004, 637 (646 f.). Zum Unternehmenspachtvertrag etwa OLG Hamburg NZG 2000, 421 (422). Siehe zudem *Ulmer/Casper* in Habersack/Casper/Löbbe GmbHG, 3. Aufl. 2021, § 53 Rn. 156, 161 bei Beherrschungs- und Gewinnabführungs- sowie vergleichbaren Verträgen.

[16] So BGH NJW 1995, 596 jedenfalls bei gleichzeitiger Veräußerung der Firma. Generell dafür: *Bachmann* in BeckOGK, 1.10.2022, AktG § 278 Rn. 70; *Jickeli* in MüKoHGB, 5. Aufl. 2022, § 114 Rn. 11; *Krebs* in MüKoHGB, 5. Aufl. 2021, § 49 Rn. 25; *Merkt* in Hopt, HGB, 41. Aufl. 2022, § 49 Rn. 2; *Meyer* in BeckOK HGB, 38. Ed. 15.10.2022, § 49 Rn. 6; *Roth* in Hopt, HGB, 41. Aufl. 2022, § 114 Rn. 3; *Schubert* in Oetker, HGB, 7. Aufl. 2021, § 49 Rn. 18; *Schulze-Osterloh* FS Hadding, 2004, 637 (646).

[17] *Jickeli* in MüKoHGB, 5. Aufl. 2022, § 114 Rn. 11; *Roth* in Hopt, HGB, 41. Aufl. 2022, § 114 Rn. 3; *Schulze-Osterloh* FS Hadding, 2004, 637 (646). Vgl. auch BGH NJW 1982, 1703 (1707 f.).

[18] OLG Hamburg NZG 2000, 421 (422); *Jickeli* in MüKoHGB, 5. Aufl. 2022, § 114 Rn. 11; *Krebs* in MüKoHGB, 5. Aufl. 2021, § 49 Rn. 25; *Meyer* in BeckOK HGB, 38. Ed. 15.10.2022, § 49 Rn. 6; *Roth* in Koller/Kindler/Roth/Drüen, HGB, 9. Aufl. 2019, § 49 Rn. 2; *Roth* in Hopt, HGB, 41. Aufl. 2022, § 114 Rn. 3; *Schubert* in Oetker, HGB, 7. Aufl. 2021, § 49 Rn. 18. Vgl. auch BGH BB 1965, 1373 (1374). Siehe auch *Ulmer/Casper* in Habersack/Casper/Löbbe GmbHG, 3. Aufl. 2021, § 53 Rn. 162.

[19] RGZ 162, 370 (372 ff.); BGH NJW 1995, 596; *Jickeli* in MüKoHGB, 5. Aufl. 2022, § 114 Rn. 9; *Krebs* in MüKoHGB, 5. Aufl. 2021, § 49 Rn. 24; *Lieder* in Oetker, HGB, 7. Aufl. 2021, § 114 Rn. 8.

[20] *Jickeli* in MüKoHGB, 5. Aufl. 2022, § 114 Rn. 11; *Roth* in Hopt, HGB, 41. Aufl. 2022, § 114 Rn. 3.

[21] *Jickeli* in MüKoHGB, 5. Aufl. 2022, § 114 Rn. 11; *Roth* in Hopt, HGB, 41. Aufl. 2022, § 114 Rn. 3.

[22] *Jickeli* in MüKoHGB, 5. Aufl. 2022, § 114 Rn. 12.

III. Kritik

Würde man die vorgenannten Stimmen jeweils ernst nehmen, wäre aus der Qualifikation als Grundlagengeschäft stets abzuleiten, dass dieses in der Folge durch sämtliche Gesellschafter selbst vorzunehmen wäre. Infolgedessen könnte ein als Grundlagengeschäft zu betrachtender Vertrag nicht durch die vertretungsberechtigten Personen der Gesellschaft abgeschlossen werden, sondern es wäre zwingend erforderlich, dass die Gesellschafter selbst gegenüber dem Vertragspartner tätig werden.[23] Kommt dies bei Personengesellschaften grundsätzlich noch in Betracht, da dort das Prinzip der Selbstorganschaft gilt und deshalb mindestens einer der Gesellschafter zur Vertretung gegenüber Dritten berechtigt sein muss,[24] so dass bei Mitwirkung sämtlicher Gesellschafter die Personengesellschaft immer wirksam vertreten wird, kann diese Forderung nicht ernstlich im Rahmen der Kapitalgesellschaften erhoben werden. Bei ihnen steht den Gesellschaftern aus ihrer Stellung nämlich gerade kein Vertretungsrecht für die Gesellschaft gegenüber Dritten zu,[25] so dass die konsequent durchgehaltene Forderung, die organschaftlichen Vertreter dürften bei einem vermeintlichen Grundlagengeschäft die Gesellschaft nicht vertreten, sondern jenes müsse stets durch die Gesellschafter vorgenommen werden, dazu führen würde, dass das Geschäft insgesamt nicht abgeschlossen werden könnte. Geht es exemplarisch um den Verkauf des von einer Kapitalgesellschaft betriebenen Unternehmens, so könnte der Geschäftsführer nicht handeln, weil angeblich ein Grundlagengeschäft vorläge, während die Gesellschafter schon kraft ihrer Stellung nicht befugt sind, über Gegenstände im Eigentum der Gesellschaft zu verfügen.[26] Ein solches Verständnis wäre offensichtlich sinnlos. Es wird in Wahrheit auch von der herrschenden Meinung nicht propagiert, obgleich ihre Vertreter annehmen, Grundlagengeschäfte könnten ausschließlich von den Gesellschaftern vorgenommen werden.[27] Im Bereich des Kapitalgesellschaftsrecht wird die Frage insgesamt, soweit ersichtlich, nicht vertieft thematisiert.[28] Soweit sie angesprochen wird, wird lediglich behauptet, es bedürfe zur Vornahme derartiger Geschäfte eines zustimmenden Beschluss aller Gesellschafter.[29] Dabei gibt dies allerdings bereits mittelbar die Grundannahme, solche „Grundlagengeschäfte" könnten nur von den Gesellschaftern vorgenommen werden, auf.

---

[23] Vgl. hierzu BGH NJW 1980, 1463 (1464); *Drescher* in Ebenroth/Boujong/Joost/Strohn, HGB, 4. Aufl. 2020, § 114 Rn. 6; *Jerger/Goj* NJW 2022, 1878 (1883); *Roth* in Hopt, HGB, 41. Aufl. 2022, § 114 Rn. 3; *Stürner* in Jauernig, BGB, 18. Aufl. 2021, §§ 709–713 Rn. 6.

[24] Siehe hierzu BGH NJW 1960, 1997 (1998); NJW 1962, 738; NJW 1982, 1817; *Meier* DNotZ 2020, 246 (250); *Roth* in Hopt, HGB, 41. Aufl. 2022, § 125 Rn. 5; *Schäfer* in MüKoBGB, 8. Aufl. 2020, § 709 Rn. 5; *Schmidt/Drescher* in MüKoHGB, 5. Aufl. 2022, § 125 Rn. 6.

[25] Siehe zur GmbH etwa: *Altmeppen* in Altmeppen, GmbHG, 10. Aufl. 2021, § 35 Rn. 8; *Beurskens* in Noack/Servatius/Haas, GmbHG, 23. Aufl. 2022, § 35 Rn. 2; *Lenz* in Michalski/Heidinger/Leible/J. Schmidt, GmbHG, 3. Aufl. 2017, § 35 Rn. 7; *Stephan/Tieves* in MüKoGmbHG, 3. Aufl. 2019, § 35 Rn. 13; *Wicke* in Wicke, GmbHG, 4. Aufl. 2020, § 35 Rn. 2 ff.; *Wisskirchen/Hesser/Zoglowek* in BeckOK GmbHG, 54. Ed. 1.11.2022, § 35 Rn. 4. Siehe zur AG etwa: *Fleischer* in BeckOGK, 1.7.2022, AktG § 76 Rn. 137, § 78 Rn. 4; *Spindler* in MüKoAktG, 5. Aufl. 2019, § 78 Rn. 5.

[26] Siehe hierzu auch bereits *Meier* DNotZ 2020, 246 (255).

[27] Siehe bereits → II.

[28] So benennt *Altmeppen* in Altmeppen, GmbHG, 10. Aufl. 2021, § 35 Rn. 17 nur „Maßnahmen betr. die Grundstruktur und Organisation" der GmbH im Zusammenhang mit Grundlagengeschäften. *Wisskirchen/Hesser/Zoglowek* in BeckOK GmbHG, 54. Ed. 1.11.2022, § 35 Rn. 26 ff. behandeln insoweit lediglich „Innengeschäfte". Ähnlich auch: *Lenz* in Michalski/Heidinger/Leible/J. Schmidt, GmbHG, 3. Aufl. 2017, § 35 Rn. 35; *Oetker* in Henssler/Strohn, Gesellschaftsrecht, 5. Aufl. 2022, GmbHG § 35 Rn. 51.

[29] Siehe bspw. *Bachmann* in BeckOGK, 1.10.2022, AktG § 278 Rn. 70.

Einem Verständnis, wonach der Geschäftsführer nicht zur Vornahme solcher vermeintlicher Grundlagengeschäfte befugt wäre, ist jüngst[30] auch der BGH zu Recht in der Sache entgegengetreten. In seiner – aus anderen Gründen – viel beachteten[31] Entscheidung über die analoge Anwendung des § 179a AktG auf GmbHs verneinte der Senat nicht nur die bis dato überwiegend vertretene[32] entsprechende Anwendung der Vorschrift,[33] sondern lehnte inhaltlich auch ein der herrschenden Ansicht folgendes Verständnis des Grundlagengeschäfts ab. Der BGH geht davon aus, dass ein Handeln des Geschäftsführers ohne entsprechenden zustimmenden Beschluss lediglich eine Überschreitung der Vertretungsmacht im Innenverhältnis bedeutet und sich daher Auswirkungen auf die Wirksamkeit des gleichwohl geschlossenen Vertrages nur ergeben können, wenn die Rechtsfigur des Missbrauchs der Vertretungsmacht erfüllt sei.[34] Mittelbar verneint damit der Senat, ohne hierauf näher einzugehen, die Anwendbarkeit der Dogmatik zum Grundlagengeschäft bei der Veräußerung des gesamten Vermögens einer Kapitalgesellschaft und unterstellt vielmehr stillschweigend, dass auch zu solchen Vorgängen der Geschäftsführer grundsätzlich im Rahmen seiner organschaftlichen Stellung befugt und mithin imstande ist. In der Konsequenz bleibt zu konstatieren, dass Handlungen der *Gesellschaft,* auch wenn sie von Teilen des Schrifttums als Grundlagengeschäfte qualifiziert werden, ausschließlich von den vertretungsbefugten Organen vorgenommen werden können, so dass die Gesellschafter weder befugt sind, insoweit selbst zu handeln, noch es im Grundsatz ihrer Mitwirkung bedürfte. Für den Dritten ist deshalb im Ausgangspunkt ausschließlich die generell unbeschränkbare organschaftliche Vertretungsmacht des jeweiligen Organs maßgeblich, die lediglich im Einzelfall und aufgrund spezifischer Umstände ausnahmsweise eingeschränkt sein kann. Eine etwaige Zustimmung der Gesellschafter hat allein Relevanz für das Innenverhältnis,[35] das allerdings für sich genommen ohne Belang für den Vertragspartner ist.[36] Gleichwohl besteht für ihn die zumindest potenzielle rechtliche Unsicherheit, dass wegen der Rechtsfigur des Missbrauchs der Vertretungsmacht diese auch im Außenverhältnis eingeschränkt sein kann und somit der Vertrag unwirksam ist, obwohl er vom vertretungsberechtigten Organ geschlossen wurde.[37] Im

---

[30] Siehe hierzu BGH NJW 2019, 1512.

[31] Thematisiert insb. bei *Berkefeld* DNotZ 2020, 85; *Götze* NZG 2019, 695; *Heinze* NJW 2019, 1995; *Henne/Dittert* DStR 2019, 2371; *Keller* NJW-Spezial 2019, 271; *Meier* DNotZ 2020, 246; *Müller* NZG 2019, 807; *von Prittwitz* DStR 2019, 1265.

[32] OLG Düsseldorf, NJW-RR 2018, 361 (364f.); *Ehmann* in Grigoleit, AktG, 2013, § 179a Rn. 2; *Haberstock/Greitemann* in Hölters, AktG, 3. Aufl. 2017, § 179a Rn. 3a; *Hermanns* DNotZ 2013, 9 (11f.); *Hoffmann* in Michalski/Heidinger/Leible/J. Schmidt, GmbHG, 3. Aufl. 2017, § 53 Rn. 165; *Hüren* RNotZ 2014, 77 (81, 88); *Leitzen* NZG 2012, 491 (493f.); *Stein* in MüKoAktG, 4. Aufl. 2016, § 179a Rn. 14; *Strohn* in Henssler/Strohn, Gesellschaftsrecht, 4. Aufl. 2019, AktG § 179a Rn. 2. Gegen eine Aufgabe der Analogie auch nach der Entscheidung *Ulmer/Casper* in Habersack/Casper/Löbbe, GmbHG, 3. Aufl. 2021, § 53 Rn. 168.

[33] BGH NJW 2019, 1512 (1514ff.).

[34] BGH NJW 2019, 1512 (1517f.).

[35] BGH NJW 2019, 1512 (1517); *Meier* DNotZ 2020, 246 (256). Vgl. zudem *Berkefeld* DNotZ 2020, 85 (93); *Keller* NJW-Spezial 2019, 271; *Mack* MittBayNot 2019, 484 (493); *Müller* NZG 2019, 807 (810); *von Prittwitz* DStR 2019, 1265 (1269f.).

[36] Grundlegend RGZ 75, 299 (301); *Burgard* NZG 2022, 18; *Huber* in BeckOGK, 1.11.2021, BGB § 164 Rn. 74; *Mansel* in Jauernig, BGB, 18. Aufl. 2021, § 164 Rn. 8; *Meier* DNotZ 2020, 246 (256); *Schäfer* in BeckOK BGB, 64. Ed. 1.11.2022, § 164 Rn. 19; *Schubert* in MüKoBGB, 9. Aufl. 2021, § 164 Rn. 221ff.; *Stephan/Tieves* in MüKoGmbHG, 3. Aufl. 2019, § 35 Rn. 18; *Ulrici* in BeckOGK, 1.8.2021, BGB § 177 Rn. 89. Siehe hierzu auch *Lenz* in Michalski/Heidinger/Leible/J. Schmidt, GmbHG, 3. Aufl. 2017, § 35 Rn. 59; *Paefgen* in Habersack/Casper/Löbbe, GmbHG, 3. Aufl. 2020, § 37 Rn. 69.

[37] BGH NJW 2019, 1512 (1517). Allgemein zur Rechtsfigur und der zugrunde liegenden Situation: BGH NJW 1984, 1461 (1462); NJW 1997, 2678; NJW-RR 2018, 222 (224); NZG 2021, 239; *Klimke* in BeckOK HGB, 38. Ed. 15.10.2022, § 126 Rn. 15ff.; *Lenz* in Michalski/

Grundsatz kann aber der Dritte auf die abstrakte Definition der Vertretungsmacht durch das Gesetz vertrauen.

In der praktischen Handhabung mag dies jedoch dazu führen, dass ein vorsichtiger Dritter bei Geschäften, die potenziell der Zustimmung durch die Gesellschafter bedürfen, beim vertretungsberechtigten Organ zumindest nachfragen wird, ob die Zustimmung erteilt ist, und sich gegebenenfalls einen entsprechenden Beschluss vorlegen lassen wird, um denkbare Zweifel auszuschließen. Rechtlich verpflichtet ist der Vertragspartner hierzu jedoch nicht.[38] Ihm steht es im Grundsatz frei, sich auf die gesetzliche Vertretungsmacht zu verlassen, er muss nur reagieren, wenn ihm Anhaltspunkte für ein Überschreiten der Vertretungsmacht vorliegen.[39] Angesichts der bislang noch nicht abgeschlossenen Judikatur verbleiben aber praktische Unsicherheiten,[40] da unklar ist, ab welchem Zeitpunkt und aufgrund welcher Umstände der Vertragspartner ein entsprechendes Misstrauen entwickeln muss,[41] so dass es dennoch aus Gründen des Selbstschutzes ratsam sein kann, entsprechende Vorsichtsmaßnahmen zu ergreifen, um Streit vorzubeugen.

IV. Dogmatische Folgerungen

Dogmatisch bleibt nach den Entscheidungen des BGH[42] zunächst festzuhalten, dass es für die Frage der Veräußerung des gesamten oder nahezu gesamten Vermögens einer Gesellschaft ohne Belang ist, ob diese Gesellschaft eine Kapital- oder Personengesellschaft darstellt.[43] In beiden Fällen sind die zur Vertretung Berechtigten dazu befugt, auch derartige Geschäfte abzuschließen. Dies hat der BGH jüngst dadurch bestätigt, dass er in Abweichung von seiner früheren Rechtsprechung[44] § 179 a AktG nunmehr auch für Personengesellschaften nicht mehr zur Anwendung bringen will.[45] Dies führt dazu, dass im Falle der Einzelvertretung durch einen Gesellschafter dieser ebenfalls in der Lage ist, das gesamte Vermögen der Gesellschaft wirksam zu übertragen, soweit nicht die Grundsätze des Missbrauchs der Vertretungsmacht entgegenstehen.[46] Etwaige Bindungen an eine Zustimmung der weiteren Gesellschafter oder einen entsprechenden Beschluss wirken ausschließlich im Innenverhältnis und beeinflussen primär die Geschäftsführungsbefugnis, nicht aber auch die Vertretungs-

---

Heidinger/Leible/J. Schmidt, GmbHG, 3. Aufl. 2017, § 35 Rn. 59; *Mansel* in Jauernig, BGB, 18. Aufl. 2021, § 164 Rn. 8; *Meier* DNotZ 2020, 246 (256); *Paefgen* in Habersack/Casper/Löbbe, GmbHG, 3. Aufl. 2020, § 37 Rn. 83 ff.; *Schubert* in MüKoBGB, 9. Aufl. 2021, § 164 Rn. 225 f.; *Schubert* in Oetker, HGB, 7. Aufl. 2021, § 48 Rn. 38 ff.; *Ulrici* in BeckOGK, 1.8.2021, BGB § 177 Rn. 69; *Wisskirchen/Hesser/Zoglowek* in BeckOK GmbHG, 54. Ed. 1.11.2022, § 37 Rn. 48 ff.

[38] So die ständige Rechtsprechung: BGH NJW 1966, 1911; NJW-RR 1992, 1135 (1136); NJW 1994, 2082 (2083); NJW 1999, 2883; NJW 2011, 66 (69); BKR 2016, 375 (377); BKR 2016, 383 (385).

[39] → V. 2.

[40] Der BGH fordert „massive Verdachtsmomente", siehe etwa NJW-RR 1992, 1135 (1136); NJW 1994, 2082; NJW 1995, 250 (251); NJW 1999, 2883; NJW 2012, 1718 (1719); NJW-RR 2016, 1138 (1139). Er stellt jedoch nicht heraus, wann solche vorliegen, sondern beschränkt sich auf die Aussage, es sei eine Frage des Einzelfalls, NJW 1994, 2082.

[41] → V. 2.

[42] Der BGH spricht heute bloß noch vom „früher so genannten ‚Grundlagengeschäft'", NZG 2013, 57 (60); NJW-RR 2014, 349 (351).

[43] Siehe hierzu auch *Meier* DNotZ 2020, 246 (254 f.).

[44] BGH NJW 1995, 596.

[45] BGH NJW 2022, 1878 (1879 ff.).

[46] Für Kapitalgesellschaften: BGH NJW 2019, 1512 ff.; für Personengesellschaften: BGH NJW 2022, 1878 ff.

macht.[47] Erst wenn der Dritte erkennt, dass der Handelnde seine Befugnisse im Innenverhältnis treuwidrig überschreitet, kann dies die Möglichkeit zur wirksamen Verfügung im Rahmen des sogenannten Missbrauchs der Vertretungsmacht beeinträchtigen.[48]

Da es sich folglich ausschließlich um eine Frage des Verhältnisses der Gesellschafter untereinander handelt, bestimmen darüber, ob eine Zustimmung aller Gesellschafter erforderlich ist, allein die zwischen ihnen abgeschlossenen Verträge.[49] Infolgedessen verbietet sich eine abstrakte Beurteilung der Geschäfte, die durch die organschaftlichen Vertreter nicht in eigener Verantwortung vorgenommen werden dürfen. Diese kann nur unter Beachtung des jeweils im Einzelfall geltenden Gesellschaftsvertrags und der zwischen den Beteiligten eingegangenen weiteren Vereinbarungen vorgenommen werden.[50] Geschäfte der Gesellschaft können in der Konsequenz nicht generell dem zustimmungsfreien oder zustimmungspflichtigen Bereich zugeschrieben werden. Vor diesem Hintergrund kann ebenso nicht behauptet werden, dass die Veräußerung des gesamten oder nahezu gesamten Vermögens einer Gesellschaft stets zustimmungsbedürftig wäre.[51] Richtet sich der Zweck und der Inhalt der Gesellschaft beispielsweise gerade darauf, die in der Gesellschaft befindlichen Gegenstände abzuverkaufen, handelt es sich auch dann, wenn es das wesentliche Vermögen betrifft, um ein Geschäft, das ohne die Zustimmung der Gesellschafter durch die organschaftlichen Vertreter vorgenommen werden kann und darf.[52] Infolgedessen steht insbesondere dem Verkauf der letzten Wohnung einer Bauträgerprojektgesellschaft regelmäßig kein Hindernis im Wege,[53] da sie von vornherein darauf angelegt ist, das vollständige Objekt am Markt abzusetzen. In gleicher Weise ist für Liquidationsgesellschaften[54] oder sonstige Handelsgesellschaften zu entscheiden, wenn diese nicht über feste Produktionsmittel verfügen, die für den Fortbestand der Gesellschaft essenziell sind. Den Gesellschaftern steht insoweit bei der Gründung oder späteren Änderung des Gesellschaftsvertrags ein weiter Ermessensspielraum zur Verfügung, in dem sie grundsätzlich eigenständig Geschäfte festlegen können, die zustimmungspflichtig oder -frei sind. Angesichts der hohen Bedeutung dürfte es regelmäßig sinnvoll sein, von dieser Gelegenheit Gebrauch zu machen, um Zweifel von vornherein auszuschließen und Rechtssicherheit zu schaffen. Haben die Beteiligten bestimmte zustimmungsfreie oder zustimmungsbedürftige Geschäfte im Gesellschaftsvertrag benannt, beeinflusst dies gleichermaßen die Qualifikation im Rahmen der vermeintlichen Grundlagengeschäfte.[55] Die Gesellschafter sind mithin nicht beschränkt, auch solche Geschäfte zustimmungsfrei auszugestalten, die von der überwiegenden Ansicht derzeit als Grundlagengeschäfte qualifiziert

---

[47] Siehe hierzu auch *Mack* MittBayNot 2019, 484 (493); *Meier* DNotZ 2020, 246 (255). Vgl. auch *Meyer* GmbHR 2019, 973 (979).

[48] Vgl. BGH NJW 2022, 1878 (1881). Siehe hierzu auch *Meier* DNotZ 2020, 246 (256).

[49] Siehe hierzu auch *Meier* DNotZ 2020, 246 (254f.); *Weber* DNotZ 2018, 96 (115).

[50] *Meier* DNotZ 2020, 246 (254). Vgl. dazu auch die Ausführungen bei *Weber* DNotZ 2018, 96 (115f.).

[51] So jedoch noch RGZ 162, 370 (372ff.); BGH NJW 1995, 596.

[52] *Meier* DNotZ 2020, 246 (254f.); *Meyer* GmbHR 2019, 973 (978); *Weber* DNotZ 2018, 96 (115f.); *Zintl/Singbartl* GWR 2015, 375 (376). Siehe hierzu auch *Bredol/Natterer* ZIP 2015, 1419 (1421f.); *Dietlein/Klomfaß* NZG 2022, 339 (342); *Natterer* ZIP 2019, 1796 (1800). Vgl. zur Veräußerung eines Vereinsgrundstücks, welches das wesentliche Vereinsvermögen ausmacht, BGH NJW-RR 2013, 604; *Schwennicke* in Staudinger, BGB, 2019, § 26 Rn. 116.

[53] *Bredol/Natterer* ZIP 2015, 1419 (1421f.); *Meier* DNotZ 2020, 246 (254f.) *Natterer* ZIP 2019, 1796 (1800); *Weber* DNotZ 2018, 96 (115f.); *Zintl/Singbartl* GWR 2015, 375 (376).

[54] So auch *Weber* DNotZ 2018, 96 (115f.).

[55] Vgl. BGH NJW 1968, 398 (399); NJW 1978, 1000; *Drescher* in Ebenroth/Boujong/Joost/Strohn, HGB, 4. Aufl. 2020, § 114 Rn. 8; *Habermeier* in Staudinger, BGB, 2003, § 709 Rn. 2; *Jickeli* in MüKoHGB, 5. Aufl. 2022, § 114 Rn. 14; *Koch* in Koch, AktG, 16. Aufl. 2022, § 278 Rn. 17a; *Lenz* in Michalski/Heidinger/Leible/J. Schmidt, GmbHG, 3. Aufl. 2017, § 35 Rn. 38. Differenzierend zur Möglichkeit des Abbedingens durch die Satzung *Bachmann* in BeckOGK, 1.10.2022, AktG § 278 Rn. 71ff.

werden. Die Vertragsfreiheit verbietet es, kraft Gesetzes spezifische Geschäfte der Gesellschaft zu definieren, die stets einer Zustimmung durch alle Gesellschafter bedürfen, damit die organschaftlichen Vertreter im Innenverhältnis rechtmäßig agieren.

Diese und die Erkenntnis, dass Geschäfte der Gesellschaft nicht durch die Gesellschafter als solche vorgenommen werden können, zwingt ebenfalls zu einer terminologischen Neuausrichtung. Der Begriff des Grundlagengeschäfts bezieht sich darauf, dass es sich um solche Rechtsgeschäfte handelt, die ausschließlich von den Gesellschaftern selbst durchgeführt werden können.[56] Nur in diesem Fall werden auch in *rechtlicher* Hinsicht die Grundlagen der Gesellschaft berührt. Daher ist der Umstand, dass ein Geschäft nur von den Gesellschaftern vorgenommen werden kann, nicht *Folge* der Qualifikation als Grundlagengeschäft, sondern richtigerweise *Voraussetzung* hierfür. Grundlagengeschäfte sind mithin allein solche Geschäfte, die keine Rechtshandlungen der Gesellschaft darstellen, weil es sich um einen Vertrag zwischen den Gesellschaftern handelt.[57] In diesem Fall fehlt den organschaftlichen Vertretern der Gesellschaft von vornherein die Vertretungsmacht im Hinblick auf die Gesellschafter. Nur so lässt sich eine dogmatisch schlüssige Differenzierung erreichen, die es ermöglicht, zu erklären, ob und in welchem Umfang die Gesellschafter oder die Geschäftsführer zur Vornahme befugt sind. Dabei kommt es nicht darauf an, ob es sich um eine Kapital- oder Personengesellschaft handelt, sondern maßgeblich ist, ob ein Eigengeschäft der Gesellschafter oder eine Maßnahme der Gesellschaft betroffen ist. Angebliche Grundlagengeschäfte, die Geschäfte der Gesellschaft sind, erweisen sich deshalb bei näherer Betrachtung nicht als Grundlagen-, sondern lediglich als besondere außergewöhnliche Geschäfte.[58] Auch wenn man davon ausgeht, dass derartige Vereinbarungen in besonderer Weise zu qualifizieren und zu bezeichnen sind,[59] dürfen sie bestenfalls als *grundlegende* Geschäfte, nicht aber auch als *Grundlagen*geschäfte definiert werden. Infolgedessen können sie ausschließlich von den organschaftlichen Vertretern vorgenommen werden, während die Gesellschafter, soweit sie nicht zugleich die Stellung als organschaftlicher Vertreter einnehmen, ihrerseits von der Vornahme ausgeschlossen sind, da sie nicht befugt sind, die Gesellschaft zu vertreten. Maßgeblich ist mithin, ob an dem Geschäft in rechtlicher Hinsicht die *Gesellschafter* oder die *Gesellschaft* beteiligt sind. Nur im ersteren Fall handelt es sich um ein Grundlagengeschäft, während in der zweitgenannten Konstellation bestenfalls ein grundlegendes Geschäft gegeben ist. Bei diesem bestehen etwaige Bindungen ausschließlich im Innenverhältnis, haben aber für sich genommen keine Auswirkungen auf die Beziehung zu Dritten.[60]

Wollte man demgegenüber davon ausgehen, dass in solchen Fällen ein Grundlagengeschäft bestünde, das gleichwohl von den organschaftlichen Vertretern vorgenommen werden kann, ergäbe sich ein innerer, nicht aufzulösender Widerspruch zwischen der Grundannahme und der Lösung im Einzelfall.[61] Dies würde faktisch bedeuten, dass Grundlagengeschäfte manchmal durch Gesellschafter und manchmal durch organschaftliche Vertreter vorgenommen werden können. Derart verwendet, verlöre der Begriff aber jede Trennschärfe und könnte auch zur dogmatischen Erfassung nichts beitragen.

Die Unterteilung in Grundlagengeschäft und grundlegendes Geschäft hat wesentliche Bedeutung für die Reichweite der Vertretungsmacht des organschaftlichen Vertreters. Handelt es sich um ein „echtes" Grundlagengeschäft, verfügt der organschaftliche Vertreter über

---

[56] Vgl. auch *Weipert* in Ebenroth/Boujong/Joost/Strohn, HGB, 4. Aufl. 2020, § 164 Rn. 10.

[57] Siehe hierzu *Meier* DNotZ 2020, 246 (255). Vgl. auch *Weipert* in Ebenroth/Boujong/Joost/Strohn, HGB, 4. Aufl. 2020, § 164 Rn. 10.

[58] Siehe auch BGH NJW 2019, 1512 (1517), der ebenfalls nur von einem besonders bedeutsamen Geschäft spricht.

[59] BGH NJW 2019, 1512 (1517): „besonders bedeutsame" Geschäfte.

[60] Vgl. dazu grundlegend BGH NJW 1955, 825, NJW-RR 2008, 1484 (1485f.); NJW 2009, 293 (294); *Lieder* in Oetker, HGB, 7. Aufl. 2021, § 116 Rn. 18; *Roth* in Hopt, HGB, 41. Aufl. 2022, § 116 Rn. 7.

[61] → II.

keine originäre Vertretungsmacht für die Gesellschafter, so dass eine gleichwohl von ihm vorgenommene Rechtshandlung nur dann wirksam ist, wenn ihm entweder konkret Vollmacht durch die Gesellschafter erteilt wurde oder diese sein Handeln im Nachhinein gemäß § 184 BGB genehmigen.[62] Ist dagegen ein grundlegendes Geschäft betroffen, ist der organschaftliche Vertreter generell zur Vornahme ermächtigt, so dass der Vertrag mit einem Dritten im Allgemeinen wirksam ist. Eine Ausnahme besteht nur insoweit, als die Grundsätze des Missbrauchs der Vertretungsmacht betroffen sind,[63] da der Vertragspartner dann im Einzelfall das Überschreiten der Vertretungsmacht durch den organschaftlichen Vertreter erkennt und deshalb nicht schutzwürdig ist.[64] Insoweit handelt es sich aber um eine im konkreten Sachverhalt zu belegende Ausnahme vom Grundsatz der Unbeschränkbarkeit der organschaftlichen Vertretungsmacht, so dass hierfür insbesondere auch denjenigen, der sich auf das Fehlen der Vertretungsmacht beruft, die Beweislast trifft.[65]

Vor diesem Hintergrund ist es gleichermaßen nicht überzeugend, mit der Behauptung, es läge ein Grundlagengeschäft vor, die grundsätzlich unbegrenzte Vertretungsmacht des Prokuristen einzuschränken.[66] Wie gezeigt, handelt es sich bei Geschäften, die für die Gesellschaft vorgenommen werden, gerade nicht um Grundlagengeschäfte, sondern höchstens um grundlegende Geschäfte als Ausprägung der außergewöhnlichen Geschäfte. Zu solchen ist allerdings der Prokurist nach § 49 Abs. 1 HGB gerade berechtigt, so dass kein Anlass besteht, die Prokura insoweit einzuschränken.[67] Da es sich um ein Rechtsgeschäft der Gesellschaft handelt, sind mithin ebenso bei grundlegenden Geschäften die Rechtshandlungen des Prokuristen gegenüber Dritten für sich genommen wirksam, soweit kein Fall des Missbrauchs der Vertretungsmacht gegeben ist. Der Prokurist unterliegt mithin im Außenverhältnis denselben Schranken, denen auch ein organschaftlicher Vertreter unterworfen ist.[68] Dies ergibt sich daraus, dass der Gesetzgeber selbst die grundsätzliche Unbeschränkbarkeit der Prokura angeordnet hat, so dass sie für sämtliche Geschäfte der Gesellschaft gelten soll und deshalb in gleicher Weise grundlegende Geschäfte umfassen muss. Dass der Prokurist regelmäßig im Innenverhältnis stärkeren Einschränkungen unterworfen sein mag als der organschaftliche Vertreter, ist an sich ohne Bedeutung, da das Außenverhältnis durch das Gesetz definiert wird und das Innenverhältnis zunächst für die Vertretungsmacht ohne Bedeutung bleibt.[69]

---

[62] Vgl. BGH NJW 2022, 1878 (1881). Allgemein auch *Mansel* in Jauernig, BGB, 18. Aufl. 2021, § 177 Rn. 3 ff.; *Paefgen* in Habersack/Casper/Löbbe, GmbHG, 3. Aufl. 2020, § 35 Rn. 63; *Schäfer* in BeckOK BGB, 64. Ed. 1.11.2022, § 177 Rn. 1; *Schubert* in MüKoBGB, 9. Aufl. 2021, § 177 Rn. 1 f.

[63] So im Ergebnis auch BGH NJW 2019, 1512 (1517 f.).

[64] → V. 2.

[65] Siehe OLG Köln BeckRS 2005, 4170; *Altmeppen* in Altmeppen, GmbHG, 10. Aufl. 2021, § 37 Rn. 47. Vgl. ebenso *Servatius* in Henssler/Strohn, Gesellschaftsrecht, 5. Aufl. 2021, BGB § 714 Rn. 8.

[66] So etwa *Bärwaldt* NJW 1997, 1404; *Krebs* in MüKoHGB, 5. Aufl. 2021, § 49 Rn. 23; *Merkt* in Hopt, HGB, 41. Aufl. 2022, § 49 Rn. 2; *Roth* in Koller/Kindler/Roth/Drüen, HGB, 9. Aufl. 2019, § 49 Rn. 2; *Schubert* in Oetker, HGB, 7. Aufl. 2021, § 49 Rn. 14; *Weber* in Ebenroth/Boujong/Joost/Strohn, HGB, 4. Aufl. 2020, § 49 Rn. 11. In diese Richtung auch noch BGH NJW 1992, 975.

[67] *Roth* in Koller/Kindler/Roth/Drüen, HGB, 9. Aufl. 2019, § 49 Rn. 2; *Schubert* in Oetker, HGB, 7. Aufl. 2021, § 49 Rn. 2. Vgl. zu einer weiten Auslegung des Geschäftsbegriffs bereits BGH NJW 1960, 1852 (1853); NJW 1974, 1462 (1463).

[68] Siehe *Krebs* in MüKoHGB, 5. Aufl. 2021, § 49 Rn. 50 ff.; *Meyer* in BeckOK HGB, 38. Ed. 15.10.2022, § 49 Rn. 3 ff., 57 ff.; *Schubert* in Oetker, HGB, 7. Aufl. 2021, § 49 Rn. 13 ff.; *Weber* in Ebenroth/Boujong/Joost/Strohn, HGB, 4. Aufl. 2020, § 49 Rn. 11 ff., 22, § 50 Rn. 8 ff.

[69] *Krebs* in MüKoHGB, 5. Aufl. 2021, § 50 Rn. 1; *Meyer* in BeckOK HGB, 37. Ed. 15.7.2022, § 50 Rn. 1; *Schubert* in Oetker, HGB, 7. Aufl. 2021, § 50 Rn. 1; *Weber* in Ebenroth/Boujong/Joost/Strohn, HGB, 4. Aufl. 2020, § 50 Rn. 1. Grundsätzlich hierzu: RGZ 75, 299 (301); *Burgard* NZG 2022, 18; *Huber* in BeckOGK, 1.11.2021, BGB § 164 Rn. 74; *Lenz* in Michalski/Heidin-

Eine gewisse Relevanz wird nur insoweit erzielt, als der Prokurist die für ihn bestehenden Beschränkungen potenziell schneller überschreitet und sich daher zumindest tendenziell früher im Bereich des Missbrauchs der Vertretungsmacht befinden kann.

Denkbar ist es allerdings, dass im Zusammenhang mit einer Transaktion zugleich sowohl ein Grundlagen- als auch ein grundlegendes Geschäft abgeschlossen wird. Hierzu kommt es beispielsweise mitunter im Rahmen der Veräußerung des gesamten oder nahezu gesamten Unternehmens, das von der Gesellschaft betrieben wird. In diesem Fall ist sowohl der zustimmende Beschluss der Gesellschafter im Innenverhältnis als auch eine etwaige Änderung des Gesellschaftsvertrags ein Grundlagengeschäft, das ausschließlich durch die Gesellschafter durchgeführt werden kann. Demgegenüber ist die Veräußerung selbst ebenso wie der schuldrechtliche Vertrag, der hierzu verpflichtet, nur ein potenziell grundlegendes Geschäft, das durch die organschaftlichen Vertreter vorgenommen werden kann und muss.[70] Wird der entsprechende Beschluss oder die Satzungsänderung durch den oder die organschaftlichen Vertreter gefasst, ist dies schwebend unwirksam, soweit nicht eine spezifische Vollmacht besteht, so dass die Gültigkeit von der Genehmigung der Gesellschafter abhängig ist.[71] Dagegen sind der Verkauf und die Veräußerung, soweit es nicht zu einem Missbrauch der Vertretungsmacht kommt, grundsätzlich ohne die Zustimmung der Gesellschafter wirksam, solange sie vom organschaftlichen Vertreter oder sonstigen entsprechend bevollmächtigten Vertreter der Gesellschaft innerhalb ihrer im Außenverhältnis bestehenden Vertretungsmacht vorgenommen wurden.[72]

V. *Praktische Folgerungen*

1. *Einzelne Geschäfte*

Ausgehend von den dargestellten Grundsätzen gehören *rechtliche* Veränderungen der Struktur und der Prinzipien der Gesellschaft ohne Weiteres zu den Grundlagengeschäften. Daher ist insbesondere eine rechtliche und nicht nur faktische Modifikation des Gesellschaftsvertrags oder der Satzung ein Grundlagengeschäft,[73] weil hieran die Gesellschaft nicht beteiligt ist[74] und dieses daher ausschließlich von den Gesellschaftern vorgenommen werden kann. Eine Vertretung durch den organschaftlichen Vertreter aufgrund seiner Stellung scheidet mithin von vornherein aus. Es bedürfte vielmehr einer vorherigen Ermächtigung oder einer nachfolgenden Genehmigung. Deshalb ist jenen Vertretern zuzustimmen, welche die Erhöhung oder Herabsetzung von Beiträgen,[75] die grundlegende Veränderung der Vertretungsstruktur[76] oder der Gewinnverteilung[77] zu den Grundlagengeschäften zählen, da hierzu jeweils eine Änderung des Gesellschaftsvertrags erforderlich ist. Auch die Aufnahme von

---

ger/Leible/J. Schmidt, GmbHG, 3. Aufl. 2017, § 35 Rn. 35; *Mansel* in Jauernig, BGB, 18. Aufl. 2021, § 164 Rn. 8; *Schäfer* in BeckOK BGB, 64. Ed. 1.11.2022, § 164 Rn. 19; *Schubert* in MüKo-BGB, 9. Aufl. 2021, § 164 Rn. 221 ff.; *Stephan/Tieves* in MüKoGmbHG, 3. Aufl. 2019, § 35 Rn. 18; *Ulrici* in BeckOGK, 1.8.2021, BGB § 177 Rn. 89.

[70] Vgl. *Eschwey* MittBayNot 2018, 299 (311 f.); *Meyer* GmbHR 2019, 973 (978).

[71] Vgl. BGH NJW 2022, 1878 (1881).

[72] *Eschwey* MittBayNot 2018, 299 (311 f.). Vgl. auch *Meyer* GmbHR 2019, 973 (978).

[73] So letztlich auch OLG Stuttgart, NZG 2009, 1303 (1304); *Enzinger* in MüKoHGB, 5. Aufl. 2022, § 119 Rn. 1; *Jickeli* in MüKoHGB, 5. Aufl. 2022, § 114 Rn. 9; *Meyer* in BeckOK HGB, 38. Ed. 15.10.2022, § 49 Rn. 6; *Priester* DStR 2007, 28 (29); *Wertenbruch* NZG 2016, 1081 (1083 f.).

[74] *Schäfer* in MüKoBGB, 8. Aufl. 2020, § 709 Rn. 55.

[75] Siehe dazu die Nachweise bei → Fn. 6.

[76] Siehe dazu die Nachweise bei → Fn. 10.

[77] Siehe dazu die Nachweise bei → Fn. 12.

neuen Gesellschaftern ist regelmäßig ein Grundlagengeschäft,[78] wenn dies eine Änderung des Gesellschaftsvertrags erfordert, was insbesondere bei den Personengesellschaften der Fall ist.[79] Ebenfalls um ein Grundlagengeschäft handelt es sich, wenn bei einer Kapitalgesellschaft die Aufnahme mit einer Kapitalmaßnahme verbunden ist.[80] In diesem Fall bedarf es gleichermaßen der Anpassung des Gesellschaftsvertrags, um die Kapitalerhöhung durchführen zu können[81] und die neu gebildeten Anteile in der Folge an den neuen Gesellschafter auszugeben. Dies kann nicht durch die organschaftlichen Vertreter geschehen, so dass die Vornahme ausschließlich den Gesellschaftern vorbehalten ist. Etwas anderes gilt nur dann, wenn die Gesellschaft bereits existierende eigene Anteile hält, da die Verfügung über diese dem organschaftlichen Vertreter obliegt,[82] so dass die Abtretung kein Grundlagen-, sondern höchstens ein grundlegendes Geschäft bildet und deshalb nicht von den Gesellschaftern vorgenommen werden muss oder kann. Zu den Grundlagengeschäften zählen ferner Gesellschaftervereinbarungen, weil auch sie nur durch die Gesellschafter oder durch von ihnen konkret ermächtigte Personen abgeschlossen werden können, so dass eine Vertretung durch den organschaftlichen Vertreter nicht denkbar ist.

Demgegenüber können reine Strukturmaßnahmen, die keine rechtliche Auswirkung auf den Gesellschaftsvertrag zeitigen, lediglich grundlegende Geschäfte bilden.[83] Daher sind Umstrukturierungen innerhalb des Betriebs ebenso wenig Grundlagengeschäfte wie der Abschluss von Unternehmensverträgen,[84] da auch diese durch die organschaftlichen Vertreter vorgenommen werden müssen. Soweit im Außenverhältnis das Zustimmungserfordernis nach § 293 AktG (analog)[85] besteht, folgt die notwendige Mitwirkung der Gesellschafter

---

[78] Siehe dazu die Nachweise bei → Fn. 7.

[79] Vgl. RGZ 128, 172 (176); NJW 1988, 1321 (1322f.); BGH NJW 1998, 1225; *Klimke* in BeckOK HGB, 38. Ed. 15.10.2022, § 130 Rn. 7; *Schulte/Hushahn* in MHdB GesR II, 5. Aufl. 2019, § 34 Rn. 2.

[80] Allgemein zu Satzungsänderungen: *Altmeppen* in Altmeppen, GmbHG, 10. Aufl. 2021, § 35 Rn. 17; *Lenz* in Michalski/Heidinger/Leible/J. Schmidt, GmbHG, 3. Aufl. 2017, § 35 Rn. 35; *Oetker* in Henssler/Strohn, Gesellschaftsrecht, 5. Aufl. 2022, GmbHG § 35 Rn. 51; *Wisskirchen/Hesser/Zoglowek* in BeckOK GmbHG, 54. Ed. 1.11.2022, § 35 Rn. 30.

[81] Die Kapitalerhöhung ist stets eine Satzungsänderung: *Bayer* in MüKoAktG, 5. Aufl. 2019, § 60 Rn. 22; *Koch* in Koch, AktG, 16. Aufl. 2022, § 60 Rn. 9; *Krafka* in Krafka, Registerrecht, 11. Aufl. 2019, Teil 1 Rn. 1041; *Lenz* in Michalski/Heidinger/Leible/J. Schmidt, GmbHG, 3. Aufl. 2017, § 55 Rn. 14; *Mayer/Albrecht vom Kolke* in Hölters/Weber, AktG, 4. Aufl. 2022, § 60 Rn. 7; *Rieder* in MüKoGmbHG, 4. Aufl. 2022, § 5a Rn. 15; *Servatius* in Noack/Servatius/Haas, GmbHG, 23. Aufl. 2022, § 55 Rn. 4; *Ulmer/Casper* in Habersack/Casper/Löbbe, GmbHG, 3. Aufl. 2021, § 55 Rn. 17.

[82] So wohl auch *Altmeppen* in Altmeppen, GmbHG, 10. Aufl. 2021, § 33 Rn. 55; *Wicke* in Wicke, GmbHG, 4. Aufl. 2020, § 33 Rn. 10. Ähnlich auch *Kersting* in Noack/Servatius/Haas, GmbHG, 23. Aufl. 2022, § 33 Rn. 28, der das Außenverhältnis von der etwaigen Zustimmungspflicht grundsätzlich unberührt sieht. Wohl ebenso *Schindler* in BeckOK GmbHG, 54. Ed. 1.3.2022, § 33 Rn. 104; *Sosnitza* in Michalski/Heidinger/Leible/J. Schmidt, GmbHG, 3. Aufl. 2017, § 33 Rn. 66. Anders aber wohl *Paura* in Habersack/Casper/Löbbe, GmbHG, 3. Aufl. 2020, § 33 Rn. 91; *Roßkopf/Notz* in MüKoGmbHG, 4. Aufl. 2022, § 33 Rn. 170; wohl ebenso *Fleischer* in Henssler/Strohn, Gesellschaftsrecht, 5. Aufl. 2021, GmbHG § 33 Rn. 23; *Römermann/Passarge* in MAH GmbHR, 4. Aufl. 2018, § 14 Rn. 77.

[83] Andere Ansicht: *Jickeli* in MüKoHGB, 5. Aufl. 2022, § 114 Rn. 11; *Lieder* in Oetker, HGB, 7. Aufl. 2021, § 114 Rn. 8; *Priester* DStR 2007, 28 (29).

[84] Andere Ansicht: OLG Hamburg NZG 2000, 421 (422) zum Unternehmenspachtvertrag; *Bachmann* in BeckOGK, 1.10.2022, AktG § 278 Rn. 70; *Jickeli* in MüKoHGB, 5. Aufl. 2022, § 114 Rn. 11; *Lieder* in Oetker, HGB, 7. Aufl. 2021, § 114 Rn. 8; *Priester* DStR 2007, 28 (29); *Roth* in Hopt, HGB, 41. Aufl. 2022, § 114 Rn. 3.

[85] Eine analoge Anwendung der Vorschrift auf entsprechende Verträge einer GmbH bejahend etwa *Emmerich* in Emmerich/Habersack, Aktien- und GmbH-KonzernR, 10. Aufl. 2022, AktG § 293 Rn. 42; *Krafka* in Krafka, Registerrecht, 11. Aufl. 2019, Teil 1 Rn. 1110; *Paefgen* in Haber-

nicht aus der Qualifikation als Grundlagengeschäft, sondern aus der dort enthaltenen expliziten gesetzlichen Anordnung. Bestünde diese nicht, wäre im Außenverhältnis ein Vertrag ohne Zustimmung der Gesellschafter grundsätzlich wirksam. In der Konsequenz sind sämtliche Verfügungen über Gegenstände aus dem Vermögen der Gesellschaft gleichermaßen keine Grundlagen-, sondern bestenfalls grundlegende Geschäfte. Dabei bedeutet es keinen Unterschied, ob die Verfügung über die wesentlichen Geschäftsgrundlagen erfolgt, da auch hierdurch der Gesellschaftsvertrag *rechtlich* nicht verändert wird. Dasselbe gilt für Veräußerungen von Betriebsteilen oder deren Verpachtung. In allen Fällen kann sich ein Zustimmungserfordernis nur im Innenverhältnis ergeben, das mithin für den Dritten ausschließlich im Rahmen eines möglichen Missbrauchs der Vertretungsmacht Bedeutung hat. Soll eine stille Gesellschaft eingegangen werden, kommt es darüber hinaus nicht darauf an, ob es sich um eine typische[86] oder eine atypische handelt, da in beiden Fällen an der stillen Gesellschaft wiederum nur die Gesellschaft beteiligt ist und somit durch ihre organschaftlichen Vertreter vertreten wird.[87] Eine etwaige Mitwirkung der Gesellschafter hat wiederum allein Bedeutung im Innenverhältnis.

Treffen Grundlagen- und grundlegendes Geschäft zusammen, wie dies beispielsweise im Rahmen einer umfassenden Transaktion der Fall sein kann,[88] ist jedes Geschäft isoliert zu bewerten. Infolgedessen muss das das Außenverhältnis betreffende Geschäft, beispielsweise die Veräußerung von Gegenständen, als grundlegendes Geschäft durch die organschaftlichen Vertreter vorgenommen werden, wobei eine etwaige Mitwirkung im Innenverhältnis lediglich Relevanz im Rahmen eines möglichen Missbrauchs der Vertretungsmacht aufweist. Dagegen ist die Änderung des Gesellschaftsvertrags oder der Satzung ausschließlich Grundlagengeschäft und kann nur von den Gesellschaftern oder explizit hierzu ermächtigten Personen vorgenommen werden.

2. Missbrauch der Vertretungsmacht

Gewisse praktische Schwierigkeiten wirft allerdings die Rechtsfigur des Missbrauchs der Vertretungsmacht auf.[89] Sie ist geeignet, tatsächlich erteilte oder kraft Gesetzes bestehende Formen der Vertretungsmacht einzuschränken und daher auch im Außenverhältnis die wirk-

---

sack/Casper/Löbbe, GmbHG, 3. Aufl. 2020, § 35 Rn. 64; so wohl auch *Liebscher* in MüKo-GmbHG, 4. Aufl. 2022, Anh. § 13 Rn. 714; *Servatius* in Michalski/Heidinger/Leible/J. Schmidt, GmbHG, 3. Aufl. 2017, Systematische Darstellung 4 Rn. 35 f., 268, 338, 444 ff. Zur Heranziehung des in § 293 AktG normierten Rechtsgedankens bei der GmbH bereits BGH NJW 1989, 295 (297); NJW 1992, 505 (506 f.); NJW 1992, 1452 f.

[86] Die Aufnahme eines „typischen stillen" Gesellschafters wird verbreitet nicht als Grundlagengeschäft qualifiziert; siehe hierzu grundlegend RGZ 153, 371; BGH NJW 1971, 375 (376); *Jickeli* in MüKoHGB, 5. Aufl. 2022, § 116 Rn. 34; *Roth* in Hopt, HGB, 41. Aufl. 2022, § 126 Rn. 3; *Schmidt/Drescher* in MüKoHGB, 5. Aufl. 2022, § 126 Rn. 11.

[87] Andere Ansicht aber: *Jickeli* in MüKoHGB, 5. Aufl. 2022, § 114 Rn. 12. Differenzierend wohl auch *Hillmann* in Ebenroth/Boujong/Joost/Strohn, HGB, 4. Aufl. 2020, § 126 Rn. 11; *Schmidt/Drescher* in MüKoHGB, 5. Aufl. 2022, § 126 Rn. 11, soweit der stille Gesellschafter in vermögensrechtlicher oder organisationsrechtlicher Hinsicht Rechte wie ein Kommanditist erhält und Eingriffe in die Organisationsstruktur der Gesellschaft erfolgen.

[88] → IV.

[89] Hierzu grundlegend RGZ 75, 299 (300 f.); BGH NJW 1966, 1911; NJW 1994, 2082; *Graf von Westphalen* DStR 1993, 1562 (1563 f.); *Mansel* in Jauernig, BGB, 18. Aufl. 2021, § 164 Rn. 8; *Meier* DNotZ 2020, 246 (256); *Michalski* GmbHR 1991, 349; *Paefgen* in Habersack/Casper/Löbbe, GmbHG, 3. Aufl. 2020, § 37 Rn. 83 ff.; *Preuß* NZI 2003, 625; *Scholz* ZfPW 2019, 297 (298 f.); *Schubert* in MüKoBGB, 9. Aufl. 2021, § 164 Rn. 225 f.; *Schubert* in Oetker, HGB, 7. Aufl. 2021, § 48 Rn. 38 ff.; *Stöhr/Aufderheide* ZIP 2022, 1900; *Ulrici* in BeckOGK, 1.8.2021, BGB § 177 Rn. 69; *Vedder* JZ 2008, 1077; *Zacher* GmbHR 1994, 842.

same Stellvertretung unter konkreten, engen Voraussetzungen zu verhindern.[90] Maßgeblicher Gedanke hierbei ist, dass in spezifischen Ausnahmefällen Beschränkungen, die an sich nur im Innenverhältnis bestehen, auch gegenüber einem bösgläubigen Vertragspartner von Relevanz sein können, so dass die Vertretungsmacht gleichermaßen im Außenverhältnis begrenzt ist und daher ein im Innenverhältnis existierendes Mitwirkungserfordernis ebenfalls für die wirksame Vertretung erforderlich ist.[91] Der BGH betont in seiner Entscheidung, in der er die Differenzierung zwischen Grundlagen- und grundlegendem Geschäft zumindest faktisch anerkennt,[92] dass die Rechtsfigur im Rahmen der Beschränkung der Vertretungsmacht der organschaftlichen Vertreter bei einem grundlegenden Geschäft von Belang sein kann.[93] Dem ist vor dem Hintergrund, dass es sich um eine allgemeine Grenze jeder Vertretungsmacht handelt, zuzustimmen, begründet aber keine besonders strengen Maßstäbe für den Bereich der grundlegenden Geschäfte.[94]

Die praktische Handhabung dieser Rechtsfigur wird dadurch erschwert, dass schon ihre allgemeinen Voraussetzungen nicht abschließend bestimmt und in Literatur und Rechtsprechung umstritten sind. So ist bereits unklar, ob für den Handelnden in Bezug auf das Überschreiten seiner Vertretungsmacht ein Verschuldensvorwurf erforderlich ist, er insbesondere seine Befugnisse vorsätzlich missachten muss.[95] Dies ist richtigerweise zu verneinen.[96] Die Figur des Missbrauchs der Vertretungsmacht beruht auf der Abwägung zwischen den Interessen des Vertragspartners und denen des Vertretenen,[97] so dass es nicht darauf ankommen kann, ob der Vertreter seinerseits vorsätzlich handelt, da nur entscheidend ist, ob der *Vertragspartner* als schutzwürdig betrachtet werden muss.[98] Ist dies nicht der Fall, besteht kein Anlass, die Vertretungsmacht deshalb aufrechtzuerhalten, weil der Vertreter unvorsätzlich agiert.[99] Die Einschränkungen aufgrund des Missbrauchs der Vertretungsmacht setzen keine Kollusion voraus, so dass die subjektive Zielsetzung des Vertretenen ohne Relevanz bleibt. Eine andere Entscheidung ist auch nicht zum Schutz des Vertreters erforderlich, da seine Haftung nach § 179 Abs. 3 BGB im Verhältnis zum Vertragspartner schon dann ausscheidet, wenn

---

[90] Siehe auch RGZ 75, 299 (300f.); BGH NJW 1966, 1911; NJW 1968, 1379; NJW 1984, 1461 (1462); NJW 1988, 2241 (2243); NJW-RR 1992, 1135 (1136); NJW 1994, 2082 (2083); NJW 2006, 2776; NZG 2021, 239 (240); OLG Zweibrücken NZG 2001, 763; OLG Hamm NZG 2006, 827 (828); *Huber* in BeckOGK, 1.11.2021, BGB § 164 Rn. 86ff.; *Lenz* in Michalski/Heidinger/Leible/J. Schmidt, GmbHG, 3. Aufl. 2017, § 37 Rn. 41; *Lieder* JuS 2014, 681; *Meier* DNotZ 2020, 246 (256); *Paefgen* in Habersack/Casper/Löbbe, GmbHG, 3. Aufl. 2020, § 37 Rn. 95ff.; *Schubert* in MüKoBGB, 9. Aufl. 2021, § 164 Rn. 225f.; *Schubert* in Oetker, HGB, 7. Aufl. 2021, § 48 Rn. 38ff.; *Wisskirchen/Hesser/Zoglowek* in BeckOK GmbHG, 54. Ed. 1.11.2022, § 37 Rn. 48ff.

[91] Vgl. RGZ 145, 311 (315); BGH NJW 1968, 1379f.; NJW 1994, 2082 (2083); NJW-RR 1992, 1135 (1136); NJW 2006, 2776; NJW 2019, 1512 (1517).

[92] → III.

[93] BGH NJW 2019, 1512 (1518f.).

[94] Befürchtungen zur Entscheidung BGH NJW 2019, 1512 anführend jedoch: *Mack* MittBayNot 2019, 491 (493); *Natterer* ZIP 2019, 1796 (1801).

[95] Dafür BGH NJW 1968, 1379, wo ausdrücklich auf ein Verschulden abgestellt wurde. In BGH NJW 1990, 384 (385) wurde zumindest grobe Fahrlässigkeit gefordert.

[96] So letztlich auch BGH NJW 1984, 1461 (1462); NJW 1988, 3012 (3013); NJW 2006, 2776; NJW 2019, 1512 (1517); *Huber* in BeckOGK, 1.11.2021, BGB § 164 Rn. 89; *Lieder* JuS 2014, 681 (683f.); *Mansel* in Jauernig, BGB, 18. Aufl. 2021, § 164 Rn. 8; *Paefgen* in Habersack/Casper/Löbbe, GmbHG, 3. Aufl. 2020, § 37 Rn. 89; *Schubert* in MüKoBGB, 9. Aufl. 2021, § 164 Rn. 233.

[97] *Lieder* JuS 2014, 681 (682, 684); *Meier* DNotZ 2020, 246 (256). Vgl. auch BGH NJW-RR 2018, 222 (224); NZG 2021, 239 (240); *Schäfer* in BeckOK BGB, 64. Ed. 1.11.2022, § 167 Rn. 49.

[98] Siehe bereits *Meier* DNotZ 2020, 246 (256).

[99] Vgl. auch *Lieder* JuS 2014, 681 (682, 684).

dieser den Mangel der Vertretungsmacht kennen musste, was stets für die Anwendung der Grundsätze Voraussetzung ist.[100]

Dagegen sind auf Seiten des Vertragspartners hohe, insbesondere auch subjektive Anforderungen zu verlangen. Jedenfalls soweit er vorsätzlich handelt und somit weiß, dass der Vertreter außerhalb seiner Befugnisse auftritt, ist die Schutzwürdigkeit des Vertragspartners zu verneinen, so dass die Beschränkung im Innenverhältnis auch auf das Außenverhältnis zu erstrecken ist und damit der Hintermann nicht wirksam vertreten werden kann.[101] Anerkannt ist mittlerweile, dass es ebenfalls ausreicht, wenn sich dem Vertragspartner das Fehlen der Befugnis im Innenverhältnis aufdrängen muss.[102] Dies ist dann der Fall, wenn die Umstände für den Vertragspartner objektiv evident sind und er sich somit der Erkenntnis nicht verschließen kann.[103] Dies kann nur dann bejaht werden, wenn dem Vertragspartner zumindest grobe Fahrlässigkeit zur Last fällt.[104] Einfache Fahrlässigkeit ist demgegenüber nicht ausreichend,[105] da andernfalls die Rechtssicherheit erheblich gefährdet würde und die privatautonome Grundentscheidung des Vertretenen durch die Erteilung der Vollmacht oder die gesetzliche Wertung bei unbeschränkbaren Instituten konterkariert würde. Insbesondere kann § 276 Abs. 2 BGB nicht analog oder seinem Rechtsgedanken nach herangezogen werden,[106] da sich die Norm allein auf Pflichtwidrigkeiten bezieht, eine solche aber zwischen Vertragspartner und Vertretenem nicht gegeben ist.[107] Insoweit bietet sich jedoch eine Parallele zu den Grundsätzen der Nachforschungsobliegenheiten im Rahmen des gutgläubigen Erwerbs nach §§ 932 ff. BGB an,[108] da es in beiden Fällen um den Schutz desjenigen geht, der auf eine (vermeintlich) bestehende Rechtsposition vertraut.[109] Zwar ist zwischen beiden Konstellationen insoweit ein Unterschied gegeben, als die Vertretungsmacht für sich genommen tatsächlich besteht und damit kein originär Nichtberechtigter handelt, jedoch ergibt sich die Parallele daraus, dass das Institut gerade dazu dient, die Vertretungsmacht zu begrenzen, mithin die Nichtberechtigung zu begründen. Insoweit spielen dieselben Verkehrsschutzgesichts-

---

[100] BGH NJW 1984, 1461 (1462); NJW 2006, 2776; NJW 2019, 1512 (1517); *Lieder* JuS 2014, 681 (683); *Meier* DNotZ 2020, 246 (256 f.). Vgl. auch *Huber* in BeckOGK, 1.11.2021, BGB § 164 Rn. 89 f.; *Schubert* in MüKoBGB, 9. Aufl. 2021, § 164 Rn. 236.

[101] BGH NJW 1991, 1812 (1813); *Huber* in BeckOGK, 1.11.2021, BGB § 164 Rn. 90; *Lenz* in Michalski/Heidinger/Leible/J. Schmidt, GmbHG, 3. Aufl. 2017, § 37 Rn. 41; *Lieder* JuS 2014, 681 (682); *Meier* DNotZ 2020, 246 (257); *Schäfer* in BeckOK BGB, 64. Ed. 1.11.2022, § 167 Rn. 51 f.

[102] BGH NJW 1984, 1461 (1462); NJW 1999, 2883; NJW 2006, 2776; NJW 2019, 1512 (1517); *Huber* in BeckOGK, 1.11.2021, BGB § 164 Rn. 89 f.; *Lenz* in Michalski/Heidinger/Leible/J. Schmidt, GmbHG, 3. Aufl. 2017, § 37 Rn. 41; *Lieder* JuS 2014, 681 (683); *Schäfer* in BeckOK BGB, 64. Ed. 1.11.2022, § 167 Rn. 52; *Schubert* in MüKoBGB, 9. Aufl. 2021, § 164 Rn. 232.

[103] BGH NJW-RR 1992, 1135; NJW 1994, 2082; NJW 1995, 250 (251); NJW-RR 2008, 977 (978 f.); NJW-RR 2016, 1138; NJW 2017, 3373 (3374); NZG 2021, 239 (240); *Huber* in BeckOGK, 1.11.2021, BGB § 164 Rn. 89 f.; *Lieder* JuS 2014, 681 (683); *Paefgen* in Habersack/Casper/Löbbe, GmbHG, 3. Aufl. 2020, § 37 Rn. 91; *Schäfer* in BeckOK BGB, 64. Ed. 1.11.2022, § 167 Rn. 52.

[104] Mindestens grobe Fahrlässigkeit fordernd auch BGH NJW 1990, 384 (385); NJW-RR 2004, 247 (248).

[105] So auch *Lieder* JuS 2014, 681 (683); *Roth* in Hopt, HGB, 41. Aufl. 2022, § 126 Rn. 11; *Scheel* in MHdB GesR II, 5. Aufl. 2019, § 9 Rn. 46; *Schubert* in MüKoBGB, 9. Aufl. 2021, § 164 Rn. 229, 232. Anders noch BGH NJW 1966, 1911; NJW 1968, 1379; *Hoffmann/Bartlitz* DB 2019, 1833 (1837 f.).

[106] In diese Richtung jedoch *Hoffmann/Bartlitz* DB 2019, 1833 (1837).

[107] So bereits *Meier* DNotZ 2020, 246 (257).

[108] *Meier* DNotZ 2020, 246 (257). Grundlegend hierzu auch *Bartels* AcP 205 (2005), 687 (689 ff.).

[109] Zum gutgläubigen Erwerb nach §§ 932 ff. BGB siehe *Oechsler* in MüKoBGB, 9. Aufl. 2023, § 932 Rn. 4 ff.; *Thomale/Schüßler* ZfPW 2015, 454 (458).

punkte eine Rolle, die auch im Rahmen des gutgläubigen Erwerbs von Relevanz sind. Hierbei bestehen im Rahmen des möglichen Missbrauchs der Vertretungsmacht für den Vertragspartner bei Vorliegen entsprechender schwerwiegender Anhaltspunkte gleichermaßen Obliegenheiten zur weiteren Sachverhaltsaufklärung, insbesondere zur Rückfrage beim Vertreter.[110] Kann dieser im Nachgang die aufgetretenen Zweifel glaubhaft und nachvollziehbar zerstreuen, insbesondere durch die Vorlage entsprechender Dokumente oder den Nachweis bestimmter Tatsachen, die eine Mitwirkungs- oder Abstimmungspflicht im Innenverhältnis (vermeintlich) ausschließen, kann dem Vertragspartner kein Vorwurf grober Fahrlässigkeit mehr gemacht werden. In diesem Fall scheidet auch die Reduktion der Vertretungsmacht im Wege des Missbrauchs der Vertretungsmacht aus.

Im Detail lässt sich die Frage nach einem möglichen Missbrauch der Vertretungsmacht gleichwohl häufig nicht abstrakt beantworten. Insoweit kommt es regelmäßig auf die konkreten Umstände des Einzelfalls an, die wesentlich die Qualifikation beeinflussen.[111] Grundlage für die Annahme eines solchen Missbrauchs ist allerdings, dass der Vertragspartner die Zustimmungsbedürftigkeit im Innenverhältnis erkennt oder für ihn zumindest so klare Anhaltspunkte bestehen, dass er sich der Erkenntnis redlicherweise nicht verschließen kann.[112] Hierzu ist es erforderlich, dass der Vertragspartner um die Qualifikation als außerordentliches oder sogar grundlegendes Rechtsgeschäft für die Gesellschaft weiß, weil andernfalls für ihn kein Anhaltspunkt für eine Zustimmungsbedürftigkeit gegeben ist.[113] Existieren für den Vertragspartner keine Anhaltspunkte dafür, dass aus Sicht der Gesellschaft ein derart bedeutsames Geschäft vorliegt, kann sich für ihn auch die Notwendigkeit einer Zustimmung nicht offenbaren. Dies spielt vor allem bei Verträgen über das gesamte oder wenigstens das wesentliche Vermögen der Gesellschaft eine Rolle, so dass der Vertragspartner wissen muss, dass es sich um das (nahezu) gesamte Vermögen handelt.[114]

Des Weiteren muss der Vertragspartner sich allerdings ebenso dessen bewusst sein, dass die notwendige Mitwirkung der Gesellschafter im Innenverhältnis nicht erfolgt ist.[115] Ist daher ein Beschluss der Gesellschafter oder sogar die Zustimmung von sämtlichen nötig, muss der Vertragspartner, damit die Grundsätze zum Missbrauch der Vertretungsmacht anwendbar sind, Kenntnis davon haben, dass diese Anforderungen nicht eingehalten wurden.[116] Dabei ist zu beachten, dass regelmäßig insoweit keine Formerfordernisse bestehen, so dass der Umstand, dass der handelnde organschaftliche Vertreter keine Niederschrift über den Beschluss oder die Zustimmung vorlegen kann, die grobe Fahrlässigkeit des Vertragspartners nicht für sich begründet. Wollte man anders entscheiden, würde dies dazu führen, dass ein faktisches, vom Gesetz nicht vorgesehenes Formerfordernis etabliert würde. Fragt der Vertragspartner beim organschaftlichen Vertreter nach, ob die erforderlichen Mitwirkungen im Innenverhältnis erfolgt sind, und versichert ihm der organschaftliche Vertreter dies, ohne dass sich Zweifel an der Richtigkeit der Aussage aufdrängen müssen, darf der Vertragspartner hierauf uneingeschränkt vertrauen und handelt folglich nicht (grob) fahrlässig, wenn er

---

[110] Vgl. auch *Lieder* JuS 2014, 681 (683). Eine grundlegende Obliegenheit zur Überprüfung soll hingegen nicht bestehen, soweit keine hinreichenden Anhaltspunkte vorliegen: BGH NJW 1966, 1911; NJW-RR 1992, 1135 (1136); NJW 1994, 2082; NJW 1995, 250 (251); NJW 1999, 2883; NJW-RR 2016, 1138.

[111] Vgl. auch *Mediger* NZM 2022, 123 (126); *Scholz* ZfPW 2019, 297 (312); *Schubert* in MüKo-BGB, 9. Aufl. 2021, § 164 Rn. 234.

[112] Siehe insoweit BGH NJW-RR 1992, 1135; NJW 1994, 2082; NJW 1995, 250 (251); NJW 2017, 3373 (3374); NZG 2021, 239 (240); *Huber* in BeckOGK, 1.11.2021, BGB § 164 Rn. 89 f.; *Lieder* JuS 2014, 681 (683); *Schäfer* in BeckOK BGB, 64. Ed. 1.11.2022, § 167 Rn. 52.

[113] Vgl. BGH NJW 2019, 1512 (1517); *Natterer* ZIP 2019, 1796 (1800).

[114] BGH NJW 2019, 1512 (1517). Gegen eine weiterreichende Auslegung *Natterer* ZIP 2019, 1796 (1800 f.).

[115] BGH NJW 2019, 1512 (1518); *Natterer* ZIP 2019, 1796 (1800).

[116] Vgl. BGH NJW 2019, 1512 (1518); *Natterer* ZIP 2019, 1796 (1800).

ohne weitere Nachweise die entsprechenden Verträge schließt. In diesem Fall kann die Vertretungsmacht nicht durch Behauptung ihres Missbrauchs verneint werden. Infolgedessen ist es auch zutreffend, wenn der BGH darauf abstellt, ob dem Vertragspartner bekannt ist, dass ein maßgeblicher Gesellschafter den Abschluss des Vertrages ablehnt und daher seine Mitwirkung im Innenverhältnis verweigert.[117] Zu ergänzen ist allerdings, dass es sich um einen maßgeblichen Gesellschafter nur dann handelt, wenn dieser mit seinen Stimmen in der Lage ist, einen entsprechenden Beschluss zu verhindern und daher zumindest eine Sperrminorität für derartige Geschäfte hält.[118]

An diesen allgemeinen Kriterien für das Eingreifen der Figur hat sich auch durch die jüngere Rechtsprechung des BGH nichts geändert.[119] Aus ihr geht vielmehr hervor, dass der Senat weiterhin an der Geltung dieser Grundsätze auch im Bereich des Gesellschaftsrechts und der grundlegenden Geschäfte festhält.[120] Insbesondere führt die Betonung des Senats, dass die bloße Unkenntnis von der Verletzung der Befugnisse im Innenverhältnis als Verteidigung nicht ausreichen kann,[121] nicht zu einer Neuorientierung, da die Rechtsfigur positive Kenntnis des Überschreitens der Befugnisse beim Vertragspartner gerade nicht voraussetzt.[122] Faktisch wird eine Einschränkung der umfassenden Vertretungsmacht des organschaftlichen Vertreters dennoch kaum je gegeben sein,[123] soweit der Vertrag mit einem Dritten abgeschlossen werden soll, da es ihm an der nötigen Innensicht auf die Gesellschaft fehlt. In besonderer Weise risikobehaftet sind allerdings Geschäfte mit Gesellschaftern oder anderen Personen mit Innensicht, da diese regelmäßig Kenntnis über sämtliche Vorgänge haben werden und sich folglich auch nicht darauf berufen können, sie handelten lediglich fahrlässig.[124] Ihnen gegenüber wird in vielen Fällen eine Einschränkung durch den Missbrauch der Vertretungsmacht gegeben sein, so dass die Verträge ohne die notwendige Mitwirkung im Innenverhältnis nicht wirksam geschlossen werden können. In Bezug zu Dritten ist das Risiko dagegen gering, da diese nur dann damit rechnen müssen, dass die bestehende organschaftliche Vertretungsmacht eingeschränkt wird, wenn sich ihnen die Überschreitung der Befugnisse des Vertreters im Innenverhältnis aufdrängen muss.[125] Anlasslos müssen sie jedenfalls keine Nachforschungen anstellen und dürfen sich üblicherweise auf die Aussagen des organschaftlichen Vertreters verlassen, solange ihnen keine anderweitigen Anhaltspunkte offenbar werden.[126]

Der Schutz der Gesellschafter und der Gesellschaft wird hierdurch zwangsläufig herabgesetzt.[127] Dies erweist sich allerdings als zutreffend, da der Gesetzgeber durch die Schaffung organschaftlicher Vertretungsmacht den Rechtsverkehr schützen und das Vertrauen Dritter sichern wollte. Handelt es sich um eine gesetzlich im Umfang nicht beschränkbare Vertre-

---

[117] BGH NJW 2019, 1512 (1518).

[118] *Meier* DNotZ 2020, 246 (259).

[119] BGH NJW 2019, 1512 (1517); NJW 2022, 1878 (1881).

[120] BGH NJW 2019, 1512 (1517); NJW 2022, 1878 (1881).

[121] BGH NJW 2019, 1512 (1518).

[122] Es genügt, wenn sich dem Vertragspartner das Fehlen der Befugnis im Innenverhältnis aufdrängen muss: BGH NJW 1984, 1461 (1462); NJW 1999, 2883; NJW 2006, 2776; NJW 2019, 1512 (1517); *Huber* in BeckOGK, 1.11.2021, BGB § 164 Rn. 89f.; *Lieder* JuS 2014, 681 (683); *Schäfer* in BeckOK BGB, 64. Ed. 1.11.2022, § 167 Rn. 52; *Schubert* in MüKoBGB, 9. Aufl. 2021, § 164 Rn. 232.

[123] Siehe bereits *Meier* DNotZ 2020, 246 (259f.).

[124] Dazu bereits *Meier* DNotZ 2020, 246 (258).

[125] BGH NJW 1984, 1461 (1462); NJW 1999, 2883; NJW 2006, 2776; NJW 2019, 1512 (1517); *Huber* in BeckOGK 1.11.2021, BGB § 164 Rn. 89f.; *Lieder* JuS 2014, 681 (683), *Schäfer* in BeckOK BGB, 64. Ed. 1.11.2022, § 167 Rn. 52; *Schubert* in MüKoBGB, 9. Aufl. 2021, § 164 Rn. 232.

[126] BGH NJW 1966, 1911; NJW-RR 1992, 1135 (1136); NJW 1994, 2082; NJW 1995, 250 (251); NJW 1999, 2883; NJW-RR 2016, 1138.

[127] Krit. dazu aber *Heckschen* GWR 2022, 174.

tungsmacht, widerspräche es der legislativen Grundentscheidung, diese durch vielfältige Anerkennungen eines Missbrauchs der Vertretungsmacht und damit durch nur im Innenverhältnis bestehende und wirkende Bindungen gleichwohl zu begrenzen.[128] Beruht die Vertretungsmacht auf einer autonomen Entscheidung der Gesellschaft, ist sie von vornherein nicht schutzwürdig, da es ihr freigestanden hätte, die Befugnisse des Vertreters selbst einzuschränken. Macht sie hiervon keinen Gebrauch, liegt ein etwaiger Missbrauch grundsätzlich in ihrer Risikosphäre, so dass Dritte nur in Ausnahmefällen am Risiko beteiligt werden dürfen.[129]

VI. Schlussbetrachtung

Der Begriff des Grundlagengeschäfts erweist sich bei näherer Betrachtung als in der Literatur deutlich zu weitgehend gebraucht. Die Darstellung der meisten Autoren umfasst unter dieser Bezeichnung unterschiedslos solche Geschäfte, die allein von den Gesellschaftern vorgenommen werden können, und solche, die lediglich von zentraler Bedeutung für die Gesellschaft sind, gleichwohl aber durch die organschaftlichen Vertreter erfolgen. Um eine terminologische Differenzierung zu ermöglichen, sollte der Begriff der Grundlagengeschäfte ausschließlich auf solche Rechtshandlungen angewendet werden, die tatsächlich den Gesellschaftern exklusiv vorbehalten sind, also nur von diesen rechtlich durchgeführt werden können, mithin keine Geschäfte der Gesellschaft sind. Geschäfte, die im Tätigkeitsbereich der Gesellschaft liegen, insbesondere über deren Vermögen verfügen oder eine entsprechende Verpflichtung hierzu enthalten, sind, auch wenn sie faktisch die Grundlagen der Gesellschaft betreffen, demgegenüber besondere außergewöhnliche, mithin grundlegende Geschäfte, werden aber nicht durch die Gesellschafter vorgenommen, sondern betreffen den Aufgaben- und Handlungsbereich der organschaftlichen Vertreter. Hierzu gehören insbesondere Veräußerungsgeschäfte, selbst wenn sie das (nahezu) gesamte Vermögen der Gesellschaft umfassen. Bei derartigen Rechtshandlungen kann bestenfalls eine Beschränkung im Innenverhältnis bestehen, die allerdings grundsätzlich die Vertretungsmacht nicht berührt, sondern nur im Rahmen des Missbrauchs der Vertretungsmacht für Dritte eine Rolle spielen kann. Die Anforderungen dieser Rechtsfigur sind allerdings streng zu handhaben, so dass bei Rechtsgeschäften, an denen die Gesellschaft beteiligt ist, Dritte grundsätzlich darauf vertrauen dürfen, dass ein handelnder organschaftlicher Vertreter über eine ausreichende Rechtsmacht verfügt, um das Geschäft wirksam vorzunehmen.

---

[128] Für eine restriktive Anwendung der Grundsätze zum Missbrauch der Vertretungsmacht auch *Müller* NZG 2019, 807 (809f.).
[129] Dazu schon *Meier* DNotZ 2020, 246 (257f.)

MATTHIAS MILLER

Aufstockung und Teilrechte im Lichte der GmbH-Gesellschafterliste

I. Einleitung

Auf der Suche nach einem den Jubilar gleichermaßen ehrenden wie würdigenden Beitrag sticht seine beeindruckende Publikationsfreudigkeit zu einem bunten Strauß an gesellschaftsrechtlichen Themen heraus. *Andreas Heidinger* verfügt dabei über die Fähigkeit, sich frühzeitig mit grundlegenden und wertvollen Gedanken besonders zu neuen Regelungen und Rechtsentwicklungen einzulassen und die wissenschaftliche Diskussion so maßgeblich mitzuprägen. In jüngerer Zeit hat er sich insbesondere vertiefend mit Rechtsfragen rund um die seit dem MoMiG 2008 neu konzipierte Gesellschafterliste auseinandergesetzt. Der Jubilar hat Probleme behandelt, die heute – auch auf seine Vorarbeiten hin – allenthalben rezipiert werden, Fragestellungen beantwortet, die nur wenige erkennen und solche formuliert, zu denen bislang kaum jemand Stellung bezogen hat. Eine derartige kaum beleuchtete Thematik dreht sich um die Gestaltung und die Rechtsfolgen von Gesellschafterlisten nach einer Aufstockung von Geschäftsanteilen. Der Beitrag nimmt dies zum Anlass, die hierbei auftauchenden Problemkreise zu durchleuchten und hofft damit, das Interesse des Jubilars wecken zu können.

Aufstockungen von Geschäftsanteilen sind im Kapitalgesellschaftsrecht, insbesondere bei Kapitalerhöhungen, anerkannte Rechtsinstrumente. Das Aktienrecht lässt sie bei Kapitalerhöhungen nur spärlich zu. Dort wird wegen des Gebots der Schaffung neuer Aktien aus § 182 Abs. 1 S. 4 AktG eine Aufstockung nur bei nominellen Erhöhungen für Stückaktien nach § 207 Abs. 2 S. 2 AktG relevant. Ganz anders im hier näher zu beleuchtenden GmbH-Recht: Aufstockungen – oder wie das Gesetz sagt: Nennbetragserhöhungen (§ 57h Abs. 1 S. 1 Alt. 2 GmbHG) – sind hier ausdrücklich bei Kapitalerhöhung aus Gesellschaftsmitteln sowie ungeschrieben bei effektiven Kapitalerhöhungen anerkannt. Zusätzlich werden sog. nominelle Aufstockungen im GmbH-Recht allgemein in Erwägung gezogen, um nach einer Einziehung von Geschäftsanteilen die Konvergenz zwischen der Stammkapitalziffer und der Summe der Nennbeträge zu erreichen. Diese Festschriftbeigabe widmet sich, nachdem die drei Spielarten der „Aufstockungen" im Einzelnen in gebotener Kürze dogmatisch eingeordnet werden (→ II.), den bislang selten und im Wesentlichen vom Jubilar selbst gestellten Fragen, wie nach solchen Aufstockungen – ggf. unter Bildung von Teilrechten – Gesellschafterlisten zu gestalten sind (→ III.). Abschließend fokussiert sich das Interesse auf die Problemstellung, wie mit Aufstockungen umzugehen ist, wenn die zugrundeliegende Gesellschafterliste unrichtig war (→ IV.).

II. Grundlagen zur Aufstockung und zu Teilrechten

Die Aufstockung begegnet dem Rechtsanwender im Recht der GmbH nicht nur in den zwei „klassischen" Fällen der Stammkapitalerhöhung bei effektiver Kapitalerhöhung durch Mittelzuführung von außen (→ 1.) oder bei nomineller Kapitalerhöhung ggf. unter ergänzender Schaffung von Teilrechten (→ 2.), sondern auch drittens außerhalb von Stammkapi-

talerhöhungen bei nomineller Aufstockung nach Einziehung von Geschäftsanteilen ohne
Änderung des Stammkapitals (→ 3.).

1. Aufstockung bei effektiver Kapitalerhöhung

a) Zulässigkeit

Die effektive Kapitalerhöhung ist in den §§ 55 ff. GmbHG statuiert. Anders als bei nomi-
nellen Kapitalerhöhungen (§ 57 h Abs. 1 S. 1 Alt. 2 GmbHG) kennt der Tatbestand des § 55
GmbHG, insbesondere dessen Abs. 3 GmbHG, allerdings keine Aufstockung von Anteilen
als Spielart der Erhöhung, sondern erwähnt nur die Übernahme eines weiteren Anteils.
Ähnlich wie im Aktienrecht (§ 182 Abs. 1 S. 4 AktG) könnte man daher auch im GmbH-
Recht davon ausgehen, dass der Inferent zwingend einen weiteren Anteil erwerben müsse.
Sinn und Zweck der Anordnung des § 55 Abs. 3 GmbHG, wonach ein Altgesellschafter
einen weiteren Anteil zu erwerben habe, besteht aber darin, die Ausfallhaftung des Rechtsvorgängers nach § 22 Abs. 1 GmbHG bei nicht voll eingezahlten Anteilen zu sichern. Der
Rückgriff auf den Rechtsvorgänger soll nach einer Kaduzierung des Anteils nicht dadurch
erschwert werden, dass der Ursprungsanteil durch die Aufstockung seine Eigenständigkeit
verliert und daher durch den zahlenden Rechtsvorgänger nicht mehr nach § 22 Abs. 4
GmbHG erworben werden kann.[1] Zur Erreichung dieses Ziels müsste man den Wortlaut
des § 55 Abs. 3 GmbHG nicht derart eng fassen. Es ist heute allgemein anerkannt, den Tatbestand teleologisch zu reduzieren und die Aufstockung zuzulassen, wenn ein Rückgriff auf
einen Rechtsvorgänger als Haftungssubjekt nicht möglich ist.[2] In einem solchen Fall spricht
sogar eher das Bestreben des historischen Gesetzgebers, einer Anteilszersplitterung entgegenzuwirken, für die Zulassung einer Aufstockung.[3] Zudem hilft die Aufstockung bei einer
Kapitalerhöhung im Zuge einer Euroumstellung nach § 1 Abs. 3 S. 3 EGGmbHG iVm § 55
GmbHG, dass krumme Nennbeträge im Einklang mit § 5 Abs. 2 S. 1 GmbHG auf volle Euro
glatt gezogen werden können.[4]

---

[1] Ausdrücklich schon Entwurf GmbHG 1892 RT-Drs. 1892/660, 3715 (3754) unter Verweis
auf S. 3738, wonach auch ein ursprünglicher Anteil bei Hinzuerwerb (Abtretung/Erbfall) eines
weiteren Anteils unangetastet fortbesteht und nicht zu einem verschmilzt (Anm.: bei Schaffung
der GmbH 1892 waren mehrere Anteile in der Hand eines Gesellschafters ansonsten nicht
zugelassen); ebenso BGHZ 63, 116 = NJW 1975, 118; *Lieder* in MüKoGmbHG, 4. Aufl. 2022,
§ 55 Rn. 58; *Ulmer/Casper* in Habersack/Casper/Löbbe, GmbHG, 3. Aufl. 2021, § 55 Rn. 30;
Hermanns in Michalski/Heidinger/Leible/J. Schmidt, GmbHG, 3. Aufl. 2017, § 55 Rn. 22; *Heidinger* GmbHR 2000, 414 (415).
[2] BGHZ 63, 116 = NJW 1975, 118 (119); BGH NJW 2013, 2428 Rn. 10; BayObLG NJW-
RR 1989, 1379 (1381); KG NZG 2005, 397; OLG Celle NZG 2000, 148 (149); *Lieder* in
MüKoGmbHG, 4. Aufl. 2022, § 55 Rn. 58; *Altmeppen,* GmbHG, 10. Aufl. 2021, § 55 Rn. 47;
Wicke, GmbHG, 4. Aufl. 2020, § 55 Rn. 8; *Ulmer/Casper* in Habersack/Casper/Löbbe, GmbHG,
3. Aufl. 2021, § 55 Rn. 30; *Bayer* in Lutter/Hommelhoff, GmbHG, 20. Aufl. 2019, § 55 Rn. 17;
Schnorbus in Rowedder/Pentz, GmbHG, 7. Aufl. 2022, § 55 Rn. 15; *Priester/Tebben* in Scholz,
GmbHG, 12. Aufl. 2021, § 55 Rn. 24; *Ziemons* in BeckOK GmbHG, 54. Ed. 1.9.2022, § 55
Rn. 12.
[3] Vgl. BGHZ 63, 116 = NJW 1975, 118 (119) unter Verweis auf BT-Drs. 7/253, 179.
[4] Ausführlich *Heidinger* GmbHR 2000, 414 ff.; *Heidinger* in BeckOK GmbHG, 54. Ed
1.6.2022, EGGmbHG § 1 Rn. 24 ff.; s. a. OLG Hamm FGPrax 2011, 244; LG Bonn MittRh-
NotK 2000 124; LG Bremen MittBayNot 1999, 581; zur Möglichkeit, ausnahmsweise krumme
neue Anteile zu schaffen, die unmittelbar nach der Bildung durch den Gesellschafter zu ganzen
Anteilen zusammengelegt werden OLG Hamm GmbHR 2003, 899.

b) Voraussetzungen

Unter Zugrundelegung der Zweckrichtung des § 55 Abs. 3 GmbHG lässt die ganz hM die Aufstockung auch bei effektiven Kapitalerhöhungen in drei Fällen zu.[5] Die Aufstockung ist möglich, wenn

1. die Anteile noch von den Gründern,[6] den erstmalig im Zuge einer Kapitalerhöhung Beitretenden[7] oder jeweils deren Gesamtrechtsnachfolgern (etwa Erben) gehalten werden,
2. die Anteile voll eingezahlt sind und keine Nachschusspflichten (*arg e* § 28 Abs. 1 GmbHG) bestehen, oder
3. die Rechtsvorgänger wegen Ablaufs der Fünf-Jahres-Frist nach § 22 Abs. 3 GmbHG nicht mehr haften; die Frist beginnt dabei, wie § 22 Abs. 3 S. 2 GmbHG klarstellt, zugunsten des Vormanns mit Erwerb der Listenstellung (§ 16 Abs. 1 S. 1 GmbHG) durch den Rechtsnachfolger.

In diesen drei Fällen droht gerade keine Haftung eines Rechtsvorgängers. Da die Aufstockung eine Abweichung vom gesetzlichen Regelfall ist, muss sie im Kapitalerhöhungsbeschluss zwingend unter der Bezeichnung der konkret zu erhöhenden Anteile und der Aufstockungsbeträge angegeben werden.[8] Der Gestaltungsfreiheit sind im Übrigen kaum Grenzen gesetzt. So kann etwa auch eine Kombination zwischen Aufstockungsbeträgen und der Schaffung neuer Anteile in einem Erhöhungsbeschluss – sogar für einen Inferenten – festgesetzt werden.[9]

2. Aufstockung und Teilrechte bei nomineller Kapitalerhöhung

Bei der Kapitalerhöhung aus Gesellschaftsmitteln lässt bereits das Gesetz in § 57h Abs. 1 S. 1 GmbHG ausdrücklich beide Arten der Kapitalerhöhung zu, nämlich durch Bildung neuer Anteile oder durch Erhöhung des Nennbetrags. Grundsätzlich steht den Gesellschaftern ein Wahlrecht zu, ob sie die eine oder andere Durchführung der Erhöhung bevorzugen. Das Wahlrecht erfährt kraft Gesetzes allerdings zwei Einschränkungen. Zum einen ist die Aufstockung zwingend festzusetzen bei teileingezahlten Geschäftsanteilen (→ a)), zum anderen müssen Aufstockungsbeträge auf volle Euro lauten, weshalb „krumme" Aufstockungen idR nicht möglich sind und daher auf die Bildung neuer Anteile mit sog. Teilrechten (§ 57k GmbHG) bei dem Entstehen von Spitzenbeträgen zurückgegriffen werden muss (→ b)).

a) Teileingezahlte Geschäftsanteile (§ 57l Abs. 2 S. 2 GmbHG)

Teileingezahlte Geschäftsanteile nehmen ausweislich des § 57l Abs. 2 S. 1 GmbHG entsprechend ihrem Nennbetrag an der Erhöhung des Stammkapitals teil. Bei ihnen kann nach § 57l Abs. 2 S. 2 GmbHG die Kapitalerhöhung nur durch Erhöhung des Nennbetrags der Geschäftsanteile ausgeführt werden. Die Vorschrift dient dem Gläubigerschutz und ist zwin-

---

[5] Siehe insgesamt BGHZ 63, 116 (118) = NJW 1975, 118; BGH NJW 2013, 2428 Rn. 10; *Lieder* in MüKoGmbHG, 4. Aufl. 2022, § 55 Rn. 59; *Bayer* in Lutter/Hommelhoff, GmbHG, 20. Aufl. 2019, § 55 Rn. 17; *Hermanns* in Michalski/Heidinger/Leible/J. Schmidt, GmbHG, 3. Aufl. 2017, § 55 Rn. 22; *Priester/Tebben* in Scholz, GmbHG, 12. Aufl. 2021, § 55 Rn. 24; *Ziemons* in BeckOK GmbHG, 54. Ed. 1.9.2022, § 55 Rn. 12.

[6] So in BGHZ 63, 116 = NJW 1975, 118.

[7] *Ziemons* in BeckOK GmbHG, 54. Ed. 1.9.2022, § 55 Rn. 12.

[8] *Lieder* in MüKoGmbHG, 4. Aufl. 2022, § 55 Rn. 60; *Ulmer/Casper* in Habersack/Casper/Löbbe, GmbHG, 3. Aufl. 2021, § 55 Rn. 31.

[9] *Lieder* in MüKoGmbHG, 4. Aufl. 2022, § 55 Rn. 60; *Priester/Tebben* in Scholz, GmbHG, 12. Aufl. 2021, § 55 Rn. 25.

gend.[10] Sie soll verhindern, dass den Gläubigern trotz der Änderung des Nominalbetrags der Zugriff auf den einheitlichen Geschäftsanteil zur Verwertung im Wege der Kaduzierung nach §§ 21, 23 GmbHG unmöglich gemacht wird.[11] Wäre nämlich eine Bildung neuer Anteile hier möglich, könnten die Gläubiger nur auf den bisherigen, nicht auch auf den neu gebildeten Anteil mangels rückständiger Einlagen zugreifen und müssten naturgemäß sowohl eine mitgliedschaftliche Verwässerung als auch eine wertmäßige Minderung in Kauf nehmen.[12] Da die Gläubigerschutzfunktion nur bei teileingezahlten Anteilen aktuell wird, kann – wie § 57l Abs. 2 S. 3 GmbHG hervorhebt – eine Kombination aus Bildung neuer Anteile und Aufstockung in Betracht kommen, wenn neben den teileingezahlten Anteilen auch volleingezahlte Anteile vorhanden sind. Der Aufstockungsbetrag muss dabei stets auf volle Euro lauten, was § 57l Abs. 2 S. 4 GmbHG klarstellt, aber auch allgemein für die Erhöhung des Nennbetrags anerkannt ist (→ b)).

b) Teilrechte (§ 57k GmbHG)

aa) Aufstockung nur um volle Euro und Ausgleich von Spitzenbeträgen

Das Wahlrecht ist ferner eingeschränkt, wenn die Aufstockung nach Berechnung des Erhöhungsbetrags nicht auf volle Euro lauten würde. Denn Nennbetragserhöhungen müssen – wie sich bereits aus § 5 Abs. 2 S. 1 GmbHG ergibt und durch den schwerfällig und kryptisch formulierten § 57h Abs. 2 S. 2 GmbHG sowie die § 57l Abs. 2 S. 4 GmbHG, § 57h Abs. 1 S. 2 GmbHG regulatorisch bestätigt wird – grundsätzlich immer auf volle Eurobeträge lauten.[13] Sog. Spitzenbeträge, die nicht auf volle Euro lauten, können aber wegen der zwingenden beteiligungsproportionalen Teilnahme an der Kapitalerhöhung nach § 57j S. 1 GmbHG im Einzelfall doch entstehen. Für den Ausgleich solcher Spitzenbeträge ist lediglich die Bildung von selbständig veräußerlichen (beachte: § 15 Abs. 3 GmbHG analog) und vererblichen Teilrechten nach § 57k Abs. 1 GmbHG vorgesehen, nicht aber eine „Teilnennbetragserhöhung". Aufgrund der Selbständigkeit der Teilrechte ist es bei voll eingezahlten Anteilen nach zutreffender Ansicht aber immerhin möglich, Aufstockung und Bildung neuer Anteile so zu kombinieren, dass nur für die Spitzen neue Teilbeträge gebildet werden, im Übrigen allerdings eine Nennbetragserhöhung erfolgt.[14]

---

[10] *Ulmer/Casper* in Habersack/Casper/Löbbe, GmbHG, 3. Aufl. 2021, § 57l Rn. 6; *Rühland* in BeckOK GmbHG, 54. Ed 1.11.2022, § 57l Rn. 4; s. a. *Lieder* in MüKoGmbHG, 4. Aufl. 2022, § 57l Rn. 7.

[11] *Ulmer/Casper* in Habersack/Casper/Löbbe, GmbHG, 3. Aufl. 2021, § 57l Rn. 6; *Rühland* in BeckOK GmbHG, 52. Ed 1.6.2022, § 57l Rn. 4; *Lieder* in MüKoGmbHG, 4. Aufl. 2022, § 57l Rn. 7; *Hermanns* in Michalski/Heidinger/Leible/J. Schmidt, GmbHG, 3. Aufl. 2017, § 57l Rn. 7; *Schnorbus* in Rowedder/Pentz, GmbHG, 7. Aufl. 2022, § 57l Rn. 3.

[12] *Ulmer/Casper* in Habersack/Casper/Löbbe, GmbHG, 3. Aufl. 2021, § 57l Rn. 6; ferner *Altmeppen,* GmbHG, 10. Aufl. 2021, § 57l Rn. 3; *Hermanns* in Michalski/Heidinger/Leible/J. Schmidt, GmbHG, 3. Aufl. 2017, § 57l Rn. 7.

[13] Eine Ausnahme gilt nur bei der Aufstockung von Anteilen zur Glättung im Zuge einer Euroumstellung; hier sind denknotwendig „krumme" Erhöhungsbeträge hinzunehmen; vgl. zur Glättung mittels nomineller Erhöhung *Heidinger* in BeckOK GmbHG, 54. Ed. 1.6.2022, EGGmbHG § 1 Rn. 22; *Kallmeyer* GmbHR 1998, 963 (965f.).

[14] Wie hier *Ulmer/Casper* in Habersack/Casper/Löbbe, GmbHG, 3. Aufl. 2021, § 57k Rn. 6; *Priester/Tebben* in Scholz, GmbHG, 12. Aufl. 2021, § 57h Rn. 6f., § 57k Rn. 2; *Kleindiek* in Lutter/Hommelhoff, GmbHG, 20. Aufl. 2019, § 57h Rn. 4; *Hermanns* in Michalski/Heidinger/Leible/J. Schmidt, GmbHG, 3. Aufl. 2017, § 57h Rn. 6; *Lieder* in MüKoGmbHG, 4. Aufl. 2022, § 57h Rn. 8; *Servatius* in Noack/Servatius/Haas, GmbHG, 23. Aufl. 2022, § 57h Rn. 3; *Altmeppen,* GmbHG, 10. Aufl. 2021, § 57h Rn. 7; *Priester* GmbHR 1980, 236 (240); aA *Schnorbus* in Rowedder/Pentz, GmbHG, 7. Aufl. 2022, § 57h Rn. 10, § 57k Rn. 5; *Geßler* BB 1960, 9; *Schippel* DNotZ 1960, 353 (367f.); wohl auch aA *Meyer-Landrut* in Meyer-Landrut/Miller/Niehus, GmbHG, 1987, Anh. § 57b zu § 6 KapErhG Rn. 8.

bb) Praktische Relevanz der Teilrechte

Durch die Liberalisierung der Anteilsstückelung in § 5 Abs. 2 S. 1 GmbHG mit dem MoMiG wurde der praktische Anwendungsfall für Teilrechte nach § 57k GmbHG stark zurückgedrängt.[15] Denkbar sind solche Sachverhalte aber nach wie vor, wiewohl Teilrechte durch entsprechende betragsmäßige Gestaltung der Erhöhungsbeschlüsse häufig vermieden werden. Nehmen die Gesellschafter aber Teilrechte in Kauf, könnte ein Anwendungsfall wie folgt aussehen:[16]

Beispiel: Eine GmbH besteht mit Stammkapital von 30.000,00 EUR, an der drei Gesellschafter mit jeweils einem volleingezahlten Anteil im Nennbetrag von 10.000,00 EUR beteiligt sind. Die Kapitalerhöhung aus Gesellschaftsmitteln erfolgt um 20.000,00 EUR auf 50.000,00 EUR. Jeder Gesellschafter erhält entsprechend § 57j S. 1 GmbHG rechnerisch einen Erhöhungsbetrag von 6.666 plus ⅔ EUR. Da jeder Anteil auf volle Euro (§ 57h Abs. 1 S. 2 GmbHG) oder Teilrechte (§ 57k Abs. 1 GmbHG) lauten muss, bestehen im Grunde folgende Möglichkeiten der Erhöhung:

– Bildung von drei Anteilen im Nennbetrag von jeweils 6.666,00 EUR und drei selbständigen Teilrechten nach § 57k Abs. 1 GmbHG im Nennbetrag von jeweils ⅔ (nicht: 0,67) EUR.

– Kombination: Aufstockung der bestehenden Anteile um jeweils 6.666,00 EUR und Bildung von drei selbständigen Teilrechten nach § 57k Abs. 1 GmbHG im Nennbetrag von jeweils ⅔ (nicht: 0,67) EUR.

Im vorliegenden Beispiel zeigt sich eine in der Literatur bislang kaum angesprochene Rundungsproblematik. Wenn wie herkömmlich die Spitzenbeträge nach kaufmännischen Grundsätzen gerundet werden (hier 0,6666 … auf 0,67),[17] scheint der Gesamtnennbetrag der Teilrechte zusammengerechnet nicht 2,00 EUR zu entsprechen, sondern 2,01 EUR, was einen Verstoß gegen § 5 Abs. 2 S. 1 GmbHG bedeuten und nicht dem Kapitalerhöhungsbeschluss entsprechen könnte. Da Teilrechte mitgliedschaftliche Rechte allerdings nur vermitteln, wenn sie durch Vereinigung oder Zusammenschluss nach § 57k Abs. 2 GmbHG einem vollen Geschäftsanteil entsprechen, empfiehlt es sich, die einzelnen Teilrechte als rechnerische Größe und entgegen der Nomenklatur der Eurowährung (1 Cent als kleinste Einheit) bei Rundungsbedarf nicht zu runden, sondern korrekt in Brüchen anzugeben. Andernfalls könnte es vom Zufall abhängen, ob eine Vereinigung oder ein Zusammenschluss gelingt. An der selbständigen Veräußerlichkeit der Teilrechte nach § 57k Abs. 1, § 15 Abs. 3 GmbHG analog ändert sich durch die Ausweisung in Brüchen nichts.

cc) Rechtsnatur der Teilrechte

Die Teilrechte sind nach ihrer Rechtsnatur reale Teile eines Geschäftsanteils und nicht ideelle Bruchteile eines einheitlichen Mitgliedschaftsrechts (§§ 741 ff. BGB, § 18 GmbHG).[18]

---

[15] S. etwa *Lieder* in MüKoGmbHG, 4. Aufl. 2022, § 57k Rn. 1; *Ulmer/Casper* in Habersack/Casper/Löbbe, GmbHG, 3. Aufl. 2021, § 57k Rn. 1; *Priester/Tebben* in Scholz, GmbHG, 12. Aufl. 2021, § 57k Rn. 3.

[16] Vgl. zu Beispielen auch *Rühland* in BeckOK GmbHG, 54. Ed. 1.11.2022, § 57k Rn. 1; *Priester/Tebben* in Scholz, GmbHG, 12. Aufl. 2021, § 57k Rn. 3.

[17] So etwa geschehen in den Beispielen bei *Rühland* in BeckOK GmbHG, 54. Ed. 1.11.2022, § 57k Rn. 1; *Priester/Tebben* in Scholz, GmbHG, 12. Aufl. 2021, § 57k Rn. 3.

[18] *Ulmer/Casper* in Habersack/Casper/Löbbe, GmbHG, 3. Aufl. 2021, § 57k Rn. 4; *Schnorbus* in Rowedder/Pentz, GmbHG, 7. Aufl. 2022, § 57k Rn. 3; *Servatius* in Noack/Servatius/Haas, GmbHG, 23. Aufl. 2022, § 57k Rn. 5; *Priester/Tebben* in Scholz, GmbHG, 12. Aufl. 2021, § 57k Rn. 6; *Kleindiek* in Lutter/Hommelhoff, GmbHG, 20. Aufl. 2019, § 57k Rn. 2; *Lieder* in MüKoGmbHG, 4. Aufl. 2022, § 57k Rn. 3; *Rühland* in BeckOK GmbHG, 54. Ed. 1.11.2022, § 57k Rn. 2.

Das lässt sich aus § 57k Abs. 2 GmbHG herleiten, wonach die gemeinschaftliche Ausübung der mitgliedschaftlichen Rechte anders als bei ideellen Bruchteilen nicht bereits durch Entstehung der Teilrechte möglich wird (vgl. dort § 744 Abs. 1 BGB), sondern erst nach dem Rechtsakt des Zusammenschlusses.[19] Sämtliche Teilrechte zusammengerechnet müssen betragsmäßig einem auf volle Euro lautenden Geschäftsanteil entsprechen, freilich aber nicht einem ganz bestimmten Geschäftsanteil zugeordnet sein.[20] Hierfür spricht neben dem Wortlaut des § 57k Abs. 1 GmbHG („Teil *eines* neuen Geschäftsanteils")[21] der Umstand, dass der Gesetzgeber isolierte Teilrechte durch den Entzug von Verwaltungsrechten gemäß § 57k Abs. 2 GmbHG nicht als „Normalzustand" ansieht, sondern deren Vereinigung oder Zusammenschluss zu *einem* Anteil, der zumindest aus der Summe sämtlicher Teilrechte gebildet werden muss, zur Rechtsausübung voraussetzt. Im Übrigen muss der Gesamterhöhungsbetrag – mit Ausnahme der Erhöhung zur Glättung bei Euroumstellung – stets auf volle Euro lauten, sodass denknotwendig auch sämtliche Teilrechte rechnerisch einem auf volle Euro lautenden Geschäftsanteil entsprechen müssen.

dd) Besonderheiten bei teileingezahlten Anteilen

Anders als bei volleingezahlten Anteilen (→ II. 2. b) aa)) ist es bei teileingezahlten Geschäftsanteilen nicht möglich, die Aufstockung mit der Bildung von Teilrechten zu kombinieren.[22] Hier treten vielmehr unauflösliche Diskrepanzen auf, wenn die Kapitalerhöhung für einzelne Geschäftsanteile zu Spitzenbeträgen führen würde. Einerseits müssten nämlich wegen der Teileinzahlung die Anteile aufgestockt werden (§ 57l Abs. 2 S. 2 GmbHG), andererseits müssten wegen der Spitzenbeträge nach § 57k Abs. 1 Teilbeträge neu gebildet werden. Die Gesellschafter haben bei der Bemessung des Erhöhungsbetrags im Erhöhungsbeschluss diesen Widerspruch von Beginn an zu vermeiden, was § 57h Abs. 2 S. 2 GmbHG nochmals klarstellt. Bleibt die Abweichung im Beschluss allerdings erhalten, weil Teilrechte im Widerspruch zu § 57l Abs. 2 S. 2 GmbHG gebildet werden sollen, ist der gesamte Erhöhungsbeschluss wegen Missachtung der gläubigerschützenden Vorschrift analog § 57j S. 2 GmbHG nichtig.[23]

---

[19] *Ulmer/Casper* in Habersack/Casper/Löbbe, GmbHG, 3. Aufl. 2021, § 57k Rn. 4; *Rühland* in BeckOK GmbHG, 54. Ed 1. 11. 2022, § 57k Rn. 2.
[20] Wie hier *Servatius* in Noack/Servatius/Haas, GmbHG, 23. Aufl. 2022, § 57k Rn. 5; s. a. *Schnorbus* in Rowedder/Pentz, GmbHG, 7. Aufl. 2022, § 57k Rn. 3; *Priester/Tebben* in Scholz, GmbHG, 12. Aufl. 2021, § 57k Rn. 2; *Hermanns* in Michalski/Heidinger/Leible/J. Schmidt, GmbHG, 3. Aufl. 2017, § 57k Rn. 6; *Wicke,* GmbHG, 4. Aufl. 2020, § 57k Rn. 1; *Priester* GmbHR 1980, 236 (240); wohl auch *Ulmer/Casper* in Habersack/Casper/Löbbe, GmbHG, 3. Aufl. 2021, § 57k Rn. 4; unklar *Lieder* in MüKoGmbHG, 4. Aufl. 2022, § 57k Rn. 6.
[21] Vgl. *Priester/Tebben* in Scholz, GmbHG, 12. Aufl. 2021, § 57k Rn. 2;
[22] Statt vieler *Lieder* in MüKoGmbHG, 4. Aufl. 2022, § 57h Rn. 8.
[23] Vgl. *Ulmer/Casper* in Habersack/Casper/Löbbe, GmbHG, 3. Aufl. 2021, § 57l Rn. 10; *Hermanns* in Michalski/Heidinger/Leible/J. Schmidt, GmbHG, 3. Aufl. 2017, § 57l Rn. 8; *Kleindiek* in Lutter/Hommelhoff, GmbHG, 20. Aufl. 2019, Rn. 1; *Altmeppen,* GmbHG, 10. Aufl. 2021, § 57l Rn. 6; *Priester/Tebben* in Scholz, GmbHG, 12. Aufl. 2021, § 57l Rn. 8; ähnlich (im Zweifel Gesamtnichtigkeit nach § 139 BGB): *Servatius* in Noack/Servatius/Haas, GmbHG, 23. Aufl. 2022, § 57l Rn. 3; *Simon/Kowalski* in Gehrlein/Born, GmbHG, 5. Aufl. 2021, § 57l Rn. 8; *Gummert* in Henssler/Strohn, Gesellschaftsrecht, 5. Aufl. 2021, GmbHG § 57l Rn. 6; *Lieder* in MüKo-GmbHG, 4. Aufl. 2022, § 57l Rn. 12; aA (stets nur Teilnichtigkeit): *Ulmer* in Hachenburg, GmbHG, 8. Aufl. 1997, Anh. § 57b zu § 12 KapErhG Rn. 8.

3. Nominelle Aufstockung nach Anteilseinziehung

a) Auswirkung der Einziehung auf Stammkapital und Nennbeträge

Durch die Einziehung von GmbH-Anteilen bleibt die Stammkapitalziffer unverändert.[24] Allerdings erhöhen sich die Beteiligungsquoten der verbleibenden Gesellschafter am Stammkapital im Verhältnis ihrer bisherigen Anteile.[25] Die Nennbeträge der nicht eingezogenen Anteile ändern sich durch die Einziehung allerdings nicht.[26] Wenn also zB bei einer GmbH mit Stammkapital von 28.000,00 EUR, das von vier Gesellschaftern mit jeweils einem Anteil im Nennbetrag von 7.000,00 EUR gehalten wird, der Anteil eines Gesellschafters eingezogen wird, bleibt das Stammkapital unverändert bei 28.000,00 EUR und die Nennbeträge der drei verbliebenen Gesellschafter sind nach wie vor mit jeweils 7.000,00 EUR beziffert. Mitgliedschaftlich beteiligt sind die drei Gesellschafter nunmehr aber mit jeweils einem Drittel und nicht wie zuvor mit nur einem Viertel. Die entstehende formale Diskrepanz in Höhe von 7.000,00 EUR zwischen der Summe der Nennbeträge und der Stammkapitalziffer ist grundsätzlich hinzunehmen.[27] Eine Angleichung ist aber zu empfehlen, da insbesondere der BGH offengelassen hat, ob die bestehende und gebilligte Divergenz jedenfalls in der Zukunft beseitigt werden muss.[28] Die Gesellschafter haben es selbst in der Hand, für Konvergenz zwischen Stammkapital und Nennbeträgen zu sorgen. Das kann grundsätzlich neben der Herabsetzung des Kapitals oder der Schaffung eines neuen Anteils (Revalorisierung) durch die – hier interessierende – nominelle Aufstockung der verbleibenden Anteile erreicht werden.[29]

b) Konvergenz durch nominelle Aufstockung

Bei der nominellen Aufstockung handelt es sich weder um eine Kapitalerhöhung noch um sonst eine Satzungsänderung, sodass ein einfacher Gesellschafterbeschluss ohne Einhaltung besonderer Formerfordernisse ausreicht (§ 47 GmbHG).[30] Die vielfach unschwer mögliche Nennbetragsanpassung durch nominelle Aufstockung wird regelmäßig die erste Wahl der Gesellschafter sein. Kompliziert wird sie aber, wenn die jeweiligen Aufstockungsbeträge krumm sind, die Aufstockung also nicht durch volle Euro möglich ist. So ein Fall ist in dem

---

[24] BGHZ 9, 157 (168) = NJW 1953, 780 (782); BayObLG NJW-RR 1992, 736 (737); *Strohn* in MüKoGmbHG, 4. Aufl. 2022, § 34 Rn. 66; *Ulmer/Habersack* in Habersack/Casper/Löbbe, GmbHG, 3. Aufl. 2020, § 34 Rn. 65; *Heidinger/Blath* in Heckschen/Heidinger, GmbH-Gestaltungspraxis, 4. Aufl. 2018, Kap. 13 Rn. 312.
[25] *Strohn* in MüKoGmbHG, 4. Aufl. 2022, § 34 Rn. 66.
[26] Wie hier BGHZ 203, 303 = NJW 2015, 1385 Rn. 22 ff.; BayObLG NJW-RR 1992, 736 (737); *Strohn* in MüKoGmbHG, 4. Aufl. 2022, § 34 Rn. 68; *Ulmer/Habersack* in Habersack/Casper/Löbbe, GmbHG, 3. Aufl. 2020, § 34 Rn. 65 a; *Heidinger/Blath* in Heckschen/Heidinger, GmbH-Gestaltungspraxis, 4. Aufl. 2018, Kap. 13 Rn. 315; *Kleindiek* NZG 2015, 489 ff.; aA aber Begr. RegE zum MoMiG BT-Drs. 16/6140, 31; OLG München BeckRS 2015, 07344; LG Essen NZG 2010, 867 (868 f.); *Römermann* DB 2010, 209 f.; *Meyer* NZG 2009, 1201 (1202); krit. auch *Altmeppen,* GmbHG, 10. Aufl. 2021, § 34 Rn. 96; *Sosnitza* in Michalski/Heidinger/Leible/J. Schmidt, GmbHG, 3. Aufl. 2017, § 34 Rn. 126.
[27] Vgl. BGHZ 203, 303 = NJW 2015, 1385 Rn. 22 ff.; *Strohn* in MüKoGmbHG, 4. Aufl. 2022, § 34 Rn. 68; *Kersting* in Noack/Servatius/Haas, GmbHG, 23. Aufl. 2022, § 34 Rn. 17 a; *Kleindiek* NZG 2015, 489 (492 f.).
[28] BGHZ 203, 303 = NJW 2015, 1385 Rn. 26.
[29] Vgl. etwa *Strohn* in MüKoGmbHG, 4. Aufl. 2022, § 34 Rn. 70 f.; *Ulmer/Habersack* in Habersack/Casper/Löbbe, GmbHG, 3. Aufl. 2020, § 34 Rn. 68 ff.; *Heidinger/Blath* in Heckschen/Heidinger, GmbH-Gestaltungspraxis, 4. Aufl. 2018, Kap. 13 Rn. 318 ff.
[30] BayObLG NJW-RR 1992, 736 (737); *Strohn* in MüKoGmbHG, 4. Aufl. 2022, § 34 Rn. 71; *Ulmer/Habersack* in Habersack/Casper/Löbbe, GmbHG, 3. Aufl. 2020, § 34 Rn. 69; *Heidinger/Blath* in Heckschen/Heidinger, GmbH-Gestaltungspraxis, 4. Aufl. 2018, Kap. 13 Rn. 320.

oben beschriebenen Beispiel (→ a)) der Einziehung eines Anteils im Nennbetrag von 7.000,00 EUR bei einem Stammkapital von 28.000,00 EUR gegeben. Der exakte Aufstockungsbetrag eines jeden der drei verbleibenden Anteile beliefe sich auf 7000/3, gerundet 2.333,33 EUR.

Die krummen Aufstockungsbeträge können nach zutreffender – auch von dem Jubilar mitentwickelter –[31] Ansicht nicht durch disquotale Aufstockung behoben werden.[32] Eine solche disquotale Aufstockung würde vorliegend etwa bedeuten, dass für zwei Gesellschafter ein Aufstockungsbetrag von 2.333,00 EUR und für den letzten von 2.334,00 EUR gelten würde. Eine – wenn auch nur marginale – Verschiebung der Beteiligungsverhältnisse kann nicht durch einfachen Gesellschafterbeschluss erfolgen, auch nicht bei Einstimmigkeit, sondern würde notariell beurkundete Anteilsabtretungsverträge oder formgültige Kapitalmaßnahmen erfordern. Für die nominelle Nennbetragserhöhung kann man sich aufgrund ähnlicher Zielrichtung vielmehr an den Vorschriften zur nominellen Kapitalerhöhung, namentlich an § 57j S. 1 GmbHG orientieren. Wie dort muss auch für die nominelle Aufstockung nach einer Einziehung eine strenge Quotalität gelten.[33]

Das Problem der krummen Aufstockungsbeträge kann nach nicht gesicherten Vorschlägen in der Literatur entweder über die Schaffung von Teilrechten nach § 57k Abs. 1 GmbHG analog[34] oder durch die Kombination von nomineller Aufstockung mit effektiver Kapitalerhöhung zur Glättung der krummen Beträge[35] aufgelöst werden. Mangels ober- oder höchstgerichtlicher Bestätigung beider Wege und wegen der Ungewissheit, ob die Spezialregelungen zu den Teilrechten (§ 57k GmbHG) und zur Glättung krummer Beträge bei Euroumstellung auf die rein nominelle Aufstockung überhaupt analog übertragen werden können, ist hierbei aber Vorsicht geboten.[36] Weniger riskant wäre es, eine anteilige nominelle Aufstockung durch die verbleibenden Gesellschafter beschließen zu lassen und hinsichtlich der verbleibenden Spitzenbeträge einen neuen Anteil auf volle Euro zu bilden, an dem sämtliche Gesellschafter proportional ihrer bisherigen Beteiligung in Bruchteilsgemeinschaft nach §§ 741 ff. BGB, § 18 GmbHG beteiligt werden.[37] Es entstehen dann nämlich keine selbständigen Teilrechte (§ 57k Abs. 1 GmbHG analog), sondern es wird ein echter Geschäftsanteil mit „krummen" ideellen Bruchteilsquoten gebildet. Diese Lösung versprüht den Charme, dass sie durch einfachen Gesellschafterbeschluss unter Heranziehung der üblichen Instrumente (Bruchteilsgemeinschaft) gelingt und weniger dogmatische Anstrengungen erforderlich macht.

---

[31] *Heidinger/Blath* in Heckschen/Heidinger, GmbH-Gestaltungspraxis, 4. Aufl. 2018, Kap. 13 Rn. 345 f.

[32] Wie hier *Blath* in Herrler, Gesellschaftsrecht in der Notar- und Gestaltungspraxis, 2. Aufl. 2021, § 6 Rn. 1538; *Blath* GmbHR 2011, 1177 (1183); aA *Nolting* ZIP 2011, 1292 (1295 ff.); *Sieger/Mertens* ZIP 1996, 1493 (1498); großzügiger auch *Westermann/Seibt* in Scholz, GmbHG, 13. Aufl. 2022, § 34 Rn. 64 („im geringfügigen Umfang" auf Fortführung der bisherigen Beteiligungsverhältnisse verzichten).

[33] *Blath* in Herrler Gesellschaftsrecht in der Notar- und Gestaltungspraxis, 2. Aufl. 2021, § 6 Rn. 1538; *Heidinger/Blath* in Heckschen/Heidinger, GmbH-Gestaltungspraxis, 4. Aufl. 2018, Kap. 13 Rn. 346.

[34] *Blath* in Herrler Gesellschaftsrecht in der Notar- und Gestaltungspraxis, 2. Aufl. 2021, § 6 Rn. 1539; *Heidinger/Blath* in Heckschen/Heidinger, GmbH-Gestaltungspraxis, 4. Aufl. 2018, Kap. 13 Rn. 347 ff.

[35] *Blath* in Herrler Gesellschaftsrecht in der Notar- und Gestaltungspraxis, 2. Aufl. 2021, § 6 Rn. 1540; *Heidinger/Blath* in Heckschen/Heidinger, GmbH-Gestaltungspraxis, 4. Aufl. 2018, Kap. 13 Rn. 323.

[36] Zurückhaltend auch *Westermann/Seibt* in Scholz, GmbHG, 13. Aufl. 2022, § 34 Rn. 64.

[37] Vgl. *Strohn* in MüKoGmbHG, 4. Aufl. 2022, § 34 Rn. 71 aE; *Altmeppen,* GmbHG, 10. Aufl. 2021, § 34 Rn. 97; ähnlich *Westermann/Seibt* in Scholz, GmbHG, 13. Aufl. 2022, § 34 Rn. 52.

III. *Gestaltung der Gesellschafterlisten nach der Aufstockung*

In allen drei beschriebenen Spielarten der Aufstockung wird nach deren Wirksamwerden eine Änderung der Gesellschafterliste erforderlich. Die Gestaltung dieser Listen wurde im Schrifttum bislang nur selten näher beleuchtet, was unter Darstellung von ausgewählten Beispiellisten hier nachgeholt werden soll (→ 1. bis 3.).

1. *Gesellschafterliste nach effektiver Kapitalerhöhung*

Bei effektiven Kapitalerhöhungen ist der Notar gemäß § 40 Abs. 2 GmbHG verpflichtet, unverzüglich nach Wirksamwerden der Erhöhung eine mit Notarbescheinigung versehene geänderte Gesellschafterliste zum Handelsregister einzureichen und eine Abschrift der geänderten Liste an die Gesellschaft zu übermitteln.[38] Die Einreichungspflicht wird bei Kapitalerhöhungen mit deren Wirksamwerden, also mit Eintragung ins Handelsregister nach § 54 Abs. 3 GmbHG, ausgelöst. Sie besteht im Übrigen neben der Pflicht zur Beifügung von Übernehmerlisten durch die Anmeldenden.[39] Die Einreichung ist wegen der Rechtsfolgen des § 16 GmbHG wichtig, da Gesellschafter in Ansehung des Erhöhungsbetrags grundsätzlich erst nach Aufnahme der Liste in den Registerordner als relative Gesellschafter iSd § 16 Abs. 1 S. 1 GmbHG gelten und erst ab diesem Zeitpunkt mitgliedschaftliche Rechte geltend machen können.

Für die Gestaltung der Gesellschafterliste sind im Grunde keine Besonderheiten zu beachten. Die Liste hat die in § 40 Abs. 1 S. 1–3 GmbHG vorgesehenen Angaben zu enthalten (Name, Geburtsdatum, Nummern, Prozentzahlen etc.) und zusätzlich die formalen Anforderungen der GesLV iVm § 40 Abs. 4 GmbHG zu erfüllen.[40] Da bei einer effektiven Kapitalerhöhung durch Aufstockung der Nennbeträge keine neuen Anteile gebildet werden, sind grundsätzlich keine neuen Nummern einzuführen.[41] Auch eine Änderung der bisherigen Nummern ist wegen § 1 Abs. 2 S. 2 GesLV nicht zulässig. Stattdessen wird unter der bisherigen laufenden Nummer des aufgestockten Anteils der neue Nennbetrag angegeben. In der Veränderungsspalte sollte zusätzlich nach § 2 Abs. 3 Nr. 5 GesLV die Aufstockung der Geschäftsanteile vermerkt werden (zB: „Aufstockung des Nennbetrags durch Kapitalerhöhung"). Die Angabe der Höhe des Aufstockungsbetrags ist in der Veränderungsspalte dagegen weder erforderlich noch zweckmäßig. Er ergibt sich bereits aus dem zum Register eingereichten Erhöhungsbeschluss sowie aus der Übernehmerliste (§ 57 Abs. 3 Nr. 2 GmbHG) und zusätzlich – im Regelfall – aus einem Vergleich der neu eingereichten Liste mit der Vorgängerliste.

2. *Gesellschafterliste nach nomineller Kapitalerhöhung*

a) *Allgemeines*

Ebenso wie bei der ordentlichen Kapitalerhöhung ist auch bei nominellen Kapitalerhöhungen nach §§ 57 c ff. GmbHG der den Erhöhungsbeschluss beurkundende Notar zur Einreichung der geänderten Gesellschafterliste nach § 40 Abs. 2 S. 1 GmbHG zuständig.[42] Die

---

[38] Heute allgM OLG München DNotZ 2011, 63; *Heidinger* in MüKoGmbHG, 3. Aufl. 2019, § 40 Rn. 229; *Heidinger* in Heckschen/Heidinger, GmbH-Gestaltungspraxis, 4. Aufl. 2018, Kap. 13 Rn. 542; *Berninger* DStR 2010, 1292 (1294); *Harbarth* ZIP 2008, 57 (59); *Bayer* in Lutter/Hommelhoff, GmbHG, 20. Aufl. 2019, § 40 Rn. 55; *Wicke*, GmbHG, 4. Aufl. 2020, § 40 Rn. 13; aA noch *Bohrer* DStR 2010, 1892 (1895).

[39] *Heidinger* in MüKoGmbHG, 3. Aufl. 2019, § 40 Rn. 100.

[40] Allg. zu den Vorgaben der GesLV etwa *Frank/Schaub* DStR 2018, 1822 ff.; *Miller* NJW 2018, 2518 ff.; *Szalai* GWR 2018, 250 ff.

[41] BR-Drs. 105/18, 7; *Szalai* GWR 2018, 250 (254).

[42] Vgl. *Krafka*, Registerrecht, 11. Aufl. 2019, Rn. 1060.

Einreichungspflicht aktiviert sich auch hier mit Eintragung der Kapitalerhöhung ins Handelsregister (§ 54 Abs. 3 GmbHG). Der Notar hat die Gesellschafterliste nach der Aufstockung grundsätzlich wie bei der effektiven Kapitalerhöhung zu gestalten, insbesondere unter Beibehaltung der vorhandenen Nummern die Aufstockung der Nennbeträge in der Veränderungsspalte nach § 2 Abs. 3 Nr. 5 GesLV zu vermerken (→ III. 1.).

b) Besonderheiten bei Teilrechten (§ 57k GmbHG)

aa) Ausgangslage

Aufmerksamkeit ist bei der Listenerstellung geboten, wenn die Kapitalerhöhung aus Gesellschaftsmitteln durch Nennbetragserhöhung erfolgen soll, die bestehenden Geschäftsanteile wegen § 57j S. 1 GmbHG aber nicht auf volle Euro aufgestockt werden können. Ein entsprechender Beispielsfall (Stammkapital 30.000,00 EUR bestehend aus drei Anteilen je 10.000,00 EUR; Erhöhung durch Aufstockung um 20.000,00 EUR) wurde oben vorgestellt (→ II. 2. b) bb)). Hier kann die Aufstockung anteilig erfolgen, während die Spitzenbeträge durch Teilrechte nach § 57k Abs. 1 ausgeglichen werden.

bb) Teilrechte in der Gesellschafterliste

Sofern die Kapitalerhöhung die anteilige Aufstockung der Nennbeträge betrifft, kann die geänderte Gesellschafterliste unproblematisch gestaltet werden. Es gilt das oben zu a) Gesagte. Unter Beibehaltung der Nummern sind also die Nennbeträge zu erhöhen und die Aufstockung ist in der Liste zu vermerken.

Schwieriger ist die Gestaltung der Gesellschafterliste in Ansehung der Teilrechte nach § 57k Abs. 1 GmbHG, die zur Ausgleichung der Spitzenbeträge gewährt werden müssen. Erstaunlicherweise verhält sich die Literatur zur Kenntlichmachung von Teilrechten in Gesellschafterlisten kaum. Der Jubilar ist aber einer der Wenigen, der die Problemstellung nicht nur erkannt, sondern auch mit einem ansprechenden Lösungsvorschlag zu Papier gebracht hat.[43]

Da die Teilrechte reale Teile eines Geschäftsanteils und selbständig veräußerlich und vererblich nach § 57k Abs. 1 GmbHG sind (→ II. 2. b)), liegt es nahe, sie für die Darstellung als eigenständige „Geschäftsanteile" in die Gesellschafterliste aufzunehmen.[44] Jedes neu geschaffene Teilrecht bekommt nach § 1 Abs. 3 S. 1 GesLV analog daher eine eigene fortlaufende Nummer.[45] Anstelle eines auf volle Euro lautenden Nennbetrags ist die rechnerische Beteiligungshöhe anzugeben. Ein Hinweis „Teilrecht" bietet sich hier zur Klarstellung an. Zudem sind Prozentangaben nach § 40 Abs. 1 S. 1 GmbHG analog erforderlich, die allerdings idR mit der Angabe „< 1" gemäß § 4 Abs. 4 GesLV analog vermerkt werden können.[46] In der Veränderungsspalte sollte zudem der Hinweis nach § 2 Abs. 3 Nr. 4 GesLV analog erfolgen, dass das Teilrecht durch Kapitalerhöhung neu gebildet wurde. Der explizite Hinweis auf das Teilrecht erleichtert es dem Rechtsverkehr, zu erkennen, dass aus diesen jeweiligen Teilrechten wegen § 57k Abs. 2 GmbHG keine mitgliedschaftlichen Rechte ausgeübt werden können. Die Legitimationswirkung des § 16 Abs. 1 S. 1 GmbHG erstreckt sich durch die Aufnahme der Teilrechte aber nicht auf diese, unabhängig davon, ob der Zusatzvermerk „Teilrecht" in die Liste eingetragen wird oder nicht. Sie gewährt nämlich ungeachtet des Listeninhalts für bloße Teilrechte, die weder vereinigt noch zusammengeschlossen sind, keine

---

[43] *Heidinger* in MüKoGmbHG, 3. Aufl. 2019, § 40 Rn. 34; s. a. *Blath* in Herrler Gesellschaftsrecht in der Notar- und Gestaltungspraxis, 2. Aufl. 2021, § 6 Rn. 761.

[44] *Heidinger* in MüKoGmbHG, 3. Aufl. 2019, § 40 Rn. 34.

[45] Vgl. *Heidinger* in MüKoGmbHG, 3. Aufl. 2019, § 40 Rn. 34; *Blath* in Herrler Gesellschaftsrecht in der Notar- und Gestaltungspraxis, 2. Aufl. 2021, § 6 Rn. 761.

[46] *Heidinger* in MüKoGmbHG, 3. Aufl. 2019, § 40 Rn. 34; s. a. *Blath* in Herrler Gesellschaftsrecht in der Notar- und Gestaltungspraxis, 2. Aufl. 2021, § 6 Rn. 761.

Befugnis mitgliedschaftliche Rechte auszuüben. Der Tatbestand des § 16 Abs. 1 S. 1 GmbHG kann nicht Sachverhalte unwiderleglich vermuten, die rechtlich durch § 57k Abs. 2 GmbHG ausgeschlossen sind.

Eine Gesellschafterliste nach einer Aufstockung mit Gewährung von Teilrechten zur Ausgleichung der Spitzenbeträgen könnte wie folgt aussehen, wobei die Summe der Prozentangaben nach § 4 Abs. 3 GesLV nicht 100 Prozent ergeben braucht. (Liste konzipiert in Anlehnung an die zweite Alternative [Aufstockung und Gewährung von Teilrechten] im obigen Beispielsfall → II. 2. b) bb)):

Lfd. Nr.	Gesell-schafter	Nennbetrag des Anteils in EUR	Beteiligung jedes Geschäfts-anteils am Stammkapital in Prozent	Gesamt-beteiligung am Stammkapital in Prozent	Veränderungsspalte
1		16.666,00	33,33		Aufstockung des Nenn-betrags durch Kapital-erhöhung
	A, …			33,33	
4		⅔ (Teilrecht)	< 1		Bildung eines Teilrechts durch Kapitalerhöhung
2		16.666,00	33,33		Aufstockung des Nenn-betrags durch Kapital-erhöhung
	B, …			33,33	
5		⅔ (Teilrecht)	< 1		Bildung eines Teilrechts durch Kapitalerhöhung
3		16.666,00	33,33		Aufstockung des Nenn-betrags durch Kapital-erhöhung
	C, …			33,33	
6		⅔ (Teilrecht)	< 1		Bildung eines Teilrechts durch Kapitalerhöhung
GESAMT		**50.000,00 EUR**		**100 Prozent**	

(Ort, Datum und Unterschrift des Notars mit Notarbescheinigung)

cc) Gesellschafterliste nach Vereinigung von Teilrechten

Die Rechte aus einem neuen Geschäftsanteil können nach § 57k Abs. 2 GmbHG ausgeübt werden, wenn mehrere Teilrechte, die zusammen einen vollen Geschäftsanteil ergeben, in einer Hand vereinigt sind oder sich mehrere Berechtigte von Teilrechten zur Ausübung eines Geschäftsanteils zusammenschließen. Hier interessiert zunächst die Vereinigung der Teilrechte in einer Hand nach § 57k Abs. 2 Alt. 1 GmbHG. Sie ist denkbar, wenn einem Inhaber eines Teilrechts es gelingt, andere Teilrechte durch Abtretung, Erbnachfolge oder Umwandlungsvorgänge zu erwerben. Die Gesamtheit der Teilrechte muss dabei zusammen mindestens einen vollen Geschäftsanteil ergeben. Dogmatisch betrachtet verschmelzen die einzelnen bislang selbständigen Teilrechte unter Verlust ihrer Selbständigkeit durch die Vereinigung in einer Hand zu einem einheitlichen vollen Geschäftsanteil.[47] Diese Vereinigung erfolgt *ipso iure* durch den Anteilsübergang (zB mittels Abtretung), bedarf also keiner zusätzlichen „Vereinigungserklärung".[48]

---

[47] *Ulmer/Casper* in Habersack/Casper/Löbbe, GmbHG, 3. Aufl. 2021, § 57k Rn. 9; *Lieder* in MüKoGmbHG, 4. Aufl. 2022, § 57k Rn. 10.

[48] *Blath* in Herrler Gesellschaftsrecht in der Notar- und Gestaltungspraxis, 2. Aufl. 2021, § 6 Rn. 761 (kein „Zusammenlegungsbeschluss" erforderlich); *Hermanns* in Michalski/Heidinger/Leible/J. Schmidt, GmbHG, 3. Aufl. 2017, § 57k Rn. 11.

Aus dem neuen Geschäftsanteil kann der Gesellschafter erst nach Vermerk der Vereinigung und Neubildung des Geschäftsanteils in der Gesellschafterliste Rechte geltend machen.[49] Die Legitimationswirkung nach § 16 Abs. 1 S. 1 GmbHG erstreckt sich insoweit auch auf die Vereinigung. Denn ohne die Vereinigung ist die Inhaberschaft von Teilrechten kraft Gesetzes unvollständig, da sie noch keine Rechtsausübung vermittelt. Im umgekehrten Fall ist daher die Ausübung der Rechte kraft Listenlegitimation auch möglich, wenn die Vereinigung fälschlicherweise in der Liste eingetragen ist. Da durch die Vereinigung ein neuer Anteil geschaffen wird, ist für diesen in der Gesellschafterliste eine neue fortlaufende Nummer nach § 1 Abs. 3 S. 1 GesLV analog zu vergeben. Die Nummern, die den Teilrechten zugeordnet waren, erscheinen demgegenüber in der geänderten Liste nicht mehr, sondern fallen ersatzlos weg. In der Veränderungsspalte sollte zudem die Entstehung des Anteils durch Abtretung der Teilrechte nach § 2 Abs. 3 Nr. 7 GesLV analog vermerkt werden.

Die geänderte Gesellschafterliste hat bei einer Vereinigung im Wege der Abtretung der Teilrechte der beurkundende Notar nach § 40 Abs. 2 S. 1 GmbHG zu erstellen und einzureichen. Besteht die Vereinigung demgegenüber auf einem Hinzuerwerb der Teilrechte durch Erbschaft, sind die Geschäftsführer nach § 40 Abs. 1 S. 1 GmbHG zur Listenänderung verpflichtet.

In Weiterführung des oben genannten Sachverhalts (→ II. 2. b) bb)) und der zuvor dargestellten Gesellschafterliste (→ III. 2. b) bb)) könnte eine Gesellschafterliste nach Abtretung sämtlicher Teilrechte von den Gesellschaftern B und C an den Gesellschafter A wie folgt aussehen (in der Beispielliste werden die Eintragungen in der Veränderungsspalte der Vorgängerliste in der neuen Liste der Übersichtlichkeit wegen nicht fortgeführt)[50]:

Lfd. Nr.	Gesell- schafter	Nennbetrag des Anteils in EUR	Beteiligung jedes Geschäfts- anteils am Stammkapital in Prozent	Gesamt- beteiligung am Stammkapital in Prozent	Veränderungsspalte
1	A, …	16.666,00	33,33	33,34	
7		2,00	< 1		Abtretung und Vereini- gung von Teilrechten
2	B, …	16.666,00	33,33	33,33	
3	C, …	16.666,00	33,33	33,33	
GESAMT		50.000,00 EUR		100 Prozent	

(Ort, Datum und Unterschrift des Notars mit Notarbescheinigung)

dd) Gesellschafterliste nach Zusammenschluss der Berechtigten

Anders als bei der Vereinigung verschmelzen die Teilrechte bei dem Zusammenschluss nach § 57k Abs. 2 Alt. 2 GmbHG nicht in einer Person, sondern bleiben als selbständige reale Teilrechte bestehen. Insbesondere entstehen durch den Zusammenschluss keine ideellen Bruchteile (§§ 741 ff. BGB). Der Zusammenschluss löst, wenn die Teilrechte zusammen einen vollen Geschäftsanteil ergeben, aber die Befugnis zur Ausübung mitgliedschaftlicher

---

[49] Vgl. *Rühland* in BeckOK GmbHG, 54. Ed. 1.11.2022, § 57k Rn. 10; *Servatius* in Noack/Servatius/Haas, GmbHG, 23. Aufl. 2022, § 57k Rn. 7.

[50] Die Fortführung der Eintragungen in der Veränderungsspalte aus der Vorgängerliste in der neuen Liste wäre grundsätzlich aber möglich, vgl. *Miller* NJW 2018, 2518 (2521); strenger (zwingende Fortführung) *Heidinger* in Heckschen/Heidinger, GmbH-Gestaltungspraxis, 4. Aufl. 2018, Kap. 13 Rn. 415; aA (zwingende Listenleerung) *Czipuka* GmbHR 2018, R180 (R182).

Rechte aus. Rechtstechnisch ist der Zusammenschluss als Abschluss eines BGB-Gesellschaftsvertrags nach §§ 705 ff. BGB zu begreifen.[51] Der Zusammenschluss erfolgt zu dem Zweck, mitgliedschaftliche Rechte auszuüben, wie es in § 57k Abs. 2 Alt. 2 GmbHG gefordert wird („*zur* Ausübung der Rechte zusammenschließen"). Die GbR ist dabei als nichtrechtsfähige Innen-Gesellschaft aufzufassen, während gegenüber der GmbH die Befugnis zur Ausübung der Rechte aus § 18 GmbHG folgt.[52] Die Rechtsmacht zu dem Zusammenschluss haben die „Berechtigten". Aufgrund der mitgliedschaftlichen Angelegenheit der Maßnahme sind „Berechtigte" iSd § 57k Abs. 2 GmbHG die Listengesellschafter.

Neben diesem klassischen Fall der Zusammenschließung wäre es auch möglich, dass die Inhaber der Teilrechte eine Außen-GbR gründen und an diese sämtliche Teilrechte abtreten. Hierin ist allerdings keine Zusammenschließung iSd § 57k Abs. 2 Alt. 2 GmbHG zu sehen, sondern eine Vereinigung sämtlicher Teilrechte in der Hand eines Gesellschafters, nämlich der Außen-GbR.[53] Es gelten die Grundsätze zur Vereinigung (→ III. 2. b) cc)).

Bei der echten Zusammenschließung nach § 57k Abs. 2 GmbHG ist – wie bei der Vereinigung – für die Ausübung der Rechte erforderlich, dass die Zusammenschließung in der Gesellschafterliste nachvollzogen wird.[54] Nur dann gilt die Legitimationswirkung des § 16 Abs. 1 S. 1 GmbHG.[55] Da sich die Rechte aus einem einheitlichen, auf volle Euro lautenden Anteil ergeben, ist entsprechend § 18 GmbHG dieser Anteil in der Liste auch als ein Geschäftsanteil zu behandeln.[56] Er erhält eine eigene fortlaufende Nummer nach § 1 Abs. 3 S. 1 GesLV analog und Prozentangaben.[57] Die Nummern, die den Teilrechten zugeordnet waren, fallen dagegen – wie iRd Vereinigung – ersatzlos weg. In der Veränderungsspalte sollte die Zusammenschließung nach § 2 Abs. 3 Nr. 2 GesLV analog vermerkt werden.

Die Gesellschafterliste ist hierbei von den Geschäftsführern gemäß § 40 Abs. 1 GmbHG nach Mitteilung und Nachweis (§ 40 Abs. 1 S. 4 GmbHG) durch die Inhaber der Teilrechte zu ändern, da die Zusammenschließung durch Abschluss des formlos gültigen GbR-Gesellschaftsvertrags erfolgt und daher nicht der Mitwirkung durch den Notar bedarf.

In Weiterführung des oben genannten Sachverhalts (→ II. 2. b) bb)) und der oben dargestellten Gesellschafterliste (→ III. 2. b) bb)) könnte hier eine Gesellschafterliste nach entsprechender Zusammenschließung hinsichtlich der Teilrechte der Gesellschafter A, B und C wie folgt gestaltet werden:

---

[51] Vgl. etwa *Lieder* in MüKoGmbHG, 4. Aufl. 2022, § 57k Rn. 11; *Ulmer/Casper* in Habersack/Casper/Löbbe, GmbHG, 3. Aufl. 2021, § 57k Rn. 10.

[52] *Lieder* in MüKoGmbHG, 4. Aufl. 2022, § 57k Rn. 11; *Ulmer/Casper* in Habersack/Casper/Löbbe, GmbHG, 3. Aufl. 2021, § 57k Rn. 10; *Servatius* in Noack/Servatius/Haas, GmbHG, 23. Aufl. 2022, § 57k Rn. 7; *Kleindiek* in Lutter/Hommelhoff, GmbHG, 20. Aufl. 2019, § 57k Rn. 5; *Hermanns* in Michalski/Heidinger/Leible/J. Schmidt, GmbHG, 3. Aufl. 2017, § 57k Rn. 11; *Schnorbus* in Rowedder/Pentz, GmbHG, 7. Aufl. 2022, § 57k Rn. 3; *Priester/Tebben* in Scholz, GmbHG, 12. Aufl. 2021, § 57k Rn. 10.

[53] *Lieder* in MüKoGmbHG, 4. Aufl. 2022, § 57k Rn. 12; s. a. *Ulmer/Casper* in Habersack/Casper/Löbbe, GmbHG, 3. Aufl. 2021, § 57k Rn. 10.

[54] *Lieder* in MüKoGmbHG, 3. Aufl. 2019, § 40 Rn. 34; *Rühland* in BeckOK GmbHG, 54. Ed. 1.11.2022, § 57k Rn. 10; *Servatius* in Noack/Servatius/Haas, GmbHG, 23. Aufl. 2022, § 57k Rn. 7.

[55] *Rühland* in BeckOK GmbHG, 54. Ed. 1.11.2022, § 57k Rn. 10; *Servatius* in Noack/Servatius/Haas, GmbHG, 23. Aufl. 2022, § 57k Rn. 7.

[56] *Heidinger* in MüKoGmbHG, 3. Aufl. 2019, § 40 Rn. 34.

[57] Zum Erfordernis der Aufnahme von Prozentangaben *Heidinger* in MüKoGmbHG, 3. Aufl. 2019, § 40 Rn. 34.

Lfd. Nr.	Gesell- schafter	Nennbetrag des Anteils in EUR	Beteiligung jedes Geschäfts- anteils am Stammkapital in Prozent	Gesamt- beteiligung am Stammkapital in Prozent	Veränderungsspalte
1	A, …	16.666,00	33,33	33,33	
2	B, …	16.666,00	33,33	33,33	
3	C, …	16.666,00	33,33	33,33	
7	A, …, B, …, C, …, zusammen- geschlossen zur gemein- schaftlichen Rechteaus- übung	2,00	< 1	< 1	Zusammenschließung von Inhabern von Teil- rechten zur Ausübung der Rechte (§ 18 GmbHG)
GESAMT		**50.000,00 EUR**		**100 Prozent**	

(Ort, Datum und Unterschrift der Geschäftsführer)

3. *Gesellschafterliste nach nomineller Aufstockung*

Die Gesellschafter haben nach der Einziehung eines Anteils ein ureigenes Interesse, für eine Listenänderung durch die Geschäftsführer zu sorgen. Denn trotz der Einziehung bleibt der Gesellschafter, dessen Anteil eingezogen ist, solange nach § 16 Abs. 1 S. 1 GmbHG mit- gliedschaftlich legitimiert, bis er auch seine formale Listenstellung verloren hat.[58] Der ein- fachste Weg der Listenänderung wird sein, den eingezogenen Anteil aus der Gesellschafter- liste zu streichen. Es entsteht dann zwar eine Diskrepanz zwischen der Stammkapitalziffer und der Summe der Nennbeträge, welche allerdings (vorerst) hinzunehmen ist (→ II. 3. a)). Wenn gleichzeitig mit der Einziehung oder später ein Beschluss zur nominellen Aufstockung der Anteile gefasst wird, ist auch diese Änderung in der Gesellschafterliste nachzuvollziehen. Dies geschieht idR durch schlichte Nennbetragsanpassung, ohne dass sonstige Angaben in der Gesellschafterliste zu ändern wären. In der Veränderungsspalte sollte aber die rein ziffern- mäßige Erhöhung durch nominelle Aufstockung als Folge der Einziehung analog § 2 Abs. 3 Nr. 3 GesLV vermerkt werden.

Herausfordernd wird die Listenänderung, wenn die nominelle Aufstockung zu „krum- men" Aufstockungsbeträgen führt. Hier sollte entsprechend der obigen Empfehlung (→ II. 3. b)) die nominelle Aufstockung anteilig durchgeführt und in der Liste nachvollzogen werden (Nennbetragsanpassung und Vermerk in Veränderungsspalte). Für die Spitzenbeträge wird dann gemäß einem entsprechenden Beschluss ein auf volle Euro lautender Geschäfts- anteil gebildet, an dem die verbleibenden Gesellschafter im Verhältnis ihrer bisherigen Anteile gemeinschaftlich (§§ 741 ff. BGB, § 18 GmbHG) beteiligt werden. In der Gesellschafterliste ist für diesen Anteil nach § 1 Abs. 3 S. 1 GesLV analog eine eigene Nummer zu vergeben. Zudem sind die Bruchteilsgemeinschaft und gemeinschaftliche Rechtsausübung (§ 18 GmbHG) in der Liste sowie die Neubildung in der Veränderungsspalte ersichtlich zu machen.

---

[58] BGHZ 220, 207 = BGH NJW 2019, 993; *Löbbe* in Habersack/Casper/Löbbe, GmbHG, 3. Aufl. 2019, § 16 Rn. 26; *Foerster* NZG 2019, 464; *Heckschen* DNotZ 2019, 550; *Wachter* GmbHR 2019, 342; *Wachter* GmbHR 2018, 1129 (1138); iErg auch *Miller* NJW 2019, 998; aA *Ebbing* in Michalski/Heidinger/Leible/J. Schmidt, GmbHG, 3. Aufl. 2017, § 16 Rn. 68; *J. Flume/Maier-Reimer* ZGR 2020, 868 (873 ff.); *Menkel* NZG 2018, 891 (892 f.).

IV. Unrichtige Gesellschafterlisten

Erfolgt eine Kapitalerhöhung durch Aufstockung bestehender Anteile, erwirbt der bisherige Gesellschafter keinen neuen Anteil, sondern erhält eine Nennbetragserhöhung seines bisherigen Anteils. Schwierig sind die Fragen, wenn anstelle des materiell-rechtlichen Gesellschafters ein anderer in der Gesellschafterliste eingetragen ist und die Legitimationswirkung des § 16 Abs. 1 S. 1 GmbHG genießt. Es liegt dann eine unrichtige Gesellschafterliste vor. Welche Auswirkungen die Unrichtigkeit auf den Aufstockungsbetrag und damit auf den zu erhöhenden GmbH-Anteil insgesamt hat, wird für die effektive (→ 1.) wie nominelle (→ 2.) Kapitalerhöhung unterschiedlich zu beantworten sein. Ein kurzer Blick wird abschließend auf die weniger dramatischen Folgen für die nominelle Aufstockung nach einer Einziehung geworfen (→ 3.)

1. Unrichtige Listen bei effektiver Kapitalerhöhung

a) Problembeschreibung

Eine Kapitalerhöhung erfordert einen satzungsändernden Gesellschafterbeschluss. Stimm- und teilnahmeberechtigt sind wegen § 16 Abs. 1 S. 1 GmbHG dabei nur die Listengesellschafter. Eine etwaige Unrichtigkeit der Gesellschafterliste ändert daran grundsätzlich nichts.[59] Mit Beschluss der Kapitalerhöhung kann der Listengesellschafter, wenn das Bezugsrecht nicht wirksam ausgeschlossen wurde, den Abschluss des Übernahmevertrags von der Gesellschaft verlangen.[60] Bei der ordentlichen Kapitalerhöhung unter Bildung neuer Anteile entstehen durch die rechtsgeschäftliche Übernahme die neuen Anteile materiell-rechtlich in der Person des Listengesellschafters, obwohl dieser nicht materieller Gesellschafter des ursprünglichen Anteils war.[61] Die materiellen Inhaberschaften der alten und neuen Anteile fallen damit auseinander.

Probleme entstehen, wenn die Kapitalerhöhung nicht durch Bildung neuer Anteile, sondern durch Erhöhung der Nennbeträge erfolgt. Bei unrichtigen Gesellschafterlisten müsste nach dem Vorgesagten geschlussfolgert werden, dass der Anteil in Höhe des Erhöhungsbetrags materiell-rechtlich dem rechtsgeschäftlich übernehmenden Listengesellschafter, der nicht erhöhte Ursprungsanteil aber dem materiellen Gesellschafter zusteht. Diese Lösung widerspräche allerdings dem ersten Anschein nach dem Inhalt des Kapitalerhöhungsbeschlusses, wonach keine neuen eigenständigen Anteile geschaffen werden sollen. Der Jubilar zeigt hier einmal mehr ein beeindruckendes und feines Problembewusstsein, da er als einer von nur Wenigen überhaupt sich mit der Thematik befasst und die nur spärlich vorhandenen Sichtweisen (noch zu § 16 Abs. 1 GmbHG aF) zusammenträgt.[62] Hierauf aufbauend wird der Meinungsstand nachvollzogen (→ b)) bevor eine Auflösung der Diskrepanz vorgeschlagen wird (→ c)).

b) Meinungsstand

Für die Aufstockung von Anteilen bei unrichtigen Gesellschafterlisten vertritt eine Ansicht zunächst, dass der Geschäftsanteil nach der Aufstockung einheitlich und ungeteilt dem materiellen Rechtsinhaber vollständig zustehe.[63] Diese Auffassung übersieht aber, dass

---

[59] AllgM., statt vieler *Heidinger* in MüKoGmbHG, 4. Aufl. 2022, § 16 Rn. 239.

[60] *Lieder* in MüKoGmbHG, 4. Aufl. 2022, § 55 Rn. 111.

[61] *Heidinger* in MüKoGmbHG, 4. Aufl. 2022, § 16 Rn. 244; *Löbbe* in Habersack/Casper/Löbbe, GmbHG, 3. Aufl. 2019, § 16 Rn. 78; *Verse* in Henssler/Strohn, Gesellschaftsrecht, 5. Aufl. 2021, GmbHG § 16 Rn. 14.

[62] *Heidinger* in MüKoGmbHG, 4. Aufl. 2022, § 16 Rn. 247.

[63] *Schnorbus* ZGR 2004, 126 (136f.) – zu § 16 Abs. 1 aF.

nur der Listengesellschafter die Übernahmeerklärung abgegeben und damit die Grundlage für den materiellen Rechtserwerb betreffend des Erhöhungsbetrags gelegt hat.

Eine zweite Ansicht möchte ebenfalls an der Aufstockung und an einem einheitlichen, im Nennbetrag erhöhten Anteil festhalten, will diesen aber beiden gemeinschaftlich als Bruchteilsgemeinschaft (§§ 741 ff. BGB, § 18 GmbHG) zuweisen.[64] Damit wird zwar die Nennbetragserhöhung nachvollzogen und gleichzeitig berücksichtigt, dass der Listengesellschafter durch die Übernahme eine Rechtsposition erworben hat, hier in Gestalt des Anteils an der Bruchteilsgemeinschaft in Höhe des Übernahmebetrags. Wenig überzeugt aber, dass der materielle Rechtsinhaber des Ursprungsanteils nach der Erhöhung nicht mehr die alleinige, sondern nur noch die „beschwerte" gemeinschaftliche materielle Berechtigung innehaben soll (vgl. etwa §§ 744 f. BGB).[65]

Der hochverehrte Empfänger dieses Festschriftbeitrags formulierte bereits die dogmatischen Schwächen der beiden vorgenannten Lösungsansätze in zielgenauer Präzision.[66] Er spielt mit dem Gedanken, wie bei der Erhöhung durch Bildung neuer Anteile auch hier zwei eigenständige Geschäftsanteile zur Entstehung zu bringen und erkennt gleichwohl die Problematik einer solchen Aufteilung bei „krummen" Aufstockungsbeträgen iRv Kapitalerhöhungen zur Euroumstellung.[67]

c) Lösungsvorschlag: Umdeutung des Kapitalerhöhungsbeschlusses

Ausgangspunkt des hiesigen Lösungsvorschlags ist die zutreffende Erkenntnis des Jubilars, dass durch die rechtsgeschäftliche Übernahme des Erhöhungsbetrags zweckmäßig im Ergebnis zwei eigenständige Geschäftsanteile angenommen werden sollten, nämlich der Ursprungsanteil und ein neuer Anteil im Umfang der Nennbetragserhöhung. Dieser Befund entspricht zwar nicht dem Inhalt des Kapitalerhöhungsbeschlusses, der eigentlich eine Aufstockung vorsieht, kann aber durch Umdeutung des Erhöhungsbeschlusses in eine Kapitalerhöhung unter Bildung eines neuen Anteils aufgelöst werden. Durch die Umdeutung wird in Ansehung der Mitgliedschaftsrechte das erreicht, was im Grunde gewollt war: Der Übernehmer erhält wertmäßig einen dem Erhöhungsbetrag entsprechenden Geschäftsanteil, während hinsichtlich des ursprünglichen Geschäftsanteils keine mitgliedschaftliche „Beschwerung" stattfindet. Grundlegende Bedenken gegen eine solche Umdeutung bestehen nicht, da die Neubildung eines Anteils bei einer Kapitalerhöhung sogar dem gesetzlichen Leitbild des § 55 Abs. 3 GmbHG entspricht.[68]

Die beschriebene Umdeutung droht allerdings zu scheitern, wenn – v. a. bei Euroumstellungen – eine Aufstockung um „krumme", also nicht auf volle Euro lautende, Nennbeträge beschlossen wurde. Mit § 5 Abs. 2 S. 1 GmbHG ist eine Schaffung von GmbH-Anteilen mit „krummen" Nennbeträgen nicht zugelassen und entsprechende Beschlüsse wären nichtig,[69] sodass die beschriebene Umdeutung hier fehlschlagen würde. Keine Lösung wäre zudem, die Umdeutung im Wege einer Rundung der krummen Aufstockungsbeträge bzw. Geschäftsanteilen auf volle Euro zu retten. Zwar werden Rundungen an anderer Stelle durchaus erwähnt (§ 4 Abs. 1 GesLV) oder im Schrifttum in Erwägung gezogen.[70] Sie können aber im Einzelfall dazu führen, dass wichtige

---

[64] *Schothöfer* GmbHR 2003, 1321 (1324 f.) – § 16 Abs. 1 GmbHG aF.

[65] Vgl. *Miller*, Relative Gesellschafterstellung im GmbH-Recht, 2023, S. 107.

[66] *Heidinger* in MüKoGmbHG, 4. Aufl. 2022, § 16 Rn. 247.

[67] *Heidinger* in MüKoGmbHG, 4. Aufl. 2022, § 16 Rn. 247.

[68] *Miller*, Relative Gesellschafterstellung im GmbH-Recht, 2023, S. 106 ff.

[69] *Heidinger* in MüKoGmbHG, 4. Aufl. 2022, § 16 Rn. 247.

[70] Vgl. die Vorschläge zur Rundung bei nominellen Aufstockungen nach einer Einziehung etwa bei *Sieger/Mertens* ZIP 1996, 1493 (1498); *Nolting* ZIP 2011, 1292 (1295 ff.); die Rundung – wie hier – kritisch sehend aber *Blath* in Herrler Gesellschaftsrecht in der Notar- und Gestaltungspraxis, 2. Aufl. 2021, § 6 Rn. 1538.

Beteiligungsgrenzen (etwa 10, 25, 50, 75 Prozent) alleine durch die Rundung über- oder unterschritten werden.[71] Dogmatisch sind potentielle Änderungen der Mehrheitsverhältnisse schwer begründbar. Stattdessen ist der Erhöhungsbeschluss dergestalt umzudeuten, dass zulässige und hinnehmbare Rechtszustände geschaffen werden. Das gelingt durch eine Kombination aus der Bildung eines neuen Anteils, der „Abglättung" des Ursprungsanteils und der Bildung von Teilrechten analog § 57 k Abs. 1 GmbHG. Der neu gebildete Anteil wird zunächst ohne Berücksichtigung der „krummen" Spitzen auf volle Euro gebildet und steht dem Übernehmer (Listengesellschafter) zu. Die „krummen" Spitzen werden daneben als selbständige Teilrechte iSv § 57 k Abs. 1 GmbHG analog gebildet. Der Ursprungsanteil wird schließlich auf den nächsten vollen Euronennbetrag „abgeglättet", indem der krumme Spitzenbetrag als Teilrecht nach § 57 k Abs. 1 GmbHG analog im Wege der Anteilsteilung gewonnen wird und der „abgeglättete" Anteil daneben bestehen bleibt. Im Ergebnis entstehen durch den Kapitalerhöhungsbeschluss und den konkludenten Teilungsbeschluss vier Anteilsrechte: Der abgeglättete Ursprungsanteil (1), der neue, auf volle Euro lautende Anteil (2) sowie zwei Teilrechte, eines als Rest des Ursprungsanteils (3) und eines neu gebildet (4). Die Rechte (1) und (3) stehen dem ursprünglich materiell Berechtigten zu, die Rechte (2) und (4) entstehen dagegen in der Person des Listengesellschafters neu. Die beiden Teilrechte stehen unterschiedlichen Personen zu und werden zuletzt nach § 57 k Abs. 2 GmbHG durch Bildung einer GbR zusammengeschlossen. Beachtenswert ist dabei, dass die Neuordnung der Geschäftsanteile ohne Erklärung des materiellen Gesellschafters möglich ist, da die Rechtsmacht sowohl für die Teilung (§ 46 Nr. 4 GmbHG) als auch den Zusammenschluss (§ 57 k Abs. 2 GmbHG analog) ungeachtet der materiellen Stellung dem Listengesellschafter zusteht. Dass diese Lösung ein Rückgriff auf die Regelungen zur nominellen Erhöhung (§ 57 k GmbHG) erforderlich macht, ist angesichts der ansonsten unauflöslichen dogmatischen Hürden hinzunehmen und idR ohnehin nur ein vorübergehender Zustand. Denn der materielle Gesellschafter kann von dem unberechtigten Listengesellschafter sowohl den auf volle Euro lautenden neuen Anteil als auch das Teilrecht (dann folgt die Vereinigung nach § 57 k Abs. 2 GmbHG analog) bereicherungsrechtlich nach § 812 Abs. 1 S. 1 Alt. 2 BGB herausverlangen oder Wertersatz (§ 818 Abs. 2 BGB) geltend machen.[72]

2. Unrichtige Listen bei nomineller Kapitalerhöhung

Anders als bei effektiven Kapitalerhöhungen (→ 1.) ist die Rechtslage bei Kapitalerhöhungen aus Gesellschaftsmitteln unter Beteiligung eines unberechtigten Listengesellschafters weniger problembehaftet. Die Kapitalerhöhung nach den §§ 57 c ff. GmbHG erfolgt hier ohne Abschluss eines rechtsgeschäftlichen Übernahmevertrags. Die neuen Anteile oder erhöhten Nennbeträge stehen nach § 57 j S. 1 GmbHG unmittelbar den „Gesellschaftern im Verhältnis ihrer bisherigen Geschäftsanteile" zu. Gemeint sind damit nicht die Listengesellschafter, sondern ausschließlich die materiellen Gesellschafter, da nur letztere Inhaber „bisheriger" Geschäftsanteile sein können.[73] Durch die Erhöhung wird nämlich Gesell-

---

[71] So schon zur Aufstockung zur Euroglättung in anderem Zusammenhang *Heidinger* GmbHR 2000, 414 (417).

[72] Vgl. *Miller*, Relative Gesellschafterstellung im GmbH-Recht, 2023, S. 107 f.; allg. zum bereicherungsrechtlichen Ausgleich zwischen materiellem und formellen Gesellschafter *Wilhelmi* in BeckOK GmbHG, 54. Ed. 1. 3. 2022, § 16 Rn. 23; *Wied* NZG 2012, 725 (728 ff.).

[73] *Heidinger* in MüKoGmbHG, 4. Aufl. 2022, § 16 Rn. 244 f.; *Lieder* in MüKoGmbHG, 4. Aufl. 2022, § 57 j Rn. 3; *Altmeppen*, GmbHG, 10. Aufl. 2021, § 16 Rn. 17; *Löbbe* in Habersack/Casper/ Löbbe, GmbHG, 3. Aufl. 2019, § 16 Rn. 78; *Kleindiek* in Lutter/Hommelhoff, GmbHG, 20. Aufl. 2019, § 57 j Rn. 1; aA noch *Lutter* in Lutter/Hommelhoff, 17. Aufl. 2009, § 57 j Rn. 1.

schaftsvermögen in Gestalt von Rücklagen, das der materiellen Inhaberschaft zusteht, in Mitgliedschaftsrechte umgewandelt, ohne dass der Rechtsträger gewechselt wird.[74]

An der Legitimationswirkung des Listengesellschafters ändert sich freilich nichts. Sofern der Listengesellschafter auch nach der geänderten Gesellschafterliste in Ansehung des aufgestockten Anteils als Inhaber ausgewiesen ist, gilt er einheitlich für den ganzen Anteil als relativer Gesellschafter nach § 16 Abs. 1 S. 1 GmbHG.

3. Unrichtige Listen bei nomineller Aufstockung nach Einziehung

Ebenso wie bei der nominellen Kapitalerhöhung (→ 2.) bestehen auch keine grundlegenden Bedenken bei der nominellen Aufstockung zur Anpassung der Nennbeträge nach einer Einziehung, wenn die Gesellschafterliste für einen der verbleibenden Gesellschafter falsch ist. Der Nennbetrag wird nicht qualitativ erhöht, sondern nur rechnerisch angepasst. Die nominelle Aufstockung erschöpft sich in einem formalen Akt ohne Auswirkung auf die materielle Inhaberschaft. Der bisherige materielle Gesellschafter bleibt daher auch nach der nominellen Aufstockung Inhaber des gesamten, jetzt formal aufgestockten Anteils. Der Listengesellschafter erhält keine materielle Stellung, auch keine anteilige, kann sich aber bei fälschlicher Anpassung der Gesellschafterliste in Reaktion auf die Aufstockung – etwa weil die Unrichtigkeit der Gesellschafterliste vor und nach der Einziehung nicht erkannt wird – insgesamt auf die Legitimationswirkung des § 16 Abs. 1 S. 1 GmbHG berufen.

V. Fazit

Die „Aufstockung" von Geschäftsanteilen ist eine im GmbHG nicht auftauchende Terminologie, wohl aber deren Rechtsprinzip. Für Kapitalerhöhungen aus Gesellschaftsmitteln ist sie ausdrücklich in § 57h Abs. 1 S. 1 Alt. 2 GmbHG als Nennbetragserhöhung angesprochen, für effektive Kapitalerhöhungen aus einer teleologischen Reduktion des § 55 Abs. 3 GmbHG herzuleiten und als nominelle Aufstockung nach Anteilseinziehungen zur Schaffung von Konvergenz zwischen Nennbeträgen und Stammkapitalziffer als gangbare Option anerkannt. Dieser Befund ist nicht neu und in Rechtsprechung und Literatur ausführlich besprochen. Nach allen drei Aufstockungsvarianten ist allerdings zwingend die Gesellschafterliste anzupassen. Die Frage der Listengestaltung in diesen Fällen wurde bislang kaum behandelt und durch diesen Beitrag versucht zu beantworten. Der Jubilar hat als einer von Wenigen diese Nischenproblematik für die effektive und nominelle Kapitalerhöhung bereits in seiner Kommentierung im Münchener Kommentar zu § 16 GmbHG erkannt und behandelt, sodass der Verfasser des Festschriftbeitrags hier an die dortigen gewissenhaften Gedanken nahtlos anknüpfen konnte. Zudem werden gestalterische Vorschläge für die Darstellung von Teilrechten nach § 57k GmbHG gegeben und sowohl die Vereinigung als auch die Zusammenschließung von Teilrechten nach § 57k Abs. 2 GmbHG exemplarisch durchgespielt. Geschlossen wird mit der zunehmend in den Fokus von Rechtsprechung und Schrifttum drängenden Problematik der falschen Gesellschafterlisten. Insbesondere bei Nennbetragserhöhungen im Wege der ordentlichen Kapitalerhöhung lösen falsche Listen ein gewisses Argumentationserfordernis zur Lösungsfindung aus. Der Beitrag wäre möglicherweise nicht entstanden, wenn der Jubilar seine trennscharfen Überlegungen nicht bereits zuvor niedergeschrieben hätte. Abschließend verbleibt in tiefer Anerkennung Danke zu sagen für den befruchtenden Austausch am Deutschen Notarinstitut in Würzburg und das stets aufmerksame wie interessierte Ohr. Alles Gute!

---

[74] *Lieder* in MüKoGmbHG, 4. Aufl. 2022, § 57j Rn. 3.

UDO MONREAL

Die Bezeichnung von Grundstücksteilflächen in einem Spaltungs- und Übernahmevertrag

I. Rechtliche Ausgangslage

Nach § 126 Abs. 1 Nr. 9 UmwG sind im Spaltungs- und Übernahmevertrag die aufzuteilenden Gegenstände des Aktiv- und Passivvermögens genau zu bezeichnen. § 126 Abs. 2 S. 2 UmwG konkretisiert diese Bezeichnungspflicht dahingehend, dass § 28 GBO zu beachten ist. Mit Blick auf diese Gesetzeslage hat der für das Grundstücksrecht zuständige V. Zivilsenat des BGH in seiner Entscheidung vom 25.1.2008 – V ZR 79/07 – geurteilt, dass im Falle einer umwandlungsrechtlichen Spaltung das Eigentum an Grundstücken nur dann im Wege der partiellen Gesamtrechtsnachfolge auf den übernehmenden Rechtsträger übergeht, wenn die Grundstücke im Spaltungs- und Übernahmevertrag nach § 28 S. 1 GBO bezeichnet sind. In diesem umwandlungsrechtlichen Kontext misst das Gericht der grundbuchverfahrensrechtlichen Bestimmung des § 28 S. 1 GBO somit eine materiell-rechtliche Bedeutung bei.[1]

Das Urteil ist in der gesellschaftsrechtlichen Literatur auf vielfältige Kritik gestoßen,[2] beschwört sie doch mit ihrer scheinbar apodiktischen Aussage so manche Folgefragen herauf. Unklar und umstritten ist beispielsweise, welche Konsequenz eine unzureichende Grundstücksbezeichnung im Falle der Aufspaltung (§ 123 Abs. 1 UmwG) hätte.[3] Darüber hinaus stellt sich die – ebenfalls umstrittene – Frage, ob ausnahmsweise eine sog. All-Klausel anstelle einer detaillierten Bezeichnung gem. § 28 S. 1 GBO zulässig ist, sofern sämtliche Grundstücke des übertragenden Rechtsträgers auf den übernehmenden Rechtsträger übertragen werden sollen.[4]

Der vorliegende Beitrag hat nicht das Ziel, sämtliche ungeklärten Rechtsfragen zu beleuchten, sondern befasst sich mit der Frage, ob und unter welchen Voraussetzungen eine vermessene oder noch unvermessene Grundstücksteilfläche an der sog. partiellen Gesamtrechtsnachfolge gem. § 131 Abs. 1 Nr. 1 UmwG teilnimmt.[5] Nach Maßgabe des BGH setzt

---

[1] Vgl. BGH NZG 2008, 436 Rn. 21 ff. (MMRG-Umwandlungsfall); *Krüger* ZNotO 2008, 466 (467); *Limmer* DNotZ 2008, 471 (474); *Verse* in BeckOGK, 1.1.2022, UmwG § 126 Rn. 89–95; zu § 52 Abs. 4 Nr. 1 UmwG aF vgl. auch BGH BeckRS 2008, 8820 (VEB-Umwandlungsfall).

[2] Vgl. *Verse* in BeckOGK, 1.1.2022, UmwG § 126 Rn. 91 mwN.

[3] Vgl. *Hörtnagl* in Schmitt/Hörtnagl, UmwG, UmwStG, 9. Aufl. 2020, UmwG § 126 Rn. 81; *Verse* in BeckOGK, 1.1.2022, UmwG § 126 Rn. 92.

[4] OLG Schleswig NJW-RR 2010, 592; *Blasche* NZG 2016, 328 (329); *Galla/C. Müller* in Henssler/Strohn, Gesellschaftsrecht, 5. Aufl. 2021, UmwG § 126 Rn. 25; *Schöner/Stöber*, Grundbuchrecht, 16. Aufl. 2020, Rn. 995 f.; *Kössinger* in Bauer/Schaub, GBO, 4. Aufl. 2018, § 28 Rn. 68.

[5] Zur Übertragbarkeit von Grundstücksteilflächen im Wege der umwandlungsrechtlichen Spaltung vgl. insbesondere KG NZG 2015, 602 Rn. 21; *Blasche* NZG 2016, 328 (331); *Heckschen* GmbHR 2015, 897 (901); *Leitzen* ZNotP 2008, 272 (275); *Krüger* ZNotP 2008, 466 (467); *Schmidt-Ott* ZIP 2008, 1353; *Schorling* AG 2008, 653 (656); *Weiler* MittBayNot 2008, 310 (311); *Priester* in Lutter, UmwG, 6. Aufl. 2019, § 126 Rn. 61; *Verse* in Habersack/Wicke, UmwG, 2019, § 126 Rn. 95; *Limmer*, Handbuch der Unternehmensumwandlung, 6. Aufl. 2019, Teil C Rn. 88; *Hörtnagl* in Schmitt/Hörtnagl, UmwG, UmwStG, 9. Aufl. 2020, UmwG § 126 Rn. 81; *Schöner/Stöber*, Grundbuchrecht. 16. Aufl. 2020, Rn. 995 c; *Mayer* in Widmann/Mayer, Umwandlungs-

dies eine hinreichende Bezeichnung der Teilfläche gem. § 126 Abs. 1 Nr. 9, Abs. 2 S. 2 UmwG iVm § 28 S. 1 GBO im Spaltungs- und Übernahmevertrag voraus.

II. Entscheidung des BGH v. 25. 1. 2008 – V ZR 79/07

Für die Beantwortung der hier zu untersuchenden Rechtsfrage scheint es zunächst sinnvoll, den entscheidungserheblichen Kontext zu betrachten, in dem der BGH seine Aussage zur rechtlichen Bedeutung des § 126 Abs. 2 S. 2 UmwG getroffen hat. Denn allzu leicht neigt man als Leser einer Entscheidung zu der (menschlichen) Schwäche, selbst vorschnell mit dem BGH ins Gericht zu gehen, insbesondere wenn das Ergebnis missliebig erscheint. Es gilt jedoch zu bedenken, dass die Gesetzesauslegung durch den BGH stets im Kontext des von ihm zu entscheidenden Sachverhalts stattfindet. Demzufolge ist das Formulieren von Entscheidungsgründen, die über die vom ihm zu beantwortende Rechtsfrage hinausgehen, weder das Ziel noch die Aufgabe des Gerichts. Vor diesem Hintergrund wäre es wenig sinnvoll, wenn man die Aussagen des BGH losgelöst vom Entscheidungskontext betrachtet und somit ggf. überinterpretiert.

1. Der vom BGH zu beurteilende Sachverhalt

Der Entscheidung des BGH lag folgender (zusammengefasster) Sachverhalt zugrunde: Zwischen der Klägerin und der Beklagten war streitig, ob ein im Spaltungs- und Übernahmevertrag *nicht* erwähntes Grundstück auf die übernehmende Rechtsträgerin übergegangen war. Das Berufungsgericht war im Wege der Vertragsauslegung gem. §§ 133, 157 BGB zu dem Ergebnis gelangt, dass das streitbefangene Grundstück mit übertragen werden sollte. Hieraus schlussfolgerte das Berufungsgericht ferner, dass das Eigentum an dem streitbefangenen Grundstück bereits im Wege der sog. partiellen Gesamtrechtsnachfolge auf die übernehmende Rechtsträgerin übergangen und das Grundbuch insoweit unrichtig i. S. v. § 894 BGB sei. Der BGH vermochte eine Verletzung der anerkannten Grundsätze der Vertragsauslegung durch die Vorinstanz nicht zu erkennen und sah sich demzufolge an die Feststellungen der Tatsacheninstanz betreffend den Willen der Vertragsbeteiligten gebunden. Der BGH widersprach jedoch der Ansicht des Berufungsgerichts, es habe bereits ein Eigentumsübergang an dem streitbefangenen Grundstück stattgefunden. Nach Ansicht des BGH war die im konkreten Einzelfall erforderliche Vertragsauslegung nicht geeignet, den *grundbuchrechtlichen* Bestimmtheitsgrundsatz zu wahren. Das Gericht billigte daher der übertragenden Rechtsträgerin zwar einen *schuldrechtlichen* Anspruch gegen die übernehmende Rechtsträgerin auf Mitwirkung an einer Einzelrechtsnachfolge (Auflassung und Eintragung gem. §§ 873, 925 BGB) am streitbefangenen Grundstück zu, revisionsrechtlich nicht haltbar sei jedoch die Annahme des Berufungsgerichts, das Grundstück sei im Spaltungs- und Übernahmevertrag hinreichend bestimmt bezeichnet gewesen. Diese Sichtweise des Berufungsgerichts widerspreche den Bestimmungen in § 126 Abs. 1 Nr. 9, Abs. 2 S. 1 und 2 UmwG.[6]

2. Kernaussage des BGH und die Gefahr einer überschießenden Fehldeutung

Der amtliche Leitsatz der Entscheidung lautet: „Bei der Spaltung geht das Eigentum an Grundstücken nur dann mit der Registereintragung auf den übernehmenden Rechtsträger über, wenn die Grundstücke in dem Spaltungs- und Übernahmevertrag nach § 28 S. 1 GBO bezeichnet sind." Die Entscheidung des BGH wird daher dahingehend gedeutet, dass in Ansehung von Grundstücken eine sog. partielle Gesamtrechtsnachfolge nur dann statt-

---

recht, 3/2021, UmwG § 126 Rn. 213; DNotI-Gutachten zum Umwandlungsrecht 1999, 126 (Nr. 30 – Übertragung von noch nicht vermessenen Grundstücksteilflächen).

[6] BGH NZG 2008, 436 Rn. 21.

finde, wenn diese im Spaltungs- und Übernahmevertrag übereinstimmend mit dem Grundbuch oder durch Hinweis auf das Grundbuchblatt bezeichnet sind. Bleibe die Bezeichnung eines Grundstücks hinter diesen Anforderungen zurück, führe dies dazu, dass das zu übertragende Grundstück nicht mit Eintragung der Spaltung im Handelsregister auf den übernehmenden Rechtsträger übergehe.[7]

In der Tat legen der amtliche Leitsatz sowie die Entscheidungsgründe des BGH[8] diese Lesart durchaus nahe, und im Grundsatz ist diese Deutung auch völlig zutreffend. Dennoch sollte eines nicht übersehen werden: Der vom BGH zu beurteilende Sachverhalt war dadurch gekennzeichnet, dass nach dem wörtlichen Inhalt des Spaltungs- und Übernahmevertrages sämtliche in einer Auflistung genannten Grundstücke auf die übernehmende Rechtsträgerin übergehen sollten. Das streitgegenständliche Grundstück war in dieser Auflistung nicht aufgeführt, d. h. das streitbefangene Grundstück war *nicht lediglich unzureichend bezeichnet* worden, sondern es war im Spaltungs- und Übernahmevertrag *gänzlich unerwähnt* geblieben.[9] Der Umstand, dass das streitbefangene Grundstück mit übertragen werden sollte, ergab sich erst durch eine Vertragsauslegung und die hiermit verbundene Notwendigkeit der Feststellung des subjektiven Willens der Vertragsbeteiligten im Rahmen einer von der Tatsacheninstanz vorgenommenen Würdigung des Sachverhalts. Hierbei hat das OLG Düsseldorf als Vorinstanz sein Auslegungsergebnis u. a. auch auf ein nachvertragliches Verhalten der übernehmenden Rechtsträgerin gestützt.[10] Überdies weist das OLG Düsseldorf zutreffend darauf hin, dass für die Vertragsauslegung der Wille der Vertragsparteien maßgebend sei (§§ 133, 157 BGB). Bei dieser Auslegung seien – so das Berufungsgericht – sämtliche feststellbaren Umstände zu berücksichtigen, gleichgültig ob diese in der Urkunde erwähnt würden oder nicht. Die Frage, inwieweit das wirklich Gewollte seinen Niederschlag in der Vertragsurkunde finden müsse, um rechtliche Geltung zu erlangen, stelle sich erst in einem weiteren Schritt.[11]

Bei der Deutung des vom BGH formulierten Leitsatzes und seiner Entscheidungsgründe gilt es daher, sich stets den zu beurteilenden Sachverhalt zu vergegenwärtigen. Der BGH hat nur geurteilt, *dass* – entgegen der Ansicht des Berufungsgerichts und der bis dahin hL[12] – eine Bezeichnung gem. § 126 Abs. 2 S. 2 UmwG iVm § 28 S. 1 GBO stattfinden muss. Das heißt, der BGH hat der Annahme des Berufungsgerichts und der vormals hL, die fehlende Bezeichnung der zu übertragenden Grundstücke gem. § 28 S. 1 GBO sei unschädlich, eine eindeutige Absage erteilt. Dies und nichts anderes ist die Kernaussage des BGH.[13] Vor dem Hintergrund, dass das streitgegenständliche Grundstück im Spaltungs- und Übernahmevertrag gänzlich unerwähnt geblieben war, hatte sich das Gericht indes nicht mit der Frage zu befassen, *wie* der Bezeichnungspflicht gem. § 126 Abs. 2 S. 2 UmwG iVm § 28 S. 1 GBO ausreichend Rechnung getragen wird. Denn diese Frage betrifft nicht den normativen Inhalt von § 126 Abs. 2 S. 2 UmwG, sondern den normativen Inhalt von § 28 S. 1 GBO. Mit dem Inhalt von § 28 S. 1 GBO hat sich der BGH mangels Entscheidungserheblichkeit allerdings nur beiläufig auseinandergesetzt. Er rekurriert zwar in seinen Entscheidungsgründen auf den Gesetzeswortlaut und stellt an anderer Stelle fest, dass § 28 S. 1 GBO bei Teilflächen-

---

[7] *Verse* in BeckOGK, 1.1.2022, UmwG § 126 Rn. 90; *Blasche* NZG 2016, 328; *Krüger* ZNotP 2008, 466; *Simon* in Kölner Kommentar zum UmwG, 2009, § 126 Rn. 60; *D. Mayer/Weiler* in Münchener Handbuch der Gesellschaftsrechts, 5. Aufl. 2018, Bd. 3, Kap. 16, § 73 Rn. 529.

[8] BGH NZG 2008, 436 Rn. 21 ff.

[9] Vgl. BGH NZG 2008, 436 Rn. 30: „*Kann aber wegen nicht ausreichender – oder sogar, wie hier, fehlender – Grundstücksbezeichnung …*".

[10] OLG Düsseldorf BeckRS 2008, 5777 Rn. 31.

[11] OLG Düsseldorf BeckRS 2008, 5777 Rn. 30.

[12] Zur vormals hL vgl. *Weiler* MittBayNot 2008, 310 (310 Fn. 1).

[13] BGH NZG 2008, 436 Rn. 24: „*c) Die von dem BerGer. vertretene Ansicht, dass die fehlende Bezeichnung der durch Spaltung übergehenden Grundstücke nach § 28 GBO den Rechtsübergang nicht hindert, wenn durch die Auslegung des Spaltungs- und Übernahmevertrags eine einwandfreie Zuordnung auf den übernehmenden Rechtsträger möglich ist (ebenso …), ist nicht richtig.*"

übertragungen nicht formalistisch überspannt werden dürfe. Dennoch ist aus dem Entscheidungskontext klar erkennbar, dass der BGH mit seinen Ausführungen nur der Rechtsauffassung des Berufungsgerichts und dem vormals herrschenden Schrifttum entgegentritt,[14] nach deren Ansicht eine Zuordenbarkeit des Grundstücks mittels Vertragsauslegung ausreichen sollte.

3. Zwischenergebnis

Der Entscheidung des BGH lässt sich nur entnehmen, *dass* im Spaltungs- und Übernahmevertrag die zu übertragenden Grundstücke gem. § 126 Abs. 2 S. 2 UmwG iVm § 28 S. 1 GBO zu bezeichnen sind; eine Zuordenbarkeit mittels Vertragsauslegung ist nicht ausreichend. Der BGH hat sich indes nicht zu der Frage geäußert, *wie* die Bezeichnungspflicht gem. § 126 Abs. 2 S. 2 UmwG iVm § 28 S. 1 GBO zu wahren ist. Denn dies ist keine Frage des normativen Inhalts von § 126 Abs. 2 S. 2 UmwG, sondern von § 28 S. 1 GBO. In seiner Entscheidung nimmt der BGH ausschließlich zum erstgenannten Aspekt, also zum normativen Inhalt von § 126 Abs. 2 S. 2 UmwG Stellung. Es wäre daher verfehlt, der Entscheidung entnehmen zu wollen, der BGH habe abschließend geurteilt, *wie* die Bezeichnung gem. § 126 Abs. 2 S. 2 UmwG iVm § 28 S. 1 GBO stattzufinden habe.

III. Die Bestimmung des § 28 S. 1 GBO

1. Normzweck

Nach § 28 S. 1 GBO ist in der Eintragungsbewilligung (§ 19 GBO) oder, wenn eine solche nicht erforderlich ist, in dem Eintragungsantrag (§ 13 GBO) das Grundstück übereinstimmend mit dem Grundbuch oder durch Hinweis auf das Grundbuchblatt zu bezeichnen. Die Vorschrift soll gewährleisten, dass die begehrte *Eintragung beim richtigen Grundstück* erfolgt.[15]

2. Arten der Bezeichnung

Das Gesetz sieht für eine ordnungsmäßige Bezeichnung des von der Eintragung betroffenen Grundstücks zwei unterschiedliche Bezeichnungsarten vor: Die Bezeichnung durch *Hinweis auf das Grundbuchblatt* sowie diejenige, welche das *Grundstück übereinstimmend mit dem Grundbuch* benennt.[16] Die im Gesetz vorgesehenen Bezeichnungsarten hängen eng zusammen mit dem Begriff des Grundstücks im rechtlichen Sinne und lassen sich schlussendlich auch nur verstehen, wenn man dieses Begriffsverständnis kennt.

3. Der Begriff des Grundstücks im rechtlichen Sinne

Der Begriff des Grundstücks im rechtlichen Sinne ist weder im Bürgerlichen Gesetzbuch noch in der Grundbuchordnung definiert. Nach der Rechtsprechung handelt es sich bei einem *Grundstück im Rechtssinne* um einen *räumlich abgegrenzten, katastermäßig bezeichneten Teil der Erdoberfläche, der auf einem besonderen Grundbuchblatt allein oder auf einem gemeinschaftlichen Grundbuchblatt unter einer besonderen Nummer im Verzeichnis der Grundstücke gebucht ist*.[17] Mit

---

[14] In diesem Sinne auch *Weiler* MittBayNot 2008, 310 (312).

[15] *Krüger* ZNotP 2008, 466; *Wilsch* in BeckOK GBO, 47. Ed. 30.9.2022, § 28 Vorbem. und Rn. 3; *Kössinger* in Bauer/Schaub, GBO, 4. Aufl. 2018, § 28 Rn. 1.

[16] BGH DNotZ 1988, 109 (110); *Wilsch* in BeckOK GBO, 47. Ed. 30.9.2022, § 28 Rn. 15–41; *Kössinger* in Bauer/Schaub, GBO, 4. Aufl. 2018, § 28 Rn. 24.

[17] *Holzer* in BeckOK GBO, 47. Ed. 30.9.2022, § 2 Rn. 17; *Keller* in Keller/Munzig, Grundbuchrecht, 8. Aufl. 2019, GBO § 2 Rn. 4; *Nowak* in Meikel/Böttcher, GBO, 12. Aufl. 2021, § 3

dem Definitionsmerkmal *„räumlich abgegrenzter, katastermäßig bezeichneter Teil der Erdoberfläche"* findet eine Rückführung des rechtlichen Grundstücksbegriffs auf das katastermäßige Flurstück statt, denn die Lage des katastermäßig bezeichneten Teils der Erdoberfläche ergibt sich nicht aus dem Grundbuch selbst, sondern erst aus dem Liegenschaftskataster. Vor diesem Hintergrund ist auch die Bestimmung des § 2 Abs. 2 GBO zu sehen, wonach im Grundbuch die Grundstücke (im rechtlichen Sinne) nach den in den Ländern eingerichteten amtlichen Verzeichnissen (Liegenschaftskataster) *benannt* werden. Diese Benennung erfolgt in Spalte 3 des Bestandsverzeichnisses des jeweiligen Grundbuchblatts. Mit der Benennung der Grundstücke im Rechtssinne nach den exakt vermessenen Flurstücken des Liegenschaftskatasters werden diese beiden Begriffe dergestalt miteinander verknüpft, dass der Inhalt des Grundbuchs gewissermaßen in die Örtlichkeit projiziert wird.[18] Das Grundstück im rechtlichen Sinne kann dabei *ein* Flurstück (sog. Idealgrundstück) oder auch *mehrere* Flurstücke (sog. zusammengesetztes Grundstück) umfassen.

Ein Flurstück (Grundstück im katastermäßigen Sinne) ist ein geometrisch eindeutig begrenzter Teil der Erdoberfläche, der im Liegenschaftskataster unter einer besonderen Bezeichnung geführt wird.[19] Dieses Begriffsverständnis geht zurück auf eine Definition in Nr. 9 des Runderlasses des RMdJ zur Übernahme der Bodenschätzungsergebnisse in die Liegenschaftskataster vom 23.9.1936. Nach der damaligen Definition war ein Grundstück im katastermäßigen Sinne ein zusammenhängender Teil der Erdoberfläche, der in der Flurkarte unter einer besonderen Nummer gebucht wurde. In der Folgezeit wurde dieses Begriffsverständnis – inhaltlich unverändert – in den jeweiligen Landesvorschriften beibehalten.[20]

Ein Grundstück im rechtlichen Sinne existiert also nicht bereits mit der katastermäßigen Vermessung der Erdoberfläche und deren Erfassung im Liegenschaftskataster, sondern grundsätzlich (zur Ausnahme sog. buchungsfreier Grundstücke siehe § 3 Abs. 2 GBO) erst dann, wenn dieser abgegrenzte und katastermäßig bezeichnete Teil der Erdoberfläche im Bestandsverzeichnis des Grundbuchs unter einer eigenen laufenden Nummer (Spalte 1 des Bestandsverzeichnisses – laufende Nummer der Grundstücke) eingetragen wird.

4. Bezeichnung übereinstimmend mit dem Grundbuch

Die Bezeichnungsvariante *„überstimmend mit dem Grundbuch"* knüpft an die Bestimmung des § 2 Abs. 2 GBO an, wonach die Grundstücke nach den in den Ländern eingerichteten amtlichen Verzeichnissen (Liegenschaftskataster) benannt werden.[21] Es sind allerdings nicht alle Angaben aus dem Liegenschaftskataster für eine hinreichende Bezeichnung iSv § 28 S. 1 GBO erforderlich. So sind beispielsweise Angaben zur Grundstücksgröße, Wirtschaftsart und Lage entbehrlich. Erforderlich und ausreichend ist die Angabe der *Gemarkung* (oder des sonstigen Vermessungsbezirks, ggf. unter Nennung der Flur) sowie des *Flurstücks*.

a) Bezeichnung einer bereits katastermäßig erfassten Teilfläche

Vor diesem Hintergrund bereitet eine hinreichende Bezeichnung iSv § 126 Abs. 2 S. 2 UmwG iVm § 28 S. 1 GBO betreffend eine bereits vermessene sowie katastermäßig erfasste Grundstücksteilfläche keine Schwierigkeiten. Dies gilt nicht nur für ein Flurstück eines sog. zusammengesetzten Grundstücks, sondern auch schon zeitlich vor der Mitteilung des Katas-

---

Rn. 7; vgl. auch *Mugdan,* Die gesammelten Materialien zum Bürgerlichen Gesetzbuch für das Deutsche Reich, Bd. III, Sachenrecht, 1899, S. 29 f.

[18] *Holzer* in BeckOK GBO, 47. Ed. 30.9.2022, § 2 Rn. 17.

[19] Vgl. exemplarisch die Begriffsbestimmungen in § 22 Abs. 2 S. 1 GeoVermG M-V; § 2 Nr. 3 HmbVermG.

[20] Vgl. *Nowak* in Meikel/Böttcher, GBO, 12. Aufl. 2021, § 3 Rn. 8.

[21] *Kössinger* in Bauer/Schaub, GBO, 4. Aufl. 2018, § 28 Rn. 25; *Böhringer* in Meikel/Böttcher, GBO, 12. Aufl. 2020, § 28 Rn. 55.

teramts (mancherorts auch „Vermessungsamt" oder „Amt für Bodenmanagement" genannt) an das zuständige Grundbuchamt über die katastermäßige Teilung eines Grundstücks. Die Bildung von neuen Flurstücken ist zwar vom Katasteramt unverzüglich an das zuständige Grundbuchamt mitzuteilen, damit dieses die Benennung der Grundstücke gem. § 2 Abs. 2 GBO berichtigen kann.[22] Dennoch ist auch vor einer Wahrung des Veränderungsnachweises im Grundbuch eine Bezeichnung in Übereinstimmung mit dem Grundbuch, nämlich durch Angabe der Gemarkung (Vermessungsbezirk) sowie der Flurstücksnummer der Teilfläche möglich.

Wenn der BGH mit Blick auf Teilflächenveräußerungen anmerkt, dass § 28 S. 1 GBO nicht formalistisch überspannt werden dürfe, sodass eine hinreichende Bezeichnung einer Grundstücksteilfläche bereits nach Vorliegen des Veränderungsnachweises möglich sei,[23] so ist dies in gewisser Weise redundant, wenn man sich vergegenwärtigt, dass die Benennung von Grundstücken gem. § 2 Abs. 2 GBO entsprechend dem Liegenschaftskataster, also durch Angabe von Gemarkung (Vermessungsbezirk) und Flurstück stattfindet. Die katastermäßige Benennung eines Grundstücks iSv § 2 Abs. 2 GBO ändert sich mit der *katastermäßigen* Umbenennung und nicht erst mit der Fortschreibung im Bestandsverzeichnis des Grundbuchs; denn der Wahrung des Veränderungsnachweises im Bestandsverzeichnis des Grundbuchs kommt weder auf katastermäßiger noch auf rechtlicher Ebene irgendeine konstitutive Bedeutung zu. Vielmehr handelt es sich um eine schlichte *„Berichtigung des Namens"* des Grundstücks.[24] Dies verkennt *Schmidt-Ott,* wenn er undifferenziert, dh ohne Unterscheidung zwischen einer bereits katastermäßig erfassten und einer katastermäßig noch nicht erfassten Teilfläche bezweifelt, eine Grundstücksteilfläche könne gem. § 126 Abs. 2 S. 2 UmwG bezeichnet werden.[25] Ebenso geht seine Annahme fehl, der BGH würde im Falle einer Teilflächenübertragung von einer Bezeichnung gem. § 28 S. 1 GBO ausnahmsweise absehen wollen,[26] obgleich einzuräumen ist, dass auch der BGH in seinen Entscheidungsgründen[27] sowie in seinem dort in Bezug genommenen Urteil vom 7.12.2001 – V ZR 65/01 (NJW 2002, 1038) diesen Eindruck erweckt. Im Urteil aus dem Jahre 2001 heißt es:

> *„Damit ist zwar dem Kl. die an sich für eine Verurteilung erforderliche Bezeichnung nach Maßgabe des § 28 GBO (vgl. BGHZ 37, 233 [242] = NJW 1962, 1715 = LM § 19 BauGB Nr. 1) noch nicht möglich. Der Veränderungsnachweis bildet aber die Grundlage der Grundstücksabschreibung (§ 2 III GBO) und erlaubt es, durch entsprechende Bezugnahme das noch nicht abgeschriebene Grundstück übereinstimmend mit dem (künftigen) Inhalt des Grundbuchs festzulegen, weil das Grundbuchamt bei der Abschreibung die Angaben im Veränderungsnachweis übernimmt. Auch in einem solchen Fall wird daher dem Zweck des § 28 GBO genügt, die Eintragung bei dem richtigen Grundstück zu sichern (BGHZ 90, 323 [327f.] = NJW 1984, 1959 = LM § 925 BGB Nr. 14; BGH, NJW 1986, 1867; NJW-RR 1988, 266)."*[28]

---

[22] Vgl. exemplarisch §§ 32 Abs. 4 S. 1, 23 Abs. 1 S. 1 GeoVermG M-V; § 3 Abs. 1 S. 2 HmbVermG.

[23] BGH NZG 2008, 436 Rn. 25; vgl. auch die dort in Bezug genommene Entscheidung BGH NJW 1984, 1959 (1960).

[24] Vgl. *Volmer* DNotZ 2022, 127 (128).

[25] *Schmidt-Ott* ZIP 2008, 1353 (1354; richtig ist allerdings seine Annahme, ohne grundbuchliche Abschreibung liege in Ansehung der Teilfläche noch kein „neues" verkehrsfähiges Grundstück vor).

[26] *Schmidt-Ott* ZIP 2008, 1353.

[27] BGH NZG 2008, 436 Rn. 26: „Zwar ist es danach möglich, bei der Umwandlung den Übergang von Grundstücksteilflächen in dem Spaltungs- und Übernahmevertrag zu vereinbaren, ohne sie nach § 28 S. 1 GBO zu bezeichnen."

[28] BGH NJW 2002, 1038 (1039).

Richtigerweise liegt kein Absehen von einer Bezeichnung gem. § 28 S. 1 GBO vor, sondern eine solche ist vielmehr gewahrt, wenn das Grundstück bzw. seine zu übertragende Teilfläche gemäß dem amtlichen Liegenschaftskataster benannt werden kann. Denn in die Bezeichnungsvariante *„in Übereinstimmung mit dem Grundbuch"* ist stets die Bestimmung des § 2 Abs. 2 GBO „hineinzulesen". Dies folgt daraus, dass diese erste Bezeichnungsvariante des § 28 S. 1 GBO auf die grundbuchliche Bezeichnung eines Grundstücks abstellt, die wiederum in § 2 Abs. 2 GBO verankert ist. Darüber hinaus gilt es, die noch ausstehende grundbuchliche Abschreibung der Teilfläche (sog. Realteilung des Grundstücks) und die Benennbarkeit derselben iSv § 28 S. 1 GBO zu unterscheiden. Denn wie der Blick in § 2 Abs. 3 GBO verdeutlicht, ist die katastermäßige Benennbarkeit des entsprechenden Teils der Erdoberfläche zwar eine Voraussetzung für die grundbuchliche Abschreibung (also die Entstehung eines „neuen" Grundstücks im Rechtssinne), mit diesem grundbuchlichen Vorgang aber nicht identisch.

Im *Ergebnis* ist mithin festzuhalten, dass eine hinreichende Bezeichnung iSv § 126 Abs. 2 S. 2 UmwG iVm § 28 S. 1 GBO vorliegt, wenn die zu übertragende Teilfläche im Spaltungs- und Übernahmevertrag katastermäßig bezeichnet wird.[29] Dies ist nach Vorliegen des sog. Veränderungsnachweises (also des amtlichen Nachweises über die katastermäßige Umbenennung des Teils der Erdoberfläche) ohne Weiteres möglich. Auf die Wahrung des Veränderungsnachweises im Grundbuch kommt es nicht an, da die dortige Berichtigung der Benennung iSv § 2 Abs. 2 GBO weder auf katastermäßiger noch auf rechtlicher Ebene irgendeine konstitutive Bedeutung hat.

b) *Bezeichnung einer vermessenen, aber katastermäßig noch nicht erfassten Teilfläche*

Schwieriger ist die Situation zu beurteilen, wenn zwar bereits eine Vermessung der zu übertragenden Teilfläche stattgefunden hat, die hierzu vom Vermessungsingenieur erstellten Unterlagen (Koordinatenberechnung, Flächenberechnung, Kartierung usw.) aber noch nicht vom zuständigen Katasteramt bearbeitet worden sind, also eine Benennung der Teilfläche durch das Katasteramt noch nicht stattgefunden hat. Unter dem Eindruck der Entscheidung des BGH mag man geneigt sein, in diesem Fall die Möglichkeit einer Benennung iSv § 126 Abs. 2 S. 2 UmwG iVm § 28 S. 1 GBO zu verneinen. Doch auch insoweit gilt es wieder, sich bewusst zu machen, dass der rechtliche Grundstücksbegriff über § 2 Abs. 2 GBO untrennbar mit dem katastermäßigen Grundstücksbegriff verwoben ist. Ein Grundstück im katastermäßigen Sinne (Flurstück) ist *ein geometrisch eindeutig begrenzter Teil der Erdoberfläche, der im Liegenschaftskataster unter einer besonderen Bezeichnung geführt wird.*[30] Der erste Teil dieser Definition (geometrisch eindeutig begrenzter Teil der Erdoberfläche) ist nach Vorliegen der Vermessungsunterlagen ohne Weiteres gewahrt. Was jedoch fehlt, ist die *besondere Bezeichnung im Liegenschaftskataster*. Es stellt sich somit die Frage, ob alleine das Fehlen der katasteramtlichen Bezeichnung der bereits vermessenen Teilfläche dem durch § 126 Abs. 2 S. 2 UmwG iVm § 28 S. 1 GBO zu wahrenden *„Bestimmtheitserfordernis des Grundbuchrechts"*[31] – so das Postulat des BGH – entgegensteht.

An dieser Stelle sei nochmals daran erinnert, dass der vom BGH zu beurteilende Sachverhalt dadurch gekennzeichnet war, dass es nicht um die Übertragung einer Teilfläche, sondern eines „normalen" Grundstücks ging, und überdies das streitgegenständliche Grundstück im Spaltungs- und Übernahmevertrag gänzlich unerwähnt geblieben war, sodass sich der BGH nicht mit der Frage zu befassen hatte, *wie* eine hinreichende Bezeichnung gem. § 126 Abs. 2

---

[29] IErg ebenso *Blasche* NZG 2016, 328 (331); *Heckschen* NotBZ 2008, 192 (193; zu widersprechen ist indes der These von *Heckschen,* dass das Eigentum an der noch nicht grundbuchlich abgeschriebenen Teilfläche bereits mit der Handelsregistereintragung übergeht).

[30] Vgl. exemplarisch die Begriffsbestimmungen in § 22 Abs. 2 S. 1 GeoVermG M-V; § 2 Nr. 3 HambVG.

[31] BGH NZG 2008, 436 Rn. 22.

S. 2 UmwG iVm § 28 S. 1 GBO in Ansehung einer Grundstücksteilfläche auszusehen hätte. § 126 Abs. 2 UmwG ist eine Ausprägung des für alle Verfügungsgeschäfte geltenden sachenrechtlichen (verfügungsrechtlichen) Bestimmtheitsgrundsatzes,[32] sodass sich die Beantwortung der hier interessierenden Frage an diesem Normzweck auszurichten hat.

Betrachtet man die Ausführungen des BGH zu dem durch § 28 S. 1 GBO zu wahrenden *Bestimmtheitserfordernis des Grundbuchrechts*, so zeigt sich allerdings, dass diese Anforderung etwas anderes ist, als der materiell-rechtliche (sachenrechtliche) Bestimmtheitsgrundsatz. Dies offenbart sich an folgender Stelle der Entscheidungsgründe:

> *„Denn von der für die Bezeichnung der Teilfläche ausreichenden vertraglichen Bestimmbarkeit ist das Bestimmtheitserfordernis des Grundbuchrechts zu unterscheiden; dieses erfordert für den Eigentumsübergang die grundbuchmäßige Bezeichnung der Teilfläche, während es für die Wirksamkeit des schuldrechtlichen Vertrags wie auch für die Auflassung (Senat, NJW 2002, 1038; Urt. v. 18. 1. 2008 – V ZR 174/06 = BeckRS 2008, 03219, zur Veröffentlichung bestimmt) nur darauf ankommt, ob die Vertragsparteien sich über die Größe, die Lage und den Zuschnitt der Fläche entsprechend einer zeichnerischen – nicht notwendig maßstabsgerechten – Darstellung und darüber einig sind, dass die genaue Grenzziehung erst noch erfolgen soll (Senat, BGHZ 150, 334 [338f.] = NJW 2002, 2247)."*[33]

Die Ausführungen des BGH knüpfen erkennbar an den Normzweck des § 28 S. 1 GBO an, der gewährleisten soll, dass die Eintragung beim richtigen Grundstück erfolgt.[34] Während also der sachenrechtliche Bestimmtheitsgrundsatz ohne Weiteres durch eine Verwendung der vom Vermessungsingenieur erstellten Unterlagen (Koordinatenberechnung, Flächenberechnung, Kartierung usw.) gewahrt werden könnte, lassen sich die Anforderungen des § 28 S. 1 iVm § 2 Abs. 2 GBO mangels katastermäßiger Bezeichnung der zu übertragenden Teilfläche scheinbar nicht erfüllen. Diese Schlussfolgerung ist aber auch mit Blick auf den Normzweck des § 28 S. 1 GBO keineswegs zwingend. Denn wenn der Spaltungs- und Übernahmevertrag nicht nur einen den sachenrechtlichen Bestimmtheitsgrundsatz wahrenden Lageplan betreffend die zu übertragende Teilfläche enthält, sondern überdies auch das dazugehörige, bislang ungeteilte Grundstück nach Maßgabe des § 28 S. 1 GBO bezeichnet, so ist eine Verwechselungsgefahr auszuschließen. Auch der Gesetzeszweck des § 126 Abs. 2 S. 2 UmwG, wonach durch die Bezeichnung gem. § 28 S. 1 GBO sichergestellt werden soll, dass durch den außerhalb des Grundbuchs eintretenden Rechtsübergang (§ 131 Abs. 1 Nr. 1 UmwG) keine Rechtsunsicherheit eintritt,[35] wäre gewahrt; denn für den Rechtsverkehr wäre erkennbar, welches grundbuchlich verlautbarte Grundstück sowie welche Teilfläche hieraus von dem Umwandlungsvorgang betroffen sind.

Ebenso wenig steht die vom BGH in seinen Entscheidungsgründen in Bezug genommene Rechtsprechung zu Teilflächenübertragungen entgegen. Das Gericht führt zwar aus, dass an die Bezeichnung eines im Wege der Abspaltung zur Aufnahme übergehenden Grundstücks als Teil einer Sachgesamtheit keine geringeren Anforderungen gestellt werden dürften als bei der Einzelübertragung und für diese habe der Senat entschieden, dass die Verurteilung zur Abgabe einer Eintragungsbewilligung hinsichtlich einer Grundstücksteilfläche vor grundbuchlich vollzogener Teilung unstatthaft sei, weil den Anforderungen von § 28 GBO nicht genügt werden könne.[36] Allerdings begründet der BGH dieses Ergebnis in seiner in Bezug genommenen Entscheidung aus dem Jahre 1962[37] damit, dass vor einer grund-

---

[32] *Verse* in BeckOGK, 1.1.2022, UmwG § 126 Rn. 76.
[33] BGH NZG 2008, 436 Rn. 25.
[34] Zum Normzweck von § 28 S. 1 GBO vgl. *Krüger* ZNotP 2008, 466; *Wilsch* in BeckOK GBO, 47. Ed. 30.9.2022, § 28 Vorbem. und Rn. 3; *Kössinger* in Bauer/Schaub, GBO, 4. Aufl. 2018, § 28 Rn. 1.
[35] BT-Drs. 12/6699, 119.
[36] BGH NZG 2008, 436 Rn. 25.
[37] BGH NJW 1962, 1715, vgl. Leitsatz e) sowie S. 1717.

buchlichen Abschreibung der Teilfläche der *schuldrechtliche* Auflassungsanspruch noch nicht fällig sei. Außerdem könne die Verurteilung zur Auflassung eines erst künftig abzutrennenden Grundstücksteils in der Zwangsvollstreckung im Hinblick auf § 894 ZPO zu Unzuträglichkeiten führen.

Diese rechtlichen Erwägungen vermögen mit Blick auf den Gesetzeszweck des § 126 Abs. 2 S. 2 UmwG iVm § 28 S. 1 GBO nicht zu verfangen. Vielmehr ist mit dem OLG Schleswig davon auszugehen, dass der Gesetzeszweck gewahrt ist, wenn die zu übertragenden Vermögensgegenstände, für die § 28 GBO Geltung beansprucht, im Spaltungs- und Übernahmevertrag für jedermann klar und eindeutig bestimmt sind, sodass eine Auslegung weder veranlasst noch erforderlich ist und Unklarheiten darüber nicht auftreten können, dass und welche Grundstücke bzw. welche grundstücksgleichen Rechte, Rechte an Grundstücken und Rechte an Grundstücksrechten auf den übernehmenden Rechtsträger übertragen werden sollen.[38]

Im *Ergebnis* ist mithin festzuhalten, dass eine hinreichende Bezeichnung gem. § 126 Abs. 2 S. 2 UmwG iVm § 28 S. 1 GBO auch dann vorliegt, wenn der Spaltungs- und Übernahmevertrag einen den sachenrechtlichen Bestimmtheitsgrundsatz wahrenden Lageplan betreffend die zu übertragende Teilfläche (oder eine sonstige den sachenrechtlichen Bestimmtheitsgrundsatz wahrende Konkretisierung der Teilfläche) enthält und darüber hinaus das dazugehörige, bislang ungeteilte Grundstück nach Maßgabe des § 28 S. 1 GBO bezeichnet ist.

c) *Bezeichnung einer bislang unvermessenen Teilfläche*

In jenen Fällen, in denen noch nicht einmal eine Vermessung stattgefunden hat, liegen naturgemäß noch keine Vermessungsunterlagen vor. Ebenso wenig ist eine katastermäßige Bezeichnung der zu übertragenden Teilfläche möglich. Dennoch gelten mit Blick auf den Normzweck des § 126 Abs. 2 S. 2 UmwG iVm § 28 S. 1 GBO die rechtlichen Erwägungen zur Bezeichnung einer vermessenen, aber katastermäßig noch nicht erfassten Teilfläche entsprechend. Das heißt, auch hier genügt es, wenn im Spaltungs- und Übernahmevertrag das bislang ungeteilte Grundstück nach Maßgabe des § 28 S. 1 GBO bezeichnet ist und die zu übertragende Teilfläche mittels eines den sachenrechtlichen Bestimmtheitsgrundsatz wahrenden Lageplans (oder einer sonstigen den sachenrechtlichen Bestimmtheitsgrundsatz wahrenden Konkretisierung) bestimmt wird.[39]

d) *Exkurs: Übertragung des Teils einer Sondereigentumseinheit*

Zuweilen soll nicht das Eigentum an der Teilfläche eines Grundstücks, sondern das (Sonder-)Eigentum an einzelnen Räumen eines Wohnungs- oder Teileigentums auf den übernehmenden Rechtsträger übergehen. Der übertragende Rechtsträger kann hierzu – grundsätzlich ohne Mitwirkung der übrigen Sondereigentümer[40] – sein Wohnungs- oder

---

[38] OLG Schleswig NJW-RR 2010, 592 (593 zur Zulässigkeit einer sog. All-Klausel); der Zulässigkeit einer sog. All-Klausel durchaus zugeneigt *Schmidt-Räntsch* ZNotP 2008, 11 (13); *Heckschen* GmbHR 2015, 897 (901); offengelassen KG NZG 2015, 602 Rn. 18.

[39] AA *Leitzen* ZNotP 2008, 272 (276) und *Krüger* ZNotP 2008, 466 (468), die annehmen, im Falle einer unvermessenen Teilfläche sei die Einhaltung von § 126 Abs. 2 S. 2 UmwG nicht möglich.

[40] Vgl. aber BGH DNotZ 2015, 362: Die ohne Mitwirkung der übrigen Wohnungseigentümer erfolgte Unterteilung eines Sondereigentums soll nach Ansicht des Gerichts unwirksam sein, wenn im Zuge der Unterteilung auch eine Umwidmung von Teil- in Wohnungseigentum stattfinden soll. Das Gericht missachtet hiermit allerdings, dass die beabsichtigte Änderung des Nutzungszwecks schuldrechtlicher Natur ist, die es von der sachenrechtlichen Unterteilung zu unterscheiden gilt. Richtigerweise hätte das Gericht daher urteilen müssen, dass die Unterteilung sachenrechtlich wirksam ist, aber die bisherige Zweckvereinbarung „Teileigentum" mangels Mitwirkung der übrigen Sondereigentümer fortgilt und das jeweilige Wohnungsgrundbuch nur insoweit unrichtig iSv § 894 BGB ist.

Teileigentum gem. § 8 Abs. 1 WEG analog unterteilen. Sofern die Unterteilung noch nicht grundbuchlich vollzogen ist, stellt sich auch hier die Frage, ob und ggf. wie eine hinreichende Bezeichnung gem. § 126 Abs. 2 S. 2 UmwG iVm § 28 S. 1 GBO stattfinden kann.

Nach Ansicht des BGH kommt dem sog. Aufteilungsplan (vgl. § 7 Abs. 4 S. 1 Nr. 1 WEG) eine dem Liegenschaftskataster vergleichbare Funktion zu.[41] Denn das Sondereigentum sei als Alleineigentum ausgestaltet, das aus der gemeinschaftlichen Berechtigung der Miteigentümer des Grundstücks gelöst sei. Zur Abgrenzung der Eigentumssphären trete der Aufteilungsplan an die Stelle der Vermessung und katastermäßigen Erfassung. Der Aufteilungsplan ersetze also die bei Grundstücken erforderliche Vermessung sowie katastermäßige Erfassung und entspreche damit in seiner Funktion der Flurkarte bei Grundstücken.[42] Ausgehend von dieser Funktion ist eine hinreichende Bezeichnung gem. § 126 Abs. 2 S. 2 UmwG iVm § 28 S. 1 GBO gegeben, wenn die räumliche Erstreckung des zu übertragenden Sondereigentums erkennbar ist, also die zu „übertragenden" Räume iSv § 3 Abs. 1 WEG nebst etwaigen Grundstücksflächen iSv § 3 Abs. 2 WEG zweifelsfrei bezeichnet sind. Dies kann durch einen den sachenrechtlichen Bestimmtheitsgrundsatz wahrenden Aufteilungsplan betreffend das zu unterteilende Sondereigentum gewahrt werden. Hierbei ist es ohne Bedeutung, ob es sich um einen amtlichen oder sog. vorläufigen Aufteilungsplan handelt. Denn die „Amtlichkeit" des Aufteilungsplans, also der Umstand, dass die Behörde den Aufteilungsplan unterschrieben und gesiegelt bzw. gestempelt hat, ist für die Frage, ob der Aufteilungsplan zur Abgrenzung der Eigentumssphären geeignet ist, ohne Belang. Maßgeblich ist insoweit nur die inhaltliche Präzision des Aufteilungsplans, nicht aber sein Charakter als „amtlich".[43] Wird bei der Errichtung einer Teilungserklärung ein vorläufiger Aufteilungsplan verwendet, hat das Grundbuchamt ohnehin dessen Identität mit dem behördlich bestätigten Aufteilungsplan von Amts wegen zu prüfen.[44] Diese notwendige Prüfung kann nicht durch eine sog. Identitätserklärung der Beteiligten oder des Notars ersetzt werden, weshalb das Grundbuchamt die Eintragung auch nicht von der Vorlage einer solchen Erklärung abhängig machen darf.[45] Neben einem (vorläufigen oder amtlichen) „Unterteilungsplan", also einem Aufteilungsplan für die zu unterteilende Sondereigentumseinheit, ist es ferner erforderlich, im Spaltungs- und Übernahmevertrag die bislang ungeteilte Wohnungs-/Teileigentumseinheit nach Maßgabe des § 28 S. 1 GBO zu bezeichnen.

Die sog. Abgeschlossenheitsbescheinigung iSv § 7 Abs. 4 S. 1 Nr. 2 WEG ist auf materiellrechtlicher Ebene bedeutungslos. Nach heute ganz herrschender Auffassung ist die Abgeschlossenheit keine notwendige Voraussetzung für die Entstehung oder den Fortbestand von Sondereigentum.[46] Dies gilt sowohl für den nachträglichen Wegfall[47] als auch für das

---

[41] BGH NJW 2008, 2982 Rn. 12.

[42] Zur materiell-rechtlichen Bedeutung des Aufteilungsplans und den Folgen einer abweichenden Bauausführung vgl. *Monreal* in BeckOGK, 1.12.2021, WEG § 7 Rn. 53–53.5.

[43] Es stellt sich ohnehin die Frage nach der Sinnhaftigkeit eines amtlichen Aufteilungsplans nebst amtlicher Abgeschlossenheitsbescheinigung, wenn man sich vergegenwärtigt, dass die Behörde eine Einhaltung des in ihren Kompetenzbereich fallenden Rechts, nämlich des Baurechts, nicht zu prüfen hat (vgl. BGHZ (GemSOGB) 119, 42 = NJW 1992, 3290; ferner § 4 Abs. 2 der Allgemeinen Verwaltungsvorschrift für die Ausstellung von Bescheinigungen nach dem Wohnungseigentumsgesetz (AVA)). Ebenso wenig erfolgt ein Abgleich mit den tatsächlichen Gegebenheiten, also dem Bestandsgebäude, denn eine Ortsbesichtigung findet regelmäßig nicht statt, zumal für die inhaltliche Ausgestaltung des Grundstückseigentums, also den Rechtsakt iSv §§ 3, 8 WEG, nicht die tatsächlichen Gegebenheiten, sondern der Inhalt der Teilungserklärung maßgebend sind (vgl. *Monreal* in BeckOGK, 1.12.2021, WEG § 7 Rn. 81, 53–53.5, § 5 Rn. 58–61).

[44] *Schöner/Stöber,* Grundstücksrecht, 16. Aufl. 2020, Rn. 2855 mwN.

[45] BayObLG NJW-RR 2003, 446 (447); *Monreal* in BeckOGK, 1.12.2021, WEG § 7 Rn. 79.

[46] *M. Müller* in BeckOGK, 1.9.2022, WEG § 3 Rn. 233 mwN.

[47] BGH NJW 2001, 1212 (1213).

anfängliche Fehlen der Abgeschlossenheit.[48] Vor diesem Hintergrund kann der Abgeschlossenheit(sbescheinigung) auch im Rahmen der Bezeichnungspflicht gem. § 126 Abs. 2 S. 2 UmwG iVm § 28 S. 1 GBO keine Bedeutung zukommen. Während die im Aufteilungsplan festgelegte räumliche Erstreckung des Sondereigentums ein identitätsstiftendes Merkmal der jeweiligen Wohnungs-/Teileigentumseinheit ist,[49] trifft dies auf die Abgeschlossenheit iSv § 3 Abs. 3 WEG nicht zu. Die Abgeschlossenheit(sbescheinigung) ist also kein Element der grundbuchlichen Bezeichnung iSv § 28 S. 1 GBO betreffend das *„Wohnungs-/Teileigentum"*, was seinen Ausdruck darin findet, dass sie in Spalte 3 des Bestandsverzeichnisses gänzlich unerwähnt bleibt (vgl. § 3 WGV).

IV. Gegenstand der Gesamtrechtsnachfolge gem. § 131 Abs. 1 Nr. 1 UmwG

Ein Grundstück im rechtlichen Sinne wird eine bislang unvermessene und/oder noch nicht grundbuchlich abgeschriebene Teilfläche erst dann, wenn *erstens* eine katastermäßige Erfassung dieses Teils der Erdoberfläche stattgefunden hat und *zweitens* diese katastermäßig erfasste Teilfläche gem. § 2 Abs. 2 GBO im Bestandsverzeichnis des Grundbuchs unter einer *eigenen* laufenden Nummer als Grundstück verlautbart wird. Erst dann, wenn die Teilfläche unter einer eigenen laufenden Nummer im Bestandsverzeichnis des Grundbuchs geführt wird, ist sie fortan ein rechtlich eigenständiges Grundstück. Den Vorgang der Buchung unter einer eigenen laufenden Nummer im Bestandverzeichnis des Grundbuchs bezeichnet man als grundbuchliche Abschreibung (vgl. §§ 2 Abs. 3, 7 Abs. 1 GBO).

1. Exkurs: Der Irrtum der hM, die Realteilung sei ein rechtsgeschäftlicher Vorgang

Nach wohl einhelliger Ansicht in Rechtsprechung und Literatur ist für die Realteilung eines Grundstücks eine *rechtsgeschäftliche* Erklärung, also eine einseitige amtsempfangsbedürftige Willenserklärung des Grundstückseigentümers erforderlich.[50] Diese Annahme ist unzutreffend, denn sowohl die Vereinigung als auch die Realteilung eines Grundstücks sind *keine rechtsgeschäftlichen Verfügungen* des Grundstückseigentümers, sondern ausschließlich *tatsächliche* Vorgänge.

Dies ergibt sich bereits daraus, dass der Definition eines Grundstücks im Rechtssinne (s. o.) keinerlei Notwendigkeit einer rechtsgeschäftlichen Erklärung seitens des Grundstückseigentümers innewohnt. Der Umstand, dass der Definition eines Grundstücks im Rechtssinne keinerlei rechtsgeschäftliches Erklärungselement des Grundstückseigentümers innewohnt, ist durchaus verständlich, wenn man sich Folgendes bewusst macht: Das Verständnis dessen, was eine *Sache* ist, ergibt sich nicht aus dem Gesetz, sondern richtet sich grundsätzlich nach der Verkehrsauffassung.[51] Während sich zu zahlreichen Gegenständen des Alltagslebens (zB ein Haus, Buch, Stift uvm) in der breiten Bevölkerung ein allgemeines Begriffsverständnis entwickelt hat, ist das Begriffsverständnis betreffend ein Grundstück (im Rechtssinne) durch die Rechtsprechung entwickelt worden. Ein Umstand, der durchaus nachvollziehbar ist; denn warum sollten sich die Menschen in ihrem Alltag über diesen Begriff irgendwelche Gedanken machen. Insoweit mag zwar die Genese des Begriffsverständnisses eine Ausnahme zu dem Grundsatz sein, dass sich ein solches zumeist aus einer Verkehrsanschauung ent-

---

[48] BGH NJW 2008, 2982 Rn. 10ff.

[49] Vgl. Gutachten DNotI-Report 2016, 77 (79).

[50] VGH München BeckRS 2012, 47382 Rn. 18; *Planck,* BGB, 1902, § 890, S. 105; *Kohler* in MüKoBGB, 8. Aufl. 2020, § 890 Rn. 16; *Hertel* in BeckOGK, 15.4.2021, BGB § 890 Rn. 82; *Kral* in BeckOK GBO, 47. Ed. 30.9.2022, § 7 Rn. 15; *Picker* in Staudinger, BGB, 2019, § 890 Rn. 52; *Schöner/Stöber,* Grundbuchrecht, 16. Aufl. 2020, Rn. 669.

[51] Vgl. *Mössner* in BeckOGK, 1.3.2021, BGB § 93 Rn. 11 mwN.

wickelt und nach dieser richtet,[52] gleichwohl handelt es sich nur um die schlichte *Definition* einer *Sache*, indem das Wort „*Grundstück*" (im Rechtssinne) mit einem bestimmten, von der Rechtsprechung entwickelten Bedeutungsinhalt ausgefüllt wird. Der Umstand, dass ein Begriffsverständnis durch die Rechtsprechung (oder zuweilen auch durch den Gesetzgeber, sog. „Legaldefinitionen") festgelegt wird, darf aber nicht zu der Schlussfolgerung verleiten, die Entstehung der Sache gemäß der Definition sei ein rechtsgeschäftlicher Vorgang.

Der historische Gesetzgeber hat dies verstanden, wie ein Blick auf § 890 BGB verdeutlicht. Das Gesetz regelt dort zwar ausdrücklich nur den Fall der Vereinigung und Bestandteilszuschreibung von Grundstücken. Dennoch lohnt ein näherer Blick auf die Norm. Hierbei fällt auf, dass das Gesetz für die Vereinigung oder Bestandteilszuschreibung von Grundstücken entgegen dem sonstigen Regelungsmuster der §§ 873 ff. BGB keinerlei Willenserklärung oder sonstige rechtsgeschäftliche „Bewilligung" seitens des Grundstückseigentümers voraussetzt. Es genügt vielmehr, dass der Eigentümer die zu vereinigenden[53] Grundstücke als ein Grundstück in das Grundbuch *eintragen* lässt. Die Norm stellt insoweit – insbesondere gegenüber der staatlichen Stelle „Grundbuchamt" – klar, dass er dies *kann*. Dem historischen Gesetzgeber war offensichtlich bewusst, dass der Definition eines „Grundstücks" keinerlei rechtsgeschäftliches Willenselement innewohnt[54] und infolgedessen auch die Schaffung der neuen Sache „*vereinigtes Grundstück*" kein Rechtsgeschäft, sondern nur ein rein tatsächlicher Vorgang ist. Dies kommt auch in der Entstehungsgeschichte des BGB, namentlich in § 787 BGB-Entwurf zum Ausdruck, der wie folgt lautete:

> „*Jedes Grundstück, welches in dem Flurbuche eine besondere Nummer führt, ist als ein einheitliches Grundstück anzusehen.*
>
> *Ein Gleiches gilt von mehreren Grundstücken, welche im Flurbuche verschiedene Nummern führen, sofern sie in dem Grundbuche als ein einheitliches Grundstück gebucht sind.*"

In den Motiven heißt es hierzu:

> „*Der Begriff des einheitlichen Grundstückes erleidet in Preußen, Sachsen, Oldenburg und anderen Staaten eine Erweiterung dadurch, dass mehrere Grundstücke, von welchen an sich jedes selbständig bezw. unter einer besonderen Nummer im Flurbuche aufgeführt ist, zu einem einheitlichen Gutsverbande vereinigt werden können … Der Entwurf gestattet deshalb, mehrere Grundstücke, von welchen jedes im Flurbuche seine eigene Nummer hat, im Grundbuche als ein einheitliches Grundstück mit der Wirkung zu buchen, dass die einzelnen Grundstücke als nicht wesentliche des einheitlichen Ganzen in gleicher Weise gelten, wie die einzelnen Flächentheile eines unter einer Nummer im Flurbuche aufgeführten Grundstückes. Dies ist die Bedeutung des zweiten Absatzes des 787 … Der Eigentümer kann kraft seines Eigenthumes das Grundstück theilen, d. h. einen im Flurbuche unter einer besonderen Nummer aufzuführenden bezw. bereits aufgeführten Flächenabschnitt im Grundbuch abschreiben und als selbständiges Grundstück buchen lassen.*"[55]

Es fällt auf und dürfte kein Zufall sein, dass weder der Gesetzeswortlaut noch die Gesetzesbegründung die Notwendigkeit einer *Erklärung* des Eigentümers erwähnen. Vielmehr stellt der Gesetzgeber auf das „*buchen lassen*" ab. Auch an anderer Stelle der Begründung zeigt

---

[52] In diesem Sinne *Mössner* in BeckOGK, 1.3.2021, BGB § 93 Rn. 12: „*Eine Ausnahme gilt bei Grundstücken: Hier entscheidet wegen des maßgeblichen formellen Grundstücksbegriffs nicht die Verkehrsauffassung, sondern die (rein) rechtliche Betrachtung, ob ein (rechtlich) einheitliches Grundstück vorliegt.*"
[53] Die nachfolgenden Ausführungen gelten sinngemäß für die Bestandteilszuschreibung. Alleine aus sprachlichen Gründen wird der Einfachheit halber nur von „Vereinigung" gesprochen.
[54] Vgl. *Mugdan*, Die gesammelten Materialien zum Bürgerlichen Gesetzbuch für das Deutsche Reich, Bd. III, Sachenrecht, 1899, S. 29 f.
[55] Motive zu dem Entwurfe eines Bürgerlichen Gesetzbuches für das Deutsche Reich, Bd. III, Sachenrecht, 1888, S. 56 f.; *Mugdan*, Die gesamten Materialien zum BGB für das Deutsche Reich, 1899, Bd. III, S. 31 ff.

sich, dass der Gesetzgeber ganz bewusst auf materiell-rechtliche Voraussetzungen für die Vereinigung von Grundstücken sowie deren Teilung[56] verzichtet. So hat der Gesetzgeber beispielsweise dem Vorschlag, die Vereinigung von unterschiedlich belasteten Grundstücken zu verbieten, eine Absage erteilt mit der Begründung, den praktischen Unzuträglichkeiten, die sich im Falle der Zwangsvollstreckung ergeben könnten, sei durch Vorschriften der Grundbuchordnung vorzubeugen.[57] Dies spiegelt sich in unserem heutigen § 5 GBO wider, der keine materiell-rechtliche, sondern eine ausschließlich grundbuchverfahrensrechtliche Ordnungsvorschrift ist.[58]

Vor diesem Hintergrund geht die herrschende Meinung fehl, wenn sie postuliert, nach „den allgemeinen Grundsätzen des Grundstücksrechts erfordert die Realteilung materiell-rechtlich eine Erklärung des Eigentümers und Grundbucheintragung (§§ 873, 877 BGB)".[59] Die Entstehung eines Grundstücks (im Rechtssinne) als räumlich abgegrenzter, katastermäßig bezeichneter Teil der Erdoberfläche, der auf einem besonderen Grundbuchblatt allein oder auf einem gemeinschaftlichen Grundbuchblatt unter einer besonderen Nummer im Verzeichnis der Grundstücke gebucht ist, ist ebenso ein ausschließlich tatsächlicher Vorgang wie die Herstellung sonstiger körperlicher Sachen, die Gegenstand von Rechten − hier des Eigentumsrechts iSv Art. 14 Abs. 1 GG − sein können. Demzufolge entsteht die neue Sache „Grundstück" mit der grundbuchlichen Abschreibung beispielsweise auch dann, wenn der die Abschreibung beantragende Grundstückseigentümer geschäftsunfähig ist oder ein Buchberechtigter die Abschreibung veranlasst. Ein Rückgriff auf § 892 BGB ist weder erforderlich noch möglich. Der Rückgriff ist deshalb nicht erforderlich, weil sich mit der Umgestaltung der Sache − insoweit zutreffend als „Realteilung" bezeichnet − nicht die Eigentumsverhältnisse ändern, denn hierzu wäre ein Rechtsgeschäft gem. §§ 873, 925 BGB oder ein sonstiger Rechtsträgerwechsel betreffend das Eigentum an dem katastermäßig bezeichneten Teil der Erdoberfläche notwendig. Außerdem ist ein Rückgriff auf § 892 BGB auch nicht möglich, denn das *Grundstück ist nicht das Eigentum*, sondern es ist *der Gegenstand von Eigentum*. MaW: Das Grundstück ist das in der physischen Außenwelt vorhandene, mithin tatsächliche Bezugsobjekt des Eigentumsrechts. § 892 BGB schützt nur den guten Glauben an die im Grundbuch eingetragenen (bzw. nicht eingetragenen) Rechte an diesem Gegenstand, nicht aber den guten Glauben in das tatsächliche Vorhandensein des Gegenstands.[60]

Zwischenergebnis: Die in Literatur und Rechtsprechung ganz einhellig vertretene Ansicht, die Realteilung eines Grundstücks sei eine rechtsgeschäftliche Verfügung und setze dementsprechend eine einseitige amtsempfangsbedürftige Willenserklärung des verfügungsbefugten Grundstückseigentümers voraus, ist unzutreffend. Es handelt sich um einen rein *tatsächlichen* Vorgang. Entsprechendes gilt für die Vereinigung und Bestandszuschreibung iSv § 890 BGB.

---

[56] Den gesetzlich nicht geregelten Fall der Grundstücksteilung hielt der Gesetzgeber wegen § 848 BGB-Entwurf (entspricht unserem heutigen § 903 BGB) offensichtlich für entbehrlich; vgl. hierzu *Mugdan,* Die gesamten Materialien zum BGB für das Deutsche Reich, 1899, Bd. III, S. 33.

[57] *Mugdan,* Die gesamten Materialien zum BGB für das Deutsche Reich, 1899, Bd. III, S. 494 (zur Vereinigung von Grundstücken), S. 33 (zur Teilung von Grundstücken).

[58] BGH DNotZ 2006, 288 (290).

[59] Vgl. exemplarisch *Hertel* in BeckOGK, 15.4.2021, BGB § 890 Rn. 82.

[60] *Bohnert* JZ 2011, 775, der zwischen extensionalem Grundstücksrecht (also der äußeren Lage des Grundstücks auf der Erdoberfläche) und intentionalem Grundstücksrecht (das bestimmt, wem das Grundstück gehört) unterscheiden will, ist daher zu widersprechen, wenn er annimmt, das extensionale Grundstücksrecht sei eine Regelungsmaterie des Sachenrechts des BGB und die Bedeutung der Vermessung der Erdoberfläche sei als nicht-normativer, sondern bloß deskriptiver Vorgang gänzlich ungeeignet zur Klärung der Frage, wo die Grundstücksgrenzen verliefen. Er verkennt damit, dass die deskriptive Beschreibung der örtlichen Lage des Grundstücks auf der Erdoberfläche ein unentbehrliches Element der Definition der Sache „Grundstück" ist.

2. Gegenstand der sog. partiellen Rechtsnachfolge bei einer Teilfläche

Es bleibt schlussendlich die Frage, welche vermögenswerte Rechtsposition mit der Eintragung der Spaltung in das Handelsregister des übernehmenden Rechtsträgers (im Falle der Ausgliederung, § 171 UmwG) bzw. in das Handelsregister des übertragenden Rechtsträgers gem. § 131 Abs. 1 Nr. 1 UmwG übergeht.

a) Grundbuchliche Abschreibung zeitlich vor der Handelsregistereintragung

Sofern die Realteilung, also die grundbuchliche Abschreibung der Teilfläche *zeitlich vor* der Eintragung der Spaltung im maßgeblichen Handelsregister erfolgt, geht das *Eigentum an diesem neu gebildeten Grundstück* in dem in §§ 131 Abs. 1 Nr. 1, 171 UmwG genannten Zeitpunkt auf den übernehmenden Rechtsträger über. Voraussetzung ist hierfür freilich, dass das neu gebildete Grundstück mit der im Spaltungs- und Übernahmevertrag bezeichneten Teilfläche identisch (isV räumlich kongruent) ist.

Ist zum Zwecke der Realteilung zwar das Bestandsverzeichnis des Grundbuchs geändert, also die Teilfläche auf einem besonderen Grundbuchblatt allein oder auf einem gemeinschaftlichen Grundbuchblatt unter einer besonderen Nummer im Verzeichnis der Grundstücke gebucht worden, aber in Abteilung I des Grundbuchs weiterhin der übertragende Rechtsträger als (vermeintlicher) Eigentümer dieses neu gebildeten Grundstücks eingetragen, so ist das Grundbuch insoweit (also betreffend die Eigentümerstellung an dem neu gebildeten Grundstück) unrichtig iSv § 894 BGB, § 22 GBO.

Eine sog. Identitätserklärung ist für den materiell-rechtlichen Eigentumsübergang nicht erforderlich.[61] Der BGH führt zwar in seinen Entscheidungsgründen mit Blick auf Teilflächen aus, dass das Eigentum erst dann auf den übernehmenden Rechtsträger übergehe, wenn die Bezeichnung gem. § 28 S. 1 GBO nachgeholt werde.[62] Dies ist jedoch unzutreffend, da § 28 S. 1 GBO bei richtigem Verständnis dieser Norm bereits gewahrt ist (s. o.).

b) Grundbuchliche Abschreibung zeitlich nach der Handelsregistereintragung

Nicht selten dürfte die grundbuchliche Abschreibung der Teilfläche aber noch nicht erfolgt sein, wenn die Handelsregistereintragung gem. §§ 131 Abs. 1 Nr. 1, 171 UmwG stattfindet. Die Frage, welche vermögenswerte Rechtsposition in diesem Fall auf den übernehmenden Rechtsträger übergeht, ist bislang ungeklärt. Die Rechtsprechung hat sich noch nicht in entscheidungserheblicher Weise mit dieser Frage befasst und in der Literatur finden sich allenfalls vage Ausführungen dahingehend, dass bis zur grundbuchlichen Abschreibung der Teilfläche „(nur) eine *Art Anwartschaftsrecht*"[63] übergehe oder der Eigentumsübergang an der Teilfläche „*schwebend unwirksam*"[64] sei.

aa) Kein Eigentumsübergang an der noch nicht abgeschriebenen Teilfläche

Als Teil der Erdoberfläche existiert die Teilfläche zwar im natürlichen, nicht aber im rechtlichen Sinne, solange sie noch nicht grundbuchlich abgeschrieben worden ist. Demzufolge kann nicht das Eigentum an dieser Teilfläche auf den übernehmenden Rechtsträger

---

[61] *Schorling* AG 2008, 653 (656 f.); *Schöner/Stöber*, Grundbuchrecht, 16. Aufl. 2020, 995 c; aA *Mayer* in Widmann/Mayer, Umwandlungsrecht, 03/2021, UmwG § 126 Rn. 213; *Weiler* MittBayNot 2008, 310 (312).

[62] BGH NZG 2008, 436 Rn. 26.

[63] *Schöner/Stöber*, Grundbuchrecht, 16. Aufl. 2020, Rn. 995 c; ebenso KG NZG 2015, 602 Rn. 21; mit dieser Lösung sympathisierend auch *Schorling* AG 2008, 653 (656).

[64] Vgl. exemplarisch *Priester* in Lutter, UmwG, 6. Aufl. 2019, § 126 Rn. 61; *Hörtnagl* in Schmitt/Hörtnagl, UmwG, UmwStG, 9. Aufl. 2020, UmwG § 126 Rn. 81; *Mayer* in Widmann/Mayer, Umwandlungsrecht, 03/2021, UmwG § 126 Rn. 213.

übergehen; denn im Zeitpunkt der Handelsregistereintragung ist die Teilfläche noch kein eigentumsfähiger *eigenständiger Gegenstand*.[65]

bb) *Anwartschaftsrecht am ungeteilten Grundstück oder an der realen Teilfläche desselben?*

Es stellt sich die Frage, ob ein Anwartschaftsrecht oder eine vergleichbare eigentumsähnliche Rechtsposition auf den übernehmenden Rechtsträger übergehen kann. Nicht zu überzeugen vermag in diesem Zusammenhang die Überlegung von *Schmidt-Ott,* der annimmt, in Ansehung der zu übertragenden Teilfläche scheide ein übergangsfähiges Anwartschaftsrecht *per se* aus, weil es an einer gesicherten Rechtsposition des übernehmenden Rechtsträgers fehle.[66]

Nach der Rechtsprechung des BGH[67] liegt ein Anwartschaftsrecht vor, *„wenn von dem mehraktigen Entstehungstatbestand eines Rechtes schon so viele Erfordernisse erfüllt sind, dass von einer gesicherten Rechtsposition des Erwerbers gesprochen werden kann, die der andere an der Entstehung des Rechtes Beteiligte nicht mehr einseitig zu zerstören vermag (Senatsurteile BGHZ 45, 186 (188, 189) = NJW 1966, 1019; BGHZ 49, 197 (201) = NJW 1968, 493)“.* Den mehraktigen Entstehungstatbestand, den das Gericht hierbei mit Blick auf die Übertragung von Eigentum an einem Grundstück vor Augen hat, sind Einigung und Eintragung gem. §§ 873, 925 BGB. Eine konstitutive Eintragung ist im Falle der (partiellen) Gesamtrechtsnachfolge gem. § 131 Abs. 1 Nr. 1 UmwG allerdings nicht erforderlich und der bindenden Einigung gem. §§ 873 Abs. 2, 925 BGB entspricht die Einigung gem. § 126 Abs. 1 Nr. 9, Abs. 2 iVm §§ 125 S. 1, 6 UmwG. Somit liegen nach Abschluss des Spaltungs- und Übernahmevertrages und Eintragung der Spaltung im maßgeblichen Handelsregister alle *rechtlichen* Voraussetzungen für einen Eigentumserwerb an der Teilfläche durch den übernehmenden Rechtsträger vor.[68] *Schmidt-Ott* verkennt insoweit, dass die Unsicherheit, die zum Zeitpunkt der §§ 131 Abs. 1 Nr. 1, 171 UmwG besteht, nicht rechtlicher, sondern *tatsächlicher* Natur ist; denn es ist ungewiss, ob der zu übertragende *Gegenstand,* nämlich das neu zu bildende *Grundstück* entstehen wird. Der Inhalt des Spaltungs- und Übernahmevertrages ist streng genommen auf die Übertragung eines *künftigen* Gegenstands gerichtet.

Die Ungewissheit betreffend die künftige Entstehung des zu übertragenden Grundstücks schließt allerdings nicht aus, dass der übernehmende Rechtsträger ein Anwartschaftsrecht *am bislang ungeteilten Grundstück* erlangen kann; denn der letztgenannte eigentumsfähige Gegenstand des übertragenden Rechtsträgers ist bereits vorhanden. Fraglich ist alleine, ob von einer gesicherten Rechtsposition des übernehmenden Rechtsträgers gesprochen werden kann.

(1) Belastung des ungeteilten Grundstücks mit einer Vormerkung zugunsten des übernehmenden Rechtsträgers. Die Annahme einer gesicherten Rechtsposition erscheint vertretbar, wenn:

- der übertragende Rechtsträger den übernehmenden Rechtsträger unwiderruflich[69] bevollmächtigt, die Vermessung der Teilfläche und deren grundbuchliche Abschreibung zu veranlassen, und
- der schuldrechtliche Anspruch auf Verschaffung der Teilfläche[70] durch Eintragung einer Vormerkung am bislang ungeteilten Grundstück gesichert wird.

---

[65] Zutreffend *Schorling* AG 2008, 653 (656 mwN).

[66] *Schmidt-Ott* ZNotP 2008, 1353 (1354f.).

[67] BGH NJW 1982, 1639 (1640).

[68] Vor diesem Hintergrund ist auch davon auszugehen, dass das Eigentum an der Teilfläche übergeht, wenn die grundbuchliche Abschreibung zeitlich vor der Handelsregistereintragung erfolgt.

[69] Ausgenommen ein Widerruf aus wichtigem Grund.

[70] Ein solcher Anspruch ist regelmäßig auch ohne ausdrückliche Vereinbarung anzunehmen; vgl. *Höfinghoff* in Eckhard/Hermanns, Kölner Handbuch Gesellschaftsrecht, 4. Aufl. 2021, Rn. 1093; *Leitzen* ZNotP 2008, 272 (277) mwN; *Schorling* AG 2008, 653 (658).

In diesem Fall kann jedenfalls der übertragende Rechtsträger die grundbuchliche Abschreibung der Teilfläche und somit die Entstehung des künftigen Grundstücks nicht mehr verhindern. Selbst wenn der übertragende Rechtsträger zwischenzeitlich das Eigentum an dem ungeteilten Grundstück auf einen Dritten übertragen sollte, so wäre dieser Eigentumswechsel gegenüber dem vormerkungsberechtigten übernehmenden Rechtsträger unwirksam. Die relative Unwirksamkeit gem. § 883 Abs. 2 BGB hätte zur Folge, dass im Verhältnis zum übernehmenden Rechtsträger weiterhin der übertragende Rechtsträger als Grundstückseigentümer gilt. Konsequenterweise ist der übernehmende Rechtsträger als berechtigt anzusehen, auch nach einem Eigentumswechsel namens des übertragenden Rechtsträgers die grundbuchliche Abschreibung der Teilfläche zu veranlassen. Für die grundbuchliche Abschreibung der Teilfläche als notwendiger Zwischenschritt für eine partielle Gesamtrechtsnachfolge gem. § 131 Abs. 1 Nr. 1 BGB kann zumindest im Ergebnis nichts anderes gelten als bei einer vormerkungsgesicherten rechtsgeschäftlichen Einzelübertragung der Teilfläche.

Eine Mitwirkung des Dritten an der grundbuchlichen Abschreibung, die nötigenfalls gem. § 888 Abs. 1 BGB erzwungen werden könnte, ist nicht notwendig. Denn die grundbuchliche Abschreibung der Teilfläche, für die nach hier vertretener Ansicht ohnehin nur verfahrensrechtliche Erklärungen gem. §§ 13 Abs. 1, 19 GBO (und nach hM zusätzlich eine materiell-rechtliche Willenserklärung) erforderlich sind, berührt den Dritten nicht in seiner Eigentumsposition. Die Buchung der Teilfläche unter einer eigenen laufenden Nummer im Bestandsverzeichnis des Grundbuchs ist vielmehr „eigentumsneutral".[71] Der eine juristische Sekunde später eintretende Eigentumsverlust des Dritten an der Teilfläche (als nunmehr rechtlich eigenständiger Gegenstand) beruht auf dem in § 131 Abs. 1 Nr. 1 UmwG angeordneten Eigentumsübergang und nicht auf der grundbuchlichen Abschreibung; letztere ist nur ein grundbuchverfahrensrechtlicher Zwischenschritt.

Dem steht auch nicht die jüngst ergangene Entscheidung des OLG München entgegen, das die Eintragung einer Vormerkung zur Sicherung eines Anspruchs auf Realteilung abgelehnt hat.[72] Denn im Falle eines Spaltungs- und Übernahmevertrages sichert die Vormerkung den schuldrechtlichen Eigentumsverschaffungsanspruch des übernehmenden Rechtsträgers betreffend die zu übertragende Teilfläche und nicht einen isolierten Anspruch auf Realteilung, wie dies in dem vom OLG München zu beurteilenden Fall beantragt worden war.

Das Anwartschaftsrecht ist von der Vormerkung, die nur am bislang ungeteilten Gesamtgrundstück eingetragen werden kann, zu unterscheiden. Die Akzessorietät der Vormerkung spricht dafür, dass das Anwartschaftsrecht nicht weiter reicht als der zu sichernde schuldrechtliche Anspruch mit der Folge, dass das Anwartschaftsrecht (nur) an der realen Teilfläche entsteht. Die dogmatisch durchaus spannende Frage, ob das Anwartschaftsrecht am Gesamtgrundstück oder nur an der realen Teilfläche desselben lastet, bedarf an dieser Stelle aber keiner vertieften Erörterung.

(2) Fehlende grundbuchliche Absicherung mittels Vormerkung. Sofern keine grundbuchliche Absicherung des Eigentumsverschaffungsanspruchs mittels Vormerkung zugunsten des übernehmenden Rechtsträgers erfolgt (oder erfolgen kann), erscheint es zweifelhaft, dass mit der Handelsregistereintragung ein Anwartschaftsrecht oder eine sonst wie geartete „dingliche" Rechtsposition auf den übernehmenden Rechtsträger übergeht. Das KG nimmt zwar an, dass die Eintragung der Spaltung nicht gänzlich ohne Rechtswirkung bleibe, weil hinsichtlich der Teilfläche eine „*Art Anwartschaftsrecht*" des übernehmenden Rechtsträgers entstehe.[73] Das Gericht beantwortet indes nicht die Fragen, was diese „*Art Anwartschaft*" kennzeichnet und wodurch es sich von einem Anwartschaftsrecht im eigentlichen Sinne unterscheidet.

---

[71] Vgl. *Volmer* DNotZ 2022, 127 (129).
[72] OLG München DNotZ 2022, 123 ff. mit kritischer Anmerkung von *Volmer.*
[73] KG NZG 2015, 602 Rn. 21.

Unklar bleibt auch, woran diese „*Art Anwartschaft*" bestehen soll, ob an der Teilfläche oder an dem zum Zeitpunkt der Handelsregistereintragung noch ungeteilten Gesamtgrundstück. Die Belastung von realen Teilflächen eines Grundstücks wird zwar zuweilen für zulässig erachtet.[74] Die Entstehung einer dinglichen oder eigentumsähnlichen Rechtsposition setzt jedoch stets eine grundbuchliche Verlautbarung zugunsten des Berechtigten voraus. Ist eine grundbuchliche Verlautbarung zugunsten des übernehmenden Rechtsträgers allerdings nicht vorhanden, so lässt sich schwerlich eine dingliche oder eigentumsähnliche Rechtsposition – gleichviel ob am Gesamtgrundstück oder an der realen Teilfläche – annehmen. In diesem Fall steht dem übernehmenden Rechtsträger letztlich lediglich ein schuldrechtlicher Anspruch auf Verschaffung des Eigentums an der Teilfläche zu. Ein solcher ist regelmäßig auch ohne ausdrückliche Vereinbarung anzunehmen.[75]

Dem KG ist gleichwohl darin zuzustimmen, dass die Eintragung der Spaltung im Handelsregister nicht gänzlich ohne Rechtswirkung bleibt. Diese Eintragung bildet gem. § 131 Abs. 1 Nr. 1 UmwG (ggf. iVm § 171 UmwG) die Grundlage für den Eigentumsübergang an der Teilfläche, sobald diese ein eigenständiges Grundstück (im Rechtsinne) wird. Ein Eigentumsübergang findet allerdings nur dann statt, wenn *erstens* das neu gebildete Grundstück mit der im Spaltungs- und Übernahmevertrag bezeichneten Teilfläche identisch (iSv räumlich kongruent) ist, und *zweitens* der übertragende Rechtsträger nicht zuvor anderweitig über das Eigentum an diesem (künftigen) Gegenstand zugunsten eines gutgläubigen Dritten verfügt hat. Der Rechtserwerb eines gutgläubigen Dritten (zB eines vormerkungsgesicherten Käufers) wird sich nach der in §§ 161 Abs. 3, 883 Abs. 2, 892 BGB zum Ausdruck kommenden gesetzgeberischen Wertung gegenüber dem übernehmenden Rechtsträger durchsetzen müssen.

Sofern allerdings ein solche anderweitige Verfügung hinsichtlich der Teilfläche nicht stattgefunden hat und das neu gebildete Grundstück mit der im Spaltungs- und Übernahmevertrag bezeichneten Teilfläche identisch (iSv räumlich kongruent) ist, geht das Eigentum mit grundbuchlicher Abschreibung derselben auf den übernehmenden Rechtsträger *ipso iure* über. Einer Identitätserklärung bedarf es für den Eigentumsübergang auch hier nicht (s. o.).

V. Zusammenfassung und Thesen

1. Der BGH hat in seiner Entscheidung vom 25.1.2008 – V ZR 79/07 – nur geurteilt, *dass* in einem Spaltungs- und Übernahmevertrag die zu übertragenden Grundstücke gem. § 126 Abs. 2 S. 2 UmwG iVm § 28 S. 1 GBO zu bezeichnen sind. Der Entscheidung lässt sich hingegen nicht entnehmen, *wie* diese Bezeichnungspflicht zu wahren ist, denn mangels Entscheidungserheblichkeit musste sich das Gericht nicht mit dem normativen Inhalt von § 28 S. 1 GBO auseinandersetzen.
2. Eine hinreichende Bezeichnung gem. § 126 Abs. 2 S. 2 UmwG iVm § 28 S. 1 GBO ist bei einer bereits katastermäßig erfassten Grundstücksteilfläche durch Angabe der Gemarkung (oder des sonstigen Vermessungsbezirks, ggf. unter Nennung der Flur) sowie des Flurstücks möglich.
3. Bei sog. unvermessenen Grundstücksteilflächen liegt eine hinreichende Bezeichnung gem. § 126 Abs. 2 S. 2 UmwG iVm § 28 S. 1 GBO dann vor, wenn der Spaltungs- und Übernahmevertrag einen den sachenrechtlichen Bestimmtheitsgrundsatz wahrenden Lageplan betreffend die zu übertragende Teilfläche (oder eine sonstige den sachenrechtlichen Bestimmtheitsgrundsatz wahrende Konkretisierung der Teilfläche) enthält und dar-

---

[74] Für den Nießbrauch (str.) vgl. OLG München FGPrax 2021, 10; für Grundpfandrechte (str.) vgl. *Kern* in BeckOGK, 1.8.2022, BGB § 1113 Rn. 48; für Dienstbarkeiten vgl. § 7 Abs. 2 GBO.

[75] Vgl. *Höfinghoff* in Eckhard/Hermanns, Kölner Handbuch Gesellschaftsrecht, 4. Aufl. 2021, Rn. 1093; *Leitzen* ZNotP 2008, 272 (277) mwN; *Schorling* AG 2008, 653 (658).

über hinaus das dazugehörige, bislang ungeteilte Grundstück nach Maßgabe des § 28 S. 1 GBO bezeichnet ist.

4. Bei der Übertragung von Sondereigentum an einzelnen Räumen einer Wohnungs- oder Teileigentumseinheit (ggf. nebst Flächen iSv § 3 Abs. 2 WEG) wird eine hinreichende Bezeichnung durch einen vorläufigen oder amtlichen „Unterteilungsplan" sowie zusätzliche Bezeichnung der bislang ungeteilten Wohnungs-/Teileigentumseinheit nach Maßgabe des § 28 S. 1 GBO gewahrt.

5. Die ganz einhellige Meinung, die Realteilung eines Grundstücks sei eine rechtsgeschäftliche Verfügung und setze dementsprechend eine einseitige amtsempfangsbedürftige Willenserklärung des Grundstückseigentümers voraus, ist unzutreffend. Die Realteilung ist ein rein tatsächlicher Vorgang. Entsprechendes gilt für Grundstücksvereinigungen und Bestandteilszuschreibungen iSv § 890 BGB.

6. Findet die grundbuchliche Abschreibung der zu übertragenden Teilfläche zeitlich vor der Eintragung der Spaltung im Handelsregister statt, so geht das Eigentum an dem neu gebildeten Grundstück in dem in §§ 131 Abs. 1 Nr. 1, 171 UmwG genannten Zeitpunkt auf den übernehmenden Rechtsträger über, vorausgesetzt das neu gebildete Grundstück ist mit der im Spaltungs- und Übernahmevertrag bezeichneten Teilfläche identisch (iSv räumlich kongruent). Einer Identitätserklärung bedarf es für den Eigentumsübergang nicht.

7. Findet die grundbuchliche Abschreibung der zu übertragenden Teilfläche zeitlich nach der Eintragung der Spaltung im Handelsregister statt, so geht in dem in §§ 131 Abs. 1 Nr. 1, 171 UmwG genannten Zeitpunkt bereits ein dingliches Anwartschaftsrecht, lastend am bislang ungeteilten Grundstück oder an der realen Teilfläche desselben, auf den übernehmenden Rechtsträger über, sofern der übertragende Rechtsträger den übernehmenden Rechtsträger unwiderruflich bevollmächtigt hat, die Vermessung der Teilfläche und deren grundbuchliche Abschreibung zu veranlassen, und der schuldrechtliche Anspruch auf Verschaffung des Eigentums an der Teilfläche durch Eintragung einer Vormerkung am bislang ungeteilten Grundstück gesichert ist.

8. Anderenfalls steht dem übernehmenden Rechtsträger im Zeitpunkt der Eintragung der Spaltung in das Handelsregister zunächst nur ein schuldrechtlicher Anspruch auf Verschaffung des Eigentums an der Teilfläche zu. Das Eigentum an der Teilfläche geht nach grundbuchlicher Abschreibung auf den übernehmenden Rechtsträger über, sofern der übertragende Rechtsträger nicht bereits zuvor anderweitig über das Eigentum an diesem (künftigen) Gegenstand zugunsten eines Dritten verfügt hat. Darüber hinaus muss das neu gebildete Grundstück mit der im Spaltungs- und Übernahmevertrag bezeichneten Teilfläche identisch (iSv räumlich kongruent) sein. Einer Identitätserklärung bedarf es für den Eigentumsübergang nicht.

ALEXANDER NARASCHEWSKI

Sonderfälle der Schlussbilanz nach § 17 Abs. 2 UmwG

I. Einleitung

Werden zwei Rechtsträger miteinander verschmolzen, ist der Anmeldung zum Register des übertragenden Rechtsträgers dessen Schlussbilanz beizufügen (§ 17 Abs. 2 S. 1 UmwG). Dasselbe gilt für die Spaltung (Aufspaltung, Abspaltung und Ausgliederung) über die Verweisung in § 125 S. 1 UmwG.[1] Dabei darf die Schlussbilanz bei Anmeldung der Umwandlungsmaßnahme auf einen höchstens acht Monate davor liegenden Zeitpunkt aufgestellt sein (§ 17 Abs. 2 S. 4 UmwG).[2] In der Praxis wird regelmäßig die Bilanz des Jahresabschlusses als Schlussbilanz verwendet. In diesem Fall entsteht praktisch kein Mehraufwand für den übertragenden Rechtsträger. Es überrascht daher kaum, dass sich eher selten Probleme im Zusammenhang mit der Schlussbilanz stellen.

Das Umwandlungsgesetz geht wie selbstverständlich davon aus, dass der an der Umwandlungsmaßnahme beteiligte übertragende Rechtsträger der Buchführungspflicht nach § 238 Abs. 1 S. 1 HGB unterliegt und zum Ende eines Geschäftsjahres eine Bilanz aufzustellen hat (§ 242 Abs. 1 S. 1 HGB). Dies muss aber nicht zwingend der Fall sein. Etwa kann ein eingetragener Verein an einer Verschmelzung beteiligt sein (§ 3 Abs. 1 Nr. 4 UmwG). Ist ein solcher Verein – wie so oft – nicht wirtschaftlich tätig, unterliegt er handelsrechtlich keiner Pflicht zur Rechnungslegung und Bilanzierung. Ist ein solcher Verein an seiner Verschmelzung beteiligt, liegt die Frage auf der Hand: Hat der Verein überhaupt eine Schlussbilanz aufzustellen? Und wenn ja, welche Regelungen sind darauf anzuwenden?

In dieselbe Richtung geht auch die Frage, wenn ein übertragender Rechtsträger an einer Verschmelzung oder Spaltung beteiligt ist, der zum maßgeblichen Stichtag der Schlussbilanz rechtlich noch gar nicht existiert ist. Kann dieser überhaupt eine Schlussbilanz aufstellen?

Dieser Beitrag beschäftigt mit dem Themenkreis, ob und auf welche Weise in solchen Fällen die zum Register einzureichende Schlussbilanz aufzustellen ist.

II. Wesen der Schlussbilanz

Dem Wesen nach ist die Schlussbilanz eine Bilanz im Sinne der §§ 242 ff. HGB.[3] Für diese gelten die Vorschriften über die Jahresbilanz und deren Prüfung entsprechend (§ 17 Abs. 2 S. 2 UmwG). Daher ist dem Handelsregister auch nur die Bilanz mit dem Ausweis der Aktiva und Passiva vorzulegen und nicht etwa auch die Gewinn- und Verlustrechnung sowie ein Anhang. Allerdings ist es auch nicht schädlich, wenn dies geschieht.

---

[1] Die Schlussbilanz hat sich bei der Spaltung auf den gesamten Rechtsträger zu beziehen. Es ist eine Gesamtbilanz vorzulegen, nicht etwa Teilbilanzen für die einzelnen zu spaltenden Unternehmensteile. Allerdings kann auch zusätzlich eine Teilbilanz aufgestellt und eingereicht werden. Hierzu: *Hörtnagl* in Schmitt/Hörtnagl, UmwG, UmwStG, 9. Aufl. 2020, UmwG § 17 Rn. 50 ff.

[2] Nach Art. 2 §§ 4, 7 COVMG wurde die Frist für die Jahre 2020 und 2021 auf zwölf Monate verlängert.

[3] *Hörtnagl* in Schmitt/Hörtnagl, UmwG, UmwStG, 9. Aufl. 2020, UmwG § 17 Rn. 9.

III. *Zweck der Schlussbilanz*

Auch wenn für die Aufstellung der Schlussbilanz die Vorschriften über die Jahresbilanz entsprechend gelten, hat diese anderen Zweck als die Jahresbilanz. Aus gegebenem Anlass soll an dieser Stelle nur übersichtsartig auf die einzelnen Zwecke der Schlussbilanz eingegangen werden. Eine detaillierte Auseinandersetzung soll erst bei den in diesem Beitrag beleuchteten Einzelfällen erfolgen.

1. *Überleitung der Rechnungslegung und Bilanzkontinuität*

Mit der Eintragung der Verschmelzung in das Register des übernehmenden Rechtsträgers gehen das Vermögen und die Verbindlichkeiten des übertragenden Rechtsträgers auf den übernehmenden Rechtsträger über (§ 20 Abs. 1 Nr. 1 UmwG) und zwar im Wege der Gesamtrechtsnachfolge. Bei der Spaltung findet der Vermögensübergang mit der Eintragung in das Register des übertragenden Rechtsträgers (§ 131 Abs. 1 Nr. 1 UmwG) durch eine Sonderrechtsnachfolge (partielle Gesamtrechtsnachfolge) statt.

Als Konsequenz aus dem Vermögensübergang hat der übernehmende Rechtsträger, soweit er bilanzierungspflichtig ist, die Bilanzpositionen des übertragenden Rechtsträgers zu übernehmen. Die Schlussbilanz soll der Bilanzkontinuität dienen, damit eine vollständige Überleitung und Erfassung der übergehenden Vermögensgegenstände und Verbindlichkeiten in die Rechnungslegung des übernehmenden Rechtsträgers erfolgt.[4]

Wesentlicher Ausdruck dieser Bilanzkontinuität ist § 24 UmwG. Danach können in der Jahresbilanz des übernehmenden Rechtsträgers die in der Schlussbilanz des übertragenden Rechtsträgers angesetzten Werte übernommen werden. Eine solche Buchwertverknüpfung zwischen Rechnungslegung des übertragenden und des übernehmenden Rechtsträgers ist aber nicht zwingend. Vielmehr hat der übernehmende Rechtsträger ein Wahlrecht zwischen den tatsächlichen Anschaffungskosten oder der Fortführung der Buchwerte. Hieran zeigt sich auch, dass der Begriff „Bilanzkontinuität" nicht ganz genau ist. Er ist lediglich dahingehend zu verstehen, dass übernehmende Rechtsträger die angesetzten Bilanzpositionen der Vermögensgegenstände und Verbindlichkeiten zu übernehmen hat.[5] Hinsichtlich der Wertansätze ist die „Bilanzkontinuität" aufgrund des Wahlrechts in § 24 UmwG aber gerade nicht zwingend.

2. *Ergebnisabgrenzung zwischen den beteiligten Rechtsträgern*

Die Schlussbilanz soll auch die Ergebnisabgrenzung zwischen dem übertragenden und übernehmenden Rechtsträger bezwecken. Dies ist jedoch nur eingeschränkt richtig. Die Abgrenzung der Ergebnisse der beteiligten Rechtsträger ergibt sich vielmehr aus dem Verschmelzungsstichtag (§ 5 Abs. 1 Nr. 6 UmwG) bzw. dem Spaltungsstichtag (§ 126 Abs. 1 Nr. 6 UmwG). Danach ist in dem Verschmelzungs- bzw. Spaltungsvertrag der Stichtag anzugeben, von dem an die Handlungen des übertragenden Rechtsträgers als Verrechnung des übernehmenden Rechtsträgers vorgenommen gelten. Dinglich wird die Verschmelzung erst mit der Eintragung in das Register des übernehmenden Rechtsträgers wirksam (§ 20 Abs. 1 Nr. 1 UmwG) bzw. die Spaltung mit der Eintragung in das Register des übertragenden Rechtsträgers (§ 131 Abs. 1 Nr. 1 UmwG). Durch den Verschmelzungs- bzw. Spaltungsstichtag wird jedoch eine Abgrenzung der Ergebnisse im Innenverhältnis zwischen den beteiligten Rechtsträgern erreicht. Hieraus folgt, dass die Schlussbilanz nicht als solche zur Abgrenzung führt, sondern vielmehr der Verschmelzungs- bzw. Spaltungsstichtag aufgrund

---

[4] *Deubert/Henckel* in Deubert/Förschle/Störk, Sonderbilanzen, 6. Aufl. 2021, Kap. H Rn. 90; *Hörtnagl* in Schmitt/Hörtnagl, UmwG, UmwStG, 9. Aufl. 2020, UmwG § 17 Rn. 10.

[5] *Naraschewski,* Stichtage und Bilanzen bei der Verschmelzung, 2001, S. 14 ff.

dessen eine Ergebniszurechnung zwischen den beteiligten Rechtsträgern stattfindet. Zurecht wird dieser Stichtag auch als Stichtag des Wechsels der Rechnungslegung vom übertragenden auf den übernehmenden Rechtsträger bezeichnet.[6]

3. Werthaltigkeitsnachweis

Wird im Rahmen einer Verschmelzung durch Aufnahme eine Kapitalerhöhung durchgeführt, handelt es sich der Sache nach um eine Kapitalerhöhung gegen Sacheinlagen. Dabei ist nach den allgemein anzuwendenden Vorschriften die Werthaltigkeit des übergehenden Vermögens gegenüber dem Register nachzuweisen. Dasselbe gilt auch bei der Verschmelzung durch Neugründung, da hier die jeweiligen Gründungsvorschriften und damit auch die Regelungen über die Kapitalaufbringung anzuwenden sind (§ 36 Abs. 2 S. 1 UmwG). In diesem Zusammenhang kann die Schlussbilanz als Werthaltigkeitsnachweis für die übergehenden Vermögensgegenstände dienen.

Allerdings kann die Aussagekraft der Schlussbilanz eingeschränkt sein, da dort lediglich die Buchwerte angegeben sind. Sind erhebliche stille Reserven vorhanden, sind diese somit gerade nicht aus der Schlussbilanz ersichtlich. In diesem Fall sind dem Registergericht ggf. andere taugliche Nachweise (zB Sachverständigengutachten) vorzulegen.[7] Soll hier die Schlussbilanz als Wertnachweis Verwendung finden, ist sie damit nicht nur dem Register des übertragenden Rechtsträgers vorzulegen, sondern auch demjenigen des übernehmenden bzw. neuen Rechtsträgers.

Bei der Prüfung der Kapitalaufbringung im Rahmen einer Spaltung (Kapitalerhöhung bei dem übernehmenden Rechtsträger bzw. Deckung des Kapitals bei der Neugründung) spielt die Schlussbilanz allerdings keine Rolle, da die Schlussbilanz bei der Spaltung eine Gesamtbilanz ist und das zu übertragende Vermögen in dieser nicht identifiziert werden kann.[8]

4. Gläubigerschutz

Weiterhin soll die Schlussbilanz dem Gläubigerschutz dienen. Nach § 22 Abs. 1 UmwG kann ein Gläubiger der beteiligten Rechtsträger, dessen Forderung noch nicht fällig ist, innerhalb von sechs Monaten nach Bekanntmachung der Eintragung der Verschmelzung (§ 19 Abs. 3 UmwG) Sicherstellung verlangen, wenn er eine Gefährdung seiner Forderung glaubhaft machen kann. Dieser Sicherstellungsanspruch rechtfertigt sich vor dem Hintergrund, dass die Verbindlichkeiten der Gläubiger des übertragenden Rechtsträgers ohne deren Zustimmung bei Wirksamwerden der Umwandlungsmaßnahme auf den übernehmenden Rechtsträger übergehen. Diesen (neuen) Schuldner haben sie sich jedoch nicht ausgesucht. Umgekehrt können auch die Interessen der Gläubiger des übernehmenden Rechtsträgers gefährdet sein, wenn etwa ein wirtschaftlich schwacher oder gefährdeter Rechtsträger auf einen anderen Rechtsträger verschmolzen wird. Hierdurch kann die finanzielle Leistungsfähigkeit des übernehmenden Rechtsträgers nach der Umwandlungsmaßnahme beeinträchtigt sein.

Überzeugend ist dieses gesetzliche Schutzsystem aber nicht, da die Schlussbilanz auf Buchwerten beruht und infolge des Alters (Stichtag rückwirkend bis acht Monate nach § 17 Abs. 2 S. 4 UmwG sowie der Zeitraum zwischen Einreichung der Anmeldung und Eintragung) nicht mehr unbedingt aussagekräftig sein muss.[9] Auch hier wirkt sich die vorstehend unter Ziffer 3. genannte Schwäche aus, dass die Schlussbilanz auf Buchwerte beruht und

---

[6] *Drygala* in Lutter, UmwG, 6. Aufl. 2019, § 5 Rn. 74.
[7] Zu Recht kritisch daher *Hörtnagl* in Schmitt/Hörtnagl, UmwG, UmwStG, 9. Aufl. 2020, UmwG § 17 Rn. 12.
[8] *Heidtkamp* NZG 2013, 852 (854).
[9] *Heidtkamp* NZG 2013, 852 (854).

keine Rückschlüsse auf die tatsächlichen Werte zulässt. Sie kann für die betroffenen Gläubiger allenfalls einen Anhaltspunkt liefern, ob die Erfüllung ihrer Forderungen gefährdet sein könnte.

5. *Information der Anteilsinhaber*

Weiterhin kann die Schlussbilanz auch der Information der Anteilsinhaber unsere Mitglieder der beteiligten Rechtsträger dienen.[10]

6. *Ermittlung des Umtauschverhältnisses*

Werden den Anteilsinhabern des übertragenden Rechtsträgers Anteile an dem übernehmenden Rechtsträger gewährt, ist im Verschmelzungs-. bzw. Spaltungsvertrag das Umtauschverhältnis (§ 5 Abs. 1 Nr. 3 bzw. § 126 Abs. 1 Nr. 3 UmwG) anzugeben. Für die Ermittlung des Umtauschverhältnisses ist die Schlussbilanz nicht geeignet, da diese auf Buchwerten basiert. Für das Umtauschverhältnis sind doch die tatsächlichen Werte der beteiligten Rechtsträger entscheidend (z. B. Bewertung auf Basis der Ertragswerte).[11] Bei einer Auf- und Abspaltung kommt hinzu, dass es sich bei der Schlussbilanz um eine Gesamtbilanz handelt, so dass hieraus keine Rückschlüsse auf den Wert des auf- bzw. abgespaltenen Vermögens gezogen werden können.

IV. *Aufstellung und Stichtag der Schlussbilanz*

Für die Schlussbilanz gelten die Vorschriften über die Jahresbilanz und deren Prüfung entsprechend (§ 17 Abs. 2 S. 2 UmwG). Es sind damit die allgemeinen Regeln über den Ansatz der einzelnen Bilanzpositionen (§§ 246 ff., 264 ff. HGB) sowie deren Bewertung anzuwenden.

Nach hM steht der Bilanzstichtag der Schlussbilanz in einem unmittelbaren zeitlichen Zusammenhang mit dem Verschmelzungsstichtag (§ 5 Abs. 1 Nr. 6 UmwG).[12] Danach liegt der Stichtag der Schlussbilanz unmittelbar vor dem Verschmelzungsstichtag, wobei beide Stichtage durch eine logische Sekunde getrennt sind (Beispiel: Stichtag der Schlussbilanz: 31.12.2021, 24:00 Uhr; Verschmelzungsstichtag: 1.1.2022, 0:00 Uhr). Zwingend ist dies jedoch nicht, wenngleich dies aus steuerlichen Gründen regelmäßig aber der Fall sein wird.

V. *Schlussbilanz bei der Verschmelzung von nicht wirtschaftlichen Vereinen*

In seiner Entscheidung vom 10.2.2020 hatte sich das OLG Köln mit der Frage zu beschäftigen, ob bei einer Verschmelzung von zwei im Vereinsregister eingetragenen, nicht wirtschaftlichen Vereinen (§ 21 BGB) der übertragende Verein auch dann eine Schlussbilanz vorzulegen hat, wenn dieser nicht bilanzierungspflichtig ist.[13] Mit der Anmeldung legte der übertragende Verein keine Schlussbilanz vor. Auf die Anforderung des Registergerichts reichte dieser lediglich einen Kassenbericht ein und teilte mit, dass die Erstellung einer

---

[10] *Deubert/Henckel* in Deubert/Förschle/Störk, Sonderbilanzen, 6. Aufl. 2021, Kap. H Rn. 93.
[11] *Deubert/Henckel* in Deubert/Förschle/Störk, Sonderbilanzen, 6. Aufl. 2021, Kap. H Rn. 91.
[12] Siehe umfangreiche Nachw. bei *Hörtnagl* in Schmitt/Hörtnagl, UmwG, UmwStG, 9. Aufl. 2020, UmwG § 17 Rn. 37. Zwingend ist diese Verknüpfung aber nicht: *Heidtkamp* NZG 2013, 852 (854 ff.); *Lanfermann* in Kallmeyer, UmwG, 7. Aufl. 2020, § 5 Rn. 34 ff.; *Mayer* in Widmann/Mayer, Umwandlungsrecht, 202. Akt. 2022, UmwG § 5 Rn. 159 f.; *Naraschewski*, Stichtage und Bilanzen bei der Verschmelzung, 2001, S. 59 ff.
[13] OLG Köln 10.2.2020 – 2 Wx 28/20, RNotZ 2020, 479.

aktuellen Bilanz nicht möglich sei. Daraufhin wies das Registergericht die Anmeldung zurück. Das OLG Köln musste über die Beschwerde entscheiden.

1. Begründung des OLG

Das OLG Köln hat die Beschwerde zurückgewiesen. Zur Begründung hat es ausgeführt, dass § 17 Abs. 2 S. 4 UmwG die Vorlage eine Schlussbilanz verlange. Diese Voraussetzung erfülle ein Kassenbericht nicht.[14] Damit hat das Senat der einschränkenden Auffassung der Literatur, dass es der Aufstellung einer Schlussbilanz nur dann bedürfe, wenn zumindest einer der beiden an der Verschmelzung beteiligten Vereine nach kaufmännischen Regeln bilanzierungspflichtig sei,[15] eine Absage erteilt.

Dem Argument, dass die Vorschrift keine Bilanzierungspflicht begründe, sondern eine solche vielmehr voraussetze, ist der Senat mit dem Wortlaut des Gesetzes und dessen Zweck entgegengetreten. Die Vorschrift knüpfe nicht an eine generelle Bilanzierungspflicht an. Im Übrigen sei es Sinn und Zweck der Schlussbilanz, den Gläubiger des übertragenden Rechtsträgers als Wertnachweis und Beurteilungsgrundlage für die Ausübung ihrer Rechte nach § 22 UmwG zu dienen. Aus der Schlussbilanz könnten diese hierfür Anhaltspunkte entnehmen, wenn auf den „guten" Verein ein „schlechter" Verein verschmolzen werde. Die Gläubigerschutzvorschriften des UmwG hat der Senat auch nicht von dem in der Literatur vorgebrachten Gedanken eingeschränkt wissen wollen, dass der Gläubigerschutz im Vereinsrecht im Allgemeinen nur eine untergeordnete Bedeutung habe.[16]

2. Kritische Bewertung

Die Entscheidung des OLG Köln ist in der Literatur einhellig auf Kritik gestoßen.[17] Sie stellt sich auch gegen die herrschende Meinung, dass der übertragende Verein der Anmeldung keine Schlussbilanz, sondern nur die üblichen Rechnungsunterlagen und Vermögensaufstellungen einzureichen brauche.[18]

a) Wortlaut

Stellt man auf den Wortlaut von § 17 Abs. 2 S. 1 UmwG ab, der eine allgemeine Formulierung verwendet, müsste auch ein nicht bilanzierungspflichtiger übertragender Rechtsträger eine Schlussbilanz aufstellen und zum Register einreichen.[19]

Die Auffassung, dass das Umwandlungsgesetz keine neuen Bilanzierungspflicht nicht schaffen wollte, sondern an bestehende Bilanzierungspflichten anknüpfe,[20] hat für sich genommen erst einmal eine geringe Überzeugungswirkung. § 17 Abs. 2 S. 2 UmwG, wonach für die Schlussbilanz die Vorschriften über die Jahresbilanz und deren Prüfung entsprechend gelten, hilft bei der Auslegung nicht weiter. Bilanzierungspflichtige übertragende Rechtsträger können auf Ihre Jahresbilanz aus dem Jahresabschluss zurückgreifen und diese unter Beachtung der Frist des § 17 Abs. 2 S. 4 UmwG als Schlussbilanz verwenden, was zu einer erheblichen Vereinfachung führt. Das bedeutet zugleich, dass es sich bei der Schluss-

---

[14] OLG Köln 10.2.2020 – 2 Wx 28/20, RNotZ 2020, 479 (481).

[15] *Hennrichs* in Lutter, UmwG, 6. Aufl. 2019, § 99 Rn. 40 ff.

[16] OLG Köln 10.2.2020 – 2 Wx 28/20, RNotZ 2020, 479 (481).

[17] *Cavaillès* jurisPR-HaGesR 10/2020 Anm. 6; *Fischer* BB 2020, 2087; *Heinze* NotBZ 2020, 477; *Nast* ZStV 2021, 70 (71); *Terner* EWiR 2020, 487; *Wachter* npoR 2020, 283.

[18] Vgl. die umfangreichen Nachw. bei *Heinze* NotBZ 2020, 477.

[19] *Heinze* NotBZ 2020, 477. Nach Auffassung von *Nast* ZStV 2021, 70 (71 f.) seien Wortlaut und Systematik für die Auslegung unergiebig. Eine Klarstellung *de lege ferenda* regen *Fischer* BB 2020, 2096 und *Nast* ZStV 2021, 70 (72) an.

[20] So *Cavaillès* jurisPR-HaGesR 10/2020 Anm. 6; wohl auch *Wachter* npoR 2020, 283 (285).

bilanz nicht zwingend um eine Vermögensbilanz handelt, aus der die Gegenstände mit ihren tatsächlichen Werten ersichtlich sind.

Aus § 17 Abs. 2 S. 2 UmwG kann nicht hergeleitet werden, dass nicht bilanzierungspflichtige Vereine generell aus dem Anwendungsbereich des § 17 Abs. 2 UmwG fallen würden. Die Regelung betrifft – wie bereits gesagt – nur die Frage, was für den Inhalt der Schlussbilanz (Ansätze und Bewertung) und eine etwaige Prüfung gelten soll. Hieraus lässt sich – wie es das OLG Köln macht – durchaus der Schluss ziehen, dass das Gesetz unabhängig von einer Bilanzierungspflicht die Aufstellung einer Schlussbilanz verlangt.

Ebenso lassen sich auch aus § 104 Abs. 2 UmwG keine Erkenntnisse gewinnen. Hier ist lediglich geregelt, dass bei der Verschmelzung eines nicht im Handelsregister eingetragenen wirtschaftlichen Vereins dessen Schlussbilanz der Anmeldung zum Register des übernehmenden Rechtsträgers beizufügen ist. Mangels Eintragung im Handelsregister scheidet in solchen Fällen eine Anmeldung und damit auch eine Vorlage der Schlussbilanz beim übertragenden Rechtsträger verständlicherweise aus. Daher würde auch § 17 Abs. 2 UmwG nicht greifen. Letztendlich sagt die Vorschrift nur, dass damit die Schlussbilanz der Anmeldung der Verschmelzung zum Register des übernehmenden Rechtsträgers anzumelden ist. Damit ist jedoch keine Aussage über die Bilanzierungspflicht bei nicht wirtschaftlichen Vereinen verbunden.

Idealvereine sind regelmäßig dadurch charakterisiert, dass sie kaum über Vermögen verfügen und am wirtschaftlichen Geschäftsverkehr nur eingeschränkt teilnehmen. Sie verfolgen meist gemeinnützige Zwecke im Sinne der AO. Daher ist der Wunsch verständlich, solche Vereine von der Verpflichtung zur Aufstellung einer Schlussbilanz zu entbinden.[21]

Als Begründung für eine einschränkende Auslegung des Wortlauts des § 17 Abs. 2 UmwG ist dieser Ansatz jedoch nicht überzeugend:[22] Auch Idealvereine können über erhebliches Vermögen verfügen und entsprechende Verbindlichkeiten haben. Man denke etwa an einen Sportverein, der sein Vereinsgelände erworben, bebaut und in diesem Zusammenhang erhebliche Verbindlichkeiten eingegangen ist. Solange ein solcher Verein nicht wirtschaftlich tätig ist, ist er auch nicht buchhaltungs- und bilanzierungspflichtig.

Umgekehrt ist eine UG (haftungsbeschränkt) zweifelsohne buchhaltungs- und bilanzierungspflichtig, selbst wenn sie nur mit dem Mindestkapital von einem Euro gegründet ist, einen wirtschaftlich gesehen geringfügigen Geschäftsbetrieb unterhält und damit als Kleinstgesellschaft im Sinne des § 267a HGB gilt. Für solche Kleinstgesellschaften macht das Umwandlungsgesetz keine Ausnahme, auch wenn deren wirtschaftliche Bedeutung erkennbar untergeordnet ist.[23] Von der Größenklasse abhängige Ausnahmen kennt das Umwandlungsgesetz nicht.

Dass nicht wirtschaftliche Vereine regelmäßig ein wesentlich geringes Risiko für die Gläubiger darstellen würden, ist daher ebenfalls kein überzeugendes Argument, was verallgemeinert werden könnte.[24]

Vor diesem Hintergrund kann die Frage, ob der Wortlaut des § 17 Abs. 2 UmwG einschränkend abzulegen ist, allein von dem Zweck der Vorschrift her beantwortet werden.[25]

b) Gläubigerschutz

Nicht von der Hand zu weisen ist das Argument des OLG Köln, dass sich ein Anspruch auf Sicherheitsleistung nach § 22 UmwG für die Gläubiger des übernehmenden Vereins geben kann, wenn ein „schlechter" Verein noch einen „guten" Verein verschmolzen wird.

---

[21] So *Terner* EWiR 2020, 487 (488).

[22] AA *Cavaillès* jurisPR-HaGesR 10/2020 Anm. 6; *Wachter* npoR 2020, 283 (286).

[23] Natürlich ist es aber für diese Gesellschaften kein Problem, eine Schlussbilanz aufzustellen, wenn diese auf ihre Bilanz des Jahresabschlusses zurückgreifen.

[24] So aber *Cavaillès* jurisPR-HaGesR 10/2020 Anm. 6.

[25] *Nast* ZStV 2021, 70 (72).

Das gilt auch umgekehrt für die Gläubiger eines übertragenden Vereins, wenn ein „guter" Verein auf einen „schlechten" verschmolzen wird.

Es ist grundsätzlich richtig, dass aus der Schlussbilanz Rückschlüsse zu der finanziellen Situation gezogen werden können. Dem ist das Argument entgegengestellt worden, dass eine Schlussbilanz jedoch nur Buchwerte ausweise. Um die tatsächliche finanzielle Situation beurteilen zu können, sind die tatsächlichen Werte (Verkehrswerte) viel entscheidender.[26] Dies ist zutreffend. Allerdings ist auch eine Vermögensbilanz mit den tatsächlichen Werten nur eingeschränkt aussagekräftig: Der Sicherstellungsanspruch steht Gläubigern mit noch nicht fälligen Forderungen zu. Für sie sind Informationen über die Zahlungsfähigkeit sogar noch wichtiger als die Vermögenswerte als solche. Nur hieraus können die Gläubiger Rückschlüsse ziehen, ob die spätere Erfüllung ihrer noch nicht fälligen Forderungen tatsächlich gefährdet ist.

So weit geht das Umwandlungsgesetz jedoch nicht. Selbst bei bilanzierungspflichtigen Rechtsträgern wird nur die Vorlage einer Bilanz unter Ausweis der Buchwerte verlangt. Hieraus folgt, dass der Gesetzgeber jedenfalls den Gläubigerschutz nur eingeschränkt und nicht vollkommen zur Geltung bringen wollte.[27] Anderenfalls hätte er die Vorlage einer Liquiditätsbilanz unter Angabe der einsetzbaren Mittel und der fälligen Verbindlichkeiten, etwa wie im Rahmen der Prüfung der Zahlungsunfähigkeit nach § 17 InsO[28], vorsehen müssen. Nur mittels durch eine Liquiditätsbilanz könnten die Gläubiger prüfen, ob die Erfüllung ihrer Forderungen gefährdet ist.

Die Begründung des OLG Köln, eine einschränkende Auslegung des Wortlauts mit dem Gläubigerschutz zu rechtfertigen, besteht daher auf recht „wackeligen Beinen" und überzeugt nur oberflächlich. Es ist nicht nachvollziehbar, dass ein übertragener Verein zur Aufstellung einer Schlussbilanz verpflichtet sein soll und in diesem Zuge den Gläubigern dann Informationen erteilt, mit denen sie praktisch regelmäßig nichts anfangen können.[29] Dieser Gesichtspunkt hat aber nichts Spezifisches mit der Verschmelzung von Vereinen zu tun, sondern legt eher eine allgemeine Schwachstelle der Schlussbilanz im Zusammenhang mit dem Gläubigerschutz offen (siehe auch → III. 4.).

c) Weitere Zwecke der Schlussbilanz

Auch die weiteren Zwecke der Schlussbilanz haben bei der Verschmelzung von zwei nichtwirtschaftlichen Vereinen keine Bedeutung.[30] Auf diese wird in der Entscheidung des OLG Köln zwar nicht eingegangen. Sollen aber dennoch hier kurz beleuchtet werden.

Die Bilanzkontinuität zwischen dem Übertragenden und dem übernehmenden Verein spielt jedenfalls dann keine Rolle, wenn der übernehmende Verein selbst nicht bilanzierungspflichtig ist.[31] Eine Kapitalerhöhung findet bei der Verschmelzung von Vereinen ohnehin nicht statt. Auch für die Ergebnisabgrenzung ist die Schlussbilanz nicht erforderlich, dies wird durch die Angabe des Verschmelzungsstichtags im Verschmelzungsvertrag (§ 5 Abs. 1 Nr. 6 UmwG) erreicht.

---

[26] *Wachter* npoR 2020, 283 (286).

[27] Ähnlich *Hennrichs* in Lutter, UmwG, 6. Aufl. 2019, § 99 Rn. 41.

[28] Dazu BGH 17.12.2017 – II ZR 88/16, BGHZ 217, 129 = NJW 2018, 1089 Rn. 34ff.

[29] Auch ist zu bedenken, dass dem Gläubiger bei Abschluss der Vereinbarungen, die die Verbindlichkeiten begründen, keine Bilanz zur Prüfung zur Verfügung stand, wenn der Verein nicht bilanzierungspflichtig ist.

[30] *Heinze* NotBZ 2020, 477; *Terner* EWiR 2020, 477 (478), *Wachter* npoR 2020, 283 (285f.).

[31] *Wachter* npoR 2020, 283 (287) stellt Fallgruppen bei der Verschmelzung bilanzierungs- und nicht bilanzierungspflichtiger Vereine dar.

3. *Schlussfolgerungen für die Praxis*

Für die Praxis bleibt die Frage, wie mit solchen Fällen zukünftig umgegangen werden soll. Natürlich könnte versucht werden, die Verschmelzung bei dem übertragenen Verein ohne Vorlage einer Schlussbilanz anzumelden und ggf. zu argumentieren, dass der Entscheidung des OLG Köln nicht zu folgen ist. Verlangt das Vereinsregister jedoch eine „Schlussbilanz" bleibt dem übertragenen Verein letztlich nur übrig, eine solche aufzustellen.

Da der übertragende nicht wirtschaftliche Verein als solcher nicht bilanzierungspflichtig ist, sind die Anforderungen des § 17 Abs. 2 S. 2 UmwG zu modifizieren, da diese in einer solchen Situation jedenfalls nicht richtig passen. Der Verein ist etwa nicht verpflichtet, Buchwerte zu ermitteln. Er hat vielmehr eine Vermögensaufstellung (Vermögensbilanz) mit den tatsächlichen Werten einreichen.[32] Der Ansatz dieser Werte ist für die Gläubiger sogar deutlich informativer als die Buchwerte. Der Gesetzeszweck steht der Vorlage einer Vermögensbilanz nicht entgegen. Eine Vermögensbilanz fördert diesen sogar deutlich mehr als der Gesetzgeber dies durch die Vorlage einer Schlussbilanz mit Buchwerten beabsichtigt hatte. Für die Gliederung der Vermögensbilanz können die bestehenden Vereinfachungen, insbesondere Kleinstgesellschaften nach § 267a HGB in entsprechender Anwendung genutzt werden. Allerdings erscheint es vertretbar, dass die Vermögensbilanz nicht mit der gesetzlich vorgesehenen Gliederung erstellt wird, wenn die Vermögensverhältnisse übersichtlich sind. In diesem Fall sollte der Verein auch keine Schwierigkeiten haben, eine solche Bilanz aufzustellen.

Die Vorlage einer Einnahme-/Überschussrechnung ist dagegen nicht erforderlich, da es von bilanzierungspflichtigen Rechtsträgern auch nicht verlangt wird, eine Gewinn- und Verlustrechnung vorzulegen.[33] Schädlich ist die Vorlage aber nicht, wenn auch der Aussagewert einer Einnahme-/Überschussrechnung regelmäßig gering sein dürfte, da sie keine Angaben über die Vermögenssituation enthält. Das gilt auch für einen Kassenbericht.[34]

Gleichgelagerte Fragen stellen sich auch bei der Umwandlung von Stiftungen, Genossenschaften und anderen Rechtsträgern, die nach Gesetz und Satzung nicht bilanzierungspflichtig sind.[35] Für diese können die vorstehenden Ausführungen aber ebenfalls herangezogen werden, da diese nicht von der Rechtsform abhängig sind.

VI. *Die Schlussbilanz bei Umwandlungsmaßnahmen unter Beteiligung noch nicht existenter Rechtsträger*

1. *Problemaufriss*

Eine andere Fallgestaltung betrifft die Frage, ob ein im Rahmen einer Verschmelzung übertragender Rechtsträger eine Schlussbilanz nach § 17 Abs. 2 UmwG bzw. bei einer Spaltung (Ab- oder Aufspaltung, Ausgliederung) nach § 17 Abs. 2 UmwG iVm § 125 S. 1 UmwG eine Spaltungs- bzw. Ausgliederungsbilanz aufzustellen und dem Handelsregister vorzulegen hat, wenn dieser zum betreffenden Stichtag der Schlussbilanz rechtlich noch gar nicht existent war.

Beispiel 1:[36]

Die A-GmbH stellt am 1.4.2022 einen Ausgliederungsplan auf, der die Ausgliederung eines Teilbetriebs auf die im Rahmen dieser Maßnahme neu gegründete B-GmbH mit dem Spaltungsstichtag 1.1.2022 auf. Die Ausgliederung wird am 15.9.2022 in das Handelsregis-

---

[32] *Nast* ZStV 2021, 70 (72); *Wachter* npoR 2020, 283 (286).

[33] Dafür: *Nast* ZStV 2021, 70 (72).

[34] *Heinze* NotBZ 2020, 477 (478); aA *Fischer* BB 2020, 2096.

[35] *Wachter* npoR 2020, 283, 287.

[36] In Anlehnung an das Beispiel bei *Mayer* in Widmann/Mayer, Umwandlungsrecht, 202. Akt. 2022, UmwG § 5 Rn. 235.35.

ter der A-GmbH eingetragen, so dass sie damit nach § 131 Abs. 1 UmwG wirksam wird. Am 30.9.2022 schließt die B-GmbH mit der C-GmbH einen Verschmelzungsvertrag ab, mit dem die B-GmbH mit der C-GmbH auf dem Verschmelzungsstichtag 1.7.2022 auf die C-GmbH verschmolzen werden soll.

Im Rahmen der Anmeldung der Verschmelzung zum Handelsregister hat die B-GmbH die Schlussbilanz mit dem Stichtag zum 30.6.2022 beim Handelsregister einzureichen. Zum 30.6.2022 war die B-GmbH rechtlich jedoch noch nicht existent. Sie ist erst durch die Eintragung der vorangegangenen Ausgliederung in das Handelsregister des übertragenen Rechtsträgers am 15.9.2022 entstanden, so dass sich hier die eingangs aufgeworfene Frage stellt.

2. Die „technische" Schlussbilanz

Die Antwort auf die Frage ist in der Literatur streitig. *Simon* vertritt die Auffassung, dass die Aufstellung einer Schlussbilanz in einer solchen Situation bereits daran scheitere, dass der übertragende und damit zur Aufstellung der Schlussbilanz verpflichtete Rechtsträger zum Bilanzstichtag noch nicht existent gewesen sei. Hieraus folge, dass er wieder buchführungspflichtig noch überhaupt berufungsfähig sein könne. Wenn jedoch keine Buchführung zum Bilanzstichtag bestehe, könne auch keine Bilanz erstellt werden. Auch sei die Funktion der Schlussbilanz in dieser Situation sinnentleert, da dem übertragenen Rechtsträger auf den Stichtag der Bilanz noch keine Vermögensgegenstände zugeordnet werden könnten, die dort auszuweisen wären.[37] Nichts anderes ergebe sich auch aus den Regelungen des Steuergesetzes zur steuerlichen Rückwirkungsfiktion.[38]

Die Gegenauffassung hält dagegen die Vorlage einer „technischen Schlussbilanz" für erforderlich. Danach werde der übertragender Rechtsträger unabhängig von der zivilrechtlichen Betrachtungsweise als existent behandelt.[39] Zur Begründung wird darauf abgestellt, dass es bei einer Verschmelzung oder Spaltung zu Neugründung charakteristisch sei, dass dem Zuge Neugründung entstehende Rechtsträger zivilrechtlich erst einem späteren Zeitpunkt als der Verschmelzungsstichtag entstehe. Der Verschmelzungs- bzw. Spaltungsstichtag enthalte die gesetzliche Fiktion, dass die Handlungen und Geschäfte ab diesem Stichtag als für Rechnung des über den Rechtsträgers geführt gelten. Ob der übernehmende Rechtsträger bereits zum Verschmelzungsstichtag als Rechtssubjekt existent war, sei hierfür unerheblich. Dabei sollen die gesetzlichen Fiktionen uneingeschränkt gelten, auch wenn die Wirkung zivilrechtlich erst mit entsprechender Eintragung eintrete. Auch würde der Vermögensübergang steuerrechtlich bereits zum steuerlichen Übertragungsstichtag fingiert.

Die letztgenannte Auffassung überzeugt, so dass auch ein zum Stichtag der Schlussbilanz rechtlich noch nicht existenter Rechtsträger als übertragender Rechtsträger eine Schlussbilanz dem Handelsregister vorzulegen hat. Anderenfalls könnten die mit der Schlussbilanz verfolgten Zwecke (→ III.) nicht erreicht werden. Dies gilt insbesondere für den Gesichtspunkt der Überleitung der Rechnungslegung.

Zuzugestehen ist der Auffassung von *Simon* allerdings, dass dem übertragenden Rechtsträger zum Stichtag der Schlussbilanz dinglich die Vermögensgegenstände und Verbindlichkeiten noch nicht zugeordnet werden können, da die Verschmelzung bzw. Spaltung, aufgrund derer diese erst auf den Rechtsträger übergehen, noch nicht wirksam geworden ist. Insoweit

---

[37] *Simon* in Heckschen/Simon, Umwandlungsrecht, 2003, § 5 Rn. 159; *Simon* in Kölner Komm UmwG, 2009, § 2 Rn. 224; offenbar auch *Heidinger* in Henssler/Strohn, Gesellschaftsrecht, 5. Aufl. 2021, UmwG § 2 Rn. 18.

[38] *Simon* in Heckschen/Simon, Umwandlungsrecht, 2003, § 5 Rn. 160; *Simon* in Kölner Komm UmwG, 2009, § 2 Rn. 225.

[39] *Mayer* in Widmann/Mayer, Umwandlungsrecht, 202. Akt. 2022, UmwG § 5 Rn. 235.40; *Mayer/Weiler* in Münchener Handbuch des Gesellschaftsrechts, Bd. 3, 5. Aufl. 2018, § 73 Rn. 202; *Ulrich/Böhle* GmbHR 2006, 644.

ist es richtig, dass die in der Schlussbilanz abzubildenden Verhältnisse nicht mit der zivilrechtlichen Rechtslage übereinstimmen. Es gehen bei der Verschmelzung im Wege der Gesamtrechtsnachfolge bzw. bei der Spaltung im Wege der partiellen Gesamtrechtnachfolge tatsächlich die Vermögensgegenstände und Verbindlichkeiten des übertragenden Rechtsträgers
über, die dieser im Zeitpunkt des Wirksamwerdens der Umwandlungsmaßnahme tatsächlich
hat und auf die sich die Maßnahme bezieht. Dieser Aspekt kann jedoch nicht zur Folge
haben, dass eine Schlussbilanz verzichtet wird:

Bei der Rechnungslegung im Zusammenhang mit der Schlussbilanz geht es insbesondere
darum, die Überleitung der Rechnungslegung zu bewerkstelligen (→ III. 1.). Dies kann nur
gelingen, wenn in der Schlussbilanz auch die Rechtsgeschäfte berücksichtigt werden, die
dem übertragenen Rechtsträger aufgrund der durch den Verschmelzungsstichtag bewirkten
Fiktion wirtschaftlich zugerechnet werden.

Auch ist es richtig, dass die Buchführungspflicht grundsätzlich erst mit dem Entstehen des
neuen Rechtsträgers (B-GmbH) beginnt. Damit ist jedoch nicht die Frage beantwortet, welche Geschäftsvorfälle in der Schlussbilanz abzubilden sind. Es handelt sich dabei auch nicht
etwa um eine besondere Buchhaltungspflicht, die durch die Pflicht zur Aufstellung einer
Schlussbilanz begründet wird. Es geht vielmehr um die richtige Abbildung der aufgrund des
Verschmelzungs- bzw. Spaltungsstichtags fiktiv rückwirkend zugeordneten Vermögensgegenstände und Geschäftsvorfälle, hier bei der B-GmbH aufgrund der vorangegangenen
Abspaltung. Der Rechtsverkehr wird durch den Inhalt der „technischen Schlussbilanz" nicht
getäuscht, da es sich nicht um die gewöhnliche handelsrechtliche Bilanz handelt, sondern
ersichtlich um die im Rahmen der Durchführung der Umwandlungsmaßnahme vorzulegenden Schlussbilanz, die weitergehende Zwecke als die Handelsbilanz verfolgt.

Steuerrechtliche Gesichtspunkte sprechen allerdings nicht für diese Auffassung. Das
Gesetz enthält eine eigenständige steuerrechtliche Fiktion. Diese schlägt jedoch nicht auf
den Inhalt der nach handelsbilanziellen Regelungen aufzustellende Schlussbilanz durch.

3. *Besonderheiten bei Kettenumwandlungen*

Bei sog. Kettenumwandlungen handelt es sich um mehrere Umwandlungsvorgänge, die
aufeinanderfolgend gestaffelt werden. Regelmäßig werden diese gleichzeitig oder zeitlich
später, in jedem Fall aber vor Eintragung der ersten Maßnahme vereinbart und beschlossen.
Die Zulässigkeit solcher gestaffelter Maßnahmen ist grundsätzlich anerkannt. Sie wird jeweils
aufschiebend bedingt auf die Eintragung bzw. das Wirksamwerden der vorangehenden
Umwandlungsmaßnahme vereinbart.[40] Dabei ist es auch gestattet, dass ein erst zukünftig
entstehender Rechtsträger an einer der gestatteten Maßnahmen beteiligt ist.[41]

Beispiel 2 (Abwandlung des Beispiels 1):
Die A-GmbH stellt am 1.4.2022 einen Ausgliederungsplan auf, der die Ausgliederung
eines Teilbetriebs auf die im Rahmen dieser Maßnahme neu gegründete B-GmbH mit dem
Stichtag 1.1.2022 vorsieht („erste Maßnahme"). Die Ausgliederung wird am 1.7.2022 unter
Vorlage der Ausgliederungsbilanz zum 31.12.2021 zum Handelsregister angemeldet und am
30.9.2022 in das Handelsregister der A-GmbH eingetragen. Bereits am 1.8.2022, also vor
Eintragung der Ausgliederung, schloss die B-GmbH mit der C-GmbH einen Verschmelzungsvertrag ab, mit dem die B GmbH ebenfalls mit dem Verschmelzungsstichtag 1.1.2022
auf die C-GmbH verschmolzen werden soll („zweite Maßnahme").[42] Die Verschmelzung
wird am 31.8.2022 unter Vorlage der Schlussbilanz der B-GmbH zum 31.12.2021 zum

---

[40] OLG Hamm 19.12.2005 – 15 W 377/05, DNotZ 2006, 378; vgl. Nachweise in: DNotI-
Report 2012, 124.
[41] *Heidinger* in Henssler/Strohn, Gesellschaftsrecht, 5. Aufl. 2021, UmwG § 2 Rn. 18; *Ulrich/
Böhle* GmbHR 2006, 644 f.
[42] Zum Problem der Vertretung eines noch gar nicht existenten Rechtsträgers: DNotI-Report
2012, 124 (125 f.); *Wicke* in BeckOGK, 1.1.2022, UmwG § 5 Rn. 137.

Handelsregister angemeldet, wobei klargestellt wurde, dass sich die Bilanz auf einen Stichtag eine logische Sekunde nach dem Stichtag der Ausgliederungsbilanz erstellt wurde.[43]

Der wesentliche Unterschied in dem *Beispiel 2* liegt darin, dass im Gegensatz zum *Beispiel 1* der übertragende Rechtsträger (B-GmbH), der erst durch die unmittelbar vorangehende erste Maßnahme (Ausgliederung aus dem Vermögen der A-GmbH) entsteht, zum Zeitpunkt der Anmeldung der zweiten Maßnahme (Verschmelzung der B-GmbH) am 31.8.2022 rechtlich noch nicht existent war. Die zweite Maßnahme musste wegen § 17 Abs. 2 S. 4 UmwG jedoch spätestens am 31.8.2022 zum Handelsregister angemeldet werden, um eine wirtschaftliche Rückwirkung auf den 1.1.2022 zu erreichen.

Bei dem *Beispiel 2* stellen sich im Zusammenhang mit der Schlussbilanz gleich mehrere Problemkreise:

a) Aufstellung der Schlussbilanz

Zunächst stellt sich die Frage, ob ein übertragender Rechtsträger, der bei Abschluss des Vertrages bzw. des Plans über die Umschulungsmaßnahme rechtlich noch nicht bestand, überhaupt eine Schlussbilanz aufstellen kann. Daran bestehen jedoch keine Zweifel: Wenn der betreffende Rechtsträger erst anschließend im Zuge des ersten Umwandlungsvorgangs entsteht, kann er bereits an nachfolgenden Umwandlungsmaßnahmen beteiligt sein. Dies muss auch die Aufstellung der Schlussbilanz umfassen, da ansonsten diese Maßnahme nicht zum Handelsregister angemeldet werden könnte. Es wäre widersprüchlich, wenn der betreffende Rechtsträger den erforderlichen Vertrag abschließen, die Maßnahme aber nicht zum Vollzug zum Handelsregister anmelden könnte.

b) Inhalt der Schlussbilanz

Deutlich schwieriger ist die Frage zu beantworten, welchen Inhalt die Schlussbilanz zu haben hat. Im *Beispiel 2* handelt es sich um die Schlussbilanz der B-GmbH im Zusammenhang mit der Verschmelzung mit der C-GmbH. Die B-GmbH ist zum Zeitpunkt der Anmeldung der zweiten Maßnahme jedoch noch nicht rechtlich existent, da die erste Maßnahme (Ausgliederung) noch nicht wirksam geworden ist und damit die betreffenden Vermögensgegenstände und Verbindlichkeiten noch nicht auf diese übergegangen sind. Konsequenterweise müsste Schlussbilanz auf der Aktiv- und Passivseite jeweils 0 Euro aufweisen.[44]

Eine Bilanz mit dem Ausweis von 0-Euro-Werten würde den Zwecken der Schlussbilanz ersichtlich nicht gerecht werden. Daher ist zu überlegen, ob die Wirkungen der ersten Maßnahme im Rahmen der Schlussbilanz im Zusammenhang mit der zweiten Maßnahme vorwegzunehmen sind, selbst wenn die B-GmbH rechtlich noch nicht existent war. Dies begegnet jedoch unter dem Gesichtspunkt der Bilanzwahrheit (§ 239 Abs. 2 HGB) erheblichen Bedenken: Es würde bereits der Vollzug einer Maßnahme abgebildet werden, die zivilrechtlich noch gar nicht wirksam geworden ist. Auch die eine rückwirkende Zurechnung der Vermögensgegenstände und Geschäftsvorfälle über den Verschmelzungsstichtag kann jeden-

---

[43] Hier kann sich allerdings ein steuerrechtliches Problem stellen, da die Finanzverwaltung davon ausgeht, dass der Stichtag der Schlussbilanz zwingend auf den dem Umwandlungsstichtag vorangehenden Tag fallen muss. Danach kann eine zeitliche Staffelung unter Umständen nach Minuten steuerschädlich sein, so dass eine zeitliche Staffelung nach Tagesschritten geboten sein kann. Zum Meinungsstand: *Hörtnagl* in Schmitt/Hörtnagl, UmwG, UmwStG, 9. Aufl. 2020, UmwStG § 2 Rn. 24.

[44] *Simon* in Heckschen/Simon, Umwandlungsrecht, 2003, § 5 Rn. 159; ebenso: *Rieckers/Cloppenburg* in BeckOGK, 1.7.2022, UmwG § 17 Rn. 76; *Deubert/Henckel* in Deubert/Förschle/Störk, Sonderbilanzen, 6. Aufl. 2021, Kap. H Rn. 102. Für den Fall, dass der übertragende Rechtsträger bei der 2. Maßnahme bereits rechtlich existent ist, vertritt

falls zu diesem Zeitpunkt noch nicht erfolgen, da sich die rückwirkende Zurechnung erst mit Wirksamwerden der Verschmelzung vollzieht.

Auch kann im *Beispiel 2* der Inhalt der Ausgliederungsbilanz nicht ohne Weiteres kopiert und als Schlussbilanz der B-GmbH im Zusammenhang mit der nachfolgenden Verschmelzung verwendet werden. Das ist schon deshalb nicht möglich, da die Ausgliederungsbilanz eine Gesamtbilanz ist, also keine auf den ausgegliederten Teil separat aufgestellte Teilbilanz des übergehenden Vermögens.[45] Etwas anderes kann auch nicht gelten, wenn zum Register es ausgliedernden Rechtsträger eine solche Teilbilanz zusätzlich vorgelegt wird. Unabhängig davon könnte die B-GmbH im Rahmen der Übernahme der Vermögensgegenstände die tatsächlichen Anschaffungskosten ansetzen und nicht von der Buchwertfortführung gemäß § 24 UmwG Gebrauch machen. Darüber hinaus kann es etwa zu Konfusionen bei Forderungen zwischen den beteiligten Rechtsträgern im Rahmen des Wirksamwerdens der ersten Maßnahme kommen. Insoweit kann es durchaus Veränderungen bei den Wertansätzen im Schnittpunkt beider Umwandlungsmaßnahmen geben.

Auch die Vorlage einer bedingten Schlussbilanz begegnet Bedenken, da es keine bedingten Bilanzen gibt.[46]

Vor diesem Hintergrund stellt sich die Frage, ob in einer solchen Situation nicht auf die Vorlage bei der Anmeldung der Verschmelzung verzichtet werden kann. Stattdessen ist die Schlussbilanz erst dann im Handelsregister zu übermitteln, sobald die erste Maßnahme rechtswirksam und damit der Vermögensübergang vollzogen worden ist. Die zweite Maßnahme kann ohnehin erst vollzogen werden, sobald die erste Maßnahme wirksam geworden ist. Dies widerspricht zwar dem Wortlaut des § 17 Abs. 2 S. 4 UmwG und der darin genannten starren Frist von acht Monaten. In Rechtsprechung und Literatur wird jedoch auch die Auffassung vertreten, dass die Schlussbilanz durchaus auch nach Ablauf der Frist nachgereicht werden könne.[47] Abschließend geklärt ist diese Frage jedoch nicht, so dass sich die Beteiligten hierauf nicht verlassen sollten.[48]

Um Risiken im Zusammenhang mit dem Ablauf der Frist des § 17 Abs. 2 S. 4 UmwG zu meiden, bleibt nur die Vorlage einer Schlussbilanz, in der die Wirkungen der vorangegangenen Ausgliederung vorweggenommen werden. Es handelt sich um eine „Platzhalterbilanz", damit die gesetzliche Frist eingehalten werden kann. Da zu diesem Zeitpunkt die Schlussbilanz offensichtlich unrichtig ist, hat sie das Registergericht wegen eines offensichtlichen Verstoßes gegen die Bilanzwahrheit zu beanstanden. Es ist dann nach Wirksamwerden der ersten Maßnahme eine neue Schlussbilanz einzureichen.[49] Die Heilung eines solchen Mangels ist auch noch nach Ablauf der Frist des § 17 Abs. 2 S. 4 UmwG zulässig. Sollte das Registergericht die Eintragung aufgrund einer Platzhalterbilanz vornehmen, spielt einen Verstoß gegen § 17 Abs. 2 UmwG keine Rolle mehr, da auch solche Mängel nach Eintragung der Verschmelzung bzw. Spaltung deren Wirkungen unberührt lassen (§ 20 Abs. 2 bzw. § 131 Abs. 2 UmwG).

---

[45] → Fn. 1.

[46] Großzügiger ist hier offenbar das OLG Hamm 19.12.2005 – 15 W 377/05, DNotZ 2006, 378 (380f.) Danach soll es wohl ausreichend sein, wenn aus Erläuterungen zur Schlussbilanz hervor geht, dass der zweite Verschmelzungsvertrag erst wirksam werden soll, wenn der erste Verschmelzungsvorgang durch Eintragung in das Handelsregister wirksam geworden ist.

[47] OLG Jena 21.10.2002 – 5 W 534/02, NZG 2003, 43; OLG Zweibrücken 29.07.2002 – 7 U 5/02, RNotZ 2002, 516; streng dagegen: OLG Köln 22.06.1998 – 2 Wx 34/98, GmbHR 1998, 1085.

[48] Ebenso die Empfehlung von *Blasche* RNotZ 2014, 464 (469).

[49] Wenn sich bei der eingereichten Schlussbilanz („Platzhalterbilanz") keine Änderungen nach Wirksamwerden der ersten Maßnahme ergeben haben, erscheint es auch vertretbar, dass die Geschäftsführer der B-GmbH die Erklärung abgeben, dass diese Schlussbilanz nunmehr wirksam geworden ist und einen unveränderten Inhalt hat.

c) Prüfung der Schlussbilanz

Nach § 17 Abs. 2 S. 2 UmwG gelten für die Schlussbilanz die Vorschriften über die Prüfung der Jahresbilanz entsprechend. Falls der betreffende Rechtsträger prüfungspflichtig ist, ist über das Ergebnis der Prüfung ein Bestätigungsvermerk nach § 322 HGB zu erteilen, der auch dem Handelsregister vorzulegen ist. Hier stellt sich ebenfalls die Frage, ob der Prüfungsvermerk unter der Bedingung erteilt werden kann, dass die erste Maßnahme wirksam wird. Hiergegen bestehen jedoch die vorstehend geäußerten Bedenken, dass der übernehmende Rechtsträger erst nach deren Wirksamwerden der ersten Maßnahme über die Wertansätze bzw. der Buchwertfortführung (§ 24 UmwG) entscheiden kann. Daher muss jedenfalls auch der Prüfungsvermerk mit der nachzureichenden Schlussbilanz vorgelegt werden.

VII. Schlussbetrachtung

Gewöhnlicherweise bereitet die Vorlage einer Schlussbilanz bei Umwandlungsmaßnahmen keine Probleme, da regelmäßig auf die Jahresbilanz zurückgegriffen werden kann. Die hier beleuchteten Fälle zeigen jedoch, dass es im Einzelfall durchaus Probleme geben kann, wenn der betreffende Rechtsträger nicht bzw. noch nicht buchführungs- und bilanzierungspflichtig ist. Diese sind unter Berücksichtigung der Zwecke der Schlussbilanz zu lösen.

ADOLF REUL

Schuldrechtliches Sachagio im Aktienrecht

I. Problemstellung

Im Zusammenhang mit der Gründung einer AG oder einer Kapitalerhöhung ist es nicht selten Wunsch der Beteiligten, dass nicht oder nicht nur eine Geldleistung an die Gesellschaft erbracht werden soll. Vielmehr soll hierbei ein anderer Vermögensgegenstand in die Gesellschaft eingelegt werden, insbesondere ein anderes Unternehmen oder eine Beteiligung an einem anderen Unternehmen.

Den Beteiligten geht es dabei zum einen darum, ein bestehendes Unternehmen in ein anderes Unternehmen einzubringen, ohne die Haftungsrisiken einer Spaltung (§ 133 UmwG) zu begründen. Zum anderen sollen bei dem einzubringenden Unternehmen möglichst keine stillen Reserven aufgedeckt werden (Buchwertfortführung). Eine solche Buchwertfortführung ist nach §§ 20 Abs. 1, 21 Abs. 1 UmwStG anerkannt, wenn für das eingebrachte Unternehmen bzw. die eingebrachte Beteiligung „neue Anteile gewährt" werden.

Aktienrechtlich kann dieses Ziel auf verschiedenen Wegen erreicht werden.

II. Sachgründung / Sachkapitalerhöhung

1. Sachgründung

In Betracht kommt zunächst eine Einbringung im Wege einer Sachgründung.

Eine Sachübernahme scheidet im vorliegenden Kontext dagegen aus. § 27 Abs. 1 AktG unterscheidet im Aktienrecht zwischen Sacheinlagen und Sachübernahmen. Bei der Sacheinlage bringt der Gründer statt einer Bareinlage Vermögensgegenstände zu einem bestimmten Wert als Gegenleistung für die von ihm übernommenen Aktien ein. Auch bei der Sachübernahme werden im Rahmen der Gründung Vermögensgegenstände in die Gesellschaft eingebracht. Der Einbringende erhält als Gegenleistung jedoch keine Beteiligung an der Gesellschaft, sondern eine andere Gegenleistung. Eine steuerliche Buchwertfortführung nach §§ 20 Abs. 1, 21 Abs. 1 UmwStG ist somit nicht möglich. Es fehlt an der Gegenleistung für die Einbringung in Form der „Gewährung neuer Anteile."

Für die Sachgründung enthält § 27 Abs. 1 AktG besondere Vorschriften. In der Gründungssatzung sind über den notwendigen Inhalt des § 23 AktG hinaus zusätzliche Festsetzungen anzugeben über

- den Gegenstand der Sacheinlage,
- die Person, von der die Gesellschaft den Gegenstand erwirbt,
- den Nennbetrag, bei Stückaktien die Zahl der bei der Sacheinlage zu gewährenden Aktien.

Weitere Angaben sind nicht erforderlich. Es genügt die Angabe des Ausgabebetrages der zu gewährenden Aktien. Der Wert der Sacheinlage selbst muss nicht bezeichnet werden.[1]

---

[1] *Pentz* in MüKoAktG, 5. Aufl. 2019, § 27 Rn. 72; *Hoffmann-Becking* in Münchener Handbuch des Gesellschaftsrechts, Bd. 4, 5. Aufl. 2020, § 4 Rn. 7; *Röhricht* in GroßkommAktG, 5. Aufl. 2016,

Bei einer Sachgründung müssen im Gründungsbericht nach § 32 Abs. 2 AktG neben den üblichen Angaben auch die wesentlichen Umstände dargelegt werden, von denen die Angemessenheit der Leistung der Gesellschaft für die Sacheinlagen oder Sachübernahmen abhängt. Die Gründer werden hierzu regelmäßig ein Bewertungsgutachten beifügen und die Angemessenheit der Gegenleistung und Bezugnahme auf dieses Gutachten begründen. Eine Bezugnahme auf den Bericht des Gründungsprüfers ist nicht möglich.[2]

In dem nach § 34 Abs. 2 AktG aufzustellenden Prüfungsbericht von Vorstand und Aufsichtsrat sind nach § 34 Abs. 1 AktG zusätzlich Angaben darüber zu machen, ob die Festsetzungen in der Satzung über die Sacheinlagen oder Sachübernahmen richtig und vollständig sind und ob der Wert der Sacheinlagen den Nennbetrag der dafür zu gewährenden Aktien erreicht bzw. ob der Wert der Sachübernahmen der dafür zu gewährenden Verfügung entspricht. Die dabei angewandten Bewertungsmethoden sind anzugeben (§ 34 Abs. 2 S. 2 AktG).

Bei der Sachgründung ist im Gegensatz zur Bargründung der Bericht eines externen Gründungsprüfers nach § 33 Abs. 2 Nr. 4 AktG obligatorisch. Eine vorherige Anhörung der IHK ist nicht erforderlich. Eine Gründungsprüfung durch den Notar ist bei der Sachgründung unzulässig (§ 33 Abs. 3 AktG).

Der Gegenstand der Prüfung der externen Gründungsprüfer stimmt mit derjenigen von Vorstand und Aufsichtsrat überein (§ 34 Abs. 1 AktG). Schwerpunkt ist der Nachweis der Werthaltigkeit des Sacheinlagegegenstandes. Als externe Gründungsprüfer kommen hierfür regemäßig Wirtschaftsprüfungsgesellschaften in Betracht. Damit einher geht ein nicht unerheblicher organisatorischer, zeitlicher und finanzieller Aufwand.

Die Handelsregisteranmeldung entspricht weitgehend der Bargründung. Zusätzlich ist Folgendes zu beachten:

- In der Anmeldung muss nach § 37 Abs. 1 S. 1 AktG erklärt werden, dass der Wert der Sacheinlage dem geringsten Ausgabebetrag bzw. bei Ausgabe gegen Aufgeld auch dem höheren Wert entspricht, § 36a Abs. 2 S. 3 AktG.[3]
- Weiter ist zu erklären, dass die Voraussetzungen der §§ 36 Abs. 2, 36a Abs. 2 AktG erfüllt sind. Dabei ist zu unterscheiden:
  - Ist die Sacheinlage vor der Anmeldung zum Handelsregister bereits geleistet, ist wegen § 36a Abs. 2 S. 2 AktG anzugeben, dass die Sacheinlage zur freien Verfügung des Vorstands steht.
  - Soweit der Sacheinlagegegenstand vor der Handelsregisteranmeldung noch nicht eingebracht und von der Möglichkeit des § 36a Abs. 2 S. 2 AktG Gebrauch gemacht wurde, kann eine Erklärung über die endgültige freie Verfügung des Vorstands nicht abgegeben werden. Stattdessen genügt die Erklärung, dass sich der Gründer verpflichtet hat, die Sacheinlageverpflichtung spätestens in 5 Jahren nach Eintragung der Gesellschaft zu erfüllen. Hat sich der Gründer verpflichtet, die Sacheinlage bis zu einem bestimmten Zeitpunkt zu bewirken, so ist dies in der Erklärung unter Nennung des vereinbarten Leistungszeitpunkts anzugeben.[4]
- Ist Einlagegegenstand eine Gebrauchs- oder Nutzungsüberlassung, so ist zusätzlich zu versichern, dass der betreffende Gegenstand von der Gesellschaft genutzt werden kann.[5]

---

§ 27 Rn. 132; *Kraft* in KK-AktG, 4. Aufl. 2021, § 27 Rn. 54; *Koch,* AktG, 16. Aufl. 2022, § 27 Rn. 16.

[2] *Hoffmann-Becking* in Münchener Handbuch des Gesellschaftsrechts, Bd. 4, 5. Aufl. 2020, § 4 Rn. 20 f.

[3] Eine Begründung hierfür ist nicht erforderlich, da sich diese aus der Gründungsprüfung ergibt. Vgl. *Terbrack* Rpfleger 2005, 237 (239).

[4] *Pentz* in MüKoAktG, 5. Aufl. 2019, § 37 Rn. 45; *Koch,* AktG, 16. Aufl. 2022, § 37 Rn. 4.

[5] *Röhricht* in GroßkommAktG, 5. Aufl. 2016, § 37 Rn. 34; *Koch,* AktG, 16. Aufl. 2022, § 37 Rn. 4; *Pentz* in MüKoAktG, 5. Aufl. 2019, § 37 Rn. 45.

2. Sachkapitalerhöhung

Dieselben Vorgaben gelten grundsätzlich auch im Rahmen einer Sachkapitalerhöhung. § 183 AktG stellt hierfür besondere Anforderungen auf, wobei zusätzlich zu den Vorschriften über die Barkapitalerhöhung im Wesentlichen dieselben Regeln wie bei der Gründung gelten. Die beabsichtigte Kapitalerhöhung mittels Sacheinlagen ist bei der Einberufung der Hauptversammlung nach § 124 Abs. 1 AktG ausdrücklich bekannt zu machen. Dabei sind der Gegenstand der Sacheinlage, die Person, die die Einlage erbringen soll, sowie der Nennbetrag, bei Stückaktien die Zahl der zu gewährenden Aktien mitzuteilen (§ 183 Abs. 1 S. 2 AktG). Im Kapitalerhöhungsbeschluss müssen diese Angaben ebenso gemacht werden (§ 183 Abs. 1 S. 1 AktG). Fehlen diese Festsetzungen oder sind sie unrichtig, so waren die Kapitalerhöhung und die Verträge und Rechtshandlungen über die Sacheinlage nach § 183 Abs. 2 S. 1 AktG aF bislang unwirksam.[6] Nunmehr sind nach § 183 Abs. 2 AktG bei der Kapitalerhöhung wie bei der Gründung § 27 Abs. 3 und Abs. 4 AktG die Verträge und Rechtshandlungen trotz Fehlens dieser Festsetzungen wirksam. Wird die Kapitalerhöhung gleichwohl im Handelsregister eingetragen, ist die Kapitalerhöhung wirksam, allerdings nicht als Sachkapitalerhöhung, sondern als Barkapitalerhöhung (§ 183 Abs. 2 S. 2 und S. 3 AktG).[7] Ein „Wahlrecht", anstelle der Sacheinlage eine Bareinlage zu erbringen, besteht nicht.[8]

Erfolgt die Sachkapitalerhöhung binnen 2 Jahren nach Gründung der Gesellschaft und übersteigt der Kapitalerhöhungsbetrag 10% des Grundkapitals, sind unter den weiteren Voraussetzungen des § 52 AktG zusätzlich die Nachgründungsvorschriften zu beachten. Die 10%-Grenze bemisst sich analog § 67 UmwG allerdings nach dem Grundkapital nach Durchführung der Kapitalerhöhung.

Ebenso wie bei der Gründung ist auch bei der Kapitalerhöhung mit Sacheinlagen eine externe Prüfung nach § 183 Abs. 3 AktG durchzuführen. Der Handelsregisteranmeldung ist der Bericht über die Prüfung der Sacheinlagen nach § 184 Abs. 1 S. 2 AktG beizufügen. Gegenstand der Prüfung ist, ob der Wert der Sacheinlagen den geringsten Ausgabebetrag, d. h. den Nennbetrag oder den anteiligen Betrag des Grundkapitals nach § 9 Abs. 1 AktG der zu gewährenden Aktien erreicht.

Ein besonderer Bericht analog § 32 AktG wie bei der Gründung durch die Aktionäre ist bei der Sachkapitalerhöhung nicht erforderlich. § 183 Abs. 3 AktG verweist nur auf die §§ 33, 34 und 35 AktG, nicht aber auf § 32 AktG.

Liegen die Voraussetzungen einer erleichterten Sachgründung vor (§ 33a AktG), kann auf eine externe Prüfung verzichtet werden. Nach § 183a Abs. 3 AktG muss das Registergericht jedoch einen externen Sachgründungsprüfer bestellen, wenn dies von Aktionärsminderheit verlangt wird, die am Tag der Beschlussfassung über die Kapitalerhöhung gemeinsam 5% des Grundkapitals hielten und am Tag der Antragsstellung noch halten.

3. Umfang der Werthaltigkeitsprüfung

Nach § 34 Abs. 1 Nr. 2 AktG ist bei der Gründungsprüfung zu prüfen, ob der Wert der Sacheinlagen wenigstens dem geringsten Ausgabebetrag der dafür zu gewährenden Aktien entspricht. Auch die Prüfung des Registergerichts nach § 38 Abs 2 S. 2 AktG stellt bei der Werthaltigkeitsprüfung auf den geringsten Ausgabebetrag ab. Gleiches gilt bei der Sachkapitalerhöhung: Auch dort wird nach § 184 Abs. 3 AktG auf den geringsten Ausgabebetrag abgestellt.

---

[6] Nach Ansicht des BGH kann der Gegenstand der Sacheinlage anstelle seiner Festsetzung im Kapitalerhöhungsbeschluss auch durch gleichzeitig beschlossene Satzungsänderung festgesetzt werden, BGH GmbHR 2008, 207.

[7] *Koch,* AktG, 16. Aufl. 2022, § 183 Rn. 9; *Scholz* in Münchener Handbuch des Gesellschaftsrechts, Bd. 4, 5. Aufl. 2020, § 56 Rn. 40.

[8] BGHZ 110, 47 = NJW 1990, 982.

Der geringste Ausgabebetrag ist in § 9 Abs. 1 AktG definiert. Gemeint ist damit der Nennbetrag bzw. bei Stückaktien der auf die einzelne Stückaktie entfallende anteilige Betrag am Grundkapital. Damit ergibt sich jedenfalls aus dem Wortlaut, dass bei der Werthaltigkeitsprüfung nur auf den Nennbetrag selbst, nicht aber auf ein darüber hinaus gehendes korporatives Agio abzustellen ist.

Aus Art. 10 Abs. 2 der Kapitalrichtlinie ergibt sich jedoch, dass sich die Prüfung des Werts der Sacheinlagen stets auch auf ein etwa festgesetztes korporatives Aufgeld erstrecken muss. Auch § 36a Abs. 2 S. 3 AktG fordert, dass bei Sacheinlagen deren Wert dem geringsten Ausgabenbetrag und bei einer Ausgabe der Aktien zu einem höheren Wert als diesen auch dem Mehrbetrag entsprechen muss. Dies gilt sowohl bei der Sachgründung[9] als auch bei der Sachkapitalerhöhung.[10]

In der Entscheidung Babcock/Borsig hat der BGH dies bestätigt:[11] In dieser Entscheidung ging es um eine Sachkapitalerhöhung durch Einbringung von Geschäftsanteilen an einer Tochtergesellschaft. Die neuen Aktien wurden nicht zum geringsten Ausgabebetrag (§ 9 Abs. 1 AktG) ausgegeben, sondern zu einem höheren Ausgabebetrag (§ 9 Abs. 2 AktG). Der BGH ging davon aus, dass die eingebrachten Geschäftsanteile nicht werthaltig, also überbewertet waren. Im Falle einer solchen Überbewertung bestehe nach §§ 36a Abs. 2, 183 188 Abs. 2 S. 1 AktG sowie in Analogie zu § 9 Abs. 1 GmbHG auch im Aktienrecht ein Anspruch auf Differenzhaftung.[12]

Nach Ansicht des BGH bestehe dieser Anspruch auf Differenzhaftung auch, soweit der Wert einer Sacheinlage zwar den geringsten Ausgabebetrag nach § 9 Abs. 1 AktG (Nennbetrag), nicht aber das korporative Aufgeld nach § 9 Abs. 2 AktG decke.[13]

Das Aufgeld sei bei der AG nach § 9 Abs. 2 AktG Teil des Ausgabebetrages und der mitgliedschaftlichen Leistungspflicht nach § 54 AktG der Aktionäre, von der sie nach § 66 Abs. 1 AktG grundsätzlich nicht befreit werden könnten.[14] Insoweit unterscheide sich die Rechtslage vom Agio bei der GmbH. Dort erstrecke sich der Differenzhaftungsanspruch nach hM nicht auch auf das Agio.[15]

Dass das Agio nicht im gezeichneten Kapital, sondern in der Kapitalrücklage nach § 272 Abs. 2 Nr. 1 HGB zu verbuchen sei, ist für den BGH nicht entscheidend. Dem Schutz der Gläubiger diene nicht nur das verlautbarte, nicht ausschüttungsfähige Eigenkapital, sondern auch die Ausschüttungssperre für die Rücklagen in § 150 AktG.[16]

Gleiches gelte im Rahmen der Unterbilanzhaftung: Dort sei die Haftung nicht auf die statutarische Grundkapitalziffer beschränkt. Vielmehr umfasse die Unterbilanzhaftung auch ein etwa vereinbartes korporatives Aufgeld.[17]

---

[9] BGHZ 191, 364 Rn. 17; *Vedder* in Grigoleit, AktG, 2. Aufl. 2020, § 34 Rn. 4; *Koch,* AktG, 16. Aufl. 2022, § 34 Rn. 3; *Arnold* in KK-AktG, 4. Aufl. 2021, § 34 Rn. 8; *Bayer* in Schmidt/Lutter, AktG, 4. Aufl. 2020, § 34 Rn. 7; *Verse* ZGR 2012, 875 (880 f.); aA *Gerber* in Spindler/Stilz, AktG, 5. Aufl. 2022, § 34 Rn. 8

[10] Vgl. § 188 Abs. 2 AktG; *Wiedemann* in GroßkommAktG, 4. Aufl. 1992ff., § 183 Rn. 82; *Koch,* AktG, 16. Aufl. 2022, § 183 Rn. 16; *Priester* FS Lutter, 2000, 617 (623); *Scholz* in Münchener Handbuch des Gesellschaftsrechts, Bd. 4, 5. Aufl. 2020, § 57 Rn. 51; aA *Rieder/Holzmann* in Grigoleit, AktG, 2. Aufl. 2020, § 183 Rn. 29.

[11] BGHZ 191, 364 Rn. 17.

[12] BGHZ 191, 364 Rn. 16; BGHZ 64, 62 (62); BGHZ 75, 72; BGHZ 118, 83 (101); BGHZ 171, 293.

[13] BGHZ 191, 364 Rn. 17; OLG Jena NZG 2007, 147; *Rieder/Holzmann* in Grigoleit, AktG, 2. Aufl. 2020, § 18 Rn. 23; *Koch,* AktG, 16. Aufl. 2022, § 183 Rn. 21.

[14] BGHZ 191, 364 Rn. 17.

[15] BGHZ 191, 364 Rn. 17; *Schwandtner* in MüKoGmbHG, 4. Aufl. 2022, § 9 Rn. 15.

[16] BGHZ 191, 364 Rn. 18. *Stein/Fischer* ZIP 2014, 1362 (1364).

[17] *Koch,* AktG, 16. Aufl. 2022, § 41 Rn. 9; *Arnold* in KK-AktG, 4. Aufl. 2021, § 41 Rn. 53; *Pentz* in MüKoAktG, 5. Aufl. 2019, § 41 Rn. 118; *Heidinger* in Spindler/Stilz, AktG, 5. Aufl. 2022, § 41 Rn. 82.

Im Ergebnis hat damit das korporative Aufgeld im Aktienrecht Eigenkapitalcharakter. Damit unterscheidet sich die Rechtslage deutlich zum GmbH-Recht. Dort ist das Agio nicht Teil der gläubigerschützenden Einlageaufbringungspflicht.[18]

III. Korporatives Sachagio

Als Agio kann auch eine Sachleistung vereinbart werden (sog. „Sachagio").[19] Steuerrechtlich wird das Sachagio anerkannt. Ist Gegenstand des Sachagios ein Teilbetrieb, ist eine Buchwertfortführung nach § 20 UmwStG zulässig.[20] § 21 UmwG erweitert diese Buchwertfortführung bei Einbringung von Beteiligungen. Gleiches gilt im Hinblick auf eine steuerliche Rückbeziehung nach § 20 Abs. 8 UmwStG.[21]

Entscheidend für die steuerliche Anerkennung ist, dass für die Einbringung „neue Anteile" gewährt werden. Es muss ein innerer Zusammenhang bestehen (Gegenseitigkeitsverhältnis"). Dies ist nach Auffassung des BFH[22] und der Finanzverwaltung[23] nicht nur bei einer Sachgründung bzw. Sachkapitalerhöhung, sondern auch bei einem Sachagio der Fall. Die Einbringung muss in einem engen zeitlichen und sachlichen Zusammenhang mit der Gewährung von Anteilen stehen und nicht nur bei Gelegenheit erfolgen. Es muss ein einheitlicher Vorgang gegeben sein. Dies ist zB nicht der Fall, wenn die Sacheinlagen in die offenen Rücklagen eingestellt und die neuen Anteile gegen Bareinlage ausgegeben werden.

IV. Werthaltigkeitsprüfung beim korporativen Sachagio

Noch nicht entschieden ist die Frage, ob bei Vereinbarung eines solchen korporativen Sachagios eine Werthaltigkeitsprüfung ähnlich wie bei einer Sacheinlage durchgeführt werden muss oder ob hierauf verzichtet werden kann.

Es kann jedoch nichts anderes gelten wie sonst bei einer Sachgründung bzw. Sachkapitalerhöhung gegen Agio. Das Agio ist Teil der vom Inferenten mit seiner Zeichnung zwangsläufig verbundenen Kapitaldeckungszusage.[24] Im Hinblick auf die Kapitalaufbringung ist daher auch die Werthaltigkeit des Sachagios nachzuweisen.

Nach § 38 Abs. 1 AktG hat das Registergericht bei der Gründung u. a. zu prüfen, ob die Gesellschaft ordnungsgemäß errichtet und angemeldet ist. Bei Bargründungen muss zum Zwecke der Anmeldung zum Handelsregister nach § 36a Abs. 1 AktG nicht nur die Leistung des Mindesteinlagebetrages gem. § 36 Abs. 2 AktG erfolgt sein. Weiter muss auch ein etwaiges Agio vor der Eintragung vollständig geleistet werden (§ 36a Abs. 1 AktG). Wegen dieser

---

[18] *Heidinger/Knaier* FS 25 Jahre Deutsches Notarinstitut, 2018, 467 (471); *Heidinger* in Heckschen/Heidinger, Die GmbH in der Gestaltungs- und Beratungspraxis, 4. Aufl. 2018, Kap. 11. Rn. 69; *Wicke* in MüKoGmbHG, 4. Aufl. 2022, § 3 Rn. 70, 77.

[19] *Lubberich* DNotZ 2016, 164 ff.

[20] Ähnlich BFH DStR 2010, 1780: Eine Sacheinlage gem. § 20 UmwStG 1995 kann auch vorliegen, wenn bei einer Bargründung oder -kapitalerhöhung der Gesellschafter zusätzlich zu der Bareinlage die Verpflichtung übernimmt, als Aufgeld (Agio) einen Mitunternehmeranteil in die Kapitalgesellschaft einzubringen.

[21] *Lubberich* DNotZ 2016, 164 (169).

[22] BFHE 229, 518 = MittBayNot 2010, 507; *Schmitt* in Schmitt/Hörtnagl, UmwG, UmwStG, 9. Aufl. 2020, UmwStG § 20 Rn. 186; *Widmann/Mayer,* Umwandlungsrecht, 200. Akt. 2022, UmwStG § 20 Rn. R 167.

[23] Ziffer E 20.09 iVm Ziffer 01.44 des Umwandlungssteuererlasses; *Wisniewski/Weppner* GWR 2012, 53.

[24] BGHZ 191, 364 Rn. 17.

Regelungen in §§ 36, 36 a AktG muss das Registergericht daher bei einer Bargründung auch die Leistung des Agios und seine Werthaltigkeit prüfen. Im Ergebnis kann daher das Registergericht im Falle eines korporativen Sachagios auch ein Wertgutachten wie bei einer normalen Sachgründung bzw. Sachkapitalerhöhung anfordern.

Nichts anderes gilt für die Kapitalerhöhung. Dort wird in § 188 Abs. 2 AktG die sinngemäße Anwendung der §§ 36 Abs. 2, 36 a und 37 AktG angeordnet.

V. Schuldrechtliches Agio, „investors agreement"

Vom „gesellschaftsrechtlichen" bzw. „korporativen" Agio zu unterscheiden ist das sog. schuldrechtliche Agio („investors agreement"). Eine derartige Leistung der Aktionäre an die Gesellschaft außerhalb der eigentlichen Kapitalaufbringungsvorschriften ist als schuldrechtliche Nebenabrede oder „investors agreement" jedenfalls bei einer Kapitalerhöhung zulässig.[25] Auch im Rahmen der Gründung kann ein solches schuldrechtliches Agio vereinbart werden. Solche Zuzahlungspflichten sind ohne weiteres zulässig. Sie sind gem. § 272 Abs. 3 Nr. 4 HGB in die (freie) Kapitalrücklage einzustellen.[26]

Die Zulässigkeit eines solchen schuldrechtlichen Agios ist Ausfluss der Vertragsfreiheit. Für dies schuldrechtlichen Zuzahlungen gilt nicht Aktienrecht, sondern Schuldrecht.[27] § 54 Abs. 1 AktG begrenzt die mitgliedschaftliche Einlagepflicht auf die Höhe des Ausgabebetrags der Aktien.

Solche schuldrechtlichen Vereinbarungen können zum einen zwischen der AG und einzelnen oder allen Aktionären getroffen werden. Zum anderen können aber auch einzelne oder alle Aktionäre untereinander solche Vereinbarungen schließen, und zwar auch in der Form eines Vertrags zugunsten Dritter (§ 328 BGB), aus dem der AG unmittelbar das Recht zuwächst, die versprochene Leistung zu fordern.[28]

Dem steht der Normzweck des § 36 a AktG nicht entgegen. Die Intention der Sicherung der Kapitalaufbringung kann nur auf den aktienrechtlichen Ausgabebetrag bezogen sein. Ein Zwang, im Zusammenhang mit dem Zufluss neuen Kapitals sämtliche Zahlungsverpflichtungen, auch solche, die nicht für die Zeichnung neuer Aktien eingegangen werden, in den förmlichen Ausgabebetrag einzubeziehen, lässt sich dem § 36 a AktG nicht entnehmen und stellt auch keine Umgehung dieser Regelung dar. Die Aktionäre sind in ihrer Entscheidung über die Höhe des Ausgabebetrags – abgesehen vom Verbot einer Unterpari-Emission – frei und können darüber hinaus auch weitere Zahlungspflichten in die freie Kapitalrücklage gem. § 272 Abs. 2 Nr. 4 HGH begründen.[29] Es gibt auch keinen Zwang, sämtliche Zahlungen im zeitlichen Zusammenhang mit der Ausgabe neuer Aktien in die Kapitalrücklage nach § 272 Abs. 2 Nr. 1 HGB zu buchen. Die Aktionäre können zwischen der Vereinbarung eines

---

[25] BGH WM 2007, 2378, 2380; BayObLG DB 2002, 940 = NotBZ 2002, 221; OLG Köln NZG 2007, 108; *Koch,* AktG, 16. Aufl. 2022, § 9 Rn. 10 f.

[26] OLG München BB 2006, 2711 (2714); LG Mainz ZIP 1986, 1323 (1328); *Vedder* in Grigoleit, AktG, 2. Aufl. 2020, § 9 Rn. 8; *Mellert* NZG 2003, 1096 (1098); *Ziemons* in Schmidt/Lutter, AktG, 4. Aufl. 2020, § 9 Rn. 15; *Dauner-Lieb* in KK-AktG, 3. Aufl. 2011, § 9 Rn. 39; *Priester* FS Röhricht, 2005, 467 (475 ff.); *Priester* FS Lutter, 2000, 621 (629); aA *Baums* FS Hommelhoff, 2012, 61 (83 ff.).

[27] OLG München BB 2006, 2711; *Becker* NZG 2003, 510 (512); *Herrmanns* ZIP 2003, 788; *Koch,* AktG, 16. Aufl. 2022, § 9 Rn. 9; *Dauner-Lieb* in KK-AktG, 4. Aufl. 2022, § 9 Rn. 34; *Vatter* in Spindler/Stilz, AktG, 5. Aufl. 2022, § 9 Rn. 34, 37; *Priester* FS Lutter, 2000, 617 (627).

[28] *Götze* in MüKoAktG, 5. Aufl. 2019, § 54 Rn. 31; *Rachlitz* in Grigoleit, AktG, 2. Aufl. 2020, § 54 Rn. 17; *Drygala* in KK-AktG, 3. Aufl. 2011, § 54 Rn. 31; *Koch,* AktG, 16. Aufl. 2022, § 54 Rn. 7.

[29] OLG München ZIP 2007, 126; *Meller* NZG 2003, 1096.

Agios und freiwilligen Zuzahlungen, die dann auch in die freien Rücklagen nach § 272 Abs. 2 Nr. 4 HGB einzustellen sind, wählen.[30]

Im Ergebnis gelten danach die Kapitalaufbringungsvorschriften für das schuldrechtliche Agio nicht.[31] Insbesondere ist deshalb das schuldrechtliche Agio auch nicht von der Vermögensbindung des § 150 AktG erfasst.[32]

Folgt man der hM, ist Vorteil des schuldrechtlichen Agios, dass anders als das statutarische Agio eine Leistung in Teilbeträgen möglich ist, § 36a AktG mit seinem Volleinzahlungsgebot also nicht gilt. Entscheidend ist für das Registerverfahren, deutlich zu machen, dass es sich um ein schuldrechtliches Agio, nicht aber um ein gesellschaftsrechtlich begründetes Agio handelt. Ggf. ist dies nachzuweisen.[33]

Weiterer nicht unwesentlicher Vorteil des schuldrechtlichen Agios ist, dass sich die Differenzhaftung bei einer Sacheinlage nicht auf das schuldrechtliche Agio erstreckt.[34]

Str. ist, ob ein solches schuldrechtliches Agio nur durch Vereinbarung der Aktionäre untereinander vereinbart werden kann oder ob auch eine unmittelbare Vereinbarung zwischen der Gesellschaft einerseits und dem oder den Gründer(n) bzw. Zeichner(n) andererseits möglich ist.[35] Letzteres ist beim schuldrechtlichen Agio nur bei einer Kapitalerhöhung möglich. Im Rahmen der Gründung kann das schuldrechtliche Agio nur zwischen den Aktionären/Gründern vereinbart werden, da zu diesem Zeitpunkt die Gesellschaft noch nicht existiert.

VI. Schuldrechtliches Sachagio

Als schuldrechtliches Agio kann grds. auch eine „Sachleistung" in Form eines Sachagios vereinbart werden.

Steuerrechtlich wird nicht danach unterschieden, ob das Sachagio schuldrechtlich oder korporativ vereinbart wurde.[36] Ausreichend ist für die Buchwertfortführung nach § 20 UmwStG eine „gleichzeitige Verpflichtung" zur Einbringung des Teilbetriebs in derselben Urkunde. Die bloße Durchführung einer Barkapitalerhöhung und die Verpflichtung zur Erbringung in getrennten Vorgängen reicht hingegen nicht.[37] Wird der Teilbetrieb als Aufgeld in Zusammenhang mit einer Kapitalerhöhung eingebracht, ist damit sowohl beim schuldrechtlichen Aufgeld als auch beim korporativen Aufgeld eine Buchwertfortführung möglich.[38]

---

[30] OLG München ZIP 2007, 126; *Wieneke* NZG 2012, 137 (137f.).

[31] OLG München ZIP 2007, 126; *Koch,* AktG, 16. Aufl. 2022, § 36a Rn. 2a; *Dauner-Lieb* in KK-AktG, 4. Aufl. 2022, § 9 Rn. 34ff.; *Vatter* in Spindler/Stilz, AktG, 5. Aufl. 2022, § 9 Rn. 34ff.; *Priester* FS Lutter, 2000, 617 (627); aA für den Fall, wenn ein eigenes Forderungsrecht für die Gesellschaft begründet wird, nur *Ziemons* in Schmidt/Lutter, AktG, 4. Aufl. 2020, § 9 Rn. 15.

[32] OLG München ZIP 2007, 126; *Ziemons* in Grigoleit, AktG, 2. Aufl. 2020, § 54 Rn. 17 Fn. 42; *Koch,* AktG, 16. Aufl. 2022, § 54 Rn. 8; *Drygala* in KK-AktG, 3. Aufl. 2011, § 54 Rn. 56; *Fleischer* in Schmidt/Lutter, AktG, 4. Aufl. 2020, § 54 Rn. 8.

[33] BayObLG, DB 2002, 940 = NotBZ 2002, 221.

[34] *Koch,* AktG, 16. Aufl. 2022, § 183 Rn. 21; *Schürnbrand/Verse* in MüKoAktG, 5. Aufl. 2021, § 183 Rn. 72; *Servatius* in Spindler/Stilz, AktG, 5. Aufl. 2022, § 183 Rn. 76 mwN; *Wieneke* NZG 2012, 136 (137f.).

[35] *Gerber* MittBayNot 2002, 305ff.; *Hermanns* ZIP 2003, 788ff. sowie *Schorling/Vogel* AG 2003, 86ff.; *Becker* NGZ 2003, 510ff.; *Hergeth/Eberl* DStR 2002, 1818; *Wagner* DB 2004, 293 (295ff.); vgl. dazu *Koch,* AktG, 16. Aufl. 2022, § 54 Rn. 7.

[36] Vgl. Ziffer E 20.09 und 01.44 des Umwandlungssteuererlasses vom 11.11.2011, *BMF* BStBl. 2011 I 1314.

[37] BFH NZG 2011, 118; *Wälzholz* MittBayNot 2011, 265 (271f.); *Widmann/Mayer,* Umwandlungsrecht, 200. Akt. 2022, UmwStG § 20 Rn. 32.

[38] BFH DStR 2010, 1780; *Lubberich* DNotZ 2016, 164 (173, 176); *Wisniewski/Weppner* GWR 2011, 53 (55).

VII. *Werthaltigkeitsprüfung beim schuldrechtlichen Sachagio*

Noch nicht entschieden ist die Frage, ob bei Vereinbarung eines schuldrechtlichen Sachagios eine Werthaltigkeitsprüfung ähnlich wie bei einer Sacheinlage oder einem korporativen Sachagio durchgeführt werden muss.

Rechtsprechung liegt zu dieser Frage – soweit ersichtlich – nicht vor. Die Literatur geht – jedenfalls für die GmbH – davon aus, dass eine solche Prüfung nicht erforderlich sei.[39]

Wird bei einer Bargründung bzw. Barkapitalerhöhung ein Sachagio vereinbart, ist die Rechtslage möglicherweise vergleichbar mit einer gemischten Einlage bzw. Mischeinlage. Die Gründer bzw. Zeichner sollen für den Erwerb der neuen Aktien sowohl eine Bareinlage erbringen als auch bestimmte Vermögensgegenstände auf die AG übertragen. Da aber beide Leistungen der Gründer bzw. Zeichner "einheitlich" im Zusammenhang mit der Bargründung bzw. Barkapitalerhöhung zu sehen sind, liegt aus Sicht der Gesellschaft ein einheitliches Rechtsgeschäft bzw. eine einheitliche Leistungsverpflichtung der Gründer bzw. Zeichner in Form einer "Mischeinlage" bzw. "gemischten Einlage" vor. In diesem Fall ist jede Einlageleistung für sich genommen nach den für sie geltenden Regeln zu behandeln.[40] Für den Teil „Sacheinlage" gelten mithin die Sacheinlagevorschriften.

Gleiches gilt bei einer gemischten Sacheinlage, bei der Inferent eine Sacheinlage leistet und der überschießende Wert der Sacheinlage als Agio in die Kapitalrücklage eingestellt wird. Das Registergericht muss im Rahmen seiner Prüfungspflicht nach § 38 Abs. 2 S. 2 AktG prüfen, ob der Wert der Sacheinlagen ein solches korporatives Agio mit abdeckt.[41]

Dies könnte dafürsprechen, dass auch für das schuldrechtliche Sachagio die Sacheinlagevorschriften beachtet werden müssen, insbesondere also auch eine Werthaltigkeitsprüfung erforderlich ist.[42]

Dem ist jedoch entgegenzuhalten, dass beim schuldrechtlichen Sachagio stets eine Bareinlage gegeben ist. Bei einer Bareinlage beschränkt sich die Prüfungspflicht des Gerichts auf die Leistung der in der Satzung bzw. im Kapitalerhöhungsbeschluss festgesetzten Höhe der zu leistenden Bareinlage zuzüglich der „vollen Leistung" eines etwaigen Agios (§ 36a Abs. 1 AktG). Wird in der Gründungsurkunde bzw. im Kapitalerhöhungsbeschluss als schuldrechtliches Sachagio nur die Einlage eines bestimmten Vermögenswerts vereinbart, hierfür aber kein bestimmter Wert festgesetzt, erstreckt sich die Prüfung des Registergerichts nicht darauf, ob das schuldrechtliche Sachagio werthaltig ist oder nicht. Es ist und bleibt eine schuldrechtliche Leistungspflicht, für die das AktG und damit die Kapitalaufbringungsvorschriften nicht gelten. Ein Werthaltigkeitsgutachten ist mithin nicht erforderlich.

Entscheidend ist letztlich der Grundsatz der Vertragsfreiheit. Die Aktionäre sind darin frei, Leitungspflichten gegenüber der Aktiengesellschaft nicht allein aktienrechtlich, sondern auch/oder schuldrechtlich zu begründen. Ein Zwang, im Zusammenhang mit dem Zufluss neuen Kapitals im Rahmen einer Kapitalerhöhung weitere Leistungspflichten immer aktienrechtlich zu begründen, insbesondere diese dann in den korporativen Ausgabebetrag einzustellen, besteht nicht und lässt sich auch nicht dem § 36a AktG entnehmen.[43] Die aktienrechtlichen Kapitalaufbringungsvorschriften gehen nur soweit, wie dies vom AktG gefordert wird. Gefordert wird dies nur für den Ausgabebetrag iSd § 9 Abs. 1 und 2 AktG, mithin für den Nennbetrag und das korporative Aufgeld, nicht aber darüber hinaus.

---

[39] *Lubberich* DNotZ 2016, 164 (177).

[40] *Pentz* in MüKoAktG, 5. Aufl. 2019, § 36 Rn. 98; *Koch,* AktG, 16. Aufl. 2022, § 36 Rn. 12; *Röhricht* in GroßkommAktG, 5. Aufl. 2016, § 36 Rn. 127; *Kraft* in KK-AktG, 4. Aufl. 2021, § 36 Rn. 36.

[41] *Koch,* AktG, 16. Aufl. 2022, § 38 Rn. 9; *Arnold* in KK-AktG, 4. Aufl. 2021, § 38 Rn. 18; *Döbereiner* in Spindler/Stilz, AktG, 5. Aufl. 2022, § 38 Rn. 9.

[42] DNotI-Gutachten Nr. 21960 vom Januar 2001 und Nr. 65455 vom Februar 2006.

[43] OLG München ZIP 2007, 126.

VIII. Vollwertigkeit der Bareinlage, Kapitalaufbringung, Leistungsstörungen

Was bleibt, ist zunächst die Gefahr, dass es wegen eines etwaigen negativen Werts des Sachagios dazu kommt, dass die Bareinlage nicht mehr vollwertig ist. Dem kann m. E. jedoch entgegengewirkt werden durch den Nachweis, dass das Sachagio einen Wert größer gleich Null besitzt, es sich hierbei zB also nicht um ein überschuldetes Unternehmen handelt (zB Bestätigung des Steuerberaters).[44] Ein besonderes Werthaltigkeitsgutachten ist dafür aber nicht erforderlich.

Weiters stellt sich die Frage, wie es sich auf den Grundsatz der Kapitalaufbringung auswirkt, wenn das Sachagio einen negativen Wert hat bzw. wenn der Wert des schuldrechtlichen Sachagios zwar größer gleich Null ist, aber sonst den dafür angesetzten Wert nicht erreicht.

Heidinger/Knaier vertreten zum GmbH-Recht die Ansicht, es gelte der Grundsatz der Differenzhaftung analog zur Rechtslage, wenn bei einer Sacheinlage der Sacheinlagegegenstand hinter dem Wert der dafür gewährten Anteile zurückbleibt (§§ 9 Abs. 1, 56 Abs. 2 GmbHG).[45]

Diese Auffassung ist jedoch abzulehnen.[46] Werden im Zusammenhang mit der Gründung oder Kapitalerhöhung zusätzliche schuldrechtliche Leistungspflichten begründet, können Leistungsstörungen bei diesen zusätzlich vereinbarten schuldrechtlichen Leistungspflichten nicht mit Mitteln des Gesellschaftsrechts sanktioniert werden und umgekehrt.[47] Leistungsstörungen dieser nicht auf korporativer Grundlage begründeten Leistungspflichten richten sich ausschließlich nach den Bestimmungen des allgemeinen Schuldrechts.[48] Unbenommen bleibt es den Beteiligten, für den Fall etwaiger Leistungsstörungen ausdrückliche Regelungen zu vereinbaren, insbesondere dass an die Stelle eines nicht werthaltigen Sachagios ein entsprechender Geldbetrag tritt und dieser der Höhe nach exakt festgelegt wird. Fehlt eine solche Regelung, tritt im Wege des Schadensersatzes ebenso ein Geldbetrag an die Stelle eines nicht werthaltigen Sachagios treten.

Insoweit liegt auch keine unzulässige Umgehung der Kapitalaufbringungsvorschriften vor. Die Kapitalaufbringungsvorschriften stellen im Interesse des Gläubigerschutzes sicher, dass die im Rahmen der Gründung bzw. Kapitalerhöhung versprochenen Einlageleistungen vollständig erbracht werden. Eine Verpflichtung, im Interesse des Gläubigerschutzes die gesamte Gegenleistung für neue Aktien im Ausgabebetrag gem. § 9 AktG bei Nennung des Nennbetrags der Einlageleistung und des korporativen Aufgelds, besteht nicht.[49]

---

[44] *Wälzholz* in Fuhrmann/Wälzholz, Formularbuch Gesellschaftsrecht, 4. Aufl. 2022, M 13.30 Muster mit Anm. 7.

[45] *Heidinger/Knaier* FS 25 Jahre Deutsches Notarinstitut, 2018, 467 (434 f.); ähnlich *C. Schäfer* FS Stilz, 2014, 525 (527 ff.); *C. Schäfer* ZIP 2016, 953 (954 ff.).

[46] Ebenso *Koch,* AktG, 16. Aufl. 2022, § 9 Rn. 13; *Vatter* in Spindler/Stilz, AktG, 5. Aufl. 2022, § 9 Rn. 41.

[47] *Rachlitz* in Grigoleit, AktG, 2. Aufl. 2020, § 54 Rn. 18; *Drygala* in KK-AktG, 3. Aufl. 2011, § 54 Rn. 57; *Götze* in MüKoAktG, 5. Aufl. 2019, § 54 Rn. 31.

[48] *Becker* NZG 2003, 510 (512); *Mock* in GroßkommAktG, 5. Aufl. 2017, § 9 Rn. 13; *Vatter* in Spindler/Stilz, AktG, 5. Aufl. 2022, § 9 Rn. 41.

[49] *Schürnbrand/Verse* in MüKoAktG, 5. Aufl. 2021, § 182 Rn. 60; *Servatius* in Spindler/Stilz, AktG, 5. Aufl. 2022, § 182 Rn. 67.1; *Servatius* FS Windbichler, 2020, 1093 (1094 ff.).

IX. *Schuldrechtliches (Sach-)Agio und Bezugsrechtsausschluss, Verwässerungsschutz*

Bedenken gegen die Zulässigkeit eines schuldrechtlichen Sachagios könnten sich schließlich noch ergeben, wenn dieses im Zusammenhang mit einer Barkapitalerhöhung vereinbart wird und dabei das Bezugsrecht der Altaktionäre ausgeschlossen wird.[50]

Grundsätzlich haben die Altaktionäre bei jedweder Kapitalerhöhung ein Bezugsrecht gem. § 186 Abs. 1 AktG. Soll das Bezugsrecht der Altaktionäre ausgeschlossen werden, so kann dies nur im Kapitalerhöhungsbeschluss selbst erfolgen. Dabei sind nach § 186 Abs. 4 AktG bestimmte formelle Voraussetzungen und darüber hinaus auch besondere materiellrechtliche Erfordernisse zu beachten.[51]

Werden diese formellen und materiellen Voraussetzungen für den Bezugsrechtsausschluss nicht eingehalten, ist der Beschluss über die Kapitalerhöhung mit dem Bezugsrechtsausschluss anfechtbar. Im Kern geht es dabei darum, die Altaktionäre davor zu schützen, dass mit der Kapitalerhöhung ihre Beteiligungsquote verwässert wird. Ergänzt wird dieser Schutz der Altaktionäre durch ein besonderes Anfechtungsrecht nach § 255 Abs. 2 AktG. Danach kann ein Beschluss der Hauptversammlung über eine Kapitalerhöhung mit Bezugsrechtsausschluss auch dann angefochten werden, wenn der Ausgabebetrag unangemessen niedrig ist.

Fraglich ist daher, ob ein solches schuldrechtliches Agio im Hinblick auf die Angemessenheit des Ausgabebetrages nach § 255 Abs. 2 AktG berücksichtigt werden kann oder ob zwingend − dem Wortlaut entsprechend des § 255 Abs. 2 AktG − auf den Ausgabebetrag der neuen Aktien iSd § 9 AktG abgestellt werden muss, mithin also nur ein korporatives Agio maßgebend ist.[52]

Diese Frage ist − soweit ersichtlich − noch nicht entschieden. Nach einer Ansicht in der Literatur könne ein schuldrechtliches Agio im Hinblick auf den Verwässerungsschutz nicht zur Wertdeckung herangezogen werden.[53] Diese Auffassung wird im Wesentlichen damit begründet, dass beim korporativen Agio die Möglichkeit bestehe, die fehlende Wertdeckung gesellschaftsrechtlich mit einer Kaduzierung gem. § 634 AktG zu sanktionieren, wohingegen diese Möglichkeit beim schuldrechtlichen Agio nicht bestehe.[54]

Diese Argumentation greift jedoch nicht. Bei § 255 Abs. 2 AktG geht es allein um die Wertdeckung, nach der die neuen Aktien nicht zu einem unverhältnismäßig niedrigen Wert ausgegeben werden dürfen. Sanktioniert wird über das Anfechtungsrecht des § 255 Abs. 2 AktG allein die fehlende Wertdeckung. Die Möglichkeit der Kaduzierung knüpft nicht an die fehlende Wertdeckung an, sondern nur an die nicht vollständige Leistung der Einlage. Eine Kaduzierung scheidet mithin aus, wenn zwar die Einlageleistung vollständig erbracht wurde, gleichwohl aber der festgesetzte Ausgabebetrag für die neuen Aktien unangemessen niedrig ist. Umgekehrt können die Altaktionäre weiterhin den Kapitalerhöhungsbeschluss nach § 255 AktG wegen des unangemessen niedrigen Ausgabekurses anfechten, obgleich der Inferent die Einlageleistung bereits vollständig erbracht hat.

Von daher spricht nichts dagegen, dass auch ein schuldrechtliches Agio bei der Frage der Wertdeckung iSd § 255 Abs. 2 AktG zu berücksichtigen ist.[55] Um den Aktionären die Möglichkeit einer entsprechenden Werthaltigkeitsprüfung zu geben, muss jedoch das schuldrechtliche Agio zumindest im Vorstandsbericht zum Bezugsrechtsausschluss nach § 186 Abs. 4 S. 2 AktG erwähnt werden. Die fehlende registerrechtliche Prüfung beim schuld-

---

[50] *Atta* AG 2021, 306.

[51] Vgl. dazu statt aller *Koch,* AktG, 16. Aufl. 2022, § 186 Rn. 20 ff. mwN.

[52] *Atta* AG 2021, 306 (309 f.); *Vatter* in Spindler/Stilz, AktG, 5. Aufl. 2022, § 9 Rn. 39; *Koch,* AktG, 16. Aufl. 2022, § 9 Rn. 13; *Drygala* in KK-AktG, 3. Aufl. 2011, § 54 Rn. 50.

[53] *Atta* AG 2021, 306 (309 f.).

[54] *Atta* AG 2021, 306 (309 f.).

[55] AA *Atta* AG 2021, 306 (309 ff.).

rechtlichen Agio wird dadurch aber nicht ersetzt. Auch wird dadurch das Risiko einer Anfechtung nach § 255 Abs. 2 AktG nicht ausgeschlossen.[56]

Dieses Anfechtungsrisiko wird jedoch vermieden, wenn alle Aktionäre dem Bezugs-rechtsausschluss zustimmen. Ein Anfechtung nach § 255 Abs. 2 AktG ist dann obsolet. Über diese Zustimmung der Hauptversammlung zum Bezugsrechtsausschluss haben dann die Aktionäre zumindest auch indirekt Einfluss auf das schuldrechtliche Agio und dessen Höhe.

X. Ergebnis

Soll ein Unternehmen in eine Aktiengesellschaft unter Fortführung der Buchwerte nach §§ 20 Abs. 1, 21 Abs. 1 UmwStG eingebracht werden, bietet sich neben den hergebrachten Möglichkeiten einer Sachgründung oder einer Sachkapitalerhöhung die Einbringung auch in der Form eines Sachagios an. Möglich ist dabei ein korporatives, aber auch lediglich ein schuldrechtliches Aufgeld. Wird das Sachagio korporativ begründet, nimmt es am Eigen-kapitalcharakter des Grundkapitals teil und ist wie das Grundkapital selbst bzw. die Sachein-lage Gegenstand der besonderen Werthaltigkeitsprüfung. Erforderlich ist daher regelmäßig ein besonderes Wertgutachten eines Wirtschaftsprüfers, was mit besonderen Kosten verbun-den ist.

Das gleiche Ergebnis, jedoch ohne aufwändiges Werthaltigkeitsgutachten lässt sich errei-chen, wenn das Sachagio schuldrechtlich vereinbart wird. Die Vorgaben des UmwStG wer-den eingehalten, wenn das schuldrechtliche Sachagio im Rahmen der Bargründung oder Barkapitalerhöhung vereinbart wird. Es steht im Zusammenhang mit der „Gewährung neuer Anteile".

Die Kapitalaufbringungsvorschriften gelten nicht. Dem Grundsatz der Vollwertigkeit der Bareinlage wird Genüge geleistet durch den einfachen Nachweis, dass der Wert des Sach-agios größer gleich Null ist.

Erreicht der Wert des Sachagios im Übrigen nicht den dafür angesetzten Wert, hat dies im Hinblick auf die Eintragung der Gesellschaft bzw. der Kapitalerhöhung keine Bedeutung. Etwaigen Leistungsstörungen ist mit den Mitteln des Schuldrechts, nicht aber gesellschafts-rechtlich zu begegnen.

Bedenken gegen die Zulässigkeit eines schuldrechtlichen Sachagios können sich jedoch ergeben, wenn dieses im Zusammenhang mit einer Barkapitalerhöhung mit Bezugsrechts-ausschluss vereinbart wird. Etwaige Anfechtungsrisiken entfallen jedoch, wenn alle Aktio-näre zustimmen.

---

[56] In diese Richtung *Vatter* in Spindler/Stilz, AktG, 5. Aufl. 2022, § 9 Rn. 39.

CHRISTOPH REYMANN

GbR und GmbH-Gesellschafterliste im Lichte des MoPeG

I. Einleitung

Seit der ersten Auflage des Münchener Kommentars zum GmbH-Gesetz vor über zehn Jahren kommentiert der Jubilar nun die durch das MoMiG mit Wirkung zum 1. November 2008 reformierten §§ 16, 40 GmbH. Die GmbH-Gesellschafterliste ist seitdem untrennbar mit dem Namen *Heidinger* und der Name *Heidinger* untrennbar mit der GmbH-Gesellschafterliste verbunden.

Die Berührungspunkte der GbR zur GmbH-Gesellschafterliste reichen dagegen sehr viel weiter zurück. Lange vor Inkrafttreten des MoMiG, auch vor Anerkennung der Rechtsfähigkeit der (Außen-)GbR, war allgemein anerkannt, dass eine GbR eine GmbH gründen und eine Stammeinlage übernehmen konnte.[1] Schon damals wurde die GbR als allgemein mitgliedschaftsfähig begriffen.[2] Dogmatisch gestützt auf § 18 Abs. 1 GmbHG ging man davon aus, dass GbR-Gesellschaftern ein GmbH-Geschäftsanteil ungeteilt gemeinschaftlich zustehen konnte und die GbR somit unter Nennung ihrer Gesellschafter in die GmbH-Gesellschafterliste einzutragen war.[3]

Seit der Anerkennung der Rechtsfähigkeit der (Außen-)GbR wurde das Meinungsbild dagegen divergent: Während überwiegend weiterhin zu Recht vertreten wurde, dass sämtliche Gesellschafter neben der nun rechtsfähigen GbR in die Gesellschafterliste zwingend einzutragen waren[4], ließ eine großzügigere Gegenmeinung in Anlehnung an das Prozessrecht eine identifizierende Gesamtbezeichnung der GbR (ohne Nennung der Gesellschafter) genügen, sofern die GbR selbst einen eigenen Namen führte; nur bei namenslosen Gesellschaften wurde die Eintragung der Gesellschafter zusätzlich gefordert.[5] Eine weitere Meinung wollte die Nennung eines etwa vorhandenen GbR-Namens nur bei Publikumsgesellschaften ausreichen lassen, nicht hingegen in sonstigen Fällen.[6]

Seit dem Inkrafttreten des Gesetzes zur Umsetzung der Vierten EU-Geldwäscherichtlinie vom 23. Juni 2017 ist gesetzlich geklärt, dass bei nicht registrierten Gesellschaften – wie derzeit noch bei der GbR – sämtliche Gesellschafter unter einer zusammenfassenden Bezeichnung mit Name, Vorname, Geburtsdatum und Wohnort in der Gesellschafterliste anzugeben sind (§ 40 Abs. 1 S. 2 GmbHG).[7] Seitdem ist auf diese Weise analog zum Grundbuchrecht

---

[1] BGH Urt. v. 3.11.1980 – II ZB 1/79, BGHZ 78, 311 = DNotZ 1981, 299; OLG Hamm Beschl. v. 18.12.1995 – 15 W 413/95, NJW-RR 1996, 482.

[2] Mit chronologischer Darstellung: Gutachten DNotI-Report 2011, 73.

[3] OLG Hamm Beschl. v. 18.12.1995 – 15 W 413/95, NJW-RR 1996, 482; *Hueck/Fastrich* in Baumbach/Hueck, GmbHG, 17. Aufl. 2000, § 8 Rn. 6.

[4] *Schaub* in MüKoGmbHG, 2010, § 8 Rn. 15; *Hueck/Fastrich* in Baumbach/Hueck, GmbHG, 18. Aufl. 2006, § 8 Rn. 6; *Jaeger* in BeckOK GmbHG, 29. Ed. 1.11.2016, § 2 Rn. 48.

[5] *Roth* in Roth/Altmeppen, GmbHG, 7. Aufl. 2012, § 8 Rn. 4a; *Zoellner/Noack,* in Baumbach/Hueck, GmbHG, 20. Aufl. 2013, § 40 Rn. 10; in der Tendenz ebenso: *Heidinger* in MüKo-GmbHG, 2. Aufl. 2016, § 40 Rn. 25; so die Differenzierung auch des V. Zivilsenats des BGH für die Eintragung der GbR in das Grundbuch vor Inkrafttreten des ERVGBG: BGH Beschl. v. 4.12.2008 – V ZB 74/08, BGHZ 179, 102.

[6] *Tebben* in Michalski/Heidinger/Leible/J. Schmidt, GmbHG, 3. Aufl. 2017, § 8 Rn. 12.

[7] BGBl. 2017 I 1822 (1863f.).

(§ 47 Abs. 2 S. 1 GBO) auch bei der GmbH gewährleistet, dass die GbR über ihre Gesellschafter mediatisiert wird und Letztere in der Gesellschafterliste zwingend angegeben werden müssen, damit die GbR, welche den betreffenden GmbH-Geschäftsanteil hält, in der Gesellschafterliste hinreichend konkret bezeichnet wird. Auf diese Weise wird für eine GbR beschränkt auf den betreffenden GmbH-Geschäftsanteil zumindest eine über die Gesellschafter mediatisierende Objektpublizität geschaffen, auch wenn mit dieser bisher relevante Defizite mit Blick auf Gutglaubensschutz, relativer Gesellschafterstellung und sonstigem Verkehrsschutz einhergehen.[8]

Wie diese Defizite durch das zum 1. Januar 2024 in Kraft tretende Gesetz zur Modernisierung des Personengesellschaftsrechts (MoPeG) korrigiert werden[9], soll der nachfolgende Beitrag aufzeigen. Dabei wird zunächst ein Überblick über die Änderungen durch das MoPeG gegeben (→ II.), dann dargestellt, wie sich durch die Subjektpublizität der GbR der Verkehrsschutz verbessert (→ III.), wie die Regelungen zur relativen Gesellschafterstellung optimiert werden (→ IV.), welche neuen rechtlichen Fragen mit der neu geschaffenen Subjektpublizität für die GmbH-Gesellschafterliste bei deren praktischer Handhabung verbunden sind (→ V.) und wie die Zuständigkeit für die erste Gesellschafterliste nach Registrierung zwischen Geschäftsführer und Notar zu verteilen ist (→ VI.).

II. Änderungen durch das MoPeG

Mit Wirkung zum 1. Januar 2024 bringt das MoPeG für die GbR nun endlich, was von Praxis und Wissenschaft schon seit Langem gefordert wurde: ein eigenes zentrales Gesellschaftsregister für die GbR mit Subjektpublizität, welches die verschiedenen dezentralen, untereinander nicht abgestimmten Objektregister (Grundbücher, Gesellschafterlisten) mit Blick auf die Publizität der GbR nach und nach ablöst.

Konkret führt der Gesetzgeber mit dem MoPeG die Möglichkeit ein, dass eine GbR in ein Gesellschaftsregister eingetragen werden kann, welches gemäß § 707a Abs. 3 S. 1 BGB nF mit gutem Glauben im Sinne des § 15 HGB ausgestattet ist und über welches die Existenz einer GbR, deren Identität und Vertretungsverhältnisse rechtssicher nachgewiesen werden können. Die Eintragung in dem neu geschaffenen Gesellschaftsregister wirkt zwar nur deklaratorisch, hat also für das Entstehen der Gesellschaft und deren Rechtsfähigkeit keinerlei Bedeutung und ist an sich nicht verpflichtend. Indirekt werden die Gesellschafter aber zur Registrierung im Gesellschaftsregister gezwungen, wenn die Gesellschaft registrierte Rechte (zB Grundstücke) erwerben oder darüber verfügen möchte. Denn in diesem Fall wird in verschiedenen gesetzlichen Regelungen verfahrensrechtlich vorausgesetzt, dass die GbR zuvor im Gesellschaftsregister registriert ist (so etwa in Art. 229 § 21 Abs. 1 EGBGB nF, in Art. 89 Abs. 1 EGHGB nF und in § 707a Abs. 1 S. 2 BGB nF).

In diesem Sinne sieht auch § 40 Abs. 1 S. 3 GmbHG nF ab 1. Januar 2024 vor, dass eine GbR nur dann in die Liste eingetragen werden kann oder Veränderungen an ihrer Eintragung (zB Veräußerung, Veränderungen in ihrem Gesellschafterbestand, vgl. Art. 66 § 12 Abs. 2 EGGmbHG nF) nur vorgenommen werden können, wenn sie in das Gesellschaftsregister eingetragen ist. Die Eintragung in der Gesellschafterliste hat abweichend zum bisherigen Recht dann nicht mehr unter Angabe aller Gesellschafter, sondern unter Angabe des Namens der GbR, ihres Sitzes sowie des zuständigen Registergerichts und der Registernummer zu erfolgen (§ 40 Abs. 1 S. 2 GmbHG nF).

Somit kann eine GbR als Gesellschafter eines GmbH-Geschäftsanteils ab dem Inkrafttreten des MoPeG nur noch dann neu in die Gesellschafterliste eingetragen werden, wenn sie zuvor im Gesellschaftsregister registriert wurde; aber auch Veränderungen über eine bestehende

---

[8] Vgl. *Hermanns* DNotZ 2022, 3 (5 ff.).
[9] BGBl. 2021 I 3436.

GmbH-Mitgliedschaft einer GbR, wozu auch Veränderungen in ihrem Gesellschafterbestand zählen (Art. 66 § 12 Abs. 2 EGGmbHG nF), können ab 1. Januar 2024 nur dann in der Gesellschafterliste vermerkt werden, wenn die betreffende GbR mittlerweile im Gesellschaftsregister eingetragen ist. Der Inhalt der Anmeldung zum Gesellschaftsregister, die in öffentlich beglaubigter Form einzureichen ist (§ 707b Nr. 2 BGB nF iVm § 12 HGB),[10] entspricht im Wesentlichen demjenigen bei der OHG (vgl. § 707 nF) und muss zudem die Versicherung enthalten, dass die Gesellschaft nicht bereits im Handels- oder Partnerschaftsregister eingetragen ist.[11] Die Eintragung im Gesellschaftsregister hat den Inhalt der Anmeldung im Sinne von § 707 Abs. 2 Nr. 1 bis 3 BGB nF wiederzugeben und ermöglicht der GbR die Tragung des Namenszusatzes „eingetragene Gesellschaft bürgerlichen Rechts" oder „eGbR" (§ 707a Abs. 2 S. 1 BGB nF),[12] wobei bei Fehlen natürlicher Personen als Gesellschafter dieser Umstand nach außen kenntlich zu machen ist (§ 707a Abs. 2 S. 2 BGB nF). Ist die Gesellschaft als Personengesellschaft bereits in einem anderen Register eingetragen, kann sie im Wege eines Statuswechsels als GbR angemeldet und neu eingetragen werden (§ 707c BGB nF).

Damit eine GbR nach Eintragung im Gesellschaftsregister als eGbR in eine GmbH-Gesellschafterliste aufgenommen werden kann, in der sie bisher unter Angabe ihrer Gesellschafter stand, bedarf es künftig gemäß Art. 66 § 12 Abs. 1 EGGmbHG nF (ähnlich wie dies Art. 229 § 21 Abs. 3 EGBGB nF im Grundbuchrecht voraussetzen wird) einer zweifachen Versicherung: Sowohl sämtliche bislang in der Liste eingetragenen Gesellschafter als auch die eGbR haben zu versichern, dass die nunmehr in die Liste einzutragende eGbR identisch ist mit derjenigen, die in der zuletzt zum Handelsregister eingereichten Liste eingetragen ist. Ansonsten ist die Aufnahme der eGbR in die Liste nicht möglich. Auf diese Weise wird einerseits der Listenersteller (Geschäftsführer, Notar) davor bewahrt, dass er eine eGbR in die Liste einträgt, die zwar dieselben Gesellschafter wie die vormals unter Angabe ihrer Gesellschafter in der Liste vermerkte GbR aufweist, aber eine andere Rechtsidentität hat. Andererseits werden aber auch die bisher in der Liste eingetragenen GbR-Gesellschafter (Rechtsgedanke des § 19 GBO) und die eGbR (Rechtsgedanke des § 22 Abs. 2 GBO) davor geschützt, zu Unrecht aus der Liste aus- beziehungsweise eingetragen zu werden.

Mittelbar dient das in § 40 Abs. 1 S. 3 GmbHG nF vorgesehene Voreintragungserfordernis auch dazu, die im Gesellschaftsregister eingetragenen Gesellschaften in die Mitteilungspflichten nach § 20 GwG mit einzubeziehen und auf diese Weise einen Beitrag zur Geldwäsche- und Terrorismusbekämpfung zu leisten.[13]

III. *Verbesserung des Gutglaubensschutzes durch das MoPeG*

Das durch das MoPeG für die GbR geschaffene Subjektregister führt beim Erwerb eines GmbH-Geschäftsanteils von einer eingetragenen GbR zu einer spürbaren Verbesserung des Verkehrsschutzes. Zwar wurde bereits durch das MoMiG mit Wirkung zum 1. November 2008 die Möglichkeit zum gutgläubigen Erwerb eines GmbH-Geschäftsanteils für den Fall eingeführt, dass ein Erwerber einen Geschäftsanteil oder ein Recht daran durch Rechtsgeschäft wirksam vom Nichtberechtigten erwirbt, der als Inhaber des Geschäftsanteils in der

---

[10] Dies schließt die Beglaubigung im Online-Verfahren gemäß § 12 Abs. 1 S. 2 HGB iVm § 40 BeurkG mit ein.

[11] Für die Einrichtung und Führung des Gesellschaftsregisters wird in der bereits verabschiedeten Gesellschaftsregisterverordnung weitgehend auf die Handelsregisterverordnung Bezug genommen, so § 1 Abs. 1 der ebenfalls am 1.1.2024 in Kraft tretenden Gesellschaftsregisterverordnung (GesRV) – BGBl. 2022 I 2422.

[12] Wegen der nur deklaratorischen Eintragung Tragung aber nicht verpflichtend, so etwa *Herrler* ZGR-Sonderheft 23 (2021), 39 (57).

[13] Regierungsbegründung MoPeG – BT-Drs. 19/27635, 272f.

im Handelsregister aufgenommenen Gesellschafterliste eingetragen ist.[14] War als Inhaber des veräußerten GmbH-Geschäftsanteils bislang aber eine GbR in der Gesellschafterliste eingetragen, beschränkte sich der Gutglaubensschutz des Erwerbers auf die Inhaberschaft der in der Gesellschafterliste vermerkten GbR.[15]

1. Eingeschränkter Gutglaubensschutz nach § 16 Abs. 3 GmbHG

Keinen Gutglaubensschutz gewährt das Gesetz bislang bezüglich der Existenz, Identität und ordnungsgemäßen Vertretung einer veräußernden GbR, selbst wenn sämtliche GbR-Gesellschafter, die bislang vollständig und namentlich einschließlich individualisierender Angaben in der Gesellschafterliste zu vermerken sind (§ 40 Abs. 1 S. 2 GmbHG), für die GbR handeln.[16] Ein Vermutungstatbestand hinsichtlich der Gesellschafterstellung, wie er mit dem zum 18. August 2009 in Kraft getretenen § 899a BGB für das Grundbuch geschaffen wurde, existiert für die Gesellschafterliste in Ergänzung zu § 16 Abs. 3 GmbHG nicht.[17] Eine analoge Anwendung des § 899a BGB auf die Gesellschafterliste kam in der Vergangenheit bzw. kommt bislang schon mangels planwidriger Regelungslücke nicht in Betracht, zumal in der Regierungsbegründung zum Geldwäscherichtlinien-Umsetzungsgesetz ein Gutglaubensschutz hinsichtlich der Gesellschafterstellung ausdrücklich thematisiert, aber abgelehnt worden war.[18]

Auch ein Gutglaubenserwerb im Wege allgemeiner Rechtsscheinhaftung für den Fall, dass falsche Personen als GbR-Gesellschafter in der Gesellschafterliste eingetragen sind und im Namen der GbR den GmbH-Geschäftsanteil veräußern, ist nach aktueller Rechtslage als zweifelhaft zu bezeichnen.[19] Zwar ist die GmbH-Gesellschafterliste mit ihrem aktuellen Zuschnitt hinsichtlich der in ihr verlautbarten GbR-Gesellschafter – auch im Lichte des Instituts der allgemeinen Rechtsscheinhaftung betrachtet – wohl als geeigneter Rechtsscheinträger einzustufen. Damit dieser falsche Rechtsschein der GbR aber auch zugerechnet werden könnte, müsste vorausgesetzt werden, dass zwischen der Eintragung der Scheingesellschafter in der Gesellschafterliste (Rechtsscheinträger) und dem Geschäftskreis der GbR eine – im Sinne des Risiko- oder Veranlassungsprinzips – hinreichende Beziehung besteht.[20] Hierzu ist § 40 GmbHG eine klare Aufteilung der Risikosphären nach wie vor nicht zu entnehmen. Zwar trifft den GmbH-Geschäftsführer die Primärpflicht (und einen im Sinne des § 40 Abs. 2 GmbHG mitwirkenden Notar die subsidiäre Pflicht) zur Einreichung einer neuen Liste.[21] Auf wessen Mitteilung und Nachweis die Einreichung einer solchen Liste bei Veränderungen in der Gesellschafterstruktur einer Anteil haltenden GbR veranlasst werden kann bzw. muss, ist aber nach wie vor nicht hinreichend geklärt.[22]

Selbst Erwerberschutz durch positive Rechtsscheinhaftung ist, was die Existenz und Vertretung einer veräußernden GbR anlangt, beim GmbH-Geschäftsanteilskauf nach aktueller Rechtslage somit wohl abzulehnen.

---

[14] BGBl. 2008 I 2026.

[15] Statt aller im Überblick *Heidinger* in Heckschen/Heidinger, Die GmbH in der Gestaltungs- und Beratungspraxis, 4. Aufl. 2018, Kap. 13 Rn. 107 ff., 197 f.

[16] *Heidinger* in MüKoGmbHG, 3. Aufl. 2019, § 40 Rn. 44; *Seibt* in Scholz, GmbHG, 12. Aufl. 2021, § 40 Rn. 22; *Wicke*, GmbHG, 4. Aufl. 2020, § 40 Rn. 5.

[17] *Seibt* in Scholz, GmbHG, 12. Aufl. 2021, § 40 Rn. 22; *Wachter* GmbHR 2009, 953 (958) mit Formulierungsvorschlag bzgl. eines Risikohinweises für den Erwerber.

[18] BT-Drs. 18/11555, 173.

[19] Zum Institut der allgemeinen Rechtsscheinhaftung grundlegend: *Canaris*, Die Vertrauenshaftung im deutschen Privatrecht, 1971.

[20] Zum Begriff der Zurechnung: *Canaris*, Die Vertrauenshaftung im deutschen Privatrecht, 1971, § 37 I (S. 468 f.).

[21] Hierzu *Heidinger* in MüKoGmbHG, 3. Aufl. 2019, § 40 Rn. 146 ff., 203 ff.

[22] Allgemein zu den Zurechnungsmodellen des § 16 GmbHG: *Reymann* BB 2009, 506 (507 ff.).

2. *Wirkung der Eintragung im Gesellschaftsregister nach MoPeG*

Mit dem MoPeG schließt der Gesetzgeber nun die Lücke des bislang fehlenden Gutglaubensschutzes bezüglich Existenz, Identität und Vertretung einer registrierte Rechte haltenden GbR auch mit Blick auf die GmbH-Gesellschafterliste. Denn § 40 Abs. 1 S. 3 GmbHG nF sieht – wie bereits erwähnt – künftig vor, dass eine GbR nur dann in die Liste eingetragen werden kann oder Veränderungen an ihrer Eintragung nur dann noch vorgenommen werden können, wenn sie in das Gesellschaftsregister eingetragen ist. Der dahinterstehende Gedanke ist die Schaffung einer Subjekt-Publizität für solche GbRs, die Inhaber registrierter Rechte sind und demzufolge ihre Existenz und Vertretungsverhältnisse im Rechtsverkehr nachweisen müssen. Durch die Obliegenheit solcher GbRs, sich in das neu geschaffene Gesellschaftsregister (welches in die bestehende Handelsregisterplattform integriert wird) eintragen zu müssen, ist gewährleistet, dass die identitätsstiftenden Angaben zur GbR (Name, Sitz, Gesellschafter) nebst Vertretungsregelung aus dem Gesellschaftsregister ersichtlich sind.

a) *Positive Publizität durch Eintragung in das Gesellschaftsregister*

An die Eintragung der GbR in das neu geschaffene Gesellschaftsregister knüpft das Gesetz wiederum die von § 15 HGB ausgehenden Publizitätswirkungen mit der Maßgabe, dass das Fehlen der Kaufmannseigenschaft nicht an der Publizität des Gesellschaftsregisters teilnimmt (§ 707a Abs. 3 S. 1 BGB nF). Die damit einhergehende positive Publizitätswirkung (§ 707a Abs. 3 S. 1 BGB nF iVm § 15 Abs. 3 HGB) hat zur Folge, dass Dritte sowohl hinsichtlich der Existenz der registrierten GbR als auch hinsichtlich der zu ihr verlautbarten Vertretungsregelung Gutglaubensschutz genießen.[23] Der teilweise geäußerte Einwand, diese positive Publizitätswirkung sei nur mit Blick auf diejenigen eingetragenen Tatsachen gerechtfertigt, die Änderungen der in § 707 Abs. 2 BGB nF genannten Umstände im Sinne des § 707 Abs. 3 S. 1 BGB nF betreffen,[24] erscheint nicht stichhaltig. Zwar ist die positive Publizitätswirkung des § 15 Abs. 3 HGB nach ganz herrschender Ansicht auf eintragungspflichtige Tatsachen beschränkt, findet also auf lediglich eintragungsfähige Tatsachen keine Anwendung.[25] Daraus kann aber nicht geschlossen werden, dass § 707a Abs. 3 S. 1 BGB nF iVm § 15 Abs. 3 HGB nur auf zwingend einzutragende Änderungen zu einer bereits registrierten GbR, nicht aber auf die an sich nicht zwingende Ersteintragung im Gesellschaftsregister Anwendung findet.

Gegen eine derart eingeschränkte positive Publizität im Verweisungsbereich des § 707a Abs. 3 S. 1 BGB sprechen mehrere Gründe: Zum einen ist § 707a Abs. 3 S. 1 BGB nF gesetzessystematisch als Rechtsfolgenverweisung und nicht als Rechtsgrundverweisung auf § 15 HGB konzipiert, sodass es auf die Tatbestandsmerkmale „einzutragende Tatsachen" von vornherein nicht ankommen sollte.[26] Zum anderen widerspräche eine derartige Einschränkung der gesetzgeberischen Intention, die bestehenden Verkehrsschutzdefizite bei der GbR durch das MoPeG gerade abzubauen; denn eine Nichtanwendung von § 15 Abs. 3 HGB auf die bei Ersteintragung einer GbR einzutragenden Tatsachen hätte zur Folge, dass § 707a Abs. 3 S. 1 BGB nF iVm § 15 HGB insoweit hinter dem bisherigen Gutglaubensschutz im Grundbuchverkehr (§ 899a BGB) zurückbleibt. Die in § 707a Abs. 3 S. 1 BGB nF vorgenommene Einschränkung, dass das Fehlen der Kaufmannseigenschaft nicht an der Publizität des Gesellschaftsregisters teilnimmt, wäre weitgehend überflüssig. Hinzu kommt, dass der Vergleich einer im Gesellschaftsregister registrierten GbR mit einer kleingewerblichen bzw.

---

[23] *Seibt* in Scholz, GmbHG, 12. Aufl. 2021, § 40 Rn. 22a.

[24] *Geibel* ZRP 2020, 137 (139); *Herrler* ZGR-Sonderheft 23 (2021), 39 (57f.).

[25] BGH Versäumnisurt. v. 18.10.2016 – II ZR 314/15, NJW 2017, 559 (560), Tz. 13; BAG Urt. v. 17.2.1987 – 3 AZR 197/85, NJW 1988, 222 (223); *Merkt* in Hopt, HGB, 41. Aufl. 2022, § 15 Rn. 18; aA *Krebs* in Scholz, GmbHG, 12. Aufl. 2021, § 40 Rn. 22a.

[26] *Reymann* DNotZ 2021, 103 (118).

vermögensverwaltenden OHG, auf deren Ersteintragung im Handelsregister § 15 Abs. 3 HGB mangels Eintragungspflicht keine Anwendung finden sollte, hinkt.[27] Denn anders als bei der OHG gibt es bei der GbR, sofern sie Inhaber registrierter Rechte ist bzw. wird, einen mittelbaren Zwang zur Eintragung, sodass zumindest insofern von „einzutragenden Tatsachen" im Sinne des § 15 Abs. 3 HGB (selbst im Falle einer Rechtsgrundverweisung von § 707a Abs. 3 S. 1 BGB nF auf diese Norm) auszugehen sein sollte.

Somit dürfte kein Zweifel bestehen, dass die im Gesellschaftsregister verlautbarten Tatsachen zu einer registrierten GbR am öffentlichen Glauben im Sinne einer positiven Publizität partizipieren. Mit Blick auf die GmbH-Gesellschafterliste hat dies zur Folge, dass beim GmbH-Geschäftsanteilserwerb von einer GbR nicht nur § 16 Abs. 3 GmbHG mit Blick auf deren Inhaberschaft Gutglaubensschutz gewährt, sondern künftig auch § 707a Abs. 3 S. 1 BGB nF iVm § 15 Abs. 3 HGB Vertrauensschutz hinsichtlich der Existenz, Identität und Vertretung dieser GbR gibt. Aus Notarsicht geht damit noch ein anderer Aspekt einher: Sofern ein Notar in Zukunft beauftragt wird, eine Registerbescheinigung zu einer registrierten GbR (zB hinsichtlich ihrer Existenz oder Vertretungsbefugnis) zu erstellen, handelt es sich insofern um eine Bescheinigung nach § 21 Abs. 1, Abs. 2 BNotO und nicht lediglich um ein einfaches Zeugnis im Sinne des § 39 BeurkG.[28]

b) Maßgeblicher Zeitpunkt des Gutglaubensschutzes

Vor dem Hintergrund, dass in der Praxis GmbH-Geschäftsanteilsabtretungen meist durch die Kaufpreiszahlung oder den Eintritt sonstiger Ereignisse aufschiebend bedingt vereinbart werden, stellt sich bei einer Anteilsveräußerung durch eine GbR mit Blick auf den neuen Erwerberschutz die Frage, welcher Zeitpunkt hinsichtlich der Rechtsscheinträgerhaftung und Gutgläubigkeit des Erwerbers maßgeblich ist im Rahmen von § 16 Abs. 3 GmbHG bzw. im Rahmen von § 707a Abs. 3 S. 1 BGB nF iVm § 15 Abs. 3 HGB.

Zunächst sei in diesem Zusammenhang nochmals der im Rahmen von § 16 Abs. 3 GmbHG maßgebliche Zeitpunkt resümiert: Nach den allgemeinen Grundsätzen zu §§ 892, 932 BGB wird auch bei § 16 Abs. 3 GmbHG auf den Zeitpunkt der Vollendung des Rechtserwerbs (Anteilsübergang) als maßgeblichen Zeitpunkt für die Unrichtigkeit der Liste (Rechtsscheinträgerhaftung) abgestellt.[29] Zwar genügt es nach vorherrschender Meinung bei aufschiebend bedingten Anteilsabtretungen, dass der Erwerber im Zeitpunkt der Einigung über die bedingte Anteilsabtretung noch gutgläubig ist (sodass Bösgläubigkeit im Zeitpunkt des späteren Bedingungseintritts unschädlich sein soll).[30] Hiervon abzugrenzen ist jedoch der maßgebliche Zeitpunkt für die Unrichtigkeit der Liste. Während dies beim unbedingten Erwerb der Zeitpunkt der Vereinbarung ist, wird beim bedingten Erwerb der Zeitpunkt des Bedingungseintritts für entscheidend gehalten.[31] Ist dem so, wäre es jedoch konsequent, dass der Erwerber beim bedingten Erwerb im Zeitpunkt des Bedingungseintritts auch noch gutgläubig sein muss.

Durch § 707a Abs. 3 S. 1 BGB nF tritt nun mit dem MoPeG der Verkehrsschutz des § 15 Abs. 3 HGB hinsichtlich Existenz und Vertretung der GbR hinzu. So wird ein Erwerber beim Erwerb eines GmbH-Geschäftsanteils von einer im Gesellschaftsregister registrierten GbR nun auch in seinem guten Glauben an die Existenz und ordnungsgemäße Vertretung dieser GbR geschützt, wobei er sich auf diesen Rechtsschein berufen kann, nach umstritte-

---

[27] So aber *Herrler* ZGR-Sonderheft 23 (2021), 39 (58).
[28] AA *Herrler* ZGR-Sonderheft 23 (2021), 39 (58).
[29] BGH Urt. v. 13.10.2000 – V ZR 349/99, NJW 2001, 359 (360); *Heidinger* in MüKoGmbHG, 4. Aufl. 2022, § 16 Rn. 302; *Servatius* in Noack/Servatius/Haas, GmbHG, 23. Aufl. 2022, § 16 Rn. 35.
[30] AA (bei Potestativbedingungen hinsichtlich der Gutgläubigkeit auf den Bedingungseintritt abstellend): *Götze/Bressler* NZG 2007, 894 (899); *D. Mayer* DNotZ 2008, 403 (422).
[31] So *Servatius* in Noack/Servatius/Haas, GmbHG, 23. Aufl. 2022, § 16 Rn. 34.

ner Ansicht aber nicht muss.[32] Was den maßgeblichen Zeitpunkt für die Rechtsscheinträger-haftung (Eintragung im Gesellschaftsregister) und die Gutgläubigkeit des Erwerbers in dieser Hinsicht anbelangt, ist dabei entsprechend den zu § 15 Abs. 3 HGB entwickelten Grundsätzen auf den Zeitpunkt der Vornahme des Rechtsgeschäfts abzustellen.[33] Dies dürfte bei einer aufschiebend bedingten Abtretung wiederum der Zeitpunkt des Bedingungseintritts sein, sodass die Registrierung der GbR im Gesellschaftsregister vor dem für die bedingte Anteils-abtretung maßgeblichen Ereignis aus Erwerberschutzaspekten sinnvoll erscheint.

Zusammenfassend lässt sich damit festhalten, dass beim GmbH-Geschäftsanteilskauf von einer GbR eine Bereitstellung der für § 16 Abs. 3 GmbHG und § 707a Abs. 3 S. 1 BGB nF iVm § 15 Abs. 3 HGB maßgeblichen Rechtsscheinträger (Eintragung im Gesellschaftsregister, Aufnahme der eGbR in die Gesellschafterliste) im Zeitpunkt desjenigen Ereignisses, welches für die bedingte Anteilsabtretung als maßgeblich vereinbart wurde, dem Erwerber vollen Gutglaubensschutzes gewähren sollte; literarisch aufbereitet bzw. höchstrichterlich geklärt ist diese Frage aber noch nicht. Vor diesem Hintergrund dürfte es sich in Bezug auf alte Listen bis auf Weiteres vorsorglich empfehlen, die Registrierung im Gesellschaftsregister nebst der dadurch einhergehenden Anpassung der Liste vor Beurkundung einer Anteilsabtretung durch eine GbR abzuschließen.

IV. Auswirkungen auf die relative Gesellschafterstellung

Der durch § 707a Abs. 3 S. 1 BGB nF iVm § 15 Abs. 3 HGB verbesserte Verkehrsschutz wirkt sich, wenn eine GbR GmbH-Gesellschafter ist, auch auf die relative Gesellschafterstellung (§ 16 Abs. 1 GmbHG) positiv aus. Gemäß § 16 Abs. 1 GmbHG gilt bekanntlich im Falle einer Veränderung in den Personen der Gesellschafter oder des Umfangs ihrer Beteiligung im Verhältnis zur Gesellschaft als Inhaber eines Geschäftsanteils, wer als solcher in der im Handelsregister aufgenommenen Gesellschafterliste eingetragen ist. Damit können Gesellschafterrechte – ungeachtet der materiellen Rechtslage bzw. Gesellschafterstellung – im Verhältnis zur GmbH nur von und gegenüber denjenigen geltend gemacht werden, die laut Gesellschafterliste die formale Gesellschafterstellung innehaben.

Rechtsdogmatisch enthält § 16 Abs. 1 GmbHG eine Fiktion bzw. eine unwiderlegliche Vermutung einer Gesellschafterstellung zugunsten und zu Lasten des in der Liste eingetragenen Berechtigten.[34] Schon derzeit wird demgemäß fingiert, dass eine GbR mit den individualisierten Merkmalen, wie sie in der Gesellschafterliste aufgeführt sind, Gesellschafter der GmbH ist. Das MoPeG wird in Zukunft aber auch gewährleisten, dass die im Gesellschaftsregister registrierte GbR – sollte sie tatsächlich nicht bestehen oder anders als registriert vertreten werden – auch im Verhältnis zur GmbH als existent gilt und diejenigen Personen, die im Gesellschaftsregister als vertretungsbefugt ausgewiesen sind, die betreffende GbR (zB im Rahmen einer Abstimmung in einer GmbH-Gesellschafterversammlung) tatsächlich vertreten können. Weist die Gesellschafterliste eine im Gesellschaftsregister bereits registrierte GbR aus, führen die Eintragungen im Gesellschaftsregister damit auch im Verhältnis zur GmbH zu einer Verstärkung der Vermutungswirkung.

---

[32] Zu diesem Wahlrecht iRd § 15 Abs. 3 HGB: BGH Urt. v. 5.2.1990 – II ZR 309/88, NJW-RR 1990, 737; hierzu sowie zur Rosinentheorie und zu den Gegenansichten: *Krebs* in MüKoHGB, 5. Aufl. 2021, § 15 Rn. 57f.; *Merkt* in Hopt, HGB, 41. Aufl. 2022, § 15 Rn. 22 und Rn. 6; *Schaal* in BeckOGK, 15.9.2019, HGB § 15 Rn. 62ff.

[33] *Krebs* in MüKoHGB, 5. Aufl. 2021, § 15 Rn. 99; zum maßgeblichen Zeitpunkt der Gutgläubigkeit: *Gehrlein,* in Ebenroth/Boujong/Joost/Strohn, HGB, 4. Aufl. 2020, § 15 Rn. 36; *Preuß* in Oetker, HGB, 7. Aufl. 2021, § 15 Rn. 71; *Schaal* in BeckOGK, 15.9.2019, HGB § 15 Rn. 55.

[34] *Ebbing* in Michalski/Heidinger/Leible/J. Schmidt, GmbHG, 3. Aufl. 2017, § 16 Rn. 51f.; *Wilhelmi* in BeckOK GmbHG, 54. Ed. 1.3.2022, § 16 Rn. 10.

Vor diesem Hintergrund dürfte eine GbR gegenüber ihren Mitgesellschaftern sowie gegenüber der GmbH aus ihrer gesellschaftsrechtlichen Treuepflicht verpflichtet sein, sich ab dem 1. Januar 2024 möglichst frühzeitig im Gesellschaftsregister eintragen zu lassen.[35]

V. Weitere rechtliche Fragen zur Liste seit dem MoPeG

Damit das Gesellschaftsregister einerseits für die GbR nicht zum Pflichtregister wurde, andererseits aber gewährleistet ist, dass Erwerber etwa beim Erwerb eines GmbH-Geschäftsanteils von einer GbR Schutz erfahren, sieht § 40 Abs. 1 S. 3 GmbHG nF – wie bereits mehrfach erwähnt – in Zukunft vor, dass „[e]ine Gesellschaft bürgerlichen Rechts … nur [dann] in die Liste eingetragen und Veränderungen an ihrer Eintragung … nur vorgenommen werden [können], wenn sie in das Gesellschaftsregister eingetragen ist". Solange eine GbR dem Voreintragungserfordernis, das heißt ihrer Obliegenheit, sich im Gesellschaftsregister vor ihrer Ersteintragung in der Gesellschafterliste oder vor Eintragung einer relevanten Veränderung in der Liste registrieren zu lassen, nicht nachgekommen ist, soll eine neue Gesellschafterliste vom Registergericht zurückgewiesen werden.[36] Dieser mittelbare Zwang zur Registrierung im Gesellschaftsregister wirft beim Erwerb eines GmbH-Geschäftsanteils durch eine GbR (nachfolgend → 1.) bzw. bei der Veräußerung eines solchen Anteils durch eine GbR (nachfolgend → 2.) einige Fragen auf, die nachfolgend erörtert werden.

1. Anteilserwerb an einer GmbH durch eine GbR

Erwirbt eine GbR ab dem Inkrafttreten des MoPeG erstmals einen GmbH-Geschäftsanteil (Geschäftsanteilskauf mit Abtretung), muss sie gemäß § 40 Abs. 1 S. 3 GmbHG nF zuvor ihrer Obliegenheit nachgekommen sein, sich im Gesellschaftsregister zu registrieren, bevor sie in die Gesellschafterliste eingetragen werden kann und die Liste in das Handelsregister aufgenommen wird.[37]

Solange die GbR diesem Voreintragungserfordernis nicht nachgekommen ist, sollte die Liste allerdings lediglich hinsichtlich der Eintragung der GbR gesperrt sein; andere Geschäftsanteile bzw. Gesellschafter betreffende Veränderungen können freilich weiterhin in der Liste vermerkt werden; soweit solche anderen Veränderungen betroffen sind, können aktualisierte Listen also ohne Weiteres zur Aufnahme in das Handelsregister weiter eingereicht werden. Auf diese Weise läuft zwar die erwerbende GbR bei Nichtregistrierung im Gesellschaftsregister Gefahr, ihren Geschäftsanteil durch Gutglaubenserwerb eines Dritten zu verlieren (§ 16 Abs. 3 GmbHG). Andere Gesellschafter sind durch die Nichtregistrierung der GbR – abgesehen davon, dass die GbR ihren Geschäftsanteil betreffende Gesellschafterrechte im Verhältnis zur GmbH nicht wahrnehmen kann (§ 16 Abs. 1 GmbHG) – aber nicht direkt betroffen.

Auf Grund dieser eingeschränkten Sperrwirkung dürfte eine noch nicht registrierte GbR, die einen GmbH-Geschäftsanteil erwirbt, gegenüber dem betreffenden Veräußerer zur baldmöglichen Registrierung im Gesellschaftsregister vertraglich nebenverpflichtet sein. Denn auch für den Veräußerer ist es nicht nur vorteilhaft (schon allein wegen § 16 Abs. 2 GmbHG), in der Liste weiter registriert zu bleiben. Zum Zwecke der Klarstellung und zur Erhöhung der Rechtssicherheit sollte die Verpflichtung der GbR zur Voreintragung – sollte diese nicht bereits vor Beurkundung erfolgt sein – im Geschäftsanteilskaufvertrag ausdrück-

---

[35] Generell zur Treuepflicht des Gesellschafters: *Verse* in Henssler/Strohn, Gesellschaftsrecht, 5. Aufl. 2021, GmbHG § 14 Rn. 98 ff.
[36] RegE-MoPeG – BR-Drs. 59/21, 316.
[37] *John* NZG 2022, 243 (246).

lich geregelt werden. Nach der typischen Interessenlage von Verkäufer und kaufender GbR spricht das Formgebot des § 15 Abs. 4 GmbHG sogar dafür, bei im Zeitpunkt der Beurkundung noch ausstehender Registrierung eine dem § 707 BGB nF entsprechende Anmeldungserklärung der erwerbenden GbR zum Gesellschaftsregister im notariellen Erwerbsvertrag mit zu beurkunden und im Rahmen des Vollzugs des Anteilskaufvertrages mit zu vollziehen.[38] Um durch die Vollzugszeit beim Gesellschaftsregister das Unverzüglichkeitserfordernis des § 16 Abs. 1 S. 2 GmbHG nicht zu gefährden und dem Erwerber bereits Gutglaubensschutz mit Blick auf § 707a Abs. 3 S. 1 BGB nF iVm § 15 Abs. 3 HGB zu gewähren, ist zudem zu erwägen, die Anteilsabtretung im Wege aufschiebender Bedingung gemäß § 15 Abs. 3 GmbH, § 158 Abs. 1 BGB (auch) von der Eintragung der erwerbenden GbR in das Gesellschaftsregister abhängig zu machen (sodass der Veräußerer dann auch durch §§ 160, 162 BGB zusätzlichen Schutz erfährt). Der sicherste Weg, auch mit Blick auf den Vertrauensschutz, dürfte jedoch darin bestehen, erst zu registrieren und nach Eintragung im Gesellschaftsregister den Geschäftsanteilskaufvertrag zu beurkunden.[39]

2. Veräußerung eines Geschäftsanteils durch eine GbR

Von dem Erwerb eines GmbH-Geschäftsanteils durch eine GbR unter dem Regime des MoPeG ist die Konstellation der Geschäftsanteilsveräußerung durch eine GbR zu unterscheiden.

a) Voreintragungserfordernis im Falle der Veräußerung

Veräußert ab Inkrafttreten des MoPeG eine noch nicht registrierte GbR, die in der Gesellschafterliste noch unter Angabe aller Gesellschafter aufgeführt ist, ihren Geschäftsanteil an einen Erwerber, stellt sich die Frage, ob auch in diesem Fall das Voreintragungserfordernis eingreift.

Hiergegen könnte der Wortlaut des § 40 Abs. 1 S. 3 GmbHG nF sprechen, der das Eingreifen des Voreintragungserfordernisses daran knüpft, dass „Veränderungen" an der Eintragung der GbR in der Liste vorgenommen werden sollen. Bei Veräußerung eines GmbH-Geschäftsanteils durch eine GbR wird die GbR-Eintragung in der Liste jedoch nur im weiteren Sinne verändert, im engeren Sinne wird sie gelöscht. Darüber hinaus könnten verfahrensökonomische Aspekte gegen das Eingreifen des Voreintragungserfordernisses im Falle der Anteilsveräußerung ins Feld geführt werden. Denn bildet der veräußerte GmbH-Geschäftsanteil das einzig registrierte Recht der GbR, müsste sich die GbR allein wegen dieses zu veräußernden GmbH-Geschäftsanteils im Gesellschaftsregister noch eintragen lassen, ohne sich nach Vollendung der Rechtsveräußerung dort gewillkürt wieder löschen lassen zu können (§ 707a Abs. 4 BGB nF).

Für das Eingreifen des Voreintragungserfordernisses im Falle der Veräußerung sprechen jedoch Regierungsbegründung sowie Gesetzeszweck. So ergibt sich bereits aus der Gesetzesbegründung, dass das Voreintragungserfordernis bei sämtlichen Verfügungen über einen Geschäftsanteil zum Schutz der betroffenen Verkehrskreise und zur Vermeidung von Rechtsnachteilen für die GbR mit Blick auf die Möglichkeit des gutgläubigen Erwerbs (§ 16 Abs. 3 GmbHG) erforderlich sei.[40] Die Veräußerung wird daher genauso wie der Erwerb vom Vor-

---

[38] Allgemein zur Reichweite des notariellen Formgebots: *Ebbing* in Michalski/Heidinger/Leible/J. Schmidt, GmbHG, 3. Aufl. 2017, § 15 Rn. 89; *Weller/Reichert* in MüKoGmbHG, 4. Aufl. 2022, § 15 Rn. 56.

[39] So mit Blick auf das Grundbuch: *Bolkart* MittbayNot 2021, 319 (327); lediglich die vorherige Anmeldung empfehlend: *Hermanns* in Schäfer, Das neue Personengesellschaftsrecht, 2022, § 2 Rn. 49.

[40] RegE-MoPeG – BR-Drs. 59/21, 315f.

eintragungserfordernis gemäß § 40 Abs. 1 S. 3 nF GmbHG erfasst.[41] „Veränderung" im Sinne des § 40 Abs. 1 S. 3 GmbHG ist daher in einem weiten Wortsinn zu verstehen. Hierfür streitet vor allem der Gesetzeszweck des MoPeG, nach dem insbesondere Erwerber, die von einer GbR registrierte Rechte erwerben, mit Blick auf die Existenz und Vertretung der veräußernden GbR geschützt werden sollen. Müsste sich eine veräußernde GbR aber nicht zwangsläufig vorab im Gesellschaftsregister eintragen lassen, damit § 707a Abs. 3 S. 1 BGB nF iVm § 15 HGB zum Tragen kommt, liefe dieser Gesetzeszweck ins Leere.

Auch bei Veräußerung durch eine GbR können Veränderungen in die Gesellschafterliste somit in Zukunft nur eingetragen werden, wenn sich die veräußernde GbR zuvor im Gesellschaftsregister hat registrieren lassen.

b) Voreintragung und Listenaktualisierung

Für die praktische Abwicklung einer GmbH-Geschäftsanteilsabtretung durch eine GbR zieht dies Folgendes nach sich: Veräußert eine GbR ihren GmbH-Geschäftsanteil, sollte sie möglichst bereits im Gesellschaftsregister eingetragen und die Gesellschafterliste entsprechend angepasst sein, bevor der Geschäftsanteilskaufvertrag beurkundet wird. Den Notar trifft eine Urkundsgewährpflicht freilich aber auch ohne entsprechende Vorabregistrierung.[42] Steht die Eintragung im Gesellschaftsregister bei Beurkundung eines Geschäftsanteilskaufvertrages noch aus, dürfte die GbR gegenüber dem Erwerber die vertragliche Nebenpflicht treffen, sich unverzüglich registrieren zu lassen. Im Geschäftsanteilskaufvertrag empfiehlt es sich dann, diese Pflicht zur Voreintragung ausdrücklich zu regeln und zum Schutz des Käufers als Voraussetzung für die Fälligkeit der Kaufpreiszahlungsverpflichtung vorzusehen.

Die Anmeldung einer bisher nicht registrierten GbR zum Gesellschaftsregister dürfte auch im Fall der Veräußerung eines GmbH-Geschäftsanteils durch eine GbR mit dem eigentlichen GmbH-Geschäftsanteilskauf eine Einheit bilden und daher möglicherweise ebenfalls unter das Formerfordernis des § 15 Abs. 4 GmbHG fallen. Es bietet sich daher an, die Anmeldung zum Gesellschaftsregister vorsorglich mit zu beurkunden.

Außerdem kann es sich empfehlen, vorsorglich als weitere Fälligkeitsvoraussetzung für die Kaufpreiszahlungsverpflichtung die Berichtigung der Liste vorzusehen, sodass bereits vor Zahlung des Kaufpreises und damit vor Übergang des Geschäftsanteils (Kaufpreiszahlung als aufschiebende Bedingung der Anteilsabtretung) die registrierte GbR als Anteilsinhaberin in der Liste eingetragen wird. Zwar hat das MoPeG nichts daran geändert, dass die Gesellschafterliste – ähnlich wie das Grundbuch (§ 892 BGB) – keinen Gutglaubensschutz hinsichtlich der Identität gewährt.[43] Wird die Gesellschafterliste jedoch durch Eintragung der registrierten GbR vor Übergang des abgetretenen Geschäftsanteils berichtigt, konkretisiert man unter Bezugnahme auf das Gesellschaftsregister auch die Person des in der Liste eingetragenen Inhabers dahingehend, dass nun tatsächlich die im Gesellschaftsregister registrierte GbR als Inhaberin des GmbH-Geschäftsanteils ausgewiesen wird. Auf diese Weise wird der gute Glaube des Erwerbers an die Inhaberschaft der registrierten GbR – freilich unter Berücksichtigung des Zurechenbarkeitserfordernisses (§ 16 Abs. 3 S. 2 GmbHG) – gleichsam unter den Schutz des § 16 Abs. 3 GmbHG gestellt. Zusätzlichen Erwerberschutz kann dies vor allem in Konstellationen bieten, in denen mehrere GbRs mit identischem Gesellschafterbestand bestehen und eine andere GbR als die in der Liste eingetragene im Gesellschaftsregister registriert worden sein sollte.

---

[41] So auch *Herrler* ZGR-Sonderheft 23 (2021), 39 (72); *Hermanns* in Schäfer, Das neue Personengesellschaftsrecht, 2022, § 2 Rn. 50.

[42] Kritisch zur Pflichtenkollision des Notars: *Heidinger/Knaier* in Heckschen/Heidinger, Die GmbH in der Gestaltungs- und Beratungspraxis, 5. Aufl. 2023, Kap. 13 Rn. 356a.

[43] Insofern zu § 892 BGB: *Hertel* in BeckOGK, 15.4.2021, BGB § 892 Rn. 96; *Kohler* in MüKoBGB, 8. Aufl. 2020, § 892 Rn. 3; *Picker* in Staudinger, BGB, 2019, § 892 Rn. 67.

VI. Zuständigkeit zur Erstellung der ersten Gesellschafterliste

In der Regierungsbegründung zum MoPeG finden sich keine Anhaltspunkte, ob die erste Gesellschafterliste im Anschluss an die Voreintragung der GbR in das Gesellschaftsregister durch den Geschäftsführer oder den Notar zu erstellen ist.[44] Lediglich zu der Frage, auf welcher Grundlage die Liste zu erstellen ist, macht Art. 66 § 12 Abs. 1 EGGmbHG nF Angaben. Die Abgrenzung zwischen Geschäftsführer und Notar ist daher nach den allgemeinen Grundsätzen vorzunehmen.

Während die Primärpflicht zur Erstellung einer neuen Liste gemäß § 40 Abs. 1 GmbHG beim Geschäftsführer liegt[45], sind Notare für die Listenerstellung nach § 40 Abs. 2 GmbHG nur zuständig, wenn sie an Veränderungen in den Personen der Gesellschafter oder des Umfangs ihrer Beteiligung mitgewirkt haben. Es handelt sich bei § 40 Abs. 2 GmbHG um eine subsidiäre Amtspflicht als Annex zum Beurkundungsverfahren bzw. als Annex zur sonstigen Urkundstätigkeit.[46] Die Abgrenzung ist generell nicht einfach, weil nicht immer klar ist, ob der Notar an einer Veränderung im Einzelfall mitgewirkt hat oder nicht, weshalb in der Literatur aus Vereinfachungsgründen und um den Rechtsscheinträgergehalt der Liste zu erhöhen, schon vorgeschlagen wurde, die Zuständigkeit zur Listenerstellung de lege ferenda insgesamt auf den Notar zu übertragen.[47]

Bei der ersten Liste im Anschluss an die Registrierung der GbR im Gesellschaftsregister richtet sich die Zuständigkeitsverteilung maßgeblich danach, ob die erste Liste eine echte neue Liste im Anschluss an eine Veränderung (etwa im Anschluss an einen Geschäftsanteilsübergang) oder eine rein konkretisierende Korrekturliste im Anschluss an die Registrierung der GbR im Gesellschaftsregister ist.

1. Zuständigkeitsabgrenzung ohne korrigierende Zwischenliste

Veräußert eine GbR ihren Geschäftsanteil und ist sie noch unter Angabe ihrer Gesellschafter als nicht registrierte Gesellschaft in der Liste aufgeführt, dürfte keine Pflicht zur Erstellung einer Zwischenliste bestehen, in welche die GbR nach Registrierung einzutragen wäre, bevor die finale Liste, die den Anteilserwerber ausweist, erstellt und in das Handelsregister aufgenommen wird. Vielmehr erscheint es ohne Weiteres möglich (wenn auch aus Gründen des Gutglaubensschutzes nicht empfehlenswert), auf eine konkretisierende Zwischenliste zu verzichten und sogleich den Erwerber in die Liste einzutragen.

Geht der Geschäftsanteil durch Anteilsabtretung gemäß § 15 Abs. 3 GmbHG über, erstellt in diesem Fall der beurkundende Notar die erste Liste im Anschluss an die Registrierung der veräußernden GbR im Gesellschaftsregister, wofür sich die Zuständigkeit aus § 40 Abs. 2 GmbHG ergibt.[48]

Eine konkretisierende Zwischenliste dürfte ebenfalls entbehrlich sein, wenn der vormals der GbR gehörende Geschäftsanteil im Wege einer Umwandlungsmaßnahme den Inhaber wechselt. Hier hat man es mit einer Konstellation zu tun, in welcher ein Notar in der Regel nur mittelbar an dem betreffenden Anteilsübergang mitwirkt. Durch das MoPeG sind nun auch in Bezug auf eine GbR, die einen GmbH-Geschäftsanteil hält, Umwandlungsmaßnah-

---

[44] Siehe etwa die Begründung zu Art. 66 § 12 Abs. 1 EGGmbHG: BT-Drs. 18/11555, 325.

[45] Näher hierzu *Heidinger* in MüKoGmbHG, 3. Aufl. 2019, § 40 Rn. 146 ff.

[46] *Bohrer* MittBayNot 2010, 17; *Heidinger* in MüKoGmbHG, 3. Aufl. 2019, § 40 Rn. 203.

[47] *Bayer* FS Winter, 2011, 13 f.; *Lieder,* Die rechtsgeschäftliche Sukzession, 2015, S. 487 ff.; *Thomale/Gutfried* ZGR 2017, 61 (72); *Reymann* FS DNotI, 2018, 567 (589).

[48] Für die Notarzuständigkeit im Falle einer beurkundeten Anteilsabtretung: *Bayer* in Lutter/Hommelhoff, GmbHG, 20. Aufl. 2020, § 40 Rn. 80; *Bohrer* DStR 2010, 1892 (1895); *Heidinger* in MüKoGmbHG, 3. Aufl. 2019, § 40 Rn. 222; einschränkend bei auflösend bedingter Abtretung und Einschränkung des Vollzugsauftrags: OLG Brandenburg Beschl. v. 12.2.2013 – 7 W 72/12, GmbHR 2013, 209.

men denkbar, beispielsweise indem eine nunmehr im Gesellschaftsregister eingetragene GbR verschmolzen wird (vgl. §§ 39 ff. UmwG).[49] Bei der Zuständigkeitsverteilung zwischen Geschäftsführer und Notar für die Erstellung und Einreichung der neuen Liste ist hierbei nach den allgemeinen Abgrenzungskriterien maßgeblich, ob und inwiefern man bei derart mittelbarer Beteiligung des Notars den Geschäftsführer oder den Notar für die Listenerstellung für zuständig erachtet.[50]

2. Zuständigkeitsabgrenzung bezüglich der Zwischenliste

Um den Erwerber zu schützen, ist es bei der Veräußerung eines GmbH-Geschäftsanteils durch eine noch nicht registrierte GbR allerdings empfehlenswert, die GbR nach ihrer Registrierung im Gesellschaftsregister in eine Zwischenliste aufzunehmen, bevor die Bedingung für die aufschiebend bedingt vereinbarte Anteilsabtretung eintritt.[51] Ob für eine solche Zwischenliste der die Anmeldung zum Gesellschaftsregister beurkundende Notar oder der Geschäftsführer der Gesellschaft zuständig ist, lässt sich nicht ohne Weiteres beantworten.

Stuft man die Liste als reine Korrekturliste ein, könnte der Geschäftsführer aus folgender Überlegung heraus zuständig für die Erstellung dieser Liste sein: Während nämlich hinsichtlich der Zuständigkeitsverteilung bei bloßen Korrekturen teilweise danach differenziert wird, ob Notar oder Geschäftsführer die zu korrigierende Ausgangsliste erstellt hatten,[52] hält der BGH mit der überwiegenden Ansicht den Geschäftsführer auch zur Korrektur einer fehlerhaften Notarliste für befugt.[53] Auf die Erstellung der ersten Liste nach Registrierung einer GbR kann dieser Ansatz aber nicht übertragen werden. Denn hier geht die konkretisierende neue Liste über eine reine Korrekturliste hinaus. Die bislang eingestellte Liste ist in einem solchen Fall genau genommen nicht fehlerhaft, sondern lediglich zwischenzeitlich auf Grund der Registrierung konkretisierungs- und aktualisierungsbedürftig geworden.

Überzeugender ist es daher, bei der Kompetenzabgrenzung zwischen Geschäftsführer und Notar auf die Änderung abzustellen, die den Anlass zur neuen Listenerstellung bietet, nämlich auf die Eintragung der GbR in das Gesellschaftsregister bzw. auf die diesbezügliche Anmeldung hierzu. Beurkundet der Notar im Rahmen eines GmbH-Geschäftsanteilskaufs die Anmeldung zum Gesellschaftsregister durch eine veräußernde GbR mit, dürfte er gemäß § 40 Abs. 2 GmbHG auch für die Erstellung und Einreichung der Zwischenliste zuständig sein. Denn in einem solchen Fall wird man die Zwischenliste im weiteren Sinne als Bestandteil der Anteilsabtretung einzustufen haben, insbesondere wenn der Notar nicht nur die Anmeldung zum Gesellschaftsregister mitbeurkundet (§§ 8 ff. BeurkG), sondern auch den gesamten Vollzug übernimmt und die in Art. 66 § 12 Abs. 1 EGGmbHG nF vorgesehenen Versicherungen in den Vertrag mitaufnimmt.

Beurkundet der Notar die von Art. 66 § 12 Abs. 1 EGGmbHG nF vorausgesetzten Versicherungen gleich mit, gibt die GbR selbst die Versicherung zwar noch zu einem Zeitpunkt ab, in dem sie noch nicht im Gesellschaftsregister eingetragen ist. Im Lichte von Sinn und Zweck des Art. 66 § 12 Abs. 1 EGGmbHG nF betrachtet dürfte es jedoch unschädlich sein, wenn derjenige Notar, der den Vollzugsauftrag zur Einreichung der Zwischenliste übernom-

---

[49] *Klinger* in Spiegelberger, Unternehmensnachfolge, 3. Aufl. 2022, § 22 Rn. 95 ff.

[50] Siehe hierzu: *Bayer* in Lutter/Hommelhoff, GmbHG, 20. Aufl. 2020, § 40 Rn. 81; *Heidinger* in MüKoGmbHG, 3. Aufl. 2019, § 40 Rn. 235 ff.; *Seibt* in Scholz, GmbHG, 13. Aufl. 2022, § 40 Rn. 76; OLG Hamm Beschl. v. 1.12.2009 – 15 W 304/09, ZIP 2010, 128 mit Anm. *Herrler/Blath*.

[51] Von einer „Einreichungsoption" sprechend: *Servatius* in Noack/Servatius/Haas, GmbHG, 23. Aufl. 2022, § 40 Rn. 7 a.

[52] *Heidinger* in MüKoGmbHG, 3. Aufl. 2019, § 40 Rn. 184.

[53] BGH Urt. v. 17.12.2013 – II ZR 21/12, NZG 2014, 184; BGH Beschl. v. 7.2.2017 – II ZR 28/15, BeckRS 2017, 104221; *D. Mayer* MittBayNot 2014, 24 (35); *Servatius* in Noack/Servatius/Haas, GmbHG, 23. Aufl. 2022, § 40 Rn. 38.

men hat, zuvor auch die Eintragung der versichernden GbR im Gesellschaftsregister veranlasst hat. Denn dann muss die versichernde GbR zwangsläufig identisch sein mit der Gesellschaft, die vor Listenerstellung im Gesellschaftsregister noch eingetragen wird. Dass die Versicherung der GbR vor ihrer Eintragung im Gesellschaftsregister abgegeben wurde, sollte in einem solchen Fall ausnahmsweise unschädlich sein, weil der Notar die Eintragung in das Gesellschaftsregister überwacht.

3. Zuständigkeit bei isolierter Liste ohne Anteilsübergang

Erfolgt die Anmeldung der GbR, die den GmbH-Anteil hält, zum Gesellschaftsregister isoliert (insbesondere unabhängig von einer GmbH-Geschäftsanteilsabtretung) sowie außerhalb einer notariellen Niederschrift (§§ 8 ff. BeurkG) durch unterschriftsbeglaubigte Erklärung sämtlicher Gesellschafter, kommt es bei der Zuständigkeitsabgrenzung zwischen Geschäftsführer (§ 40 Abs. 1 GmbHG) und Notar (§ 40 Abs. 2 GmbHG) darauf an, ob der die Unterschriften beglaubigende Notar den Entwurf für die Anmeldung nach § 707 BGB nF selbst gefertigt hat. Handelt es sich um einen Fremdentwurf, dürfte der Geschäftsführer zur Einreichung der neuen Liste zuständig sein.[54] Er muss sich dann freilich auch die in Art. 66 § 12 Abs. 1 EGGmbHG nF vorausgesetzten Versicherungen von Gesellschaft und Gesellschaftern geben lassen.

Wie die Zuständigkeit bei einem Eigenentwurf des Notars zu beurteilen ist, bedarf dagegen einer näheren Betrachtung.

Vielfach wird der Notar, wenn er an einer Veränderung durch Eigenentwurf mit Unterschriftsbeglaubigung mitwirkt, in Anbetracht seiner qualifizierten Prüfungspflichten bereits für zuständig im Sinne des § 40 Abs. 2 GmbHG gehalten.[55] Mit Blick auf die Anmeldung zum Gesellschaftsregister wäre eine rein an der Entwurfs- und Beglaubigungstätigkeit des Notars orientierte Betrachtung aber zu kurz gegriffen, da die Eintragung im Gesellschaftsregister zwar Voraussetzung für eine neue Liste ist, aber nicht bei jeder registrierten GbR eine Listenaktualisierung zwingend die Folge sein muss. Ähnlich wie bei sog. „mittelbaren Mitwirkungen" des Notars ist die Registrierung im Gesellschaftsregister im Grundsatz jedenfalls nicht final auf eine listenrelevante Veränderung gerichtet.[56] Während teilweise bei einer mittelbaren Mitwirkung generell von einer Notarzuständigkeit ausgegangen wird,[57] nehmen andere dies nur an, wenn der Notar von der bewirkten Änderung Kenntnis hat oder haben muss[58] bzw. einen entsprechenden Vollzugsauftrag erhält.[59] Wiederum andere lehnen eine Zuständigkeit des Notars grundsätzlich ab, weil es an einer final auf eine Veränderung abzielenden Mitwirkung gerade fehlt.[60]

Entwirft der Notar die Anmeldung der GbR zum Gesellschaftsregister nach § 707 BGB nF, beglaubigt zudem die Unterschrift aller Gesellschafter und übernimmt den Vollzugsauftrag, die GbR im Gesellschaftsregister eintragen zu lassen, bestehen bereits mehrere Anknüpfungspunkte, dass der Notar zur Einreichung der neuen Liste mit der eGbR verpflichtet

---

[54] BGH Urt. v. 17.12.2013 – II ZR 21/12, NZG 2014, 184; BGH Beschl. v. 7.2.2017 – II ZR 28/15, BeckRS 2017, 104221; *D. Mayer* MittBayNot 2014, 24 (35); *Servatius* in Noack/Servatius/Haas, GmbHG, 23. Aufl. 2022, § 40 Rn. 38.

[55] *Hasselmann* NZG 2009, 449 (453); *Heidinger* in MüKoGmbHG, 3. Aufl. 2019, § 40 Rn. 233; *D. Mayer* DNotZ 2008, 403 (408); *Tebben* RNotZ 2008, 441 (452).

[56] Vgl. *Herrler* GmbHR 2013, 617 (622).

[57] *Heidinger* in MüKoGmbHG, 3. Aufl. 2019, § 40 Rn. 242; *Herrler/Blath* ZIP 2010, 128 (130); bei entsprechendem Vollzugsauftrag an den Notar: *Wicke,* GmbHG, 4. Aufl. 2020, § 40 Rn. 14.

[58] *Wachter* GmbHR 2010, 205 (207).

[59] *Bayer* in Lutter/Hommelhoff, GmbHG, 20. Aufl. 2020, § 40 Rn. 82; *Wicke,* GmbHG, 4. Aufl. 2020, § 40 Rn. 14.

[60] *Löbbe* GmbHR 2012, 7 (10 ff.); *Paefgen* in Habersack/Casper/Löbbe, GmbHG, 3. Aufl. 2020, § 40 Rn. 173 ff.; *Servatius* in Noack/Servatius/Haas, GmbHG, 23. Aufl. 2022, § 40 Rn. 56; *Terlau* in Michalski/Heidinger/Leible/J. Schmidt, GmbHG, 3. Aufl. 2017, § 40 Rn. 26.

sein dürfte. Für eine Notarzuständigkeit spricht darüber hinaus der Umstand, dass bei isolierter bzw. vorsorgender Registrierung (ohne GmbH-Geschäftsanteilsabtretung) von einer Rechtspflicht ohne Ermessensspielraum zur Einreichung und Aufnahme einer neuen Liste ausgegangen wird.[61] Diese Rechtspflicht ist nach Maßgabe der Regierungsbegründung im Gesetzeszweck von § 40 GmbHG angelegt, „unter anderem auch die leichte Identifizierbarkeit der Gesellschafter der Gesellschaft mit beschränkter Haftung gegenüber den Geschäftspartnern der Gesellschaft zu ermöglichen".[62]

Demnach sollte der Notar, der die Anmeldung zum Gesellschaftsregister begleitet hat, auch für die Einreichung der neuen Liste zuständig sein. Nahezu zweifelsfrei dürfte dies jedenfalls sein, wenn dieser Notar auch einen Vollzugsauftrag zum Erstellen und Einreichen der neuen Gesellschafterliste mitübernommen hat. Denn dann werden die Gesellschafter der GbR in der Regel auch die zweifache Versicherung gemäß Art. 66 § 12 Abs. 1 EGGmbHG nF gegenüber dem Notar abgeben. Sie werden also sowohl als bislang in der Gesellschafterliste eingetragene Gesellschafter als auch sogleich im Namen der im Gesellschaftsregister neu einzutragenden GbR versichern, dass die nunmehr registrierte GbR identisch ist mit derjenigen, die in der zuletzt zum Handelsregister eingereichten GmbH-Gesellschafterliste eingetragen wurde. Nimmt der Notar diese Versicherungen gleich in die von ihm entworfene Anmeldung zum Gesellschaftsregister auf, dürfte auch den Anforderungen der restriktiven Ansicht, die allenfalls bei finaler mittelbarer Mitwirkung eine Notarzuständigkeit für gerechtfertigt erachtet, ausreichend Rechnung getragen sein. Dass die Versicherung der eGbR noch aus der Zeit vor ihrer Registrierung stammt, dürfte für Art. 66 § 12 Abs. 1 EGGmbHG nF wiederum ausreichend sein, weil der Notar als Adressat dieser Versicherung zugleich auch die Eintragung in das Gesellschaftsregister überwacht hat.

VII. Zusammenfassung und Thesen

1. Durch das MoPeG wird mit Wirkung zum 1. Januar 2024 mit dem Gesellschaftsregister ein Subjektregister für die GbR geschaffen, in das eine GbR mit deklaratorischer Wirkung mit dem in § 707a Abs. 1 S. 1 BGB nF iVm § 707 Abs. 2 Nr. 1 bis 3 BGB nF vorgesehen Inhalt eingetragen werden kann, aber nicht muss. Für eine GbR, die Inhaberin eines GmbH-Geschäftsanteils ist oder werden soll, ist die Registrierung mittelbar verpflichtend. Denn ab dem Inkrafttreten des MoPeG können Veränderungen, die eine GbR betreffen, nur noch in die Gesellschafterliste aufgenommen werden, wenn die GbR zuvor im Gesellschaftsregister eingetragen wurde (§ 40 Abs. 1 S. 3 GmbHG nF). Die Aufnahme einer eGbR in die Gesellschafterliste erfolgt dann auf der Grundlage der von Art. 66 § 12 Abs. 1 EGGmbHG nF vorausgesetzten Versicherungen unter Angabe des Namens und Sitzes der GbR einschließlich des Registergerichts und der Registernummer und – abweichend zur derzeitigen Rechtslage – ohne Nennung der Gesellschafter (§ 40 Abs. 1 S. 2 GmbHG nF).

2. Wird ab dem Inkrafttreten des MoPeG ein GmbH-Geschäftsanteil von einer im Gesellschaftsregister eingetragenen GbR erworben, erfährt der Erwerber nicht nur – wie bisher schon – unter den Voraussetzungen des § 16 Abs. 3 GmbHG Gutglaubensschutz hinsichtlich der Inhaberschaft dieser GbR. Über die Eintragung im Gesellschaftsregister genießt der Erwerber dann auch Vertrauensschutz hinsichtlich der Existenz, Identität und Vertretung der eGbR (§ 707a Abs. 3 S. 1 BGB nF iVm § 15 Abs. 3 HGB). Damit die Gesellschafterliste den richtigen Inhaber korrekt ausweist, empfiehlt sich die Aufnahme einer bereits die eGbR ausweisenden Gesellschafterliste in das Handelsregister vor Vollendung des Rechtserwerbs. Nach den Grundsätzen zum Gutglaubenserwerb sollte es im Falle aufschiebend bedingter

---

[61] Regierungsbegründung MoPeG – BT-Drs. 19/27635, 272; *Servatius* in Noack/Servatius/ Haas, GmbHG, 23. Aufl. 2022, § 40 Rn. 6a.

[62] Regierungsbegründung MoPeG – BT-Drs. 19/27635, 272.

Anteilsabtretung zwar ausreichen, wenn die maßgeblichen Rechtsscheinträger (Eintragung im Gesellschaftsregister, Aufnahme der eGbR in die Gesellschafterliste) im Zeitpunkt des Bedingungseintritts bereitgestellt sind; literarisch aufbereitet bzw. höchstrichterlich geklärt ist diese Frage aber noch nicht.

3. Bei Aufnahme einer registrierten GbR in die Gesellschafterliste kommt es durch die positive Publizität des Gesellschaftsregisters auch im Verhältnis zur GmbH (§ 16 Abs. 1 GmbHG) in Zukunft zu einer Verstärkung der Vermutungswirkung (§ 707a Abs. 3 S. 1 BGB nF iVm § 15 Abs. 3 HGB). Aus diesem Grund dürfte eine GbR, die bereits Inhaberin eines GmbH-Geschäftsanteils ist, gegenüber ihren Mitgesellschaftern und der GmbH aus gesellschaftsrechtlicher Treuepflicht zur unverzüglichen Registrierung im Gesellschaftsregister verpflichtet sein.

4. Ist ab dem Inkrafttreten des MoPeG eine noch nicht registrierte GbR bei einem GmbH-Geschäftsanteilskauf auf Veräußerer- oder Erwerberseite beteiligt, empfiehlt es sich aus Gründen des Verkehrsschutzes, erst nach erfolgter Registrierung den Geschäftsanteilskaufvertrag zu beurkunden. Soll die Beurkundung aber schon vor Registrierung erfolgen, hat der Vertragspartner einen Anspruch aus vertraglicher Nebenpflicht, dass sich die GbR unverzüglich im Gesellschaftsregister noch registriert. Steht die Registrierung bei Beurkundung noch aus, sollten die Anmeldungserklärungen der GbR-Gesellschafter zum Gesellschaftsregister, um § 15 Abs. 4 GmbHG Rechnung zu tragen, vorsorglich mitbeurkundet werden; außerdem bietet es sich an, die Eintragung der GbR im Gesellschaftsregister als ausdrückliche Voraussetzung für die Fälligkeit des Kaufpreises zu vereinbaren. Im Falle der Veräußerung durch eine noch nicht registrierte GbR empfiehlt es sich aus Gründen des Erwerberschutzes des Weiteren, die Aufnahme einer Zwischenliste, welche die eGbR ausweist, als weitere Voraussetzung der Kaufpreisfälligkeit vorzusehen.

5. Im Lichte von § 40 Abs. 1 und 2 GmbHG betrachtet dürfte der Geschäftsführer allein zuständig sein, eine neue Gesellschafterliste mit der eGbR zu erstellen, wenn die Eintragung der GbR in das Gesellschaftsregister unabhängig von einer Geschäftsanteilsabtretung erfolgt und auf einer Anmeldung beruht, die der beglaubigende Notar nicht selbst entworfen hatte. Der eine Anteilsabtretung beurkundende Notar dürfte dagegen zuständig sein, wenn die neue Liste anlässlich einer Geschäftsanteilsveräußerung (GbR als Veräußerer oder Erwerber) zu erstellen ist; der betreffende Notar dürfte dann sowohl hinsichtlich der die eGbR ausweisenden Zwischenliste im Fall der Veräußerung eines Geschäftsanteils durch eine GbR als auch hinsichtlich der finalen Listen im Veräußerungs- und Erwerbsfall umfassend zuständig sein. Auch ohne beurkundete Geschäftsanteilsabtretung dürfte der Notar, der isoliert eine Anmeldung zum Gesellschaftsregister einschließlich der Versicherungen nach Art. 66 § 12 Abs. 1 EGGmbHG nF zu einer bestimmten GmbH entwirft, die Unterschriften der Gesellschafter hierzu beglaubigt und den Vollzug der Anmeldung zum Gesellschaftsregister übernimmt, für die Einreichung der Liste mit der eGbR jedenfalls dann zuständig sein, wenn er unter Entgegennahme der Versicherungen einen entsprechenden Vollzugsauftrag übernimmt.

CARSTEN SCHÄFER

Die Liquidation der Personengesellschaft nach dem MoPeG

I. Einleitung und Themenbegrenzung

Das Recht der Liquidation fristet auf den ersten Blick ein Schattendasein, misst man es an dem Grad seiner monographischen Durchdringung; nur selten widmen sich Dissertationen speziell dem Abwicklungsstadium der Gesellschaft.[1] Der praktischen Bedeutung der Materie entspricht dieser Befund aber kaum, wie schnell deutlich wird, wenn man sich die zahlreichen Judikate zu einzelnen Aspekten vor Augen führt. Verwiesen sei nur auf die Rechtsprechung zur Treubindung in der Auseinandersetzungsphase,[2] zur Einforderung ausstehender[3] und Rückforderung geleisteter[4] Einlagen sowie auf die zahllosen Judikate zur sog. Durchsetzungssperre, die Hin- und Herzahlungen zwischen Gesellschaft und Gesellschaftern im Abwicklungsstadium möglichst vermeiden soll.[5] Weitere wichtige Themen, die den Bundesgerichtshof intensiv beschäftigt haben, waren die Verlustausgleichspflicht nach § 735 BGB aF (= § 737 BGB nF und § 149 HGB nF),[6] die Pflicht der Liquidatoren zur Rechnungslegung[7] sowie der Saldenausgleich unter den (BGB-)Gesellschaftern,[8] also die Frage, ob die Liquidatoren dafür zuständig (und demgemäß dazu verpflichtet) sind, Nachschüsse von einzelnen Gesellschaftern mit dem Ziel zu verlangen, diese an andere Gesellschafter zum Zwecke des Ausgleichs unter ihnen auszuschütten.

Das zuletzt genannte Thema lenkt unmittelbar über zum neuen Personengesellschaftsrecht auf der Grundlage des Gesetzes zur Modernisierung des Personengesellschaftsrechts – MoPeG,[9] dessen Auswirkungen zum Zentrum des Beitrags gemacht werden sollen. Verf. erhofft sich von dieser Themenwahl nicht zuletzt, das geschätzte Interesse des Jubilars zu wecken, der aktuellen Entwicklungen des Gesellschaftsrechts stets sein besonderes Augenmerk gewidmet hat. Das MoPeG hat nämlich – für das zuvor nominell noch abweichende Recht der GbR – zu einer bemerkenswerten Neuorientierung des Liquidationsziels geführt. Sie soll hier als Erstes in den Blick genommen werden (→ II.).

---

[1] Vgl. aus jüngerer Zeit immerhin *Stüber,* Der Grundsatz der Durchsetzungssperre, 2013, sowie aus älterer Zeit *Ensthaler,* Liquidation von Personengesellschaften, 1985.

[2] BGH Urt. v. 9.9.2002 – II ZR 198/00, ZIP 2003, 73 (74) = NZG 2003, 73.

[3] BGH Urt. v. 4.8.2020 – II ZR 174/19, ZIP 2020, 1807, Rn. 45 = NJW 2020, 3319; BGH Urt. v. 30.1.2018 – II ZR 95/16, BGHZ 217, 237, Rn. 48.

[4] BGH Urt. v. 15.12.2020 – II ZR 108/19, ZIP 2021, 255, Rn. 22 = NJW 2021, 928; BGH Urt. v. 4.8.2020 – II ZR 174/19, ZIP 2020, 1807, Rn. 68.

[5] Dazu nur die Nachweise bei *Schäfer* in MüKoBGB, 8. Aufl. 2020, § 730 Rn. 49 ff.; zuletzt etwa BGH Urt. v. 17.10.2020 – II ZR 150/19, ZIP 2020, 2460, Rn. 17 = NZG 2021, 63; BGH Urt. v. 4.12.2012 – II ZR 159/10, ZIP 2013, 361, Rn. 44 ff. = NZG 2013, 216.

[6] BGH Urt. v. 29.9.2020 – II ZR 112/19, ZIP 2020, 2179, Rn. 34; BGH Urt. v. 15.11.2011 – II ZR 272/09, ZIP 2012, Rn. 20 = NZG 2012, 397.

[7] BGH Urt. v. 22.3.2011 – II ZR 206/09, ZIP 2011, 1145, Rn. 15 = NZG 2011, 697.

[8] BGH Urt. v. 27.10.2020 – II ZR 150/19, ZIP 2020, 2260, Rn. 22 ff. = NZG 2021, 63.

[9] BGBl. 2021 I 3436.

Ein weiterer Abschnitt ist der praktisch ebenfalls sehr wichtigen Bestellung der Liquidatoren gewidmet, insbesondere durch Mehrheitsentscheidung. Auch insofern hat das neue Recht eine deutliche Akzentverschiebung bewirkt und diese bislang eher stiefmütterlich (und hauptsächlich aus Sicht der Publikumsgesellschaft) betrachtete Frage damit in den Fokus gerückt (→ III.).

Das dritte und letzte der hier behandelten Themen bezieht sich auf den Aufgabenkreis der Liquidatoren, der jetzt für GbR und OHG/KG weithin übereinstimmend durch § 736 d BGB nF bzw. § 148 HGB nF geregelt wird. Zur Hauptsache soll in diesem Abschnitt untersucht werden, ob die durch § 736 d Abs. 4 BGB nF bzw. § 148 Abs. 5 HGB nF bestimmte vorrangige Befriedigung der Gläubiger aus dem Gesellschaftsvermögen zwingend ist oder zur Disposition der Gesellschafter steht. Insofern scheint der Normtext als solcher zwar keine Änderung gegenüber der bisherigen Rechtslage erbracht zu haben; doch findet sich ein bemerkenswerter Fingerzeig in den Gesetzesmotiven, der weiteren Anlass gibt, die bislang hM auf ihre Überzeugungskraft hin zu überprüfen (→ IV.).

II. *Neujustierung des Liquidationsziels*

1. *Zur Grundkonzeption*

Allgemein hat das MoPeG die Liquidation der Personengesellschaft stark vereinheitlicht und das Recht der GbR weitgehend an dasjenige der OHG/KG angelehnt. Zugleich wurden dogmatische Unstimmigkeiten, wie sie die §§ 145–158 HGB aF noch enthielten, behutsam bereinigt, ohne aber den Grad der Detaillierung zu erhöhen. So bleibt etwa die einleitend erwähnte Durchsetzungssperre weiterhin ungeregelt; doch weisen die Motive sehr deutlich darauf hin, dass an ihrer Geltung – nach Maßgabe der Rechtsprechung – keineswegs gerüttelt werden soll.[10] Im Übrigen dürfte der auffälligste Unterschied zwischen beiden Regelungskomplexen darin bestehen, dass es weiterhin nur bei OHG/KG zu den gesetzlichen Pflichten der Liquidatoren gehört, bei Beginn und Abschluss der Liquidation eine Bilanz aufzustellen (§ 148 Abs. 4 HGB nF). Demgegenüber ergibt sich die Pflicht zu einer – ggf. auch vereinfachten – Auseinandersetzungsrechnung bei der GbR gleichsam nur aus der Natur der Sache, nicht zuletzt als Folge der Durchsetzungssperre.[11]

2. *Der Kontenausgleich als Teil des Liquidationsverfahrens*

Die erwähnte Vereinheitlichung führt zunächst zu einer bemerkenswerten Klarstellung des Liquidationsziels und damit der Aufgaben der Liquidatoren bei der GbR. Zugleich erlaubt sie eine konsistente Liquidationsdogmatik für alle (rechtsfähigen) Personengesellschaften. Schon der neue § 735 BGB lässt dies klar erkennen. Er spricht nicht mehr, wie noch § 730 BGB aF, von der „Auseinandersetzung unter den Gesellschaftern" als ein Verfahren zur Verteilung eines den Gesellschaftern gehörenden Sondervermögens, sondern von der „Liquidation der Gesellschaft" (§ 735 Abs. 2 S. 1 BGB nF). Hierdurch schreibt das Gesetz fest, dass auch der Saldenausgleich unter den Gesellschaftern Teil der Liquidation ist und es überdies zu den Aufgaben der Liquidatoren gehört, bei Bedarf die Fehlbetragshaftung der Gesellschafter nach § 737 BGB nF durchzusetzen, und zwar auch zum Zwecke des Ausgleichs unter den Gesellschaftern.

---

[10] BegrRegE BT-Drs. 19/27635, 187 f. (zu § 733 Abs. 4 BGB); zum Gesamtkonzept s. a. *Noack* in Schäfer, Das neue Personengesellschaftsrecht, 2022, § 9 Rn. 10 ff.

[11] Dazu näher *Schäfer* in MüKoBGB, 8. Aufl. 2020, § 730 Rn. 57 ff.; zur sog. vereinfachten Auseinandersetzungsrechnung, die ein Gesellschafter unter bestimmten Umständen selbst zur Vorbereitung seines Abfindungsanspruchs vornehmen kann, vgl. zuletzt etwa BGH Urt. v. 27. 10. 2020 – II ZR 150/19, ZIP 2021, 2460, Rn. 27 = NZG 2021, 63.

Demgegenüber entsprach es klassischer Dogmatik, dass die Gesellschafter den Saldenausgleich gegen ihre Mitgesellschafter selbst durchzusetzen hatten, je nach Einordnung des Nachschussanspruchs, entweder im Wege der Individualklage oder der actio pro socio.[12] Spätestens seit 2001 war aufgrund der damals anerkannten Rechtsfähigkeit der Außengesellschaft[13] freilich geklärt, dass der – früher in § 735 BGB aF lokalisierte – Nachschussanspruch zum Ausgleich von Fehlbeträgen nur der Gesellschaft als solcher zustehen konnte, so dass ein erhebliches Spannungsverhältnis zu der von § 730 BGB aF weiterhin angeordneten „Auseinandersetzung unter den Gesellschaftern" entstand, das von erheblichen tatsächlichen Schwierigkeiten, zumal bei der Publikumsgesellschaft, begleitet war. Spannungen ergaben sich gerade auch in Bezug auf die seit langem angewendete Durchsetzungssperre.

Es war deshalb ein konsequenter und begrüßenswerter Schritt des II. Zivilsenats des BGH, die Aufgaben der Liquidatoren darauf zu erstrecken, den (Konten-)Ausgleich unter den Gesellschaftern herbeizuführen und hierfür ggf. Nachschüsse im Rahmen der Fehlbetragshaftung nach § 735 BGB aF einzufordern. Er wurde zunächst für die Publikumsgesellschaft beschritten,[14] im Anschluss aber auf die gesetzestypische Gesellschaft übertragen.[15] In seiner jüngsten Entscheidung stellt der II. Zivilsenat zu Recht fest, dass die eigene früher abweichende Rechtsprechung aus den 1960er bzw. 1980er Jahren seit Anerkennung der Rechtsfähigkeit der GbR überholt ist, weil seither „Ausgleichsansprüche der Gesellschafter nicht mehr als reine Ansprüche der Gesellschafter untereinander anzusehen [sind], sondern als Sozialansprüche bzw. Sozialverbindlichkeiten der Gesellschaft". Gläubigerin des Anspruchs auf den Nachschuss gemäß § 735 BGB aF sei die Gesellschaft und solange ihr noch ein solcher Anspruch zustehe, könne ihre Vollbeendigung noch nicht eingetreten sein. Sie bestehe demgemäß als Rechtssubjekt fort und werde vorbehaltlich einer anderweitigen gesellschaftsvertraglichen Regelung weiterhin durch ihre Liquidatoren vertreten.

Das MoPeG bestätigt diese Auffassung nicht nur, wie schon erwähnt, mit dem neuen § 735 BGB, sondern insbesondere auch durch § 736d Abs. 2 BGB, zu dessen Interpretation die Begründung unmissverständlich feststellt:[16]

> *„Ferner gehört es zu den Aufgaben der Liquidatoren, die Forderungen der Gesellschaft einzuziehen und dadurch in verteilungsfähiges Vermögen umzuwandeln. Ob die Forderung der Gesellschaft auf einem Rechtsverhältnis zu Dritten oder zum Gesellschafter beruht, ist unerheblich, soweit nur ihre Einziehung nach dem geänderten Gesellschaftszweck geboten ist. Es gehört daher insbesondere auch zu den Aufgaben der Liquidatoren, den Ausgleich unter den Gesellschaftern durchzuführen [Hinweis auf BGHZ 217, 237]."*

Die Liquidatoren haben also sämtliche Ausgleichsansprüche der Gesellschaft, wie auch die Ansprüche ihrer Gesellschafter gegen sie und die Sozialansprüche der Gesellschafter untereinander, in die Schlussabrechnung einzubeziehen und auf dieser Basis einen Gesamtausgleich unter den Gesellschaftern herbeizuführen. Sie haben demgemäß auch die für den Kapitalkontenausgleich erforderlichen Beträge zu berechnen und zum Ausgleich etwa erforderliche Nachschüsse einzuziehen.

---

[12] Vgl. *Schäfer* in MüKoBGB, 8. Aufl. 2020, § 730 Rn. 3; *K. Schmidt* in MüKoHGB, 4. Aufl. 2016, § 149 Rn. 30; ferner *Noack* in Schäfer, Das neue Personengesellschaftsrecht, 2022, § 9 Rn. 12.

[13] BGHZ 146, 341 = NJW 2001, 1056.

[14] BGHZ 217, 237 = NZG 2018, 539, Rn. 67 ff.

[15] BGHZ 227, 242 Rn. 22 f. = NZG 2021, 63 Rn. 19 ff.; ferner nur *Schäfer* in MüKoBGB, 8. Aufl. 2020, § 735 Rn. 5.

[16] BegrRegE, BT-Drs. 19/27635, 187.

3. Fazit

Das neue Recht überwindet definitiv die Trennung zwischen einer Abwicklung der Gesellschaft im Außenverhältnis und dem Saldenausgleich unter den Gesellschaftern im Innenverhältnis. Beide Aufgabenbereiche gehören jetzt zweifelsfrei zum Liquidationsverfahren und damit zu den Pflichten der Liquidatoren.

III. Mehrheitliche Liquidatorenbestellung

1. Erfordernis einer spezifischen Mehrheitsklausel

Auch das zweite Thema ist im Schrifttum bislang eigenartig unterbelichtet geblieben, doch dürfte sich dies aufgrund des MoPeG ändern, das auch in Bezug auf die Liquidatorenbestellung neue Akzente setzt.

Im Ausgangspunkt berufen § 736 Abs. 1 BGB nF und § 144 Abs. 1 HGB nF allerdings unverändert sämtliche Gesellschafter zu Liquidatoren, und zwar unabhängig davon, ob sie auch in der werbenden Gesellschaft mit der Geschäftsführung betraut waren.[17] Ergänzend ordnen § 736b Abs. 1 S. 2 BGB nF und § 146 Abs. 1 S. 1 HGB nF das Erlöschen einer durch den Gesellschaftsvertrag „übertragenen" Geschäftsführungs- und Vertretungsbefugnis an. Unabhängig von der allgemeinen Geschäftsführungsregelung steht die Befugnis im Liquidationsverfahren grundsätzlich allen Gesellschaftern gemeinschaftlich zu. Durch die Auflösung der Gesellschaft werden die Karten also neu gemischt, was in der Praxis nicht allgemein bekannt ist. Viele Gesellschaftsverträge enthalten gar keine Regelungen zu den Liquidatoren. Dabei steht im Ansatz (unverändert) außer Zweifel, dass gem. § 144 Abs. 4 HGB nF und § 736 Abs. 4 S. 1 BGB nF durch Gesellschaftsvertrag oder Gesellschafterbeschluss, vor oder nach Auflösung der Gesellschaft, einzelne Gesellschafter zu Liquidatoren „bestellt" werden können. Dies läuft angesichts der grundsätzlich allen Gesellschaftern zustehenden Befugnis sachlich auf den Ausschluss der übrigen, nicht „bestellten" Gesellschafter hinaus.[18] Auch Dritte können neben oder anstelle der Gesellschafter zu Liquidatoren berufen werden, und zwar auch in der Weise, dass sämtliche Gesellschafter von der Liquidationsgeschäftsführung ausgeschlossen werden.[19]

Es fragt sich aber, ob bzw. unter welchen Voraussetzungen hierfür auch eine Mehrheitsentscheidung ausreicht. Grundsätzlich war schon bisher anerkannt, dass die Bestellung bei entsprechender Vertragsgestaltung auch durch mehrheitlichen Gesellschafterbeschluss erfolgen kann.[20] Unklar war jedoch, was dies im Einzelnen bedeutete. Insofern stellen § 736 Abs. 5 BGB nF und § 144 Abs. 5 HGB nF jetzt im Ausgangspunkt klar, dass eine allgemeine Mehrheitsklausel für die Berufung und Abberufung eines Liquidators _nicht_ ausreicht. Sofern der Gesellschaftsvertrag eine mehrheitliche Beschlussfassung nur allgemein zulässt, gilt dies „im Zweifel" nicht für die Berufung und Abberufung eines Liquidators. Durch den sich hieraus ergebenden Einigungszwang soll ein Konflikt zwischen Mehrheit und Minderheit

---

[17] Deutlich BegrRegE, BT-Drs. 19/27635, 183.

[18] BegrRegE, BT-Drs. 19/27635, 184.

[19] Es kommen insofern sowohl natürliche als auch juristische Personen oder rechtsfähige Personengesellschaften als Liquidator in Frage, so zu § 146 Abs. 1 S. 1 HGB aF einhM, vgl. nur _Habersack_ in Habersack/Schäfer, Das Recht der OHG, 2. Aufl. 2019, HGB § 146 Rn. 20; auch BGH NZG 2014, 302, Rn. 38.

[20] Grundsätzlich bejahend BGH NZG 2014, 302 Rn. 38. Zur entsprechenden Anwendung des § 146 Abs. 2 S. 1 HGB auch _Wiedemann_, Gesellschaftsrecht, Bd. II: Recht der Personengesellschaften, 2004, § 6 III 1, 557; _Schäfer_ in MüKoBGB, 8. Aufl. 2020, § 730 Rn. 47; ebenso _Hadding/Kießling_ in Soergel, BGB, 13. Aufl. 2011, § 730 Rn. 16; _Schöne_ in BeckOK BGB, 63. Ed 1.5.2022, § 730 Rn. 23.

in Bezug auf die Liquidatoren im Interesse einer „alsbaldigen Durchführung der Liquidation" möglichst vermieden werden.[21] Das fügt sich nahtlos in die bereits konstatierte Neuausrichtung der Geschäftsführung durch die Auflösung der Gesellschaft, namentlich das Erlöschen übertragener Befugnisse und ihre Ersetzung durch die Gesamtbefugnis aller Gesellschafter.

Eine mehrheitliche Bestellung einzelner Gesellschafter (oder Dritter) kommt somit nur in Betracht, wenn die Mehrheitsklausel speziell auf die Berufung (bzw. Abberufung) eines Liquidators Bezug nimmt. Anderenfalls kann die Übertragung der Geschäftsführungsbefugnis auf bestimmte Gesellschafter oder Dritte von vornherein nur einstimmig beschlossen werden. Das ist möglicherweise enger als nach geltendem Recht; denn zumindest bei der Publikumsgesellschaft hat der BGH bislang auch eine *allgemeine* vertragliche Mehrheitsklausel ausreichen lassen; freilich musste die für Vertragsänderungen vorgesehene Mehrheit erreicht werden.[22] Mit Rücksicht auf die Sonderstellung der Publikumsgesellschaft in der Liquidation kann diese Rechtsprechung indessen auch weiterhin Bestand haben. Im Übrigen, also für alle anderen Gesellschaften, gelten jedoch zweifelsfrei die neuen Regeln.[23]

2. Zustimmungserfordernis wegen Eingriffs in das Geschäftsführungsrecht

Damit aber nicht genug. Selbst wenn der Gesellschaftsvertrag eine spezifische Mehrheitsklausel enthält, bleibt eine Mehrheitsentscheidung im Ergebnis immer dann unzureichend, wenn der Gesellschaftsvertrag keine vom dispositiven Recht abweichende Regelung zur Liquidationsgeschäftsführung trifft. Für diesen, durchaus verbreiteten Fall ist nämlich zu berücksichtigen, dass mit der Berufung einzelner Gesellschafter zu Liquidatoren zugleich die Geschäftsführungsbefugnis der übrigen Gesellschafter entzogen wird.[24] Weil jedoch das Geschäftsführungsrecht anerkanntermaßen zu den unentziehbaren Rechten [vulgo Kernbereichsrechten] gehört,[25] kann ein Mehrheitsbeschluss in diesem Falle nur wirksam werden, wenn die betroffenen Gesellschafter zustimmen, es sei denn, es liegt in ihrer Person ausnahmsweise ein wichtiger Grund vor, der ihre Abberufung als Liquidator rechtfertigen würde (vgl. § 736a Abs. 1 BGB nF, § 145 Abs. 1 HGB nF).

All' dies zeigt, wie wichtig es ist, dass der Gesellschaftsvertrag Klarheit darüber schafft, wem die Liquidationsgeschäftsführung zustehen soll und ggf., dass die Berufung und Abberufung von Liquidatoren allgemein mit Mehrheit beschlossen werden können.

IV. Vorrangige Gläubigerbefriedigung?

1. Überblick über die Aufgaben der Liquidatoren und Reihenfolge der Erledigung

Wie schon erwähnt, werden die Aufgaben der Liquidatoren zur Hauptsache durch § 736d BGB nF und § 148 HGB nF, und zwar weitgehend inhaltsgleich beschrieben, abgesehen von der Pflicht zur Bilanzierung (§ 148 Abs. 4 HGB nF). Die Liquidatoren müssen danach zunächst das Gesellschaftsvermögen vollständig in Geld umsetzen und die Forderungen der Gesellschaft einziehen (§ 736d Abs. 2 BGB nF, § 148 Abs. 2 HGB nF). Als nächstes haben sie „aus dem Vermögen der Gesellschaft" ihre Verbindlichkeiten zu erfüllen; für noch nicht fällige Schulden sind Rückstellungen zu bilden (§ 736d Abs. 4 BGB nF, § 148 Abs. 5 HGB nF). Erst danach dürfen sie den Gesellschaftern Beiträge zurückerstatten (§ 736d Abs. 5 BGB nF,

---

[21] BegrRegE, BT-Drs. 19/27635, 184.

[22] BGH NZG 2014, 302 Rn. 35 f.

[23] Vgl. auch *Noack* in Schäfer, Das neue Personengesellschaftsrecht, 2022, § 9 Rn. 22.

[24] *Schäfer* in MüKoBGB, 8. Aufl. 2020, § 730 Rn. 47.

[25] Zuletzt BGH Urt. v. 13.10.2020 – II ZR 359/18, ZIP 2020, 2281, Rn. 16 ff.; *Schäfer* in MüKoBGB, 8. Aufl. 2020, § 709 Rn. 95.

§ 148 Abs. 6 HGB nF) und schließlich einen verbleibenden Überschuss an die Gesellschafter verteilen (§ 736d Abs. 6 BGB nF, § 148 Abs. 8 HGB nF) oder müssen – im Mangelfall – deren Fehlbetragshaftung realisieren (§ 737 BGB nF, § 149 HGB nF). Schon seit jeher wird darüber gestritten, ob diese durch das Gesetz vorgegebene Reihenfolge zwingend ist und ob dies insbesondere für den Gläubigervorrang gem. § 736d Abs. 4 BGB nF bzw. § 148 Abs. 5 HGB nF gilt. Klassischerweise wurde dies mit Hinweis auf die fortbestehende persönliche Haftung der Gesellschafter (vgl. § 739 BGB, § 151 HGB) überwiegend verneint; doch gibt die Neuregelung Anlass, diese herkömmliche Sicht in Frage zu stellen (→ 3). Zunächst sei aber ein allgemeiner Blick auf die zwingende oder dispositive Geltung der Liquidationsvorschriften geworfen (→ 2.).

2. *Zwingende Geltung der Liquidationsvorschriften im Allgemeinen*

Auf den ersten Blick scheint alles klar und eindeutig geregelt: Nach § 735 Abs. 3 BGB nF bzw. § 143 Abs. 3 HGB nF erfolgt die Liquidation nur dann nach den „folgenden Vorschriften" (zu denen § 736d nF und § 148 HGB nF zweifellos gehören), wenn sich aus dem Gesellschaftsvertrag nichts anderes ergibt. Die Regeln scheinen also in vollem Umfang dispositiv zu sein. Bei näherem Hinsehen trifft dies aber in dieser Allgemeinheit ebenso wenig zu, wie im Falle von § 708 BGB nF bzw. § 108 HGB nF in Bezug auf die werbende Gesellschaft. Die Gesetzesbegründung betont vielmehr zu Recht, dass sich auch aus dem jeweiligen Schutzzweck einer Norm ihre zwingende Geltung ergeben könne. Als zweifelsfrei abdingbar erwähnt sie hingegen (nur) die Bestimmungen zur Auswahl der Liquidatoren, ferner ihre Geschäftsführungs- und Vertretungsbefugnis sowie (aber von eher theoretischer Bedeutung) die Fehlbetragshaftung nach § 737 nF.[26] Überdies kann, wie bisher, ein Übernahmerecht zugunsten eines Gesellschafters ebenso vereinbart werden wie spezielle Regeln zu Art und Umfang der Einlagenrückgewähr oder ein Verzicht auf die von § 736d Abs. 2 BGB nF bzw. § 148 Abs. 2 HGB nF geforderte vollständige Versilberung des Gesellschaftsvermögens. Endlich ist auch zweifelsfrei, dass der von § 736d Abs. 6 BGB nF bzw. § 148 Abs. 8 HGB nF vorgesehenen Verteilungsschlüssel zur Disposition der Gesellschafter steht,[27] als Eingriff in ein unentziehbares Vermögensrecht bedarf eine solche Regelung allerdings der Zustimmung aller Gesellschafter, sofern sie *nachträglich* im Wege eines (vertragsändernden) Beschlusses erfolgt.

In Bezug auf den Gläubigervorrang ist die Rechtslage jedoch alles andere als eindeutig. Der Gesetzgeber will seine dispositive oder zwingende Geltung auf Basis des neuen Rechts zwar letztlich der Klärung durch die Rechtsprechung überlassen, die Begründung spricht in Bezug auf § 736d Abs. 4 BGB nF aber ausdrücklich von einer „gläubigerschützenden Vorschrift",[28] was, wie bei § 736d Abs. 3 BGB nF bzw. § 148 Abs. 3 HGB nF (zwingender Liquidationszusatz bei Handeln im Namen der Gesellschaft) schon recht eindeutig *für* ihren zwingenden Charakter spricht. Hierauf ist abschließend noch näher einzugehen:

3. *Insbesondere zur vorrangigen Gläubigerbefriedigung*

Wie schon erwähnt, liegt die vorrangige Befriedigung der Gesellschaftsverbindlichkeiten zweifellos im Interesse der Gläubiger. Wenn die Gesellschafter sich nach Auflösung der Gesellschaft sogleich aus ihrem Vermögen bedienen dürften und die Gesellschaft so zur Vollbeendigung führen könnten, ohne dass ihre Verbindlichkeiten vollständig erfüllt wären, bliebe ausschließlich die deutlich schwieriger durchzusetzende akzessorischen Gesellschafter-

---

[26] BegrRegE, BT-Drs. 19/27635, 183.
[27] Zu § 734 aF wohl unstr., vgl. *Schäfer* in MüKoBGB, 8. Aufl. 2020, § 734 Rn. 12; *Hadding/Kießling* in Soergel, BGB, 13. Aufl. 2011, § 734 Rn. 2; *Schöne* in BeckOK BGB, 63. Ed. 1.5.2022, § 734 Rn. 4.
[28] BegrRegE, BT-Drs. 19/27635, 183 (zu § 735 Abs. 3).

haftung (§ 721 BGB nF; § 126 HGB nF). Die Begründung spricht deshalb in Bezug auf § 736d Abs. 4 BGB nF (bzw. § 148 Abs. 5 HGB nF) zu Recht von einer gläubigerschützenden Vorschrift.[29] Gleichwohl wurde unter Geltung der Vorgängernorm (§ 733 BGB aF) herkömmlicherweise angenommen, dass die vorrangige Befriedigung der Gläubiger zur Disposition der Gesellschafter stehe, und zwar wegen der fortbestehenden (und als solche zweifellos zwingenden) persönlichen Haftung.[30]

An dieser Position ist freilich schon vor dem MoPeG überzeugend Kritik geübt worden. Sie stützte sich zunächst vor allem darauf, dass in der GbR die unbeschränkte persönliche Haftung – vor Anerkennung einer Analogie zu § 128 HGB aF (jetzt § 721 BGB) – nicht gesichert war.[31] Auch der BGH hatte verschiedentlich betont, dass sich eine dispositive Geltung der §§ 733 Abs. 1, 735 BGB aF allein durch eine unbeschränkte persönliche Gesellschafterhaftung rechtfertigen lasse.[32] Und in der Tat ist eine nur dispositive Geltung jedenfalls dann unhaltbar, wenn (und soweit) Ausnahmen von der unbeschränkten persönlichen Haftung der Gesellschafter gelten. Und insofern kann als zweifelsfrei angesehen werden, dass die bislang akzeptierten Ausnahmen von der unbeschränkten Haftung nicht etwa dadurch ihre Grundlage verloren haben, dass die bisher aus einer Analogie zu §§ 128 ff. HGB aF abgeleitete Haftung nunmehr inhaltsgleich in das BGB (§§ 721 ff. nF) übernommen wurde.[33] Insbesondere bei der Publikumsgesellschaft[34] muss demgemäß die zwingende Geltung der Vorrangregel angenommen werden – mit der Folge eines (beschränkten) Ausschüttungsverbots.

Weniger eindeutig ist die Lage zwar bei der gesetzestypischen Gesellschaft. Aber auch hier erweist sich das Argument der hM, dass eine zwingende Geltung die Gesellschaftsgläubiger wertungswidersprüchlich stärker gegen die Gefahren einer Einlagenrückgewähr schütze als bei der werbenden Gesellschaft, als letztlich nicht tragfähig. Denn nach Auflösung der Gesellschaft führt die vollständige Verteilung ihres Vermögens zugleich zur Vollbeendigung als Rechtsträger, was naturgemäß den Verlust ihrer Organisation zur Folge hat.[35] Deshalb wäre die Durchsetzung der Ansprüche gegen die einzelnen Gesellschafter, zumal bei großem Gesellschafterkreis, mit deutlich größeren Schwierigkeiten verbunden als bei der werbenden Gesellschaft, so dass die fortbestehende Möglichkeit, weiterhin auch in das Gesellschaftsvermögen vollstrecken zu können, eine sehr deutliche Erleichterung für die Gläubiger darstellt. Vor ihrer Vollbeendigung wegen Verteilung des *gesamten* Aktivvermögens kann die Gesellschaft zwar noch verklagt werden. Wenn aber aufgrund einer vorzeitigen Ausschüttung keine Ansprüche gegen die Gesellschafter entstehen würden, die dem Vollstreckungszugriff der Gläubiger unterlägen, wäre diese Möglichkeit kaum als gleichwertiger Schutz anzusehen.

Insgesamt sprechen daher die besseren Gründe *für* eine generell zwingende Geltung des Gläubigervorrangs gem. § 736d Abs. 4 BGB nF bzw. § 148 Abs. 5 HGB nF. Nicht nur bezeichnet der Gesetzgeber diese Vorschriften explizit als gläubigerschützende Normen, woraus sich üblicherweise eine zwingende Geltung ergibt. Vielmehr hatte der BGH schon

---

[29] BegrRegE, BT-Drs. 19/27635, 183.

[30] *Westermann* in Erman, BGB, 16. Aufl. 2020, § 733 Rn. 8; *Hadding/Kießling* in Soergel, BGB, 13. Aufl. 2011, § 733 Rn. 1, 3; *Habermeier* in Staudinger, BGB, 2003, § 733 Rn. 4; *Schöne* in BeckOK BGB, 63. Ed. 1.5.2022, § 733 Rn. 2.

[31] *Leuthe,* Die gewerblich geprägte GbR, 1993, 170 ff.; *Nicknig,* Die Haftung der Mitglieder einer BGB-Gesellschaft, 1972, 105 ff.; *Aderhold,* Das Schuldmodell der BGB-Gesellschaft, 1981, 231 ff.; *H. Westermann,* Personengesellschaftsrecht, 4. Aufl. 1979, Rn. 746; wohl auch *H. J. Hoffmann* NJW 1969, 724 (727).

[32] Deutlich BGH NJW 1999, 3483 (3485); ähnlich auch BGH NJW 2011, 2045 (2046).

[33] Unmissverständlich BegrRegE, BT-Drs. 19/27635, 165; iÜ demnächst *Schäfer* in MüKoBGB, 9. Aufl. 2023, § 721 Rn. 1, 37, 40 ff.

[34] Dazu – und zu weiteren Fällen einer Haftungsbeschränkung – *Schäfer* in MüKoBGB, 8. Aufl. 2020, § 714 Rn. 60 ff. mit zahlr. Nachw.

[35] Dazu, dass der Fortbestand der Gesellschaft ein Aktivvermögen voraussetzt, s. nur *Schäfer* in MüKoBGB, 8. Aufl. 2020, § 730 Rn. 38 f.

zum alten Recht zutreffend auch den durch die Tilgungsreihenfolge des § 733 Abs. 1 aF BGB bewirkten Schutz der Mitgesellschafter betont, nämlich vor einer persönlichen Inanspruchnahme durch die Gläubiger, die sich mit dem Risiko eines Ausfalls von Regressansprüchen gegen die Mitgesellschafter verbindet.[36]

Abweichende Vereinbarungen sind somit unwirksam, die Liquidatoren handeln pflichtwidrig, wenn sie ihnen folgen. Und die Gesellschafter haben die unberechtigt erhaltenen Ausschüttungen – entsprechend den Regeln zu unberechtigten Entnahmen[37] – verschuldensunabhängig zurückzuerstatten. Auf diese Ansprüche können die Gesellschaftsgläubiger sodann als Teil des Aktivvermögens der Gesellschaft durch Vollstreckung in das Gesellschaftsvermögen zugreifen.

V. Zusammenfassung in Thesen

1. Das MoPeG hat nicht nur zu einer Vereinheitlichung des Liquidationsrechts geführt. Es hat auch das Liquidationsverfahren für alle Personengesellschaften eindeutig auf den Kontenausgleich zwischen den Gesellschaftern erstreckt und den Verlustausgleichsanspruch im Mangelfall (§ 737 BGB nF und § 149 HGB nF) der Gesellschaft zugeordnet. Demgemäß gehört es auch zu den Aufgaben und somit Pflichten der Liquidatoren, zum Ausgleich unter den Gesellschaftern erforderliche Nachschüsse von den verpflichteten Gesellschaftern einzuziehen.

2. Nach § 736 Abs. 5 BGB nF und § 144 Abs. 5 HGB nF gilt eine allgemeine Mehrheitsklausel im Zweifel nicht für die Berufung und Abberufung von Liquidatoren, es bedarf also einer spezifischen Regelung, damit die Bestellung mehrheitlich beschlossen werden kann. Sofern sich mit der Bestellung einzelner Gesellschafter (oder Dritter) der Entzug der Liquidationsgeschäftsführung anderer Gesellschafter verbindet, ist darüber hinaus ihre Zustimmung erforderlich.

3. Wenngleich sich die MoPeG-Begründung insofern nicht abschließend festlegt, sprechen die besseren Gründe dafür, die den Gläubigervorrang sichernden Verteilungsregeln der § 736d Abs. 4 BGB nF und § 148 Abs. 5 HGB nF generell als zwingend anzusehen. Folglich sind abweichende Vereinbarungen unwirksam, die Liquidatoren handeln pflichtwidrig, wenn sie den Vorrang missachten, und die Gesellschafter haben der Gesellschaft die unberechtigt erhaltenen Ausschüttungen verschuldensunabhängig zurückzuerstatten.

---

[36] So ausdrücklich BGHZ 191, 293 Rn. 25 = ZIP 2012, 515 (518) ebenfalls zur Publikumsgesellschaft.

[37] Dazu nur *Schäfer* in Habersack/Schäfer, Das Recht der OHG, 2. Aufl. 2019, § 122 Rn. 9.

JOHANNES SCHELLER

Rückbeteiligung („Roll-over") und Kapitalaufbringungsschutz – zur (verdeckten oder verdeckt) gemischten Sacheinlage bei der GmbH und Vermeidungsstrategien

I. Einleitung und Problemaufriss

1. Einleitung

Aus dem Füllhorn jener Themen, für welche sich der Jubilar begeistern kann, eines auszuwählen, fällt angesichts deren Vielzahl nicht leicht. Da der Verfasser jedoch niemanden persönlich kennt, der derart virtuos wie der Jubilar mit Termini wie der „verdeckten" im Gegensatz zur „verdeckt"[1] gemischten Sacheinlage[2] oder der nur scheinbar widersprüchlichen Figur der „verschleierten offenen Sacheinlage"[3] sowie mit damit einhergehenden Ratschlägen an die Praxis wie der „vorsorglichen Sacheinlage"[4] umzugehen vermag, soll diesem ein Beitrag gewidmet werden, welcher sich zwar nicht der Begriffsbildung verschreibt, wohl aber in das Dickicht der Begrifflichkeiten und der dahinter stehenden Rechtsfiguren ein wenig Klarheit und damit Rechtssicherheit für die Praxis zu bringen versucht. Der beruflichen Lebensleistung des Jubilars, neben zahlreichen wissenschaftlichen Beiträgen der Notarpraxis durch wegweisende Begutachtungen praktischer Fragestellungen Orientierung in diffizilen Fragen des Gesellschaftsrechts gegeben zu haben, soll im Folgenden dadurch Rechnung getragen werden, dass die Thematik in den Kontext einer praktischen Problemstellung eingebettet wird, nämlich der Kapitalaufbringungskontrolle in sog. Rückbeteiligungsfällen.

---

[1] Die Begriffsbildung „verdeckt gemischte Sacheinlage" geht auf *Maier-Reimer* FS Hoffmann-Becking, 2013, 755 (756) zurück; übernommen etwa bei *Ekkenga* in Kölner Komm AktG, 3. Aufl. 2020, § 183 Rn. 106; krit., weil sprachlich keine trennscharfe Abgrenzung zur „verdeckten" gemischten Sacheinlage ermöglichend, *Gerlach,* Die gemischte Sacheinlage, 2016, 176, der von einer verdeckten Zusatzvergütung spricht.

[2] Bereits den Begriff der „gemischten Sacheinlage" für „verwirrend" haltend *Pfeifer* in MüKo-AktG, 3. Aufl. 2011, § 183 Rn. 7; für „missverständlich" haltend *Schürnbrand/Verse* in MüKoAktG, 5. Aufl. 2021, § 183 Rn. 14 Fn. 24 unter Verweis darauf, dass (unstreitig) nicht die Sachleistung, sondern die dafür gewährte Gegenleistung gemischt sei; *R. Krause* ZHR 191 (2017), 641 (654 f.) schlägt den Begriff der „ergänzten Sacheinlage" vor; *Seibt/Schulz* CFL 2012, 313 sprechen von einer „Sacheinlage mit gemischter Gegenleistung"; von einer „Zusatzvergütung" spricht *Casper* in Habersack/Casper/Löbbe, GmbHG, 3. Aufl. 2019, § 19 Rn. 175.

[3] *Heidinger/Berkefeld* in Heckschen/Heidinger, Die GmbH in der Gestaltungs- und Beratungspraxis, 4. Aufl. 2018, Kap. 11 Rn. 253.

[4] *Heidinger/Berkefeld* in Heckschen/Heidinger, Die GmbH in der Gestaltungs- und Beratungspraxis, 4. Aufl. 2018, Kap. 11 Rn. 248; Begriff wohl nach *Traugott/Groß* BB 2003, 482 (488); vgl. auch *Komo* GmbHR 2008, 296 (299 f.); *Benz,* Verdeckte Sacheinlage und Einlagenrückzahlung im reformierten GmbH-Recht (MoMiG), 2010, 62; gegen die Tauglichkeit dieser Konstruktion zur Vermeidung des Vorwurfs einer verdeckten (gemischten) Sacheinlage jedoch *Bunnemann* NZG 2005, 955 (956 ff.).

2. Motive für Rückbeteiligungen

In der notariellen Gestaltungspraxis begegnet die (ggf. verdeckte oder, je nach Fall auch nur: „verdeckt") gemischte Sacheinlage in den in diesem Beitrag zu analysierenden Fällen einer Rückbeteiligung („Roll-over"), die gängiges Gestaltungsmittel vor allem bei Private-Equity-Transaktionen ist. Gemeint ist Folgendes: Rückbeteiligungsmodelle verwenden allesamt – liquiditätsschonend – Geschäftsanteile als Akquisitionswährung.[5] Im Ergebnis führt diese Konstruktion wirtschaftlich betrachtet zu einem partiellen „Anteilstausch" – im Gegenzug für Geschäftsanteile an der Zielgesellschaft („Target") erhält der Veräußerer Geschäftsanteile, und zwar im hier zunächst interessierenden Grundfall an der Erwerber-(„AcquiCo"), zuweilen stattdessen an deren Muttergesellschaft („HoldCo"). Demgegenüber ist eine „Rückbeteiligung" i. S. eines „Beteiligtbleibens" an der Zielgesellschaft in der Praxis unüblich, wofür Erwägungen besserer Finanzierbarkeit der dann auf einen Erwerb von hundert Prozent der Zielgesellschaft gerichteten Transaktion, aber auch steuerliche Gründe angeführt werden. Zu einer Mischung der Gegenleistung der Erwerbergesellschaft kommt es, sofern der Veräußerer Geschäftsanteile an der Erwerbergesellschaft weder im Wege des (praktisch kaum relevanten) einfachen zivilrechtlichen Tauschs iSd § 480 BGB (in diesem Fall also: durch Übertragung eigener Geschäftsanteile der Erwerbergesellschaft) noch durch alleinige Ausgabe neu geschaffener Geschäftsanteile an der Erwerbergesellschaft im Rahmen einer gewöhnlichen Sacheinlage erlangt (reine „Share-for-Share"-Transaktion, im letzteren Fall mit Sachvalutierung der neu geschaffenen Geschäftsanteile vermittels der eingebrachten Geschäftsanteile. Die Akquisitionswährung wird vielmehr in zwei Teile aufgegliedert: Der erste Teil besteht aus im Rahmen einer Kapitalerhöhung[6] neu geschaffenen Geschäftsanteilen an der Erwerbergesellschaft, der zweite aus einer anderweitigen Gegenleistung, regelmäßig in Form einer Geldleistung der Erwerbergesellschaft[7] (ggf. mitsamt Begründung einer Darlehensforderung gegen die Gesellschaft über einen Teilbetrag der Geldleistungsforderung, also eines teilweisen Verkäufer- und damit künftig: Gesellschafterdarlehens). Aus Sicht des Veräußerers kann er damit die Vorteile des Erhalts einer liquiden Geldleistung mit der Chance auf Partizipation an den Wertsteigerungen der Erwerbergesellschaft (und damit mittelbar der Zielgesellschaft, also dem Unternehmensträger) verbinden; die Erwerbergesellschaft schont die Liquidität und reduziert die Fremdfinanzierungslast (Rückbeteiligung als „Finanzierungshilfe").

3. Problemaufriss und Gang der Untersuchung

In der Praktikerliteratur, die sich stärker dem steuerlichen Für und Wider bestimmter Gestaltungsformen einer Rückbeteiligung widmet, wird gemeinhin allein auf die Notwendigkeit der „Beachtung der Kapitalaufbringungsvorschriften" bei Umsetzung der Rückbeteiligung verwiesen, zuweilen verbunden mit dem schlichten Hinweis auf die Gefahr einer

---

[5] Vgl. den Titel des Aufsatzes von *Wienke,* Der Einsatz von Aktien als Akquisitionswährung, NZG 2004, 61 und der Diss. von *Dietz,* Aktien als Akquisitionswährung, 2004, passim; vgl. ferner *Schanz* NZG 2011, 1407 (1409) sowie *Reiner/Geuter* JA 2006, 543 (544f.); ferner *Ekkenga* in Kölner Komm AktG, 3. Aufl. 2020, § 183 Rn. 44; *Fischer* in Holzapfel/Pöllath/Bergjan/Engelhardt, Unternehmenskauf in Recht und Praxis, 16. Aufl. 2021, Rn. 380f.

[6] Im GmbH-Recht stellen sich die hier aufgeworfenen Fragen im Gründungsstadium sinngemäß, zB falls – was jedoch in der Praxis seltener anzutreffen ist und daher im Folgenden nicht im Fokus stehen soll – Veräußerer und Investor in einem ersten Schritt gemeinsam eine Akquisitions-GmbH unter Gewährung von Gesellschafterdarlehen gründen, damit diese in einem zweiten Schritt die vom Veräußerer gehaltenen Geschäftsanteile an der Zielgesellschaft gegen Kaufpreiszahlung (finanziert aus den Gesellschafterdarlehensmitteln) erwerben kann.

[7] Vgl. zB *Fischer* in Holzapfel/Pöllath/Bergjan/Engelhardt, Unternehmenskauf in Recht und Praxis, 16. Aufl. 2021, Rn. 380ff.

verdeckten Sacheinlage.[8] Eine nähere Analyse, in welchen Fällen aus welchen Gründen eine verdeckte (dann regelmäßig: gemischte) Sacheinlage zu befürchten sein könnte und wie diese rechtstechnisch vermieden werden kann, bleibt aus.[9] Dem soll im Folgenden nachgegangen werden.

Im Fokus der Betrachtung soll u. a. die Frage der Teilbarkeit bzw. rechtlichen Aufspaltbarkeit und damit verbundenen Trennbarkeit einer oder mehrerer eingebrachter Gegenstände eines Inferenten im Rahmen einer Kapitalerhöhung stehen, für welche die Erwerbergesellschaft ihrerseits im Gegenzug eine „gemischte" Gegenleistung erbringt, nämlich zum einen auszugebende Geschäftsanteile und zum anderen eine nicht in Geschäftsanteilen bestehende Vergütung, insbesondere eine Geldleistung. Entscheidend ist, dass dem Sacheinleger als Gegenwert eine weitere Vergütung als die ausgegebenen Geschäftsanteile gutgebracht wird; sprachlich klarer wäre es, statt von einer „gemischten" Sacheinlage (der geleistete Gegenstand des Inferenten ist nicht gemischt, sondern eine „reine" Sachleistung!) von einer Sacheinlage mit gemischter Gegenleistung oder, gleichsinnig, von einer Sacheinlage mit Zusatzvergütung zu sprechen, wobei als „Zusatz" (im Sinne einer Negativabgrenzung) jede Gegenleistung taugt, die nicht in auszugebenden Geschäftsanteilen besteht. Das Blickfeld noch weiter verengend soll Ausgangspunkt der Betrachtung vornehmlich eine GmbH-rechtliche Sachkapitalerhöhung sein, sodass es primär um die gemischte oder um die verdeckt gemischte Sacheinlage, nicht aber um eine verdeckte gemischte Sacheinlage geht; Letztere setzt eine (im Grundsatz allein verdeckungsfähige) Bareinlage voraus (die Verdeckung bezieht sich hier mithin auf die Sacheinlage, nicht, wie im ersteren Fall, in welchem die Mischung des Gegenwerts der Gesellschaft für die eingebrachte Sache verdeckt wird, auf die Zusatzverfügung).

Obgleich der Fokus auf die Sacheinlage als denknotwendiger Ausgangspunkt einer gemischten Sacheinlage gerichtet sein soll, werden im Folgenden unter → II. – gewissermaßen auch zur Kontrastbildung – zunächst Konstellationen beleuchtet, welche auf einer Barkapitalerhöhung als Rückbeteiligungsinstrument fußen; aus den hinlänglich bekannten Gründen, vor allem der Scheu vor kostspieligen Wertnachweisen und registerrichterlichen Wertüberprüfungen, lässt sich in der Praxis immer wieder ein Rückgriff auf eine neben das Verkehrsgeschäft (Kaufvertrag über eine Teilmenge der Geschäftsanteile) tretende Barkapitalerhöhung, verbunden mit der Einbringung der Restmenge der Geschäftsanteile als Sachaufgeld (§ 272 Abs. 2 Nr. 1 HGB) oder Sachzuzahlung (§ 272 Abs. 2 Nr. 4 HGB), beobachten, obgleich dieser Rückgriff mit erheblichen Risiken verbunden ist, da er häufig in die jedenfalls im potenziellen Insolvenzfall mitunter nur schwer zu entkräftende Vermutung einer verdeckten gemischten Sacheinlage mündet.

II. Rückbeteiligung im Rahmen einer Barkapitalerhöhung

1. Barkapitalerhöhung mit Sachaufgeld/Sachzuzahlung (erste Anteilstranche), Kaufvertrag (zweite Tranche) und (jedenfalls vermuteter) Koppelungsabrede

a) Beispielsfall 1

Die V-GmbH, die sämtliche 100 Geschäftsanteile an der Z-GmbH (dem „Target") hält (Wert: 100), übernimmt als Minderheitsbeteiligung zehn Ein-Euro-Nennbetrag-Geschäftsanteile (Wert: 50) an der E-GmbH (der „Erwerber- oder Akquisitionsgesellschaft") im Rah-

---

[8] Vgl. *von Braunschweig* DB 2010, 713 (715); *Clauss/Jäckle/Strehle* in Meyer-Sparenberg/Jäckle, Beck'sches M&A-Handbuch, 2. Aufl. 2022, § 57 Rn. 13.

[9] Spezifisch aus notarieller Sicht kommt das praktische Problem hinzu, dass der Notar oftmals erst in den Transaktionsprozess eingebunden wird, nachdem die wesentlichen Strukturentscheidungen bereits getroffen und erste diese abbildenden Entwürfe erstellt worden sind.

men einer Barkapitalerhöhung und überträgt als Sachaufgeld[10] (§ 272 Abs. 2 Nr. 1 HGB) oder sonstige Zuzahlung in die Kapitalrücklage (§ 272 Abs. 2 Nr. 4 HGB) zusätzlich 50 Geschäftsanteile (Wert: 50) an der Z-GmbH. Überdies veräußert die V-GmbH die verbleibenden 50 Geschäftsanteile an der Z-GmbH gegen Barkaufpreiszahlung in Höhe von 50. Aufgrund des sachlich-zeitlichen Zusammenhangs wird eine (nicht widerlegte) Koppelungsabrede vermutet, aus der sich ergibt, dass die Bareinlage der V-GmbH im wirtschaftlichen Ergebnis (trotz der erheblichen wertmäßigen Diskrepanz) durch die Abtretung der 50 Geschäftsanteile (zweite Tranche) erbracht werden soll, wobei es einerlei ist, ob zunächst der Kaufpreis hierfür seitens der E-GmbH hergezahlt oder umgekehrt zuerst die Bareinlage hingezahlt wird und es sodann zum (teilweisen) Mittelrückfluss kommt.[11] Gleichgestellt (weil letztlich ebenfalls auf einen Kaufvertrag über eine Teilmenge der Geschäftsanteile hinauslaufend) wäre der Fall, bei dem eine Barzeichnung der 20 Geschäftsanteile an der E-GmbH durch die V-GmbH unter Einbringung sämtlicher (100) Geschäftsanteile an der Z-GmbH als Sachaufgeld (§ 272 Abs. 2 Nr. 1 HGB) oder als andere Zuzahlung in die Kapitalrücklage (§ 272 Abs. 2 Nr. 4 HGB) erfolgt, im Gegenzug aber die V-GmbH einen Kaufpreis in Höhe von 50 von der E-GmbH erhält (mitunter als „entgeltliches Sachagio"[12] bezeichnet).

b) Rechtliche Bewertung

aa) Abgrenzung zu (praktisch wenig bedeutsamen) Fällen fehlender Vorabsprache

Würden, anders als im Beispielsfall 1 (!), infolge neuer Willensentschlüsse aufgrund eines nachträglich (nach Eintragung) vereinbarten Kaufvertrages – also: ohne (Vor-)Absprache[13]

---

[10] Unerheblich für die vorliegende Untersuchung ist insoweit, ob es sich um ein korporatives (Nebenleistungspflicht iSd § 3 Abs. 2 GmbHG) oder schuldrechtliches Sachaufgeld handelt. Die Streitfrage, ob Anteile als Sachagio schon für sich genommen eine verdeckte Sacheinlage sein können, soll hier nicht vertieft werden. Es genügt auf Folgendes hinzuweisen: Kontrollgegenstand ist einzig die Kapitalaufbringung der Bareinlage, zu deren Überprüfung lediglich mittelbar das Sachaufgeld in den Blick zu nehmen ist. Hieraus ergibt sich zwanglos, dass eine wirtschaftliche Gesamtbewertung des als Sachaufgeld übertragenen Sachgegenstandes zu erfolgen hat; hat bei saldierender Betrachtung die Sachleistung einen positiven Vermögenswert, tangiert es die ordnungsgemäße Leistung der Bareinlage nicht, wenn die Gesellschaft jedenfalls auch Verbindlichkeiten übernimmt. Konsequenterweise hat sich die Kapitalaufbringungsversicherung auch nur um die Erklärung der Abwesenheit eines Negativsaldos zu erweitern und ggf. vom Registergericht verlangter (vgl. § 26 FamFG) Wertnachweis nur hierauf zu beziehen. In diesem Sinne, mit näherer Begründung *Scheller* in Scholz, GmbHG, 13. Aufl. 2023, § 3 Rn. 83 f. mwN; strenger aber *Heidinger/Knaier* FS DNotI, 2018, S. 467 (474 ff.).

[11] Die Fallkonstellation ist letztlich weitgehend übereinstimmend mit jener der „Lurgi"-Entscheidung, vgl. BGHZ 173, 145 = NJW 2007, 3425, bei welcher ein Barzeichner aufgrund dahingehender Vorabsprache mit der Gesellschaft nach Durchführung einer Kapitalerhöhung inkl. Agioleistung einen Generalunternehmervertrag zur Errichtung einer Fabrikationsanlage mit einem deutlich über dem Bareinlagebetrag liegenden Auftragsvolumen abschloss; es hätte hier der Einbringung der Fabrikationseinlage als entsprechend festzusetzende gemischte Sacheinlage bedurft; vgl. auch *Ziemons* in Ziemons/Binnewies, Handbuch-AG, 78. Lfg. 11.2017, Rn. 5.504, allerdings in ihrer Sachverhaltsschilderung die entscheidende Vorabsprache nicht erwähnend.

[12] Sinnvoll kann freilich allenfalls von einem teilentgeltlichen Sachagio gesprochen werden, wobei strenggenommen das Sachagio als Aufgeld keine Gegenleistung verträgt (sodass nur die nicht vergütete erste Tranche als Sachagio im engeren Sinne verstanden werden dürfte). Auch die Zuzahlung in die Kapitalrücklage iSd § 272 Abs. 2 Nr. 4 HGB verlangt eine Vermehrung des Gesellschaftsvermögens (vgl. *Reiner* in MüKoHGB, 4. Aufl. 2020, § 272 Rn. 101), die nur in Bezug auf die erste Tranche vorliegt.

[13] Nach überwiegender und überzeugender Literaturmeinung scheidet eine verdeckte Sacheinlage tatbestandlich aus, sofern die Koppelungsabrede zwischen Einlageleistung und Verkehrsgeschäft erst nach Begründung der Bareinlagepflicht (bei der Kapitalerhöhung also: nach Abschluss des Übernahmevertrages) bzw. (insoweit inmitten der hL umstritten) jedenfalls erst

iSd § 19 Abs. 4 S. 1 GmbHG – die verbleibenden 50 Geschäftsanteile an der Z-GmbH gegen Barkaufpreiszahlung in Höhe von 50 Millionen Euro veräußert, läge mangels Verwirklichung (jedenfalls)[14] des subjektiven Tatbestandes keine[15] verdeckte Sacheinlage vor,[16] allerdings würde der Inferent die tatsächliche Vermutung[17] eines funktionalen Zusammenhangs (zwischen Bareinlage und Kaufpreiszahlung) widerlegen müssen, sofern – wie in diesem Fall – zwischen Bareinlage und Kaufgeschäft ein enger zeitlicher (idR: bis zu sechs Monate)[18] und sachlicher Zusammenhang besteht,[19] der freilich verblasst, je höher die Diskrepanz zwi-

---

[14] nach Eintragung der Kapitalerhöhung (und damit nach Abschluss des Kapitalaufbringungsvorganges) getroffen wird; vgl. *Altmeppen,* GmbHG, 10. Aufl. 2021, § 19 Rn. 86; *Verse* in Henssler/Strohn, Gesellschaftsrecht, 5. Aufl. 2021, GmbHG § 19 Rn. 40a f.; *Bayer* in Lutter/Hommelhoff, GmbHG, 20. Aufl. 2020, § 19 Rn. 65; *Schwandtner* in MüKoGmbHG, 4. Aufl. 2022, § 19 Rn. 227; *Lieder* in MüKoGmbHG, 4. Aufl. 2022, § 56 Rn. 81; *Schall* in GroßkommAktG, 5. Aufl. 2016, § 27 Rn. 300; ähnlich BGHZ 184, 158 Rn. 21 = NJW 2010, 1747, wo auf die Fassung des Kapitalerhöhungsbeschlusses abgestellt wird; aA und von einer „Rückwirkung" sprechend *Ulmer/Caspar* in Ulmer/Habersack/Löbbe, GmbHG, 2. Aufl. 2013, § 19 Rn. 130 (nunmehr aber abweichend und weitgehend der hL – jedenfalls in der Ablehnung der Annahme einer Anwendung des § 19 Abs. 4 GmbHG für die Zeit nach Eintragung der GmbH – folgend *Casper* in Habersack/Casper/Löbbe, GmbHG, 3. Aufl. 2019, § 19 Rn. 141); *M. Schwab* notar 2014, 223 (232 f.); ähnlich *Veil/Werner* GmbHR 2009, 729 (731).

[14] Streitig ist, ob es für eine verdeckte Sacheinlage neben der Absprache (subjektives Element) und dem Erfordernis einer wirtschaftlichen Entsprechung noch eines sachlich-zeitlichen Zusammenhangs als einer (weiteren) objektiven Tatbestandsvoraussetzung bedarf oder ob dieser Zusammenhang nur Indizwirkung zukommt; für Letzteres im Einklang mit der heute ganz überwiegend vertretenen Ansicht *Katzenstein* in BeckOGK, 1.2.2022, AktG § 27 Rn. 159; *Vedder* in Grigoleit, AktG, 2. Aufl. 2020, § 27 Rn. 48; *Koch,* AktG, 16. Aufl. 2022, § 27 Rn. 32; *Arnold* in Kölner Komm AktG, 3. Aufl. 2020, § 27 Rn. 96; *Bayer* in K. Schmidt/Lutter, AktG, 4. Aufl. 2020, § 27 Rn. 66.

[15] Ebenfalls mangels subjektiven Elements nicht verwirklicht wäre nach *Schall* in GroßkommAktG, 5. Aufl. 2016, § 27 Rn. 301 der Tatbestand einer verdeckten Sacheinlage, sofern in Abwandlung des im Text geschilderten Falls der Kaufvertrag über 50 Geschäftsanteile bereits wirksam abgeschlossen worden wäre, bevor die anschließende Barkapitalerhöhung verabredet würde; dies soll selbst dann gelten, wenn ein Teilbetrag des Kaufpreises im Sinne eines Her- und Hinzahlens zur Bareinlagenfinanzierung verwendet würde, sofern es nur an der Vorabsprache fehlt, deren Vermutung sich in einem solchen Fall indes nur schwer entkräften lassen dürfte; dem wird man nur zustimmen können, sofern der Kaufpreis aus dem Verkehrsgeschäft bereits vollständig geleistet wurde, sodass im Zeitpunkt der Bareinlagepflichtbegründung keine sacheinlagefähige Forderung mehr bestand, die ein Umschwenken auf den Weg der Sachkapitalerhöhung verlangen könnte.

[16] Prägnant *Ulmer* in Hachenburg, GmbHG, 8. Aufl. 1992, § 5 Rn. 106, wonach einer Aufteilung mehrerer Sachleistungen nichts im Wege steht, sofern die Gesellschaft nach ihrer Entstehung (selbiges muss entsprechend für den Zeitraum nach eingetragener Kapitalerhöhung gelten) durch einen besonderen, erst nachträglich vereinbarten Kaufvertrag die Restmenge erwirbt. Mit Recht weist Benz, Verdeckte Sacheinlage und Einlagenrückzahlung im reformierten GmbH-Recht (MoMiG), 2010, 61 mit Fn. 290 wie im Text darauf hin, dass in diesem Fall bei fehlender Verabredung des Hinzuerwerbs der Restmenge „selbstverständlich" der Tatbestand der verdeckten Sacheinlage nicht erfüllt sei, jedoch der Inferent das Risiko trage, dass er die ggf. vermutete verdeckte Sacheinlage nicht widerlegen könne.

[17] Dagegen für einen Anscheinsbeweis entgegen der gefestigten hM *Heinemann,* Verdeckte Sacheinlagen im Recht der Kapitalgesellschaften, 2014, 97 ff.

[18] OLG Dresden NZG 2017, 985 Rn. 72; *Koch,* AktG, 16. Aufl. 2022, § 27 Rn. 34; *Arnold* in Kölner Komm AktG, 3. Aufl. 2020, § 27 Rn. 96; *Bayer* in K. Schmidt/Lutter, AktG, 4. Aufl. 2020, § 27 Rn. 66; *Pentz* in MüKoAktG, 5. Aufl. 2019, § 27 Rn. 106; offenlassend BGHZ 152, 37 (45) = NJW 2002, 3774; vgl. auch BGHZ 132, 133 (138 f.) = NJW 1996, 1286.

[19] Im Prinzip unstreitig, vgl. BGHZ 125, 141 (143 f.) = NJW 1994, 1477; BGHZ 132, 133 (139) = NJW 1996, 1286; OLG Dresden NZG 2017, 985 Rn. 70 ff.; *Henze* ZHR 154 (1990),

schen geschuldeter Bareinlage und Gegenleistungsbetrag (hier: Kaufpreis) wertmäßig ausfällt, indes gemeinhin schon angenommen wird, sofern der betreffende Vermögensgegenstand – hier: die 50 weiteren Geschäftsanteile – bereits bei Begründung der Einlagepflicht als Bestandteil des Vermögens des Inferenten hätte eingebracht werden können,[20] erst recht, sofern es sich – ebenfalls wie hier bei Geschäftsanteilen – um keine vertretbaren Sachen[21] handelt und keine bloße Gattungsschuld[22] in Rede steht.[23] Stimmen aus der Literatur,[24] welche eine wirtschaftliche Entsprechung des Ergebnisses des mit der Bareinlage verknüpften Verkehrsgeschäfts mit jenem einer Sacheinlage dort verneinen wollen, wo im Lichte einer hohen Diskrepanz (im Verhältnis von mindestens 1:10) zwischen den Beträgen von Bareinlage und Gegenleistung aus dem Verkehrsgeschäft jeder Anhaltspunkt für eine Einlagenfinanzierungsfunktion des Verkehrsgeschäfts fehlt, sind bislang vereinzelt geblieben und im weiteren Diskurs nicht vertiefend erörtert worden; sie dürften aber trotz sinnvollen Bestrebens um Eingrenzung der tatbestandlichen Weite der verdeckten Sacheinlage womöglich die Bedeutung der wirtschaftlichen Entsprechung, welche § 19 Abs. 4 S. 1 GmbHG bzw. § 27 Abs. 3 S. 1 AktG verlangen, überdehnen und stehen im Widerspruch zur mittlerweile hM, der zufolge es einer verdeckten Sacheinlage nicht entgegensteht, wenn der Betrag der Gegenleistung jenen der Bareinlage ggf. um ein Vielfaches übersteigt.

bb) *Tatbestand der verdeckten (gemischten) Sacheinlage*

Abweichend fällt die Bewertung aus, sofern eine Vorabsprache iSd § 19 Abs. 4 S. 1 GmbH bestand – erlangt die Gesellschaft vom Inferenten (der V-GmbH) im wirtschaftlichen Ergebnis anstelle der vereinbarten Bareinlage einen anderen Vermögensgegenstand (hier: die wei-

---

105 (114); *Koch,* AktG, 16. Aufl. 2022, § 27 Rn. 34; *Bayer* in K. Schmidt/Lutter, AktG, 4. Aufl. 2020, § 27 Rn. 66; *Pentz* in MüKoAktG, 5. Aufl. 2019, § 27 Rn. 106.

[20] *Schwandtner* in MüKoGmbHG, 4. Aufl. 2022, § 19 Rn. 229, der mit Recht darauf hinweist, dass der sachliche Zusammenhang damit praktisch keine eigenständige Bedeutung mehr hat; *Benz,* Verdeckte Sacheinlage und Einlagenrückzahlung im reformierten GmbH-Recht (MoMiG), 2010, S. 86; *Cavin,* Kapitalaufbringung in GmbH und AG, 2012, 545; *Verse* in Henssler/Strohn, Gesellschaftsrecht, 5. Aufl. 2021, GmbHG § 19 Rn. 42; *Pentz* in Rowedder/Pentz, GmbHG, 7. Aufl. 2022, § 19 Rn. 115; *Veil* in Scholz, GmbHG, 13. Aufl. 2023, § 19 Rn. 12; *Lieder* in Bürgers/Körber/Lieder, AktG, 5. Aufl. 2021, § 27 Rn. 66; *Ekkenga/Jaspers* in Ekkenga, Handbuch AG-Finanzierung, 2. Aufl. 2019, Kap. 4 Rn. 364; früher bereits *Henze* DB 2001, 1469 (1473); *Langenbucher* NZG 2003, 211; *Hägele* GmbHR 2005, 91 (92); einschränkend aber womöglich *Casper* in Habersack/Casper/Löbbe, GmbHG, 3. Aufl. 2019, § 19 Rn. 142, wonach der Umstand, dass der der Vermögensgegenstand dem Einlageschuldner schon bei Begründung der Einlageverpflichtung zustand, offenbar nur indiziell wirken soll, „sofern die Höhe des für das spätere Veräußerungsgeschäft vereinbarten Entgelts bzw. der Nominalbetrag der verrechneten Forderung der Einlageverpflichtung entspricht oder nahekommt"; dezidiert ablehnend gegen die sachliche Zusammenhangsvermutung bei Einbringbarkeit des Vermögensgegenstandes bei Übernahme der Bareinlagepflicht aber *Altmeppen,* GmbHG, 10. Aufl. 2021, § 19 Rn. 89; ablehnend auch *Priester/Tebben* in Scholz, GmbHG, 12. Aufl. 2021, § 56 Rn. 62 (zu weitgehend ist es jedoch, mit ihnen von einem bei Zugrundelegung der hM bestehenden „Sacheinlagegebot" zu sprechen).

[21] Vertretbare Sachen sind notwendig bewegliche Sachen, s. § 91 BGB.

[22] Eine Gattungsschuld ist zwar nur regelmäßig, nicht aber notwendig auf bewegliche Sachen bezogen; da der im Text behandelte Fall indes durch einen Parteiwillen zum Hundertprozenterwerb der Geschäftsanteile (wenngleich in zwei Tranchen) ausgezeichnet ist, liegt kein Gattungskauf (sondern insoweit letztlich der Erwerb einer Sachgesamtheit) vor, da ein solcher zwingend verlangt, dass mehr als die verkauften Gegenstände der Gattung angehören, vgl. *Emmerich* in MüKoBGB, 9. Aufl. 2022, § 243 Rn. 7; *Schiemann* in Staudinger, BGB, 2019, § 243 Rn. 8.

[23] Vgl. zu diesen Indizien etwa *Pentz* in Rowedder/Pentz, GmbHG, 7. Aufl. 2022, § 19 Rn. 115; *Lieder* in Bürgers/Körber/Lieder, AktG, 5. Aufl. 2021, § 27 Rn. 66.

[24] *Maier-Reimer* FS Hoffmann-Becking, 2013, 755 (775 f.); für ein gehaltvolleres Verständnis des Entsprechenserfordernisses plädieren auch *Szalai/Kreußlein* notar 2019, 283 (285).

teren 50 Geschäftsanteile an der Z-GmbH), der an die Stelle der vereinbarten Bareinlage tritt, aber nicht im Kapitalerhöhungsbeschluss als Sacheinlage festgesetzt wird, wird der Tatbestand der verdeckten Sacheinlage verwirklicht,[25] und zwar in der Spielart der verdeckten gemischten Sacheinlage, wenn und weil die Gegenleistung (der Kaufpreis) für die verkauften 50 Geschäftsanteile den Betrag der Bareinlage (ggf. auch um ein Vielfaches) übersteigt.[26]

Auf die Frage nach der Angemessenheit der Gegenleistung (und damit des Mittelabflusses), auch auf Grundlage eines Drittvergleichs, bzw. nach der Überbewertung der verkauften Geschäftsanteile kommt es für den Tatbestand der (hier: gemischten) verdeckten Sacheinlage nicht an (wohl aber für die bei fehlender Überbewertung voll zum Tragen kommende Anrechnung) – denn die Sacheinlagevorschriften wirken präventiv, sollen also neben der Publizität der Sacheinlage für die betroffenen Verkehrskreise insbesondere deren wertmäßige Überprüfung durch das Registergericht sicherstellen, die jedoch unterlaufen würde, bedürfte es bei unterstellter (dann der registergerichtlichen ex-ante-Prüfung entzogener) Angemessenheit des Mittelabflusses keiner Wahrung der Sacheinlagekautelen.[27]

Nach gegenwärtigem und gefestigtem Stand der Dogmatik ist die Reihenfolge der Zahlungsflüsse[28] (zuerst Bareinlage-, sodann Kaufpreiszahlung oder umgekehrt)[29] ebenso wenig entscheidend wie die Identität der für die Zahlungsflüsse verwandten Geldmittel,[30] sodass die Einschlägigkeit der verdeckten (gemischten) Sacheinlage insbesondere nicht dadurch vermieden werden kann, dass der Mittelabfluss (Kaufpreiszahlung) von einem anderen als dem Einlagekonto (auch bei „Konservierung" der Einlagemittel) erfolgt,[31] sofern nur dem Werte

---

[25] Bei Wertgleichheit zwischen Höhe von Kaufpreis und Bareinlagepflicht als geradezu klassischer Fall der verdeckten Sacheinlage bezeichnet bei *Komo* GmbHR 2008, 296 (297).

[26] BGH NJW 1998, 1951 (1952); BGHZ 185, 44 Rn. 11 ff. = NJW 2010, 1948 – ADCOCOM; zur AG BGHZ 170, 47 Rn. 16 ff. = NZG 2007, 144 – Warenlager; BGHZ 173, 145 Rn. 15 = NJW 2007, 3425 – Lurgi; BGHZ 175, 265 Rn. 14 = NZG 2008, 425 – Rheinmöve.

[27] Vgl. *Schall* in GroßkommAktG, 5. Aufl. 2016, § 27 Rn. 276, der zu Recht auf die Differenz zur Relevanz des Drittvergleichs im Kapitalerhaltungsrechts verweist; ebenso *Katzenstein* in BeckOGK, 1.2.2022, AktG § 27 Rn. 136; dagegen bei funktioneller Betrachtung einen geldlichen Vorteil für den Inferenten verlangend und damit (wohl) gegen die Annahme einer verdeckten Sacheinlage bei verkehrsgeschäftlichem Leistungsaustausch unter in jeder Hinsicht marktüblichen Standards *Ekkenga/Jaspers* in Ekkenga, Handbuch AG-Finanzierung, 2. Aufl. 2019, Kap. 4 Rn. 362 (bei Rn. 364 hingegen nur für eine in diesem Fall widerlegte Vermutung der Verwendungsabrede); die dort zitierten Fundstellen beziehen sich indes allein auf Ausnahmen von der Regelvermutung im Fall „normaler" Umsatzgeschäfte, nicht auf (sonstige) Fälle fehlenden Umgehungsverdachts aufgrund mangelnder teilweiser Neutralisierung der Bareinlagelast infolge der überwertigen Rückzahlung unter dem Verkehrsgeschäft; überdies hat der BGH jedenfalls für diese letzteren Fälle „gewöhnlicher Umsatzgeschäfte im Rahmen des laufenden Geschäftsverkehrs" eine vollständige Ausklammerung abgelehnt, BGH NZG 2008, 311 Rn. 13; zur AG BGHZ 170, 47 Rn. 21 ff. = NZG 2007, 144 – Warenlager.

[28] BGHZ 113, 335 (344 f.) = NJW 1991, 1754; BGHZ 132, 133 (138) = NJW 1996, 1286; BGH NJW 1998, 1951 (1952); *Casper* in Habersack/Casper/Löbbe, GmbHG, 3. Aufl. 2019, § 19 Rn. 124; *Verse* in Henssler/Strohn, Gesellschaftsrecht, 5. Aufl. 2021, GmbHG § 19 Rn. 44; *Schall* in GroßkommAktG, 5. Aufl. 2016, § 27 Rn. 293.

[29] Vgl. BGHZ 170, 47 Rn. 11 = NZG 2007, 144 – Warenlager; BGH DStR 2016, 923 Rn. 30; *Wicke* GmbHR 2016, 1115 (1118); *Schwandtner* in MüKoGmbHG, 4. Aufl. 2022, § 19 Rn. 187.

[30] Irrelevanz der Frage nach der Nämlichkeit der Mittel BGHZ 170, 47 Rn. 11 = NZG 2007, 144 – Warenlager; BGHZ 175, 265 Rn. 13 = NZG 2008, 425 – Rheinmöve; *Verse* in Henssler/Strohn, Gesellschaftsrecht, 5. Aufl. 2021, GmbHG § 19 Rn. 44; *Schwandtner* in MüKoGmbHG, 4. Aufl. 2022, § 19 Rn. 188.

[31] Mit Recht weist *Schwandtner* in MüKoGmbHG, 4. Aufl. 2022, § 19 Rn. 188 darauf hin, dass etwaige Sonderkontolösungen, dh Einzahlung der Bareinlage auf ein Sonderkonto und Bezahlung der Vergütung unter dem Austauschvertrag zulasten eines anderen Kontos, insoweit wohl nicht zur Vermeidung einer verdeckten Sacheinlage geeignet sind.

nach ein Mittelrückfluss und damit eine „Neutralisierung" der Bareinlage erfolgt.[32] (S. jedoch zur Möglichkeit des kapitalaufbringungsneutralen Mittelrückflusses aus zusätzlichen Einzahlungen in die Kapitalrücklage bei → II.2.) Auch kommt es auf eine betragsmäßige Identität der hin- und herfließenden Zahlungsströme, also auf die Relation zwischen Wert der Bareinlage und jenem des Mittelrückflusses, nicht an.[33] Das soll nicht leugnen, dass die Nämlichkeit der Mittel ebenso wie eine betragsmäßige Identität jeweils als gewichtige Indizien für das Vorliegen einer verdeckten Sacheinlage zu werten sind;[34] tatbestandliche Voraussetzung sind sie jedoch, wie soeben bereits ausgeführt, nicht; die fehlende betragsmäßige Identität ist überdies gerade Proprium der verdeckten gemischten Sacheinlage.

cc) Rechtsfolgen der verdeckten gemischten Sacheinlage

(1) Einheitsbetrachtung. Die Rechtsfolgen der damit vorliegenden verdeckten gemischten Sacheinlage beziehen sich nach zutreffender, wenngleich umstrittener Ansicht auf das gesamte (verdeckte) Rechtsgeschäft.[35] Das heißt: fehlende Erfüllungswirkung der Bareinlagenleistung (§ 19 Abs. 4 S. 1 GmbHG), aber Anrechnung des Werts der verdeckt (aufgrund eines in seiner Wirksamkeit indes nicht berührten Kaufvertrages, vgl. § 19 Abs. 4 S. 2 GmbHG) eingebrachten Geschäftsanteile auf die weiterhin offene Einlageverpflichtung, jedoch unter Kürzung um jenen Betrag, um den der von der Gesellschaft gezahlte Kaufpreis die Bareinzahlung übersteigt („Anrechnungssperre").[36] (Im vereinfachenden Beispielsfall

---

[32] Vgl. zur Bedeutung des Mittelrückflusses etwa *Pentz* FS K. Schmidt, 2009, 1265 (1269 f.); umstritten ist indes, ob anderes gilt, sofern Fremdkapital herangezogen wird; hierzu *Schwandtner* in MüKoGmbHG, 4. Aufl. 2022, § 19 Rn. 188: „Selbst wenn die Gesellschaft die Mittel für die Vergütung mit Hilfe eines Darlehens fremdfinanziert, steht das der Annahme eines Zusammenhangs zwischen Barleistung und Verkehrsgeschäft nicht entgegen." So tendenziell auch *Heidinger/ Berkefeld* in Heckschen/Heidinger, Die GmbH in der Gestaltungs- und Beratungspraxis, 4. Aufl. 2018, Kap. 11 Rn. 226. Jedenfalls in der Rückführung eines Kredits unter Antastung der Bareinlage liegt eine verdeckte Sacheinlage, vgl. *Ekkenga* in Kölner Komm AktG, 3. Aufl. 2020, § 183 Rn. 124.

[33] Der Umstand, dass ggf. der Betrag der Gegenleistung wertmäßig die Bareinlageschuld deutlich übersteigt, steht einer verdeckten (gemischten) Sacheinlage nicht entgegen; BGHZ 175, 265 Rn. 14 = NZG 2008, 425 – Rheinmöve; aA aber, sofern Wertverhältnis von eins zu zehn, *Maier-Reimer* FS Hoffmann-Becking, 2013, 755 (775 f.).

[34] BGH DStR 2016, 923 Rn. 29: sachlicher Zusammenhang werde durch die Identität der in Frage stehenden Beträge dokumentiert; OLG Dresden NZG 2017, 985 Rn. 76; *Priester* ZIP 1991, 345 (349); *Habersack* ZGR 2008, 48 (54); *Benz,* Verdeckte Sacheinlage und Einlagenrückzahlung im reformierten GmbH-Recht (MoMiG), 2010, S. 18 f.; *Arnold* in Kölner Komm AktG, 3. Aufl. 2020, § 27 Rn. 96; *Pentz* in MüKoAktG, 5. Aufl. 2019, § 27 Rn. 106; insoweit übereinstimmend auch *Maier-Reimer* FS Hoffmann-Becking, 2013, 755 (775 f.).

[35] Zutreffend *Benz,* Verdeckte Sacheinlage und Einlagenrückzahlung im reformierten GmbH-Recht (MoMiG), 2010, 179 ff.; *Bayer* in Lutter/Hommelhoff, GmbHG, 20. Aufl. 2020, § 19 Rn. 91; *Bayer* in K. Schmidt/Lutter, AktG, 4. Aufl. 2020, § 27 Rn. 86; *Ekkenga/Jaspers* in Ekkenga, Handbuch AG-Finanzierung, 2. Aufl. 2019, Kap. 4 Rn. 384; im Grundsatz auch (aber zuweilen missverständlich auf die Teilbarkeit nach Maßgabe des Parteiwillens abstellend, was nur bei der gemischten, nicht aber der verdeckten gemischten Sacheinlage überzeugen kann) BGHZ 170, 47 Rn. 17 = NZG 2007, 144 – Warenlager; BGHZ 173, 145 Rn. 15 = NJW 2007, 3425 – Lurgi; BGHZ 175, 265 Rn. 14 = NZG 2008, 425 – Rheinmöve; BGHZ 185, 44 Rn. 11 = NJW 2010, 1948 – ADCOCOM.

[36] BGHZ 185, 44 Rn. 57 mwN = NJW 2010, 1948 – ADCOCOM; zust. *Stiller/Redeker* ZIP 2010, 865 (867 f.); *J. Koch* ZHR 175 (2011), 55 (66 f., 71 f.); *Kleindiek* ZGR 2011, 334 (334 ff.); *Casper* in Habersack/Casper/Löbbe, GmbHG, 3. Aufl. 2019, § 19 Rn. 176; *Bayer* in Lutter/Hommelhoff, GmbHG, 20. Aufl. 2020, § 19 Rn. 91; *Pentz* in Rowedder/Pentz, GmbHG, 7. Aufl. 2022, § 19 Rn. 142; aA (Lösung über das Kapitalerhaltungsrecht) *Priester* FS Maier-Reimer, 2010, 525 (533 ff.); nunmehr auch *Ekkenga* in Kölner Komm AktG, 3. Aufl. 2020, § 183 Rn. 211 (anders noch, ausdrücklich diese Position aufgebend, *Ekkenga* ZIP 2013, 541 (548)).

würde es zur vollständigen Anrechnung kommen: Bareinzahlung 10, Kaufpreis 50, wahrer Wert der verdeckt eingebrachten Z-Geschäftsanteile 50, also: Anrechnung auf Einlageschuld in voller Höhe von 10 [50-(50-10)]).

Der Gedanke einer rechtsfolgenbezogenen Aufteilung der objektiv unzweifelhaft (in 50 einzelne Geschäftsanteile) aufteilbaren vergüteten Sachleistung (in eine verdeckte Sacheinlage- und eine Sachübernahmekomponente) führt bereits angesichts des einheitlichen Verkehrsgeschäfts (Kaufvertrages) und der damit verbundenen Verklammerungswirkung[37] in die Irre. Es ließe sich (ex praemissione) mangels Sacheinlagefestsetzung in keiner Weise im Nachgang ermitteln, welche Teilmenge der 50 Geschäftsanteile im Wege der Aufspaltung der (publizitäts- und prüfungspflichtigen) Sacheinlage und welche Teilmenge demgegenüber einer (weder publizitäts- noch, bezogen auf ihren Wert, registergerichtlich überprüfungsbedürftigen) Sachübernahme (unter Zuweisung einerseits zum Kapitalaufbringungs-, andererseits zum Kapitalerhaltungsregime) zuzuordnen wäre. Folglich müssen auch die Rechtsfolgen der verdeckten Sacheinlage auf einen für sich genommen gar nicht identifizierbaren „unechten" Sachübernahmetatbestand zur Anwendung gebracht werden.

(2) Irrelevanz objektiver oder subjektiver Teilbarkeit bei fehlender Teilung. Andeutungen in der höchstrichterlichen Rechtsprechung, auch im Falle einer verdeckten gemischten Sacheinlage die wie auch immer geartete objektive oder subjektive (sich nach Maßgabe des Parteiwillens bemessende) „Teilbarkeit" der Sachleistung für bedeutsam zu erachten,[38] wird man entweder als missverständlich (weil nur im Kontext einer gemischten Sacheinlage und damit bei festgesetzter Sacheinlage sinnhaft) betrachten müssen oder aber als bloßen Verweis auf die stets nötige Koppelungsabrede als Tatbestandsvoraussetzung für das Vorliegen einer verdeckten Sacheinlage. Wollte man einer Aufteilbarkeit unter Verweis auf die Nichtexistenz der Figur der „echten Sachübernahme" im GmbH-Recht schlechthin (dh bei Gründung wie auch bei Kapitalerhöhungen) sowie im Kapitalerhöhungsrecht der AG das Wort reden (hierüber ausf. bei → III. 3.), hätte dies zur Konsequenz, die Bareinlageforderung bereits als erfüllt betrachten zu müssen, sofern und soweit sie – wie regelmäßig in diesen Fällen und auch im Beispielsfall – den Wert der Sachleistung (hier: der 50 Geschäftsanteile oder, falls wertmäßig die Bareinlageforderung übersteigend, nur eine Teilmenge hieraus) ungeachtet der Vergütungshöhe abdeckt; eine allfällige Überbewertung der Sachleistung mitsamt der

---

[37] Zu unterscheiden ist dies nochmals von der anders gelagerten Frage, ob bei mehreren, für sich genommen unabhängigen Rechtsgeschäften jedes derselben den Tatbestand der verdeckten Sacheinlage erfüllt, sofern es nur nicht an der dafür nötigen Abrede fehlt.

[38] Vgl. etwa BGHZ 173, 145 Rn. 15 = NJW 2007, 3425 – Lurgi: „Handelt es sich um eine kraft Parteivereinbarung unteilbare Leistung (…), so unterliegt das Rechtsgeschäft insgesamt (…) den für Sacheinlagen geltenden Regelungen." Dies impliziert die Möglichkeit einer rechtsfolgenseitigen Aufspaltung des Rechtsgeschäfts (in einen dem Kapitalaufbringungs- und einen dem Kapitalerhaltungsrecht unterfallenden Teil), falls der Parteiwille auf eine Teilbarkeit der Sachleistung gerichtet ist (so auch die zutreffende Analyse bei *Ekkenga* in Kölner Komm AktG, 3. Aufl. 2020, § 183 Rn. 208, der hierfür eine Vermengung bei der Einordnung der verdeckten gemischten Sacheinlage mit Aspekten der gemischten Sacheinlage verantwortlich macht). Ähnlich auch BGHZ 175, 265 Rn. 14 = NZG 2008, 425 – Rheinmöve. Relativierend, bzw. gegenteilig (und zutreffend) jedoch BGHZ 170, 47 Rn. 18 f. = NZG 2007, 144 – Warenlager: kein Wahlrecht hinsichtlich der Rechtsfolgen (indes zum AG-Gründungsrecht). Deutlich offener auch BGHZ 191, 364 Rn. 49 = NZG 2012, 69 – Babcock: „Sofern eine teilbare Leistung vorliegt, genügt hinsichtlich des nicht zur Kapitalerhöhung verwendeten Teils *jedenfalls* bei der offenen Sacheinlage der durch § 57 AktG gewährleistete Schutz." (Hervorhebung durch den Verf.). Diese Relativierung lässt offen, ob im Fall einer Bareinlage und damit bei einer verdeckten gemischten Sacheinlage hinsichtlich des Sachübernahmeelements das Kapitalerhaltungsrecht hinreicht; richtigerweise ist das zu verneinen; vgl. im selben Sinne *Schall* in GroßkommAktG, 5. Aufl. 2016, § 27 Rn. 329 f., dessen Stellungnahme aber nicht hinreichend deutlich erkennen lässt, ob er zu Unrecht die Ablehnung des Teilbarkeitskriteriums auch für die gemischte Sacheinlage (also bei festgesetzter Sacheinlage) befürwortet.

daraus folgenden überhöhten Vergütung (Kaufpreiszahlung) wäre allein eine Frage der Kapitalerhaltung.[39] Das wird heute in dieser Form im Prinzip zwar weiterhin vertreten;[40] es mehren sich aber Stimmen, die mit Recht eine Differenzierung zwischen der Bedeutung des Teilbarkeitskriteriums im Rahmen der verdeckten gemischten Sacheinlage (eine Bareinlage voraussetzend) einerseits und im Rahmen der gemischten Sacheinlage (eine Sacheinlage voraussetzend) andererseits anmahnen.[41] Diskutabel erscheint im Bereich der verdeckten gemischten Sacheinlage eine Teilbarkeitsbetrachtung allein dort, wo mehrere für sich genommen selbstständige Verkehrsgeschäfte (und damit mehrere Sachleistungen) jeweils den Tatbestand der verdeckten gemischten Sacheinlage objektiv zu verwirklichen geeignet wären. (Beispiel: Bareinlage in Höhe von 10.000 Euro wird erbracht; im Anschluss erfolgt ein Geschäftsanteilskaufvertrag über 50 Geschäftsanteile an der X-GmbH, kurz danach über 20 Geschäftsanteile an der Y-GmbH). Insoweit kann mit guten Gründen infrage gestellt werden, ob eine Vermutung der Vorabsprache eines Mittelrückflusses auch dann noch Platz greifen kann, wenn die Bareinlagemittel bereits als Kaufpreis für das erste Verkehrsgeschäft vollständig aufgebraucht wurden, sodass aufgrund dessen eine Aufspaltung in eine verdeckte gemischte Sacheinlage (bzgl. der Geschäftsanteile an der X-GmbH) und eine ordnungsgemäße „unechte Sachübernahme" (bzgl. der Geschäftsanteile an der Y-GmbH) begründbar ist.[42]

---

[39] In diesem Sinne *Priester* FS Maier-Reimer, 2010, 525 (536), und zwar selbst im Fall fehlender objektiver Teilbarkeit (was insoweit aber, als auf das Kriterium der Teilbarkeit verzichtet wird, bislang eine vereinzelt gebliebene Meinung bildet); *Schürnbrand* in MüKoAktG, 4. Aufl. 2016, § 183 Rn. 42, jedoch ausdrücklich nur bei objektiver Teilbarkeit, die aber bei der hier analysierten Konstellation vorläge; *Servatius* in BeckOGK, 1.2.2022, AktG § 188 Rn. 81; weniger eindeutig *Servatius* in Noack/Servatius/Haas, GmbHG, 23. Aufl. 2022, § 19 Rn. 50; *Habersack* ZGR 2008, 48 (54ff.) (dessen Ausführungen sich ausdrücklich auch auf die verdeckte gemischte Sacheinlage, also auf den Fall einer Bareinlagepflicht, beziehen); ebenfalls in diese Richtung gehend, aber künstlich Teilbarkeiten schaffend und daher insoweit vereinzelt geblieben (Ablehnung auch durch BGHZ 175, 265 Rn. 14 = NZG 2008, 425 – Rheinmöve) *Martens* AG 2007, 732 (734ff.); tendenziell ähnlich aber *T. Busch/D. Busch* in Marsch-Barner/Schäfer, Handbuch börsennotierte AG, 5. Aufl. 2022, § 44 Rn. 23, die zur Reduzierung des Anwendungsbereichs der verdeckten Sacheinlage anstelle der in Wahrheit gewollten Einbringung eines Vermögensgegenstands einen Teil der zusätzlichen Kauf- oder Werklohnforderung als Sacheinlage ansehen möchten; dagegen mit Recht etwa *Habersack* ZGR 2008, 48 (56f.).

[40] Besonders nachdrücklich *Servatius* in BeckOGK, 1.2.2022, AktG § 188 Rn. 81, und zwar auch im Fall einer unteilbaren Sachleistung, unter Verweis auf die Nichtexistenz einer „verdeckten Sachübernahme" bei der aktienrechtlichen Kapitalerhöhung, weshalb es an zu sanktionierendem Unrecht fehle; bereits früher in diesem Sinne *Priester* FS Maier-Reimer, 2010, 525 (536); Vertreter dieser Position halten das Kapitalerhaltungsrecht in diesen Fällen für einschlägig und ausreichend.

[41] Insbesondere *Ekkenga* ZIP 2013, 541 (550), der mit Recht nachdrücklich betont, dass in den Stellungnahmen der Rechtsliteratur allzu häufig eine Vermengung der Kategorien der gemischten Sacheinlage und der verdeckten gemischten Sacheinlage erfolgt; weiterhin *Ekkenga/Jaspers* in Ekkenga, Handbuch AG-Finanzierung, 2. Aufl. 2019, Kap. 4 Rn. 384; deutlich differenzierend auch *Bayer* in K. Schmidt/Lutter, 4. Aufl. 2020, AktG § 27 Rn. 86; *Pentz* in Rowedder/Pentz, GmbHG, 7. Aufl. 2022, § 19 Rn. 108; ausf. zu alledem, ebenfalls mit klarer Differenzierung, *Benz*, Verdeckte Sacheinlage und Einlagenrückzahlung im reformierten GmbH-Recht (MoMiG), 2010, 179ff. sowie *Gerlach*, Die gemischte Sacheinlage, 2016, 152ff. (mit umfassender Aufarbeitung des Meinungsstands).

[42] Hierfür mit guten Argumenten *Schürnbrand/Verse* in MüKoAktG, 5. Aufl. 2021, § 183 Rn. 62; aA *Benz*, Verdeckte Sacheinlage und Einlagenrückzahlung im reformierten GmbH-Recht (MoMiG), 2010, 54ff.; *Gerlach*, Die gemischte Sacheinlage, 2016, S. 156ff.; ebenfalls gegen Aufspaltbarkeit in dieser Konstellation, aber die Differenzierung, wie hier im Text vorgenommen, nicht durchgängig zugrundlegend *Schall* in GroßkommAktG, 5. Aufl. 2016, § 27 Rn. 329f.; *Bayer* in K. Schmidt/Lutter, AktG, 4. Aufl. 2020, § 27 Rn. 79.

c) Konsequenzen für die Praxis

Der Praxis kann von einer Rückbeteiligungsgestaltung vermittels Barkapitalerhöhung und paralleler, meist Zug um Zug erfolgender „Einbringung" der Geschäftsanteile an der Zielgesellschaft über einen Kaufvertrag nur abgeraten werden. Der Abschluss des Verkehrsgeschäfts – das aber immerhin in seinem Bestand (in seiner Wirksamkeit) hiervon nicht berührt wird – führt in diesen Fällen zur Umqualifizierung der festgesetzten Bareinlage in eine verdeckte Sacheinlage, jedenfalls zu einer dahingehenden Vermutung, und zwar ungeachtet der Wertrelationen. Das gilt auch für Abwandlungen des Ausgangsfalls, etwa dergestalt, dass eine Tranchenbildung unterbleibt und im Rahmen einer Barkapitalerhöhung sämtliche Zielgesellschafts-Geschäftsanteile als „vergütetes Sachagio bzw. vergütete Zuzahlung" (in Wahrheit: als teilweises Sachagio/teilweise andere Zuzahlung verbunden mit einem Austauschgeschäft) eingebracht werden. Eine solche Gestaltung führt zu einem registergerichtlichen Eintragungshindernis. Falsche Angaben gegenüber dem Registergericht sind überdies strafbewehrt (wobei die Vermutung der Vorabsprache bei engem sachlich-zeitlichen Zusammenhang im Strafrecht nicht zum Tragen kommt);[43] jedenfalls der objektive Tatbestand des § 82 Abs. 1 Nr. 3 GmbHG wäre (falls nachweisbar) verwirklicht; womöglich wird dem Geschäftsführer jedoch ein vorsatzausschließender Rechtsirrtum (als Unterform des Tatbestandsirrtums) zugutegehalten werden können, ggf. aber auch nur ein (schuldausschließender) Verbotsirrtum, der sich zudem allein im Fall einer komplexen Rechtsfrage bei Einholung spezialisierten, anwaltlichen (regelmäßig nicht allein: unternehmensinternen) Rechtsrats als unvermeidbar erweisen dürfte.

Über die Tatbestandsverwirklichung vermag eine Offenlegung der „Gesamttransaktion" nicht hinwegzuhelfen[44] – denn es bleibt bei der unrichtigen Behauptung einer mangels Erfüllungswirkung (§ 19 Abs. 4 S. 1 GmbHG) nicht ordnungsgemäß erfolgten Bareinlageerbringung, woran die allfällige spätere vollständige Anrechnung nach Maßgabe des § 19 Abs. 4 S. 3 GmbHG (weil erst mit Eintragung erfolgend, vgl. § 19 Abs. 4 S. 4 GmbHG) nichts ändert. Es bedarf also, soll es bei einer Bareinlage verbleiben, entweder der Wahl des unter → II. 2 sogleich zu schildernden Vorgehens oder des Schwenks hin zur Sacheinlage, wobei insoweit, wie bei → III. ausgeführt, umstritten ist, ob die Festsetzung einer gemischten Sacheinlage zwingend ist oder (zutreffend) eine Aufspaltung in eine als solche festgesetzte „reine" Sacheinlage (ohne Vergütungskomponente) und eine „echte" Sachübernahme möglich ist.

2. Kapitalaufbringungsneutraler Mittelrückfluss (Kaufpreiszahlung) aus Kapitalrücklagen (§ 272 Abs. 2 Nr. 4 HGB)

a) Beispielsfall 2

Die V-GmbH, die sämtliche 100 Geschäftsanteile an der Z-GmbH hält (Wert: 100), übernimmt, wie in Fall 1, als Minderheitsbeteiligung zehn Geschäftsanteile mit Ein-Euro-Nennbeträgen (Wert: 50) an der E-GmbH im Rahmen einer Barkapitalerhöhung und überträgt als Sachaufgeld oder als sonstige Zuzahlung in die Kapitalrücklage (§ 272 Abs. 2 Nr. 4 HGB) zusätzlich 50 Geschäftsanteile (Wert: 50) an der Z-GmbH. Parallel veräußert die

---

[43] *Servatius* in Henssler/Strohn, Gesellschaftsrecht, 5. Aufl. 2021, GmbHG § 82 Rn. 6; *Altenhain* in MüKoGmbHG, 4. Aufl. 2022, § 82 Rn. 62; *Ransiek* in Ulmer/Habersack/Löbbe, GmbHG, 2. Aufl. 2013, § 82 Rn. 34.

[44] AA womöglich *Heinze* NJW 2020, 3768 (3769), da dem Inferenten nicht der „Vorwurf der Heimlichkeit" gemacht werden könne (allerdings zum anders gelagerten Fall eines Sachagios als Nebenleistungspflicht); ebenfalls in diese Richtung *Heidinger/Knaier* FS 25 DNotI, 467 (475); zumindest missverständlich *Szalai/Kreußlein* notar 2019, 283 (292): Wird der Vorgang offengelegt, so liege keine „verdeckte" Sacheinlage mehr vor (ebenfalls zum Sachagio).

V-GmbH aufgrund eines konzertierten Gesamtplans im Rahmen einer als einheitlich gewollten und gegenüber dem Registergericht im Rahmen der Barkapitalerhöhungsanmeldung offengelegten Transaktion die verbleibenden 50 Geschäftsanteile an der Z-GmbH gegen Barkaufpreiszahlung in Höhe von 50, sodass im Ergebnis wiederum nunmehr die E-GmbH sämtliche (100) Geschäftsanteile an der Z-GmbH hält und die V-GmbH an der E-GmbH und damit mittelbar (weiterhin) an der Z-GmbH „rückbeteiligt" ist. Anders als in Fall 1 resultieren die Mittel für die Barkaufpreiszahlung jedoch aus „anderen Gesellschafterzuzahlungen" in eine jederzeit auflösbare Kapitalrücklage iSd § 272 Abs. 2 Nr. 4 HGB durch die hundertprozentige Muttergesellschaft (M-GmbH) der E-GmbH, welche diese ohne Gegenleistung auf ein separiertes Rücklagenkonto der E-GmbH mit der Zweckbestimmung überwiesen hat, hieraus den Barkaufpreis zu finanzieren; die Zuzahlungen sind seitens der Muttergesellschaft teils fremdfinanziert.

b) Rechtliche Bewertung

aa) Kapitalaufbringungsneutraler Mittelabfluss

Als Strategie zur Vermeidung einer Sacheinlage taugt die im Grundsatz höchstrichterlich bestätigte und in der Praxis erprobte Methode, den Mittelrückfluss, hier also die Kaufpreiszahlung, aus anlässlich der Kapitalerhöhung geleisteten und damit zusätzlichen freiwilligen Zuzahlungen iSd § 272 Abs. 2 Nr. 4 HGB (ohne[45] Leistungspflicht gegenüber der Gesellschaft) zu finanzieren,[46] und zwar aufgrund fehlender Einbeziehung dieser weiteren Mittel in den Kapitalaufbringungsvorgang, sodass sich trotz Abflusses dieser Mittel der Gesamtvorgang als „kapitalaufbringungsneutral"[47] darstellt. Selbiges gilt bei der GmbH (nicht aber bei der AG) für einen Mittelabfluss aus einem schuldrechtlichen[48] oder korporativen (in den Kapitalerhöhungsbeschluss aufgenommenen) Baraufgeld.[49,50]

---

[45] In diesem Fall wird die Leistungspflicht allein gegenüber den Mitgesellschaftern begründet.

[46] BGH NZG 2008, 76 (zur KGaA); Vorinstanz: OLG München ZIP 2007, 126 Rn. 38 – Kirch Media; in diese Richtung bestätigend auch BGHZ 185, 44 Rn. 47 = NJW 2010, 1948 – ADCOCOM; ausf. dazu *Haberstock* NZG 2008, 220 (221); *Rezori* RNotZ 2011, 125 (139); *Szalai/Kreußlein* notar 2019, 283 (290) (die hierfür auf das nicht erfüllte Entsprechungserfordernis iSd § 19 Abs. 4 S. 1 GmbHG abstellen); *Benz,* Verdeckte Sacheinlage und Einlagenrückzahlung im reformierten GmbH-Recht (MoMiG), 2010, S. 32f.; *Schwandtner* in MüKoGmbHG, 4. Aufl. 2022, § 19 Rn. 189f; wohl auch *Karl* GmbHR 2020, 9 (16), jedoch die BGH-Rechtsprechung als „zweifelhaft" bezeichnend; vgl. bereits früher *D. Mayer* NJW 1990, 2593 (2598), der den sachlichen Zusammenhang verneint, wenn die eingezahlte Bareinlage nicht angetastet wird und die Zahlung aus sonstigem freiem Vermögen der Gesellschaft erfolgt; aA aber *Frhr. v. Schnurbein* GmbHR 2010 568 (570f.), unter Verweis darauf, dass Geld grundsätzlich nicht individualisierbar sei und daher eine Sonderkontolösung die verdeckte Sacheinlage nicht verhindern könne; sympathisierend hiermit auch *Heidinger/Berkefeld* in Heckschen/Heidinger, Die GmbH in der Gestaltungs- und Beratungspraxis, 4. Aufl. 2018, Kap. 11 Rn. 257ff., die jedoch dennoch bei Rn. 258 m. Fn. 523 und ausf. bei Rn. 228f. BGH NZG 2008, 76 (wohl trotz Bedenken) folgen.

[47] Davon, dass die Rückzahlung „aufbringungsneutral" und daher nicht Ausdruck einer verdeckten Sacheinlage ist, spricht treffend *Ekkenga* in Kölner Komm AktG, 3. Aufl. 2020, § 183 Rn. 124.

[48] BGH GmbHR 2008, 148 Rn. 13; BayObLG ZIP 2002, 1484 (1496) (zur AG); *Szalai/Kreußlein* notar 2019, 283 (223 f.); krit. *Herchen* GmbHR 2008, 149 (150); es ist allerdings umstritten, ob auch schuldrechtliche Zuzahlungen im sachlichen und zeitlichen Zusammenhang zur Anteilsausgabe als Aufgeld qualifiziert werden können und daher in die Kapitalrücklage nach § 272 Abs. 2 Nr. 1 HGB einzustellen sind; zum Streitstand *Pöschke* in BeckOGK, 15.9.2021, HGB § 272 Rn. 101 mwN.

[49] Zu dieser Differenzierung *Scheller* in Scholz, GmbHG, 13. Aufl. 2023, § 3 Rn. 80.

[50] Ausdrücklich auch für das Baraufgeld *Benz,* Verdeckte Sacheinlage und Einlagenrückzahlung im reformierten GmbH-Recht (MoMiG), 2010, 32f.; *Szalai/Kreußlein* notar 2019, 283 (290); *Schwandtner* in MüKoGmbHG, 4. Aufl. 2022, § 19 Rn. 188f.

Diese Vermeidungsstrategie wird in der Kommentarliteratur gemeinhin akzeptiert.[51] Einschränkend ist jedoch zu beachten, dass der BGH auf eine „verbale und tatsächliche Trennung" von Bareinlageleistung einerseits, Zuzahlung bzw. Baraufgeld anderseits abgestellt hat,[52] was Einzahlungen auf verschiedenen Bankkonten (Kapitalerhöhungskonto einerseits, Sonderkonto andererseits) unter eindeutigem Verwendungszweck verlangt. Hiermit soll gewissermaßen die fehlende Individualisierbarkeit von Buchgeld kompensiert und damit dogmatisch eine Abgrenzung zur grundsätzlichen Irrelevanz der Frage nach der Nämlichkeit der Mittel erzielt werden, indem nach außen hin kenntlich gemacht wird, dass allein die separat auf dem Sonderkonto verbuchten Geldmittel der Finanzierung des Verkehrsgeschäfts dienen.[53]

bb) Zweckbestimmung der Zuzahlung

Ratsam erscheint es, die Kaufpreiszahlungspflicht im Geschäftsanteilskaufvertrag ausdrücklich unter den Vorbehalt zu stellen, dass diese allein (und das heißt: vollständig nur!) zulasten der freiwilligen Zuzahlung bzw. des Baraufgelds erfolgen darf.[54] Flankierend zu den jeweiligen Zweckbestimmungen und Einzahlungsmodi sollte mithin in dem durch Rücklagenzuzahlungen zu finanzierenden Verkehrsgeschäft, dh regelmäßig: im Kaufvertrag, eine (kaufpreisbezogene) Mittelherkunftsvereinbarung getroffen werden, wonach der Verkäufer allein aus dem Sonderrücklagenkonto vergütet wird, Auszahlungen aus sonstigem Gesellschaftsvermögen also untersagt sind.[55] Dies bannt die Gefahr einer anderenfalls (bei strenger Lesart) drohenden verdeckten Sacheinlage bereits infolge (undifferenzierter) Forderungs-

---

[51] Vgl. etwa *Verse* in Henssler/Strohn, Gesellschaftsrecht, 5. Aufl. 2021, GmbHG § 19 Rn. 35; *Lieder* in MüKoGmbHG, 4. Aufl. 2022, § 56 Rn. 78; *Servatius* in Noack/Servatius/Haas, GmbHG, 23. Aufl. 2022, § 19 Rn. 29; *Pentz* in Rowedder/Pentz, GmbHG, 7. Aufl. 2022, § 19 Rn. 103; *Priester/Tebben* in Scholz, GmbHG, 12. Aufl. 2021, § 56 Rn. 62; *Wicke,* GmbHG, 4. Aufl. 2020, § 19 Rn. 23; *Lieder* in Bürgers/Körber/Lieder, AktG, 5. Aufl. 2021, § 27 Rn. 61; *Apfelbacher/Metzner* in Hölters/Weber, AktG, 4. Aufl. 2022, § 183 Rn. 8 (jedoch auf die Notwendigkeit der separaten Verbuchung verweisend); *Pentz* in MüKoAktG, 5. Aufl. 2019, § 27 Rn. 92; ausf. aber und unter Würdigung der weiteren Voraussetzungen, welche der BGH aufgestellt hat, *Schwandtner* in MüKoGmbHG, 4. Aufl. 2022, § 19 Rn. 189 sowie *Katzenstein* in BeckOGK, 1.2.2022, AktG § 27 Rn. 146. Aufbringungsneutral ist Zahlung aus frei verfügbarer Rücklage, vgl. *Ekkenga* in Kölner Komm AktG, 3. Aufl. 2020, § 183 Rn. 124 und vor § 182 Rn. 7.

[52] Nach *Szalai/Kreußlein* notar 2019, 283 (290) soll aber dennoch weiterhin offen sein, ob es dieser Mitteltrennung tatsächlich bedarf; gleichwohl raten sie der Praxis richtigerweise zur getrennten Kontenführung; zu Recht für das Erfordernis der Mitteltrennung *Benz,* Verdeckte Sacheinlage und Einlagenrückzahlung im reformierten GmbH-Recht (MoMiG), 2010, S. 33 f.; *Heidinger/Berkefeld* in Heckschen/Heidinger, Die GmbH in der Gestaltungs- und Beratungspraxis, 4. Aufl. 2018, Kap. 11 Rn. 230; *Heckschen* in Reul/Heckschen/Wienberg, Insolvenzrecht in der Gestaltungspraxis, 3. Aufl. 2022, § 4 Rn. 773; wohl auch *Haberstock* NZG 2008, 220 (220 f.).

[53] Hiergegen indes, entgegen der heute hL, die dem BGH meist ohne nähere Begründung folgt, *Frhr. v. Schnurbein* GmbHR 2019, 568 (570 f.), und zwar unter Verweis darauf, dass andernfalls die Sachgründungsvorschriften allzu leicht durch Belassen eines Geldbetrags in Höhe des Nominalbetrags des übernommenen Geschäftsanteils bei der Gesellschaft umgangen werden könnten. Dieser Einwand vermöchte nur zu überzeugen, wenn die Separierung der Mittel das alleinige Kriterium wäre, was aber nicht der Fall ist; s. dazu sogleich; ebenfalls ablehnend womöglich *Maier-Reimer* FS Hoffmann-Becking, 2013, 755 (759 Fn. 28) („Geld kann man nicht anstreichen"; unklar bleibt aber, ob diese Zurückhaltung gegen eine Aufweichung des Grundsatzes der Unbeachtlichkeit der Nämlichkeit der Mittel nach der dort vertretenen Auffassung auch dann greifen soll, wenn Zuzahlungen in eine Sonderrücklage erfolgen).

[54] Diesen Ratschlag erteilt *Benz,* Verdeckte Sacheinlage und Einlagenrückzahlung im reformierten GmbH-Recht (MoMiG), 2010, 34; dem folgend *Ziemons* in Ziemons/Binnewies, Handbuch-AG, 78. Lfg. 11.2017, Rn. 5.507.

[55] *Benz,* Verdeckte Sacheinlage und Einlagenrückzahlung im reformierten GmbH-Recht (MoMiG), 2010, 33 f.; fortgeführt bei *Katzenstein* in BeckOGK, 1.2.2022, AktG § 27 Rn. 146.

begründung gegen die Gesellschaft aufgrund der mit ihr verbundenen (bilanziellen) Barein-lagenneutralisierung,[56] sodass im Lichte dieser „vorgezogenen" verdeckten Sacheinlage ein etwaiger Mittelrückfluss (nur) aus einer Sonderrücklage die Tatbestandsverwirklichung nicht mehr zu verhindern vermöchte; denn auf den Vollzugs- und das heißt hier: den Erfüllungs-akt (Kaufpreiszahlung) käme es bei dieser bilanziellen Betrachtungsweise für die Tatbestands-verwirklichung nicht mehr an.

c) Konsequenzen für die Praxis

Wie ausgeführt, hat BGH NZG 2008, 76 (in einer Nichtzulassungsbeschwerde, die einen Fall einer KGaA betraf, aber auf das GmbH-Recht übertragbar ist) trotz Festhaltens am Grundsatz der Irrelevanz der Frage nach der Nämlichkeit der zurückfließenden Mittel einen Weg aufgezeigt, trotz beschlossener Barkapitalerhöhung ein daneben tretendes Verkehrs-geschäft ohne Umqualifizierung in eine verdeckte Sacheinlage zu vereinbaren. Die Kon-turen dieser Rechtsprechung sind allerdings noch unscharf. Der um Sicherheit bemühte Praktiker wird sich dennoch auf weitgehend solidem Pfade bewegen, sofern er wie folgt gestaltet: (1) Vereinbarung einer „anderen Zuzahlung" iSd § 272 Abs. 2 Nr. 4 HGB in Form von Barmitteln im Rahmen des Kapitalerhöhungsbeschlusses und/oder einer beglei-tenden Investitions- und Gesellschaftervereinbarung, zu leisten entweder durch den Inferen-ten oder aber, praxistauglicher, durch die Muttergesellschaft, die mit der ausdrücklichen Zweckbestimmung verbunden sein muss, als Kaufpreisfinanzierungsmittel bezogen auf das daneben tretende Verkehrsgeschäft (über den Erwerb der Geschäftsanteile an der Zielgesell-schaft) zu dienen; die Zuzahlung muss wertmäßig hinreichen, um aus ihr den vollen Kauf-preis zu tilgen (insbesondere ein teilweises Verkäuferdarlehen wäre schädlich; demgegenüber dürfen die Zuzahlungsmittel der Muttergesellschaft freilich fremdfinanziert sein); (2) vor-sorgliche Vereinbarung im Kaufvertrag, dass die Kaufpreiszahlungspflicht unter dem Vor-behalt steht, allein zulasten des Sonderrücklagenkontos erfolgen zu können; (3) Einzahlung auf verschiedene Bankkonten (Kapitalerhöhungskonto einerseits, Sonderkonto andererseits) unter eindeutigem Verwendungszweck.[57]

III. Sachkapitalerhöhung

1. Vorbemerkung: Differenzierung zwischen Sacheinlage und Sachübernahme

Wird eine zur Beschaffung des Stammkapitals erforderliche Einlage durch einen Sachwert belegt, liegt ein Fall der Sacheinlage iSd § 5 Abs. 4 S. 1 GmbHG (bei der Kapitalerhöhung: § 56 Abs. 1 S. 1 GmbHG) bzw. des § 27 AktG vor. Für den Fall der Sachübernahme (Erwerb eines Gegenstandes durch die Gesellschaft gegen Vergütung) muss danach differenziert wer-den, ob diese unter Anrechnung auf eine Bareinlagepflicht erfolgt (dann festsetzungs-, publi-zitäts- und prüfungspflichtig) oder ohne eine solche Anrechnung (dann weder festsetzungs-,

---

[56] Ausf. hierzu, und zwar entgegen einer stark vertretenen Literaturmeinung, welche auf den tatsächlichen Mittelrückfluss abstellt (vgl. etwa *Habersack* FS Priester, 2007, 157 (172 f.)), *Benz,* Verdeckte Sacheinlage und Einlagenrückzahlung im reformierten GmbH-Recht (MoMiG), 2010, 22 ff. mwN; ebenso *Katzenstein* in BeckOGK, 1.2.2022, AktG § 27 Rn. 137; *Vedder* in Gri-goleit, AktG, 2. Aufl. 2020, § 27 Rn. 44; *Schall* in GroßkommAktG, 5. Aufl. 2016, § 27 Rn. 293 (unter Verweis darauf, dass bereits das schuldrechtliche Sollen die Gefahr des schädlichen Mittel-abflusses hinreichend sicher begründet); *Koch,* AktG, 16. Aufl. 2022, § 27 Rn. 28.

[57] Einzelheiten zu diesem Instrument, das trotz gewählter Barkapitalerhöhung Rückbeteiligun-gen ohne Auslösung einer verdeckten (gemischten) Sacheinlage zu gestalten ermöglicht, bei *Schel-ler,* Vermeidung verdeckter (gemischter) Sacheinlagen im Fall von Rückbeteiligungen („Roll-over") durch Mittelrückfluss aus Kapitalrücklagen?, DStR 2023, Heft 3.

noch publizitäts- oder prüfungspflichtig). Den ersten Fall hatte § 5 Abs. 4 aF bis zur GmbH-Novelle[58] noch ausdrücklich normiert und ihn als Spielart der Sacheinlage in der rechtlichen Bewertung mit dieser gleichgestellt; trotz Streichung hat sich an dieser rechtlichen Qualifikation nichts geändert[59] (§ 27 Abs. 1 S. 2 AktG normiert diesen Fall weiterhin, dort als „fingierte Sacheinlage"). Der Fall fehlender Anrechnung der Sachleistung auf die Bareinlagepflicht (sog. „echte" Sachübernahme) ist im GmbHG seit jeher nicht geregelt, anders als im Aktienrecht, vormals für die Gründung in § 186 HGB aF,[60] wohingegen § 279 HGB 1900 für die Kapitalerhöhung neben Sacheinlagen nur von auf die Einlagen zu verrechnenden Sachübernahmen sprach (und damit nicht die „echte" Sachübernahme erfasste),[61] wobei die Differenzierung von dem Gedanken getragen ist, dass Sachleistungen von Aktionären oder Dritten im Gründungsstadium außergewöhnlich, bei einer werbenden Gesellschaft jedoch üblich seien.[62] An dieser letzten Fassung hatte sich § 5 Abs. 4 aF GmbHG orientiert, wohingegen § 186 HGB 1900 (zwischenzeitlich als § 20 AktG 1937) durch den heutigen § 27 Abs. 1 S. 1 Var. 2 AktG, insoweit gleichen Inhalts, ersetzt wurde; § 279 HGB 1900 (zwischenzeitlich § 150 AktG 1937) findet sich heute der Sache nach (aber ohne ausdrückliche Erwähnung der „unechten" Sachübernahmen) in § 183 Abs. 1 AktG, ebenfalls nur von Sacheinlagen sprechend und damit „echte" Sachübernahmen ausklammernd.

Indem „echte" Sachübernahmen im GmbH-Recht schlechthin und im Aktienrecht bei der Kapitalerhöhung ungeregelt bleiben, insbesondere nicht den Bestimmungen über „unechte" Sachübernahmen (mit Anrechnung) unterliegen, geraten solche „echten" Sachübernahmen, sofern mit einem Barinferenten vereinbart, jedenfalls in die Nähe einer verdeckten (ggf. gemischten) Sacheinlage.[63] Im hier interessierenden Rückbeteiligungsfall kann dies erwogen werden, sofern die erste Tranche (50 Geschäftsanteile) als Sacheinlage festgesetzt wird, die zweite Tranche (weitere 50 Geschäftsanteile) hingegen als „echte" Sachübernahme (Kaufgeschäft) ausgestaltet und nicht Bestandteil der Festsetzungen im Kapitalerhöhungsbeschluss werden soll (sodass keine Ausgestaltung als gemischte Sacheinlage erfolgen soll).

Es wird sich zeigen, dass eine derartige gewillkürte Aufspaltung zulässig ist. Stimmen in der Literatur, die trotz prinzipieller Anerkennung einer Aufspaltbarkeit Zweifel an der kon-

---

[58] BT-Drs. 8/3908, 66 (69); *Wohlschlegel* DB 1995, 2053; *Altmeppen,* GmbHG, 10. Aufl. 2021, § 5 Rn. 20; *Ulmer/Casper* in Habersack/Casper/Löbbe, GmbHG, 3. Aufl. 2019, § 5 Rn. 38; *Leitzen* in Michalski/Heidinger/Leible/J. Schmidt, GmbHG, 3. Aufl. 2017, § 5 Rn. 53; *Veil* in Scholz, GmbHG, 13. Aufl. 2023, § 5 Rn. 31, 73.

[59] BT-Drs. 8/3908, 66 (69); *Bayer* in Lutter/Hommelhoff, GmbHG, 20. Aufl. 2020, § 5 Rn. 38.

[60] Vgl. auch für Übersicht über die historische Entwicklung für das Aktienrecht bei *Schürnbrand/Verse* in MüKoAktG, 5. Aufl. 2021, § 183 Rn. 12 f.; s. zudem für das GmbH-Recht *Schwandtner* in MüKoGmbHG, 4. Aufl. 2022, § 5 Rn. 211 ff.

[61] Die Ausklammerung der „echten" Sachübernahme aus dem Kapitalerhöhungsrecht war mithin bereits seit 1900 angeordnet und basierte nicht auf einer gesetzgeberischen Entscheidung im Rahmen des AktG 1937; zutreffend *Schürnbrand/Verse* in MüKoAktG, 5. Aufl. 2021, § 183 Rn. 12 f. *Ekkenga* in Kölner Komm AktG, 3. Aufl. 2020, § 183 Rn. 1: Streichung der Zusatzklausel (gemeint ist die ausdrückliche Normierung der „unechten" Sachübernahme) durch § 150 AktG 1937 keine Änderung in der Sache (bei *Schürnbrand/Verse* in MüKoAktG, 5. Aufl. 2021, § 183 Rn. 12 Fn. 18 wohl unrichtig für die Gegenansicht zitiert); anders aber *Habersack* ZGR 2008, 48 (52); *Habersack* FS Konzen, 2006, 179 (186); *Pfeifer* in MüKoAktG, 3. Aufl. 2011, § 183 Rn. 5.

[62] Vgl. *Habersack* FS Konzen, 2006, 179 (185 f.); *Koch,* AktG, 16. Aufl. 2022, § 183 Rn. 3: gründungsspezifische Besonderheit; *Pfeifer* in MüKoAktG, 3. Aufl. 2011, § 183 Rn. 5: verschärfte gründungstypische Regelung wäre nach Gründung der AG fehl am Platz; vgl. auch BGHZ 171, 113 Rn. 7 = NJW 2007, 3285.

[63] Zutreffend *Schwandtner* in MüKoGmbHG, 4. Aufl. 2022, § 5 Rn. 213; *Koch,* AktG, 16. Aufl. 2022, § 183 Rn. 3; *Schürnbrand/Verse* in MüKoAktG, 5. Aufl. 2021, § 183 Rn. 13; *Pfeifer* in MüKoAktG, 3. Aufl. 2011, § 183 Rn. 5; ausf. *Maier-Reimer* FS Hoffmann-Becking, 2013, 755 (759 ff.).

sequenten Trennung auch mit Blick auf die Rechtsfolgen anmelden, verweisen mit Unterschieden im Detail auf die Gefährdung der Kapitalaufbringung infolge mangelnder registergerichtlicher Kontrollierbarkeit der Art der Aufteilung des Gesamtwerts der Sachleistung in die Sacheinlagekomponente einerseits und die Sachübernahmekomponente andererseits.

2. *Gemischte Sacheinlage: Festsetzung des Gesamtgegenstandes mitsamt Wert- und Vergütungshöhe im Kapitalerhöhungsbeschluss*

a) *Beispielsfall 3*

Die V-GmbH, die sämtliche 100 Geschäftsanteile an der Z-GmbH hält (Wert: 100), übernimmt als Minderheitsbeteiligung zehn Geschäftsanteile mit Ein-Euro-Nennbeträgen (Wert: ca. 50) an der E-GmbH im Rahmen einer Sachkapitalerhöhung. Festgesetzt wird im Rahmen des Kapitalerhöhungsbeschlusses und der korrespondierenden Übernahme- sowie Einbringungsvereinbarung eine gemischte Sacheinlage: Die V-GmbH wird zur Abtretung sämtlicher 100 Geschäftsanteile an der Z-GmbH verpflichtet (Sacheinlagekomponente); der Überwert (Mehrwert der Sachleistung – im Fall: infolge Einbringung „weiterer" 50 Geschäftsanteile – gegenüber dem Einbringungswert, hier als Summe aus Nennbetrag der neu auszugebenden Geschäftsanteile zuzüglich Sachaufgeld) wird als durch die Gesellschaft ausgleichspflichtig über einen Barmittelabfluss in Höhe von 50 („Kaufpreis") erklärt (Sachübernahmekomponente). Im Rahmen der Anmeldung der Sachkapitalerhöhung wird der Gesamtvorgang offengelegt; der Wertnachweis[64] zur Ermöglichung der Werthaltigkeitsprüfung (vgl. § 57a GmbHG iVm § 9c GmbHG) erstreckt sich auf die Deckung der Summe aus Nennbetrag (ohne Sachaufgeld)[65] und Zusatzvergütung („Kaufpreis").[66] Neuralgisch wird der Fall, sofern es zu einer Überbewertung der Sacheinlage kommt, sodass zwar bei isolierter Betrachtung der Nennbetrag der neu ausgegebenen Geschäftsanteile durch die erste Tranche (50 Geschäftsanteile) abgedeckt ist, bei Gesamtbetrachtung aber eine Unterdeckung entsteht.

b) *Rechtliche Bewertung*

aa) *Gewillkürte Festsetzung einer gemischten Sacheinlage im Kapitalerhöhungsbeschluss*

Soll die „Akquisitionswährung", also die Gegenleistung der Erwerbergesellschaft, teils in Geschäftsanteilen, teils in Geld bestehen, liegt die rechtlich naheliegendste Strukturierung, sofern es, wie in den geschilderten Fällen, der Erwerbergesellschaft auf einen Erwerb einer hundertprozentigen Beteiligung an der Zielgesellschaft ankommt, in der ausdrücklichen Festsetzung einer gemischten Sacheinlage. Zwar sind die vom Veräußerer zu leistenden sämtlichen Geschäftsanteile an der Zielgesellschaft eine objektiv teilbare Menge aus Einzelsachen,[67] es steht aber (abseits der pathologischen Fälle einer unterbliebenen bzw. fehlerhaf-

---

[64] Wird verlangt werden.

[65] Umstritten ist, ob sich Prüfungspflicht auch auf das Sachaufgeld bezieht; zutreffend dagegen *Gerlach,* Die gemischte Sacheinlage, 2016, 96; *Maier-Reimer* FS Hoffmann-Becking, 2013, 755 (764); eine Überprüfung darf auch nicht erfolgen, wenn die Leistung eines Sachgegenstandes im Kapitalerhöhungsbeschluss teils als Sacheinlage- und teils als Aufgeldleistung betragsmäßig ausgewiesen wird, vgl. *Scheller* in Scholz, GmbHG, 13. Aufl. 2023, § 3 Rn. 83 mN auch zur Gegenansicht.

[66] Demgegenüber will *Priester* FS Maier-Reimer, 2010, 525 (546) die Werthaltigkeitsprüfung allein auf den Sacheinlagegegenstand beziehen, also unter Ausklammerung der Vergütungsleistung; dagegen mit Recht Gerlach, Die gemischte Sacheinlage, 2016, 94 ff.

[67] Richtigerweise in diesem Fall sogar eine Sachgesamtheit bzw. Komplementärsachen; dazu *Mössner* in BeckOGK, 1.3.2021, BGB § 90 Rn. 125 f., freilich ohne auf Geschäftsanteile einzugehen.

ten korrespondierenden Festsetzung im Gesellschaftsvertrag oder Kapitalerhöhungsbeschluss) nahezu außer Zweifel, dass die Beteiligten kraft dahin gehenden Parteiwillens und damit „gewillkürt" eine Verklammerung erzielen können.[68] Rechtliches Resultat dieser gewillkürten Verklammerung ist die Bildung einer Einheit auf der einen Seite (Verkäuferleistung) aus der Gesamtsumme der zu übertragenden Geschäftsanteile an der Zielgesellschaft und auf der anderen Seite (Erwerberleistung) – damit korrespondierend – aus einem festgelegten Gegenwert für die einzubringenden Geschäftsanteile bestehend aus der Gesamtsumme aus neu an den Veräußerer ausgegebenen Geschäftsanteilen und der Barvergütung. Rechtstechnisches Mittel dieser Verklammerung ist die Festsetzung des Sacheinlagegegenstandes:[69] Soll eine gemischte Sacheinlage im vorgeschilderten Sinne erbracht werden, bedarf es der Festsetzung sämtlicher einzubringender[70] Geschäftsanteile des Veräußerers an der Zielgesellschaft im Gesellschaftsvertrag (§ 5 Abs. 4 GmbHG) oder im Kapitalerhöhungsbeschluss (§ 56 Abs. 1 S. 1 GmbHG) als Gegenstand der (damit einheitlichen) Sacheinlage.

bb) Rechtsfolge der gewillkürten Verklammerung als gemischte Sacheinlagen

Rechtsfolge der soeben beschriebenen einheitlichen Festsetzung ist das Entstehen einer auf die Gesamtheit dieser Geschäftsanteile gerichteten Einbringungspflicht. Kehrseite ist nach hM die Notwendigkeit, ergänzend – und zwar ebenfalls als gesellschaftliche (korporative) Bestimmung[71] – festzusetzen, dass die Sachleistung des Inferenten (des Veräußerers) nur zum Teil auf die Einlagepflicht erfolgen soll, wohingegen die überschießende Teilmenge der einzubringenden Geschäftsanteile und damit der „Überwert"[72] der Sachleistung in Geld vergütet werden soll.[73] Auf eine derartige kraft Verklammerung gemischte Sacheinlage (oder terminologisch klarer, wie oben ausgeführt: einheitliche Sacheinlage mit gemischter/gespaltener Gegenleistung) finden nach heute weitgehend gefestigter Meinung mit Unterschieden im Detail im Ganzen die für Sachgründungen bzw. Sachkapitalerhöhungen geltenden Bestimmungen Anwendung[74] (dh Gesamtbetrachtung bzgl. Festsetzungspflicht, Werthaltig-

---

[68] Vgl. nur *Verse* ZGR 2012, 875 (895), der von einer Zusammenfassung beider Teile der Transaktion zu einer Einheit spricht; ferner *Schwandtner* in MüKoGmbHG, 4. Aufl. 2022, § 19 Rn. 197: offene gemischte Sacheinlage kann auch bei Teilbarkeit der Sachleistung ohne Weiteres festgesetzt werden.

[69] So ausdrücklich *Verse* ZGR 2012, 875 (895), ausf. bereits *Benz,* Verdeckte Sacheinlage und Einlagenrückzahlung im reformierten GmbH-Recht (MoMiG), 2010, 58 ff., wonach es eindeutig feststehe, dass teilbare Sachleistungen als gemischte Sacheinlage eingebracht werden können, wenn dies festgesetzt werde.

[70] Richtigerweise können Geschäftsanteile zur freien Verfügung des Geschäftsführers der Gesellschaft auch dann geleistet werden, wenn der Geschäftsanteilinhaber trotz materieller Rechtsinhaberschaft noch nicht in die aktualisierte Gesellschafterliste eingetragen ist; zutreffend *Ekkenga* in Kölner Komm AktG, 3. Aufl. 2020, § 183 Rn. 45; erst recht bedarf es für eine Leistung zur freien Verfügung keiner Eintragung der Gesellschaft als neuer Inhaberin der übertragenen Geschäftsanteile; freie Verfügbarkeit über die geleisteten Geschäftsanteile setzt mithin nicht die Auslösung der Legitimationswirkung des § 16 Abs. 1 GmbHG voraus.

[71] *Meyer,* Die Sachübernahme im Aktienrecht und ihre Bedeutung für die Lehre der verdeckten Sacheinlage, 2009, 26; *Gerlach,* Die verdeckte Sacheinlage, 2016, 90 f.; *Scheller* in Scholz, GmbHG, 13. Aufl. 2023, § 3 Rn. 10.

[72] Von einer „Überwertigkeit der Sacheinlage" mit Abgeltung des Mehrwerts sprechen anschaulich *Ekkenga/Jaspers* in Ekkenga, Handbuch AG-Finanzierung, 2. Aufl. 2019, Kap. 4 Rn. 339.

[73] RGZ 159, 321 (326 f.); BGHZ 170, 47 Rn. 17 = NZG 2007, 144 – Warenlager; BGHZ 173, 145 Rn. 15 = NJW 2007, 3425 – Lurgi; BGHZ 175, 265 Rn. 14 = NZG 2008, 425 – Rheinmöve; *Stiller/Redeker* ZIP 2010, 865 (867); *Verse* ZGR 2012, 875 (895); *Gerlach,* Die gemischte Sacheinlage, 2016, 77 ff., 135 ff.; *Habersack* FS Konzen, 2006, 179 (181); aA *Priester* FS Maier-Reimer, 2010, 525 (532 ff.).

[74] *Verse* ZGR 2012, 875 (895); aA *Priester* FS Maier-Reimer, 2010, 525 (532 ff.).

keitsprüfung [Zusatzvergütung als Wertminderung der Sachleistung],[75] Registerkontrolle und Differenzhaftung), und zwar, wie betont werden muss, auch bei objektiver Teilbarkeit der Sachleistung, sofern die Teilung (wie sich aus der einheitlichen Festsetzung als gemischte Sacheinlage ergibt) nicht gewollt ist, mithin ein Rechtsgeschäft in Rede steht, nicht ein aus Sacheinlage und „echter" Sachübernahme zusammengesetztes. Die Gesamtfestsetzungsnotwendigkeit ist erforderlich, entstünde doch bei unterbliebener Festsetzung des zusätzlichen Gegenleistungselements (Geldleistungspflicht) ein unzutreffendes Bild über die Beschaffenheit des Stammkapitals, da ein höherer (und so auch deklarierter) als der wahre Wert (unter Berücksichtigung des Barmittelabflusses aus dem Vermögen der Erwerbergesellschaft) suggeriert würde, was dem Regelungsanliegen des § 5 Abs. 4 S. 1 GmbHG bzw. § 56 Abs. 1 S. 1 GmbHG entgegenliefe.

cc) Verdeckt gemischte Sacheinlage bei unterlassener Festsetzung der Zusatzvergütung

Unterbleibt trotz im Kapitalerhöhungsbeschluss festgesetzter Inferentenpflicht zur Einbringung sämtlicher Geschäftsanteile die Festsetzung der Zusatzvergütung, mündet dies in die Figur der „verdeckt [nicht: verdeckten] gemischten Sacheinlage"[76] (alternative Bezeichnung: „gemischte Sacheinlage mit verdeckter Zusatzvergütung"), die nach wohl herrschender, wenngleich keinesfalls gefestigter Ansicht rechtsfolgenseitig der verdeckten Sacheinlage gleichgestellt wird, womit insbesondere (trotz fehlender Bareinlagepflicht!) § 19 Abs. 4 S. 3 GmbHG (aufgrund der bloßen Teilverdeckung: erst recht) zur Anwendung gelangen soll, sodass bei Wirksamkeit des Verkehrsgeschäfts eine Bareinlagepflicht (in Höhe der Summe aus zu deckendem Nennbetrag und Zusatzvergütung) zur Entstehung gelangen soll, auf welche der Wert der Sacheinlage anzurechnen ist.[77] Die stark vertretene Gegenansicht, die zu deutlich abweichenden Ergebnissen gelangt, schon um dem irreführenden Eindruck einer nicht über eine Vergütungsleistung „verwässerten" Kapitalaufbringung entgegenzuwirken, will im Lichte der festgesetzten Sacheinlage nicht auf § 19 Abs. 4 S. 2 und 3 GmbHG in entsprechender Anwendung zurückgreifen, sondern (weil gerade eine gemischte Sacheinlage vorliegt) einen Festsetzungsmangel in der fehlenden Offenlegung der Zusatzvergütung im Kapitalerhöhungsbeschluss erblicken (Folge: keine Zusatzvergütungspflicht der Gesellschaft gegenüber dem Inferenten), der aufgrund einer Umgehung von § 5 Abs. 4 S. 1 GmbHG bzw. § 56 Abs. 1 S. 1 GmbHG die Vergütungsabrede nach § 134 BGB als nichtig qualifizieren soll,[78] sodass eine gewährte Vergütung (hier: die Kaufpreiszahlung) seitens der Gesellschaft kondiziert werden könnte.[79] Angesichts dieser immensen Transaktionsrisiken (Nichtigkeit

---

[75] Dazu *Priester* FS Maier-Reimer, 2010, 525 (532); *Maier-Reimer* FS Hoffmann-Becking, 2013, 755 (761); *Ekkenga/Jaspers* in Ekkenga, Handbuch AG-Finanzierung, 2. Aufl. 2019, Kap. 4 Rn. 138.

[76] Begriff nach *Maier-Reimer* FS Hoffmann-Becking, 2013, 755 (756); aufgegriffen etwa von *Ekkenga*, Handbuch AG-Finanzierung, 2. Aufl. 2019, Kap. 4 Rn. 138.

[77] *Habersack* GWR 2010, 107 (108 f.); *Stiller/Redeker* ZIP 2010, 865 (868 f.); *Benz,* Verdeckte Sacheinlage und Einlagenrückzahlung im reformierten GmbH-Recht (MoMiG), 2010, 193 f.; *Hoffmann-Becking* Liber amicorum M. Winter, 2011, 237 (248 ff.); *Casper* in Habersack/Casper/Löbbe, GmbHG, 3. Aufl. 2019, § 19 Rn. 119, 180; *Lieder* in MüKoGmbHG, 4. Aufl. 2022, § 56 Rn. 120; *Bayer* in Lutter/Hommelhoff, GmbHG, 20. Aufl. 2020, § 19 Rn. 92.

[78] Demgegenüber will die zuvor geschilderte Gegenansicht konsequent das verdeckte Verkehrsgeschäft in entsprechender Anwendung des § 19 Abs. 4 S. 2 GmbHG bzw. § 27 Abs. 3 S. 2 AktG als wirksam betrachten; vgl. *Benz,* Verdeckte Sacheinlage und Einlagenrückzahlung im reformierten GmbH-Recht (MoMiG), 2010, S. 193 f.; *Habersack* GWR 2010, 107 (109); *Stiller/Redeker* ZIP 2010, 865 (869); damit behielte der Inferent seinen Vergütungsanspruch gegen die Gesellschaft.

[79] *J. Koch* ZHR 175 (2011), 55 (74 ff.); *Wolf,* Die verdeckte Sacheinlage in der GmbH und AG, 2013, 202 ff.; *Gerlach,* Die gemischte Sacheinlage, 2016, 181 ff.; *Pentz* Liber amicorum M. Winter, 2011, 499; *Maier-Reimer* FS Hoffmann-Becking, 2013, 755 (766 ff.); *Ziemons* in BeckOK GmbHG, 52. Ed. 1.3.2022, § 19 Rn. 184a; *Verse* in Henssler/Strohn, Gesellschaftsrecht, 5. Aufl. 2021, GmbHG § 19 Rn. 46; *Koch,* AktG, 16. Aufl. 2022, § 27 Rn. 42.

des „Kaufvertrages") wird peinlich genau auf die Festsetzung der Zusatzvergütung bei gewollter gemischter Sacheinlage zu achten sein, sollte die höchstrichterliche Rechtsprechung der letztgenannten Ansicht folgen. Insofern ist das Transaktionsrisiko (Nichtigkeitsrisiko) letztlich (wertungsmäßig durchaus verblüffend) je nach Positionierung im Rahmen dieses Meinungsstreits sogar höher als jenes im Fall einer festgesetzten Bareinlage, mündet diese doch nach dem bei → II. 1. Gesagten allein in die Figur der verdeckten gemischten Sacheinlage, die immerhin zur Wertanrechnung unter Aufrechterhaltung der Wirksamkeit des Verkehrsgeschäfts führt.

c) *Konsequenzen für die Praxis*

Die sogleich zu beleuchtenden, streitigen Fragen, ob zum einen der überschießende, dh durch Geldleistung vergütete, rechnerisch nicht auf die Einlageschuld entfallende Teil der Inferentenleistung von der sacheinlagebezogenen Offenlegungs- bzw. Festsetzungspflicht erfasst ist, und zum anderen, ob dieser Teil den kapitalaufbringungsrechtlichen Kautelen der Wertkontrolle unterliegt, stellt sich richtigerweise nicht, wenn und sofern die Vertragsparteien eine gewillkürte Verklammerung herbeiführen wollen, was sie in klarster Weise durch die einheitliche Sachleistungsfestsetzung im Gesellschaftsvertrag (bei Gründung) oder Sachkapitalerhöhungsbeschluss zum Ausdruck bringen. Dh: Festzusetzen im Gesellschaftsvertrag oder Sachkapitalerhöhungsbeschluss sind in diesem Fall (1) die Pflicht des Inferenten zur „Einbringung" (Übertragung) sämtlicher Geschäftsanteile an der Zielgesellschaft, (2) die Anzahl jener Geschäftsanteile und der damit verbundene Wertanteil, welcher auf die neu ausgegebenen Geschäftsanteile entfällt, sowie (3) die Anzahl jener Geschäftsanteile, für welche die Geldvergütung geschuldet ist.[80] Insofern liegt dann letztlich ein einheitlicher Einbringungsvertrag vor, der eine gemischte Gegenleistung (Geschäftsanteile sowie Barvergütung) vorsieht. (Demgegenüber dominiert in der Praxis als Ausgangspunkt ein Kaufvertrag über die Geschäftsanteile der Zielgesellschaft, zu welchem ein Einbringungsvertrag über eine Teilmenge dieser Geschäftsanteile hinzutritt; darüber sogleich unter → III. 3.) Die gemischte Sacheinlage ist in der Handelsregisteranmeldung offenzulegen; ein Wertnachweis[81] zur Ermöglichung der Werthaltigkeitsprüfung (vgl. § 57a GmbHG iVm § 9c GmbHG) muss sich jedenfalls auf die Deckung der Summe aus Nennbetrag (ohne Sachaufgeld)[82] und Zusatzvergütung („Kaufpreis") erstrecken[83] (anderenfalls Differenzhaftung entsprechend § 9 GmbHG), und zwar auf die gesamte Zusatzvergütung, wozu auch Mittelrückflüsse etwa durch die Übernahme der gesamten Transaktionskosten durch die Gesellschaft (sofern nicht allein die Kapitalerhöhungskosten betroffen sind) gehören. Damit korrespondiert die Werthaltigkeitsprüfung durch das Registergericht.

Mit Recht nicht durchgesetzt haben sich Stimmen in der Rechtsliteratur, welche die Werthaltigkeitsprüfung allein auf den Sacheinlagegenstand als solchen beziehen möchten (sodass es zu einem Eintragungshindernis – und einer Differenzhaftung – nur bei fehlender Wertdeckung des Nennbetrags der neu ausgegebenen Geschäftsanteile käme), wobei im Wesentlichen darauf abgestellt wird, dass eine etwaige Überbewertung der Gesamtsachleistung angeblich zunächst zulasten der Zusatzvergütung gehe.[84] Letzteres basiert auf einer frag-

---

[80] Vgl. *Veil* in K. Schmidt/Lutter, AktG, 4. Aufl. 2020, § 183 Rn. 4.

[81] Wird verlangt werden.

[82] Umstritten ist, ob sich Prüfungspflicht auch auf das Sachaufgeld bezieht; dagegen *Gerlach,* Die gemischte Sacheinlage, 2016, 96; *Maier-Reimer* FS Hoffmann-Becking, 2013, 755 (764); *Veil* in Scholz, GmbHG, 13. Aufl. 2023, § 9c Rn. 32.

[83] Demgegenüber will *Priester* FS Maier-Reimer, 2010, 525 (546) die Werthaltigkeitsprüfung allein auf den Sacheinlagegegenstand beziehen, also unter Ausklammerung der Vergütungsleistung; dagegen mit Recht *Gerlach,* Die gemischte Sacheinlage, 2016, 94ff.

[84] *Priester* GmbHR 1982, 112 (113); *Priester* FS Maier-Reimer, 2010, 525 (536) (Ausnahme aber für das AG-Gründungsstadium); *Priester/Tebben* in Scholz, GmbHG, 12. Aufl. 2021, § 56

würdigen tatsächlichen Prämisse; um eine Irreführung des Rechtsverkehrs zu vermeiden, bedürfte es insoweit der Festsetzung im Kapitalerhöhungsbeschluss, dass ein Minderwert zulasten der Vergütungskomponente gehen soll.[85]

3. *Aufspaltung in reine Sacheinlage (ohne Zusatzvergütung) und Verkehrsgeschäft („echte" Sachübernahme)*

a) *Beispielsfall 3*

Wie in Fall 3, allerdings wird – bei unveränderten Wertverhältnissen – im Rahmen des Sachkapitalerhöhungsbeschlusses lediglich festgesetzt, dass die Ausgabe neuer Geschäftsanteile an die V-GmbH gegen Sacheinlage von 50 Geschäftsanteilen an der Z-GmbH erfolgen soll; in einem parallel verhandelten Kaufvertrag, der keine Erwähnung im Kapitalerhöhungsbeschluss findet, verpflichtet sich die V-GmbH, die weiteren 50 Geschäftsanteile an die E-GmbH gegen Kaufpreiszahlung abzutreten; diese Abtretung erfolgt aufschiebend bedingt auf das Wirksamwerden der Kapitalerhöhung. Im Rahmen der Handelsregisteranmeldung wird die bloße Sacheinlage für sich ordnungsgemäß angemeldet, wiederum ohne Erwähnung des Verkehrsgeschäfts, das auch im Rahmen des Wertnachweises unbeachtet bleibt (der Wertnachweis bezieht sich nur auf die Deckung der Nennbeträge der neu ausgegebenen Geschäftsanteile durch die als Sacheinlage festgesetzten 50 Geschäftsanteile). Neuralgisch wird diese Aufspaltung wiederum dann, wenn es zu einer Überbewertung der Sacheinlage kommt, sodass zwar bei isolierter Betrachtung der Nennbetrag der neu ausgegebenen Geschäftsanteile durch die erste Tranche (50 Geschäftsanteile) abgedeckt ist, bei Gesamtbetrachtung aber eine Unterdeckung entsteht.[86]

b) *Rechtliche Bewertung*

aa) *Aufteilbarkeit in Sacheinlage- und Sachübernahme*

Die Offenlegung der Gesamttransaktion, insbesondere die Notwendigkeit eines Wertnachweises, der sich auf die Deckung der Summe aus übernommenen Nennbeträgen und erhaltener Zusatzvergütung durch die Gesamtsachleistung zu beziehen hat, wird in der Praxis, schon aus Kostengründen, aber auch aus Vertraulichkeitsgründen, oftmals als misslich empfunden. Es liegt daher nahe, durch Tranchenbildung nur eine Teilmenge der insgesamt zu übertragenden Geschäftsanteile der Sacheinlage zuzuordnen, die Restmenge hingegen als „echte" Sachübernahme, dh: als „reguläres" Verkehrsgeschäft, auszugestalten. Wie gezeigt, ist eine festgesetzte gemischte Sacheinlage als einheitliches Rechtsgeschäft zu betrachten; das

---

Rn. 44 (Beschluss sollte gewollte Vergütungsminderung jedoch klarstellen); *Schall* in Großkomm-AktG, 5. Aufl. 2016, § 27 Rn. 219; aA aber, wie hier, ausf. *Kurz* MittBayNot 1996, 172 (173 f.); *Stiller/Redeker* ZIP 2010, 875 (867); *Gerlach,* Die gemischte Sacheinlage, 2016, S. 95 mwN; *Maier-Reimer* FS Hoffmann-Becking, 2013, 755 (762); *Veil* in Scholz, GmbHG, 13. Aufl. 2023, § 9c Rn. 34; letztlich ergibt sich dies bereits aus dem „Warenlager"-Urteil BGHZ 170, 47 (56) = NZG 2007, 144.

[85] Vgl. *Pentz* GmbHR 2010, 673 (677); *Habersack* FS Konzen, 2006, 179 (184); *Ulmer/Löbbe* in Habersack/Casper/Löbbe, GmbHG, 3. Aufl. 2019, § 56 Rn. 39; *Schwandtner* in MüKoGmbHG, 4. Aufl. 2022, § 5 Rn. 215, § 9 Rn. 17; *Veil* in Scholz, GmbHG, 13. Aufl. 2023, § 9 Rn. 8 ff., § 9c Rn. 34; ausf. *Gerlach,* Die gemischte Sacheinlage, 2016, 102 f.; ähnlich wohl *Maier-Reimer* FS Hoffmann-Becking, 2013, 755 (762).

[86] Beispiel nach *Maier-Reimer* FS Hoffmann-Becking, 2013, 755 (772): Wert des Gesamtgegenstandes = 1.000, wahrer Wert = 600; Hälfte als Sacheinlage bei Ausgabebetrag von 300 (bei verdecktem Agio von 200), andere Hälfte wird zum Kaufpreis von 500 an die Gesellschaft verkauft. Ergebnis: Ausgabebetrag ist bei isolierter Betrachtung gedeckt, bei Festsetzung als gemischte Sacheinlage käme es zur Unterdeckung von 300 – (600 – 500) = 200.

schließt aber nicht zwingend die Möglichkeit aus, eine bewusste und so auch deklarierte Aufspaltung vorzunehmen. Diese Aufspaltungsmöglichkeit macht sich die Rechtsnatur der oben unter → III. 1. geschilderten „echten" Sachübernahme zunutze, die letztlich nichts anderes ist als ein rein schuldrechtlicher Vertrag und daher schon mangels dahingehender gesetzlicher Anordnung keinerlei Festsetzungs-, Publizitäts- und wertbezogenen Prüfungspflichten unterliegt. Die wissenschaftliche Diskussion hat sich mit einigen gewichtigen Ausnahmen allzu sehr auf die retrospektive Analyse etwaiger fehlgeschlagener Aufspaltungen kapriziert, wofür die primäre Befassung mit einschlägigen, notwendig diese Perspektive einnehmenden, Judikaten verantwortlich sein mag.

Aus der kauterlarjuristischen Warte rückt die Frage nach der Aufspaltbarkeit stärker in den Fokus. Es geht nicht darum, im Nachhinein zu ermitteln, ob zB eine verkehrsgeschäftliche Grundstücksübertragungspflicht bei festgesetzter Bareinlage in toto als verdeckte Sacheinlage umqualifiziert werden muss oder womöglich eine Bruchteilsbetrachtung sachgerecht ist. Aus der ex-ante-Sicht stellt sich, um bei diesem häufig bemühten Beispielsfall zu bleiben, vielmehr die Frage, ob im Falle einer gewollten „vergüteten Einbringung" des Grundstücks notwendig eine gemischte Sacheinlage mit festgesetzter Zusatzvergütung gewählt werden muss, oder ob stattdessen beispielsweise der als einheitlich im Sinne eines „miteinander Stehens und Fallens" gewollte Vorgang in eine Sacheinlage des Grundstücks zu hälftigem Bruchteilseigentum (was entsprechend festzusetzen wäre) und einen daneben tretenden Kaufvertrag über die zweite Hälfte zergliedert werden kann (wenngleich durch Bedingungen möglicherweise miteinander rechtsgeschäftlich verbunden).

Das einzige bisherige höchstrichterliche Judikat, welches sich mit dieser Problematik der Aufspaltbarkeit im Fall einer gemischten Sacheinlage befasst – BGHZ 191, 364 Rn. 50 („Babcock") – hat sich (jedenfalls für den Bereich der Kapitalerhöhung) zugunsten einer derartigen Teilbarkeit nach Maßgabe des Parteiwillens ausgesprochen. Dem ist unbedingt zuzustimmen, was sich zunehmend auch in der Rechtsliteratur durchsetzt, nachdem früher vielfach vertreten wurde, dass mehrere für sich genommen selbstständige Sachleistungen, von denen nur ein Teil als Sachleistung festgesetzt wird, in Wahrheit (meist ohne nähere Begründung) zwingend als gemischte Sacheinlage zu behandeln und so auch festzusetzen seien (insoweit kann man von einem Zwang zur gemischten Sacheinlage sprechen).[87] Allein: Die Kriterien der Aufspaltbarkeit bleiben nebulös, jedenfalls werden die Aussagen des BGH

---

[87] Ein Umdenken in der Rechtsliteratur und Rechtsprechung scheint maßgeblich durch die Beiträge von *Habersack* ZGR 2008, 48 (54 ff.) sowie *Habersack* FS Konzen, 2006, 179 (188 ff.) und sodann *Benz,* Verdeckte Sacheinlage und Einlagenrückzahlung im reformierten GmbH-Recht (MoMiG), 2010, S. 59 ff. bedingt zu sein; s. nunmehr auch *Schwandtner* in MüKoGmbHG, 4. Aufl. 2022, § 19 Rn. 197, der mit Recht darauf hinweist, dass das Kriterium der Nämlichkeit der Mittel nur bei der Bareinlage relevant ist; *Servatius* in Noack/Servatius/Haas, GmbHG, 23. Aufl. 2022, § 5 Rn. 20; *Servatius* in BeckOGK, 1.2.2022, AktG § 183 Rn. 11 ff.; *Lieder* in Bürgers/Körber/Lieder, AktG, 5. Aufl. 2021, § 183 Rn. 2; *Veil* in K. Schmidt/Lutter, AktG, 4. Aufl. 2020, § 183 Rn. 4; weniger weitreichend indes *Bayer* in K. Schmidt/Lutter, AktG, 4. Aufl. 2020, § 27 Rn. 32; *Heidinger/Berkefeld* in Heckschen/Heidinger, Die GmbH in der Gestaltungs- und Beratungspraxis, 4. Aufl. 2018, Kap. 11 Rn. 212; *Cavin,* Kapitalaufbringung in GmbH und AG, 2012, 528 ff.; *Gottschalk* GWR 2012, 121 (122 f.); *Ekkenga* ZIP 2013, 541 (546 ff.); *R. Krause* ZHR 181 (2017), 641 (655); wohl auch *Lieder* in MüKoGmbHG, 4. Aufl. 2022, § 56 Rn. 8 (aber möglicherweise restriktiver); aA *Hüffer,* AktG, 10. Aufl. 2012, § 183 Rn. 3: getrennte Beurteilung auch bei teilbaren Leistungen nicht veranlasst; weiterhin gegen eine gewillkürte Aufteilung aber *Maier-Reimer* FS Hoffmann-Becking, 2013, 755, (770 ff.); ähnlich auch *Bunnemann* NZG 2005, 955 (956 ff.), dem zufolge bei teleologischer Auslegung des § 56 Abs. 1 S. 1 GmbHG eine Festsetzung alle wirtschaftlich möglicherweise die Kapitalaufbringung negativ beeinflussenden Maßnahmen umfassen müsse, womit er im Ergebnis davon ausgeht, dass sich die Gefahr einer verdeckten Sacheinlage nicht sicher durch eine Sachkapitalerhöhung ausschalten lasse; dagegen mit Recht *Traugott/Groß* BB 2003, 481 (488): „vorsorgliche Sacheinlage".

unterschiedlich interpretiert. Vorwegzuschicken ist: Jene Literaturstimmen, die eine rechtliche Unterteilung in Sacheinlage und Sachübernahme bereits bei objektiver Teilbarkeit der Sachleistung vornehmen wollen, werden im Beispielsfall bei einer willensgetragenen Festsetzung allein der ersten Tranche der Geschäftsanteile als Sacheinlage auch ohne Offenlegung des Verkehrsgeschäfts erst recht von einer dahingehenden Gestaltungsfreiheit auszugehen haben; aus Sicht dieser Literaturstimmen stellt sich die Frage der Kompatibilität ihrer These mit dem Rekurs des BGH auf den Parteiwillen als Kriterium der Aufspaltung. Konsequenterweise dürfte der Parteiwille bei Maßgeblichkeit der objektiven Teilbarkeit irrelevant sein;[88] auch eine äußerliche Trennung des Vorgangs wird nicht zu verlangen sein, sofern eine faktisch-gegenständliche Teilbarkeit für maßgebend gehalten wird. Lehnt man mit der überzeugenden hM, wie oben dargestellt, den alleinigen Rekurs auf die objektive Teilbarkeit im Sinne einer Möglichkeitsbetrachtung ab, ist die objektive Teilbarkeit nur als notwendiges, nicht aber als hinreichendes Kriterium für den Tatbestand der gemischten Sacheinlage einzustufen. Die notwendige Bedingung der Teilbarkeit ist bei Lichte besehen freilich kaum je exkludierend, denn für gewöhnlich wird ein Gegenstand, zumindest im Wege der Bruchteilsbildung, teilbar sein;[89] kein Problem der Teilbarkeit sind jedenfalls die hier interessierenden Fälle der Übertragung mehrerer Geschäftsanteile.[90]

bb) Irrelevanz eines rechtsgeschäftlichen Verknüpfungswillens

Explizit herausgestrichen hat der BGH in der „Babcock"-Entscheidung, dass entgegen der Vorinstanz (OLG Frankfurt a. M.) die Frage der gewillkürten Aufteilbarkeit mitnichten anhand der Grundsätze zu § 139 BGB zu beantworten ist; ob eine Verknüpfung der Sacheinlage- mit der Sachübernahmeabrede im Sinne eines Gesamtgeschäfts nach Maßgabe des § 139 BGB vorliegt, ist mithin irrelevant. Da die Vorinstanz ausdrücklich auch die Grundsätze zu zusammengesetzten bzw. gekoppelten Verträgen im Bereich des § 15 Abs. 4 S. 1 GmbHG bemüht hat, die Kriterien aber grosso modo, jedenfalls was die Ermittlung eines Einheitlichkeits- oder Verknüpfungswillens anbetrifft, deckungsgleich sind, wird man darin auch eine Absage an die Heranziehung dieser Grundsätze erblicken müssen.[91] Das überzeugt, da Bezugspunkt der Frage nach der Aufteilung nicht ein rechtsgeschäftlicher Verknüpfungswille ist, sondern ein Aufteilungswille, der aus der Gesamttransaktion einzelne Elemente heraustrennt und sie den vereinbarten Kategorien (hier Sacheinlage, dort Sachübernahme) zuweist. Auf Grundlage des Schutzzwecks der Festsetzungspflichten kommt es

---

[88] Konsequent in diesem Sinne *Schürnbrand* in MüKoAktG, 4. Aufl. 2016, § 183 Rn. 11, der daher auch in den Kriterien der „Babcock"-Entscheidung eine abzulehnende Erweiterung (im Sinne einer Erweiterung des Anwendungsbereichs der gemischten Sacheinlage) erblickt; *Priester* FS Maier-Reimer, 2010, 525 (535 ff.); wohl auch *Rieder/Holzmann* in Grigoleit, AktG, 2. Aufl. 2020, § 183 Rn. 2; inkonsequent aber *Servatius* in BeckOGK, 1.2.2022, AktG § 183 Rn. 11.3 insoweit er den Fall einer gewollten einheitlichen Behandlung trotz objektiver Teilbarkeit als einheitliche gemischte Sacheinlage behandeln will (womöglich versteht Servatius unter der objektiven Teilbarkeit abweichend von Schürnbrand aber auch nur einen nach außen getretenen und damit durch einen objektiven Dritten erkennbaren Aufteilungswillen).

[89] Zutreffend bereits *Feine* in Ehrenbergs Handbuch des gesamten Handelsrechts III, 3. Abteilung, 1929, 107; soweit zuweilen gesagt wird, ein Bruchteil sei nicht sacheinlagefähig, ist dem nicht zu folgen; insbesondere konfligiert die Übertragung von Bruchteilseigentum nicht mit dem Volleinzahlungsgebot (§ 7 Abs. 3 GmbHG, § 36a Abs. 2 AktG); aA *Habersack* ZGR 2008, 48 (56); *Ekkenga* ZIP 2013, 541 (542); dagegen mit näherer Begründung *Gerlach,* Die gemischte Sacheinlage, 2016, 48; vgl. auch *Maier-Reimer* FS Hoffmann-Becking, 2013, 755 (760).

[90] Das dürfte unstreitig sein; vgl. etwa *R. Krause* ZHR 181 (2017), 641 (654): „Beim Anteilskauf, der teils gegen Aktien, teils gegen einen Barkaufpreis erfolgt, wird an der objektiven Teilbarkeit kein Zweifel bestehen."

[91] Nicht überzeugend daher *Maier-Reimer* FS Hoffmann-Becking, 2013, 755 (773), der gerade auf diese Kriterien abstellen will; wie hier aber *Gerlach,* Die gemischte Sacheinlage, 2016, 55.

allein auf die ordnungsgemäße Deklarierung des als Sacheinlage Geschuldeten an;[92] maßgebend ist insoweit, dass sich mit aller Klarheit ermitteln lässt, welcher Leistungsteil als Sacheinlage gewollt war, was zweifelsfrei zum Ausdruck gelangt, sofern eine ausdrücklich darauf beschränkte Festsetzung erfolgt.

Im Ergebnis läuft dies auf ein Gestaltungswahlrecht hinaus. Entscheidend ist angesichts der Unbeachtlichkeit des rechtsgeschäftlichen Verknüpfungswillens bei nach außen manifestiertem Aufteilungswillen für die rechtliche Separierung in einen Sacheinlage- und einen Sachübernahmeteil konsequenterweise auch nicht, ob, wie in der Praxis häufig, beide Teile in Wirksamkeit und Vollzug voneinander unabhängig oder vielmehr etwa über Bedingungen miteinander verknüpft sind.[93]

cc) Aufteilungsfreiheit; Schutz über Kapitalerhaltungsrecht

Auf das Unbehagen, das aus der Möglichkeit resultiert, durch (womöglich gar missbräuchliche) Ausübung dieses Gestaltungswahlrechts im Falle einer überbewerteten Sachleistung eine Differenzhaftung, die im Fall einer Festsetzung als gemischte Sacheinlage zum Tragen käme, zu umgehen und damit die Kapitalaufbringungskontrolle partiell zu unterlaufen,[94] ist mit dem Verweis auf das Kapitalerhaltungsrecht und die allfällige Geschäftsführerhaftung zu reagieren. Die Verortung der Sachübernahmekomponente allein im Bereich des Kapitalerhaltungsrechts mag unbefriedigend erscheinen, erweist sich aber als konsequente Rechtsanwendung, sofern die Rechtsnatur der Sachübernahmevereinbarung in Rechnung gestellt wird. Ihre Verbundenheit mit einem Kapitalaufbringungsvorgang kann nicht zur Wertschmälerung der Sacheinlage führen, solange diese, wie deklariert, ordnungsgemäß erbracht wird. Die dahingehenden Bemühungen in der Literatur gehen denn auch über Wertungsargumente nicht hinaus. So erscheint es *Maier-Reimer* wertungswidersprüchlich, wenn die Teiloffenlegung des Gesamtvorgangs (gemeint ist die Festsetzung des Sacheinlageteils) dazu führen können sollte, dass – anders als bei der Totalverdeckung (im Sinne einer verdeckten gemischten Sacheinlage unter Festsetzung einer Bareinlage), die nach Maßgabe der Anrechnungslösung zu einem Abzug der Zusatzvergütung vom Wert der Gesamteinlage führt (darüber bei → II. 2. b)) – im Fall der Teilverdeckung (Nichtoffenlegung der Zusatzvergütung) der Sachübernahmeteil allein dem Kapitalerhaltungsrecht untersteht. Dies wird dort als unbillig empfunden, wo ein als Ganzes gewolltes Geschäft (hier: die Übertragung der 100 Geschäftsanteile) „künstlich" in ein Sacheinlagegeschäft und ein Sachübernahmegeschäft aufgespalten wird, um trotz Überbewertung der Sachleistung der registergerichtlichen Wertprüfung standhalten zu können. Zu selbigem Ergebnis kommt letztlich auch *Ekkenga,* der, ähnlich argumentierend, anführt, im Fall der Vereinbarung einer Anrechnung der Übernahmevergütung auf eine Bareinlagepflicht („unechte" Sachübernahme bzw., dasselbe meinend, „fingierte Sacheinlage" iSd § 27 Abs. 1 S. 2 AktG, auf den sich die pauschale Verweisung in § 183 Abs. 1 AktG erstreckt) sei ein Aufbringungsdefizit (bei überhöhter Vergütung) dem Einbringungsvorgang zuzuordnen, weshalb kaum anderes gelten könne, sofern die Sacheinlage nicht „fingiert", sondern tatsächlich festgesetzt sei und anstelle einer Anrechnung eine Ausgleichszahlung erfolge.[95]

---

[92] Zutreffend *Benz,* Verdeckte Sacheinlage und Einlagenrückzahlung im reformierten GmbH-Recht (MoMiG), 2010, S. 64 f.; *Schwandtner* in MüKoGmbHG, 4. Aufl. 2022, § 19 Rn. 197, wonach eine Umgehung der Sacheinlagevorschriften droht, weil die eingebrachte Sache der Wertkontrolle unterliegt und der Vorgang der Sacheinlage auch publik gemacht wird; *Schürnbrand/Verse* in MüKoAktG, 5. Aufl. 2021, § 183 Rn. 16.

[93] Genau anders *Hermanns* in Henssler/Strohn, Gesellschaftsrecht, 5. Aufl. 2021, AktG § 183 Rn. 7, dem zufolge es eine rechtliche Aufspaltung nur vertretbar sein soll, wenn beide Teile in Wirksamkeit und Vollzug voneinander unabhängig sein sollen.

[94] S. das Beispiel bei *Maier-Reimer* FS Hoffmann-Becking, 2013, 755 (772).

[95] *Ekkenga* ZIP 2013, 541 (546 f.); *Ekkenga* in Kölner Komm AktG, 3. Aufl. 2020, § 183 Rn. 204.

Beide Ansichten können nicht überzeugen, weil sie einen Wertungstransfer von der Rechtslage bei festgesetzter Bareinlage hin zur Rechtslage bei der Sacheinlage vornehmen und insoweit im Lichte des Bestrebens nach Beseitigung der Umgehungsgefahren der gesetzgeberischen Ausklammerung der „echten Sachübernahme" (ausgenommen das AG-Gründungsrecht, vgl. § 27 Abs. 1 S. 1 Var. 2 AktG) nicht hinreichend Rechnung tragen, überdies mit dem Rückgriff auf den (insoweit nicht nach außen gedrungenen) Parteiwillen ein rechtssicher wenig handhabbares Kriterium heranziehen.[96] Mit *Verse* wird man vielmehr, wie ausgeführt, von einer „Aufteilungsfreiheit" ausgehen müssen,[97] für deren ordnungsgemäße Ausübung es, wie *Kraft* bereits herausgestrichen hat, darauf ankommt, dass sich anhand der Satzung bzw. des Kapitalerhöhungsbeschlusses klar feststellen lässt, welcher Sachleistungsteil durch Gewährung von Geschäftsanteilen und welcher durch eine Vergütungsleistung entgolten werden soll.[98]

Folgt man dem, bleibt auf Grundlage der „Babcock"-Entscheidung gleichwohl unklar, welche Konsequenzen hieraus für die Reichweite der Offenlegung des Gesamtvorgangs zu ziehen sind. In dem der Entscheidung zugrunde liegenden Sachverhalt war eine Offenlegung im Rahmen des Kapitalerhöhungsbeschlusses erfolgt, ohne dass eine gemischte Sacheinlage festgesetzt worden wäre. In der Praxis lässt sich diese Gesamtoffenlegung mitunter beobachten. Richtigerweise erfolgt diese aber überschießend, was sich aus einer konsequenten Anerkennung der Aufspaltbarkeit nach Maßgabe des Parteiwillens ergibt.[99]

c) Konsequenzen für die Praxis

Angesichts der „Babcock"-Entscheidung und eines sich zunehmend verfestigenden, ihr zustimmenden Meinungsbildes in der Rechtsliteratur wird auch der um Vorsicht bemühte Praktiker guten Gewissens eine Aufspaltung im Rahmen einer Kapitalerhöhung wie folgt vornehmen können: (1) Festsetzung einer Sacheinlage im Kapitalerhöhungsbeschluss unter genauer Angabe jener Teilmenge der Geschäftsanteile, welche als Sacheinlagen vom Inferenten geschuldet sein sollen; vorsorgliche (aber rechtlich eigentlich nicht geforderte) Offenlegung des Danebentretens eines Verkehrsgeschäfts im Sinne einer „echten" Sachübernahme, ohne dass Details (zB Wertangaben) vonnöten wären; sollten zB „Transaktionskosten" von der Gesellschaft übernommen werden, ist diese Übernahme, soweit sie Kosten erfasst, die an sich den Inferenten träfen, ebenfalls festzusetzen (insoweit liegt eine gemischte Sacheinlage vor); eine äußerlich klare Trennung in der Dokumentation zwischen Sacheinlage- und Sachübernahmevereinbarung ist ratsam, unschädlich ist aber die Beifügung des Einbringungsvertrags als Anlage zum Anteilskaufvertrag;[100] (2) Offenlegung

---

[96] Berechtigte Zurückweisung dieser Ansichten (explizit jedenfalls der Ansicht von Ekkenga) denn auch bei *Gerlach,* Die gemischte Sacheinlage, 2016, S. 51; *Schürnbrand/Verse* in MüKoAktG, 5. Aufl. 2021, § 183 Rn. 15 Fn. 28.

[97] *Verse* ZGR 2012, 875 (897); *Lieder* in Bürgers/Körber/Lieder, AktG, 5. Aufl. 2021, § 183 Rn. 2; *Koch,* AktG, 16. Aufl. 2022, § 27 Rn. 8a, der hierfür aus „Gründen systematischer Geschlossenheit" sogar für die aktienrechtliche Gründung (trotz § 27 Abs. 1 S. 1 Var. 1 BGB, insoweit aber wohl ohne Unterschied im Ergebnis) eintritt; *Schürnbrand/Verse* in MüKoAktG, 5. Aufl. 2021, § 183 Rn. 16; weniger weitreichend indes *Bayer* in K. Schmidt/Lutter, AktG, 4. Aufl. 2020, § 27 Rn. 32, aber wohl im Ergebnis der „Babcock"-Entscheidung für die Kapitalerhöhung zust.; ausf. auch *Gerlach,* Die gemischte Sacheinlage, 2016, S. 44ff., der mit Recht präzisiert, dass es auf die Teilung und nicht die Teilbarkeit ankommt.

[98] *Kraft* in Kölner Komm AktG, 2. Aufl. 1988, § 27 Rn. 51; vgl. auch *Kraft/Krieger* in Hoffmann/Becking, Münchener Handbuch des Gesellschaftsrechts, Band 4: Aktiengesellschaft, 3. Aufl. 2007, § 56 Rn. 55, dort allerdings weniger klar auf den Parteiwillen abstellend.

[99] Zutreffend *Verse* ZGR 2012, 875 (897 Fn. 94); *Gerlach,* Die gemischte Sacheinlage, 2016, S. 51; *Ekkenga* in Kölner Komm AktG, 3. Aufl. 2020, § 183 Rn. 200 Fn. 854; *Schürnbrand/Verse* in MüKoAktG, 5. Aufl. 2021, § 183 Rn. 15; offenlassend *R. Krause* ZHR 181 (2017), 641 (654).

[100] Vgl. *R. Krause* ZHR 181 (2017), 641 (654f.).

der Sacheinlage (ggf. mitsamt Übernahme der Transaktionskosten) und Sacheinlageleistung im Rahmen der Handelsregisteranmeldung, ggf. wiederum vorsorglich unter Hinweis auf das zusätzliche Verkehrsgeschäft; (3) Wertnachweis über die Deckung der übernommenen Geschäftsanteile (ohne Berücksichtigung eines Sachaufgelds, aber unter Einbeziehung etwaig übernommener Transaktionskosten) durch die als Sacheinlage eingebrachte Teilmenge der zu übertragenden Geschäftsanteile (kein Wertnachweis über den Sachübernahmeteil erforderlich, aber, sofern verfügbar, zweckmäßig angesichts vereinzelter Stimmen in der Literatur).

Allerdings ist mit dieser Gestaltung ein „Wermutstropfen" verbunden, der durchaus aufgrund seiner gravierenden nachteiligen Auswirkungen mit einigem Gewicht in die Risikokalkulation einzustellen ist: Sollte entgegen der sich zunehmend festigenden Meinung eine Aufteilbarkeit der Tranchen in Sacheinlage und Sachübernahme höchstrichterlich künftig abgelehnt und damit ein Zwang zur gemischten Sacheinlage statuiert werden, wäre konsequenterweise die fehlende Festsetzung der Zusatzvergütung (für die zweite Anteilstranche) als „verdeckt gemischte Sacheinlage" zu qualifizieren, die – je nach hierzu vertretenem Standpunkt (eine höchstrichterliche Klärung steht noch aus) – äußerst missliche Rechtsfolgen zeitigen kann (insbesondere: Kondizierbarkeit der Vergütungsleistung). Es obliegt den Transaktionsbeteiligten – aufgeklärt über die Rechtslage –, eine Risikofolgenabschätzung und überhaupt eine Gewichtung der Vor- und Nachteile der jeweiligen Gestaltung (insbesondere eine Abwägung zwischen den Transaktionsrisiken der Aufspaltung auf der einen Seite und den [Kosten-]Vorteilen eines auf die Sacheinlage beschränkten Wertnachweises auf der anderen Seite) vorzunehmen. Ein Ablehnungsgrund iSd § 4 BeurkG liegt keinesfalls vor; nicht einmal einen Zweifelsvermerk iSd § 17 Abs. 2 S. 2 BeurkG wird der Notar in der Niederschrift selbst zu vermerken haben, sofern er mit den hier aufgezeigten Argumenten die Aufspaltbarkeit für rechtlich zulässig hält.

4. Verschleierte offene Sacheinlage: Einbringung der Kaufpreisforderung bei der Erwerbergesellschaft mit Konfusionswirkung

a) Beispielsfall 5

Die V-GmbH verkauft in einem ersten Schritt sämtliche 100 Geschäftsanteile an der Z-GmbH an die E-GmbH; ein Teilbetrag des Kaufpreises (der rechnerisch auf 50 Geschäftsanteile entfällt) wird gestundet. In einem zweiten Schritt erfolgt nach Maßgabe eines dahingehenden Gesamtplans eine Sachkapitalerhöhung unter Festsetzung der Einbringung der Teilkaufpreisforderung gegen die E-GmbH als Sacheinlage mit anschließender Abtretung derselben, womit diese durch Konfusion erlischt. Im Rahmen der Handelsregisteranmeldung der Sachkapitalerhöhung wird ein Wertnachweis beigebracht, der sich zum einen auf die Vollwertigkeit der Teilkaufpreisforderung bezieht, zum anderen auf die Deckung des Werts der ausgegebenen Nennbeträge sowie der Teilkaufpreisforderung durch eine Teilmenge der verkauften Geschäftsanteile.

b) Rechtliche Bewertung

aa) Formale Festsetzung einer Forderung als Sacheinlage

Mitunter wird die Rückbeteiligung in der Praxis nicht vermittels Ausgabe neuer Geschäftsanteile an der Erwerbergesellschaft gegen Sacheinlage einer Teilmenge der Geschäftsanteile an der Zielgesellschaft konstruiert, sondern durch Abtretung eines Teils der (regelmäßig zunächst gestundeten) Kaufpreisforderung, die aus einer vorgängigen Veräußerung sämtlicher Geschäftsanteile resultiert. Keiner näheren Begründung bedarf, dass eine Auszahlung des Kaufpreises (durch die Tochtergesellschaft mit Mitteln der Muttergesellschaft) und eine „Wiedereinbringung" eines Teils hiervon im Rahmen einer Bareinlage als Her- und

Hinzahlen zu bewerten wäre und damit in den Anwendungsbereich der verdeckten Sacheinlage fiele.[101] Darum geht es hier nicht, wählt doch die Praxis mit Recht als Ausgangspunkt die Kaufpreisforderung als Sacheinlagegegenstand. Rechtstechnisch wird zwecks Erfüllung der Sacheinlagepflicht im Rahmen des Einbringungsvertrages die Kaufpreisforderung gegen die Erwerbergesellschaft abgetreten, die damit aufgrund Ineinanderfallens von Gläubiger- und Schuldnerstellung durch Konfusion erlischt.[102] Kapitalaufbringungsrechtlich bedeutet dies bei vordergründiger Betrachtung: Sacheinlagegegenstand, und als solcher zutreffend im Kapitalerhöhungsbeschluss festgesetzt, ist die Teilkaufpreisforderung gegen die Erwerbergesellschaft, die nach mittlerweile gefestigter Meinung Gegenstand einer Sacheinlage sein kann,[103] allerdings die bis heute nicht vollständige geklärte Frage aufwirft, ob die Forderung gegen die Gesellschaft mit der hM[104] wie eine Drittforderung (anhand der Kriterien der Vollwertigkeit, Liquidität und Fälligkeit) oder auf Basis einer streng bilanziellen Betrachtung – unabhängig von der Vermögenssituation der Gesellschaft – mit dem Nominalwert zu bewerten ist.[105]

bb) Festsetzung der Kaufpreisforderung als bloßes wirtschaftliches Zwischenstadium

Dieser Betrachtungsweise geriete aber aus dem Blickfeld, dass die (überdies einfacher zu bewertende) Kaufpreisforderung gezielt zum Zwecke der späteren Sacheinlage generiert wurde, nämlich durch das vorangegangene Verkehrsgeschäft. So betrachtet, wird vermittels formaler Festsetzung der Forderung als Sacheinlagegegenstand die in Wahrheit gewollte Einbringung der verkauften Geschäftsanteile überdeckt. Diese künstliche Schaffung des Sacheinlagegenstandes wird mitunter unter der Wendung „verschleierte offene Sacheinlage" auf den Begriff gebracht.[106] Es stellt sich die Frage, inwieweit der weithin akzeptierte und zutreffende Grundsatz, wonach eine offen festgesetzte Sacheinlage nicht geeignet ist, eine andere Sacheinlage zu verdecken,[107] in diesem Fall durchbrochen werden muss. Mitunter wird in

---

[101] Vgl. nur *Cahn/Simon/Theiselmann* CFL 2010, 238 (248); *Ekkenga* in Kölner Komm AktG, 3. Aufl. 2020, § 183 Rn. 116.

[102] Vgl. etwa von *Braunschweig* DB 2010, 713 (715); *Meyer-Uellner* AG 2013, 828 (834); *Fischer* in Holzapfel/Pöllath/Bergjan/Engelhardt, Unternehmenskauf in Recht und Praxis, 16. Aufl. 2021, Rn. 385; *Clauss/Jäckle/Strehle* in Meyer-Sparenberg/Jäckle, Beck'sches M&A-Handbuch, 2. Aufl. 2022, § 57 Rn. 13.

[103] BGHZ 15, 52 (60) = NJW 1954, 1842; BGHZ 110, 47 (60) = NJW 1990, 982 – IBH/Lemmertz (zur AG); BGHZ 113, 335 (341) = NJW 1991, 1754; BGHZ 145, 150 (155) = NJW 2001, 67; *Lutter*, Kapital, Sicherung der Kapitalaufbringung und Kapitalerhaltung in den Aktien- und GmbH-Rechten der EWG, 1964, 233 ff.; *Benz*, Verdeckte Sacheinlage und Einlagenrückzahlung im reformierten GmbH-Recht (MoMiG), 2010, 40 f.; *Schwandtner* in MüKoGmbHG, 4. Aufl. 2022, § 19 Rn. 140; *Schall* in GroßkommAktG, 5. Aufl. 2016, § 27 Rn. 181; *Pentz* in MüKoAktG, 5. Aufl. 2019, § 27 Rn. 29; aA *Schnorr/v. Carolsfeld* DNotZ 1963, 418; *Hoffmann* BB 1992, 575 (576); *Rose* GmbHR 1998, 301 (302).

[104] BGHZ 110, 47 (61) = NJW 1990, 982 – IBH/Lemmertz; BGHZ 113, 335 (341 f.) = NJW 1991, 1754; BGHZ 132, 141 (155) = NJW 1996, 1473; *Priester* DB 2010, 1445 (1448 f.); *Ekkenga* DB 2012, 331; *Seibt/Schulz* CFL 2012, 313 (326 f.); *A. Arnold* FS Hoffmann-Becking, 2013, 29; *Wiedemann* FS Hoffmann-Becking, 2013, 1387 (1391 f.); *Koch*, AktG, 16. Aufl. 2022, § 27 Rn. 17; *Pentz* in MüKoAktG, 5. Aufl. 2019, § 27 Rn. 29; *Schürnbrand/Verse* in MüKoAktG, 5. Aufl. 2021, § 183 Rn. 21 ff.

[105] *Reuter* BB 1978, 1195; *Meilicke* DB 1989, 1069 (1072 ff., 1119 ff.); *Cahn/Simon/Theiselmann* DB 2010, 1629; *Cahn/Simon/Theiselmann* DB 2012, 501; *Wansleben* WM 2012, 2083; *Geßler* FS Möhring, 1975, 173 (191); ausf. dazu aus der Kommentarliteratur, je dieser Meinung folgend, *Schwandtner* in MüKoGmbHG, 4. Aufl. 2022, § 5 Rn. 143; *Inhester/Dierst* in Saenger/Inhester, GmbHG, 4. Aufl. 2020, § 56 Rn. 8 ff.; differenzierend *Schürnbrand/Verse* in MüKoAktG, 5. Aufl. 2021, § 183 Rn. 21 ff.

[106] *Heidinger/Berkefeld* in Heckschen/Heidinger, Die GmbH in der Gestaltungs- und Beratungspraxis, 4. Aufl. 2018, Kap. 11 Rn. 253.

[107] Vgl. nur *Traugott/Groß* BB 2013, 481 (488); *Benz*, Verdeckte Sacheinlage und Einlagenrückzahlung im reformierten GmbH-Recht (MoMiG), 2010, 62; *Ekkenga* in Kölner Komm AktG,

diesem Sinne tatsächlich der Vorgang als verdeckte Sacheinlage eingestuft,[108] wobei letztlich auf eine wirtschaftliche Betrachtungsweise abgestellt und damit der Anwendungsbereich der verdeckten Sacheinlage teleologisch erweitert wird. Dem ist indes nicht zu folgen, weil nach innen und außen die Einbringung einer Forderung als Sacheinlage deklariert ist und die Abtretung bei Vollwertigkeit daher zur Erfüllung dessen führt, was der Rechtsverkehr erwarten darf. Diese insoweit gebotene formale Betrachtungsweise darf aber nicht über das dennoch hiermit verbundene Gläubigergefährdungspotenzial hinwegtäuschen, welches sich im Fall einer überhöhten Kaufpreisforderung realisiert. Insoweit vermag der Ansatz von *Komo,* der bei dieser formalen Betrachtung stehenbleibt und den Konnex zur Schaffung des Einlagegegenstandes durch ein vorangegangenes Verkehrsgeschäft ausblenden will, nicht zu überzeugen.[109] Demgegenüber will *Ekkenga* bei hier unzweifelhaft gegebenem und bereits durch die Stundung der Teilkaufpreisforderung indiziertem funktionalem Zusammenhang zwischen Kaufvertrag und Sacheinlage auf eine entsprechende Anwendung des § 27 Abs. 1 S. 2 AktG rekurrieren und damit die Grundsätze der „fingierten" (aktienrechtlichen) Sacheinlage (bei der GmbH: die Grundsätze der „unechten", mit einer Anrechnungs- oder Verrechnungsvereinbarung verbundenen Sachübernahme) heranziehen. Der *Jubilar* hält im Grundsatz das Kapitalerhaltungsrecht (§§ 30 f. GmbHG) für das einschlägige Schutzinstrument, will aber – insoweit sich der Position *Ekkengas* annähernd – aufgrund des Zusammenhangs zur Kapitalerhöhung die Wertdeckung der Kaufpreisforderung durch den Kaufgegenstand verlangen und trotz Werthaltigkeit der Kaufpreisforderung im Fall insoweit fehlender Wertdeckung auf eine entsprechende Anwendung der Differenzhaftung nach Maßgabe des § 9 GmbHG abstellen.[110] Hierfür sprechen die besseren Argumente.

c) Praktische Konsequenzen

Im vorliegenden Kontext der Frage nach der Aufteilbarkeit der Sachleistung ist hinzuzufügen, dass sich nach Maßgabe des bei → III. 5. Gesagten die Wertdeckung bei klarer Festsetzung der Teilkaufpreisforderung im Sachkapitalerhöhungsbeschluss auch nur auf die korrespondierende Teilmenge der dafür verkauften Geschäftsanteile an der Zielgesellschaft bezieht. Ähnliches gilt, sofern der Fall als verdeckte Sacheinlage eingestuft wird: Um dies zu vermeiden, ist im Kapitalerhöhungsbeschluss die Teilkaufpreisforderung sowie die hierauf bezogene Teilmenge der verkauften Geschäftsanteile festzusetzen; eine Aufteilung ist bei Geschäftsanteilskaufverträgen unschwer möglich; doch stößt die Aufteilbarkeit jenseits derartig proportional aufteilbarer Sachleistungen hier an Grenzen – würde etwa im Wege des Asset Deals ein Unternehmen veräußert und sodann eine Teilkaufpreisforderung eingebracht, erschiene es nicht nur reichlich gekünstelt, sondern auch praktisch nur schwerlich umsetzbar, einzelnen Vermögensgegenständen Kaufpreisteile zuzuweisen.

---

3. Aufl. 2020, § 183 Rn. 16; *Ekkenga* in Ekkenga, Handbuch AG-Finanzierung, 2. Aufl. 2019, Kap. 15 Rn. 28; *Heidinger/Berkefeld* in Heckschen/Heidinger, Die GmbH in der Gestaltungs- und Beratungspraxis, 4. Aufl. 2018, Kap. 11 Rn. 248.

[108] *Cahn/Simon/Theiselmann* CFL 2010, 238 (248); ebenso *Lieder* in MüKoGmbHG, 4. Aufl. 2022, § 56 Rn. 76: da bei wirtschaftlicher Betrachtung die Sache geleistet worden ist, deren Werthaltigkeit keiner Prüfung unterlag, handele es sich um eine verdeckte Sacheinlage.

[109] *Komo* GmbHR 2008, 296 (300 f.); dem zust. *Ekkenga* in Ekkenga, Handbuch AG-Finanzierung, 2. Aufl. 2019, Kap. 15 Rn. 30 Fn. 120, aber nur in Bezug auf die zutreffende Ablehnung der Einordnung als verdeckte Sacheinlage.

[110] *Heidinger/Berkefeld* in Heckschen/Heidinger, Die GmbH in der Gestaltungs- und Beratungspraxis, 4. Aufl. 2018, Kap. 11 Rn. 256; gleichlautend auch *Heckschen* in Herrler, Gesellschaftsrecht in der Notar- und Gestaltungspraxis, 2. Aufl. 2021, § 20 Rn. 227 sowie *Heckschen* in Reul/Heckschen/Wienberg, Insolvenzrecht in der Gestaltungspraxis, 3. Aufl. 2022, § 4 Rn. 785; wohl auch *Maier-Reimer* FS Nirk, 1992, 639 (644); in diese Richtung gehend auch, aber eine andere Konstellation betreffend, *Bunnemann* NZG 2005, 955 (959); *Wächter* GmbHR 2006, 1084 (1086).

Vorsorglich kann es sich empfehlen, in Fällen der Forderungseinbringung angesichts des skizzierten Meinungsbildes die Gesamttransaktion offenzulegen und einen Wertnachweis über die Deckung der Summe aus den Nennbeträgen der neu ausgegebenen Geschäftsanteile und dem Gesamtkaufpreis durch den Kaufgegenstand (hier: die 100 Geschäftsanteile an der Zielgesellschaft) beizubringen. Erforderlich ist nach richtiger Ansicht bei klarer gegenständlicher Teilbarkeit des Kaufgegenstandes jedoch nur der Wertnachweis in Bezug auf Nennbetrag und Teilkaufpreisforderung. Ein „Zwang zur gemischten Sacheinlage" führte noch mehr als bei den unter → III. 5. behandelten Fällen zu fragwürdigen Ergebnissen: So wird der Verkäufer und Inferent in den hier einschlägigen Konstellationen gerade auch an einer Teilvergütung in bar interessiert sein; dieser Weg wäre ihm versperrt, müsste er zur Vermeidung einer anderenfalls drohenden verdeckt gemischten Sacheinlage die Gesamtkaufpreisforderung an die Gesellschaft mit Konfusionswirkung abtreten, und dies, obgleich im eigentlichen Sinne, dh bezogen auf die einzubringende Kaufpreisforderung als formal festgesetzter Sacheinlage, eine Zusatzvergütung ausbleibt bzw. diese selbst die Zusatzvergütung bildet.

IV. Verschleierte offene Sacheinlage: Einbringung der Kaufpreisforderung als Sacheinlage bei der Konzernmutter

1. Verdeckte mittelbare Sacheinlage

Konzernsachverhalte bilden sich in den Rückbeteiligungsfällen, wenn die Rückbeteiligung nicht an der Erwerbergesellschaft, sondern – wie häufig – „eine Stufe höher" an einer Holdinggesellschaft erfolgt, also an der Muttergesellschaft der Erwerbergesellschaft, und hierdurch mehrstufige Strukturen entstehen. Wird im ersten Schritt ein Kaufvertrag zwischen der Verkäufer- und der Erwerbergesellschaft über sämtliche Geschäftsanteile an der Zielgesellschaft geschlossen, die Forderung in bar erfüllt und im zweiten Schritt mit einem Teilbetrag des Erlöses eine Bareinlage bei der Muttergesellschaft zwecks Rückbeteiligung finanziert, wird zuweilen in diesem Fall der Einbindung einer Tochtergesellschaft der kapitalerhöhenden Gesellschaft trotz rechtlicher Trennung aufgrund einer wirtschaftlichen (vor allem auch konzernbilanziellen) Einheitsbetrachtung unter Umständen eine „verdeckte mittelbare Sacheinlage" erblickt.[111] Ein Her- und Hinzahlen der Barmittel erfolgt freilich nicht, sofern die Muttergesellschaft die Bareinlage nicht an die Tochtergesellschaft weiterleitet und auch der Inferent die Bareinlage nicht unter Nutzung der Kaufpreismittel aufbringt (in diesem Fall ist der Kaufvertrag mit dem Inferenten als künftigem Gesellschafter richtigerweise allein am Kapitalerhaltungsrecht zu messen[112], falls man nicht, reichlich gekünstelt anmutend, auf die allfällige Beteiligungswertminderung infolge eines Verkehrsgeschäfts mit überbewerteter Sachleistung abstellen möchte[113]). Kommt es jedoch zu einer Mittelweiterleitung von der

---

[111] BGHZ 155, 329 (335 f.) = NJW 2003, 3127; *Casper* in Habersack/Casper/Löbbe, GmbHG, 3. Aufl. 2019, § 19 Rn. 151; *Schwandtner* in MüKoGmbHG, 4. Aufl. 2022, § 19 Rn. 251 ff.; *Ekkenga* in Kölner Komm AktG, 3. Aufl. 2020, § 183 Rn. 130, der auch den Begriff der „verdeckten mittelbaren Sacheinlage" verwendet; zweifelnd indes *Verse* in Henssler/Strohn, Gesellschaftsrecht, 5. Aufl. 2021, GmbHG § 19 Rn. 39; vgl. hierzu auch *Langenbucher* DStR 2003, 1838 (1842) sowie insbesondere *Lutter* FS Stiefel, 1987, 505 (518 ff.), ferner *Lutter* in Kölner Komm AktG, 2. Aufl. 1995, § 183 Rn. 79 ff.; deutlich restriktiver und klarer zwischen Mittelaufbringung und Mittelverwendung im Konzern unterscheidend *K. Schmidt* AG 1986, 105 (109); *Hommelhoff/Kleindiek* ZIP 1987, 474 (484).

[112] So auch *Schwandtner* in MüKoGmbHG, 4. Aufl. 2022, § 19 Rn. 254; anders womöglich *Ekkenga* in Kölner Komm AktG, 3. Aufl. 2020, § 183 Rn. 130.

[113] *Casper* in Habersack/Casper/Löbbe, GmbHG, 3. Aufl. 2019, § 19 Rn. 151; erwägend *Schwandtner* in MüKoGmbHG, 4. Aufl. 2022, § 19 Rn. 254.

kapitalerhöhenden Mutter- auf die Tochtergesellschaft (sei es im Rahmen einer Kapitalerhöhung bei der Tochtergesellschaft, als Gesellschafterdarlehen oder Zuzahlungsleistung) wird, wie geschildert, von strengen Literaturstimmen, vornehmlich zur Vermeidung von Umgehungsmöglichkeiten, eine verdeckte mittelbare Sacheinlage für möglich gehalten, wobei Einzelheiten auch gegenwärtig noch ungeklärt sind und vor vorschnellen Schlussfolgerungen eindringlich zu warnen ist. Insbesondere darf eine allzu weite wirtschaftliche Betrachtung im Sinne einer konzernweiten Verklammerungswirkung keinen ungebührlichen Zwang zu einer Sachkapitalerhöhung begründen. Stets muss der Weg der Sacheinlage, soll er ein allein rechtmäßiger Alternativweg sein, zumutbar beschritten werden können, weshalb er insbesondere einen von den Beteiligten ggf. überhaupt nicht gewollten (Zwischen-)Erwerb des Sachgegenstandes durch die Muttergesellschaft im Rahmen einer Sachkapitalerhöhung unter anschließender Weiterübertragung an die an sich adressierte Tochtergesellschaft (mit zweifachen Transaktionskosten und allfällig ungewünschten steuerlichen Konsequenzen) nicht erzwingen kann. Dies gilt umso mehr, wenn, wie in den hier interessierenden Fällen, eine erhebliche Wertdifferenz zwischen (geringfügiger) Einlageschuld und (deutlich höherem) Mittelabfluss zum Zwecke der Kaufpreiszahlung besteht (vgl. bereits unter → II. 1. b) aa)). Als Strategie zur Vermeidung einer verdeckten mittelbaren Sacheinlage sollte es auch hier jedenfalls taugen, sofern die abfließenden Kaufpreismittel der Tochtergesellschaft durch deren Großmuttergesellschaft als zweckbestimmte Sonderrücklagenzuzahlung vorher zufließen (das bei → II. 2. Gesagte sollte hier sinngemäß, wenn nicht erst recht gelten). Kann die Sonderrücklagenlösung im Einzelfall nicht gewählt werden, will man aber gleichwohl Publizität und Wertkontrolle sicherstellen, wird man richtigerweise keinen Zwang zur Sachkapitalerhöhung auf Ebene der Muttergesellschaft postulieren, wohl aber verlangen können, dass im Barkapitalerhöhungsbeschluss sowie (bzw. richtiger:) im Rahmen der Handelsregisteranmeldung gegenüber dem Registergericht der Gesamtvorgang (Barzeichnung auf Ebene der Muttergesellschaft plus Verkehrsgeschäft zwischen Inferent und Tochtergesellschaft) offengelegt und ein Wertnachweis beigebracht wird, der dem Registergericht die Wertdeckung unter Berücksichtigung des Verkehrsgeschäfts erlaubt.[114] Der Gesamtvorgang wäre dann wie eine Sachkapitalerhöhung durch das Registergericht zu überprüfen.

2. Mittelbar verschleierte offene Sacheinlage

Die Frage, ob in der vorgenannten Barkapitalerhöhungskonstruktion eine verdeckte mittelbare Sacheinlage zu überblicken ist, ist als offen zu bezeichnen.[115] Anders gelagerte Fragen

---

[114] Vgl. für diesen Vorschlag bereits *Lutter* FS Stiefel, 1987, 505 (521 f.); *Maier-Reimer* FS Nirk, 1992, 639 (646 ff.); *Casper* in Habersack/Casper/Löbbe, GmbHG, 3. Aufl. 2019, § 19 Rn. 151; *Ekkenga* in Kölner Komm AktG, 3. Aufl. 2020, § 183 Rn. 130; sympathisierend auch *Schwandtner* in MüKoGmbHG, 4. Aufl. 2022, § 19 Rn. 256 f., allerdings unter Unterbreitung eines Alternativvorschlags (Verzicht auf Verkehrsgeschäft zwischen Inferent und Tochtergesellschaft, stattdessen Sachkapitalerhöhung bei der Muttergesellschaft, deren Einlagegegenstand in der Erhöhung des Wertes der Beteiligung an der Tochtergesellschaft bestehen soll, die infolge unentgeltlicher Überführung des Sachwerts durch den Inferenten in das Vermögen der Tochtergesellschaft eintritt); krit. gegenüber diesem Vorschlag *Ekkenga* in Kölner Komm AktG, 3. Aufl. 2020, § 183 Rn. 130; zust. „allenfalls" für den Fall einer hundertprozentigen Beteiligung der Mutter- an der Tochtergesellschaft *Verse* in Henssler/Strohn, Gesellschaftsrecht, 5. Aufl. 2021, GmbHG § 19 Rn. 39.

[115] S. die ähnliche Einschätzung bei *Verse* in Henssler/Strohn, Gesellschaftsrecht, 5. Aufl. 2021, GmbHG § 19 Rn. 39: schwierige, bisher nicht hinreichend geklärte Fragen bei Verkehrsgeschäft zwischen Inferent und Tochtergesellschaft der Gesellschaft; ebenso *Casper* in Habersack/Casper/Löbbe, GmbHG, 3. Aufl. 2019, § 19 Rn. 151: „nicht geklärt" sowie – der hier interessierenden Fallgruppe ein „Schattensein fristend" attestierend – *Bayer* in Lutter/Hommelhoff, GmbHG, 20. Aufl. 2020, § 19 Rn. 72; *Bayer* in K. Schmidt/Lutter, AktG, 4. Aufl. 2020, § 27 Rn. 70, der mit Recht auf die Notwendigkeit der strikten Differenzierung zwischen Zurechnungsfragen auf Seiten des Inferenten und solchen auf Seiten der kapitalerhöhenden Gesellschaft hinweist.

stellen sich, sofern ein Teilbetrag der aus dem Verkaufsgeschäft resultierenden und meist gestundeten Kaufpreisforderung als Sacheinlage im Rahmen einer Kapitalerhöhung bei der Muttergesellschaft eingebracht wird (dann freilich ohne Konfusionswirkung, doch wird die Muttergesellschaft häufig die Forderung nach unten durch Abtretung „weiterreichen" und damit letztlich die Konfusionswirkung erzielen). In einem solchen Fall stellt sich wiederum die Frage, ob in der bloßen Festsetzung der Teilkaufpreisforderung als Sacheinlagegegenstand im Rahmen des Kapitalerhöhungsbeschlusses der Muttergesellschaft eine „verschleierte offene Sacheinlage" zu erblicken ist. Erwägenswert erscheint, zur Effektuierung der Kapital-aufbringung das bei → III. 6. Ausgeführte sinngemäß heranzuziehen. Zweifelsfrei ist das jedoch nicht. So wird man mit Recht behaupten können, die 100 Geschäftsanteile als Gegenstand des Verkehrsgeschäfts seien niemals für die Muttergesellschaft, sondern allein für die Erwerbergesellschaft bestimmt gewesen (schon die 50 Geschäftsanteile waren allein für die Tochtergesellschaft bestimmt!); insoweit kann man, anders als bei Fall 4, nicht von einer Einbringung der Kaufpreisforderung als eines bloßen Zwischenschritts auf dem Weg zur eigentlich gewollten Übertragung des Vermögens sprechen. Mit anderen Worten: Was einer eigenkapitalbeschaffenden Gesellschaft als Sachgegenstand niemals zugeführt werden sollte, kann ihren Gläubigern gegenüber auch nicht verschleiert werden. Den Beteiligten kann nicht als „rechtmäßiger Alternativweg" die Veräußerung der Geschäftsanteile an die Mutter-gesellschaft mit anschließender Einbringung einer Teilkaufpreisforderung als Sacheinlage zugemutet werden, wenn die Geschäftsanteile an sich auf die Tochtergesellschaft übertragen werden sollten und in diesem Fall einer Weiterübertragung von Mutter- auf Tochtergesell-schaft bedürften. Vorsorglich kann es sich dennoch anbieten, auch in diesem Fall einen Wert-nachweis jedenfalls für die Deckung der Nennbeträge sowie der Teilkaufpreisforderung durch die entsprechende Anzahl der Geschäftsanteile zu beschaffen und den Vorgang im Kapitalerhöhungsbeschluss sowie in der Handelsregisteranmeldung gegenüber dem Regis-tergericht offenzulegen.

V. Fazit

1. Rückbeteiligungen sind ein gängiges Gestaltungsmittel, das jedoch kapitalaufbrin-gungsrechtlich bislang unterbeleuchtet ist. Die kapitalaufbringungsrechtliche Bewertung ist abhängig von der konkreten Gestaltung der Rückbeteiligung. Zu unterscheiden ist danach, (i) ob die Rückbeteiligung im Rahmen einer Bar- oder Sachkapitalerhöhung erfolgen soll, (ii) auf welcher Stufe der Erwerberstruktur (Erwerbergesellschaft oder deren Muttergesell-schaft) die rückbeteiligenden Geschäftsanteile auszugeben sind und schließlich danach, ob (iii) Einbringungsgegenstand im Rahmen der Kapitalerhöhung eine Teilmenge der Zielge-sellschaftsanteile („Roll-over") oder eine (gestundete) Teilkaufpreisforderung ist („Reinvest-ment").

2. Soll die Rückbeteiligung auf der Ebene der Erwerbergesellschaft („AkquiCo") stattfin-den, gilt:

a) Ausgangspunkt Barkapitalerhöhung: Den bei Transaktionsberatern mitunter beliebten Versuchen, Publizität und Wertkontrolle durch eine Barkapitalerhöhung unter „Einbrin-gung" der Restmenge der (nicht zuvor verkauften) Zielgesellschaftsanteile zu entgehen, droht die rechtliche Bewertung des Gesamtvorhabens als verdeckte gemischte Sacheinlage. Vermieden werden kann dieses Verdikt indes, sofern die zwecks Kaufpreiszahlung abfließen-den Geldmittel (vollständig) anlässlich der Barkapitalerhöhung mit dieser Zweckbestimmung als sonstige Zuzahlung auf ein Sonderrücklagenkonto geleistet werden. Hierin liegt eine anzuerkennende Ausnahme vom Grundsatz der Irrelevanz der Frage nach der Nämlichkeit der herein- und herausfließenden Barmittel.

b) Ausgangspunkt Sachkapitalerhöhung: Eine Abtretung der Restmenge der (nicht zuvor verkauften) Zielgesellschaftsanteile an die Erwerbergesellschaft zur Erfüllung einer entsprechend festgesetzten Sacheinlageverpflichtung vermeidet die Gefahr des Verdikts der verdeckten gemischten Sacheinlage, freilich um den Preis der Wertkontrolle und insbesondere auch der Publizität (keine Möglichkeit zur Geheimhaltung des Kaufpreises). Wird im Sachkapitalerhöhungsbeschluss nur die Sacheinlage konturiert (also die Teilmenge der einzubringenden Zielgesellschaftsanteile), nicht aber das daneben tretende, als Sachübernahme zu qualifizierende Verkehrsgeschäft (Kaufvertrag über die andere Teilmenge der Zielgesellschaftsanteile), ist dies richtigerweise unschädlich, weil bei objektiv teilbaren Sachleistungen eine „Aufteilungsfreiheit" besteht, sofern anhand des Kapitalerhöhungsbeschlusses deutlich wird, welcher Sachleistungsteil durch Gewährung von Geschäftsanteilen an der Erwerbergesellschaft entgolten werden soll. Sieht man dies anders, könnte diese Gestaltung als verdeckt (nicht: verdeckte) gemischte Sacheinlage (aufgrund fehlender Offenlegung der Zusatzvergütung für die verkaufte Teilmenge der Zielgesellschaftsanteile) eingestuft werden, die äußerst missliche Rechtsfolgen mit sich zu bringen drohte (je nach hierzu vertretener Position ggf. bis hin zur Kondizierbarkeit der Vergütungsleistung, was bis zu einer endgültigen Klärung dieser Rechtsfrage ein immens hohes Transaktionsrisiko mit sich bringt).

c) Werden die Zielgesellschaftsanteile in einem ersten Schritt vollständig an die Erwerbergesellschaft veräußert und wird in einem zweiten Schritt zwecks Reinvestment eine Teilkaufpreisforderung an die sachkapitalerhöhende Erwerbergesellschaft mit Konfusionswirkung abgetreten, betrachten manche diese Gestaltung als „verschleierte offene Sacheinlage", weil in Wahrheit die dahinterstehende Teilmenge der Zielgesellschaftsanteile Einbringungsgegenstand sei und daher diese auch Objekt der Wertkontrolle sein müsse. Angesichts der nach innen und außen klar als Sacheinlagegegenstand deklarierten Teilkaufpreisforderung ist dem nur insoweit zu folgen, als bei fehlender Wertdeckung der Teilkaufpreisforderung durch die korrespondierende Teilmenge der verkauften Zielgesellschaftsanteile (trotz Werthaltigkeit der Teilkaufpreisforderung selbst) die Differenzhaftung entsprechend heranzuziehen ist. Das zu → 2. b) über die „Aufteilungsfreiheit" Gesagte sollte hier überdies erst recht gelten, sodass richtigerweise keine Gesamtbetrachtung des Vorgangs vonnöten ist.

3. Soll die Rückbeteiligung auf der Ebene der Muttergesellschaft der Erwerbergesellschaft stattfinden, gilt:

a) Auch bei Wahl einer Barkapitalerhöhung (unter Einbringung der nicht verkauften Teilmenge der Zielgesellschaftsanteile oder, naheliegender, einer Teilkaufpreisforderung als Sachzuzahlung) sind die Transaktionsrisiken gemindert. Das Verdikt einer verdeckten gemischten (mittelbaren) Sacheinlage droht nur, sofern Einlage- und Verkehrsgeschäftselemente konzernweit als Einheit zu betrachten sind. In Umgehungsfällen, also bei Weiterleitung der Bareinlage durch die Mutter- an die Erwerbergesellschaft (als Darlehen, als Einlage im Rahmen einer Kapitalerhöhung oder als Zuzahlung) zwecks Tilgung der Kaufpreisverbindlichkeit gegenüber dem Inferenten, kann diese Einheitsbetrachtung Platz greifen, jedoch nur, sofern der rechtmäßige Alternativweg der Sacheinlage bei der Muttergesellschaft zumutbar beschritten werden kann. Einzelheiten sind noch ungeklärt. Die Gefahr einer verdeckten gemischten (mittelbaren) Sacheinlage kann in Entsprechung zu dem bei → 2. a) Ausgeführten vermieden werden, sofern die Kaufpreiszahlungsmittel der Erwerbergesellschaft anlässlich der Kapitalerhöhung auf Ebene der Muttergesellschaft von Dritten oder einer Großmuttergesellschaft (meist: Fondsgesellschaften) durch Zuzahlungsleistungen auf ein Sonderrücklagenkonto der Erwerbergesellschaft finanziert werden.

b) Bei Wahl einer Sachkapitalerhöhung auf Ebene der Muttergesellschaft erschiene die Annahme einer „verdeckt" gemischten mittelbaren Sacheinlage reichlich gekünstelt. Es genügt richtigerweise die ordnungsgemäße Festsetzung des Sacheinlagegegenstandes (meist: Teilkaufpreisforderung); einer Festsetzung oder auch nur Offenlegung des Gesamtvorgangs (dh insbesondere: des daneben tretenden Verkehrsgeschäfts) sollte es nicht bedürfen.

JESSICA SCHMIDT

Der Schutz der Gläubiger bei grenzüberschreitenden Verschmelzungen nach dem UmRUG

Zu den großen Errungenschaften des Company Law Package gehört die Schaffung spezieller Gläubigerschutzregelungen für grenzüberschreitende Umwandlungen. Der Beitrag beleuchtet die Umsetzung der diesbezüglichen Richtlinienvorgaben für grenzüberschreitende Verschmelzungen durch das UmRUG in der Fassung der Beschlussempfehlung des Rechtsausschusses vom 5.12.2022.[1]

I. Schutzbedürfnis der Gläubiger bei grenzüberschreitenden Verschmelzungen

Eine grenzüberschreitende Verschmelzung berührt die Interessen der Gläubiger.[2] Die Gläubiger einer übertragenden Gesellschaft erhalten eine neue Schuldnerin, die uU nicht so solvent ist und zudem ggf. ein Gesellschaftsstatut hat, das andere und eventuell geringere Schutzstandards für die Gläubiger bietet.[3] Eine grenzüberschreitende Verschmelzung kann jedoch auch für die Gläubiger der übernehmenden Gesellschaft wirtschaftlich nachteilig sein: Bei einer grenzüberschreitenden Verschmelzung können im Wege der Universalsukzession viele Schulden auf die übernehmende Gesellschaft übergehen; diese steht dann nach der grenzüberschreitenden Verschmelzung wirtschaftlich ggf. erheblich schlechter da als vorher. Schließlich kann die grenzüberschreitende Umwandlung aber auch schlicht eine schlechte unternehmerische Entscheidung sein, die zu Wertverlusten führt;[4] so zB, wenn die erhofften Synergieeffekte nicht eintreten oder sich die Unternehmen praktisch nicht so zusammenführen lassen, wie dies geplant war.

II. Schutzkonzept der GesRRL

Die Harmonisierung des Gläubigerschutzes war eine weitere wichtige Errungenschaft des Company Law Package. Die Cross-Border Mergers Directive (CBMD),[5] deren Regelungen 2017 in Titel II Kapitel II GesRRL 2017[6] integriert und kodifiziert wurden, enthielt keine speziellen materiellen Vorgaben zum Gläubigerschutz. Sie bestimmte lediglich, dass zu den subsidiär anwendbaren Vorschriften des nationalen Rechts „angesichts des grenzüber-

---

[1] Entwurf eines Gesetzes zur Umsetzung der Umwandlungsrichtlinie, Bericht Rechtsausschuss, BT-Drs. 20/5237.

[2] Vgl. zum Schutzbedürfnis der Gläubiger auch ausf. *Winner* ECFR 2020, 44 (49 ff.); weiter *Bader/Börner* in Kindler/Lieder, European Corporate Law, 2021, Art. 160j CLD para. 2; *Bernard* RPDA 2020, n 6, 1 (2 f.)

[3] Vgl. auch ErwG 22 S. 1 UmwRL; *Bernard* RPDA 2020, n° 6, 1 (2 f.)

[4] *Bernard* RPDA 2020, n° 6, 1 (2); *J. Schmidt* ZEuP 2020, 565 (581 f.); *Winner* ECFR 2020, 44 (50).

[5] RL 2005/56/EG des EP und des Rates v. 26.10.2005 über die Verschmelzung von Kapitalgesellschaften aus verschiedenen Mitgliedstaaten (ABl. EU 2005, L 310/1).

[6] RL (EU) 2017/1132 des EP und des Rates v. 14.6.2017 über bestimmte Aspekte des Gesellschaftsrechts (Kodifizierter Text) (ABl. EU 2017, L 169/46).

schreitenden Charakters der Verschmelzung" insbesondere auch die Bestimmungen über den Schutz der Gläubiger und Anleihegläubiger der sich verschmelzenden Gesellschaften gehörten (Art. 4 Abs. 1 lit. b S. 1, Abs. 2 S. 1 CBMD/Art. 121 Abs. 1 lit. b S. 1, Abs. 2 S. 1 GesRRL 2017).[7] Konsequenz waren äußerst divergierende Gläubigerschutzstandards in den einzelnen Mitgliedstaaten; einige Mitgliedstaaten gaben den Gläubigern sogar ein Vetorecht.[8] Daher war zu Recht schon seit Längerem eine Harmonisierung gefordert worden.[9]

Der Kommissionsentwurf der Umwandlungsrichtlinie (UmwRL)[10] (auch bekannt als Mobilitätsrichtlinie – MobilRL) hatte ein äußerst innovatives Konzept zum Schutz der Gläubiger vorgesehen.[11] Im Verlauf des Legislativverfahrens wurde dieses jedoch partiell zurückgestutzt und dem *acquis unionaire* angenähert.[12]

Das nun in der GesRRL[13] verankerte Schutzkonzept sieht in Art. 126b GesRRL als EU-Mindeststandard[14] für ein von den Mitgliedstaaten vorzusehendes „angemessenes Schutzsystem" einen Anspruch auf Sicherheitsleistung vor (Art. 126b Abs. 1 GesRRL). Zudem müssen etwaige Sicherheiten, die den Gläubigern angeboten werden, nach Art. 122 S. 2 lit. n GesRRL im Verschmelzungsplan angegeben werden. Ferner können die Mitgliedstaaten eine Solvenzerklärung des Verwaltungs- oder Leitungsorgans jeder beteiligten Gesellschaft vorschreiben (Art. 126b Abs. 2 GesRRL).

Die UmwRL hat damit ein *ex ante*-Schutzsystem etabliert.[15] Die Frist für die Geltendmachung des Anspruchs auf Sicherheitsleistung beginnt bereits mit der Offenlegung des Verschmelzungsplans (Art. 126b Abs. 1 UAbs. 2 GesRRL). So wird gewährleistet, dass die Gläubiger ihren Anspruch auf Sicherheitsleistung noch vor Wirksamwerden der grenzüberschreitenden Verschmelzung geltend machen können, also noch bevor es zu einem Wechsel des anwendbaren Rechts und der gerichtlichen Zuständigkeit kommt.[16]

---

[7] Ausf. dazu *Lutter/Bayer/J. Schmidt,* Europäisches Unternehmens- und Kapitalmarktrecht, 6. Aufl. 2018, 22.152 ff. mwN.

[8] Vgl. ErwG 22 S. 2 UmwRL; SWD(2018) 141, 1.7.3; *Bech-Bruun/Lexidale,* Study on the Application of the Cross-border Mergers Directive, 2013, DOI: 10.2780/96404, Main Findings 32 (34); *Bernard* D.A.O.R. 2018, n° 127, 5 (41); *J. Schmidt,* Cross-border mergers and divisions, transfers of seat: Is there a need to legislate?, PE 559.960, S. 18.

[9] Vgl. *Lutter/Bayer/J. Schmidt,* Europäisches Unternehmens- und Kapitalmarktrecht, 6. Aufl. 2018, 22.155 sowie *Drygala/von Bressendorf* NZG 2016, 1161 (1166 f.); *Papadopoulos* EBLR 2012, 517 (536); *J. Schmidt,* Cross-border mergers and divisions, transfers of seat: Is there a need to legislate?, PE 559.960, S. 18 f.

[10] COM(2018) 241.

[11] Dazu näher etwa *Bernard* D.A.O.R. 2018, n° 127, 5 (40 ff.); *Garcimartín/Gandia* ECFR 2019, 15 (32 ff.); *J. Schmidt* DK 2018, 228 (238 f.); *J. Schmidt* (2019) 16 ECL, 13 (16 f.); *J. Schmidt* ECFR 2019, 222 (261 ff.)

[12] *Bayer/J. Schmidt* BB 2019, 1922 (1933); *J. Schmidt* ZEuP 2020, 565 (582).

[13] RL (EU) 2017/1132 des EP und des Rates v. 14.6.2017 über bestimmte Aspekte des Gesellschaftsrechts (Kodifizierter Text) (ABl. EU 2017, L 169/46); zuletzt geändert durch VO (EU) 2021/23 des EP und des Rates v. 16.12.2020 über einen Rahmen für die Sanierung und Abwicklung zentraler Gegenparteien und zur Änderung der VO (EU) Nr. 1095/2010, (EU) Nr. 648/2012, (EU) Nr. 600/2014, (EU) Nr. 806/2014 und (EU) 2015/2365 sowie der RL 2002/47/EG, 2004/25/EG, 2007/36/EG, 2014/59/EU und (EU) 2017/1132 (ABl. EU 2021, L 22/1).

[14] *Bader/Börner* in Kindler/Lieder, European Corporate Law, 2021, Art. 160j CLD para. 5; *Bayer/J. Schmidt* BB 2019, 1922 (1933); *Bormann/Stelmaszczyk* ZIP 2019, 300 (311); *J. Schmidt* ZEuP 2020, 565 (582); *J. Schmidt* NZG 2022, 579 (585); *Stelmaszczyk* DK 2021, 48 (61); *Winner* ECFR 2019, 44 (57).

[15] *Bernard* RPDA 2020, n° 6, 1 (6); *ECLE* ECFR 2019, 196 (206); *Schollmeyer* ZGR 2020, 62 (70 ff.); *Thole* ZGR-Sonderheft 26, 2023, 65 (68); *Winner* ECFR 2019, 44 (56 f.).

[16] Vgl. ErwG 24 UmwRL.

Allerdings schreibt die GesRRL nicht zwingend vor, dass die Verschmelzungsbescheinigung erst ausgestellt bzw. die grenzüberschreitende Verschmelzung erst eingetragen werden darf, wenn alle geltend gemachten Ansprüche auf Sicherheitsleistung entweder erfüllt oder rechtskräftig abgelehnt worden sind. Insbesondere wird dies in Art. 127 GesRRL nicht ausdrücklich in das Prüfprogramm der Kontrollstelle auf der ersten Stufe aufgenommen. In ErwG 37 S. 2 UmwRL heißt es vielmehr explizit, dass die Mitgliedstaaten festlegen können, welches die möglichen Folgen der durch Gläubiger eingeleiteten Verfahren für die Erteilung der Vorabbescheinigung sind. Ob der Geltendmachung von Ansprüchen auf Sicherheitsleistung eine Sperrwirkung beigemessen wird, steht den Mitgliedstaaten somit frei.[17]

Der Wortlaut des Art. 126b GesRRL differenziert zwar – anders als Art. 99 Abs. 3 GesRRL für nationale Verschmelzungen – nicht zwischen den Gläubigern der übertragenden und der übernehmenden/neuen Gesellschaft. Allerdings ergibt sich aus ErwG 22 S. 1 UmwRL, dass in Art. 126b GesRRL nur die Gläubiger der übertragenden Gesellschaft adressiert sind.[18] ErwG 22 S. 1 UmwRL begründet die Notwendigkeit der Einführung spezieller Regelungen zum Gläubigerschutz nämlich ausdrücklich damit, dass die „Forderungen der ehemaligen Gläubiger der Gesellschaft bzw. der Gesellschaften, die dieses Vorhaben vornimmt/vornehmen, betroffen sind, wenn die Gesellschaft, die für die Verbindlichkeiten haftet, nach dem Vorhaben dem Recht eines anderen Mitgliedstaats unterliegt." Nachdem es sich jedoch nur um einen Mindeststandard handelt, steht es den Mitgliedstaaten indes frei, auch Gläubiger einer übernehmenden Gesellschaft einzubeziehen.

III. Grundlinien der Umsetzung im UmwG durch das UmRUG

Der Entwurf des Gesetzes zur Umsetzung der Umwandlungsrichtlinie (UmRUG-E)[19] sieht vor, den durch Art. 126b Abs. 1 GesRRL als EU-Mindeststandard vorgegebenen Anspruch der Gläubiger der übertragenden Gesellschaft auf Sicherheitsleistung in einem neuen § 314 UmwG-E umzusetzen.

Die durch Art. 122 lit. n GesRRL vorgeschriebene Angabe der den Gläubigern angebotenen Sicherheiten im Verschmelzungsplan soll in § 307 Abs. 2 Nr. 14 UmwG-E umgesetzt werden.

Von der in Art. 126b Abs. 2 GesRRL vorgesehenen Option einer Solvenzerklärung, die im deutschen Schrifttum und von der deutschen Praxis eher kritisch gesehen wurde,[20] will der UmRUG-RegE keinen Gebrauch machen. Nach der Gesetzesbegründung wäre eine solche Solvenzerklärung nur dann zielführend, wenn sie strafbewehrt wäre; dies könne dem

---

[17] Vgl. *Bernard* RPDA 2020, n° 6, 1 (6f.); *de Raet* in Kindler/Lieder, European Corporate Law, 2021, Art. 126b para. 11; *Winner* ECFR 2019, 44 (57); s. ferner auch *Bader/Börner* in Kindler/Lieder, European Corporate Law, 2021, Art. 160j CLD para. 22; *Schollmeyer* ZGR 2020, 62 (78).

[18] BegrRegE UmRUG, BR-Drs. 371/22, 113; *Schollmeyer* ZGR 2020, 62 (79); *J. Schmidt* NZG 2022, 579 (585); aA *Thole* ZGR-Sonderheft 26, 2023, 65 (69ff.); *Winner* ECFR 2019, 44 (55).

[19] Entwurf eines Gesetzes zur Umsetzung der Umwandlungsrichtlinie, BR-Drs. 371/22; Bericht Rechtsausschuss zum UmRUG, BT-Drs. 20/5237. Dazu *Brandi/M. Schmidt* DB 2022, 1880ff.; *Bungert/Strothotte* DB 2022, 1818ff.; *Drinhausen/Keinath* BB 2022, 1923ff.; *Habrich* AG 2022, 567ff.; *Heckschen/Knaier* GmbHR 2022, R260ff.; *J. Schmidt* ECCL-Blog v. 6.7.2022 = NZG 2022, 986 = EuZW 2022, 635; *J. Schmidt* BB 2022, 1859(1864ff.); *Schollmeyer* NZG 2022, 937.

[20] *Bungert* FS Krieger, 2020, 109 (132); *Bungert/Becker* DB 2019, 1609 (1615); *Bungert/Reidt* DB 2022, 1369 (1378); *Handelsrechtsausschuss des DAV* NZG 2022, 849 (857); *Luy* NJW 2019, 1905 (1909); *Stelmaszczyk* ZIP 2019, 2437 (2445); *Schollmeyer* ZGR 2020, 62 (82); als interessante Option ansehend hingegen *Bayer/J. Schmidt* BB 2019, 1922 (1933); *J. Schmidt* DK 2018, 229 (239); *J. Schmidt* ECFR 2019, 222 (263); s. ferner auch *Lecourt* Rev. soc. 2019, 24 (27); *Parleani* Rev. soc. 2019, 9 (13); *Wicke* DStR 2018, 2703 (2707).

Vertretungsorgan aufgrund der mit ihrem Inhalt verbundenen Unwägbarkeit jedoch nicht zugemutet werden.[21] Zudem sei das Erfordernis der Abgabe einer solchen Versicherung der grenzüberschreitenden Unternehmensmobilität abträglich, da ein Vertretungsorgan regelmäßig nicht bereit sein dürfte, eine solche Versicherung abzugeben.[22]

IV. Anspruch auf Sicherheitsleistung, § 314 Abs. 1 UmwG-E

1. Anwendungsbereich

Die Gläubiger einer an einer grenzüberschreitenden Verschmelzung beteiligten übertragenden Gesellschaft haben nach § 314 Abs. 1 UmwG-E einen Anspruch auf Sicherheitsleistung gegen diese übertragende Gesellschaft. Da für solche Gläubiger die Gefahr besteht, infolge der grenzüberschreitenden Verschmelzung eine Schuldnerin zu erhalten, die uU nicht so solvent ist und zudem ggf. ein Gesellschaftsstatut hat, das geringere Schutzstandards für die Gläubiger bietet,[23] sollen sie durch § 314 Abs. 1 UmwG-E das Recht erhalten, schon vor Wirksamwerden der grenzüberschreitenden Verschmelzung eine Sicherheit für ihre Forderungen zu erhalten. Durch diesen *ex ante*-Schutz wird zugleich gewährleistet, dass die Gläubiger ihren Anspruch auf Sicherheitsleistung nicht erst nach Wirksamwerden der grenzüberschreitenden Verschmelzung gegen die im EU-/EWR-Ausland ansässige übernehmende bzw. neue Gesellschaft durchsetzen müssen.[24]

Gläubiger einer deutschen übernehmenden Gesellschaft haben dagegen einen *ex post* geltend zu machenden Anspruch auf Sicherheitsleistung gem. §§ 305 Abs. 2, 22 UmwG-E.[25]

Die Rechte der Gläubiger einer an der grenzüberschreitenden Verschmelzung beteiligten EU-/EWR-ausländischen Gesellschaft richten sich nach dem Recht des Mitgliedstaats, dem die jeweilige Gesellschaft unterliegt.

2. Voraussetzungen

a) Altgläubiger

Anspruchsberechtigt sind ausschließlich sog. Altgläubiger, deren Forderungen vor der Bekanntmachung des Verschmelzungsplans oder seines Entwurfs entstanden, aber im Zeitpunkt der Bekanntmachung noch nicht fällig geworden sind (§ 314 Abs. 1 Nr. 1 UmwG-E). Neugläubiger, deren Forderungen später entstanden sind, sind nicht schutzbedürftig, da sie bei der Begründung ihrer Forderungen entweder Kenntnis von der geplanten grenzüberschreitenden Verschmelzung hatten oder hätten haben müssen.[26] Ist der Anspruch im Zeitpunkt der Bekanntmachung des Verschmelzungsplans oder seines Entwurfs bereits fällig, dh kann er also unmittelbar geltend gemacht werden, ist ein zusätzlicher Schutz ebenfalls nicht erforderlich.[27]

b) Gefährdung der Forderung durch die grenzüberschreitende Verschmelzung

Zudem besteht ein Anspruch auf Sicherheitsleistung nur dann, wenn die Erfüllung der Forderung durch die grenzüberschreitende Verschmelzung gefährdet ist (§ 314 Abs. 1 Nr. 2 UmwG-E).

---

[21] BegrRegE UmRUG, BR-Drs. 371/22, 113.
[22] BegrRegE UmRUG, BR-Drs. 371/22, 113.
[23] → I.
[24] Vgl. BegrRegE UmRUG, BR-Drs. 371/22, 114.
[25] BegrRegE UmRUG, BR-Drs. 371/22, 113; *J. Schmidt* NZG 2022, 579 (585).
[26] Vgl. bereits KOM(70) 633; *J. Schmidt* ZEuP 2020, 565 (582).
[27] *J. Schmidt* ZEuP 2020, 565 (582).

Ob eine solche konkrete Gefährdung bereits daraus resultieren kann, dass der Gläubiger seine Forderung künftig im Ausland einklagen muss, erscheint aufgrund des erreichten Harmonisierungsstands des IZPR zweifelhaft.[28]

Bedeutende Vermögensverlagerungen ins Ausland können allenfalls dann eine konkrete Gefährdung rechtfertigen, wenn sie in einen Staat erfolgen, in dem ein im Ausgangs-mitgliedstaat erwirktes Urteil nicht vollstreckt werden könnte (jedenfalls innerhalb der EU wird eine Vollstreckung jedoch aufgrund des erreichten Stands der Harmonisierung des IZPR regelmäßig möglich sein).[29]

Der Umstand, dass die (neue) Schuldnergesellschaft einem anders gestalteten Gesellschaftsstatut und damit ggf. liberaleren Kapitalschutzsystem unterliegt, wird eine konkrete Gefährdung mit Blick auf die Niederlassungsfreiheit wohl allenfalls in Extremfällen rechtfertigen können.[30] Sie scheidet angesichts der Harmonisierung der Kapitalschutzregeln für Aktiengesellschaften iSd Anhangs I durch Titel I Kap. IV GesRRL jedenfalls von vornherein aus, wenn Ausgangs- und Zielgesellschaft jeweils eine solche Aktiengesellschaft sind.[31]

An einer Gefährdung fehlt es jedenfalls dann, wenn dem Gläubiger für seine Forderung bereits anderweitig ausreichend Sicherheit geleistet worden ist.

Andererseits ist eine konkrete Gefährdung zu bejahen, wenn der Gläubiger infolge der grenzüberschreitenden Verschmelzung einen Schuldner hat, der erheblich weniger solvent ist.[32]

3. Ausschlussfrist für die Geltendmachung

Nach § 314 Abs. 3 UmwG-E erlischt der Anspruch auf Sicherheitsleistung, wenn er nicht innerhalb von drei Monaten ab Bekanntmachung des Verschmelzungsplans gerichtlich geltend gemacht wurde. Die Geltendmachung gegenüber der Gesellschaft genügt – anders als nach § 122j Abs. 1 S. 2 UmwG aF – nicht zur Wahrung der Ausschlussfrist.[33] Grund ist, dass Art. 126b Abs. 1 UAbs. 2 GesRRL ausdrücklich verlangt, dass die Sicherheit innerhalb von drei Monaten nach Offenlegung des Verschmelzungsplans bei der nach nationalem Recht zuständigen Verwaltungs- oder Justizbehörde beantragt wird.

4. Verfahren der gerichtlichen Geltendmachung

Der UmRUG-RefE[34] hatte vorgesehen, den Antrag der Gläubiger der übertragenden Gesellschaft auf Sicherheitsleistung in das registergerichtliche Verfahren über die Ausstellung der Vorabbescheinigung einzubinden (vgl. § 314 Abs. 2 S. 1 UmwG-RefE). Dies hätte den großen Vorteil einer Verfahrenskonzentration beim Registergericht und damit auch der

---

[28] *J. Schmidt* ZEuP 2020, 565 (583).

[29] *J. Schmidt* ZEuP 2020, 565 (583).

[30] *J. Schmidt* ZEuP 2020, 565 (583 f.); vgl. zur CBMD/GesRRL 2017: *Bayer* in Lutter, UmwG, 6. Aufl. 2019, § 122j UmwG Rn. 4; *Passarge/Starck* GmbHR 2007, 803 (809 f.); abw. *Bader/Börner* in Kindler/Lieder, European Corporate Law, 2021, Art. 160j CLD para. 20; *de Raet* in Kindler/Lieder, European Corporate Law, 2021, Art. 126b CLD para. 7; *Thole* ZGR-Sonderheft 26, 2023, 65 (77).

[31] *J. Schmidt* ZEuP 2020, 565 (584); vgl. zur CBMD/GesRRL 2017: *Bayer* in Lutter, UmwG, 6. Aufl. 2019, § 122j UmwG Rn. 14; *Oechsler* NZG 2006, 161 (166).

[32] Vgl. zu § 22 UmwG: *Marsch-Barner/Oppenhoff* in Kallmeyer, UmwG, 7. Aufl. 2020, § 22 Rn. 7; *Rieder* in BeckOGK, 1.7.2022, UmwG § 22 Rn. 33.

[33] BegrRegE UmRUG, BR-Drs. 371/22, 114; *Bungert/Strothotte* DB 2022, 1818 (1820).

[34] Referentenentwurf eines Gesetzes zur Umsetzung der Umwandlungsrichtlinie (UmRUG) (<https://www.bmj.de/SharedDocs/Gesetzgebungsverfahren/Dokumente/RefE_UmRUG.pdf?__blob=publicationFile&v=1>).

Beschleunigung gehabt.[35] Allerdings stieß dieses Modell auch verbreitet auf Kritik; befürchtet wurden eine Überlastung des Registergerichts und erhebliche Verzögerungen.[36]

§ 314 Abs. 2 UmwG-RegE sah daher vor, dass über Anträge von Gläubigern auf Sicherheitsleistung das nach allgemeinen Vorschriften zuständige Gericht entscheiden sollte. So würden zwar die Registergerichte entlastet. Zugleich entfiel jedoch der Vorteil der Verfahrenskonzentration bei einem Gericht, denn theoretisch hätten für die Ansprüche von 100 verschiedenen Gläubigern auf Sicherheitsleistung 100 verschiedene Gerichte zuständig sein können.[37] Jedes dieser Gerichte hätte sich erst neu mit dem Sachverhalt befassen müssen; dem Registergericht wäre dieser hingegen ohnehin bekannt gewesen. Zudem führte dieses Modell zu Folgeproblemen in Bezug auf die vom Vertretungsorgan nach § 315 Abs. 3 Nr. 2 UmwG-RegE abzugebende Versicherung.[38]

Der Rechtsausschuss ergänzte schließlich einen § 314 Abs. 5 UmwG-E; dieser bestimmt, dass örtlich ausschließlich zuständig für Streitigkeiten über den Anspruch auf Sicherheitsleistung das Gericht ist, dessen Bezirk das für die Erteilung der Vorabbescheinigung zuständige Registergericht angehört. Dieses Modell hat einerseits den Vorteil einer Zuständigkeitskonzentration sämtlicher Gläubigerverfahren bei einem einzigen Gericht,[39] belastet aber das Registergericht nicht mit diesen Gläubigerverfahren. Durch den gleichzeitig eingefügten § 315 Abs. 5 UmwG-E wird sichergestellt, dass das Registergericht einfach und sicher in Erfahrung bringen kann, ob innerhalb der Frist des § 314 Abs. 3 UmwG-E eine Sicherheitsleistung geltend gemacht wurde, und ob folglich eine Registersperre nach § 316 Abs. 2 S. 3 UmwG-E besteht.[40] Eine solche Zuständigkeitskonzentration ist auch unionsrechtskonform.[41]

§ 314 Abs. 2 UmwG-E bestimmt, dass die Voraussetzungen des Anspruchs nach § 314 Abs. 1 UmwG-E gegenüber dem zuständigen Gericht glaubhaft zu machen sind. Es bedarf also keines Vollbeweises. Mit dem Erfordernis der bloßen Glaubhaftmachung wird Art. 126b Abs. 1 UAbs. 2 GesRRL umgesetzt. Dieser verlangt ausdrücklich nur, dass die Gläubiger „glaubhaft darlegen" (Englisch: „credibly demonstrate", Französisch: „démontrer, de manière crédible"), dass „die Befriedigung ihrer Forderungen durch die grenzüberschreitende Umwandlung gefährdet ist und sie von der Gesellschaft keine angemessenen Sicherheiten erhalten haben". Der Begriff – der sich so auch in Art. 75 Abs. 1 UAbs. 2 S. 2, 86j Abs. 1 UAbs. 2, 160j Abs. 1 UAbs. 2 GesRRL findet – ist daher unionsautonom auszulegen. Ähnlich wie nach deutschem Prozessrecht[42] wird man ihn dahin zu verstehen haben, dass keine volle Überzeugung des Gerichts erforderlich ist, sondern es genügt, wenn das Gericht das Bestehen der Voraussetzungen für überwiegend wahrscheinlich hält. Ratio des Erfordernisses einer bloßen Glaubhaftmachung ist es einerseits, sicherzustellen, dass die Hürden für das Erlangen einer Sicherheitsleistung prohibitiv hoch sind.[43] Andererseits sollen aber auch

---

[35] Vgl. RefE UmRUG, Begründung zu § 314 UmwG-E; *Handelsrechtsausschuss des DAV* NZG 2022, 849 (857); *Luy/Redler* notar 2022, 163 (168); *J. Schmidt* NZG 2022, 579 (586); *Thole* ZGR-Sonderheft 26, 2023, 65 (79); *Wollin* ZIP 2022, 989 (992).

[36] Stellungnahme der BNotK v. 17.5.2022, S. 8; Stellungnahme des DNotV v. 17.5.2022, S. 6; *Vossius* in Widmann/Mayer, Umwandlungsrecht aktuell, 1.4.2022.

[37] Kritisch auch *Bungert/Strohotte* DB 2022, 1818 (1820).

[38] Näher *J. Schmidt,* Stellungnahme für den BT-Rechtsausschuss, S. 14f. mwN.

[39] Bericht Rechtsausschuss BT-Drs. 20/5237, 88.

[40] Bericht Rechtsausschuss BT-Drs. 20/5237, 88.

[41] Bericht Rechtsausschuss BT-Drs. 20/5237, 88; *J. Schmidt,* Stellungnahme für den BT-Rechtsausschuss, S. 14.

[42] Vgl. zur Glaubhaftmachung nach deutschem Prozessrecht etwa BGH 9.2.1998 – II ZB 15/97, NJW 1998, 1870.

[43] Vgl. auch BegrRegE UmRUG, BR-Drs. 371/22, 114.

in Fällen, in denen Gläubiger zu Unrecht eine Sicherheit verlangen, unnötige Verzögerungen verhindert werden.[44]

Der UmwG-E sieht keine weiteren speziellen Regelungen hinsichtlich der Ausgestaltung des Verfahrens vor. Man wird daher wohl davon auszugehen haben, dass die Gläubiger eine Klage auf Leistung der Sicherheit zu erheben haben[45] und im Übrigen die ZPO gilt. Der Begriff „Antrag" steht dem nicht zwingend entgegen, schließlich spricht man prozessual auch von einem Klageantrag. Für ein Verfahren *sui generis* hätte es jedenfalls weiterer spezieller Regelungen bedurft.[46]

5. Inhalt des Anspruchs auf Sicherheitsleistung

Die GesRRL normiert keine speziellen Vorgaben betreffend die Art und Weise der Sicherheitsleistung; die Mitgliedstaaten haben also insofern Spielraum. Mangels spezieller Regelungen im UmRUG gelten also im Anwendungsbereich des § 314 UmwG-E die allgemeinen Vorschriften der §§ 232 ff. BGB.[47]

Die Sicherheitsleistung muss angemessen sein. Dies ist dem Begriff der Sicherheit immanent, denn die Sicherheit muss gewährleisten, dass sich der Gläubiger im Falle der Nichterfüllung seiner Forderung durch die Verwertung der Sicherheit befriedigen kann.[48] Im Übrigen ergibt sich dies jedenfalls aus einer richtlinienkonformen Auslegung des § 314 Abs. 1 UmwG-E, denn Art. 126b Abs. 1 UAbs. 2 GesRRL verlangt ausdrücklich „angemessene Sicherheiten".

Bei der Bewertung von Sicherheiten ist nach ErwG 23 S. 2 UmwRL zu berücksichtigen, ob der Anspruch des Gläubigers gegen die Gesellschaft oder einen Dritten mindestens in gleicher Höhe besteht und von entsprechender Bonität ist, wie er vor der grenzüberschreitenden Verschmelzung war, und ob der Anspruch vor demselben Gericht geltend gemacht werden kann. Eine Sicherheit soll also offenbar nur dann angemessen sein, wenn sie die Forderung in voller Höhe deckt, der Schuldner mindestens dieselbe Bonität hat, wie die Gesellschaft vor der grenzüberschreitenden Verschmelzung und wenn die Sicherheit vor demselben Gericht geltend gemacht werden kann wie der gesicherte Anspruch gegen die Gesellschaft.[49]

6. Flankierende Regelungen

a) Angabe der den Gläubigern angebotenen Sicherheiten im Plan

Nach § 307 Abs. 2 Nr. 14 UmwG-E müssen im Plan Angaben über Sicherheiten, die den Gläubigern angeboten werden, gemacht werden. Grundgedanke dieses Konzepts ist, dass es die Gesellschaft zunächst einmal selbst in der Hand hat, potenziell gefährdeten Altgläubigern von sich aus im Verschmelzungsplan angemessene Sicherheiten anzubieten und so ein (zeit- und kostenträchtiges) Verfahren zur gerichtlichen Bestimmung einer Sicherheitsleistung vermieden werden kann.[50]

---

[44] Vgl. SEK(2004) 1342, S. 7; KOM(2008) 576, 2.2.5.

[45] Offenlassend *Bungert/Strothotte* DB 2022, 1818 (1820).

[46] *Bungert/Strothotte* DB 2022, 1818 (1820).

[47] BegrRegE UmRUG, BR-Drs. 371/22, 114.

[48] BegrRegE UmRUG, BR-Drs. 371/22, 114.

[49] *J. Schmidt* ZEuP 2022, 565 (583).

[50] *Schollmeyer* ZGR 2020, 62 (74); *J. Schmidt* NZG 2022, 579 (585 f.); *J. Schmidt* ZEuP 2022, 565 (583).

b) Instrumente zur Absicherung des Anspruchs auf Sicherheitsleistung

Prozessual wird der Anspruch der Gläubiger in mehrfacher Weise abgesichert. Erstens müssen die Mitglieder des Vertretungsorgans bei der Anmeldung strafbewehrt[51] versichern, dass allen Gläubigern die im Plan angebotene Sicherheit geleistet wurde (§ 315 Abs. 3 S. 1 Nr. 1 UmwG-E).

Zweitens darf das Gericht keine Verschmelzungsbescheinigung ausstellen, bevor die Antragsfrist für die Gläubiger abgelaufen ist und – sofern ein Antrag gestellt wurde – bevor dieser rechtskräftig abgelehnt oder die in der Entscheidung festgestellte Sicherheit geleistet wurde (Bescheinigungssperre, § 316 Abs. 2 UmwG-E). *De facto* bedeutet diese Bescheinigungssperre, dass Gläubiger durch die Geltendmachung eines Anspruchs auf Sicherheitsleistung die gesamte grenzüberschreitende Verschmelzung blockieren können.[52] Angesichts der potentiellen Dauer eines uU mehrinstanzlichen Verfahrens könnten die Gesellschaften sich möglicherweise gezwungen sehen, im Zweifel allen Gläubigern, die einen Anspruch geltend machen (egal ob berechtigt oder unberechtigt), Sicherheit zu leisten, um das Verschmelzungsverfahren nicht zu verzögern.[53] Sofern dies überhaupt möglich ist, ist dies für die Gesellschaften mit erheblichem Aufwand und Kosten verbunden.[54] Zwingend vorgegeben ist eine solche Bescheinigungssperre durch die GesRRL übrigens nicht.[55] So sieht zB der luxemburgische Entwurf zur Umsetzung der UmwRL ausdrücklich vor, dass ein Antrag eines Gläubigers auf Sicherheitsleistung keinen Suspensiveffekt hat.[56]

Darüber hinaus hat aber auch die Missbrauchskontrolle gem. § 316 Abs. 3 UmwG-E gläubigerschützende Funktion. Sie kann speziell dann relevant werden, wenn eine grenzüberschreitende Verschmelzung dazu missbraucht wird, um eine Gesellschaft zum Nachteil ihrer Gläubiger den gläubigerschützenden Vorschriften des deutschen Rechts zu entziehen.[57] Nach § 315 Abs. 3 S. 1 Nr. 5 UmwG-E muss das Vertretungsorgan deshalb bei der Anmeldung versichern, dass sich die deutsche übertragende Gesellschaft nicht im Zustand der Zahlungsunfähigkeit (§ 17 Abs. 2 InsO), der drohenden Zahlungsunfähigkeit (§ 18 Abs. 2 InsO) oder der Überschuldung (§ 19 Abs. 2 InsO) befindet. Kann diese Versicherung nicht abgegeben werden, so hat das Vertretungsorgan bzw. der (vorläufige) Insolvenzverwalter nach § 315 Abs. 3 S. 2 bzw. S. 3 UmwG-E mitzuteilen, welcher der Tatbestände erfüllt ist und ob ein Insolvenzverfahren beantragt oder eröffnet wurde. Es ist dann Aufgabe des Registergerichts zu beurteilen, ob es sich um eine legitime Sanierungsfusion oder um einen Missbrauch zum Nachteil der Gläubiger handelt.[58]

---

[51] Vgl. § 348 Nr. 1 UmwG-E.

[52] *Bungert/Strothotte* DB 2022, 1818 (1821).

[53] Vgl. *Bungert/Strothotte* DB 2022, 1818 (1821).

[54] Vgl. *Bungert/Strothotte* DB 2022, 1818 (1821).

[55] Vgl. *Bernard* RPDA 2020, n° 6, 1 (6 f.); *de Raet* in Kindler/Lieder, European Corporate Law, 2021, Art. 126b para. 11; *Winner* ECFR 2019, 44 (57); s. ferner auch *Bader/Börner* in Kindler/Lieder, European Corporate Law, 2021, Art. 160j para. 22; *Schollmeyer* ZGR 2020, 62 (78).

[56] Projet de loi modifiant 1) La loi modifiée du 10 août 1915 sur les sociétés commerciales 2) La loi modifiée du 19 décembre 2002 concernant le registre de commerce et des sociétés ainsi que la comptabilité et les comptes annuels des entreprises aux fins de transposer la Directive (UE) 2019/2121 du Parlement européen et du Conseil du 27 novembre 2019 modifiant la directive (UE) 2017/1132 en ce qui concerne les transformations, fusions et scissions transfrontalières, n° 8053.

[57] Vgl. BegrRegE UmRUG, BR-Drs. 371/22, 117.

[58] Vgl. dazu auch BegrRegE UmRUG, BR-Drs. 371/22, 121.

7. *Freigabe geleisteter Sicherheiten im Falle des Scheiterns der Verschmelzung*

Nach § 314 Abs. 4 S. 1 UmwG-E sind geleistete Sicherheiten freizugeben, wenn das Verschmelzungsverfahren gescheitert ist. Die Vorschrift dient der Umsetzung von Art. 126b Abs. 1 UAbs. 3 GesRRL. Danach müssen die Mitgliedstaaten sicherstellen, dass die Sicherheiten vom Wirksamwerden der grenzüberschreitenden Verschmelzung abhängen. Die Schaffung eines bedingten Anspruchs auf Sicherheitsleistung wäre allerdings im deutschen Recht nicht unproblematisch.[59] Die Bedingung der Wirksamkeit der grenzüberschreitenden Verschmelzung wäre nämlich eine gesetzliche Wirksamkeitsvoraussetzung und damit eine Rechtsbedingung; dies würde es erfordern, den so geschaffenen Schwebezustand gesetzlich genauer auszugestalten.[60] Der Gesetzgeber hat sich daher aus Gründen der Praktikabilität dafür entschieden, die Vorgabe des Art. 126b Abs. 1 UAbs. 3 GesRRL durch einen gesetzlichen Anspruch auf Rückgabe der gewährten Sicherheit für den Fall des späteren Scheiterns der grenzüberschreitenden Verschmelzung umzusetzen.[61]

Anspruchsberechtigt ist die Gesellschaft, die die Sicherheit geleistet hat. Im Falle einer Rechtsnachfolge ist der Rechtsnachfolger anspruchsberechtigt. Schuldner ist der Gläubiger, dem die Sicherheit geleistet wurde. Die Durchsetzung des Anspruchs richtet sich nach den allgemeinen Vorschriften.[62] Es kann also ggf. sein, dass die Gesellschaft ihn gegen einen ausländischen Gläubiger im Ausland durchsetzen muss. In Deutschland wird der Anspruch mittels Leistungsklage durchgesetzt.[63] Zumeist wird es sich um einen Zivilprozess handeln.[64] Wenn die Ansprüche aus einem Arbeitsverhältnis resultieren, kann aber auch der Rechtsweg zu den Arbeitsgerichten eröffnet sein.[65]

§ 314 Abs. 4 S. 2 UmwG-E normiert drei Fälle, in denen das Scheitern des Verschmelzungsverfahrens unwiderlegbar vermutet wird.[66]

Erstens ist dies nach § 314 Abs. 4 S. 2 Nr. 1 UmwG-E der Fall, wenn die Entscheidung des Gerichts über die Ablehnung der Eintragung gem. § 316 Abs. 1 UmwG-E – also der Ausstellung der Verschmelzungsbescheinigung – rechtskräftig ist. Dann kann das Verschmelzungsverfahren nicht mehr weitergeführt werden.

Zweitens wird das Scheitern des Verschmelzungsverfahrens nach § 314 Abs. 4 S. 2 Nr. 2 UmwG-E unwiderleglich vermutet, wenn die Ablehnung der Entscheidung über die Eintragung der Verschmelzung im Register der übernehmenden oder neuen Gesellschaft nicht mehr angefochten werden kann. Maßgeblich ist insofern das Recht des Mitgliedstaats, dem die übernehmende bzw. neue Gesellschaft unterliegt.[67] In diesen Fällen ist ebenfalls endgültig klar, dass das Verschmelzungsverfahren nicht mehr weiterbetrieben werden kann.

Drittens wird das Scheitern des Verschmelzungsverfahrens nach § 314 Abs. 4 S. 2 Nr. 3 UmwG-E unwiderleglich vermutet, wenn das Verfahren auf Eintragung gemäß § 316 Abs. 1 UmwG-E oder nach dieser Eintragung das Verfahren auf Eintragung der Verschmelzung im Register der übernehmenden oder neuen Gesellschaft auf andere Weise endgültig beendet worden ist. Diese Auffangklausel umfasst alle nicht bereits von Nr. 1 und Nr. 2 erfassten Fälle einer endgültigen Beendigung des Verfahrens zur Ausstellung der Verschmelzungsbescheinigung oder zur Eintragung der Verschmelzung im Register der übernehmenden oder neuen Gesellschaft. Sie erfasst zB den Fall, dass der Eintragungsantrag zurück-

---

[59] *Schollmeyer* ZGR 2020, 62 (77).
[60] *Schollmeyer* ZGR 2020, 62 (77).
[61] Vgl. dazu bereits *Schollmeyer* ZGR 2020, 62 (77).
[62] BegrRegE UmRUG, BR-Drs. 371/22, 115.
[63] BegrRegE UmRUG, BR-Drs. 371/22, 115.
[64] BegrRegE UmRUG, BR-Drs. 371/22, 115.
[65] BegrRegE UmRUG, BR-Drs. 371/22, 115.
[66] BegrRegE UmRUG, BR-Drs. 371/22, 114.
[67] *Thole* ZGR-Sonderheft 26, 2023, 65 (83).

genommen wurde[68] oder dass eine der beteiligten Gesellschaften zwischenzeitlich (aus welchen Gründen auch immer) gelöscht wurde.

V. Zusammenfassung

1. Durch den UmRUG-E wird in § 314 UmwG-E in Umsetzung von Art. 126b Abs. 1 GesRRL ein *ex ante* geltend zu machender Anspruch der Gläubiger einer an einer grenzüberschreitenden Verschmelzung beteiligten deutschen übertragenden Gesellschaft auf Sicherheitsleistung geregelt.
2. Gläubiger einer deutschen übernehmenden Gesellschaft haben einen *ex post* geltend zu machenden Anspruch auf Sicherheitsleistung gem. §§ 305 Abs. 2, 22 UmwG-E.
3. Von der in Art. 126b Abs. 2 GesRRL vorgesehenen Mitgliedstaatenoption einer Solvenzerklärung soll nach dem UmRUG-E kein Gebrauch gemacht werden.

---

[68] BegrRegE UmRUG, BR-Drs. 371/22, 115.

EBERHARD SCHOLLMEYER

Das Austrittsrecht gegen Barabfindung bei der grenzüberschreitenden Spaltung

Das Erscheinen dieser Festschrift fällt zeitlich nahezu mit dem Inkrafttreten des Gesetzes zur Umsetzung der Umwandlungsrichtlinie (UmRUG) zusammen. Deshalb liegt es nahe, sich zu Ehren des Jubilars mit Fragen zu befassen, die das neue Recht für die Gestaltungspraxis grenzüberschreitender Umwandlungen aufwirft. Dieser Beitrag greift aus dem bunten Strauß von Aspekten grenzüberschreitender Umwandlungen die Frage heraus, ob und wie die Vorschriften über den Austritt dissentierender Minderheitsgesellschafter bei der grenzüberschreitenden Spaltung sich in das hergebrachte System des Minderheitenschutzes einfügen.

I. Regelungsstruktur

Zwar gelten die neuen Vorschriften im zweiten Teil des sechsten Buchs des Umwandlungsgesetzes („Grenzüberschreitende Spaltungen") wie auch die Vorschriften des dritten Buchs („Spaltung") für alle drei Spaltungsvarianten, also für Aufspaltungen, Abspaltungen und Ausgliederungen. Das sind aber schon alle Gemeinsamkeiten bei der Regelungsstruktur. Denn anders als für innerstaatliche Spaltungen, bei denen die gesetzlichen Vorschriften in den §§ 126 bis 134 UmwG umfassende Regelungen über die Spaltung zur Aufnahme enthalten, und die §§ 135, 136, 137 UmwG nur die Besonderheiten der Spaltung zur Neugründung zum Gegenstand haben, ist es bei den grenzüberschreitenden Spaltungen umgekehrt: Die §§ 320 bis 331 UmwG-neu enthalten die Regelungen zur grenzüberschreitenden Spaltung zur Neugründung. Für bestimmte Fälle der Spaltung zur Aufnahme verweist § 332 UmwG-neu sodann modifizierend auf diese Vorschriften. Soweit die spaltungsrechtlichen Bestimmungen des sechsten Buches keine besonderen Regelungen enthalten, gelten die §§ 126 bis 134 UmwG für grenzüberschreitende Spaltungen zur Aufnahme insgesamt, für grenzüberschreitende Spaltungen zur Neugründung aber nur nach Maßgabe der §§ 135 bis 137 UmwG. Dies ergibt sich aus der allgemeinen Verweisungsnorm des § 320 Abs. 2 UmwG-neu. Sie verweist auf die maßgeblichen Vorschriften des Rechts der innerstaatlichen Spaltungen.

Hintergrund der „umgekehrten" Regelungsstruktur ist, dass der Gesellschaftsrechtsrichtlinie[1] (GesRRL) durch die Umwandlungsrichtlinie[2] (UmwRL) keine Vorschriften über die grenzüberschreitende Spaltung zur Aufnahme hinzugefügt wurden, sondern dort allein die grenzüberschreitende Spaltung zur Neugründung umfassend geregelt ist.[3] Die Regelung der grenzüberschreitenden Spaltung zur Aufnahme war schon in der Begründung und den

---

[1] Richtlinie (EU) Nr. 2017/1132 des Europäischen Parlaments und des Rates vom 14. Juni 2017 über bestimmte Aspekte des Gesellschaftsrechts (ABl. L 169 vom 30. Juni 2017, S. 46).

[2] Richtlinie (EU) Nr. 2019/2121 des Europäischen Parlaments und des Rates vom 27. November 2019 zur Änderung der Richtlinie (EU) 2017/1132 in Bezug auf grenzüberschreitende Umwandlungen, Verschmelzungen und Spaltungen (ABl. Nr. L 321 vom 12. Dezember 2019, S. 1).

[3] S. hierzu *Bungert* FS Krieger, 2020, 109 (111); *Stelmaszczyk* GmbHR 2020, 61 (64).

Erwägungsgründen des Richtlinienvorschlags der Europäischen Kommission als zu kompliziert für eine Regelung eingeschätzt worden.[4] Dabei war es dann auch in den Beratungen von Europäischem Parlament und Rat geblieben. Die Vorschrift des § 332 UmwG-neu ordnet insoweit also eine in der Literatur verschiedentlich geforderte[5] überschießende Umsetzung an, in EU-kritischen Kreisen gern als „Draufsatteln" oder „Gold Plating" bezeichnet. Ihre praktische Nutzbarkeit setzt voraus, dass sich mindestens ein weiterer Mitgliedstaat zu einer solchen überschießenden Umsetzung entschließt. Doch auch dann, wenn dies nicht geschieht, kommt der Vorschrift perspektivisch Bedeutung zu: Zum einen unterstreicht die Beschränkung ihres Anwendungsbereichs auf mitbestimmungsfreie Unternehmen im Sinne der „4/5-Schwelle", dass in den Konstellationen einer Spaltung zur Aufnahme die Schutzmechanismen für die Unternehmensmitbestimmung nur vom Unionsgesetzgeber geschaffen werden können. Zum anderen wird deutlich, dass eine Erweiterung des Kanons der Umwandlungsformen nach der Richtlinie möglich ist und im Zuge des bis 1. Februar 2027 vorzulegenden Evaluierungsberichts (Art. 4 Abs. 3 UmwRL) angepackt werden sollte.

II. Spaltungsvarianten, Anwendung verschmelzungsrechtlicher Vorschriften

1. Innerstaatliche Spaltungen

Der über § 29 UmwG vermittelte anteilsbezogene Minderheitenschutz spielt bei innerstaatlichen Auf- und Abspaltungen zur Neugründung und zur Aufnahme eine maßgebliche Rolle. Für diese Fälle ist er nach der Verweisungsnorm des § 125 S. 1 UmwG bzw. § 125 Abs. 1 Nr. 4 UmwG-neu, die die Ausgliederung insoweit ausnimmt, „entsprechend anzuwenden". Die Ausnahme der Ausgliederung wird damit begründet, dass den Anteilsinhabern bei ihr keine Anteile eines anderen Rechtsträgers zugewiesen werden.[6] Damit erübrige sich ein Austrittsrecht.

Die entsprechende Anwendung von § 29 UmwG erfordert über eine terminologische Anpassung der verschmelzungsrechtlichen Spezifika der Vorschrift hinaus auch eine sinngemäße Anpassung. Sie muss dem Umstand Rechnung tragen, dass die Spaltung im Gegensatz zur Verschmelzung kein Konzentrations- sondern ein Dekonzentrationsprozess[7] ist, der es erforderlich macht, vieles „umgekehrt" zu denken. Ein Beispiel für die Schwierigkeiten „entsprechender Anwendung" verschmelzungsrechtlicher Vorschriften bildet der Registervollzug von Spaltungen zur Neugründung.[8] Er unterscheidet sich in Reihenfolge und Wirkung signifikant von demjenigen bei der Verschmelzung.[9]

Bezogen auf das Austrittsrecht gegen Barabfindung ist im Rahmen der Sinngemäßheit der Anwendung der verschmelzungsrechtlichen Vorschrift des § 29 UmwG namentlich über ihre Reichweite zu entscheiden: Vermittelt die Vorschrift dem Gesellschafter ein umfassendes Austrittsrecht oder ist es im Spaltungsfall auf diejenigen Anteile beschränkt, die

---

[4] Erwägungsgrund 8 zur UmwRL; vgl. Vorschlag der Europäischen Kommission für eine Richtlinie des Europäischen Parlaments und des Rates zur Änderung der Richtlinie (EU) 2017/1132 in Bezug auf grenzüberschreitende Umwandlungen, Verschmelzungen und Spaltungen vom 25. April 2018 COM (2018) 241 final, S. 10.

[5] *Stelmaszczyk* Der Konzern 2021, 1 (4); *Bayer/Schmidt* BB 2019, 1922 (1935); *Bungert/Becker* DB 2019, 1609.

[6] *Lieder* in Lutter, UmwG, 6. Aufl. 2019, § 125 Rn. 59; *Verse* in Habersack/Wicke, UmwG, 2. Aufl. 2021, § 125 Rn. 47; *Simon* in KK-UmwG, 2009, § 125 Rn. 14.

[7] Grundlegend *Schöne,* Die Spaltung unter Beteiligung von GmbH, 1998, 3 ff.

[8] *Verse* in Habersack/Wicke, UmwG, 2. Aufl. 2021, § 125 Rn. 5 ff.; *Bungert* FS Krieger, 2020, 109 (125).

[9] *Heidenhain* GmbHR 1995, 264; *Neye* GmbHR 1995, 565; *Bayer/Wirth* ZIP 1996, 817; *Schollmeyer* IPRax 2020, 297.

der Gesellschafter an der neuen oder aufnehmenden, typenverschiedenen Gesellschaft erwerben würde? Denn nur bezüglich dieser Anteile steht eine Veränderung an, die nach § 29 UmwG Schutzbedarf auslöst und das Austrittsrecht gewährt. Dies würde bedeuten, dass aus dem Austrittsrecht in bestimmten Spaltungskonstellationen ein Teilaustrittsrecht wird. Im Abspaltungsfall würde es dann nur die dem abgespaltenen Teilvermögen zugeordneten Gesellschaftsanteile betreffen,[10] im Aufspaltungsfall nur die Anteile, für die Anteile an einem neuen Rechtsträger gewährt werden, der die Voraussetzungen des § 29 Abs. 1 UmwG erfüllt. Wird beispielsweise eine GmbH in eine GmbH und eine OHG aufgespalten, kann der Minderheitsgesellschafter bei dieser Lesart, die auf den Zweck des § 29 UmwG, das Interesse des Gesellschafters am Erhalt einer gleichartigen Mitgliedschaft zu schützen,[11] abstellt, nur die Anteile zurückgeben, die in OHG-Anteile umgewandelt würden. Im Übrigen wird er im beschriebenen Beispielsfall ohne Austrittsrecht Gesellschafter der aufnehmenden GmbH.

2. Grenzüberschreitende Spaltungen

Grenzüberschreitend stehen grundsätzlich die gleichen Spaltungsvarianten zur Verfügung wie für innerstaatliche Spaltungen, also Aufspaltung, Abspaltung und Ausgliederung. Uneingeschränkt gilt dies freilich nur für die Spaltung zur Neugründung. Die Spaltung zur Aufnahme ist nur möglich, wenn an der Spaltung allein mitbestimmungsfreie Gesellschaften, also solche mit höchstens 4/5 der für den jeweiligen nationalen Schwellenwert maßgeblichen Arbeitnehmerzahl, beteiligt sind, vgl. § 332 UmwG-neu.

Die oben formulierte Frage nach der Reichweite des Austrittsrechts stellt sich auch bei der grenzüberschreitenden Spaltung. In ihrem Fall geht es aber darum, ob der Minderheitsgesellschafter alle Anteile gegen Barabfindung zurück- bzw. abgeben kann oder nur diejenigen, für die er eine ausländischem Recht unterliegende Beteiligung erhielte. Durch die Richtlinie wird dies nicht ausdrücklich festgelegt, obwohl sie das Austrittsrecht bei der Spaltung vollständig regelt und ohne Verweisungen auf das Verschmelzungsrecht auskommt (näher dazu → III. 2.). In Umsetzung der Richtlinienvorgaben regelt § 327 S. 1 UmwG-neu das Austrittsrecht des Minderheitsgesellschafters aus Anlass der grenzüberschreitenden Spaltung freilich in dem für das Umwandlungsgesetz typischen Baukastensystem durch eine Verweisung auf die einschlägige verschmelzungsrechtliche Norm des § 313 UmwG-neu. Damit folgt das Gesetz dem Vorbild des § 125 S. 1 UmwG, der für Abspaltung und Aufspaltung auf § 29 UmwG verweist. Auch § 327 S. 2 UmwG-neu nimmt wie § 125 Abs. 1 Nr. 4 UmwG-neu die Ausgliederung von der Verweisung aus, weil bei ihr kein Anteilstausch erfolgt.

Anders als bei § 29 UmwG, der das Austrittsrecht für rechtsformwechselnde Verschmelzungen und Spaltungen sowie solche „aus der Börse" vorsieht, ist Anknüpfungspunkt des Austrittsrecht nach § 313 UmwG die Änderung des auf die Gesellschaft anwendbaren Rechts. Dies ergibt sich bereits aus der umgesetzten Richtlinienbestimmung des Art. 160i Abs. 1 S. 1 GesRRL. Dort ist das Austrittsrecht gewährt, *„sofern sie (gemeint: die Gesellschafter) infolge der grenzüberschreitenden Spaltung Anteile an den begünstigten Gesellschaften erwerben würden, die dem Recht eines anderen Mitgliedstaats als des Mitgliedstaats der Gesellschaft, die die Spaltung vornimmt, unterliegen würden".* Bei der Beantwortung der Frage, ob das „sofern" als „soweit" zu verstehen ist, das Austrittsrecht sich also nur auf diejenigen Anteile bezieht, die in Anteile einer Gesellschaft mit Sitz im Ausland getauscht werden würden, hilft auch der Blick in die englische *(„provided that")* oder französische *(„à condition qu'à")* Sprachfassung nicht weiter. Der Wortlaut der Vorschrift lässt beide Auslegungen zu, Erwägungsgrund 18 zur Umwandlungsrichtlinie stellt aber auf die potenzielle Belastung der Gesellschafter durch den Wechsel

---

[10] *Sickinger* in Kallmeyer, UmwG, 7. Aufl. 2020, § 125 Rn. 37; *Schöne,* Die Spaltung unter Beteiligung von GmbH, 1998, 266; *Bungert/Strothotte* DB 2022, 1818 (1822).

[11] *Grunewald* in Lutter, UmwG, 6. Aufl. 2019, § 29 Rn. 1.

des auf Ihre Beteiligung anwendbaren Rechts ab. Dies legt es nahe, von einer Beschränkung des Austrittsrechts auf diejenigen Anteile, die in Anteile einer ausländischen Gesellschaft getauscht würden, auszugehen, weil der Gesellschafter ein weitergehendes Schutzinteresse nicht hat. Hiervon geht auch die Begründung des Regierungsentwurfs aus.[12] Der Schutz bei der nicht verhältniswahrenden Spaltung wird durch das spezielle Zustimmungserfordernis nach § 326 Abs. 3 UmwG-neu gewährleistet, kann also bei der Betrachtung des Austrittsrechts außen vor bleiben.

Für den Fall der Abspaltung „über die Grenze" bedeutet das, dass der Gesellschafter austreten kann und in bar abzufinden ist, soweit seine Anteile in Anteile der neuen bzw. übernehmenden ausländischen Gesellschaft umgetauscht würden. Im Fall der Aufspaltung würde entsprechendes für die Anteile gelten, die auf diejenigen neuen oder aufnehmenden Gesellschaften entfallen, die ihren Sitz im Ausland haben. Ob dem Gesellschafter ein Austrittsrecht auch für diejenigen Anteile zusteht, für die ihm Anteile einer neuen oder aufnehmenden Gesellschaft im Inland gewährt werden, würde sich hingegen nach § 125 S. 1 (§ 125 Abs. 1 UmwG-neu) iVm § 29 UmwG richten. Sein Austrittsrecht unterläge bei der Aufspaltung demzufolge für die jeweils betroffenen Anteile unterschiedlichen Voraussetzungen.

Zu diesen zu unterscheidenden Fallgruppen tritt als weiteres Differenzierungserfordernis hinzu, dass bei grenzüberschreitenden Umwandlungen stets die unterschiedlichen Perspektiven des Zuzugs- und des Wegzugsstaats einzunehmen bzw. Hinein- und Hinausspaltung getrennt zu betrachten sind. Dabei kommt der von der Richtlinie vorgenommenen Aufgabenverteilung beim Schutz der betroffenen Stakeholder-Gruppen besondere Bedeutung zu. Die Schutzvorgaben der Richtlinie sind nämlich teils Sache des jeweiligen Zuzugsstaates und teils Sache des Wegzugsstaates. So ist der Schutz der Unternehmensmitbestimmung, dh ihr grundsätzlicher Fortbestand auch bei Wechsel des anwendbaren Rechts, nach der Konzeption der Richtlinie primär Aufgabe des Zuzugsstaates, an den sich die Art. 86l, 133, 160l GesRRL richten. Schutz der Minderheitsgesellschafter und Gläubigerschutz hingegen müssen vor allem vom jeweiligen Wegzugsstaat bei Information und Beschlussfassung über die Umwandlung und Erteilung der Vorabbescheinigung gesichert werden. Schließlich sollen nach den Erwägungsgründen 18 und 22 zur UmwRL Gesellschafter und Gläubiger gerade davor geschützt werden, ihre Rechte nach dem Recht eines anderen Mitgliedstaates wahrnehmen zu müssen, dessen Anwendbarkeit bei Begründung ihrer Gesellschafter- bzw. Gläubigerstellung noch nicht absehbar war. Dementsprechend ist für Fragen des Minderheitenschutzes und somit des Austrittsrechts gegen Barabfindung aus deutscher Perspektive vornehmlich der übertragende Rechtsträger mit Sitz in Deutschland, also der Fall der Hinausspaltung, von Interesse. Für deutsche Gesellschaften, die Spaltungen ins Ausland vornehmen, muss das Austrittsrecht hier, also im Rahmen der im Inland als Wegzugsstaat vorzunehmenden Verfahrensschritte, realisiert werden. Der inländischen Perspektive auf die Hineinspaltung hingegen kommt für Fragen des Austrittsrechts – also des Interesses der austretenden Gesellschafter der ausländischen übertragenden Gesellschaft, nicht Gesellschafter der deutschen neuen oder übernehmenden Gesellschaft zu werden – nur für bestimmte Einzelfragen Bedeutung zu. Beispielsweise ist bei der Gesellschafterliste, die nach § 8 Abs. 1 Nr. 3 GmbHG für die neue deutsche GmbH einzureichen ist, zu berücksichtigen, dass die Gesellschafter, die mit Wirksamwerden der Spaltung aus der Gesellschaft ausscheiden, der sich spaltenden Gesellschaft noch angehören, wenn die neue GmbH in Deutschland zum Handelsregister anzumelden ist.[13]

---

[12] Begründung zu § 327 UmwG-E, BR-Drs. 371/22, 131; hierzu *Bungert/Strothotte* DB 2022, 1818 (1822).

[13] Für innerstaatliche Spaltungen zur Neugründung: *Priester* in Lutter, UmwG, 6. Aufl. 2019, § 137 Rn. 8.

III. Voraussetzungen des Austritts

1. Voraussetzungen für innerstaatliche Spaltungen

Um die das Austrittsrecht betreffenden Unterschiede zwischen innerstaatlichen und grenzüberschreitenden Spaltungen deutlich zu machen, sollen kurz die Voraussetzungen des Austrittsrechts bei innerstaatlicher Spaltungen in Erinnerung gerufen werden: Das Austrittsrecht steht Minderheitsgesellschaftern bei innerstaatlichen Spaltungen nach § 125 S. 1 (§ 125 Abs. 1 UmwG-neu) iVm § 29 Abs. 1 UmwG zu, soweit die neue oder aufnehmende Gesellschaft entweder eine andere Rechtsform hat oder als Aktiengesellschaft im Gegensatz zur übertragenden Gesellschaft nicht börsennotiert ist oder – bei gleichbleibender Rechtsform – die Anteile an dem neuen oder aufnehmenden Rechtsträger Verfügungsbeschränkungen unterworfen sind. Das Gesetz schützt den Gesellschafter also davor, gegen seinen Willen eine andersartige Gesellschafterstellung zu erlangen.

Der Gesellschafter muss zur Erlangung der Barabfindung gemäß § 29 Abs. 1 S. 1 UmwG gegen den Spaltungsbeschluss Widerspruch zur Niederschrift erklären. Die Barabfindung ist im Spaltungs- und Übernahmevertrag bzw. im Spaltungsplan anzubieten. Sie unterliegt der – verzichtbaren – Prüfung durch die Spaltungsprüfer. Handelt es sich bei dem Anteil um einen GmbH-Anteil, gilt für die Annahmeerklärung des Austretenden die allgemeine Formvorschrift des § 15 Abs. 4 GmbHG.[14] Die Annahme ist innerhalb von zwei Monaten nach Eintragung der Spaltung im maßgeblichen Register zu erklären. Dies ist bei der Spaltung gemäß §§ 29, 31 iVm §§ 125 S. 1 (§ 125 Abs. 1 UmwG-neu), 131, 135, 137 UmwG – anders als bei der Verschmelzung – das Register des übertragenden Rechtsträgers.[15] Der austrittswillige Gesellschafter wird also zunächst Gesellschafter der aufnehmenden oder neuen Gesellschaft, auch wenn dies mit Nebenpflichten oder Haftungsrisiken verbunden ist.[16] Er bleibt dies, bis die Annahmeerklärung wirksam wird.

2. Voraussetzungen und Fristen für grenzüberschreitende Spaltungen

Bei grenzüberschreitenden Spaltungen unterscheiden die Voraussetzungen des Austrittsrechts und seiner Ausübung sich in einigen Punkten von denjenigen für innerstaatliche Spaltungen. Ein wesentlicher Unterschied ist, dass das Austrittsrecht allein wegen des Wechsels des infolge der grenzüberschreitenden Spaltung auf die Gesellschaft und damit die Mitgliedschaft bzw. Gesellschafterstellung anwendbaren Rechts gewährt wird. Auf die Frage der Typenverschiedenheit (vgl. § 29 UmwG) kommt es also nicht an.

Ein weiterer relevanter Unterschied ist, dass der Austritt gemäß § 327 S. 1 iVm § 313 Abs. 4 UmwG-neu entsprechend der Vorgabe von Art. 160i Abs. 1 iVm Art. 160r Abs. 1 lit. b) GesRRL[17] mit der grenzüberschreitenden Spaltung wirksam wird. Der Gesellschafter wird also von vornherein nicht Gesellschafter der neuen oder aufnehmenden Gesellschaft, soweit er von seinem Austrittsrecht Gebrauch gemacht hat. Zu den Auswirkungen dieses Unterschieds auf den Registervollzug der grenzüberschreitenden Spaltung s. unten (→ IV.). Aus diesem von innerstaatlichen Umwandlungen abweichenden Grundkonzept folgt, dass die erforderlichen Schritte für den Austritt bereits vor dem Wirksamwerden der Spaltung vollzogen sein müssen. Dementsprechend sieht § 329 S. 1 iVm § 316 Abs. 2 S. 1 UmwG-neu vor, dass die Spaltung erst in das Handelsregister eingetragen[18] und die Spaltungsbescheinigung nach § 329 S. 1 iVm § 316 Abs. 1 S. 4 UmwG-neu erst ausgestellt werden darf, wenn

---

[14] *Grunewald* in Lutter, UmwG, 6. Aufl. 2019, § 31 Rn. 3.

[15] *Verse* in Habersack/Wicke, UmwG, 2. Aufl. 2021, § 125 Rn. 19.

[16] *Grunewald* in Lutter, UmwG, 6. Aufl. 2019, § 31 Rn 12.

[17] *J. Schmidt* NZG 2022, 579 (582).

[18] Gemäß § 329 S. 2 UmwG-neu ist die Eintragung mit dem Vermerk zu versehen, dass die Spaltung erst mit der Eintragung gemäß § 330 UmwG-neu wirksam wird, → IV. 1.

die zweimonatige Frist zu Annahme des Barabfindungsangebots abgelaufen ist. Eine frühere Eintragung ist zulässig, wenn alle Gesellschafter der grenzüberschreitenden Spaltung zugestimmt haben.

Schließlich hat der Austrittserklärung des Gesellschafters grundsätzlich die Erklärung vorauszugehen, dass er von seinem Austrittsrecht Gebrauch machen wird, § 327 S. 1 iVm § 313 Abs. 2 UmwG-neu. Auch dies entspricht einer Vorgabe der Richtlinie, die in Art. 160i Abs. 2 GesRRL eine solche, binnen Monatsfrist abzugebende Erklärung vorsieht, für die die Gesellschaft eine elektronische Empfangsadresse bereitstellen muss. Entbehrlich ist die Erklärung nur, wenn der Austritt vor Ablauf der für sie geltenden Monatsfrist erklärt wird, § 327 S. 1 iVm § 313 Abs. 2 und Abs. 3 S. 3 UmwG-neu.

Die Erklärung gemäß § 327 S. 1 iVm § 313 Abs. 2 UmwG-neu dient nicht unmittelbar der Annahme des im Spaltungsplan unterbreiteten Abfindungsangebots.[19] Dies ergibt sich auf Richtlinienebene schon aus dem klarstellenden Erwägungsgrund 18 S. 4 und 5 zur UmwRL, wonach nationale Formvorschriften über den Austritt, einschließlich etwa erforderlicher notarieller Beurkundungserfordernisse unberührt bleiben. Die rechtliche Qualifikation der Erklärung ist vielmehr im Wege der Auslegung der maßgeblichen Richtlinienbestimmungen zu ermitteln, die sich in erster Linie am Sinn und Zweck der Vorschrift orientieren sollte: Die Erklärung verfolgt nach Erwägungsgrund 19 zur UmwRL den Zweck, der Gesellschaft frühzeitig, also vor der erforderlichen Registeranmeldungen die Abschätzung des mit dem Austritt dissentierender Gesellschafter einhergehenden Liquiditätsabflusses zu ermöglichen.[20] Hierfür ist eine rechtliche Bindung des Erklärenden nicht erforderlich. Darüber, was sich daraus für die Rechtsnatur der Erklärung ergibt, gehen die Meinungen auseinander: Teils wird darin eine schlichte Willensmitteilung gesehen,[21] teilweise wird die Erklärung als Wirksamkeitsvoraussetzung im Sinne einer Rechtsbedingung aufgefasst.[22] Schließlich findet sich auch die Überlegung, es handele sich um eine materielle Bedingung für den Abfindungsanspruch.[23] Der Umsetzungsgesetzgeber hat diese dogmatischen Fragen freilich unbeantwortet gelassen und insbesondere davon abgesehen, die Rechtsfolgen der Nichtabgabe der elektronischen Erklärung innerhalb der Monatsfrist im Rahmen des § 313 UmwG-neu ausdrücklich im Normtext zu regeln. In der Begründung des Regierungsentwurfs[24] heißt es insoweit lediglich, die Erklärung sei *„rechtliche Voraussetzung für die verbindliche Annahme des Barabfindungsangebots. Sie begründet noch keine Verpflichtung gegenüber der Gesellschaft"*. Eine zwingende Formvorgabe für die Erklärung enthält das Gesetz nicht. Die von allgemeinen Digitalisierungsbestrebungen getragene Anforderung der Richtlinie, die Gesellschaft zu verpflichten, für die Entgegennahme der Erklärung eine elektronische Empfangsadresse bereitzustellen,[25] statuiert kein elektronisches Formerfordernis. Das hat der Umsetzungsgesetzgeber in § 313 Abs. 1 und 2 UmwG-neu deutlich gemacht. Damit kann die Erklärung auch mündlich abgegeben und in der Gesellschafterversammlung mit der Erklärung des Widerspruchs zur Niederschrift nach § 313 Abs. 1 S. 1 verbunden werden. Im Interesse der Rechtssicherheit sollte freilich auch die in der Gesellschafterversammlung mündlich abgegebene und von den Vertretungsorganen empfangene Erklärung nach § 313 Abs. 2 UmwG-neu protokolliert werden.

In Übereinstimmung mit § 29 Abs. 1 UmwG sieht § 327 S. 1 iVm § 313 Abs. 1 UmwG-neu vor, dass der austrittswillige Gesellschafter in der Gesellschafterversammlung, in der über

---

[19] Kritisch hierzu *Bungert/Strothotte* BB 2022, 1411 (1416).

[20] *M. Noack* ZGR 2020, 90 (105); *Luy* GmbHR 2019, 1105 (1106); *Stelmaszczyk* Der Konzern 2021, 48 (52); *J. Schmidt* NZG 2022, 579 (581).

[21] *Luy* GmbHR 2019, 1105, 1106.

[22] *M. Noack* ZGR 2020, 90 (108).

[23] *Stelmaszczyk* Der Konzern 2021, 48 (52).

[24] Begründung zu § 313 UmwG-E, BR-Drs. 371/22, 111.

[25] Zu dieser elektronischen Übermittlung näher *Luy* GmbHR 2019, 1105 (1106).

den Spaltungsplan Beschluss gefasst worden ist, Widerspruch zur Niederschrift erklären muss. Funktional entspricht dieser Widerspruch weitgehend der Erklärung nach Art. 160i Abs. 2 GesRRL, der durch § 313 Abs. 2 UmwG-neu umgesetzt wurde. Deutschland hat mit der Voraussetzung des Widerspruchs zur Niederschrift von einer entsprechenden Mitgliedstaatenoption in Art. 160i Abs. 1 S. 4 GesRRL Gebrauch gemacht, um insoweit einen Gleichlauf der Verfahren innerstaatlicher und grenzüberschreitender Umwandlungen zu erreichen. Die Mitgliedstaatenoption war im Kommissionsvorschlag[26] noch nicht enthalten und erst im Zuge der Richtlinienverhandlungen im Rat in den Text aufgenommen worden.

Schließlich folgt noch die eigentliche Annahmeerklärung, wobei der Umsetzungsgesetzgeber die dogmatisch umstrittene Frage, ob die Annahmeerklärung eine Verpflichtung zur Anteilsübertragung begründet oder ob jene *ex lege* aus der erklärten Annahme folgt,[27] durch ausdrückliche Anordnung der Beurkundungsbedürftigkeit bei der GmbH in § 327 S. 1 iVm 313 Abs. 3 S. 4 UmwG-neu entschieden hat. Nur bei AG, KGaA und SE ist die Annahmeerklärung formfrei. Bei der GmbH ist die Abgabe der Annahmeerklärung nach § 15 Abs. 4 GmbHG in notarieller Form erforderlich.[28]

IV. Wirksamwerden des Austritts und Gläubigerstellung des Ausgetretenen

1. Wirksamwerden der grenzüberschreitenden Spaltung

Der Gesellschafter, der das Abfindungsangebot annimmt, scheidet nicht unmittelbar mit Abgabe dieser Erklärung aus. Vielmehr sieht § 327 S. 1 UmwG-neu iVm § 313 Abs. 4 UmwG-neu vor, dass er erst mit Wirksamwerden der Spaltung ausscheidet. Damit wird die Vorgabe von Art. 160r Abs. 1 lit. b GesRRL umgesetzt. Dort heißt es: *„Die Gesellschafter der Gesellschaft, die die Spaltung vornimmt, werden gemäß der im Plan für die grenzüberschreitende Spaltung aufgeführten Zuteilung der Anteile Gesellschafter der begünstigten Gesellschaften, es sei denn sie haben ihre Anteile gemäß Art. 160i Abs. 1 veräußert.“* Dieses Ausscheiden *ex lege* bildet auch den Aufhänger für Kritik[29] an der Formbedürftigkeit der Erklärung, das Barabfindungsangebot gemäß § 15 Abs. 4 GmbHG anzunehmen. Auch wurde gegen die Formbedürftigkeit eingewandt, dass der Schutzzweck des § 15 Abs. 4 GmbHG eher nicht greife, wenn Gesellschafter dem Wechsel in eine ausländische Rechtsordnung durch Austritt ausweichen.[30] Es lässt sich sogar die Auffassung vertreten, dass diejenigen Gesellschafter, die aus Anlass der grenzüberschreitenden Spaltung die Gesellschaft verlassen, weniger schutzbedürftig sind als diejenigen, die in ihr verbleiben. Einer solchen Überlegung ist freilich entgegenzuhalten, dass § 15 Abs. 4 GmbHG insgesamt in Frage gestellt zu werden droht, wenn man die Annahme eines Abfindungsangebots, deren Ausscheidensfolge von komplexen Fragen grenzüberschreitender Umwandlung beeinflusst wird, vom Beurkundungserfordernis befreit. Denn dies könnte erst-recht-Schlüsse zur Folge haben, die nach den üblichen politischen Folgemechanismen früher oder später zur Ersetzung der Beurkundung durch ein wort- und paragraphenreiches Anlegerschutzrecht führen würden, mit die Axt an die Satzungsautonomie der GmbH gelegt wäre.

---

[26] Vorschlag der Europäischen Kommission (COM(2018) 241 final) vom 25. April 2018, Begründung Ziff. 3 (S. 10).

[27] *J. Schmidt* NZG 2022, 582f. m. zahlr. wN zu beiden Ansichten im Hinblick auf nationale Umwandlungen.

[28] Begründung des RegE zu § 313 Abs. 3 UmwG-neu, Begründung zu § 313 UmwG-E, BR-Drs. 371/22, 112; *Stelmaszczyk* Der Konzern 2021, 52; *Bungert/Strothotte* BB 2022, 1411 (1415).

[29] *J. Schmidt* NZG 2022, 579 (583).

[30] *J. Schmidt* NZG 2022, 579 (582).

Dass der Gesellschafter ungeachtet der bereits zuvor erfolgten Abgabe aller dafür erforderlichen Erklärungen erst mit Wirksamwerden der Spaltung ausscheidet, ist sowohl aus seiner Sicht, als auch aus Sicht der Gesellschaft und der Mehrheitsgesellschafter in aller Regel interessengerecht. Dieser Wirksamkeitszeitpunkt trägt dem Umstand Rechnung, dass die Spaltung im weiteren Verlauf immer noch scheitern könnte, beispielsweise, weil die in den Registerverfahren im Zuzugs- und im Wegzugsstaat erforderlichen Anmeldungen zurückgenommen oder zurückgewiesen werden. Das Angebot steht dementsprechend gemäß § 313 Abs. 1 S. 2 iVm § 327 S. 1 UmwG-neu unter der aufschiebenden Bedingung, dass die grenzüberschreitende Spaltung wirksam wird. Die Bestimmung ist erforderlich, weil das Angebot für die Bewirkung des Austritts angenommen werden muss.[31] Mit dem Wirksamwerden des Ausscheidens gehen die Anteile des Gesellschafters unmittelbar auf die neue bzw. aufnehmende Gesellschaft als eigene Anteile über,[32] was § 33 Abs. 3 GmbHG-neu auch gestattet. Denn der Barabfindungsanspruch und das Austrittsrecht beziehen sich auf Anteile, mit denen der anteilige Wert des auf die neue Gesellschaft übertragenen Vermögens assoziiert ist.

Der Zeitpunkt des Wirksamwerdens der grenzüberschreitenden Spaltung ist in der GesRRL nicht unmittelbar geregelt. Es ist im Zuge des Richtlinienverfahrens nicht gelungen, Konsens über eine materiell-rechtliche Regelung zum Zeitpunkt des Wirksamwerdens herzustellen. Stattdessen wird die Frage kollisionsrechtlich gelöst: Der Zeitpunkt des Wirksamwerdens richtet sich gemäß Art. 160q S. 1 GesRRL nach dem Recht des Wegzugsstaates. Daraus folgt für die Spaltung zur Neugründung, dass die – zuvor einzutragende – neue Gesellschaft nicht mit der Eintragung zur Entstehung gelangt, weil sie zu diesem Zeitpunkt noch anteilslos ist. Ungeachtet der bereits im Zuzugsstaat erfolgten Eintragung kommt sie erst dann zur Entstehung, wenn das Recht des Wegzugsstaats es anordnet. Dies kann, muss aber nicht die nachfolgende Eintragung der Spaltung im Wegzugsstaat sein.[33] Den Unsicherheiten, die sich aus dieser kollisionsrechtlichen Lösung ergeben, begegnet das UmRUG durch Anordnung eines entsprechenden Vermerks sowie einer späteren Wirksamkeitseintragung. Nach § 331 Abs. 4 UmwG-neu ist bei der Hineinspaltung die Eintragung der neuen Gesellschaft mit dem Vermerk zu versehen, dass sie (die Eintragung) unter den Voraussetzungen wirksam wird, unter denen die grenzüberschreitende Spaltung nach dem Recht des Wegzugsstaats wirksam wird. Dieser Zeitpunkt ist nach Eingang der entsprechenden Mitteilung gemäß § 331 Abs. 5 UmwG-neu im Register einzutragen. In Hinausspaltungskonstellationen wird die Spaltung vom Handelsregister im Zuge des Verfahrens der Vorabbescheinigung eingetragen. Das Registergericht hat die Eintragung der grenzüberschreitenden Spaltung gemäß § 329 S. 1 UmwG-neu zunächst mit dem Hinweis zu versehen, dass die grenzüberschreitende Spaltung erst mit Ihrer Eintragung nach § 330 Abs. 1 UmwG-neu wirksam wird. Dem Register des Zuzugsstaates ist nach Eingang der Mitteilung über die Eintragung der neuen Gesellschaft im Zuzugsstaat der Tag des Wirksamwerdens der grenzüberschreitenden Spaltung mitzuteilen, für den nach § 320 Abs. 2 UmwG-neu iVm §§ 131 Abs. 1 Nr. 1, 135 Abs. 1 die Eintragung im Handelsregister maßgeblich ist.

Bei einer Aufspaltung, bei der eine der beiden neuen oder aufnehmenden Gesellschaften inländischem, die andere aber ausländischem Recht unterliegt, kann somit die parallele Anwendung von § 125 S. 1 (§ 125 Abs. 1 UmwG-neu) iVm § 29 UmwG einerseits und § 327 S. 1 iVm § 313 UmwG-neu andererseits dazu führen, dass der austrittswillige Gesellschafter aus der einen Gesellschaft erst nach Wirksamwerden der Spaltung ausscheidet, aus der anderen aber bereits mit Wirksamwerden der Spaltung.

---

[31] Begründung zu § 313 UmwG-E, BR-Drs. 371/22, 111.
[32] *J. Schmidt* NZG 2022, 579 (582).
[33] Einzelheiten *Schollmeyer* IPRax 2020, 297.

2. Die nach § 8 Abs. 1 Nr. 3 GmbHG bei der Hineinspaltung einzureichende Gesellschafterliste

Die aufgeschobene Wirksamkeit der Eintragung der neuen Gesellschaft bei der Hineinspaltung zur Neugründung einer GmbH wirft die Frage auf, welche Gesellschafter in die mit der Anmeldung der neuen Gesellschaft nach § 320 Abs. 2 UmwG-neu iVm §§ 135 Abs. 2 S. 1, 137 Abs. 1 UmwG iVm § 8 Abs. 1 Nr. 3 GmbHG einzureichende Gesellschafterliste[34] aufzunehmen sind. Die Fragestellung ist neu. Denn das Problem stellt sich bei innerstaatlichen Spaltungen zur Neugründung nicht, weil hier zunächst alle Gesellschafter auch Gesellschafter der neuen Gesellschaft werden und ein etwa nach § 125 S. 1 (§ 125 Abs. 1 UmwG-neu) iVm § 29 Abs. 1 UmwG geltend gemachter Austritt erst später wirksam wird.

Zur Eintragung der neuen Gesellschaft gemäß § 331 Abs. 2 S. 2 UmwG-neu muss die vom Wegzugsstaat ausgestellte Spaltungsbescheinigung vorgelegt werden. Sie kann dort erst ausgestellt werden, wenn bekannt ist, ob und ggf. welche Gesellschafter von einem Austrittsrecht Gebrauch machen. Dies ergibt sich aus dem Umstand, dass zu dem Zeitpunkt, zu dem die ausländische registerführende Stelle die Vorabbescheinigung gemäß Art. 160m Abs. 1 GesRRL in aller Regel erst ausstellen kann, die kurze Frist für die Erklärung gemäß Art. 160i Abs. 2 S. 1 GesRRL bereits abgelaufen ist und der Gesellschafter die Annahme des Barabfindungsangebots erklärt hat.

Zu dem Zeitpunkt, zu dem die neue GmbH unter Beifügung der Gesellschafterliste beim Handelsregister angemeldet wird, dürfte deshalb insoweit bereits Klarheit über den Gesellschafterbestand der künftigen Gesellschaft bestehen. Dies spricht dafür, dass die ausscheidenden Gesellschafter bei der mit der Anmeldung gemäß § 8 Abs. 1 Nr. 3 GmbHG einzureichenden Gesellschafterliste bereits weggelassen werden können, obwohl sie zum Anmeldezeitpunkt noch Gesellschafter der sich spaltenden ausländischen Gesellschaft sind. Die theoretisch denkbare Alternativlösung wäre es, diese Gesellschafter zunächst mit in die Gesellschafterliste aufzunehmen und nach Wirksamwerden der grenzüberschreitenden Spaltung eine neue Gesellschafterliste nach § 40 GmbHG einzureichen. So wäre sichergestellt, dass die Gesellschafterliste der Anforderung gerecht wird, die Gesellschafter zum Zeitpunkt der Anmeldung auszuweisen. Dies entspräche zwar dem von ganz h. M. geforderten Verfahren für den Fall, dass sich eine Änderung zwischen Anmeldung und Eintragung ergibt.[35] Die geänderte Gesellschafterliste müsste dann freilich einen Vermerk enthalten, aus dem ersichtlich ist, dass die betreffenden, in der mit der Anmeldung eingereichten Liste aufgeführten Gesellschafter niemals Gesellschafter geworden sind. Ein solches Verfahren wäre gegenüber der Einreichung einer von Anfang an das Ausscheiden antizipierenden Liste jedoch deutlich umständlicher, ohne dass damit ein Gewinn für Transparenz oder Rechtsverkehr verbunden wäre. Zur Transparenz der Gründerhaftung trägt die Gesellschafterliste bei der Hineinspaltung ohnehin nicht bei, weil Gründer gemäß § 135 Abs. 2 S. 2 UmwG der übertragende – ausländische – Rechtsträger ist, der im Fall der Aufspaltung überdies erlischt, so dass die Gründerhaftung in der hier diskutierten Konstellation vielfach ins Leere gehen dürfte.[36] Im Fall der grenzüberschreitenden Hineinspaltung ist es deshalb vertretbar, von dem Grundsatz, dass die Gesellschafterliste nach § 8 Abs. 1 Nr. 3 GmbHG den Gesellschafterbestand bei Anmeldung ausweisen muss, eine Ausnahme zuzulassen.

---

[34] *Priester* in Lutter, UmwG, 6. Aufl. 2019, § 137 Rn. 9; *Mayer* in Widmann/Mayer, Umwandlungsrecht, 183. EL 2020, UmwG § 137 Rn. 35.

[35] *Bayer* in Lutter/Hommelhoff, GmbHG, 20. Aufl. 2020, § 8 Rn. 4; *Veil* in Scholz, GmbHG, 12. Aufl. 2018, § 8 Rn. 12; *Ulmer/Habersack* in Habersack/Casper/Löbbe, GmbHG, 3. Aufl. 2019; *Herrler* in MüKoGmbHG, 4. Aufl. 2022, § 8 Rn. 21; *Tebben* in Michalski/Heidinger/Leible/J. Schmidt, GmbHG, 3. Aufl. 2017, § 8 Rn. 11.

[36] Vgl. *Lieder* in Lutter, UmwG, 6. Aufl. 2019, § 135 Rn. 12; *Benz/Weiß* in Habersack/Wicke, UmwG, 2. Aufl. 2021, § 36 Rn. 47; *Mayer* in Widmann/Mayer, Umwandlungsrecht, 184. EL Mai 2020, UmwG § 36 Rn. 100.

3. *Der ausgeschiedene Gesellschafter als Gläubiger*

Mit dem Ausscheiden erlangt der Gesellschafter einen Anspruch auf die im Spaltungsplan angebotene Barabfindung. Da der Anspruch also erst mit dem Wirksamwerden der Spaltung entsteht, richtet er sich gegen den neuen Rechtsträger, an dem der ausgeschiedene Gesellschafter die Anteile erworben hätte, für die die Barabfindung gewährt wird. Die neue Gesellschaft hat die Barabfindung binnen der kurzen Frist von zwei Wochen ab Wirksamwerden der Spaltung zu leisten, § 327 S. 1 iVm § 313 Abs. 5 S. 1 UmwG-neu. Der Gesetzgeber hat mit dieser kurzen Frist die unionsrechtlichen Möglichkeiten nicht ausgeschöpft. Art. 160i Abs. 3 GesRRL erlaubt eine gesetzliche Zahlungsfrist von bis zu zwei Monaten. Begründet wird die Strenge mit dem Umstand, dass der Gesellschafter mit dem vor Registervollzug verbindlich erklärten Ausscheiden bereits in Vorleistung gegangen ist.[37]

Schuldnerin des Barabfindungsanspruchs ist die neue Gesellschaft. In der Richtlinie ist diese Frage noch offengelassen worden, nachdem die ausdrückliche Regelung im ursprünglichen Kommissionsvorschlag im Zuge der Verhandlungen verworfen worden war.[38] Schließlich sind auf die neue Gesellschaft auch die Anteile übergegangen, für deren Verlust dem Gesellschafter die Abfindung zu zahlen ist. Weder Richtlinie noch Umsetzungsgesetz lassen erkennen, dass diesbezüglich eine unterschiedliche Behandlung von Verschmelzung und Aufspaltung, bei denen der übertragende Rechtsträger erlischt, und Abspaltung, bei der der übertragende Rechtsträger fortbesteht, geboten wäre.

Diese gesetzliche Konzeption ergibt sich auch indirekt aus dem zur Abrundung des Schutzes des ausscheidenden Gesellschafters vorgesehenen Anspruch auf Sicherheitsleistung. Der ausgeschiedene Gesellschafter hat gemäß § 327 S. 1 iVm § 313 Abs. 5 S. 2 UmwG-neu in entsprechender Anwendung von § 314 UmwG-neu einen Anspruch auf Sicherheitsleistung, kommt also – obschon nur designierter Gläubiger – im Wege der Rechtsfolgenverweisung auf die Vorschriften zum Schutz von Altgläubigern in den Genuss einer Absicherung. Einer solchen Verweisung bedürfte es nicht, wenn der barabfindungsberechtigte Gesellschafter bereits Altgläubiger wäre. Da es sich bei der Barabfindungsverbindlichkeit nicht um eine Altverbindlichkeit handelt, sind hingegen die Voraussetzungen der gemäß § 320 Abs. 2 UmwG-neu auch auf grenzüberschreitende Spaltungen anwendbaren Nachhaftung des übertragenden Rechtsträgers bei Abspaltung bzw. der anderen übernehmenden oder neuen Rechtsträger bei Aufspaltung nach § 133 UmwG nicht erfüllt.

Das System des Gläubigerschutzes nach Art. 160j GesRRL verlangt eine fristgebundene gerichtliche Geltendmachung des Anspruchs auf Sicherheitsleistung. Die Gesellschaftsorgane müssen bei der Anmeldung der grenzüberschreitenden Spaltung versichern, dass eine solche gerichtliche Geltendmachung nicht erfolgt ist, § 315 Abs. 3 Nr. 2 UmwG-neu. Als problematisch erweist sich im Fall des ausscheidenden Gesellschafters und seines Barabfindungsanspruchs die Frist, innerhalb derer Gläubiger die Sicherheitsleistung gerichtlich geltend machen müssen: Sie beträgt drei Monate ab Bekanntmachung des Verschmelzungsplans, § 314 Abs. 3 UmwG-neu, kann also zu dem Zeitpunkt, zu dem der ausscheidende Gesellschafter zum designierten Gläubiger wird, bereits abgelaufen sein. Bei einer entsprechenden Anwendung von § 314 auf den Barabfindungsanspruch liegt es also nahe, von einem anderen, sachnäheren Zeitpunkt des Fristbeginns auszugehen. Wägt man die Interessen der Beteiligten gegeneinander ab, dürfte ein Fristbeginn mit Annahme des Barabfindungsangebots zu spät liegen: Das gäbe dem ausscheidenden Gesellschafter zu viel Verzögerungsmacht in die Hand. Dieser Gesichtspunkt spricht dafür, die Frist des § 314 Abs. 3 UmwG-neu bei entsprechender Anwendung auf den Abfindungsanspruch des ausscheidenden Gesellschafters mit der Gesellschafterversammlung beginnen zu lassen, in der über die Verschmelzung, die Spal-

---

[37] Begründung des RegE zu § 313 UmwG-neu, Begründung zu § 313 UmwG-E, BR-Drs. 371/22, 112.

[38] *Bungert* FS Krieger, 2020, 108 (126); kritisch dazu *M. Noack* ZGR 2020, 90 (99).

tung oder den Formwechsel entschieden worden ist. Schließlich muss der austrittswillige Gesellschafter wegen der Erklärung zur Niederschrift in dieser Versammlung gemäß § 29 Abs. 1 UmwG iVm § 327 S. 1 iVm § 313 Abs. 1 UmwG-neu bereits Farbe bekennen und seine Austrittsabsicht erklären. Macht er den Anspruch auf Sicherheitsleistung rechtzeitig gerichtlich geltend, können die Vertretungsorgane dem Registergericht die Versicherung gemäß § 329 S. 1 iVm § 315 Abs. 3 Nr. 2 UmwG-neu nicht abgeben.

Der Höhe nach soll die Sicherheitsleistung auf die im Spaltungsplan angebotene Abfindung beschränkt sein, wie die Gesetzesbegründung klarstellt.[39] Damit ist sichergestellt, dass der Gesellschafter sich nicht durch die Behauptung der Unzulänglichkeit der Barabfindung und eines entsprechenden zusätzlichen Sicherheitsbedürfnisses einen vermeidbaren Verzögerungshebel für den Registervollzug verschafft. Diese Einschränkung hat ein Vorbild in der Rechtsprechung des Bundesgerichtshofs[40] und ganz überwiegenden Auffassung im Schrifttum[41] zum Anspruch auf Sicherheitsleistung gemäß § 327b Abs. 3 AktG. Er ist der Höhe nach in verfassungskonformer Weise[42] auf die gemäß § 327b Abs. 1 S. 1 AktG vom Hauptaktionär festgelegte bzw. in der Hauptversammlung beschlossene Barabfindung begrenzt und muss etwaige Erhöhungen beispielsweise in einem späteren Spruchverfahren nicht umfassen.

Für die Erfüllung des Barabfindungsanspruchs, der sich gegen die – neue oder aufnehmende – Gesellschaft richtet, an der der Gesellschafter wegen seines Ausscheidens keine Anteile erwirbt, haftet bei der Abspaltung die übertragende, bei der Aufspaltung die andere neue oder aufnehmende Gesellschaft. Denn § 133 Abs. 3 S. 2 UmwG-neu, der diese Haftung anordnet, ist gemäß § 320 Abs. 2 iVm § 125 Abs. 1 S. 2 UmwG-neu auf die Barabfindungsverbindlichkeit nach grenzüberschreitender Spaltung anwendbar.

V. Korrektur der Barabfindung im Spruchverfahren

Erachtet der ausgeschiedene Gesellschafter die angebotene – und ggf. bezahlte – Barabfindung ungeachtet ihrer Überprüfung im Rahmen der Spaltungsprüfung gemäß § 320 iVm § 311 UmwG-neu für nicht angemessen, steht ihm gemäß § 327 S. 1 iVm § 313 Abs. 1 S. 4 UmwG-neu iVm § 34 UmwG der Weg zu ihrer Überprüfung im Spruchverfahren offen. Ein solches Verfahren müssen die Mitgliedstaaten gemäß Art. 160i Abs. 4 GesRRL vorhalten.[43] Hingegen können Gesellschafter den Spaltungsbeschluss nicht mit der Begründung der Unzulänglichkeit der Abfindung anfechten. Dies folgt aus § 327 S. 1 iVm § 313 Abs. 1 S. 4 UmwG-neu iVm § 32 UmwG.

Die Richtlinie sieht für diese Rechte des ausgeschiedenen Gesellschafters, die sich primär gegen die neue Gesellschaft richten, die Maßgeblichkeit des Rechts des Wegzugsstaats und die ausschließliche internationale Zuständigkeit der dortigen Gerichte vor, Art. 160i Abs. 5 GesRRL. Dies ist sachgerecht, entspricht dem Schutzzweck der Vorschriften und steht im Einklang mit der Rechtsprechung des EuGH zur internationalen Zuständigkeit für Verfahren zur Überprüfung der Angemessenheit der Abfindung.[44] Demzufolge sind die ausgeschiedenen Gesellschafter einer deutschen Gesellschaft, die eine Auf- oder Abspaltung mit Aus-

---

[39] Begründung zu § 313 Abs. 5 UmwG-E, BR-Drs. 371/22, 112.
[40] BGH Beschl. v. 25.7.2005 – II ZR 327/03, NZG 2006, 117; BGH Urt. v. 16.3.2009 – II ZR 306/03 – „Lindner", BGHZ 180, 154 = NZG 2009, 585 (588).
[41] *Schnorbus* in K. Schmidt/Lutter, AktG, 4. Aufl. 2020, § 327b Rn. 35ff.; *Wilsing/Paul* in Henssler/Strohn, Gesellschaftsrecht, 5. Aufl. 2021, AktG § 327b Rn. 7, 8; *Singhof* in BeckOGK, 1.2.2022, AktG § 327b Rn. 17.
[42] BVerfG Beschl. v. 30.5.2007 – 1 BvR 390/04, NZG 2007, 587 (589).
[43] *Stelmaszczyk* ZIP 2019, 2437 (2440).
[44] *Stelmaszczyk* ZIP 2019, 2437 (2441); EuGH Urt. v. 7.3.2018 (C-560/16, *E.ON Czech Holding*), EuZW 2018, 811 mAnm *J. Schmidt*.

landsbeteiligung vorgenommen hat, auch nach Wirksamwerden der Spaltung weiterhin durch die inländischen Bestimmungen geschützt. § 2 Abs. 1 SpruchG-neu ist in Umsetzung dieser Richtlinienvorgabe eine Bestimmung über die internationale Zuständigkeit. Vieles spricht dafür, dass dies auch für die Zuständigkeit für nachfolgende Zahlungsklagen gemäß § 16 SpruchG gilt. Eine ausdrückliche Regelung konnte der deutsche Gesetzgeber insoweit nicht treffen, weil die Frage der Zuständigkeit für solche Annexklagen in Abgrenzung zur Brüssel-Ia-VO allein der EuGH klären kann.

Aus der Schutzvorschrift des Art. 160i Abs. 5 GesRRL folgt für den Fall der Hineinspaltung, dass die neue oder aufnehmende, deutschem Recht unterliegende Gesellschaft wegen der gegen sie bestehenden Barabfindungen ausgeschiedener Gesellschafter der ausländischen Rechtsvorgängerin vor den Gerichten und nach dem Recht des Wegzugstaats, das heißt vor allem nach der dort maßgeblichen Methode der Unternehmensbewertung in Anspruch genommen werden kann.

Der Antrag zur Einleitung des Spruchverfahrens ist gemäß § 4 Abs. 1 S. 1 Nr. 4 SpruchG-neu innerhalb von drei Monaten zu stellen, nachdem die grenzüberschreitende Spaltung wirksam geworden ist, bei der Hinausspaltung also drei Monate nach Eintragung der Spaltung im Handelsregister gemäß § 330 Abs. 1 S. 2 UmwG-neu.

VI. _Zusammenfassung in Thesen_

1. Wie bei der innerstaatlichen Spaltung bezieht sich das Austrittsrecht gegen Barabfindung auch bei der grenzüberschreitenden Spaltung nur auf diejenigen Anteile, bezüglich derer ein Austrittsgrund besteht. Im Rahmen der Anwendbarkeit von § 29 UmwG sind dies bei der Abspaltung nur die Anteile für die der Gesellschafter an einer typenverschiedenen neuen oder aufnehmenden Gesellschaft Anteile erhielte; bei der Aufspaltung nur diejenigen, die auf eine typenverschiedene neue oder aufnehmende Gesellschaft entfielen. Bei der grenzüberschreitenden Spaltung betrifft dies diejenigen Anteile, für die der Gesellschafter Anteile einer ausländischem Recht unterliegenden Gesellschaft erhielte.

2. Bei einer Aufspaltung, bei der eine der beiden neuen oder aufnehmenden Gesellschaften inländischem und eine ausländischem Recht unterliegt, kann die parallele Anwendung von § 125 S. 1 (§ 125 Abs. 1 UmwG-neu) iVm § 29 UmwG einerseits und § 327 S. 1 iVm § 313 UmwG-neu andererseits zur Ungleichzeitigkeit des Ausscheidens des austrittswilligen Gesellschafters führen.

3. Mit Wirksamwerden der grenzüberschreitenden Spaltung erwirbt die neue oder aufnehmende Gesellschaft die Anteile des Gesellschafters, der das Barabfindungsangebot angenommen hat, als eigene Anteile. Die neue oder aufnehmende Gesellschaft ist Schuldnerin des zu diesem Zeitpunkt entstehenden Anspruchs auf Barabfindung für diese Anteile.

4. Bei der Hineinspaltung zur Neugründung einer GmbH braucht die nach § 8 Abs. 1 Nr. 3 GmbHG mit der Anmeldung einzureichende Gesellschafterliste diejenigen Gesellschafter nicht zu enthalten, die von ihrem Austrittsrecht Gebrauch machen und deshalb gar nicht erst Gesellschafter der neuen Gesellschaft werden.

5. Die dreimonatige Frist, innerhalb derer der austrittswillige Gesellschafter wegen seines Anspruchs auf Barabfindung seinen Anspruch auf Sicherheitsleistung geltend machen muss, beginnt abweichend von § 314 Abs. 3 UmwG-neu erst am Tag der Versammlung, in der die grenzüberschreitende Spaltung beschlossen wird.

BERNHARD SEEGER

Zu den Grenzen schuldrechtlicher Rückforderungsvorbehalte in Bezug auf Gesellschaftsbeteiligungen

I. Einleitung

Zu den gängigen Gestaltungsinstrumenten der Notarpraxis im Immobilienbereich gehören Rückforderungsvorbehalte.[1] Die Frage, inwieweit die Vereinbarung solcher Vorbehalte ratsam ist, kann unterschiedlich beantwortet werden. Nach hier vertretener Meinung handelt es sich bei Veräußerungsverboten und Rückforderungsrechten grundsätzlich um problematische Machtinstrumente.[2] Sie kollidieren mit gesetzlichen Wertungen (zB § 137 BGB) und erhöhen die Komplexität der Vertragsgestaltung, wodurch die Gefahr unintendierter Nebeneffekte verstärkt wird. Jedenfalls ist der Notar nach ganz überwiegender Meinung grundsätzlich nicht verpflichtet, von sich aus auf die Möglichkeit einer Vereinbarung von Rückforderungsvorbehalten hinzuweisen.[3]

Während im Immobilienbereich umfangreiche Literatur zu Rückforderungsvorbehalten existiert,[4] ist die gesellschaftsrechtliche Literatur insoweit zurückhaltender.[5] Das Deutsche Notarinstitut war bereits mehrfach mit dieser Thematik befasst.[6] Der nachstehende Beitrag widmet sich den Grenzen schuldrechtlicher Rückforderungsvorbehalte in Bezug auf Gesellschaftsbeteiligungen. Hierbei steht die Frage im Zentrum, inwieweit Rückforderungsvorbehalte bei geschenkten Gesellschaftsbeteiligungen zulässig sind. Wissenschaftlich ist die Thematik deshalb von besonderem Interesse, weil es sich um einen Überschneidungsbereich von Schuldrecht und Gesellschaftsrecht handelt. Die folgenden Ausführungen verstehen sich als rechtsformübergreifend. Soweit zwischen verschiedenen Gesellschaftsformen Unterschiede ausgemacht werden, werden sie hervorgehoben.

II. Grundprobleme

Rückforderungsvorbehalte bei Gesellschaftsbeteiligungen erscheinen problematischer als solche, die sich auf Immobilien beziehen: Ein erster Grund hierfür besteht darin, dass es sich bei einer Gesellschaftsbeteiligung um einen lebenden Organismus handelt: Selbst wenn die Rechtsform der Gesellschaft unverändert bleibt, können sich Eigenschaften der Beteiligung verändern. Beispiele sind nicht nur rechtliche Charakteristika, wie zB Gesellschaftszweck, Firma oder Satzungsbestandteile, sondern auch wirtschaftliche, wie zB die Geschäftspolitik oder der Wert der Gesellschaft. Das übertragene und das zurückzugebende Vermögen sind

---

[1] Vgl. *Krauss,* Vermögensnachfolge in der Praxis, 6. Aufl. 2022, Rn. 2375 ff.

[2] *Krafka/Seeger* in Heinemann, Kölner Vertragshandbuch Immobilienrecht, 3. Aufl. 2021, S. 3 f.

[3] OLG Bamberg DNotZ 2004, 718 ff.; *Krafka/Seeger* in Heinemann, Kölner Vertragshandbuch Immobilienrecht, 3. Aufl. 2021, S. 3 f.

[4] Vgl. *Krauss,* Vermögensnachfolge in der Praxis, 6. Aufl. 2022, Rn. 2375 ff. mwN.

[5] Vgl. aber zB die Darstellung bei *Dilling* in Herrler, Gesellschaftsrecht in der Notar- und Gestaltungspraxis, 2. Aufl. 2021, § 17 Rn. 205 ff.; *Krauss,* Vermögensnachfolge in der Praxis, 6. Aufl. 2022, Rn. 2714 ff.; DNotI-Report 2019, 53 f.

[6] ZB DNotI-Report 2019, 53 f.

somit häufig nicht identisch.[7] Des Weiteren können Rückforderungsvorbehalte die unternehmerische Freiheit stark beschränken.[8] Dies wiegt vor allem dann schwer, wenn es sich bei der Beteiligung um die wirtschaftliche Existenzgrundlage des Erwerbers handelt. Allerdings können beide Probleme auch im Immobilienbereich zutreffen, so dass es sich um eher graduelle Unterschiede handelt. Ein weiteres Problem besteht darin, dass die Rückforderung möglicherweise die Interessen weiterer Gesellschafter betrifft.

Generell mögen Rückforderungsvorbehalte im Gesellschaftsbereich auch deshalb als problematischer erscheinen, weil es sich bei der Gesellschaftsbeteiligung – anders als bei einer Immobilie – um eine juristische Fiktion handelt, was eine geistige Durchdringung der Thematik erschweren mag.

III. Allgemeine Grenzen

1. Einführung

Jenseits einer etwaigen Inhalts- und Ausübungskontrolle, die im Zentrum der nachstehenden Betrachtungen steht,[9] können sich Grenzen schuldrechtlicher Rückforderungsvorbehalte aus allgemeinen schuldrechtlichen bzw. gesellschaftsrechtlichen Grundsätzen ergeben. Die nachfolgenden Ausführungen beanspruchen insoweit keine Vollständigkeit.

2. Zustimmungsbedürftigkeit der Rückübertragung

Eine Grenze für Rückforderungsvorbehalte setzt § 275 Abs. 1 BGB, wonach der Anspruch auf Leistung ausgeschlossen ist, soweit diese für den Schuldner oder für jedermann unmöglich ist. Eine Unmöglichkeit der Leistung kann sich im Fall einer Rückübertragungsverpflichtung aus der fehlenden Übertragbarkeit der Gesellschaftsbeteiligung bzw. aus Vinkulierungklauseln[10] ergeben. Im Fall von Personengesellschaften ist eine Verfügung über die Mitgliedschaft grundsätzlich nur mit Zustimmung der Mitgesellschafter zulässig,[11] soweit sich aus dem Gesellschaftsvertrag nichts anderes ergibt. GmbH-Geschäftsanteile sowie Aktien sind grundsätzlich frei übertragbar, es sei denn aus dem Gesellschaftsvertrag ergibt sich eine Vinkulierung (vgl. § 15 Abs. 5 GmbHG, § 68 Abs. 2 AktG). Wird die Zustimmung nicht erteilt, so handelt es sich um einen Fall der rechtlichen Unmöglichkeit. Diese tritt jedoch nur dann ein, wenn feststeht, dass die Mitgesellschafter zur Zustimmung nicht bereit sind.[12] Grundsätzlich muss sich der Rückübertragungsschuldner bemühen, auf die Zustimmung hinzuwirken. Kommt er dieser Verpflichtung schuldhaft nicht nach, können Schadensersatzansprüche bestehen. Ein Schadensersatzanspruch in Höhe des Werts der Beteiligung kann sich hieraus jedoch nur dann ergeben, wenn bei Erfüllung der Verpflichtung die Zustimmung der Mitgesellschafter erteilt worden wäre. Wird die Zustimmung endgültig nicht erteilt und trifft den Rückübertragungsverpflichteten auch kein Verschulden hieran, so stellt sich die Frage, ob anderweitige Ansprüche, beispielsweise auf Wertersatz, bestehen.

---

[7] *Dilling* in Herrler, Gesellschaftsrecht in der Notar- und Gestaltungspraxis, 2. Aufl. 2021, § 17 Rn. 205.

[8] *Dilling* in Herrler, Gesellschaftsrecht in der Notar- und Gestaltungspraxis, 2. Aufl. 2021, § 17 Rn. 205.

[9] Vgl. → IV.

[10] BGH NJW 1990, 2616; *Dilling* in Herrler, Gesellschaftsrecht in der Notar- und Gestaltungspraxis, 2. Aufl. 2021, § 17 Rn. 211; *Wälzholz* GmbHR 2007, 1177 (1182).

[11] Für die Personengesellschaften vgl. *Sprau* in Grüneberg, BGB, 81. Aufl. 2022, § 719 Rn. 6a; *Dilling* in Herrler, Gesellschaftsrecht in der Notar- und Gestaltungspraxis, 2. Aufl. 2021, § 17 Rn. 211.

[12] *Grüneberg* in Grüneberg, BGB, 81. Aufl. 2022, § 275 Rn. 25.

Eine Garantiehaftung oder eine entsprechende ergänzende Vertragsauslegung des Rück-erwerbverpflichteten mit der Folge einer verschuldensunabhängigen Pflicht zum Wertersatz werden nur bei besonderen Anhaltspunkten im Vertrag in Betracht kommen. Im Einzelfall wird zu prüfen sein, ob eine ergänzende Vertragsauslegung zur Begründung eines Treuhand-verhältnisses oder anderer Abreden führen kann. Angesichts dieser Unsicherheiten kann es somit geschehen, dass der Rückforderungsvorbehalt ins Leere geht. Verhindern lässt sich dies dadurch, dass bereits bei Übertragung die Zustimmung für die Rückübertragung eingeholt wird. Selbst diese Sicherheit kann ausfallen, beispielsweise wenn sich der Gesell-schafterkreis nachträglich geändert hat und damit die Zustimmung der Neugesellschafter erforderlich ist. Die Problematik kann sich dann vermeiden lassen, wenn der Rückübertra-gungsberechtigte Mitgesellschafter der Gesellschaft bleibt.

3. Rechtslage bei Ableben des Erwerbers

Auch bei Ableben des Erwerbers kann der Rückübertragungsvorbehalt auf Grenzen sto-ßen: Eine Gesellschaft bürgerlichen Rechts wird nach bisheriger Rechtslage durch den Tod eines Gesellschafters grundsätzlich aufgelöst (§ 727 Abs. 1 BGB); da die Gesellschaft zunächst als Liquidationsgesellschaft fortbesteht, bleibt die Rückübertragung aber grundsätzlich mög-lich. Sofern jedoch im Gesellschaftsvertrag vereinbart wurde, dass der verstorbene Gesell-schafter mit seinem Ableben ausscheidet (§ 736 Abs. 1 BGB), wächst dessen Anteil den übrigen Gesellschaftern an (§ 738 Abs. 1 BGB)[13]. Die gleiche Rechtslage besteht kraft dis-positiven Rechts ab Inkrafttreten des MoPeG für die GbR (§ 723 Abs. 1 Nr. 1 BGB-E), bei der OHG sowie für den Komplementär einer Kommanditgesellschaft (§§ 131 Abs. 3 Nr. 1, 171 Abs. 2 HGB). Vorbehaltlich besonderer Abreden mit den übrigen Gesellschaftern ist damit die Erfüllung der Rückübertragungsverpflichtung für die Erben des Rückübertra-gungsschuldners unmöglich. Denn die übrigen Gesellschafter sind an die nur schuldrechtlich vereinbarte Rückübertragungspflicht des Erwerbers nicht gebunden. Je nachdem ob diese Situation bereits bei Vereinbarung der Rückübertragungspflicht schon bestand oder später eintrat, handelt es sich um eine anfängliche oder nachträgliche Unmöglichkeit. Oftmals wird der Rückübertragungsschuldner diese nicht zu vertreten haben. Allerdings werden ihm bzw. seinen Erben zumeist Abfindungsansprüche zustehen. Anders als im Fall der feh-lenden Zustimmung[14] sollte eine ergänzende Vertragsauslegung regelmäßig dazu führen, dass sich das Rückübertragungsrecht nun auf diese Abfindungsansprüche richtet. Denn dem Erwerber bzw. seinen Erben steht ein Gegenwert für die Beteiligung zu. Auch in diesem Fall ist jedoch zu prüfen, inwieweit die nachstehend[15] darzustellende Inhalts- und Ausübungs-kontrolle die Abfindungsansprüche erfasst.

GmbH-Geschäftsanteile (§ 15 Abs. 1 GmbHG) und Aktien sind vererblich. Für den Fall des Ablebens eines Gesellschafters kann jedoch die Satzung die Einziehung des Geschäfts-anteils oder einen Ausschluss der Erben ermöglichen. Im Falle der Einziehung geht der Gesellschaftsanteil unter; Rechte und Pflichten an ihm können nicht mehr bestehen.[16] Die Rechtslage einschließlich der Ansprüche an einer etwaigen Abfindung entspricht damit der beim Ausscheiden aus Personengesellschaften. Dagegen führt der Ausschluss aus einer GmbH grundsätzlich nicht zum Untergang der Geschäftsanteile,[17] so dass die Erfüllung des Rückübertragungsvorbehalts theoretisch möglich bleibt. Allerdings sieht sich der Rücküber-tragungsschuldner dann zwei Gläubigern gegenüber, was naturgemäß Folgeprobleme nach sich zieht.

---

[13] *Sprau* in Grüneberg, BGB, 81. Aufl. 2022, § 736 Rn. 3.
[14] Vgl. → III. 2.
[15] Vgl. → IV.
[16] *Simon/Sandhaus* in Gehrlein/Born, GmbHG, 3. Aufl. 2017, § 34 Rn. 44.
[17] *Simon/Sandhaus* in Gehrlein/Born, GmbHG, 3. Aufl. 2017, § 34 Rn. 85.

4. Wirtschaftliche Identität und Untergang der Gesellschaft

Wie bereits ausgeführt wurde, handelt es sich bei einer Gesellschaftsbeteiligung um einen „lebenden Organismus", so dass das übertragene und das zurückzugebende Vermögen oftmals nicht identisch sind.[18] Die geänderte Identität kann auf rein wirtschaftlichen Gesichtspunkten beruhen, wie beispielsweise einer Änderung der Geschäftspolitik oder des Werts der Gesellschaft. Ihr können auch juristische Umstände zugrunde liegen. Beispiele sind eine Änderung von Firma, Sitz, Unternehmensgegenstand und anderen Satzungsbestandteilen, Kapitalmaßnahmen oder eine Liquidation der Gesellschaft. Im Extremfall kann es sich um eine Änderung der Rechtsform, zB durch Maßnahmen nach dem Umwandlungsgesetz, oder um einen Untergang der Gesellschaft durch Erlöschen oder Übergang auf den letzten Gesellschafter handeln.

Grundsätzlich stellen solche Änderungen die Rückübertragungsverpflichtung nicht in Frage. Hierfür spricht der allgemeine Rechtsgedanke, dass eine vertragliche Einigung aufgrund der Privatautonomie Bestand haben soll. Wurde der übertragene GmbH-Geschäftsanteil somit aufgrund einer Umwandlungsmaßnahme zu einer Kommanditbeteiligung, so ist diese aufgrund des Rückforderungsvorbehalts zurückzuübertragen. Allerdings sind folgende Einschränkungen zu beachten: Erstens ist zu klären, was genau Gegenstand der Rückübertragung ist: Hat beispielsweise der Erwerber eines GmbH-Geschäftsanteils diesen im Wege der Kapitalerhöhung aufgestockt oder mit anderweitig erworbenen Geschäftsanteilen vereinigt, bezieht sich der Rückübertragungsanspruch nur auf einen Anteil im Umfang der ursprünglich übertragenen Beteiligung; hierbei können sich schwierige Auslegungsprobleme ergeben. Ist zweitens die Gesellschaft untergegangen, beispielsweise durch Anwachsung an den Erwerber, müssen die weiteren Konsequenzen im Wege der Vertragsauslegung geklärt werden. Gleiches gilt für den Fall, dass die Beteiligung eine derartige Änderung erfahren hat, dass sie bei verständiger Würdigung des Sachverhalts ein aliud zur ursprünglich übertragenen darstellt. Als Auslegungsergebnisse kommen in diesen Fällen insbesondere ein Anspruch auf Wertersatz in Betracht. Bei Untergang der Gesellschaft erscheint ein Anspruch auf Neubegründung einer Gesellschaft mit dem Rückforderungsberechtigten denkbar, freilich wird dies häufig nicht dem Parteiwillen entsprechen. Drittens sind neben einer ergänzenden Vertragsauslegung stets die nachstehend[19] darzustellenden Grundsätze zur Inhalts- und Ausübungskontrolle zu beachten.

5. Insolvenz

Rückübertragungsansprüche werden häufig für den Fall der Insolvenz des Erwerbers vereinbart.[20] Hierzu stellt sich die Frage, wieweit an die Insolvenz anknüpfende und darüber hinaus generell Rückübertragungsvorbehalte insolvenzfest sein können.

Grundsätzlich handelt es sich bei schuldrechtlichen Rückforderungsvorbehalten um bloße Insolvenzforderungen, so dass ihre Erfüllung im Insolvenzfall nicht gewährleistet ist.[21] Um insolvenzfest zu sein, ist eine Sicherheit erforderlich. Mangels Eintragungsfähigkeit einer Vormerkung lässt sich die Insolvenzfestigkeit durch eine aufschiebend bedingte (Rück-) Abtretung oder durch eine auflösend bedingte Verfügung (§ 161 Abs. 1 S. 2 BGB) errei-

---

[18] *Dilling* in Herrler, Gesellschaftsrecht in der Notar- und Gestaltungspraxis, 2. Aufl. 2021, § 17 Rn. 205.

[19] Vgl. → IV.

[20] Dies ist nach ganz herrschender Lehre gesellschaftsrechtlich und schuldrechtlich zulässig, vgl. → IV. und *Wälzholz* GmbHR 2007, 1177 (1183); *D. Mayer* ZGR 1995, 93 (109); *Krauß*, Vermögensnachfolge in der Praxis, 6. Aufl. 2022, Rn. 2717. Es wird auch von der hier vertretenen Meinung nicht in Frage gestellt, vgl. → IV. Zu insb. steuerlichen Aspekten vgl. *Wälzholz* ZEV 2010, 623 ff.

[21] *Wälzholz* GmbHR 2007, 1177 (1182).

chen.[22] Zwar können nach Insolvenzeröffnung Rechte an Gegenständen der Insolvenzmasse nicht mehr erworben werden (§ 91 Abs. 1 S. 1 InsO). Dennoch erkennt auch die insolvenzrechtliche Rechtsprechung und Lehre die Insolvenzfestigkeit bedingter Abtretungen an.[23] In jedem Fall sind die Regelungen aber mit dem Gesellschaftsvertrag abzustimmen damit sie nicht ins Leere gehen.[24] Führt beispielsweise die Insolvenz zum automatischen Ausscheiden des Gesellschafters, können sich ähnliche Probleme wie beim Ableben des Gesellschafters ergeben.[25] Bei der Rechtsgestaltung sollte ein Automatismus vermieden werden, so dass die Rückübertragung zusätzlich unter der Bedingung des Zugangs einer Ausübungserklärung vereinbart werden sollte.[26]

IV. Inhalts- und Ausübungskontrolle: Zur Übertragbarkeit gesellschaftsrechtlicher Beschränkungen?

1. Einführung

Im Zentrum der Diskussionen zu Rückforderungsvorbehalten bei Gesellschaftsbeteiligungen steht die Frage, inwieweit die Grundsätze zu Hinauskündigungsklauseln und Abfindungsbeschränkungen auf schuldrechtliche Verpflichtungen übertragen werden können.[27] Hierbei sind zwei Grundpositionen denkbar: Nach der Trennungsthese[28] sind Schuldrecht und Gesellschaftsrecht zu trennen. Eine Übertragung gesellschaftsrechtlicher Grundsätze auf schuldrechtliche Rückübertragungsvorbehalte kommt grundsätzlich nicht in Betracht. Dagegen müssen nach der Übertragungsthese[29] die gesellschaftsrechtlichen Grundsätze zu Hinauskündigungsklauseln und Abfindungsbeschränkungen auch schuldrechtlich vereinbarten Rückübertragungsvorbehalten Grenzen setzen. Wie sich zeigen wird, ist ein klarer Meinungsstand hierzu in Rechtsprechung und Literatur nicht erkennbar.[30] Tatsächlich handelt es sich hierbei nämlich nicht um einen pointierten Meinungsstreit, sondern eher um Argumentationstopoi, wobei die Positionen in Rechtsprechung und Literatur nicht immer konsistent sind und zudem einem dynamischen Wandel unterliegen.

2. Hinauskündigungsklauseln und Abfindungsbeschränkungen

a) Hinauskündigungsklauseln

In Rechtsprechung und Literatur ist es anerkannt, dass Hinauskündigungsklauseln, also gesellschaftsvertragliche Vereinbarungen, die einen Ausschluss von Gesellschaftern unabhängig vom Vorliegen besonderer Gründe nach freiem Ermessen der Mitgesellschafter zulas-

---

[22] *Wälzholz* GmbHR 2007, 1177 (1182). Ebenso *Krauß,* Vermögensnachfolge in der Praxis, 6. Aufl. 2022, Rn. 2730 ff.; *Dilling* in Herrler, Gesellschaftsrecht in der Notar- und Gestaltungspraxis, 2. Aufl. 2021, § 17 Rn. 236 f.
[23] BGH NJW-RR 2008, 1007 (1008); *Bork,* Einführung in das Insolvenzrecht, 8. Aufl. 2017, Rn. 176 mwN.
[24] *Wälzholz* GmbHR 2007, 1177 (1182).
[25] *Krauß,* Vermögensnachfolge in der Praxis, 6. Aufl. 2022, Rn. 2732.
[26] *Wälzholz* ZEV 2010, 623 (625).
[27] Vgl. *Dilling* in Herrler, Gesellschaftsrecht in der Notar- und Gestaltungspraxis, 2. Aufl. 2021, § 17 Rn. 205 ff.; *Krauss,* Vermögensnachfolge in der Praxis, 6. Aufl. 2022, Rn. 2714 ff.; *Wälzholz* ZEV 2010, 623 ff.
[28] In diese Richtung BGH DNotZ 1991, 819 ff.; *K. Schmidt* BB 1990, 1992 ff.
[29] In diese Richtung zB *D. Mayer* ZGR 1995, 93 (99, 102 ff.), *Wälzholz* GmbHR 2007, 1177 f. und *Krauß,* Vermögensnachfolge in der Praxis, 6. Aufl. 2022, Rn. 2716 f.
[30] Vgl. → IV. 3.

sen,[31] grundsätzlich gemäß § 138 Abs. 1 BGB nichtig sind. Die Nichtigkeit besteht auch dann, wenn eine angemessene Abfindung vereinbart wurde.[32] Diese Grundsätze gelten rechtsformübergreifend.[33]

Zur Begründung führt der BGH aus, zwar könne der Gesellschaftsvertrag in Erweiterung der gesetzlichen Ausschließungsgründe festlegen, dass nicht nur ein wichtiger Grund die Ausschließung von Gesellschaftern rechtfertige. Grenzen ergäben sich aber daraus, dass der Gesellschaftsvertrag im Unterschied zu einem reinen Austauschvertrag auf das gedeihliche Zusammenwirken der Gesellschafter zu einem gemeinsamen Zweck ausgerichtet sei. Die persönlichen Beziehungen zwischen den Gesellschaftern beruhten auf gegenseitigem Vertrauen und begründeten eine besondere Treuepflicht. Ausschlussklauseln dürften deshalb die erforderliche Zusammenarbeit der Gesellschafter nicht im Kern treffen und die gesellschaftstreue Mitarbeit infrage stellen. Dies sei dann der Fall, wenn einem Gesellschafter das Recht eingeräumt werde, Mitgesellschafter nach freiem Ermessen ohne Begründung auszuschließen. Eine solche Befugnis begründe die Gefahr, dass Gesellschafter aus sachfremden Gründen ausgeschlossen werden; sie könne einer Willkürherrschaft der ausschließenden Gesellschafter Vorschub leisten. Ein derartiges „Damoklesschwert"[34] könne dazu führen, dass Gesellschafter von ihnen eingeräumten Rechten nicht mehr Gebrauch machen würden und ihnen obliegende Pflicht nicht mehr ordnungsgemäß erfüllten, sondern sich den Wünschen der zur Ausschließung berechtigten Gesellschafter selbst dann beugten, wenn deren Vorgehen sachlich nicht zu rechtfertigen sei. Die Entscheidungen der Gesellschafter sollten Ausfluss einer freien Willensbildung sein, um Entscheidungen sachgerecht treffen zu können. Selbst wenn dem ausgeschlossenen Gesellschafter eine angemessene Abfindung zustehe, sei ein Recht zur Hinauskündigung nach freiem Ermessen nichtig, es sei denn, die Regelung wäre durch außergewöhnliche Umstände sachlich gerechtfertigt.[35]

Mittlerweile haben Rechtsprechung und Literatur eine Reihe von Fallgruppen erarbeitet, in denen ein Ausschluss durch besondere Umstände gerechtfertigt sein soll.[36] Zu nennen[37] ist insbesondere das „Managermodell": Hier werden einem Geschäftsführer Minderheitsbeteiligungen eingeräumt; für den Fall einer Beendigung der Geschäftsführerstellung gibt der Geschäftsführer ein Angebot auf Rückkauf und Rückabtretung ab. Der BGH hält die Rückübertragungsverpflichtung für wirksam, da die Einräumung der Beteiligung der Bindung an das Unternehmen und der Steigerung der Motivation des Geschäftsführers diene. Bei dieser Sachlage sei die Beteiligung von vornherein auf Zeit eingeräumt; die Möglichkeit der Abberufung des Geschäftsführers aus der Organstellung auch ohne wichtige Gründe sei schützenswert.[38] Ähnlich argumentierte der BGH beim „Mitarbeitermodell". Hier werden

---

[31] *Miesen* RNotZ 2006, 522.

[32] BGH NJW 1981, 2565 (2566); *Mayer* ZGR 1995, 93 (98); *Tomasic* in Herrler, Gesellschaftsrecht in der Notar- und Gestaltungspraxis, 2. Aufl. 2021, § 4 Rn. 324. Dagegen hielt ältere Rechtsprechung Hinauskündigungsklauseln noch für zulässig, zB BGH NJW 1973, 651; BGH NJW 1973, 1606.

[33] Vgl. allgemein BGH NJW 2005, 3644 (3645): „In den Personengesellschaften und der GmbH". Für die GbR vgl. *Dilling* in Herrler, Gesellschaftsrecht in der Notar- und Gestaltungspraxis, 2. Aufl. 2021, § 2 Rn. 290; für die Personenhandelsgesellschaften vgl. BGH NJW 1981, 2565, 2566; *Tomasic* in Herrler, Gesellschaftsrecht in der Notar- und Gestaltungspraxis, 2. Aufl. 2021, § 4 Rn. 324. Für GmbHs: BGH NJW 1990, 2622; *Reymann* DNotZ 2006, 106 (108 f.); *Blath* in Herrler, Gesellschaftsrecht in der Notar- und Gestaltungspraxis, 2. Aufl. 2021, § 6 Rn. 1509.

[34] BGH NJW 2005, 3641 (3642).

[35] BGH NJW 1981, 2565 (2566). Vgl. auch BGH DNotZ 1991, 917 (918).

[36] Vgl. insb. *Blath* in Herrler, Gesellschaftsrecht in der Notar- und Gestaltungspraxis, 2. Aufl. 2021, § 6 Rn. 1510.

[37] Die nachfolgenden Ausführungen verstehen sich als nicht abschließend.

[38] BGH NJW 2005, 3641 (3642 f.).

„verdienten Mitarbeitern" Gesellschaftsbeteiligungen eingeräumt. Für den Fall der Beendigung des Arbeitsverhältnisses bietet der Arbeitnehmer die Rückübertragung der Anteile an. Der BGH hielt die Rückübertragungsverpflichtung aus denselben Gründen wie beim Managermodell für wirksam.[39] Des Weiteren hält der BGH eine Ausschließung auch ohne wichtige Gründe bei Gesellschaften von Freiberuflern innerhalb einer „angemessenen Prüfungszeit" für wirksam.[40] Ähnlich urteilte der BGH im Fall einer statuarischen Ausschließung für den Fall der Beendigung eines Kooperationsvertrags. Hier stelle sich die Mitgliedschaft gegenüber dem Kooperationsvertrag als „bloßer Annex" dar.[41]

Als weitere Fallgruppe werden unter Berufung auf ein BGH-Urteil vom 9. Juli 1990[42] Fälle der engen persönlichen Beziehung zwischen Gesellschaftern genannt, bei denen ein Gesellschafter den Erwerb der Beteiligung für den anderen finanziert hat.[43] Allerdings dürfte das Urteil schwer verallgemeinerbar sein: Im zugrunde liegenden Sachverhalt hatten zwei in eheähnlicher Gemeinschaft verbundene Personen eine GmbH gegründet. Der Minderheitsgesellschafter hatte das Stammkapital der Mehrheitsgesellschafterin finanziert und sich ein jederzeit nach freiem Belieben annehmbares Angebot auf Kauf der Mehrheitsbeteiligung zum Nominalbetrag abgeben lassen. Hierzu stellte der BGH fest, das Angebot habe zwar dieselbe Wirkung wie eine Hinauskündigungsklausel, eine solche könne jedoch wegen besonderer Umstände sachlich gerechtfertigt sein. Entscheidend sei hier, dass die Mehrheitsgesellschafterin aufgrund ihrer Stimmenmehrheit die laufenden Geschäfte des Unternehmens alleine bestimmen konnte. Dies beruhe nicht auf eigenem Kapitaleinsatz. Der Minderheitsgesellschafter habe das Unternehmen alleine finanziert. Er habe sich damit ganz in die Hand der Mehrheitsgesellschafterin gegeben. Falle das so eingeräumte Vertrauen weg, bestehe ein berechtigtes Interesse, die Machtstellung der Mehrheitsbeteiligung beenden zu können. Die Gesellschaftsbeteiligung sei damit von vornherein nur für die Zeit eingeräumt worden, in welcher das Vertrauensverhältnis bestand. Die Rechtsstellung der Mehrheitsgesellschafterin unterscheide sich nicht wesentlich von der eines Treuhänders.[44]

Von Interesse für die vorliegende Problematik ist ferner ein Urteil des BGH vom 19. März 2007.[45] Im zugrunde liegenden Sachverhalt hatte ein Erblasser den Erben testamentarisch auferlegt, sein im Nachlass vorhandenes einzelkaufmännisches Unternehmen in eine Kommanditgesellschaft einzubringen; entsprechend der testamentarischen Anordnung sollte eine Kündigung für die Dauer von zehn Jahren ausgeschlossen sein, für eine danach erfolgte Kündigung sollte der Beklagte das Recht erhalten, den Betrieb alleine zu übernehmen. Der BGH hielt die hierauf gestützte Kündigung für wirksam, obwohl sie nicht an besondere Voraussetzungen geknüpft war. Zwar sei eine gesellschaftsvertragliche Regelung grundsätzlich unzulässig, die einen Gesellschaft das Recht einräumt, Mitgesellschafter ohne Vorliegen eines sachlichen Grundes auszuschließen; hier lägen aber besondere Gründe vor, die das Kündigungsrecht sachlich rechtfertigten, denn es beruhe auf der testamentarischen Anordnung des Erblassers. Der Erblasser hätte damit den Wunsch verfolgt, das Unternehmen im Interesse seiner Familie zu erhalten. Dabei hätte der Erblasser den Beklagten bevorzugen wollen, während die ausgeschlossene Klägerin eine nicht notwendig dauerhafte kapitalmäßige Beteiligung erhalten sollte.[46] Der Erblasser wäre sogar in der Lage gewesen, die Klägerin gänzlich

[39] BGH NJW 2005, 3644 ff.

[40] BGH ZIP 2004, 903 (905); BGH NJW-RR 2007, 1256; vgl. auch *Miesen* RNotZ 2006, 522 (525), demzufolge ein Ausschluss innerhalb angemessener Probezeit auch außerhalb freier Berufe möglich sein sollte.

[41] BGH NZG 2005, 479 (480); *Miesen* RNotZ 2006, 522 (526).

[42] BGH DNotZ 1991, 917 ff.

[43] *Miesen* RNotZ 2006, 522 (524).

[44] BGH DNotZ 1991, 917 (920).

[45] BGH DNotZ 2007, 858.

[46] BGH DNotZ 2007, 858 (859 f.).

von der Erbfolge auszuschließen und auf den Pflichtteil zu setzen. Stattdessen hätte er ihr eine „schwächere Gesellschafterstellung"[47] zugewiesen.

In der Literatur werden als weitere Beispiele für zulässige Ausschließungsklausel sog. Drag-along- und Russian-Roulette-Klauseln genannt. Bei Ersterer kann ein Venture-Capital-Geber verlangen, dass Mitgesellschafter ihre Beteiligung veräußern, wenn er selbst seinen Anteil veräußert. Bei letzterer kann jeder Gesellschafter dem andern seinen Anteil zum Ankauf anbieten; bei Nichtannahme des Angebots ist der andere Gesellschafter verpflichtet, dem Anbietenden seinen Anteil zum gleichen Preis zu verkaufen.[48] In jedem Fall zulässig sind Ausschlussklauseln für den Fall des Ablebens eines Gesellschafters,[49] was sich im Bereich der Personenhandelsgesellschaften zum Teil schon auf die dispositive Gesetzeslage (vgl. §§ 131 Abs. 3 Nr. 1, 161 Abs. 2 HGB, vgl. auch § 723 Abs. 1 Nr. 1 MOPeG) zurückzuführen lässt.

Ausdrücklich offen gelassen hat der BGH jedoch die Frage, ob der Umstand, dass die Beteiligung geschenkt wurde, für sich alleine eine Ausschließung ohne sachlichen Grund rechtfertigt.[50] Immerhin betonen der BGH und die herrschende Lehre hierzu, dass es sich beim geschenkten Anteil „nicht um einen Anteil minderen Rechts"[51] handele.

Zusammenfassend ist auszuführen, dass sich Rechtsprechung und herrschende Literatur zur ausnahmsweisen Zulässigkeit von Ausschlussklauseln nur schwer systematisieren lassen.[52] Aus Rechtsprechung und Literatur können folgende Grundsätze entnommen werden: Erstens ist ein Ausschluss nur zulässig, wenn „außergewöhnliche Umstände"[53] oder sachliche (gewichtige) Gründe[54] hierfür vorliegen, die allerdings nicht den Grad „wichtiger Gründe" erreichen müssen. Zweitens bleibt es offen, ob diese Gründe vertraglich fixiert sein müssen oder ob es genügt, wenn die Gründe eine mehr oder weniger freie Ausschlussklausel motivieren.[55] Drittens wirkt sich eine etwaige Unwirksamkeit von Abfindungsregeln grundsätzlich nicht auf die Wirksamkeit der Ausschlussklausel aus.[56] Viertens behält sich die Rechtsprechung eine Ausübungskontrolle gemäß §§ 242, 162 Abs. 2 BGB vor, insbesondere im Hinblick darauf, ob mit dem Ausschluss nicht das die Klausel rechtfertigende Ziel verfolgt wird, sondern ausschließlich der Betroffene aus der Gesellschaft gedrängt werden soll.[57] Letztendlich handelt es sich jeweils um Einzelfallentscheidungen, die aufgrund einer umfassenden Interessenabwägung getroffen wurden.[58]

b) Abfindungsbeschränkungen

Rechtsprechung und Literatur begrenzen nicht nur die Zulässigkeit von Ausschlussvereinbarungen, sondern auch die Zulässigkeit von Vereinbarungen über die bei Ausscheiden aus der Gesellschaft zu leistende Abfindung. Nach dispositivem Recht steht einem aus-

---

[47] BGH DNotZ 2007, 858 (860).

[48] *Blath* in Herrler, Gesellschaftsrecht in der Notar- und Gestaltungspraxis, 2. Aufl. 2021, § 6 Rn. 1516; *Miesen* RNotZ 2006, 522 (529).

[49] BGH DNotZ 1989, 512 (513); *Wälzholz* GmbHR 2007, 1177 (1180).

[50] BGH DNotZ 1991, 917, (919); hierzu *Miesen* RNotZ 2006, 522 (528).

[51] BGH DNotZ 1991, 906, (908); ebenso BGH NJW 2005, 3644 (3646); *Blath* in Herrler, Gesellschaftsrecht in der Notar- und Gestaltungspraxis, 2. Aufl. 2022, § 6 Rn. 1513; *Miesen* RNotZ 2006, 522 (528).

[52] Eine Systematisierung versucht *Miesen* RNotZ 2006, 522 (529 f.).

[53] BGH NJW 1981, 2565 (2566).

[54] BGH NJW 1985, 2421 (2422).

[55] Nach *Miesen* RNotZ 2006, 522 (526) ist eine solche Normierung nicht notwendig, auch wenn die Rechtsprechung dies offenlasse.

[56] BGH DNotZ 1991, 917 (920); BGH NJW 2005, 3641 (3643); *Wälzholz* GmbHR 2007, 1177 (1179).

[57] BGH NJW 2005, 3641 (3644).

[58] *Miesen* RNotZ 2006, 522 (526).

scheidenden Gesellschafter grundsätzlich eine Abfindung zum Verkehrswert seiner Beteiligung zu (vgl. §§ 738 Abs. 1 S. 2 BGB, 105 Abs. 3 HGB),[59] wie auch immer dieser zu berechnen ist. Jedoch sind gesellschaftsvertragliche Einschränkungen der Abfindung grundsätzlich möglich. Allerdings unterliegen sie einer Inhalts- (§§ 138 Abs. 1, 723 Abs. 3 BGB) und Ausübungskontrolle (§ 242 BGB).[60] Als Grund führt die Rechtsprechung an, dass übermäßige Kürzungen des Abfindungsanspruchs einschneidend in die Vermögensposition des ausscheidenden Gesellschafters eingreifen und sich deshalb zu weit vom gesetzlichen Leitbild des § 738 BGB entfernen.[61] Zudem können sie wirtschaftlich betrachtet das Austrittsrecht unverhältnismäßig erschweren.[62] Der Gesellschafter habe durch Kapitaleinsatz und ggf. Mitarbeit zu dem im Wert seines Geschäftsanteils repräsentierten Gesellschaftsvermögen beigetragen. Diese Gesellschafterstellung dürfe dann nicht ohne Wertausgleich verloren gehen.[63]

Die Inhaltskontrolle führt zu einer Unwirksamkeit, wenn die Abfindungsvereinbarung den Anspruch bereits im Zeitpunkt des Vertragsschlusses unverhältnismäßig kürzt. Folge ist, dass nach dispositivem Recht zum Verkehrswert abzufinden ist. Bei der Ausübungskontrolle ist die Abfindungsvereinbarung im Zeitpunkt des Vertragsschlusses wirksam; jedoch ergibt sich das Missverhältnis der Abfindungsvereinbarung aus nachträglich eingetretenen Umständen. Die Abfindungsvereinbarung ist dann grundsätzlich nicht unwirksam; vielmehr erfolgt eine flexible Anpassung des Vertrags, bei der auch das Liquiditätsinteresse der verbleibenden Gesellschafter zu berücksichtigen ist.[64] Vorrangig gegenüber der Inhalts- und Ausübungskontrolle ist aber stets eine ergänzende Vertragsauslegung, welche die dem Gesellschaftsvertrag zugrunde liegenden Vorstellungen „zu Ende denkt".[65]

Beispielsweise sind Buchwertklausel nach der Rechtsprechung „gewöhnlich nicht zu beanstanden";[66] inwieweit Abschläge vom Buchwert zulässig sind, ist im Einzelnen umstritten.[67] Für gemäß § 138 Abs. 1 BGB sittenwidrig hält der BGH jedenfalls eine Kürzung des Abfindungsanspruchs auf die Hälfte des buchmäßigen Kapitals; eine solche Kürzung könne auch nicht dadurch gerechtfertigt werden, dass die Gesellschaftsbeteiligungen von einem Mitgesellschafter geschenkt wurde: Ein geschenkter Anteil sei kein Anteil „minderen Rechts", der Gesellschafter sei aufgrund der Schenkung nicht Gesellschafter „zweiter Klasse".[68] Vielmehr müsse der Schenker „die Rechtsposition des Beschenkten so, wie sie begründet ist, respektieren".[69] Eine Kürzung auf die Hälfte des buchmäßigen Kapitals sei auch dann nicht dadurch gerechtfertigt, dass sich der Ausschluss auf wichtige Gründe stützen lasse.[70] In gleicher Weise hält der BGH Satzungsklauseln für unwirksam, die im Falle eines

---

[59] Für Personengesellschaften vgl. *Mayer* ZGR 1995, 93 (106); *Tomasic* in Herrler, Gesellschaftsrecht in der Notar- und Gestaltungspraxis, 2. Aufl. 2021, § 4 Rn. 354 ff. Für GmbHs vgl. BGH NJW 2005, 3641 (3643); BGH NJW 1990, 2622; *Blath* in Herrler, Gesellschaftsrecht in der Notar- und Gestaltungspraxis, 2. Aufl. 2021, § 6 Rn. 1552.

[60] *Tomasic* in Herrler, Gesellschaftsrecht in der Notar- und Gestaltungspraxis, 2. Aufl. 2021, § 4 Rn. 354 ff.; *Miesen* RNotZ 2006, 522 (532).

[61] So BGH DNotZ 1991, 906 (907).

[62] *Tomasic* in Herrler, Gesellschaftsrecht in der Notar- und Gestaltungspraxis, 2. Aufl. 2021, § 4 Rn. 363

[63] So BGH NZG 2014, 820 (821).

[64] BGH NJW 1993, 3193 (3194 f.); *Tomasic* in Herrler, Gesellschaftsrecht in der Notar- und Gestaltungspraxis, 2. Aufl. 2021, § 4 Rn. 363 f.

[65] BGH NJW 1993, 3193 (3194).

[66] BGH DNotZ 1991, 906 (907); vgl. auch BGH NJW 1993, 3193 ff.; *Mayer* ZGR 1995, 93 (106).

[67] BGH DNotZ 1991, 906 (907).

[68] BGH DNotZ 1991, 906 (908 f.).

[69] BGH DNotZ 1991, 906 (908).

[70] BGH DNotZ 1991, 906 (908).

Ausschlusses wegen (grober) Verletzungen der Interessen der Gesellschaft eine Abfindung ausschließen.[71]

Auch im Hinblick auf Abfindungseinschränkungen hat die hM eine Reihe von Fallgruppen entwickelt, bei denen ein Ausschluss oder eine Einschränkung der Abfindung zulässig sein soll. Der Abfindungsausschluss soll vor allem für den Fall des Todes eines Gesellschafters möglich sein, jedenfalls dann, wenn es sich um ein aleatorisches Rechtsgeschäft handelt, weil die Gesellschafter ähnliche Lebenserwartungen haben.[72] Gleiches soll für Gesellschaften mit ideeller Zwecksetzung gelten, was naturgemäß bei GmbHs und Personenhandelsgesellschaften wenig relevant sein dürfte.[73] Als weiteres Beispiel werden Abfindungsbeschränkungen von Freiberufler-Gesellschaften genannt, wenn die Praxiseinrichtung geteilt wird, der Ausscheidende keinem Wettbewerbsverbot unterliegt und er Mandanten bzw. Patienten mitnehmen kann.[74]

Von besonderem Interesse sind die Ausführung des BGH zu den oben dargestellten zulässigen Fällen des Ausschlusses: Im Fall des Managermodells hält der BGH eine Abfindung für zulässig, die sich auf den „Rückkaufpreis in Höhe des beim Erwerb durch den Betroffenen selbst aufgebrachten Entgelts"[75] beschränkt. Im Fall des Mitarbeitermodells führt der BGH aus, die Abfindung könne sich auf den vom Gesellschafter „selbst aufgewandten Betrag – ohne Beteiligung am Verlust – beschränken … Hat er den Anteil unentgeltlich erhalten, kann damit eine Abfindung auch ganz entfallen".[76] Was die hier besonders interessierenden Fälle der Schenkung von Gesellschaftsbeteiligungen betrifft, gibt der BGH somit widersprüchliche Signale: In der Entscheidung vom 9. Januar 1989[77] betont er, die geschenkte Gesellschaftsbeteiligung sei keine Beteiligung „minderen Rechts"; eine statuarische Abfindung zur Hälfte des Buchwerts sei sittenwidrig. Hingegen hält der BGH in der Entscheidung zum Mitarbeitermodell eine statuarische Abfindungsregelung für zulässig, die im Falle einer Schenkung kein Entgelt gewährt.[78] Möglicherweise lässt sich der Widerspruch darauf zurückführen, dass bei der Entscheidung vom 9. Januar 1989 dem ausgeschlossenen Gesellschafter 700.000 DM zur Erbringung der Einlage geschenkt wurden und diese Schenkung unter der auflösenden Bedingung einer Kündigung aus wichtigem Grund stand.[79] Allerdings verhält sich die Entscheidung nicht dazu, inwieweit dieser Betrag zurückgefordert wurde bzw. zurückgefordert werden konnte.

Abschließend ist darauf hinzuweisen, dass nach der Rechtsprechung eine unwirksame Abfindungsvereinbarung aufgrund von § 139 BGB grundsätzlich nicht die Wirksamkeit der Ausschließung infrage stellt. Die Höhe der Abfindung sei sowohl im Personengesellschafts- als auch im GmbH-Recht eine gesondert zu beurteilende Frage.[80]

---

[71] BGH NZG 2014, 820 (821).

[72] BGH NZG 2014, 820 (822); BGH WM 1977, 192 (193); *Tomasic* in Herrler, Gesellschaftsrecht in der Notar- und Gestaltungspraxis, 2. Aufl. 2021, § 4 Rn. 372.

[73] BGH NZG 2014, 820 (822).

[74] BGH NJW 1994, 796 ff.; BGH WM 1979, 1064 (1065); *Tomasic* in Herrler, Gesellschaftsrecht in der Notar- und Gestaltungspraxis, 2. Aufl. 2021, § 4 Rn. 372.

[75] BGH NJW 2005, 3641 (3643). In der zugrunde liegenden Entscheidung war die Abfindungsregelung in einem schuldrechtlichen Angebot zum Rückkauf enthalten.

[76] BGH NJW 2005, 3644 (3646). In der zugrunde liegenden Entscheidung handelte es sich um eine statuarische Abfindungsregelung.

[77] BGH DNotZ 1991, 906 ff.

[78] BGH NJW 2005, 3644 (3646).

[79] BGH DNotZ 1991, 906 (907).

[80] BGH DNotZ 1991, 917 (920); BGH NJW 2005, 3641 (3643); *Wälzholz* GmbHR 2007, 1177 (1179).

3. Meinungsstand: Gesellschaftsrechtliche Schranken oder Trennungstheorie?

Damit stellt sich die zentrale Frage des vorliegenden Beitrags: Welche Folgerungen ergeben sich aus den dargestellten Grundsätzen für schuldrechtlich vereinbarte Rückforderungsvorbehalte? Im Vordergrund stehen dabei Rückforderungsvorbehalte, die bei Schenkungen oder vorweggenommenen Erbfolgen vereinbart werden. Wie sich zeigen wird, ist weder in der Rechtsprechung noch in der Literatur eine klare Linie auszumachen.

In der Benteler-Entscheidung führte der BGH noch aus, es sei „zwischen den Rechtsbeziehungen aus dem Schenkungsvertrag und dem Rechtsverhältnis der Gesellschafter untereinander zu unterscheiden ... Gesellschafts- und schenkungsrechtliche Beziehungen können nebeneinander bestehen ...".[81] Die Literatur folgerte hieraus, der BGH gehe von einer „Trennungstheorie" oder gar von einem „Trennungsdogma"[82] aus. In späteren Entscheidungen[83] betont der BGH, die Grundsätze zur Hinauskündigungsklauseln seien auch anzuwenden auf eine „schuldrechtliche Vereinbarung, die zum selben Ergebnis führen soll",[84] wie eine statuarische Regelung. Nach Ansicht des BGH sei es unerheblich, auf welchem rechtstechnischen Weg der Ausschluss verwirklicht wird.[85] Hieraus hat ein Teil der Literatur gefolgert, der BGH habe das „Trennungsdogma" aufgegeben.[86] Andererseits betont der BGH beispielsweise im Fall zur Finanzierung der Gesellschaftsbeteiligung durch den nichtehelichen Partner,[87] gesellschaftsrechtliche Grundsätze seien zu prüfen. Im Ergebnis führte das unterbreitete Angebot aber zu einem freien Ausschlussrecht der Mitgesellschafterin; ihr wurde auch keine Abfindung nach gesellschaftsrechtlichen Grundsätzen zugebilligt.[88] Das Urteil des BGH vom 19. März 2007,[89] in welchem der Erblasser die Errichtung einer Kommanditgesellschaft und zugunsten eines Erben ein freies Ausschlussrecht verfügt hatte, verweist ebenfalls auf gesellschaftsrechtliche Grundsätze, wendet diese aber nicht an, letztlich mit der Begründung, der Erbe hätte auch auf den Pflichtteil gesetzt werden können. In den Entscheidungen zu Manager- und Mitarbeitermodell beschränkt sich die Übertragung gesellschaftsrechtlicher Grundsätze darauf, sachliche Gründe für den Ausschluss vorzusehen; im Hinblick auf die Abfindung werden gesellschaftsrechtliche Grundsätze überhaupt nicht angewandt.[90] Die Übertragung gesellschaftsrechtlicher Grundsätze bleibt so zu einem großen Teil rhetorisch.

In die Richtung der Trennungstheorie weist eine Entscheidung des OLG Karlsruhe vom 12. Oktober 2006:[91] Das Gericht hielt eine Rückübertragungsverpflichtung unentgeltlich zugewandter KG-Anteile aufgrund einer Klausel für zulässig, die den Gesellschafter im Falle einer Ehescheidung vom Schenker zur Rückübertragung verpflichtete. Allerdings handelte es sich um eine statuarische Klausel. Dennoch rechtfertigte das Gericht die Zulässigkeit des Ausschlusses damit, dass die Gründe für die Ausschließung des Gesellschafters „im Rechtsverhältnis zu seinem ehemaligen Ehegatten liegen".[92]

---

[81] BGH DNotZ 1991, 819 (822).

[82] *Miesen* RNotZ 2006, 522 (536); *Krauß,* Vermögensnachfolge in der Praxis, 4. Aufl. 2015, Rn. 2120.

[83] → IV. 2. a).

[84] BGH NJW 2005, 3641 (3642) für ein Angebot; ebenso für ein Angebot BGH DNotZ 1991, 917 (920).

[85] *Kraus,* Vermögensnachfolge in der Praxis, 4. Aufl. 2015, Rn. 2120; *Wälzholz* GmbHR 2007, 1177; *Wälzholz* NZG 2007, 416 (417); *Reymann* DNotZ 2006, 106 (107).

[86] *Wälzholz* GmbHR 2007, 1177 (1178).

[87] → IV. 2. a).

[88] BGH DNotZ 1991, 917 ff.

[89] BGH DNotZ 2007, 858. Hierzu → IV. 2. a).

[90] BGH NJW 2005, 3641 ff.; BGH NJW 2005, 3644 ff.

[91] OLG Karlsruhe ZEV 2007, 137 ff.

[92] OLG Karlsruhe ZEV 2007, 137 (138).

Letztendlich dürfte weder ein „Trennungsdogma" in der Rechtsprechung existiert haben,[93] noch hat der BGH konsequent gesellschaftsrechtliche Grundsätze auf schuldrechtliche Rückforderungsvorbehalte übertragen. Vielmehr betonten die Gerichte von Fall zu Fall die Geltung schuldrechtlicher oder gesellschaftsrechtlicher Grundsätze; im Ergebnis war aber jeweils eine Abwägung im Einzelfall maßgeblich.[94] Außerdem ist festzustellen, dass Rechtsprechung speziell zur Frage, inwieweit bei geschenkten Geschäftsanteilen schuldrechtliche Rückforderungsklauseln zulässig sind, nicht existiert.

Der Literatur lässt sich ebenfalls keine einheitliche Linie entnehmen: So betont K. Schmidt[95] eher die grundsätzliche Trennung von Schenkungsrecht und Gesellschaftsrecht. Ein Widerruf von Schenkungen aufgrund gesetzlicher Gründe, wie grobem Undank (§ 530 BGB), sei möglich. Darüber hinaus seien aber auch vertragliche Widerrufsvorbehalte, bis hin zu einem freien Widerrufsrecht, zulässig.[96] Hierbei würden jedoch Einschränkungen gelten: Erstens sei ein freies Widerrufsrecht nur im Verhältnis von Schenker und Beschenkten, nicht im Verhältnis anderer Mitgesellschafter zum Beschenkten möglich. Zweitens müsse der Widerruf zeitlich beschränkt werden; maßgeblich sei eine angemessene Frist im Einzelfall, wobei zehn Jahre aufgrund des Rechtsgedankens von § 529 Abs. 1 BGB nicht unangemessen seien. Drittens habe eine Ausübungskontrolle gemäß § 242 BGB zu erfolgen. Zwar bedarf der Widerruf keines wichtigen Grundes, schikanöse Rückforderungen sein aber zu unterbinden.

Eher zur Übertragung gesellschaftsrechtlicher Grundsätze auf schuldrechtliche Rückübertragungsklauseln tendiert D. Mayer.[97] Seine Position stützt sich maßgeblich auf ein Urteil des BGH vom 21. März 1988.[98] Der BGH hielt hier eine Rückübertragungsverpflichtung für zulässig, die an den Tod des Gesellschafters anknüpft, im Übrigen aber keine weiteren Voraussetzungen enthielt. Beim Tod handele sich um ein „festes Tatbestandsmerkmal", welches Willkür nicht ermögliche; allerdings sei der Ausschluss des Erben nur zeitlich begrenzt möglich.[99] Hieran anknüpfend differenziert D. Mayer wie folgt: Der Ausschluss eines Gesellschafters aufgrund gesetzlicher Widerrufsgründe (§§ 527, 528, 530 BGB) sei ohne Weiteres zulässig.[100] Wegen der „Verzahnung"[101] von Schenkungsrecht und Gesellschaftsrecht seien vertraglich vereinbarte schuldrechtliche Rückforderungsklauseln nur unter folgenden Voraussetzungen wirksam: Erstens seien die Widerrufsgründe zu konkretisieren; ein Widerruf nach freiem Ermessen sei nicht zulässig. Zulässige Widerrufsgründe seien insbesondere das Vorversterben und die Insolvenz des Gesellschafters, die Zwangsvollstreckung in den geschenkten Anteil und eine Kündigung der Gesellschafterstellung. Zweitens müsse das Widerrufsrecht auf maximal 15 Jahre begrenzt werden. Drittens dürfe die Rückforderung nicht willkürlich erfolgen. Viertens könne das Rückforderungsrecht nur dem Schenker, nicht aber Mitgesellschaftern zustehen. Fünftens sei eine Abfindung zu leisten, deren Höhe sich nach den konkreten Umständen des Einzelfalls richte. Abzuwägen seien der Anlass des Ausscheidens, die Dauer der Mitgliedschaft, der Anteil am Aufbau des Unternehmens, das Ausmaß eines etwaigen Missverhältnisses zwischen dem Abfindungswert und dem Verkehrswert; bei geschenkten Geschäftsanteilen sei eine reduzierte Abfindung zulässig, es sei denn, der Ausscheidende habe einen ganz erheblichen Anteil am Aufbau des Unternehmens geleistet. Grundsätzlich sei aber im Fall geschenkter Beteiligungen ein Rückübertragungsvorbehalt auch ohne Gegenleistung unzulässig.

---

[93] *Hermanns* MittRhNotK 1997, 149 (161).
[94] *Miesen* RNotZ 2006, 522 (527).
[95] *K. Schmidt* BB 1990, 1992 ff.
[96] *K. Schmidt* BB 1990, 1992 (1997 f.).
[97] *D. Mayer* ZGR 1995, 93 (99, 102 ff.).
[98] BGH DNotZ 1989, 512 ff.
[99] BGH DNotZ 1989, 512 (513 ff.).
[100] *D. Mayer* ZGR 1995, 93 (102 f.).
[101] *D. Mayer* ZGR 1995, 93 (104 ff.).

In gewisser Weise ähnlich, aber weitergehend ist die Meinung von Hermanns:[102] Jedes Widerrufsrecht müsse sich zwar daran messen lassen, ob es mit den Grundsätzen zur Zulässigkeit von Hinauskündigungsklauseln vereinbar sei; dennoch seien die gesetzlichen Widerrufsgründe (§§ 527, 528, 530 BGB) bei der Schenkung von Gesellschaftsbeteiligungen anwendbar[103] Vertraglich vereinbarte konkrete Widerrufsgründe, wie beispielsweise bei Vorversterben, Insolvenz oder Zwangsvollstreckung seien unbedenklich, weil sie nicht von der Willkür des Schenkers abhingen.[104] Ein freies Widerrufsrecht sei jedenfalls dann zu anzuerkennen, wenn es einem Schenker zustehe, der nicht mehr Gesellschafter sei. Denn die verbandsrechtlichen Vorgaben seien nicht auf Dritte anwendbar; außerdem sei kein Grund dafür ersichtlich, eine Rückforderung bei einzelkaufmännischen Unternehmen zuzulassen, bei Gesellschaftsbeteiligungen aber nicht.[105]

Für Oppermann[106] ist es unklar, ob die Rechtsprechung zu Hinauskündigungsklauseln auf schuldrechtliche Rückübertragungsvorbehalte zu übertragen ist. Jedenfalls im Hinblick auf vermögensverwaltende Familiengesellschaften seien aber sowohl auf bestimmte Widerrufsgründe beschränkte als auch freie Widerrufsrechte zulässig. Denn bei vermögensverwaltenden Familiengesellschaften würden kaum unternehmerischen Entscheidungen getroffen. Zudem sei es unstreitig, dass (freie) Rückforderungsrechte auch bei Übertragung von Einzelgegenständen zulässig seien.

Wälzholz geht davon aus, dass schuldrechtliche und gesellschaftsrechtliche Ausschließungsklauseln gleich zu behandeln seien.[107] Das Schuldrecht werde durch das Gesellschaftsrecht überlagert. Zulässig sei ein Widerruf aufgrund der gesetzlichen Widerrufsgründe des Schenkungsrechts. Entsprechend der neueren Rechtsprechung seien darüber hinaus Rückübertragungsvorbehalte möglich, die für sachliche Gründe vereinbart würden. Beispiele seien Rückübertragungsvorbehalte bei Mitarbeiter- bzw. Managermodellen, bei Freiberuflergesellschaften für eine Probezeit von drei Jahren, bei Joint-Venture-Konstellationen sowie bei Ableben von Gesellschaftern. Zulässig seien ferner Rückübertragungsvorbehalte, die für den Fall der Insolvenz oder Zwangsvollstreckung, für den Fall des Vorversterbens, für den Fall eines Verstoßes gegen Veräußerungs- bzw. Belastungsverbote, für den Fall der Scheidung oder für den Fall des Eintretens sonstiger wichtige Gründer vereinbart würden.[108] Zulässig seien darüber hinaus trotz der Wertung des § 723 BGB auch Rückübertragungsvorbehalte, die eine Kündigung der Gesellschaft sanktionierten.[109] Unzulässig seien jedoch unabhängig von der Höhe einer etwaigen Abfindung freie Rückübertragungsvorbehalte, und zwar auch im Fall eines unentgeltlichen Erwerbs.[110] Was die Abfindung betreffe, könne diese entsprechend der neueren Rechtsprechung bei Vorliegen sachlicher Gründe weit unter den gesellschaftsrechtlichen Abfindungswert herabgesetzt oder sogar ganz ausgeschlossen werden. Insbesondere bei Unentgeltlichkeit oder geringfügiger Entgeltlichkeit sei eine solche Beschränkung möglich. Jedoch seien erbrachte Gegenleistungen zurückzuerstatten, soweit diese nicht aus den Erträgen zu erbringen waren. Jedoch habe eine Ausübungskontrolle nach § 242 BGB zu erfolgen, bei welcher die Dauer der Beteiligung und die Beiträge des Ausgeschlossenen zu berücksichtigen sein.[111]

---

[102] *Hermanns* MittRhNotK 1997, 149 ff.; ähnlich *Miesen* RNotZ 2006, 522 (536).
[103] *Hermanns* MittRhNotK 1997, 149 (161).
[104] *Hermanns* MittRhNotK 1997, 149 (161).
[105] *Hermanns* MittRhNotK 1997, 149 (162).
[106] *Oppermann* RNotZ 2005, 453 (466 ff.).
[107] *Wälzholz* GmbHR 2007, 1177 f.; vgl. auch *Wälzholz* ZEV 2010, 623 ff.
[108] *Wälzholz* GmbHR 2007, 1177.
[109] *Wälzholz* GmbHR 2007, 1177 (1183).
[110] *Wälzholz* GmbHR 2007, 1177 (1180).
[111] *Wälzholz* GmbHR 2007, 1177 (1180, 1183).

Ähnlich differenziert *Krauß*:[112] Zulässig sei die Rückforderung aufgrund gesetzlicher Rückforderungstatbestände. Gleiches gelte für vertraglich vereinbarte „enumerative Rückforderungsrechte", soweit diese an einen sachlichen Grund anknüpften. Ein wichtiger Grund sei insoweit nicht erforderlich; insbesondere könne ein Rückübertragungsvorbehalt für den Fall des Ablebens des Beschenkten, für den Fall der Zwangsvollstreckung Dritter in den Anteil des Beschenkten, für den Fall der Insolvenz des Beschenkten sowie für das Vorableben des Beschenkten vereinbart werden. Die Vereinbarung eines freien Rückübertragungsvorbehalts sei aber unzulässig, und zwar auch dann, wenn die Gesellschaftsbeteiligung geschenkt wurde.

Schließlich sieht *Schäfer*[113] in der Schenkung der Gesellschaftsbeteiligung einen sachlichen Grund, der auch ein freies Widerrufsrecht rechtfertige. Allerdings sei der Widerruf einer Ausübungskontrolle zu unterwerfen.

Während im Fokus der dargestellten Literaturbeiträge Rückübertragungsvorbehalte bei Schenkung von Gesellschaftsbeteiligungen standen, hat sich das Deutsche Notarinstitut[114] in einem Gutachten zu einer Call-Option geäußert. Im zugrunde liegenden Sachverhalt hatte der Gesellschafter einer GmbH einem Nicht-Gesellschafter ein unbefristetes Angebot auf Erwerb der Beteiligung unterbreitet. Das Gutachten stellt zwar fest, dass das Verbot der Hinauskündigung nicht nur für statuarische, sondern auch für schuldrechtliche Vereinbarungen gelte. Eine Unzulässigkeit der unbefristeten Call-Option könne sich hieraus jedoch nicht ergeben, weil das Angebot nicht einem Mitgesellschafter, sondern einem Nicht-Gesellschafter unterbreitet worden sei. Die bisherige Rechtsprechung betreffe lediglich das Verhältnis von Gesellschaftern untereinander, nicht aber das Verhältnis zu Dritten. In diesem Verhältnis gehe es nicht um ein Druckmittel seitens der Mitgesellschafter; ein Nicht-Gesellschafter habe möglicherweise nicht einmal Einblick in die Aktivitäten der Gesellschaft. Das unbefristete Angebot sei daher zulässig. Nicht maßgeblich seien gesellschaftsrechtliche Grundsätze jedoch bei der Abfindung: vorbehaltlich einer Ausübungskontrolle müsse nur das geleistet werden, was der Rückforderungsschuldner selbst geleistet habe; im Falle einer unentgeltlichen Übertragung könne eine Abfindung somit vollständig ausgeschlossen werden.[115]

Zusammenfassend ist festzustellen, dass ein Teil der Literatur[116] ein freies Widerrufsrecht für unzulässig hält, einzelne Autoren[117] aber ein freies Widerrufsrecht zumindest mit Einschränkungen befürworten.

---

[112] *Krauß*, Vermögensnachfolge in der Praxis, 6. Aufl. 2022, Rn. 2716 f.; ähnlich *Dilling* in Herrler, Gesellschaftsrecht in der Notar- und Gestaltungspraxis, 2. Aufl. 2022, § 17 Rn. 212, der zusätzlich eine Befristung des Rückforderungsrechts fordert.

[113] *Schäfer* in MüKoBGB, 8. Aufl. 2020, § 737 Rn. 21.

[114] DNotI-Report 2019, 53 f.

[115] *Krauß*, Vermögensnachfolge in der Praxis, 6. Aufl. 2022, Rn. 2726 f.

[116] *D. Mayer* ZGR 1995, 93 (102 ff.); *Krauß*, Vermögensnachfolge in der Praxis, 6. Aufl. 2022, Rn. 2716 f.; *Dilling* in Herrler, Gesellschaftsrecht in der Notar- und Gestaltungspraxis, 2. Aufl. 2021, § 17 Rn. 212; *Miesen* RNotZ 2006, 522 (536), der aber Rückforderungsvorbehalte für zulässig hält, wenn der Schenker nicht mehr an der Gesellschaft beteiligt ist. *Wälzholz* GmbHR 2007, 1177 (1180), *Wälzholz* ZEV 2010, 623 (625 f.).

[117] *K. Schmidt* BB 1990, 1992 (1997 f.) für eine Dauer von zehn Jahren; *Hermanns* MittRhNotK 1997, 149 (162), wenn das Widerrufsrecht einem Schenker zusteht, der nicht mehr Gesellschafter ist. Ähnlich insoweit *Miesen* RNotZ 2006, 522 (536); *Oppermann* RNotZ 2005, 453 (466 ff.), jedenfalls für vermögensverwaltende Familiengesellschaften; *Schäfer* in MüKoBGB, 8. Aufl. 2020, § 737 Rn. 21, bei geschenkten Gesellschaftsbeteiligungen.

4. Stellungnahme: Für eine schuldrechtliche Inhalts- und Ausübungskontrolle von Rückforderungsvorbehalten bei Gesellschaftsbeteiligungen

Betrachtet man die unterschiedlichen Argumente und Positionen, so fällt eine Stellungnahme schwer. Tatsächlich sprechen gute Gründe für eine Übertragung der gesellschaftsrechtlichen Grundsätze zu Hinauskündigungsklauseln auf schuldrechtliche Rückforderungsvorbehalte. Auch rechtsdogmatisch erscheint diese Übertragung über § 138 BGB möglich. Dennoch soll hier eine eigene Position[118] entwickelt werden, die für eine Trennung von schuldrechtlichen und gesellschaftsrechtlichen Ausschlussgründen plädiert und deren Grundsätze sowohl für geschenkte als auch für entgeltlich erworbene Gesellschaftsanteile gelten.[119]

Für eine Trennung schuldrechtlicher Rückforderungsvorbehalte und gesellschaftsrechtlicher Ausschlussklauseln sprechen mehrere Gründe: Ohne dass hier von einem „Trennungsdogma" die Rede sein soll, ist erstens auf die Selbstverständlichkeit hinzuweisen, dass schuldrechtliche Rechtsbeziehungen neben gesellschaftsrechtlichen Rechtsbeziehungen stehen können: Der Eintritt in eine Gesellschaft kann sich nicht nur gesellschaftsvertraglich, sondern auch auf der Grundlage eines schuldrechtlichen Vertrags vollziehen. Rechtsgrund für den Eintritt in die Gesellschaft können insbesondere Kauf- oder Schenkungsverträge sein. Dementsprechend sollten für die Rückabwicklung solcher Verträge zumindest im Grundsatz ebenfalls die einschlägigen schuldrechtlichen Bestimmungen gelten. Deshalb ist es in Rechtsprechung und Literatur anerkannt, dass bei Schenkungsverträgen über Gesellschaftsbeteiligungen die gesetzlichen Widerrufsgründe (§§ 527, 528, 530 BGB) anzuwenden sind.[120] Für die Möglichkeit schuldrechtlicher Rückforderungsvorbehalte spricht bei entgeltlichen Verträgen, dass der Gesetzgeber das Recht zum Wiederkauf (§§ 456 ff. BGB) als reguläres gesetzliches Institut ausgestaltet hat. Bei unentgeltlichen Verträgen sprechen hierfür die gesetzlichen Widerrufsgründe (§§ 527, 528, 530 BGB) sowie der Umstand, dass der Beschenkte aufgrund seiner fehlenden Gegenleistung weniger schutzbedürftig ist als ein Käufer.[121]

Für die Trennung spricht zweitens ein Vergleich mit der Übertragung anderer Gegenstände: Während für Rückforderungsvorbehalte im Hinblick auf Gesellschaftsbeteiligungen besondere Beschränkungen gelten sollen, ist dies bei Übertragung anderer Gegenstände – wie beispielsweise der Übertragung eines einzelkaufmännischen Unternehmens – nicht der Fall, obwohl der Erwerber hier ähnlich schutzbedürftig sein kann[122] und obwohl es für den Erwerber manchmal beliebig ist, ob er einen Gegenstand in Gesellschaft bürgerlichen Rechts oder als Bruchteilseigentümer erwirbt. Außerhalb von Gesellschaftsbeteiligungen praktiziert die Rechtsprechung nur eine außerordentlich eingeschränkte Inhaltskontrolle von Rückforderungsvorbehalten.[123] Dies bei Gesellschaftsbeteiligungen anders zu handhaben, erscheint widersprüchlich.[124]

Drittens besteht die für die Unwirksamkeit von Hinauskündigungsklauseln maßgebliche Gefährdungslage nur dann in vollem Umfang, wenn der Rückforderungsberechtigte auch Mitgesellschafter ist. Scheidet dieser mit der Übertragung aus der Gesellschaft aus oder war dieser niemals Gesellschafter, besteht die Gefährdungslage nicht oder allenfalls in eingeschränktem Umfang.[125]

---

[118] Diese ähnelt am ehesten der Position von *K. Schmidt* BB 1990, 1992 (1997 ff.).

[119] Bei gemischten Schenkungen sollte grundsätzlich eine Schwerpunktbetrachtung erfolgen.

[120] Vgl. nur BGH DNotZ 1991, 819 und *Krauß*, Vermögensnachfolge in der Praxis, 6. Aufl. 2022, Rn. 2716 f. sowie die weiteren in → IV. 3 genannten Autoren.

[121] *Miesen* RNotZ 2006, 522 (528).

[122] *Hermanns* MittRhNotK 1997, 149 (162); *Oppermann* RNotZ 2005, 453 (466 ff.).

[123] Vgl. etwa BGH NJW 2012, 3162 ff.

[124] *Hermanns* MittRhNotK 1997, 149 (162); *Oppermann* RNotZ 2005, 453 (466 ff.).

[125] *Hermanns* MittRhNotK 1997, 149 (162); DNotI-Report 2019, 53 (54).

Schließlich spricht viertens für eine Trennung der Gesichtspunkt der „Gesellschafterstellung auf Zeit": Dieser Gesichtspunkt liegt insbesondere der Rechtsprechung zur durch den Partner finanzierten Gesellschafterstellung sowie zu Manager- und Mitarbeitermodellen zugrunde.[126] Beispielsweise rechtfertigt der BGH im Urteil vom 9. Juli 1990 den Rückforderungsvorbehalt damit, dass „der Geschäftsanteil ... von vornherein nur für die Zeit eingeräumt" war, in der ein Vertrauensverhältnis zwischen den Beteiligten bestand.[127] Tatsächlich besteht grundsätzlich kein schutzwürdiges Vertrauen auf den dauernden Bestand der Gesellschafterstellung, wenn diese von vornherein in transparenter Weise zeitlich begrenzt vereinbart ist.

Aus diesen Gründen ist zu folgern, dass entsprechend der Vertragsfreiheit schuldrechtliche Rückforderungsvorbehalte im Hinblick auf Gesellschaftsbeteiligungen grundsätzlich zulässig sein sollten. Dies sollte nicht nur für vertraglich konkretisierte Rückforderungsgründen gelten, sondern auch für freie Rückforderungsvorbehalte.[128] Jedoch hat eine Inhalts- und Ausübungskontrolle gemäß §§ 138, 242 BGB zu erfolgen; Leitbild für diese sollte aber nicht das Gesellschaftsrecht sein, sondern das jeweils einschlägige Schuldrecht. Hieraus ergeben sich sowohl für entgeltliche als auch für unentgeltliche Veräußerungen von Gesellschaftsbeteiligungen folgende Konsequenzen: Ein freier Rückforderungsvorhalt hält erstens der Inhaltskontrolle grundsätzlich nicht stand und ist gemäß § 138 Abs. 1 BGB nichtig, wenn bereits im Zeitpunkt des Vertragsabschlusses zu erwarten ist, dass es sich bei der Gesellschaftsbeteiligung um eine Einkommensquelle handelt, ohne die auch unter Berücksichtigung der etwa zu leistenden Abfindung der angemessene Unterhalt des Erwerbers nicht sichergestellt sein wird. Die Sittenwidrigkeit folgt hier daraus, dass der Rückforderungsschuldner „seine Selbstständigkeit und wirtschaftliche Handlungsfreiheit in einem wesentlichen Teil einbüßt" und deshalb eine „sittenwidrige Knebelung" vorliegt.[129] Handelt es sich bei der Gesellschaftsbeteiligung um eine Einkommensquelle im oben genannten Sinne und ist das Rückforderungsrecht an sachliche Gründe geknüpft, kommt es auf die Umstände des Einzelfalls an: Gegen Rückforderungsrechte, die an die Veräußerung oder Belastung anknüpfen, bestehen trotz der Vinkulierungsmöglichkeiten bei entgeltlich erworbenen Gesellschaftsbeteiligungen Bedenken. Unbedenklich dürfte dagegen ein Rückforderungsrecht für den Fall des Vorablebens sein. Zweitens ist eine zeitliche Befristung des Rückforderungsrechts zu fordern.[130] Für die Höhe der Frist sind die Umstände des Einzelfalls maßgebend;[131] bei einem entgeltlichen Erwerb dürfte außerhalb von Verbraucherverträgen eine Befristung auf zehn Jahre in der Regel zulässig;[132] eine Befristung von über 30 Jahren nach dem Rechtsgedanken des §§ 462, 544 BGB jedoch kritisch zu beurteilen sein. Weitergehend ist bei geschenkten Gesellschaftsbeteiligungen auch eine Befristung des – ggf. auch freien – Rückforderungsvorbehalts auf Lebenszeit des Schenkers zulässig, selbst wenn die Lebenszeit über 30 Jahre hinausgeht. Dies ergibt sich daraus, dass der Schenker mangels eigener Leistungen weniger schutzwürdig ist als ein Käufer der Gesellschaftsbeteiligungen.[133] Die hier postulierte zeitliche Komponente steht in einem Spannungsverhältnis zur Rechtsprechung, welche häufig

---

[126] BGH DNotZ 1991, 917 (920); BGH NJW 3641, 3642 („treuhänderähnliche Stellung"); BGH NJW 2005, 3644 (3646) („treuhänderähnliche Stellung").

[127] BGH DNotZ 1991, 917 (920).

[128] In diesem Sinne auch, teilweise jedoch mit Einschränkungen, *K. Schmidt* BB 1990, 1992 (1997 f.); *Hermanns* MittRhNotK 1997, 149 (162); *Miesen* RNotZ 2006, 522 (536); *Oppermann* RNotZ 2005, 453 (466 ff.).

[129] Vgl. BGH NJW 2012, 3162 (3164), wobei die zitierte Begründung nicht vollständig für die hier interessierende Problematik einschlägig ist.

[130] *K. Schmidt* BB 1990, 1992 (1997); *D. Mayer* ZGR 1995, 93 (102 f.); vgl. auch BGH DNotZ 1989, 512 (513 ff.).

[131] *K. Schmidt* BB 1990, 1992 (1997).

[132] Vgl. *D. Mayer* ZGR 1995, 93 (102 f.).

[133] Vgl. *Miesen* RNotZ 2006, 522 (536).

auch langfristige Bindungen über 30 Jahre hinaus für zulässig hält.[134] Die Sittenwidrigkeit ergibt sich entgegen der oft großzügigeren Rechtsprechung aus der gravierenden Beschränkung der wirtschaftlichen Dispositionsbefugnis; zudem besteht auch im Interesse der Rechtssicherheit und der Schonung von Justizressourcen ein grundsätzliches Interesse daran, dass schuldrechtliche Vereinbarungen nicht auf unabsehbare Zeit, beispielsweise für die Urenkel des Veräußerers und des Erwerbers gelten. Drittens darf der Rückübertragungsvorbehalt nur dem Schenker, auch wenn er noch Mitgesellschafter ist, nicht aber anderen Mitgesellschaftern[135] zustehen, da andernfalls die Gründe für die Unzulässigkeit von Hinauskündigungsklauseln durchschlagen.

Selbst wenn der Rückforderungsvorbehalt der auf den Zeitpunkt des Vertragsschlusses abstellenden Inhaltskontrolle standhält, ist er einer Ausübungskontrolle zu unterziehen,[136] wenn seine Geltendmachung aufgrund nachträglich eingetretener Umstände gegen Treu und Glauben (§ 242 BGB) verstößt. In Betracht kommen insbesondere folgende Fallgruppen: Erstens ist die Ausübung des Rückforderungsvorbehalts grundsätzlich treuwidrig, wenn sich erst aufgrund nachträglich eingetretener Umstände ergibt, dass ohne die Gesellschaftsbeteiligung auch unter Berücksichtigung einer etwaigen Abfindung der angemessene Unterhalt des Erwerbers nicht sichergestellt ist. Zweitens verstößt die Rückforderung gegen Treu und Glauben, wenn sie gegen das Willkürverbot verstößt,[137] wobei zugunsten des Veräußerers ein strenger Maßstab anzulegen ist. Korrekturen in beide Richtungen haben sowohl bei der Inhalts- als auch bei der Ausübungskontrolle aufgrund einer umfassenden Abwägung des Einzelfalls zu erfolgen.

Die Inhalts- und Ausübungskontrolle betrifft nicht nur das „Ob" der Rückforderung, sondern auch die Höhe der Abfindung.[138] Leitbild sollte insoweit ebenfalls nicht das Gesellschafts-, sondern das einschlägige Schuldrecht sein. Im Hinblick auf die zum Zeitpunkt des Vertragsschlusses stattfindende Inhaltskontrolle gelten bei entgeltlichen Übertragungspflichten, beispielsweise im Rahmen einer Call-Option, die allgemeinen Grundsätze: Ein wucherähnliches Geschäft (§ 138 Abs. 1 BGB) liegt bei einem besonders groben Missverhältnis zwischen Leistung und Gegenleistung vor.[139] Bei unentgeltlichen Geschäften lässt sich das Leitbild aus der Verweisung in den §§ 527, 528, 530 BGB auf das Bereicherungsrecht entnehmen: Zurückzuerstatten sollte im Wesentlichen nur das sein, was der Rückforderungsschuldner selbst in die Gesellschaftsbeteiligung geleistet hat. Dies kann im Extremfall dazu führen, dass der Rückforderungsgläubiger überhaupt keine Abfindung zahlen muss.[140] In der Sache entspricht die vorstehende Auffassung auch der des BGH, nach der es möglich sei, die Abfindung auf den selbst aufgewandten Betrag zu beschränken. Habe der Gesellschafter „den Anteil unentgeltlich erhalten, kann damit eine Abfindung auch ganz entfallen".[141] Ein Ausschluss der Rückerstattung von eigenen Leistungen des Schenkers dürfte jedoch, abgesehen von aus den Erträgen erbrachten Leistungen, grundsätzlich sittenwidrig sein.[142] Die Ausübungskontrolle (§ 242 BGB) greift dann, wenn die Abfindung zwar der Inhaltskontrolle bei Vertragsschluss standhält, aber aufgrund nachträglich eingetretener Umstände ein Missverhältnis entstanden ist. Dies kann beispielsweise dann der Fall sein,

---

[134] Vgl. insb. BGH NJW 2012, 3162 (3163), gerade zu vertraglichen Rückforderungsvorbehalten, allerdings einen geschenkten Betrieb betreffend. Für die Zulässigkeit zeitlich unbeschränkte Angebote im Hinblick auf Gesellschaftsbeteiligungen vgl. auch DNotI-Report 2019, 53 (54).
[135] *Hermanns* MittRhNotK 1997, 149 (162); DNotI-Report 2019, 53 (54).
[136] *K. Schmidt* BB 1990, 1992 (1997f.).
[137] *K. Schmidt* BB 1990, 1992 (1997f.) spricht von einem Verstoß gegen das Schikaneverbot. Jedenfalls sollte Willkür hier enger zu verstehen sein als das Fehlen sachlicher Gründe.
[138] Vgl. *Wälzholz* GmbHR 2007, 1177, 1180 (1183).
[139] Vgl. für Immobilien BGH NJW 2014, 1652ff.
[140] *Wälzholz* GmbHR 2007, 1177 (1180, 1183).
[141] BGH NJW 2005, 3644 (3646). Zu dieser Rechtsprechung vgl. bereits → IV. 1. b).
[142] *Wälzholz* GmbHR 2007, 1177 (1180, 1183).

wenn sich im Nachhinein ein grobes Missverhältnis zwischen dem vereinbarten Rückkaufpreis und dem Verkehrswert der Gesellschaftsbeteiligung ergibt. Allerdings wird hierbei zu berücksichtigen sein, inwieweit das Missverhältnis auf eigene Leistungen des Rückforderungsschuldners zurückzuführen ist. Die Ausübungskontrolle greift ferner dann, wenn der beschenkte Gesellschafter entgegen den ursprünglichen Erwartungen erhebliche Leistungen in die Gesellschaftsbeteiligung getätigt hat. Geschuldet ist in diesen Fällen aber nicht der Verkehrswert der Beteiligung. Maßgeblich ist vielmehr eine Abwägung im Einzelfall, wobei insb. eigene Leistungen des Rückforderungsschuldners und dessen Beitrag am Aufbau des Unternehmens zu berücksichtigen sind.[143]

V. Fazit und Ausblick

Die hier vertretene Meinung kann als Rückkehr zur „Trennungsthese" verstanden werden, auch wenn sich eine solche nur bedingt in der Rechtsprechung ausfindig machen lässt.[144] Ihr Vorzug besteht nicht zuletzt in der konsistenten Erfassung sowohl unentgeltlicher als auch entgeltlicher Geschäfte. Sie mag im Einzelfall strenger und im Einzelfall großzügiger sein als die dargestellten Positionen von Rechtsprechung und Lehre.

Natürlich könnte der Einwand erhoben werden, warum die postulierte Inhalts- und Ausübungskontrolle nur bei Gesellschaftsbeteiligungen und nicht bei Rückforderungsvorbehalten im Hinblick auf andere Gegenstände, wie Immobilien oder einzelkaufmännischen Unternehmen, gelten soll.[145] Dieser Vorwurf wäre zutreffend: Tatsächlich sollte die geschilderte Inhalts- und Ausübungskontrolle auf Gegenstände aller Art ausgedehnt werden. Die Entscheidung des BGH vom 6. Juli 2012[146] ist ein erster Schritt in diese Richtung. Denn bei Rückforderungsrechten handelt es sich grundsätzlich um problematische Machtinstrumente, die zahlreiche unintendierte Nebenfolgen nach sich ziehen können.[147]

---

[143] Vgl. *D. Mayer* ZGR 1995, 93 (102f.).
[144] → IV. 3.
[145] Vgl. → IV. 3. und *Hermanns* MittRhNotK 1997, 149 (162); *Oppermann* RNotZ 2005, 453 (466ff.).
[146] BGH NJW 2012, 3162ff.
[147] *Krafka/Seeger* in Heinemann, Kölner Vertragshandbuch Immobilienrecht, 3. Aufl. 2021, S. 3f.

REMBERT SÜß

Die Schatten-Limited im Finanzverfahren

Prolog: Andreas Heidinger und die „deutsche Limited"

Bereits im Jahr 1998 veröffentlichte *Andreas Heidinger* in den Mitteilungen des Bayerischen Notarvereins einen Beitrag über den zum Handelsregister anzumeldenden „ständigen Vertreter" der inländischen Zweigniederlassung einer ausländischen Kapitalgesellschaft.[1] Die inländische Zweigniederlassung war damals für ausländische Unternehmer eine selten genutzte Option. Ein papierfressendes Eintragungsverfahren, die lästige Verpflichtung, ständig alle Änderungen bei der ausländischen Gesellschaft auch im Inland zum Handelsregister mit beglaubigten Unterschriften und apostillierten Originalurkunden anzumelden, kostentreibende Übersetzungen, steuerlich riskante Gewinnabgrenzung und fehlende Haftungsbeschränkung führten dazu, dass ausländische Unternehmen es aus praktischen Gründen nahezu ausschließlich vorzogen, für die Produktion oder den Vertrieb von Produkten im Inland eine Tochtergesellschaft in Form einer GmbH zu gründen. *Andreas* ließ sich davon nicht abschrecken, sondern nahm sich der damals von der Literatur links liegen gelassenen Rechtsfigur an, um den Notaren für den Fall der Fälle eine brauchbare Handhabe zu bieten.

Überraschenderweise verwandelte sich die inländische Zweigniederlassung einer nach ausländischem Recht gegründeten Kapitalgesellschaft zu Beginn der Nullerjahre aus dem weißen Raben des Registerrechts in ein von geschäftstüchtigen Dienstleistern vermarktetes Massenphänomen und erlebte einen unvorhergesehenen Hype, dem mit dem Brexit erst am 31.12.2021 ein abruptes Ende bereitet wurde. Die Ausführungen von *Andreas* gewannen deshalb plötzlich enorme praktische Bedeutung.

Andreas sei daher der folgende Rückblick auf Aufstieg, Fall und eine unerwartete postmortale Wiederbelebung der in Deutschland mit Niederlassung ansässigen englischen *limited company* durch den BFH gewidmet.

I. Sitztheorie und Schutzfunktion des Gesellschaftsrechts

Bei grenzüberschreitender Tätigkeit einer Kapitalgesellschaft stellt sich die Frage, welchem Recht die Gesellschaft unterliegen soll, insbesondere welchen Landes Regeln die Gründer beachten sollen, damit die Gesellschaft als rechtsfähiges und haftungsabschirmendes Vehikel eingesetzt werden kann (sog. „Anerkennung" der Gesellschaft). Seit Langem konkurrieren hier zwei Modelle[2] dazu, wie das Gesellschaftsstatut als das auf die Rechtsfähigkeit anwendbare Recht zu bestimmen ist. Nach einer Ansicht unterliegt die Gesellschaft dem Recht, nach dem sie gegründet worden ist (Gründungstheorie). Die Gründungstheorie ist im 18. Jahrhundert in England entwickelt worden und sollte garantieren, dass die von englischen Kaufleuten nach englischem Gesellschaftsrecht gegründete Aktiengesellschaften im gesamten *Commonwealth of Nations* – also quasi weltweit – ihre Geschäfte betreiben kön-

---

[1] *Andreas Heidinger* MittBayNot 1998, 72.
[2] Auch heute noch plastische Darstellung: *Großfeld,* Internationales und Europäisches Unternehmensrecht, 2. Aufl. 1995, S. 38 ff.

nen.[3] Aufgrund der Gründungstheorie können die Gründer sich effektiv aussuchen, nach welchem Recht sie ihre Gesellschaft gründen wollen. Sie führt also zur Rechtswahlfreiheit und ist damit das liberalistische Ideal.

In Deutschland – wie auch den weiterhin meisten westeuropäischen Staaten – dominiert aufgrund ständiger Rechtsprechung gewohnheitsrechtlich die sog. Sitztheorie. Die Gesellschaft unterliegt danach dem Recht des Staates, in dem sich der tatsächliche Sitz ihrer Hauptverwaltung (effektiver Verwaltungssitz) befindet. Für eine hauptsächlich im Inland tätige Gesellschaft genügt es daher nicht, dass diese im Ausland unter Einhaltung der dort geltenden Erfordernisse errichtet worden ist. Vielmehr muss sie, insbesondere was die Mindestkapitalisierung, die persönliche Haftung der Geschäftsführer, Kapitalaufbringung und Kapitalerhaltung, Durchgriffshaftung, Bilanzpublizität, Schutz von Minderheitsgesellschaftern und Arbeitnehmermitbestimmung angeht die Vorgaben des Staates beachten, in dem sie tätig werden will. Die Sitztheorie bezweckt damit den Schutz des inländischen Rechtsverkehrs, indem sie das Recht des Staates, in dem die Gesellschaft schwerpunktmäßig tätig wird, zum Gesellschaftsstatut beruft.[4]

In Deutschland ist die Anknüpfung des Gesellschaftsstatuts weiterhin nicht gesetzlich geregelt. Seit dem Reichsgericht gilt die Sitztheorie. Vorbehalten waren allein solche Gesellschaften, die unter ein von der Bundesrepublik Deutschland gezeichnetes bilaterales Abkommen fielen. Das betrifft bislang in den USA gegründete Gesellschaften.[5]

II. Grenzöffnung durch den EuGH: Centros und Überseering

1988 entschied der EuGH im Fall *„Daily Mail"*,[6] dass Großbritannien nicht das Recht auf Niederlassungsfreiheit verletze, wenn es die Verlegung der Hauptverwaltung einer englischen Gesellschaft in die Niederlande von einer Genehmigung durch das englische Schatzamt abhängig mache. In seiner Begründung führte der EuGH aus, die Gleichstellung der Anknüpfungsmerkmale des Satzungssitzes, der Hauptverwaltung und der Hauptniederlassung in Art. 48 EGV[7] zeige, dass der EG-Vertrag die Bestimmung des Gesellschaftsstatuts und die Zulässigkeit und Folgen grenzüberschreitender Sitzverlegungen als Probleme ansehe, die durch den Vertrag nicht unmittelbar gelöst würden. Vielmehr sollten sie zum Gegenstand einer Angleichung des materiellen bzw. internationalen Gesellschaftsrechts in den Mitgliedstaaten gemacht werden. Dieses *obiter dictum* wurde von der hL und der Rechtsprechung in Deutschland als Bestätigung dafür genommen, dass die der Gewährung der Niederlassungsfreiheit vorgreifliche Frage, ob eine Gesellschaft überhaupt rechtsfähig sei, vom nationalen Kollisionsrecht entschieden und unter Zugrundelegen der Sitztheorie verneint werden könne.

Diese Zuversicht wurde erst durch den Paukenschlag des EuGH in Sachen *„Centros"* am 9.3.1999[8] zerstört. Dort hatten zwei in Dänemark lebende Dänen in England eine *limited company* mit einem Stammkapital von 100 £ gegründet. Alleiniger Zweck der Gesellschaft war die Errichtung einer Zweigniederlassung in Dänemark. Eine geschäftliche Tätigkeit in England war nicht beabsichtigt. Vielmehr handelte es sich um eine sogenannte „Briefkasten-

---

[3] Hierzu *von Bar/Mankowski*, Internationales Privatrecht II, 2. Aufl. 2019, § 7 Rn. 2; *Großfeld*, Internationales und Europäisches Unternehmensrecht, 2. Aufl. 1995, S. 43 f.; *Hoffmann* ZVglRWiss 101 (2002), 283; *Höfling*, Das englische internationale Gesellschaftsrecht, 2002, S. 83 ff.

[4] *Behrens/Hoffmann* in GroßkommGmbHG, 2. Aufl. 2013, Einl. B Rn 21.

[5] Freundschafts-, Handels- und Schifffahrtsvertrags vom 29.10.1954 mit den USA, BGBl. 1956 II 487 ff.

[6] EuGHE 1988, 5507 = JZ 1989, 384 mAnm *Großfeld/Luttermann*.

[7] = Art. 58 AEUV.

[8] Centros Ltd. ./. Erhvervs- og Selskabsstyrelsen, EuGH 1999 I, 1484 = NJW 1999, 2027 mAnm *Kindler* = NZG 1999, 298 mAnm *Leible* = JZ 1999, 669 mAnm *Ebke*.

gesellschaft" die in England außer der Registrierung im *Companies House* nur eine Geschäftsanschrift (also den berühmten „Briefkasten") aufwies. Die dänischen Behörden lehnten die
Eintragung der „Zweigniederlassung" in das Handelsregister mit der Begründung ab, dass
die Gesellschafter mit der Einschaltung der *limited company* die Aufbringung des vom
dänischen Recht vorgeschriebenen Mindestkapitals umgehen wollten – was von den Klä-
gern nicht einmal bestritten wurde. Das sei eine unzulässige Umgehung. Der EuGH erklärte
dagegen, die Verweigerung der Eintragung der Zweigniederlassung durch die dänischen
Behörden verletze die im EU-Vertrag garantierten Rechte der Centros Limited auf Niederlassungsfreiheit. Das Ausnutzen in einem anderen EG-Mitgliedstaat geltender vorteilhafter
gesellschaftsrechtlicher Bestimmungen sei legitim und kein Missbrauch.

Am 5.11.2002 entschied der EuGH auf Vorlage durch den VII. Senat BGH, dass die
deutschen Gerichte die Rechts- und Parteifähigkeit der nach niederländischem Recht
gegründeten Überseering B.V (einer niederländischen Version der GmbH), die ihren tatsächlichen Verwaltungssitz von den Niederlanden nach Deutschland verlegt hat, nach niederländischem Recht anerkennen müssen.[9] Damit war nach einer ersten, der Centros Entscheidung folgenden Phase der Unsicherheit eindeutig entschieden, dass in Deutschland
„Briefkastengesellschaften" jedenfalls dann nach dem Gründungsstatut als rechtsfähige Kapitalgesellschaften anzuerkennen sind, wenn sich nach dem Recht eines anderen Mitgliedstaates der EU oder des EWR[10] gegründet worden sind.

III. Der Limited Hype

Die neue Rechtslage wurde in Deutschland rasch dazu propagiert, die Kosten für ein
notarielles Gründungsverfahren[11], die Aufbringung eines Mindestkapitals von 25.000 EUR
und andere Vorgaben des deutschen Rechts für die Gründung einer haftungsbeschränkenden
Kapitalgesellschaft deutschen Gesellschaftsrechts dadurch zu umgehen, dass man eine *Limited
Company* mit einem Stammkapital von 1 £ im englischen *Companies House* in Cardiff registrieren lässt und über eine inländische Zweigniederlassung in Deutschland geschäftstätig
wird.

In der gesellschaftsrechtlichen Diskussion in Deutschland erfuhr die Entscheidung des
EuGH eine gespaltene Bewertung: Die „liberalen Autoren" sahen bürokratische Beschränkungen der unternehmerischen Freiheit fallen und brachen unter der Devise des „Wettbewerbs der Rechtsordnungen" in Jubelgeschrei aus. Die konservative Gegnerschaft hingegen begann zu untersuchen, wie die diversen im Gesellschaftsrecht und den umliegenden
Rechtsgebieten verankerten Schutzmechanismen aus dem Gesellschaftsstatut herausgelöst
und anderen kollisionsrechtlichen Bereichen zugeordnet werden können (also zB dem Fir-
menstatut, dem Wettbewerbsstatut, dem Insolvenzstatut, dem Statut der Betriebsverfassung
etc.), so dass ein im Inland tätiges Unternehmen selbst bei Geltung ausländischen Gesellschaftsstatuts aufgrund Anknüpfung dieser Regelungen an die inländische Tätigkeit der
Gesellschaft diesen Regeln unterworfen werden kann und sich diesen Regeln durch Organisation nach einem ausländischen Gesellschaftsrecht nicht entziehen kann.[12]

---

[9] EuGH v. 5.11.2002 – C 208/00 (Überseering BV ./. Nordic Construction Company Bau-
maschinen GmbH), Slg. 2002, I-991 = NJW 2002, 3614.

[10] Mitgliedstaaten sind Island, Norwegen und Liechtenstein.

[11] Wobei in der Schar der Interessenten oft übertriebene Vorstellungen über die Höhe der notariellen Kosten und der Umfang der damit verbundenen Dienstleistungen auf der einen Seite sowie
der Kosten für die Gründung und die Unterhaltung eine Limited Company nach englischem
Recht – insbesondere auch aufgrund des Doppelaufwandes für die Hauptniederlassung in England und die Zweigniederlassung in Deutschland – auf der anderen Seite vorherrschten.

[12] Vgl. hierzu insbesondere *Hirte/Bück,* Grenzüberschreitende Gesellschaften – Praxishandbuch
für ausländische Gesellschaften mit Sitz im Inland, 2. Aufl. 2006, §§ 11–19.

Geglückt ist beides nicht. Zu einem fairen Wettbewerb der Rechtsordnungen kam es nicht, weil die aufgrund Auseinanderfallens von statutarischem Sitz und realem Wirkungsort die Gründer sich sowohl dem deutschen Gesellschaftsrecht also auch dem englischen Gesellschaftsrecht entzogen. Angesichts der „Gebührensensibilität" der Gründer und der fehlenden Beratung im englischen Gesellschaftsrecht in England ist zu bezweifeln, dass ein beachtlicher Anteil der finanziell zumeist prekären *limited companies* das englische Gesellschaftsrecht vollständig und korrekt umsetzte. Das Verständnis des englischen Gesellschaftsrecht blieb den allermeisten deutschen Juristen in Deutschland versperrt. Zumeist wurde ein tieferes Verständnis für das englische Gesellschaftsrecht schon dadurch blockiert, dass die deutsche Literatur an Rechtsbegriffen des deutschen GmbH-Rechts auch da festhielt, wo diese unangebracht waren: So wurde über die Übertragung von *Geschäftsanteilen* nachgedacht, obgleich es in der *limited company* nur verbriefte *shares* gibt; man ließ einen *Geschäftsführer* handeln, obgleich das englische Recht nur *members of the board* kennt und prüfte die abstrakte Zulässigkeit von *Selbstkontrahieren,* wo die Handelnden einzelfallbezogenen Treuepflichten der *rules of equity* unterliegen. Da Meldepflichten zum *Companies House* nicht einmal pro forma erfüllt wurden, wurden unzählige dieser Gesellschaften vom *Registrar of Companies* wieder gelöscht. Die Dunkelziffer der Gesellschaften, die ihre inländische Zweigniederlassung nicht zum deutschen Handelsregister anmeldeten ist vermutlich sehr hoch. Andererseits wurden *limited companies* auch nach Löschung aus dem Gesellschaftsregister unter dem Deckmantel der Zweigniederlassung einer aktiven *limited company* unverdrossen weiter betrieben.

Den Überlegungen der „konservativen" Gesellschaftsrechtler von einer Überlagerung des englischen Gesellschaftsrechts durch Sonderanknüpfung von Regeln zum Eigenkapitalersatz, Insolvenzverschleppung, Durchgriffshaftung etc. setzte der EuGH in seiner Entscheidung zum Fall *Inspire Art*[13] Grenzen. Dort untersagte er ein niederländisches Gesetz, durch welches drittschützende Regeln des niederländischen Gesellschaftsrechts auf Schein-Auslandsgesellschaften *(formel buitenlandse vennootschappen)* erstreckt wurden. Der von der auf Basis der Überlagerungstheorie[14] kreierte bunte Regelmix erwies sich damit als europarechtswidrig.

Statt des „Wettbewerbs der Rechtsordnungen" kam es nach alledem zum „Vakuum der Rechtsordnungen".

IV. Ende vom Spiel: Der Brexit

Das Ende der *limited company* kam schon sehr früh mit Ansage: Am 23.6.2016 stimmte die Mehrheit der Briten in einem Referendum für den Austritt des United Kingdom aus der Europäischen Union. Freilich sollten noch einige Jahre verstreichen, bis das Beil endlich fiel. Die Premierministerin des Vereinigten Königreichs, *Theresa May,* ließ sich bis zum 29.3.2017 Zeit, um den Austritt aus der Union offiziell zu notifizieren. Die damit beginnende dreijährige Kündigungsfrist wäre eigentlich zum 23.3.2020 abgelaufen. Da bis zu diesem Tag aber die Verhandlungen über die zahlreichen wirtschaftlichen und politisch sensiblen Konsequenzen des Austritts (insbesondere wirtschaftlich bedeutende Visa- und Zollfragen, Grenze zwischen Nordirland und der Irischen Republik, Fischereirechte etc.) nicht abgeschlossen werden konnten, wurde der Stichtag für den Brexit durch Vereinbarung zwischen der EU und dem Vereinigten Königreich einvernehmlich auf den 31.12.2020 vertagt.

Damit war das Schicksal der „deutschen Limited" definitiv entschieden: Mit der Vereinbarung einer „Sonderregelung" für den Erhalt der *„Deutschen limited"* durch die Vertragsparteien Europäische Union und United Kingdom war realistischerweise nicht zu rechnen. Von Seiten der Union bestand kein Interesse daran, die Erosion des europäischen Gesellschaftsrechts durch „Einwanderung" von Gesellschaften aus Drittstaaten weiterhin zuzulas-

---

[13] EuGH 30.9.2003 – C-167/01, NZG 2003, 1064.
[14] Entwickelt von *Sandrock* BB 1999, 1337.

sen.[15] Aus britischer Sicht vertraten diese Gesellschaften keine britischen Wirtschaftsinteressen, sondern allein Investoren vom „Kontinent". Wieso sollte man sich hierfür einsetzen und ggf. im Verhandlungsprozess wichtige eigene Interessen aufgeben? Hier wurde bis zur letzten Minute um Fragen von nationaler Tragweite gerungen, so dass keine Vertragspartei sich veranlasst sah, das Wort zugunsten der Limited-Gründer und der geschäftstüchtigen Vermittler dieser Beteiligungen zu ergreifen.[16] Damit war absehbar, dass das Austrittsabkommen zwischen der EU und dem Vereinigten Königreich keine *„lex limited"* enthielt. Das gilt auch für das Handelsabkommen der EU mit dem Vereinigten Königreich,[17] das die Anerkennung im UK gegründeter Gesellschaften in der EU daran knüpft, dass diese erhebliche Geschäftstätigkeiten *(substantial business transactions)* im UK entfalten. Das ist bei den von Deutschen zum Betrieb eines Gewerbes in Deutschland gegründeten *limited companies* generell nicht der Fall.[18]

Die Auswirkungen des Wegfalls der Niederlassungsfreiheit auf die inländischen *limited companies* waren vom BGH bereits in seiner Trabrennbahn Entscheidung vom 27.10.2008[19] für den Parallelfall einer nach Schweizer Recht gegründeten Aktiengesellschaft, die den tatsächlichen Sitz ihrer Hauptverwaltung aus der Schweiz nach Hamburg verlegt hatte deutlich vorgezeichnet worden:

Da die nach englischem Recht gegründeten Gesellschaften nicht nach dem Recht eines Staates gegründet waren, in Verhältnis zu dem die gesellschaftsrechtliche Gründungstheorie anzuwenden ist, tritt die Sitztheorie wieder ein. Das bedeutet, dass sich Rechtsfähigkeit, Haftungsabschirmung und alle weiteren gesellschaftsrechtlichen Fragen beginnend mit dem 1. Januar 2021 nach dem Recht des Staates beurteilen, in dem sich der tatsächliche Sitz der Hauptverwaltung der Gesellschaft befindet. Bei einer im Inland betriebenen *limited company* (Geschäftsführung, Geschäftsgegenstand und Gesellschafter befinden sich im Inland) ist das Deutschland, so dass ab diesem Zeitpunkt deutsches Recht anzuwenden ist. Damit tritt ein Statutenwechsel ein. Die gesellschaftsrechtlichen Verhältnisse sind ab diesem Zeitpunkt nicht mehr nach dem englischen, sondern ausschließlich nach deutschem Recht zu bewerten. Die Gesellschaft wird aufgrund dieses Statutenwechsels aus einer englischem Recht unterliegenden Gesellschaft in eine deutschem Recht unterliegende Gesellschaft umgewandelt. Da das deutsche Recht keine „Limited" kennt, geht der Statutenwechsel zwingend mit einem Formwechsel[20] einher. Die formellen (notarielle Beurkundung des Gesellschaftsvertrags)

---

[15] Überdies hätten die Mitgliedstaaten es ohnehin selber in der Hand gehabt, durch eine „lex limited" oder durch generelle Umstellung von der Sitz- auf die Gründungstheorie (wie zB vor einigen Jahren im Rahmen der Einführung des Code des Sociétés et d'Associations in Belgien geschehen) den Lebensfaden der inländischen Limited über den Stichtag des Brexit hinaus zu verlängern.

[16] Die Aushandlung eines entsprechenden Privilegs für die Limited hielt *J. Schmidt* noch 2016 für möglich (*Bayer/Schmidt* BB 2016, 1933), wobei sie allerdings offenließ, welche Vertragspartei sich hierfür einsetzen könnte.

[17] Handels- und Kooperationsabkommen – EU-UK Trade and Cooperation Agreement – vom 30.12.2021, in Kraft getreten am 1.1.2021.

[18] Anderer Ansicht dagegen: *J. Schmidt* GmbHR 2021, 233 – dort allerdings auch unter dem Vorbehalt, dass es sich nicht um eine „reine Briefkastengesellschaft" handelt. Damit war der typische Fall der „deutschen Limited", die in England lediglich ein „registered Office" unterhält aber keine Geschäftstätigkeit ausübt, vom Anwendungsbereich des Abkommens ausgeschlossen.

[19] BGH NJW 2009, 289.

[20] *Wachter* lehnt einen Formwechsel ab und spricht von einer „Statutenverdoppelung (*Wachter* in Süß/Wachter, Handbuch des internationalen GmbH-Rechts, 4. Aufl. 2021, § 2 Rn. 102). Damit übernimmt er aber die englische Perspektive, die aus deutscher Sicht nach dem Brexit nicht mehr maßgeblich ist. auch spielt es keine Rolle, dass das die Voraussetzungen des Umwandlungsgesetzes über einen Formwechsel nicht eingehalten worden sind (so aber *Wachter* in Süß/Wachter, Handbuch des internationalen GmbH-Rechts, 4. Aufl. 2021, § 2 Rn. 105). Diese Regeln galten bis zum Brexit für die englische Gesellschaft ohnehin nicht. Der Formwechsel tritt mit dem Wegfall

und materiellen (Eintragung im deutschen Handelsregister) Bedingungen für die Gründung einer Aktiengesellschaft oder GmbH nach deutschem Recht sind nicht eingehalten worden. Daher kann die Gesellschaft nicht als Kapitalgesellschaft deutschen Rechts, sondern allenfalls als formlos gegründete Gesellschaft deutschen Rechts behandelt werden (OHG, GbR oder KG).[21] Auch eine derartige formwechselnde Umwandlung in eine Personengesellschaft deutschen Rechts verlangt aber – da das deutsche Recht die Ein-Personen-Personengesellschaft nicht kennt – eine Mehrzahl von Gesellschaftern. Mangels Begründung einer Personengesellschaft hat der Brexit bei einer *limited company* mit einem alleinigen Aktionär also zur Folge, dass infolge des Statutenwechsels keine Gesellschaft entstehen kann, sondern die vormalige englische *limited company* wie bei Ausscheiden des vorletzten Gesellschafters aus einer Personengesellschaft erlischt (Vollbeendigung) und das gesamte Vermögen der vormaligen *limited company* mit allen Aktiva und Passiva dem verbliebenen Gesellschafter anwächst.[22] Der alleinige Aktionär der vormaligen *limited* wird also kraft Universalsukzession zivilrechtlicher Rechtsnachfolger der *limited company*.[23]

V. Gestaltungsvorschläge zur präventiven Vermeidung des Erlöschens

In der Literatur wurden einige Vorschläge gemacht, wie die shareholder einer englischen *limited company* dem drohenden Statutenwechsel bei der *limited company* vorbeugen können:

– *Liquidation und Asset Deal*
Möglich wäre es zunächst, im Inland ein neues rechtliches Vehikel – etwa in der Rechtsform eine GmbH, ihrer Sonderform der UG oder einer GmbH & Co. KG – zu gründen und dann im Rahmen einer Liquidation der englischen *limited company* den inländischen Geschäftsbetrieb in Bausch und Bogen an diese Gesellschaft zu veräußern. Hierbei handelt es sich um die *prima facie* naheliegendste und die einfachste Form der Unternehmensfortführung.
In der Praxis ergeben sich aber Probleme daraus, dass regelmäßig nicht nur gegenständliche Aktiva einzeln übertragen werden müssen, sondern auch Dauerschuldverhältnisse wie Miet-, Telekommunikations- und Lieferverträge oder Darlehensbeziehungen. Hierzu ist die Zustimmung der Vertragspartner erforderlich. Unter Umständen müssen Verträge neu abgeschlossen werden oder neue Sicherheiten gestellt werden. Werden einzelne Rechte vor der Liquidation der *limited company* übersehen, so werden diese mit Löschung der *limited company* im englischen Register aus englischer Hinsicht herrenlos und gehen auf die britische Krone über. Aus deutscher Sicht dagegen ist die *limited company* als Liquidationsgesellschaft deutschen Rechts im Handelsregister einzutragen und ein Nachtragsliquidator zu ernennen. Verbergen sich im Unternehmen stille Reserven, so lassen sich wohl auch bei organisatorischen Kunststücken steuerlich relevante Gewinnrealisierungen nicht vermeiden. Der Asset Deal kommt daher in der Praxis nur bei „sehr übersichtlichen" Verhältnissen in Betracht.

– *Grenzüberschreitende Verschmelzung*
Im Wege einer grenzüberschreitende Verschmelzung hingegen könnte die englische *limited company* auf eine zuvor in Deutschland gegründete GmbH verschmolzen werden. Die Grundlage dafür bildet die Europäische Richtlinie über die grenzüberschreitende Ver-

---

Niederlassungsfreiheit durch der Geltung des deutschen Gesellschaftsrechts ein, vollzieht sich also *ipso iure.*

[21] BGH NJW 2002, 3539 „Jersey Limited" („modifizierte Sitztheorie").
[22] Dies wurde noch übersehen bei *Freitag/Korch* ZIP 2016, 1361
[23] OLG München NZG 2021, 1518; vgl. auch schon BGHZ 178, 192 = NJW 2009, 289 – zu einer zugezogenen Aktiengesellschaft Schweizer Rechts; bestätigt in BGH NZG 2016, 1187; *Zwirlein/Gätsch/Großerichter* NZG 2017, 1041; *Weller/Thomale/Benz* NJW 2016, 2380.

schmelzung von Kapitalgesellschaften,[24] die in Deutschland in den §§ 122a ff. UmwG und im Vereinigten Königreich im *The Companies (Cross Border Merger) Regulations 2007*[25] umgesetzt worden war. Insoweit ergibt sich eine zuverlässige gesetzliche Grundlage, die das Verfahren in den einzelnen Staaten und die grenzüberschreitende Kooperation reguliert. In England ist allerdings das Verfahren in prohibitiver Weise umgesetzt worden. Die Regelung verlangt vor Abschluss der Verschmelzung ein „*hearing date*" vor dem High Court unter Beteiligung eines englischen Rechtsanwalts,[26] mit in England üblichen Gebühren für das Gericht und den Anwalt.[27] Für die bekanntermaßen sehr kostensensiblen Betreiber der *limited company* kam dies nicht in Frage.

— *Grenzüberschreitende Verlegung des Satzungssitzes nach Deutschland*
Mit seinen Entscheidungen in den Rechtssachen SEVIC Systems,[28] Cartesio[29] und VALE[30] hat der EuGH den grenzüberschreitenden Formwechsel innerhalb der EU durch identitätswahrende grenzüberschreitende Sitzverlegung eröffnet.[31] Eine *limited company* konnte daher durch entsprechenden Statutenwechsel und Eintragung in das deutsche Handelsregister in eine GmbH, eine UG oder eine Aktiengesellschaft deutschen Rechts umgewandelt werden. *Heckschen*[32] wies allerdings darauf hin, dass das für die Durchführung des Verfahrens in England zuständige Companies House in Cardiff den Vollzug entsprechender Anträge unter Hinweis auf eine fehlende gesetzliche Grundlage verweigerte und die vom deutschen Handelsregister für die Eintragung der auswanderungswilligen Gesellschaft erforderliche „Sitzverlegungsbescheinigung" nicht ausstellte. Damit entzog die britische Regierung den englischen *limited companies* im eigenen Land die Niederlassungsfreiheit, die diese Gesellschaften in Deutschland einforderten.

— *Verlegung des Sitzes der Hauptverwaltung nach England*
Eine weitere Option zur Wahrung der Rechtsfähigkeit der *limited company* nach dem Brexit war die Begründung eines Hauptverwaltungssitzes der *limited company* in England. Auf diese Weise wäre gesichert, dass auch noch nach dem Brexit das deutsche Recht weiterhin auf das englische Gesellschaftsrecht verweist, so dass sich aus diesem weiterhin Rechtsfähigkeit und beschränkte Haftung der Gesellschafter für die eingegangen Verbindlichkeiten ergibt.[33] Freilich dürften die meisten der betroffenen Gesellschaften ein Geschäft betrieben haben, das an das Inland gebunden war und keine persönlichen und finanziellen Möglichkeiten bestanden haben, den Betrieb nach England zu verlagern. Das gilt umso mehr, als mit Inkrafttreten des Brexit und Wegfall der Freizügigkeit auch die Reisemöglichkeiten für die deutschen Gesellschafter und *directors* der Gesellschaft einschränkt worden sind und damit der Verlagerung der Geschäftsleitung nach England entgegenstehen.

— *Formwechsel in eine irische limited company*
Da die Republik Irland in der EU geblieben ist, wäre die formwechselnde Umwandlung der englischen in eine irische *limited company* sogar ohne Wechsel der Firmierung möglich

---

[24] Richtlinie 2005/56/EG ABl. 2005 L 310/1.

[25] Ausführlich *Herrler/Schneider,* Von der Limited zur GmbH, 2009, S. 7 ff.

[26] Sect. 6 und 16 *Companies (Cross Border Merger) Regulations 2007.*

[27] *Herrler* in Herrler, Gesellschaftsrecht in der Notar- und Gestaltungspraxis, 1. Aufl. 2017, § 1 Rn. 36 Anm. 29.

[28] Entscheidung SEVIC Systems AG v. 13.12.2005 (Rs. C-411/03, Slg. 2005, I-10805 = NJW 2006, 425.

[29] EuGH Urt. v. 16.12.2008 – C-210/06, DNotZ 2009, 484 mAnm *Herrler.*

[30] EuGH NJW 2012, 2715.

[31] Zuletzt bestätigt in der Rechtssache Polbud – EuGH NJW 2017, 3639; dazu *Bayer/J. Schmidt* ZIP 2017, 2225 ff.

[32] DAI Skript vom 17. und 18. November 2017, Intensivkurs Gesellschaftsrecht, S. 620.

[33] Dazu auch *Zwirlein/Gätsch/Großerichter* NZG 2017, 1043.

gewesen. I letzten Jahr vor dem Brexit wurde in Deutschland das Gerücht verbreitet, aufgrund einer Verwaltungsvereinbarung zwischen dem Vereinigten Königreich und der Republik Irland sei der grenzüberschreitende Formwechsel der UK-Limited in die irische *limited company* – anders als in die deutsche GmbH – ermöglicht worden. Dabei handelte es sich aber offenbar um sogenannte *fake news*. Tatsächlich wäre der Wechsel auf eine neugegründete irische *limited company* also nur mit Hilfe des asset deal Modells möglich gewesen.

– *Flucht in die Restgesellschaft*
Auch die Restgesellschaft bietet die Möglichkeit, im Wege einer inländischen Gesellschaft die Haftungsbeschränkung fortzuführen.[34] In der Praxis wurde die Entstehung einer Restgesellschaft angenommen, wenn eine britische *limited company* aufgrund von Verstößen gegen die Publizitätspflichten oder anderen Verpflichtungen aus dem englischen Companies Register gelöscht wurde. Mit der Löschung einher geht nach englischem Recht der Verlust der Rechtspersönlichkeit, so dass das Vermögen der Gesellschaft herrenlos wird und nach englischen *common law* Regeln als *bona vacantia* der britischen Krone anfällt. Hinsichtlich in Deutschland belegenen Vermögens würde dies eine Enteignung zugunsten eines ausländischen Hoheitsträgers bedeuten. Diese wird nicht einmal zwischen EU-Mitgliedstaaten hinsichtlich des im Inland belegenen Vermögens als extraterritoriales hoheitliches Eingriffsrecht geduldet. Vielmehr gingen die deutschen Gerichte davon aus, dass hinsichtlich des in Deutschland belegenen Gesellschaftsvermögens nach Erlöschen der englischen *limited company* zur Vermeidung eines herrenlosen Vermögens eine inländische Liquidationsgesellschaft als Auffangrechtsträger entsteht.[35] Die Gesellschafter hätten hier kraft vorsätzlicher Nichterfüllung der gesellschaftsrechtlichen Verpflichtungen die Zwangslöschung provozieren können, mit der Folge, dass das Gesellschaftsvermögen unter dem Dach einer inländischen Liquidationsgesellschaft fortgeführt wird. Allerdings wäre zu bedenken, dass für eine derartige Restgesellschaft allein die von deutschen Registergericht eingesetzten Liquidatoren (Nachtragsliquidatoren) und ausschließlich mit dem Ziel der endgültigen Liquidation der Gesellschaft handeln können. Ein weiteres gewerbliches Handeln der Geschäftsführung im Namen der *limited company* hätte parallel dazu eine faktische inländische OHG begründet, mit der Folge, dass die Gesellschafter für alle Neuverbindlichkeiten persönlich unbeschränkt haften.[36]
Die in der Literatur empfohlenen Instrumente erweisen sich damit als abstrakt gesehen für diesen Fall geeignet. Es zeigt sich aber, dass diese weder den praktischen Gegebenheiten des deutsch-englischen Rechtsverkehrs noch den Eigenheiten der prekären *limited company*-Companies bzw. der mit dem Versprechen, Gebühren und Steuern zu sparen angelockten kostensensiblen Gesellschafter gerecht werden.

– *Einfaches Anwachsungsmodell*
Eine „unbürokratische" Möglichkeit zur grenzüberschreitenden Unternehmensumwandlung ergibt sich aus dem Anwachsungsmodell.[37] So lässt sich zum Beispiel eine *Limited Liability Partnership* englischen Rechts in der Weise in eine Partnerschaftsgesellschaft

---

[34] Ausführlich *Knaier/Teichmann* EUZW Sonderausgabe 1/2020, 18 ff, die auf diese Weise zur Wahrung der Interessen der hinter der Limited stehenden Gesellschafter und Organmitglieder die Rechts- und Parteifähigkeit der Gesellschaft festschreiben und eine Haftung der Gesellschafter für Altverbindlichkeiten der Gesellschafter jedenfalls dann für ausgeschlossen halten, wenn die *limited* spätestens zum Brexit Stichtag die gewerbliche Tätigkeit einstellt, ausschließen wollen.
[35] So erstmalig OLG Jena ZIP 2007, 1709; ausführlich: *J. Schmidt* ZIP 2008, 2401; *Krömker/Otte* BB 2008, 665
[36] Vgl. OLG Celle RNotZ 2012, 397.
[37] Ausführlich zum Anwachsungsmodell als praktischem Vehikel für die grenzüberschreitende Unternehmensumwandlung *Hoger/Lieder,* Die grenzüberschreitende Anwachsung, ZHR 180 (2016) 613; vgl. auch *von Prof* in Hauschild/Kallrath/Wachter, Notarhandbuch Gesellschafts- und Unternehmensrecht, 2011, § 23 S. 1213 ff.; *Ege/Klett* DStR 2010, 2463.

(mbB) deutschen Rechts überführen, in dem sämtliche Anteile an der LLP auf die Partnerschaftsgesellschaft übertragen werden. Da sich dann sämtliche Anteile an der LLP in einer Hand vereinigen, das englische Recht aber eine Ein-Personen-LLP aber grundsätzlich nicht anerkennt, erlischt die LLP bei entsprechenden Vorgaben des Gesellschaftsvertrags der LLP mit dem Ausscheiden des vorletzten Gesellschafters. Das Vermögen wächst im Wege der Universalsukzession dem verbliebenen Alleingesellschafter zu.[38]

Soweit aber einer keine LLP oder eine *general partnership,* sondern eine *limited company* vorliegt, müsste die *limited company* zuvor in eine Personengesellschaft umgewandelt werden.[39] Die Umwandlung der *limited company* in eine *partnership* oder eine LLP ist nach englischem Recht aber nicht möglich. Das englische Recht kennt einen Wechsel der Rechtsform für limited company ausschließlich als Wechsel von der *private company* in die *public company* kennt, nicht aber als heteronomen Wechsel aus der Kapitalgesellschaft in die Personengesellschaft bzw. umgekehrt.

— *Zweistufiges Anwachsungsmodell*
Faktisch blieb damit nur die Möglichkeit, die Anteile an der *limited company* in eine deutsche Holding einzubringen und den Brexit abzuwarten. Mit Wirksamwerden des Brexit wäre die *limited company* erloschen und das Vermögen der *limited company* (einschließlich aller Aktiva und Passiva) der deutschen Holding angewachsen.

Einziger Schönheitsfehler an der Gestaltung war, dass die *limited company* aus englischer Sicht weiterhin fortexistierte. Insoweit also die Situation aus englischer Sicht das Vermögen weiterhin der *limited company* zuzuordnen war, aus deutscher Sicht dagegen die Holding-Gesellschaft vom *shareholder* der *limited company* zum unmittelbaren Unternehmensträger mutiert ist.[40] Derartige Entscheidungsdivergenzen sind im Internationalen Privatrecht allerdings an der Tagesordnung. Die Sitztheorie zielt gerade darauf ab, bei Verwaltungssitz im Inland die gesellschaftlichen Verhältnisse anders zu beurteilen, als das im Gründungsstaat der Fall ist.

VI. Forderungen aus der Literatur an die Gesetzgebung

Schließlich wurde in der Literatur auch Aufforderungen an den Gesetzgeber zu Schaffung von Regeln, die den Fortbestand der *limited companies* ermöglichen, gerichtet. Vertrauensschutz, Rückwirkungsverbot,[41] Übergangszeiten[42] etc. wurden angeführt, um eine „lex limited" zu initiieren.[43] Sogar im Bundestag gab es eine Initiative, um dem Limited-Modell eine dauerhafte Nische zu verschaffen.

---

[38] Dazu ausführlicher *Zwirlein/Gätsch/Großerichter* NZG 2017, 1045.

[39] So wurde in der Insolvenz der Schefenacker Gruppe die Schefenacker AG in eine Kommanditgesellschaft umgewandelt, bevor die Anteile auf die Komplementär-Limited abgetreten wurden, *Steffek* in Münchner Handbuch Gesellschaftsrecht VI: Internationales Gesellschaftsrecht, 4. Aufl. 2013, § 42 Rn. 7.

[40] Die gesellschaftsrechtliche Literatur spricht insoweit von „Statutenverdoppelung". Dieser Begriff ist freilich irreführend, da er die Vorstellung suggeriert, dass die „englische Limited" doch noch irgendwo existiert. *Wachter* leitet aus der Statutenverdoppelung sogar ab, dass keine formwechselnde Umwandlung der vormaligen Limited in eine Gesellschaft deutschen Rechts eintreten könne (*Wachter* in Süß/Wachter, Handbuch des internationalen GmbH-Rechts, 4. Aufl. 2021, § 2 Rn. 102).

[41] *Freitag/Korch* ZIP 2016, 1361; *Grzeszick/Verse* NZG 2019, 1129 machen sogar verfassungsrechtliche Argumente geltend.

[42] Dafür setzten sich mehrere Autoren ein, zB *Mäsch/Gausing/Peters* IPRax 2017, 49; *Weller/Thomale/Benz* NJW 2016, 2381.

[43] *Bayer/Schmidt* BB 2016, 1934.

Der Gesetzgeber ließ sich auf diese Forderungen ausschließlich dahingehend ein, dass er mit dem Vierten Gesetz zur Änderung des Umwandlungsgesetzes in § 122m UmwG eine Übergangsregelung einführte, so dass nach englischem Recht gegründete Kapitalgesellschaften nach dem Brexit auf eine nach deutschem Recht gegründete Personengesellschaften auch dann noch verschmolzen werden können, wenn nur der Verschmelzungsplan noch vor dem Brexit beurkundet worden ist und die Verschmelzung unverzüglich, spätestens aber innerhalb von zwei Jahren nach diesem Zeitpunkt zur Eintragung zum Handelsregister angemeldet wird. Durch eine Ergänzung in § 1 Abs. 2 S. 3 UmwStG soll sichergestellt werden, dass eine *limited company* als übertragende Gesellschaft auch dann in den persönlichen Anwendungsbereich des UmwStG fällt, wenn infolge des Brexit ihr Sitz nicht mehr innerhalb der EU bzw. des EWR liegt. Damit hat der Bundestag eine weitergehende Form der Besitzstandswahrung für englische *limited company* eindeutig abgelehnt, auch eine Verlängerung der Überlegungsfristen für Gestaltungsmaßnahmen über den Brexit hinaus. Vielmehr wurde mit § 122m UmwG eine „goldene Brücke" in das deutsche Gesellschaftsrecht gebaut und damit von Seiten des Gesetzgebers klargestellt, dass die Umgehung deutschen Rechts nicht über den zeitlichen Geltungsbereich der Niederlassungsfreiheit hinaus toleriert wird und Gesellschafter den juristischen Folgen des Brexit nur dadurch entgehen können, dass sie sich aus dem Limited-Modell lösen und zurück ins deutsche Recht kommen.

Auf steuerlicher Ebene wurde in § 4 Nr. 6 GrEStG eine Sondervorschrift eingefügt, wonach der Brexit und die damit einhergehende Auflösung der *limited company* Company mit Sitz in Deutschland einschließlich der Anwachsung des Grundbesitzes der vormaligen *limited company* an den Alleingesellschafter keine Grunderwerbsteuer auslöst. Die Entnahme des Grundbesitzes aus der quasi *ipso iure* liquidierten *limited company* wird also von der Besteuerung ausgenommen. Ähnliche Steuerprivilegien hat man in die Konzernklausel des § 6a S. 5 GrEStG eingefügt.

Gem. § 12 Abs. 4 KStG wird schließlich einer in Deutschland unbeschränkt steuerpflichtigen Körperschaft mit statutarischem Sitz im Vereinigten Königreich nach dem Brexit das ihr bereits vor dem Brexit zuzuordnende Betriebsvermögen weiterhin zugerechnet. Damit soll vermieden werden, dass bei einer *limited company* mit Verwaltungssitz in Deutschland der Brexit zur Aufdeckung und Besteuerung der stillen Reserven führt.

VII. Die Revitalisierung der erloschenen *limited company* durch den I. Senat des BFH

In seinem Beschluss vom 13.10.2021[44] entscheid der I. Senat des BFH über eine im Namen einer „britischen Kapitalgesellschaft in der Rechtsform einer *limited company*" erhobene Klage gegen einen Steuerbescheid, mit dem das Finanzamt die Anerkennung von Verlusten versagte. Alleiniger Anteilseigner und *„managing director"* der Klägerin war eine in Deutschland lebende natürliche Person, in deren inländischer Wohnung die Geschäftsleitung der *limited company* angesiedelt war. Das Finanzamt bewertete die Übernahme der Studienkosten des Alleingesellschafters durch die klagende *limited company* als verdeckte Gewinnausschüttung und korrigierte daher die steuerlichen Einkünfte. Dagegen legte die *limited company* Einspruch und Klage zum Finanzgericht ein. Die Klage wurde im März 2021 abgewiesen, die Revision nicht zugelassen. Im vorliegenden Verfahren geht es um die Beschwerde gegen die Nichtzulassung der Beschwerde. Das Finanzamt trägt vor, die *limited company* sei nun Drittstaatengesellschaft und nicht mehr beschwerdebefugt.

Dagegen vertrat der BFH die Auffassung, dass der Brexit zwar bei einer nach dem Recht des UK gegründeten Gesellschaft mit Verwaltungssitz im Inland zum Verlust der zivilrecht-

---

[44] I B 31/21, NV 2022, 357 = DStR 2021, 250 mAnm *Wendl* = IStR 2022, 167 mAnm *Martini*.

lichen Rechtsfähigkeit führe. Die Qualifikation der britischen *limited company* als Körperschaftsteuersubjekt iSv § 1 Abs. 1, § 2 Nr. 1 KStG bleibe davon aber unberührt. Das ergebe sich daraus, dass es für die körperschaftsteuerrechtliche Behandlung einer ausländischen Gesellschaft nach ständiger Rechtsprechung des I. Senates nicht auf die zivilrechtliche Rechtsfähigkeit, sondern auf den sogenannten Typenvergleich ankomme. Aus dem Typenvergleich folge, dass eine britische *limited company* im Rahmen des deutschen Körperschaftsteuerrecht als Körperschaftsteuersubjekt zu behandeln sei. Aus der Qualifikation als Körperschaftsteuersubjekt im materiellen Steuerrecht wiederum ergebe sich auf verfahrensrechtlicher Ebene deren Fähigkeit, Beteiligte in einem finanzgerichtlichen Verfahren zu sein. Die Beteiligtenfähigkeit richte sich nämlich nicht nach der zivilrechtlichen Rechtsfähigkeit, sondern nach der Steuerrechtsfähigkeit.

Nach Ansicht des BFH ist daher eine UK-Limited bei der Besteuerung trotz des Brexit weiterhin als nach dem englischen Recht existente Kapitalgesellschaft zu behandeln.

Die kurze Entscheidungsbegründung lässt mehr Fragen offen, als sie beantwortet. Weder die Notwendigkeit einer fortgesetzten Anerkennung als Körperschaft noch die Begründung lassen sich den Gründen der Entscheidung vom 13.10.2021 entnehmen. Vielmehr muss man auf die bisherige Rechtsprechung des I. Senats zur Behandlung von im Ausland gegründeten Gesellschaften mit „Geschäftsleitung im Inland" und die dazugehörige Kommentarliteratur zurückgreifen um zu verstehen, wie der BFH dazu kommt, einen Rechtsträger anzunehmen, den es in den anderen Bereichen des deutschen Rechts nicht gibt.

– Zunächst stellt sich die Frage, nach welchen Grundsätzen der I. Senat ermitteln will, ob es sich überhaupt um eine ausländische Gesellschaft handelt und welchem Recht die Gesellschaft unterliege. Die Antwort auf die Vorfrage, ob eine Gesellschaft wirksam gegründet ist und ob es sich um eine Personengesellschaft nach HGB oder um eine Kapitalgesellschaft nach AktG bzw. GmbHG handelt ergibt sich – anders als dies offenbar der I. Senat annimmt – auch für die Steuerverwaltung und die Finanzverwaltung nicht aus dem allgemeinen Abgabenrecht, sondern aus den Vorschriften des materiellen Gesellschaftsrechts. Über die Frage, ob sich der Erwerb der Rechtsfähigkeit einer von Inländern im Inland geführten Gesellschaft aufgrund Eintragung im englischen *Register of Companies* nach dem englischen Recht oder dem deutschen Recht zu beurteilen ist, entscheidet das in Deutschland geltende internationale Gesellschaftsrecht. Insoweit gilt daher für die betroffenen, nach dem englischen Recht als Kapitalgesellschaften errichteten Gesellschaften seit dem 1.1.2021 nicht mehr die vom EuGH kreierte Europäische Gründungstheorie, sondern die vom RG aufgegriffene und vom BGH für diese Fälle fortgeführte Sitztheorie. Aufgrund Hauptverwaltungssitz der Gesellschaft im Inland (nämlich in der Wohnung des in Deutschland lebenden Gründers als alleinigem organschaftlichen Vertreter des Gesellschafters) handelt es sich nicht mehr um eine Kapitalgesellschaft englischen Rechts. Die Frage, ob eine Gesellschaft überhaupt und wenn ja, in welcher Rechtsform vorliegt ist, vielmehr nach dem deutschen Zivilrecht zu beurteilen.

– Zur Begründung seiner Auffassung, mit der er quasi ausschließlich für die Belange des Körperschaftsteuerrechts einen Rechtsträger fingiert, verweist der Senat auf den „Typenvergleich". Beim Typenvergleich geht es darum, ein nach ausländischem Recht bestehendes Rechtsgebilde unabhängig von der Qualifikation im ausländischen Recht für die Zwecke des deutschen Steuerrechts entweder als Kapitalgesellschaft dem Körperschaftsteuerrecht zuzuweisen oder als Mitunternehmerschaft zu behandeln.[45] Auch hierbei ist aber Voraussetzung, dass nicht schon eine inländische Rechtsform vorliegt, die kraft gesetzlicher Definition unmittelbar den Kategorien des § 2 KStG zuzuordnen ist bzw. unter die Mitunternehmerschaft iSv § 15 EStG fällt. Ist also die englische *limited company* infolge des Brexit in eine GbR deutschen Rechts umgewandelt worden oder kraft

---

[45] Hierzu *Jacobs,* Internationale Unternehmensbesteuerung, 8. Aufl. 2016, S. 1167.

Anwachsung als Geschäftsbetrieb des alleinigen Aktionärs zu behandeln, so ergibt sich für den „Typenvergleich" kein Raum. Vielmehr kann die auf der Basis des deutschen Kollisionsrechts formwechselnd in eine Personengesellschaft deutschen Rechts umgewandelte Gesellschaft bzw. der inländische Rechtsträger, dem das Vermögend der vormals englischen Kapitalgesellschaft um Wege der Universalsukzession angewachsen ist, unmittelbar den auf diese Rechtsformen zugeschnittenen Kategorien des deutschen Ertragsteuerrechts zugeordnet werden – also entweder als Mitunternehmerschaft oder als individuelles Steuersubjekt iSd EStG bzw. KStG.[46]

– Sicherlich gibt es Argumente dafür, bei vollbeendeten Gesellschaft – also solchen Gesellschaften, die vermögenslos und bereits im Handelsregister gelöscht sind – noch eine steuerliche Rechtsfähigkeit nachwirkend bis zur vollständigen Abwicklung aller steuerlichen Pflichten und Verfahren angenommen.[47] Das kann man damit rechtfertigen, dass die Körperschaft in diesem Fall ohne Rechtsnachfolger erloschen ist, so dass das Verfahren nicht anders fortgeführt werden kann. Möglicherweise werden sich aus dem Verfahren sogar Rechte der Körperschaft ergeben, die der Vermögenslosigkeit – und damit letztlich auch der Vollbeendigung – entgegenstehen und bei Obsiegen der Körperschaft im Klageverfahren eine Nachtragsliquidation erforderlich machen würden.[48] Bereits in der Vergangenheit war es aber ständige Rechtsprechung der Finanzgerichte, dass im Fall der formwechselnden Umwandlung von Körperschaften, insbesondere im Fall der formwechselnden Umwandlung in eine Personengesellschaft, die Universalsukzession bzw. der Formwechsel auch im Steuerrecht beachtet wird und der umgewandelte Rechtsträger nicht weiterhin in seiner alten Rechtsform als Steuersubjekt quasi konkurrierend neben den neuen bzw. übernehmenden Rechtsträger treten kann.[49]

– Wenig überzeugend ist auch die Ansicht des I. Senats des BFH, § 8 Abs. 1 S. 4 KStG[50] stelle klar, dass in allen offenen Fällen für ertragsteuerrechtliche Zwecke die Qualifikation einer britischen *limited company* als Körperschaftsteuersubjekt iSd §§ 1 Abs. 1, 2 Nr. 1 KStG vom Brexit unberührt, bleibe. § 8 Abs. 1 S. 4 KStG bestimmt, dass bei Körperschaften im Sinne des § 1 Abs. 1 KStG mit Sitz im Ausland, deren Ort der Geschäftsleitung im Inland belegen ist und die nach inländischem Gesellschaftsrecht mangels Rechtsfähigkeit nicht als juristische Person zu behandeln sind, Leistungen und Leistungsversprechen zwischen der Körperschaft und Personen, die aus dieser Körperschaft Einkünfte im Sinne des § 20 EStG erzielen, für Zwecke der Durchführung der Besteuerung mit Ertragsteuern wie Leistungen und Leistungsversprechen zwischen einer rechtsfähigen Körperschaft und deren Anteilseignern zu behandeln seien. Hierbei handelt es sich um eine Fiktion des Fortbestands der rechtlichen Beziehung bzw. des Fortbestehens der *limited company* als juristischer Person ausschließlich für die Zwecke der Ermittlung des Einkommens.[51] Ein darüber hinausgehender Aussagewert dahingehend, dass die *limited company* weiterhin als existenter Rechtsträger mit eigener Körperschaftsteuerpflicht nach § 1 KStG zu behandelt

---

[46] Vgl. auch BFH IR 119/82, BStBl. 1985 II 541 = GmbHR 1986, 411 zur Maßgeblichkeit des Formwechsels in eine Personengesellschaft und der Anwachsung auf den Alleingesellschafter, dort aber in einem rein nationalen Fall.

[47] BFH I B 38/05 BFH NV 2006, 1046; BFH I B 210/03 – gelöschte griechische GmbH; *König* in König, Abgabenordnung, 4. Aufl. 2021, § 33 Rn. 10.

[48] Nach Löschung der Limited im englischen Register entsteht im Inland eine Restgesellschaft deutschen Rechts, soweit im Inland noch Vermögen vorhanden ist. Diese ist zivilrechtlich Rechtsnachfolger der nach englischem Recht erloschenen Limited. Es herrscht Identität, so dass hier die Steuerpflicht nicht endet (im Ergebnis daher zutreffend BFH I B 210/03 BFH NV 2004, 670

[49] RFH RStBl. 1936, 789; BFH VI 205/61 BStBl. 1964 III 306; *Mückl* in Binneweis, KStG, 10 Aufl. 2022, § 1 Rn. 24.

[50] IdF des StAbwG v. 25.6.2021 (BGBl. I 2056, BStBl. I 895).

[51] *Martini* IStR 2022, 170.

sei, ergibt sich aus dieser Vorschrift nicht. Vergleichbares kennt man aus dem Erbschaft-steuerrecht, wo im Rahmen der erbrechtlichen Universalsukzession auf den Alleinerben ebenfalls fingiert wird, dass die entsprechenden Rechtsbeziehungen fortbestehen (§ 10 Abs. 3 ErbStG). Die Fiktion des Fortbestandes eines Rechtsträgers für die Zwecke der Berechnung des Einkommens von anderen Beteiligten bzw. für die Berechnung des Ver-mögensanfalls infolge der Erbfolge beim Erben hat aber nicht zur Folge, dass auch in anderen Zusammenhängen die Fiktion zur Realität wird. So ist auch noch kein Gericht auf die Idee gekommen, dass gem. § 10 Abs. 3 ErbStG der Erblasser weiterhin als lebend zu behandeln ist, ihm Erträge aus der vererbten Forderung weiterhin zuzurechnen sind und ihm in einem steuerlichen Verfahren hierfür ein Steuerbescheid zugestellt werden kann. Es würde die Besteuerung auch nicht vereinfachen, für den fiktiven Fortbestand der Rechtsverhältnisse den Fortbestand der Rechtsträger zu fingieren. Konsequent wäre es vielmehr, den aus dem Statutenwechsel hervorgegangenen zivilrechtlichen Rechts-nachfolger auch für das Finanzverfahren als Rechtsnachfolger anzuerkennen, so dass die-ser dann als Rechtsnachfolger die auf ihn übergegangenen Rechte geltend macht – auch wenn diese sich daraus ergeben, dass es noch nicht zur Konfusion gekommen ist.

– Hintergrund der Ansicht des I. Senats des BFH ist möglicherweise die Ansicht, dass im finanzgerichtlichen Verfahren die Anerkennung ausländischer Gesellschaften eigenen Regeln folge. Die zivilrechtliche Sichtweise sei nicht maßgeblich. Vielmehr müsse für die Frage, ob es sich um eine Kapitalgesellschaft iSv § 1 Abs. 1 Ziff. 1 KStG handele, das Gründungsstatut herangezogen werden.[52] Freilich gibt es keinen Anlass dafür, sich von den einschlägigen Regeln des Gesellschaftsrechts und des dazugehörigen Kollisionsrechts zu lösen und quasi für die Zwecke der Körperschaftsteuer, die daran anknüpft, dass bestimmte Rechtsformen gegeben sind, zugleich auch selber zu bestimmen, unter wel-chen Voraussetzungen entsprechende Rechtsformen überhaupt vorliegen. Das Steuer-recht regelt allein die Besteuerung der Rechtsträger, nicht aber auch ob überhaupt ein Rechtsträger vorliegt.[53]

– In der Literatur wird zur Unterstützung des I. Senats vorgetragen, die gleichmäßige Besteuerung aller Körperschaften werde verfehlt, wenn nach Schweizer oder englischem Recht gegründete Gesellschaften nicht mehr länger als Körperschaften besteuert würden: Ein Durchgriff auf die Gesellschafter und deren Ansässigkeit im In- oder Ausland führe zu Verwerfungen in der Zurechnung der Einkünfte, der Anwendung von DBA und der praktischen Effizienz der Besteuerung. Seien zB im Ausland ansässige Personen Gesell-schafter einer „British Limited", scheitere der Durchgriff, wenn das Ausland die „British Limited" als Kapitalgesellschaft anerkenne. Hinzu komme, dass Gesellschafter und deren Ansässigkeit in vielen Fällen nicht oder nur schwer zu ermitteln seien. Der Rechtsschutz werde durch einen „Durchgriff" auf im Ausland ansässige Gesellschafter nicht erleichtert, sondern erschwert.[54] Diese Argumentation für eine Fiktion von Auslandsgesellschaften kann mE nicht überzeugen: Der Durchgriff kann in den einschlägigen Fällen die angeb-lichen Probleme, und zwar völlig unabhängig davon ob die *limited company* in England weiterhin als Rechtssubjekt behandelt wird, typischerweise nicht aufwerfen.[55] Die Gesell-schaft wird ja gerade deshalb im Inland nicht mehr als englische *limited company* anerkannt, weil die maßgeblichen Personen, auf die der Durchgriff zielen würde, sich im Inland auf-

---

[52] S. *Lampert* in Gosch, KStG, 4. Aufl. 2020, § 1 Rn. 109; *Oellerich* in Mössner, KStG, 5. Aufl. 2021, § 1 Rn. 42.

[53] *König* in König, Abgabenordnung, 4. Aufl. 2021, § 33 Rn. 10: „Steuerrechtliche Normen, die eine vom Zivilrecht abweichende Rechtsfähigkeit der juristischen Person begründen, sind nicht ersichtlich (mwN).

[54] So zB *Beiser* IStR 2022, 425.

[55] Hier hat sich offenbar die Vorstellung von der „Statutenverdoppelung" festgesetzt.

halten und im Inland für die pseudo-englische Gesellschaft die Geschäftstätigkeit entfalten. Vielmehr wirft die Prozessführung mit einer „Körperschaft" die ausschließlich im finanzgerichtlichen Verfahren existiert, in der übrigen juristischen Welt aber längst erloschen ist bzw. in anderer Rechtsform fortexistiert, weitreichende Folgefragen auf:

– Wird die Klage der Schein-Limited abgewiesen, so könnte anschließend von der OHG, in die die *limited company* gewechselt ist bzw. dem vormaligen Allein-Aktionär derselbe Anspruch erneut geltend gemacht werden. Da nach Ansicht des BFH die *limited company* weiterhin Bestand hat, trifft den Nachfolger nicht die materielle Rechtskraft des vom BFH bzw. vom FG gefällten gerichtlichen Entscheidung.

– Für die *limited company* wäre im Handelsregister eine Zweigniederlassung einzutragen, die nur aus steuerlicher Sicht wirksam, aus zivilrechtlicher Sicht aber sofort zu löschen wäre.

– Unterliegt die *limited company* im finanzgerichtlichen Verfahren, so erhält die Finanzverwaltung einen vollstreckbaren Titel gegen die Gesellschaft, den sie nicht vollstrecken kann, weil die Gesellschaft in der zivilrechtlichen Welt nicht mehr existiert.

– Eine Umschreibung auf den Nachfolger der *limited company* dürfte nicht möglich sein, weil hierfür das Finanzgericht zuständig wäre und das Gericht an die Ansicht des I. Senats gebunden ist, wonach basierend auf der Gründungstheorie die *limited company* weiterhin als bestehend zu behandeln ist. Darüber hinaus kann die Umschreibung ohnehin nicht aufgrund einer Umwandlung bzw. Rechtsnachfolge vorgenommen werden, die bereits vor der letzten mündlichen Verhandlung erfolgt ist.

– Die *limited company* erzielt in der steuerlichen Welt weiterhin Erträge und unterliegt der Körperschaftsteuerpflicht. Nach Handelsrecht können aber für die Gesellschaft keine Abschlüsse erstellt werden.

– Es können im Namen der *limited company* keine Bankkonten eingerichtet werden und die *limited company* kann kein Vermögen halten.

Damit erweist sich schon das Argument des I. Senates, die Geltung der Gründungstheorie im Steuerrecht führe zu einer Vereinfachung der Besteuerung als eine Illusion, die auf einer sehr verengten Sicht der Dinge beruht. Vielmehr führt die Fiktion von Rechtsträgern für steuerliche Zwecke dazu, dass die finanzgerichtlichen Urteile, da sie eine nicht existente Verfahrenspartei betreffen, nicht nur praktisch unvollstreckbar, sondern wegen Fehlens des Klägers nichtig sind.

Schon vor der Entscheidung des I. Senats hat dagegen die Finanzverwaltung am Vorabend zum Brexit die Situation rechtlich korrekt erfasst und eine Handlungsanweisung veröffentlicht, mit er die gesellschaftsrechtliche Realität akzeptiert und der Formwechsel in eine Personengesellschaft deutschen Rechts bzw. die Universalsukzession auf den Alleingesellschafter verfahrensrechtlich nachvollzogen und umgesetzt wird.[56] Mit Spannung bleibt abzuwarten, ob die Finanzgerichtsbarkeit mit weiteren Verfahren unter Beteiligung ehemaliger *limited companie*s behelligt wird und wie hier die sich unter Zugrundelegung der Rechtsprechung des BFH ergebenden Probleme bewältigt werden. Sollte die Gerichtsbarkeit an einem „Paralleluniversum juristischer Personen" im Steuerrecht festhalten, so ist mit bizarren Widersprüchen zwischen der finanzgerichtlichen Sichtweise und der zivilrechtlichen Welt zu rechnen.

---

[56] *BMF* Schreiben vom 30.2.2020 Bekanntgabe eines Steuerverwaltungsaktes an sowie Vollstreckung gegen eine Gesellschaft in der Rechtsform einer Britischen Limited mit Verwaltungssitz (Ort der Geschäftsleitung) im Inland sowie deren Rechtsnachfolger nach dem 31. Dezember 2020, Az. IV A 3 – S 0284/20/10006 : 003.

THOMAS TEGEN

Nachweisanforderungen zur Grundbuchberichtigung beim Tod eines Gesellschafters einer grundbesitzhaltenden GbR – insbesondere auch zu BGH DNotZ 2022, 530

I. Problemstellung

Die Spielwiese – und es ist wahrlich eine große Spielwiese – des verehrten Kollegen Heidinger ist das Recht der GmbH. Als langjähriger Leiter des Referats für Handels-, Gesellschafts- und Steuerrecht beim Deutschen Notarinstitut hat er dabei stets ganz besonders die notarielle Praxis im Auge gehabt. Die hier folgenden Gedanken befassen sich mit einem Problem, das an der Schnittstelle zwischen Gesellschafts-, Erb- und Grundbuchrecht angesiedelt ist und zu dem es eine Fülle von Literaturstimmen[1] sowie eine teils widersprüchliche Rechtsprechung[2] gibt. Eine höchstrichterliche Klärung zu grundsätzlichen Fragen steht noch aus. Gleichwohl hatte der BGH kürzlich Gelegenheit, sich diesen komplexen Fragen zu nähern, aber leider nur teilweise. Kernpunkt der Nachweisanforderungen zur Grundbuchberichtigung im Todesfall eines Gesellschafters einer GbR ist der Gesellschaftsvertrag der GbR, der häufig Regelungen für die Sonderrechtsnachfolge in die Gesellschafterstellung enthält, aber keiner Form bedarf und damit in der Praxis entweder nicht in öffentlich beglaubigter Form oder gar nicht vorliegt, was die notarielle Praxis vor gewisse Herausforderungen stellt. Mögen die nachfolgenden Gedanken dem lieben und verehrten Kollegen Heidinger beim Lesen ein wenig Freude bereiten. Wohl an!

II. Allgemeines

Die herrschende Meinung im Gesellschaftsrecht vertritt die Ansicht, dass eine Verfügung über einen Gesellschaftsanteil an einer Gesellschaft bürgerlichen Rechts grundsätzlich zulässig ist. Voraussetzung für die Wirksamkeit der Verfügung ist die Zustimmung aller Mitgesellschafter zur Übertragung des Geschäftsanteils von dem Mitgesellschafter auf den Erwerber. Dies gilt auch dann, wenn die Gesellschaft Grundbesitz hält. Die Abtretung eines Gesellschaftsanteils an einer grundbesitzhaltenden GbR ist grundsätzlich formfrei, da eben nur der Gesellschaftsanteil an der GbR abgetreten wird und über den der GbR gehörenden Grundbesitz gerade nicht verfügt wird. Die Formfreiheit gilt auch dann, wenn sämtliche Gesellschaftsanteile an der GbR übertragen werden,[3] sofern dies nicht bewusst und gezielt zur Umgehung der Formvorschrift des § 311b BGB geschieht.[4] Tritt ein neuer Gesellschafter in die Gesellschaft ein oder scheidet ein Gesellschafter aus der Gesellschaft aus, gilt das Prinzip der Anwachsung nach § 738 Abs. 1 BGB. Der Rechtserwerb vollzieht sich auch bei einer grundbesitzhaltenden Gesellschaft folglich außerhalb des Grundbuchs.[5] Gleiches gilt im

---

[1] Etwa *Weber* ZEV 2020, 710 (711); *Freier* DNotZ 2020, 884; *Weber* ZEV 2015, 200; *Ertl* MittBayNot 1992, 11 (16f.).
[2] OLG München NZG 2020, 191; KG ZEV 2016, 338.
[3] BGH DNotZ 1984, 169; *Grüneberg* in Grüneberg, BGB, 81. Aufl. 2022, § 311b Rn. 5.
[4] BGH NJW, 1110 (1111); OLG Hamm DNotZ 2000, 384.
[5] BGH DNotZ 1969, 161; BayObLG Rpfleger 1980, 66; DNotZ 1993, 601 (602).

Grunde für den Fall, dass ein Gesellschafter verstirbt und aufgrund Erbfolge ein Erbe in die Gesellschafterstellung des durch Tod ausgeschiedenen Gesellschafters tritt.

Sofern die GbR nach dem Gesellschafterwechsel beabsichtigt, den Grundbesitz zu veräußern, muss zuvor das Grundbuch berichtigt werden, wobei dies mittels Grundbuchberichtigung nach § 22 GBO erfolgen kann und eine Auflassung auf den neu hinzutretenden Gesellschafter nicht erforderlich ist.[6] Strittig ist bereist, ob durch den Gesellschafterwechsel das Grundbuch unrichtig wird und eine Pflicht zur anschließenden Grundbuchberichtigung mittels Bewilligung besteht.

III. Grundbuchunrichtigkeit nach Gesellschafterwechsel?

Eine Pflicht zur Grundbuchberichtigung besteht nur, sofern das Grundbuch nach dem Gesellschafterwechsel unrichtig geworden ist. Diese Auffassung wird von Teilen der Literatur vertreten, so dass eine Berichtigung mittels Unrichtigkeitsnachweis ausscheide und es zwingend einer Berichtigungsbewilligung nach § 19 GBO bedarf.[7] Diese Ansicht geht davon aus, dass nicht die GbR selbst, sondern die Gesellschafter in ihrer gesamthänderischen Verbundenheit Rechtsinhaber des im Grundbuch gebuchten Grundbesitzes seien, wofür immerhin der (noch?) geltende Wortlaut des § 718 Abs. 1 BGB streitet, nachdem das Gesellschaftsvermögen der GbR gemeinschaftliches Vermögen der Gesellschafter ist.

Allerdings steht diese Auffassung im Widerspruch zur Rechtsprechung des BGH, namentlich zu den wegweisenden Entscheidungen des II. Senats vom 29.1.2001[8] zur Teilrechtsfähigkeit einer Außen-GbR und der dann folgenden Entscheidungen des V. Senats vom 4.12.2008[9] zur Grundbuchfähigkeit einer GbR. Danach ist es die GbR selbst, die Rechtsinhaber ihres Vermögens ist. Die Gesellschafter sind dagegen daran nur mittelbar über ihre Gesellschafterstellung und die damit verbundenen Rechte beteiligt. Folgerichtig kann nach einem Gesellschafterwechsel das Grundbuch auch nicht unrichtig werden, da dort als Eigentümer die GbR selbst eingetragen ist. Zwar sind nach § 47 Abs. 2 GBO in Abteilung I des Grundbuchs auch die Gesellschafter der GbR im Grundbuch einzutragen. Da § 47 Abs. 2 GBO aber formelles Grundbuchrecht ist, ändert dies nichts an der materiellen Rechtslage, nach der es die GbR selbst Eigentümerin des im Grundbuch gebuchten Grundbesitzes ist. Damit führt ein Wechsel im Gesellschafterbestand auch nicht zur Unrichtigkeit des Grundbuchs, das der teilrechtsfähige Verband als solcher derselbe geblieben ist.[10] Allerding kann das Grundbuchamt die GbR nach § 82 S. 3 GBO zur Grundbuchberichtigung anhalten. Zwingend wir eine Grundbuchberichtigung dann, wenn anschließend ein Verkauf des Grundbesitzes erfolgen soll. Dann nämlich erfordert der Voreintragungsgrundsatz nach § 39 Abs. 1 GBO die Eintragung des Gesellschafterwechsels, sofern anschließend über die Immobilie verfügt werden soll.[11]

IV. Sind die eingetragenen Gesellschafter zur Grundbuchberichtigung berechtigt?

Ist eine GbR im Grundbuch eingetragen, so wird nach § 899a BGB in Ansehung des eingetragenen Rechts auch vermutet, dass diejenigen Personen Gesellschafter sind, die nach

---

[6] *Böttcher* ZNotP 2009, 42 ff.

[7] *Dümig* Rpfleger 2002, 53 (55), zitiert nach *Limmer* in Würzburger Notarhandbuch, 6. Aufl. 2021, Teil 5, Kap. 2 Rn. 107 mwN.

[8] BGH DNotZ 2001, 234.

[9] BGH NJW 2009, 594.

[10] *Böhringer* NotBZ 2009, 90; *Böttcher* ZNotP 2009, 42 (45); OLG Zweibrücken Rpfleger 2008, 17.

[11] *Schöner/Stöber*, Grundbuchrecht, 16. Aufl. 2020, Rn. 4272.

§ 47 Abs. 2 S. 1 GBO im Grundbuch eingetragen sind und dass darüber hinaus keine weiteren Gesellschafter vorhanden sind. Nach dem Wortlaut lässt § 899a BGB die Gesellschafterstellung und die damit verbundene Verfügungsberechtigung nur in Ansehung des eingetragenen Rechts bezüglich der im Grundbuch eingetragenen Personen vermuten, also nur bei grundstücksbezogenen Verfügungen. Wird indessen über den Anteil verfügt, wird vertreten, dass die Vermutungswirkung des § 899a BGB hier nicht greift.[12] Es fragt sich also, ob die Gesellschafter einer GbR nach erfolgter Anteilsübertragung berechtigt sind, diese Änderung im Gesellschafterbestand im Grundbuch zu bewilligen (§ 19 GBO).

Nach Ansicht einer Reihe von oberlandesgerichtlichen Entscheidungen[13] hat die materiell rechtliche Einschränkung der Vermutung in § 899a BGB keine Bedeutung für das grundbuchrechtliche Eintragungsverfahren, soweit es um Rechtsgeschäfte mit unmittelbarem Bezug zum Grundstück geht, wie sich aus der Regelung des § 47 Abs. 2 GBO entnehmen lässt.

Mit der Einschränkung im Tatbestand des § 899a BGB habe der Gesetzgeber lediglich bezweckt, den Gutglaubenserwerb von der GbR auf Immobilienrechte zu beschränken, dagegen soll die Norm für alle Rechtshandlungen Bedeutung haben, die einen unmittelbaren Bezug zum Eintragungsgegenstand aufweisen, was sich somit auch auf rechtsgeschäftliche Übertragungen eines Anteils an einer grundbesitzhaltenden GbR bezieht.[14]

Folglich sind analog § 899a BGB im Grundbuch eingetragenen Gesellschafter auch (verfügungs-)berechtigt, die Bewilligung zu erklären – mithin bewilligungsberechtigt iSv §§ 19, 29 GBO. Damit erstreckt sich die Vermutungswirkung des § 899a BGB auch auf die grundbuchverfahrensrechtliche Verfügungsberechtigung der eingetragenen Gesellschafter.

V. Berichtigungsbewilligung oder Unrichtigkeitsnachweis

Eine Veränderung des Gesellschafterbestandes entweder aufgrund lebzeitigen Gesellschafterwechsels oder aufgrund des Todes eines Gesellschafters zieht somit eine Grundbuchberichtigung nach sich. Die Berichtigung kann entweder aufgrund Vorlage einer Berichtigungsbewilligung der Betroffenen (§ 19 GBO) oder aufgrund Unrichtigkeitsnachweis nach § 22 Abs. 1 Alt. 2 GBO erfolgen, wobei derjenige, der die Grundbuchberichtigung betreibt, unter diesen beiden Möglichkeiten die Wahl hat.[15]

Dabei ist der Unrichtigkeitsnachweis keinesfalls die bessere Alternative zur Berichtigungsbewilligung, sondern unterliegt strengen Anforderungen. Der Nachweis der Unrichtigkeit allein reicht nicht aus, vielmehr müssen auch alle Möglichkeiten ausgeräumt werden, die der Richtigkeit der beantragten neuen Entscheidung entgegenstehen.[16]

In der oberlandesgerichtlichen Rechtsprechung umstritten ist, ob für die Eintragung eines Gesellschafterwechsels die Bewilligung aller im Grundbuch eingetragenen Gesellschafter und des neu eintretenden Gesellschafters oder (im Erbfall) des Erben erforderlich ist[17] oder die Berichtigungsbewilligung (nur) des ausscheidenden Gesellschafters bzw. des Erben des verstorbenen Gesellschafters genügt.[18]

---

[12] *Bestelmeyer* Rpfleger 2010, 185f.
[13] OLG Karlsruhe MittBayNot 2014, 59; OLG München Beschl. v. 12.3.2012 – 34 Wx 245/11; OLG Hamm FGPrax 2011, 226; Brandenburgisches OLG NZM 2011, 522; OLG Frankfurt NotBZ 2011, 402; OLG Zweibrücken FGPrax 2010, 286.
[14] OLG Karlsruhe MittBayNot 2014, 59.
[15] *Schöner/Stöber,* Grundbuchrecht, 15. Aufl. 2012, Rn. 360.
[16] BayObLG DNotZ 1992, 157 (158).
[17] OLG München DNotZ 2011, 769; OLG Hamm FGPrax 2011, 226; OLG München ZEV 2015, 711; *Schöner/Stöber,* Grundbuchrecht, 16. Aufl. 2020, Rn. 4270.
[18] KG MittBayNot 2012, 219; OLG Zweibrücken ZEV 2012, 264 (265); OLG Jena FGPrax 2011, 226 (227f.).

Noch komplexer sind die Nachweisanforderungen, wenn ein Gesellschafter verstirbt, da der Gesellschaftsvertrag zur Nachfolge in den Gesellschaftsanteil ganz verschiedene Vereinbarungen enthalten kann.

VI. Nachfolge beim Tod eines GbR-Gesellschafters

1. Grundsatz

Enthält der Gesellschaftsvertrag keine Regelungen zum Tod eines Gesellschafters bzw. dessen Nachfolge in die Gesellschafterstellung, wird die Gesellschaft gemäß § 727 Abs. 1 BGB aufgelöst und wird zur Liquiditätsgesellschaft. Dies hätte zur Folge, dass das Grundbuch unrichtig werden würde. Allerdings kann § 727 Abs. 1 BGB mittels einer vertraglichen Vereinbarung abbedungen werden, so dass die Gesellschaft nach dem Tod eines Gesellschafters nicht erlischt, sondern entweder mit den verbleibenden Gesellschaftern (Fortsetzungsklausel) oder den Erben des verstorbenen Gesellschafters fortgesetzt wird.

2. Fortsetzungsklauseln

Mittels einer Fortsetzungsklausel wird die Gesellschaft zwischen den verbliebenen Mitgesellschaftern fortgesetzt. Der Erblasser verliert seine Gesellschafterstellung gemäß § 736 Abs. 1 BGB und seine Erben erwerben gemäß § 738 Abs. 1 S. 2 BGB einen Abfindungsanspruch. Der Gesellschaftsanteil wächst den übrigen Gesellschaftern nach § 738 Abs. 1 S. 1 BGB an.[19]

3. Nachfolgeklauseln

Mittels einer Nachfolgeklausel erwerben die Erben des verstorbenen Gesellschafters dessen Gesellschafterstellung als solche und nicht bloß einen Abfindungsanspruch; sie folgen ihm also nach. Bei der qualifizierten Nachfolgeklausel sieht der Gesellschaftsvertrag vor, dass der Geschäftsanteil nur an bestimmte Erben vererbbar ist, die etwa bestimmte Qualifikationen mitbringen. Voraussetzung dafür ist, dass derjenige, der der gesellschaftsvertraglich bestimmte Nachfolger ist, zivilrechtlich zumindest Miterbe wird. Dann fällt der Geschäftsanteil dem oder den Nachfolgern im Todesfall unmittelbar zu.[20]

4. Eintrittsklauseln

Eine Eintrittsklausel ist eine Kombination aus einer Fortsetzungsklausel und einem Vertrag zu Gunsten Dritter nach § 328 Abs. 1 BGB. Der Begünstigte erlangt aus dem Gesellschaftsvertrag das Recht, in die Gesellschaft einzutreten. Diese Rechtsstellung wird nicht unmittelbar mit dem Erbfall erworben. Im Todesfall wächst der Gesellschaftsanteil den Mitgesellschaftern an.[21] Der begünstigte Dritte wird durch die Ausübung des Eintrittsrechts beziehungsweise durch den Aufnahmevertrag Gesellschafter.[22]

---

[19] Kölner Handbuch Handels- und Gesellschaftsrecht, 4. Aufl. 2017, Kap. 8 Rn. 598 ff.
[20] *Schäfer* in MüKoBGB, 8. Aufl. 2020, § 727 Rn. 44 f.
[21] *Lorz* in Ebenroth/Boujong/Joost/Strohn, HGB, 4. Aufl. 2020, § 139 Rn. 42.
[22] *Lorz* in Ebenroth/Boujong/Joost/Strohn, HGB, 4. Aufl. 2020, § 139 Rn. 42 ff.

VII. Grundbuchberichtigung nach dem Tod eines Gesellschafters

Auch durch den Tod eines Gesellschafters einer grundbesitzhaltenden Gesellschaft wird das Grundbuch nicht unrichtig. Eigentümer des gebuchten Grundbesitzes ist auch nach dem Tode eines eingetragenen Gesellschafters immer noch die GbR selbst. In diesen Fällen ist regelmäßig zu einer Berichtigung zu raten, da andernfalls die GbR zumindest grundbuchrechtlich nicht über ihren Grundbesitz verfügen kann. Die Berichtigung selbst kann entweder durch eine Berichtigungsbewilligung gemäß §§ 19, 20 GBO oder durch Unrichtigkeitsnachweis nach § 22 Abs. 1 2. Alt. GBO erfolgen.[23]

1. Berichtigung mittels Unrichtigkeitsnachweis

Wollen die Beteiligten auf die Berichtigungsbewilligung durch alle Gesellschafter und Erben verzichten, bleibt nur der Unrichtigkeitsnachweis. Dann aber muss dem Grundbuchamt nicht nur die Unrichtigkeit des Grundbuchs, sondern die wahre Rechtslage in der Form des § 29 GBO nachgewiesen werden. An die Erbringung des Unrichtigkeitsnachweises sind grundsätzlich strenge Anforderungen zu stellen.[24]

Dies setzt zunächst den Nachweis des Versterbens mittels Sterbeurkunde und den Nachweis der Erbenstellung mittels Erbscheins oder notariellem Testament nebst Eröffnungsniederschrift des Nachlassgerichts voraus. Damit ist aber nur die erbrechtliche Nachfolge nachgewiesen. Es bedarf ferner noch eines Nachweises, dass der Erbe auch gesellschaftsrechtlich in die Mitgliedschaft des verstorbenen Gesellschafters eintritt. Nachzuweisen ist also auch die Sonderrechtsnachfolge qua Gesellschaftsrecht und da beginnt es spannend und auch strittig zu werden, da dies wiederum im Grunde nur mittels eines Gesellschaftsvertrages nachgewiesen werden kann.

2. Nachweis des Gesellschaftsvertrages in der Form des § 29 GBO

Der Unrichtigkeitsnachweis kann im Hinblick auf den Tod, die Erbenstellung und die gesellschaftsrechtliche Fortsetzung bzw. Nachfolge nur durch öffentliche Urkunden geführt werden (§ 29 Abs. 1 S. 2 GBO). Daraus folgt, dass der aktuelle Inhalt des Gesellschaftsvertrages dargelegt und in öffentlich beglaubigter Form nachgewiesen wird.[25] Hier tritt das Problem auf, dass bei den meisten Gesellschafter bürgerlichen Rechts ein Gesellschaftsvertrag häufig nicht vorhanden oder sofern vorhanden, meist nur in privatschriftlicher Form vorliegt.

Fraglich ist, wie die Nachfolge in die Gesellschaft nachgewiesen werden soll, wenn ein Gesellschaftsvertrag fehlt oder nicht in öffentlich beglaubigter Form vorliegt, was in der Praxis häufig vorkommt. Ob und ggf. welche Nachweiserleichterungen hier in Betracht kommen, ist noch nicht abschließend geklärt.

3. Nachweiserleichterungen – Ansicht des OLG München

Das OLG München hält es für möglich, dass auch geringere Anforderungen für den Unrichtigkeitsnachweis genügen können und lässt in Einzelfällen einen privatschriftlichen Vertrag oder auch eidesstattliche Versicherungen der Beteiligten genügen, sofern ein Gesellschaftsvertrag nicht existiert[26].

Mit Beschluss vom 22.9.2015 lässt das OLG München für einen Fall, in dem ein Gesellschaftsvertrag, in dem nach Erklärung der verbleibenden Gesellschafter eine (qualifizierte)

---

[23] OLG München ZEV 2015, 234.
[24] BayObLGZ 1986, 317 (320).
[25] OLG München MittBayNot 2015, 477 (479).
[26] OLG München MittBayNot 2015, 477 (480).

Nachfolgeklausel enthalten ist, fehlt, zum Nachweis bzw. zur Glaubhaftmachung, dass § 727 Abs. 1 BGB abbedungen worden ist, *eidesstattliche Versicherungen* der verbleibenden Gesellschafter und des nachfolgenden Erben genügen; einfache Erklärungen zur Nachfolge sollen dagegen nicht genügen.[27]

In einer weiteren Entscheidung vom 4.7.2019 setzt das OLG München diese Rechtsprechung fort und stellt fest, dass der Unrichtigkeitsnachweis nach § 22 GBO nicht zwingend die Vorlage des Gesellschaftsvertrages voraussetze. Stattdessen soll es auch genügen, wenn die durch Erbschein legitimierten Erben des verstorbenen Gesellschafters gemeinsam mit den verbleibenden – im Grundbuch eingetragenen – Gesellschaftern nach dem Todesfall einen *Beschluss über die Fortsetzung* der GbR in öffentlich beglaubigter Form fassen.[28]

Das OLG München hat mit Beschluss vom 7.1.2020 (erneut) entschieden, dass auch ein nur in privatschriftlicher Form geschlossener Gesellschaftsvertrag einer GbR als Unrichtigkeitsnachweis nach § 22 GBO genügt, wenn sich die Beteiligten andernfalls in einer unüberwindbaren Beweisnot befinden.[29] Soweit es Zweifel daran bestehen, ob die im privatschriftlichen Gesellschaftsvertrag vereinbarten Regelungen fortbestehen, soll dazu eine Erklärung der Erben *und* aller weiterer Gesellschafter genügen, wonach der Gesellschaftsvertrag in Ansehung der Fortsetzungsklausel auch fortbesteht. Auch hierfür lässt das OLG München einfache Schriftform genügen.[30]

Für die Praxis ist die Ansicht des OLG München zwar zu begrüßen, da sie in vielen Fällen, in denen ein Gesellschaftsvertrag fehlt, eine deutliche Erleichterung für den Unrichtigkeitsnachweis schafft. Dogmatisch ist diese Ansicht allerdings nicht haltbar.

An den Unrichtigkeitsnachweis hat der Gesetzgeber zurecht strenge Anforderungen gestellt. Er kann nur durch öffentliche Urkunden (§ 29 Abs. 1 S. 2 GBO) geführt werden, weil es sich dabei um einen Tatsachenbeweis handelt.[31] Die Form des § 29 GBO ist auch dann einzuhalten, wenn die Möglichkeit, einen formgerechten Unrichtigkeitsnachweis vorzulegen, im Einzelfall erschwert oder unzumutbar oder unmöglich sein sollte.[32] Liegt danach ein Gesellschaftsvertrag nicht vor, kann ein Unrichtigkeitsnachweis nicht geführt werden und es bleibt nur der Weg der Berichtigungsbewilligung. Dann aber sind zumindest nach der vom OLG München vertretenen Ansicht die Bewilligungen aller verbleibenden Gesellschafter und des Erben erforderlich, wobei die vom OLG München herausgearbeiteten Nachweiserleichterungen erst recht auch hier gelten dürften, sofern ein Gesellschaftsvertrag nicht oder nicht in der Form des § 29 GBO beizubringen ist.

4. Berichtigung mittels Berichtigungsbewilligung

a) Bewilligung aller Gesellschafter und der Erben

Sofern die Berichtigung mittels Unrichtigkeitsnachweis scheitert, bleibt nur die Berichtigungsbewilligung in der Form des § 29 Abs. 1 GBO. Bei dieser Variante bedarf es nach der Auffassung des OLG München der Bewilligungen *aller* verbleibenden Gesellschafter und die der Erben des verstorbenen Gesellschafters.[33] Zur Abgabe der Bewilligung seien grundsätzlich die wahren Gesellschafter berechtigt, wobei das Grundbuchamt von der Vermutungs-

---

[27] OLG München MittBayNot 2016, 324 (325).
[28] OLG München Beschl. v. 4.7.2019 – 34 Wx 386/18, RNotZ 2019, 542 (544).
[29] OLG München Beschl. v. 7.1.2020 – 34 Wx 420/19, DNotZ 2020, 922 (923) = RNotZ 2020, 18.
[30] OLG München Beschl. v. 7.1.2020 – 34 Wx 420/19; DNotZ 2020, 922 (924) = RNotZ 2020, 18; Entscheidungsbesprechung DNotI-Report 2020, 29.
[31] *Böttcher* in Meikel, GBO, 12 Aufl. 2020, § 22 Rn. 120.
[32] *Böttcher* in Meikel, GBO, 12 Aufl. 2020, § 22 Rn. 120 mit Hinweis auf OLG München NotBZ 2013, 279; BayObLG Rpfleger 2003, 177.
[33] OLG München RNotZ 2015, 639 ff.

wirkung des § 899a S. 1 BGB ausgehen kann, die sich somit auch auf die Verfügungsberechtigung der im Grundbuch eingetragenen Gesellschafter erstreckt.[34] Diese Ansicht wird auch vom OLG Zweibrücken und vom OLG Köln vertreten.[35]

Der Bewilligung der übrigen eingetragenen Gesellschafter soll es nach Ansicht des OLG München nur dann nicht bedürfen, wenn der Verstorbene ersatzlos gelöscht werden soll.[36]

b) Bewilligung nur durch Erben des verstorbenen Gesellschafters

Dagegen vertritt das KG die Auffassung, dass das Grundbuch nach dem Tod des Gesellschafters allein aufgrund einer Bewilligung durch seine Erben berichtigt werden könne, da die Buchposition des Verstorbenen als gesonderte Rechtsposition auf seine Erben übergeht.[37] Aus § 22 Abs. 2 GBO folge nach Ansicht des KG nicht, dass dem Grundbuchamt nachzuweisen ist, auf wen der Geschäftsanteil des Verstorbenen materiell rechtlich überging. Letzteres aber hat (in diesem Fall zutreffend) das OLG München vertreten. Zwar erkennt das KG an, dass sich die Rechtsnachfolge beim Tod eines Gesellschafters grundsätzlich nicht nach dem Erbrecht, sondern nach den getroffenen Bestimmungen des Gesellschaftsvertrags vollziehe. Der Gesellschaftsanteil gehöre nach Ansicht des KG dennoch insofern zum Nachlass, als er Teil des vom Erblasser hinterlassenen Vermögens sei.[38] Die in der Buchberichtigung liegende Legitimation könne als vermögenswerte Position nach § 1922 Abs. 1 BGB dem Erben des verstorbenen Gesellschafters anfallen, auch wenn er nicht Inhaber des für den Verstorbenen verlautbaren Rechts werde. Des Weiteren seien die Erben und die weiteren Gesellschafter die einzigen Personen, auf die der Gesellschaftsanteil gemäß § 727 BGB oder aufgrund einer abweichenden Regelung im Gesellschaftsvertrag mit dem Tod des bisherigen Gesellschafters übergegangen sein kann.[39] Nach Ansicht des KG reicht damit die Grundbuchberichtigung allein durch den (oder die) Erben unter Nachweis der Erbfolge gemäß § 35 Abs. 1 GBO; eine Bewilligung der übrigen im Grundbuch eingetragenen Gesellschafter gemäß §§ 19, 22 Abs. 2 GBO bedarf es danach nicht, da letztere rechtlich nicht nachteilig berührt werden.[40]

Der wesentliche Unterschied zwischen diesen Auffassungen besteht also darin, dass nach Ansicht des KG allein die Bewilligung der Erben zur Berichtigung ausreicht, während das OLG München zusätzlich zur Bewilligung der Erben auch die Bewilligung aller Gesellschafter verlangt. Damit stellt sich die Frage, ob und wie die bewilligenden Erben ihre Stellung als Sonderrechtsnachfolger in den Gesellschaftsanteil des verstorbenen Gesellschafters nachweisen müssen.

c) Vorlage des Gesellschaftsvertrages

Ob zur Grundbuchberichtigung mittels Bewilligung auch der Gesellschaftsvertrag zum Nachweis, dass der Erbe etwa aufgrund einer Nachfolgeklausel die Gesellschafterstellung auch unmittelbar erworben hat und insofern auch (materiell) zur Bewilligung berechtigt ist, bedarf, ist in Rechtsprechung und Literatur strittig.[41]

Für den Nachweis der Berechtigung zur Bewilligung verlangt das OLG München zwar grundsätzlich den Gesellschaftsvertrag, der aber nicht in der Form des § 29 GBO vorgelegt werden muss. Die Vorlage des Gesellschaftsvertrages sei danach zwingend erforderlich, da

---

[34] OLG München MittBayNot 2015, 477.
[35] OLG Zweibrücken NJW 2010, 384; OLG Köln RNotZ 2013, 106.
[36] OLG München DNotZ 2013, 607 (609).
[37] KG DNotZ 2020, 916 (918).
[38] BGH NJW 1996, 1284 (1285).
[39] *Schöner* DNotZ 1998, 815 (818 ff.); *Kunz* in Staudinger, BGB, 2021, § 1922 Rn. 190 b.
[40] KG Beschl. v. 8.7.2020 – 1 W 35/20, DNotZ 2020, 916 (921).
[41] Dafür: OLG München MittBayNot 2018, 138 mAnm *Goslich*; aA KG RNotZ 2016, 328.

durch den Todesnachweis (Sterbeurkunde) nur die Unrichtigkeit des Grundbuchs feststehe, aber nicht der dadurch veränderte Gesellschafterbestand. Das OLG München knüpft an die Rechtsprechung des BayObLG an, wonach vertraglich festgelegte Fortsetzungs-, Eintritts- und Nachfolgeklauseln keine atypischen Ausnahmen, sondern ständige Praxis in GbR-Gesellschaften seien.[42] Ferner sind Änderungen des Gesellschaftsvertrags jederzeit und regelmäßig formfrei möglich, was zur Folge habe, dass allein die Erbenstellung nicht den Eintritt in die Gesellschaft belege. Denn die Rechtsnachfolge richte sich grundsätzlich nicht nach den Regelungen des Erbrechts, sondern nach den Bestimmungen des Gesellschaftsvertrags.[43] Daher sei zur Grundbuchberichtigung die Vorlage des Gesellschaftsvertrags, wenn auch nicht zwingend in der Form des § 29 GBO, oder jedenfalls ein sonstiger Inhaltsnachweis erforderlich. Das OLG München kommt damit im Ergebnis zu nahezu identischen Nachweisanforderungen bei Bewilligungsberichtigung und Berichtigung durch Unrichtigkeitsnachweis; eine abweichende Bewertung wäre nach der Ansicht des Gerichts sogar widersprüchlich.[44]

Das KG hält – entgegen OLG München – einerseits an den strengen Anforderungen, die ein Unrichtigkeitsnachweis erfordert, fest und lässt die vom OLG München akzeptierten Nachweiserleichterungen nicht genügen. Andererseits bedarf es nach Ansicht des KG für die Grundbuchberichtigung mittels Berichtigungsbewilligung der Vorlage eines Gesellschaftsvertrages nicht, wenn die Erbfolge in der Form des § 35 GBO nachgewiesen ist und sowohl die Erben als auch die weiteren im Grundbuch eingetragenen Gesellschafter die Berichtigung gemäß § 19 GBO bewilligen.[45]

Entgegen OLG München vertritt das KG die Ansicht, dass die Vorlage des Gesellschaftsvertrages bei der Berichtigungsbewilligung gerade zu einer Vermischung der in § 22 GBO enthaltenen Berichtigungswege führe und daher systemwidrig sei.[46] Für die Ansicht des KG spricht, dass die Vorlage des Gesellschaftsvertrages bei der Variante der Berichtigungsbewilligung keinen Mehrwert bietet,[47] da nach allen Varianten der Sondererbfolge nur die Erben oder Mitgesellschafter als Berechtigte in Betracht kämen. Dem ist zuzustimmen, da selbst bei einer qualifizierten Nachfolgeklausel nur bestimmte Erben in die Gesellschafterstellung nachfolgen und daher die Bewilligung aller Erben auch diese Variante der Sondernachfolge deckt.

Ein Teil der Literatur[48] verlangt mit dem OLG München die Vorlage des Gesellschaftsvertrages. Die Bewilligungsberechtigung der Erben sei weder mit dem Erbschein nachgewiesen noch sei sie offensichtlich, weil nach der Richtigkeits- und Vollständigkeitsvermutung des § 899a S. 1 BGB die Gesellschaft nur aus dem verstorbenen Gesellschafter und den übrigen Gesellschaftern bestünde. Allein aus dem Gesellschaftsvertrag sei erkennbar, ob nicht unter Umständen die Gesellschaftsanteile des Verstorbenen Gesellschafters mit dem Tod an einen Dritten gefallen sind, was möglicherweise aus einer rechtsgeschäftlichen Nachfolgeklausel im Gesellschaftsvertrag folgt. Danach sei es notwendig, dass das Grundbuchamt Kenntnis vom Inhalt der gesellschaftsvertraglichen Regelungen erlangt. Nur so erschließe sich dem Grundbuchamt, auf wen die verfahrensrechtliche Bewilligungsberechtigung gemäß § 19 GBO übergegangen ist. Es sei aber nicht erforderlich, dass der Gesellschaftsvertrag in der Form des § 29 GBO vorgelegt wird. Vielmehr soll die Vorlage eines privatschriftlichen Gesellschaftsvertrages[49] sogar von Wissenserklärungen der Gesellschafter und Erben über den Inhalt des Vertrages in unterschriftsbeglaubigte Erklärung ausreichen, dass sie vom Inhalt des Gesellschaftsvertrages keine Kenntnis haben.

---

[42] BayObLGZ 1991, 301 (304).

[43] BayObLGZ 1997, 307.

[44] OLG München, RNotZ 2020, 218.

[45] KG MittBayNot, 2016, 328; ähnlich OLG Zweibrücken, NJW 2010, 384.

[46] KG RNotZ 2016, 328 (330).

[47] *Reymann* Anm. zu OLG München, FGPrax 2017, 250, 252.

[48] *Demharter,* GBO, 32. Aufl., 2021, § 22 Rn. 41.

[49] *Demharter,* GBO, 32. Aufl., 2021, § 22 Rn. 41; *Hertel* in BeckOGK, 15.4.2021, § 899a Rn. 48.

Dagegen folgt die überwiegende Auffassung in der Literatur[50] dem KG und hält die Vorlage des Gesellschaftsvertrages zum Nachweis der Bewilligungsbefugnis der Erben nicht für erforderlich. Gemäß § 899a BGB werde vermutet, dass der im Grundbuch eingetragene Gesellschafter auch Gesellschafter der GbR sei. Dies wirke auch für den Erben als Gesamtrechtsnachfolger des Gesellschafters nach § 1922 BGB fort.

Es bleibt festzuhalten, dass das OLG München zwar für die Praxis zu begrüßende Nachweiserleichterungen für einen Unrichtigkeitsnachweis für möglich hält, diese aber dogmatisch nicht haltbar sind. Dem KG ist dagegen insoweit zu folgen, als an den Unrichtigkeitsnachweis strenge Voraussetzungen zu knüpfen sind und – soweit er nicht geführt werden kann – auf die Berichtigungsbewilligung auszuweichen ist. Äußerst fraglich ist allerdings, ob die Buchposition des verstorbenen Gesellschafters als eine gesonderte Rechtsposition auf den Erben übergeht. Gegen diese Auffassung streitet einerseits, dass die Buchposition keine gesondert vererbbare Rechtsposition ist und anderseits, dass sich die Rechtsnachfolge in die Gesellschafterstellung insgesamt nach Gesellschaftsrecht richtet; sie dürfte daher nichthaltbar sein.

Der BGH hat sich zu dieser Frage noch nicht explizit geäußert, so dass der Praxis zu raten ist, auch bei der Berichtigungsbewilligung den Gesellschaftsvertrag vorsorglich beizufügen. An die Form des Gesellschaftsvertrages dürften nicht die Anforderungen zu stellen sein, wie beim Unrichtigkeitsnachweis, andernfalls würde dies wieder zu einer Vermischung der Berichtigungswege führen. Insofern dürften die vom OLG München für den Unrichtigkeitsnachweis herausgearbeiteten Nachweiserleichterung hier erst recht gelten.

5. Der Beschluss des BGH vom 10. 2. 2022

Der BGH hat sich dieser Problematik nun aber in seinem Beschluss vom 10.2.2022 vorsichtig genähert. In diesem Beschluss ging es im Grunde um einen Fall, der in der notariellen Praxis täglich vorkommt. Der Fall sei kurz skizziert:

Eine GbR ist als Eigentümer eines Wohnungseigentums im Grundbuch eingetragen. Im Grundbuch eingetragene Gesellschafter sind A und B. B ist verstorben; über seinen Nachlass ist Testamentsvollstreckung angeordnet. Das Grundbuch wurde nicht berichtigt. Das Wohnungseigentum ist mit einer Grundschuld belastet, die nun gelöscht werden soll. Die Löschungsbewilligung der Gläubigerbank liegt vor. Der Löschungsantrag wird von dem verbleibenden Gesellschafter A und der Testamentsvollstrecker beantragt. Einen Gesellschaftsvertrag gibt es nicht. Die Erben des B waren nicht beteiligt. Das Grundbuchamt weist den Löschungsantrag zurück und verlangt die Voreintragung der Erben des verstorbenen Gesellschafters.

Der BGH stellt zunächst fest, dass die Grundschuld gemäß § 27 S. 1 GBO nur mit Zustimmung des Eigentümers des Grundstücks, mithin der GbR gelöscht werden kann, wobei die Zustimmung grundsätzlich von allen gemäß § 47 Abs. 2 S. 1 GBO im Grundbuch eingetragenen Gesellschaftern abzugeben sei.[51] Die von der Vorinstanz, dem KG, geforderte Voreintragung der Erben des verstorbenen Gesellschafters und hatte dies damit begründet, dass die Buchposition des verstorbenen Gesellschafters einer GbR stets nach erb- und nicht nach gesellschaftsrechtlichen Regelungen auf die Erben übergeht.[52] Wegen der angeordneten Testamentsvollstreckung sei allein der Testamentsvollstrecker befugt, die Voreintragung der Erben zu bewilligen, was nach Ansicht des KG aber nicht rückwirkend geschehen

---

[50] *Schöner/Stöber*, Grundbuchrecht, 16. Aufl., 2020, Rn. 4274; *Hertel* in BeckOGK, 15.4.2021, BGB § 899a Rn. 45; *Herrler* in Grüneberg, BGB, 81. Aufl. 2022, § 899a Rn. 3; *Reymann* FGPrax 2017, 250 (252); *Weber* ZEV 2017, 653 (657); *Weber* ZEV 2015, 200 (201); *Ertl* MittBayNot 1992, 11; *Ertl* MittBayNot 1992, 11 (17); *Schöner* DNotZ 1998, 815 (818ff.); *Egerland* NotBZ 2001, 34f.; *Kunz* in Staudinger, BGB, 2021, § 1922 Rn. 190b.
[51] BGH DNotZ 2022, 530 (531).
[52] KG ZEV 2020, 707; ZEV 2016, 338.

könne.[53] Das KG kommt dann zu dem Schluss, dass eine Voreintragung nur entbehrlich sei, wenn der Testamentsvollstrecker die Zustimmung zur Löschung mit Wirkung für die Erben erklärt, wofür aber der entscheidend sei, ob der Testamentsvollstrecker auch die gesellschaftsrechtlichen Befugnisse für die Erben ausübe, was sich wiederum nur durch den Gesellschaftsvertrag klären ließe und da dieser nicht vorliegt, sei deshalb die Voreintragung der Erben erforderlich.

Dieser Auffassung ist der BGH entgegengetreten und führt zutreffend aus, dass die Buchposition eines Gesellschafters keine gesondert vererbliche Rechtsposition darstelle. Die Rechtsnachfolge in der Gesellschafterstellung vollziehe sich nämlich insgesamt nach der Maßnahme des Gesellschaftsvertrags.[54] Wegen der Vermutung des § 891 BGB sei für die Bewilligungsberechtigung zwar grundsätzlich die Grundbuchposition maßgeblich, diese sei aber kein selbstständig vererbbarer Vermögenswert, sondern beruhe grundsätzlich auf der materiellen Berechtigung, die diese innehabe. Wenn das Grundbuch unrichtig sei und die Vermutung des § 891 BGB widerlege, muss der wahre Berechtigte, also der Inhaber des betroffenen Rechts, die Eintragung gemäß § 19 GBO bewilligen[55] beziehungsweise gemäß § 27 S. 1 GBO der Löschung zustimmen.[56] Die Zustimmung gemäß § 27 S. 1 GBO stelle nämlich einen Unterfall der Bewilligung gemäß § 19 GBO dar.[57] Für die Gesellschafter einer GbR und die Vermutung des § 899a S. 1 BGB gelte dies gemäß § 47 Abs. 2 S. 2 GBO entsprechend. Stehe fest, dass ein im Grundbuch eingetragener Gesellschafter einer GbR verstorben ist, sei die Vermutung des § 891 BGB widerlegt. Infolgedessen müsse an die Stelle des verstorbenen Gesellschafters nunmehr dessen Rechtsnachfolger in den Gesellschaftsanteil die Zustimmung erklären. Eine von dem Gesellschaftsvertrag losgelöste Vererbung der Buchposition finde nicht statt. Nach den Vorgaben des Gesellschaftsvertrags beurteile sich ebenfalls, wer bei der Anordnung der Testamentsvollstreckung bewilligungsbefugt sei.

Entgegen der Auffassung des KG, stellt der BGH erfreulich und zutreffend klar, dass die Frage, ob die Zustimmung- oder Bewilligung des Testamentsvollstreckers gegen den Erben wirksam ist, kein materielles Prüfungskriterium im Rahmen des § 40 Abs. 2 Alt. 1 GBO ist.[58] Sofern die Bewilligungsbefugnis des Testamentsvollstreckers nachgewiesen ist, wäre seine Zustimmung ausreichend und einer Voreintragung der Erben bedürfe es dann nicht.[59]

Der BGH stellt dann fest, dass es für die Zustimmung zur Löschung nach § 27 S. 1 GBO entscheidend darauf ankomme, wer befugt ist, die Gesellschafterbefugnisse des verstorbenen Mitgesellschafters auszuüben.[60] Eine angeordnete Testamentsvollstreckung führe nicht in jedem Fall dazu, das die Verfügungsbefugnisse der Erben im Hinblick auf Mitgliedschaftsrechte ausgeschlossen ist, entscheidend seien hierfür die Vereinbarungen im Gesellschaftsvertrag, sofern solche getroffen worden sind. Im Falle der Auflösung der Gesellschaft nach § 727 Abs. 1 BGB vollziehe sich die Vererbung von Gesellschaftsanteilen an der nach dem Erbfall fortbestehenden Liquidationsgesellschaft rein nach erbrechtlichen Regeln, wobei bei angeordneter Testamentsvollstreckung der Testamentsvollstrecker dann die Gesellschaftsbefugnisse des verstorbenen Gesellschafters ausübt und zustimmungsbefugt wäre.[61] Anders soll es sich nach Ansicht des BGH verhalten, wenn der Gesellschaftsvertrag eine Fortsetzungsklausel enthält, nach der die Gesellschaft beim Tod eines Gesellschafters mit den ver-

---

[53] BGH DNotZ 2022, 530 (532).
[54] BGH DNotZ 2022, 530 (532) unter Verweis auf OLG München FGPrax 2017, 250 (251); OLG Zweibrücken MittBayNot 1995, 210 (211); *Weber* ZEV 2020, 710 (711).
[55] BGH NJW-RR 2006, 888 Rn. 14.
[56] BayObLGZ 1992, 341 (342); *Holzer* in BeckOK GBO, 44. Ed 1.11.2021, § 27 Rn. 7.
[57] *Schäfer* in Bauer/Schaub, GBO, 4. Aufl. 2016, § 27 Rn. 27; *Demharter,* GBO, 32. Aufl. 2021, § 27 Rn. 20.
[58] BGH DNotZ 2022, 530 (533).
[59] BGH DNotZ 2022, 530 (533).
[60] BGH DNotZ 2022, 530 (533).
[61] BGH NJW 2017, 3715; *Zimmermann* in MüKoBGB, 8. Aufl. 2020, § 2205 Rn. 31.

bleibenden Gesellschaftern fortgesetzt wird. In diesem Fall fällt in den Nachlass nur der schuldrechtliche Abfindungsanspruch, so dass dem Testamentsvollstrecker die Zustimmungs-befugnis fehlt. Zustimmungsbefugt sind dann allein die verbleibenden Mitgesellschafter.[62] Enthält der Gesellschaftsvertrag eine (einfache oder qualifizierte) Nachfolgeklausel, gehört der im Wege der Einzelrechtsnachfolge übergehende Geschäftsanteil zwar zum Nachlass, gleichwohl könne der Testamentsvollstrecker darüber nur eingeschränkt verfügen. Wegen der Besonderheiten der zwischen den Gesellschaftern bestehenden Arbeits- und Haftungs-gemeinschaft stehen ihm aber nicht solche Befugnisse zu, die die unmittelbar die Mitglied-schaftsrechte der erben berühren.[63] Dies hatte der BGH in gefestigter Rechtsprechung bereits für den Insolvenzverwalter im Falle der Nachlassinsolvenz eines GbR-Gesellschafters vertreten.[64] In dem letztgenannten Fall fehlt dem Testamentsvollstrecker folglich die Zustim-mungs- und Bewilligungsbefugnis.[65]

Liegt kein Gesellschaftsvertrag vor, sei aber nicht ohne Weiteres die Auflösung der Gesell-schaft nach § 727 Abs. 1 BGB anzunehmen, sondern es müssten regelmäßig die gesellschafts-vertraglichen Folgen des Versterbens des Mitgesellschafters mindestens schlüssig dargelegt werden.[66] Wie dies dargelegt werden soll, wenn ein Gesellschaftsvertrag gerade nicht vor-liegt, lässt der BGH allerdings offen und merkt hierzu nur an, dass dies in jeder Hinsicht umstritten sei.[67] Der BGH gibt aber zu verstehen, dass die schlüssige Darlegung des nachfol-gerelevanten Inhalts des Gesellschaftsvertrages jedenfalls dann ausreichen muss, wenn ein schriftlicher Gesellschaftsvertrag nicht existiert.[68] Wie dies zu geschehen hat, dazu äußert sich der BGH (leider) nicht.

Interessant ist dann allerdings, dass der BGH eidesstattlicher Versicherungen als Nachweis-erleichterungen (bei Fehlen eines Gesellschaftsvertrages) eine Absage erteilt. Zwar böte eine eidesstattliche Versicherung dann eine höhere Richtigkeitsgewähr, wenn diese strafbewehrt wäre. Die Strafbarkeit nach §§ 156, 161 StGB hänge aber wiederum davon ab, dass das Grundbuchamt als eine zur Abnahme einer Versicherung von Eides statt zuständige Behörde anzusehen wäre. Dazu müsste die Behörde, bei der der Beweis zu erbringen sei, befugt sein, die eidesstattliche Versicherung gerade in dem Verfahren abzunehmen, in dem sie abgegeben wurde, und über den Gegenstand, auf dem sie sich bezieht.[69] Zweifel an einer solchen Befugnis bestünden allerdings in Hinblick auf Art. 103 Abs. 2 GG, da die verfassungsrechtlich eng gezogenen Grenzen für die Strafbewehrung eidesstattlicher Versicherungen grundsätz-lich gegen die Ausweitung solcher Versicherungen durch Richterrecht sprechen.[70] Deshalb hält der BGH eidesstattliche Versicherungen nicht als geeigneten Mittel, um die Erbfolge nachzuweisen.

Im Ergebnis kommt der BGH dann zu dem Schluss, dass es zum Nachweis der Ver-fügungsbefugnis des Testamentsvollstreckers ausreiche, wenn der Testamentsvollstrecker und der (oder die) Mitgesellschafter in der Form des § 29 GBO erklären, dass ein schriftlicher Gesellschaftsvertrag nicht existiere und besondere Vereinbarungen für den Todesfall nicht getroffen sind.[71] Auch die Erklärung des Testamentsvollstreckers in der Form des § 29 GBO, ihm sei der Inhalt des Gesellschaftsvertrages nicht bekannt, soll ausreichen.[72]

---

[62] BGH DNotZ 2022, 530 (534).
[63] BGH DNotZ 2022, 530 (534).
[64] BGH NJW 2917, 3715.
[65] BGH DNotZ 2022, 530 (534).
[66] BGH DNotZ 2022, 530 (535f.).
[67] BGH DNotZ 2022, 530 (536).
[68] BGH DNotZ 2022, 530 (536).
[69] BGHSt 7, 1f.; 17, 303; BGH wistra 1989, 181f.
[70] BGH DNotZ 2022, 530 (539).
[71] BGH DNotZ 2022, 533 (538).
[72] BayObLGZ 1992, 259 (261).

6. Würdigung und Ausblick

Der BGH hat mit seinem Beschluss vom 10.2.2022 erstmals zu den Nachweisanforderungen für die Bewilligungsberechtigung Stellung genommen. Allerdings ging es nicht um die Berichtigung des Grundbuchs, sondern um die Befugnis zur Abgabe einer Löschungszustimmung. Wichtig ist die Entscheidung aber für die in der Praxis bedeutende Frage, wie die die Berechtigung zur Berichtigungsbewilligung nach dem Tod eines Gesellschafters nachgewiesen werden soll.

Zwar lässt der BGH offen, welche konkrete Nachweisanforderungen er für eine Berichtigungsbewilligung für zulässig hält. Die Entscheidung ist für die notarielle Praxis aber insofern von Bedeutung, da der BGH einerseits dem OLG München eine Absage erteilt, indem er klarstellt, dass eidesstattliche Versicherungen nicht das geeignete Mittel sind, um die Berechtigung bzw. die Sondererbfolge in die Gesellschafterstellung nachzuweisen. Das OLG München hatte dies in seinem Beschluss vom 22.9.2025[73] noch anders gesehen. Anderseits hat der BGH entgegen der Ansicht des KG klargestellt, dass die Buchposition eines Gesellschafters nach dessen Tod keine gesondert vererbliche Rechtsposition darstellt und die Rechtsnachfolge in die Gesellschafterstellung sich insgesamt nach Maßgabe des Gesellschaftsvertrages vollzieht.[74] Dem ist zuzustimmen, denn die Buchposition ist kein selbständiger und materieller Vermögenswert. Sie leitet sich vielmehr lediglich aus der materiellen Gesellschafterstellung ab, die durch sie im Grundbuch über § 47 Abs. 2 GBO verlautbart wird. Die Eintragung hat auch nicht die materielle Bedeutung, dass der eingetragene Gesellschafter dinglich Berechtigter am Grundstück ist.[75] Auch deshalb ist die Buchposition mangels materieller Bedeutung keine selbständige und vererbbare Vermögensposition. Zwar hatte die Ansicht des KG für die Praxis den Charme, dass sie für die Berichtigungsbewilligung lediglich die Bewilligung des Erben verlangte, doch dogmatisch kann sie aus den genannten Gründen nicht überzeugen. Hier hat der BGH führt Klarheit gesorgt.

Ferner stellt der BGH (erneut) fest, dass allein die Tatsache, dass kein Gesellschaftsvertrag vorliegt, noch nicht den Schluss rechtfertige, die Gesellschaft sei nach § 727 Abs. 1 BGB aufgelöst. Dies ist zu begrüßen, da andernfalls der Tod eines Gesellschafters zwingend zur Auflösung der Gesellschaft führen würde, sofern ein Gesellschaftsvertrag nicht oder nicht in schriftlicher Form vorliegt.

Interessant ist die Entscheidung ferner im Hinblick auf die Berichtigungsbewilligung, da der BGH es zumindest für möglich hält, die Bewilligungsberechtigung bei Fehlen eines Gesellschaftsvertrages durch Erklärungen der Gesellschafter und des Testamentsvollstreckers in der Form des § 29 GBO beizubringen. Dies könnte dafürsprechen, dass auch im Falle der Berichtigung des Grundbuchs nach dem Tode eines Gesellschafters nicht zwingend der Gesellschaftsvertrag in der Form des § 29 GBO zum Nachweis der Sonderrechtsnachfolge in den Gesellschaftsanteil vorgelegt werden muss, sondern hierzu auch die Erklärungen der verbleibenden Gesellschafter und der Erben in der Form des § 29 GBO genügen. Der BGH scheint sich hier der bereits vom OLG München und von Teilen der Literatur vertreten Ansicht zu nähern.

Zu den Anforderungen an den Unrichtigkeitsnachweis hatte der BGH keine Gelegenheit zur Stellungnahme. Hier beliebt es weiter kontrovers, insbesondere hinsichtlich der Frage, ob und falls ja wie weit von den grundsätzlich strengen Anforderungen an den Unrichtigkeitsnachweis abgewichen werden kann. Dabei darf der Zweck der Formvorschrift des § 29 GBO nicht außer Acht bleiben, nach dem Eintragungen in das Grundbuch wegen ihrer rechtlichen und wirtschaftlichen Bedeutung und wegen der mit dem öffentlichen Glauben nach §§ 892, 893 BGB verbundenen Gefahren nur dann vollzogen werden sollen,

---

[73] OLG München MittBayNot 2016, 324 (325).
[74] BGH Beschl. v. 10.2.2022 – V ZB 87/20, DNotZ 2022, 530 (533).
[75] *Böhringer* in Meikel, GBO, 12. Aufl. 2020, § 47 Rn. 240.

wenn ihre Voraussetzungen dem Grundbuchamt in der sicheren Form des Urkundenbeweises dargetan sind.[76] Wenn im Einzelfall die Einhaltung dieser Form unzumutbar oder praktisch unmöglich erscheint, muss mE auf den Weg über die Berichtigungsbewilligung ausgewichen werden. Die strengen Anforderungen an den Unrichtigkeitsnachweis gelten hier zwar nicht, allerdings führt der BGH in seiner Entscheidung vom 10.2.2022 aus, dass die Bewilligungsbefugnis des Testamentsvollstreckers von den gesellschaftsvertraglichen Abreden abhängt. Liegt kein Gesellschaftsvertrag vor, reichen zum Nachweis der Zustimmungsberechtigung des Testamentsvollstreckers Erklärungen des verbleibenden Gesellschafters und des Testamentsvollstreckers in der Form des § 29 GBO aus, dass weder ein schriftlicher Gesellschaftsvertrag noch Abreden über den Todesfall getroffen worden sind. Daraus lässt sich im Umkehrschluss ableiten, dass der BGH für eine Grundbuchberichtigung mittels Berichtigungsbewilligung auf die Vorlage des Gesellschaftsvertrages – sofern er vorhanden ist – nicht verzichten wird. Liegt dagegen kein Gesellschaftsvertrag vor, so dürften mit dem BGH auch einfache Erklärungen der Gesellschafter und ggf. Erben über die getroffenen Regelungen zur gesellschaftsrechtlichen Sonderrechtnachfolge in der Form des § 29 ausreichen. Ob der BGH bei einer Grundbuchberichtigung mittels Unrichtigkeitsnachweis solche Nachweiserleichterungen für möglich hält, bleibt abzuwarten. Es bleibt hier weiter spannend.

---

[76] OLG Schleswig FGPrax 2010, 125 (126).

CHRISTOPH TEICHMANN

Die Anpassung der Vorstandsvergütung an unerwartete Entwicklungen
– Der Aufsichtsrat zwischen Selbstbindung und Flexibilität –

Der Krieg in der Ukraine und die damit verbundenen wirtschaftlichen Folgen – von westlicher Sanktionspolitik bis hin zur Gasknappheit – berühren in Deutschland viele Lebensbereiche. Der vorliegende Beitrag widmet sich einer Frage, die angesichts der kriegerischen Ereignisse zwar nachrangig erscheint, in ihrer rechtlichen Tragweite aber über den konkreten Anlass hinausweist: Wie soll der Aufsichtsrat reagieren, wenn das in einer Phase der Normalität festgelegte System der Vorstandsvergütung urplötzlich „aus der Zeit gefallen" scheint?

Aus einer bürgerlich-rechtlichen Sicht können Verträge zwar jederzeit geändert werden (→ I.). Mit spontanen Korrekturen am dienstvertraglich festgelegten Vergütungsmodell haben deutsche Aufsichtsräte allerdings keine guten Erfahrungen gemacht. Seit der Mannesmann-Entscheidung von 2005 schwebt das Damoklesschwert der strafrechtlichen Untreue über Aufsichtsräten, die besondere Leistungen honorieren wollen, zu denen der Dienstvertrag schweigt (→ II.). In jüngerer Vergangenheit sind vielfältige aktienrechtliche Bindungen hinzugekommen, die teilweise auf unionsrechtlicher Grundlage beruhen (→ III.) und eine nachträgliche Abweichung vom Vergütungssystem nur ausnahmsweise gestatten (→ IV.). In diesem Spannungsfeld soll abschließend das aktienrechtliche Verhaltensprogramm betrachtet werden, dem Vorstand und Aufsichtsrat in derart unerwarteten Situationen unterliegen (→ V.). Die wesentlichen Ergebnisse des Beitrags werden abschließend zusammengefasst (→ VI.).

I. Änderung der zivilrechtlich vereinbarten Vergütung

Das Rechtsverhältnis des Vorstands zur Aktiengesellschaft stützt sich einerseits auf Gesellschaftsrecht, andererseits auf allgemeines Zivilrecht.[1] Die sog. Bestellung begründet die gesellschaftsrechtliche Stellung als Mitglied des Geschäftsführungs- und Vertretungsorgans,[2] während der Anstellungsvertrag das zivilrechtliche Verhältnis zwischen Vorstandsmitgliedern und AG regelt[3]. Das Aktiengesetz lässt offen, ob der Vorstand überhaupt eine Vergütung erhält. Lediglich das gerichtlich bestellte Vorstandsmitglied hat einen gesetzlichen Anspruch auf Auslagenersatz und Vergütung (§ 85 Abs. 3 AktG). Im Übrigen geht das Gesetz offenbar davon aus, dass Inhalt und Höhe der Vergütung privatautonom vereinbart werden. Grundlage dafür ist der zivilrechtliche Anstellungsvertrag (→ 1.). Soll dieser Vertrag nachträglich an veränderte Rahmenbedingungen angepasst werden, so wären aus einer rein zivilrechtlichen Sicht sowohl eine einvernehmliche Vertragsänderung als auch eine Vertragsgestaltung, die dem Aufsichtsrat ein Änderungsrecht einräumt, denkbar (→ 2.).

---

[1] Sog. Trennungstheorie, s. nur *Koch,* AktG, 16. Aufl. 2022, § 84 Rn. 2.
[2] *Koch,* AktG, 16. Aufl. 2022, § 84 Rn. 9.
[3] *Koch,* AktG, 16. Aufl. 2022, § 84 Rn. 14; *Spindler* in MüKoAktG, 5. Aufl. 2019, § 84 Rn. 59.

1. Zivilrechtliche Anstellung

Neben die organschaftliche Bestellung tritt der Anstellungsvertrag, der üblicherweise die Vergütung regelt. Die Kompetenz zum Abschluss des Anstellungsvertrages liegt ebenso wie die Bestellungskompetenz beim Aufsichtsrat.[4] Es handelt sich um eine Annexkompetenz zum Rechtsakt der Bestellung; implizit wird dies in § 84 Abs. 1 S. 5 iVm S. 1 AktG deutlich, der den Anstellungsvertrag im Kontext der Bestellungsdauer erwähnt.[5] Allgemein regelt § 112 AktG, dass der Aufsichtsrat die Gesellschaft im Verhältnis zum Vorstand vertritt. Überdies unterstellt das Gesetz die Zuständigkeit des Aufsichtsrats für Anstellung und Vergütung, wenn es in § 87 AktG die Angemessenheit der vom Aufsichtsrat festzusetzenden Vergütung näher ausgestaltet und daran in § 116 S. 3 AktG eine Sorgfaltshaftung der Aufsichtsratsmitglieder knüpft.

2. Einvernehmliche oder einseitige Vertragsanpassung

Der Abschluss des Anstellungsvertrages unterliegt den allgemeinen zivilrechtlichen Vorschriften.[6] Er kann formfrei abgeschlossen werden,[7] wenngleich in der Praxis wohl immer ein schriftlicher Vertrag vorliegen wird. Der Anstellungsvertrag kann aus zivilrechtlicher Sicht auch jederzeit geändert werden.[8] Außerdem könnte sich der Aufsichtsrat bei vorausschauender Vertragsgestaltung im Anstellungsvertrag das Recht vorbehalten, die Parameter, an denen sich die variable Vergütung ausrichtet, regelmäßig zu prüfen und ggf. einseitig zu ändern. Allerdings wird ein Vorstandsmitglied einer solchen Regelung, wenn sie dem Aufsichtsrat allzu viel Ermessen einräumt, vermutlich nicht zustimmen und aus verständlichen Gründen hinsichtlich der vergütungsrelevanten Zielvorgaben Transparenz und Planungssicherheit einfordern. Daher dürfte in der Regel nur die einvernehmliche Vertragsänderung bleiben, auf die sich ein Vorstandsmitglied immer dann auch einlassen wird, wenn die bislang festgelegten Ziele angesichts der veränderten Lage ohnehin nicht erreichbar oder unternehmerisch nicht sinnvoll erscheinen.

II. Strafrechtliche Grenze: Der Tatbestand der Untreue (§ 266 StGB)

Will der Aufsichtsrat von der vertraglich festgesetzten Vergütung nachträglich abweichen, so sind dabei auch strafrechtliche Leitplanken zu bedenken. Präzedenzcharakter hat der Mannesmann-Fall, der zu einer strafrechtlichen Verfolgung der Aufsichtsratsmitglieder führte, die dem Vorstand nachträglich eine Anerkennungsprämie zugesprochen hatten. Der Bundesgerichtshof sah darin eine pflichtwidrige Verschwendung von Gesellschaftsvermögen.[9] Um diese Aussage einordnen zu können (→ 3.), soll ein kurzer Blick zurück auf den Fall Mannesmann (→ 1.) und die Revisionsentscheidung des BGH (→ 2.) geworfen werden.

1. Die Causa Mannesmann

Ende 1999 ereignete sich etwas in der deutschen Wirtschaftsgeschichte noch nie Dagewesenes: Die britische Vodafone Airtouch Plc. legte den Aktionären der deutschen Mannesmann AG ein Übernahmeangebot vor, das vom Mannesmann-Vorstand alsbald abgelehnt

---

[4] *Koch*, AktG, 16. Aufl. 2022, § 84 Rn. 15; *Spindler* in MüKoAktG, 5. Aufl. 2019, § 84 Rn. 71.
[5] *Spindler* in MüKoAktG, 5. Aufl. 2019, § 84 Rn. 71.
[6] *Spindler* in MüKoAktG, 5. Aufl. 2019, § 84 Rn. 59.
[7] *Spindler* in MüKoAktG, 5. Aufl. 2019, § 84 Rn. 77.
[8] Hierzu eingehend *Hüffer* BB Beilage 2003 Nr. 7, 1 (18 ff.) aus Anlass des Mannesmann-Falles.
[9] BGH NJW 2006, 522.

wurde.[10] Die erste „feindliche Übernahme" des deutschen Kapitalmarktes[11] nahm damit ihren Lauf und hielt die Öffentlichkeit monatelang in Atem. Am Ende siegte zwar Vodafone – doch die wahren Gewinner waren die Mannesmann-Aktionäre. Vodafone musste erheblich tiefer in die Taschen greifen als ursprünglich geplant und das Angebotsvolumen von zunächst unter 100 Milliarden Euro auf nahezu 200 Milliarden Euro aufstocken. Damit gilt diese Transaktion bis heute weltweit als die größte Übernahme aller Zeiten.[12]

Zu der Wertsteigerung der Aktie hatte der Widerstand des Mannesmann-Vorstands unter seinem Vorsitzenden *Klaus Esser* erheblich beigetragen. Der Vorstand umwarb die Aktionäre in einer groß angelegten Kampagne, Mannesmann treu zu bleiben, und suchte überdies in Hintergrundgesprächen intensiv nach alternativen Kooperationen, um Vodafone einen Strich durch die Rechnung zu machen. Diesen Einsatz angesichts einer Herausforderung, die in dieser Art noch nie dagewesen war, honorierte das Präsidium des Mannesmann-Aufsichtsrates mit einer „Anerkennungsprämie"[13], die in dieser Form in Deutschland gleichfalls noch nie dagewesen war: *Klaus Esser,* der nach Abschluss der Transaktion aus dem Vorstand ausschied, wurde eine Sonderzuwendung von etwa 16 Millionen Euro zugesprochen. Sie wurde zusätzlich zur vertraglich vereinbarten Abfindungszahlung von knapp 15 Millionen Euro gewährt, so dass *Esser* anlässlich seines Ausscheidens etwa 30 Millionen Euro erhielt. Auch andere Mitglieder des Managements profitierten von Bonuszahlungen, für die Diskussion der damit verbundenen Rechtsfragen genügt vorliegend der Blick auf die besonders spektakuläre Anerkennungsprämie für den Vorstandsvorsitzenden.[14]

Diese Sonderzahlung hat ihrerseits Wirtschaftsgeschichte geschrieben, führte sie doch zur strafrechtlichen Verfolgung der beteiligten Aufsichtsratsmitglieder wegen Untreue (§ 266 StGB). Sie hätten mit der Anerkennungszahlung ihre Vermögensbetreuungspflicht verletzt, so lautete der Vorwurf der Staatsanwaltschaft. Demgegenüber lehnten weite Teile der aktienrechtlichen Literatur ebenso wie das Landgericht Düsseldorf einen Pflichtverstoß ab.[15] Der Bundesgerichtshof hob den Freispruch indessen auf.[16] Seine Revisionsentscheidung setzte Maßstäbe, die bis heute zu bedenken sind, wenn außergewöhnliche Leistungen mit außergewöhnlichen Prämien bedacht werden sollen.

2. Leitlinien des Bundesgerichtshofes

In der sog. Mannesmann-Entscheidung erinnerte der 3. Strafsenat des Bundesgerichtshofes die Mitglieder des Aufsichtsrates daran, dass sie fremdes Vermögen verwalten und einer Vermögensbetreuungspflicht im Sinne des Untreuetatbestandes (§ 266 StGB) unterliegen.[17] Der Kern des Vorwurfs bezog sich darauf, dass die Anerkennungsprämie erst nachträglich bewilligt worden war und aus einer zivilrechtlichen Perspektive rein freiwillig gewährt wurde. Mangels einer dienstvertraglichen Regelung hätte der Vorstandsvorsitzende auf die

---

[10] Vgl. zum Gang der Ereignisse: Manager-Magazin, 18.10.2004, „Mannesmann/Vodafone – Chronik einer Übernahmeaffäre", eingesehen auf www.manager-magazin.de am 7.9.2022.

[11] Von einer „feindlichen Übernahme" spricht man üblicherweise, wenn sich die Geschäftsleitung des Zielunternehmens gegen die Übernahme ausspricht und entsprechende Abwehrmaßnahmen ergreift (vgl. zur Zulässigkeit solcher Abwehrmaßnahmen im Überblick *U. H. Schneider* AG 2002, 125 (128 ff.) sowie *Krause* AG 2002, 133 ff.

[12] Wikipedia-Recherche zum Stichwort „Liste der größten Unternehmensübernahmen" (Stand: 7.9.2022).

[13] In der englischen Fachterminologie „Appreciation Award". Zur sprachlichen Bedeutung siehe *Hüffer* BB Beilage 2003 Nr. 7, 1 (3).

[14] Zu den einzelnen Aspekten des Sachverhalts eingehend *Hüffer* BB Beilage 2003 Nr. 7, 1 ff.

[15] LG Düsseldorf NJW 2004, 3275 ff.; zur Diskussion im Schrifttum vgl. das ausführliche Gutachten von *Hüffer* BB Beilage 2003 Nr. 7, 1 ff.

[16] BGH NJW 2006, 522 ff.

[17] BGH NJW 2006, 522 ff.

Prämienzahlung keinen Anspruch gehabt. Nicht nur der Anlass, auch die Höhe der zusätzlichen Sonderzahlung waren zweifellos „für den Wirtschaftsstandort Deutschland außergewöhnlich".[18]

Eine Anerkennungsprämie, die im Dienstvertrag keine Grundlage hat, ist allerdings nicht in jedem Fall ein Verstoß gegen die strafrechtlich geschützte Vermögensbetreuungspflicht. Selbst bei fehlender Rechtsgrundlage im Dienstvertrag kann eine Prämie zulässig sein, „wenn und soweit dem Unternehmen gleichzeitig Vorteile zufließen, die in einem angemessenen Verhältnis zu der mit der freiwilligen Zusatzvergütung verbundenen Minderung des Gesellschaftsvermögens stehen".[19] Gerechtfertigt werden kann die Sonderzahlung insbesondere mit der „vorteilhafte(n) Anreizwirkung", die sie für das begünstigte Vorstandsmitglied oder andere Führungskräfte entfaltet.[20] Eine Sonderzahlung hingegen, die „ausschließlich belohnenden Charakter hat und der Gesellschaft keinen zukunftsbezogenen Nutzen bringen kann" brandmarkt der BGH als „Verschwendung des anvertrauten Gesellschaftsvermögens".[21] Diese Aussage gilt selbst dann, wenn hierzu der Anstellungsvertrag einvernehmlich geändert wurde.[22]

3. Insbesondere: Das Kriterium der Nützlichkeit für die Gesellschaft

Auch wenn diese Rechtsgrundsätze in der aktienrechtlichen Literatur eher kritisch bewertet wurden, weil sie den Ermessensspielraum des Aufsichtsrats einengen,[23] kann für die Unternehmenspraxis festhalten werden, dass der Vorwurf der Untreue nur in Ausnahmefällen droht.[24] Nach der strafrechtlichen Interpretation liegt Untreue vor, wenn die Zahlung aus Sicht der Gesellschaft vollkommen nutzlos erscheint. Nur eine „vollständig und sicher nutzlose Vermögensverwendung" erfüllt den Tatbestand der Untreue.[25]

Dabei kommt es nicht darauf an, ob der Dienstvertrag aus diesem Anlass einvernehmlich geändert wurde. Die vertragliche Grundlage für eine objektiv nutzlose Zahlung ändert nichts am Tatbestand der Pflichtverletzung.[26] Es ändert also nichts an der strafrechtlichen Bewertung, wenn Aufsichtsrat und Vorstand kurzfristig den Dienstvertrag ändern. Stattdessen muss sich der Aufsichtsrat fragen, ob die Sonderzahlung für die Gesellschaft nützlich sein kann; nur dann vermeidet er den Vorwurf der Strafbarkeit.

An die Nützlichkeit sind keine allzu hohen Anforderungen zu stellen. Es reicht aus, wenn die Sonderzahlung vorteilhafte Anreizwirkungen für aktuelle oder künftige Führungskräfte entfaltet.[27] Erforderlich ist mithin ein in Zukunft zu erwartender Nutzen. Dieser wird sich in den allermeisten Fällen zwanglos begründen lassen, wenn die honorierte Führungskraft das Unternehmen nicht verlässt. Denn in einem solchen Fall kann die Sonderzahlung die künftige Motivation steigern. Der Sachverhalt der Mannesmann-Entscheidung hatte insoweit aus zweierlei Gründen einen besonderen Charakter: Erstens hat der Vorstandsvorsitzende das Unternehmen anlässlich der Übernahme verlassen und zweitens handelte es sich um ein derart besonderes Ereignis, dass eine Wiederholung kaum zu erwarten und deshalb nicht einmal eine Anreizwirkung für künftige Führungskräfte begründbar war.

---

[18] So die Formulierung des BGH NJW 2006, 522 (527 Rn. 44).
[19] BGH NJW 2006, 522 (524 Rn. 18).
[20] BGH NJW 2006, 522 (524 Rn. 18).
[21] BGH NJW 2006, 522 (524 Rn. 19).
[22] Sogleich im Text bei → Fn. 26.
[23] Vgl. mwN *Koch,* AktG, 16. Aufl., 2022, § 87 Rn. 20 f.
[24] Ebenso die Einschätzung bei *Seibt* in K. Schmidt/Lutter, AktG, 4. Aufl. 2020, § 87 Rn. 30.
[25] So eingängig dargelegt bei *Hohn* wistra 2006, 161 (162).
[26] Dezidiert *Hohn* wistra 2006, 161 (163).
[27] BGH NJW 2006, 522 (524 Rn. 18).

III. Aktienrechtliche Bindung des Aufsichtsratsermessens

Neben dem Strafrecht überlagert auch das Aktienrecht die zivilrechtlich gewährte Vertragsfreiheit. Das gilt namentlich für die börsennotierte Aktiengesellschaft. Angesichts der Vergütungsexzesse, die zu Unmut in der Öffentlichkeit führen und denen eine Mitschuld an der weltweiten Finanzkrise gegeben wird,[28] haben der nationale und der europäische Gesetzgeber das Gebaren der zuständigen Organe einer detaillierten Regulierung unterworfen. Das gilt sowohl für die Angemessenheit der Vergütung (→ 1.) als auch für das Verfahren ihrer Festlegung (→ 2.). Als weiteres Instrument der mittelbaren Kontrolle dienen Offenlegungspflichten (vgl. § 285 Nr. 9 HGB), die allerdings für die vorliegend untersuchten Rechtsfragen von geringerem Interesse sind und daher ausgeblendet bleiben.

1. Angemessenheit der Vorstandsvergütung (§ 87 AktG)

a) Allgemeine Regeln

Maßgebliche Einschränkungen der zivilrechtlichen Vertragsfreiheit finden sich in § 87 AktG, der die „Angemessenheit" der Vorstandsvergütung näher umschreibt. Die Bezüge des Vorstandsmitglieds sollen in einem angemessenen Verhältnis zu seinen Aufgaben und Leistungen sowie zur Lage der Gesellschaft stehen. Außerdem sollen sie die übliche Vergütung nicht ohne besondere Gründe übersteigen. Wenn Aufsichtsratsmitglieder eine unangemessene Vergütung festsetzen, sind sie der Gesellschaft zum Schadensersatz verpflichtet (§ 116 S. 3 AktG).

§ 87 Abs. 2 AktG ermöglicht eine Herabsetzung der Vergütung, wenn sich die Lage der Gesellschaft derart verschlechtert, dass eine Weitergewährung unbillig für die Gesellschaft wäre. Diese Regelung wurde nach der Finanzkrise von 2008 neu formuliert, um der Gesellschaft in Krisenzeiten eine Kürzung der Vergütung zu ermöglichen.[29]

b) Sonderregeln für börsennotierte Gesellschaften

§ 87 Abs. 1 Sätze 2 und 3 AktG enthalten zusätzliche Vorgaben für börsennotierte Gesellschaften. Hier sieht der Gesetzgeber eine gesteigerte Gefahr von exzessiven Vergütungen, weil der Einfluss der Aktionäre typischerweise weniger ausgeprägt ist als in nicht-börsennotierten Gesellschaften, in denen die Geschäftsleitung zumeist einer intensiven Kontrolle durch die Eigentümer unterliegt. Börsennotierte Gesellschaften sind daher verpflichtet, ihre Vergütungsstruktur auf eine nachhaltige und langfristige Entwicklung auszurichten.[30] Variable Vergütungsbestandteile sollen daher eine mehrjährige Bemessungsgrundlage haben. Zudem soll der Aufsichtsrat für außergewöhnliche Entwicklungen eine Begrenzungsmöglichkeit vereinbaren.

---

[28] Hierzu aus nationaler und europäischer Warte *Teichmann* GPR 2009, 234 ff.; zur europäischen Entwicklung weiterhin *van der Elst/van Faller* in van der Elst (Hrsg.), Executive Directors' Remuneration in Comparative Corporate Perspective, 2015, S. 13 ff. sowie *Florstedt* ZGR 2019, 630 (632 ff.) Siehe weiterhin die Begründung des Gesetzes zur Angemessenheit der Vorstandsvergütung (VorstAG) von 2009 (BT-Drs. 16/12278, 1).

[29] Vgl. BT-Drs. 16/12278, 6.

[30] Das Wortpaar „nachhaltig und langfristig" geht auf einen Änderungsvorschlag des BT-Rechtsausschusses anlässlich der Umsetzung der reformierten Aktionärsrechterichtlinie zurück. Damit soll neben der langfristigen Unternehmensperspektive auch der jüngst in den Vordergrund getretene Aspekt der „Nachhaltigkeit" in die Vergütungspolitik Eingang finden (vgl. BT-Drs. 19/15153, 62).

2. Gesetzliche Vorgaben für das Verfahren der Willensbildung

In der langjährigen Diskussion über die „angemessene" Vorstandsvergütung wurde stets zu Recht hervorgehoben, dass es nicht Aufgabe des Gesetzgebers sein kann, das Gehalt der Unternehmensleitung festzulegen.[31] Grundsätzlich soll darüber der Markt entscheiden. Im konkreten Einzelfall bestehen allerdings Zweifel, ob die Abläufe der Entscheidungsfindung tatsächlich zu marktgerechten Ergebnissen führen.[32] Der deutsche Gesetzgeber hat daher schon 2008 konkrete Vorgaben für die Entscheidungsfindung im Aufsichtsrat erlassen (→ a)). In Umsetzung der reformierten Aktionärsrechterichtlinie ist 2019 die Verpflichtung hinzugekommen, der Hauptversammlung ein Vergütungssystem vorzulegen (→ b)), wobei der HV-Beschluss nur konsultative Wirkung hat (→ c)). Mittelbar ergeben sich daraus eine Selbstbindung des Aufsichtsrats und eine Verlangsamung der Entscheidungsfindung, was im Grundsatz gewollt ist, in akut auftretenden Krisen allerdings zu Schwierigkeiten führen kann.

a) Entscheidung des Aufsichtsrats im Plenum

Eine kurzfristige Ad-hoc-Entscheidung wie im Fall Mannesmann wäre heutzutage nicht mehr denkbar. Damals entschied allein das Präsidium des Aufsichtsrates, das aus drei Personen bestand, von denen eine sogar nur telefonisch zugeschaltet war. Angesichts der weltweiten Vergütungsexzesse, die im Zuge der Finanzkrise für Aufsehen sorgten, hat der deutsche Gesetzgeber 2008 eine Regelung eingeführt, die den Aufsichtsrat dazu zwingt, die Vergütungsentscheidungen im Plenum zu treffen. Die früher übliche Delegation auf Ausschüsse ist nun gemäß § 107 Abs. 3 S. 7 AktG nicht mehr möglich. Ein vorbereitender Ausschuss bleibt zulässig; die abschließende Entscheidung muss aber im Plenum getroffen werden.

Diese Regelung gilt für alle Aktiengesellschaften, also sowohl börsennotierte als auch nicht-börsennotierte Gesellschaften. Sie erlangt zusätzliches Gewicht durch die bereits angesprochene Haftungsregelung in § 116 S. 3 AktG, die jedes einzelne Aufsichtsratsmitglied für die Festsetzung einer angemessenen Vergütung in die Verantwortung nimmt. Man geht nicht fehl in der Annahme, dass der Gesetzgeber damit auch die Arbeitnehmervertreter im Aufsichtsrat in die Pflicht nehmen wollte. Sie haben sich in der Vergangenheit bei der Kontrolle der Vorstandsvergütung eher zurückgehalten. Auch hier ist der Fall Mannesmann exemplarisch, wo der dem Präsidium angehörende Arbeitnehmervertreter erstens nur telefonisch mitwirkte und sich zweitens der Stimme enthielt.

b) Festlegung eines Vergütungssystems

Eine zweite aktienrechtliche Hürde, die einer allzu schnellen Anpassung der Vergütungsregelung entgegensteht, liegt in der Verpflichtung des Aufsichtsrates einer börsennotierten Gesellschaft, für die Vorstandsvergütung ein Vergütungssystem zu beschließen und dies der Hauptversammlung vorzulegen. Diese Regelung geht auf die Änderung der EU-Aktionärsrechterichtlinie (nachfolgend „ARRL") zurück,[33] in deren Umsetzung die hier maßgeblichen §§ 87a, 120a AktG eingefügt wurden (sog. ARUG II). Gemäß § 87a Abs. 1 S. 1 AktG muss der Aufsichtsrat der börsennotierten Gesellschaft ein klares und verständliches

---

[31] Siehe nur *Fleischer* DStR 2005, 1279 (1282) sowie die bei *Thüsing* ZGR 2003, 457 (487 ff.) genannten Argumente gegen eine gesetzlich festgelegte Höchstgrenze.

[32] Hierzu *Thüsing* ZGR 2003, 457 (465 ff.).

[33] Richtlinie (EU) 2017/828 vom 17.5.2017 zur Änderung der Richtlinie 2007/36/EG im Hinblick auf die Förderung der langfristigen Mitwirkung der Aktionäre, EU ABl. vom 20.5.2017, Nr. L 132/1.

System zur Vergütung der Vorstandsmitglieder beschließen. § 87a Abs. 1 S. 2 AktG regelt detailliert, welche Angaben das Vergütungssystem enthalten muss.

Die Vorgaben des § 87a Abs. 1 AktG betreffen zwar nur die abstrakt-generellen Bestandteile des Vergütungssystems und legen den Aufsichtsrat inhaltlich nicht auf ein bestimmtes System fest. Die materiellen Vorgaben für die Festlegung der Vorstandsvergütung folgen weiterhin aus § 87 Abs. 1 AktG.[34] Allerdings muss das vom Aufsichtsrat beschlossene Vergütungssystem der Hauptversammlung zur Billigung vorgelegt werden (vgl. § 120a AktG). Anschließend ist der Aufsichtsrat verpflichtet, die Vergütung in Übereinstimmung mit dem zur Billigung vorgelegten Vergütungssystem festzusetzen (§ 87a Abs. 2 S. 1 AktG). Der Beschluss eines Vergütungssystems und die Vorlage auf der Hauptversammlung bewirken also mittelbar eine Selbstbindung des Aufsichtsrats.[35]

c) Beschluss der Hauptversammlung (§ 120a AktG)

Es war der ausdrückliche Wille der Europäischen Kommission, die Aktionäre bei der Konzeption des Vergütungssystems zu beteiligen.[36] In Deutschland wurde dies zunächst kritisch gesehen, weil die damit verbundene Machtverlagerung vom Aufsichtsrat zur Hauptversammlung aus verschiedenen Gründen nicht wünschenswert erscheint:[37] Der Aufsichtsrat ist seiner Struktur nach – Mitgliederzahl von maximal 20 Personen und Möglichkeit der Vorbereitung in Ausschüssen – wesentlich besser geeignet, um ein qualitativ hochwertiges Vergütungssystem zu entwerfen und zu beschließen. Außerdem ist die Vergütungsstruktur ein Element der Verhaltenssteuerung und partizipiert damit an der Überwachungsfunktion. Zudem verwirklicht sich im Aufsichtsrat die Mitbestimmung der Arbeitnehmer, deren Bedeutung bei einer Kompetenzverlagerung auf die Hauptversammlung mittelbar ausgehöhlt würde.

Als Reaktion auf diese Bedenken gestattet die letztlich verabschiedete EU-Richtlinie den Mitgliedstaaten, das Hauptversammlungsvotum in Vergütungsfragen rein konsultativ auszugestalten.[38] Von dieser Möglichkeit hat der deutsche Gesetzgeber Gebrauch gemacht.[39] Der Hauptversammlungsbeschluss begründet weder Rechte noch Pflichten (§ 120a Abs. 1 S. 2 AktG) und er ist nicht nach § 243 AktG anfechtbar (§ 120a Abs. 1 S. 3 AktG). Damit wahrt das Gesetz die Personalhoheit des Aufsichtsrates, der das Vergütungssystem nicht nur konzipiert und beschließt, sondern an ihm selbst dann in eigener Verantwortung festhalten darf, wenn die Hauptversammlung anderer Meinung sein sollte.[40] Sollte die Hauptversammlung das Vergütungssystem nicht gebilligt haben, muss der Aufsichtsrat allerdings spätestens in der nächsten ordentlichen Hauptversammlung ein „überprüftes Vergütungssystem" zum Beschluss vorlegen (§ 120a Abs. 3 AktG). Dabei kann die vom Gesetz geforderte Überprüfung jedoch theoretisch zu dem Ergebnis führen, dass der Aufsichtsrat an seinem zuvor beschlossenen Vergütungssystem festhalten will und dies erneut zur Billigung vorlegt.

---

[34] In diesem Sinne auch die Gesetzesbegründung, BT-Drs.19/9739, 72.

[35] Gesetzesbegründung, BT-Drs.19/9739, 72; *Bachmann/Pauschinger* ZIP 2019, 1 (4); *Seibt* in K. Schmidt/Lutter, AktG, 4. Aufl. 2020, § 87a Rn. 23.

[36] Art. 9a Abs. 1 S. 1 des Richtlinienvorschlags der Europäischen Kommission (vgl. COM(2014) 213 final, S. 27) lautete: „Die Mitgliedstaaten stellen sicher, dass die Aktionäre das Recht haben, über die Vergütungspolitik in Bezug auf die Mitglieder der Unternehmensleitung abzustimmen."

[37] Siehe nur *DAV Handelsrechtsausschuss* NZG 2015, 54 (59); *Gaul* AG 2015, 178 (181); *Lutter/Bayer/Schmidt,* Europäisches Unternehmens- und Kapitalmarktrecht, 6. Aufl. 2018, S. 1210.

[38] Art. 9a Abs. 3 der Richtlinie (EU) 2017/828 (→ Fn. 33).

[39] Für stärkere Verbindlichkeit der HV-Mitwirkung hingegen *Bachmann/Pauschinger* ZIP 2019, 1 (5).

[40] *Seibt* in K. Schmidt/Lutter, AktG, 4. Aufl. 2020, § 87a Rn. 24.

IV. Nachträgliche Abweichungen vom Vergütungssystem

Aus dem europäischen Ansatz, ein Vergütungssystem zu verlangen, das der Hauptversammlung zur Billigung vorgelegt wird, folgt die soeben beschriebene Selbstbindung des Aufsichtsrates. Denn die Beteiligung der Hauptversammlung wäre sinnlos, wenn sich der Aufsichtsrat an das von ihm selbst festgelegte und zur Abstimmung gestellte Vergütungssystem nicht halten müsste. Andererseits benötigt der Aufsichtsrat hin und wieder eine gewisse Flexibilität, um auf unvorhergesehene Entwicklungen reagieren zu können. In der Literatur wird daher geraten, bereits bei Abfassung des Vergütungssystems für den nötigen Spielraum zu sorgen, der eine flexible Reaktion auf Veränderungen innerhalb oder außerhalb des Unternehmens erlaubt (→ 1.). Darüber hinaus gestattet das Gesetz ausnahmsweise eine Abweichung vom Vergütungssystem, wenn dies im Interesse des langfristigen Wohlergehens der Gesellschaft notwendig ist (→ 2.). Die nachfolgend diskutierten Fragen betreffen allein die börsennotierte Gesellschaft. In der nicht-börsennotierten AG unterliegt der Aufsichtsrat nicht der Selbstbindung, die aus der Aufstellung eines der Hauptversammlung vorzulegenden Vergütungssystems resultiert.

1. Vergütungssystem-immanente Flexibilität

a) Dogmatische Einordnung: Mitwirkung der Aktionäre an der Willensbildung

Will der Aufsichtsrat in das von § 87a AktG geforderte Vergütungssystem ein gewisses Maß an Flexibilität einbauen, so begibt er sich in ein normatives Spannungsfeld. Die in § 120a AktG geregelte Befassung der Hauptversammlung hat nur dann einen Sinn, wenn sich den Aktionären dabei in verlässlicher Weise erschließt, nach welchen Kriterien der Aufsichtsrat künftig die Vorstandsvergütung bemessen will. Allzu weit gefasste Öffnungsklauseln für unvorhersehbare Sondersituationen stehen diesem Anliegen diametral entgegen. Nachträgliche Abweichungen vom Vergütungssystem müssten zwar im jährlich zu erstattenden Vergütungsbericht (§ 162 AktG) offengelegt werden. Indes wäre dies eine reine ex post-Kontrolle, die nicht der Konzeption des Gesetzes entspricht. Aus § 120a AktG folgt, dass die Aktionäre sich bereits vor Festlegung der individuellen Vorstandsvergütung ein Bild davon machen können, nach welchen Kriterien die Vergütung festgesetzt werden wird.

Gegen eine allzu flexible Ausgestaltung des Vergütungssystems spricht auch die Existenz des gesetzlichen Ausnahmetatbestandes für außergewöhnliche Entwicklungen (dazu → 2.).[41] Diese Ausnahmeregelung ist gerade deshalb erforderlich, weil das Vergütungssystem einen gewissen Grad an Konkretisierung verlangt und insoweit für den Aufsichtsrat Bindungswirkung entfaltet. Angesichts dessen umschreiben Literaturstimmen die Variationsbreite, die das Vergütungssystem aufweisen darf, bewusst vorsichtig. Der Aufsichtsrat solle „denkbare Sondersituationen" ermitteln und das System „hinreichend flexibel" ausgestalten, um darauf reagieren zu können, heißt es beispielsweise bei *Löbbe/Fischbach*.[42] Dem ist zuzustimmen, wenn es dem Aufsichtsrat gelingt, die denkbaren Sondersituationen im Vergütungssystem bereits zu konkretisieren, sodass die Hauptversammlung erkennen kann, unter welchen Umständen mit Abweichungen zu rechnen sein wird. Gewisse Entwicklungen, die Änderungsbedarf hervorrufen, lassen sich mit einiger Erfahrung benennen. Zu ihnen dürfte ein Kontrollwechsel gehören, eine Liquiditätskrise des Unternehmens oder ein Ausreißer bei bestimmten Indikatoren, die für den Geschäftsgang wesentlich sind.

Als Befürworter von flexiblen Öffnungsklauseln werden mitunter *Bachmann* und *Pauschinger* zitiert.[43] Indessen dürfte in ihrem Beitrag ein anderer Fall der nachträglichen Anpassung

---

[41] In diesem Sinne auch *Spindler* AG 2020, 61 (63).
[42] *Löbbe/Fischbach* AG 2019, 373 (376).
[43] Vgl. etwa *Seibt* in K. Schmidt/Lutter, AktG, 4. Aufl. 2020, § 87a Rn. 3.

gemeint sein als er denjenigen Autoren vorschwebt, die dem Aufsichtsrat ein weites Ermessen zusprechen wollen. *Bachmann / Pauschinger* plädieren für eine Öffnungsklausel, die dem Aufsichtsrat die Möglichkeit gibt, das Vergütungssystem nach dem Hauptversammlungs-votum an die in der Hauptversammlung geäußerten Bedenken anzupassen.[44] Dies ist ein Sonderfall, der sich von den ansonsten in der Literatur diskutierten Anpassungen unterscheidet. Denn hier geht es nicht darum, dass der Aufsichtsrat sich durch flexible Anpassungsmög-lichkeiten vom Willen der Aktionäre möglicherweise entfernt, sondern ganz im Gegenteil darum, dem Willen der Aktionäre bestmöglich zur Geltung zu verhelfen. Für die Zulässig-keit einer solchen Klausel sprechen der Sinn und Zweck des § 120 a AktG, dessen Anliegen gerade darin besteht, im Dialog zwischen Aufsichtsrat und Aktionären zu einem bestmög-lichen Vergütungssystem zu gelangen. Der Sinn einer solchen Klausel ist damit denjenigen Öffnungsklauseln, die andere Autoren vorschlagen, entgegengesetzt: Die Öffnungsklausel von *Bachmann / Pauschinger* verhilft dem Willen der Aktionäre zum Durchbruch. Die ansons-ten vorgeschlagenen Öffnungsklauseln sollen hingegen dem Aufsichtsrat „Anwendungsspiel-räume"[45] verschaffen, deren Gebrauch gerade keinem Aktionärsvotum mehr unterliegt.

b) Konkrete Gestaltungsvorschläge

Konkrete Gestaltungsvorschläge müssen sich an dem Maßstab des § 120 a AktG messen lassen, der nach seinem Sinn und Zweck der Hauptversammlung eine qualitativ gehaltvolle Mitwirkung an der Willensbildung ermöglichen soll. Zu weit erscheint daher die Formulie-rung von *Seibt,* das Vergütungssystem solle die nötige Flexibilität „für Änderungen in der Unternehmenssphäre, im Unternehmensumfeld sowie bei relevanten Wettbewerbsunter-nehmen" vorsehen.[46] Mit einer derart weiten Formulierung ließe sich alles und nichts begründen, denn das Leben besteht immer aus Veränderungen. Anzustreben ist stattdessen eine „mittlere Ebene der Konkretisierung"[47], die der Hauptversammlung erkennbar macht, in welchen Situationen und auf welche Weise vom Regelfall des Vergütungssystems abgewichen werden kann. Für gänzlich unvorhersehbare Ereignisse, deren wirtschaftliche Auswirkungen für das Unternehmen erheblich sind, bleibt der Rückgriff auf den Ausnah-metatbestand des § 87 a Abs. 2 S. 2 AktG (dazu nachfolgend unter → 2.).

Unzulässig wäre somit eine Art salvatorische Klausel, wonach der Aufsichtsrat bei ver-änderten Umständen nach eigenem Ermessen vom Vergütungssystem abweichen dürfe. Wenn die Hauptversammlung nicht konkret erkennen kann, unter welchen Umständen der Aufsichtsrat welche Änderungen vornehmen kann, verliert die „Billigung" des Vergütungs-systems ihren eigentlichen Sinn. Vorzugswürdig ist es daher, im Vergütungssystem konkrete Entwicklungen zu benennen, deren Eintreten zu konkret bezeichneten Änderungen im Vergütungssystem führen könnte. Denkbar sind auch alternative Formulierungen, um dem unternehmerischen Ermessen des Vorstands Rechnung zu tragen, der möglicherweise ver-schiedene Wege zur Auswahl hat, um die Rentabilität des Unternehmens zu erhöhen.

Ein Beispiel, das hinreichend konkret und flexibel zugleich erscheint, findet sich im Ver-gütungssystem der Siemens AG, das im Jahre 2020 der Hauptversammlung vorgelegt wurde.[48] Als Leistungskriterien für die kurzfristige variable Vergütung werden dort der „Ertrag" (bezogen auf den Siemens-Konzern) und die „Profitabilität/Kapitaleffizienz" (bezogen auf das jeweilige Vorstandsressort) genannt. Als Element der Flexibilität wird das finanzielle Leistungskriterium der „Liquidität" genannt: „Falls aufgrund der wirtschaftlichen

---

[44] *Bachmann / Pauschinger* ZIP 2019, 1 (5).
[45] *Seibt* in K. Schmidt/Lutter, AktG, 4. Aufl. 2020, § 87 a Rn. 3.
[46] *Seibt* in K. Schmidt/Lutter, AktG, 4. Aufl. 2020, § 87 a Rn. 3.
[47] *Spindler* AG 2020, 61 (63).
[48] Einberufungsunterlagen zur HV 2020, abrufbar auf Hauptversammlung | Investor Rela-tions | Siemens Deutschland (zuletzt aufgerufen am 15. 9. 2022).

Lage erforderlich, hat der Aufsichtsrat ferner die Möglichkeit, das finanzielle Leistungskriterium Liquidität, gemessen durch die Cash Conversion Rate, in den Dimensionen ‚Siemens Konzern' und ‚Vorstandsressort' zu verankern."[49]

Ein Grenzfall sind die dort anzutreffenden Ausführungen zur Gewährung von sog. Stock Awards: „Für den Fall außerordentlicher, nicht vorhergesehener Entwicklungen, die Auswirkungen auf die Leistungskriterien haben, kann der Aufsichtsrat beschließen, dass die Anzahl der zugesagten Stock Awards nachträglich reduziert wird, dass anstelle der Übertragung von Siemens-Aktien nur ein Barausgleich in einer festzulegenden eingeschränkten Höhe erfolgt oder dass die Übertragung der Siemens-Aktien aus fälligen Stock Awards bis zur Beendigung der kursbeeinflussenden Wirkung der Entwicklung ausgesetzt wird."[50] Auch wenn hier der Auslöser der Abweichung („außerordentliche, nicht vorhersehbare Entwicklung") sehr weit gefasst ist, dürfte er durch den Zusatz („die Auswirkungen auf die Leistungskriterien haben") doch hinreichend konkretisiert sein, weil die Leistungskriterien an anderer Stelle im Vergütungssystem klar definiert werden.

2. *Anpassung des Vergütungssystems an außergewöhnliche Entwicklungen* (§ 87a Abs. 2 S. 2 AktG)

Die europäische Regelung stellt in Rechnung, dass außergewöhnliche Umstände bisweilen eine kurzfristige Anpassung des Vergütungssystems erfordern, bei der nicht das übliche Verfahren bis hin zum Hauptversammlungsbeschluss durchlaufen werden kann. Zur besseren Einordnung dieser Ausnahmeregelung soll zunächst deren Entstehungsgeschichte nachgezeichnet werden (→ a)). Der verabschiedete Richtlinientext überlässt es den Mitgliedstaaten, eine Ausnahmeregelung einzuführen (→ b)). Der deutsche Gesetzgeber hat von dieser Möglichkeit in § 87a Abs. 2 S. 2 AktG Gebrauch gemacht. Die Auslegung dieser Ausnahmevorschrift erweist sich aus mehreren Gründen als problematisch. Erstens findet sich im Text der Richtlinie eine minimale, aber möglicherweise nicht ganz unbedeutende Abweichungen zwischen Erwägungsgrund 30, der die Regelung erläutert, und dem Wortlaut der Regelung selbst (dies betrifft den unter → c)) behandelten konkreten Wortlaut einer Öffnungsklausel). Zweitens hat sich der deutsche Gesetzgeber bei der Umsetzung nicht vollständig an den Wortlaut der Richtlinie gehalten und dadurch weitere Auslegungszweifel gesät (→ b)).

Bei einem Vergleich der deutschen mit der europäischen Regelung ist eine terminologische Besonderheit zu beachten: Der europäische Text spricht von *„Vergütungspolitik"*, der deutsche Gesetzgeber verwendet das Wort *„Vergütungssystem"* und orientiert sich damit an der bisherigen Terminologie des Aktiengesetzes.[51] Inhaltliche Abweichungen ergeben sich durch diese Wortwahl nicht.

a) *Entstehungsgeschichte*

Im Jahre 2014 legte die Europäische Kommission einen Vorschlag zur Änderung der 2007 erlassenen Aktionärsrechterichtlinie vor.[52] Er enthielt die Verpflichtung börsennotierter Unternehmen, ein Vergütungssystem zu entwickeln und der Hauptversammlung zur Billigung vorzulegen. Die Kommission wollte Abweichungen von der Vergütungspolitik nur in einem Ausnahmefall zulassen: Nur wenn es für die Gewinnung neuer Mitglieder der Unternehmensleitung erforderlich sein sollte, wäre eine Abweichung gestattet, die allerdings

---

[49] Einberufungsunterlagen zur HV 2020, abrufbar auf Hauptversammlung | Investor Relations | Siemens Deutschland (zuletzt aufgerufen am 15.9.2022), S. 20.

[50] Einberufungsunterlagen zur HV 2020, abrufbar auf Hauptversammlung | Investor Relations | Siemens Deutschland (zuletzt aufgerufen am 15.9.2022), S. 32.

[51] Gesetzesbegründung, BT-Drs.19/9739, 72.

[52] Europäische Kommission, 9.4.2014, COM(2014) 213 final.

ihrerseits von den Aktionären genehmigt werden sollte.[53] Bei Lichte besehen handelt es sich also um gar keine wirkliche Ausnahme. Denn an dem Grundsatz, dass die Aktionäre der Vergütungspolitik zustimmen müssen, wollte auch diese Ausnahmeklausel festhalten.

Die Diskussionen im Europäischen Rat beschränkten sich gleichfalls auf den Ausnahmefall der Gewinnung neuer Mitglieder der Unternehmensleitung. Nachdem ein erster Text im November 2014 die von der Kommission vorgeschlagene Ausnahmeregelung gestrichen hatte,[54] tauchte sie in der Dezember-Fassung in leicht veränderter Form wieder auf[55]. Im Januar 2015 fand sich eine Version, die Abweichungen vom Vergütungssystem bei außergewöhnlichen Umständen einer finanziellen Krise gestatten wollte und insoweit nicht mehr auf den Sonderfall der Gewinnung neuer Mitglieder der Unternehmensleitung beschränkt war.[56] Allerdings sollte auch hier die Abweichung von den Aktionären gebilligt werden. In den Vorbemerkungen des Dokuments wurde hierzu knapp erläutert, die Änderung spiegele die Diskussionen über die Vergütungspolitik und stelle Regeln bereit für diejenigen außergewöhnlichen Fälle, in denen eine Abweichung davon gerechtfertigt sei.[57]

Eine neue Nuance brachte die Ratsfassung vom Februar 2015. Demnach sollte es gestattet sein, in der Vergütungspolitik außergewöhnliche Umstände zu definieren, bei deren Vorliegen die Vergütung einzelner Mitglieder der Unternehmensleitung nicht mit der Vergütungspolitik übereinstimmen müsse, die für alle anderen Mitglieder anwendbar sei.[58] Auch diese Formulierung hätte aber keine wirkliche Abweichung vom Grundsatz bedeutet, dass die von den Aktionären gebilligte Vergütungspolitik maßgeblich ist. Denn nach Vorstellung des Rates sollten die außergewöhnlichen Umstände in der Vergütungspolitik definiert werden, die den Aktionären zur Beschlussfassung zu unterbreiten wäre. Die begleitenden Erläuterungen weisen denn auch darauf hin, dass die Regelung eigentlich überflüssig sei; es bleibe beim klaren Grundsatz, dass jede Vergütung in Übereinstimmung mit der gebilligten Vergütungspolitik stehen müsse.[59]

---

[53] Im Vorschlag eines neu zu fassenden Art. 9a der Richtlinie hieß es (vgl. COM(2014) 213 final, S. 27): „Bei der Einstellung neuer Mitglieder der Unternehmensleitung können Unternehmen beschließen, dem einzelnen Mitglied der Unternehmensleitung eine Vergütung zu zahlen, die nicht der genehmigten Politik entspricht, sofern das Vergütungspaket des jeweiligen Mitglieds der Unternehmensleitung zuvor von den Aktionären auf der Grundlage von Informationen in Bezug auf die in Absatz 3 genannten Punkte genehmigt wurde. Die Vergütung kann vorbehaltlich der Genehmigung durch die Aktionäre vorläufig ausgezahlt werden."

[54] Dokument der Ratspräsidentschaft vom 10.11.2014, 13758/14, S. 31.

[55] Dokument der Ratspräsidentschaft vom 5.12.2014, 15647/14, S. 28: „Member States may decide to allow companies to pay remuneration to individual directors outside the general remuneration policy where the remuneration package has been subject to shareholder vote."

[56] Dokument der Ratspräsidentschaft vom 14.1.2015, 5215/15, S. 45: „However, Member States may allow companies in exceptional circumstances of proved or potential financial difficulty to pay remuneration to individual director outside the general remuneration policy where the remuneration package of that individual director has been subject to a shareholder vote."

[57] Dokument der Ratspräsidentschaft vom 14.1.2015, 5215/15, S. 4: „Article 9a is amended to reflect the discussions regarding remuneration policy and provides rules for those exceptional cases when it is justified to deviate from the policy."

[58] Dokument der Ratspräsidentschaft vom 17.2.2015, 5362/15, S. 50: „Member States may provide that the remuneration policy may specify exceptional circumstances in which the remuneration paid to individual directors may be not in accordance with the rules laid down in the remuneration policy applicable to all other directors."

[59] Dokument der Ratspräsidentschaft vom 17.2.2015, 5362/15, S. 6: „Article 9a is revised to reflect the discussions at the Working Party to set a clear principle that any remuneration shall be paid in accordance with the approved policy. The generally supported idea of including all exceptions in a policy itself is put in square brackets; it was considered by the Presidency that such reference might be seen as redundant."

Auch das Europäische Parlament betonte den Grundsatz, wonach Unternehmen die Unternehmensleitung nur auf Basis der Vergütungspolitik entlohnen sollen, über die die Aktionäre abgestimmt haben. In seiner Befassung mit dem Richtlinienvorschlag im Mai und im Juli 2015 sah das Parlament in seinen Texten eine Ausnahmeklausel für besondere Umstände nicht vor.[60]

Die heutige Fassung der Richtlinie, die durchaus eine Abweichung bei Vorliegen außergewöhnlicher Umstände gestattet, ist das Ergebnis des Trilog-Verfahrens zwischen Kommission, Rat und Parlament.[61] Nach den informellen Gesprächen des Trilogs verabschiedete das Parlament in erster Lesung diejenige Fassung, die anschließend Eingang in die Richtlinie fand. In einem darauf aufbauenden Ratsdokument wird ausdrücklich darauf hingewiesen, dass die in erster Lesung verabschiedete Richtlinienfassung der zuvor getroffenen Vereinbarung der Organe entspreche.[62] Es entspricht den Gepflogenheiten des Trilogs, dass diese Fassung dann auch vom Rat verabschiedet wird. Erwägungsgrund 30 erklärte es nun für „denkbar, dass Gesellschaften unter außergewöhnlichen Umständen von bestimmten Regeln der Vergütungspolitik abweichen müssen …".[63] Die materiell-rechtliche Regelung hierzu findet sich in Art. 9a Abs. 4 des Richtlinientextes.[64] Sie geht bemerkenswerterweise über alle Vorschläge hinaus, die vorher diskutiert worden waren, und soll nachfolgend näher analysiert werden.

b) Das Mitgliedstaatenwahlrecht in Art. 9a Abs. 4 ARRL

Gemäß Art. 9a Abs. 4 ARRL können die Mitgliedstaaten der Gesellschaft gestatten, „unter außergewöhnlichen Umständen vorübergehend von ihrer Vergütungspolitik abzuweichen, vorausgesetzt, dass die Politik die Vorgehensweise für eine solche Abweichung beschreibt, und die Teile der Politik festlegt, von denen abgewichen werden darf". Was im Vergleich zu den zuvor diskutierten Fassungen fehlt, ist die Notwendigkeit, für diese Abweichung erneut die Aktionäre einzuschalten. Die Regelung ist auch nicht mehr auf die Notwendigkeit beschränkt, neue Mitglieder der Unternehmensleitung zu gewinnen. Hinzu kommt eine Konkretisierung dessen, was unter „außergewöhnlichen Umständen" zu verstehen ist. Darunter fallen „nur Situationen, in denen die Abweichung von der Vergütungspolitik notwendig ist, um den langfristigen Interessen und der Tragfähigkeit der Gesellschaft insgesamt zu dienen oder um ihre Rentabilität zu gewährleisten".

Nach dem Wortlaut der Norm ist eine Abweichung von der Vergütungspolitik folglich nur dann zulässig, wenn *„außergewöhnliche Umstände"* dies verlangen. Die Umstände, die ursprünglich der Konzeption der Vergütungspolitik zugrunde gelegt wurden, müssen sich also geändert haben oder es sind gänzlich neue Umstände aufgetaucht, die man seinerzeit nicht in Betracht ziehen konnte. Man könnte in zivilrechtlicher Terminologie von einer „Änderung der Geschäftsgrundlage" sprechen, die ein Festhalten am Vergütungssystem als unzumutbar erscheinen lässt. Es dürfte hingegen nicht ausreichen, wenn der Aufsichtsrat nachträglich Defizite seines Vergütungssystems entdeckt, die er auch vorher schon hätte

---

[60] Vgl. Parlamentsdokument A8–0158/2015 vom 12.5.2015, S. 14 (Erwägungsgrund 16) und S. 42 (Text von Artikel 9a Absatz 1); Dokument der Ratspräsidentschaft vom 22.7.2015, 10626/15, mit Zusammenfassung der Ergebnisse der Beratungen des Europäischen Parlaments, S. 21 (Erwägungsgrund 16), S. 55 (Text von Artikel 9a Absatz 1).

[61] Das sog. Trilogverfahren wurde im Jahre 2007 von Parlament, Rat und Kommission festgelegt (ABl. EU, 30.6.2007, Nr. C 145/5).

[62] Vgl. Ratsdokument vom 21.3.2017, 7269/17, S. 1 (Verweis auf die informellen Gespräche), S. 2 (Hinweis, dass die vom Parlament verabschiedete Fassung der zuvor getroffenen Vereinbarung der Organe entspricht und der Rat somit in der Lage sein dürfte, den Standpunkt des Rates zu billigen, womit der Gesetzgebungsakt in der Parlamentsfassung erlassen würde).

[63] Ratsdokument vom 21.3.2017, 7269/17, S. 21.

[64] Ratsdokument vom 21.3.2017, 7269/17, S. 66.

bemerken können. In einem solchen Fall muss der reguläre Weg gegangen werden, also ein neues Vergütungssystem erstellt und der Hauptversammlung zur Billigung vorgelegt werden. Die in Art. 9a Abs. 4 ARRL geregelte Abweichung ohne Mitwirkung der Hauptversammlung ist auf den dort geregelten Ausnahmefall zu begrenzen. Andernfalls würde die vom EU-Recht grundsätzlich geforderte Einbindung der Aktionäre unterlaufen. Dass dieser Mitwirkung von allen Gesetzgebungsorganen hohe Priorität eingeräumt wurde, belegt die unter → a) beschriebene Entstehungsgeschichte.

Anders als im Fall der geänderten Geschäftsgrundlage lässt die EU-Richtlinie den Eintritt außergewöhnlicher Umstände als solches auch nicht genügen. Zusätzlich ist erforderlich, dass in der Vergütungspolitik für diesen Fall ausdrücklich Vorsorge getroffen wurde. Der Aufsichtsrat muss daher in der Vergütungspolitik die Vorgehensweise für eine Abweichung beschreiben und die Teile der Vergütung festlegen, von denen abgewichen werden darf. Typischerweise wird es sich dabei um Instrumente der variablen Vergütung handeln. Diese dient in besonderer Weise der Verhaltenssteuerung und steht daher in der Gefahr, beim Eintritt außergewöhnlicher Umstände eine Fehlsteuerung zu bewirken. Hier schimmert erneut das Mitspracherecht der Aktionäre durch. Sie sollen bei Lektüre der Vergütungspolitik bereits darauf aufmerksam gemacht werden, dass dieses System nicht gänzlich in Stein gemeißelt ist. Ihnen muss zumindest dargelegt werden, nach welchem Verfahren eine Abweichung beschlossen werden kann und welche Elemente der Vergütungspolitik von einer eventuellen Abweichung betroffen sein können. Auf diese Weise erfasst der Beschluss über die Billigung auch das Verfahren der Abweichung und die inhaltlich betroffenen Teile der Vergütung. Wobei erneut zu betonen ist, dass der Aufsichtsrat die Vergütungspolitik auch umsetzen kann, wenn die Hauptversammlung sie nicht gebilligt hat. Entscheidend ist aber, dass die Aktionäre überhaupt die Gelegenheit erhalten haben, sich dazu zu äußern.

c) Umsetzung der Richtlinienvorgabe in § 87a Abs. 2 AktG

§ 87a Abs. 2 S. 2 AktG transformiert die Vorgabe der EU-Richtlinie in deutsches Recht, weicht dabei aber von der Formulierung des europäischen Rechtstextes ab. Die Norm gestattet dem Aufsichtsrat eine vorübergehende Abweichung vom Vergütungssystem, „wenn dies im Interesse des langfristigen Wohlergehens der Gesellschaft notwendig ist und das Vergütungssystem das Verfahren des Abweichens sowie die Bestandteile des Vergütungssystems, von denen abgewichen werden kann, benennt." Die aktuelle Ukraine-Krise belegt in aller Schärfe die Notwendigkeit einer solchen Öffnungsklausel und deckt zugleich die Ungenauigkeiten der gesetzlichen Formulierung auf, die zu Problemen bei der konkreten Handhabung führen können.

Als materielle Voraussetzung einer Abweichung vom Vergütungssystem spricht § 87a Abs. 2 S. 2 AktG davon, dass die Abweichung „im Interesse des langfristigen Wohlergehens der Gesellschaft notwendig" sein müsse. Die Aussagen der Richtlinie werden dadurch etwas verkürzt. Denn dort gelten als außergewöhnliche Umstände diejenigen Situationen, in denen die Abweichung von der Vergütungspolitik notwendig ist, „um den langfristigen Interessen und der Tragfähigkeit der Gesellschaft insgesamt zu dienen oder um ihre Rentabilität zu gewährleisten." Vor diesem Hintergrund dürfte als außergewöhnlicher Umstand auch eine Entwicklung ausreichen, die nicht gleich die Dimension einer weltweiten Wirtschaftskrise oder eines Krieges im geographischen Europa annimmt. Denn auch regionale Krisen oder unerwartete Veränderungen im Marktumfeld der Gesellschaft können beispielsweise deren Rentabilität so gefährden, dass ein Gegensteuern über das Vergütungssystem erforderlich wird.

Anders als im EU-Text ist in § 87a Abs. 2 S. 2 AktG überraschenderweise nicht explizit davon die Rede, dass „*außergewöhnliche Umstände*" die Abweichung erforderlich machen müssen. Nach dem Wortlaut des § 87a Abs. 2 S. 2 AktG könnte der Aufsichtsrat auch dann von seinem Vergütungssystem abweichen, wenn er nachträglich feststellt, dass ihm bei der

Festlegung des Vergütungssystems Fehler unterlaufen sind, die das langfristige Wohlergehen der Gesellschaft gefährden. Dieser zugegebenermaßen eher hypothetische Fall ist aber nicht gemeint. Es geht nicht darum, nachträglich einen Konzeptionsfehler des Aufsichtsrates zu korrigieren. Es geht um außergewöhnliche Umstände, die bei Abfassung des Vergütungssystems nicht erkennbar waren und daher nicht berücksichtigt werden konnten. Dieses Ergebnis folgt aus dem Gebot der richtlinienkonformen Auslegung.[65] Entstehungsgeschichte und Wortlaut der Richtlinie sprechen sehr stark dafür, die Ausnahmeregelung eng auszulegen und auf tatsächlich neue Entwicklungen zu begrenzen. Dies dürfte auch der Vorstellung des deutschen Gesetzgebers entsprechen, der mit der Regelung des § 87a Abs. 2 S. 2 AktG die Vorgaben des Art. 9a Abs. 4 ARRL korrekt umsetzen wollte.[66] Die Erläuterungen in der Gesetzesbegründung weisen klar in die Richtung unvorhergesehener Umstände, wenn dort die Finanzkrise von 2008/2009 und eine Unternehmenskrise als Beispiele für eine Abweichung genannt werden.[67]

d) Formulierung der Öffnungsklausel

Auf Basis der gesetzlichen Vorgabe, die im Lichte der EU-Richtlinie auszulegen ist, kann der Aufsichtsrat in das Vergütungssystem eine Öffnungsklausel für außergewöhnliche Umstände aufnehmen. Unklar bleibt, wie konkret die Umstände angesprochen sein müssen, die eine spätere Abweichung rechtfertigen sollen. Die Gesetzesbegründung äußert sich hierzu etwas rätselhaft. Es handele sich um einen Ausnahmetatbestand, auf den sich die Gesellschaft nur berufen könne, wenn sie „Entsprechendes bereits bei Entwicklung des Vergütungssystems in den Umrissen berücksichtigt" habe.[68] Ob mit „Entsprechendes" die konkreten außergewöhnlichen Umstände gemeint sind oder die Möglichkeit, abstrakt-generell das Verfahren für eventuelle Abweichungen zu definieren, bleibt offen.

Die Literatur interpretiert die Rechtslage so, dass eine allgemeine, lediglich den Gesetzeswortlaut wiederholende Öffnungsklausel unzulässig sei.[69] Das ist zweifellos zutreffend, soweit es um die formellen Aspekte geht, also um die Notwendigkeit, das Verfahren der Abweichung und die davon betroffenen Vergütungselemente konkret zu benennen. Hier darf es die Öffnungsklausel nicht bei Allgemeinplätzen belassen, sondern muss konkrete Regelungen treffen. Nicht überzeugend wäre hingegen eine vergleichbare Anforderung für die materielle Voraussetzung der Abweichung: Die außergewöhnlichen Umstände, die eine Abweichung rechtfertigen, lassen sich im Vergütungssystem nicht einmal in den Umrissen benennen. Denn ein außergewöhnlicher Umstand hat es nun einmal definitionsgemäß an sich, dass man ihn nicht vorhergesehen hat – sonst hätte man ihn von vornherein in das System aufnehmen können, das man der Hauptversammlung zur Billigung vorgelegt hat. Niemand konnte indessen von einem Aufsichtsrat im Jahre 2006 ernsthaft erwarten, dass er die in 2008 ausbrechende weltweite Finanzkrise auch nur in Umrissen erahnt hätte; ebenso wenig wie man im Jahre 2020 mit demjenigen rechnen konnte, was Anfang 2022 in der Ukraine geschehen ist.

Der Hinweis, das Vergütungssystem müsse die außergewöhnlichen Umstände in den Grundzügen umreißen, wird teilweise auf Erwägungsgrund 30 der ARRL gestützt. Dort heißt es, die Gesellschaften könnten von der Vergütungspolitik auf Basis mitgliedstaatlicher Regelung abweichen, wenn sie in ihrer Vergütungspolitik festlegen, „wie sie unter bestimmten außergewöhnlichen Umständen angewendet würde". Daraus könnte man schließen, die außergewöhnlichen Umstände müssten bereits in der Vergütungspolitik konkret bestimmt

---

[65] Im Überblick hierzu *Lutter/Bayer/Schmidt,* Europäisches Unternehmens- und Kapitalmarktrecht, 6. Aufl. 2018, S. 34 ff.

[66] Vgl. Gesetzesbegründung BT-Drs. 19/9739, 75.

[67] Vgl. Gesetzesbegründung BT-Drs. 19/9739, 75.

[68] BT-Drs. 19/9739, 75.

[69] *Seibt* in K. Schmidt/Lutter, AktG, 4. Aufl. 2020, § 87a Rn. 28; *Spindler* AG 2020, 61 (69).

werden. Die Formulierung „bestimmte außergewöhnliche Umstände" könnte allerdings auch so gemeint sein, dass nicht jeder außergewöhnliche Umstand eine Abweichung rechtfertigt, sondern nur ein solcher, der eine gewisse Qualität erreicht. Diese nämlich wird im nachfolgenden Satz desselben Erwägungsgrundes konkretisiert: „Als außergewöhnliche Umstände sollten nur Situationen gelten, in denen die Abweichung von der Vergütungspolitik notwendig ist, um den langfristigen Interessen und der Tragfähigkeit der Gesellschaft insgesamt zu dienen oder ihre Rentabilität zu gewährleisten."

Für diese Lesart, wonach „bestimmte" außergewöhnliche Umstände solche sein müssen, die der Gesellschaft besonders gefährlich werden können, spricht auch der Umstand, dass der eigentliche Rechtstext, also Art. 9a Abs. 4 ARRL etwas abweichend von Erwägungsgrund 30 formuliert. Dort ist nur von „außergewöhnlichen Umständen" die Rede. Der Zusatz „bestimmte" außergewöhnliche Umstände fehlt; stattdessen wird in Unterabsatz 2 die qualitative Umschreibung aufgegriffen, die auf die langfristigen Interessen und die Tragfähigkeit der Gesellschaft hinweist. Methodisch betrachtet können Erwägungsgründe dem besseren Verständnis der Regelung dienen, haben aber selbst keinen normativen Charakter. Darüber hinaus sprechen auch die bereits angesprochenen teleologischen Erwägungen für die hier vertretene Auslegung: Wer außergewöhnliche Umstände bestimmt vorhersehen kann, der benötigt keine Öffnungsklausel für nachträgliche Abweichungen. Gerade dies war schon während der Verhandlungen über den Richtlinientext klar erkannt worden, so dass die letztlich getroffene Ausnahmeregelung offenbar mehr sein sollte als die Wiederholung der Selbstverständlichkeit, dass das von den Aktionären gebilligte Vergütungssystem bereits Ausnahmeregelungen treffen kann. Die von der Richtlinie gewährte Gestaltungsmöglichkeit hat nur dann einen sinnvollen Anwendungsbereich, wenn sie für Fälle gilt, die man nicht vorhersehen konnte.

In der konkreten Öffnungsklausel darf es daher mit einer beispielhaften, aber nicht abschließenden Aufzählung sein Bewenden haben. Auch hier bietet die Klausel im Vergütungssystem der Siemens AG eine brauchbare Vorlage: „Der Aufsichtsrat kann auf Vorschlag des Vergütungsausschusses in besonderen außergewöhnlichen Fällen (wie zum Beispiel einer schweren Wirtschaftskrise) vorübergehend von den Bestandteilen des Systems der Vorstandsvergütung (Verfahren und Regelungen zu Vergütungsstruktur und -höhe sowie bezüglich der einzelnen Vergütungsbestandteile) abweichen, wenn dies im Interesse des langfristigen Wohlergehens der Gesellschaft notwendig ist."[70]

V. Pflichtenstellung von Vorstand und Aufsichtsrat

1. Leitungspflicht des Vorstands

Es muss nicht eigens betont werden, dass der Vorstand bei all seinem Handeln das Unternehmensinteresse im Blick haben und seine eigenen Interessen notfalls zurückstellen muss. Auf die Streitfrage, ob das Unternehmensinteresse primär an den Aktionärsinteressen oder auch an den Interessen anderer Interessengruppen auszurichten sei,[71] kommt es im vorliegenden Kontext nicht an. Denn auf einen außergewöhnlichen Umstand der hier relevanten Qualität (Gefährdung der Tragfähigkeit oder Rentabilität der Gesellschaft) muss der Vorstand im Interesse aller Interessengruppen angemessen reagieren. Das Unternehmen durch eine schwere Krise zu führen, gehört stets zu seinen Pflichten, gleichgültig ob sich dafür konkrete Verhaltensanreize im Vergütungssystem finden oder nicht. Ein „Hände-in-den-Schoß-Legen" mit dem Hinweis, die Reaktion auf eine weltweite Krise sei in seinen Vergütungs-

---

[70] Einberufungsunterlagen zur HV 2020, abrufbar auf Hauptversammlung | Investor Relations | Siemens Deutschland (zuletzt aufgerufen am 15.9.2022), S. 9.
[71] Vgl. den Überblick bei *Koch,* AktG, 16. Aufl. 2022, § 76 Rn. 28 ff.

und Leistungszielen bedauerlicherweise nicht ausdrücklich erwähnt, wäre daher zweifellos eine Pflichtverletzung. Sie könnte gemäß § 93 Abs. 2 AktG einen Schadensersatzanspruch der Gesellschaft nach sich ziehen.

2. Aufsichtsrat

Für den Aufsichtsrat stellt sich die Pflichtenlage nicht grundlegend anders dar als beim Vorstand. Auch der Aufsichtsrat ist auf das Unternehmensinteresse verpflichtet[72] und muss daher auf außergewöhnliche Umstände, die das Geschäftsmodell des Unternehmens in Frage stellen, angemessen reagieren. Es entspricht dem modernen Verständnis der Aufsichtsratspflichten,[73] sich zukunftsorientiert die Frage zu stellen, wie auf eine solche Entwicklung zu reagieren sei. Dabei sind alle Instrumente zu nutzen, die das Gesetz bereitstellt. In erster Linie ist hier an einen intensiven Informationsaustausch mit dem Vorstand zu denken.[74] Aber auch das Vergütungssystem als Instrument der Verhaltenssteuerung gehört in einer krisenhaften Situation auf den Prüfstand. Da die variablen Vergütungsbestandteile anerkanntermaßen ein Instrument der Verhaltenssteuerung sind,[75] ist der Aufsichtsrat geradezu verpflichtet, die Steuerungswirkung der Vergütungsvereinbarung zu überprüfen und ggf. neu zu justieren.

Sollte das Vergütungssystem keine Öffnungsklausel für außergewöhnliche Umstände vorsehen, liegt es nahe, darin eine Sorgfaltspflichtverletzung des Aufsichtsrates zu sehen, der die von § 87a Abs. 2 S. 2 AktG eröffnete Möglichkeit nicht genutzt hat. In dieser Situation bleibt nur der Ausweg, der Hauptversammlung möglichst zeitnah ein angepasstes Vergütungssystem zur Billigung vorzulegen. Es ist davon abzuraten, in diesem Fall ad hoc besondere Prämien für den Vorstand auszuloben. Denn die Erforderlichkeit einer solchen − gegen das Vergütungssystem verstoßenden − Kurswende lässt sich angesichts der klaren Pflichtenlage des Vorstands, der sich auch ohne besondere variable Vergütungsbestandteile ganz in den Dienst des Unternehmens stellen muss, nur sehr schwer begründen. Sollte der Aufsichtsrat eine besondere Incentivierung für geboten halten, muss es genügen, dem Vorstand eine solche für das neu zu beschließende Vergütungssystem in Aussicht zu stellen. Mit den Grundsätzen der Mannesmann-Entscheidung wäre ein solches Vorgehen jedenfalls dann zu vereinbaren, wenn das betreffende Vorstandsmitglied die Gesellschaft nicht unmittelbar nach Gewährung der Prämie verlässt. Eine Anpassung der Leistungsbezüge während der laufenden Amtsperiode kann durchaus als Verhaltensanreiz auch für die Zukunft dienen und würde damit das Kriterium der Nützlichkeit für die Gesellschaft erfüllen.

VI. Zusammenfassung

Die Vergütung des Vorstands beruht zwar zivilrechtlich auf einem Anstellungsvertrag. Die zivilrechtlich gewährte Privatautonomie wird allerdings durch aktienrechtliche Bindungen überlagert. Das betrifft insbesondere die börsennotierte Gesellschaft, in der ein Vergütungssystem entwickelt und der Hauptversammlung zur Billigung vorgelegt werden muss. Aus diesem Verfahren ergibt sich eine Selbstbindung des Aufsichtsrats; er kann von dem selbst festgelegten Vergütungssystem anschließend nicht mehr abweichen.

---

[72] Siehe nur *Koch,* AktG, 16. Aufl. 2022, § 116 Rn. 2.

[73] Hierzu *Lutter/Krieger/Verse,* Rechte und Pflichten des Aufsichtsrats, 7. Aufl. 2022, § 2 Rn. 58 (S. 35).

[74] *Lutter/Krieger/Verse,* Rechte und Pflichten des Aufsichtsrats, 6. Aufl. 2014, § 3 Rn. 96 (S. 50).

[75] Siehe nur *Seibt* in K. Schmidt/Lutter, AktG, 4. Aufl. 2020, § 87 Rn. 3. Die gesetzliche Regelung in § 87 Abs. 1 AktG trägt dieser Anreizfunktion Rechnung (vgl. Begr. RegE zur Neuregelung von § 87 Abs. 1 AktG im Jahre 2009 durch das Gesetz zur Angemessenheit der Vorstandsvergütung, sog. VorstAG, BT-Drs. 16/12278, 5).

Das Vergütungssystem kann eine gewisse Flexibilität vorsehen, die eine Anpassung an neue Entwicklungen rechtfertigt. Eine entsprechende Anpassungsklausel muss allerdings hinreichend konkret sein, um den Aktionären eine Einschätzung zu ermöglichen, welche Fälle gemeint sind und in welcher Hinsicht das Vergütungssystem gegebenenfalls angepasst werden könnte. Eine solche vergütungssystem-immanente Flexibilität lässt sich nur für Entwicklungen erreichen, die man in den Grundzügen vorhersehen kann.

Darüber hinaus gestattet § 87a Abs. 2 S. 2 AktG im Vergütungssystem eine Öffnungsklausel, die bei außergewöhnlichen und unvorhersehbaren Umständen greift, wie sie der aktuelle Ukraine-Krieg darstellt. Die Kategorie der außergewöhnlichen Umstände ist dadurch gekennzeichnet, dass sie die langfristigen Interessen und die Tragfähigkeit der Gesellschaft oder ihre Rentabilität gefährden. Eine nähere Konkretisierung dieser Umstände ist im Vergütungssystem nicht erforderlich. Geregelt werden müssen stattdessen das Verfahren der Abweichung und die Bestandteile des Vergütungssystems, von denen abgewichen werden kann.

Die vom Mannesmann-Urteil des BGH gezogene strafrechtliche Grenze dürfte einer Anpassung der Vergütung nur selten entgegenstehen. Eine Verschwendung des anvertrauten Vermögens liegt nur dann vor, wenn eine Anerkennungsprämie keinerlei Nutzen für die Gesellschaft hat. Insoweit wies der Mannesmann-Fall eine doppelte Besonderheit auf: Die feindliche Übernahme des Unternehmens war ein einmaliger Vorgang und der prämierte Vorstandsvorsitzende war auf dem Wege, das Unternehmen zu verlassen. Diese besonderen Umstände veranlassten den BGH zu der Schlussfolgerung, dass von der Prämienzahlung keine sinnvolle Anreizwirkung mehr ausgehen könne. Bei einer Leistungszulage im Angesicht einer laufenden Krise, die es zu bewältigen gilt, dürfte an der Nützlichkeit für die Gesellschaft hingegen kein Zweifel bestehen.

Ungeachtet einer eventuellen Anpassung des Vergütungssystem an veränderte Umstände bleibt der Vorstand stets verpflichtet, das Unternehmensinteresse in den Vordergrund seines Bemühens zu stellen. Es wäre pflichtwidrig, die Rettung des Unternehmens allein deshalb nur mit halber Kraft anzugehen, weil das Vergütungssystem auf diesen Fall nicht vorbereitet war. Dem Aufsichtsrat, der es versäumt haben sollte, die nach § 87a Abs 2 S. 2 AktG zulässige Öffnungsklausel vorzusehen, bleibt angesichts dessen nur eine Anpassung des Vergütungssystems zunächst der Hauptversammlung zur Billigung vorzulegen, bevor darauf eine geänderte Vergütungsregelung gestützt werden kann.

JENS TERSTEEGEN

„Auf Vorlesen wird verzichtet" – eine Betrachtung zum Beurkundungsumfang hinsichtlich der Anlagen von Unternehmenskaufverträgen

I. Einführung

Bei Unternehmenskaufverträgen und anderen Transaktionen eines gewissen Umfangs bzw. einer gewissen wirtschaftlichen Bedeutung ist es mittlerweile absolut üblich geworden, der Urkunde zahlreiche Anlagen beizufügen und auf noch mehr Anlagen und Dokumente Bezug zu nehmen. In der Regel werden hierfür Bezugsurkunden erstellt, bei denen ein Vertragsbeteiligter oder in der Praxis noch häufiger ein Mitarbeiter des Notars auftritt, dem nur die Funktion zukommt, sich vom Notar die Anlagen vorlesen zu lassen. In der Praxis stellt sich dabei häufig die Frage, was verlesungspflichtiger Inhalt ist und was nicht. Dem will der vorliegende Beitrag mit praxisorientierten Lösungsansätzen nachgehen. Die dabei diskutierten Fragestellungen beschränken sich nicht nur auf Unternehmenskaufverträge, sondern sind auch auf andere Verträge, zB Grundstückskaufverträge, übertragbar.

II. Ausgangspunkt der Beurkundungspflicht

Ausgangspunkt der Beurkundungspflicht ist zunächst das materielle Recht: Nach § 15 Abs. 3 und 4 GmBHG bedarf sowohl die Abtretung von GmbH-Geschäftsanteilen als auch die Verpflichtung hierzu der notariellen Beurkundung. Bei Immobilienkaufverträgen ergibt sich eine entsprechende Verpflichtung aus § 311b BGB. Anerkannt ist dabei auch, dass, wenn auch nur ein Teil eines einheitlichen Vertrages beurkundungsbedürftig ist, dies zur Beurkundungsbedürftigkeit des gesamten Vertrages führt. Daher sind auch beispielsweise Verträge über die Übertragung von Anteilen an einer GmbH & Co. KG zu beurkunden, wenn gleichzeitig mit dem Kommanditanteil auch die Anteile an der Komplementär-GmbH veräußert werden sollen.

Besteht aufgrund materiellen Rechts eine Verpflichtung zur notariellen Beurkundung, so erfasst dies nach der ganz herrschenden Meinung stets das gesamte Rechtsgeschäft mit seinem gesamten Inhalt.[1] Lediglich eine Mindermeinung vertritt, dass nur wesentliche Teile

---

[1] Für den Bereich des GmbH-Rechts statt aller: BGH NJW 1969, 2049, NJW 1983, 1843; DStR 2000, 1272; NJW 2002, 142; OLG Hamburg RNotZ 2007, 415 (417); OLG Dresden GmbHR 1997, 746; OLG Düsseldorf MDR 1978, 668; GmbHR 1997, 742; *Ebbing* in Michalski/Heidinger/Leible/J. Schmidt, GmbHG, 3. Aufl. 2017, § 15 Rn. 89 m. zahlr. wN; für den Bereich des Immobilienrechts: BGH BGHZ 74, 346 = NJW 1979, 1496; BGHZ 63, 359 = NJW 1975, 536; BGH NJW 1984, 974; *Gehrlein* in BeckOK BGB, 63. Ed. 1.8.2022, § 311b Rn. 20 m. zahlr. wN; BGHZ 76, 43 = NJW 1980, 829; BGHZ 85, 315 = NJW 1983, 563; BGH NJW 1984, 612; 1998, 3196; jüngst auch: BGH Urt. v. 29.1.2021 – V ZR 139/19 mit zahlr. wN; *Ruhwinkel* in MüKoBGB, 8. Aufl. 2019, § 311b Rn. 55; *Gehrlein* in BeckOK BGB, 55. Ed. 1.8.2020, § 311b Rn. 20.

beurkundet werden müssten.[2] So führt das OLG München in der Entscheidung vom 14.11.1966 aus: „Der Beurkundungszwang bei der Veräußerung von Geschäftsanteilen betrifft daher nur die wesentlichen Vereinbarungen, aus denen sich die Abtretung und/oder die Verpflichtung zur Abtretung ergibt."[3] Eine Auseinandersetzung mit diesen Mindermeinungen soll aber hier unterbleiben. Diskussionswürdig sind die insoweit vertretenen Ansätze allesamt nicht. Wie sollte denn auch nur einigermaßen rechtssicher festgelegt werden, was gerade noch so wichtig ist, dass es gerade noch beurkundungsbedürftig ist und was dann doch nicht mehr so erheblich ist, sodass eine Beurkundungsbedürftigkeit verneint werden kann. Gerade im späteren Streitfall wird die komplette Nebensächlichkeit zur zentralen Frage von wirtschaftlich erheblichster Bedeutung erhoben werden. Derartige akademische Gedankenspiele um die Frage, welche Teile des Rechtsgeschäfts möglicherweise nicht mehr der Beurkundungspflicht unterliegen, haben außerhalb der Studierstuben der juristischen Professorenschaft und erst recht für den Notar keinen Raum. Zumindest als Notar wird man – schon mit Blick auf die Haftpflichtversicherung – gut daran tun, sich an derartige akademische Spielereien um den Umfang der Beurkundungspflicht nicht zu beteiligen. Und auch im Streitfall als Anwalt oder Richter darüber nachzudenken, ob das Rechtsgeschäft vielleicht doch wirksam ist, obwohl nicht alles beurkundet wurde, ist eher (löblicher) juristischer Rettungsversuch als tatsächlich begründbare Rechtsauffassung. Also halten wir für uns als kautelarjuristische Praktiker fest: Das Rechtsgeschäft ist seinem ganzen Umfang nach beurkundungspflichtig. Immer dann, wenn irgendjemand – was ja durchaus mal vorkommt – uns mitteilt, dass bestimmte Dinge außerhalb der Urkunde geregelt werden müssen, gilt: Nein! Auch das muss beurkundet werden.

Selbstverständlich geht es dabei nur um den „Inhalt des Rechtsgeschäfts" und diesen festzustellen und von anderen Teilen abzugrenzen, kann im Einzelfall schwierig sein. So wird man beispielsweise nicht davon ausgehen müssen, dass ein Gesellschafterbeschluss, den die neuen Gesellschafter nach Wirksamwerden der Anteilsabtretung noch fassen wollen, allein deshalb beurkundungspflichtig wäre, weil er im zeitlich/technischen Zusammenhang mit dem Anteilskaufvertrag steht. Will aber der Verkäufer seinen Anteil nur verkaufen, wenn ein bestimmter Gesellschafterbeschluss durch den Erwerber gefasst wird, so ist zumindest die Verpflichtung hierzu als Teil des Anteilskaufvertrages beurkundungsbedürftig. Man sieht: Die Abgrenzung ist schwierig. Dies ist aber die Abgrenzung danach, was Inhalt des Rechtsgeschäfts ist und nicht – entgegen der genannten Mindermeinung – danach, was wichtig/ unwichtig oder wesentlich/unwesentlich, zentraler Inhalt oder nur untergeordnete Nebenabrede ist.

III. *Beurkundungsumfang in Bezug auf Anlagen zum Vertrag*

1. *Beurkundet werden Erklärungen der Beteiligten*

a) *Ausgangspunkt*

In der Literatur zum notariellen Verfahrensrecht gibt es ganz hervorragende Darstellungen, wie in Bezug auf Anlagen zum Vertrag der Beurkundungsumfang festzustellen ist.[4] Sucht man aber dort nach der „Anlage", so ist man schnell verwirrt, denn man wird feststellen, dass nach der echten technischen Anlage, auf die verwiesen wird im Sinne von § 9 Abs. 1

---

[2] In diese Richtung: *Sigle/Maurer* NJW 1984, 2657, 2658; *Heidenhain* NJW 1999, 3073; *Reichert/Weller* in MüKoGmbHG, 4. Aufl. 2022, § 15 Rn. 113 ff.; OLG München NJW 1967, 1326 (1328).

[3] OLG München NJW 1967, 1326 (1328).

[4] Vgl. statt aller: *Limmer* in Frenz/Miermeister, BNotO, 5. Aufl. 2020, BeurkG § 9 Rn. 6 ff. oder *Winkler*, BeurkG 20. Aufl. 2022, § 9 Rn. 23 ff.; alle mwN.

S. 2 BeurkG und der Anlage, auf die bloß „unecht verwiesen" oder Bezug genommen wird, unterschieden werden muss. Nur ein Schriftstück, auf das nach § 9 Abs. 1 S. 2 BeurkG verwiesen wird, ist Anlage im Sinne des § 9 Abs 1. S. 2 BeurkG mit der Folge, dass sie verlesen werden muss. Nur ein solches Schriftstück sollte auch tatsächlich technisch als „Anlage" bezeichnet werden. Bei den lediglich erläuternden Bezugnahmen liegt dagegen eine unechte Verweisung vor, die nicht von § 9 Abs. 1 S. 2 BeurkG erfasst wird.[5] Solche untechnisch in Bezug genommenen Schriftstücke sollte man in Abgrenzung zur echten „Anlage" als „nicht mitbeurkundete Anlage", „zu Beweiszwecken beigefügte Anlage" oder als „Beleg" kennzeichnen.

Wie stelle ich aber nun in der Praxis fest, welche Anlage tatsächlich der Verweisung nach § 9 Abs. 1 S. 2 BeurkG unterliegt und daher mitbeurkundet werden muss und in welchen Fällen ich es bei einer unechten Bezugnahme belassen kann, sodass die diesbezüglichen Anlagen nicht mitbeurkundet werden müssen. Dies ist eine Frage des materiellen Rechts, denn den Beurkundungsumfang gibt das materielle Recht vor. Beantwortet haben wir sie auch schon: Der Inhalt des Rechtsgeschäfts, d. h. der gesamte Inhalt des Rechtsgeschäfts, muss beurkundet werden[6]. Aber auch diese Erkenntnis hilft ebenso wenig weiter wie die zutreffende Feststellung, dass das materielle Recht einen unterschiedlichen Beurkundungsumfang festlegen kann. Als Praktiker ist man hier dann schnell verlassen. Es fehlt an griffigen Festlegungen. So passiert es dann auch, dass den Autor dieses Beitrags eine Urkunde erreichte, in der festgehalten war: „Dem in der Anlage lediglich zu Beweiszwecken als Entwurf beigefügten Anteilskaufvertrag wird zugestimmt. Auf Vorlesen der Anlage wird verzichtet." Was war passiert? Eigentlich lautete der ursprüngliche Entwurf: „Dem in der Anlage lediglich zu Beweiszwecken beigefügten Anteilskaufvertrag vom [Datum], UVZ.Nr … für 2022 des Notars [Name], wird zugestimmt." Nur lag dieser bei Beurkundung des Zustimmungsbeschlusses aufgrund Verschiebung des Beurkundungstermins um einen Tag noch nicht vor. Er war noch gar nicht beurkundet. Folglich konnte auch im Text der Urkunde nicht auf den beurkundeten Vertrag verwiesen werden. Also fügte man schnell den Entwurf ein und packte diesen als Anlage dabei. Scheinbar auf den ersten Blick identischer Inhalt und doch der Unterschied zwischen unwirksam und wirksam.

Auch der Versuch aus der Rechtsprechung des BGH griffige Kriterien oder Abgrenzungspunkte dafür zu entnehmen, wann eine Anlage im Einzelfall beurkundungspflichtig ist und wann sie höchstens untechnisch in Bezug genommen werden bzw. dann auch gleich weggelassen werden kann[7], scheitert meiner Ansicht nach.[8] Die BGH-Rechtsprechung ist aus meiner Sicht ausgesprochen kasuistisch ohne klare Leitlinien und im Ergebnis eher von dem begrüßenswerten (und aus der Sicht des Praktikers auch beruhigenden) Versuch geprägt, im Zweifel nicht zur Unwirksamkeit des Rechtsgeschäfts wegen mangelnder Beurkundung zu gelangen. Schauen wir uns exemplarisch hierfür die Entscheidung des BGH

---

[5] Statt aller: *Limmer* in Frenz/Miermeister, BNotO, 5. Aufl. 2020, BeurkG § 9 Rn. 12.
[6] Dies ist ständige Rechtsprechung des BGH: BGH 23.2.1979 – V ZR 99/771, NJW 1979, 1495; BGH 27.4.1979 – V ZR 175/772, NJW 1979, 1498; BGH 22.6.1979 – V ZR 21/78, NJW 1979, 1984; BGH 17.7.1998 – V ZR 191/97, DNotZ 1999, 50; BGH 14.3.2003 – V ZR 278/2001, DNotZ 2003, 698; BGH 29.1.2021 – V ZR 139/19, DNotZ 2021, 764.
[7] Alle Anlagen, bei denen eine untechnische Bezugnahme erfolgt, können im Ergebnis – wenn man den Beurkundungsumfang und damit die Frage der Wirksamkeit des Rechtsgeschäfts betrachtet – immer auch weggelassen werden. Das Beifügen hat eine reine Beweisfunktion. Gelangt man zum Ergebnis, dass ohne die Anlage die Vereinbarung der Beteiligten nicht verständlich ist, so handelt es sich im Ergebnis doch um eine echte Anlage, die mitbeurkundet werden muss.
[8] Ein derartiger löblicher Versuch findet sich beispielsweise bei *Hauschild/Böttcher* in Hauschild/Kallrath/Wachter, Notarhandbuch Gesellschafts- und Unternehmensrecht, 3. Aufl. 2022, § 11 Rn. 18 ff. Freilich ziehen die Autoren aus meiner Sicht aus der Analyse der BGH-Rechtsprechung zu weitreichende Schlüsse.

vom 14.3.2003[9] an. Dort ging es um einen Fall, wo im Rahmen der Baubeschreibung vereinbart war, dass ein ganz bestimmtes Bodengutachten zu beachten sei. Dieses war nicht mitbeurkundet. Gleichwohl gelangt der Senat zu dem Ergebnis, dass kein Verstoß gegen § 313 S. 1 BGB aF vorliege, weil ja gar nicht das Gutachten zu beachten gewesen sei, sondern nur die tatsächlichen Feststellungen und Befundtatsachen des Bodengutachtens, deren Feststellung nicht auf dem Willen der Parteien beruhe, sondern auf den Naturgesetzen und der Sachkunde des Gutachters. Das ist ja ein netter Versuch, zu begründen, warum man hier nicht zur Beurkundungsbedürftigkeit gelangt. Fragt man aber die Beteiligten, ob ein konkretes Bodengutachten oder die Naturgesetze beachtet werden sollten, so dürfte das Ergebnis eindeutig sein. Diese Argumentationslinie vermag daher aus meiner Sicht das vom BGH gefundene Ergebnis nicht zu decken. Ebenso wenig wie der nachfolgende Satz in der Entscheidung des Spruchkörpers, wo sich dann unter Verweis auf die Entscheidung des BGH vom 17.7.1998[10] die Aussage findet, der Bodengutachten-Fall des BGH sei vergleichbar mit dem Fall der Baugenehmigungsplanung, die Gegenstand der kaufrechtlichen Austauschpflicht ist. Der BGH versucht dort, seine Entscheidung vom 14.3.2003 als Fortsetzung der Entscheidung vom 17.7.1998 darzustellen. Dies ist aber in keiner Weise zutreffend. Die Entscheidung vom 17.7.1998 bezog sich auf einen ganz anderen Sachverhalt. Verkauft war ein Grundstück. Mitverkauft war die Bauantragsplanung. Diese war nicht beigefügt. Richtig gelangt der BGH zu dem Ergebnis, dass es dies auch nicht braucht. Die Parteien hatten alles vereinbart, was nötig war. Nämlich, dass eben die Genehmigungsplanung mitverkauft sei. Welche das ist, ergibt sich, wie der BGH darstellt, unzweideutig durch Auslegung. Natürlich musste man die dort nicht beifügen. Zwar wären weitere Identifizierungshilfen, Aktenzeichen etc. schön gewesen, der Wille der Beteiligten lässt sich aber auch so feststellen. Dieser Fall ist aber doch ganz anders als der Bodengutachten-Fall: In diesem wurde nicht das Bodengutachten (oder vielmehr die Nutzungsrechte hieran) mitverkauft, es war im Rahmen der Bebauung zu beachten. Es war Leistungsgegenstand. Insofern lag der Fall ganz anders. Der Bodengutachten-Fall beziehungsweise die Begründung, die der 5. Zivilsenat findet, um von der Wirksamkeit der Urkunde ausgehen zu können, zeigt deutlich, dass hier ein Ergebnis begründet werden sollte. Die Urkunde sollte nicht unwirksam sein. In der Tat wünschen wir uns Rechtsprechung, die im Zweifel eher die Wirksamkeit aufrechterhält, auch wenn das im Einzelfall schwierig sein sollte. Aus derartiger Rettungsring-Rechtsprechung kann man aber keine Grundsätze für die notarielle Praxis entnehmen – noch weniger sollte man sie befolgen. Nebenbei: Der Bodengutachten-Fall hätte sich aus meiner Sicht auf viel einfachere Weise retten lassen, als das Bemühen der Aussage, ein Sachverständigengutachten sei nur die Anwendung von Naturgesetzen unter Berücksichtigung der Sachkunde des Gutachters und daher nicht beurkundungsbedürftig. Man hätte hier einfach mittels Auslegung der Erklärung dazu kommen können, dass die Parteien eine Errichtung nach den statischen Verhältnissen wollten. Dafür hätte der Wortlaut unzweideutig Anhaltspunkte enthalten. Aber dies ist freilich für das Revisionsgericht schwierig; die Auslegung durch die Tatsacheninstanz ist nur beschränkt überprüfbar. Dies war aus meiner Sicht der Grund dafür, warum der BGH die Urkunde mit der vorgenannten etwas konstruierten Begründung (Sachverständigengutachten sind Anwendung von Naturgesetzen) gerettet hat. Es bleibt die Feststellung: Auch wenn die Rechtsprechung des BGH von der Tendenz (Erhaltung der Wirksamkeit) absolut zu begrüßen ist, hilft sie uns nicht wirklich weiter. Ich jedenfalls warne davor, der Rechtsprechung verallgemeinerungsfähige Grundsätze zu entnehmen.[11]

---

[9] BGH 14.3.2003 – V ZR 278/01, DNotZ 2003, 698.
[10] BGH 17.7.1998 – V ZR 1991/97, DNotZ 1999, 50.
[11] So aber: *Hauschild/Böttcher* in Hauschild/Kallrath/Wachter, Notarhandbuch Gesellschafts- und Unternehmensrecht, 3. Aufl. 2022, § 11 Rn. 29.

b) Erklärungen der Beteiligten

Entscheidender Ausgangspunkt für die Festlegung des Beurkundungsumfangs ist nach meiner Auffassung die Aussage des § 9 Abs. 1 Nr. 1 BeurkG: „Erklärungen der Beteiligten" müssen beurkundet werden; egal ob Anlage oder nicht. Materiellrechtlich gesprochen „der Inhalt des Rechtsgeschäfts". Aber griffiger ist die „Erklärung der Beteiligten". Wir müssen die Erklärungen der Beteiligten vollständig beurkunden. Daher stelle ich mir, wenn ich mich frage, ob ich eine Anlage mitbeurkunden – oder sagen wir ruhig platt „vorlesen" muss – als erstes die Frage, was Inhalt der Erklärung der Beteiligten ist. Was erklärt der Mensch, der dort vor mir erscheint? Dieser Ausgangspunkt deckt sich dann auch mit der Kernaussage, die der ständigen Rechtsprechung des BGH[12] entnommen werden kann: Beurkundungsbedürftig sind alle Vereinbarungen der Beteiligten, aus denen sich nach dem Willen der Beteiligten das schuldrechtliche Rechtsgeschäft zusammensetzt. Entscheidende Frage ist also, welche Erklärungen der Beteiligten bestimmen den Inhalt des Rechtsgeschäfts. Dies ist mir allerdings für einen praxistauglichen Ansatz schon fast zu theoretisch. Wenn ich mich nach den Erklärungen frage, die den Inhalt des schuldrechtlichen Rechtsgeschäfts bestimmen, bekommt das Ganze schon wieder so einen theoretischen Überbau. Man muss sich nach dem Inhalt des schuldrechtlichen Rechtsgeschäfts fragen und fragen, ob es sich um eine Erklärung handelt, die dafür prägend bzw. bestimmend ist. Griffiger – ohne dabei weniger korrekt zu sein – ist es, dagegen einfach zu fragen: „Was ist Inhalt der Erklärungen der Beteiligten?"

Wenden wir diese Fragestellung nochmal auf das geschilderte Beispiel des (aufgrund materiellem Recht beurkundungsbedürftigen) Zustimmungsbeschlusses an: Wenn der Beteiligte erklärt, dass er einem mit Datum und Nummer des Urkundenverzeichnisses[13] genau bezeichneten Anteilskaufvertrag zustimmt, so ist genau das Inhalt der Erklärung und es muss auch nur das beurkundet werden. Da ist kein zweites Verlesen des Anteilskaufvertrages und auch keine Verweisung nach § 13a BeurkG erforderlich. Es handelt sich um eine untechnische Bezugnahme. Das Beifügen als Anlage erfolgt nur zu Beweiszwecken. Immer dann, wenn auf bestehende Rechtsverhältnisse verwiesen wird, handelt es sich bei diesen Rechtsverhältnissen nicht um Erklärungen der Beteiligten und auch die Bezugnahme macht das Rechtsgeschäft nicht zum Inhalt der Erklärung.[14] Dies ergibt sich auch aus der bereits zitierten Entscheidung des BGH vom 17.7.1998.[15] Wenn eine Genehmigungsplanung mitverkauft werden soll, reicht es aus, diese identifizierbar zu bezeichnen. Sie muss aber nicht durch Verlesen oder auf sonstige Weise zum Inhalt der Urkunde gemacht werden. Gleiches gilt für die Zustimmung zum schon beurkundeten Vertrag. In dem Parallelfall, in dem der Anteilskaufvertrag, dem zugestimmt werden sollte, dagegen noch nicht beurkundet war, sondern nur als Entwurf vorlag, kommt eben diesem als Anlage beigefügten Entwurf dagegen eine ganz andere Bedeutung zu. Inhalt der Erklärung ist nunmehr: „Ich stimme einem Anteilskaufvertrag zu, der den Inhalt wie in dem beigefügten Entwurf hat." Hier ist die Bezugnahme nicht nur informatorisch. Hier ergibt sich der Inhalt der Erklärung nur aus dem Zusammenspiel von Zustimmungserklärung im eigentlichen Sinne und beigefügtem Entwurf. Der Entwurf ist Teil der Erklärung. Er muss verlesen werden. Zu diesem Ergebnis gelangt man auch, wenn man sich der Fragestellung nochmals von einer anderen Seite

---

[12] Dies ist ständige Rechtsprechung des BGH: BGH 23.2.1979 – V ZR 99/771, NJW 1979, 1495; BGH 27.4.1979 – V ZR 175/772, NJW 1979, 1498; BGH 22.6.1979 – V ZR 21/78, NJW 1979, 1984; BGH 17.7.1998 – V ZR 191/97, DNotZ 1999, 50; BGH 14.3.2003 – V ZR 278/2001, DNotZ 2003, 698; BGH 29.1.2021 – V ZR 139/19, DNotZ 2021, 764.

[13] Für alle, die nicht Notar sind und sich wundern: Seit dem 1. Januar 2022 heißt die Urkundenrolle nunmehr Urkundenverzeichnis.

[14] *Winkler*, BeurkG, 20. Aufl. 2022, § 9 Rn. 73; BGH NJW 1989, 164 = MittBayNot 1988, 227; *Limmer* in Frenz/Miermeister, BNotO, 5. Aufl. 2020, BeurkG § 9 Rn. 13.

[15] BGH 17.7.1998 – V ZR 191/97 – DNotZ 1999, 50.

nähert: Stellen wir uns vor, die Anlage wäre nicht dabei. (Rechtlich betrachtet ist sie das ja auch nicht, wenn sie nur zu Beweiszwecken beigefügt ist.) Ist die Aussage dann aus sich heraus noch verständlich? Im Fall, in dem der Anteilskauf schon beurkundet war, kann das unproblematisch bejaht werden. Es wird einem mit Datum und UVZ-Nummer bezeichneten Anteilskaufvertrag zugestimmt. Beim Entwurfs-Fall dagegen weiß man aber ohne die Anlage noch nicht einmal, wer was an wen verkauft – von den Details ganz zu schweigen.

So schwierig der Einzelfall sein mag, ich versuche immer, die Frage nach der Beurkundungsbedürftigkeit der Anlagen auf diese Fragestellung bzw. diese zwei Fragen zurückzuführen: 1. Was ist Inhalt der Erklärung? 2. Ist die Erklärung noch im rechtlichen Sinne vollständig, wenn ich mir die Anlage wegdenke? Die Frage, was Inhalt der Erklärung ist, ist dabei die Frage nach dem wirklichen Inhalt der Erklärung. Dafür muss man nicht allein vom Wortlaut der Urkunde ausgehen. Man muss sich vielmehr die Frage stellen, was erklärt der Beteiligte hier wirklich? Was will er sagen? Brauche ich die Anlage, um diesen Inhalt zu verstehen? Hat man diese Frage beantwortet, dann hat man mit dem BGH festgestellt, welches die Vereinbarungen der Beteiligten sind, aus denen sich nach dem Willen der Beteiligten das schuldrechtliche Rechtsgeschäft zusammensetzt.

Und eines ist auch wichtig: Es bringt aus meiner Sicht gar nichts, in hektische Betriebsamkeit zu verfallen und bei § 15 GmbHG, § 311b BGB, § 9 BeurkG oder wo auch immer in den Kommentierungen nachzuschauen, ob ein als Anlage genommener Mietvertrag beurkundungsbedürftig ist oder ob eine Bilanz als Anlage nach § 14 BeurkG beigefügt werden muss. Die Kommentierungen können die Frage nicht beantworten, denn – um unser aller Lieblingssatz, der uns in unzähligen Vorlesungen gequält hat, zu zitieren – „Es kommt darauf an". Oder abgewandelt: „Ist es denn Erklärung der Beteiligten?" oder – wie gleich noch zu zeigen sein wird – „Geht es um die Garage oder deren Inhalt?". Erst wenn man die Frage beantwortet hat, was Inhalt der Erklärung der Beteiligten ist, kann man zur Absicherung die Kommentierungen bemühen, um zu prüfen, ob sich das konkret gefundene Ergebnis damit deckt.

c) Wissenserklärungen und rechtliche Tatsachen

Beurkundet werden Willenserklärungen der Beteiligten. Insofern liest man immer wieder, dass Wissenserklärungen nicht dem Beurkundungserfordernis unterliegen, da sie nicht Regelungsinhalt des Rechtsgeschäfts sind.[16] Zum Teil wird auch davon gesprochen, dass bestehende rechtliche Tatsachen nicht der Beurkundungsbedürftigkeit unterliegen.[17] Der BGH schließlich behandelt die Beurkundungsbedürftigkeit bloßer Informationen, wenn er sagt: „Eine Information ist keine Vereinbarung. Sie bedarf nicht der notariellen Beurkundung […]."[18]

All diese Aussagen sind ebenso richtig, wie gefährlich. In der Tat: Die bloße Wissenserklärung als solche ist nicht beurkundungsbedürftig. Dass der Käufer „weiß", dass der Dachgeschossausbau nicht genehmigt ist, ist für die Frage der Gewährleistung oder gar der arglistigen Täuschung relevant, aber beurkundungsbedürftig wird es damit nicht. Daher reicht es in derartigen Fällen auch aus, anderweitig als durch Beurkundung sicherzustellen, dass der Käufer von dieser Tatsache Kenntnis hat, und die schriftliche Erklärung des Käufers auf einem gesonderten Blatt, dass er eben diesen Umstand kennt, ist keine nichtbeurkundete Nebenabrede. Es ist überhaupt keine Abrede, sondern eine bloße Wissenserklärung. Aber Vorsicht: Jetzt 90% der Anlagen als nicht beurkundungsbedürftig auszusortieren, weil „Wis-

---

[16] *Hertel* in Staudinger, BGB, Neubearb. 2012, Vorbem. zu §§ 127a, 128 BGB (BeurkG) Rn. 129, 407; BGH DNotZ 1986, 78; BGH DNotZ 2003, 696; *Krauß* in Beck'sches Notar-Handbuch, 7. Aufl. 2019, Rn. 517.

[17] In diesem Sinne: *Hauschild/Böttcher* in Hauschild/Kallrath/Wachter, Notarhandbuch Gesellschafts- und Unternehmensrecht, 3. Aufl. 2022, § 11 Rn. 29.

[18] BGH DNotZ 1986, 78.

senserklärung", „bestehende rechtliche Tatsache" oder bloße Information, ist nicht richtig. Wieder geht es darum, was die Beteiligten erklären. Wieder ist die erste Fragestellung: Was ist die Erklärung der Beteiligten? Oder in der Terminologie des BGH: Was sind die Vereinbarungen der Beteiligten, aus denen sich nach dem Willen der Beteiligten das schuldrechtliche Rechtsgeschäft zusammensetzt?[19] Wird das Wissen, die rechtliche Tatsache oder die Information Teil einer Erklärung, so erfasst der Beurkundungszwang auch dies. Krauß spricht insofern zutreffend davon, dass Wissenserklärungen dann beurkundungsbedürftig sind, wenn sich Willenserklärungen darauf beziehen.[20]

Also: Wenn Käufer und Verkäufer in der Urkunde sagen, dass Ihnen bekannt ist, dass die GmbH alle für den Geschäftsbetrieb erforderlichen Genehmigungen besitzt, ist das eine Wissenserklärung. Man könnte das auch weglassen. Die Urkunde wird dadurch nicht unwirksam. Will aber der Verkäufer dafür garantieren, dass das so ist, dann ist die Wissenserklärung „Die GmbH hat alle erforderlichen Genehmigungen" nun Teil oder Bezugsobjekt der Willenserklärung „Ich garantiere, dass die GmbH alle erforderlichen Genehmigungen hat". Die Abgrenzung zwischen bloßer Wissenserklärung und tatsächlicher Willenserklärung ist dabei nicht immer ganz trivial. „Der Verkäufer erklärt, dass der Lizenzvertrag mit der Firma X wirksam abgeschlossen ist." Das kann eine reine Wissenserklärung sein; im Zweifelsfall wird es aber darüber hinaus auch die Aussage beinhalten, dass der Verkäufer für eben diese Tatsache auch haften will. Als Notar ist es sinnvoll, hier genau nachzufassen und zu fragen, was genau an dieser und jener Stelle der Urkunde eigentlich erklärt werden soll – auch dann, wenn es unsere Anwaltskollegen nervt, wenn der Notar sich schon wieder „mit dem Wording der Urkunde" aufhält. Nur zur Klarstellung an dieser Stelle: Die vorgenannten Beispiele, in denen für das Bestehen eines bestimmten Lizenzvertrages oder das Vorhandensein aller Genehmigungen eine Garantie übernommen wird, sollten der Abgrenzung von Wissens- und Willenserklärungen dienen. Es ging mir an dieser Stelle nicht um die Frage, ob die darauf bezogenen Anlagen beurkundungsbedürftig sind. Dies ist zu verneinen. Wird garantiert, dass ein konkreter Lizenzvertrag besteht, so muss diese Aussage als Willenserklärung beurkundet werden. Der Vertrag selbst ist Identifizierungsbehelf und damit nur zu Informationszwecken beigefügt.[21]

Richtig spannend bei der Abgrenzung von Wissenserklärungen und Willenserklärungen wird es dann bei den Datenraumklauseln – hier kann man sich als Notar auch richtig beliebt machen – dazu sogleich.

2. Die Garage

a) Garagen im Allgemeinen

Eng verknüpft mit den Wissenserklärungen ist die Frage nach der Garage, die aus meiner Sicht die zweite wichtige Fragestellung neben der Frage, was Inhalt der Erklärung der Beteiligten ist, darstellt. Wobei: Vielleicht ist es auch dieselbe Frage – nur in anderem Gewand? Ganz sicher ist das so. Aber hilfreich ist es trotzdem. Wenn ich überlege, ob ich eine Anlage vorlesen muss, dann greife ich gedanklich häufig zu der Hilfsüberlegung der Garage: „Bezieht sich die Erklärung der Beteiligten auf die Garage oder auf deren Inhalt?" Nur wenn sich die Erklärung auf den Inhalt der Garage bezieht, dann ist dieser auch beurkundungsbedürftig. Wird also zum Beispiel vereinbart, dass das gesamte am Beurkundungstag in der Garage befindliche Inventar mitverkauft ist, dann bezieht sich die Erklärung nur auf die

---

[19] BGH 23.2.1979 – V ZR 99/771, NJW 1979, 1495; BGH 27.4.1979 – V ZR 175/772, NJW 1979, 1498; BGH 22.6.1979 – V ZR 21/78, NJW 1979, 1984; BGH 17.7.1998 – V ZR 191/97, DNotZ 1999, 50; BGH 14.3.2003 – V ZR 278/2001, DNotZ 2003, 698; BGH 29.1.2021 – V ZR 139/19, DNotZ 2021, 764.
[20] *Krauß* in Beck'sches Notar-Handbuch, 7. Aufl. 2019, Rn. 517.
[21] BGH 17.7.1998 – V ZR 191/97, DNotZ 50, 51.

Garage. Es bedarf keines Beifügens einer Inventarliste. Wird eine solche dennoch beigefügt, erfolgt das grundsätzlich nur zu reinen Beweiszwecken, sodass die Anlage nicht mitbeurkundet werden muss. Etwas anders gilt freilich dann, wenn durch das Beifügen der Anlage der Umfang der Leistungspflicht selbst festgelegt werden soll. Ist vereinbart, dass mindestens die in der Anlage aufgelisteten Gegenstände vorhanden sind und mitverkauft werden, dann bezieht sich die Erklärung direkt auf den Inhalt der Garage, sodass nunmehr auch die Anlage mitbeurkundet werden muss. Für die Abgrenzung kommt es darauf an, sich die Erklärung der Beteiligten genau anzusehen. Erklärt beispielsweise der Verkäufer, dass alle für den Teilbetrieb X des verkauften Unternehmens erforderlichen staatlichen Genehmigungen vorliegen (und er dafür hafte), so bedarf es keines Beifügens einer Liste der Genehmigungen. Sind derartige Genehmigungen im Datenraum an einer bestimmten Stelle abgelegt, so hat das nur Beweisfunktion. Die Erklärung ist, dass alle für den Teilbetrieb X erforderlichen Genehmigungen vorliegen. Umformuliert auf mein Garagenbeispiel: „Die Garage ist genehmigt." Erklärt der Verkäufer dagegen, dass für den Teilbetrieb X die in der Anlage aufgelisteten Genehmigungen bestehen, so ist diese Liste beurkundungspflichtig. Ohne Kenntnis der Liste (des Inhalts der Garage) ist die Aussage des Verkäufers nicht verständlich.

Stellen wir uns ferner eine für den Unternehmenskaufvertrag wichtige Vertriebsvereinbarung vor. Der Käufer hat ein wesentliches Interesse an der Vertriebsvereinbarung. Beziehen sich nun die Erklärungen nur auf den Bestand der Vertriebsvereinbarung als solcher, ist nur dies beurkundungsbedürftig. Wenn also der Verkäufer erklärt, dass er garantiere, dass die dem Käufer bekannte Vertriebsvereinbarung mit der X-AG ungekündigt fortbesteht, dann ist nur das Teil der Erklärung. Die Vertriebsvereinbarung als solche muss nicht vorgelesen werden. Sie muss noch nicht einmal als Anlage zur Urkunde beigefügt werden und wenn wir sie beifügen, dann nur zu Beweiszwecken als nicht mitbeurkundete Anlage. Soll der Verkäufer aber dafür haften, dass die Vertriebsvereinbarung genau den Inhalt hat, wie er in der Anlage wiedergegeben ist, dann bezieht sich die Erklärung des Verkäufers direkt auf den Inhalt, dann muss die Vertriebsvereinbarung verlesen werden. Da hilft auch das Argument, dies sei eine „bestehende rechtliche Tatsache" nicht. Die Erklärung „Die Vereinbarung hat den in der Anlage wiedergegebenen Inhalt." ist nur dann verständlich, wenn diese Anlage mitbeurkundet wird. es geht nicht bloß um die Garage und deren Bestand, es geht um den Inhalt der Garage. Immer wenn sich Aussagen auf den konkreten Inhalt der Garage beziehen, dann ist das beurkundungsbedürftig. Freilich kann man sich im geschilderten Beispiel leicht über das Vorlesen der Vertriebsvereinbarung hinwegretten: Erklärt der Verkäufer, dass die dem Käufer bekannte Vertriebsvereinbarung vom Datum nicht geändert wurde, ist nur dies Inhalt der Aussage. Im Bild: Die Garage wurde nicht verändert. Nur diese Aussage ist beurkundungsbedürftig. Wirtschaftlich wird das vielfach genauso wirken, wie die Aussage, dass der konkret in der Anlage aufgeschriebene Inhalt vereinbart ist, aber rechtlich hat es natürlich einen anderen Aussageinhalt: Es wird nicht mehr direkt dafür gehaftet, dass die Vertriebsvereinbarung einen bestimmten Inhalt hat, sondern eben dafür, dass ein gewisser Stand nicht verändert wurde. Der Stand, auf den Bezug genommen wird, der ist dann eine bestehende rechtliche Tatsache.

Dieser von mir vertretenen Auffassung, dass immer dann, wenn der Inhalt beispielsweise eines Vertrages oder eines anderen Schriftstücks selbst in Bezug genommen wird, sich die Erklärung der Beteiligten also auf den Inhalt des Vertrags oder sonstigen Schriftstücks bezieht, diese Anlagen mitbeurkundet werden müssen, widersprechen Hauschild/Böttcher.[22] Sie sind der Auffassung, dass dann, wenn es sich nicht um die Konstituierung zukunftsgerichteter Erfüllungsansprüche gehe, sondern sich nur beispielsweise Garantien, Zusicherungen oder Beschaffenheitsvereinbarungen jeweils auf bestehende, nach ihrem Entstehungsgrund in der Vergangenheit liegende Sachverhalte beziehen, keine Beurkundungs-

---

[22] *Hauschild/Böttcher* in Hauschild/Kallrath/Wachter, Notarhandbuch Gesellschafts- und Unternehmensrecht, 3. Aufl. 2022, § 11 Rn. 32 ff.

bedürftigkeit der Anlage gegeben sei. Derartige in der Urkunde enthaltenen Erklärungen seien aber aus sich heraus verständlich, die in Bezug genommenen Schriftstücke seien ein Stück vorhandene Realität. In diesem Zusammenhang führen Hauschild/Böttcher auch genau das Garagenbeispiel an. Sie führen aus, dass eine Vereinbarung, nach der alles mitverkauft sei, was sich am Tag der Beurkundung in einer bestimmten Werkhalle befindet, nicht dazu führt, dass eine Inventarliste erstellt und mitbeurkundet werden müsste.[23] Dies ist absolut zutreffend und von mir so auch oben schon dargestellt worden. Es wird nämlich gerade keine Garantie für einen bestimmten Inhalt übernommen. Die Erklärung bezieht sich nur auf die Garage bzw. Werkhalle und gerade nicht auf deren Inhalt. Wenn dann aber ausgeführt wird, dass es nicht anders zu behandeln sein könne, wenn sich eine Garantie auf Umstände beziehe, die nur „zufällig" in einem Schriftstück niedergelegt sind und sich nicht aus der „sonstigen" Realität ergeben, so trifft dies nicht zu. Entgegen der genannten Auffassung kommt es für die Frage der Beurkundungsbedürftigkeit der Anlagen nicht auf eine Zeitkomponente an. Es kommt nicht darauf an, ob es eine bestehende rechtliche Tatsache ist oder nicht. Hier mag eine Parallele zu den Entscheidungen des BGH zur Beurkundungsbedürftigkeit der Baubeschreibung gezogen werden. Es entspricht der ständigen Rechtsprechung des BGH, dass eine Baubeschreibung, die den Leistungsinhalt bestimmt, stets beurkundungsbedürftig ist und zwar auch dann, wenn der Bau schon errichtet ist.[24] Basty zieht aus dieser Entscheidung den richtigen Schluss: Beurkundet werden muss, was vereinbart ist. Ist es Wille der Beteiligten, dass die Bauwerkserrichtung nach einer Baubeschreibung erfolgt, muss diese mitbeurkundet werden. Akzeptiert dagegen der Käufer das Kaufobjekt so wie es ist, so ist es gerade nicht Wille der Beteiligten, dass noch eine Baubeschreibung erstellt oder beigefügt werden muss. Dann muss auch keine mitbeurkundet werden.[25] Dies liegt aber nicht an der zeitlichen Komponente. Es kommt vielmehr darauf an, was genau der Wille der Beteiligten ist. Insofern gelangt man zurück zur Aussage des BGH in ständiger Rechtsprechung. All das muss beurkundet werden, was nach dem Willen der Beteiligten Inhalt des Rechtsgeschäfts sein soll.[26] Entgegen der genannten Auffassung kommt es also nicht darauf an, ob Bezugspunkt der Anlage ein existierendes Rechtsverhältnis ist. Es ist zwar zutreffend, dass häufig dann, wenn auf bestehende rechtliche Tatsachen Bezug genommen wird, keine Beurkundungspflicht besteht, dies liegt aber nicht an der bestehenden rechtlichen Tatsache. Es kommt und damit sind wir wieder bei der Grundaussage, darauf an, was die Beteiligten erklären. „Ich kenne den Vertrag mit X vom 1.1.2000." Diese Aussage ist aus sich heraus verständlich. Der Vertragstext ist nur Identifizierungsbehelf. Er braucht nur als untechnische Anlage behandelt zu werden. „Ich garantiere, dass der Vertrag mit X in der Fassung vom 1.1.2000 unverändert fortbesteht." Hauschild/Böttcher würden hier eine Beurkundungspflicht verneinen und zwar zutreffend: Inhalt der Erklärung ist nur, dass ein bestehender Vertrag nicht verändert wurde. Damit wird der Vertrag nicht zum Inhalt der Urkunde. Die Erklärung der Beteiligten ist nur, dass keine Veränderung erfolgt ist. Also auch hier nur eine untechnische Anlage. Lautet die Erklärung aber: „Ich garantiere, dass der Vertrag mit X vom 1.1.2000 den in der Anlage wiedergegebenen Inhalt hat.", so wird der Inhalt beurkundungspflichtig. Die Erklärung ist nur verständlich, wenn der Inhalt mitbeurkundet wurde.

---

[23] *Hauschild/Böttcher* in Hauschild/Kallrath/Wachter, Notarhandbuch Gesellschafts- und Unternehmensrecht, 3. Aufl. 2022, § 11 Rn. 37.
[24] Vgl. nur: BGH 10.2.2005 – VII ZR 184/04, DNotZ 2005, 467 (468) mwN.
[25] *Basty* DNotZ 2005, 469 (470).
[26] BGH 23.2.1979 – V ZR 99/771, NJW 1979, 1495; BGH 27.4.1979 – V ZR 175/772, NJW 1979, 1498; BGH 22.6.1979 – V ZR 21/78, NJW 1979, 1984; BGH 17.7.1998 – V ZR 191/97, DNotZ 1999, 50; BGH 14.3.2003 – V ZR 278/2001, DNotZ 2003, 698; BGH 29.1.2021 – V ZR 139/19, DNotZ 2021, 764.

b) *Datenraumklauseln als besondere Garagen*

Dass anlässlich der Beurkundung großer Transaktionen CDs, DVDs oder USB-Sticks übergeben werden, auf denen der (in der Regel virtuelle) Datenrauminhalt gespeichert ist, entspricht mittlerweile der Üblichkeit.

aa) *Urkundstechnische Behandlung*

Wie man damit rein urkundstechnisch umgehen möchte, hängt davon ab, ob man den Datenträger als unechte Anlage zur Urkunde nimmt oder aber (lediglich) bei der Urschrift oder bei der Nebenakte in Verwahrung nimmt. Diese Frage des formellen Beurkundungsrechts soll hier nicht weiter thematisiert werden.[27] Ich persönlich nehme derartige Datenträger in Verwahrung und bewahre sie für eine bestimmte Zeit bei der Nebenakte auf. Das ist aber letztlich die Frage nach der persönlichen Vorliebe des jeweiligen Notars. Für die Frage der Beweiswirkung dürfte es kaum eine Rolle spielen, wobei manche Vorschläge wie beispielsweise der, durch das Loch der DVD die Schnur zu ziehen, nicht ganz praxistauglich erscheinen und auch die meisten DVD-ROM-Laufwerke überfordern dürften.

bb) *Datenraum als echte Anlage? – „Der Notar betritt die Garage."*

Den Angstschweiß treibt es einem dagegen in Anbetracht der Tonnen an Papier, die hübsch in Ordner sortiert im PDF-Format auf so einem USB-Stick liegen, aber auf die Stirn, wenn man die konkrete Datenraumklausel unter dem Gesichtspunkt beleuchtet, ob man all das eventuell ausdrucken und verlesen muss, damit dem Beurkundungserfordernis Genüge getan ist. Keine Sorge, in 99,99 % muss der Datenraum nicht als echte Anlage zur Urkunde genommen werden. Ob dies im konkreten Fall so ist oder nicht, ist wieder die Frage nach der Garage bzw. nach der Erklärung der Beteiligten. Die Aussage allein, dass alle möglichen relevanten oder irrelevanten Dokumente zu Beweiszwecken auf einem Datenträger gespeichert sind, macht diese noch nicht beurkundungsbedürftig. Die Aussage ist nur: „Die Garage (der Datenträger) enthält die Dokumente, die dem Käufer zur Verfügung gestellt wurden." Das Ganze hat nur Beweisbedeutung. Ebenso unproblematisch ist die Erklärung, dass dem Käufer der Inhalt des Datenträgers bekannt ist. Dies ist eine reine Wissenserklärung nach dem Motto „Ich kenne den Inhalt der Garage". Die Informationen, auf die sich die Wissenserklärung bezieht sind, wie der BGH in der oben zitierten Entscheidung festgestellt hat, nicht beurkundungsbedürftig. Auch die üblichen Erklärungen, dass all das zur Verfügung gestellt und in den Datenraum an der richtigen Stelle eingestellt wurde, was ein erfahrener Investor als Information zu dem Kaufobjekt erwarten durfte, führt keineswegs dazu, dass der Notar die nächsten acht Wochen den Datenträger vorlesen müsste. Auch hier ist die Erklärung ja nur: „Ich hab' alles in die Garage gestellt, was Du üblicherweise erwarten kannst und ich habe es auf das richtige Regalbrett gestellt." Der Verkäufer trifft damit noch keine Aussage, die sich den Inhalt der Garage zu eigen macht. Problematisch wird es freilich dann, wenn genau diese Schwelle überschritten wird, wenn also der Inhalt der Garage relevanter Teil der Erklärung wird. Beispiel: Der Käufer erwirbt eine Immobilien-GmbH. Teil des Deals ist, dass der Verkäufer auf dem Grundbesitz der Immobilien GmbH ein Bauwerk errichtet. Im konkreten Fall ein Einkaufszentrum. Formuliert war: „Der Verkäufer errichtet auf dem im Eigentum der Target-GmbH stehenden Grundbesitz ein Einkaufszentrum entsprechend der in den Data-Room eingestellten Bauunterlagen und aller sonstigen relevanten Dokumente einschließlich der mit dem Anker-Mieter geschlossenen Mietverträge und deren Attachements, wie sie ebenfalls im Data-Room eingestellt sind. Dabei gelten aber nur solche Vorgaben, die an der richtigen Stelle im Data-Room eingestellt sind, sofern nicht aus anderen Dokumenten des Data-Room auf diese Dokumente verwiesen wird." Ganz klar,

---

[27] Bei Bedarf: *Winkler*, BeurkG, 20. Aufl. 2022, § 9 Rn. 35; *Limmer* in Frenz/Miermeister, BNotO, 5. Aufl. 2020, BeurkG § 9 Rn. 21.

was der Verkäufer bauen soll und damit, was Leistungspflicht im zivilrechtlichen Sinne ist, weiß man nur, wenn man in die Garage reingeht und die Kisten mit den Dokumenten öffnet. Damit wird dieser Teil des Datenraums beurkundungsbedürftig. Die entsprechenden Dokumente müssen herausgefiltert und beurkundet werden. Gleiches gilt, wenn der Verkäufer Garantien abgibt, deren Inhalt sich nur aus der Kenntnis konkreter, im Datenraum enthaltener Dokumente entnehmen lässt. Auch hier ist man ganz schnell in der Mitbeurkundungspflicht. So führt beispielsweise die Aussage, dass der Verkäufer garantiert, dass mit den Mitarbeitern keine anderen Vereinbarungen getroffen sind, als in den Verträgen, die im Datenraum hinterlegt sind, dazu, dass man zumindest eine Auflistung der Verträge braucht, um sagen zu können, dass außerhalb der konkret bezeichneten Verträge keine Abweichungen vereinbart sind. Auch wenn es also eher selten ist, kann man im Einzelfall dazu kommen, dass der Inhalt des Datenraums ganz oder in Teilen mitbeurkundet oder zumindest in Listen zusammengestellt werden muss.

Derartige Bomben, die zur ganz oder teilweisen Beurkundungsbedürftigkeit des Datenraums führen, finden sich dabei in der Regel nicht in den Datenraumklauseln selbst. Dort stehen in aller Regel nur Wissenserklärungen. Gefährlich wird es, wenn plötzlich in Garantien auf den Datenraum Bezug genommen wird. Solche Klauseln entstehen, wenn kurz vor Schluss noch irgendwas garantiert werden soll, wo man eigentlich keine Ahnung hat, welche Dokumente dafür relevant sind. Dann steht plötzlich in der Erklärung: „Der Verkäufer garantiert, dass alle Pensionszusagen nur dem im Datenraum hinterlegten Muster entsprechen. Insofern garantiert sodann der Verkäufer, dass alle Pensionszusagen entsprechend dem im Datenraum enthaltenen Musterdokument abgegeben wurden." Diese Erklärung macht den Datenraum zumindest teilweise beurkundungspflichtig. Daher ist eine meiner ersten Tätigkeiten, wenn ich die erste Version der Transaktionsurkunde kriege, nach „Datenraum" im Volltext zu suchen, um mich zu vergewissern, dass da außerhalb der Datenraumklausel an sich nichts steht.

cc) Der Datenraumindex – das Inventarverzeichnis der Garage

Datenraumklauseln enthalten häufig auch den Verweis auf einen als Anlage beigefügten Datenraumindex. Auch diese Anlage ist in der Regel nur eine untechnische Anlage, weil regelmäßig mit dem Datenraumindex keine Regelungen verbunden sind. Die Beteiligten geben regelmäßig keine Erklärungen ab, die den Datenraumindex zum Teil ihrer rechtsgeschäftlichen Vereinbarungen machen. Formulierungen wie „Die Struktur des Datenraums entspricht dem beigefügten Datenraumindex.", „Der Inhalt des Datenraums ergibt sich aus dem beigefügten Datenraumindex" führen nicht dazu, dass der Datenraumindex Teil der Erklärung der Beteiligten würde. Es handelt sich nur um den Verweis auf ein Inhaltsverzeichnis der Garage. Dies erfüllt in der Regel eine reine Service-Funktion und soll ein erleichtertes Auffinden ermöglichen.

Im Einzelfall kann natürlich auch der Datenraumindex Gegenstand einer echten Anlage werden, nämlich dann, wenn sich eine Garantie oder sonstige Erklärung darauf bezieht, dass alle Dokumente entsprechend der im Index wiedergegebenen Struktur einsortiert wurden oder vereinbart wird, dass nur solche Dokumente als bekannt gelten, die unter Berücksichtigung des Datenraumindex im Datenraum abgelegt sind. Dann muss der Datenraumindex mitbeurkundet werden, denn dann ist er Inhalt der Erklärung der Beteiligten. Dann stellt sich die weitere Frage, ob der Datenraumindex nach § 14 BeurkG behandelt werden kann. Ist er ein Bestandsverzeichnis über Sachen, Rechte und Rechtsverhältnisse, so erleichtert es uns § 14 BeurkG, ihn zum Gegenstand einer Anlage zu machen. Daran könnte man zweifeln, denn es handelt sich ja nicht um eine Auflistung tatsächlich vorhandener Dokumente, sondern nur um ein Datenträger-Inhaltsverzeichnis. Daten auf einem Datenträger sind aber keine Sachen und ebenso wenig sind sie Rechte oder Rechtsverhältnisse. Insofern würde der Wortlaut des § 14 BeurkG es nicht zulassen, den Datenraumindex nicht zu verlesen. Sinn und Zweck des § 14 BeurkG ist es aber, die Vorlesungspflicht dann zu beschränken, wenn es um rein tatsächliche Zahlenwerke und Aufzählungen geht.[28] Geht man von diesem Sinn und Zweck aus, dann ergibt sich ohne weiteres, dass der Datenraumindex dem § 14 BeurkG unterfällt. Diese Anlage muss nicht verlesen werden.

3. Einzelfälle

Nachdem ich mich jetzt mit den theoretischen Grundlagen befasst habe, möchte ich nun einige Einzelfälle von Anlagen behandeln, ohne hier einen Anspruch auf Vollständigkeit zu erheben. Es soll nur darum gehen, solche Anlagen darzustellen, die üblicherweise einem Unternehmenskaufvertrag beigefügt werden.

a) Vollmachten und Vertretungsnachweise

Vollmachten und sonstige Berechtigungsausweise (Testamentsvollstreckerzeugnis, Betreuerausweis etc.) sind nach § 12 BeurkG der Niederschrift beizufügen. Es dürfte selbstverständlich sein, dass diese Dokumente damit aber nicht Teil der Niederschrift im Sinne des § 9 BeurkG werden. Es handelt sich nicht um Anlagen der Niederschrift im eigentlichen Sinne. Eine Verlesungspflicht besteht nicht.[29] Konsequent sollte man dann aber auch nicht davon sprechen, dass diese Dokumente der Urkunde als Anlage beigefügt werden. „Anlage" ist der Terminus für ein Dokument, auf das sich Erklärungen der Beteiligten beziehen und das daher nach § 9 BeurkG zum Inhalt der Niederschrift wird. Man sollte hier nahe am Wortlaut des § 12 BeurkG bleiben und beispielsweise sagen, dass eine beglaubigte Abschrift der Vollmacht der Urkunde beigefügt wird.

b) Handelsregister, Gesellschafterliste, Satzung

Mittlerweile ist es ganz üblich geworden, dass insbesondere die ausufernden Unternehmenskaufverträge vorsehen, dass der Handelsregisterauszug, die Gesellschafterliste und die aktuelle Satzung der Gesellschaft, die veräußert wird, als Anlagen beigefügt sind. Der Sinn derartiger Anlagen erschließt sich mir häufig nicht. Die genannten Informationen können allesamt aus dem Handelsregister abgerufen werden. Gleichwohl ist dies in der Praxis mittlerweile üblich, sodass sich jede Diskussion um die Sinnhaftigkeit erübrigt. Wenn derartige Anlagen vorgesehen sind, muss man zunächst feststellen, ob es sich um eine echte mitzubeurkundende Anlage oder nur um einen zu Beweiszwecken beigefügten Beleg handelt. Dies hängt, wie wir gesehen haben, davon ab, welche Erklärung die Beteiligten diesbezüglich abgeben. Handelt es sich um eine bloße Wissenserklärung nach dem Motto „Der Inhalt der Satzung ist dem Käufer bekannt." oder „Eine Kopie der Satzung ist der Urkunde beigefügt.", so knüpft daran keine Erklärung an, die Anlagen sind nur zu Beweiszwecken beigefügt. Werden die Anlagen aber Gegenstand einer Garantie, so muss man über Mitbeurkunden nachdenken. Auch dann kommt es wieder genau auf den Inhalt der Erklärung an. Wird erklärt, dass die in der Anlage beigefügte Satzung, der Handelsregisterauszug und die Liste der Gesellschafter mit dem korrekten Inhalt in das Handelsregister eingestellt sind, erfolgt ebenfalls der Verweis auf die Anlagen nur zu Beweiszwecken. Die Erklärung der Beteiligten ist nur, dass das Handelsregister hinsichtlich Registerauszug, Liste und Satzung die Rechtsverhältnisse der Gesellschaft richtig wiedergeben. Verlesen werden muss auch in diesem Fall nichts. Ist dagegen Erklärungsinhalt, dass Satzung, Liste und Registerauszug den beigefügten Anlagen entsprechen, so sind diese mitzubeurkunden. Die Gesellschafterliste ist dabei eine Auflistung von Rechtsverhältnissen, sodass auf sie nach § 14 BeurkG verwiesen werden kann. Hinsichtlich der Satzung wird regelmäßig ein Verlesen nötig sein, wenn nicht

---

[28] Statt aller: *Winkler,* BeurkG, 19. Aufl. 2019, § 14 Rn. 2.

[29] *Limmer* in Frenz/Miermeister, BNotO und BeurkG, 5. Aufl. 2020, BeurkG § 12 Rn. 13; *Winkler,* BeurkG, 20. Aufl. 2022, § 12 Rn. 50 ff.; BayObLG DNotZ 1980, 320.

ein Verweis auf eine andere notarielle Urkunde nach § 13a BeurkG in Betracht kommt. Ob der Handelsregisterauszug dem § 14 BeurkG unterfällt, wird in der Literatur nicht eindeutig diskutiert.[30] Geht man davon aus, dass § 14 BeurkG allgemein Bestandsverzeichnisse erfassen soll, so kann man argumentieren, dass der Handelsregisterauszug ein Bestandsverzeichnis von Rechtsverhältnissen ist. Gesichert ist dies aber nicht, sodass ich im Zweifel zum Verlesen tendieren würde.

c) Listen, Bilanzen etc.

Unternehmenskaufverträgen werden in der Regel Listen über Arbeitnehmer, über Kundenbeziehungen, Lizenzen, Versicherungen, Rechtsstreitigkeiten, Mietverhältnisse oder wichtige Verträge beigefügt. Häufig findet sich auch der Hinweis auf die Bilanz. Regelmäßig sind derartige Anlagen dann auch Bezugspunkt von Garantien, sodass sie mitzubeurkunden sind. Sie können aber in aller Regel nach § 14 BeurkG behandelt werden. Hinsichtlich der Bilanz gilt dies freilich nur für den Zahlenteil, nicht für den Lagebericht.

d) Übernahme von Verpflichtungen/Übernahme von Verträgen

Werden Verpflichtungen aus bestehenden Rechtsverhältnissen übernommen, so ist zu differenzieren. Ist die Gesellschaft, die gekauft wird, selbst die Verpflichtete, so liegt keine wirkliche Übernahme der Verpflichtung vor. Vielmehr besteht diese unverändert fort. Es ändert sich nur der Inhaber des Verpflichteten. Insofern gibt es hier auch keine Übernahmeerklärung als solche. Steht trotzdem etwas dazu im Vertrag, wird es sich regelmäßig um eine unechte Verweisung handeln. Die Anlage braucht nicht verlesen zu werden. Etwas anderes gilt freilich, wenn sie in einer solchen Weise Gegenstand einer Garantie ist, dass der Inhalt der Vereinbarung zum Gegenstand der Garantie gemacht wird, dann ist die Anlage beurkundungspflichtig. In diesen Fällen muss auch eine Mitbeurkundung erfolgen, wenn der Verkäufer bisher der Verpflichtete war, der Käufer diese Verpflichtung nun übernimmt und in diesem Zusammenhang eine auf den Inhalt der Verpflichtung abgestellte Garantie abgegeben wird. Wird dagegen nur eine bloße Schuld- oder Vertragsübernahme beurkundet, bedarf es keiner Mitbeurkundung der Anlage. Die Anlage ist dann nur Identifizierungsbehelf. Die Erklärung der Beteiligten erschöpft sich in der Aussage, dass ein bestimmt bezeichnetes Vertragsverhältnis oder eine einzelne Verpflichtung übernommen wird.[31]

e) Schiedsvereinbarungen/Schiedsgerichtsordnungen

Eine Schiedsvereinbarung, auf die sich die Beteiligten in einem Unternehmenskaufvertrag einigen, muss mitbeurkundet werden, da sie unmittelbar Vereinbarung der Beteiligten ist.[32] Vieles umstritten ist bei der Behandlung der Schiedsgerichtsordnung als solcher. Muss diese mitbeurkundet werden? Das wäre nicht erforderlich, wenn es sich um eine gesetzliche Regelung handeln würde. Dies ist aber bei Schiedsgerichtsordnungen regelmäßig nicht der Fall. Die Schiedsgerichte sind private Vereinigungen, die ihre eigenen Regelungen fassen und zur Anwendung bringen. Das OLG München hat hierzu in der Entscheidung vom 10.9.2013 festgestellt, dass eine Regelung, die dynamisch auf die jeweils gültige Schiedsgerichtsordnung verweist, wie die Vereinbarung eines Leistungsbestimmungsrechts zu behandeln ist, sodass keine Beurkundung der Schiedsgerichtsordnung erfolgen muss. Wird

---

[30] Zur Diskussion um den Grundbuchauszug vgl. *Winkler*, BeurkG, 20. Aufl. 2022, § 14 Rn. 23 ff.

[31] BGH DNotZ 1994, 476; OLG Hamm FGPrax 2014, 41; BGH DNotZ 1999, 50; *Winkler*, BeurkG, 20. Aufl. 2022, § 9 Rn. 74.

[32] OLG München 10.9.2013 – 34 SchH 10/13, DNotZ 2014, 206 (211); *Winkler*, BeurkG, 20. Aufl. 2022, § 9 Rn. 84.

dagegen statisch auf eine ganz bestimmte Schiedsgerichtsordnung verwiesen, so muss diese als Anlage mitbeurkundet werden.[33] Auch wenn diese Argumentation zunächst sehr am Ergebnis orientiert klingt, überzeugt sie mich dennoch und passt auch zu dem von mir hier propagierten System. Für die Frage, ob eine Anlage verlesen werden muss oder nicht, kommt es auf die Erklärung der Beteiligten an. Wird nun auf eine ganz bestimmte Schiedsgerichtsordnung starr verwiesen, so ist Erklärung, dass genau diese Schiedsgerichtsordnung zur Anwendung gelangen soll. Sie ist damit verlesungspflichtig. Handelt es sich dagegen um eine dynamische Verweisung, so ist Erklärungsinhalt, dass die vom Schiedsgericht jeweils bestimmte Schiedsgerichtsordnung Anwendung finden soll. Dann ist auch tatsächlich nur diese Aussage beurkundungsbedürftig und materiell-rechtlich handelt es sich um das einem Dritten eingeräumte Leistungsbestimmungsrecht.

IV. Technik der Beurkundung von Anlagen

Abschließen möchte ich mit einigen wenigen praktischen Überlegungen zur Beurkundung von Anlagen. Regelmäßig ist es so, dass bei Unternehmenskaufverträgen oder sonstigen großen Transaktionen die Anlagen vorab in einer Bezugsurkunde zusammengefasst werden. Dabei erscheint in der Regel ein Notariatsangestellter, mit dem ich sodann die zur Urkunde gereichten Anlagen beurkunde. Dabei gilt es besondere Sorgfalt aufzuwenden. Ich möchte kurz darstellen, wie ich dabei vorgehe. Wir haben gesehen, dass es durchaus schwierig sein kann, festzulegen, welche Anlage tatsächlich mitbeurkundet werden muss und welche lediglich zu Beweiszwecken beigefügt wird. Dabei ist es unschädlich, wenn man diese Frage fälschlich bejaht und von einer Beurkundungsbedürftigkeit ausgeht. Mehr tun kann man immer. Nur umgekehrt ist es ein Problem.

Ich gehe daher immer in folgenden Schritten vor:

– Verweisungsfähige Urkunden nach § 13a BeurkG: Zunächst suche ich alle Anlagen heraus, auf die nach § 13a BeurkG verwiesen werden kann. Hier überlege ich nicht lange, ob eine Mitbeurkundung erforderlich ist. Bis ich das entschieden habe, habe ich auch die Verweisung verlesen.
– Listen nach § 14 BeurkG: In gleicher Weise verfahre ich mit allen Listen, die grundsätzlich tauglich zur Behandlung nach § 14 BeurkG sind. Wenn sich nicht auf den allerersten Blick erschließt, dass es sich um nur zu Beweiszwecken beigefügte Anlagen handelt, behandle ich die nach § 14 BeurkG. Bedeutet: Unterschreiben auf jeder Seite und zur Durchsicht vorlegen. In gleicher Weise verfahre ich mit Plänen/Zeichnungen und Karten.
– Damit verbleibt regelmäßig nur noch ein relativ überschaubarer Teil von Anlagen, bei denen es dann um die Frage geht, vorlesen oder nicht? Echte Anlage oder nur untechnische Inbezugnahme. Wenn man zum Ergebnis kommt, dass es sich um eine echte Anlage handelt, verlese ich diese dem Mitarbeiter.
– In der Praxis hat es sich aus meiner Sicht dabei als sinnvoll herausgestellt, in den Text der Bezugsurkunde eine Tabelle aufzunehmen, bei der in drei Spalten die Nummer der Anlage im Vertrag, die Kurzbezeichnung der Anlage, und die urkundstechnische Behandlung aufgenommen werden. Dabei vermerke ich in der letzten Spalte: „Verlesen", „Liste", „Karte", „Zeichnung", „Foto", „Verweisung" oder „Beleg" bei nicht zu beurkundenden Anlagen. In einem Erläuterungstext danach weise ich jeder dieser Kategorien dann zu, wie ich damit urkundstechnisch umgegangen bin, also zB „Sofern vorstehend – Verlesen – angegeben ist, habe ich die entsprechende Anlage verlesen, sie wurde genehmigt und unterschrieben".

---

[33] OLG München 10.9.2013 – 34 SchH 10/13, DNotZ 2014, 206 (211); *Winkler,* BeurkG, 20. Aufl. 2022, § 9 Rn. 84.

– Oftmals kommt es dazu, dass derartige Bezugsurkunden nicht zusammenhängend errichtet werden können. Dies kann an der Menge von Anlagen liegen oder eben daran, dass manche Anlagen noch nicht vorliegen. In diesen Fällen kann unproblematisch die Beurkundung unterbrochen und später fortgesetzt werden. Dann ist lediglich im Rubrum anzugeben, dass die Verhandlung an mehreren Tagen stattgefunden hat.[34] Es ist aber nicht erforderlich, in der Urkunde darzustellen, an welchen Tagen welche Teile beurkundet wurden.[35]

– Die Vielzahl von Anlagen kann auch dazu führen, dass sich dies nicht mehr als eine Urkunde zusammenbinden lässt. In diesen Fällen ist es zulässig zu vermerken, dass die Urkunde aus mehreren Teilen besteht. Sinnvoller Weise verbindet man mit dem letzten Teil die Urschrift und mit den anderen Teilen jeweils eine Ausfertigung.

– Da das Ganze auch ins Urkundenarchiv geladen werden muss, muss die Urkunde freilich auch gescannt werden. Hier sollte auf die Größe der Anlagen geachtet werden, damit die Urkunde nicht in die Sondersammlung überführt werden muss.

---

[34] *Winkler,* BeurkG, 20. Aufl. 2022, § 9 Rn. 89.
[35] BGH DNotZ 1959, 215; *Winkler,* BeurkG, 20. Aufl. 2022, § 9 Rn. 89.

ECKHARD WÄLZHOLZ

Disquotale Gewinnausschüttungen und Einlagen im Gesellschafts- und Steuerrecht

Der Jubilar hat sich nie um komplexe, schwierige oder streitige Themen gedrückt, sondern hat stets die Diskussion und die wissenschaftliche Auseinandersetzung gerade in besonders spannenden und praxisrelevanten Themen gesucht. Dazu gehören insbesondere auch disquotale Ausgestaltungen im Gesellschaftsrecht und deren steuerliche Konsequenzen. So hat Andreas Heidinger sich beispielsweise in dem Heckschen/Heidinger, Die GmbH in der Gestaltungs- und Beratungspraxis, 4. Aufl., in Kapitel 11 F III mit der disquotalen Einlage im Gesellschafts- wie auch Steuerrecht auseinandergesetzt. Dies sei Anlass genug, diesen Beitrag zu den aktuellen Entwicklungen entsprechender disquotaler Gestaltungen dem Jubilar mit den besten Wünschen für ein weiteres produktives Schaffen zu widmen.

I. Einführung

Das Gesellschaftsrecht ist eigentlich geprägt vom Grundsatz der Gleichbehandlung und der Gleichberechtigung der Gesellschafter.[1] Gleichwohl sind die Lebenssachverhalte mannigfaltig, in denen die gesellschaftsrechtliche und steuerrechtliche Gestaltungspraxis mit der Aufgabe konfrontiert wird, gezielt Gesellschafterrechte ungleich auszugestalten.[2] Dies kommt sowohl bei den Personengesellschaften als auch bei den Kapitalgesellschaften vor. Anlässe hierfür können beispielsweise Transaktionen wie Verkäufe von Gesellschaftsanteilen sein, wo sich die Gestaltung meist auf ein punktuelles Ereignis beschränkt. Ebenso kommt es speziell in Familiengesellschaften, mittelständischen Gesellschaften und aus Anlass der Unternehmensnachfolge vor, dass disquotale Gewinnverwendungsabreden dauerhaft einem nur geringfügig beteiligten Gesellschafter ein überquotales Gewinnbezugsrecht gewähren soll. Insoweit kann die disquotale Gewinnverteilungsabrede im Gesellschaftsvertrag oder der Satzung auch einen Ersatz für Versorgungsleistungen im Sinne des § 10 Abs. 1a Nr. 2 EStG darstellen oder aber auch einen Nießbrauch bzw. Quotennießbrauch am Gesellschaftsanteil ersetzen.[3] In allen drei Varianten, den Versorgungsleistungen, dem Nießbrauch und der disquotalen Gewinnverwendungsabrede geht es stets darum, einem Gesellschafter eine ge-

---

[1] *Grever* RNotZ 2019, 1 (6 f.); *Scholz* DB 2018, 2352 ff. – Im Aktienrecht deutlich ausgeprägter als im Recht der GmbH oder der Personengesellschaften.

[2] Siehe *Fuhrmann/Potsch* NZG 2012, 681; *Grever* RNotZ 2019, 1; *Pörschke* DB 2017, 1165; *Tavakoli* DB 2006, 1882; *Eckhardt/Neufang* STBP 2022, 121; *Birnbaum/Escher* DStR 2014, 1413; *Mylich* ZEV 2012, 229; *Leidel* DStR 2021, 13; *Ott* DStR 2021, 897; *Hübner/Friz/Grünwald* DStR 2019, 1945; *Kling/Kamchen* NWB 2015, 819; *Hermes* DB 2020, 1302; *Koehler* GmbHR 2019, 1043 ff.; *Rodewald* GmbHR 2015, 841 ff.; *Wälzholz* notar 2016, 345 (346 ff.).

[3] Siehe dazu BFH 14.2.2022 – VIII R 29/18, DStR 2022, 1368; OLG München 24.10.2014 – 34 Wx 398/14, MittBayNot 2016, 37 mAnm *Reymann*; BGH 9.11.1998 – II ZR 213/97, DNotZ 1999, 607; BFH 6.11.2019 – II R 34/16, DStR 2020, 382; OLG Köln 7.10.2019 – 18 Wx 18/19, RNotZ 2020, 236; *Stein* ZEV 2022, 331; *Stein* DStR 2021, 1679; *Stein* ZEV 2019, 131; *Wälzholz* DStR 2010, 1786. Zur Eintragungsfähigkeit des Nießbrauchs in der Gesellschafterliste siehe insbes. *Heidinger* in Heckschen/Heidinger, Die GmbH in der Gestaltungs- und Beratungspraxis, 4. Aufl. 2018, Kap. 13 Rn. 440 ff., bejahend insbes. in Rn. 444.

sicherte Quelle von Einkünften zu gewährleisten. Die jeweiligen Gestaltungen haben jeweils Vor- und Nachteile.

Das Spiegelbild zu den disquotalen Gewinnverwendungsabreden sind disquotale Einlagen. Diese sind einerseits verwandt, folgen anderseits jedoch gänzlich unterschiedlichen Regeln und werfen ganz andere Probleme auf, die am Ende dieses Beitrages beleuchtet werden. Hierbei leisten einzelne Gesellschafter höhere Einlagen als die Mitgesellschafter. Der Schwerpunkt der Problematik liegt hier vor allem im Schenkungsteuerrecht einschließlich der dazugehörigen Vermeidungsgestaltungen.

II. Gesellschaftsrechtliche Grundlagen disquotaler Gewinnverwendungsregelungen

1. Personengesellschaften

Es entspricht herrschender Meinung, dass im Recht der Personengesellschaften zwar grundsätzlich jedem Gesellschafter ein gleicher Anteil an den Gewinnen der Personengesellschaft zusteht, jedoch gleichzeitig abweichende Gewinnverwendungsregeln im Gesellschaftsvertrag der Personengesellschaft getroffen werden können.[4] Dies kann sowohl in dem Gründungs-Gesellschaftsvertrag vereinbart werden. Die spätere Änderung des allgemeinen Gewinnverteilungsschlüssels bedarf hingegen der Mitwirkung sämtlicher Gesellschafter, da es sich insoweit um eine Änderung des Gesellschaftsvertrages handelt, die in Kernrechte des Gesellschafters eingreift. Selbst wenn eine allgemeine Mehrheitsklausel für die Änderung des Gesellschaftsvertrages gelten sollte, so dürfte auf der zweiten Stufe der Inhaltskontrolle[5] entsprechender Beschlüsse ein Mehrheitsbeschluss, der faktisch dazu führt, einem Gesellschafter sein bisheriges gesellschaftsvertragliches Gewinnbezugsrecht einzuschränken oder gar zu entziehen, nicht der richterlichen Inhaltskontrolle standhalten.

Möglich sind auch im Personengesellschaftsrecht Öffnungsklauseln, wonach im jeweiligen Einzelfall eine disquotale Gewinnausschüttung beschlossen werden kann, sofern dem sämtliche Gesellschafter zustimmen, deren Gewinnbezugsrecht durch die disquotale Gewinnverteilung eingeschränkt oder beeinträchtigt wird.

2. Die GmbH[6]

Nach herrschender Meinung kann in der Gründungssatzung einer GmbH ein disquotales Gewinnbezugsrecht vereinbart werden, § 29 Abs. 3 S. 2 GmbHG.[7] Dabei wird typischerweise unterschieden zwischen der allgemeinen disquotalen Gewinnverwendungsabrede in der Satzung oder aber einem begrenzten Gewinnvorab. Im einen Fall sind die allgemeinen Gewinnverteilungsquoten abweichend von den Beteiligungsquoten vereinbart. Im anderen Fall erhält ein Gesellschafter beispielsweise stets einen Gewinnvorab von 20.000 EUR, während der darüber hinausgehende zur Ausschüttung vorgesehene Gewinnanteil an die Gesellschafter im Verhältnis ihrer Beteiligungsquoten ausgeschüttet wird. Entsprechenden Regelungen steht der gesellschaftsrechtliche Gleichbehandlungsgrundsatz der Gesellschafter nicht entgegen, sofern alle Gesellschafter dem zustimmen.

---

[4] *Grever* RNotZ 2019, 1 (8); *Finckh* in Henssler/Strohn, Gesellschaftsrecht, 5. Aufl. 2021, HGB § 121 Rn. 19; *Tavakoli* DB 2006, 1882.

[5] Siehe dazu insbes. *Borries* NZG 2021, 194; *Wicke* MittBayNot 2017, 125.

[6] In diesem Beitrag werden die Besonderheiten des Aktienrechts und der KGaA nicht weiter beleuchtet, weil hier wesentlich strengere Gleichbehandlungsgrundsätze gelten und die Gestaltungsfreiheit gesellschaftsrechtlich wesentlich stärker eingeschränkt ist.

[7] *Heckschen/Kreußlein* in Heckschen/Heidinger, Die GmbH in der Gestaltungs- und Beratungspraxis, 4. Aufl. 2018, Kap. 7 Rn. 54; *Wälzholz/Bayer* GmbH-StB 2020, 293.

Sofern entsprechende disquotale Gewinnverwendungsabreden später durch Satzungsänderung eingeführt werden sollen, so handelt es sich insoweit um einen Anwendungsfall des § 53 Abs. 3 GmbHG analog.[8] Zwar handelt es sich nicht um den Fall einer Leistungsvermehrung, wohl aber um den Eingriff in individuelle Rechte eines Gesellschafters, so dass ein derartiger satzungsändernder Beschluss nur mit Zustimmung aller beeinträchtigten Gesellschafter gefasst werden kann und darüber hinaus wie üblich der ¾-Mehrheit bedarf.

Auch allgemeine Öffnungsklauseln sind im GmbH-Recht anerkannt.[9] Voraussetzung für die gesellschaftsrechtliche Anerkennung einer entsprechenden Öffnungsklausel ist jedoch, dass die abweichende Gewinnverteilung im Einzelfall mit Zustimmung sämtlicher beeinträchtigter Gesellschafter erfolgt. Eine solche Öffnungsklausel kann beispielsweise lauten:

„Abweichend vom allgemeinen Gewinnverteilungsschlüssel kann durch jederzeit möglichen Gesellschafterbeschluss eine vom allgemeinen Gewinnverteilungsschlüssel abweichende Gewinnverteilung im jeweiligen Einzelfall beschlossen werden, sofern dem sämtliche Gesellschafter zustimmen, die durch die abweichende Gewinnverteilung beeinträchtigt werden. Dieses Zustimmungserfordernis gilt auch für Gesellschafter, die bei der Gesellschafterversammlung nicht anwesend bzw. vertreten sind.“

Problematisch und umstritten ist, ob disquotale Gewinnverwendungsbeschlüsse auch ohne entsprechende Satzungsgrundlage gefasst werden können. Dabei stellt sich vor allem die Frage der zulässigen Satzungsdurchbrechung, deren Grenzen in vielerlei Hinsicht ungeklärt und umstritten sind.[10] Für die Praxis sollten entsprechende Gestaltungen daher vermieden werden, zumal die Rechtsprechung derartige Gestaltungen auch bereits als unzulässig angesehen hat[11] und die Finanzverwaltung stets eine Satzungsgrundlage für die Anerkennung verlangt.[12] Zur Vermeidung dieser Problematik kann in jede beliebige Standard-GmbH-Satzung eine Öffnungsklausel aufgenommen werden, um auf diese Weise ausreichende Flexibilität zu eröffnen, ohne dass jedes Mal die Satzung geändert werden muss.

III. Steuerliche Implikationen und Probleme bei Personengesellschaften

1. Ertragsteuerrechtliche Probleme

Disquotale Gewinnverwendungsabreden können potenziell zur Nichtanerkennung der Mitunternehmerstellung eines Personengesellschafters führen. Mitunternehmer ist nur, wer eine ausreichende Mitunternehmerinitiative entfalten kann und Mitunternehmerrisiko trägt.[13] Mitunternehmerrisiko ist dabei insbesondere die Teilhabe an Gewinnen und Verlusten, insbesondere einschließlich stiller Reserven. Sollte ein Gesellschafter weder an den Gewinnen noch den Verlusten noch an einem Liquidationserlösanteil seines Gesellschaftsanteils teilhaben, so wird er regelmäßig nicht als Mitunternehmer anzusehen sein. Zwar

---

[8] *Bayer* in Lutter/Hommelhoff, GmbHG, 20. Aufl. 2020, § 53 Rn. 26 (wegen Ungleichbehandlung).

[9] *Heckschen* in Heckschen/Heidinger, Die GmbH in der Gestaltungs- und Beratungspraxis, 4. Aufl. 2018, Kap. 4 Rn. 742; OLG München 18.5.2011 – 31 Wx 210/11, MittBayNot 2011, 416; BayObLG 23.5.2001 – 3Z BR 31/01, BayOblGZ 2001, 137; *Bayer* in Lutter/Hommelhoff, GmbHG, 20. Aufl. 2020, § 53 Rn. 33.

[10] Siehe dazu OLG Köln 24.8.2018 – 4 Wx 4/18, NZG 2019, 306; OLG Dresden 9.11.2011 – 12 W 1002/11, NZG 2012, 507 (Gewinnverwendung als Dauerzustand); *Bayer* in Lutter/Hommelhoff, GmbHG, 20. Aufl. 2020, § 53 Rn. 27 ff. mwN; *Wälzholz/Bayer* GmbH-StB 2020, 293. Für eine Anerkennung im Steuerrecht nunmehr BFH 28.9.2022 – VIII R 20/20.

[11] OLG Dresden 9.11.2011 – 12 W 1002/11, NZG 2012, 507 (Gewinnverwendung als Dauerzustand).

[12] BMF v. 17.12.2013, BStBl. I 2014, 63 = DStR 2014, 36 = DB 2014, 23 = FR 2014, 78.

[13] Siehe ausführlich *Wacker* in L. Schmidt, EStG, 41. Aufl. 2022, § 15 Rn. 250 ff.

kann ein besonders geringes Mitunternehmerrisiko durch besonders stark ausgeprägte Mitunternehmerinitiative kompensiert werden, wie dies beispielsweise bei der Komplementär-GmbH einer GmbH & Co. KG der Fall ist; der vollständige Entzug jeglicher Gewinnteilhabe von kapitalmäßig beteiligten Gesellschaftern dürfte jedoch so untypisch sein, dass dies zur Nichtanerkennung der Mitunternehmerstellung führen dürfte.

Disquotale Gewinnverwendungsbeschlüsse und entsprechende gesellschaftsvertragliche Regelungen werden von der Finanzrechtsprechung und der Finanzverwaltung nur anerkannt, wenn diese ihre Ursache nicht im Verhältnis der Gesellschafter untereinander haben, sondern im Verhältnis zu dem Unternehmen der Personengesellschaft.[14] Wird beispielsweise in einer 4-köpfigen Familien-Personengesellschaft, an der sämtliche 4 Familienmitglieder zu je ¼ beteiligt sind und gleichmäßig mitarbeiten, in einem Jahr eine Gewinnverteilung in der Weise beschlossen, dass einer der Gesellschafter 100% der Gewinne erhält, so liegt dem regelmäßig eine freigebige Zuwendung der Mitgesellschafter an den begünstigten Gesellschafter zugrunde. Dieser Fall wird schenkungsteuerrechtlich von § 7 Abs. 6 ErbStG als freigebige Zuwendung schenkungsteuerrechtlich erfasst, führt jedoch nicht dazu, dass die von allen vier Gesellschaftern erwirtschafteten Erträge nur dem begünstigten Gesellschafter zugerechnet und von diesem ertragsteuerrechtlich zu versteuern sind. Denn der Gewinnverwendungsbeschluss ändert nichts daran, dass die gemeinschaftliche Einkünfteerzielung durch alle vier Gesellschafter zu unter sich gleichen Teilen erfolgt war. Dem würde regelmäßig auch das Rückwirkungsverbot entsprechender gesellschaftsvertraglicher Abreden entgegenstehen. Auch soweit eine solche Vereinbarung bereits am Anfang eines Kalenderjahres getroffen worden wäre, würde dies mE gleichwohl nichts an der Nichtanerkennung ändern, weil die disquotale Gewinnverwendungsabrede nicht durch die besondere Leistungserbringung des Gesellschafters gegenüber der Gesellschaft bedingt ist, sondern durch das Verhältnis der Gesellschafter untereinander.

2. Schenkungsteuer

Nach § 7 Abs. 6 ErbStG gilt eine übermäßige Gewinnbeteiligung als selbständige Schenkung, die mit dem Kapitalwert anzusetzen ist, wenn eine Beteiligung an einer Personengesellschaft mit einer Gewinnbeteiligung ausgestattet wird, die insbesondere der Kapitaleinlage, der Arbeits- oder der sonstigen Leistung des Gesellschafters für die Gesellschaft nicht entspricht oder die einem fremden Dritten üblicherweise nicht eingeräumt würde. Auch schenkungsteuerrechtlich gilt damit, dass wirtschaftlich begründete disquotale Gewinnverwendungsregelungen in Gesellschaftsverträgen oder im Einzelfall keine Schenkungsteuer auslösen, sondern zu einer geänderten ertragsteuerrechtlichen Zuordnung führen. Dies gilt jedoch nur in den Grenzen des Angemessenen. Werden unangemessene Gewinnzurechnungsregelungen getroffen, so führt der Überschuss über die angemessene Gewinnverteilung zu jeweils einer freigebigen Zuwendung.[15] Sollte ein Übergeber sich hingegen aus Anlass der vorweggenommenen Erbfolge eine solche unangemessene Gewinnbeteiligung vorbehalten, so wird die Tatbestandsmäßigkeit durch die Vorbehaltssituation ausgeschlossen, weil der jeweilige Erwerber dem Übergeber das überquotale Gewinnbezugsrecht nicht als freigebige Zuwendung eingeräumt hat, sondern der Übergeber sich dieses vorbehalten hat. Dies kann gleichwohl einer Anerkennung der ertragsteuerrechtlichen Zurechnung der Gewinne entgegenstehen.

---

[14] OFD Frankfurt/M. 13.5.2015, DStR 2015, 1802; BFH 23.8.1990 – IV R 71/89, DStR 1991, 179.

[15] Siehe zu § 7 Abs. 6 ErbStG beispielsweise *Curdt* in Kapp/Ebeling, ErbStG, 89. EL 2021, § 7 Rn. 185 ff.; *Schuck* in Viskorf/Schuck/Wälzholz, ErbStG/BewG, 6. Aufl. 2020, ErbStG § 7 Rn. 206 ff.

3. Bewertungsrechtliche Auswirkungen, § 97 Abs. 1a BewG

§ 97 Abs. 1a BewG regelt die Ermittlung des gemeinen Wertes des Betriebsvermögens einer Mitunternehmerschaft im Sinne des § 97 Abs. 1 S. 1 Nr. 5 BewG. Danach ist zunächst der Wert des Gesamthandsvermögens nach § 109 Abs. 2 BewG zu ermitteln, im Regelfall also nach dem vereinfachten Ertragswertverfahren. Der so ermittelte Wert ist dann nach dem Verhältnis der Kapitalkonten aus der Gesamthandsbilanz dem jeweiligen Gesellschafter vorweg zuzurechnen. Der danach verbleibende Wert ist nach dem für die Gesellschaft maßgebenden Gewinnverteilungsschlüssel auf die Gesellschafter aufzuteilen;[16] Vorabgewinnanteile sind nicht zu berücksichtigen. Nach § 97 Abs. 1a Nr. 1b) führen daher allgemein veränderte Gewinnverteilungsquoten zu einer veränderten Bewertung. Gesellschaftsanteile mit einer höheren allgemeinen Gewinnquote werden daher höher bewertet als andere. Sind beispielsweise 3 Gesellschafter zu je 1/3 an einer Gesellschaft beteiligt, stehen dem einen Gesellschafter jedoch 50% der Gewinnanteile, den beiden anderen lediglich 25% der Gesellschaftsanteile, so wird der über die Kapitalkonten hinausgehende gemeine Wert der Mitunternehmerschaft zu 50% dem einen und zu je 25% den beiden anderen Gesellschaftern zugerechnet, obwohl die Beteiligungsquoten bei jeweils 1/3 liegen. Nach dem Gesetzeswortlaut besteht hier allerdings Gestaltungsspielraum. Anstelle einer Verschiebung der allgemeinen Gewinnverteilungsquoten lässt sich auch ein Gewinnvorab im Sinne des § 97 Abs. 1a Nr. 1b) Hs. 2 BewG vereinbaren. Ein solcher Gewinnvorab könnte beispielsweise in der Weise geregelt werden, dass einem Gesellschafter als Gewinnvorab 20% der Gesamtgewinne der Gesellschaft zugerechnet werden und der Rest nach allgemeinen Gewinnverteilungsquoten. Diese im wirtschaftlichen Ergebnis weitgehend identische Gewinnverteilung würde zu abweichenden Bewertungen der einzelnen Gesellschaftsanteile führen. Dieses Unterschiedes sollte sich die Vertragsgestaltungspraxis bewusst sein. Mit diesen Regelungen lässt sich gestalten, ob ein mit überproportionalem Gewinnbezugsrecht ausgestatteter Gesellschaftsanteil auch zu höheren Werten führen soll oder ob dies nicht angestrebt ist.

4. Auswirkungen auf die Bewertung vermögensverwaltender Personengesellschaften?

Zur Mitunternehmerschaft hat der Gesetzgeber geregelt, dass disquotale Gewinnverwendungsabreden nach § 97 Abs. 1a Nr. 1b BewG Auswirkungen auf die Bewertung von Gesellschaftsanteilen haben. Eine entsprechende gesetzliche Regelung fehlt hingegen für vermögensverwaltende Personengesellschaften. Für vermögensverwaltende Personengesellschaften regelt § 10 Abs. 1 S. 4 ErbStG: Der unmittelbare oder mittelbare Erwerb einer Beteiligung an einer Personengesellschaft oder einer anderen Gesamthandsgemeinschaft, die nicht unter § 97 Abs. 1 S. 1 Nr. 5 BewG fällt, gilt als Erwerb der anteiligen Wirtschaftsgüter. Bei Übertragung bzw. Vererbung von vermögensverwaltenden Personengesellschaften kommt also nicht § 97 Abs. 1a BewG zur Anwendung, sondern es wird der Erwerb der anteiligen Wirtschaftsgüter fingiert. Konsequenz dieser gesetzgeberischen Vorgabe müsste daher sein, dass disquotale Gewinnverwendungsabreden bei vermögensverwaltenden Personengesellschaften keine Auswirkungen auf die Bewertung des Gesellschaftsanteils bzw. des erworbenen Gesellschaftsanteils haben. Diese Frage ist noch nicht höchstrichterlich entschieden liegt jedoch derzeit dem BFH zur Entscheidung vor. Das FG Münster hatte in einem Urteil vom 17.2.2021[17] über diese Frage zu entscheiden. Eine GbR war im Jahre 1993 von der verstorbenen Erblasserin und ihren beiden Kindern gegründet worden. Am Vermögen der GbR waren beide Kinder zu je 47,5% beteiligt, die Erblasserin zu 5%. Die Gewinne standen hingegen zu Lebzeiten der Erblasserin dieser zu 90% und lediglich zu 5% den beiden Kindern jeweils zu. Die abweichende Gewinnverteilung sollte mit der Geschäftsführerstellung der

---

[16] Siehe beispielsweise *Wälzholz* in Viskorf/Schuck/Wälzholz, ErbStG/BewG, 6. Aufl. 2020, BewG § 97 Rn. 36f.; H B 97.1ff. ErbStH 2019.

[17] FG Münster 17.2.2021 – 3 K 3911/18 F, DStRE 2022, 213.

Erblasserin enden. Bei der ursprünglichen Zuwendung der Gesellschaftsanteile besteuerte das Finanzamt eine Schenkung von jeweils 47,5% pro Kind, sah die abweichende Gewinnbeteiligung jedoch als nießbrauchsähnliches Nutzungsrecht an und minderte den Wert dafür nicht, sondern gewährte eine Stundung entsprechend § 25 Abs. 1 ErbStG aF.

Im Todesfall der Erblasserin im Jahre 2012 wandte die Finanzverwaltung nunmehr § 97 Abs. 1 a BewG an und setzte für den 5%igen Gesellschaftsanteil der Mutter den 90%igen Wert des Gesamtvermögens der GbR an. Hiergegen wurde Klage erhoben. Das FG Münster hat der Klage der Steuerpflichtigen uneingeschränkt stattgegeben. Das FG Münster sah in der Gestaltung keine nießbrauchsähnliche Gestaltung. Da die disquotale Gewinnverteilung an die Geschäftsführerstellung der Erblasserin gekoppelt war, könnten dieses Sonderrecht und diese Gewinnanteile nicht auf die Kinder im Todesfall übergehen. Durch den Tod der Erblasserin war die disquotale Gewinnverteilung erloschen und konnte nicht mehr für die Verteilung herangezogen werden. Für die Bewertung war diese Abrede daher nicht mehr maßgeblich. Ob das FG Münster anders entschieden hätte, wenn die disquotale Gewinnverteilungsabrede nicht an die Geschäftsführerstellung der Gesellschafterin gekoppelt gewesen wäre und das disquotale Gewinnverwendungsrecht damit auf die Nachfolger hätte übergehen können, ist den Gründen des FG Münster nicht zu entnehmen. Es wäre zu hoffen, wenn der BFH grundlegende Aussagen aus Anlass dieses Verfahrens treffen könnte, ob disquotale Gewinnverwendungsabreden bei vermögensverwaltenden Personengesellschaften eher wie ein Nießbrauch zu behandeln wären oder auf die Bewertung des Gesellschaftsanteils keinerlei Auswirkungen haben. Letzteres wäre mE die notwendige Konsequenz aus den Vorgaben des § 10 Abs. 1 S. 4 ErbStG.

IV. Steuerliche Implikationen und Probleme bei Kapitalgesellschaften

1. Anerkennung der ertragsteuerrechtlichen Zurechnung bei Kapitalgesellschaften (GmbH)

Die steuerrechtliche Anerkennung disquotaler Gewinnverwendungsabreden wird von der Finanzrechtsprechung und der Finanzverwaltung deutlich unterschiedlich eingestuft. Die Finanzrechtsprechung erkennt disquotale Gewinnverwendungsabreden an, sofern sie wirksam beschlossen wurden, eine gesellschaftsrechtliche Grundlage haben und tatsächlich so durchgeführt werden, wie dies beschlossen wurde.[18] Einen Gestaltungsmissbrauch nimmt die Finanzrechtsprechung nur in besonders gelagerten Ausnahmefällen an, sondern akzeptiert ansonsten die Entscheidungen der Steuerpflichtigen. Die Finanzverwaltung erkennt disquotale Gewinnverwendungsabreden bei Kapitalgesellschaften hingegen nur sehr eingeschränkt an.[19] Einerseits verlangt sie stets eine wirksame gesellschaftsrechtliche Grundlage und lehnt damit die Zulässigkeit satzungsdurchbrechender Gewinnverwendungsbeschlüsse[20]

---

[18] FG Münster 30.6.2021 – 13 K 272/19 G, F, rkr., DStRE 2022, 552; BFH 19.8.1999 – I R 77/96, BFHE 189, 342 = BStBl. II 2001, 43 = DStR 1999, 1849 Rn. 28; BFH 27.5.2010 – VIII B 146/08, BFH/NV 2010, 1865; BFH 8.8.2001 – I R 25/00, BFHE 196, 485 = BStBl. II 2003, 923 = DStR 2002, 307 Rn. 16; BFH 28.6.2006 – I R 97/05, BFHE 214, 276 = DStR 2006, 1938; FG Hessen 25.2.2008 – 9 K 577/03, NZG 2009, 320; FG Baden-Württemberg 7.5.2008 – 13 K 146/04, EFG 2008, 1206 Rn. 26; FG Köln 14.9.2016 – 9 K 1560/14, rkr., EFG 2016, 1875; FG Münster 6.5.2020 – 9 K 3359/18 E, AO, DStRE 2021, 274 Rn. 50; zustimmend *Drüen* in Tipke/Kruse, AO/FGO, 172. EL 2022, AO § 42 Rn. 80; *Stöber* in Gosch, AO/FGO, 170. EL 2022, AO § 42 Rn. 118; *Ratschow* in Klein, AO, 16. Aufl. 2022, § 42 Rn. 162; aA *Fischer* in Hübschmann/Hepp/Spitaler, AO/FGO, 270. EL 2022, AO § 42 Rn. 599.

[19] BMF v. 17.12.2013, BStBl. I 2014, 63 = DStR 2014, 36 = DB 2014, 23 = FR 2014, 78.

[20] Für steuerliche Anerkennung nunmehr BFH 28.9.2022 – VIII R 20/20. Gesellschaftsrechtlich siehe OLG Köln 24.8.2018 – 4 Wx 4/18, NZG 2019, 306; OLG Dresden 9.11.2011 – 12 W

kategorisch ab. Die Anwendung des § 41 AO lehnt die Finanzverwaltung damit ebenfalls ab, selbst wenn die unwirksamen Beschlüsse auch unter fremden Dritten so umgesetzt werden. Ferner erkennt die Finanzverwaltung disquotale Gewinnverwendungsabreden nur dann an, wenn hierfür außersteuerrechtliche, anerkennenswerte Gründe festzustellen sind. Dementsprechend gibt es eine Vielzahl finanzgerichtlicher Entscheidungen, in denen die Finanzverwaltung vergeblich gegen die Anerkennung von disquotalen Gewinnverwendungsbeschlüssen angegangen ist.[21]

Aus Sicht der Praxis ist stets zu empfehlen, dass für eine hinreichende, gesellschaftsrechtlich zweifelsfrei wirksame Rechtsgrundlage für die disquotale Gewinnverwendungsabrede gesorgt werden sollte und ebenfalls außersteuerrechtliche Gründe für die disquotale Gewinnverteilung vorliegen sollten. Anderenfalls ist mit Widerstand durch die Finanzverwaltung zu rechnen. Finanzgerichtliche Verfahren haben jedoch mit großer Wahrscheinlichkeit Aussicht auf Erfolg.

2. Zeitlich gespaltene Gewinnverwendung – Ein Modell für Unternehmensnachfolge und Unternehmensverkauf, BFH 28. 9. 2021 – VIII R 25/19, DStR 2022, 140

Das Thema der disquotalen, inkongruenten und zeitlich gespaltenen Gewinnverwendung hat durch die BFH-Entscheidung vom 28.9.2021[22] neue Dynamik und aktuelle Brisanz erlangt. Der BFH hat in diesem Zusammenhang zivilrechtliche, gesellschaftsrechtliche Vorfragen mitentschieden und das Tor für flexible Gewinnverwendungsgestaltungen ein Stückchen weiter aufgestoßen, als dies bisher als gesichert betrachtet werden konnte. Eine nähere Beleuchtung dieser Gestaltung lohnt sich daher.

In dem vom BFH zu entscheidenden Sachverhalt war der Kläger im Jahr 2012 geschäftsführender Mehrheitsgesellschafter verschiedener zu einer Firmengruppe gehörender GmbH. Nach den Satzungsbestimmungen dieser GmbH war der auszuschüttende Gewinn grundsätzlich nach dem Verhältnis der Nennbeträge der Geschäftsanteile auf die Gesellschafter zu verteilen. Eine Öffnungsklausel war allerdings in den Satzungen enthalten, wonach die Gesellschafterversammlung jeweils mit einfacher Mehrheit eine abweichende Gewinnausschüttung beschließen konnte. Sofern der Gewinn eines Gesellschafters nicht ausgeschüttet wurde, sollte dieser nicht ausgeschüttete Gewinnanteil dem betreffenden Gesellschafter auf einem personenbezogenen Rücklagenkonto[23] gutgeschrieben werden. Für entsprechende Beschlüsse bedurfte es stets zusätzlich der Zustimmung des betroffenen Gesellschafters. Die auf dem personenbezogenen Rücklagenkonto befindlichen Gewinne konnten zu einem späteren Zeitpunkt auf Grund eines erneut zu fassenden Gesellschafterbeschlusses mit einfacher Stimmenmehrheit nur an diesen Gesellschafter ausgeschüttet werden.

1002/11, NZG 2012, 507 (Gewinnverwendung als Dauerzustand); *Bayer* in Lutter/Hommelhoff, GmbHG, 20. Aufl. 2020, § 53 Rn. 27 ff. mwN.; *Wälzholz/Bayer* GmbH-StB 2020, 293; *Bender/Bracksiek* DStR 2014, 121

[21] Siehe FG Münster 30.6.2021 – 13 K 272/19 G, F, rkr., DStRE 2022, 552; BFH 19.8.1999 – I R 77/96, BFHE 189, 342 = BStBl. II 2001, 43 = DStR 1999, 1849 Rn. 28; BFH 27.5.2010 – VIII B 146/08, BFH/NV 2010, 1865; BFH 8.8.2001 – I R 25/00, BFHE 196, 485 = BStBl. II 2003, 923 = DStR 2002, 307 Rn. 16; BFH 28.6.2006 – I R 97/05, BFHE 214, 276 = DStR 2006, 1938; FG Hessen 25.2.2008 – 9 K 577/03, NZG 2009, 320; FG Baden-Württemberg 7.5.2008 – 13 K 146/04, EFG 2008, 1206 Rn. 26; FG Köln 14.9.2016 – 9 K 1560/14, rkr., EFG 2016, 1875; FG Münster 6.5.2020 – 9 K 3359/18 E, AO, DStRE 2021, 274 Rn. 50.

[22] BFH 28.9.2021 – VIII R 25/19, DStR 2022, 140. Siehe dazu auch *Birkenmaier/Obser* GmbHR 2022, 850 ff.

[23] Zur gesellschaftsrechtlichen Anerkennung dessen siehe insbes. *Heidinger/Berkefeld* in Heckschen/Heidinger, Die GmbH in der Gestaltungs- und Beratungspraxis, 4. Aufl. 2018, Kap. 11 Rn. 371 ff.; *Hommelhoff* in Lutter/Hommelhoff, GmbHG, 20. Aufl. 2020, § 29 Rn. 39.

Im Streitjahr wurden die Bilanzen durch Gesellschafterbeschluss festgestellt. Die der jeweiligen Beteiligungshöhe entsprechenden Gewinnanteile der Minderheitsgesellschafter wurden zur Ausschüttung beschlossen. Die auf den Kläger entfallenden Gewinnanteile wurden hingegen nicht ausgeschüttet, sondern der personenbezogenen Rücklage des Mehrheitsgesellschafters zugeführt. In den Jahresabschlüssen wurden diese Rücklagen als Gewinnrücklagen im Eigenkapital der jeweiligen Gesellschaft ausgewiesen. Das Finanzamt ging davon aus, dass dem Kläger damit die Kapitaleinkünfte nach § 20 Abs. 1 Nr. 1 EStG bereits zugeflossen seien. Hiergegen wandte der Kläger sich mit seiner Klage, die vor dem Finanzgericht noch keinen Erfolg hatte.[24] Die Revision des Klägers war hingegen begründet. Ein Zufluss von Gewinnanteilen wurde vom BFH auf Grundlage der vorstehenden Gestaltungen abgelehnt. Wörtlich führt der BFH aus:

> *„Die Gesellschafter einer GmbH können im Rahmen der Gewinnverwendung auch beschließen, dass nur die Anteile bestimmter Gesellschafter am Gewinn ausgeschüttet werden, während die Anteile anderer Gesellschafter am Gewinn nicht ausgeschüttet, sondern in gesellschafterbezogene Gewinnrücklagen eingestellt werden (sog. gespaltene bzw. inkongruente Gewinnverwendung).[25] Für spätere Ausschüttungen aus einer solchen gesellschafterbezogenen Gewinnrücklage, die als Unterkonto der Gewinnrücklage geführt wird, ist erneut ein Beschluss über die Gewinnverwendung zu fassen. Der Gewinn wir in diesem Fall regelmäßig an denjenigen Gesellschafter verteilt, dem die betreffende Rücklage zuzurechnen ist. Auf diesem Wege ist es möglich, den Anteil eines Gesellschafters am Gewinn in der GmbH zu belassen und erst in späteren Jahren an diesen Gesellschafter auszuschütten („zeitlich inkongruente Gewinnausschüttung“).“*

Der BFH bestätigt ausdrücklich, dass entsprechende gespaltene Gewinnverwendungen auch gesellschaftsrechtlich zulässig sind, wenn sie nach der Satzung der GmbH möglich sind und die Gesellschafter wirksam einen entsprechenden Beschluss fassen. In derartigen Fällen sind sie auch steuerrechtlich anzuerkennen. Ein Missbrauch von Gestaltungsmöglichkeiten im Sinne von § 42 AO lehnt der BFH ab.[26]

Eine entsprechende Satzungsgestaltung könnte wie folgt formuliert werden:

> *„Abweichend von den vorstehend bezeichneten, allgemeinen Gewinnverwendungsregeln, kann die Gesellschafterversammlung jederzeit mit Zustimmung aller betroffenen Gesellschafter auch disquotale Gewinnverwendungsabreden beschließen. Dabei ist es einerseits möglich, sämtliche Gewinne auszuschütten und abweichend von dem Verhältnis der Nennbeträge der Geschäftsanteile auf die Gesellschafter zu verteilen. Andererseits ist es möglich, die Gewinne an einzelne Gesellschafter quotal oder disquotal auszuschütten und die auf andere Gesellschafter entfallenden Gewinnanteile nicht auszuschütten (zeitlich gespaltene Gewinnverwendung). Sollte die Gesellschafterversammlung mit Zustimmung sämtlicher Gesellschafter eine zeitlich gespaltene Gewinnverwendung beschließen, so sind die an einzelne Gesellschafter nicht ausgeschütteten Gewinnanteile auf gesellschafterspezifische Gewinnrücklagekonten zu verbuchen, die Eigenkapital der Gesellschaft darstellen. Die gesellschafterspezifische Gewinnrücklagen können nur an den jeweiligen betreffenden Gesellschafter ausgeschüttet werden; für die spätere Verwendung der gesellschafterspezifischen Gewinnrücklage bedarf es eines mit einfacher Mehrheit gefassten Gesellschafterbeschlusses und der Zustimmung desjenigen Gesellschafters, dem der Gewinnanteil zusteht.*
>
> *Mögliche Ergänzung zur Absicherung***: Jeder Gesellschafter, für den eine gesellschafterspezifische Gewinnrücklage gebildet wurde, kann von der Gesellschafterversammlung verlangen, dass auch seine Gewinne an ihn ausgeschüttet werden, bevor wieder allgemeine Gewinnverwendungsbeschlüsse zuguns-*

---

[24] Siehe FG Niedersachsen 4.7.2019 – 10 K 181/17, DStRE 2019, 1445.

[25] Vgl. *Erhart/Riedel* BB 2008, 2266 (2267); *Hermes* DB 2020, 1302; *Scheufler/Stiegler* NWB 2020, 395; *Tavakoli* DB 2006, 1882 (1887 f.).

[26] Siehe zu dieser Entscheidung auch *Birkenmaier/Obser* GmbHR 2022, 850 ff.

ten aller Gesellschafter gefasst werden, sofern der Beschluss über die Ausschüttung der gesellschafterspe-zifischen Gewinnrücklage nicht im Einzelfall unbillig wäre oder zu einer drohenden Insolvenzantrags-pflicht führen könnte. "

Entsprechende Gestaltungen können in der Praxis vor allem eingesetzt werden, wenn Teile von Geschäftsanteilen in eine Holding-GmbH eingebracht wurden und diese Gesellschafter daher unter den Begünstigungen des § 8b KStG problemlos Gewinnverwendungen beschließen können, ohne darauf volle Kapitalertragsteuer zahlen zu müssen, während andere Gesellschafter diese Gestaltung noch nicht umgesetzt haben oder nicht umsetzen können. Ebenso können derartige Gestaltungen vorteilhaft sein, wenn einzelne Gesellschafter ihre Geschäftsanteile übertragen oder verkaufen wollen und vor dem Verkauf bzw. der Übertragung noch Gewinnausschüttungen durchführen wollen, während die anderen Gesellschafter dies im Hinblick auf eine sonst drohende Kapitalertragsteuerbelastung nicht wünschen. Dieses Instrumentarium eröffnet damit flexible Gestaltungen, mit denen der individuellen Interessenlage einzelner Gesellschafter Rechnung getragen werden kann. Es ist daher damit zu rechnen, dass entsprechende Gestaltungen in der Zukunft verbreitet Verwendung finden werden.

3. Schenkungsteuerrechtliche Auswirkungen disquotaler Gewinnverwendungsabreden

Disquotale Gewinnverwendungsabreden im Schenkungsteuerrecht werden insbesondere von der Finanzverwaltung behandelt im gleich lautenden Ländererlass vom 20.4.2018.[27] Nach Satz 2 der Tz. 2.6.4. des Erlasses vom 20.4.2018 sollen nicht leistungsbezogen bestimmte Gewinnausschüttungen regelmäßig eine freigebige Zuwendung zwischen den Gesellschaftern gemäß § 7 Abs. 1 Nr. 1 ErbStG darstellen. Im Rückschluss sind disquotale Gewinnverwendungsabreden, die sich beispielsweise bei Handwerkergesellschaften nach den im Jahr erbrachten abrechnungsfähigen Stunden ergeben oder vergleichbare Gewinnverteilungsabreden bei Freiberuflergesellschaften oder Unternehmensberatern ergeben, nicht zu freigebigen Zuwendungen, weil sie lediglich den erbrachten Beitrag zum Gesamtergebnis der GmbH widerspiegeln. Speziell innerhalb von Familiengesellschaften können entsprechende Gestaltungen hingegen zu freigebigen Zuwendungen führen, wenn in Wirklichkeit nicht die Abgeltung erbrachter Mehrleistungen das Ziel ist, sondern beispielsweise die Versorgung eines Gesellschafters im Zentrum der disquotalen Gewinnverwendung steht. *Beispiel:* Vater und Sohn sind zu je 50% an einer GmbH beteiligt. Auch wenn der Vater seine Mitarbeit in der Firma immer weiter reduziert und für seine Mitarbeit ein angemessenes Gehalt erhält, vereinbaren Vater und Sohn eine disquotale Gewinnverteilung zugunsten des Vaters, um dessen Lebensbedarf zu decken. Da die disquotale Gewinnverteilung nicht zur Abgeltung von Leistungen des Vaters dienen, handelt es sich insoweit um freigebige Zuwendungen von Sohn an Vater gemäß § 7 Abs. 1 Nr. 1 ErbStG. Maßgeblich ist insoweit Steuerklasse II mit allen Konsequenzen.

Aus Sicht der Gestaltungspraxis sollten daher für disquotale Gewinnverwendungsabreden auch unter schenkungsteuerrechtlichen Gesichtspunkten außersteuerliche Gründe aufgeführt werden können, die sich nicht auf das Verhältnis der Gesellschafter untereinander beziehen, sondern in der Leistungsbeziehung zwischen dem Gesellschafter und der Gesellschaft zu suchen sind.

---

[27] S 3806 BStBl. I 2018, 632, Tz. 2.6.4.

4. Auswirkungen disquotaler Gewinnverwendungsabreden auf die Bewertung von Kapitalgesellschaftsanteilen

Disquotale Gewinnverwendungsregelungen haben auch Auswirkungen auf die Bewertung von Kapitalgesellschaftsanteilen. Bis zum Inkrafttreten des Steueränderungsgesetzes 2015[28] spielten disquotale Gewinnverwendungsabreden keine Rolle für die Bewertung von Kapitalgesellschaftsanteilen. Der Wert der Kapitalgesellschaft war nach § 11 Abs. 2 BewG zu ermitteln und anschließend nach dem Verhältnis des Anteils am Nennkapital (Grund- oder Stammkapital) der Gesellschaft zu verteilen, § 97 Abs. 1b BewG aF Besonderheiten der Ausstattung des Geschäftsanteils wie Sonderstimmrechte, Vetorechte oder auch Vorabgewinnbezüge oder disquotale Gewinnverwendungsreden waren bis zum 1.1.2016 unbeachtlich. Im Hinblick auf die dadurch entstehenden Gestaltungsmöglichkeiten hat der Gesetzgeber im Rahmen des Steueränderungsgesetzes 2015 § 97 Abs. 1b BewG geändert und entschieden, dass gesellschaftsrechtliche Vereinbarungen zu berücksichtigen sind, die eine vom Verhältnis der Nennbeträge des Nennkapitals abweichende Aufteilung zur Folge haben, wenn eine Aufteilung nach dem Verhältnis des Anteils am Nennkapital zu einem unzutreffenden Ergebnis führt.[29] Die Finanzverwaltung hat ihre Grundsätze zur Auslegung des § 97 Abs. 1b BewG in einem gleich lautenden Ländererlass vom 2.3.2016[30] zusammengefasst. Danach sollen sowohl disquotale Gewinnverwendungsabreden als auch disquotale Abreden zur Verteilung des Liquidationserlöses bei der Bewertung der Geschäftsanteile Berücksichtigung finden. Andere ungewöhnliche oder persönliche Verhältnisse des Geschäftsanteils bleiben hingegen bei der Aufteilung des Werts der Kapitalgesellschaft weiterhin unberücksichtigt. Die Finanzverwaltung verdeutlicht dies anhand folgenden Beispiels:[31]

„Sachverhalt (abweichender Gewinnverteilungsschlüssel):
Gesellschafter der X-GmbH sind A zu 40% und B zu 60%. Die Anteile am Nennkapital gelten auch für die Verteilung eines späteren Liquidationserlöses. Vertraglich wurde abweichend vom Anteil am Nennkapital eine Gewinnverteilung für A zu 75% und B zu 25% vereinbart.
Der Ertragswert des Betriebsvermögens der GmbH wurde i.H.v .4.000.000 EUR und der Substanzwert i.H.v. 2.500.000 EUR ermittelt. Somit ist der Wert des Betriebsvermögens der GmbH mit 4.000.000 EUR anzusetzen.

Beispiel 1:
A verstirbt im Jahr 2016. Erbe ist K.
Grundsatz: Bei einer Aufteilung nach dem Anteil am Nennkapital ergibt sich ein Wert des Anteils des A von (40% von 4.000.000 EUR =) 1.600.000 EUR.
Bei Vorliegen eines abweichenden Gewinnverteilungsschlüssels ist dieser für die Aufteilung des Werts des Betriebsvermögens nicht allein maßgebend. Zunächst ist [nach Ansicht der Finanzverwaltung] der Substanzwert nach dem Anteil am Nennkapital aufzuteilen. Übersteigt der im vereinfachten Ertragswertverfahren ermittelte gemeine Wert den Substanzwert, ist die Differenz nach dem Gewinnverteilungsschlüssel aufzuteilen.

---

[28] BGBl. 2015 I 1834 = BStBl. I 2015, 846.
[29] Siehe dazu *Bender/Bracksiek* DStR 2014, 121; *Birnbaum/Escher* DStR 2014, 1413; *Kamchen/Kling* NWB 2015, 819.
[30] DB 2016, 622 = BStBl. I 2016, 246.
[31] Gleich lautender Ländererlass vom 2.3.2016, DB 2016, 622 = BStBl. I 2016, 246 Beispiel 1.

Der ermittelte Substanzwert ist nach dem Anteil am Nennkapital aufzuteilen:

40% von 2.500.000 EUR   1.000.000 EUR

Der den Substanzwert übersteigende Betrag des ermittelten Ertragswerts
i. H. v. (4.000.000 EUR − 2.500.000 EUR =) 1.500.000 EUR
wird nach dem Gewinnverteilungsschlüssel aufgeteilt:

75% von 1.500.000 EUR   + 1.125.000 EUR

Wert des Anteils des A   2.125.000 EUR

Unter Berücksichtigung der vertraglichen Vereinbarungen ist nach § 97 Abs. 1b BewG der gemeine Wert des Anteils des A mit 2.125.000 EUR festzustellen.

Hinweis: Die beschriebene Aufteilung entfällt, wenn der Substanzwert zum Ansatz kommt. Die Aufteilung erfolgt dann nach dem Anteil am Nennkapital."

Für den Todesfall des B gelten die vorstehenden Grundsätze spiegelbildlich.

5. Verdeckte Gewinnausschüttungen

Disquotale und quotale verdeckte Gewinnausschüttungen (vGA),[32] offene Gewinnausschüttungen und Kapitalrückzahlungen sind im Verhältnis einer Kapitalgesellschaft zu ihren Gesellschaftern rein ertragsteuerlich zu berücksichtigen (§ 8 Abs. 4 KStG), aber keine nach § 7 Abs. 1 Nr. 1 ErbStG freigebigen Zuwendungen.[33] Ertragsteuerlich hat grds. derjenige Gesellschafter den Vorteil zu versteuern, dem die Zuwendung zugeflossen ist. Wird die Zuwendung disquotal als vGA einer einem Gesellschafter nahestehenden Person zugewandt, so hat die Zuwendung beim Zufluss iSd § 11 EStG der Gesellschafter zu versteuern, nicht hingegen die nahestehende Person.[34]

Zahlt eine Kapitalgesellschaft hingegen auf Veranlassung eines Gesellschafters einer diesem nahestehenden Person, die nicht Gesellschafter ist, überhöhte Vergütungen, liegt regelmäßig keine freigebige Zuwendung der Gesellschaft an die nahestehende Person vor.[35] Das gleiche gilt, wenn auf Veranlassung eines Gesellschafters eine diesem nahestehende Person an die Kapitalgesellschaft für eine erbrachte Leistung eine zu geringe oder keine Vergütung zahlt.[36]

In diesen Fällen liegt regelmäßig eine freigebige Zuwendung iSd § 7 Abs. 1 Nr. 1 ErbStG zwischen dem Gesellschafter und der nahestehenden Person vor. Kommen mehrere Gesellschafter als Schenker in Betracht (zB Vater und Onkel des Begünstigten), kann je nach den Umständen des Einzelfalls eine quotale Zuwendung der veranlassenden Gesellschafter angenommen werden.[37] Im Hinblick auf den Unterschied der Steuerklassen und damit der Freibeträge und Steuersätze, sollte in entsprechenden Fällen die Veranlassung und damit das Zuwendungsverhältnis deutlich geregelt werden.

---

[32] Zur gesellschaftsrechtlichen Beurteilung dessen siehe *Mock* in Michalski/Heidinger/Leible/ J.Schmidt, GmbHG, 3. Aufl. 2017, § 29 Rn. 265.

[33] BFH 30.1.2013 – II R 6/12, BStBl. II 2013, 930; BFH 13.9.2017 – II R 42/16, BStBl. II 2018, 299; BFH 13.9.2017 – II R 54/15, BStBl. II 2018, 292. Ebenso die Finanzverwaltung in ihren gleichlautenden Ländererlassen vom 20.4.2018, BStBl. I 2018, 632 Tz. 1.1.

[34] Ganz hM BFH 13.7.2021 – I R 16/18, BStBl. II 2022, 119 = DStR 2021, 2779; BFH 22.10.2015 – IV R 7/13, BStBl. II 2016, 219.

[35] BFH 30.1.2013 – II R 6/12, BStBl. II 2013, 930; BFH 13.9.2017 – II R 42/16, BStBl. II 2018, 299; BFH 13.9.2017 – II R 54/15, BStBl. II 2018, 292. Ebenso die Finanzverwaltung in ihren gleichlautenden Ländererlassen vom 20.4.2018, BStBl. I 2018, 632 Tz. 2.6.2.

[36] Gleichlautende Ländererlasse vom 20.4.2018, BStBl. I 2018, 632 Tz. 2.6.1.

[37] Gleichlautende Ländererlasse vom 20.4.2018, BStBl. I 2018, 632 Tz. 2.6.2.

Verzichtet ein Gesellschafter zugunsten eines Mitgesellschafters auf einen bereits entstandenen Gewinnanspruch, liegt regelmäßig eine freigebige Zuwendung iSd § 7 Abs. 1 Nr. 1 ErbStG des Verzichtenden zugunsten des Mitgesellschafters vor.[38]

V. Disquotale Einlagen

Disquotale Einlagen sind das Gegenstück zu disquotalen Gewinnausschüttungen und bereiten in der Gestaltungspraxis ebenfalls regelmäßig Kopfzerbrechen, insbesondere im Hinblick auf die daraus folgenden steuerrechtlichen Konsequenzen. Gesellschaftsvertragliche Grundlagen für eine disquotale Einlage sind regelmäßig nicht erforderlich und in der Praxis kaum anzutreffen. Einem Gesellschafter einer Personengesellschaft oder Personenhandelsgesellschaft steht es regelmäßig frei, eine Gesellschaft dadurch zu bereichern, dass er der Gesellschaft zusätzliche, nicht geschuldete Einlagen leistet, durch die er die Mitgesellschafter bereichert, wenn diese Einlagen der Rücklage gutgeschrieben werden. Einlagen, mit denen ein Gesellschafter seine Beteiligungsquote erhöhen möchte, bedürfen hingegen regelmäßig der Mitwirkung sämtlicher Mitgesellschafter. Die Behandlung derartiger Einlagen unterscheidet sich zwischen Personen- und Kapitalgesellschaften.

1. Personengesellschaften

Zur Behandlung disquotaler Einlagen in gewerblich tätige oder gewerblich geprägte Personengesellschaften hatte der BFH in seinem Urteil vom 5.2.2020 zu entscheiden.[39]

Nachdem in den vergangenen Jahren immer wieder in der Rechtslehre Zweifel daran geäußert worden waren, ob gewerblich tätige, geprägte oder vermögensverwaltende Personengesellschaften im Hinblick auf ihre zivilrechtliche Verselbständigung weiterhin schenkungsteuerrechtlich als transparent betrachtet werden könnten, hat der BFH in seinem Urteil vom 5.2.2020 erneut bestätigt, dass Zuwendungen an eine Personenhandelsgesellschaft nicht zu einer freigebigen Zuwendung an die Personengesellschaft führen, sondern eine freigebige Zuwendung an die Mitgesellschafter darstellen. Der BFH hält also schenkungsteuerlich trotz der gesellschaftsrechtlichen Verselbständigung an der Transparenz der Personengesellschaften fest. Dies sei nur dann nicht der Fall, wenn die Einlage gegen eine gleichwertige Gegenleistung erfolgt. Zuwendungen in die gesamthänderisch gebundene Rücklage einer Personengesellschaft oder Personenhandelsgesellschaft bereichern danach also nicht die Gesellschaft selbst, sondern werden schenkungsteuerrechtlich als quotale Zuwendung an die Mitgesellschafter betrachtet. Soweit die Rechtslehre in der Vergangenheit abweichende Auffassungen vertreten hatte, wurde hiermit regelmäßig geltend gemacht, dass reine Einlagegrundsätze ertragsteuerrechtlich anzuwenden wären und der Bereicherungsreflex der Mitgesellschafter schenkungsteuerrechtlich außer Acht zu lassen sei.

Der Auffassung des BFH ist zuzustimmen. Durch das MoPeG tritt mit Wirkung ab 1.1.2024 diesbezüglich keine Veränderung ein. Personenhandelsgesellschaften wie OHG und KG waren auch in der Vergangenheit bereits rechtsfähig. Durch die Anerkennung der GbR und Gleichstellung der GbR mit der OHG oder KG hat sich im Ergebnis ebenfalls nichts geändert.

Gleichzeitig sollte keinerlei Zweifel daran bestehen, dass die Einbringung von Betrieben, Teilbetrieben, Mitunternehmeranteilen oder begünstigungsfähigen Kapitalgesellschaftsanteilen in eine vermögensverwaltende oder gewerblich geprägte oder tätige Personenhandelsgesellschaft ebenfalls in den Genuss der Begünstigungen nach §§ 13a, 13b, 13c, 19a, 28a

---

[38] Gleichlautende Ländererlasse vom 20.4.2018, BStBl. I 2018, 632 Tz. 2.6.4.
[39] BFH 5.2.2020 – II R 9/17, BStBl. II 2020, 658; siehe dazu *Milatz/Schulz* StBG 2020, 15ff.

ErbStG führen kann, auch wenn diese begünstigungsfähigen Wirtschaftseinheiten im Sinne des § 13b Abs. 1 ErbStG nicht an die Bereicherten direkt, sondern mittelbar über die Personengesellschaft diesen zugewandt werden. Diesbezügliche Zweifel sind mE nicht begründet.[40]

2. *Disquotale Einlagen bei Kapitalgesellschaften*

Disquotale Einlagen in eine Kapitalgesellschaft als offene oder verdeckte Einlage[41] führen grundsätzlich nicht zu einer freigebigen Zuwendung gemäß § 7 Abs. 1 Nr. 1 ErbStG.[42] Im Verhältnis zur GmbH gelten insoweit ausschließlich ertragsteuerrechtliche Grundsätze.[43] Soweit durch die disquotale Einlage jedoch Wertsteigerungen der Geschäftsanteile der Mitgesellschafter eintreten, so ist dies hingegen nach § 7 Abs. 8 S. 1 ErbStG erbschaftsteuerpflichtig.[44] Nach § 7 Abs. 8 S. 1 gilt als Schenkung auch die Werterhöhung von Anteilen an einer Kapitalgesellschaft, die eine an der Gesellschaft unmittelbar oder mittelbar beteiligte natürliche Person oder Stiftung (Bedachte) durch die Leistung einer anderen Person (Zuwendender) an die Gesellschaft erlangt. Der Tatbestand dieser Norm ist deutlich zu weit gefasst. Auf Grund dessen kommt der Einschränkung der Tatbestandsmerkmale durch die Finanzverwaltung eine besondere Bedeutung zu. In folgenden Fällen lehnt die Finanzverwaltung in den gleich lautenden Ländererlassen vom 20.4.2018[45] die Tatbestandsmäßigkeit einer disquotalen Einlage als fingierte freigebige Zuwendung an die Mitgesellschafter ab:

- Der Mitgesellschafter erbringt eine quotenentsprechend-gleichwertige Einlage in die GmbH, beispielsweise unentgeltliche Geschäftsführungs- oder Beratungsleistungen;
- die Einlage führt nicht zu einer Werterhöhung des GmbH-Geschäftsanteils, beispielsweise bei Sanierungsbeträgen, wenn die GmbH bisher einen Wert von 0 EUR hatte und nach der Einlage weiterhin einen Wert von 0 EUR hat;[46]
- die Leistung an die Kapitalgesellschaft wird ausgeglichen durch eine Gegenleistung des Mitgesellschafters an den leistenden Gesellschafter;[47]
- die Einlage erfolgt zum Ausgleich der Gewährung weiterer Rechte in der Gesellschaft wie einer Verbesserung des Gewinnanteils, eines Liquidationsvoraus, der Gewährung eines Mehrstimmrechts;[48]

---

[40] Siehe dazu *Milatz/Schulz* StBG 2020, 15 ff.; siehe auch *Stalleiken* in von Oertzen/Loose, ErbStG, 2. Aufl. 2020, § 13b Rn. 39.

[41] Siehe zu den alternativen gesellschaftsrechtlichen Gestaltungen *Heidinger/Berkefeld* in Heckschen/Heidinger, Die GmbH in der Gestaltungs- und Beratungspraxis, 4. Aufl. 2018, Kapitel 11 F III, S. 1077.

[42] Siehe zu der früheren diesbezüglichen Rechtslage und Unsicherheiten gleich lautende Erlasse der obersten Finanzbehörden der Länder vom 20.10.2010, BStBl. I 2010, 1207 = DStR 2011, 79; BFH 9.12.2009 – II R 28/08, BStBl. II 2010, 566; BFH 25.10.1995 – II R 67/93, BStBl. II 1996, 160; *Heidinger/Berkefeld* in Heckschen/Heidinger, Die GmbH in der Gestaltungs- und Beratungspraxis, 4. Aufl. 2018, Kapitel 11 F III 1., S. 1078.

[43] Einlagen in eine Kapitalgesellschaft sind fast immer eine gewinnrealisierende Veräußerung, § 6 Abs. 6 S. 2 EStG, § 17 Abs. 1 EStG, § 23 Abs. 1 S. 5 Nr. 2 EStG; anders ist dies nur bei Einhalten der Voraussetzungen des § 20 UmwStG.

[44] Siehe *Götz* in Wilms/Jochum, ErbStG, 120. EL 2022, § 7 Rn. 332.3 f.; *Heidinger/Berkefeld* in Heckschen/Heidinger, Die GmbH in der Gestaltungs- und Beratungspraxis, 4. Aufl. 2018, Kapitel 11 F III, S. 1078; *Gutfried* MittBayNot 2012, 188; *Crezelius* ZEV 2011, 393 ff.

[45] BStBl. I 2018, 632 = DB 2018, 1437 = DStR 2018, 1178 Tz. 3.3.

[46] Dies ist vorstellbar, wenn der maßgebliche Wert bisher negativ gewesen wäre.

[47] Tz. 3.3.4 des gleich lautenden Erlasses vom 20.4.2018. Ebenso *Geck* in Kapp/Ebeling, ErbStG, 89. EL 2021, ErbStG § 7 Rn. 237.

[48] Tz. 3.3.5 des gleich lautenden Erlasses vom 20.4.2018.

– reiner Beitrag zu Sanierungszwecken bzw. Forderungsverzicht gegen Besserungsschein;[49]
– Abreden unter den Gesellschaftern, wonach die disquotale Einlage zu keiner endgültigen
  Bereicherung der Mitgesellschafter führt, insbesondere durch spätere Ausgleichsverpflich-
  tungen, durch einen Liquidationsvoraus in gleicher Höhe (§ 72 S. 2 GmbHG) oder aber
  eine schuldrechtlich zugunsten des leistenden Gesellschafters gebundene Kapitalrücklage.[50]

Die Finanzverwaltung erkennt damit die gesellschafterspezifische Kapitalrücklage[51] bei
der GmbH an, auch wenn diese gesellschaftsrechtlich noch nicht durch BGH-Rechtsprechung gesichert ist.[52]

VI. Zusammenfassung

Die disquotale Ausgestaltung von Gewinnverwendungsabreden, Gewinnverwendungsbeschlüssen und Einlagen stellt die Praxis vor erhebliche gesellschaftsrechtliche und steuerrechtliche Herausforderungen. Nicht zuletzt dem Jubilar ist es zu verdanken, dass einzelne
dieser Fragestellungen und Aspekte in der Vergangenheit geklärt werden konnten und einer
befriedigenden Lösung zugeführt werden konnten. Bei disquotalen Gewinnverwendungsabreden ist stets zu beachten, dass als alternative Gestaltung auch die Möglichkeit besteht,
Nießbrauchsrechte, Quotennießbrauch oder Versorgungsleistungen gemäß § 10 Abs. 1 a
Nr. 2 EStG zu nutzen, um vergleichbare wirtschaftliche Ziele zu erreichen.

---

[49] Tz. 3.3.6 und 3.3.7 des gleich lautenden Erlasses vom 20. 4. 2018. Siehe auch *Loose* in von
Oertzen/Loose, ErbStG, 2017, § 7 Rn. 590 ff.; *Geck* in Kapp/Ebeling, ErbStG, 89. EL 2021,
ErbStG § 7 Rn. 238.
[50] Tz. 3.3.8 des gleich lautenden Erlasses vom 20. 4. 2018.
[51] S. auch *Kotzenberg/Riedel* DB 2019, 2655 ff.
[52] Siehe *Heidinger/Berkefeld* in Heckschen/Heidinger, Die GmbH in der Gestaltungs- und
Beratungspraxis, 4. Aufl. 2018, Kapitel 11 F III, S. 1078 f.; *Blumers/Beinert/Witt* DStR 2002, 565 ff.
und 616 ff.; *Priester* Gedächtnisschrift für Knobbe-Keuk, 1997, 293 (298 ff.); *Gollers/Tomik* DStR
1999, 1169; *Priester* DStR 2001, 795 (797); *Schulze-Osterloh* BB 2018, 427 (428); *Kotzenberg/Riebel*
DB 2019, 2655.

JOHANNES WEBER

Das notarielle Tatsachenprotokoll bei der Satzungsneufassung der GmbH

I. Vorrede

Der Jubilar dieser Festschrift hat während seiner über 25-jährigen Tätigkeit als Referatsleiter am Deutschen Notarinstitut Generationen von Notarassessoren unter seine Fittiche genommen und bei vielen von ihnen die wissenschaftliche Begeisterung für das Gesellschaftsrecht geweckt. Es ist sicherlich auch *Andreas Heidinger* zu verdanken, dass sich viele der einstigen Kollegen über die Zeit am Institut hinaus in Publikationen wissenschaftlich engagiert und zur vertieften dogmatischen Durchdringung des Gesellschaftsrechts aus der Perspektive der notariellen Praxis beigetragen haben. Obwohl ich während meiner Zeit als Geschäftsführer des Instituts von 2014 bis 2019 nie formell als Referent im Referat für Handels- und Gesellschaftsrecht tätig war, hatte ich doch das Glück, bei *Andreas Heidinger* in die Schule gehen zu dürfen. Es war mir immer wieder vergönnt, Gutachten im Gesellschaftsrecht zu schreiben. Die Betreuung des DNotI-Reports, die gemeinsame Veranstaltung des wissenschaftlichen Beirats im Jahre 2017, die Arbeit an der Festschrift für das 25-jährige Jubiläum des DNotI, aber auch viele Referatsgespräche haben zu einem engen fachlichen und persönlichen Austausch zwischen *Andreas Heidinger* und mir beigetragen. Unsere Büros lagen direkt nebeneinander. Oft war es das spontane Gespräch auf dem Flur, das in einen längeren Gedankenaustausch mündete. Ich denke etwa daran zurück, wie der Jubilar und ich wenige Tage vor dem wissenschaftlichen Beirat im November 2017 fieberhaft an unseren Beiträgen arbeiteten und ich meine Thesen nach Mitternacht vor dem Jubilar testen und sie seinem auch zu dieser Uhrzeit scharfsinnigen Urteil unterziehen durfte.

Was *Andreas Heidinger* wie wenige andere auszeichnet, ist zum einen seine Leidenschaft. Ich habe immer wieder bewundert, mit welcher Begeisterung er sich in komplexe Fragestellungen einarbeiten konnte und mit welchem Willen er für seine Thesen einzustehen bereit war. Auch in Podiumsdiskussionen mit Richtern des Bundesgerichtshofs war er nie verlegen, argumentative Schwächen oder gar dogmatische Brüche aufzuzeigen und für seine Positionen zu werben. Ein „Karlsruhe locuta, causa finita" gab es für den Jubilar nie, berufspolitische Diplomatie war nicht seine Sache. Positionen wurden nie einfach kampflos geräumt.

Zum anderen hat mich immer wieder die dogmatische Brillanz des Jubilars beeindruckt. *Andreas Heidinger* denkt immer im System und großen Ganzen und dies bis in die kleinsten dogmatischen Verästelungen hinein. Dies gilt sicherlich in besonderer Weise für seine Beiträge zur Kapitalaufbringung und zur Gesellschafterliste, aber auch zum Umwandlungsrecht. Bewundert habe ich immer wieder auch seine Arbeitsdisziplin, mit der er über das Tagwerk der Gutachtenpraxis hinaus bis in die späte Nacht an Publikationen arbeitete. Man konnte nahezu sicher sein, dass man nie als letzter die Tür am Institut hinter sich schließen und die Alarmanlage anschalten musste. Wer am Sonntagabend mit dem Auto am Main entlang fuhr, konnte das Licht in seinem Büro brennen sehen. Auch in schwierigen Zeiten hat *Andreas Heidinger* immer bis gekämpft und alles gegeben. Wenn es sein musste, hat er die Zähne zusammengebissen und auch bei hoher Belastung immer einen kühlen Kopf bewahrt. Dafür gebührt ihm meine Bewunderung.

Viele Momente mit dem Jubilar werden mir immer in Erinnerung bleiben, so zB gemeinsame Betriebsausflüge, Weihnachtsfeiern mit kleinen Choreinlagen und das legendäre Fest zu seinem 60. Geburtstag in Veitshöchheim, das von seiner Familie und seinen Freunden humor- und liebevoll mit zahlreichen Beiträgen gestaltet wurde. Wie aus diesen Zeilen hervorgeht, empfinde ich gegenüber *Andreas Heidinger* großen Dank für die gemeinsame Zeit. Diesen Dank möchte mich mit dem folgenden Beitrag verbinden, der den Versuch unternimmt, in *Heidinger'scher* Manier ein gesellschaftsrechtliches Thema der alltäglichen Gestaltungspraxis rechtsdogmatisch aufzubohren und einer frischen wie kritischen Betrachtung zu unterziehen. Auf die Rückmeldung des Jubilars bin ich schon jetzt gespannt.

II. Einführung

Nach dieser persönlichen Vorrede wird es nun Zeit, sich dem Thema des Festschriftbeitrags zuzuwenden. Es soll um eine alltägliche Situation aus dem Leben des Notars gehen. Die Gesellschafter einer GmbH möchten ihre Satzung neu fassen. Die Satzungsneufassung soll nicht im Wege der Beurkundung von Willenserklärungen gemäß §§ 8 ff. BeurkG, sondern im Wege des Tatsachenprotokolls nach §§ 36 f. BeurkG erfolgen. Gegenstand der Satzung sind u. a. Klauseln, die eine Verpflichtung zur Abtretung von Anteilen an der GmbH vorsehen (u. a. Vorkaufs- und Ankaufsrechte), sowie eine sog. Güterstandsklausel, die die Einziehung des GmbH-Anteils erlaubt, wenn der Gesellschafter keinen Ehevertrag abschließt, der die Beteiligung vom Zugewinn bzw. Vermögenausgleich ausnimmt. Bei lang und breit ausgehandelten Satzungsneufassungen unter anwaltlicher Begleitung oder bei einem größeren Gesellschafterkreis wird das Tatsachenprotokoll bei vielen als Beurkundungsverfahren der Wahl gewünscht. Dabei wird häufig übersehen, dass das Vorlesen der Urkunde bei Ausklammerung des Zeitfaktors immer die bessere Wahl ist, weil es allen Beteiligten einschließlich dem Notar noch einmal die Gelegenheit zur Kontrolle und zu Rückfragen bietet. Das Verlesen trägt zu einer höheren Richtigkeitsgewähr bei und sichert die Streitvermeidung in besonderer Weise ab. Dessen ungeachtet wird das Tatsachenprotokoll insbesondere im Falle der Satzungsneufassung gleichwohl als vorzugswürdiges Verfahren betrachtet.[1]

So stark verbreitet das Tatsachenprotokoll in der Praxis ist, so stark verbreitet sind auch Abtretungsklauseln in Satzungen. Nahezu jede Satzung einer Mehrpersonengesellschaft enthält Pflichten, den Geschäftsanteil in bestimmten Fallkonstellationen an die Gesellschaft oder Mitgesellschafter abzutreten. Verpflichtungen zur Abtretung eines Geschäftsanteils bedürfen der Beurkundung nach § 15 Abs. 4 S. 1 GmbHG. Da die Verpflichtung durch eine Willenserklärung begründet wird, kann die Beurkundung grundsätzlich nur nach den §§ 8 ff. BeurkG (Beurkundung von Willenserklärungen) erfolgen. Es fragt sich, ob ausnahmsweise ein Tatsachenprotokoll über den Satzungsänderungsbeschluss diesem Formerfordernis Rechnung trägt. Trotz ihrer enormen Relevanz wird die Frage in der Literatur nur ganz vereinzelt diskutiert. In diesem Zusammenhang ist der wegweisende Beitrag von *Grotheer*, einst Notarassessor am DNotI und u. a. im Referat des Jubilars tätig, zu nennen.[2]

---

[1] *Mayer/Weiler* in Beck'sches Notar-Handbuch, 7. Aufl. 2019, § 22 Rn. 310.

[2] *Grotheer* RNotZ 2015, 4.

III. Das Tatsachenprotokoll bei der Satzungsänderung

1. Zulässigkeit des Tatsachenprotokolls

Eine Satzungsänderung kann nur durch Beschluss der Gesellschafterversammlung erfolgen (§ 53 Abs. 1 GmbHG). Beschlüsse werden in Versammlungen gefasst (§ 48 Abs. 1 S. 1 GmbHG). Dies gilt auch für Satzungsänderungen. Versammlungsbeschlüsse über Satzungsänderungen unterliegen nach § 53 Abs. 2 S. 1 GmbHG (künftig: § 53 Abs. 3 S. 1 GmbHG) einer besonderen Form: Der Beschluss muss notariell beurkundet werden.

Nach § 36 BeurkG ist bei der Beurkundung *anderer Erklärungen als Willenserklärungen* sowie sonstiger Tatsachen oder Vorgänge eine Niederschrift nach den §§ 36 f. BeurkG aufzunehmen. Zumindest bei unbefangener Betrachtung leuchtet zunächst nicht ein, warum der Beschluss unter § 36 BeurkG fallen soll. Denn die Stimmabgabe auf der Gesellschafterversammlung ist eine Willenserklärung.[3] Der Beschluss als solcher ist zwar nach allgemeiner Auffassung ein gesellschaftsrechtlicher Gesamtakt.[4] Dieser konturenlose Begriff darf nicht den Blick darauf verstellen, dass auch der Beschluss ein auf Willenserklärungen beruhendes mehrseitiges Rechtsgeschäft darstellt.[5] Auf den ersten Blick spricht vieles dafür, dass es sich beim Beschluss somit um ein Bündel von Willenserklärungen handelt und somit gerade nicht unter § 36 BeurkG fällt. Und dennoch steht zweifelsfrei fest, dass der Gesellschafterbeschluss als Tatsachenprotokoll beurkundet werden kann[6] und dessen geradezu klassischer Anwendungsfall ist.[7] Das ist auch richtig. Wenn § 48 Abs. 1 S. 1 GmbH bestimmt, dass der Beschluss in einer Versammlung gefasst wird und dieser Beschluss im Falle einer Satzungsänderung zu beurkunden ist, hat das Gesetz die Beurkundung der *Versammlung als tatsächlichen Vorgang* und die Protokollierung der abgegebenen Stimmen im Blick. Die notarielle Niederschrift hat den Charakter eines Berichts des Notars über seine Wahrnehmungen dieser Versammlung.[8] Der Beschluss selbst ist zwar keine Tatsache und kein sonstiger Vorgang. Ein sonstiger Vorgang iSv § 36 BeurkG ist jedoch die Versammlung, auf der der Beschluss gefasst wird. § 53 Abs. 2 S. 1 GmbHG verlangt nur die notarielle Beurkundung der *Versammlung* über die Abgabe der Erklärungen, nicht die Beurkundung der abgegebenen Erklärungen.

Das Tatsachenprotokoll ist als Beurkundungsverfahren bei Satzungsänderungen allgemein anerkannt. Bezweifelt wurde dies vereinzelt in der Konstellation der Einpersonen-GmbH. Das Tatsachenprotokoll ist nur vom Notar zu unterschreiben (§§ 37 Abs. 3, 13 Abs. 3 BeurkG). 48 Abs. 3 GmbHG verlangt demgegenüber für die Einpersonen-GmbH, dass der Beschluss vom Gesellschafter unterzeichnet wird. Die Rechtsprechung lässt jedoch auch in

---

[3] BGH NJW 1967, 1963 (1966); *Noack* in Noack/Servatius/Haas, GmbHG, 23. Aufl. 2022, § 47 Rn. 7.
[4] OLG Bremen DNotZ 2020, 557 (558); *Bremkamp* in BeckOK BeurkG, 6. Ed. 1.5.2021, § 8 Rn. 14; *Kindler* in Beck'sches Notar-Handbuch, 7. Aufl. 2019, § 31 Rn. 349; *Winkler,* BeurkG, 20. Aufl. 2022, § 37 Rn. 13; so etwa auch zum WEG-Beschluss BGH NJW 1998, 3713 (3715); anders die ältere Rechtsprechung BGH NJW 1970, 33 (34) – körperschaftlicher Sozialakt.
[5] *Hillmann* in Henssler/Strohn, Gesellschaftsrecht, 5. Aufl. 2021, GmbHG § 47 Rn. 3; *Hertel* in Staudinger, BGB, 2017, BeurkG Rn. 600; *Winkler,* BeurkG, 20. Aufl. 2022, § 36 Rn. 5, 7; *Limmer* in Würzburger Notarhandbuch, 6. Aufl. 2021, Teil 1 Kap. 2 Rn. 215.
[6] OLG Bremen DNotZ 2020, 557 (558); OLG Celle NZG 2017, 422 (423); *Boor* in BeckOK BeurkG, 6. Ed. 1.11.2021, § 36 Rn. 32; *Trölitzsch* in BeckOK GmbHG, 52. Ed. 1.8.2022 § 53 Rn. 22; *Kindler* in Beck'sches Notar-Handbuch, 7. Aufl. 2019, § 31 Rn. 349; *Harbarth* in MüKo-GmbHG, 3. Aufl. 2018, § 53 Rn. 68; *Nordholtz/Hupka* DNotZ 2018, 404; *Priester/Tebben* in Scholz, GmbHG, 12. Aufl. 2021, § 53 Rn. 69; *Hertel* in Staudinger, BGB, 2017, BeurkG Rn. 600; vgl. auch BGH DNotZ 2009, 688 Rn. 11 – zur AG.
[7] Vgl. BT-Drs. V/3282, 23.
[8] BGH DNotZ 2009, 688 Rn. 11.

dieser Konstellation das Tatsachenprotokoll zu. Dem Normzweck des § 48 Abs. 3 GmbHG ist Genüge getan, wenn eine beweissichere notarielle Niederschrift über den Beschluss errichtet wird.[9] Die zusätzliche Unterschrift des Gesellschafters ist nicht erforderlich.

2. Alternative: Beurkundung nach §§ 8 ff. BeurkG

Gar nicht so einfach zu beantworten ist die Frage, ob die Gesellschafterversammlung auch nach den Vorschriften über die Beurkundung von Willenserklärungen gemäß §§ 8 ff. BeurkG protokolliert werden kann. Die ganz hM bejaht dies.[10] Vereinzelt wird dies jedoch in Abrede gestellt. Das OLG Celle hat die These vertreten, dass die Beurkundungsform für Willenserklärungen für Gesellschafterbeschlüsse gänzlich ungeeignet sei. Das OLG Celle meint, bei einer Vielzahl von abgegebenen Stimmen könne nicht verlangt werden, dass der einzelne Abstimmende den gefassten Beschluss unterzeichne (§ 13 BeurkG). Außerdem sei unklar, ob auch der überstimmte Gesellschafter unterzeichnen müsse.[11] Auch die Literatur stellt die Beurkundung einer Satzungsänderung im Verfahren nach §§ 8 ff. BeurkG teilweise in Frage.[12]

Dem ist nicht beizutreten. Wenn das Gesetz die Beurkundung des äußeren Ablaufs der Versammlung genügen lässt, muss die Beurkundung der abgegebenen Willenserklärungen gemäß den §§ 8 ff. BeurkG grundsätzlich erst recht genügen. Das Beurkundungsverfahren von Willenserklärungen kennt höhere Anforderungen als das Tatsachenprotokoll.[13] Beim Tatsachenprotokoll unterzeichnet nur der Notar (§ 37 Abs. 3 iVm § 13 Abs. 3 BeurkG), wohingegen bei der Beurkundung von Willenserklärungen die Beteiligten und der Notar unterschreiben (§ 13 Abs. 1 S. 1 und Abs. 3 S. 1 BeurkG). Beim Tatsachenprotokoll muss der Satzungstext nicht verlesen werden, bei der Beurkundung von Willenserklärungen hingegen schon (§ 13 Abs. 1 S. 1 BeurkG). Bei der Beurkundung von Willenserklärungen hat der Notar die Beteiligten zu identifizieren (§ 10 BeurkG) und die Vertretungsberechtigung (§§ 12, 17 Abs. 1 BeurkG) zu prüfen, beim Tatsachenprotokoll hingegen nicht. Außerdem trifft den Notar beim Tatsachenprotokoll keine weitreichende Belehrungspflicht, wie sie § 17 Abs. 1 BeurkG für die Beurkundung von Willenserklärung normiert.[14] Es ist daher nicht ersichtlich, warum die strengere Form der §§ 8 ff. BeurkG nicht die schwächere Form des Tatsachenprotokolls ersetzen kann.[15]

Dennoch trifft die Kritik des OLG Celle einen wahren Kern: Bei streitigen Gesellschafterversammlungen mit Gegenstimmen ist die Beurkundung von Willenserklärung nicht die geeignete Beurkundungsform. Zum einen versagt die Beurkundung, wenn sich ein Gesellschafter während der Beurkundung entfernt oder seine Stimmabgabe nicht protokolliert.

---

[9] OLG Celle NZG 2017, 422 (423); *Hoffmann* in Michalski/Heidinger/Leible/J. Schmidt, GmbHG, 3. Aufl. 2017, § 53 Rn. 73; *Priester/Tebben* in Scholz, GmbHG, 12. Aufl. 2021, § 53 Rn. 69; *Limmer* in Würzburger Notarhandbuch, 6. Aufl. 2021, Teil 1 Kap. 2 Rn. 215.

[10] OLG Köln MittBayNot 1993, 170 (171); *Bord* in BeckOGK, 1.7.2022, BeurkG § 8 Rn. 8.1.; *Preuß* in Armbrüster/Preuß/Renner, BeurkG/DONot, 8. Aufl. 2019, BeurkG § 36 Rn. 7, § 37 Rn. 16; *Grotheer* RNotZ 2015, 4; *Harbarth* in MüKoGmbHG, 3. Aufl. 2018, § 53 Rn. 68; *Hoffmann* in Michalski/Heidinger/Leible/J. Schmidt, GmbHG, 3. Aufl. 2017, § 53 Rn. 73; *Nordholtz/Hupka* DNotZ 2018, 404 (406); *Priester/Tebben* in Scholz, GmbHG, 12. Aufl. 2021, § 53 Rn. 70; *Hertel* in Staudinger, BGB, 2017, BeurkG Rn. 600; *Winkler*, BeurkG, 20. Aufl. 2022, Vor § 36 Rn. 15; *Limmer* in Würzburger Notarhandbuch, 6. Aufl. 2021, Teil 1 Kap. 2 Rn. 215.

[11] OLG Celle NZG 2017, 422 (423).

[12] *Noack* in Noack/Servatius/Haas, GmbHG, 23. Aufl. 2022, § 53 Rn. 70.

[13] Zum Vergleich der beiden Beurkundungsformen im Überblick *Grotheer* RNotZ 2015, 4 (5).

[14] BGH DNotZ 2015, 207 Rn. 19; zust. *Limmer* in Frenz/Miermeister, BNotO, 5. Aufl. 2020, BeurkG § 36 Rn. 13; *Hertel* in Staudinger, BGB, 2017, BeurkG Rn. 600; *Winkler*, BeurkG, 20. Aufl. 2022, Vor § 36 Rn. 14.

[15] *Priester/Tebben* in Scholz, GmbHG, 12. Aufl. 2021, § 53 Rn. 70; allg. zu diesem Gedanken *Limmer* in Frenz/Miermeister, BNotO, 5. Aufl. 2020, BeurkG § 36 Rn. 9.

Zum anderen erscheint die Beurkundung nach §§ 8 ff. BeurkG bedenklich, wenn einem Gesellschafter das Rederecht nicht gewährt wird oder ein Widerspruch erhoben wird. Hier bietet das Tatsachenprotokoll einen höheren Aussagegehalt. Auch Fragen zur Präsenz während der Versammlung, zu Unterbrechungen, zum Ausschluss von einzelnen Teilnehmern, zu Auskunftsverlangen und Auskunftsverweigerungen sowie zu verfahrensleitende Verfügungen des Versammlungsleiters können nur im Tatsachenprotokoll richtig und beweissicher abgebildet werden.[16] Die Beurkundung nach §§ 8 ff. BeurkG bringt keinen Beweis über den Verlauf der Versammlung, sondern nur über die abgegebenen Willenserklärungen.[17] Sie ist daher bei streitigen Gesellschafterversammlungen nicht geeignet, um die Formanforderungen des § 53 Abs. 2 S. 1 GmbHG zu erfüllen. Sind jedoch alle Gesellschafter anwesend und stimmen alle Gesellschafter einstimmig dem Beschluss zu, bestehen keine Nichtigkeits- und Anfechtungsrisiken. Es besteht kein Bedürfnis, ein Protokoll über den Versammlungsablauf zu fertigen. Die Protokollierung der Willenserklärung mit der Unterschrift aller Gesellschafter ist ausreichend. Eine Beurkundung nach §§ 8 ff. BeurkG ist demzufolge zulässig.

Dies bringt mich zu folgender These: Die Beurkundung des satzungsändernden Beschlusses kann entweder als Tatsachenprotokoll oder als Beurkundung von Willenserklärungen erfolgen, letzteres aber nur im Falle eines Beschlusses, dem alle Gesellschafter zugestimmt haben.[18]

3. Satzungsneufassung

Nach ganz hM ist ein Tatsachenprotokoll auch bei einer Satzungsneufassung zulässig.[19] Hiergegen könnte man einwenden, dass die Beurkundung des Gesellschaftsvertrags gemäß § 2 Abs. 1 S. 1 GmbHG der notariellen Form bedarf und nach §§ 8 ff. BeurkG erfolgen muss. Dann dürfte für die Neufassung eines solchen Gesellschaftsvertrags nichts anderes. Eine solche Argumentation kann jedoch nicht überzeugen. Denn nach § 53 Abs. 1 GmbHG kann eine Abänderung des Gesellschaftsvertrags nur durch Beschluss erfolgen. Es ist nichts dafür ersichtlich, dass hierunter nicht auch die Neufassung der Satzung fällt. Auch diese ändert den Gesellschaftsvertrag ab. Somit geht das Gesetz selbst davon aus, dass es sich bei der Satzungsänderung um keine echte Vertragsänderung unter zwingender Einbeziehung aller Gesellschafter, sondern um einen Beschluss handelt. Beschlüsse können durch Tatsachenprotokoll beurkundet werden. Würde man dies anders sehen, könnte eine Satzungsneufassung entgegen § 53 Abs. 2 S. 1 GmbHG nicht durch einen Beschluss mit drei Vierteln der abgegebenen Stimmen gefasst werden. Denn die Beurkundung nach §§ 8 ff. BeurkG kommt – wie soeben gezeigt – überhaupt nicht in Betracht, wenn kein allstimmiger Gesellschafterbeschluss vorliegt. Jedenfalls ist sie rein faktisch gesehen ausgeschlossen, wenn ein Gesellschafter die notarielle Niederschrift über den Beschluss nicht unterschreibt. Sollen die

---

[16] Solche anfechtungs- bzw. nichtigkeitsrelevanten Tatsachen sind in das Tatsachenprotokoll aufzunehmen, vgl. *Preuß* in Armbrüster/Preuß/Renner, BeurkG/DONot, 8. Aufl. 2019, BeurkG § 37 Rn. 19; *Limmer* in Würzburger Notarhandbuch, 6. Aufl. 2021, Teil 1 Kap. 2 Rn. 219; *Hertel* in Staudinger, BGB, 2017, BeurkG Rn. 622.
[17] *Priester/Tebben* in Scholz, GmbHG, 12. Aufl. 2021, § 53 Rn. 70.
[18] So auch *Hertel* in Staudinger, BGB, 2017, BeurkG Rn. 600; für Einstimmigkeit *Preuß* in Armbrüster/Preuß/Renner, BeurkG/DONot, 8. Aufl. 2019, BeurkG § 37 Rn. 16.
[19] *Grotheer* RNotZ 2015, 4; *Harbarth* in MüKoGmbHG, 3. Aufl. 2018, § 53 Rn. 70; *Boor* in BeckOK BeurkG, 6. Ed. 1.11.2021, BeurkG § 36 Rn. 34; *Mayer/Weiler* in Beck'sches Notar-Handbuch, 7. Aufl. 2019, § 22 Rn. 310; *Bormann/Seebach* in Herrler, Gesellschaftsrecht in der Notar- und Gestaltungspraxis, 2. Aufl. 2021, § 6 Rn. 434; *Nordholtz/Hupka* DNotZ 2018, 404 (406); *Priester/Tebben* in Scholz, GmbHG, 12. Aufl. 2021, § 53 Rn. 70; *Hertel* in Staudinger, BGB, 2017, BeurkG Rn. 600; *Winkler,* BeurkG, 20. Aufl. 2022, § 36 Rn. 5; offengelassen von OLG Köln MittBayNot 1993, 170 (171).

Mehrheitserfordernisse des § 53 Abs. 2 S. 1 GmbHG bei einer Satzungsneufassung nicht leerlaufen, muss ein Tatsachenprotokoll statthaft sein.

4. *Neues legislatorisches Umfeld durch das DiREG*

Mit dem Gesetz zur Ergänzung der Regelungen zur Umsetzung der Digitalisierungsrichtlinie (DiREG)[20] hat sich der Gesetzgeber zu der Frage positioniert, ob auch eine Online-Beurkundung eines Gesellschafterbeschlusses möglich ist. Der am 1.8.2023 in Kraft tretende § 53 Abs. 3 S. 2 GmbHG nF öffnet das Tor für die Online-Beurkundung: Wenn die Beschlussfassung *einstimmig* erfolgt, sind § 2 Abs. 3 S. 1, 3 und 4 GmbHG anzuwenden. § 2 Abs. 3 S. 1 GmbHG lässt die Beurkundung des Gesellschaftsvertrags durch Videokommunikation gemäß §§ 16a bis 16e BeurkG und somit nur als Beurkundung von Willenserklärungen zu. Über die Verweisung in § 53 Abs. 3 S. 2 GmbHG besteht diese Möglichkeit künftig für die einstimmige Satzungsänderung. § 53 Abs. 3 S. 2 GmbHG nF ist als Rechtsgrundverweisung auf § 2 Abs. 3 S. 1 GmbHG konzipiert,[21] der wiederum nur die Beurkundung von Willenserklärung mittels Videokommunikation nach §§ 16a bis 16e BeurkG zulässt und dies auch nur insoweit, als nicht strengere Formvorschriften entgegenstehen. Im Umkehrschluss bedeutet dies, dass nur eine Beurkundung nach §§ 16a ff. BeurkG zugelassen ist und ein Tatsachenprotokoll über eine Satzungsänderung in einer Online-Versammlung unzulässig ist.[22] Hintergrund ist, dass nach Auffassung des Gesetzgebers das Online-Verfahren für nicht-konsensuale Verfahren noch nicht geeignet ist.[23]

Auch wenn die Verwendung Begriffs „einstimmig" in § 53 Abs. 3 S. 2 GmbHG nF darauf hindeutet, dass ein Beschluss nur von den anwesenden Gesellschaftern ohne Nein-Stimmen und Enthaltungen gefasst worden sein muss, sprechen die besseren Gründe für eine engere Sichtweise: § 53 Abs. 3 S. 2 GmbHG nF ist so auszulegen, dass alle Gesellschafter dem Beschluss zugestimmt haben müssen.[24] Wenn nicht alle Gesellschafter zugestimmt haben, ist bei einer Beurkundung nach §§ 16a ff. BeurkG zum einen fraglich, wie die Stimmen von erschienenen Gesellschaftern protokolliert werden können, die ihre Unterschriftsleistung bzw. Signatur verweigern. Zum anderen ist die Beurkundung nach 16a ff. BeurkG nicht geeignet, um Beweis über den Ablauf der Versammlung im Hinblick auf Anfechtungsgründe wie zB Widersprüche oder die Entziehung des Rederechts zu geben. Außerdem ist bei einem nicht allstimmigen Verfahren (also zB bei Enthaltungen) das Videoverfahren nicht in gleicher Weise wie ein Präsenzverfahren geeignet, die Komplexität des Diskussions- und Abstimmungsverfahrens abzubilden. Auch die Anforderungen an den Notar und an die Gewährleistung eines angemessenen Minderheitenschutzes können im Onlineverfahren nicht in gleicher Weise gewährleistet werden.[25] Meines Erachtens ist erforderlich, dass sämtliche Gesellschafter an der Beschlussfassung mitgewirkt haben. Nur dann ist gewährleistet, dass eine Anfechtung ausgeschlossen ist und ein Tatsachenprotokoll über den genauen Hergang der Versammlung aus Beweisgründen nicht erforderlich ist.

Auch wenn die Gesetzesänderungen nur die Online-Beurkundung betreffen, sind sie doch für das Grundverständnis der Gesetzessystematik von fundamentaler Bedeutung. Zum einen wurde geregelt, dass ein Onlineverfahren nach den Vorschriften über die Beurkun-

---

[20] Gesetz vom 15.7.2022, BGBl. I 1146.

[21] RegE BT-Drs. 20/1672, 24.

[22] RegE BT-Drs. 20/1672, 24f.; *Meier* BB 2022, 1731 (1734); *Stelmaszczyk/Strauß* ZIP 2022, 1077 (1080); *Wicke* GmbHR 2022, 516 (522).

[23] Begründung RegE BT-Drs. 20/1672, 24.

[24] So auch *Lieder* ZRP 2022, 102 (103); für Einstimmigkeit bei Stimmenthaltungen *Wicke* GmbHR 2022, 516 (522); für Einstimmigkeit bei Zustimmungen aller anwesenden Gesellschafter und für Ablehnung der Einstimmigkeit bei Enthaltungen *Stelmaszczyk/Strauß* ZIP 2022, 1077 (1079).

[25] Vgl. RegE BT-Drs. 20/1672, 24; *Heckschen/Knaier* NZG 2022, 885 (891).

dung von Willenserklärung (§§ 16a ff. BeurkG ist) bei einem einstimmigen (nach hier vertretener Auffassung: allstimmigen) Beschluss möglich ist. In der Gesetzesbegründung wird außerdem erwähnt, dass in der Praxis die Beurkundung von Satzungsänderungen im Präsenzverfahren regelmäßig nach den §§ 8 ff. BeurkG erfolgt.[26] Wenn der Gesetzgeber nunmehr die Protokollierung eines einstimmigen Beschlusses im Online-Verfahren nach §§ 16a ff. BeurkG einführt, muss eine Beurkundung nach den Vorschriften im Präsenzverfahren erst recht zulässig sein, wenn es einstimmig erfolgt. Zum anderen lässt der Gesetzgeber erkennen, dass dem Grunde nach sowohl das Tatsachenprotokoll im Präsenzverfahren als auch die Beurkundung von Willenserklärungen möglich sind.

IV. Besondere Formpflichten bei der Satzungsänderung

Sieht die durch Beschluss geänderte Satzung vor, dass die Gesellschafter in bestimmten Fällen verpflichtet sind, ihre GmbH-Anteile abzutreten, stellt sich die Frage, ob das Tatsachenprotokoll ausreicht, um das spezielle Formerfordernis des § 15 Abs. 4 S. 1 GmbHG zu erfüllen. Relevant wird dies etwa bei der späteren Begründung oder Änderung von Vorkaufs-, Ankaufs- oder Vorerwerbsrechten. Nach § 15 Abs. 4 S. 1 GmbHG bedarf eine Vereinbarung, durch welche die Verpflichtung eines Gesellschafters zur Abtretung eines Geschäftsanteils begründet wird, der notariellen Form. Da es sich um eine Vereinbarung handelt, muss die Beurkundung nach den §§ 8 ff. BeurkG erfolgen. Ein Tatsachenprotokoll ist insoweit an sich nicht möglich.

1. Kumulative Anwendung von § 15 Abs. 4 S. 1 GmbHG und § 2 Abs. 1 S. 1 GmbHG bzw. § 53 Abs. 2 GmbHG?

Zunächst stellt sich die Frage, ob § 15 Abs. 4 S. 1 GmbHG überhaupt auf korporative Abtretungsverpflichtungen Anwendung findet oder ob die Formvorschriften über den Gesellschaftsvertrag (§ 2 Abs. 1 GmbHG bzw. § 53 Abs. 2 GmbHG) die Anwendung von § 15 Abs. 4 S. 1 GmbHG verdrängen.

Nach überwiegender Meinung gilt § 15 Abs. 4 S. 1 GmbHG für gesellschaftsvertragliche Abtretungsverpflichtungen.[27] Diese Sichtweise entspricht auch der höchstrichterlichen Rechtsprechung: Der BGH geht davon aus, dass eine Klausel in einem Gesellschaftsvertrag, die den Gesellschafter im Falle der Kündigung verpflichtet, seinen Anteil an einen zur Übernahme bereiten Gesellschafter abzutreten, der Form des § 15 Abs. 4 S. 1 GmbHG bedarf.[28] Allerdings genügt auch nach der Ansicht des BGH die Beurkundung des Gesellschaftsvertrags nach § 2 Abs. 1 S. 1 GmbHG dem Formerfordernis des § 15 Abs. 4 S. 1 GmbHG.[29]

Die Gegenauffassung[30] nimmt an, dass für eine satzungsmäßige Abtretungsverpflichtung nur die Formvorschrift des § 2 Abs. 1 S. GmbHG gilt und diese als lex specialis den § 15 Abs. 4 S. 1 GmbHG verdrängt. Diese Ansicht hat auch das Reichsgericht mit der Begründung vertreten, dass es sich bei der Abtretungsverpflichtung um einen Bestandteil des Gesell-

---

[26] RegE BT-Drs. 20/1672, 24.

[27] *Grotheer* RNotZ 2015, 4 (7); *Heckschen/Knaier* NZG 2022, 885 (889 f.); *Weller/Reichert* in MüKoGmbHG, 4. Aufl. 2022, § 15 Rn. 103; *Ebbing* in Michalski/Heidinger/Leible/J. Schmidt, GmbHG, 3. Aufl. 2017, § 15 Rn. 65; *Priester/Tebben* in Scholz, GmbHG, 12. Aufl. 2021, § 53 Rn. 70a; zweifelnd *Tebben* in Eckhardt/Hermanns, Kölner Handbuch des Gesellschaftsrechts, 4. Aufl. 2021, Kap. 2 Rn. 659.

[28] BGH NJW 1969, 2049; NJW 1986, 2642.

[29] BGH NJW 1969, 2049; NJW 1986, 2642.

[30] *Scheller* GmbHR 2022, R101 (R102); *Seibt* in Scholz, GmbHG, 12. Aufl. 2018, § 15 Rn. 51; *Stelmaszczyk/Strauß* GmbHR 2022, 833 (836).

schaftsvertrags handele, für den nur § 2 Abs. 1 GmbHG gelte.[31] Bei einer Satzungsänderung wäre nach dieser Auffassung nur die Form des § 53 Abs. 2 S. 1 GmbHG zu beachten; ein Tatsachenprotokoll wäre somit ohne weiteres zulässig.

Der Meinungsstreit war bislang im Zusammenhang mit der Gründung von Gesellschaften nur von rechtsdogmatischem Interesse. Denn es besteht und bestand Einvernehmen, dass die notarielle Beurkundung des Gesellschaftsvertrags nach § 2 Abs. 1 S. 1 GmbHG zugleich die Formerfordernisse nach § 15 Abs. 4 S. 1 GmbHG erfüllt.

Neue Sprengkraft hat das Verhältnis der Formvorschriften jedoch durch die Einführung der Online-Gründung erfahren. Die Online-Gründung wurde zunächst durch das Gesetz zur Umsetzung der Digitalisierungsrichtlinie (DiRUG)[32] eingeführt. Nachdem in § 2 Abs. 3 S. 1 GmbHG zunächst nur für die Beurkundung des Gesellschaftsvertrags sowie für im Rahmen der Gründung gefasste Beschlüsse die Online-Beurkundung nach den §§ 16a ff. BeurkG vorgesehen war, hat der Gesetzgeber insoweit im DiREG nachgebessert. Auf Betreiben des Rechtsausschusses[33] wurde eine Regelung zu Abtretungsverpflichtungen aufgenommen, die sich mit dem Konkurrenzverhältnis von § 15 Abs. 4 S. 1 GmbHG und § 2 Abs. 3 S. 1 GmbHG befasst. Der neue § 2 Abs. 3 S. 1 Hs. 2 GmbHG besagt nunmehr, dass die Beurkundung des Gesellschaftsvertrags generell mittels Videobeurkundung gemäß §§ 16a ff. BeurkG erfolgen kann, „sofern andere Formvorschriften nicht entgegenstehen; dabei dürfen in den Gesellschaftsvertrag auch Verpflichtungen zur Abtretung von Geschäftsanteilen an der Gesellschaft aufgenommen werden".[34] Nach der Begründung des Rechtsausschusses erfasst die Vorschrift sowohl korporative (also sog. echte oder sog. materielle) Satzungsbestandteile als auch schuldrechtliche Vereinbarungen, die nur im Gesellschaftsvertrag verankert sind, selbst aber nur formeller Satzungsbestandteil sind.[35] Der Gesetzgeber sieht somit ein Konkurrenzverhältnis zwischen den Formpflichten nach § 2 Abs. 1 S. 1 GmbHG und § 15 Abs. 4 S. 1 GmbHG: Strengere Formvorschriften und damit auch § 15 Abs. 4 S. 1 GmbHG bleiben unberührt und werden von der Onlinebeurkundung nicht verdrängt. Anderes gilt allerdings für Abtretungsverpflichtungen im Gesellschaftsvertrag selbst: Für diese ist die Online-Beurkundung des Gesellschaftsvertrags nach §§ 16a ff. BeurkG ausreichend. Die strengere Formvorschrift des § 15 Abs. 4 S. 1 GmbHG wird bei einer Online-Beurkundung für unanwendbar erklärt. Der nach §§ 16a ff. BeurkG beurkundete Gesellschaftsvertrag verdrängt die Formvorgaben des § 15 Abs. 4 S. 1 GmbHG und hat insoweit derogierende Wirkung.

Bei strenger Betrachtung könnte man hieraus folgende Schlussfolgerung ziehen: Es hätte der Einführung des zweiten Halbsatzes in § 2 Abs. 3 S. 1 GmbHG nF für materielle Satzungsbestandteile nicht bedurft, wenn § 15 Abs. 4 S. 1 GmbHG auf Abtretungsverpflichtungen in Gesellschaftsverträgen ohnehin keine Anwendung finden würde. Es wäre dann ausreichend gewesen, in § 2 Abs. 3 S. 1 Hs. 1 GmbHG die notarielle Beurkundung des Gesellschaftsvertrags gemäß §§ 16a bis 16e BeurkG zuzulassen. Zugleich hat der Gesetzgeber – so die mögliche strenge Betrachtung – § 15 Abs. 4 S. 1 GmbHG nur bei der Online-Beurkundung nach §§ 16a ff. BeurkG für unanwendbar erklärt. Bei einer Abtretungsverpflichtung aufgrund der (noch schwächeren) Tatsachenbeurkundung nach §§ 36f. BeurkG könnte die Formvorschrift des § 15 Abs. 4 S. 1 GmbHG unberührt bleiben und nicht erfüllt werden. Eine solche Schlussfolgerung ist jedoch unzutreffend. Denn bei einer Gründung einer Gesellschaft besteht gar nicht die Möglichkeit, den Gesellschaftsvertrag durch Beschluss nach §§ 36f. BeurkG festzustellen. Das Konkurrenzverhältnis zum Tatsachenprotokoll und dessen Eignung zur Erfüllung von etwaigen Formvorgaben aus § 15 Abs. 4 S. 1 GmbHG stellt sich insoweit nicht.

---

[31] RGZ 113, 147 (149).

[32] Gesetz v. 5.7.2021, BGBl. I 3338.

[33] BT-Drs. 20/2391, 14.

[34] BT-Drs. 20/2391, 14

[35] BT-Drs. 20/2391, 14.

Warum sich der Gesetzgeber zur Einführung von § 2 Abs. 3 S. Hs. 2 GmbHG und die Öffnung der Online-Beurkundung für Abtretungsverpflichtungen im Gesellschaftsvertrag entschieden hat, liegt auf der Hand: Abtretungsverpflichtungen sind in Gesellschaftsverträgen so häufig und von so fundamentaler Bedeutung,[36] dass die Online-Gründung bei Mehrpersonen-Gründung praktisch gesehen leer laufen würde, wenn für die Beurkundung des Gesellschaftsvertrags zugleich die strengere Form des § 15 Abs. 4 S. 1 GmbHG gelten würde, die nicht durch das Beurkundungsverfahren der §§ 16a ff. BeurkG erfüllt werden kann. Dem Grunde nach bringt der Gesetzgeber mit der Neufassung des § 2 Abs. 3 S. 1 GmbHG zum Ausdruck, dass Klauseln zur Abtretung von Anteilen im Gesellschaftsvertrag bei wertender Betrachtung hinsichtlich der Anwendung der Formvorschriften als Teil des Gesellschaftsvertrags und nicht als eine Vereinbarung iSv § 15 Abs. 4 S. 1 GmbHG zu betrachten sind. Es handelt es sich um eine deklaratorische Regelung mit klarstellendem Charakter.[37]

Dieses Verständnis erscheint auch aus systematischen Gründen naheliegend: Der Gesellschaftsvertrag konstituiert die Anteile, um deren Abtretung es geht. Ohne den Gesellschaftsvertrag sind die Anteile nicht denkbar. Dann ist es auch naheliegend, dass der Gesellschaftsvertrag den Rahmen für die Abtretung der Anteile ausgestaltet und satzungsmäßige Abtretungspflichten begründet. Diese betreffen das Verhältnis der Gesellschafter untereinander. So wie etwa Klauseln zur Einziehung selbstverständlich sind, sind Abtretungsverpflichtungen gang und gäbe. Die Anforderungen für den Gesellschaftsvertrag sind im ersten Abschnitt des GmbHG über die Errichtung der GmbH geregelt. Die Formvorschrift über die Anteilsabtretung ist im zweiten Abschnitt über die Rechtsverhältnisse der Gesellschaft und der Gesellschafter verortet; sie ist dem Gesellschaftsvertrag und der Formvorschrift des § 2 Abs. 1 GmbHG nachgelagert.

§ 15 Abs. 4 S. 1 GmbHG gilt somit nach richtiger Auffassung nicht für Abtretungsverpflichtungen im Gesellschaftsvertrag iSv § 2 Abs. 1 S. 1 GmbHG. In der Konsequenz findet § 15 Abs. 4 S. 1 GmbHG auch auf Satzungsänderungen keine Anwendung. Die vorrangige Formvorschrift ergibt sich aus § 53 Abs. 2 S. 1 GmbHG (künftig: § 53 Abs. 3 S. 1 GmbHG), die im Verhältnis zu § 15 Abs. 4 S. 1 GmbHG derogierende Wirkung entfaltet. Demzufolge ist auch die Einführung von gesellschaftsvertraglichen Abtretungsverpflichtungen durch einen im Wege des Tatsachenprotokolls gefassten Satzungsänderungsbeschluss möglich. Die derogierende Wirkung entfalten § 2 Abs. 1 S. 1 GmbHG und § 53 Abs. 2 S. 1 (künftig: § 53 Abs. 3 S. 1 GmbHG aF) allerdings nur insoweit, als es um Bestandteile des Gesellschaftsvertrags und Anteile an der Gesellschaft selbst geht. Für die Einbringung von GmbH-Anteilen an einer anderen Gesellschaft etwa im Wege einer Sacheinlage bei der Gründung oder im Zusammenhang mit einer Kapitalerhöhung gilt weiterhin § 15 Abs. 4 S. 1 GmbHG, der durch die Beurkundung des Gesellschaftsvertrags nicht verdrängt wird. Insoweit geht es nicht um die Satzung der Gesellschaft und die Anteile selbst, sondern um die Einbringung eines anderen Gegenstands, der nicht selbst durch die Satzung konstituiert wird. Diese Unterscheidung ist auch in § 2 Abs. 3 S. 1 Hs. 2 GmbHG angelegt: Die Online-Beurkundung verdrängt nicht andere entgegenstehende Formvorschriften wie § 15 Abs. 4 S. 1 GmbHG. Nur wenn es um Verpflichtungen „zur Abtretung von Gesellschaftsanteilen an *der* Gesellschaft" selbst geht, entfaltet die Formvorschrift des § 2 Abs. 1 S. 1 GmbHG derogierende Wirkung.

2. Erfüllung von besonderen Formpflichten durch das Tatsachenprotokoll

Die vorstehenden Ausführungen haben ergeben, dass die Formpflicht des § 15 Abs. 4 S. 1 GmbHG auf Abtretungspflichten im Gesellschaftsvertrag keine Anwendung findet und Abtretungspflichten auch durch eine im Wege des Tatsachenprotokolls beurkundete Satzungsänderung begründet werden können. Damit ist jedoch die Frage nicht geklärt, ob die

---

[36] *Meier* BB 2022, 1731 (1733).
[37] *Stelmaszczyk/Strauß* GmbHR 2022, 833 (836); aA *Meier* BB 2022, 1731 (1733).

Beurkundung nach §§ 36 f. BeurkG auch weitergehende Formvorvorschriften erfüllen kann. Es ist insbesondere zu prüfen, ob das Tatsachenprotokoll eine geeignete Beurkundungsform ist, wenn man entgegen der hier vertretenen Auffassung § 15 Abs. 4 S. 1 GmbHG auf satzungsmäßige Abtretungspflichten anwendet.

a) Tatsachenprotokoll nicht ausreichend für formpflichtige Erklärungen außerhalb des Beschlusses

Das Tatsachenprotokoll kann nur die Formvorgaben für den Satzungsänderungsbeschluss erfüllen. Notarielle Formpflichten für außerhalb des Beschlusses stehende Willenserklärungen können durch ein Tatsachenprotokoll schon deshalb nicht erfüllt werden, weil das Tatsachenprotokoll als Beurkundungsform nur für andere Erklärungen als Willenserklärungen zugelassen ist (vgl. § 36 BeurkG). Es besteht daher Einvernehmen, dass bspw. die Übernahmeerklärung (§ 55 Abs. 1 GmbHG)[38] oder die Verzichtserklärung nach § 8 Abs. 3 UmwG[39] nicht durch Tatsachenprotokoll wirksam beurkundet werden können. Beschließt die Gesellschaft etwa eine Sachkapitalerhöhung, wonach GmbH-Anteile oder ein Grundstück in die GmbH eingebracht werden, bedarf der Beschluss hierüber der notariellen Beurkundung nach § 36 BeurkG, der Übernahmevertrag ist jedoch gemäß § 15 Abs. 4 S. 1 GmbHG bzw. § 311b Abs. 1 S. 1 BeurkG nach den §§ 8 ff. BeurkG notariell zu beurkunden, da es sich insoweit um Willenserklärungen und keine Bestandteile des Beschlusses handelt.[40]

b) Besondere Formvorgaben für durch Beschluss begründete Pflichten

Werden Pflichten des Gesellschafters durch den Beschluss der Gesellschafterversammlung begründet, die ihrerseits einer besonderen Formvorschrift unterfallen, stellt sich die Frage, ob die Beurkundung des Beschlusses als Tatsachenprotokoll genügt, um diese besondere Formpflicht zu erfüllen. Relevant wird die Frage, wenn man entgegen der hier vertretenen Auffassung annimmt, dass eine durch Satzungsänderung begründete Verpflichtung zur Anteilsabtretung der Formpflicht nach § 15 Abs. 4 S. 1 GmbHG unterfällt. Ein weiterer möglicher Anwendungsfall sind sog. Güterstandsklauseln, die den Gesellschafter dazu verpflichten, aus der Gesellschaft auszuscheiden, sofern er nicht durch Ehevertrag sicherstellt, dass im Scheidungsfall der Anteil vom Zugewinnausgleich bzw. Vermögensausgleich ausgenommen ist. Ob die Formpflicht des § 1410 BGB für Ehevertrag entsprechend auf eine Güterstandsklausel analog angewendet werden kann, ist höchst streitig.[41] Im Anschluss an einen Beitrag von *Grotheer*[42] vertritt die Literatur ganz überwiegend die Auffassung, dass ein notarielles Tatsachenprotokoll ein anderweitiges notarielles Formerfordernis erfüllen kann.[43] Die Argumente lassen sich dabei wie folgt zusammenfassen: Wenn

---

[38] *Sasse* RNotZ 2016, 213, 217; *Winkler*, BeurkG, 20. Aufl. 2022, § 37 Rn. 12.

[39] *Nordholtz/Hupka* DNotZ 2018, 404 (411); *Limmer* in Würzburger Notarhandbuch, 6. Aufl. 2021, Teil 1 Kap. 2 Rn. 216.

[40] *Blath* in Herrler, Gesellschaftsrecht in der Notar- und Gestaltungspraxis, 2. Aufl. 2021, § 6 Rn. 90; *Servatius* in Noack/Servatius/Haas, GmbHG, 23. Aufl. 2022, § 55 Rn. 31, 32.

[41] Vgl. hierzu eingehend für Beurkundungspflicht *Gassen* RNotZ 2004, 424 (439); *Prütting* ZfPW 2016, 385; gegen Beurkundungspflicht *Scheller/Sprink* in BeckOK BGB, 63. Ed. 1.8.2022, § 1410 Rn. 4; *Reetz* in BeckOGK, 1.8.2022, BGB § 1410 Rn. 37; *Hölscher* NJW 2016, 3057 (3058 f.); *Kuhn* BWNotZ 2008, 86; *Münch* in MüKoBGB, 9. Aufl. 2022, § 1410 Rn. 4.

[42] Notarassessor am DNotI von 2012 bis 2016, u. a. auch als Referent im Referat II, welches seinerzeit der Jubilar leitete. Der zitierte Beitrag entstand während seiner Zeit am Institut im Jahre 2014.

[43] *Grotheer* RNotZ 2015, 4 (7); *Noack* in Noack/Servatius/Haas, GmbHG, 23. Aufl. 2022, § 53 Rn. 70; *Priester/Tebben* in Scholz, GmbHG, 12. Aufl. 2021, § 53 Rn. 70a; *Stelmaszczyk/Strauß* GmbHR 2022, 833 (836); zweifelnd demgegenüber *Wicke* GmbHR 2022, 516 (518); *Trölitzsch* in BeckOK GmbHG, 52. Ed. 1.8.2022 § 53 Rn. 22.1 (wo die Beurkundung des Beschlusses

§ 15 Abs. 4 S. 1 GmbHG oder § 1410 BGB eine notarielle Beurkundung verlangen, sei damit nicht vorgegeben, ob die notarielle Beurkundung im Wege der Beurkundung von Willenserklärungen gemäß §§ 8 ff. BeurkG oder im Wege des Tatsachenprotokolls nach § 36 BeurkG erfolgen könne. Auch ein Tatsachenprotokoll könne man als „notarielle Beurkundung" iSd jeweiligen Formvorschrift ansehen. Welches Beurkundungsverfahren zulässig sei, ergebe sich ausschließlich aus dem BeurkG.[44] Für einen Beschluss sehe § 36 BeurkG ein Tatsachenprotokoll vor. Entscheidend sei, ob die wesentlichen Zwecke der speziellen Formvorschrift im Verfahren gem. §§ 36 f. BeurkG abgebildet werden könnten. Im Verfahren nach § 36 BeurkG gelte zwar die Prüfungs- und Belehrungspflicht nach § 17 BeurkG nicht. Dem Notar obliege jedoch ein weitreichendes pflichtgebundenes Ermessen der Verfahrensgestaltung.[45] Somit könne eine spezifische Prüfung und Beratung im Hinblick auf das Regelungsanliegen besonderer Formvorschriften auch bei der Tatsachenbeurkundung des Satzungsänderungsbeschlusses im Rahmen des Verfahrensgestaltungsermessens geboten sein und erfolgen.[46] Gegen diese Überlegungen wurden in anderem Zusammenhang von *Heinze*[47] Bedenken angemeldet. Das Beurkundungsverfahren nach § 36 BeurkG sei nicht geeignet, um dem Formzweck der Warn- und Belehrungsfunktion gerecht zu werden.[48] Diese Betrachtung erscheint als zu eng, die Ansicht von *Grotheer* ist vorzugswürdig. Dem Notar als öffentlichen Amtsträger steht auch im Rahmen des § 36 BeurkG genügend Spielraum zur Verfügung, um durch seine Verfahrensleistung den Formzwecken im konkreten Einzelfall Geltung zu verschaffen. Ein weiteres Argument kommt hinzu: Würde man die Beurkundung nach §§ 8 ff. BeurkG verlangen, könnte eine Beschlussfassung durch qualifizierten Mehrheitsbeschluss gemäß § 53 Abs. 2 S. 1 GmbHG überhaupt nicht erfolgen. Für einen Mehrheitsbeschluss steht – wie oben gezeigt – nur das Tatsachenprotokoll zu Verfügung. Das materielle Recht müsste sich den Formvorschriften beugen.[49] Das kann nicht richtig sein: Wo das materielle Recht qualifizierte Mehrheitserfordernisse vorsieht, kann dem das Beurkundungsrecht keinen Strich durch die Rechnung machen und eine allstimmige Beurkundung nach §§ 8 ff. BeurkG verlangen. Die Formerfordernisse haben eine dienende Funktion und können aus einer zulässigen Beschlussmehrheit kein Einstimmigkeitserfordernis machen.

Auch wenn daher alles dafür spricht, auch das Tatsachenprotokoll über einen Beschluss als formwahrend anzusehen, übersieht die bisherige Argumentation doch einen entscheidenden Punkt: Nach § 53 Abs. 3 GmbHG (künftig: § 53 Abs. 4 GmbHG) ist eine Vermehrung der Leistungspflichten sämtlicher Gesellschafter nur mit deren Zustimmung zulässig. Als solche

---

nach §§ 8 ff. BeurkG bei Güterstandsklauseln empfohlen wird); unklar *Preuß* in Armbrüster/Preuß/Renner, BeurkG/DONot, 8. Aufl. 2019, BeurkG § 36 Rn. 7; aA zu Beschlüssen bei Gesellschaftsvertragsänderungen einer GbR, wenn diese unter § 311b Abs. 1 S. 1 BGB fallen *S. Heinze* ZNotP 2013, 42 (45); Gutachten DNotI-Report 2017, 49 (52) – der Beschluss selbst ist formfrei möglich, die Zustimmung des einzelnen Gesellschafters hierzu bedarf jedoch der notariellen Beurkundung, wenn eine separate Zustimmung wegen eines Eingriffs in ein relativ unentziehbares Recht erforderlich ist

[44] *Grotheer* RNotZ 2015, 4 (7 f.).

[45] *Grotheer* RNotZ 2015, 4 (8 f.); auf dieses Ermessen ebenfalls hinweisend OLG München DNotZ 2011, 142 (146); *Winkler,* BeurkG, 20. Aufl. 2022, Vor § 36 Rn. 15; vgl. auch BT-Drs. V/3282, 37: „Inwieweit der Notar darüber hinaus die Vorschriften über die Beurkundung von Willenserklärungen anwendet, etwa die Niederschrift vorliest und unterschreiben läßt, steht in seinem Ermessen. Das wird – abweichend von Artikel 55 Abs. 2 PrFGG und Artikel 65 Abs. 3 HessFGG – nicht besonders ausgesprochen; eine derartige Vorschrift hätte lediglich die Bedeutung eines Hinweises."

[46] *Grotheer* RNotZ 2015, 4 (9).

[47] Ebenfalls Notarassessor am DNotI, tätig als Referent von 2010 bis 2012. Der zitierte Beitrag entstand ebenfalls während der Zeit am DNotI.

[48] *Heinze* ZNotP 2013, 42 (44).

[49] So in der Tat *Heinze* ZNotP 2013, 42 (44).

Vermehrung einer Leistungspflicht wird etwa die nachträgliche Einführung oder Verschär-
fung von Abtretungspflichten sowie von Vor- und Ankaufsrechten durch eine Satzungsänderung angesehen.[50] Zu einer solchen Satzungsänderung ist die Zustimmung jedes einzelnen
Gesellschafters erforderlich. Auch wenn in der Ja-Stimme bei der Beschlussfassung eine konkludente Zustimmung i.S.v. § 53 Abs. 3 GmbHG (künftig: § 53 Abs. 4 GmbHG) liegt, ist
die Zustimmung eine Willenserklärung, die nicht mit dem Gesellschaftsbeschlusses über die
Satzungsänderung gleichzusetzen ist. Beschluss und Zustimmung sind strikt voneinander zu
unterscheiden.[51] Ähnliches gilt für eine Güterstandsklausel, die nachträglich die Möglichkeit
schafft, einen Geschäftsanteil einzuziehen, wenn der Gesellschafter keinen Ehevertrag
abschließt. Diese bedarf nach § 34 Abs. 2 GmbHG der Zustimmung jedes Gesellschafters.[52]

Die Zustimmung der Gesellschafter zur Begründung der Leistungspflicht bzw. zum Eingriff in ihr Mitgliedschaftsrecht ist an sich formfrei möglich.[53] Wenn allerdings die Zustimmung formbedürftige Verpflichtungen begründet, ist es naheliegend, nicht den Beschluss,
sondern die Zustimmung des Gesellschafters unter das entsprechende Formerfordernis zu
stellen. Besonders deutlich wird dies, wenn im Wege der Satzungsänderung beschlossen
wird, dass jeder Gesellschafter als besondere Nebenleistungspflicht zusätzlich zu seiner Bareinlage beim Eintritt gewisser Bedingungen eine Teileigentumseinheit eines bestimmten
Geschäftshauses in die Gesellschaft einzubringen hat. Dass die Zustimmung des betroffenen
Gesellschafters gemäß § 311b Abs. 1 S. 1 BGB der notariellen Beurkundung bedarf, wird
man kaum in Abrede stellen können. Hier gilt nichts anderes als für die Übernahmeerklärung als bei der Sachkapitalerhöhung und der Einbringung eines Grundstücks. Diese ist
ebenfalls beurkundungspflichtig.[54]

Wenn die Zustimmungserklärung des Gesellschafters beurkundungspflichtig ist und es
sich bei ihr um eine Willenserklärung handelt, die nicht dem Beschluss in eins fällt, kommt
man nicht darum herum, das Tatsachenprotokoll für unzulässig zu halten. Die Zustimmungserklärung ist Willenserklärung; sie ist somit keine andere Erklärung als eine Willenserklärung iSv § 36 BeurkG. Befürwortet man die entsprechende oder direkte Anwendung
besonderer notarieller Formvorschriften auf eine Änderung des Gesellschaftsvertrags, ist die
Zustimmungserklärung der Gesellschafter zwingend nach §§ 8ff. BeurkG zu protokollieren.

Für den besonders wichtigen Fall der nachträglichen Einführung von statutarischen
Abtretungspflichten ergeben sich nach der hier vertretenen Ansicht (vgl. → IV. 1.) indes
keine Unterschiede, da die Formvorschriften über den GmbH-Gesellschaftsvertrag und dessen Änderung (§ 2 Abs. 1 bzw. § 53 Abs. 2 (künftig: § 53 Abs. 3 GmbHG)) abschließend sind
und § 15 Abs. 4 S. 1 GmbHG derogieren. Geht man hingegen mit der bisher hM von der
kumulativen Anwendung von § 15 Abs. 4 S. 1 GmbHG aus, kann der Beschluss zwar durch
ein Tatsachenprotokoll beurkundet werden. Die nach § 53 Abs. 3 GmbHG (künftig: § 53
Abs. 4 GmbHG) erforderliche Zustimmungserklärung unterliegt dann aber jedenfalls auch
dem Formzwang des § 15 Abs. 4 S. 1 GmbHG. Die Zustimmung ist kein Bestandteil des
Beschlusses, sondern eine Willenserklärung. Eine Willenserklärung kann nicht durch Tatsachenprotokoll wirksam beurkundet werden. Entsprechendes gilt für Güterstandsklauseln,
wenn man die analoge Anwendung von § 1410 BGB befürwortet. Auch insoweit wäre die

---

[50] *Hoffmann* in Michalski/Heidinger/Leible/J. Schmidt, GmbHG, 3. Aufl. 2017, § 53 Rn. 127;
Harbarth in MüKoGmbHG, 3. Aufl. 2018, § 53 Rn. 204.

[51] *Hoffmann* in Michalski/Heidinger/Leible/J. Schmidt, GmbHG, 3. Aufl. 2017, § 53 Rn. 92;
Harbarth in MüKoGmbHG, 3. Aufl. 2018, § 53 Rn. 131.

[52] *Hoffmann* in Michalski/Heidinger/Leible/J. Schmidt, GmbHG, 3. Aufl. 2017, § 53 Rn. 127;
Harbarth in MüKoGmbHG, 3. Aufl. 2018, § 53 Rn. 205; *Kersting* in Noack/Servatius/Haas,
GmbHG, 23. Aufl. 2022, § 34 Rn. 8.

[53] *Hoffmann* in Michalski/Heidinger/Leible/J. Schmidt, GmbHG, 3. Aufl. 2017, § 53 Rn. 92;
Harbarth in MüKoGmbHG, 3. Aufl. 2018, § 53 Rn. 70.

[54] *Harbarth* in MüKoGmbHG, 3. Aufl. 2018, § 55 Rn. 129.

Zustimmung jedes Gesellschafters notariell zu protokollieren. Im Ergebnis würde man den Beschluss mit der konkludenten Zustimmung aller Gesellschafter im Verfahren nach den §§ 8 ff. BeurkG protokollieren.

V. Thesen

1. Der Beschluss über die Satzungsänderung der GmbH kann entweder durch ein Tatsachenprotokoll nach §§ 36 f. BeurkG oder nach den Vorschriften über die Beurkundung von Willenserklärung gemäß §§ 8 ff. BeurkG protokolliert werden. Dies gilt auch bei einer Einpersonen-Gesellschaft und im Falle einer vollständigen Neufassung der Satzung.

2. Das Verfahren nach §§ 8 ff. BeurkG ist nur zulässig, wenn sämtliche Gesellschafter an der Abstimmung teilnehmen und alle Gesellschafter zustimmen. Nach § 53 Abs. 3 S. 2 GmbHG nF ist im Falle einer einstimmigen Beschlussfassung eine Beurkundung des Beschlusses nur im Wege der Videokommunikation gemäß §§ 16a bis 16e BeurkG und nicht als Tatsachenprotokoll über eine Online-Versammlung zulässig. Ein einstimmiger Beschluss liegt nur vor, wenn alle Gesellschafter an der Abstimmung teilnehmen und dem Beschluss zustimmen.

3. Die besondere Formvorschrift des § 15 Abs. 4 S. 1 GmbHG findet auf Abtretungsverpflichtungen in GmbH-Satzungen neben § 2 Abs. 1 GmbHG und § 53 Abs. 2 GmbHG keine Anwendung. Es ist daher zulässig, solche Abtretungsverpflichtungen durch einen im Wege des Tatsachenprotokolls beurkundeten Gesellschafterbeschluss zu begründen.

4. Sind neben dem Beschluss zu dessen Wirksamkeit weitere Erklärungen wie eine Übernahmeerklärung oder eine Zustimmungserklärung nach § 53 Abs. 3 GmbHG (künftig: § 53 Abs. 4 GmbHG) erforderlich und führt die Zustimmung dazu, dass den Gesellschafter eine wiederum beurkundungsbedürftige Verpflichtung trifft, kann zwar der Beschluss im Wege des Tatsachenprotokolls beurkundet werden. Die Zustimmungserklärung ist als Willenserklärung zwingend nach den §§ 8 ff. BeurkG zu beurkunden.

GERALD WEIGL

Asset-Protection – interessant auch für Notare*?!

Ja, durchaus! Bekanntlich können Notare ihre Haftung kaum beschränken, und realistischerweise kann auch ein Notar kaum für sich ausschließen, dass er bis zum Eintritt in den Ruhestand nie einen Haftungsfall verursacht. Eine Gewähr, dass jeder Haftungsfall dann von der Haftpflichtversicherung abgedeckt ist, besteht ebenfalls nicht. Daher nachfolgend einige Überlegungen, welche Gestaltungen für einen Vermögensschutz insbesondere in bzw. vor einem Haftungsfall in Betracht kommen.

Mit dem Jubilar Dr. Andreas Heidinger verbindet mich der nahezu gleichzeitige Eintritt in die notarielle Tätigkeit im Jahr 1994, er im DNotI in Würzburg, ich als Notarassessor in Mindelheim. Und die Anfragen, die ich ihm in unserer gesamten gemeinsamen Zeit namentlich im Gesellschaftsrecht gestellt habe, und die vielen hilfreichen Antworten des Jubilars an mich kann man sicherlich auch nicht an zwei Händen abzählen. Und wenn sich im Einzelfall mal unterschiedliche Auffassungen bei uns ergaben, entwickelte sich jedenfalls immer ein fruchtbarer Meinungsaustausch, von dem ich unverändert bis heute profitiere.

I. Einführung

Kürzlich wurde mir berichtet, dass gegen einen Notar a. D. eine Amtshaftungsklage eingereicht worden sei, und zwar wohl in Millionenhöhe. Der zugrunde liegende Sachverhalt ist einfach:

Vor Jahren wurde ein Ehevertrag mit Gütertrennung beurkundet. Nunmehr kam es zur Scheidung, und der sorgfältige Anwalt der Ehefrau entdeckte, dass der Ehevertrag vom Notar versehentlich nicht unterschrieben war. Der inzwischen sehr vermögende Ehemann musste daher trotz des Ehevertrags einen Zugewinnausgleich in Millionenhöhe zahlen und möchte diese Zahlung nachvollziehbarerweise soweit wie möglich von dem inzwischen im Ruhestand befindlichen Notar und dessen Haftpflichtversicherung ersetzt haben. Auf eine Verjährung des Amtshaftungsanspruchs wird der Notar nicht hoffen können, da der Haftpflichtanspruch gegen den Notar erst mit Rechtskraft des Scheidungsurteils entsteht.[1]

Ein solcher Sachverhalt kann den wohlverdienten Ruhestand eines Notars durchaus erheblich beeinträchtigen, dies umso mehr, wenn nicht nahe Familienangehörige des Notars rechtzeitig an der Vermögensbildung des Notars beteiligt wurden, namentlich (zur Mitversorgung eines vermögenslosen Notars bereite) Ehegatte und ggf. Kinder des Notars, oder auf andere Weise „asset-protection" betrieben wurde.

---

* Soweit nachfolgend funktional von „Notar" bzw. „Notare" die Rede ist, sind damit selbstverständlich in gleicher Weise die „Notarin" bzw. „Notarinnen" gemeint.
[1] Vgl. *Zimmermann* in Haug/Zimmermann, Die Amtshaftung des Notars, 4. Aufl. 2018, Rn. 278; mit Hinweis auf BGH NJW 1992, 3034. Weiteres Beispiel für einen enormen Haftpflichtschaden: *Zimmermann* in Haug/Zimmermann, Die Amtshaftung des Notars, 4. Aufl. 2018, Rn. 821b.

II. Vermögensschutzmaßnahmen

1. Überblick

Keine Frage: Die wichtigste asset-protection für einen Notar stellt sicherlich die möglichst weitgehende Vermeidung von Haftungsfällen dar. Für Fälle wie in → I. skizziert zB nicht zuletzt durch intensive Instruktion von Mitarbeitern, die angewiesen sein sollten, jede Urkunde nochmal auf Vollzähligkeit der Unterschriften zu überprüfen.

Gleichfalls wichtig ist eine ausreichende bzw. angemessene Haftpflichtversicherung, auch über die gesetzliche Mindestversicherungssumme hinaus.

Mit darüber hinausgehenden Vermögensschutzmaßnahmen ist wohl nahezu jeder Notar beruflich befasst, da Beurkundungen nicht selten mit der Zielrichtung einer asset-protection der Mandanten erfolgen. Klassisch sind hier (rechtzeitige) Vermögensübertragungen an Familienangehörige, ggf. kombiniert mit dem Rückbehalt unpfändbarer bzw. nicht zugriffsfähiger Rechtspositionen, ferner Gesellschaftslösungen mit Regelungen zu einer reduzierten Abfindung im Ausscheidensfall.

Schwierig ist eine asset-protection für Notare ohne nahe Familienangehörige. Hier kann zwar der Versuch unternommen werden, Vermögenswerte vor Gläubigern zu „verstecken"; die weitgehenden strafbewehrten Vermögensauskunftspflichten gegenüber Insolvenzverwalter und Gläubigern lassen hier jedoch wenig Möglichkeiten (siehe noch nachfolgend).

In den letzten Jahren sind zum Thema „asset-protection" verstärkt Publikationen erfolgt,[2] die dort erwähnten Gestaltungen werden nachfolgend kurz dargestellt und durch einige weitere Überlegungen ergänzt.

Insb. bei Übertragungsvorgängen im Vorfeld einer Insolvenz bzw. eines Gläubigerzugriffs sind die gesetzlichen Schranken zu beachten, namentlich die *Anfechtungsmöglichkeiten durch Insolvenzverwalter und Gläubiger* gem. §§ 130 ff. InsO sowie §§ 3 und 4 AnfG, die etwaige Unwirksamkeit von Übertragungen wegen Sittenwidrigkeit gem. § 138 BGB, Schadensersatzpflichten gem. §§ 826, 823 Abs. 2 BGB und die mögliche Strafbarkeit insb. gem. §§ 283 ff. StGB wegen Bankrott, Gläubigerbegünstigung, Vereitelung der Zwangsvollstreckung und Schuldnerbegünstigung.[3]

Ferner miteinzubeziehen in diesem Zusammenhang wären die Offenlegungspflichten gegenüber Insolvenzgericht bzw. Insolvenzverwalter gem. §§ 13, 97 InsO und Gerichtsvollzieher bei Abgabe der Vermögensauskunft (der frühere sog. *Offenbarungseid*) und die damit einhergehende Strafbarkeit bei unrichtiger bzw. unvollständiger Vermögensauskunft (bei vorsätzlich falscher eidesstattlicher Versicherung gem. § 156 StGB und bei Fahrlässigkeit gem. § 161 StGB, bei Insolvenz iVm § 98 InsO, und ggf. nach §§ 263 StGB, 13 InsO bei Prozessbetrug), so dass das bloße „Verstecken" von Vermögenswerten keine Lösung bietet, wenn ein Gefängnisaufenthalt bzw. sonstige Strafbarkeitsfolgen vermieden werden sollen. Im Mus-

---

[2] *von Oertzen/Ponath,* Asset Protection im deutschen Recht, 3. Aufl. 2019; *Beckervordersandfort,* Gestaltungen zum Erhalt des Familienvermögens, 2. Aufl. 2020; *Kollmorgen* in Hauschild/Kallrath/Wachter, Notarhandbuch Gesellschafts- und Unternehmensrecht, 3. Aufl. 2022, § 34; *Krauß,* Vermögensnachfolge in der Praxis, 6. Aufl. 2022, Rn. 302 ff., 3569 ff.; 3961 ff.; *Reul* in Reul/Heckschen/Wienberg, Insolvenzrecht in der Gestaltungspraxis, 3. Aufl. 2022, § 2; *Rosenberger* RNotZ 2020, 357; *Werner* ZEV 2014, 66; *Bisle* DStR 2012, 525.

[3] Vgl. hierzu näher *Ponath* in von Oertzen/Ponath, Asset Protection im deutschen Recht, 3. Aufl. 2019, § 6 Rn. 6 ff.; *Rosenberger* RNotZ 2020, 358 ff.; *Kollmorgen* in Hauschild/Kallrath/Wachter, Notarhandbuch Gesellschafts- und Unternehmensrecht, 3. Aufl. 2022, § 34 Rn. 5 ff.; *Reul* in Reul/Heckschen/Wienberg, Insolvenzrecht in der Gestaltungspraxis, 3. Aufl. 2022, § 2 Rn. 224 ff. Zu den Pflichten und Haftungs- sowie Strafbarkeitsrisiken eines Notars bei der Beurkundung entsprechender Übertragungen bzw. Gestaltungen s. *Rosenberger* RNotZ 2020, 361; *Reul* in Reul/Heckschen/Wienberg, Insolvenzrecht in der Gestaltungspraxis, 3. Aufl. 2022, § 10 Rn. 49 ff. u. 86 ff.

tervordruck für einen Offenbarungseid wird auch nach Übertragungen an Angehörige innerhalb der letzten beiden Jahre und nach unentgeltlichen Übertragungen (an beliebige Personen) innerhalb der letzten vier Jahre gefragt,[4] fast etwas erstaunlich aber nicht nach vorsätzlich gläubigerschädigenden Handlungen in den letzten 10 Jahren.

Die Möglichkeit einer haftungseinschränkenden Vereinbarung steht einem Notar de lege lata bekanntlich nur sehr eingeschränkt zur Verfügung;[5] Entsprechendes gilt für haftungsbeschränkte Berufsausübungsformen wie eine GmbH oder PartGmbB, die einem Notar nicht offenstehen bzw. keine Haftungsbeschränkung bieten.[6]

Im Einzelnen kommen v. a. folgende Vermögensschutzmaßnahmen in Betracht, und dies natürlich nicht nur für Notare, sondern allgemein für haftungsgefährdete Personen:

2. Übertragung von Vermögensgegenständen auf nahestehende Personen

Eine der häufigsten Vermögensschutzmaßnahmen ist die Übertragung pfändbarer Vermögensgegenstände auf nahestehende Personen, insbesondere die Übertragung von Grundbesitz auf Ehegatten oder evtl. Kinder.

Denkbar ist auch eine Übertragung an andere Personen, zB aus dem Freundeskreis. Problematisch ist hier vor allem die dann sehr viel schneller eingreifende Schenkungsteuer wegen des geringeren Freibetrags und des höheren Schenkungsteuersatzes.

Auch bei einer Übertragung an Ehegatten oder Kinder stellt sich für die übertragende Person das Problem seiner Absicherung, sofern weiter ein Zugriff auf den Vermögenswert oder zumindest dessen Erträge gesichert sein soll, wobei Absicherungsmaßnahmen gegenüber den Beschenkten einerseits und die Pfändbarkeit der Maßnahmen beim Schenker andererseits in einem erheblichen Spannungsverhältnis stehen.

a) Wohnungsrecht

Eine unproblematische Absicherungsmaßnahme stellt hier im Grundsatz die Bestellung bzw. der Rückbehalt eines *Wohnungsrechts* bei der selbstgenutzten Immobilie dar[7], da dieses bei üblicher Ausgestaltung – anders als zB ein Nießbrauchsrecht – nicht pfändbar ist.[8] Allerdings sichert dies nur das eigene Wohnen, aber kein umfassendes Nutzungsrecht und auch keinen Zugriff auf den übertragenen Vermögenswert an sich. Keine Lösung bietet die Erweiterung des Wohnungsrechts um ein Vermietungsrecht, da dies dann wieder pfändbar wie ein Nießbrauchsrecht ist (§ 1097 Abs. 1 S. 2 BGB iVm § 857 Abs. 3 ZPO).[9]

---

[4] Nach teilentgeltlichen Übertragungen wird im Formular nicht explizit gefragt, doch wird jedenfalls bei Notaren ein diesbezügliches Verschweigen kaum straffrei ausgehen. Entsprechendes dürfte zB für Ansprüche aus einer treuhänderischen Übertragung bzw. aus einer sonstigen Treuhandvereinbarung gelten. Entsprechendes gilt für das Antragsformular gem. § 13 InsO.

[5] Vgl. *Hogl* in Beck'sches Notar-Handbuch, 7. Aufl. 2019, § 35 Rn. 56.

[6] Auch nicht einem Anwaltsnotar, vgl. *Sandkühler* in Beck'sches Notar-Handbuch, 7. Aufl. 2019, § 33 Rn. 59 ff.

[7] Vgl. *Reul* in Reul/Heckschen/Wienberg, Insolvenzrecht in der Gestaltungspraxis, 3. Aufl. 2022, § 2 Rn. 243 ff.; *Kollmorgen* in Hauschild/Kallrath/Wachter, Notarhandbuch Gesellschafts- und Unternehmensrecht, 3. Aufl. 2022, § 34 Rn. 58; *Rosenberger* RNotZ 2020, 365 f.

[8] Um etwaige Wertersatzansprüche bei Wegzug des Wohnungsberechtigten auszuschließen, empfehlen sich die üblichen Wegzugsklauseln, vgl. *Krauß* in Beck'sches Notar-Handbuch, 7. Aufl. 2019, § 5 Rn. 370 ff.

[9] Von *Ponath* in von Oertzen/Ponath, Asset Protection im deutschen Recht, 3. Aufl. 2019, § 4 Rn. 83 u. § 5 Rn. 31. u. 33, empfiehlt, die Ausübung durch Dritte bzw. ein Vermietungsrecht ausdrücklich auszuschließen, weist aber zugleich auf die damit verbundene etwas größere Anfechtungsgefahr hin. Im Hinblick auf §§ 1092 Abs. 1, 1093 Abs. 2 BGB erscheint ein solcher ausdrücklicher Ausschluss allerdings überflüssig, da dies bereits den gesetzlichen Regelfall darstellt.

b) *Rückforderungs- bzw. Widerrufsrecht*

Der Vorbehalt eines freien, ohne besonderen Grund ausübbaren Widerrufsrechts wäre ebenfalls pfändbar.[10] Besser erscheint ein eingeschränktes, auf bestimmte Rückforderungsgründe reduziertes *Rückforderungsrecht,* bei der Übertragung an den Ehegatten insbesondere ein Rückforderungsrecht im Falle einer Scheidung.[11] Allerdings kann auch dieses bedingte Rückforderungsrecht bereits vor Eintritt eine Scheidung gepfändet werden und dann zwar bis zu einer Scheidung nicht vom Gläubiger durchgesetzt werden, aber eine Weiterveräußerung oder Belastung von Grundbesitz wäre nicht unerheblich eingeschränkt.[12] Die Nichteintragung einer Rückauflassungsvormerkung erschwert zwar möglicherweise die Erkennbarkeit der Pfändbarkeit für den Gläubiger, doch auch hier würde die Pfändung zu einer entsprechenden Blockade führen.[13] Auch zusätzlich diskutierte Gestaltungen, z. B. die sog. Verschweigenslösung oder das entsprechend auflösend bedingte Rückforderungsrecht bieten nach derzeitigem Stand keine Sicherheit zur Vermeidung einer solchen Blockade.[14]

Ob im konkreten Fall trotzdem ein ggf. eingeschränktes Rückforderungsrecht vereinbart wird, ist letztlich Abwägungssache;[15] jedenfalls müsste es in der Vermögensauskunft gegenüber dem Gerichtsvollzieher bzw. Insolvenzverwalter offengelegt werden.

Eine eventuell interessante Alternativlösung besteht in der Einräumung eines *Übertragungsangebots,* das jederzeit oder in bestimmten Fällen ausübbar ist, wobei das Angebot nicht übertragbar und ohne Benennungsrecht zugunsten Dritter ausgestaltet werden sollte.[16] Der BGH hat dies in seiner Entscheidung vom 26.2.2015 dann für nicht pfändbar erachtet.[17] Ein gewisser Widerspruch zur Rechtsprechung des BGH zur Pfändbarkeit eines Rückforderungsrechts ist allerdings nicht zu verkennen;[18] dementsprechend hat das OLG Oldenburg abweichend von der BGH-Entscheidung v. 26.2.2015 entschieden, ohne jedoch auf diese Entscheidung ausdrücklich einzugehen.[19] Ein gewisser Vorteil der Angebotslösung mag darin gesehen werden können, dass die Nichtangabe des Angebots beim Offenbarungseid bzw. gegenüber Insolvenzverwalter bzw. Insolvenzgericht eher sanktionslos bzw. straffrei bleiben wird als bei der Widerrufs- bzw. Rückforderungslösung, weil in den entsprechenden Antrags- bzw. Auskunftsformularen nur nach Forderungen bzw. Ansprüchen gefragt wird und nicht nach vorliegenden Angeboten für den Schuldner.

---

[10] *Rosenberger* RNotZ 2020, 364 zu BGH v. 20.2.2003 – IX ZR 102/02, ZEV 2003, 293 und mwN.

[11] Ein entsprechendes Rückforderungsrecht lässt sich bei einer Übertragung an Kinder nicht entsprechend gestalten, und auch bei einer Übertragung an einen nichtehelichen Lebensgefährten jedenfalls nicht annähernd so präzise, da dort nur auf die weniger greifbare Trennung abgestellt werden könnte.

[12] *Rosenberger* RNotZ 2020, 364 f.; *Ponath* in von Oertzen/Ponath, Asset Protection im deutschen Recht, 3. Aufl. 2019, § 4 Rn. 69 ff.

[13] *Rosenberger* RNotZ 2020, 365; *Ponath* in von Oertzen/Ponath, Asset Protection im deutschen Recht, 3. Aufl. 2019, § 4 Rn. 79.

[14] *Rosenberger* RNotZ 2020, 365; *Reul* in Reul/Heckschen/Wienberg, Insolvenzrecht in der Gestaltungspraxis, 3. Aufl. 2022, § 2 Rn. 262 ff., 268 ff.; *Ponath* in von Oertzen/Ponath, Asset Protection im deutschen Recht, 3. Aufl. 2019, § 4 Rn. 81.

[15] Vgl. von *Ponath* in von Oertzen/Ponath, Asset Protection im deutschen Recht, 3. Aufl. 2019, § 4 Rn. 83.

[16] Zur Sicherbarkeit eines Angebots auf Übertragung von Grundbesitz durch eine Vormerkung und der Wirkung der Vormerkung bei einer Insolvenz- bzw. Gläubigeranfechtung s. BGH 25.3.2021 – IX ZR 17/20, DNotZ 2022, 274.

[17] BGH 26.2.2015 – 9 ZR 174/13, NZG 2015, 1078.

[18] S. BGH 20.2.2003 – IX ZR 102/02, ZEV 2003, 293.

[19] OLG Oldenburg 28.6.2016 – 2 U 28/16, RNotZ 2017, 372. S. hierzu auch *Reul* in Reul/ Heckschen/Wienberg, Insolvenzrecht in der Gestaltungspraxis, 3. Aufl. 2022, § 2 Rn. 274 ff.

Etwas weniger bedeutsam sind Absicherungen des Übergebers gegenüber dem Ehegatten, wenn diese im gesetzlichen Güterstand der Zugewinnausgemeinschaft verheiratet sind, weil dann auch ohne Rückforderungsrecht für den Scheidungsfall der Zugewinnausgleich eine gewisse Wertkompensation schafft.

Unglücklich und möglichst zu vermeiden wäre in solchen Fällen natürlich eine gleichzeitige Insolvenz und Scheidung, da dann die Ansprüche des Schenkers wiederum seinen Gläubigern zu Gute kommen.

c) Insolvenz- bzw. Gläubigeranfechtung; Güterstandsschaukel

Nutzlos bleibt die Übertragung von Vermögensgegenständen, wenn bzw. solange die Übertragung von Gläubigern bzw. dem Insolvenzverwalter erfolgreich angefochten werden kann (→ 1.). Zur Vermeidung der Anfechtungsmöglichkeiten innerhalb der Vierjahresfrist gem. § 4 AnfG bzw. § 134 InsO aufgrund Unentgeltlichkeit der Übertragung und ggf. auch im Hinblick auf § 5 ErbStG wird die Übertragung an den Ehegatten gerne mit der sog. *Güterstandschaukel* verknüpft, dh es wird anstelle der bisher geltenden Zugewinngemeinschaft eine Gütertrennung vereinbart und ein dadurch entstehender Zugewinnausgleichsanspruch des Ehegatten durch Übertragung des Vermögensgegenstands erfüllt, ggf. in Verbindung mit einem späteren Zurückwechsel in den gesetzlichen Güterstand der Zugewinnausgemeinschaft.[20] Eine Anfechtung innerhalb der Zweijahresfrist gem. § 3 Abs. 4 AnfG bzw. § 133 Abs. 4 InsO wird dadurch jedoch nicht ausgeschlossen, auch eine Vorsatzanfechtung gem. § 3 Abs. 1 bzw. Abs. 2 AnfG bzw. § 133 Abs. 1 bzw. Abs. 2 InsO könnte im Einzelfall denkbar sein.[21]

Unerfreulich werden die Beteiligten die Beurkundungskosten einer Güterstandsschaukel finden, zumal empfohlen wird die Herbeiführung der Gütertrennung mit der Erfüllung der Zugewinnausgleichsforderung einerseits und den häufig gewünschten Rückwechsel in die Zugewinngemeinschaft andererseits getrennt (mit zeitlichem Abstand von bis zu zwei Jahren) zu beurkunden:[22] Der Geschäftswert wird in beiden Fällen im Grundsatz aus dem sog. bereinigten Reinvermögen beider Eheleute gebildet, bei der Erfüllung der Zugewinnausgleichsforderung durch Sachwerte, zB Grundbesitz, in der ersten Urkunde zusätzlich noch erhöht durch den Wert der übertragenen Gegenstände §§ 100 Abs. 1, 111 Nr. 2 GNotKG).

Soweit sich für den erwerbenden Ehegatten kein Zugewinnausgleichsanspruch belegen lässt, bringt die Güterstandschaukel keine Vorteile.

3. Wechselseitige Einräumung von Rechten bei Miteigentümer-Ehegatten

Wenn der Haftungsgefährdete und sein Ehegatte[23] Miteigentümer von Grundbesitz sind, kommt die Einräumung gegenseitiger bedingter Erwerbsrechte in Betracht, zB für den Fall einer Insolvenz, Zwangsvollstreckung, Vorversterben, Veräußerung oder Belastung ohne

---

[20] Vgl. hierzu ausführlich *Kollmorgen* in Hauschild/Kallrath/Wachter, Notarhandbuch Gesellschafts- und Unternehmensrecht, 3. Aufl. 2022, § 34 Rn. 59 ff.; *Reul* in Reul/Heckschen/Wienberg, Insolvenzrecht in der Gestaltungspraxis, 3. Aufl. 2022, § 6 Rn. 61 ff., 76 ff., 106 ff.

[21] *Rosenberger* RNotZ 2020, 368 f.; *Kollmorgen* in Hauschild/Kallrath/Wachter, Notarhandbuch Gesellschafts- und Unternehmensrecht, 3. Aufl. 2022, § 34 Rn. 66 ff.; *Reul* in Reul/Heckschen/ Wienberg, Insolvenzrecht in der Gestaltungspraxis, 3. Aufl. 2022, § 6 Rn. 84 sowie Rn. 106 ff. mit Gestaltungsempfehlungen.

[22] Primär aus anfechtungsrechtlicher Sicht, vgl. *Ponath* in von Oertzen/Ponath, Asset Protection im deutschen Recht, 3. Aufl. 2019, § 4 Rn. 43, vorsorglich teils empfohlen, aber auch aus schenkungsteuerlicher Sicht, vgl. *Kollmorgen* in Hauschild/Kallrath/Wachter, Notarhandbuch Gesellschafts- und Unternehmensrecht, 3. Aufl. 2022, § 34 Rn. 63 aE.

[23] Das kommt auch bei anderen Miteigentümern, zB Lebensgefährten oder Abkömmlingen usw., in Betracht; hier spielen dann verstärkt steuerliche Folgen, insb. Grunderwerb- und Schenkungsteuer, eine Rolle, ebenfalls für den Fall des Eintritts und Ausübung des Erwerbsrechts eine eventuelle Absicherung des zur Übertragung verpflichteten Miteigentümers.

Zustimmung des anderen Ehegatten, wiederum absicherbar durch Eintragung einer Vormerkung im Grundbuch.[24]

Nicht abschließend geklärt erscheinen die steuerlichen Folgen solcher Erwerbsrechte (Einkommen-, Grunderwerb- und/oder Schenkungsteuer), auch abhängig von der Vereinbarung eines (ggf. verbilligten oder fehlenden) Entgelts für den Erwerb,[25] wobei dies primär nicht verheiratete Miteigentümer betrifft.[26] Auch Anfechtungsfragen erscheinen insbesondere bei unentgeltlichen bzw. teilentgeltlichen Erwerbsrechten offen, dies umso mehr, wenn die Wahrscheinlichkeit des Eintritts eines Erwerbsgrunds bei einem Vertragsteil erheblich höher liegt als beim anderen Vertragsteil.

Die Gestaltung entspricht bei einem unentgeltlichen Erwerbsrecht in gewisser Weise einer wechselseitigen Überlassung mit entsprechenden Rückforderungsrechten, bei Entgeltlichkeit bzw. Teilentgeltlichkeit einer Gesellschaftslösung mit Einziehungs- bzw. Ausschlussrechten verbunden mit entsprechenden Abfindungsregelungen (s. auch → 6.).

Im Hinblick auf die Pfändbarkeit solcher Erwerbsrechte mit Blockadewirkung (s. bereits vorstehend → 2. b)), wird weiterhin auf die Möglichkeit wechselseitiger Mitbenutzungsrechte, vergleichbar nicht pfändbarer Wohnungsrechte, hingewiesen.[27] Diese Gestaltung entspricht in gewisser Weise wechselseitigen Überlassungen mit jeweils vorbehaltenem Wohnungsrecht.

4. Eigentümerrechte

Fehlt es an Familienangehörigen, wird diskutiert, ob eine asset-protection durch die Bestellung von Eigentümerrechten möglich ist. Allerdings sind Eigentümerrechte, wie zB eine Eigentümergrundschuld im Grundsatz ebenso pfändbar, wie das Eigentum selbst.[28] Dies gilt zwar nicht unmittelbar für ein Eigentümerwohnrecht, doch wird hier idR die Vorsatzanfechtung gem. § 3 Abs. 1 AnfG bzw. § 133 Abs. 1 InsO eingreifen.[29] Wird das Wohnungsrecht jedoch zu einem Zeitpunkt bestellt, in dem der dann Wohnungsberechtigte nicht bereits Eigentümer ist, bzw. das Wohnungsrecht im Zuge einer Übertragung vorbehalten, soll es jedenfalls nach Ablauf der Anfechtungsfristen einen besseren Zugriffsschutz bieten, und zwar selbst dann, wenn der Grundbesitz später (wieder) in das Eigentum des Wohnungsberechtigten fällt.[30]

5. Gütergemeinschaft

Die Vereinbarung einer Gütergemeinschaft wurde und wird zum Zwecke einer asset-protection allgemein für eher kontraproduktiv gehalten.[31]

---

[24] Vgl. *Reul* in Reul/Heckschen/Wienberg, Insolvenzrecht in der Gestaltungspraxis, 3. Aufl. 2022 § 2 Rn. 315 ff.

[25] Vgl. hierzu auch *Reul* in Reul/Heckschen/Wienberg, Insolvenzrecht in der Gestaltungspraxis, 3. Aufl. 2022, § 2 Rn. 316 aE, wobei man die dortigen Ausführungen so lesen kann, als ob ein entgeltloses Erwerbsrecht evtl. gar nicht zulässig sei – im nachfolgenden Formulierungsvorschlag fehlt dann allerdings jegliche Entgeltabrede.

[26] Vgl. hierzu auch *Krauß* in Beck'sches Notar-Handbuch, 7. Aufl. 2019, § 5 Rn. 251 ff.

[27] Vgl. hierzu auch *Reul* in Reul/Heckschen/Wienberg, Insolvenzrecht in der Gestaltungspraxis, 3. Aufl. 2022, § 2 Rn. 318 f. (mit Formulierungsvorschlag).

[28] Vgl. *Reul* in Reul/Heckschen/Wienberg, Insolvenzrecht in der Gestaltungspraxis, 3. Aufl. 2022, § 2 Rn. 300.

[29] Vgl. *Reul* in Reul/Heckschen/Wienberg, Insolvenzrecht in der Gestaltungspraxis, 3. Aufl. 2022, § 2 Rn. 301 ff. mwN (dort auch zur Rechtslage nach Ablauf der 10-jährigen Anfechtungsfrist, insb. zur Frage der Sittenwidrigkeit).

[30] Vgl. *Reul* in Reul/Heckschen/Wienberg, Insolvenzrecht in der Gestaltungspraxis, 3. Aufl. 2022, § 2 Rn. 307 mwN.

[31] ZB *Ponath* in von Oertzen/Ponath, Asset Protection im deutschen Recht, 3. Aufl. 2019, § 4 Rn. 4.

Dabei wurde aber folgende bisher denkbare Gestaltung außer Acht gelassen: Das Unternehmen des Haftungsgefährdeten, zB die Freiberuflerpraxis, wird zum Vorbehaltsgut erklärt. Ferner widerspricht der Ehegatte dieser Erwerbstätigkeit (vgl. §§ 1462 S. 2, 1456 Abs. 2 u. 3 BGB), und die Vorbehaltsguterklärung und der Widerspruch werden in das Güterrechtsregister eintragen (§ 1412 BGB). Dies müsste dann im Grundsatz dazu führen, dass das Gesamtgut der Ehegatten, zB das Familienheim und sonstiges Gesamtgutvermögen nicht für Verbindlichkeiten aus der Erwerbstätigkeit haften.[32]

Es bleiben jedoch schon nach bisherigem Recht gewisse Zweifel, ob und inwieweit hierdurch tatsächlich die Haftung aus zB einer Notartätigkeit auf das Vorbehaltsgut beschränkt wird. Dies hängt einmal damit zusammen, dass nicht ganz klar ist, für welche Verbindlichkeiten genau die Haftungsbeschränkung auf das Vorbehaltsgut gilt; ausgenommen sind hier allerdings in dem hier relevanten Bereich wohl nur für Ansprüche aus unerlaubter Handlung.[33] Weiterhin soll ein Widerspruch gegen die Erwerbstätigkeit nur zulässig sein, wenn ein sachlicher Grund hierfür vorliegt; unklar ist allerdings, welche Konsequenzen ein Widerspruch ohne ausreichenden sachlichen Grund hat.[34] Zumindest verbleibt ein zwiespältiges Gefühl für die Anerkennung eines solchen Widerspruchs, wenn die Eheleute gemeinsam überwiegend von der betreffenden Erwerbstätigkeit leben.

Eine einschneidende Veränderung für diese Gestaltung ergibt sich jedoch aus der nunmehrigen Abschaffung des Güterrechtsregisters.[35] Nach § 1412 BGB nF schadet Dritten – nach Ablauf von Übergangsfristen für bereits erfolgte Eintragungen – nur noch die Kenntnis oder grob fahrlässige Unkenntnis von der Vereinbarung des Vorbehaltsguts und der Erklärung des Widerspruchs. Faktisch dürfte dies die Regelungen zum Widerspruch gegen den Betrieb eines Erwerbsgeschäfts zur Haftungsfreistellung des Gesamtguts weitgehend funktionsunfähig machen. Und selbst wenn allgemeine Hinweise des erwerbstätigen Ehegatten, zB in AGBs oder ergänzend zu den Datenschutzhinweisen ausreichend zur Begründung zumindest einer groben fahrlässigen Unkenntnis sein sollten (durchaus zweifelhaft), wird jedenfalls kaum ein Notar auch nur in seinen allgemeinen Mandantenhinweisen hinreichend darüber aufklären wollen, dass er in Gütergemeinschaft verheiratet ist und der Ehegatte Widerspruch gegen die Betätigung als Notar eingelegt hat. Das Güterrechtsregister bot hier bisher im Ergebnis eine – für die Eheleute durchaus willkommene – größere Anonymität der Rechtsverhältnisse als die künftig notwendige Verlautbarung gegenüber potentiellen Anspruchstellern, was nachvollziehbarerweise nicht unbedingt ein Argument gegen die nunmehrige Abschaffung des Güterrechtsregisters darstellte.

6. Familienpool

Die Einbringung von Vermögenswerten, insbesondere Grundbesitz, in eine vermögensverwaltende Gesellschaft unter Beteiligung von Familienangehörigen ist eine zunehmend beliebte Gestaltungsform, wobei hier meist nicht die asset-protection im Vordergrund steht, sondern die besonders flexiblen und vielfältigen Möglichkeiten der Vermögensübertragung an die nächste Generation. Eine Gesellschaftslösung ermöglicht dem Übergeber der Vermögenswerte eine nicht unerheblich größere Einflussnahme und Mitbestimmung auf das künftige Schicksal der betreffenden Vermögenswerte als der bloße Vorbehalt eines Wohnungs- oder Nießbrauchrecht, indem der Übergeber als geschäftsführender Gesellschafter an der

---

[32] Vgl. zur Freiberuflertätigkeit zB eines Arztes oder Anwalts als Erwerbstätigkeit im Sinne dieser Vorschriften: *Spernath* in BeckOK BGB, 63. Ed. 1.8.2022, § 1431 Rn. 1 mwN. Zur Haftungsbeschränkung beim Gesamtgut der Gütergemeinschaft vgl. DNotI-Gutachten Nr. 12109 v. 22.6.2004, Nr. 52848 v. 9.9.2004 und Nr. 85480 v. 26.5.2008, jedoch jeweils ohne nähere Berücksichtigung einer solchen Widerspruchserklärung.

[33] Vgl. DNotI-Gutachten Nr. 12109 v. 22.6.2004.

[34] *Münch* in MüKoBGB, 9. Aufl. 2022, § 1431 Rn. 7f. mwN zum Meinungsstand.

[35] Vgl. Mitteilungen DNotZ 2022, 883.

Gesellschaft beteiligt wird, bei einer Kommanditgesellschaft namentlich als persönlich haftender Gesellschafter.[36]

Sofern und soweit der Übergeber nicht vermögensmäßig an der Familiengesellschaft bzw. dem Familienpool beteiligt ist bzw. wird, sondern allenfalls als geschäftsführender Gesellschafter ohne vermögensmäßige Beteiligung („0-%-Gesellschafter") und sich ggf. am eingebrachten Grundbesitz ein Wohnungs- bzw. Nießbrauchsrecht bzw. Rückforderungsrechte vorbehält, ergeben sich hinsichtlich der asset-protection-Überlegungen keine wesentlichen Unterschiede zu vorstehend → 2., ebenso bei der Einräumung eines Übertragungsangebots für den Übergeber an einer Beteiligung (vgl. ebenfalls vorstehend → 2. b)), bei der sich jedoch zusätzlich die Problematik der Wirksamkeit von Übertragungsangeboten an Gesellschaftsbeteiligungen ergibt, wenn diese im Ergebnis einem Ausschlussrecht gegenüber einem Gesellschafter gleichkommen.[37]

Der Familienpool ermöglicht dem Übergeber aber auch, zu einem beliebigen Anteil vermögensmäßig an der Gesellschaft und damit auch am eingebrachten Vermögen beteiligt zu bleiben, und hier für den Fall einer Insolvenz oder Pfändung in dessen Anteil im Gesellschaftsvertrag ein Einziehungs- bzw. Ausschließungsrecht mit einer reduzierten Abfindung vorzusehen. Nach wohl überwiegender Meinung kann hier gesellschaftsvertraglich die Abfindung im Grundsatz auf 50 % des Verkehrswerts des Anteils oder minimal darüber beschränkt werden, wobei sich diese Beschränkung nicht ausschließlich auf den Fall einer Insolvenz oder Pfändung beziehen darf, sondern zB auch auf den Ausschluss bzw. die Einziehung aus sonstigem wichtigen Grund entsprechend § 140 HGB.[38]

Interessant ist diese Gestaltung nicht nur für die Beteiligung von Abkömmlingen, sondern auch für eine reine Ehegattengesellschaft (oder auch Lebensgefährten etc.), insbesondere wenn für beide Ehegatten gewisse Haftungsrisiken bestehen. Sind beide hälftig an einer solchen Gesellschaft beteiligt und tritt bei einem Insolvenz ein, kann dieser ausgeschlossen werden, mit der Folge, dass der im Vermögen der Gesellschaft befindliche Grundbesitz an den anderen Ehegatten fällt und die Gläubiger bzw. der Insolvenzverwalter lediglich die Abfindung in Höhe von ¼ (bzw. 25,1 %)[39] des Gesellschaftsvermögens bzw. Immobilienwerts erhalten.

Soweit *Ponath* eine herabgesetzte Abfindung im Gesellschaftsvertrag für anfechtbar gem. § 134 InsO bzw. § 4 AnfG hält und die Anfechtungsfrist von vier Jahren erst ab dem Ausscheiden des insolventen Gesellschafters beginnen lassen will[40], ist dies in der Sache nicht überzeugend und entspricht auch nicht der herrschenden Meinung.[41]

---

[36] Allgemein zu Vor- und Nachteilen bzw. Gestaltungsmöglichkeiten zu Familienpools s. *Krauß*, Vermögensnachfolge in der Praxis, 6. Aufl. 2022, Rn. 2859 ff.

[37] Vgl. BGH 11. 10. 1995 – XII ZR 62/94, NJW-RR 1996, 234; BGH 9. 7. 1990 – II ZR 194/89, DNotZ 1991, 917. Der DNotI-Report 2019, 53 geht diesbezüglich davon aus, dass die Wirksamkeitsproblematik allerdings nur bei Angeboten unter Mitgesellschaftern relevant ist.

[38] Der BGH hat bisher vermieden, sich auf bestimmte Prozentsätze festzulegen. Bei einer Einziehung bzw. einem Ausschluss aus wichtigem Grund (hierzu dürften ohne weiteres auch Insolvenz und Pfändung in den Anteil zählen) wird aber eine Abfindungsbeschränkung von bis zu 50 % ganz überwiegend als zulässig angesehen, vgl. zB *Blath* in Herrler, Gesellschaftsrecht in der Notar- und Gestaltungspraxis, 2. Aufl. 2021, § 6 Rn. 1569; *Schöne* in BeckOK BGB, 63. Ed. 1. 8. 2022, § 738 Rn. 41. Risiken für die Anerkennung sieht *Reul* in Reul/Heckschen/Wienberg, Insolvenzrecht in der Gestaltungspraxis, 3. Aufl. 2022, § 2 Rn. 323 aE, wenn „die Abfindung die Hälfte des Verkehrswerts beträgt oder noch darunter liegt".

[39] Wenn man der Meinung folgt, dass die Abfindung zumindest minimal über 50 % liegen sollte, vgl. Nachw. in der vorhergehenden Fn. aE.

[40] Von *Ponath* in von Oertzen/Ponath, Asset Protection im deutschen Recht, 3. Aufl. 2019, § 4 Rn. 259, der sich hier auf *Kayser* in MüKoInsO, 3. Aufl. 2013, § 134 Rn. 39 bezieht.

[41] Zutreffend *Rosenberger* RNotZ 2020, 373, auch mit dem zutreffenden Hinweis, dass *Kayser* an der von *Ponath* zitierten Fundstelle für die Anfechtung – auch unter Bezugnahme auf § 140 Abs. 3 InsO – voraussetzt, dass die gesellschaftsvertragliche Regelung innerhalb der letzten vier

Die Beteiligung an einer vermögensverwaltenden Gesellschaft und auch die Übernahme der Geschäftsführung in einer solchen Gesellschaft ist einem Notar im Übrigen nicht grundsätzlich verwehrt.[42]

Abschließend seien noch zwei Steuerthemen im Zusammenhang mit einem Familienpool erwähnt:[43]

– Wird Grundbesitz innerhalb der 10-Jahresfrist des § 23 EStG eingebracht, kann nicht nur die Vereinbarung von Gegenleistungen im einkommensteuerlichen Sinn, zB eine Zahlung oder Schuldübernahme, zur Besteuerung führen, sondern bereits die Einbringung verschiedener Grundstücke durch mehrere Gesellschafter.[44]

– Um eine dauerhafte Steuerverstrickung des eingebrachten Grundbesitzes zu vermeiden, ist darauf zu achten, dass das Gesellschaftsvermögen nicht zum Betriebsvermögen umqualifiziert wird. Dies kann bei auch bei einer an sich rein vermögensverwaltenden Gesellschaft durch eine steuerliche Infizierung gem. § 15 Abs. 3 Nr. 1 EStG infolge einer (auch nicht erheblichen) gewerblichen Betätigung erfolgen. Eine solche gewerbliche Betätigung kann zB durch eine auf der eingebrachten Immobilie errichtete Photovoltaikanlage verwirklicht werden, wenn der überschüssige Strom „eingespeist" wird.[45] Durch den zunehmenden Einsatz von Photovoltaikanlagen könnte dies vielfach ein ernstzunehmendes Risiko für vermögensverwaltende Familienpools darstellen. Kleinere Anlagen lösen allerdings eine Infizierung durch die Neuregelung des § 3 Nr. 72 EStG iRd Jahressteuergesetzes 2022 regelmäßig nicht mehr aus.[46] Im Übrigen kann die Infizierung wohl vermieden werden, wenn die Photovoltaikanlage nicht mit in die Gesellschaft eingebracht wird, sondern im Eigentum der den Grundbesitz einbringenden Person zurückbehalten wird.[47]

Jahre getroffen wurde (und somit gerade nicht das Ausscheiden des Gesellschafters den Fristlauf beginnen lässt); ebenso *Kayser/Freudenberg* (MüKoInsO, 4. Aufl. 2019, § 134 Rn. 39): „Dann könnten sie, vor allem im Fall einer Nachlassinsolvenz, der Anfechtung gemäß § 134 unterliegen, soweit der Gesellschaftsvertrag innerhalb der letzten vier Jahre vor dem Eröffnungsantrag geschlossen wurde; die darin weiter enthaltene Bedingung des Todesfalls bleibt nach § 140 Abs. 3 außer Betracht."

[42] Vgl. *Frenz* in Frenz/Miermeister, BNotO, 5. Aufl. 2020, § 14 Rn. 50. Die Übernahme der Geschäftsführung ist einem Notar nur in auf Erwerb gerichtete Gesellschaften verwehrt, nicht bei einer rein vermögensverwaltenden Gesellschaft, vgl. § 8 Abs. 3 Nr. 2 BNotO; *Eschwey* in BeckOK BNotO, 6. Ed. 1.8.2022, § 8 Rn. 64.

[43] Ausführlich zu Familienfragen bei Familienpools: *Beckervordersandfort,* Gestaltungen zum Erhalt des Familienvermögens, 2. Aufl. 2020, § 8 u. § 9; *Beckervordersandfort,* ErbBStG, 2022, 69 ff. u. 182 ff.; *Schmitz* in Spiegelberger, Vermögensnachfolge, 3. Aufl. 2020, § 11 Rn. 136 ff. u. § 12 Rn. 51 ff.; *Spiegelberger/Schallmoser,* Immobilien im Zivil- und Steuerrecht, 3. Aufl. 2018, Rn. 8.60 ff.

[44] Dies stellt dann steuerlich jeweils einen teilweisen Tausch dar, vgl. *Beckervordersandfort,* Gestaltungen zum Erhalt des Familienvermögens, 2. Aufl. 2020, § 8 Rn. 52

[45] Vgl. zur Problematik: *Häsner/Preil/Weinhold* DStR 2021, 1798; OFD Niedersachsen 22.2.2016 BeckVerw 324806, dort Ziff. III.4.

[46] Vgl. hierzu: Hilfe zu Photovoltaikanlagen, hrsg. vom Bay. Landesamt für Steuern, Stand: 12/2022, Kap. IV. 5., abrufbar unter: https://www.finanzamt.bayern.de/Informationen/Steuerinfos/Weitere_Themen/Photovoltaikanlagen/; ferner Übersicht der Haufe Online Redaktion zum Jahressteuergesetz 2022, abrufbar unter: https://www.haufe.de/steuern/gesetzgebung-politik/jahressteuergesetz-2022-jstg-2022_168_572028.html. Allgemein zur Bagatellgrenze bei § 15 Abs. 3 Nr. 1 EStG: *Bode* in Brandis/Heuermann, Ertragsteuerrecht, 164. EL 2022, EStG § 15 Rn. 228; EStH 15.8. (5).

[47] Handelt es sich nicht um eine dachintegrierte PVA, sondern eine Aufdach-PVA, die den überschüssigen Strom einspeist, und ist die Immobilie auch an die allgemeine Stromversorgung angeschlossen, also nicht nur von der PVA abhängig, handelt es sich idR um keinen wesentliche Bestandteil der Immobilie, sondern ist sonderrechtsfähig, kann also nach wohl hM von der Übereignung der Immobilie ohne weiteres ausgenommen werden, vgl. *Herrler* in Beck'sches Notar-

7. *Stiftung*

Vielfach im Zusammenhang mit einer asset-protection vorgeschlagen, aber dennoch weniger gebräuchlich ist die Errichtung einer Stiftung.

Der Charme einer Stiftung liegt darin, dass das Vermögen der Stiftung verselbständigt wird und – nach Ablauf der Anfechtungsfristen – nicht mehr für Verbindlichkeiten des Stifters haftet und auch weder der Stifter noch die Destinatäre pfändbare Anteile an der Stiftung besitzen. Zudem ist die Stiftungslösung im Grundsatz auch ohne Familienangehörige umsetzbar (s. aber noch nachfolgend).

Abschreckend an einer Stiftungslösung wirkt wohl vor allem die allgemein betonte Unumkehrbarkeit der Vermögensübertragung in die Stiftung (s. aber noch nachfolgend, insbesondere zur Familienverbrauchsstiftung), weniger wohl die Stiftungsaufsicht, die in manchen Bundesländern bei privatnützigen Stiftungen – abgesehen von der Errichtung, der Zweck- und sonstigen Satzungsänderung und der Auflösung – bisher kaum Bedeutung hat.[48]

Eine Stiftung zum Zwecke einer asset-protection wird meist nicht zu ideellen oder gemeinnützigen Zwecken errichtet werden. Da die Gemeinnützigkeit durch eine Mitversorgung des Stifters und seiner Familienangehörigen bis zur 1/3-Grenze des § 58 Nr. 6 AO nicht verloren geht, scheidet aber eine gemeinnützige Stiftung im Hinblick auf ihre erheblichen steuerlichen Vorteile nicht von vornherein aus, macht aber letztlich nur Sinn, wenn tatsächlich im Schwerpunkt ein gemeinnütziger Zweck verfolgt werden soll.[49]

Eine Stiftung, die ausschließlich zur Unterstützung des Stifters dienen soll, ist nach hM unzulässig.[50]

Praxisrelevant im Rahmen einer asset-protection wird daher idR die sog. Familienstiftung sein, so dass auch diese Form der asset-protection letztlich nur bei Vorhandensein von Familienangehörigen, die aus dem Stiftungsvermögen – ggf. zusammen mit dem Stifter – versorgt werden sollen, Bedeutung erlangt. Bei Konzeptionsüberlegungen dürfen freilich auch die Neuregelungen der *Stiftungsreform,* die zu erheblichen Teilen ab 1.7.2023 in Kraft treten, nicht außer Acht gelassen werden.[51]

Damit Gläubiger der Stiftungsbegünstigten bzw. ein Insolvenzverwalter nicht auf Erträge der Stiftung zugreifen können, wird ein Anspruch der Stiftungsbegünstigten auf Leistungen in der Satzung regelmäßig ausgeschlossen.[52] Pfändbar sind Leistungen der Stiftung dann allenfalls nach Auskehrung, allerdings insbesondere mit der Einschränkung des § 850 b Abs. 1 Nr. 3, Abs. 2 ZPO.

Eine Stiftung kann nicht mehr ohne weiteres aufgelöst werden, ein Zugriff auf das sog. Grundstockvermögen (vgl. § 83 b BGB nF) ist im Grundsatz nicht ohne weiteres möglich (vgl. § 83 c BGB nF). Grundstockvermögen kann/darf also nicht an Destinatäre ausgekehrt werden, darf aber umgeschichtet werden, also auch verkauft werden. Inwieweit die Einhaltung dieser Vorschriften (Nichtauskehrung von Grundstockvermögen) tatsächlich kontrol-

---

Handbuch, 7. Aufl. 2019, § 1 Rn. 51; DNotI-Gutachten Nr. 180875 v. 19.2.2021 (dort auch zur Folgeproblematik der Umwandlung eines wesentlichen Bestandteils in einen Scheinbestandteil).

[48] So unterliegen zB in Bayern der laufenden Stiftungsaufsicht bisher nur Stiftungen, die öffentliche Zwecke verfolgen, vgl. Art. 10 BayStG. Durch die im Wesentlichen zum 1.7.2023 in Kraft tretende Stiftungsreform werden allerdings die landesrechtlichen Stiftungsgesetze angepasst werden müssen und dort vermutlich allgemein auch eine Stiftungsaufsicht für alle Stiftungen vorgesehen werden, vgl. *Hüttemann/Rawert* ZIP 2021, S3 (S42).

[49] Vgl. *Schlenke-Ohletz* ZStV 2022, 1 (2).

[50] Vgl. *Weitemeyer* in MüKoBGB, 9. Aufl. 2021, § 80 Rn. 119, 126.

[51] Vgl. zur Stiftungsreform *Lorenz/Mehren* DStR 2021, 1774; *Aumann* notar 2022, 15, 16; *Hüttemann/Rawert* ZIP 2021, S3; *Schwalm* NotBZ 2022, 81 u. 121.

[52] Vgl. *von Ponath* in von Oertzen/Ponath, Asset Protection im deutschen Recht, 3. Aufl. 2019, § 4 Rn. 114.

liert wird, insbesondere durch die Stiftungsaufsicht, ist eine andere Frage. Abgesehen von haftungsrechtlichen Konsequenzen scheidet aber auch eine Strafbarkeit von Stiftungsorganen, insbesondere wegen Untreue gem. § 266 StGB, nicht aus, wenn Vermögen der Stiftung dieser unerlaubt entzogen wird.[53] Dies ist auch ein entscheidender Unterschied zu anderen Zusammenschlüssen, insbesondere Gesellschaften oder auch einem Verein, bei denen Gesellschafter oder Mitglieder vorhanden sind, die eine Übertragung von Vermögen genehmigen können, so dass dann eine Haftung bzw. Strafbarkeit insoweit im Grundsatz ausscheidet.[54]

Soll dem Stifter bzw. dessen Angehörigen der Zugriff auf das eingebrachte Vermögen nicht dauerhaft entzogen werden, kommt evtl. in Betracht, die Familienstiftung als Verbrauchsstiftung zu begründen (sog. *Familienverbrauchsstiftung*).[55] Eine solche Stiftung muss entweder durch einen bestimmten Zeitraum oder durch die Erreichung eines bestimmten Zweck bzw. Ereignisses befristet werden, wobei das Stiftungsvermögen bis zum Befristungszeitpunkt zum Verbrauch vorgesehen sein muss und der vorgesehene Zeitraum hierfür idR mindestens 10 Jahre betragen soll (vgl. die künftigen §§ 80 Abs. 1 S. 2, 81, Abs. 2, 82 S. 2 BGB nF); andere „Stiftungen auf Zeit" sind gesetzlich nicht vorgesehen.

Die Stiftungsbegünstigten dürfen dann nicht nur aus den Erträgen, sondern auch aus der Substanz unterstützt werden. Bei Auflösung der Stiftung kann vorgesehen werden, dass ein verbliebenes Vermögen bestimmten Familienangehörigen anfällt.

Für zulässig wird auch eine „Teil-Verbrauchsstiftung" gehalten, bei der lediglich ein Teil des Stiftungsvermögens zum Verbrauch vorgesehen ist.[56]

Denkbar wäre daher zB wohl auch eine Stiftung, in die zum einen das Eigenheim des Stifters eingebracht wird,[57] zum anderen ein gewisses Geld- bzw. Kapitalvermögen. Letzteres kann unmittelbar zum Verbrauch zugunsten der Destinatäre, auch (aber nicht nur) des Stifters vorgesehen werden, das Familienheim dagegen jedenfalls zunächst zur Deckung des Wohnbedarfs der Destinatäre, und zu einem späteren Zeitpunkt zum Verkauf, wobei dann der Erlös wiederum zum Verbrauch vorgesehen werden kann. Ein möglicher Befristungszeitraum wäre zB 10 Jahre nach dem Tod des Stifters.

Solche Konstruktionen könnten bei der asset-protection eine zunehmende Bedeutung erlangen. Abzuwarten bleibt, welche genauen Anforderungen die Stiftungsaufsicht an die diesbezügliche Stiftungssatzung und ggf. ergänzenden Erläuterungen zum beabsichtigten Verbrauch stellen werden.[58]

Eine erhebliche Bedeutung bei der Entscheidung für oder gegen eine Stiftung haben die steuerlichen Folgen[59] (die Besonderheiten einer gemeinnützigen Stiftung werden nachfolgend außer Acht gelassen):

Die Einbringung von Vermögen in die Stiftung unterliegt der Schenkungsteuer (§ 7 Abs. 1 Nr. 8 ErbStG). Dabei wird bei einer Familienstiftung nicht pauschal nach Steuerklasse III besteuert, sondern gem. § 15 Abs. 2 S. 1 ErbStG auf das Verwandtschaftsverhältnis des nach der Satzung „entferntest Berechtigten" abgestellt. Zur Wahrung der Steuerklasse I

---

[53] Vgl. zB BGH 24.6.2010 – 3 StR 90/10, BeckRS 2010, 18399 = npoR 2010, 116. Zur Auflösung einer Stiftung s. auch *Uhl* SB 2022, 103.

[54] Vgl. zB *Loritz/Wagner* DStR 2012, 2189, 2193 zur Vorstandshaftung in einer AG; *Bittmann/Bues* NJW 2020, 3558.

[55] Vgl. hierzu *Tielmann* NJW 2013, 2934; *Heide* SB 2021, 028.

[56] Vgl. *Hüttemann/Rawert* ZIP 2021, S6.

[57] Vgl. speziell zu Stiftungen im Zusammenhang mit Immobilien: *Winheller/Piekarek* ZStV 2018, 153. Zur Familienheimstiftung s. ferner von *Ponath* in von Oertzen/Ponath, Asset Protection im deutschen Recht, 3. Aufl. 2019, § 4 Rn. 132 ff. Wichtig dürfte bei Familienstiftungen auf jeden Fall sein, eine Befreiung bzw. Befreiungsmöglichkeit von den Beschränkungen des § 181 BGB vorzusehen, vgl. zum rechtlichen Rahmen hierfür: *Kamp* ZfPW 2019, 408.

[58] Vgl. hierzu *Hüttemann/Rawert* ZIP 2021, S8 f. zum künftigen Recht; mit strengeren Anforderungen noch de lege lata zB *Weitemeyer* in MüKoBGB, 9. Aufl. 2021, § 80 Rn. 142 ff.

[59] Vgl. hierzu auch ausführlich *Schienke-Ohletz/Mehren* ZStV 2022, 1.

dürften daher nur der Ehegatte des Stifters, die Kinder des Stifters und die Abkömmlinge der Kinder stiftungsbegünstigt werden. Soll der Freibetrag für Kinder von 400.000 EUR in Anspruch genommen werden können, müssten nach derzeitiger Rspr. auch Abkömmlinge von Kindern, insbesondere Enkel aus dem Kreis der Destinatäre ausgenommen werden.[60] Gegenüber einer „normalen" Überlassung bzw. einem Familienpool bleibt selbst dann der Nachteil, dass der Freibetrag nur einmal angesetzt werden kann und nicht für jedes Kind gesondert. Dafür dürfte es bei der Stiftung keine Zusammenrechnung gem. § 14 ErbStG mit früheren Zuwendungen an die Kinder geben.

Einkommensteuern dürften bei der unentgeltlichen Übertragung von Grundbesitz an die Stiftung nicht entstehen, auch nicht beim Rückbehalt eines Wohnungsrechts, doch ist in letzterem Fall darauf zu achten, dass die Stiftung über weitere Vermögenswerte verfügt, aus denen auch während der Dauer des Wohnungsrechts der Stiftungszweck erfüllt werden kann.[61]

Erträge der Stiftung unterliegen der Körperschaftsteuer (§ 1 Abs. 1 Nr. 4 KStG). Gewerbesteuerpflichtig ist die Stiftung nur, wenn sie sich gewerblich betätigt.[62] Soweit die Stiftung Grundbesitz verwaltet, kommt im Übrigen die gewerbesteuerliche Privilegierung gem. § 9 Nr. 1 S. 2 GewStG in Betracht. Ausschüttungen an die Destinatäre werden im Grundsatz als Kapitaleinkünfte gem. § 20 Abs. 1 Nr. 9 EStG entweder mit der 25%igen Abgeltungs- bzw. von der Stiftung abzuführenden Kapitalertragsteuer oder im Teileinkünfteverfahren besteuert. Schenkungsteuer fällt für Ausschüttungen bzw. Auskehrungen im Rahmen des Stiftungszwecks nicht an.[63] Unklar erscheint insbes. bei einer Verbrauchsstiftung die Besteuerung von Zuwendungen, die nicht aus Erträgen der Stiftung stammen, sondern aus der Substanz; hier wird sowohl eine Doppelbesteuerung aus Einkommen- und Schenkungsteuer diskutiert als auch eine völlige Steuerfreiheit.[64]

Die bei Stiftungen alle 30 Jahre vorgesehene Erbersatzsteuer lässt sich bei einer Familienverbrauchsstiftung vermeiden, wenn die Stiftung vor Ablauf der Frist endet.

Die Vermögensübertragung bei Aufhebung der Verbrauchsstiftung an die Destinatäre bzw. Stiftungsbegünstigten ist schenkungsteuerpflichtig gem. § 7 Abs. 1 Nr. 9 ErbStG; soweit das übertragene Vermögen aus Erträgen der Stiftung gebildet wurde, ist dies gem. § 20 Abs. 1 Nr. 9 EStG zu versteuern (s. auch vorstehend).[65]

Die Stiftung stellt daher durchaus eine interessante Gestaltungsoption für eine asset-protection-Maßnahme dar, ist jedoch nicht unkompliziert, sowohl bei der Errichtung als auch in der laufenden Verwaltung, und beinhaltet noch einige nicht ganz geklärte Problempunkte.[66]

---

[60] Vgl. FG Niedersachsen 19.7.2021 – 3 K 5/21, ZEV 2021, 662 mAnm *Schmitt;* gegen die Entscheidung wurde Revision eingelegt.

[61] Vgl. von *Ponath* in von Oertzen/Ponath, Asset Protection im deutschen Recht, 3. Aufl. 2019, § 4 Rn. 132 f. u. 138 f.

[62] Vgl. *Rengers* in Brandis/Heuermann, Ertragsteuerrecht, 164. EL 2022, KStG § 1 Rn. 91 a.

[63] Vgl. BFH 3.7.2019 – II R 6/16, DStR 2019, 2195.

[64] Vgl. einerseits *Jensen* npoR 2022, 123 f. und andererseits *Jensen* npoR 2022, 127. Vgl. auch *Rengers* in Brandis/Heuermann, Ertragsteuerrecht, 164. EL 2022, KStG § 1 Rn. 91 b zur möglichen ertragsteuerlichen Freistellung von Rückzahlung von Einlagen bzw. Auskehrungen aus dem Grundstockvermögen; vgl. hierzu auch *Gummels* SB 2022, 128 (auch mit Hinweis auf FG Nürnberg 15.6.2021 – 1 K 513/18).

[65] Vgl. zur Einkommensteuer *Ratschow* in Brandis/Heuermann, Ertragsteuerrecht, 164. EL 2022, EStG § 20 Rn. 339. Unklar ist, ob hinsichtlich der nicht vor der Auflösung ausgeschütteten Erträge eine Doppelbesteuerung erfolgt, vgl. *Meyer-Sandberg* in Wiese, Unternehmensnachfolge, 2020, Rn. 13.184; wohl aA *Jensen* npoR 2022, 125 ff.

[66] Wie vorstehend näher erwähnt. Muster, für die nach Inkrafttreten der Stiftungsreform zum 1.7.2023 noch ein gewisser Anpassungsbedarf bestehen wird, finden sich zB bei: *Feick/Bregulla-Weber* in Keim/Lehmann, Beck'sches Formularbuch Erbrecht, 4. Aufl. 2019, Muster H.III.7. (Verbrauchsstiftung); *Krauß* in BeckOF Vertrag, 62. Ed. 1.9.2022, Muster 18.1.2 (Familienstiftung).

Wohl noch etwas mehr Gestaltungspotential aber auch Komplexität bieten *Stiftungen im Ausland*. Dies soll hier nicht weiter vertieft werden. Ausführliches Schrifttum und auch Rechtsprechung gibt es namentlich zur *liechtensteinischen Stiftung*.[67] Einen „Königsweg" bzw. eine Ideallösung zur asset-protection bieten diese Gestaltungen im Vergleich zur deutschen Stiftung wohl auch nicht.[68]

8. Verein

Die Erwähnung eines Vereins im Zusammenhang mit asset-protection-Maßnahmen dürfte eher überraschen, doch gibt es gewisse Aspekte, die einen Verein nicht gänzlich uninteressant erscheinen lassen, auch wenn er für eine asset-protection nicht gerade prädestiniert ist.

Eine Vereinsmitgliedschaft ist nach der gesetzlichen Ausgestaltung nicht übertragbar (§ 38 BGB) und daher auch nicht pfändbar (§ 851 ZPO).[69] Und klar ist auch, dass das Vereinsvermögen nicht für Verbindlichkeiten eines Vereinsmitglieds haftet, so dass Vermögen, das von einem Vereinsmitglied in den Verein übertragen wurde, im Grundsatz nicht mehr für dessen Verbindlichkeiten haftet, soweit sich nicht aus den gesetzlichen Anfechtungsregelungen (→ 1.) oder etwa vereinbarten Zugriffs- bzw. Rückübertragungsrechten etwas anderes ergibt.

Für die Gründung eines rechtsfähigen Vereins werden nach § 56 BGB sieben Mitglieder benötigt. Dies können Familienangehörige oder sonstige Personen sein. Nach der Gründung kann die Mitgliederzahl, wenn gewünscht, ohne rechtliche Probleme auf (minimal) drei Personen reduziert werden, bei weniger Personen erlischt der Verein nicht, aber es droht das Verfahren nach § 73 BGB, wenn das Registergericht hiervon erfährt.

Prinzipiell können auf den Verein beliebige Vermögenswerte übertragen werden. Die Problematik des Vereins liegt im hier vorliegenden Kontext darin, dass der Verein nicht auf einen wirtschaftlichen Geschäftsbetrieb gerichtet sein darf (§ 21 BGB). Die derzeitige Rspr. hält deshalb einen Verein zum Zwecke der Vermögensverwaltung oder Immobilienverwaltung für unzulässig, ebenso daher wohl einen „Familienverein" zur Verwaltung des Vermögens einer Familie oÄ, dies jedenfalls dann, wenn ein aus der Vermögensverwaltung erzielter Überschuss an die Vereinsmitglieder ausgekehrt werden kann.[70] Aus den von der Rspr. genannten Gründen wird in diesen Fällen auch die Zulassung als wirtschaftlicher Verein gem. § 22 BGB regelmäßig ausscheiden.[71] Hauptzweck des Vereins darf deshalb nach dieser Rspr. nicht die Vermögensverwaltung als solche und die finanzielle Unterstützung der Vereinsmitglieder aus den Erträgen des Vereins sein.

Auf der Grundlage dieser Rspr. lässt sich deshalb ein Verein nur schwerlich zur asset-protection einsetzen. Eine nicht ganz rechtsprechungskonforme „Praktikerlösung" könnte es

---

[67] Vgl. hierzu weiterführend: *Ponath* in von Oertzen/Ponath, Asset Protection im deutschen Recht, 3. Aufl. 2019, § 4 Rn. 150 ff.; *Schienke-Ohletz/Mehren* ZStV 2022, 51; *Werner* IStR 2020, 130; *Kutac* IStR 2021, 409; *Haag/Tischendorf* IStR 2020, 794.

[68] Die erweiterten Gestaltungsmöglichkeiten namentlich bei der liechtensteinischen Stiftung lassen sich zur asset-protection nicht ohne weiteres nutzbringend verwenden, vgl. *Ponath* in von Oertzen/Ponath, Asset Protection im deutschen Recht, 3. Aufl. 2019, § 4 Rn. 165 ff., insb. zu den erweiterten Auflösungsmöglichkeiten der Stiftung. Zu Problemen eines ausländischen Trusts bei der Einbringung inländischen Grundbesitzes s. *Ponath* in von Oertzen/Ponath, Asset Protection im deutschen Recht, 3. Aufl. 2019, § 4 Rn. 199, zur Problematik einer möglichen Doppelbesteuerung mit Einkommen- und Schenkungsteuer s. *Ponath* in von Oertzen/Ponath, Asset Protection im deutschen Recht, 3. Aufl. 2019, § 4 Rn. 195 f.

[69] *Schöpflin* in BeckOK BGB, 63. Ed. 1.8.2022, § 38 Rn. 32.

[70] Vgl. BGH 11.9.2018 – II ZB 11/17, DNotZ 2019, 75; *Leuschner* in MüKoBGB, 9. Aufl. 2021, § 21 Rn. 57 ff.

[71] Vgl. *Schöpflin* in BeckOK BGB, 63. Ed. 1.8.2022, § 22 Rn. 8.

sein (und wäre im Grundsatz weder straf- noch bußgeldbewehrt), einen eher unverfäng-
lichen Vereinszweck zu wählen (etwa einen „Lebenshilfeverein" mit dem Zweck: „Unterstützung der Vereinsmitglieder bei der Bewältigung alltäglicher Probleme durch Beratung
und Hilfestellung ohne besonderes Entgelt, ausgenommen jegliche erlaubnispflichtige Tätigkeiten.") und den Verein daneben auch faktisch zur Verwaltung gewisser Vermögenswerte
einzusetzen. Es bliebe das Risiko einer Löschung von Amts wegen gem. § 395 FamFG,
wenn das Registergericht nachträglich vom Bestehen eines wirtschaftlichen Vereins ausgeht.

Die Richtigkeit der derzeitigen Rspr. erscheint freilich durchaus zweifelhaft: § 1 Abs. 1
Nr. 4 ErbStG (vgl. auch § 7 Abs. 1 Nr. 9 ErbStG) setzt das Bestehen eines Familienvereins mit
der Bildung von Vermögen geradezu voraus („… Vereins, dessen Zweck wesentlich im Interesse einer Familie oder bestimmter Familien auf die Bindung von Vermögen gerichtet ist").[72]

Nicht abschließend geklärt (jedenfalls in Teilbereichen) ist die steuerliche Behandlung
eines solcherart eingesetzten Vereins.

Zweifelhaft ist bereits, ob die Einbringung von Vermögenswerten schenkungsteuerpflichtig ist. § 7 Abs. 1 Nr. 8 ErbStG ist hier nicht einschlägig, denkbar jedoch eine Anwendung
des § 7 Abs. 1 Nr. 1 ErbStG.[73]

Fällt bei Auflösung des Vereins Vereinsvermögen an anfallberechtigte Vereinsmitglieder,
ist das jedenfalls dann schenkungsteuerpflichtig, wenn es um einen Familienvermögensver-
waltungsverein im Sinne des § 7 Abs. 1 Nr. 9 ErbStG geht. Fraglich ist die steuerliche
Behandlung, wenn es um einen sonstigen Verein geht, wobei es letztlich nicht primär um
den Satzungszweck gehen dürfte, sondern – bei der oben erwähnten „Praktikerlösung" –
um den faktisch verwirklichten Zweck.[74] Bei einem Anfall von Vereinsvermögen an Nicht-
mitglieder ist von einer Schenkungsteuerpflicht nach § 7 Abs. 1 Nr. 1 ErbStG auszugehen.[75]

Im Übrigen ist ein Verein körperschaftsteuerpflichtig gem. § 1 Abs. 1 Nr. 4 KStG, Ausschüttungen können nach § 20 Abs. 1 Nr. 9 EStG einkommensteuerpflichtig sein (ähnlich
wie bei einer Stiftung, vgl. → 7.).

Abgesehen davon, dass es zur Gründung mindestens sieben Gründungsmitglieder bedarf
und es später nicht weniger als drei werden sollten (s. oben), sind Gründung und laufende
Verwaltung einfacher als bei einer Stiftung. Im Hinblick auf steuerliche Unsicherheiten und
die obengenannte Rspr. zum wirtschaftlichen Verein, ist die Verwendung eines Vereins zur
asset-protection allerdings eine eher grenzwertige Gestaltung.

9. Wechselseitig beteiligte Gesellschaften bzw. Gesellschaften ohne Beteiligung natürlicher Personen

Augenscheinlich nachteilig an Gesellschaftslösungen ist der Umstand, dass die Beteiligung
regelmäßig pfändbar ist bzw. dem Zugriff eines Insolvenzverwalters unterliegt (s. hierzu
bereits → 6.). Es bleibt die Frage, ob es auch eine unpfändbare Gesellschaftslösung gibt, welche potentielle Nachteile der Stiftungs- oder Vereinslösung (vgl. vorstehend → 7. und 8.)
vermeidet bzw. reduziert und ggf. ohne Angehörige durchführbar wäre.

Gedanklicher Ansatzpunkt wäre hier die sog. Keinmann-Gesellschaft.[76] Diese kann durch
eine wechselseitige Beteiligung zweier GmbHs zu je 100% entstehen. Die Entscheidungen
über das Vermögen der GmbHs treffen dann alleine der bzw. die Geschäftsführer. Eine Pfän-

---

[72] Vgl. auch kritisch zur Rspr. *Leuschner* in MüKoBGB, 9. Aufl. 2021, § 21 Rn. 59.

[73] Ablehnend *Curdt* in Kapp/Ebeling, ErbStG, 94. EL 2022, § 7 Rn. 149.6; s. aber auch dort
Rn. 14.2 aE, ferner BFH 15.32007 – II R 5/04, BStBl. II 2007, 472.

[74] BFH 14.6.1995 – II R 92/92 – BStBl. II 1995, 609 lehnt hier außerhalb des Anwendungsbereichs des § 7 Abs. 1 Nr. 9 ErbStG eine Schenkungsteuerpflicht ab.

[75] Vgl. *Curdt* in Kapp/Ebeling, ErbStG, 94. EL 2022, § 7 Rn. 149.6.

[76] Gemeint ist gleichbedeutend eine „Keinfrau-Gesellschaft", doch wird die Thematik allgemein unter dem Begriff „Keinmann-Gesellschaft" behandelt.

dung in das Vermögen der GmbHs wegen Schulden der Geschäftsführer dürfte im Grundsatz ausscheiden, auch eine pfändbare Beteiligung ist hier nicht vorhanden.

Praxistauglich lässt sich diese Gestaltung aber kaum einsetzen, da die ganz hM von der Unzulässigkeit dieser Konstruktion ausgeht; im Wesentlichen umstritten ist lediglich, ob die letzte Abtretung, welche die Keinmann-GmbH entstehen lassen würde, unwirksam ist oder ob die Keinmann-GmbHs einen zwangsläufigen Auflösungsgrund darstellt.[77] Geht man nicht von der Nichtigkeit der letzten Abtretung aus, könnte diese Gestaltung immerhin solange praktiziert werden, bis das Registergericht das Vorliegen der Keinmann-GmbHs erkennt und eine Löschung von Amts wegen betreibt.

Problematisch bleibt diese Konzeption aber vor allem deshalb, weil der Zugriff auf das Gesellschaftsvermögen ungesichert bleibt, vor allem bei Ableben des oder der Geschäftsführer, deren Stellung ja nicht vererblich ist. Wenn also der Haftungsgefährdete zwei GmbHs gründet, dort Vermögen einbringt, sich jeweils zum Geschäftsführer bestellt und dann die wechselseitige 100%-Beteiligung an beiden GmbHs herstellt – was ist dann, wenn der Haftungsgefährdete und gleichzeitiger Geschäftsführer stirbt?

Interessanter wäre hier eventuell eine Gestaltung über zwei wechselseitig beteiligte Kommanditgesellschaften, zB in der Form, dass die Kommanditgesellschaften wechselseitig die alleinigen Kommanditisten in der jeweils anderen Kommanditgesellschaft sind und der persönlich haftende Gesellschafter vermögensmäßig nicht an der jeweiligen Kommanditgesellschaft beteiligt ist, wobei persönlich haftender Gesellschafter hier entweder der Haftungsgefährdete selbst sein könnte oder eine GmbH, an der dann der Haftungsgefährdete (Notar) wieder als (zB alleiniger) Gesellschafter beteiligt wäre. Anders als bei den Keinmann-GmbHs besteht hier jeweils eine vererbliche Rechtsstellung, die jedenfalls faktisch einen fortgesetzten Zugriff auf das Gesellschaftsvermögen sichert, nämlich entweder die Komplementärstellung selbst oder – im Fall einer GmbH & Co. KG – die Gesellschafterstellung in der GmbH. Gestaltungsfreundlicher wäre hier evtl. die GmbH & Co. KG, die im Grundsatz trotz § 15 Abs. 3 Nr. 2 EStG, der unter bestimmten Voraussetzungen steuerlich die gewerbliche Prägung der Gesellschaft anordnet, als (auch steuerlich) vermögensverwaltende Gesellschaft ausgebildet werden kann.[78]

Fraglich ist, ob auch gegen diese Konstruktion entsprechende Bedenken bestehen wie im Fall der Keinmann-GmbH. Vermögensmäßig ist auch hier weder unmittelbar noch mittelbar eine natürliche Person beteiligt, also „kein Mann" und auch „keine Frau". Den gesetzgeberischen Vorstellungen, insbesondere im Steuerrecht, entspricht eine solche Konstruktion erkennbar nicht, da einkommensteuerlich unklar bleibt, wem die Einkünfte steuerpflichtig zurechenbar sein sollen und bei vermögensverwaltenden Personengesellschaften die hier angewandte Bruchteilsbetrachtung versagt,[79] schenkungsteuerlich die ebenfalls auf die Gesellschafter abzielende Betrachtung[80] leerläuft und auch die Anwendung der grunderwerbsteuerlichen Vorschriften der § 1 Abs. 2a, 3, 3a, § 5 und § 6 GrEStG viele Fragen offen lassen würde.

---

[77] Vgl. hierzu DNotI-Report 2013, 13; *Kersting* in Noack/Servatius/Haas, GmbHG, 23. Aufl. 2022, § 33 Rn. 19.

[78] Die gewerbliche Prägung lässt sich dadurch vermeiden, dass auch einem Kommanditisten Geschäftsführungsbefugnis verliehen wird, vgl. *Bode* in Brandis/Heuermann, Ertragsteuerrecht, 163. EL 2022, EStG § 15 Rn. 278 u. 282. Dabei ist nach überwiegender Auffassung nicht notwendig, dass der zusätzlich geschäftsführungsbefugte Kommanditist eine natürliche Person ist, sondern dies soll nach EStR 15.8 Abs. 6 S. 2 auch für eine Kapitalgesellschaft als geschäftsführungsbefugte Kommanditistin gelten; dies müsste dann gleichfalls für eine Kommanditgesellschaft als Kommanditistin gelten, jedenfalls sofern diese nicht selbst gewerblich tätig ist bzw. gewerblich geprägt ist (vgl. EStH 15.8. unter „Prägung durch andere Personengesellschaften").

[79] Vgl. *Milatz/Sax* DStR 2017, 141. Daran sollte auch das „MoPeG" nichts ändern, vgl. *Bachmann* NJW 2021, 3073, 3075.

[80] Vgl. BFH 5.2.2020 – II R 9/17, DStR 2020, 1721. Daran sollte auch das „MoPeG" nichts ändern, vgl. *Bachmann* NJW 2021, 3073, 3075.

Gesellschaftsrechtlich ist es jedoch wohl schwieriger als bei der Keinmann-GmbH, Bedenken gegen eine solche Konstruktion zu finden, da sich die Gesellschaften rechtlich nicht vollständig gehören, sondern an jeder Gesellschaft jedenfalls rechtlich zwei Gesellschafter beteiligt sind (Komplementär und davon personenverschiedener Kommanditist), auch wenn ein Gesellschafter gesellschaftsvertraglich am Vermögen nicht beteiligt ist. Stellungnahmen im Schrifttum und in der Rechtsprechung hierzu sind jedoch, soweit ersichtlich, nicht zu finden.

Gesellschaftsrechtlich unverfänglich wäre die Gestaltung wohl jedenfalls dann, wenn sich der Haftungsgefährdete an der KG mit einem (ggf. sehr) kleinen Anteil vermögensmäßig beteiligen würde. Allerdings unterläge dieser Anteil dann einer Pfändung bzw. dem Zugriff des Insolvenzverwalters.

Aber auch wenn sich der Haftungsgefährdete nicht vermögensmäßig an der KG beteiligt, besteht das Problem einer Pfändung bzw. des Zugriffs des Insolvenzverwalters, und zwar bezüglich des „0%-Anteils" des Haftungsgefährdeten als Komplementär oder – bei einer GmbH & Co. KG – der Komplementär-GmbH, an der der Haftungsgefährdete die Anteile hält. Dann kann der Haftungsgefährdete die Gesellschafterrechte nicht mehr ohne weiteres selbst wahrnehmen, sondern diese werden vom Insolvenzverwalter oder – im Verwertungsfall – vom Erwerber des Anteils ausgeübt, so dass dann faktisch auch ein Zugriff auf das Gesellschaftsvermögen droht. Zudem führt nach § 131 Abs. 3 HGB die Insolvenz oder die Kündigung durch einen Gläubiger mangels abweichender gesellschaftsvertraglicher Regelungen zum Ausscheiden des Gesellschafters, so dass dann, wenn der Haftungsgefährdete selbst Komplementär und dann ausscheidender Gesellschafter ist, das Vermögen der KG dem Kommanditisten, also der anderen KG anwächst. Und wenn zugleich auch bei der letztgenannten KG der Haftungsgefährdete ausscheidet, wird das Vermögen quasi „herrenlos".

Um solche unerwünschten Folgen zu vermeiden, müsste daher bei diesen Gestaltungen dafür gesorgt werden, dass der Haftungsgefährdete überhaupt nicht pfändbar an den Gesellschaften beteiligt ist. Dies wäre evtl. möglich durch Bildung einer Einheits-GmbH & Co. KG, bei der dann die Anteile an der Komplementär-GmbH nicht von der haftungsgefährdeten Person, sondern von der KG selbst gehalten werden. Dann hängt die gesamte Vermögensdisposition allerdings wieder an der – nicht vererblichen – Position des Geschäftsführers. Stirbt dieser und ist nicht schon ein weiterer „Ersatz"-Geschäftsführer bestellt, wird das Gesellschaftsvermögen faktisch wieder „herrenlos".

Alternativ könnte daran gedacht werden, als Komplementär bzw. Gesellschafter der Komplementär-GmbH eine nahestehende, nicht haftungsgefährdete Person einzusetzen. Der Unterschied zu einer Übertragung des Vermögens an diese Person (statt an die KG) wäre dann im Wesentlichen nur, dass die haftungsgefährdete Person als Geschäftsführer noch einigermaßen frei über das Gesellschaftsvermögen verfügen könnte. Kaum ein Unterschied ergäbe sich zur Direktübertragung des Vermögens auf die nahestehende Person, wenn für den Haftungsgefährdeten eine umfassende Vollmacht zur Verwaltung und Verfügung über das Vermögen ausgestellt würde.

Eine weitere Alternative wäre uU, als Komplementär bzw. Gesellschafter der Komplementär-GmbH eine Stiftung oder einen Verein einzusetzen, wobei die haftungsgefährdete Person dann auch die Position des Vorstands in der Stiftung oder im Verein übernehmen kann. Damit einher geht dann – abgesehen von der erheblichen Komplexität der Gestaltung – immer auch ein gewisses Maß an Fremdbestimmung.

Schließlich sollte sich der Gestalter darüber im Klaren sein, dass die Rspr. bei ungewöhnlichen Enthaftungskonstruktionen bei der Begründung einer Durchgriffshaftung durchaus findig ist und zB in solchen Fällen ein „verdecktes Treuhandverhältnis" annehmen könnte.[81]

---

[81] Vgl. – allerdings im Zusammenhang mit ausländischen Stiftungen – *Ponath* in von Oertzen/ Ponath, Asset Protection im deutschen Recht, 3. Aufl. 2019, § 4 Rn. 169 ff. Vgl. hierzu zB auch

Steuerlich stellt sich bei einer solchen Konstruktion vor allem die Frage, wie Gewinnausschüttungen von der jeweiligen KG an den Komplementär bzw. – im Falle einer GmbH & Co. KG – an den Gesellschafter der Komplementär-GmbH zu besteuern sind. Auch wenn dieser gesellschaftsvertraglich aufgrund fehlender vermögensmäßiger Beteiligung an der KG keinen Anspruch auf Gewinnausschüttung hat, dürften die Ausschüttungen wohl einkommensteuerpflichtig sein, und zwar bei einer vermögensverwaltenden KG entsprechend der Einkunftsart, zB Einkünfte aus Vermietung und Verpachtung oder aus Kapitalvermögen und im Falle einer vermögensverwaltenden GmbH & Co. KG ggf. auch nach den Grundsätzen einer sog. verdeckten Gewinnausschüttung, die beim Gesellschafter der Komplementär-GmbH zu Einkünften aus Kapitalvermögen gem. § 20 Abs. 1 Nr. 1 EStG führt. Unklar, aber von erheblicher Bedeutung ist, ob die Ausschüttungen an den nicht vermögensmäßig an der KG beteiligten Empfänger zugleich schenkungsteuerpflichtig sind.

Weiter fraglich ist der Anfall einer Schenkungsteuer, wenn die haftungsgefährdete Person zunächst Vermögenswerte in eine vermögensverwaltende KG einbringt, an der diese Person zunächst noch zu 100 % vermögensmäßig beteiligt ist, und sodann den Kommanditanteil an die andere KG überträgt, an der diese Person ebenso zunächst noch mit 100 % vermögensmäßig beteiligt ist, und schließlich im letzten Schritt der Kommanditanteil an der anderen KG in die KG eingebracht wird, die die Vermögenswerte erhalten hat.

Eine gewisse Besteuerungslücke könnte beim Tod der haftungsgefährdeten Person vorliegen, da diese selbst lediglich einen Gesellschaftsanteil vererbt, dem aufgrund der Nullbeteiligung kein Vermögen zugeordnet ist. Auch eine Erbersatzsteuer ist für eine Personengesellschaft nicht vorgesehen (vgl. § 1 Abs. 1 Nr. 4 ErbStG).

Ein Vermögenstransfer von der KG auf die haftungsgefährdete Person außerhalb einer Gewinnausschüttung (bzw. aus der Vermögenssubstanz und nicht aus Erträgen) dürfte dagegen schenkungsteuerpflichtig sein, eine gleichzeitige Einkommensteuerpflicht dürfte dagegen schwerer zu begründen sein.

Insgesamt wirft diese Konstruktion zahlreiche ungeklärte Rechtsfragen auf, vor allem steuerlich, aber auch gesellschaftsrechtlich, und dürfte sich als rechtliche „terra inkognita" allenfalls für sehr experimentierfreudige und dann vor allem angehörigenlose Gestalter eignen.

10. Auslandsgesellschaften

Der Einsatz von Auslandsgesellschaften bietet rechtlich im Ausgangspunkt kaum bessere asset-protection-Möglichkeiten als die Verwendung von Inlandsgesellschaften, da auch hier regelmäßig eine Pfändbarkeit der Beteiligung vorliegen wird.[82]

In der Praxis werden aber Auslandsgesellschaften durchaus nicht ungern zu Vermögensschutzzwecken genutzt, wobei hier wohl meist die besseren Verschleierungsmöglichkeiten hinsichtlich der Beteiligung im Vordergrund stehen dürften.

Soweit inländischer Grundbesitz auf eine solche Gesellschaft übertragen werden soll, sind die Verschleierungsmöglichkeiten aber schon durch das Transparenzregister eingeschränkt.[83] Eine bußgeldfreie Verschleierung der Beteiligungsverhältnisse dürfte hier allenfalls bei echter Personenverschiedenheit von Geschäftsführer bzw. geschäftsführendem Gesellschafter, also der gegenüber dem Transparenzregister verantwortlichen Person, und dem Beteiligungs-

---

BGH 20.2.2003 – IX ZR 102/02, ZEV 2003, 293 unter B. I. 4. b) cc) aE: „… Könnten die Gläubiger des Schuldners dessen Recht, die Rückübertragung zu verlangen, nicht im Wege einer Pfändung und Überweisung ‚an sich ziehen', wäre das Grundstück überhaupt keiner Zwangsvollstreckung unterworfen. … Ein solches Ergebnis wäre untragbar."

[82] Anders ggf. bei stiftungsähnlichen Auslandsgesellschaften, zB die UK Company Limited By Guarantee (CLG), vgl. hierzu die Hinweise eines Anbieters unter https://www.auslandsunternehmen.com/uk-limited-by-guarantee.

[83] Vgl. §§ 20 Abs. 1, 10 Abs. 9 S. 4 GWG; *Thelen*, Geldwäscherecht, 2021, Rn. 413.

inhaber in Betracht kommen, indem bspw. eine bestehende Treuhand gegenüber der dem Transparenzregister verantwortlichen Person nicht offengelegt wird.[84]

Spätestens bei den Offenlegungspflichten gegenüber Insolvenzverwalter bzw. Insolvenzgericht bzw. Gerichtsvollzieher (→ 1.) kann die Beteiligung aber zur Vermeidung einer Strafbarkeit nicht mehr geheimgehalten werden.

Abgesehen von dem hohen zusätzlichen Beratungsaufwand dürften sich daher Auslandsgesellschaften für eine seriöse asset-protection eher weniger eignen.[85]

11. Versicherungen

Innerhalb bestimmter Grenzen kann mittels Lebensversicherungs- bzw. Rentenversicherungsverträgen pfändungsfreies Vermögen zur Altersvorsorge gebildet werden (vgl. § 851c Abs. 2 ZPO, Lebensalter abhängig insgesamt maximal bis zu derzeit 340.000 EUR), wobei dies nur Altersvorsorgeverträge betrifft, welche die Voraussetzungen des § 851c Abs. 1 ZPO einhalten (zum entsprechenden Umwandlungsrecht s. § 167 VVG).

Ferner sind gem. § 851d ZPO die zB auch für Freiberufler in Betracht kommenden Rürup-Verträge in einem bestimmten Rahmen geschützt, und zwar das insoweit angesparte Kapital in der gem. § 12 Abs. 2 S. 1 Nr. 3, S. 2 SGB II genannten Maximalhöhe (derzeit je nach Geburtsjahr zwischen 48.750 EUR und 50.250 EUR).[86]

In der Auszahlungsphase bleiben bei solchen Verträgen die Auszahlungen in der Höhe frei, wie es bei Arbeitseinkommen der Fall ist (§§ 851a Abs. 1, 851d ZPO). Für einen Notar wird dies regelmäßig keine Bedeutung haben, weil bereits die jeweilige Kammerversorgung den pfändbaren Betrag übersteigen wird (zur Zusammenrechnung s. §§ 851c Abs. 3, 850e ZPO).

Für eine Einmalauszahlung aus einer Kapitallebensversicherung kann ferner in einem bestimmten Rahmen nach § 850i ZPO ein Pfändungsschutz bestehen.[87]

Schließlich ist bei einer unwiderruflichen Bezugsberechtigung eines Dritten die Pfändung beim Versicherungsnehmer ausgeschlossen, sofern sich nicht aus den Insolvenz- bzw. Gläubigeranfechtungsvorschriften etwas anderes ergibt.[88]

Für eine asset-protection haben diese Pfändungsschutzvorschriften daher nur eine eingeschränkte Bedeutung. Immerhin besteht auch für einen insolventen Notar die Möglichkeit, das *Restschuldbefreiungsverfahren* zu durchlaufen und somit nach der nunmehr auf drei Jahre verkürzten Frist des § 287 Abs. 2 S. 1 InsO schuldenfrei zu sein[89] und ab dann die weiteren Altersvorsorgebezüge wieder vollumfänglich zu erhalten.

12. Erbregelungen

Nicht ganz außer Acht gelassen werden sollten schließlich Erbfälle, durch die eine insolvente bzw. haftungsgefährdete Person unerwartet Vermögen erlangt.

---

[84] Hier hat sich schon ein eigener Beratungsmarkt etabliert, vgl. zB https://www.wohnsitzausland.com/transparenzregister oder https://www.auslandsunternehmen.com/top-5.

[85] Vgl. auch *Ponath* in von Oertzen/Ponath, Asset Protection im deutschen Recht, 3. Aufl. 2019, § 1 Rn. 6; § 4 Rn. 200.

[86] Vgl. *Flockenhaus* in Musielak/Voit, ZPO, 19. Aufl. 2022, § 851d Rn. 3a.

[87] Vgl. BGH 29.4.2021 – IX ZB 25/20, NJW-RR 2021, 987.

[88] Vgl. hierzu ausführlich *Ponath* in von Oertzen/Ponath, Asset Protection im deutschen Recht, 3. Aufl. 2019, § 4 Rn. 202ff., 217ff.; dort auch zur widerruflichen Bezugsberechtigung und zur Bedeutung einer sog. Selbstkontrahierungsklausel, vgl. *Ponath* in von Oertzen/Ponath, Asset Protection im deutschen Recht, 3. Aufl. 2019, Rn. 208, 220ff., 236; sowie zu ausländischen Lebensversicherungen, vgl. *Ponath* in von Oertzen/Ponath, Asset Protection im deutschen Recht, 3. Aufl. 2019. Rn. 239ff.

[89] Vgl. *Schülke/Baschnagel* DStR 2021, 295.

So könnte es durchaus kontraproduktiv sein, wenn Vermögenswerte, die im Zuge von asset-protection-Maßnahmen auf Familienangehörige übertragen wurden, bei deren Vorversterben wieder auf die dann insolvente bzw. haftungsgefährdete Person zurückfallen. Ein solcher unerwünschter Rückfall sollte daher durch entsprechende Testamentsgestaltung möglichst ausgeschlossen werden, ggf. zB durch sog. Überschuldeten-Testamente.[90]

III. Resümee

Die vorstehende Übersicht zeigt, dass es durchaus beachtenswerte Möglichkeiten zur asset-protection, insbesondere auch für Notare, gibt, in einigen Bereichen allerdings mit noch verschiedenen ungeklärten Rechtsfragen.

Unbedingt notwendig erscheinen solche Maßnahmen im Grundsatz freilich nicht, da Haftungsfälle größeren Ausmaßes, die nicht von der Haftpflichtversicherung gedeckt sind, bei Notaren zum Glück offenbar außerordentlich selten vorkommen. Bei Notaren mit Familie wird allerdings eine gewisse asset-protection – quasi als Nebeneffekt – durch lebzeitige Vermögensübertragungen zur Vermeidung einer sonst drohenden Erbschaftsteuer ohnehin erfolgen. Auch dafür können obige Ausführungen Anregungen geben.

Der Jubilar wird dagegen asset-protection-Maßnahmen kaum nötig haben, was nicht nur an dessen Sach- und Fachkunde liegt, sondern auch daran, dass für DNotI-Gutachten eine Haftung des Verfassers jeweils ausgeschlossen wird und generell für Druckwerke jedenfalls eine verschuldensunabhängige Produkthaftung abgelehnt wird.[91]

---

[90] Vgl. hierzu *Ponath* in von Oertzen/Ponath, Asset Protection im deutschen Recht, 3. Aufl. 2019, § 5; *Rosenberger* RNotZ 2020, 374 ff.

[91] EuGH 10.6.2021 – C-65/20, NJW 2021, 2015. Generell ausgeschlossen ist eine Autorenhaftung allerdings nicht, vgl. *Westermann* in MüKoBGB, 8. Aufl. 2019, § 434 Rn. 79 mit Hinweis insb. auf BGH 14.3.1973 – VIII ZR 137/71, NJW 1973, 843 (zur Sachmängelhaftung); s. auch *Faust* in BeckOK BGB, 63. Ed. 1.8.2022, § 434 Rn. 99. Zweifelhaft ist, ob und inwieweit eine etwaige kaufvertragliche Haftung durch entsprechende Haftungsbeschränkung im jeweiligen Werk ausgeschlossen werden kann. Die vorgenannte EuGH-Entscheidung ordnet den Inhalt von sachlicher Printmedien allerdings eher Dienstleistungen zu als Kaufobjekten. Zu beachten bleibt ferner eine etwaige verschuldensabhängige Deliktshaftung gem. § 823 Abs. 1 BGB, vgl. hierzu *Meyer* Zum 1997, 26; *Wagner* in MüKoBGB, 8. Aufl. 2020, ProdHaftG § 2 Rn. 1.

HARTMUT WICKE

Der Notar in der virtuellen Hauptversammlung

Nach den Erfahrungen während der Pandemie-Jahre hat der Gesetzgeber eine dauerhafte Regelung über die virtuelle Hauptversammlung im AktG implementiert, die es erlaubt, die physische Präsenz der Aktionäre am Ort der Hauptversammlung auszuschließen. Während die Corona-Gesetzgebung eine weitgehende Verlagerung des Rede- und Fragerechts in das Vorfeld der Versammlung gestattete, wird die virtuelle Hauptversammlung nach dem aktienrechtlichen Konzept der Präsenzversammlung deutlich angenähert, indem sich die Aktionäre „bei uneingeschränkter Wahrung ihrer Rechte an einer frei geführten Debatte … in der Hauptversammlung selbst beteiligen". Es ist zu erwarten, dass sich die virtuelle Hauptversammlung als ernstzunehmende Alternative in der Praxis entwickeln wird und es sich – entgegen mancher Kritik im Schrifttum – nicht um totes Recht handeln wird. Im Folgenden sollen daher die Implikationen für die notarielle Niederschrift und die Prüfungspflichten des Notars in der Hauptversammlung untersucht werden. Der Beitrag ist Andreas Heidinger gewidmet, der sich über Jahrzehnte hinweg große Verdienste um die Notarpraxis im Gesellschaftsrecht erworben hat.

I. Von der Präsenzversammlung zur virtuellen Hauptversammlung

Die Hauptversammlung wurde bis vor der Covid-Pandemie ausschließlich als Präsenzveranstaltung unter physischer Anwesenheit der Aktionäre bzw. Vertreter abgehalten, die zu einem bestimmten Zeitpunkt an einem konkreten Ort stattfindet. An dieser Betrachtung hatten auch die durch das ARUG in § 118 AktG eingeführten Möglichkeiten der Briefwahl und der (praktisch wenig bedeutenden) Online-Teilnahme an der Hauptversammlung nichts geändert.[1] Eine gesetzliche Ermächtigung zum Ausschluss der physischen Präsenz der Aktionäre oder ihrer Bevollmächtigten, wurde erstmals durch die temporäre und – nach wiederholten Verlängerungen – bis zum 31.8.2022 anwendbare Norm des § 1 Abs. 2 COVMG geschaffen, um die Handlungsfähigkeit der Unternehmen während der pandemiebedingten Einschränkungen der Versammlungsmöglichkeiten wiederherzustellen.[2] In nahtlosem Übergang hierzu wurde eine dauerhafte Regelung der virtuellen Hauptversammlung durch das am 27.7.2022 in Kraft getretene Gesetz zur Einführung virtueller Hauptversammlungen

---

[1] Vgl. BT-Drs. 16/11642, 26; s. dazu auch *Wicke,* Einführung in das Recht der Hauptversammlung, das Recht der Sacheinlagen und das Freigabeverfahren nach dem ARUG, 2009, 23.
[2] Die Ermächtigung war zunächst gemäß § 7 Abs. 2 COVMG befristet auf Gesellschafterbeschlüsse, die im Jahr 2020 stattfanden, anschließend erfolgte eine Verlängerung bis zum 31.12.2021 auf der Grundlage von § 8 COVMG durch die Verordnung zur Verlängerung von Maßnahmen im Gesellschafts-, Genossenschafts-, Vereins- und Stiftungsrecht zur Bekämpfung der Auswirkungen der COVID-19-Pandemie durch das BMJ bzw. nachfolgend aufgrund Art. 11, 14 Abs. 3 Gesetz zur weiteren Verkürzung des Restschuldbefreiungsverfahrens und zur Anpassung pandemiebedingter Vorschriften im Gesellschafts-, Genossenschafts-, Vereins- und Stiftungsrecht sowie im Miet- und Pachtrecht vom 22.12.2020 (BGBl. I 3328) sowie schließlich bis zum 31.8.2022 durch das Aufbauhilfegesetz vom 14.9.2021 (BGBl. I 4147; dazu BT-Drs. 19/32275, 30).

von Aktiengesellschaften und Änderung genossenschafts- sowie insolvenz- und restrukturie-rungsrechtlicher Vorschriften im AktG implementiert.[3]

II. Konzept der virtuellen Hauptversammlung

1. Satzungsgrundlage

Nach der zentralen Vorschrift des § 118a AktG ist zunächst eine Satzungsgrundlage erfor-derlich (Abs. 1 S. 1), die eine „virtuelle Hauptversammlung" bzw. nach der Legaldefinition eine „Versammlung ohne physische Präsenz der Aktionäre oder ihrer Bevollmächtigten am Ort der Hauptversammlung" entweder selbst vorsieht oder eine entsprechende Ermächti-gung des Vorstands enthält.[4] Die Regelung gilt neben der AG auch für die KGaA und für die SE, im Fall einer monistischen SE kann anstelle des Vorstands der Verwaltungsrat ermächtigt werden.[5] Es ist zu erwarten, dass zumindest börsennotierte AGs bei nächster sich bietender Gelegenheit flächendeckend ihre Satzung ändern und eine Vorstandsermächti-gung im Sinne der 2. Alt. aufnehmen werden,[6] schon um eine Handdhabe für den nicht aus-geschlossenen Fall des Wiederaufflammens der Pandemie zu haben.[7] Die Satzungsregelung ist in der Weise zu befristen, dass Hauptversammlungen auf ihrer Grundlage nur innerhalb einer Frist von fünf Jahren ab ihrer Eintragung durchgeführt werden dürfen (§ 118a Abs. 3 bis 5 AktG),[8] einer besonderen sachlichen Rechtfertigung bedarf der Beschluss nicht.[9] Für die HV-Saison 2023 kann der Vorstand nach der Übergangsvorschrift des § 26n Abs. 1 EGAktG auch ohne Satzungsgrundlage entscheiden, dass die Hauptversammlung virtuell abgehalten wird, bedarf hierfür aber (wie vormals nach § 1 Abs. 6 COVMG) der Zustim-mung des Aufsichtsrats.

2. Vollwertige Versammlung

Die Satzungsregelung gemäß § 118a Abs. 1 S. 1 AktG betrifft allein das „Ob" der virtuel-len Hauptversammlung, ihre Ausgestaltung im Einzelnen, insbesondere, inwieweit den Aktionären Rechte über die Mindestvorgaben hinaus gewährt werden, legt der Vorstand im Rahmen der gesetzlichen Vorgaben fest.[10] Auf der Grundlage einer Satzungsermächtigung im Sinne des § 118a Abs. 1 S. 1 Alt. 2 AktG entscheidet der Vorstand allein und ohne die Zustimmung des Aufsichtsrats, ob die Hauptversammlung online abgehalten wird. Für die Ermessensausübung werden je nach Lage des Unternehmens zahlreiche Gesichtspunkte in Betracht kommen, wie zB das Interesse des Unternehmens oder der Aktionäre an einer unmittelbaren Kontaktaufnahme, die jeweils entstehenden Kosten, die (ggf. kurzfristigen) Möglichkeiten zur Anmietung eines Versammlungssaals, das Risiko von Störungen im Ver-sammlungssaal oder umgekehrt durch technische Manipulationen des Aktionärsportals,

---

[3] BGBl. 2022 I 1166.

[4] Vgl. *Heckschen* NotBZ 2022, 281 (283); zur Anwendung von § 111 Abs. 4 S. 2 AktG s. *Schilha/Gaßner* ZIP 2022, 2357 (2358).

[5] BR-Drs. 185/22, 23.

[6] S. aber zu den teils abweichenden Empfehlungen der Stimmrechtsberater *Bungert/Rieckers/Becker* DB 2022, 2074 (2075); *Kuthe* AG 2023, R 8.

[7] Nach § 246a Abs. 1 findet das Freigabeverfahren auf den Beschluss zur Satzungsänderung Anwendung.

[8] BT-Drs. 20/2653, 31. Möglich ist wie beim genehmigten Kapital die Angabe eines konkre-ten Enddatums oder der Berechnungsgrundlagen (zB fünf Jahre ab Eintragung), vgl. *Bungert/Rieckers/Becker* DB 2022, 2074 (2075).

[9] BR-Drs. 185/22, 22.

[10] BR-Drs. 185/22, 23; *Bungert/Rieckers/Becker* DB 2022, 2074 (2075); s. aber zum gleichlau-tenden Referentenentwurf *Seibt/Danwerth* AG 2022, 177 (180).

zudem Nachhaltigkeitsgesichtspunkte und evtl. der Radius der (internationalen) Erreichbarkeit der Teilnehmer.[11] Die mit der elektronischen Kommunikation einher gehenden potentiellen Anfechtungsrisiken sind erheblich abgefedert, da gemäß § 243 Abs. 3 S. 2 AktG die Verletzung von Rechten aufgrund technischer Störungen nur bei Vorsatz oder grober Fahrlässigkeit der Gesellschaft geltend gemacht werden kann. Möglich ist weiterhin eine (hybride) Präsenzversammlung mit Online-Teilnahme gemäß § 118 Abs. 1 S. 2 AktG,[12] deren praktische Bedeutung vermutlich aber gering bleiben wird.[13] In der virtuellen Hauptversammlung kann grundsätzlich über alle Gegenstände Beschluss gefasst werden, die auch Gegenstand der Präsenzversammlung sein können, einschließlich Strukturmaßnahmen und solcher Beschlüsse, die nach dem UmwG eine Beschlussfassung „in einer Versammlung" erfordern.[14] Die noch im Regierungsentwurf vorgesehene Möglichkeit, bestimmte Gegenstände von der Satzungsermächtigung auszunehmen,[15] ist nicht Gesetz geworden. Eine Differenzierung zwischen börsennotierten und nicht börsennotierten Gesellschaften ist mit Ausnahme einzelner veröffentlichungsbezogener Sonderregelungen nicht vorgesehen.[16] Nach Vorstellung des Gesetzgebers stellt die virtuelle Hauptversammlung eine vollwertige Versammlung und im Verhältnis zur Präsenzversammlung keine „Versammlung zweiter Klasse" dar.[17]

3. *Mindestvoraussetzungen der virtuellen Hauptversammlung*

Um dieses Ziel zu erreichen, wird in § 118a Abs. 1 S. 2 Nr. 1 bis 8 AktG ein Katalog zwingender Mindestvoraussetzungen aufgestellt, welche die Rechte der Aktionäre im virtuellen Raum gewährleisten sollen.[18] Neben der Übertragung der gesamten Versammlung mit Bild und Ton müssen während der Versammlung im Wege der elektronischen Kommunikation die Stimmrechtsausübung, ein Auskunftsrecht, ein Widerspruchsrecht und darüber hinaus im Wege der Videokommunikation, also mittels Zwei-Wege-Direktverbindung,[19] ein Recht zur Stellung von Anträgen und Wahlvorschlägen sowie ein Live-Rederecht eingeräumt werden,[20] das auch für Anträge, Wahlvorschläge und (Nach-)Fragen genutzt werden kann (§ 130a Abs. 5 S. 3 AktG). Der Versammlungsleiter kann darüber hinaus festlegen, dass auch das Auskunfts- oder (Nach-)Fragerecht in der Hauptversammlung ausschließlich im Wege der Videokommunikation ausgeübt werden darf (§ 131 Abs. 1f AktG). Die virtuelle Hauptversammlung soll daher so organisiert werden, dass die Rechtewahrnehmung weitgehend gleich ausgestaltet wird wie bei der Präsenzversammlung und die Versammlung weiterhin über ein Element der Debatte verfügt.[21] Dieses Ziel wurde erstmals durch den Regierungsentwurf konsequent verfolgt, in deutlicher Abkehr des vom Referentenentwurf Ansatzes einer stärkeren Verlagerung auf das Vorfeld der Versammlung.[22] Im Gesetzgebungs-

---

[11] *Bungert/Rieckers/Becker* DB 2022, 2074 (2075).

[12] *Lochner/Keller* ZIP 2022, 1997 (1998).

[13] S. aber *Schilha/Gaßner* ZIP 2022, 2357 (2367 f.).

[14] BR-Drs. 185/22, 23.

[15] Dafür etwa *Drinhausen/Keinath* BB 2022, 451 (453); *Heckschen* NotBZ 2022, 281 (283).

[16] BR-Drs. 185/22, 23; kritisch *Heckschen* NotBZ 2022, 281 (285); zum Referentenentwurf *Heckschen/Wicke* NZG 2022, 433.

[17] BR-Drs. 185/22, 22.

[18] BR-Drs. 185/22, 14.

[19] BR-Drs. 185/22, 34.

[20] BR-Drs. 185/22, 34; *Reger/Gaßner* RDI 2022, 396 (402); kritisch *Mayer/Jenne/Miller* BB 2022, 1434 (1440).

[21] BR-Drs. 185/22, 1, 34. S. auch S. 1 des Koalitionsvertrags 2021, wonach Online-Hauptversammlungen dauerhaft ermöglicht und die Aktionärsrechte dabei uneingeschränkt gewahrt werden sollen.

[22] Vgl. *Bungert/Rieckers/Becker* DB 2022, 2074: 180-Grad-Wende; *Mayer/Jenne/Miller* BB 2022, 1434: Rolle rückwärts.

verfahren wurde sehr streitig diskutiert, inwieweit die Aktionärsrechte entsprechend dem Umfang einer Präsenzversammlung auch im virtuellen Format gewährt werden oder auf das Vorfeld beschränkt werden sollen[23] bzw. ob (über die Regelung des § 118 Abs. 1 S. 2 AktG hinaus) innovative hybride Formate ermöglicht werden sollen.[24]

4. Einbeziehung des Vorfelds der Hauptversammlung

Die geltende Gesetzesfassung sieht für die virtuelle Hauptversammlung aber gleichwohl eine stärkere Einbeziehung des Vorfelds der Versammlung vor, indem Redebeiträge der Aktionäre anders als bei der Präsenzversammlung vorab eingereicht werden können und zugänglich zu machen sind (§ 130a Abs. 1 bis 4 AktG).[25] Der Vorstand kann daneben vorgeben, dass Fragen der Aktionäre bis spätestens drei Tage vor der Versammlung im Wege der elektronischen Kommunikation einzureichen sind (§ 131 Abs. 1a S. 1 AktG).[26] In diesem Fall muss er den Bericht des Vorstands oder dessen wesentlichen Inhalt bis spätestens sieben Tage vor der Versammlung zugänglich machen (§ 118a Abs. 1 S. 2 Nr. 5 AktG) und die Fragen bis spätestens einen Tag vor der Versammlung beantworten (§ 131 Abs. 1c S. 1 AktG). Bei börsennotierten Gesellschaften sind die im Vorfeld eingereichten Fragen und die entsprechenden Antworten über die Internetseite der Gesellschaft zugänglich zu machen (§ 131 Abs. 1c S. 2 AktG).[27] In der Versammlung darf die Auskunft zu diesen Fragen verweigert werden, wenn die Antworten einen Tag vor Beginn und in der Versammlung durchgängig zugänglich waren (§ 131 Abs. 1c S. 4 AktG). Anders als nach der Vorgängerregelung des § 1 Abs. 2 COVMG – und weitergehend als der Referentenentwurf dies zunächst vorgeschlagen hatte – muss aber in der Versammlung ein Nachfragerecht zu allen Antworten des Vorstands (§ 131 Abs. 1d AktG) sowie ein Fragerecht zu Sachverhalten eingeräumt werden, die sich erst nach Ablauf der Frist ergeben haben (§ 131 Abs. 1e AktG).[28]

5. Präsenzversammlung der Funktionsträger

Wesensmerkmal der virtuellen Hauptversammlung ist, dass sie „ohne physische Präsenz der Aktionäre oder ihrer Bevollmächtigten am Ort der Hauptversammlung abgehalten wird" (§ 118a Abs. 1 S. 1 AktG). Es handelt sich bei diesem Konzept gleichwohl nicht um eine Versammlung, die „in keinem physischen Raum mehr stattfindet und deren Versammlungsort der Cyberspace ist", sondern vielmehr um eine Präsenzversammlung der Funktionsträger mit Online-Beteiligung der Aktionäre, die an einem bestimmten Ort zu einer

---

[23] Vgl. insbesondere das Protokoll der 18. Sitzung des Rechtsausschusses vom 22.6.2022 sowie die Nachweise bei *Heckschen* NotBZ 2022, 281 und *Bungert/Rieckers/Becker* DB 2022, 2074.

[24] Vgl. dazu den Vorschlag von *Teichmann/Wicke* ZGR 2021, 173; *Teichmann/Wicke* notar 2021, 221 sowie *Teichmann/Wicke* DB 2022, 720; ferner *Sturm/Imsameh* NZG 2022, 1327 (1328).

[25] *Lochner/Keller* ZIP 2022, 1997 (2000); kritisch *Bungert/Rieckers/Becker* DB 2022, 2074 (2077); auch *Heckschen* NotBZ 2022, 281 (284): Diskriminierung gegenüber Präsenzversammlung.

[26] Gemäß § 131 Abs. 1b AktG kann der Umfang der Einreichung von Fragen in der Einberufung angemessen beschränkt werden und das Recht zur Einreichung von Fragen kann auf ordnungsgemäß zu der Versammlung angemeldete Aktionäre beschränkt werden.

[27] Für eine Beschränkung des Zugangs auf die ordnungsgemäß angemeldeten Aktionäre Stellungnahme DAV zum Regierungsentwurf, NZG 2022, 797 (800); auch *Seibt/Danwerth* AG 2022, 177 (183). Zum Rederecht s. insoweit § 130a Abs. 3 AktG.

[28] S. *Bungert/Rieckers/Becker* DB 2022, 2074 mit der Prognose, dass die Praxis von der Option zur Nutzung des Vorfelds für die Fragebeantwortung überwiegend keinen Gebrauch machen werde; aA *Sturm/Imsameh* NZG 2022, 1327 (1330); für nicht konfliktbeladene Hauptversammlungen *Lochner/Keller* ZIP 2022, 1997 (2002). Die im Regierungsentwurf vorgesehene Ausweitung des Auskunftsrechts auf weitere Fragen, sofern eine Beantwortung noch innerhalb eines angemessenen Zeitraums möglich ist, wurde vom Rechtsausschuss gestrichen; s. BT-Drs. 20/2653, 33.

bestimmten Zeit abgehalten wird.[29] Das AktG stellt die Präsenzpflicht der einzelnen Funktionsträger für die virtuelle Hauptversammlung nunmehr ausdrücklich klar. So muss zunächst der Versammlungsleiter physisch am Versammlungsort präsent sein (§ 118a Abs. 2 S. 3 AktG), der weiterhin den Ablauf der Versammlung einschließlich der Abstimmung leitet und für die Feststellung der Beschlüsse verantwortlich ist (§ 130 Abs. 2 S. 1 AktG).[30] Zudem „sollen" die Mitglieder des Vorstands und des Aufsichtsrats an der Hauptversammlung entsprechend den Grundsätzen einer Präsenzversammlung teilnehmen (§ 118a Abs. 2 S. 1 und 2 AktG) und erstere auf einem Podium von den Aktionären wahrgenommen werden können.[31] Auch der Stimmrechtsvertreter der Gesellschaft kann vor Ort sein (§ 118a Abs. 2 S. 4 AktG), ebenso der Hauptversammlungsdienstleister, das Personal der Gesellschaft für die technische Durchführung sowie ein professionelles „Backoffice".

Sofern es sich um die Hauptversammlung einer börsennotierten Gesellschaft handelt oder bei einer nichtbörsennotierten Gesellschaft Beschlüsse gefasst werden sollen, für die das Gesetz eine Dreiviertel- oder größere Mehrheit bestimmt, muss am Versammlungsort zusammen mit dem Versammlungsleiter zwingend der Notar zugegen sein, der die Niederschrift verfasst (§ 130 Abs. 1 AktG). In diesem Sinne hat der Notar nach der neuen Vorschrift des § 130 Abs. 1a AktG seine Wahrnehmungen über den Gang der Hauptversammlung am Ort der Hauptversammlung zu machen. Die Norm betrifft alle Hauptversammlungen, bei denen Beschlüsse gemäß § 130 AktG vom Notar zu beurkunden sind, sie wurde aber erst als Teil des Regelungspakets zur virtuellen Hauptversammlung im AktG implementiert.[32] Die Gesellschaft muss dem Notar die technischen Mittel und Informationen zur Verfügung stellen, die zur Wahrnehmung seiner Amtspflichten erforderlich sind. Dazu gehört die Möglichkeit, die vollständige Bild- und Tonübertragung gemäß § 118a Abs. 1 S. 2 Nr. 1 AktG live verfolgen zu können.

Damit ist der Notar nach wie vor im Zentrum des Geschehens anwesend, um dort die Beschlussfassung aufgrund seiner unmittelbaren Wahrnehmung zu dokumentieren. Die Funktion des Notars ist aber wie bei einer Präsenzversammlung nicht auf die Anfertigung des Verhandlungsprotokolls beschränkt. Vielmehr ist anerkannt, dass der Notar sich jedenfalls ein Bild von der Ordnungsmäßigkeit des Versammlungsablaufs zu machen hat und über evidente Verstöße gegen Gesetz oder Satzung nicht hinwegsehen darf.[33] Das Bedürfnis nach einer Überprüfung und Dokumentation des ordnungsgemäßen Ablaufs des Beschlussverfahrens durch eine neutrale und unabhängige Instanz erlangt bei der Online-Versammlung eine besondere Bedeutung dadurch, dass die Aktionäre selbst nicht anwesend sein können und das Geschehen nicht unmittelbar beobachten können. Wenngleich die technischen Details der computergestützten Auszählung einer Publikumshauptversammlung vom Notar nicht verstanden werden müssen, bieten eine Kontrolle vor Ort, Gespräche mit den Verantwortlichen und eine in der Praxis übliche sorgfältige Demonstration der technischen Abläufe eine angemessene Richtigkeitsgewähr.[34]

---

[29] S. bereits *Wicke* DStR 2020, 885; ferner *Stelmaszczyk* DNotZ 2021, 930 (942).

[30] Daneben regelt § 118a Abs. 2 S. 3 AktG die Teilnahmepflicht des Abschlussprüfers in den Ausnahmefällen des § 176 Abs. 2 AktG.

[31] BR-Drs. 185/22, 27. Die Teilnahme von Mitgliedern des Aufsichtsrats darf wie bei der Präsenzversammlung nach Maßgabe der § 118a Abs. 2 S. 2, 118 Abs. 3 S. 2 AktG im Wege der Bild- und Tonübertragung erfolgen.

[32] BR-Drs. 185/22, 32.

[33] S. BGH DStR 2021, 2847 Rn. 20; *Wicke* DStR 2022, 498 (504); *Noack/Zetzsche* in KK-AktG, 3. Aufl. 2011, § 130 Rn. 45.

[34] Vgl. *Wicke* DStR 2022, 498 (504); *Hauschild/Zetzsche* AG 2020, 557 (558 f.).

III. Besonderheiten der notariellen Niederschrift

1. Zum Mindestinhalt der Niederschrift

Bei Ausgestaltung des Inhalts der Niederschrift über eine virtuelle Hauptversammlung sind einige Besonderheiten zu beachten, die je nach Ausgestaltung des Ablaufs durch Vorstand und Versammlungsleiter variieren können. Stets muss das Protokoll auf den eigenen Wahrnehmungen des Notars beruhen, die sich bei Online-Erklärungen auf die Bild- und Tonübertragung und die Computereinsicht bzw. entsprechende Printausdrucke beziehen können.[35] Es bleibt zunächst bei den Angaben zu Ort[36] und Tag der Verhandlung und Namen des Notars gemäß § 130 Abs. 2 AktG. In der Urkunde ist zu vermerken, dass es sich um eine virtuelle Versammlung ohne physische Präsenz der Aktionäre oder ihrer Bevollmächtigten handelt.[37]

Nach § 130 Abs. 2 S 1 AktG gehört die Art der Abstimmung (neben deren Inhalt und den Feststellungen des Vorsitzenden) zum zwingenden Inhalt der Niederschrift, deren Fehlen gemäß § 241 Nr. 2 AktG zur Nichtigkeit der Beschlussfassung führt. Es empfiehlt sich, die Abstimmungsmodalitäten ausführlich darzustellen und den Besonderheiten bei der Beurkundung von Online-Erklärungen angemessen Rechnung zu tragen,[38] zumal nach der hM zur „Art der Abstimmung" iSv § 130 Abs. 2 S. 1 AktG nahezu jedes praktische Detail zählt, und kleine Lücken die Wirksamkeit der Beschlussfassungen in Frage stellen können.[39] Es ist jedenfalls anzugeben, dass die Vorgaben des § 118a Abs. 1 S. 2 Nr. 2 AktG berücksichtigt wurden, dass also die Stimmrechtsausübung der Aktionäre im Wege elektronischer Kommunikation, namentlich über elektronische Teilnahme oder elektronische Briefwahl sowie über Vollmachtserteilung eröffnet wurde.[40] Zu protokollieren ist ferner der Hinweis des Versammlungsleiters, wenn das Fenster für die Abstimmung geschlossen wird,[41] dessen Fehlen aber die Wirksamkeit der Beschlussfassung nicht beeinträchtigt.

2. Beurkundung weiterer Erklärungen in der Hauptversammlung

Das AktG sieht an einigen Stellen vor, dass bestimmte Erklärungen von Aktionären in die Niederschrift aufzunehmen sind. Dies gilt nach § 130 Abs. 1 S. 2 AktG für Minderheitsverlangen, für unbeantwortete Fragen samt Grund der Auskunftsverweigerung gemäß § 131 Abs. 5 AktG sowie für Widersprüche gegen Beschlüsse nach Maßgabe des § 245 Nr. 1 AktG, daneben als Ausfluss der Amtspflichten des Notars unter Umständen für weitere beschlussrelevante Erklärungen, wie zurückgewiesene Anträge von Aktionären. Es stellt sich die Frage, wie eine Protokollierung solcher Erklärungen erfolgt, wenn sie im Rahmen einer virtuellen Hauptversammlung im Wege der elektronischen Kommunikation abgegeben werden. Eine entsprechende Problematik ergibt sich, wenn die Gesellschaft die Ausübung

---

[35] *Danzeglocke* RNotZ 2022, 229 (249f.).

[36] Zum Ort der virtuellen Hauptversammlung s. § 118a Abs. 2, 121 Abs. 3 S. 1, Abs. 4b S. 2, 130 Abs. 1a AktG.

[37] *Wicke* DStR 2020, 221 (223); *Stelmaszczyk/Forschner* Der Konzern 2020, 221 (233); *Hauschild/Zetzsche* AG 2020, 557 (561); *Danzeglocke* RNotZ 2022, 229 (250).

[38] *Stelmaszczyk/Forschner* Der Konzern 2020, 221 (234).

[39] *Wicke* DStR 2020, 885 (887); *Hauschild/Zetzsche* AG 2020, 557 (561).

[40] Nach der Regierungsbegründung (S. 26) knüpft die Regelung des § 118a Abs. 1 S. 2 Nr. 2 AktG nicht an die elektronische Teilnahme gemäß § 118 Abs. 1 S. 2 AktG an. Die Vorschrift des § 118a Abs. 1 S. 3 AktG müsse den Mindestinhalt der im Wege elektronischer Kommunikation auszuübender Rechte sicherstellen und diesen Konturen verleihen, das Teilnahmerecht in der virtuellen Hauptversammlung gewähre andererseits kein Recht auf physische oder elektronische Teilnahme nach § 118 Abs. 1 S. 2 AktG.

[41] BR-Drs. 185/22, 24.

von Aktionärsrechten gemäß § 118 Abs. 1 S. 2 AktG im Wege der Kommunikation zuge-lassen hat.

3. *Widerspruch zur Niederschrift*

Größere Praktische Bedeutung hat die Protokollierung von Online-Erklärungen erstmals während der Covid-Pandemie mit Einführung der seinerzeitigen Regelung des § 1 Abs. 2 Nr. 4 COVMG erlangt, wonach den Aktionären, die ihr Stimmrecht ausgeübt haben, auch ohne Erscheinen in der Hauptversammlung begrenzt auf die Zwecke der Beschlussanfech-tung[42] ein Widerspruch zur Niederschrift einzuräumen war. In Fortentwicklung dieser Norm wird den elektronisch zu der Versammlung zugeschalteten Aktionären nunmehr durch § 118a Abs. 1 Nr. 8 AktG ein Recht zum Widerspruch gegen einen Beschluss der Hauptversammlung im Wege elektronischer Kommunikation unabhängig davon ein-geräumt, ob sie ihr Stimmrecht in der Versammlung ausgeübt haben.[43] Der Widerspruch ist nach dieser Vorschrift allgemein ausgestaltet und gleichermaßen in allen Fällen relevant, in denen das Gesetz Rechtsfolgen an einen Widerspruch knüpft,[44] neben der Beschlussanfech-tung (§ 245 S. 1 Nr. 1 AktG) insbesondere, wenn Aktionäre bei Umwandlungen nach dem UmwG ihre Anteile gegen Erhalt einer Barabfindung zur Verfügung stellen wollen, als Vor-aussetzung für die Antragsberechtigung im Klageerzwingungsverfahren (§ 132 Abs. 2 AktG) und wenn eine Aktionärsminderheit durch gemeinschaftlichen Widerspruch bestimmte Beschlüsse verhindern will, mit denen die Zustimmung zu einem Verzicht der Gesellschaft auf Ersatzansprüche oder zu einem Vergleich hierüber erklärt wird. Die Regelung des § 245 S. 2 AktG, wonach die elektronisch zugeschalteten Aktionäre als erschienen gelten, ist in die-sen Fällen ebenso einschlägig.

Der Widerspruch muss im Wege der elektronischen Kommunikation angeboten werden und ist auch im Rahmen der virtuellen Hauptversammlung „zur Niederschrift" des Notars zu erklären.[45] Während für Anträge und Wahlvorschläge durch § 118a Abs. 1 S. 2 Nr. 3 AktG die Videokommunikation zwingend vorgegeben ist, genügt für Widersprüche nach § 118a Abs. 1 S. 2 Nr. 8 AktG auch ein anderer Weg elektronischer Kommunikation. Die Einlegung kann daher in rechtlich relevanter Weise nur über den von der Gesellschaft hierfür vorgege-benen Kanal erfolgen und nicht ohne weiteres auch im Rahmen eines Redebeitrags.[46] Nach allgemeinen Grundsätzen setzt die Widerspruchserklärung nicht voraus, dass der Aktionär ein Verlangen nach Protokollierung ausdrücklich ausspricht.[47] Es ist im Online-Format daher Aufgabe der Gesellschaft, hinreichend transparente technische Abläufe für eine Zulei-tung des Widerspruchs an den Notar zu schaffen, wie etwa ein Textfeld, ein „Widerspruchs-Button" oder die Angabe einer speziellen E-Mail-Adresse, über die der Widerspruch dem Versammlungsleiter oder direkt dem Notar übersendet werden kann.[48] Um dem Notar eine Prüfung zu ermöglichen, ist ihm selbst Zugang zum technischen System oder eine unmittel-bare Verbindung zu dem Hauptversammlungsdienstleister zu eröffnen; ein direkter Kontakt zwischen Aktionär und Notar ist nicht gefordert.[49] Der Entscheidung des Notars ist es über-lassen, ob er den jeweiligen Widerspruch anhand der EDV-Einsicht bzw. eines ihm zur Ver-

---

[42] *Wicke* DStR 2020, 885 (887); *Hoffmann* DB 2022, 1498 (1500).

[43] BR-Drs. 185/22, 41. Damit ist geklärt, dass auch Vorzugsaktionäre Widerspruch einlegen können; vgl. *Bungert/Rieckers/Becker* DB 2022, 2074 (2080).

[44] *Hoffmann* DB 2022, 1498 (1501).

[45] *Hoffmann* DB 2022, 1498 (1501).

[46] S. dazu *Danzeglocke* RNotZ 2022, 229 (254) mit der Empfehlung, auch auf falschem Weg eingegangene Erklärungen in die Niederschrift aufzunehmen.

[47] BGH NJW 1994, 320 (321).

[48] BR-Drs. 185/22, 26; ferner *Mayer/Jenne/Miller* BB 2022, 2946 (2963 f.) für Informationsrecht spätestens zu Beginn der Hauptversammlung.

[49] Dazu *Hauschild/Zetzsche* AG 2020, 557 (565); *Danzeglocke* RNotZ 2022, 229 (253).

fügung gestellten Ausdrucks protokolliert oder (gegebenenfalls zusätzlich) einen Ausdruck zur Niederschrift nimmt.

4. *Unbeantwortete Fragen und Anträge*

Ähnliche Erwägungen gelten im Fall einer Protokollierung unbeantworteter Fragen. Wird einem elektronisch zugeschalteten Aktionär eine Auskunft verweigert, so ist gemäß § 131 Abs. 5 S. 2 AktG zu gewährleisten, dass er sein Verlangen auf Protokollierung der Frage und des Grunds der Auskunftsverweigerung im Wege der elektronischen Kommunikation übermitteln kann.[50] Dies gilt auch für unbeantwortete Nachfragen (§ 131 Abs. 1d AktG) bzw. Fragen zu neuen Sachverhalten (§ 131 Abs. 1e AktG), wenn der Vorstand die Vorabeinreichung angeordnet hatte (§ 131 Abs. 1a AktG). Bei Nachfragen ist es unerheblich, ob nur die Auskunft hierzu verweigert wurde oder ob schon vor der Versammlung keine (hinreichende) Antwort gegeben wurde (§ 131 Abs. 1c AktG). Wie für Widersprüche nach § 118a Abs. 1 S. 2 Nr. 8 AktG ist für das Verlangen nach § 131 Abs. 5 AktG keine Videokommunikation vorgeschrieben, so dass auch ein anderer Weg elektronischer Kommunikation vorgegeben werden kann. Neben einer E-Mail-Kommunikation kann insbesondere ein Freitextfeld im HV-Portal eröffnet werden.[51] Es empfiehlt sich, dem Notar neben den gebotenen Einsichts- und Überprüfungsmöglichkeiten die erforderlichen Druckereinrichtungen zur Verfügung zu stellen, damit er bereits zum Ende der Hauptversammlung ein vollständiges unterschriebenes Protokoll erstellen kann. Zu diesem Zweck kann es geboten sein, mit der weiteren Abwicklung der Hauptversammlung zu warten.

Im Hinblick auf Anträge und Wahlvorschläge muss den Aktionären das Recht eingeräumt werden, diese im Wege der Videokommunikation in der Versammlung zu stellen (§ 118a Abs. 1 S. 2 Nr. 3 AktG), ein Textfeld im Aktionärsportal oder eine E-Mail an die Gesellschaft genügen nicht.[52] Das betrifft Gegenanträge, Geschäftsordnungsanträge, wie den Antrag zur Abwahl des Versammlungsleiters, Anträge auf Bestellung von Sonderprüfern, Anträge im Zusammenhang mit Ergänzungsverlangen, das Verlangen nach § 120 Abs. 1 S. 2 AktG und den Antrag gemäß § 137 AktG. Bei börsennotierten Gesellschaften muss es den elektronisch zugeschalteten Aktionären auf der Basis von § 118a Abs. 1 S. 2 Nr. 3 AktG ermöglicht werden, im Wege der Videokommunikation nach § 130 Abs. 2 S. 3 AktG eine umfassende Beschlussfeststellung im Sinne des § 130 Abs. 2 S. 2 AktG zu verlangen.[53] Der Antrag oder das Verlangen kann jeweils auch im Rahmen eines Redebeitrags unterbreitet werden (§ 130a Abs. 5 S. 3 AktG). Der Notar kann die Anträge unmittelbar aufgrund der Bild- und Tonübertragung wahrnehmen. Bei Gegenanträgen und Wahlvorschlägen, die der Gesellschaft rechtzeitig im Vorfeld übersandt wurden, besteht die Besonderheit, dass diese nach Maßgabe der Antragsfiktion des § 126 Abs. 4 S. 1 AktG als im Zeitpunkt des Zugänglichmachens gestellt gelten und daher auch dann zu berücksichtigen sind, wenn sie nicht in der Versammlung selbst vorgetragen werden.[54]

---

[50] § 131 Abs. 5 S. 2 AktG.

[51] *Bungert/Rieckers/Becker* DB 2022, 2074 (2079).

[52] *Reger/Gaßner* RDI 2022, 396 (399); anders noch RegE, BR-Drs. 185/22, 25.

[53] BR-Drs. 185/22, 25. Zur Anwendung von § 130 Abs. 2 S. 3 in der Hauptversammlung nach § 1 COVMG s. *Link/Hess* DB 2022, 851.

[54] Sie müssen nach § 126 Abs. 4 S. 3 in der Versammlung nicht behandelt werden, sofern der antragstellende Aktionär nicht ordnungsgemäß legitimiert bzw. angemeldet ist.

5. Beurkundung und Beglaubigung von Erklärungen im Zusammenhang mit der Hauptversammlung

In einigen Fällen bedürfen nach dem Gesetz Willenserklärungen von Aktionären im Zusammenhang der Hauptversammlung der notariellen Beurkundung nach Maßgabe der §§ 6ff. BeurkG, wie die Verzichtserklärungen nach den § 8 Abs. 3, § 9 Abs. 3 und § 16 Abs. 2 S. 2 UmwG, oder es ist eine notarielle Beglaubigung im Sinne des § 129 BGB erforderlich, wie bei den Verzichtserklärungen hinsichtlich der Berichts- und Prüfungspflichten im Kontext von Unternehmensverträgen gem. § 293a Abs. 3, § 293b Abs. 2 und § 293e Abs. 3 AktG. Da eine Beurkundung oder Beglaubigung mittels des Videokommunikationssystems der Bundesnotarkammer in diesen Fällen vom Gesetz nicht vorgesehen ist (§§ 16a Abs. 1, 40a Abs. 1 BeurkG), kann dies nicht im Rahmen der virtuellen Hauptversammlung miterledigt werden, sondern es bedarf insoweit eines Präsenztermins. Abzugrenzen sind sonstige formlos gültige Willenserklärungen, deren Abgabe (fakultativ) im Verhandlungsprotokoll dokumentiert werden kann, wie insbesondere ein Bezugsrechtsverzicht, der Verzicht auf die Einberufungsmodalitäten bei der Vollversammlung, die Zustimmung zur nachträglichen Einführung einer Einziehungs- oder Vinkulierungsklausel oder die Erklärung des gewählten Aufsichtsratsmitglieds zur Annahme des Amts.[55] Sofern der Notar sie zweifelsfrei wahrnehmen kann, ist eine Aufnahme in das Protokoll auch im Rahmen einer virtuellen Hauptversammlung möglich und zulässig.

6. Weitere Angaben

Nach herrschender, in den Einzelheiten umstrittener Ansicht hat der Notar als Ausfluss seiner Amtspflichten über die im Gesetz ausdrücklich vorgeschriebenen Angaben hinaus weitere beschlussrelevante oder anfechtungserhebliche Umstände zu protokollieren, wie Feststellungen des Vorsitzenden zu Stimmverboten oder Maßnahmen zur Beschränkung von Aktionärsrechten, zB die Begrenzung der Redezeit. Darüber hinaus ist es in der Praxis üblich, neben dem zwingenden Protokollinhalt weitere, dem besseren Verständnis dienliche (fakultative) Angaben in die Niederschrift aufzunehmen, wie Hinweise des Vorsitzenden über die Eröffnung der Aussprache und Anordnungen zu deren Ablauf, die Namen und Reihenfolge der Redner, Abweichungen von der Tagesordnung oder die Uhrzeit von Beginn und Ende der Versammlung. In entsprechender Weise sollte auch der Ablauf der virtuellen Hauptversammlung dokumentiert werden. Gleichzeitig ist aber zu berücksichtigen, dass es sich bei der Niederschrift isd § 130 AktG nach der Konzeption des Gesetzes nicht um ein „Wortprotokoll", sondern um ein „Ergebnisprotokoll"[56] handelt, das in erster Linie Aufschluss darüber gibt, welche Beschlüsse gefasst wurden, wie ihr genauer Inhalt lautet und wie sie zustande gekommen sind.[57] Nicht zu folgen ist daher der Empfehlung in der Literatur, dass der Notar „sämtliche Schrift-, Ton- und Bilddaten selbst aufzuzeichnen oder aufzeichnen lassen" und zudem „seine notarielle Wahrnehmung auf den Inhalt der auf dem Speichermedium gespeicherten Daten erstrecken" soll.[58]

---

[55] *Butzke,* Die Hauptversammlung der Aktiengesellschaft, 5. Aufl. 2011, Rn. N 13.

[56] BGH NJW 1994, 3094 (3095); *Mülbert* in GroßkommAktG, 5. Aufl. 2017, § 130, Rn. 3; *Butzke,* Die Hauptversammlung der Aktiengesellschaft, 5. Aufl. 2011, Rn. N 3; *Pöschke/ Vogel* in Reichert, Arbeitshandbuch für die Hauptversammlung, 5. Aufl. 2021, § 13 Rn. 37; *Gehrlein* WM 1994, 2054.

[57] *Priester* DNotZ 2001, 661 (665).

[58] *Noack/Zetzsche* AG 2020, 265 (272); *Hauschild/Zetzsche* AG 2020, 557 (559); *Kruchen* DZWIR 2020, 431 (460); wie hier *Stelmaszczyk/Forschner* Der Konzern 2020, 221 (234f.); *Danzeglocke* RNotZ 2022, 229 (255); s. auch *Wicke* DStR 2020, 885 (888); ferner *Herrler* DNotZ 2020, 468 (503);

IV. Weitere Funktionen des Notars in der Hauptversammlung

Die Funktion des Notars in der Hauptversammlung ist nach dem Gesagten nicht auf die Anfertigung des Verhandlungsprotokolls beschränkt, vielmehr können darüber hinaus Prüfungs- und Hinweispflichten bestehen. Die Grundlage dieses Aufgabenkreises des Notars wird überwiegend in seiner Stellung als unabhängiger und rechtskundiger Träger eines öffentlichen Amts gesehen (§ 1 BNotO)[59] und dem daraus resultierenden Auftrag, „auf den seiner Betreuung zugewiesenen Rechtsgebieten den Rechtsfrieden zu sichern und für Klarheit der Rechtsverhältnisse zu sorgen."[60] Dies entspricht dem Anliegen des historischen Gesetzgebers, wonach die Mitwirkung des Notars dazu beitragen sollte, „dass Gesetz und Statut bei den Beschlüssen sorgfältiger beobachtet werden".[61] Wenngleich Einzelheiten umstritten sind, ist anerkannt, dass der Notar sich jedenfalls ein Bild von der Ordnungsmäßigkeit des Versammlungsablaufs zu machen hat und über evidente Verstöße gegen Gesetz oder Satzung nicht hinwegsehen darf.[62]

Für die virtuelle Hauptversammlung gilt dies in gleicher Weise. In diesem Sinne hat der BGH im Kontext der präsenzlosen Versammlung nach dem COVMG kürzlich die Aufgabe des Notars darin gesehen, sich von dem ordnungsgemäßen Ablauf des Beschlussverfahrens zu überzeugen.[63] So hat der Notar in der virtuellen Hauptversammlung zB darauf zu achten, dass den elektronisch zugeschalteten Aktionären das Teilnehmerverzeichnis[64] (§ 129 Abs. 4 S. 1 AktG) und die auszulegenden Unterlagen[65] (§ 118a Abs. 6 AktG) online zugänglich sind. Ebenso hat er zu prüfen, dass den Aktionären gemäß § 118a Abs. 1 S. 2 Nr. 8 AktG ein Recht zum Widerspruch gegen einen Beschluss der Hauptversammlung eingeräumt wird[66] und sie ihr Verlangen auf Protokollierung einer unbeantworteten Frage nach Maßgabe des § 131 Abs. 5 S. 2 AktG im Wege der elektronischen Kommunikation übermitteln können.[67] Bei Nachfragen ist es nach dem Gesagten unerheblich, ob nur die Auskunft hierzu verweigert wurde oder ob schon vor der Versammlung keine (hinreichende) Antwort gegeben wurde (§ 131 Abs. 1c AktG). Es wäre aber zu weitgehend, die Prüfungspflicht des Notars auf das Vorfeld und somit darauf zu erstrecken, ob Stellungnahmen und ggf. der Vorstandsbericht sowie die Fragen vor der Versammlung korrekt behandelt wurden, da Gegenstand der Niederschrift die Beschlüsse und die Verhandlung sind, grundsätzlich aber nicht Vorgänge, die außerhalb des Versammlungsablaufs liegen. Zurückhaltung ist umgekehrt geboten, wenn den Notar nach Abschluss der Versammlung Erklärungen von Aktionären wie zB Widersprüche oder Rügen hinsichtlich der Bild- und Ton-

---

[59] *Kubis* in MüKoAktG, 5. Aufl. 2022, § 130 Rn. 34; *Hertel* in Staudinger, BGB, 2017, BeurkG Rn. 607, 621; OLG Hamburg OLGZ 1994, 42 (44); ferner OLG Düsseldorf ZIP 2003, 1147 (1150); *Koch,* AktG, 16. Aufl. 2022, § 130 Rn. 12; *Butzke,* Die Hauptversammlung der Aktiengesellschaft, 5. Aufl. 2011, Rn. N 7; *Pöschke/Vogel* in Reichert, Arbeitshandbuch für die Hauptversammlung, 5. Aufl. 2011, § 13 Rn. 26; ferner *Wilhelmi* BB 1987, 1331 (1334).

[60] *Sander* in BeckOK BNotO 6. Ed. 1.8.2022, § 14 Rn. 13.

[61] Abgedruckt bei *Schubert/Hommelhoff,* Hundert Jahre modernes Aktienrecht, ZGR Sonderheft 4, 1985, 505; s. aber – ohne Thematisierung der historischen Grundlagen – BGH ZIP 2014, 2494 (2496): kein Hauptzweck.

[62] S. *Wicke* in BeckOGK, 1.10.2022, AktG § 130 Rn. 34 mwN; *Noack/Zetzsche* in KK-AktG, 3. Aufl. 2011, § 130 Rn. 45.

[63] Meine Hervorhebung. S. BGH DStR 2021, 2847 Rn. 20 zu § 3 COVMG, §§ 43, 43a GenG.

[64] *Pöschke/Vogel* in Reichert, Arbeitshandbuch für die Hauptversammlung, 5. Aufl. 2021, § 13 Rn. 28; *Butzke,* Die Hauptversammlung der Aktiengesellschaft, 5. Aufl. 2011, Rn. N 8.

[65] *Bezzenberger* FS Schippel, 1996, 361 (383).

[66] Zustimmend *Mayer/Jenne/Miller* BB 2022, 2946 (2963).

[67] *Pöschke/Vogel* in Reichert, Arbeitshandbuch für die Hauptversammlung, 5. Aufl. 2021, § 13 Rn. 28.

übertragung erreichen.[68] Zu berücksichtigen ist in diesem Zusammenhang schließlich, dass das Gesetz keine Mindeststandards zur Authentifizierung der online teilnehmenden Aktionäre geschaffen hat und Manipulationsmöglichkeiten in diesem Bereich nicht ausgeschlossen sind.[69]

V. Perspektiven

Die virtuelle Hauptversammlung nach dem AktG bietet interessante neue Optionen für Unternehmen, ohne die Aktionärsrechte unangemessen einzuschränken. Es ist zu erwarten, dass das Online-Format schon sehr bald in weitem Umfang zum Einsatz kommen wird. Für große Publikumsgesellschaften besteht der Vorteil, dass die erheblichen Aufwendungen der Organisation und Durchführung einer Massenveranstaltung wegfallen, die regelmäßig neben zusätzlichen Kosten und Sicherheitsmaßnahmen einen erheblichen zeitlichen Vorlauf erfordern. Die Möglichkeit zur Vorabeinreichung von Fragen kann in geeigneten Fällen zu einer Entzerrung beitragen, wenn ein größerer Auskunftsbedarf erkennbar ist, aber dennoch keine streitige Debatte mit zahlreichen Nachfragen zu erwarten ist. Die nach wie vor mögliche Online-Teilnahme nach § 118 Abs. 1 S. 2 AktG wird (wenn überhaupt) eher bei kleinen nichtbörsennotierten Gesellschaften zum Einsatz kommen, insbesondere um eine Vollversammlung durchführen zu können. Der Notar hat nach der neuen Vorschrift § 130 Abs. 1a AktG seine Wahrnehmungen über den Gang der Hauptversammlung am Ort der Hauptversammlung zu machen und ist daher weiterhin im Zentrum des Geschehens anwesend, um die Beschlussfassung zu dokumentieren und sich von dem ordnungsgemäßen Verfahrensablauf zu überzeugen. Das Bedürfnis nach einer neutralen und unabhängigen Instanz erlangt bei der virtuellen Hauptversammlung eine zusätzliche Bedeutung dadurch, dass die Aktionäre selbst nicht anwesend sein können und das Gesamtgeschehen nicht unmittelbar überblicken können.

---

[68] Eine Dokumentation empfehlend hingegen *Hauschild/Zetzsche* AG 2020, 557 (565); *Danzeglocke* RNotZ 2022, 229 (254); ferner *Herrler* in Grigoleit, AktG, 2. Aufl. 2020, § 118 Rn. 38b, wenn der Notar durch eigene Wahrnehmungen insoweit zur Aufklärung beitragen kann.

[69] Dazu krit. die Stellungnahme des Bundesrats im Gesetzgebungsverfahren zu § 118 AktG, s. *Wicke*, ARUG, 2009, S. 307; vgl. zur Problematik auch *Wicke*, ARUG, 2009, S. 23f.; *Danzeglocke* RNotZ 2022, 229 (252); *Heckschen* NotBZ 2022, 281 (285); *Heckschen/Wicke* NZG 2022, 433.

NADJA GRÄFIN WOLFFSKEEL VON REICHENBERG

Ein Gesetzgebungsverfahren aus praktischer Sicht
– am Beispiel des Gesetzes zur Ergänzung der Regelungen zur Umsetzung der Digitalisierungsrichtlinie und zur Änderung weiterer Vorschriften (DiREG) –

I. Von Würsten und Gesetzen

„Gesetze sind wie Würste, man sollte besser nicht dabei sein, wenn sie gemacht werden." Die Provenienz des bisweilen Otto von Bismarck zugeschriebenen Bonmots gilt als ungewiss,[1] und auch die Botschaft trifft einigermaßen gesichert wohl nur auf Würste zu. Bei einem – zumal notarrelevanten – Gesetzgebungsprozess dabei zu sein, ist aus berufspolitischer Sicht unabdingbar und zugleich überaus spannend. Es lohnt daher, exemplarisch dem Werdegang eines konkreten Gesetzes zu folgen und dabei weniger die verfassungsrechtlichen Grundlagen als die praktischen Abläufe zu untersuchen. Aus der jüngeren Vergangenheit eignet sich dafür das Gesetz zur Ergänzung der Regelungen zur Umsetzung der Digitalisierungsrichtlinie und zur Änderung weiterer Vorschriften (DiREG), das neben typischen Verfahrensschritten des Gesetzgebungsprozesses auch einzelne Besonderheiten veranschaulichen kann. Nachdem das rechtswissenschaftliche Werk des Jubilars bereits direkten Eingang in Gesetzesmaterialien gefunden hat,[2] weckt ein solcher Einblick in die Gesetzgebungspraxis hoffentlich sein Interesse.

II. Anlass für den Gesetzgebungsprozess

Das DiREG ergänzt – wie sein Name bereits besagt – das ihm vorausgegangene Gesetz zur Umsetzung der Digitalisierungsrichtlinie (DiRUG).[3] Zugleich gehen die Wurzeln des DiREG unmittelbar auf das Gesetzgebungsverfahren des DiRUG zurück.

Das DiRUG war vom Deutschen Bundestag am 10.6.2021 und damit in der vorletzten Sitzungswoche seiner 19. Legislaturperiode verabschiedet worden. Jede weitere Verzögerung hätte aufgrund der Diskontinuität des Deutschen Bundestags das Scheitern des Gesetzgebungsverfahrens bedeutet. Unter diesem Zeitdruck entschied sich der Gesetzgeber für eine 1:1-Umsetzung der Vorgaben der Digitalisierungsrichtlinie und gegen überschießende Regelungen, die ein neues, mindestens dreimonatiges Notifizierungsverfahren bei der EU-Kommission erfordert hätten (zum Notifizierungsverfahren näher unter → III. 2. c).[4]

Angesichts dieser Sachlage forderte der Rechtsausschuss des Deutschen Bundestags die Bundesregierung dazu auf, zeitnah in der *nächsten* Legislaturperiode Vorschläge für Regelungen zur Einbeziehung von Personenhandelsgesellschaften und Genossenschaften in den

---

[1] Vgl. *Shapiro,* On Language – Quote … Misquote, The New York Times Magazine, 21.7.2008.

[2] Vgl. etwa die Zitierungen von Heidinger im Gesetzentwurf der Bundesregierung zum MoPeG, BT-Drs. 19/27635, 133 (221).

[3] BGBl. 2021 I 3338.

[4] BT-Drs. 19/30523, 99; vgl. auch *Kienzle* DNotZ 2021, 590 (606).

Anwendungsbereich des notariellen Verfahrens für Online-Beglaubigungen zu machen.[5] Darüber hinaus sollte die Einbeziehung weiterer beurkundungspflichtiger Vorgänge des Gesellschafts- und Registerrechts in das notarielle Online-Verfahren geprüft werden.[6] Namentlich die Aufforderung zur Einbeziehung von Personenhandelsgesellschaften in das Online-Beglaubigungsverfahren für Registeranmeldungen erschien durchaus sinnvoll.[7] Dass eine (Komplementär-)GmbH nach dem DiRUG vollständig online gegründet und zum Handelsregister angemeldet hätte werden können, die GmbH & Co. KG hingegen nicht, war eine Ungereimtheit des DiRUG, die ein Ergänzungsgesetz förmlich herausforderte.

Dahingestellt sei allerdings, ob die Aufforderung des scheidenden Bundestags die künftige Bundesregierung rechtlich zur Erarbeitung von Vorschlägen bzw. zur Prüfung von Rechtsänderungen verpflichten konnte. Diese Frage erübrigte sich mit dem Koalitionsvertrag, der ganz im Geiste seines Titels „Mehr Fortschritt wagen" ohnehin die weitere Digitalisierung des Gesellschaftsrechts vorsieht.[8] Insbesondere wollen die Koalitionäre „Beurkundungen per Videokommunikation auch bei Gründungen mit Sacheinlage und weiteren Beschlüssen erlauben".[9] Ein gesetzgeberisches Tätigwerden war damit vorgezeichnet.

III. Von der Idee zum Gesetzentwurf

Nach der Regierungsbildung verblieben bis zum Start der notariellen Online-Verfahren am 1.8.2022 nur rund acht Monate. Mit entsprechend beachtenswerter Geschwindigkeit legte das Bundesministerium der Justiz (BMJ) einen Gesetzentwurf vor, um die notariellen Online-Verfahren von Beginn an mit einem breiteren Anwendungsbereich starten zu lassen.

1. Referentenentwurf

a) Arbeitsentwurf des Fachreferats

Die Last des ersten Arbeitsentwurfs bewältigte naturgemäß das federführende Fachreferat. Allgemein ist nach § 7 Abs. 1 S. 2 GGO (Gemeinsame Geschäftsordnung der Bundesministerien) die tragende Einheit im Aufbau der Bundesministerien in der Regel das Referat, hier das Referat III A 5.[10] Die Bezeichnung erschließt nebenbei die Verortung innerhalb des BMJ: Es handelt sich um das fünfte Referat der Unterabteilung III A in der für das Handels- und Wirtschaftsrecht zuständigen Abteilung III.[11]

Wie bei jedem Gesetzgebungsverfahren waren durch das federführende Referat zunächst die erforderlichen Informationen zu beschaffen: natürlich in rechtlicher Hinsicht, gerade bei einem Digitalisierungsvorhaben aber auch in tatsächlicher Hinsicht. Kernbestandteil des Gesetzgebungsvorhabens war eine Ausweitung der Urkundtätigkeiten, die mittels des von der Bundesnotarkammer nach § 78 Abs. 1 S. 2 Nr. 10 BNotO, § 78p BNotO betriebenen Videokommunikationssystems vorgenommen werden können. Dieses Videokommunikationssystem muss eine Änderung des gesetzlichen Anwendungsbereichs technisch nachvoll-

---

[5] BT-Drs. 19/30523, 99.

[6] BT-Drs. 19/30523, 99.

[7] Gleichsinnig *Kienzle* DNotZ 2021, 590 (606f.).

[8] Zu weiteren notarrelevanten Änderungen vgl. *Danninger* BNotK Aktuell 1/2022, S. 3f.

[9] Koalitionsvertrag 2021–2025 vom 24.11.2021, S. 89.

[10] Zuständig für: Recht des Handelsstandes; Handels- und Unternehmensregister; Genossenschaftsrecht; Wertpapierrecht; vgl. den Organisationsplan des BMJ, abrufbar unter https://www.bmj.de/SharedDocs/Downloads/DE/Ministerium/Organisationsplan/Organisationsplan_DE.html.

[11] Zur Gliederung in Abteilungen, Unterabteilungen und Referate vgl. §§ 7, 8 GGO.

ziehen, sodass die Softwareanwendungen der Bundesnotarkammer (XNP, Bürger-Website und Notar-App) alle neuen Anwendungsfälle abbilden können. Hierzu konsultiert, unterstützte die Bundesnotarkammer den ambitionierten Zeitplan, den Anwendungsbereich der Online-Verfahren bereits mit dem 1.8.2022 zu erweitern. In Voraussicht auf eine – nach den geschilderten Entwicklungen naheliegende – Ausweitung des Anwendungsbereichs waren wesentliche technische Voraussetzungen hierfür bereits geschaffen worden, sodass einem weiteren Digitalisierungsschritt zum 1.8.2022 systemseitig nichts entgegenstand.

Aufbauend auf diesen konzeptionellen Überlegungen erarbeitete das Fachreferat einen Arbeitsentwurf, wobei vielfältige formale Vorgaben zu berücksichtigen waren: Die grundsätzlichen Abläufe beschreibt das – schon etwas ältere, aber nicht minder informative – „Handbuch zur Vorbereitung von Rechts- und Verwaltungsvorschriften".[12] Verschiedene Arbeitshilfen bzw. Leitfäden strukturieren die nach § 44 GGO vorgesehenen Darstellungen der voraussichtlichen Gesetzesfolgen, der Auswirkungen auf die Einnahmen und Ausgaben der öffentlichen Haushalte, der Auswirkungen auf die Haushalte der Länder und Kommunen und des Erfüllungsaufwands für Bürgerinnen und Bürger, Wirtschaft und Verwaltung. Die Gestaltung des Gesetzes folgt dem „Handbuch der Rechtsförmlichkeit",[13] das auch für die spätere Gesetzesauslegung nach Wortlaut und Systematik gewichtige Argumente bieten kann. Am Ende dieses Prozesses steht eine Gesetzesvorlage, die nach § 42 Abs. 1 S. 1 GGO den Gesetzentwurf, die Begründung zum Gesetzentwurf und ein Vorblatt nach einem bestimmten Schema[14] umfasst.

b) Hausabstimmung

Darauf folgte die Hausabstimmung innerhalb des Ministeriums nach § 15 GGO, dh die hausinterne Beteiligung aller durch den Vorgang organisatorisch und fachlich betroffenen Referate. Im Fall des DiREG dürften namentlich das für das Berufsrecht der Notare zuständige Referat R B 1 und das für das Beurkundungsrecht zuständige Referat R A 5 um Mitzeichnung gebeten worden sein, wobei Informationen zu solchen hausinternen Abläufen nicht öffentlich einsehbar sind.

Über das Ergebnis der Referatsabstimmung wird grundsätzlich auf dem festgelegten Dienstweg die Hausleitung – also der Minister – im Wege einer Ministervorlage unterrichtet. Nach dessen Billigung und einer etwaigen im Hintergrund stattfindenden Einbindung der Koalitionsfraktionen wird der sog. Referentenentwurf, sofern kein anderes Ressort Widerspruch erhebt, auf der Internetseite des Ministeriums veröffentlicht (vgl. dazu § 48 Abs. 3 GGO); dies geschah im Fall des Referentenentwurfs des DiREG am 22.3.2022.[15]

Referentenentwürfe erhalten im Übrigen keine amtliche Drucksachen-Nummer, da sie weder dem Bundestag noch dem Bundesrat zugeleitet werden. Der Referentenentwurf ist letztlich „nur" die Ausgangsbasis für die Beteiligung weiterer Kreise, wie insbesondere der gesamten Bundesregierung.

---

[12] *BMI*, 2. Aufl. 2012, abrufbar unter https://www.verwaltung-innovativ.de/DE/Gesetzgebung/Projekt_eGesetzgebung/Handbuecher_Arbeitshilfen_Leitfaeden/Hb_vorbereitung_rechts_u_verwaltungsvorschriften/hb_vorbereitung_rechtsvorschriften_node.html.

[13] *BMJV,* 3. Aufl. 2008, abrufbar unter http://hdr.bmj.de/vorwort.html.

[14] Vgl. Anl. 3 zu § 42 Abs. 1 GGO.

[15] Abrufbar unter https://www.bmj.de/SharedDocs/Gesetzgebungsverfahren/DE/Digitalisierungsrichtlinie_Ergaenzung.html.

2. Regierungsentwurf

a) Ressortbeteiligung

Was die Hausabstimmung innerhalb des Ministeriums ist, wiederholt sich auf höherer Ebene in Form der Ressortabstimmung innerhalb der Bundesregierung. Nach § 45 Abs. 1 GGO hat das federführende Ministerium die Ministerien, deren Geschäftsbereiche der Entwurf berührt, sowie den Nationalen Normenkontrollrat einzubeziehen. Näher konkretisiert werden die zu beteiligenden Ministerien durch Anlage 6 der GGO. Im Fall des DiREG dürften Belange von wirtschafts- und technologiepolitischer Bedeutung berührt gewesen sein, sodass – auch wenn hierzu keine Informationen veröffentlicht werden – eine Beteiligung jedenfalls des Bundesministeriums für Wirtschaft und Klimaschutz (BMWK) naheliegt, zumal in der Praxis wohl eine breite Beteiligung üblich ist.[16] Aufgrund der Attraktivität der Online-Gründung auch für Start-ups wird nach § 45 Abs. 3 GGO iVm § 21 Abs. 1, 2 GGO zudem die Beauftragte des BMWK[17] für die Digitale Wirtschaft und Start-ups beteiligt worden sein.

b) Länder- und Verbändebeteiligung

Weiter erfolgt auf der Grundlage des Referentenentwurfs die Länder- und Verbändebeteiligung nach § 47 GGO. Hierzu versendet das federführende Referat den Referentenentwurf in der Regel mit einer kurzen Einordnung von Anlass und Ziel des Gesetzes, einer Zusammenfassung des wesentlichen Inhalts und einer Einladung zur fristgebundenen Stellungnahme an die Länder bzw. Landesvertretungen, kommunalen Spitzenverbände, Fachkreise und Verbände. Die Frist zur Stellungnahme zum Referentenentwurf des DiREG lief wegen des erheblichen Zeitdrucks bis zum 4.4.2022 und betrug damit rund eineinhalb Wochen. Die eingegangenen zwölf Stellungnahmen sind wie üblich auf der Internetseite des Ministeriums einsehbar, darunter diejenige der Bundesnotarkammer.[18] Eine zusätzliche mündliche Anhörung fand zum Referentenentwurf des DiREG nicht statt und war zu diesem wenig kontroversen Vorhaben auch nicht zu erwarten gewesen.

c) Notifizierung

Eine Besonderheit des Gesetzgebungsverfahrens des DiREG war die vor der Zuleitung an das Bundeskabinett (vgl. § 42 Abs. 7 S. 1 GGO[19]) erforderliche Notifizierung des geplanten Gesetzes bei der Europäischen Kommission. Die Richtlinie (EU) 2015/1535[20] verpflichtet die Mitgliedstaaten, der Kommission zunächst jeden Entwurf einer technischen Vorschrift zu übermitteln (Art. 5 Abs. 1 RL (EU) 2015/1535) und ihn sodann nicht vor Ablauf einer dreimonatigen Stillhaltefrist anzunehmen (Art. 6 Abs. 1 RL (EU) 2015/1535). Das Verfahren soll den Binnenmarkt stärken, indem neue Hindernisse vor deren Entstehung aufgedeckt werden, ein effizienter Informationsfluss über künftige technische Vorschriften gewährleistet

---

[16] Vgl. *BMI*, Handbuch zur Vorbereitung von Rechts- und Verwaltungsvorschriften, 2. Aufl. 2012, Rn. 108.

[17] „Beauftragte der Bundesregierung" erhalten ihr Amt durch Kabinettbeschluss bzw. Organisationserlass des Bundeskanzlers oder – wie in diesem Fall – durch Erlass eines Ministers; „Bundesbeauftragte" werden dagegen auf gesetzlicher Grundlage eingesetzt.

[18] https://www.bmj.de/SharedDocs/Gesetzgebungsverfahren/DE/Digitalisierungsrichtlinie_Ergaenzung.html.

[19] Noch zur Vorgänger-Richtlinie 98/34/EG.

[20] Richtlinie (EU) 2015/1535 des Europäischen Parlaments und des Rates vom 9. September 2015 über ein Informationsverfahren auf dem Gebiet der technischen Vorschriften und der Vorschriften für die Dienste der Informationsgesellschaft, ABl. 2015 L 241, 1.

ist und Harmonisierungsbedarf auf Unionsebene ermittelt werden kann.[21] Nach der Rechtsprechung des EuGH führt eine zu Unrecht unterbliebene Notifizierung technischer Vorschriften zu deren Unanwendbarkeit,[22] weshalb hier größte Sorgfalt geboten ist.

Die erfolgten Notifizierungen sind über das Technical Regulations Information System (TRIS) grundsätzlich öffentlich einsehbar.[23] Unter den mittlerweile knapp dreitausend Ergebnissen für die Bundesrepublik Deutschland findet sich der am 6.4.2022 – wie üblich über das BMWK[24] – notifizierte Entwurf des DiREG.[25] Die Notifizierung ist damit ordnungsgemäß erfolgt.

Das laufende Notifizierungsverfahren schließt die weitere Arbeit am Gesetzentwurf keineswegs aus; nur bei bestimmten wesentlichen Veränderungen wäre eine neue Notifizierung nötig (Art. 5 Abs. 1 UAbs. 3 RL (EU) 2015/1535).

d) *Kabinettsbeschluss*

Dementsprechend konnte sich an die Notifizierung die Kabinettbehandlung anschließen. Auch nach § 42 Abs. 7 S. 2 GGO erfolgt die Kabinettbehandlung nur „grundsätzlich" erst nach Ablauf der Stillhaltefrist.

Zur Herbeiführung der sog. Kabinettreife einigen sich die beteiligten Ressorts in einer Schlussabstimmung auf einen Gesetzentwurf. Für die Behandlung im Kabinett erstellt das federführende Fachreferat in Zusammenarbeit mit dem Kabinettreferat des Ministeriums eine sog. Kabinettvorlage, die den Gesetzentwurf um eine Reihe von Angaben ergänzt. Die Kabinettvorlage beginnt mit einem Ministeranschreiben (vgl. § 51 GGO iVm § 22 Abs. 1 GGO), das im Fall des DiREG einen Hinweis auf die besondere Eilbedürftigkeit der Vorlage enthalten haben dürfte (§ 51 Nr. 8 GGO). Als Anlagen werden der Beschlussvorschlag, ein Sprechzettel für den Regierungssprecher und der Gesetzentwurf beigefügt.[26] Das DiREG wurde in der Sitzung des Bundeskabinetts am Mittwoch (das Kabinett tagt in der Regel jeden Mittwoch), den 13.4.2022 beschlossen, und zwar – wie die allermeisten Entwürfe aufgrund vorheriger Einigkeit zwischen den Ressorts – ohne Aussprache (sog. „TOP-1-Liste").[27]

Damit wurde der Referentenentwurf des DiREG zum Gesetzentwurf der Bundesregierung. Im Vergleich zum Referentenentwurf wies der Regierungsentwurf in seinem Regelungsteil überschaubare Veränderungen eher technischer Art auf. Beachtung verdienen allerdings die klaren und nochmals vertieften Ausführungen im Allgemeinen Teil der Begründung zu den Voraussetzungen einer Substitution durch eine Auslandsbeurkundung.[28] Zudem sieht der Regierungsentwurf eine frühere Evaluierung des Gesetzes bereits zum 1.8.2024 vor. Im Lichte der dann schon vorliegenden praktischen Erfahrungen mit dem neuen notariellen Videokommunikationssystem soll geprüft werden, ob das Online-Verfahren auch ermöglicht werden kann bei Mehrheitsbeschlüssen von Gesellschaften, bei Anteilsübertragungen, bei mit den jeweils erlaubten Geschäften zusammenhängenden (auch beur-

---

[21] Vgl. etwa das eigens produzierte Imagevideo der Europäischen Kommission unter https://ec.europa.eu/growth/tools-databases/tris/de/.

[22] Zur Vorgängerrichtlinie EuGH NJW 1997, 1062, Ls. = BeckRS 2004, 74851 Rn. 45 ff. – CIA Security Int.; GRUR Int 2016, 365 Rn. 67 – Ince.

[23] Abrufbar unter https://ec.europa.eu/growth/tools-databases/tris/de/search/.

[24] Vgl. § 42 Abs. 7 S. 1 GGO.

[25] Vgl. https://ec.europa.eu/growth/tools-databases/tris/de/search/?trisaction=search.detail&year=2022&num=193.

[26] *BMI*, Handbuch zur Vorbereitung von Rechts- und Verwaltungsvorschriften, 2. Aufl. 2012, Rn. 128.

[27] Vgl. https://www.bundesregierung.de/breg-de/bundesregierung/bundeskanzleramt/kabinettssitzungen/bundeskabinett-ergebnisse-2025316.

[28] BT-Drs. 20/1672, 12f.

kundungsbedürftigen) Beschlüssen und Willenserklärungen sowie bei Gründungen von Aktiengesellschaften und bei bestimmten notariellen Beurkundungen im Zuge einer Umwandlung nach dem Umwandlungsgesetz.[29] Schließlich ist zu beobachten, dass der Regierungsentwurf als „Omnibus" genutzt wurde, um einige zeitkritische technische Vorschriften betreffend die BRAO und die Rechtsanwaltsverzeichnis- und -postfachverordnung (RAVPV) in das laufende Gesetzgebungsverfahren aufzunehmen. Auf den ersten Blick erkennbar ist ein solches Vorgehen am Gesetzestitel des DiREG, der mit dem Regierungsentwurf den häufig anzutreffenden Zusatz „und zur Änderung weiterer Vorschriften" erhielt.

3. Stellungnahme des Bundesrats

a) Zuleitung durch die Bundesregierung

Nach Art. 76 Abs. 2 S. 1 GG sind Vorlagen der Bundesregierung zunächst dem Bundesrat zuzuleiten. Unmittelbar am Tag nach der Beschlussfassung im Kabinett übersandte Bundeskanzler Olaf Scholz daher den Regierungsentwurf des DiREG dem Präsidenten des Bundesrats. Dabei bezeichnete er die Vorlage – wie es Art. 76 Abs. 2 S. 4 GG ermöglicht – als besonders eilbedürftig. In der Folge verkürzte sich zwar nicht die nach Art. 76 Abs. 2 S. 2 GG sechswöchige Frist des Bundesrats zur Stellungnahme. Die Bundesregierung war dadurch aber berechtigt, die Vorlage nach drei Wochen dem Bundestag zuzuleiten (s. sogleich), auch wenn die Stellungnahme des Bundesrats zu diesem Zeitpunkt noch ausstand.

Mit Eingang beim Bundesrat erhielt der Gesetzentwurf seine erste amtliche Drucksachen-Nummer (hier: BR-Drs. 171/22 – die 171. Drucksache des Jahres 2022). Alle Drucksachen sowie die stenografischen Berichte von Bundesrat und Bundestag sind über deren gemeinsames Dokumentations- und Informationssystem für Parlamentsmaterialien (DIP) abrufbar, wobei für einen Gesetzgebungsvorgang unter „Vorgangsablauf" sämtliche Drucksachen in chronologischer Abfolge einsehbar sind.[30] Aus den oben dargelegten Gründen nicht dort aufzufinden sind Referentenentwürfe; diese sind über die Internetseite des jeweiligen Ministeriums zugänglich.

b) Empfehlungen der Ausschüsse des Bundesrats

Im Bundesrat wird eine Gesetzesvorlage in der Regel zunächst in dessen Ausschüssen beraten. Der Bundesrat hat traditionell 16 Ausschüsse, wobei jedes Land in einem Ausschuss den Vorsitzenden stellt. Vorlagen, die unter Federführung des BMJ erarbeitet worden sind, werden vom Rechtsausschuss federführend beraten, dessen Mitglieder die Landesjustizminister sind, wobei diese ihrerseits meist durch Beamte ihres Hauses vertreten werden. Auch der Entwurf des DiREG wurde federführend dem Rechtsausschuss zugewiesen, daneben noch dem Wirtschaftsausschuss zur Mitberatung.

Die Ausschüsse erarbeiten Beschlussempfehlungen, wobei die Empfehlungen aller beteiligten Ausschüsse in einer sog. Empfehlungs- oder Strichdrucksache gebündelt werden (hier: BR-Drs. 171/1/22). Zum DiREG empfahlen beide Ausschüsse dem Bundesrat jeweils eine sog. Prüfbitte. Der Wirtschaftsausschuss – erkennbar an der linken Randnotiz „Wi" zu Ziffer 1 der Drucksache – empfahl dem Bundesrat, darum zu bitten, im weiteren Gesetzgebungsverfahren zu prüfen, ob die Zulässigkeit der notariellen Online-Verfahren im GmbH-Bereich ausgeweitet werden kann, konkret auf Gesellschaftervereinbarungen und nicht einstimmig gefasste Gesellschafterbeschlüsse. Die Empfehlung des Rechtsausschusses in Ziffer 2 – gekennzeichnet mit „R" – zielte auf eine Bitte des Bundesrats, im weiteren

---

[29] BT-Drs. 20/1672, 17 f.
[30] Vgl. für das DiREG https://dip.bundestag.de/vorgang/gesetz-zur-erg%C3%A4nzung-der-regelungen-zur-umsetzung-der-digitalisierungsrichtlinie-und/286759.

Gesetzgebungsverfahren zu prüfen, wie auch anderen Personen oder Stellen iSd § 68 BeurkG (also etwa Ratsschreibern und Ortsvorstehern) die Möglichkeit zur Online-Beglaubigung eröffnet werden kann. Wenn Ausschüsse dem Bundesrat eine Prüfbitte empfehlen, ist dies gewissermaßen die mildere Form eines Änderungsvorschlags. Der Bundesrat soll letztlich nur um Prüfung bitten, aber nicht so weit gehen, selbst eine konkrete Änderung (etwa „§ x zu streichen") vorzuschlagen. Der Rechtsausschuss hat sich im Fall des DiREG damit zurückhaltender positioniert als noch knapp ein Jahr zuvor im Gesetzgebungsverfahren zum DiRUG. Damals hatte der Rechtsausschuss dem Bundesrat noch konkret empfohlen, dem § 68 BeurkG einen zweiten Satz hinzuzufügen, um die Ratsschreiber, Ortsvorsteher et al. in den Anwendungsbereich der Online-Beglaubigung einzubeziehen.[31]

Unabhängig von der milden Formulierung als Prüfbitten ist das politische Gewicht der Ausschussempfehlungen doppelt relativiert zu sehen: Zum einen hat nach § 42 Abs. 2 GO BR in den Ausschüssen jedes Land eine Stimme, während die Stimmen der Länder im Plenum nach der Einwohnerzahl gewichtet sind (Art. 52 Abs. 2 GG); eine Ausschussmehrheit bedeutet daher nicht unbedingt eine Plenarmehrheit. Zum anderen wird das jeweilige Votum im Rechtsausschuss durch die Justizministerien festgelegt, im Wirtschaftsausschuss durch die Wirtschaftsministerien usw. Über die Abstimmung im Bundesrat entscheiden dagegen die Länderkabinette (mit der als Gegenstand von Grundkursklausuren beliebten einheitlichen Stimmabgabe nach Art. 51 Abs. 3 S. 2 GG).

c) Erster Durchgang im Bundesrat

Tatsächlich stellt es wohl die Regel dar, dass das Plenum nicht alle Ausschussempfehlungen übernimmt.[32] Auch zum DiREG fand im Plenum des Bundesrats (ohne Aussprache) nur die Empfehlung des Rechtsausschusses eine Mehrheit; die vom Wirtschaftsausschuss empfohlene Prüfbitte wurde nicht aufgegriffen.[33] Konkret beschloss der Bundesrat also am 20.5.2022 in seiner 1021. Sitzung – die Zahl allein veranschaulicht, dass für den Bundesrat kein Diskontinuitätsgrundsatz gilt –, zum DiREG gemäß Art. 76 Abs. 2 GG Stellung zu nehmen, und zwar in Form der Prüfbitte auf Einbeziehung der Ratsschreiber und Ortsvorsteher in das Verfahren der Online-Beglaubigung. Die Stellungnahme und damit das Ergebnis des ersten Durchgangs wird in einer Beschlussdrucksache mit „B" festgehalten (hier also: BR-Drs. 171/22(B)). In der Sache war das Eintreten des Bundesrats für die Ratsschreiber, Ortsvorsteher und weiteren Stellen iSd § 68 BeurkG nicht übermäßig überraschend. Erstens hatte der Bundesrat deren Einbeziehung bereits im Gesetzgebungsverfahren zum DiRUG – damals sogar als Änderungsvorschlag und nicht nur als Prüfbitte – gefordert.[34] Zweitens finden regionale Besonderheiten einzelner Bundesländer traditionell häufig die Unterstützung des Bundesratsplenums. Und drittens ging die Prüfbitte auf die Initiative des CDU-geführten Landes Hessen zurück, weshalb mit den Stimmen der anderen sog. B-Länder zu rechnen war, die im Bundesrat die Mehrheit stellten.

4. Gegenäußerung der Bundesregierung

Die Stellungnahme des Bundesrats wurde gemäß Art. 76 Abs. 2 S. 4 Hs. 2 GG durch die Bundesregierung dem Bundestag am 8.6.2022 zugeleitet, wie üblich verbunden mit einer inhaltlichen Positionierung, der sog. Gegenäußerung der Bundesregierung.[35] Die Bun-

---

[31] BR-Drs. 144/1/21, 5.
[32] *BMI,* Handbuch zur Vorbereitung von Rechts- und Verwaltungsvorschriften, 2. Aufl. 2012, Rn. 155.
[33] BR-Plenarprotokoll 1021, 188, TOP 18.
[34] BR-Drs. 144/21(B), 4f.
[35] BT-Drs. 20/2163, 2.

desregierung beschloss, die Prüfbitte anzunehmen und eine Einbeziehung der Stellen nach § 68 BeurkG in die Online-Beglaubigung tatsächlich zu prüfen. Dies ist einerseits insofern bemerkenswert, als die Bundesregierung ein Jahr zuvor in ihrer Gegenäußerung den diesbezüglichen Änderungsantrag des Bundesrats zum DiRUG noch geradeheraus abgelehnt hatte[36] und die damals aufgeführten Gründe unverändert ihre Berechtigung hatten. Andererseits ist eine bloße – ergebnisoffene – Prüfbitte natürlich leichter anzunehmen bzw. jedenfalls schwerer abzulehnen als ein Änderungsantrag. Nicht auszuschließen ist auch, dass die inhaltliche Positionierung zwischen den beteiligten Ministerien – BMJ und BMWK – zu diesem Zeitpunkt noch nicht feststand, sodass die Zusage einer Prüfung Zeit zur Einigung verschaffte.

Im weiteren Gesetzgebungsverfahren – so viel sei aufgrund des Sachzusammenhangs hier vorweggenommen – kam es zu keiner Änderung mehr in Bezug auf die Einbeziehung der Ratsschreiber, Ortsvorsteher et al. in die Online-Beglaubigung, was aus Sicht der Bundesnotarkammer sehr zu begrüßen ist.

Mit der Gegenäußerung der Bundesregierung verließ das Gesetzgebungsverfahren endgültig die Sphäre der Bundesregierung und wechselte in das parlamentarische Verfahren über. Das Bindeglied zum Bundestag bildete im federführenden BMJ nunmehr neben dem Minister der parlamentarische Staatssekretär, während den Entwurf zuvor vor allem die beamtete Staatssekretärin verantwortete.

IV. Vom Gesetzentwurf zum Gesetz

1. Erste Beratung im Bundestag

Streng chronologisch betrachtet kam es im Gesetzgebungsverfahren des DiREG zu gewissen zeitlichen Überschneidungen der einzelnen Abschnitte. Wie dargestellt, konnte die Bundesregierung den Regierungsentwurf wegen der besonderen Eilbedürftigkeit bereits vor der Stellungnahme des Bundesrats dem Bundestag zuleiten; dies geschah am 6.5.2022 unmittelbar nach den in Art. 76 Abs. 2 S. 4 GG vorgeschriebenen drei Wochen nach Zuleitung an den Bundesrat. Mit der Zuleitung an den Bundestag erhielt das Gesetz eine Drucksachennummer des Bundestags (BT-Drs. 20/1672 – die 1672. Drucksache der 20. Legislaturperiode).

Die erste Beratung im Plenum des Deutschen Bundestags fand am 12.5.2022 statt und verlief erwartungsgemäß unspektakulär. Der Gesetzentwurf wurde in der ersten Lesung gemeinsam mit weiteren Vorlagen im vereinfachten Verfahren ohne Aussprache (vgl. § 80 Abs. 4 GO-BT) an den Rechtsausschuss als federführenden Ausschuss und an den Ausschuss für Digitales als mitberatenden Ausschuss überwiesen.[37] Auch bei der nachträglichen Überweisung der Stellungnahme des Bundesrats und der Gegenäußerung der Bundesregierung an die beiden Ausschüsse handelte es sich um einen lediglich formalen Akt.[38]

2. Beschlussempfehlung und Bericht des Rechtsausschusses des Bundestags

Eine vertiefte fachliche Auseinandersetzung mit dem Gesetzentwurf erfolgt im federführenden Ausschuss, hier im Rechtsausschuss. Neben der Ausschussvorsitzenden[39] sind die wesentlichen Akteure der Ausschüsse die Obleute der derzeit sechs Fraktionen, die in allen Geschäftsführungsfragen der Ausschussarbeit das Bindeglied zu ihrer jeweiligen Fraktions-

---

[36] BT-Drs. 19/28177, Anl. 4, 183.
[37] BT-Plenarprotokoll 20/34, 3113A.
[38] BT-Plenarprotokoll 20/43, 4301C.
[39] Derzeit Elisabeth Winkelmeier-Becker (CDU/CSU).

führung bilden.[40] Für die einzelnen Gegenstände der Ausschussarbeit benennt der Vorsitzende sog. Berichterstatter (§ 65 GO-BT), traditionell einen „BE" aus jeder Fraktion.[41] Während die Berichterstatter einzelne Bereiche und Gesetzgebungsvorhaben vertieft betreuen, koordinieren die fachpolitischen – hier die rechtspolitischen – Sprecher das gesamte Feld der Rechtspolitik.[42] Insgesamt dürfte dem Rechtsausschuss unter den derzeit 25 Ausschüssen besonderes Gewicht zukommen, eine Mitgliedschaft in ihm zählt im Allgemeinen wohl zu den „prestigeträchtigen" Aufgaben in der Fraktion.

Tatsächlich ist für die Arbeit des Rechtsausschusses eine profunde juristische Auseinandersetzung mit dem Gesetzentwurf charakteristisch. Davon zeugen aus der letzten Legislatur die umfangreichen Anhörungen, Beschlussempfehlungen und Berichte beispielsweise zum MoPeG[43] und DiRUG.[44] Gemessen an diesen Großprojekten war das DiREG zwar gewissermaßen nur ein kleiner Nachtrag. Gleichwohl führte das Ausschussverfahren zu zwei maßgeblichen Änderungen am Gesetzentwurf:

Die erste Änderung bewirkte eine Ausweitung der „örtlichen Zuständigkeit" im Online-Verfahren. Nach § 10a Abs. 3 S. 1 Nr. 3 BNotO in der Fassung des DiRUG sollten unter anderem die Notare am Wohnsitz oder Sitz eines Gesellschafters für die Online-Verfahren zuständig sein. Dies erschien im Gesetzgebungsverfahren zum DiREG jedoch als zu weitgehend. Mit der Ausweitung des sachlichen Anwendungsbereichs der Online-Verfahren (etwa auch auf Registeranmeldungen von Personenhandelsgesellschaften) hätte sich bei Publikumsgesellschaften eine *de facto* deutschlandweite Zuständigkeit ergeben, was wiederum schädliche Auswirkungen auf die flächendeckende Versorgung der rechtsuchenden Bevölkerung mit notariellen Leistungen befürchten ließ.[45] Der Regierungsentwurf stellte daher in § 10a Abs. 3 S. 1 Nr. 3 BNotO nicht mehr auf den Wohnsitz oder Sitz der Gesellschafter ab, sondern auf denjenigen der organschaftlichen Vertreter. Hieran äußerte im Rahmen der Verbändeanhörung (s. oben) namentlich der Deutsche Anwaltverein durch den Ausschuss Anwaltsnotariat Kritik und plädierte für eine Anknüpfung an den Wohnsitz oder Sitz sowohl der Gesellschafter als auch der organschaftlichen Vertreter.[46] Diese Stellungnahme fand im Rechtsausschuss insoweit Gehör, als die örtlichen Anknüpfungspunkte nochmals auf den Prüfstand gestellt wurden. Erörtert und gelöst wurden die Bedenken in einem verkleinerten Berichterstattergespräch der drei Berichterstatter der Regierungsfraktionen unter Teilnahme von Vertretern des BMJ, wobei die Bundesnotarkammer im Vorfeld um eine fachliche Einschätzung gebeten worden war; immerhin erforderte eine Änderung in den Anknüpfungspunkten eine Softwareänderung, was wenige Wochen vor dem „Go-live" eine sportliche Herausforderung darstellte. Im Ergebnis gelangte der Ausschuss zu einer sehr überzeugenden Lösung: Neben den Wohnsitz oder Sitz der organschaftlichen Vertreter

---

[40] Im Rechtsausschuss sind die Obleute derzeit (in alphabetischer Reihenfolge) Canan Bayram (BÜNDNIS 90/DIE GRÜNEN), Clara Bünger (DIE LINKE), Sonja Eichwede (SPD), Fabian Jacobi (AfD), Dr. Thorsten Lieb (FDP), Carsten Müller (Braunschweig) (CDU/CSU).

[41] Für das DiREG lag die Berichterstattung (in alphabetischer Reihenfolge) bei Clara Bünger (DIE LINKE), Otto Fricke (FDP), Esra Limbacher (SPD), Stephan Mayer (Altötting) (CDU/CSU), Tobias Matthias Peterka (AfD) und Dr. Till Steffen (BÜNDNIS 90/DIE GRÜNEN).

[42] Derzeit sind dies (in alphabetischer Reihenfolge) Clara Bünger (DIE LINKE), Sonja Eichwede (FDP), Kathrin Helling-Plahr (FDP), Dr. Günter Krings (CDU/CSU), Helge Limburg (BÜNDNIS 90/DIE GRÜNEN) und Thomas Seitz (AfD).

[43] Gesetz zur Modernisierung des Personengesellschaftsrechts, vgl. hierzu BT-Drs. 19/30942 und BT-Drs. 19/31105.

[44] Vgl. BT-Drs. 19/30523.

[45] Vgl. RegE DiREG, BT-Drs. 20/1672, 18.

[46] Abrufbar unter https://www.bmj.de/SharedDocs/Gesetzgebungsverfahren/Stellungnahmen/2022/Downloads/0401_Stellungnahme_DAV_DiREG.pdf;jsessionid=EF89915D51B71E027948C37F6DF2B7F2.1_cid324?__blob=publicationFile&v=2.

(§ 10a Abs. 1 S. 1 Nr. 3 BNotO) trat der Wohnsitz oder Sitz der Gesellschafter, sofern die Eigenschaft als Gesellschafter aus dem Handelsregister oder einem vergleichbaren Register ersichtlich ist (§ 10a Abs. 1 S. 1 Nr. 4 BNotO).

Die zweite Änderung betraf eine redaktionelle, aber deshalb nicht weniger wichtige Klarstellung, welche die Bundesnotarkammer selbst angeregt hatte: Mit der Erweiterung der Online-Gründung auf Sachgründungen (und Sachkapitalerhöhungen) ab 1.8.2023 war in § 2 Abs. 3 S. 1 GmbHG kF (iVm § 53 Abs. 3 S. 2 GmbHG kF) die Einschränkung aufgenommen worden, die notarielle Beurkundung des Gesellschaftsvertrags könne auch mittels Videokommunikation erfolgen, „sofern andere Formvorschriften nicht entgegenstehen". Damit sollte lediglich klargestellt werden, dass namentlich Grundstücke und GmbH-Anteile nicht im Online-Verfahren als Gegenstand einer Sacheinlage oder eines Sachagios vereinbart werden können, da dort andere Formzwecke im Vordergrund stehen.[47] Der ab 1.8.2023 hinzutretende Vorbehalt anderer Formvorschriften warf allerdings noch während des Gesetzgebungsverfahrens die weiterführende Frage auf, ob wegen § 15 Abs. 4 S. 1 GmbHG etwa auch die üblichen Abtretungsverpflichtungen in GmbH-Satzungen dem Präsenzverfahren vorbehalten blieben.[48] Das Verhältnis zwischen dem notariellen Beurkundungserfordernis nach § 2 Abs. 3 S. 1 GmbHG, das künftig eine Online-Beurkundung zuließ, und demjenigen nach § 15 Abs. 4 S. 1 GmbHG, das nur eine Präsenzbeurkundung erlaubte, ließ sich nicht zweifelsfrei beantworten.[49] Die Attraktivität der Online-Verfahren und insbesondere der Online-Gründung hätte es in jedem Fall erheblich gemindert, wenn verbreitete und sinnvolle Satzungsgestaltungen nur in Präsenz rechtssicher hätten getroffen werden können; eine Online-Gründung wäre dann wohl nur für simple Ein-Personen-Gesellschaften infrage gekommen. Dies war ersichtlich nicht die Intention des Gesetzgebers, der – wie dargestellt – nur Sacheinlagen und Sachagios im Blick hatte. Der Rechtsausschuss empfahl daher eine Klarstellung in § 2 Abs. 3 S. 1 Hs. 2 GmbHG, dass in den Gesellschaftsvertrag auch Verpflichtungen zur Abtretung von Geschäftsanteilen an der Gesellschaft selbst aufgenommen werden dürfen. Da die Ursache der Verwirrung („sofern andere Formvorschriften nicht entgegenstehen") erst ab 1.8.2023 in Kraft treten würde, brauchte der klarstellende Halbsatz 2 ebenfalls erst zu diesem Zeitpunkt in Kraft zu treten. Vor dem Hintergrund dieser Gesetzeshistorie besteht kein Zweifel daran, dass entsprechende Satzungsgestaltungen auch bereits ab 1.8.2022 im Online-Verfahren zulässig sind.[50]

Formal betrachtet wurde der Änderungsantrag durch die drei Regierungsfraktionen in den Rechtsausschuss eingebracht und anschließend auch mit den Stimmen der CDU/CSU-Fraktion angenommen. Die konkrete Formulierung wurde wie üblich vom federführenden Ministerium in Form einer sog. Formulierungshilfe vorbereitet. Auf diesem Weg wurde im Übrigen noch eine eigentlich nicht im Sachzusammenhang mit dem DiREG stehende Einzelvorschrift des Verbraucherwiderrufsrechts geändert. Hierbei handelt es sich um eine

---

[47] Vgl. RegE DiREG, BT-Drs. 20/1672, 24.
[48] Als erstes thematisiert von *Scheller* GmbHR 2022, R101.
[49] Für einen Vorrang des § 2 Abs. 1 S. 1 GmbHG vor § 15 Abs. 4 S. 1 GmbHG RGZ 113, 147 (149); *Maier-Reimer* FS Röhricht, 2005, 383 (392f.); *Löbbe* in Habersack/Caspar/Löbbe, GmbHG, 3. Aufl. 2019, § 15 Rn. 53; *Scheller* GmbHR 2022, R101 (R102); differenzierend *Bayer* in Lutter/Hommelhoff, GmbHG-Gesetz, 20. Aufl. 2020, § 15 Rn. 54; für eine kumulative Anwendbarkeit BGH NJW 1969, 2049; 1986, 2642 (jeweils Obiter Dictum); *Altmeppen,* GmbHG, 10. Aufl. 2021, § 15 Rn. 79; ausdrücklich *Seibt* in Scholz, GmbHG, 12. Aufl. 2018, § 15 Rn. 51; *Braun* DNotZ 2022, 725 (729ff.); für das Verhältnis von § 2 Abs. 1 S. 1 GmbHG zu § 53 Abs. 2 S. 1 GmbHG *Grotheer* RNotZ 2015, 4 (6f.); offenlassend *Weller/Reichert* in MüKoGmbHG, 4. Aufl. 2022, § 15 Rn. 103.
[50] Ebenso *Braun* DNotZ 2022, 725 (731f.); *Forschner* MittBayNot 2022, 536 (537); *Geuder* in dieser Festschrift, S. 149 (155); *Stelmaszczyk/Strauß* GmbHR 2022, 833 (835f.); aA *C. Jaeger* in BeckOK GmbHG, 52. Ed. 1.8.2022, § 2 Rn. 83; *Meier* BB 2022, 1731 (1733).

besonders zeitsparende Form der Gesetzgebung, bei der die Initiative aus der Mitte des Bundestags (Art. 76 Abs. 1 GG) erfolgt.[51]

Ergebnis der Behandlung im Ausschuss war wie üblich eine Beschlussdrucksache, die neben der Beschlussempfehlung einen Ausschussbericht enthält,[52] der für die historische Gesetzesauslegung teils besonders interessante Aufschlüsse bieten kann.[53]

3. Zweite und dritte Beratung im Bundestag

Gegenstand der anschließenden zweiten Lesung im Plenum des Deutschen Bundestags ist die Vorlage in der Fassung der Beschlussempfehlung des Ausschusses (Ausschussfassung). Für die zweite Lesung des DiREG am 23.6.2022 nachts gegen 23:30 Uhr war eine Aussprache vorgesehen. Der Berichterstatter der FDP-Fraktion, MdB Otto Fricke, schilderte kurz den wesentlichen Gegenstand des Gesetzes und betonte, dass den Notaren die Möglichkeit gegeben werde, in den Online-Verfahren weiterhin technisch voranzugehen; dabei seien sie bisher sehr zuverlässig. Weiter wies er auf die Ausweitung der örtlichen Anknüpfungspunkte im Ausschussverfahren hin und bekräftigte, dass die vom Bundesrat gewünschte „Vermischung" mit öffentlich-rechtlichen Institutionen verworfen wurde.[54] Eine zweite Rede hielt der Berichterstatter der AfD-Fraktion; weitere fünf Reden wurden zu Protokoll gegeben.[55] Nachdem die Bundestagspräsidentin die Aussprache geschlossen hatte, kam es zur Abstimmung durch Handzeichen, in der der Gesetzentwurf in der Ausschussfassung bei Enthaltung der AfD-Fraktion mit den Stimmen aller weiteren Fraktionen angenommen wurde.[56]

Da in zweiter Beratung keine Änderungen beschlossen worden sind, folgte anschließend die dritte Beratung (§ 84 S. 1 lit. a GO-BT). Angesichts der Aussprache bereits in der zweiten Beratung erfolgte keine weitere allgemeine Aussprache (vgl. § 84 S. 2 GO-BT), sondern unmittelbar (§ 86 S. 2 GO-BT) die Schlussabstimmung durch Aufstehen oder Sitzenbleiben (§ 48 Abs. 1 S. 2 GO-BT). Mit denselben Mehrheitsverhältnissen wie in zweiter Beratung war der Gesetzentwurf in der Ausschussfassung damit angenommen.[57]

Anschließend hatte die Bundestagspräsidentin das Gesetz nach Art. 77 Abs. 1 S. 2 GG unverzüglich dem Bundesrat zuzuleiten.[58] In der Anlage zu diesen Zuleitungen findet sich praktischerweise stets eine „konsolidierte" Fassung, in der die Ausschussempfehlungen in den Entwurfstext selbst eingearbeitet sind, was gegenüber der etwas mühsamen Zusammenschau aus Regierungsentwurf und Ausschussempfehlungen eine deutliche Erleichterung bietet.

4. Zweiter Durchgang im Bundesrat

Damit war der zweite Durchgang im Bundesrat eingeleitet. Da die Inhalte des DiREG keine der Normen erfüllten, für die das Grundgesetz ausnahmsweise die Zustimmung des Bundesrats verlangt, handelte es sich um ein bloßes Einspruchsgesetz. Der weiterhin federführende Rechtsausschuss des Bundesrats empfahl dem Bundesrat, zum DiREG (Tagesord-

---

[51] Für das Notariat wichtig war diese Form der Gesetzgebung etwa bei der aufgrund der weltweiten Chipkrise kurzfristig erforderlichen Verschiebung der Einführung der elektronischen Urkundensammlung um sechs Monate, vgl. hierzu Beschlussempfehlung und Bericht des Hauptausschusses vom 14.12.2021, BT-Drs. 20/265.

[52] BT-Drs. 20/2391.

[53] Ebenso *Frieling,* Gesetzesmaterialien und Wille des Gesetzgebers, 2017, S. 33f., 206.

[54] BT-Plenarprotokoll 20/44, 4572C–4573B.

[55] BT-Plenarprotokoll 20/44, 4573B–4574A, Anl. 10.

[56] BT-Plenarprotokoll 20/44, 4574A.

[57] BT-Plenarprotokoll 20/44, 4574B.

[58] Vgl. hierzu BR-Drs. 291/22.

nungspunkt 7 der 1023. Sitzung am 8.7.2022) den Vermittlungsausschuss nicht anzurufen.[59] Als weitgehend unstrittiges und politisch weniger bedeutsames Gesetz landete das DiREG auf der „Grünen Liste" von insgesamt 20 Vorlagen, die nach § 29 Abs. 2 GO BR gemeinsam zur Abstimmung kamen, indem mit Handzeichen den jeweiligen Empfehlungen und Vorschlägen der Ausschüsse gefolgt wurde.[60] Dementsprechend lautete der Beschluss, einen Antrag auf Einberufung des Vermittlungsausschusses nach Art. 77 Abs. 2 GG nicht zu stellen.[61] Das Gesetz war damit nach Art. 78 Var. 2 GG zustande gekommen.

V. *Gegenzeichnung, Ausfertigung, Verkündung und Inkrafttreten*

Nach Unterrichtung durch das Bundeskanzleramt über das Zustandekommen des Gesetzes veranlasst das federführende Ressort bei der Schriftleitung des Bundesgesetzblatts die Herstellung der Urschrift (§ 58 Abs. 1 S. 1 GGO). Diese ist durch den federführenden Minister und den Bundeskanzler (sowie ggf. noch weitere beteiligte Minister) gegenzuzeichnen – im Fall des DiREG also durch den Bundesminister der Justiz Marco Buschmann und Bundeskanzler Olaf Scholz. Abschließend wird die Bütte mit dem großen Bundessiegel, Oblate und schwarz-rot-goldener Schnur (§ 59 Abs. 1 S. 1 GGO) durch den Bundespräsidenten ausgefertigt und das Gesetz im Bundesgesetzblatt verkündet (Art. 82 Abs. 1 S. 1 GG). Nach der Ausfertigung des DiREG am 15.7.2022 wurde es am 21.7.2022 verkündet,[62] sodass die notarrelevanten Inhalte pünktlich am 1.8.2022 bzw. 2023 in Kraft treten konnten. Ebenso pünktlich ging das Videokommunikationssystem der Bundesnotarkammer an den Start – am 1.8.2022 gegen 0:30 Uhr wurde die erste GmbH online gegründet. Kurz nach dem Abschluss des Gesetzgebungsverfahrens des DiREG hat das Notariat damit ein neues Kapitel in seiner Digitalisierungsgeschichte aufgeschlagen.

---

[59] BR-Plenarprotokoll 1023, 314, Anl. 14, Umdruck 6/2022, auch abrufbar unter https://www.bundesrat.de/SharedDocs/TO/1023/download/1023-gruene-liste.pdf?__blob=publication File&v=3.

[60] BR-Plenarprotokoll 1023, 282.

[61] BR-Drs. 291/22(B).

[62] BGBl. 2022 I 1146; die Sternchenfußnote im Gesetzestitel nimmt auf die erfolgte Notifizierung nach Art. 9 S. 1 RL (EU) 2015/153 Bezug.

SCHRIFTENVERZEICHNIS

von Dr. Andreas Heidinger

I. Dissertation

Computersoftware, Rechtsschutz und gegenständliche Lizenz. Ein rechtsdogmatischer Beitrag zu den Softwareüberlassungsverträgen, Würzburg, 1992

II. Herausgeberschaften

1. *Heckschen/Heidinger* (Hrsg.), Die GmbH in der Gestaltungs-und Beratungspraxis, 5. Aufl. 2023 (Hrsg. seit 1. Aufl.)
2. *Michalski/Heidinger/Leible/J. Schmidt* (Hrsg.), Kommentar zum GmbHG, Band 1 und 2, 4. Aufl. 2023 (Hrsg. seit 3. Aufl.)

III. Monographien

1. *Kopp/Heidinger,* Notar und Euro, 2. Aufl. 2001 (Autor seit 1. Aufl.)
2. *Heidinger,* Gutachten zum Umwandlungsrecht 1996/1997, 1998
3. *Heidinger,* Gutachten zur Euroumstellung im Gesellschaftsrecht 1999/2000/2001, 2001
4. *Tegen/Reul/Heidinger/Tersteegen,* Unternehmensrecht, 2009

IV. Beiträge in Sammelwerken und Handbüchern (jeweils in akueller Auflage)

1. Kap. 12, 13 B-C, in: *Heckschen/Heidinger* (Hrsg.), Die GmbH in der Gestaltungs-und Beratungspraxis, 5. Aufl. 2023
2. Kap. 3 B-E, Kap. 4 B. I., Kap. 8 K, Kap. 13 A V., F-H, in: *Heckschen/Heidinger* (Hrsg.), Die GmbH in der Gestaltungs-und Beratungspraxis, 5. Aufl. 2023 (mit *Ralf Knaier*)
3. Kap. 21, in: *Heckschen/Heidinger* (Hrsg.), Die GmbH in der Gestaltungs- und Beratungspraxis, 5. Aufl. 2023 (mit *Jonas Siegl*)
4. Teil 5 Kap. 6 A–F: Umwandlungsrecht, in: *Limmer/Hertel/Frenz/Mayer* (Hrsg.), Würzburger Notarhandbuch, 6. Aufl. 2021
5. Band 3 § 19: Notwendige Satzungsbestimmungen, in: *Priester/Mayer/Wicke* (Hrsg.), Münchener Handbuch des Gesellschaftsrechts, Band 3: GmbH, 5. Aufl. 2018
6. Teil 2 Kap. 6 § 1: Umwandlungsrecht, in: *Wachter* (Hrsg.), Fachanwaltshandbuch Handels- und Gesellschaftsrecht, 2. Aufl. 2010

V. Kommentierungen (jeweils in akueller Auflage)

1. Kommentierung der §§ 30–32, in: *Michalski/Heidinger/Leible/J. Schmidt* (Hrsg.), Kommentar zum GmbHG, Band 2, 4. Aufl. 2023

2. Kommentierung der §§ 17–24, § 30 HGB, in: *Drescher/Fleischer/K. Schmidt,* Münchener Kommentar zum HGB, Band 1, 5. Aufl. 2021
3. Kommentierung der §§ 16, 40 GmbHG, in: *Fleischer/Goette,* Münchener Kommentar zum GmbHG, Band 1, 4. Aufl. 2022; Band 2, 3. Aufl. 2019
4. Kommentierung der §§ 2-13, 16–20 und 317–320 UmwG, in: *Henssler/Strohn,* Gesellschaftsrecht, 5. Aufl. 2021
5. Kommentierung der §§ 41, 52 AktG, in: *Spindler/Stilz,* Aktienrecht, 5. Aufl. 2022 (zugleich Kommentierung im BeckOGK zum Aktienrecht)
6. Kommentierung von § 1 EGGmbHG, § 43a GmbHG, in: *Ziemons/Jaeger/Pöschke,* BeckOK GmbHG, 54. Edition 1.11.2022

VI. Festschriften

1. Die Vertretung im Umwandlungsrecht, in: Festschrift Spiegelberger, 2009, S. 692–721 (mit *Simon Blath*)
2. Zusätzliche Angaben in der Gesellschafterliste und ihre Wirkung nach § 16 Abs. 1 GmbHG, in: Festschrift Stilz, 2014, S. 253–265
3. Und sie dreht sich doch! – Ein Plädoyer für den gutgläubigen Erwerb des aufschiebend bedingt abgetretenen Geschäftsanteils, in: Festschrift Bergmann, 2018, S. 283–302
4. Die verborgenen Risiken des Sachagio bei der Bargründung und der Barkapitalerhöhung in: Festschrift 25 Jahre Deutsches Notarinstitut, 2018, S. 467–489 (mit *Ralf Knaier*)

VII. Aufsätze in Zeitschriften

1. Zum Wesen des Begebungsvertrages im Wechselrecht, NJW 1992, 880 (mit *Otmar Stöcker*)
2. Haftung der BGB-Gesellschafter beim Formwechsel aus einer GmbH, GmbHR 1996, 890
3. Müssen Treuhandverträge über GmbH-Anteile nach § 54 EStDV den Finanzamt gemeldet werden?, DStR 1996, 1353
4. Berliner Testament – Gefahren der Ausschlagung aus erbschaftsteuerlichen Gründen, DNotI-Report 1997, 179
5. Zum Umfang der Mitteilungspflicht nach § 54 EStDV, DStR 1997, 822
6. Der „ständige Vertreter" der Zweigniederlassung einer ausländischen Kapitalgesellschaft, MittBayNot 1998, 72
7. Die Wahl eines zukünftigen Verschmelzungsstichtages insbesondere bei der Genossenschaftsverschmelzung, NotBZ 1998, 223
8. Umwandlungssteuererlaß des BMF v. 25.3.1998, DNotI-Report 1998, 104
9. Die Zeichnung zum Handelsregister nach dem neuen § 29 HGB, Rpfleger 1999, 118
10. Notarielle Belehrungspflichten bei der GmbH-Gründung, ZNotP 1999, 190 (mit *Bernhard Meyding*)
11. Die neuen gesetzlichen Ausnahmen zum Kapitalersatzrecht – das Kleinbeteiligungs- und das Sanierungsprivileg, ZNotP 1999, 423
12. Materielle Unterkapitalisierung, Eigenkapitalersatz und Finanzplankredite, NZG 1999, 999
13. Neugründung einer 50.000,00 DM-GmbH nicht mehr zulässig!, DNotI-Report 1999, 24
14. Meldepflicht nach § 54 EStDV, DNotI-Report 1999, 199

15. Zur Eventualeinberufung einer Gesellschafterversammlung für den Fall der Beschlußunfähigkeit der vorhergehenden, NZG 1999, 835
16. Zur Verschmelzung von Schwestergesellschaften, DNotZ 1999, 161
17. Die Rechtsgeschäfte der Vor-AG mit Dritten, ZNotP 2000, 182
18. Die Umstellung der GmbH auf Euro durch Aufstockung der Geschäftsanteile, GmbHR 2000, 414
19. Haftungsrisiken aus eigenkapitalersetzenden Gesellschafterhilfen bei der Geschäftsanteilsabtretung, ZNotP 2000, 370
20. Teilung von Geschäftsanteilen einer GmbH nach Euro-Glättung, DNotZ 2000, 329
21. Die Euroumstellung der Aktiengesellschaft durch Kapitalherabsetzung, DNotZ 2000, 661
22. Die Euroumstellung beim Formwechsel von Kapitalgesellschaften, NZG 2000, 532
23. Teilung von Geschäftsanteilen einer GmbH nach Euro-Glättung, DNotZ 2000, 329
24. Umwandlungen; Verschmelzung – Spaltung – Formwechsel – Vermögensübertragung; Zivil-, Handels- und Steuerrecht, ZIP 2000, 1183
25. Zur Umgehung des Eigenkapitalersatzrechts durch Darlehensgewährung seitens eines einem Gesellschafter nahestehenden Dritten, NZG 2000, 1030
26. Neues zur Voreinzahlung bei der Kapitalerhöhung, DNotZ 2001, 341
27. Euro-Umstellung bei der GmbH durch Kapitalschnitt, DNotZ 2001, 750
28. Genossenschaftsverschmelzung auf einen zukünftigen Stichtag, NotBZ 2002, 86
29. Neue Probleme der Euroumstellung im Gesellschaftsrecht, ZNotP 2002, 179
30. Neues zur Kapitalaufbringung bei der Kapitalerhöhung, GmbHR 2002, 1045
31. Zusammenfassung der Kurzreferate zu aktuellen Fragen aus der notariellen Praxis, DNotZ Sonderheft 2002, 228–238 (mit *Christian Hertel, Malte Ivo, Christopher Keim*)
32. Das neue Eigenheimzulagengesetz – Zweifelsfragen zur Übergangsregelung, ZNotP 2003, 24
33. Der Gläubigerschutz bei der „wirtschaftlichen Neugründung" von Kapitalgesellschaften, NZG 2003, 1129 (mit *Bernhard Meyding*)
34. Der Zeitpunkt der Richtigkeit der Geschäftsführerversicherung, Rpfleger 2003, 545
35. Die Haftung und die Vertretung in der Gründungsphase der GmbH im Vergleich zur (kleinen) Aktiengesellschaft, GmbHR 2003, 189
36. Neues zur Verwendung von Vorratsgesellschaften und zum Mantelkauf zugleich Besprechung des BGH-Urteils v. 9.12.2002 – II ZB 12/02, ZNotP 2003, 82
37. Anmerkung zu BGH, Urt. v. 15.3.2004 – II ZR 210/01 – Kapitalerhöhung: Keine schuldtilgende Wirkung einer Voreinzahlung auf debitorisches Konto der GmbH, GmbHR 2004, 738
38. Haftung wegen Darlehensgewährung an Gesellschafter, NotBZ 2004, 463
39. Zum Einlagegegenstand bei der Heilung einer verdeckten Sacheinlage, ZNotP 2004, 465
40. Der Kapitalschutz der GmbH auf dem Prüfstand, DNotZ 2005, 97
41. Der Name des Nichtgesellschafters in der Personenfirma, DB 2005, 815
42. Die wirtschaftliche Neugründung – Grenzen der analogen Anwendung des Gründungsrechts, ZGR 2005, 101
43. Tagungsbericht: Verlustverrechnung über die Grenzen – Das Ende des Vertragskonzerns? Zugleich ein Bericht über die dritte gesellschaftsrechtliche Jahresarbeitstagung des Deutschen Anwaltsinstituts in Hamburg v. 4.-5.3.2005, NZG 2005, 502
44. Die Legitimation zur Teilnahme an der Hauptversammlung nach Inkrafttreten des UMAG, DB 2006, 2275 (mit *Simon Blath*)
45. Das Ausscheiden eines Gesellschafters aus der GmbH, GmbHR 2007, 1184 (mit *Simon Blath*)
46. Die Unterbilanzhaftung im Kapitalaufbringungssystem der GmbH – zugleich Anmerkung zu BGH, Urt. v. 16.1.2006 – II ZR 65/04, ZNotP 2007, 42 (mit *Simon Blath*)

47. Fluch und Segen der privatrechtlichen Mustersatzung, Status Recht, 2007, 243
48. Das Musterprotokoll – Mehr Fluch als Segen?, Teil 1: Die Gründung, ZNotP 2010, 376 (mit *Simon Blath*)
49. Das Musterprotokoll – Mehr Fluch als Segen?, Teil 2: Folgeprobleme der Musterprotokollgründung, ZNotP 2010, 402 (mit *Simon Blath*)
50. Kommentar zu OLG München, Beschl. v. 11.3.2011 – 31 Wx 162/10; Gesellschafterliste: Keine Aufnahme eines Widerspruchs zur Absicherung einer aufschiebend bedingten Anteilsveräußerung, GmbHR 2011, 428
51. Kommentar zu BGH, Beschl. v. 1.3.2011 – II ZB 6/10; Gesellschafterliste: Zulässigkeit einer Umnummerierung abgetretener GmbH-Geschäftsanteile, GmbHR 2011, 475
52. Der Tod des Gesellschafters bei der GmbH (Gesellschafterliste und Beschlussfassung), ZNotP 2012, 449
53. Die Heilung einer verdeckten Sacheinlage und der Austausch des Einlagegegenstandes nach dem MoMiG, GmbHR 2015, 1 (mit *Ralf Knaier*)
54. Die Totengräber der Gesellschafterliste, GmbHR 2017, 273
55. Kommentar zu OLG Frankfurt am Main v. 4.11.2016 – 20 W 269/16, GmbHR 2017, 868
56. Anmerkung zu OLG Köln, Beschl. v. 27.6.2019 – 18 Wx 11/19, Versterben des alleinigen GmbH-Geschäftsführers, Bestellung eines Notgeschäftsführers und Aufgabenkreis, GmbHR 2020, 274

VIII. Buchbesprechnungen (Auswahl)

1. *Neye/Limmer/Frenz/Harnacke,* Handbuch der Unternehmensumwandlung, 1996, DNotI-Report 1996, 188
2. *Ulmer,* Gesellschaft bürgerlichen Rechts und Partnerschaftsgesellschaft, 1997, DNotI-Report 1997, 208
3. *Weigl,* Stille Gesellschaft und Unterbeteiligung, Becksche Musterverträge, 1998, DNotI-Report 1998, 212
4. *Neye/Limmer/Frenz/Harnacke,* Materialband zum Handbuch der Unternehmensumwandlung, 1999, DNotI-Report 1999, 63
5. *Geyrhalter/Haß,* Der EURO in der Wirtschaftspraxis, 1999, DNotI-Report 1999, 171
6. *Kopp/Schuck,* Der Euro in der notariellen Praxis, 2000, DNotI-Report 2000, 56
7. *Heydn,* Die erbrechtliche Nachfolge in Anteile an Partnerschaftsgesellschaften, 2000, DNotI-Report 2000, 71
8. *Limmer,* Handbuch der Unternehmensumwandlung, 2002, DNotI-Report 2002, 55
9. *Roth/Altmeppen,* GmbHG, 2003, DNotI-Report 2003, 43
10. *Tipke/Lang,* Steuerrecht, 2002, DNotI-Report 2003, 52
11. *Priester/Mayer,* Münchener Handbuch des Gesellschaftsrechts, Bd. 3: GmbH, 2002, DNotI-Report 2003, 68
12. *G. Söffing,* Gewerblicher Grundstückshandel und private Veräußerungsgeschäfte mit Grundstücken, 2002, DNotI-Report 2003, 87
13. *M. Söffing,* Mittelbare Schenkung im Erbschaft- und Schenkungsteuerrecht, 2002, DNotI-Report 2003, 87
14. *Sagasser/Bula/Brünger,* Umwandlungen, 2002, DNotI-Report 2003, 95
15. *Sernetz/Haas,* Kapitalaufbringung und -erhaltung in der GmbH, 2003, DNotI-Report 2003, 103
16. *Tillmann/Mohr,* GmbH-Geschäftsführer, Rechts- und Steuerberatung, Vertragsgestaltung, 2003, DNotI-Report 2003, 160
17. *Ebeling/Geck/Grune/Christ,* Handbuch der Erbengemeinschaft. Steuerrecht, Zivilrecht, 2004, DNotZ 2004, 810

18. *Sernetz/Haas,* Kapitalaufbringung und -erhaltung in der GmbH, 2003, DNotZ 2005, 76
19. *K. Schmidt/Lutter,* Aktiengesetz, 2010, DNotZ 2011, 558
20. *Lutter,* UmwG, 2015, GmbHR 2015, R. 30
21. *Herrler,* Gesellschaftrecht in der Notar- und Gestaltungspraxis, 2018, DNotZ 2018, 397
22. *Habersack/Wicke,* UmwG, 2019, NZG 2019, 904

AUTORENVERZEICHNIS

Prof. Dr. Gregor Bachmann
Universitätsprofessor an der Humboldt-Universität zu Berlin
Geschäftsführender Vorstand des Forschungsinstituts für Notarrecht

Prof. Dr. Walter Bayer
Universitätsprofessor an der Friedrich-Schiller-Universität Jena

Dr. Simon Blath
Referatsleiter beim Deutschen Notarinstitut

Dr. Christian Bochmann, LL.M. (Cambridge)
Rechtsanwalt und Partner der Sozietät Flick Gocke Schaumburg, Hamburg

Prof. Dr. Jens Bormann
Präsident der Bundesnotarkammer
Notar in Ratingen

Manfred Born
Vors. Richter beim BGH

Dr. Jonas Bühler
Notarassessor beim Deutschen Notarinstitut

Ingo Drescher
Vors. Richter beim BGH a. D.

Dr. Arne Everts
Notar in Berchtesgaden

Prof. Dr. Dr. h. c. Dr. h. c. Holger Fleischer, LL.M. (Univ. of Michigan)
Universitätsprofessor am Max-Planck-Institut Hamburg

Dr. Julius Forschner
Notar in Kitzingen

Dr. Sophie Freier
Notarin in Borna

Matthias Geuder
Notariatsverwalter in Euskirchen

Magnus Habighorst
Wiss. Mitarbeiter an der Humboldt-Universität zu Berlin

Prof. Dr. Heribert Heckschen
Notar in Dresden

Dr. Stefan Heinze
Notar in Köln

Dr. Marc Hermanns
Notar in Köln

Sebastian Herrler
Notar in München

Christian Hertel, LL.M. (George Washington Universität, USA)
Notar in Weilheim

Elke Holthausen-Dux
Rechtsanwältin und Notarin in Berlin

Friedemann Kirschstein
Wirtschaftsprüfer, Steuerberater und Rechtsanwalt in Berlin

Ralf Knaier
Wiss. Referent beim Deutschen Notarinstitut

Prof. Dr. Alexander Krafka
Notar in Fürstenfeldbruck
Honorarprofessor für Rechtssoziologie an der Universität Passau

Dr. Judith Kraus
Notarassessorin bei der Bundesnotarkammer

Dr. Mario Leitzen, M. Jur. (Oxon)
Notar in Rheinbach

Prof. Dr. Jan Lieder, LL.M. (Harvard)
Universitätsprofessor an der Universität Freiburg

Prof. Dr. Peter Limmer
Notar in Würzburg

Dr. Wendelin Mayer, LL.M.
Notarassessor in Tettnang

PD Dr. Patrick Meier
Notar in Bischofsheim i. d. Rhön

Dr. Matthias Miller
Notarassessor in Stuttgart

Udo Monreal
Notar a. D.
Stellv. Geschäftsführer und Referatsleiter beim Deutschen Notarinstitut

Dr. Alexander Naraschewski, LL.M. (Northwestern)
Rechtsanwalt und Notar in Wilhelmshaven

Dr. Kai-Uwe Opper
Rechtsanwalt in Berlin

Dr. Adolf Reul
Notar in München

Prof. Dr. Christoph Reymann, LL.M. Eur.
Notar in Landsberg am Lech

Prof. Dr. Carsten Schäfer
Universitätsprofessor an der Universität Mannheim

Dr. Johannes Scheller
Notar in Hamburg

Prof. Dr. Jessica Schmidt, LL.M. (Nottingham)
Universitätsprofessorin an der Universität Bayreuth

Dr. Eberhard Schollmeyer, LL.M. (Emory)
Ministerialrat im Bundesministerium der Justiz, Berlin

Dr. iur. Dr. rer. pol. Bernhard Seeger, M.A.
Notar in Neumarkt i. d. OPf.

Dr. Philipp Selentin
Notarassessor in Thüringen

Dr. Rembert Süß
Referatsleiter beim Deutschen Notarinstitut

Prof. Dr. Thomas Tegen
Professor an der Europäischen Fernhochschule Hamburg
Rechtsanwalt und Notar in Ahrensburg

Prof. Dr. Christoph Teichmann
Universitätsprofessor an der Julius-Maximilians-Universität Würzburg

Dr. Jens Tersteegen
Notar in Köln

Dr. Eckhard Wälzholz
Notar in Füssen

Dr. Johannes Weber, LL.M. (Cambridge)
Notar in Freiburg

Dr. Gerald Weigl
Notar in Schwabmünchen

Prof. Dr. Hartmut Wicke, LL.M. (Univ. Stellenbosch)
Notar in München

Dr. Nadja Gräfin Wolffskeel von Reichenberg
Hauptgeschäftsführerin der Bundesnotarkammer